会社法
コンメンタール

補　巻　　　　　平成26年改正

岩原紳作　編

商事法務

【編 集 委 員】

岩 原 紳 作 （早稲田大学教授）

＊江 頭 憲 治 郎 （東京大学名誉教授）

落 合 誠 一 （東京大学名誉教授）

神 田 秀 樹 （学習院大学教授）

＊森 本 　 滋 （京都大学名誉教授）

山 下 友 信 （同志社大学教授）

＊ は編集代表

はしがき

　本巻は，会社法の平成 26 年改正（「会社法の一部を改正する法律」〔平成 26 年法律第 90 号〕。以下，「改正法」という）によりあらためられた会社法の規定の注釈を収めている。改正法は，「企業統治の在り方や親子会社に関する規律等を見直す」ことを求める，平成 22 年 2 月 24 日の法務大臣から法制審議会への諮問に基づいて改正作業が始められたものであり，企業統治および親子会社に関する規律の見直しが中心となっている。しかしそれだけでなく，平成 17 年会社法の下で生じていたその他の問題について対処する数々の改正も含まれている。そのため，本巻で取り上げた改正法の条文は多様な内容にわたっている。

　それらについて，法制審議会会社法制部会の委員・幹事等として改正法の要綱の審議や立案に参加した方々を中心とした執筆者が，それぞれ力のこもった注釈を書いていただいたために，本巻は質量ともに充実した 1 冊となっている。本巻は，改正法の内容を理解する上で不可欠なものとなっていると信じている。本巻の編者として，この場を借りて，執筆者の方々に心よりの御礼を申し上げる。

　なお，平成 31 年 2 月 14 日の法制審議会総会において，「会社法制（企業統治等関係）の見直しに関する要綱」が決定され，法務大臣に答申された。今後，同要綱に基づく会社法改正法案が国会に提出される予定である。その改正が実現すると，本巻で取り上げた会社法の条文の中には，例えば会社法 327 条の 2 のように，削除されること等が予想されるものがあることを，お断りしたい。

　膨大な内容となった本巻の編集作業は，困難を極めた。株式会社商事法務の編集担当者の方々の粘り強い編集の努力なしには，本書はできなかったであろう。編集担当者の方々に衷心からの御礼を申し上げる。

　令和元年 8 月

補巻（平成 26 年改正）責任編集委員

岩原　紳作

凡　例

《法令名略語・条文の引用》

○本書引用の法令は，原則として平成30年12月31日現在公布されているものとした。
○条文の引用は原文どおりとしたが，原則として新字体・アラビア数字に置き換えた。
○括弧内で法令名を示す際は，原則として有斐閣版六法全書巻末の法令名略語によった。ただし，会社法については原則として法令名を付さず，条数のみを示した。
　非訟事件手続法（明治31年法律第14号）は，「旧非訟事件手続法」と表記した。
○条はアラビア数字，項はローマ数字，号は○付数字で示した。

　　　　会社法12条1項2号　　　　　　　　12 I ②
　　　　破産法35条　　　　　　　　　　　破35
　　　　平成17年改正前商法42条1項　　　平17改正前商42 I

《判例の引用》

○判例の引用は原文どおりとしたが，原則として新字体・アラビア数字に置き換えた。
○年月日・出典の示し方は以下のとおりとした。なお，大審院連合部，最高裁判所大法廷の場合はそれぞれ「大連」「最大」と表示し，小法廷等は入れていない。

　　　　大判大正8・3・3民録25輯356頁
　　　　　　　　＝　大審院大正8年3月3日判決大審院民事判決録25輯356頁

○出典は主なものを1つのみ示した。表示に当たっては，原則として公式判例集を優先したが，一般に目にすることが困難なものの場合には例外的に扱った。
○主な判例集の略語は以下のとおりとした。なお，下記の判例集に登載されていないもののうち LEX/DB に収録されているものについては，その番号を表示している場合もある。

民集	大審院・最高裁判所民事判例集	労民集	労働関係民事裁判例集
		訟月	訟務月報
民録	大審院民事判決録	東高民時報	東京高等裁判所民事判決時報
高民集	高等裁判所民事判例集		
下民集	下級裁判所民事裁判例集	新聞	法律新聞
集民	最高裁判所裁判集民事	裁判例	大審院裁判例
行集	行政事件裁判例集	法学	法学（東北大学）
刑集	大審院・最高裁判所刑事判例集	判決全集	大審院判決全集
		判例捨遺	大審院判例捨遺

評論	法律〔学説・判例〕評論全集	資料版商事	資料版商事法務
判時	判例時報	交民集	交通事故民事裁判例集
判タ	判例タイムズ	労判	労働判例
金法	金融法務事情	労経速	労働経済判例速報
金判	金融・商事判例		

《文献略語》

○主な文献略語は以下のとおりとした。

○下記に掲げるもののほか，それぞれの注釈における必読文献を該当箇所の冒頭に示した。

①単行本

【平成 26 年改正関連】

神田秀樹編・**論点詳解**平成 26 年改正会社法（商事法務，2015）

坂本三郎編著・**一問一答**平成 26 年改正会社法〔第 2 版〕（商事法務，2015）

坂本三郎編著・**立案担当者**による**平成 26 年**改正会社法の解説（別冊商事法務 393号）（商事法務，2015）

坂本三郎ほか編・立案担当者による**平成 26 年**改正会社法関係**法務省令**の解説（別冊商事法務 397 号）（商事法務，2015）

別冊商事法務編集部編・会社法制の見直しに関する**要綱の概要**（別冊商事法務 372号）（商事法務，2012）

【会社法一般】

相澤哲編著・**立案担当者**による新・会社法の解説（別冊商事法務 295 号）（商事法務，2006）

相澤哲編著・立案担当者による新会社法関係**法務省令**の解説（別冊商事法務 300 号）（商事法務，2006）

相澤哲ほか編著・**論点解説**新・会社法（商事法務，2006）

飯田秀総ほか編・落合誠一先生**古稀**記念・商事法の新しい礎石（有斐閣，2014）

稲葉威雄・改正会社法（金融財政事情研究会，1982）

岩原紳作＝小松岳志編・会社法**施行 5 年**・理論と実務の現状と課題（ジュリスト増刊）（有斐閣，2011）

岩原紳作ほか編・会社法判例**百選**〔第 3 版〕（有斐閣，2016）

上柳克郎ほか編集代表・**新版注釈会**社法(1)〜(15)・**補巻**〜第 4 補巻（有斐閣，1985〜2000）

江頭憲治郎・株式会社法〔第 7 版〕（有斐閣，2017）

江頭憲治郎・**株式**会社・有限会社法〔第 4 版〕（有斐閣，2005）

江頭憲治郎編・**株式会社法大系**（有斐閣，2013）

iii

江頭憲治郎＝中村直人編・論点体系会社法(1)～(6)・補巻（第一法規，2012・2015）

江頭憲治郎＝門口正人編集代表・会社法大系(1)～(4)（青林書院，2008）

江頭憲治郎ほか編・改正会社法セミナー〔企業統治編〕（有斐閣，2006）

大隅健一郎＝今井宏・会社法論上・中〔第3版〕（有斐閣，1991・1992）

大隅健一郎＝大森忠夫・逐条改正会社法解説（有斐閣，1951）

大隅健一郎ほか・新会社法概説〔第2版〕（有斐閣，2010）

奥島孝康ほか編・新基本法コンメンタール会社法(1)～(3)〔第2版〕（別冊法学セミナー）（日本評論社，2015～2016）

川濱昇ほか編・森本滋先生還暦記念・企業法の課題と展望（商事法務，2009）

神作裕之ほか編・会社裁判にかかる理論の到達点（商事法務，2014）

神田秀樹・会社法〔第20版〕（弘文堂，2018）

黒沼悦郎＝藤田友敬編・江頭憲治郎先生還暦記念・企業法の理論上・下（商事法務，2007）

小塚荘一郎＝髙橋美加編・落合誠一先生還暦記念・商事法への提言（商事法務，2004）

近藤光男＝志谷匡史・新版改正株式会社法 IV（弘文堂，2006）

酒巻俊雄＝龍田節編編集代表・逐条解説会社法(1)～(9)・補巻（中央経済社，2008～）

始関正光編著・Q&A 平成14年改正商法（商事法務，2003）

鈴木竹雄＝石井照久・改正株式会社法解説（日本評論社，1950）

鈴木竹雄＝竹内昭夫・会社法〔第3版〕（有斐閣，1994）

全国株懇連合会編・全株懇モデル I（商事法務，2016）

竹内昭夫・改正会社法解説〔新版〕（有斐閣，1983）

龍田節＝前田雅弘・会社法大要〔第2版〕（有斐閣，2017）

田中亘・会社法〔第2版〕（東京大学出版会，2018）

東京地方裁判所商事研究会編・類型別会社訴訟 I・II〔第3版〕（判例タイムズ社，2011）

原田晃治編著・一問一答平成12年改正商法（商事法務研究会，2000）

法務省民事局参事官室編・一問一答平成5年改正商法（商事法務研究会，1993）

前田庸・会社法入門〔第13版〕（有斐閣，2018）

弥永真生・コンメンタール会社計算規則・商法施行規則〔第3版〕（商事法務，2017）

弥永真生・コンメンタール会社法施行規則・電子広告規則〔第2版〕（商事法務，2015）

②雑誌等（判例集略語として示したもの以外）

最判解民	最高裁判所判例解説民事篇	ジュリ	ジュリスト
最判解刑	最高裁判所判例解説刑事篇	商事	旬刊商事法務
重判解	重要判例解説（ジュリスト臨時増刊）	曹時	法曹時報
		判評	判例評論

法教	法学教室	民商	民商法雑誌
法協	法学協会雑誌	民情	民事法情報
法時	法律時報	リマークス	私法判例リマークス
民月	民事月報	論叢	法学論叢

③その他

平成 18 年 3 月 31 日付民事局長通達・別冊商事法務 297 号

「会社法の施行に伴う商業登記事務の取扱いについて（平成 18 年 3 月 31 日付法務省民商第 782 号法務局長・地方法務局長宛法務省民事局長通達）」会社法施行に伴う商業登記関係通達・登記記録例（別冊商事法務 297 号）（商事法務，2006）参照

要綱案　　　　平成 16 年 12 月 8 日法制審議会会社法（現代化関係）部会「会社法制の現代化に関する要綱案」商事 1717 号(2004)10 頁等参照

要綱試案　　　平成 15 年 10 月 22 日法制審議会会社法（現代化関係）部会「会社法制の現代化に関する要綱試案」商事 1678 号(2003)等参照

要綱試案補足説明　法務省民事局参事官室「会社法制の現代化に関する要綱試案の補足説明」同上

見直し要綱　　平成 24 年 9 月 7 日法制審議会「会社法制の見直しに関する要綱」商事 1973 号（2012）等参照

中間試案　　　平成 23 年 12 月 7 日法制審議会会社法制部会「会社法制の見直しに関する中間試案」商事 1952 号（2011）等参照

中間試案補足説明　法務省民事局参事官室「会社法制の見直しに関する中間試案の補足説明」同上

《その他》

○記述の重複を省くため，また読者の便宜を図るため，できるだけ他へのリファレンスを示した。

同一注釈箇所内の場合　　：　［☞ I 3⑵］　＝　当該注釈中の I 3⑵を参照

他の注釈箇所の場合　　　：　［☞§24 II 1］　＝　24 条の注釈の II 1 を参照

他の巻の注釈箇所の場合　：　［☞ 会社法コンメ⑻§361 III 1⑵〔162 頁［田中亘］］

○「会社法の一部を改正する法律」（平成 26 年法律第 90 号）による会社法の改正を「本改正」とした。

○会社計算規則の改正の一部についても逐条解説を付した。特に断らない限り，本改正に伴う「会社法施行規則等の一部を改正する省令」（平成 27 年法務省令第 6 号）による改正についての解説である。

○会社法の条文は実線で囲んだのに対し，会社計算規則の条文は破線で囲んだ。

■ 執筆者紹介 （執筆順）

岩原紳作 （いわはら・しんさく）

　　昭和 27 年 12 月 17 日生まれ，昭和 50 年東京大学卒業

　　現在：早稲田大学法学部教授

　　主著・主論文：電子決済と法（有斐閣，2003），商事法論集 I 会社法論集（商事法務，2016），商事法論集 II 金融法論集（上）——金融・銀行（商事法務，2017）

藤田友敬 （ふじた・ともたか）

　　昭和 39 年 7 月 27 日生まれ，昭和 63 年東京大学卒業

　　現在：東京大学大学院法学政治学研究科教授

　　主著・主論文：「取締役会の監督機能と取締役の監視義務・内部統制システム構築義務」尾崎安央ほか編・上村達男先生古稀記念・公開会社法と資本市場の法理（商事法務，2019），自動運転と法（編著）（有斐閣，2018），「株式買取請求権をめぐる諸問題——会社法制定後 10 年の経験を経て」黒沼悦郎 = 藤田友敬編・江頭憲治郎先生古稀記念・企業法の進路（共編著）（有斐閣，2017）

川村　力 （かわむら・ちから）

　　昭和 55 年 3 月 25 日生まれ，平成 15 年東京大学卒業

　　現在：北海道大学大学院法学研究科准教授

　　主論文：「合併の対価と企業組織の形態(1)(2)」法協 126 巻 4 号・7 号（2009），「法人・資産・会社分割——フランスにおける部分出資をめぐる議論」岩原紳作ほか編集代表・会社・金融・法（下）（商事法務，2013）

神作裕之 （かんさく・ひろゆき）

　　昭和 37 年 11 月 12 日生まれ，昭和 61 年東京大学卒業

　　現在：東京大学大学院法学政治学研究科教授

　　主著・主論文：フィデューシャリー・デューティーと利益相反（編著）

（岩波書店，2019），「日本版スチュワードシップ・コードの規範性について」黒沼悦郎＝藤田友敬編・江頭憲治郎先生古稀記念・企業法の進路（有斐閣，2017），「会社訴訟における株式共有者の原告適格」会社裁判にかかる理論の到達点（共編）（商事法務，2014）

北村雅史（きたむら・まさし）

　昭和35年9月29日生まれ，昭和63年京都大学大学院法学研究科博士後期課程研究指導認定退学

　現在：京都大学大学院法学研究科教授

　主著・主論文：取締役の競業避止義務（有斐閣，2000），現代会社法入門〔第4版〕（共著）（有斐閣，2015），「経営機構改革とコーポレート・ガバナンス」森本滋編著・比較会社法研究（商事法務，2003）

小林　量（こばやし・りょう）

　昭和32年8月31日生まれ，昭和61年京都大学大学院法学研究科博士後期課程研究指導認定退学

　現在：名古屋大学大学院法学研究科教授

　主著・主論文：新会社法概説〔第2版〕（共著）（有斐閣，2010），基礎コース商法Ⅱ会社法〔第2版〕（新世社，2010），「企業金融としての自己株式取得制度(1)(2完)」民商92巻1号・2号（1985）

鈴木千佳子（すずき・ちかこ）

　昭和35年7月30日生まれ，平成元年慶應義塾大学法学研究科後期博士過程単位取得退学

　現在：慶應義塾大学法学部教授

　主著・主論文：入門講義会社法〔第2版〕（慶應義塾大学出版会，2017），「濫用的会社分割と債権者異議手続の問題点」山本爲三郎編・企業法の法理（慶應義塾大学出版会，2012），「第三の選択肢としての監査等委員会設置会社制度の問題点」法学研究89巻1号（2016）

松中　学（まつなか・まなぶ）

　昭和54年6月13日生まれ，平成19年大阪大学大学院法学研究科博士後期課程退学

執筆者紹介

　　　現在：名古屋大学大学院法学研究科教授

　　　主著・主論文：「主要目的ルールの検討——主要目的ルールとは何か，
　　　　そしてなぜ裁判所はそれを採用したのか(1)(2・完)」阪大法学 57 巻
　　　　6 号・58 巻 1 号 (2008)，日本の公開買付け（有斐閣，2016）（共著），
　　　　「第 6 章　募集株式の発行等と株主の利益」田中亘編著・数字でわか
　　　　る会社法（有斐閣，2013）

前田雅弘 （まえだ・まさひろ）

　　　昭和 33 年 8 月 3 日生まれ，昭和 62 年京都大学大学院法学研究科博士後
　　　　期課程単位取得退学

　　　現在：京都大学大学院法学研究科教授

　　　主著：会社法大要〔第 2 版〕（共著）（有斐閣，2017），会社法実務問答集
　　　　I（上）（下）・II（共著）（商事法務，2017・2018），企業の健全性確保
　　　　と取締役の責任（共編著）（有斐閣，1997）

森下哲朗 （もりした・てつお）

　　　昭和 41 年 11 月 24 日生まれ，平成 6 年東京大学大学院法学政治学研究
　　　　科民刑事法専攻（経済法務専修コース）修士課程修了

　　　現在：上智大学法科大学院教授

　　　主著・主論文：「国際的証券振替決済の法的課題(1)-(5完)」上智法
　　　　学論集 44 巻 1 号 (2000)，3 号 (2001)，45 巻 3 号 (2002)，50 巻 4
　　　　号，51 巻 1 号 (2007)，会社法コンメンタール 3（株式 1）（共著）（商
　　　　事法務，2013），「FinTech 時代の金融法のあり方に関する序説的検
　　　　討」黒沼悦郎＝藤田友敬編・江頭憲治郎先生古稀記念・企業法の進路
　　　　（有斐閣，2017）

山下友信 （やました・とものぶ）

　　　昭和 27 年 9 月 24 日生まれ，昭和 50 年東京大学卒業

　　　現在：同志社大学法科大学院教授

　　　主著：現代の生命・傷害保険法（弘文堂，1999），保険法（上）（有斐
　　　　閣，2018），商法 I——総則・商行為〔第 6 版〕（共著）（有斐閣，
　　　　2019）

執筆者紹介

中東正文（なかひがし・まさふみ）
　　昭和40年9月19日生まれ，平成元年名古屋大学卒業
　　現在：名古屋大学大学院法学研究科教授
　　主著：企業結合・企業統治・企業金融（信山社，1999），企業結合法制
　　　の理論（信山社，2008），会社法の選択——新しい社会の会社法を求
　　　めて（共編著）（商事法務，2010）

山本爲三郎（やまもと・ためさぶろう）
　　昭和33年3月19日生まれ，昭和56年慶應義塾大学卒業
　　現在：慶應義塾大学法学部教授
　　主著：会社法の考え方〔第10版〕（八千代出版，2017），株式譲渡と株主
　　　権行使（慶應義塾大学出版会，2017），企業法の法理（編著）（慶應義塾
　　　大学出版会，2012）

飯田秀総（いいだ・ひでふさ）
　　昭和54年9月21日生まれ，平成16年東京大学大学院法学政治学研究
　　　科修士課程修了
　　現在：東京大学大学院法学政治学研究科准教授
　　主著：株式買取請求権の構造と買取価格算定の考慮要素（商事法務，
　　　2013），公開買付規制の基礎理論（商事法務，2015），会社法判例の読
　　　み方——判例分析の第一歩（共著）（有斐閣，2017）

吉本健一（よしもと・けんいち）
　　昭和24年3月31日生まれ，昭和49年大阪大学大学院法学研究科修士
　　　課程修了
　　現在：大阪大学名誉教授
　　主著：新株発行のメカニズムと法規制（中央経済社，2007），会社法〔第
　　　2版〕（中央経済社，2015）

川口恭弘（かわぐち・やすひろ）
　　昭和34年12月5日生まれ，昭和60年神戸大学大学院法学研究科博士
　　　課程前期課程修了
　　現在：同志社大学法学部教授

ix

執筆者紹介

　　主著：現代の金融機関と法〔第 5 版〕（中央経済社，2016），新・日本の
　　　　会社法（共著）（商事法務，2016），金融商品取引法への誘い（有斐
　　　　閣，2018）

江頭憲治郎（えがしら・けんじろう）
　　昭和 21 年 11 月 3 日生まれ，昭和 44 年東京大学卒業
　　現在：東京大学名誉教授，早稲田大学名誉教授
　　主著：会社法人格否認の法理（東京大学出版会，1980），結合企業法の立
　　　　法と解釈（有斐閣，1995），株式会社法〔第 7 版〕（有斐閣，2017）

山下徹哉（やました・てつや）
　　昭和 58 年 7 月 28 日生まれ，平成 20 年京都大学大学院法学研究科法曹
　　　　養成専攻（法科大学院）修了
　　現在：京都大学大学院法学研究科准教授
　　主論文：「株主平等の原則の機能と判断構造の検討(1)〜（9・未完）」
　　　　論叢 169 巻 3 号・170 巻 2 号（2011），172 巻 1 号（2012），174 巻 5
　　　　号・175 巻 5 号（2014），178 巻 5 号・180 巻 3 号（2016），181 巻 6 号
　　　　（2017），184 巻 3 号（2018），「ドイツにおける株主総会決議の効力を
　　　　争う訴訟の現状に関する覚書」早川勝＝正井章筰＝神作裕之＝高橋英
　　　　治編・ドイツ会社法・資本市場法研究（中央経済社，2016）

松尾健一（まつお・けんいち）
　　昭和 51 年 12 月 7 日生まれ，平成 16 年同志社大学大学院法学研究科博
　　　　士課程後期課程退学
　　現在：大阪大学大学院法学研究科教授
　　主著・主論文：株主間の公平と定款自治（有斐閣，2010），「米国におけ
　　　　る経営判断原則の正当化根拠をめぐる議論の状況」民商 154 巻 3 号
　　　　（2018）

近藤光男（こんどう・みつお）
　　昭和 29 年 2 月 7 日生まれ，昭和 53 年東京大学卒業
　　現在：関西学院大学法学部教授
　　主著：会社支配と株主の権利（神戸大学研究双書刊行会，1993），コーポ

レート・ガバナンスと経営者責任（有斐閣，2004），株主と会社役員をめぐる法的課題（有斐閣，2016）

浜田道代（はまだ・みちよ）

　　昭和22年11月25日生まれ，昭和47年名古屋大学大学院法学研究科修士課程修了

　　現在：名古屋大学名誉教授

　　主著：アメリカ閉鎖会社法──その展開と現状および日本法への提言（商事法務研究会，1974），北澤正啓先生古稀祝賀論文集・日本会社立法の歴史的展開（編著）（商事法務研究会，1999），キーワードで読む会社法〔第2版〕（編著）（有斐閣，2006）

山田純子（やまだ・じゅんこ）

　　昭和36年8月29日生まれ，平成元年京都大学大学院法学研究科博士後期課程単位取得満期退学

　　現在：甲南大学大学院法学研究科教授

　　主著・主論文：現代会社法入門〔第4版〕（共著）（有斐閣，2015），「監査人の被監査会社に対する責任とその限定」甲南法学44巻1・2号（2003），「取締役の監視義務と会社に対する責任」甲南法学38巻3・4号（1998）

加藤貴仁（かとう・たかひと）

　　昭和54年2月7日生まれ，平成13年東京大学卒業

　　現在：東京大学大学院法学政治学研究科教授

　　主著・主論文：株主間の議決権配分（商事法務，2007），「株主優待制度についての覚書」黒沼悦郎＝藤田友敬編・江頭憲治郎先生古稀記念・企業法の進路（有斐閣，2017）

田中　亘（たなか・わたる）

　　平成8年東京大学卒業，平成25年東京大学博士（法学）

　　現在：東京大学社会科学研究所教授

　　主著：企業買収と防衛策（商事法務，2012），会社法〔第2版〕（東京大学出版会，2018），数字でわかる会社法（編著）（有斐閣，2013）

執筆者紹介

森本　滋（もりもと・しげる）

　　昭和 21 年 3 月 28 日生まれ，昭和 44 年京都大学卒業

　　現在：弁護士，京都大学名誉教授

　　主著：会社法・商行為法手形法講義〔第 4 版〕（成文堂，2014），企業統
　　　　治と取締役会（商事法務，2017），取締役の義務と責任（商事法務，
　　　　2017）

黒沼悦郎（くろぬま・えつろう）

　　昭和 35 年 9 月 7 日生まれ，昭和 59 年東京大学卒業

　　現在：早稲田大学大学院法務研究科教授

　　主著：証券市場の機能と不公正取引の規制（神戸法学双書，2002），アメ
　　　　リカ証券取引法〔第 2 版〕（弘文堂，2004），金融商品取引法（有斐
　　　　閣，2016），会社法（商事法務，2017）

舩津浩司（ふなつ・こうじ）

　　昭和 50 年 6 月 4 日生まれ，平成 19 年東京大学法学政治学研究科博士課
　　　　程修了

　　現在：同志社大学法学部教授

　　主著・主論文：「グループ経営」の義務と責任（商事法務，2010），「欧
　　　　州における企業グループ法制の動向と日本の法制のあり方」フィナン
　　　　シャル・レビュー 121 号（2015），「会議体としての株主総会の未来を
　　　　考える──『2018 年版株主総会白書』を読んで」商事 2186 号
　　　　（2018）

弥永真生（やなが・まさお）

　　昭和 36 年 12 月 30 日生まれ，昭和 61 年東京大学卒業

　　現在：筑波大学大学院ビジネス科学研究科教授

　　主著：会計基準と法（中央経済社，2013），コンメンタール会社法施行規
　　　　則・電子公告規則〔第 2 版〕（商事法務，2015），コンメンタール会社
　　　　計算規則・商法施行規則〔第 3 版〕（商事法務，2017）

久保大作（くぼ・だいさく）

　　昭和 46 年 12 月 11 日生まれ，平成 16 年東京大学大学院法学政治学研究

科博士課程修了

現在：大阪大学大学院高等司法研究科教授

主著・主論文：会社法〔第2版〕（共著）（弘文堂，2018），「商法上の会計規範の決定に関する一考察(1)」法協124巻12号（2007），「会計基準と会社法」中東正文＝松井秀征編・会社法の選択──新しい社会の会社法を求めて（商事法務，2010）

片木晴彦（かたぎ・はるひこ）

昭和31年8月7日生まれ，昭和55年京都大学卒業

現在：広島大学大学院法務研究科教授

主著：新しい企業会計法の考え方（中央経済社，2003），プリメール会社法〔新版〕（共著）（法律文化社，2016）

齊藤真紀（さいとう・まき）

昭和49年11月8日生まれ，平成10年京都大学卒業

現在：京都大学大学院法学研究科教授

主論文：「子会社の管理と親会社の責任(1)〜（5完）──子会社の債権者保護に関する基礎的考察」論叢149巻1号・3号・5号（2001），150巻3号・5号（2002），「不公正な合併に対する救済としての差止めの仮処分」神作裕之ほか編・会社裁判にかかる理論の到達点（商事法務，2014）

神田秀樹（かんだ・ひでき）

昭和28年9月24日生まれ，昭和52年東京大学卒業

現在：学習院大学大学院法務研究科教授

主著：The Anatomy of Corporate Law〔3rd edition〕（Oxford University Press, 2017）〔共著〕，会社法入門〔新版〕（岩波新書，2015），会社法〔第21版〕（弘文堂，2019）

伊藤靖史（いとう・やすし）

昭和46年3月13日生まれ，平成8年京都大学大学院法学研究科修士課程修了

現在：同志社大学法学部教授

執筆者紹介

　　主著・主論文：経営者の報酬の法的規律（有斐閣，2013），会社法〔第4
　　版〕（共著）（有斐閣，2018），「株主総会に関する近年の裁判例──決
　　議の効力を争う訴えに関する論点」商事2175号（2018）

宮島　司（みやじま・つかさ）
　　昭和25年8月23日生まれ，昭和53年慶應義塾大学大学院法学研究科
　　博士課程単位取得退学
　　現在：慶應義塾大学名誉教授
　　主著：会社法概説〔第3版補正2版〕（弘文堂，2004），新会社法エッセ
　　ンス〔第4版補正版〕（弘文堂，2015），逐条解説保険法（弘文堂，
　　2019）

目　次

はしがき……i　／　凡　例……ii　／　執筆者紹介……vi　／　目　次……xv

前　　注…………………………………………………岩原紳作…… 3
　　Ⅰ　序(3)　　Ⅱ　改正の経緯(3)　　Ⅲ　改正の主な
　　内容(5)　　Ⅳ　改正の意義(7)　　Ⅴ　結び(13)

第1巻（§§1-31）増補

　第2条（定義）………………………………………藤田友敬…… 14
　　Ⅰ　改正の意義(17)　　Ⅱ　子会社等・親会社等(18)
　　Ⅲ　監査等委員会設置会社・指名委員会等設置会社
　　(19)　　Ⅳ　社外取締役・社外監査役(20)
　第21条（譲渡会社の競業の禁止）………………川村　力…… 23
　第23条の2（詐害事業譲渡に係る譲受会社に対する債務の履行の請
　　求）………………………………………………神作裕之…… 24
　　Ⅰ　本条の趣旨・概要(25)　　Ⅱ　事業用資産の譲渡
　　にも本条を類推適用できるか(27)　　Ⅲ　本条と22条
　　1項の適用関係(27)
　第24条（商人との間での事業の譲渡又は譲受け）…北村雅史…… 30
　　Ⅰ　本条の改正の趣旨(30)　　Ⅱ　改正された規定の
　　内容(31)

第2巻（§§32-103）増補

　第33条（定款の記載又は記録事項に関する検査役の選任）
　　………………………………………………………川村　力…… 33
　第38条（設立時役員等の選任）…………………川村　力…… 34
　第39条……………………………………………………川村　力…… 36
　第40条（設立時役員等の選任の方法）…………川村　力…… 37
　第41条（設立時役員等の選任の方法の特則）………川村　力…… 38

xv

目　次

第 42 条（設立時役員等の解任）　………………川　村　　力……39

第 43 条（設立時役員等の解任の方法）　………川　村　　力……39

第 44 条（設立時取締役等の解任の方法の特則）　……川　村　　力……40

第 45 条（設立時役員等の選任又は解任の効力についての特則）

　　　　………………………………………………川　村　　力……42

第 46 条　……………………………………………川　村　　力……43

第 47 条（設立時代表取締役の選定等）　………川　村　　力……43

第 48 条（設立時委員の選定等）　………………川　村　　力……44

第 52 条の 2（出資の履行を仮装した場合の責任等）

　　　　…………………………………………………小　林　　量……45

　　Ⅰ　改正の趣旨(46)　　Ⅱ　経緯(46)　　Ⅲ　出資の
　　履行を仮装した発起人の責任(本条1項)(47)
　　Ⅳ　出資の履行の仮装に関与した発起人・設立時取締
　　役の責任(本条2項)(48)　　Ⅴ　連帯責任(本条3項)
　　(50)　　Ⅵ　計算上の扱い(50)　　Ⅶ　出資の履行が
　　仮装された株式の株主権(本条4項，5項)(50)
　　Ⅷ　設立の効力(53)

第 55 条（責任の免除）　…………………………小　林　　量……54

第 85 条（種類創立総会の招集及び決議）　………川　村　　力……55

第 88 条（設立時取締役等の選任）　……………川　村　　力……55

第 89 条（累積投票による設立時取締役の選任）

　　　　………………………………………………川　村　　力……56

第 90 条（種類創立総会の決議による設立時取締役等の選任）

　　　　………………………………………………川　村　　力……57

第 92 条　……………………………………………川　村　　力……58

第 102 条（設立手続等の特則）　…………………小　林　　量……59

第 102 条の 2（払込みを仮装した設立時募集株式の引受人の責任）

　　　　…………………………………………………小　林　　量……61

第 103 条（発起人の責任等）　……………………小　林　　量……62

　　Ⅰ　改正の趣旨(62)　　Ⅱ　経緯(63)　　Ⅲ　払込み
　　を仮装することに関与した発起人または設立時取締役
　　の責任(本条2項，3項)(63)　　Ⅳ　擬似発起人の責
　　任(本条4項)(64)

目　次

第 3 巻（§§ 104-154 の 2）増補

第 108 条（異なる種類の株式）………………………川 村　　力……66

第 113 条（発行可能株式総数）………………………鈴木千佳子……68
　　I　本改正のポイント(69)　　II　発行可能株式総数
の増加の限度についての 4 倍規制の意義(69)
　　III　本条文の改正(非公開会社が公開会社となった場合
の規制)の経緯および理由(70)　　IV　当該規定に違反
した場合の効果(72)　　V　同様の趣旨から本改正を
受けた他の規定(72)

第 114 条（発行可能種類株式総数）…………………川 村　　力……73

第 116 条（反対株主の株式買取請求）………………松 中　　学……74
　　I　株式買取請求に関する本改正総論(76)　　II　買
取口座制度(79)　　III　振替株式以外の株式の株式買
取請求の撤回制限の実効化(100)

第 117 条（株式の価格の決定等）……………………松 中　　学……103
　　I　株式買取請求の効力発生時(104)　　II　価格決定
前の支払(仮払)制度(112)

第 118 条（新株予約権買取請求）……………………松 中　　学……116
　　I　総論(118)　　II　振替新株予約権・振替新株予約
権付社債についての改正(118)　　III　振替制度の対象
ではない新株予約権および新株予約権付社債の買取請
求に関する改正(121)

第 119 条（新株予約権の価格の決定等）……………松 中　　学……122
　　I　新株予約権買取請求の効力発生時(123)　　II　事
前支払(仮払)制度(124)

第 120 条（株主等の権利の行使に関する利益の供与）
　　　　　………………………………………………川 村　　力……125

第 122 条（株主名簿記載事項を記載した書面の交付等）
　　　　　………………………………………………川 村　　力……126

第 125 条（株主名簿の備置き及び閲覧等）…………前 田 雅 弘……127
　　I　本条の改正の趣旨(128)　　II　会社と競争関係に
ある者による請求(128)

xvii

目　次

第 149 条（株主名簿の記載事項を記載した書面の交付等）
　　　　　　　　　　　　　　　　　　　　　　　　　川 村　　力……129
第 151 条（株式の質入れの効果）………………………森 下 哲 朗……130
　　Ⅰ　本条の趣旨(131)　　Ⅱ　物上代位の対象(131)
　　Ⅲ　株式に対する質権の取扱い(132)　　Ⅳ　物上代位
　　の方法(133)
第 152 条………………………………………………………川 村　　力……134
第 153 条………………………………………………………川 村　　力……135
第 154 条………………………………………………………川 村　　力……135

第 4 巻（§§ 155-198）増補

第 171 条の 2（全部取得条項付種類株式の取得対価等に関する書面等
　　の備置き及び閲覧等）………………………………山 下 友 信……138
　　Ⅰ　全部取得条項付種類株式に関する本改正(139)
　　Ⅱ　本条の新設の趣旨(140)　　Ⅲ　取得対価等に関す
　　る書面等の備置き(141)　　Ⅳ　書面等の閲覧等請求
　　(147)　　Ⅴ　本条違反と取得の効力等(148)
第 171 条の 3（全部取得条項付種類株式の取得をやめることの請求）
　　　　　　　　　　　　　　　　　　　　　　　　　山 下 友 信……149
　　Ⅰ　本条の新設の趣旨(149)　　Ⅱ　差止事由(150)
　　Ⅲ　差止請求権の行使(153)　　Ⅳ　差止仮処分違反の
　　取得の効力(155)
第 172 条（裁判所に対する価格の決定の申立て）……山 下 友 信……155
　　Ⅰ　本条の改正の趣旨(156)　　Ⅱ　価格の決定の申立
　　期間(157)　　Ⅲ　取得についての通知または公告
　　(158)　　Ⅳ　会社による価格決定前の支払(159)
　　Ⅴ　価格決定の申立適格(160)　　Ⅵ　振替株式につい
　　ての価格決定の申立てと個別株主通知の要否(163)
　　Ⅶ　公正な取得価格(164)　　Ⅷ　MBO に関する取締
　　役の義務と責任(171)
第 173 条（効力の発生）…………………………………山 下 友 信……175
　　Ⅰ　本条の改正の趣旨(175)　　Ⅱ　取得の価格の決定
　　を申し立てた株主の権利(176)　　Ⅲ　全部取得につい
　　ての効力(177)

第173条の2（全部取得条項付種類株式の取得に関する書面等の備置き及び閲覧等）……………………………山下友信……183
　　Ⅰ　本条の新設の趣旨(183)　　Ⅱ　取得に関する書面等の作成(184)　　Ⅲ　書面等の備置き(186)
　　Ⅳ　株主の閲覧等請求(186)　　Ⅴ　本条違反と取得の効力(187)

第179条（株式等売渡請求）……………………………中東正文……188
　　Ⅰ　本条の趣旨(189)　　Ⅱ　制度の導入の経緯(190)
　　Ⅲ　株式等売渡請求制度の概要(191)　　Ⅳ　検討と課題(194)

第179条の2（株式等売渡請求の方法）………………中東正文……198
　　Ⅰ　本条の趣旨(199)　　Ⅱ　特別支配株主が定めるべき事項(200)

第179条の3（対象会社の承認）…………………………中東正文……201
　　Ⅰ　本条の趣旨(202)　　Ⅱ　手続の概要(202)
　　Ⅲ　対象会社の取締役の義務(203)

第179条の4（売渡株主等に対する通知等）…………中東正文……204
　　Ⅰ　本条の趣旨(204)　　Ⅱ　概要(205)

第179条の5（株式等売渡請求に関する書面等の備置き及び閲覧等）……………………………………………中東正文……206
　　Ⅰ　本条の趣旨(207)　　Ⅱ　概要(207)

第179条の6（株式等売渡請求の撤回）………………中東正文……209
　　Ⅰ　本条の趣旨(210)　　Ⅱ　概要(210)

第179条の7（売渡株式等の取得をやめることの請求）……………………………………………………………中東正文……211
　　Ⅰ　本条の趣旨(212)　　Ⅱ　概要(212)

第179条の8（売買価格の決定の申立て）……………中東正文……214
　　Ⅰ　本条の趣旨(214)　　Ⅱ　概要(214)

第179条の9（売渡株式等の取得）………………………中東正文……216

第179条の10（売渡株式等の取得に関する書面等の備置き及び閲覧等）……………………………………………中東正文……217

第180条（株式の併合）…………………………………山本爲三郎……219

目　次

　　Ⅰ　本改正の経緯と概要(219)　　Ⅱ　改正法と4倍規
制(220)　　Ⅲ　株式併合の必要性の説明(221)

第181条（株主に対する通知等）……………………川 村　　力……222

第182条（効力の発生）………………………………山本爲三郎……222

第182条の2（株式の併合に関する事項に関する書面等の備置き及び
　　閲覧等）……………………………………………飯 田 秀 総……224

　　Ⅰ　本条の概要と背景(225)　　Ⅱ　事前開示事項(本
条1項)(227)　　Ⅲ　開示期間(本条1項)(231)
　　Ⅳ　株主による閲覧請求等(本条2項)(231)

第182条の3（株式の併合をやめることの請求）……飯 田 秀 総……232

　　Ⅰ　本条の概要と背景(232)　　Ⅱ　法令または定款に
違反する場合(233)　　Ⅲ　株主が不利益を受けるおそ
れ(238)

第182条の4（反対株主の株式買取請求）……………飯 田 秀 総……239

　　Ⅰ　本条の概要(240)　　Ⅱ　買取請求の対象となる株
式(本条1項)(241)　　Ⅲ　公 正 な 価 格(本条1項)
(241)　　Ⅳ　反 対 株 主(本条2項)(254)　　Ⅴ　通
知・公告の期限(本条3項)(259)　　Ⅵ　株式買取請求
の方法(本条4項)(259)　　Ⅶ　買取請求の撤回の制限
とその実効性の確保(本条5項，6項，7項)(260)
　　Ⅷ　株式併合を中止したときの株式買取請求の効力
(260)

第182条の5（株式の価格の決定等）…………………飯 田 秀 総……261

　　Ⅰ　本条の概要(261)　　Ⅱ　買取価格の協議と裁判所
に対する申立て(本条1項，2項)(262)　　Ⅲ　株式買
収請求の撤回(本条3項)(262)　　Ⅳ　利息の支払と仮
払制度(本条4項，5項)(263)　　Ⅴ　株式の買取りの
効力の発生(本条6項)(264)　　Ⅵ　代金の支払(本条
7項)(264)

第182条の6（株式の併合に関する書面等の備置き及び閲覧等）
………………………………………………………飯 田 秀 総……264

　　Ⅰ　本条の概要(265)　　Ⅱ　事後開示書面等の作成
(本条1項)(266)　　Ⅲ　本店での備置き(本条2項)
(267)　　Ⅳ　株主・元株主による閲覧請求等(本条3
項)(267)

目　次

第 5 巻（§§ 199–235）増補 ————————————

第 205 条（募集株式の申込み及び割当てに関する特則）
……………………………………………吉 本 健 一……269

第 206 条（募集株式の引受け）………………………川 村　　力……270

第 206 条の 2（公開会社における募集株式の割当て等の特則）
……………………………………………藤 田 友 敬……270

　Ⅰ　総説(271)　　Ⅱ　規律の適用される募集株式の割
当て(273)　　Ⅲ　要求される手続(274)　　Ⅳ　本条
違反の効果(274)

第 207 条……………………………………………………川 村　　力……275

第 209 条（株主となる時期等）……………………………川 村　　力……277

第 211 条（引受けの無効又は取消しの制限）…………川 村　　力……278

第 212 条（不公正な払込金額で株式を引き受けた者等の責任）
……………………………………………………川 村　　力……279

第 213 条（出資された財産等の価額が不足する場合の取締役等の責
　　任）………………………………………………川 村　　力……280

第 213 条の 2（出資の履行を仮装した募集株式の引受人の責任）
……………………………………………………小 林　　量……281

　Ⅰ　改正の趣旨(281)　　Ⅱ　払込みを仮装した引受人
の責任(本条 1 項)(282)　　Ⅲ　責任の免除(本条 2 項)
(282)　　Ⅳ　代表訴訟・連帯債務・計算上の扱い
(282)　　Ⅴ　発行された株式の効力(283)

第 213 条の 3（出資の履行を仮装した場合の取締役等の責任）
……………………………………………………小 林　　量……284

　Ⅰ　改正の趣旨(285)　　Ⅱ　出資の履行を仮装するこ
とに関与した取締役等の責任(本条 1 項)(285)
　Ⅲ　連帯責任(本条 2 項)(286)　　Ⅳ　責任の免除
(286)　　Ⅴ　代表訴訟・計算上の扱い(287)

第 216 条（株券の記載事項）………………………川 村　　力……287

第 219 条（株券の提出に関する公告等）……………中 東 正 文……287

　Ⅰ　本条の改正の趣旨(289)　　Ⅱ　改正の概要(289)

第 220 条（株券の提出をすることができない場合）…川 村　　力……290

第 233 条（適用除外）………………………………川 村　　力……291

xxi

目　次

第 6 巻 （§§ 236–294）増補

第 238 条（募集事項の決定）………………………………吉本健一……292

第 244 条（募集新株予約権の申込み及び割当てに関する特則）

　　　　………………………………………………………吉本健一……293

第 244 条の 2（公開会社における募集新株予約権の割当て等の特則）

　　　　……………………………………………………藤田友敬……294

　　　Ⅰ　本条の趣旨(295)　　Ⅱ　規制内容(296)

第 245 条（新株予約権者となる日）………………………川村　力……297

第 250 条（新株予約権原簿記載事項を記載した書面の交付等）

　　　　………………………………………………………川村　力……297

第 252 条（新株予約権原簿の備置き及び閲覧等）……前田雅弘……298

第 270 条（新株予約権原簿の記載事項を記載した書面の交付等）

　　　　………………………………………………………川村　力……300

第 272 条（新株予約権の質入れの効果）………………川口恭弘……300

　　　Ⅰ　改正の概要と趣旨(301)　　Ⅱ　登録新株予約権質
　　　権者が金銭等に相当する金額を供託させることができ
　　　る場合(302)

第 279 条（新株予約権無償割当ての効力の発生等）…吉本健一……303

　　　Ⅰ　本条の改正の趣旨(303)　　Ⅱ　改正の内容(304)

第 282 条（株主となる時期等）……………………………江頭憲治郎……306

　　　Ⅰ　本条の改正点(306)　　Ⅱ　新株予約権を行使した
　　　者による株主の権利の行使の禁止(本条 2 項)(307)
　　　Ⅲ　譲受人による権利行使(本条 3 項)(310)

第 285 条（不公正な払込金額で新株予約権を引き受けた者等の責任）

　　　　………………………………………………………川村　力……311

第 286 条（出資された財産等の価額が不足する場合の取締役等の責
　　　任）………………………………………………………川村　力……312

第 286 条の 2（新株予約権に係る払込み等を仮装した新株予約権者等
　　　の責任）………………………………………………江頭憲治郎……313

　　　Ⅰ　本条の趣旨(314)　　Ⅱ　義務を負う者(314)
　　　Ⅲ　責任の免除(本条 2 項)(317)　　Ⅳ　会計処理
　　　(317)

目　次

第286条の3（新株予約権に係る払込み等を仮装した場合の取締役等
　　の責任）………………………………………江頭憲治郎……317
　　　Ⅰ　本条の趣旨(318)　　Ⅱ　義務を負う者(318)
　　　Ⅲ　義務の内容(本条1項)(320)　　Ⅳ　連帯債務者
　　　(320)　　Ⅴ　会計処理(320)
第289条（新株予約権証券の記載事項）………………川　村　　力……320
第291条（新株予約権証券の喪失）………………………川口恭弘……321
第293条（新株予約権証券の提出に関する公告等）
　　……………………………………………………江頭憲治郎……321
　　　Ⅰ　本条の改正点(323)　　Ⅱ　改正の内容(323)
　　　Ⅲ　本条の公告・通知の懈怠の効果(324)
第294条（無記名式の新株予約権証券等が提出されない場合）
　　……………………………………………………山下徹哉……325

第7巻（§§ 295–347）増補

第309条（株主総会の決議）………………………松尾健一……327
　　　Ⅰ　改正の概要(328)　　Ⅱ　改正の内容と経緯(328)
第322条（ある種類の種類株主に損害を及ぼすおそれがある場合の種
　　類株主総会）………………………………………山下友信……330
　　　Ⅰ　本条の改正の趣旨(331)　　Ⅱ　特別支配株主によ
　　　る株式等売渡請求についての対象会社の承認(331)
第323条（種類株主総会の決議を必要とする旨の定めがある場合）
　　……………………………………………………山下徹哉……333
第326条（株主総会以外の機関の設置）………………近藤光男……334
第327条（取締役会等の設置義務等）…………………近藤光男……335
　　　Ⅰ　取締役会設置会社(335)　　Ⅱ　取締役会設置会社
　　　と監査役(336)　　Ⅲ　会計監査人設置会社と監査役
　　　(336)　　Ⅳ　監査等委員会設置会社と監査役(336)
　　　Ⅴ　監査等委員会設置会社と会計監査人(336)
　　　Ⅵ　指名委員会等設置会社と監査等委員会設置会社
　　　(337)
第327条の2（社外取締役を置いていない場合の理由の開示）
　　……………………………………………………岩原紳作……337

xxiii

目　次

Ⅰ　総説(338)　　Ⅱ　規律の対象となる会社(343)
Ⅲ　説明義務の判断の基準時(343)　　Ⅳ　説明の内容
等(344)　　Ⅴ　違反の効果(348)

第328条（大会社における監査役会等の設置義務）…山 下 徹 哉……350

第329条（選任）……………………………………浜 田 道 代……350
Ⅰ　本条の改正の概要(351)　　Ⅱ　役員選任議案に関
する法改正(351)　　Ⅲ　社外取締役選任に関する近時
の動向(354)

第331条（取締役の資格等）………………………前 田 雅 弘……355
Ⅰ　本条の改正の趣旨(356)　　Ⅱ　監査等委員である
取締役の兼任禁止(357)　　Ⅲ　監査等委員会の構成
(358)

第332条（取締役の任期）…………………………前 田 雅 弘……358
Ⅰ　本条の改正の趣旨(359)　　Ⅱ　監査等委員会設置
会社の取締役の任期(360)　　Ⅲ　一定の定款変更に伴
う任期の満了(361)

第334条（会計参与の任期）………………………山 下 徹 哉……362
第336条（監査役の任期）…………………………山 下 徹 哉……363
第340条（監査役等による会計監査人の解任）………山 下 徹 哉……364
第342条（累積投票による取締役の選任）…………山 下 徹 哉……365
第342条の2（監査等委員である取締役等の選任等についての意見の
　陳述）………………………………………………前 田 雅 弘……366
Ⅰ　本条の新設の趣旨(367)　　Ⅱ　監査等委員の選任
等についての意見陳述権(367)　　Ⅲ　監査等委員以外
の取締役の選任等についての意見陳述権(369)

第344条（会計監査人の選任等に関する議案の内容の決定）
　………………………………………………………山 田 純 子……374
Ⅰ　改正の趣旨(375)　　Ⅱ　決定権の内容(376)
Ⅲ　決定権行使の方法(377)　　Ⅳ　開示(378)

第344条の2（監査等委員である取締役の選任に関する監査等委員会
　の同意等）…………………………………………前 田 雅 弘……379
Ⅰ　本条の新設の趣旨(380)　　Ⅱ　監査等委員の選任
等に関する監査等委員会の同意権等(380)

第346条（役員等に欠員を生じた場合の措置）………山 下 徹 哉……381

第 347 条（種類株主総会における取締役又は監査役の選任等）
　　　　　　　　　　　　　　　　　　　　　　　　山下徹哉……383

第 8 巻（§§ 348-395）増補

第 348 条（業務の執行）　……………………………加藤貴仁……386
第 357 条（取締役の報告義務）　…………………………山下徹哉……386
第 360 条（株主による取締役の行為の差止め）　………山下徹哉……387
第 361 条（取締役の報酬等）　……………………………田中　亘……389
　　Ⅰ　改正の趣旨(389)　　Ⅱ　監査等委員である取締役
　　の独立性確保のための措置(390)　　Ⅲ　監査等委員以
　　外の取締役の報酬等についての意見陳述権(391)
第 362 条（取締役会の権限等）　…………………………加藤貴仁……392
　　Ⅰ　総説(393)　　Ⅱ　子会社の管理に関する親会社取
　　締役の義務・責任(395)　　Ⅲ　企業集団内部統制シス
　　テムの構築・運用に関する親会社取締役の義務・責任
　　(402)
第 367 条（株主による招集の請求）　……………………山下徹哉……405
第 371 条（議事録等）　……………………………………山下徹哉……406
第 372 条（取締役会への報告の省略）　…………………山下徹哉……408
第 373 条（特別取締役による取締役会の決議）　………山下徹哉……409
第 374 条（会計参与の権限）　……………………………山下徹哉……411
第 375 条（会計参与の報告義務）　………………………山下徹哉……411
第 377 条（株主総会における意見の陳述）　……………山下徹哉……412
第 386 条（監査役設置会社と取締役との間の訴えにおける会社の代表
　　等）　……………………………………………………山下徹哉……413

第 9 巻（§§ 396-430）増補

第 396 条（会計監査人の権限等）　………………………山下徹哉……417
第 397 条（監査役に対する報告）　………………………山下徹哉……418
第 398 条（定時株主総会における会計監査人の意見の陳述）
　　　　　　　　　　　　　　　　　　　　　　　　山下徹哉……419
第 399 条（会計監査人の報酬等の決定に関する監査役の関与）
　　　　　　　　　　　　　　　　　　　　　　　　田中　亘……420

目　　次

第 399 条の 2（監査等委員会の権限等）………………田 中　　亘……421
　　Ⅰ　趣旨(422)　　Ⅱ　監査等委員会の構成(422)
　　Ⅲ　監査等委員会の職務(424)　　Ⅳ　監査等委員の職
　　務執行上の費用等の前払等の請求(439)

第 399 条の 3（監査等委員会による調査）……………田 中　　亘……442
　　Ⅰ　本条の趣旨(442)　　Ⅱ　報告徴収権および業務・
　　財産状況調査権(443)　　Ⅲ　子会社に対する報告徴収
　　権および業務・財産状況調査権(444)

第 399 条の 4（取締役会への報告義務）………………田 中　　亘……446
　　Ⅰ　本条の趣旨(446)　　Ⅱ　報告義務の範囲(447)

第 399 条の 5（株主総会に対する報告義務）…………田 中　　亘……451
　　Ⅰ　本条の趣旨(452)　　Ⅱ　報告義務の対象(452)
　　Ⅲ　報告義務の履行方法(453)

第 399 条の 6（監査等委員による取締役の行為の差止め）
　　……………………………………………………田 中　　亘……454
　　Ⅰ　本条の趣旨(454)　　Ⅱ　差止請求権の性質(454)
　　Ⅲ　差止請求権の要件(455)　　Ⅳ　差止請求の方法・
　　手続(458)

第 399 条の 7（監査等委員会設置会社と取締役との間の訴えにおける
　　会社の代表等）………………………………………田 中　　亘……462
　　Ⅰ　本条の趣旨(464)　　Ⅱ　監査等委員会設置会社と
　　取締役との間の訴訟における会社代表(464)　　Ⅲ　取
　　締役が監査等委員会設置会社に対して訴訟を提起する
　　場合の訴状の送達(469)　　Ⅳ　旧株主による責任追及
　　等の訴えの対象となる取締役等の責任を追及する訴え
　　を提起する場合の会社代表(469)　　Ⅴ　最終完全親会
　　社等の株主による特定責任追及の訴え(多重代表訴訟)
　　の対象となる取締役等の特定責任を追及する訴えの場
　　合の会社代表(470)　　Ⅵ　取締役の責任を追及する訴
　　えの提訴請求を受ける場合の会社代表(471)　　Ⅶ　取
　　締役の責任を追及する株主代表訴訟における訴訟告知
　　および和解の通知・催告を受ける場合の会社代表(472)
　　Ⅷ　株式交換等完全親会社または最終完全親会社等が
　　責任追及等の訴えに関する通知を受ける場合の会社代
　　表(475)

xxvi

　　　　　　　　　　　　　　　　　　　　　　　　　　　　目　次

第 399 条の 8（招集権者）……………………………田 中　　亘……476

第 399 条の 9（招集手続等）…………………………田 中　　亘……478
　　Ⅰ　本条の趣旨(479)　　Ⅱ　招集の必要性(479)
　　Ⅲ　招集の手続(479)　　Ⅳ　取締役等の監査等委員会
　　への出席および説明(481)

第 399 条の 10（監査等委員会の決議）………………田 中　　亘……481
　　Ⅰ　本条の趣旨(482)　　Ⅱ　決議の要件(482)
　　Ⅲ　審議・決議の方法(483)　　Ⅳ　決議の瑕疵(485)
　　Ⅴ　議事録(486)

第 399 条の 11（議事録）………………………………田 中　　亘……487

第 399 条の 12（監査等委員会への報告の省略）……田 中　　亘……489

第 399 条の 13（監査等委員会設置会社の取締役会の権限）
　　………………………………………………………田 中　　亘……490
　　Ⅰ　本条の趣旨(492)　　Ⅱ　業務執行の決定(493)
　　Ⅲ　監査等委員会設置会社の取締役会が決定しなけれ
　　ばならない事項(493)　　Ⅳ　業務執行の決定の委任と
　　その限界(506)　　Ⅴ　取締役の職務執行の監督(511)
　　Ⅵ　代表取締役の選定および解職(512)

第 399 条の 14（監査等委員会による取締役会の招集）
　　………………………………………………………田 中　　亘……513

第 400 条（委員の選定等）……………………………山 下 徹 哉……513

第 401 条（委員の解職等）……………………………山 下 徹 哉……514

第 402 条（執行役の選任等）…………………………山 下 徹 哉……515

第 403 条（執行役の解任等）…………………………山 下 徹 哉……516

第 404 条（指名委員会等の権限等）…………………山 下 徹 哉……516

第 405 条（監査委員会による調査）…………………山 下 徹 哉……517

第 407 条（監査委員による執行役等の行為の差止め）
　　………………………………………………………山 下 徹 哉……518

第 408 条（指名委員会等設置会社と執行役又は取締役との間の訴えに
　　おける会社の代表等）………………………………山 下 徹 哉……518

第 410 条（招集権者）…………………………………山 下 徹 哉……521

xxvii

目　次

第 411 条（招集手続等）………………………山 下 徹 哉……522

第 412 条（指名委員会等の決議）……………山 下 徹 哉……522

第 413 条（議事録）……………………………山 下 徹 哉……523

第 414 条（指名委員会等への報告の省略）…山 下 徹 哉……524

第 415 条（指名委員会等設置会社の取締役の権限）…山 下 徹 哉……524

第 416 条（指名委員会等設置会社の取締役会の権限）

　　　　　　………………………………………加 藤 貴 仁……524

第 417 条（指名委員会等設置会社の取締役会の運営）

　　　　　　………………………………………山 下 徹 哉……526

第 418 条（執行役の権限）……………………山 下 徹 哉……527

第 419 条（執行役の監査委員に対する報告義務等）

　　　　　　………………………………………山 下 徹 哉……527

第 421 条（表見代表執行役）…………………山 下 徹 哉……530

第 422 条（株主による執行役の行為の差止め）………山 下 徹 哉……530

第 423 条（役員等の株式会社に対する損害賠償責任）

　　　　　　………………………………………森 本　　滋……530

　　Ⅰ　本条の改正(531)　　Ⅱ　本条 4 項の趣旨(532)
　　Ⅲ　監査等委員会の承認の法的意義(533)　　Ⅳ　本条
　　4 項の適用範囲(534)　　Ⅴ　監査等委員会の承認手続
　　(535)　　Ⅵ　推定規定の適用除外の効果(539)

第 425 条（責任の一部免除）…………………黒 沼 悦 郎……541

　　Ⅰ　改正の趣旨(542)　　Ⅱ　株式会社に最終完全親会
　　社等がある場合の役員等の特定責任の一部免除(543)
　　Ⅲ　業務執行取締役等でない取締役の最低責任限度額
　　(544)　　Ⅳ　監査等委員会設置会社における各監査等
　　委員の同意(545)

第 426 条（取締役等による免除に関する定款の定め）

　　　　　　………………………………………黒 沼 悦 郎……545

　　Ⅰ　改正の趣旨(547)　　Ⅱ　監査等委員会設置会社に
　　おける役員等の責任の一部免除(548)　　Ⅲ　株式会社
　　に最終完全親会社等がある場合の株主の異議手続等
　　(548)

第 427 条（責任限定契約）……………………黒沼悦郎……549

Ⅰ　改正の趣旨(550)　　Ⅱ　業務執行取締役等以外の
取締役・監査役との間の責任限定契約(552)　　Ⅲ　監
査等委員会設置会社における各監査等委員の同意(553)
Ⅳ　株式会社に最終完全親会社等がある場合の事後の
開示等(553)

第 429 条（役員等の第三者に対する損害賠償責任）

……………………………………………………舩津浩司……554

第 10 巻（§§ 431-444）・第 11 巻（§§ 445-465）増補

会社計算

第 6 条（負債の評価）……………………………弥永真生……556

Ⅰ　改正の背景・経緯・趣旨・概要(556)　　Ⅱ　論点
(557)

第 21 条（設立時又は成立後の株式の交付に伴う義務が履行された場
合）……………………………………………久保大作……558

Ⅰ　本条の趣旨(559)　　Ⅱ　本条による会計処理の対
象となる義務の履行の範囲(559)　　Ⅲ　本条による会
計処理(560)

第 61 条（連結計算書類）…………………………弥永真生……561

第 74 条（資産の部の区分）………………………弥永真生……563

Ⅰ　改正の背景・経緯・趣旨・概要(566)　　Ⅱ　論点
(567)

第 75 条（負債の部の区分）………………………弥永真生……568

Ⅰ　改正の背景・経緯・趣旨・概要(569)　　Ⅱ　論点
(570)

第 76 条（純資産の部の区分）……………………弥永真生……570

Ⅰ　改正の背景・経緯・趣旨・概要(572)　　Ⅱ　論点
(573)

第 93 条（税等）……………………………………弥永真生……574

第 94 条（当期純損益金額）………………………弥永真生……575

第 96 条【株主資本等変動計算書等】……………弥永真生……577

xxix

目　次

　　　　Ⅰ　改正の背景・経緯・趣旨・概要(579)　　Ⅱ　論点
　　(582)

　第 102 条（連結計算書類の作成のための基本となる重要な事項に関す
　　る注記等）……………………………………………弥 永 真 生……582

　　　　Ⅰ　改正の背景・経緯・趣旨・概要(584)　　Ⅱ　論点
　　(585)

　第 113 条（1 株当たり情報に関する注記）…………弥 永 真 生……586
　第 120 条の 3（米国基準で作成する連結計算書類に関する特則）
　　……………………………………………………弥 永 真 生……587

　　　　Ⅰ　改正の背景・経緯・趣旨・概要(587)　　Ⅱ　本条
　　の趣旨と解釈・論点(589)

　第 125 条（計算関係書類の提供）…………………片 木 晴 彦……591
　第 128 条の 2（監査等委員会の監査報告の内容）…片 木 晴 彦……592
　　　　Ⅰ　総説(592)　　Ⅱ　監査報告の内容(593)
　第 130 条（会計監査報告の通知期限等）……………片 木 晴 彦……595
　第 131 条（会計監査人の職務の遂行に関する事項）
　　……………………………………………………片 木 晴 彦……597
　第 132 条（会計監査人設置会社の監査役等の監査報告の通知期限）
　　……………………………………………………片 木 晴 彦……597
　第 133 条（計算書類等の提供）……………………片 木 晴 彦……599
　　　　Ⅰ　本条の改正の趣旨(601)　　Ⅱ　定時株主総会に提
　　供すべき書類(602)　　Ⅲ　Web 開示制度(本条 4 項
　　から 8 項まで)(602)　　Ⅳ　Web 開示による計算書
　　類の一体開示(本条 8 項)(603)

　第 134 条（連結計算書類の提供）…………………片 木 晴 彦……603
　第 135 条【計算書類等の承認の特則に関する要件】
　　……………………………………………………片 木 晴 彦……605
　第 152 条（計算書類に関する事項）………………舩 津 浩 司……606
　第 155 条【剰余金の分配を決定する機関の特則に関する要件】
　　……………………………………………………舩 津 浩 司……607
　第 159 条（剰余金の配当等に関して責任をとるべき取締役等）
　　……………………………………………………黒 沼 悦 郎……608

第 436 条（計算書類等の監査等）……………………舩 津 浩 司……612
第 441 条（臨時計算書類）……………………………舩 津 浩 司……612

xxx

第 444 条 ···································· 舩 津 浩 司 ······613

第 459 条（剰余金の配当等を取締役会が決定する旨の定款の定め）

································ 舩 津 浩 司 ······614

第 462 条（剰余金の配当等に関する責任）············ 舩 津 浩 司 ······615

第 464 条（買取請求に応じて株式を取得した場合の責任）

································ 黒 沼 悦 郎 ······618

第 12 巻（§§ 466-509）増補

第 467 条（事業譲渡等の承認等）··················· 齊 藤 真 紀 ······619

 I　本条の改正の概要(620)　　II　対象となる子会社
株式の譲渡(623)　　III　「事業譲渡」概念への影響
(630)　　IV　本条 1 項 2 号の 2 に該当しない子会社株
式の譲渡につき，株主総会決議を要する場合(631)
 V　本条 1 項 2 号の 2 に該当する譲渡につき，株主総
会決議を欠いていた場合の取引の効力(633)

第 469 条（反対株主の株式買取請求）················· 神 田 秀 樹 ······635

 I　本条の改正の趣旨(636)　　II　本条 1 項の改正
(637)　　III　本条 2 項および 3 項の改正(637)
 IV　本条 6 項および 9 項の新設(638)

第 470 条（株式の価格の決定等）··················· 神 田 秀 樹 ······638

 I　本条の改正の趣旨(639)　　II　本条 3 項の改正
(639)　　III　本条 5 項の新設(640)　　IV　本条 6 項
の改正(640)

第 477 条 ···································· 舩 津 浩 司 ······641

第 478 条（清算人の就任）························ 舩 津 浩 司 ······641

第 482 条（業務の執行）························· 舩 津 浩 司 ······643

第 490 条（清算人会の運営）······················ 舩 津 浩 司 ······644

第 509 条 ···································· 舩 津 浩 司 ······646

第 13 巻（§§ 510-574）増補

第 536 条（事業の譲渡の制限等）··················· 舩 津 浩 司 ······648

xxxi

目　次

第16巻（§§676-742）増補

第695条の2（信託財産に属する社債についての対抗要件等）
……………………………………………舩津浩司……649
　第699条（社債券の喪失）…………………………舩津浩司……650
担保付社債信託法
　第45条（特別代理人の選任）………………………舩津浩司……650
　第56条（書類の移管等）……………………………舩津浩司……651

第17巻（§§743-774）増補

　第746条（持分会社の組織変更計画）………………舩津浩司……652
　第747条（持分会社の組織変更の効力の発生等）……舩津浩司……653
　第753条（株式会社を設立する新設合併契約）………舩津浩司……654
　第759条（株式会社に権利義務を承継させる吸収分割の効力の発生
　　等）……………………………………………神作裕之……657
　　序(659)　Ⅰ　本改正の概要(660)　Ⅱ　分割会社
　　に知れていない債権者の保護(本条2項，3項)(663)
　　Ⅲ　濫用的・詐害的な会社分割における残存債権者の
　　保護(667)
　第761条（持分会社に権利義務を承継させる吸収分割の効力の発生
　　等）……………………………………………神作裕之……725
　第763条（株式会社を設立する新設分割計画）………舩津浩司……727
　第764条（株式会社を設立する新設分割の効力の発生等）
　　……………………………………………………神作裕之……729
　　序(731)　Ⅰ　新設分割における詐害性・有害性
　　(731)　Ⅱ　新設会社の善意・悪意(本条4項)(734)
　第766条（持分会社を設立する新設分割の効力の発生等）
　　……………………………………………………神作裕之……737
　第773条（株式移転計画）……………………………舩津浩司……739

第18巻（§§775-816）増補

　第777条（新株予約権買取請求）……………………伊藤靖史……742

xxxii

Ⅰ　総説(743)　　Ⅱ　新株予約権証券の提出(本条 6
項)(744)　　Ⅲ　新株予約権付社債券の提出(本条 7
項)(746)　　Ⅳ　新株予約権原簿の名義書換規定の不
適用(本条 10 項)(746)

第 778 条（新株予約権の価格の決定等）……………伊 藤 靖 史……747

Ⅰ　総説(748)　　Ⅱ　新株予約権の価格の決定前の株
式会社による支払(本条 5 項)(749)

第 783 条（吸収合併契約等の承認等）………………舩 津 浩 司……750

第 784 条（吸収合併契約等の承認を要しない場合）…舩 津 浩 司……751

第 784 条の 2（吸収合併等をやめることの請求）……伊 藤 靖 史……752

Ⅰ　総説(753)　　Ⅱ　差止事由(755)　　Ⅲ　差止請
求が認められない場合(765)　　Ⅳ　差止めの手続
(765)　　Ⅴ　差止めの効果(767)　　Ⅵ　差止めと無
効(769)　　Ⅶ　本改正前に主張されていた組織再編の
差止め(769)

第 785 条（反対株主の株式買取請求）………………伊 藤 靖 史……775

Ⅰ　総説(777)　　Ⅱ　反対株主の範囲(本条 2 項，3
項)(778)　　Ⅲ　株券の提出(本条 6 項)(779)
Ⅳ　株主名簿の名義書換規定の不適用(本条 9 項)(780)

第 786 条（株式の価格の決定等）……………………伊 藤 靖 史……781

Ⅰ　総説(782)　　Ⅱ　株式の価格の決定前の株式会社
による支払(本条 5 項)(783)　　Ⅲ　株式買取請求に係
る株式の買取りの効力発生時点(本条 6 項)(786)

第 787 条（新株予約権買取請求）……………………伊 藤 靖 史……787

Ⅰ　総説(788)　　Ⅱ　新株予約権証券の提出(本条 6
項)(790)　　Ⅲ　新株予約権付社債券の提出(本条 7
項)(791)　　Ⅳ　新株予約権原簿の名義書換規定の不
適用(本条 10 項)(792)

第 788 条（新株予約権の価格の決定等）……………伊 藤 靖 史……793

Ⅰ　総説(794)　　Ⅱ　新株予約権の価格の決定前の株
式会社による支払(本条 5 項)(796)　　Ⅲ　新株予約権
買取請求に係る新株予約権の買取りの効力発生時点(本
条 6 項)(796)

xxxiii

目　次

第792条（剰余金の配当等に関する特則）……………伊藤靖史……797

第796条（吸収合併契約等の承認を要しない場合等）
　　　　……………………………………………………舩津浩司……798

第796条の2（吸収合併等をやめることの請求）……伊藤靖史……799
　　　Ⅰ　総説(800)　　Ⅱ　差止事由(801)　　Ⅲ　差止請
　　求が認められない場合(806)　　Ⅳ　差止めの手続
　　(807)　　Ⅴ　差止めの効果(809)　　Ⅵ　差止めと無
　　効(810)

第797条（反対株主の株式買取請求）………………伊藤靖史……811
　　　Ⅰ　総説(812)　　Ⅱ　簡易組織再編と株式買取請求権
　　(本条1項ただし書)(814)　　Ⅲ　反対株主の範囲(本
　　条2項，3項)(819)　　Ⅳ　株券の提出(本条6項)
　　(820)　　Ⅴ　株主名簿の名義書換規定の不適用(本条
　　9項)(821)

第798条（株式の価格の決定等）………………………伊藤靖史……822
　　　Ⅰ　総説(823)　　Ⅱ　株式の価格の決定前の株式会社
　　による支払(本条5項)(825)　　Ⅲ　株式買取請求に係
　　る株式の買取りの効力発生時点(本条6項)(825)

第804条（新設合併契約等の承認）……………………舩津浩司……826

第805条の2（新設合併等をやめることの請求）……伊藤靖史……827
　　　Ⅰ　総説(827)　　Ⅱ　差止事由(828)　　Ⅲ　差止請
　　求が認められない場合(831)　　Ⅳ　差止めの手続
　　(832)　　Ⅴ　差止めの効果(834)　　Ⅵ　差止めと無
　　効(835)

第806条（反対株主の株式買取請求）………………伊藤靖史……836
　　　Ⅰ　総説(837)　　Ⅱ　株券の提出(本条6項)(838)
　　Ⅲ　株主名簿の名義書換規定の不適用(本条9項)(839)

第807条（株式の価格の決定等）………………………伊藤靖史……840
　　　Ⅰ　総説(841)　　Ⅱ　株式の価格の決定前の株式会社
　　による支払(本条5項)(843)　　Ⅲ　株式買取請求に係
　　る株式の買取りの効力発生時点(本条6項)(843)

第808条（新株予約権買取請求）………………………伊藤靖史……844

I 総説(846)　II　新株予約権証券の提出(本条6
項)(847)　　III　新株予約権付社債券の提出(本条7
項)(849)　　IV　新株予約権原簿の名義書換規定の不
適用(本条10項)(849)

第809条（新株予約権の価格の決定等）……………伊藤靖史……850
　　　I　総説(851)　II　新株予約権の価格の決定前の株
式会社による支払(本条5項)(853)　III　新株予約権
買取請求に係る新株予約権の買取りの効力発生時点(本
条6項)(854)

第810条（債権者の異議）………………………………舩津浩司……854

第812条（剰余金の配当等に関する特則）…………宮島　司……855

第813条………………………………………………………舩津浩司……857

第814条（株式会社の設立の特則）…………………宮島　司……857

第21巻（§§939-979）増補

第943条（欠格事由）……………………………………舩津浩司……860

第960条（取締役等の特別背任罪）…………………舩津浩司……861

第966条（株式の超過発行の罪）……………………舩津浩司……862

第968条（株主等の権利の行使に関する贈収賄罪）…舩津浩司……863

第970条（株主等の権利の行使に関する利益供与の罪）

………………………………………………………………舩津浩司……864

第976条（過料に処すべき行為）……………………舩津浩司……865

事項索引……870　／　判例索引……873

会 社 法

（平成 17 年法第 86 号）

施行：平成 18 年 5 月 1 日（平成 18 年政第 77 号）
改正：平成 18 年法第 50 号，第 66 号，第 109 号
　　　平成 19 年法第 47 号，第 99 号
　　　平成 20 年法第 65 号
　　　平成 21 年法第 29 号，第 58 号，第 74 号
　　　平成 23 年法第 53 号
　　　平成 24 年法第 16 号
　　　平成 25 年法第 45 号
　　　平成 26 年法第 42 号，第 90 号
　　　平成 27 年法第 63 号
　　　平成 28 年法第 62 号
　　　平成 29 年法第 45 号（未施行）
　　　平成 30 年法第 95 号（未施行）

前　注

I　序

　本改正は，2014年6月20日に国会において可決，成立した（平成26法90号）。改正法の元になった法制審議会の見直し要綱が2012年9月7日に決定されてから2年近い月日がかかっている（国会提出や国会の審議が長引いた経緯については，岩原紳作ほか「座談会・改正会社法の意義と今後の課題（上）」商事2040号〔2014〕7頁〔岩原紳作〕参照）。法制審議会に会社法制の見直しの諮問がなされた2010年2月24日からは4年以上が経っていた（平成22法務大臣諮問91号。法制審議会における審議の状況につき，法制審議会会社法制部会の各回会議議事録，および，中東正文「会社法改正の力学」井田良＝松原芳博編・立法学のフロンティア(3)〔ナカニシヤ出版，2014〕236-237頁参照）。このことに示されているように会社法改正は難産であったが，それだけの意義のある改正であると考えられる。

II　改正の経緯

　すでに詳しく論じたことがあるが（岩原紳作・会社法論集〔商事法務，2016〕64頁以下。以下，「岩原・論集」という），本改正の背景としては，リーマン危機以降により明確になった日本経済や日本企業の競争力の低下の原因の1つとして，日本企業のコーポレート・ガバナンスが他の国に比較して劣っていることがあるのではないか，それが日本企業のROA（総資本利益率）やROE（自己資本利益率）が欧米企業よりはるかに低いというパフォーマンスの悪さをもたらしているのではないか，という懸念があった。すなわち，企業同士の株式持合いがなお残り，社外取締役も少なくほとんどが社内の従業員出身の取締役で占められている日本企業では，業績と無関係に経営トップが決まり，役員報酬制度も業績に連動していないことが多いこと等から，株主の発言力が弱くて，経営に対する株主による監視が有効に機能せず，株主利益を軽視した経営が行わ

〔岩　原〕

前 注

れているという批判が，機関投資家等から寄せられていた（岩原・論集52頁参照。日本における企業支配の実態につき，江頭憲治郎・会社法の基本問題〔有斐閣，2011〕53頁以下および同引用文献参照）。高い収益を上げるインセンティブが経営者に欠けているというのである。経営者による株主利益の軽視の表れとしては，指名委員会等設置会社に移行したり社外取締役を積極的に任用したりする会社が少ないこと，買収防衛策をとる会社が多く，MBOによって上場をとりやめる会社も多いこと，カネボウ，ライブドア，オリンパス等，大型粉飾決算をする会社の摘発が相次いだこと，きわめて不透明な大規模第三者割当増資やMSCB（Moving Strike Convertible Bond）の発行等，既存の株主等の利益を軽視する不公正ファイナンスを行う会社が多く現れたこと，等も挙げられた（岩原・論集52-57頁）。

　また，企業結合に関する法制の整備が必要ではないかということも，強く意識されていた。親会社が子会社を搾取したりして，子会社の株主や債権者の利益を損なうことがあり得ることは，以前から問題とされてきたが（江頭憲治郎・結合企業法の立法と解釈〔有斐閣，1995〕6頁以下，伊藤靖史「子会社の少数株主の保護」森本滋編著・企業結合法の総合的研究〔商事法務，2009〕57頁以下等），本改正においては，平成9年私的独占の禁止及び公正取引の確保に関する法律改正による持株会社の解禁，平成11年商法改正による株式交換・株式移転制度の創設の結果，金融機関を中心に持株会社形態が急速に広まった中で，持株会社でありながら業務そして実際の経営の中心は子会社にあるという会社が多く，そのような子会社の経営に対する持株会社やその株主による監督があまり効いていない例が多いのではないか，ということが大きく問題とされた（親会社取締役の子会社の経営に介入する義務を論じるものとして，舩津浩司・「グループ経営」の義務と責任〔商事法務，2010〕7頁以下参照）。わが国においては，子会社の起こした不祥事が親会社や他のグループ企業に甚大な打撃を与えるケースや（東芝機械，雪印食品等の事件がその例である〔奥島孝康「東西冷戦のトバッチリ」法学セミナー453号（1992）89頁，西井寿里「3つの雪印グループ事件と内部統制システム」法学新報115巻5=6号（2008）250頁以下等参照〕），子会社を利用した不正行為が行われるケースが少なくないのである（大王製紙の事件がその例である〔日本経済新聞平成23年9月17日付朝刊35面〕）。

　このような問題意識を踏まえて，前述の法務大臣による法制審議会への会社法制の見直しの諮問は，「会社法制について，会社が社会的，経済的に重要な役割を果たしていることに照らして会社を取り巻く幅広い利害関係者からの一

層の信頼を確保する観点から，企業統治の在り方や親子会社に関する規律等を見直す必要があると思われるので，その要綱を示されたい」としていたのである。なお，この諮問が民主党政権の下において行われ（民主党公開会社法プロジェクトチーム「公開会社法（仮称）制定に向けて」〔2009年7月〕参照），諮問に表れる「会社を取り巻く幅広い利害関係者」が従業員等を含んでいるとみられて，中間試案においては従業員の代表を監査役に選任することとする案も検討されていたこと等から（中間試案第1部第2の2注。この提案は要綱や改正法案には盛り込まれなかった〔要綱概要13頁参照〕），そのような政治の影響を会社法改正に見出す見方もある（江頭憲治郎ほか「座談会・次期会社法改正と日本の企業社会（早稲田大学法学学術院早稲田大学法学会第93回法学会大会）」早稲田法学90巻2号〔2015〕172頁〔江頭憲治郎〕。なお，中東正文＝松井秀征編著・会社法の選択〔商事法務，2010〕243頁〔山田泰弘〕参照）。しかし少なくとも法制審議会会社法制部会による要綱の取りまとめの段階に入ってからは，そのような影響を受けずに審議は進められた（その経緯や同部会の構成，立案担当者の体制等につき，岩原・論集79頁以下参照）。

　法制審議会会社法制部会の審議においてもっとも難航したのは，一定の株式会社につき社外取締役の設置を強制すべきかといったコーポレート・ガバナンスの改革の問題，および，多重代表訴訟の制度化，親会社取締役は子会社取締役の職務執行の監督を行う旨の明文化，親子会社間の利益相反につき親会社の責任に関する規定の明文化等の，企業結合法制の立法問題であった。以下，これらにつきいかに改正内容で実現されたか（実現されなかったか）を解説する。

III　改正の主な内容

　IIに述べたような経緯から，本改正の主たる内容としては，以下のようなものがある。

　第1に，社外取締役設置義務を規定することには経済界の強い反対があったため見送ったが，その代わりに，株式会社のコーポレート・ガバナンスを強化するために社外取締役の独立性を高めその任用を促進することを目的に，社外取締役や社外監査役の社外性の要件を強化する一方，公開会社であり，かつ，大会社である監査役会設置会社であって，金融商品取引法24条1項により有価証券報告書提出義務のある株式会社において社外取締役が存しない場合には，定時株主総会で社外取締役を置くことが相当でない理由を説明しなければ

〔岩　原〕

前　注

ならないこととした（327の2）。また，そのような株式会社は，「社外取締役を
置くことが相当でない理由」を，事業報告に記載するとともに（会社法施行規
則124条2項，3項に規定された），社外取締役候補者を含まない取締役選任議案
を株主総会に提出する場合の参考書類にも記載することを，法務省令で定める
ことが想定されている（同則74条の2第1項，3項に規定された）。このほか，金
融商品取引所の規則において，「上場会社は取締役である独立役員を1人以上
確保するよう努める旨の規律を設ける必要がある」という法制審議会会社法制
部会の附帯決議に基づき，各証券取引所は同趣旨の上場規則の改正を行った
（東京証券取引所有価証券上場規程445の4，名古屋証券取引所上場有価証券の発行者の
会社情報の適時開示等に関する規則42の4等）。なお，中間試案第1部第1の3(1)
A案注2にあった「株式会社の重要な取引先の関係者」は社外性を充たさな
いとする案は，「重要」性につき一義的な基準を明確にすることは困難である
等の理由により，要綱や法案には盛り込まれなかった（要綱概要11頁）。

　第2に，同様の理由により，監査等委員会制度を設けて，定款に定めれば，
監査役に代えて社外取締役が過半数を占める監査等委員会が監査に当たること
とした（326Ⅱ・328Ⅰ・331Ⅵ・399の2Ⅲ①等）。監査等委員である取締役は，監
査等委員である取締役の選任・解任・辞任や報酬等につき，監査等委員会が選
定した監査等委員は，監査等委員である取締役以外の取締役の選任・解任・辞
任や報酬等について，株主総会で意見を言える（342の2ⅠⅣ・361ⅤⅥ）。

　第3に，会社の基礎的変更に準じる行為に対する株主の発言権を強化するた
めに，募集株式の引受人が総株主の議決権の過半数を有することになるような
募集株式の割当てを公開会社が行う場合に（親会社等への割当てや株主割当てを除
く），原則として株主に対し当該引受人の氏名等を通知または公告し，総株主
の議決権の10分の1以上の議決権を有する株主が反対の通知を会社に行った
場合は，株主総会の普通決議による承認が必要になることとした（206の2）。

　第4に，同様の趣旨から，親会社による子会社の株式または持分の全部また
は一部の譲渡において，その帳簿価格が親会社の総資産額の5分の1を超える
場合で，子会社議決権の過半数の保有を失い，子会社支配権を失うことになる
場合は，重要な事業譲渡に準じるものとして，株主総会特別決議による承認を
必要とすることとした（467Ⅰ②の2・309Ⅱ⑪）。

　第5に，親会社株主による子会社の役員等の子会社に対する責任の追及を可
能にするために，いわゆる多重代表訴訟を限定的に認めることにした。すなわ
ち，最終完全親会社等の総株主の議決権の100分の1以上の議決権を有する株

前　注

主または発行済株式の 100 分の 1 以上の数を有する株主は，株式の帳簿価額が最終完全親会社等の総資産額の 5 分の 1 を超える重要な子会社の役員等の責任を追及する訴訟を子会社のために提起できるとされた（847 の 3）。

　第 6 に，親会社による子会社の経営の監督を促すために，会社法施行規則 98 条 1 項 5 号，100 条 1 項 5 号，112 条 2 項 5 号に定められている，企業集団の業務の適正を確保するために必要な体制の整備に係る親会社取締役の義務を，会社法本体の条文に規定することとした（348 Ⅲ ④・362 Ⅳ ⑥・416 Ⅰ ① ホ）。

　これ以外にも重要な改正として，特別支配株主の株式等売渡請求（179-179 の 10・846 の 2-846 の 9 等），全部取得条項付種類株式の取得の際の開示の強化等（171 の 2 等），株式の併合により端数となる株式の買取請求等（182 の 2-182 の 6 等），組織再編等に対する株主の差止請求（171 の 3・182 の 3・784 の 2・796 の 2・805 の 2 等），詐害的な会社分割等における債権者の保護（23 の 2・759 Ⅳ-Ⅶ・764 Ⅳ-Ⅶ 等），分割会社に知れていない債権者の保護（759 Ⅱ Ⅲ・764 Ⅱ Ⅲ），会計監査人の選任・解任等に関する議案の内容の監査役による決定（344），取締役，監査役等に関する責任限定契約の対象の拡大（427 Ⅰ Ⅱ・911 Ⅲ ㉕ 等），仮装払込みによる募集株式の発行等に対する規制の強化（52 の 2・102 Ⅲ Ⅳ・102 の 2・103 Ⅱ Ⅲ・209 Ⅱ Ⅲ・213 の 2・213 の 3・282 Ⅱ Ⅲ・286 の 2・286 の 3 等），等がある。

Ⅳ　改正の意義

1　コーポレート・ガバナンス

　それでは本改正はいかなる意義を有すると解すべきか。最大の意義は，従業員出身者が会社の経営者の地位を独占し，株主利益よりも従業員集団の利益を重視する傾向のあった（江頭・前掲基本問題 55 頁参照。ただしこのような状況にも変化が生じつつあることにつき，宮島英昭「日本の企業統治の進化をいかにとらえるか」宮島英昭編著・日本の企業統治〔東洋経済新報社，2011〕1 頁以下参照），わが国の株式会社のコーポレート・ガバナンスを，株主利益をより重視する傾向に一歩進めたことではなかろうか。上場会社の中で社外取締役のいる会社の割合は，見直し要綱が決定する以前の段階では 50 パーセント程度であったが（東京証券取引所「東証上場会社コーポレート・ガバナンス白書 2011」18 頁），改正法が成立した時点では，まだ改正法が施行されていないのにもかかわらず，65

〔岩　原〕

前　注

パーセント近く，一部上場会社においては75パーセント近くに達した（東京
証券取引所「東証上場会社における社外取締役の選任状況〈確報〉」〔2014年7月25
日〕〔https://www.jpx.co.jp/listing/others/ind-executive/tvdivq0000001j9j-att/b
7gje6000004qeeg.pdf〕）。上記のような「社外取締役を置くことが相当でない
理由」の開示が，改正法が施行されると求められることになることを見据えて
早めの対応がされたこととともに，法制審議会が，「1　社外取締役に関する
規律については，これまでの議論及び社外取締役の選任に係る現状等に照ら
し，現時点における対応として，本要綱に定めるもののほか，金融商品取引所
の規則において，上場会社は取締役である独立役員を一人以上確保するよう努
める旨の規律を設ける必要がある。」「2　1の規律の円滑かつ迅速な制定のた
めの金融商品取引所での手続において，関係各界の真摯な協力がされることを
要望する。」という附帯決議を行ったことを受けて（経緯につき，要綱概要8頁参
照），各証券取引所が附帯決議1に対応する上場規則改正を行ったことが（東京
証券取引所有価証券上場規程445の4，名古屋証券取引所上場有価証券の発行者の会社
情報の適時開示等に関する規則42条の4等），このような上場会社における社外取
締役の急速な普及をもたらしたものと思われる。その後，コーポレートガバナ
ンス・コードが策定・改訂され，上場会社は独立社外取締役を少なくとも2名
以上選任すべきであるとされたことから（「コーポレートガバナンス・コード〜会
社の持続的な成長と中長期的な企業価値の向上のために〜」〔東京証券取引所，2018年
6月1日〕原則4-8)，東京証券取引所の2018年7月31日の発表によれば，東証
一部上場企業2099社のうち社外取締役がいない会社は7社にすぎず，同二部
上場企業511社のうち社外取締役がいない会社は5社にすぎない。同一部上場
企業では2名以上の社外取締役がいる会社は1986社（全体の94.6パーセン
ト），3名以上は949社（全体の45.2パーセント），取締役の3分の1以上が社外
取締役である会社が877社（全体の41.8パーセント），取締役の過半数が社外取
締役である会社が103社（全体の4.9パーセント）になっている（東京証券取引所
「東証上場会社における独立社外取締役の選任状況，委員会の設置状況及び相談役・顧
問等の開示状況」〔2018年7月31日〕〔https://www.jpx.co.jp/listing/others/ind-
executive/tvdivq0000001j9j-att/nlsgeu00000393cs.pdf〕）。法制審議会「会社法
制（企業統治等関係）の見直しに関する要綱」（2019年2月14日）第2部第2
の2は，「監査役設置会社（公開会社であり，かつ，大会社であるものに限
る。）であって金融商品取引法第24条第1項の規定によりその発行する株式に
ついて有価証券報告書を内閣総理大臣に提出しなければならないものは，社外

8　　　　　　　　　　　　　　　　　　　　　　　　　　　　〔岩　原〕

前　注

取締役を置かなければならないものとする」という規定を設ける会社法の改正を提案している。

また，支配株主の異動を伴う募集株式の発行等につき，10分の1以上の議決権を有する株主が反対した場合には，株主総会普通決議による承認を要求したり（206の2），一定の要件を充たした親会社による子会社の株式等の譲渡に株主総会特別決議による承認を要求したりしたこと等も（467 I ②の2・309 II ⑪），株主の意思をより尊重する方向への改正であり，実務的にも影響のあり得る改正といえよう。

このような会社法改正によるわが国株式会社のコーポレート・ガバナンス改革の動きは，金融庁における日本版スチュワードシップ・コードの策定・改訂や（スチュワードシップ・コードに関する有識者検討会「『責任ある機関投資家』の諸原則《日本版スチュワードシップ・コード》〜投資と対話を通じて企業の持続的成長を促すために〜」〔2017年5月29日〕〔以下，「日本版スチュワードシップ・コード」という〕〔https://www.fsa.go.jp/news/29/singi/20170529/01.pdf〕），前述したコーポレートガバナンス・コードの策定・改訂とも連動して，日本企業のコーポレート・ガバナンスを，より株主利益を重視したものに見直そうとするうねりになっている。金融庁等の政府や政治の動きの背景には，前述したような日本の企業や資本市場の競争力への懸念とともに，2008年のリーマン危機以降，世界的に金融機関を中心に企業のコーポレート・ガバナンスのあり方に反省が加えられ，各国がコーポレート・ガバナンスの見直しの競争を行っているという事情がある（Klaus J. Hopt, Corporate Governance of Banks after the Financial Crisis, in Eddy Wymeersch, Klaus J. Hopt & Guido Ferrarini, (ed.), FINANCIAL REGULATION AND SUPERVISION: A POST-CRISIS ANALYSIS, 〔Oxford University Press, 2012〕pp.337 et seq. もっとも，後述するようにイギリス等においては，株主利益重視の行きすぎを見直す動きがある）。このような世界の潮流の中で，会社法という法律の規定の改正そのものよりも，それがきっかけとなって，わが国企業のコーポレート・ガバナンスについて関心が集まり，コーポレート・ガバナンスに対する社会や企業の見方や姿勢の変化をもたらしたことが，より大きな意義を持つように思われる。右へ倣えの傾向の強いわが国企業は，社外取締役任用への動きが始まったことで雪崩を打って社外取締役任用へと動いたものと思われる。

問題は，社外取締役を1人または複数任用するだけでコーポレート・ガバナンスの改善の効果が期待できるかということであり，そもそも日本企業のコー

〔岩　原〕

前　注

ポレート・ガバナンスの望ましいあるべき姿はどのようなものかということである。前者に関しては，改訂されたコーポレートガバナンス・コードによって上場会社は2名以上の独立社外取締役を置くことが求められており，一部上場会社の90パーセント以上，二部上場会社では70パーセント近くがこれを遵守している。しかし一部上場会社においても，取締役の3分の1以上を社外取締役にしている会社は41.8パーセント，過半数を社外取締役にしている会社は4.9パーセントにすぎない。それに社外取締役の質が問題であるし（なお，藤田友敬「『社外取締役・取締役会に期待される役割——日本取締役協会の提言』を読んで」商事2038号〔2014〕7頁以下参照），アメリカ等におけるモニタリング・モデルは，単に独立取締役が過半を占める取締役会の存在だけで可能になっているわけではない。内部統制部門，企業会計部門，リスク管理部門等の社内組織が，独立取締役が過半を占める取締役会や，その下にある独立取締役を中心に構成される監査委員会，指名委員会，報酬委員会，リスク委員会等を支える体制になっている（例えば，前田雅弘「監査役会と三委員会と監査・監督委員会」株式会社法大系267頁，五十嵐則夫「監査委員会の役割及び監査委員会と独立監査人とのコミュニケーション（上）」監査役625号〔2014〕79頁等参照）。これらの各部門には，監査，会計，リスク管理等の専門家が多数属して，しかも多くの場合，彼らは社内の人事ローテーションに組み込まれない専門家として採用され，企業間で移動することも多いといわれる。それだけに会社経営者からの独立性も高く，むしろ取締役会や各委員会の指示に従って行動することが期待されるわけである。このような企業内の社外取締役を支える体制を日本の企業・社会の人事，風土の中で（それらを改革しながら）いかにして構築していけるか，それが難しければそれに代わるものを築けるかが，大きな課題である。そして社外取締役を支える体制とともに，何よりも企業を厳しく監視し場合によっては経営にも発言する機関投資家等の株主の存在が，モニタリング・モデルを可能にするといえよう。日本においてそのような機関投資家等が育っていくかが，大きな課題である（日本版スチュワードシップ・コード，江頭憲治郎「上場会社の株主」株式会社法大系3頁以下参照）。

　以上のようなコーポレート・ガバナンス改革の動きは，前述したように，より株主の利益を反映した経営，株主による経営の監視を強化する方向を目指したものである。このような動きは，株式会社制度の問題は，経営者が，株主より自らの利益，例えば，ストックオプション等による個人的利益の実現を図って目先の利益追求に走り，エンロン事件のような不正経理やリーマン危機にお

10　　　　　　　　　　　　　　　　　　　　　　　　　　　　　　〔岩　原〕

けるような危険な企業行動を起こしたり，公害その他により第三者を損なう経営を行ったり，地位保全のために消極的経営を行ったり，経営者の母体である従業員集団の利益のほうを重んじて，企業の収益力を損なう経営を行ったりすることにある，という認識に基づく（岩原・論集52頁以下および同引用文献参照）。株主は被害者だというモデルである。

　しかしイギリス，アメリカ等においては，このような株主利益の追求を求める考え方とは逆に，コーポレート・ガバナンスにおいて株主の力が強すぎ，企業が株主利益最大化に走りすぎていることが，バブルを発生させ，リーマン危機のような経済・社会の不安定化や危機をもたらしたと見て，それを抑制することが必要だとする考えも根強い。短期的な企業利益の拡大を要求するヘッジファンド等の機関投資家の圧力が，企業経営者をサブプライムローンの証券化等のバブルを引き起こす危険な行動に走らせたというのである。株主は加害者だというモデルである（Andrew R. Keay, The Global Financial Crisis: Risk, Shareholder Pressure, and Short-Termism in Financial Institutions-Does Enlightened Shareholder Value Offer a Panacea?, 5 Law & Fin. Mkt. Rev. 435〔2011〕; John C. Coffee, Jr., Systemic Risk after Dodd-Frank: Contingent Capital and the Need for Regulatory Strategies beyond Oversight, 111 Colum. L. Rev. 795〔2011〕; Colin Mayer, FIRM COMMITMENT: WHY THE CORPORATION IS FAILING US AND HOW TO RESTORE TRUST IN IT〔Oxford U. Press, 2013〕〔コリン・メイヤー（宮島英昭監訳）・ファーム・コミットメント（NTT出版，2014）〕。尾崎悠一「金融危機と役員報酬規制」神作裕之責任編集・金融危機後の資本市場法制〔資本市場研究会，2010〕159頁以下参照。岩原・論集72頁注26参照。なお，株主が短期的利益を追求しているという批判に対する反論として，例えば，Mark J. Roe, Corporate Short-Termism—In the Boardroom and in the Courtroom, 68 Bus. Law. 977〔2013〕参照)。

　いずれが真実か，国によって事情も異なろう。株主利益があまりにも軽視されて収益力が落ちては，資本を有効に利用したことにならず，企業ひいては国の経済力も落ちる。前述したように，日本で現在懸念されているのは，そのような状況である。他方，ファンド等の投資家の力が強すぎて，それが短期的な利益の追求に傾くとすれば，企業の長期的な利益，そして会社債権者，従業員，消費者，政府等，株主以外の会社関係者の利益を損なう経営を企業経営者に強いる可能性がある。イギリス，アメリカ等において懸念されている状況である。もっとも，そのような株主利益を過度に追求するガバナンスのあり方に

前　注

批判的な見方も，会社経営の中心を出資者である株主の利益の追求に置き，株主が会社経営者を選任するという，資本主義体制自体は否定しないものが多い。社会主義体制が崩壊した今日，資本主義に代わる経済体制のモデルは生まれていないためである。過大な株主利益追求への批判は，資本主義の行きすぎにブレーキをかけようという考えにすぎず，しかもその具体的な方法につき必ずしも確たる答えは見出せていないように感じられる。

本改正は，日本の会社経営において株主利益と従業員集団の利益のバランスがやや後者に傾きすぎていたのを，前者の株主利益のいっそうの重視の方向へ一歩踏み出そうとしたものにすぎないといえよう。株主利益が十分に配慮されるようになったときに，その行きすぎにいかにブレーキをかけ，企業の長期的な利益や株主以外の会社の利害関係者の利害を適切に反映する会社制度をいかに構築していくかは，将来の課題であろう（大杉謙一「会社は誰のものか」落合古稀1頁および同引用文献参照）。

2　企業結合

企業結合に係る本改正は，多重代表訴訟制度の限定的導入等，非常に限られたものであった（今回の会社法改正の内容を含む企業結合法制全体の検討として，神作裕之「親子会社とグループ経営」株式会社法大系57頁以下参照）。とりわけ子会社関係者の親会社からの保護については，一切手が加えられなかった（中間試案第2部第2の1においては，親会社が子会社との間の利益相反取引により子会社に不利益を与えた場合の親会社の責任を規定することが提案されていたが，経済界の反対等により規定されなかった）。もっとも，今回の限られた改正でも，実務的には影響を及ぼし得る点もある。

例えば，多重代表訴訟が認められたことに伴い，多重代表訴訟の対象となる子会社役員責任の一部免除を行うには，子会社だけではなく最終完全親会社等の株主総会による承認等も要件とされることになった（425-427）。その結果，子会社役員の責任の一部免除は実際上，きわめて困難になったといえよう。

親会社役員の子会社経営に関する監視義務は，前述したように，会社法施行規則に規定されていた内容が，会社法本体に規定されただけである。しかし少なくとも実務家はこの問題により神経質になっているようであり（岩原紳作ほか「座談会・改正会社法の意義と今後の課題（下）」商事2042号〔2014〕4頁以下参照。親会社取締役の子会社経営に関する監視義務につき積極的な表現をとる判例として，福岡地判平成23・1・26金判1367号41頁がある。なお，東京地判平成13・1・25

判時 1760 号 144 頁，大阪地判平成 15・9・24 判時 1848 号 134 頁，東京地判平成 23・11・24 判時 2153 号 109 頁等参照），社外取締役の設置の問題と同様に，本改正を契機にこの問題がより認識されることが期待される。

V 結 び

コーポレート・ガバナンスの問題については，株主のあり方等が変わらない限り，会社法を改正しても効果は期待できないという意見もある（江頭ほか・前掲 172 頁 [江頭]，江頭憲治郎「会社法改正によって日本の会社は変わらない」法時 86 巻 11 号 〔2014〕59 頁以下）。たしかに会社法という法律の改正だけによる効果は限られたものかもしれない。しかし前述した社外取締役の任用の問題に見られるように，むしろ本改正に伴い，会社関係者や社会の認識があらたまっていくことのほうに，より多くの意義が見出せるように思われる。わが国においては，そのような認識の変化や，雇用形態の変化等に伴い，会社経営者が，役員人事や役員報酬の決定，コーポレート・ファイナンス，組織再編等に当たって，株主利益により注意を払い，コーポレート・ガバナンスの過程をより透明なものとしていくことが望まれる。

企業結合についても，本改正の内容は誠に細やかなものである。しかし，経済・社会が大きく変わる中で，企業結合についても見直しの動きや変化はあり，その改善に向けての継続的な努力が必要であろう。

Ⅲ に記したように，本改正には，コーポレート・ガバナンス関連や企業結合関連の改正以外にも，特別支配株主による株式等売渡請求制度の導入（179-179 の 10）等，重要な意義を有する改正が多数含まれている。詳しくは本書の各条文の注釈をお読みいただきたい。

（岩原紳作）

〔岩 原〕

§2　　　　　　　　　　　　　　　　　　　　　　第1編　総則　第1章　通則

第1巻（§§1-31）増補

（定義）
第2条　この法律において，次の各号に掲げる用語の意義は，当該各号に定めるところによる。
1　会社　株式会社，合名会社，合資会社又は合同会社をいう。
2　外国会社　外国の法令に準拠して設立された法人その他の外国の団体であって，会社と同種のもの又は会社に類似するものをいう。
3　子会社　会社がその総株主の議決権の過半数を有する株式会社その他の当該会社がその経営を支配している法人として法務省令で定めるものをいう。
3の2　子会社等　次のいずれかに該当する者をいう。
　イ　子会社
　ロ　会社以外の者がその経営を支配している法人として法務省令で定めるもの
4　親会社　株式会社を子会社とする会社その他の当該株式会社の経営を支配している法人として法務省令で定めるものをいう。
4の2　親会社等　次のいずれかに該当する者をいう。
　イ　親会社
　ロ　株式会社の経営を支配している者（法人であるものを除く。）として法務省令で定めるもの
5　公開会社　その発行する全部又は一部の株式の内容として譲渡による当該株式の取得について株式会社の承認を要する旨の定款の定めを設けていない株式会社をいう。
6　大会社　次に掲げる要件のいずれかに該当する株式会社をいう。
　イ　最終事業年度に係る貸借対照表（第439条前段に規定する場合にあっては，同条の規定により定時株主総会に報告された貸借対照表をいい，株式会社の成立後最初の定時株主総会までの間においては，第435条第1項の貸借対照表をいう。ロにおいて同じ。）に資本金として計上した額が5億円以上であること。
　ロ　最終事業年度に係る貸借対照表の負債の部に計上した額の合計額が200億円以上であること。
7　取締役会設置会社　取締役会を置く株式会社又はこの法律の規定により取締役会を置かなければならない株式会社をいう。
8　会計参与設置会社　会計参与を置く株式会社をいう。
9　監査役設置会社　監査役を置く株式会社（その監査役の監査の範囲を会計に関するものに限定する旨の定款の定めがあるものを除く。）又はこの法律の規定により監査役を置かなければならない株式会社をいう。

14　　　　　　　　　　　　　　　　　　　　　　　　　　　　　　　〔藤　田〕

§2

10 監査役会設置会社　監査役会を置く株式会社又はこの法律の規定により監査役会を置かなければならない株式会社をいう。

11 会計監査人設置会社　会計監査人を置く株式会社又はこの法律の規定により会計監査人を置かなければならない株式会社をいう。

11の2 監査等委員会設置会社　監査等委員会を置く株式会社をいう。

12 指名委員会等設置会社　指名委員会、監査委員会及び報酬委員会（以下「指名委員会等」という。）を置く株式会社をいう。

13 種類株式発行会社　剰余金の配当その他の第108条第1項各号に掲げる事項について内容の異なる2以上の種類の株式を発行する株式会社をいう。

14 種類株主総会　種類株主（種類株式発行会社におけるある種類の株式の株主をいう。以下同じ。）の総会をいう。

15 社外取締役　株式会社の取締役であって、次に掲げる要件のいずれにも該当するものをいう。

　　イ　当該株式会社又はその子会社の業務執行取締役（株式会社の第363条第1項各号に掲げる取締役及び当該株式会社の業務を執行したその他の取締役をいう。以下同じ。）若しくは執行役又は支配人その他の使用人（以下「業務執行取締役等」という。）でなく、かつ、その就任の前10年間当該株式会社又はその子会社の業務執行取締役等であったことがないこと。

　　ロ　その就任の前10年内のいずれかの時において当該株式会社又はその子会社の取締役、会計参与（会計参与が法人であるときは、その職務を行うべき社員）又は監査役であったことがある者（業務執行取締役等であったことがあるものを除く。）にあっては、当該取締役、会計参与又は監査役への就任の前10年間当該株式会社又はその子会社の業務執行取締役等であったことがないこと。

　　ハ　当該株式会社の親会社等（自然人であるものに限る。）又は親会社等の取締役若しくは執行役若しくは支配人その他の使用人でないこと。

　　ニ　当該株式会社の親会社等の子会社等（当該株式会社及びその子会社を除く。）の業務執行取締役等でないこと。

　　ホ　当該株式会社の取締役若しくは執行役若しくは支配人その他の重要な使用人又は親会社等（自然人であるものに限る。）の配偶者又は二親等内の親族でないこと。

16 社外監査役　株式会社の監査役であって、次に掲げる要件のいずれにも該当するものをいう。

　　イ　その就任の前10年間当該株式会社又はその子会社の取締役、会計参与（会計参与が法人であるときは、その職務を行うべき社員。ロにおいて同じ。）若しくは執行役又は支配人その他の使用人であったことがないこと。

　　ロ　その就任の前10年内のいずれかの時において当該株式会社又はその子会

〔藤　田〕

§2 第1編　総則　第1章　通則

社の監査役であったことがある者にあっては，当該監査役への就任の前10年間当該株式会社又はその子会社の取締役，会計参与若しくは執行役又は支配人その他の使用人であったことがないこと。

ハ　当該株式会社の親会社等（自然人であるものに限る。）又は親会社等の取締役，監査役若しくは執行役若しくは支配人その他の使用人でないこと。

ニ　当該株式会社の親会社等の子会社等（当該株式会社及びその子会社を除く。）の業務執行取締役等でないこと。

ホ　当該株式会社の取締役若しくは支配人その他の重要な使用人又は親会社等（自然人であるものに限る。）の配偶者又は二親等内の親族でないこと。

17　譲渡制限株式　株式会社がその発行する全部又は一部の株式の内容として譲渡による当該株式の取得について当該株式会社の承認を要する旨の定めを設けている場合における当該株式をいう。

18　取得請求権付株式　株式会社がその発行する全部又は一部の株式の内容として株主が当該株式会社に対して当該株式の取得を請求することができる旨の定めを設けている場合における当該株式をいう。

19　取得条項付株式　株式会社がその発行する全部又は一部の株式の内容として当該株式会社が一定の事由が生じたことを条件として当該株式を取得することができる旨の定めを設けている場合における当該株式をいう。

20　単元株式数　株式会社がその発行する株式について，一定の数の株式をもって株主が株主総会又は種類株主総会において1個の議決権を行使することができる1単元の株式とする旨の定款の定めを設けている場合における当該一定の数をいう。

21　新株予約権　株式会社に対して行使することにより当該株式会社の株式の交付を受けることができる権利をいう。

22　新株予約権付社債　新株予約権を付した社債をいう。

23　社債　この法律の規定により会社が行う割当てにより発生する当該会社を債務者とする金銭債権であって，第676条各号に掲げる事項についての定めに従い償還されるものをいう。

24　最終事業年度　各事業年度に係る第435条第2項に規定する計算書類につき第438条第2項の承認（第439条前段に規定する場合にあっては，第436条第3項の承認）を受けた場合における当該各事業年度のうち最も遅いものをいう。

25　配当財産　株式会社が剰余金の配当をする場合における配当する財産をいう。

26　組織変更　次のイ又はロに掲げる会社がその組織を変更することにより当該イ又はロに定める会社となることをいう。

イ　株式会社　合名会社，合資会社又は合同会社

〔藤　田〕

§2

ロ　合名会社，合資会社又は合同会社　株式会社
27　吸収合併　会社が他の会社とする合併であって，合併により消滅する会社の権利義務の全部を合併後存続する会社に承継させるものをいう。
28　新設合併　2以上の会社がする合併であって，合併により消滅する会社の権利義務の全部を合併により設立する会社に承継させるものをいう。
29　吸収分割　株式会社又は合同会社がその事業に関して有する権利義務の全部又は一部を分割後他の会社に承継させることをいう。
30　新設分割　1又は2以上の株式会社又は合同会社がその事業に関して有する権利義務の全部又は一部を分割により設立する会社に承継させることをいう。
31　株式交換　株式会社がその発行済株式（株式会社が発行している株式をいう。以下同じ。）の全部を他の株式会社又は合同会社に取得させることをいう。
32　株式移転　1又は2以上の株式会社がその発行済株式の全部を新たに設立する株式会社に取得させることをいう。
33　公告方法　会社（外国会社を含む。）が公告（この法律又は他の法律の規定により官報に掲載する方法によりしなければならないものとされているものを除く。）をする方法をいう。
34　電子公告　公告方法のうち，電磁的方法（電子情報処理組織を使用する方法その他の情報通信の技術を利用する方法であって法務省令で定めるものをいう。以下同じ。）により不特定多数の者が公告すべき内容である情報の提供を受けることができる状態に置く措置であって法務省令で定めるものをとる方法をいう。

I　改正の意義

　本条に規定される定義について大きく分けて3種類の改正が行われた。①「子会社等」（本条(3の2)），「親会社等」（本条(4の2)）の新設，②「監査等委員会設置会社」（本条(11の2)）の新設および「委員会設置会社」から「指名委員会等設置会社」（本条⑫）への名称変更，③「社外取締役」（本条⑮），「社外監査役」（本条⑯）の改正である。このうち①，②は新たな規定が設けられたことに伴う形式的な定義の修正であるが，③は社外性要件の強化という実質を実現するための改正である。

〔藤　田〕

17

II 子会社等・親会社等

1 趣　旨

　会社法は，子会社を会社がその経営を支配する法人として法務省令で定めるものと規定し（本条③），また親会社を株式会社の経営を支配する法人として法務省令で定めるもの（本条④）と規定する。このため例えば自然人や会社以外の法人によって支配されている法人や，株式会社を支配する自然人をも含めて適用される規定が設けられた場合には，これらを含む新たな概念を設ける必要がある。本改正により，以下の規律の適用との関係で，このような必要性が生じたため，子会社・親会社に加えて，子会社等・親会社等の定義を新設することとなった（一問一答平成26年106-109頁）。

2 子 会 社 等

　子会社等は，①子会社および②会社以外の者がその経営を支配している法人として法務省令で定めるもの（本条(3の2)ロ）の両者を包摂する概念である（同号柱書）。②について，法務省令は，会社以外の者が他の会社等の財務および事業の方針の決定を支配している場合における当該他の会社等（会社則3の2 I）と規定する。「他の会社等の財務及び事業の方針の決定を支配している場合」という表現は，子会社の定義においても用いられており，その意味も同じである（会社則3Ⅲ・3の2Ⅲ参照）。

　子会社等という概念は，社外性要件の強化［☞Ⅳ参照］および支配権の異動を伴う新株等の発行の場合の特則（206の2・244の2参照）との関係で必要とされることとなった。すなわち，本改正により，同一の者に支配されている法人の業務執行取締役等も，会社の利害関係者として社外取締役・社外監査役の要件を欠くこととされたが，これは問題の法人を支配している者が自然人等の会社以外の者であっても適用されるべき規律である。このため「子会社等」という概念を用いて規定されている（本条⑮ニ・⑯ニ）。支配権の異動を伴う募集株式・募集新株予約権の発行の特則の適用との関係では，例えばある自然人に対する新株発行が問題となっている場合，支配権の異動の有無を判断するに当たって，当該自然人の議決権数に加えてその者が支配株主である会社の議決権数を合算して捉える必要があるが，そのために「子会社等」が用いられる（206の2 I①・244の2 I①）。

〔藤　田〕

§ 2

3 親会社等

親会社等とは，① 親会社と ② 株式会社の経営を支配している者（法人であるものを除く）として法務省令で定めるもの（本条④の2ロ）の両者を包摂する概念である（同号柱書）。② について，法務省令は，ある者（会社等であるものを除く）が株式会社の財務および事業の方針の決定を支配している場合における当該ある者（会社則3の2II）と規定する。「財務及び事業の方針の決定を支配している場合」という表現は，子会社・親会社の定義においても用いられており，その意味も同じである（会社則3III・3の2III参照）。

親会社等という概念も，子会社等と同じく，社外性要件の強化 [☞IV 参照] および支配権の異動を伴う新株等の発行の場合の特則（206の2・244の2参照）との関係で必要とされることとなった。すなわち，例えば株式会社の支配株主やその親族も，会社の利害関係者として社外取締役・社外監査役の要件を欠くこととされたが，そのような規律を導入するために親会社等という概念が用いられる（本条⑮ハ・⑯ハ）。

支配権の異動を伴う募集株式・募集新株予約権の発行の特則の適用との関係では，例えばある自然人に対する新株発行が問題となっている場合，その者がすでに発行会社の支配株主であれば，支配権の異動はないため，規制を及ぼす必要はないことになるが，そのことを表現するため，親会社等が用いられる（206の2Iただし書・244の2Iただし書）。

III 監査等委員会設置会社・指名委員会等設置会社

1 監査等委員会設置会社

監査等委員会設置会社（本条⑪の2）の定義は，新たに監査等委員会設置会社制度が導入されたために設けられることとなった。なお見直し要綱においては，仮称として，「監査・監督委員会設置会社」という名称が用いられていた（同要綱第1部第1の1参照）。もともと，社外取締役が監査を担うとともに，経営者の選定・解職等の決定への関与を通じて監督機能を果たすものとする制度として構想されたことから（中間試案第1部第1の2参照），そのような名称が提案されていたが，最終的に監査等委員会設置会社という名称とされた理由としては，新たな形態の会社の委員会は取締役会の監督機能の全般を担うわけではないからだと説明されている（立案担当平成26年129-130頁）。

〔藤　田〕

19

2 指名委員会等設置会社

改正法によって，監査等委員会設置会社という委員会を有する会社形態が導入されたことにより，従来用いられていた委員会設置会社という名称を維持することが不適切となったため，指名委員会等設置会社と名称変更されることとなった（一問一答平成26年23頁）。指名委員会等とは，指名委員会，監査委員会，報酬委員会の3つの委員会の総称である（本条⑫）。

Ⅳ　社外取締役・社外監査役

1　総　　説

本改正前は，社外取締役とは，株式会社の取締役であって，当該株式会社またはその子会社の業務執行取締役もしくは執行役または支配人その他の使用人でなく，かつ，過去に当該株式会社またはその子会社の業務執行取締役もしくは執行役または支配人その他の使用人となったことがないもの，社外監査役とは，株式会社の監査役であって，過去に当該株式会社またはその子会社の取締役，会計参与（会計参与が法人であるときは，その職務を行うべき社員）もしくは執行役または支配人その他の使用人となったことがないものと，比較的単純であった。これに対して，本改正により社外取締役・社外監査役は，おのおの本条15号イ〜ホ，16号イ〜ホに規定される欠格要件のいずれにも該当しないものとされ，複雑な規律となった。その理由は，取締役・監査役の社外性要件の背後にある考え方が，以下のように変化し，いくつかの異なる考慮要素が取り入れられたためである。すなわち本改正以前は，取締役については，自ら業務執行を行う者あるいは業務執行者に従属する者のいずれでもないことが，監査役については，監査の対象となる立場の者あるいは従属する者のいずれでもないことが社外性要件の内容であった。改正法は，こういった制約に加えて，①親会社・兄弟会社の関係者，②株式会社の関係者の近親者も社外性要件を欠くと規定することとした。他方，改正前には限定がなかった社外取締役の要件の判断に当たって考慮される期間に，一定の限定を加えることとした（改正により社外性要件を欠くとされることとなった①②の者については，現在そのような地位にあるか否かだけを問題とする）。以下では，従前なかった要素について説明することにする。

2 親会社等の取締役・使用人等

本改正前は，株式会社の業務執行者に従属する立場にはないという観点から，親会社等の関係者は社外性要件を否定されていなかった。これに対して，改正法は，株式会社と相反する利害関係を有する者も社外取締役・社外監査役として認めるべきではないという観点から，親会社等の関係者も社外取締役・社外監査役の欠格事由として規定した。具体的には，① 株式会社の親会社の取締役もしくは執行役もしくは支配人その他の使用人（社外監査役の場合は親会社の監査役との兼任も禁止されている）および ② 株式会社の自然人である支配株主が，株式会社の社外取締役・社外監査役となることはできない（本条⑮ハ・⑯ハ）。なお ① について，親会社の業務執行取締役であることが要求されていないのは，たとえ業務執行を行わないとしても，親会社取締役であれば，親会社等の利益を図る行為についての実効的な監督を期待できないからであると説明されている（立案担当平成 26 年 140 頁）。

なお本条 15 号ハは，親会社の会計参与・監査役でないことを社外取締役の要件としては掲げておらず，本条 16 号ハは，親会社の会計参与でないことを社外監査役の要件として掲げていない。これは株式会社の会計参与・監査役は，そもそも子会社の取締役となることができず（333 Ⅲ ①・335 Ⅱ），株式会社の監査役は子会社の会計参与となることができないため（335 Ⅱ），あえて規定する必要がないからである（立案担当平成 26 年 142 頁注 27）。

親会社等の取締役・使用人等については，現在その地位にあることが欠格要件であり，過去にその地位にあったことは問題とされない。したがって，これらの地位を有しなくなった後は，社外取締役・社外監査役となることができる。例えば親会社の元代表取締役であっても，取締役を退任していれば子会社の社外取締役になることができることになる。親会社の役員の地位を退けば利害対立はなくなるため社外性要件との関係で問題はないという割り切りについては，立法論的には異論もあり得る（八木利朗ほか「パネルディスカッション・会社法制の見直しとこれからの監査役監査」監査役 615 号〔2013〕23-24 頁参照）。

3 兄弟会社等の業務執行取締役・使用人等

株式会社の兄弟会社等の業務執行取締役・執行役・使用人は，親会社等から指揮命令を受ける立場にあるため，やはり当該株式会社の利益を犠牲にして，親会社等の利益を図る危険があり，この点について実効的な監督が期待できな

§2　　　　　　　　　　　　　　　　　　　第1編　総則　第1章　通則

い。このため改正法は，兄弟会社等の業務執行取締役・執行役および使用人も社外取締役・社外監査役の要件を充たさないこととした。具体的には，① 同一の親会社を持つ株式会社の業務執行取締役もしくは執行役もしくは支配人その他の使用人および ② 同一の自然人が経営を支配する株式会社の業務執行取締役もしくは執行役もしくは支配人その他の使用人は，株式会社の社外取締役・社外監査役となることはできない（本条⑮ニ・⑯ニ）。

兄弟会社等の業務執行取締役等についても，現在そのような地位にあることが欠格要件であり，過去にそのような地位にあったことは問題とされない。したがって，これらの地位を有しなくなった後は，社外取締役・社外監査役となることができる。

4　取締役・執行役・使用人・支配株主の近親者

本改正前は，株式会社の取締役等の近親者も社外性要件を欠くものとされておらず，例えば代表取締役の配偶者が社外取締役や社外監査役となることも可能であった。しかし，株式会社の取締役等の近親者は取締役等からの独立性が疑わしく，社外取締役・社外監査役としての適格に疑問がある。そこで改正法は，株式会社の取締役もしくは執行役もしくは支配人その他の重要な使用人または株式会社の経営を支配する株主の配偶者または二親等内の親族は，当該株式会社の社外取締役・社外監査役となることはできないこととした（本条⑮ホ・⑯ホ）。

この欠格事由は，あくまで問題の株式会社自体に対して一定の地位を有している者（取締役・執行役・重要な使用人あるいは支配株主）の近親者である場合に限られる。したがって，例えば親会社・子会社の取締役等の配偶者・親族であっても社外性要件を欠くわけではない。また現在そのような地位にあることが欠格事由であり，過去にそのような地位にあったか否かは問題とされないため，例えば株式会社の取締役の配偶者であった者が，離婚後に当該会社の社外取締役・社外監査役となることは妨げられない。

なお使用人に関して，その配偶者・二親等以内の親族の社外性が否定されるのは，「支配人その他の重要な使用人」と限定されている。その理由は，社外取締役・社外監査役は株式会社の使用人を直接監督することが期待されているわけではないため，すべての使用人につき，その近親者が社外取締役・社外監査役となることができないこととする必要はない一方で，使用人のうち，「執行役員」のような取締役や執行役に準じる地位にある者は，その権限等にかん

22　　　　　　　　　　　　　　　　　　　　　　　　　　　　　　〔藤　田〕

がみれば，株式会社の利益を犠牲にして自己の利益を図る利益相反行為に及ぶ類型的・構造的なおそれがあり，社外取締役・社外監査役はこれを監督すべき立場にあるためだと説明されている（立案担当平成26年141頁）。このような趣旨からすると，ここで規定されている重要な使用人とは，その選解任が取締役会の専決事項とされる「重要な使用人」（362 IV ③・399の13 IV ③）よりも狭い範囲の者であり，例えば有力な支店の支店長等も当然には含まれるわけではないと解するべきことになる（要綱概要11頁，法制審議会会社法制部会第21回会議議事録25-26頁［藤田友敬＝坂本三郎＝野村修也］参照）。

5　その他

　本改正により，社外取締役ではない非業務執行取締役や社外取締役ではない監査役も責任限定契約を締結することができることとされた（427 I）。その理由として，社外性要件の厳格化に伴い，従来社外取締役または社外監査役として責任限定契約を締結することができていた者が，社外取締役・社外監査役の要件を充たさないこととなって，これを締結することができなくなることが，業務執行を行わず業務執行の監督を中心に行う者の人材確保という観点から望ましくないからであると説明されることがある（立案担当平成26年144頁）。この説明を前提とすると，責任限定契約を締結することができる役員の範囲の拡張は，社外性要件の厳格化と関係があることになる。しかし，改正により社外性を失うこととなる社外取締役・社外監査役だけが責任限定契約を締結することができることとされているわけではないので，立法の際の動機の1つとしてはともかく，上記の説明を責任限定契約の締結主体を拡張したことの積極的な理由として掲げるのは適切とは思われない。

（藤田友敬）

（譲渡会社の競業の禁止）

第21条① 事業を譲渡した会社（以下この章において「譲渡会社」という。）は，当事者の別段の意思表示がない限り，同一の市町村（特別区を含むものとし，地方自治法（昭和22年法律第67号）第252条の19第1項の指定都市にあっては，区又は総合区。以下この項において同じ。）の区域内及びこれに隣接する市町村の区域内においては，その事業を譲渡した日から20年間は，同一の事業を行ってはならない。

〔川　村〕

§23の2　　　第1編　総則　第4章　事業の譲渡をした場合の競業の禁止等

② 譲渡会社が同一の事業を行わない旨の特約をした場合には，その特約は，その
事業を譲渡した日から30年の期間内に限り，その効力を有する。

③ 前2項の規定にかかわらず，譲渡会社は，不正の競争の目的をもって同一の事
業を行ってはならない。

　改正法は，事業譲渡における譲渡会社が負う競業避止義務について，当事者
間に合意がない場合に義務の発生する地理的範囲を定める際に用いられる「同
一の市町村」の用語につき，その括弧書の中身で，前段を「東京都の特別区の
存する区域及び」から「特別区を含むものとし，」にあらため，後段の「，
区」の下に「又は総合区」を加えた。前段は平成24年に成立した大都市地域
における特別区の設置に関する法律（平成24法80号）により道府県にも特別区
を創設することが可能となったこと（同法3），後段は平成26年地方自治法改
正（平成26法42号）により「総合区」制度が新設されたこと（同法252の20の
2），にそれぞれ対応する文言の整理である。

（川村　力）

（詐害事業譲渡に係る譲受会社に対する債務の履行の請求）（新設）

第23条の2①　譲渡会社が譲受会社に承継されない債務の債権者（以下この条に
おいて「残存債権者」という。）を害することを知って事業を譲渡した場合に
は，残存債権者は，その譲受会社に対して，承継した財産の価額を限度として，
当該債務の履行を請求することができる。ただし，その譲受会社が事業の譲渡の
効力が生じた時において残存債権者を害することを知らなかったときは，この限
りでない。

② 譲受会社が前項の規定により同項の債務を履行する責任を負う場合には，当該
責任は，譲渡会社が残存債権者を害することを知って事業を譲渡したことを知っ
た時から2年以内に請求又は請求の予告をしない残存債権者に対しては，その期
間を経過した時に消滅する。事業の譲渡の効力が生じた日から10年を経過した
ときも，同様とする。

③ 譲渡会社について破産手続開始の決定，再生手続開始の決定又は更生手続開始
の決定があったときは，残存債権者は，譲渡会社に対して第1項の規定による請
求をする権利を行使することができない。

§23の2

【文献】 759 条の注釈における【文献】に掲げた参考文献のほか，松嶋隆弘「新しい企業形態における法人格の意義と会社債権者保護」判タ 1206 号（2006）54 頁，村上裕「改正会社法の下での事業譲渡における債権者保護について」金沢法学 58 巻 1 号（2015）23 頁，元芳哲郎 = 豊田愛美「会社分割と会社法 22 条 1 項類推適用」判タ 1369 号（2012）46 頁

I　本条の趣旨・概要

　事業譲渡においても，会社分割の場合と同様に，濫用的・詐害的な事業譲渡がなされるおそれがある。すなわち，事業譲渡においては譲受会社に承継されない債務に係る債権者すなわち譲渡会社に残存する債権者（以下，「残存債権者」という）について債権者異議手続のような保護がなされないことを利用して，譲受会社に承継されない債務と承継される債務を恣意的に選択し，実際には金融機関を残存債権者とし，取引債権者の債務を譲受会社に承継させるとともに，優良事業または金融資産・不動産等を譲受会社に承継させた上で，場合によっては承継した債務については譲渡会社が重畳的にこれを引き受け，無償または不相当な対価で事業譲渡が行われることがある。そもそも，会社分割制度の創設に際して残存債権者に債権者異議手続のような保護規定が設けられなかったのは，事業譲渡については譲受会社に承継されない債務の債権者には特段の保護規定が置かれていないことと平仄を合わせるためであると説明されてきた［☞会社法コンメ⒄§757 VI 2⑵⑺〔270-271 頁〔神作裕之〕〕]。そうであるとすると，濫用的・詐害的な会社分割の残存債権者に承継会社・新設会社に対する履行請求権を付与するのであれば，事業譲渡についても同様に扱うべきである（北村雅史「詐害的会社分割と債権者の保護」田邊光政編集代表・今中利昭先生傘寿記念・会社法・倒産法の現代的展開〔民事法研究会，2015〕262 頁）。換言すれば，本改正は，残存債権者にとって濫用的・詐害的な行為が会社分割で行われようと事業譲渡で行われようと同等の保護を与え，両者に差が生じないようにしたものである（神田秀樹「会社分割と債権者保護」ジュリ 1439 号〔2012〕64 頁）。

　濫用的・詐害的な事業譲渡や会社分割が平成 17 年会社法の下で横行し，判例は，これに対処するために，詐害行為取消権・否認権の行使を認めたり，法人格否認の法理を適用したり，あるいは事業譲渡において商号を続用する事業譲受会社の責任に係る 22 条 1 項を類推適用したりするなど，積極的に残存債権者の保護を図ってきた。しかし，残存債権者が，譲受会社に対して金銭の支払を直接請求できるものとすることが適切であり簡明であるとして，会社法上新たに，残存債権者に譲受会社に対する直接履行請求権を付与することとし，

§23の2　　　第1編　総則　第4章　事業の譲渡をした場合の競業の禁止等

承継した財産の価額を限度として，譲受会社に対して直接自己の債務の履行を請求できるものとした。本改正により，濫用的・詐害的な事業譲渡や会社分割から残存債権者を保護するために直接履行請求権制度が新設されたが，本条は，その一環であり，事業譲渡によっても残存債権者が害されるおそれがあることから，濫用的・詐害的な事業譲渡における残存債権者を保護するために設けられた（一問一答平成26年345頁）。実際，破産法160条1項1号を適用して濫用的・詐害的な事業譲渡を否認した裁判例や（東京地決平成22・11・30金判1368号54頁），改正法施行後も，無償で行われた事業譲渡について破産法160条3項を適用して否認した裁判例がある（大阪地判平成30・5・21判タ1459号79頁，その控訴審判決である大阪高判平成30・12・20判タ1459号64頁）。

　濫用的・詐害的な事業譲渡における残存債権者は，譲渡会社が残存債権者を害することを知って事業譲渡をした場合には，事業譲渡そのものを取り消すのではなく，端的に，譲受会社に対して債務の履行を直接請求することができることとして（本条I），直截かつ簡明な保護を与えることとした（一問一答平成26年344頁）。もっとも，譲渡会社について破産手続開始の決定，再生手続開始の決定または更生手続開始の決定があったときは，残存債権者は，譲受会社に対して当該債務の履行を請求する権利を行使することができない（本条Ⅲ）ばかりか，すでに行使されていた直接履行請求権も破産管財人等に受継されない。また，本条1項の規定に基づく直接履行請求権は，転得者に対しては行使できない。他方，直接履行請求権の主張期間については，詐害行為取消しの訴えについてと同様の規定が置かれている。すなわち，直接履行責任は，譲渡会社が残存債権者を害することを知って事業譲渡をしたことを知った時から2年以内に請求または請求の予告をしない残存債権者に対しては，その期間経過時に消滅し，効力発生日から10年を経過したときも同様に消滅する（本条Ⅱ）。本条2項は，平成29年民法改正に伴い改正され，20年から10年に短縮された。

　事業譲渡においても，会社分割の場合と同様に残存債権者について債権者異議手続がなされるわけではなく，譲渡会社と譲受会社について債務の履行の見込みが要件とされているわけでもない点において，残存債権者が害されるおそれがある。たしかに，法律の規定により会社分割の対象である権利義務が効力発生日または新設会社の設立の日に承継される会社分割と異なり，事業譲渡の対象である権利を個別に移転し義務を承継する必要がある点，および事業の全部または一部の譲渡である必要があるため，事業用資産だけを対象とした事業

26　　　　　　　　　　　　　　　　　　　　　　　　　　　　　　〔神作〕

§23 の 2

譲渡をすることはできないなど，事業譲渡と会社分割とはその法的性質や法的効果が同一であるというわけではない。しかしながら，事業譲渡の対価は自由に定められ無償または低廉な価格で事業譲渡がなされるなど，濫用的・詐害的な事業譲渡がなされる危険は大きいといえる。

　残存債権者の直接履行請求権制度が創設された経緯，残存債権者の意義（事業譲渡の場合には債権者異議手続が履践されることはないため，759条5項に相当する規定は存在しない），従来の救済方法と直接履行請求権との異同，「〔残存債権者を〕害することを知って」の意義，譲受会社の悪意，譲受会社の物的有限責任，請求の期間制限，倒産手続との調整，民法上の詐害行為取消権との関係，および直接履行請求を受けた譲受会社の譲渡会社に対する権利については，759条の注釈〔☞ §759 Ⅲ 2～10〕を参照されたい。

Ⅱ　事業用資産の譲渡にも本条を類推適用できるか

　事業譲渡の意義については，21条の注釈〔☞ 会社法コンメ(1)§21 Ⅰ 1〔198-201頁〔北村雅史〕〕〕に譲る。解釈問題としては，事業譲渡には該当しない単なる事業用資産の譲渡に対する本条の類推適用の可否という論点があり得る。本改正前の議論であるが，分割会社の事業に関して有する権利義務の一部が会社分割の対象とされ，当該承継の対象が事業とは観念されない場合に，22条1項を類推適用することの可否が問題になった。学説上，否定説（弥永真生「判批」ジュリ1360号〔2008〕85頁，北村・前掲256-257頁）と肯定説（得津晶「判批」NBL 888号〔2008〕5頁）に分かれていた。会社分割については，残存債権者保護のための固有の規定が整備されたため，本条を会社分割に類推適用する必要はなく，会社分割ではない単なる事業用資産の譲渡について本条を類推適用し得るかどうかが問題になるが，本条は事業譲渡であることを前提としており，単なる事業用資産の譲渡について本条を類推適用する余地はないと解すべきであろう。

Ⅲ　本条と 22 条 1 項の適用関係

　濫用的・詐害的な事業譲渡については，事業譲渡の譲受人が商号を続用しているわけではないが，屋号や名称を続用している場合において，譲受人に譲渡会社の事業によって生じた債務に係る債権者に対する責任を課す22条1項の

規定が適用されてきた。すなわち，最判平成 16・2・20（民集 58 巻 2 号 367 頁）は，ゴルフクラブの名称を続用していた事案において，譲渡会社のゴルフクラブ会員に対する預託金返還債務について，特段の事情がない限り，譲受会社は責任を負わねばならないとした。なお，同判決は，特段の事情として，設立会社がゴルフ場の事業譲受後遅滞なくゴルフクラブの会員によるゴルフ場施設の優先的利用を拒否した場合を挙げている。さらに，同項は，濫用的・詐害的な会社分割についても類推適用されてきた（最判平成 20・6・10 判時 2014 号 150 頁）。同項が，事業譲渡や現物出資・会社分割など，法律構成のいかんにかかわらず，詐害的な事業の移転に際する残存債権者の救済のために機能してきたことは，つとに指摘されていた（江頭憲治郎・会社法人格否認の法理〔東京大学出版会，1980〕225-226 頁注 15）。同項の（類推）適用による場合の法的効果は，譲渡会社の残存債権者は，譲受会社に対しても譲渡会社に対する債権を主張することができることになり，譲渡会社と譲受会社は連帯債務の関係に立つ。本条による場合は，譲受会社の責任の範囲は，譲受会社が承継した財産の価額を限度とするため，22 条 1 項の類推適用によるほうが有利である。他方，同項の責任は，責任を負わない旨の登記や通知をした場合には排除される（同条Ⅱ）。

　本条が新設されたことにより，22 条 1 項が（類推）適用される場合と本条の適用による場合の適用関係が問題になる。

　22 条 1 項の趣旨は，判例によれば，「譲受人が譲渡人の商号を続用する結果営業の譲渡あるにも拘わらず債権者の側より営業主体の交替を認識することが一般に困難であるから，譲受人のかかる外観を信頼した債権者を保護する為に，譲受人もまた右債務弁済の責に任ずること」にある（最判昭和 29・10・7 民集 8 巻 10 号 1795 頁）。外観責任説とよばれるこの考え方は，学説上も有力である（鴻常夫・商法総則〔新訂第 5 版〕〔弘文堂，1999〕149 頁等）。これに対し，学説においては，事業譲渡を知っていても債務引受けの誤認に係る信頼を保護すべきであるとする判例の基礎には，債務だけを残して事業を移転することにより残存債権者を害してはならないという詐害譲渡禁止法的な規律を含んでいるという理解があるとされ，事業上の債務は企業財産が担保になっているという説明や，商号を続用する譲受会社は事業上の債務も承継する意思があるのが通常であるなど，法的にどのように根拠付けるかについては見解が分かれているものの，濫用的・詐害的な会社分割に対する残存債権者の救済のために 22 条 1 項を類推適用することは，広く支持されてきた（岩原紳作ほか「座談会・会社分割に関する改正商法への実務対応」商事 1568 号〔2000〕28 頁［岩原紳作]）。

§23 の 2

22条1項の商号続用の要件は，濫用・詐害事例においては屋号・名称等の続用で足りると緩やかに解される傾向があるが，そのことは問題になった会社分割の濫用性・詐害性の程度と関係があると考えられる。前述したように，同項の規定は事業譲渡のみならず，本改正で手当てされた会社分割のほか，現物出資にも類推適用されてきた（最判昭和47・3・2民集26巻2号183頁）。そのような判例法理を形成してきた商号続用責任規定は，詐害責任規定が新設された以上，不要になり，詐害性の要素として残存債権者が事業譲渡等について不知あるいは秘匿された債権者を保護するという商号続用責任の趣旨を取り込むことにより，具体的な事案に即した解決が可能になるとする見解がある（村上37-38頁。村上論文は，立法論としては，22条を削除すべきであるとされる〔村上42頁〕）。濫用的・詐害的な事業譲渡についての規律の整備とともに，22条を削除すべきであるという立法論的な主張は本改正前から存在した（後藤元「商法総則」NBL 935号〔2010〕23頁，山下眞弘「事業承継会社責任規制の立法論的検討」阪大法学60巻5号〔2011〕16頁）。

しかし，直接履行請求権制度は，22条1項とは異なる目的を有する別個独立の規律であって，本条の新設により，従来判例法上認められてきた22条1項の類推適用による救済を全面的に否定する趣旨ではないと考えられる。とくに，これまで裁判例で平成17年改正前商法26条1項が類推適用されてきたきわめて濫用的・詐害的な会社分割等について，商号が続用されている場合には，22条1項の類推適用による救済を否定することは適当ではないと考えられる。

しかし，事業の承継があり，かつ，商号の続用があるケースについては，22条1項の適用（事業譲渡の場合）または類推適用（会社分割や現物出資の場合）による一方，屋号や名称の続用の場合を含む事業譲渡については濫用的・詐害的な事業譲渡に対応するために新設された本条の適用が検討されることになろう。もっとも，分割会社の事業に関して有する権利義務の一部が会社分割の対象とされ，当該対象の移転は事業の移転と観念されない場合には，22条1項の規定も本条も類推適用するのは困難であろう（弥永・前掲85頁，北村・前掲256-257頁。反対，藤田・前掲59頁，得津・前掲5頁）。また，会社分割において承継会社が分割会社の債務を弁済する責任を負わない旨の22条2項の登記の申請があった場合は，受理するのが実務の取扱いであるため（塚田佳代＝前田和樹「商業・法人登記実務の諸問題(2)」民事月報64巻9号〔2009〕12頁），このような登記がなされたり，残存債権者に対し同旨の通知がなされたりすると承継会社等

の同条 1 項の類推適用に基づく責任を追及することはできない（ただし，免責登記の主張が信義則に反すると判示した裁判例として，東京地判平成 12・12・21 金法 1621 号 54 頁がある）。そのような場合であっても，残存債権者は，本条 1 項の要件が充たされれば，譲受会社に対し，承継した財産の価額を限度として，直接履行を請求することができる。また，22 条 1 項の請求についての期間制限は，事業譲渡の日後 2 年以内に請求または請求の予告をしない債権者については，その期間を経過したときであるのに対し（同条Ⅲ），本条 1 項の直接履行請求についての期間制限は，譲渡会社が残存債権者を害することを知って事業譲渡をしたことを知った時から 2 年以内に請求または請求の予告をしない残存債権者に対しては，その期間経過時に消滅し，効力発生日から 10 年を経過したときも同様に消滅するものとされており，規律が異なっている。

（神作裕之）

（商人との間での事業の譲渡又は譲受け）

第 24 条① 会社が商人に対してその事業を譲渡した場合には，当該会社を商法第 16 条第 1 項に規定する譲渡人とみなして，同法第 17 条から第 18 条の 2 までの規定を適用する。この場合において，同条第 3 項中「又は再生手続開始の決定」とあるのは，「，再生手続開始の決定又は更生手続開始の決定」とする。

② 会社が商人の営業を譲り受けた場合には，当該商人を譲渡会社とみなして，前 3 条の規定を適用する。この場合において，前条第 3 項中「，再生手続開始の決定又は更生手続開始の決定」とあるのは，「又は再生手続開始の決定」とする。

I 本条の改正の趣旨

本改正およびそれに伴う商法の改正により，詐害事業譲渡に係る譲受会社に対する債務の履行の請求に関する規定が 23 条の 2 に，詐害営業譲渡に係る譲受人に対する債務の履行の請求に関する規定が商法 18 条の 2 に，それぞれ新設された。23 条の 2 の規定は事業譲渡の当事者がいずれも会社である場合に適用され，商法 18 条の 2 の規定は営業譲渡の当事者がいずれも会社以外の商人である場合（商 11Ⅰ・16Ⅰ・17Ⅰ）に適用される。23 条の 2 と商法 18 条の 2 は基本的に同じ内容の規定であるが，会社がその事業を会社以外の商人に譲渡す

§24

る場合，または会社以外の商人がその営業を会社に譲渡する場合において，それぞれ譲渡会社（譲渡人）が譲受人（譲受会社）に承継されない債務の債権者（以下，いずれの場合も「残存債権者」という）を害することを知って事業（営業）を譲渡したとき，23条の2および商法18条の2は，そのままでは適用されない。

本条の趣旨は，事業譲渡（営業譲渡）の当事者の一方が会社で他方が会社以外の商人である場合に，実質的に，会社間の事業譲渡に関する会社法総則の規定および会社以外の商人間の営業譲渡に関する商法総則の規定と同じ規制を及ぼすために，一定の読替規定を設けることにある。この趣旨に則り，事業譲渡（営業譲渡）の当事者の一方が会社で他方が会社以外の商人である場合において，詐害事業譲渡または詐害営業譲渡が行われるときの残存債権者の保護に関して，新設された23条の2および商法18条の2の規制を及ぼすため，本条の規定の一部が改正された。

II 改正された規定の内容

本条1項により，会社が，残存債権者を害することを知って，会社以外の商人（本条における商人は会社を含まない〔12 I ③〕）に対してその事業を譲渡した場合には，当該会社を商法総則における営業を譲渡した商人すなわち譲渡人（商16 I）とみなして，同法18条の2の規定が適用される。したがって，残存債権者は，その事業の譲受人である商人に対して，当該商人が譲渡の効力が生じた時において残存債権者を害することを知らなかったときを除き，承継した財産の価額を限度として，当該会社が残存債権者に対して負う（譲受人に承継されない）債務の履行を請求することができる（同条 I）。

本条2項により，会社以外の商人が，残存債権者を害することを知って，会社に対してその営業を譲渡した場合には，当該商人を会社法総則における事業を譲渡した会社すなわち譲渡会社（21 I）とみなして，23条の2の規定が適用される。したがって，残存債権者は，譲受会社に対して，当該譲受会社が譲渡の効力が生じた時において残存債権者を害することを知らなかったときを除き，承継した財産の価額を限度として，当該商人が残存債権者に対して負う（譲受会社に承継されない）債務の履行を請求することができる（同条 I）。

23条の2第1項と商法18条の2第1項が定める残存債権者の請求権（以下，「履行請求権」という）は，その行使期間も同じである（23の2 II，商18の2 II）。

〔北 村〕

§24　　　　　第1編　総則　第4章　事業の譲渡をした場合の競業の禁止等

　23条の2第1項の履行請求権は，譲渡会社について，破産手続開始の決定，再生手続開始の決定または更生手続開始の決定があったときは，行使することができない（同条Ⅲ）のに対し，商法18条の2第1項の履行請求権は，譲渡人について破産手続開始の決定または再生手続開始の決定があったときに行使できないものとされる（同条Ⅲ）。これは，同条の譲渡人が会社以外の商人であるため，株式会社を対象とする更生手続の適用がないからである（会更1）。そこで，本条による読替えにより会社が譲渡人とみなされて商法18条の2が適用される場合には，当該会社に破産手続開始の決定，再生手続開始の決定があったときのほか更生手続開始の決定があったときも，残存債権者は履行請求権を行使することができないこととし（本条1項による商法18条の2第3項の読替え），本条による読替えにより会社以外の商人が譲渡会社とみなされて23条の2が適用される場合には，当該商人に破産手続開始の決定または再生手続開始の決定があったときに，残存債権者は履行請求権を行使することができないこととされた（本条2項による23条の2第3項の読替え）。

〔北村雅史〕

第3節　出資　　　　　　　　　　　　　　　　　　　　　　　　　　　　　§33

第2巻（§§32-103）増補

（定款の記載又は記録事項に関する検査役の選任）

第33条① 発起人は，定款に第28条各号に掲げる事項についての記載又は記録があるときは，第30条第1項の公証人の認証の後遅滞なく，当該事項を調査させるため，裁判所に対し，検査役の選任の申立てをしなければならない。

② 前項の申立てがあった場合には，裁判所は，これを不適法として却下する場合を除き，検査役を選任しなければならない。

③ 裁判所は，前項の検査役を選任した場合には，成立後の株式会社が当該検査役に対して支払う報酬の額を定めることができる。

④ 第2項の検査役は，必要な調査を行い，当該調査の結果を記載し，又は記録した書面又は電磁的記録（法務省令で定めるものに限る。）を裁判所に提供して報告をしなければならない。

⑤ 裁判所は，前項の報告について，その内容を明瞭にし，又はその根拠を確認するため必要があると認めるときは，第2項の検査役に対し，更に前項の報告を求めることができる。

⑥ 第2項の検査役は，第4項の報告をしたときは，発起人に対し，同項の書面の写しを交付し，又は同項の電磁的記録に記録された事項を法務省令で定める方法により提供しなければならない。

⑦ 裁判所は，第4項の報告を受けた場合において，第28条各号に掲げる事項（第2項の検査役の調査を経ていないものを除く。）を不当と認めたときは，これを変更する決定をしなければならない。

⑧ 発起人は，前項の決定により第28条各号に掲げる事項の全部又は一部が変更された場合には，当該決定の確定後1週間以内に限り，その設立時発行株式の引受けに係る意思表示を取り消すことができる。

⑨ 前項に規定する場合には，発起人は，その全員の同意によって，第7項の決定の確定後1週間以内に限り，当該決定により変更された事項についての定めを廃止する定款の変更をすることができる。

⑩ 前各項の規定は，次の各号に掲げる場合には，当該各号に定める事項については，適用しない。

1 第28条第1号及び第2号の財産（以下この章において「現物出資財産等」という。）について定款に記載され，又は記録された価額の総額が500万円を超えない場合　同条第1号及び第2号に掲げる事項

2 現物出資財産等のうち，市場価格のある有価証券（金融商品取引法（昭和23年法律第25号）第2条第1項に規定する有価証券をいい，同条第2項の規定により有価証券とみなされる権利を含む。以下同じ。）について定款に記載さ

〔川　村〕

§38 第2編　株式会社　第1章　設立

れ，又は記録された価額が当該有価証券の市場価格として法務省令で定める方法により算定されるものを超えない場合　当該有価証券についての第28条第1号又は第2号に掲げる事項

3　現物出資財産等について定款に記載され，又は記録された価額が相当であることについて弁護士，弁護士法人，公認会計士（外国公認会計士（公認会計士法（昭和23年法律第103号）第16条の2第5項に規定する外国公認会計士をいう。）を含む。以下同じ。），監査法人，税理士又は税理士法人の証明（現物出資財産等が不動産である場合にあっては，当該証明及び不動産鑑定士の鑑定評価。以下この号において同じ。）を受けた場合　第28条第1号又は第2号に掲げる事項（当該証明を受けた現物出資財産等に係るものに限る。）

⑪　次に掲げる者は，前項第3号に規定する証明をすることができない。

1　発起人

2　第28条第2号の財産の譲渡人

3　設立時取締役（第38条第1項に規定する設立時取締役をいう。）又は設立時監査役（同条第3項第2号に規定する設立時監査役をいう。）

4　業務の停止の処分を受け，その停止の期間を経過しない者

5　弁護士法人，監査法人又は税理士法人であって，その社員の半数以上が第1号から第3号までに掲げる者のいずれかに該当するもの

改正法は，本条11項3号の設立時監査役に関する準用条文を，改正前の「同条第2項第2号」から「同条第3項第2号」にあらためた。これは，改正法による監査等委員会設置会社（399の2以下）の導入に伴い38条2項（監査等委員会設置会社の設立時取締役の選任に係る規定）が新設された結果，改正前の同条2項が3項に移ったことに伴う，準用条文の整理である。内容の変更はない。

(川村　力)

（設立時役員等の選任）

第38条①　発起人は，出資の履行が完了した後，遅滞なく，設立時取締役（株式会社の設立に際して取締役となる者をいう。以下同じ。）を選任しなければならない。

②　設立しようとする株式会社が監査等委員会設置会社である場合には，前項の規定による設立時取締役の選任は，設立時監査等委員（株式会社の設立に際して監

〔川　村〕

第4節　設立時役員等の選任及び解任　　　　　　　　　　　　　§38

査等委員（監査等委員会の委員をいう。以下同じ。）となる者をいう。以下同じ。）である設立時取締役とそれ以外の設立時取締役とを区別してしなければならない。

③　次の各号に掲げる場合には，発起人は，出資の履行が完了した後，遅滞なく，当該各号に定める者を選任しなければならない。

１　設立しようとする株式会社が会計参与設置会社である場合　設立時会計参与（株式会社の設立に際して会計参与となる者をいう。以下同じ。）

２　設立しようとする株式会社が監査役設置会社（監査役の監査の範囲を会計に関するものに限定する旨の定款の定めがある株式会社を含む。）である場合　設立時監査役（株式会社の設立に際して監査役となる者をいう。以下同じ。）

３　設立しようとする株式会社が会計監査人設置会社である場合　設立時会計監査人（株式会社の設立に際して会計監査人となる者をいう。以下同じ。）

④　定款で設立時取締役（設立しようとする株式会社が監査等委員会設置会社である場合にあっては，設立時監査等委員である設立時取締役又はそれ以外の設立時取締役。以下この項において同じ。），設立時会計参与，設立時監査役又は設立時会計監査人として定められた者は，出資の履行が完了した時に，それぞれ設立時取締役，設立時会計参与，設立時監査役又は設立時会計監査人に選任されたものとみなす。

1　本条の改正の経緯

改正法により監査等委員会設置会社（399の2以下）が導入され，設立しようとする株式会社が監査等委員会設置会社である場合についてもこれに対応する改正がなされ，発起設立における設立時役員等の選任に係る本条では2項から4項までについて改正された。

2　改正の内容

⑴　本条2項

改正法で導入された監査等委員会設置会社では，監査等委員である取締役の地位の独立性を確保すべく，監査等委員である取締役とそれ以外の取締役を区別し，その選解任，任期や報酬について異なる仕組みが設けられていることから，改正法は，設立しようとする株式会社が監査等委員会設置会社である場合の設立時取締役の選任についても，本条2項を新設している。

すなわち，本条2項はまず，「監査等委員」および「設立時監査等委員」について，会社法全体に妥当する定義を設けている。

〔川　村〕

35

§39　　　　　　　　　　　　　　　　　第2編　株式会社　第1章　設立

　また，本条2項は，第1に，以上の仕組みの違いに応じて，設立しようとす
る株式会社が監査等委員会設置会社である場合においても，設立時監査等委員
である取締役とそれ以外の設立時取締役と区別し，第2に，監査等委員会設置
会社で監査等委員である取締役とそれ以外の取締役を区別して選任するものと
されている (329 II) ところ，設立しようとする会社が監査等委員会設置会社で
ある場合の設立時取締役の選任についても同様の規定を新設したものである
(なお改正法は，募集設立の場合にも同様に 88 条 2 項を新設している)。

　⑵　**本条3項，4項**

　本条3項は，改正前の2項が3項に移ったものであるが，これは改正法によ
り本条2項の新設されたことに伴う整理である。本条4項は，改正法により設
立時取締役に係る括弧書が加えられたが，これは同項の適用対象である設立時
取締役について，監査等委員会設置会社制度の導入に伴って設立時監査等委員
である設立時取締役とそれ以外の設立時取締役が区別されて書かれるように
なったことに応じ，文言が追加されたものである。本条4項は，改正法による
本条2項の新設に伴い，従来の3項から4項へと移動している。

〔川村　力〕

第 39 条①　設立しようとする株式会社が取締役会設置会社である場合には，設立
　時取締役は，3 人以上でなければならない。

②　設立しようとする株式会社が監査役会設置会社である場合には，設立時監査役
　は，3 人以上でなければならない。

③　設立しようとする株式会社が監査等委員会設置会社である場合には，設立時監
　査等委員である設立時取締役は，3 人以上でなければならない。

④　第 331 条第 1 項（第 335 条第 1 項において準用する場合を含む。），第 333 条第
　1 項若しくは第 3 項又は第 337 条第 1 項若しくは第 3 項の規定により成立後の株
　式会社の取締役（監査等委員会設置会社にあっては，監査等委員である取締役又
　はそれ以外の取締役），会計参与，監査役又は会計監査人となることができない
　者は，それぞれ設立時取締役（成立後の株式会社が監査等委員会設置会社である
　場合にあっては，設立時監査等委員である設立時取締役又はそれ以外の設立時取
　締役），設立時会計参与，設立時監査役又は設立時会計監査人（以下この節にお
　いて「設立時役員等」という。）となることができない。

36　　　　　　　　　　　　　　　　　　　　　　　　　　　　〔川　村〕

第4節 設立時役員等の選任及び解任　　　　　　　　　　　　　　§40

　改正法で監査等委員会設置会社制度（399の2以下）が導入された。本条では
これに伴い3条が新設され，改正前の3条に当たる4条では文言が改正されて
いる。
　本条3項は，改正法で，監査等委員会設置会社について監査等委員である取
締役が3人以上であることを要求する規定（331 Ⅵ）が設けられたことに対応
して，設立しようとする株式会社が監査等委員会設置会社である場合にも同様
に，設立時監査等委員である設立時取締役が3人以上であることを要するとの
規定が，新設されたものである。本条4項は，改正法による監査等委員会設置
会社制度の導入に伴って，監査等委員である取締役とそれ以外の取締役，また
設立時監査等委員である設立時取締役とそれ以外の設立時取締役が，それぞれ
区別して書かれることになったことに応じて，改正前の「取締役」および「設
立時取締役」の文言の後に括弧書で文言を加え，また改正法による本条3項の
新設に伴い，改正前の3項から4項へと移動したものである。

（川村　力）

（設立時役員等の選任の方法）

第40条①　設立時役員等の選任は，発起人の議決権の過半数をもって決定する。
②　前項の場合には，発起人は，出資の履行をした設立時発行株式1株につき1個
　の議決権を有する。ただし，単元株式数を定款で定めている場合には，1単元の
　設立時発行株式につき1個の議決権を有する。
③　前項の規定にかかわらず，設立しようとする株式会社が種類株式発行会社であ
　る場合において，取締役の全部又は一部の選任について議決権を行使することが
　できないものと定められた種類の設立時発行株式を発行するときは，当該種類の
　設立時発行株式については，発起人は，当該取締役となる設立時取締役の選任に
　ついての議決権を行使することができない。
④　<u>設立しようとする株式会社が監査等委員会設置会社である場合における前項の
　規定の適用については，同項中「，取締役」とあるのは「，監査等委員である取
　締役又はそれ以外の取締役」と，「当該取締役」とあるのは「これらの取締役」
　とする。</u>
⑤　<u>第3項の規定は，設立時会計参与，設立時監査役及び設立時会計監査人の選任
　について準用する。</u>

〔川　村〕

§41　　　　　　　　　　　　　　　　　第2編　株式会社　第1章　設立

　本条4項は改正法により新設されたものであり，改正法で導入された監査等委員会設置会社の取締役について，監査等委員である取締役とそれ以外の取締役が区別して書かれることになったことに応じて，設立しようとする株式会社が監査等委員会設置会社である場合に本条3項の文言を読み替える旨を新たに規定したものである。本条5項は，改正前の4項が5項に移動し，準用条文の文言が「前項」から「第3項」にあらためられているが，これは改正法による本条4項の新設に伴う文言の整理である。

（川村　力）

（設立時役員等の選任の方法の特則）

第41条① 前条第1項の規定にかかわらず，株式会社の設立に際して第108条第1項第9号に掲げる事項（取締役（監査等委員会設置会社にあっては，監査等委員である取締役又はそれ以外の取締役）に関するものに限る。）についての定めがある種類の株式を発行する場合には，設立時取締役（設立しようとする株式会社が監査等委員会設置会社である場合にあっては，設立時監査等委員である設立時取締役又はそれ以外の設立時取締役）の選任は，同条第2項第9号に定める事項についての定款の定めの例に従い，当該種類の設立時発行株式を引き受けた発起人の議決権（当該種類の設立時発行株式についての議決権に限る。）の過半数をもって決定する。

② 前項の場合には，発起人は，出資の履行をした種類の設立時発行株式1株につき1個の議決権を有する。ただし，単元株式数を定款で定めている場合には，1単元の種類の設立時発行株式につき1個の議決権を有する。

③ 前2項の規定は，株式会社の設立に際して第108条第1項第9号に掲げる事項（監査役に関するものに限る。）についての定めがある種類の株式を発行する場合について準用する。

　本改正により，本条1項は，「取締役」および「設立時取締役」の後に括弧書が加えられている。改正法で導入された監査等委員会設置会社の取締役について，108条1項9号の種類株式（いわゆる役員選任権付種類株式）の定めがある設立時発行株式を発行する場合に，設立時取締役の選任は当該種類の設立時発行株式を引き受けた発起人の議決権の過半数によるとの規定を適用する旨の改正を（募集設立の場合については90条），監査等委員である取締役とそれ以外の

第4節　設立時役員等の選任及び解任　　　　　　　　　　　　§43

取締役が，また設立時監査等委員である設立時取締役とそれ以外の設立時取締
役が，それぞれ区別して書かれることになったことに応じて規定すべく，改正
前の「取締役」および「設立時取締役」の文言の後に，括弧書が加えられたも
のである。

（川村　力）

（設立時役員等の解任）

第42条　発起人は，株式会社の成立の時までの間，その選任した設立時役員等
　（第38条第4項の規定により設立時役員等に選任されたものとみなされたものを
　含む。）を解任することができる。

　改正法は，設立時役員等の解任につき定める本条の準用条文を，「第38条第
3項」から「第38条第4項」にあらためた。これは，38条に，設立しようと
する株式会社が監査等委員会設置会社である場合の選任に係る同条2項が新設
された結果，改正前の3項が4項に移ったことに伴う条文の整理である。

（川村　力）

（設立時役員等の解任の方法）

第43条①　設立時役員等の解任は，発起人の議決権の過半数（<u>設立時監査等委員
　である設立時取締役又は設立時監査役を解任する場合にあっては，3分の2以上</u>
　<u>に当たる多数</u>）をもって決定する。

②　前項の場合には，発起人は，出資の履行をした設立時発行株式1株につき1個
　の議決権を有する。ただし，単元株式数を定款で定めている場合には，1単元の
　設立時発行株式につき1個の議決権を有する。

③　前項の規定にかかわらず，設立しようとする株式会社が種類株式発行会社であ
　る場合において，取締役の全部又は一部の解任について議決権を行使することが
　できないものと定められた種類の設立時発行株式を発行するときは，当該種類の
　設立時発行株式については，発起人は，当該取締役となる設立時取締役の解任に
　ついての議決権を行使することができない。

④　<u>設立しようとする株式会社が監査等委員会設置会社である場合における前項の</u>

〔川　村〕　　　　　　　　　　　　　　　　　　　　　　　　　39

§ 44   第2編　株式会社　第1章　設立

> 規定の適用については，同項中「，取締役」とあるのは「，監査等委員である取
> 締役又はそれ以外の取締役」と，「当該取締役」とあるのは「これらの取締役」
> とする。
> ⑤　第3項の規定は，設立時会計参与，設立時監査役及び設立時会計監査人の解任
> について準用する。

　改正法で監査等委員会設置会社制度（399の2以下）が導入されたことに伴
い，本条では，1項では括弧書に「設立時監査等委員である設立時取締役又
は」の文言を加え，4項が新設され，改正前の4項である5項では，改正前の
「前項」から「第3項」へと文言があらためられた。

　本改正は，本条1項の括弧書について「設立時監査等委員である設立時取締
役又は」という文言を加えたが，これは監査等委員である取締役の独立性を確
保するべく，その解任に特別決議が要求される（309Ⅱ⑦・344の2Ⅲ）ことに
対応して，設立時監査等委員である設立時取締役の解任にも，発起人の議決権
の3分の2以上に当たる多数という，要件を加重する旨を定めたものである。

　また改正法は本条について4項を新設しているが，これは，改正法では，監
査等委員会設置会社の取締役について，監査等委員である取締役とそれ以外の
取締役が区別して書かれることになったことに応じて，設立しようとする株式
会社が監査等委員会設置会社である場合に本条3項の文言を読み替える規定を
新設したものである。

　本条5項は，改正法により，改正前の4項から5項に移り，また文言を改正
前の「前項」から「第3項」にあらためているが，これは本条4項の新設に伴
う項番号および準用条文の整理を行ったものである。

（川村　力）

> **（設立時取締役等の解任の方法の特則）**
> **第44条**①　前条第1項の規定にかかわらず，第41条第1項の規定により選任さ
> れた設立時取締役（設立時監査等委員である設立時取締役を除く。次項及び第4
> 項において同じ。）の解任は，その選任に係る発起人の議決権の過半数をもって
> 決定する。
> ②　前項の規定にかかわらず，第41条第1項の規定により又は種類創立総会（第
> 84条に規定する種類創立総会をいう。）若しくは種類株主総会において選任され

第4節　設立時役員等の選任及び解任　　　　　　　　　　　　§44

た取締役（監査等委員である取締役を除く。第4項において同じ。）を株主総会
の決議によって解任することができる旨の定款の定めがある場合には，第41条
第1項の規定により選任された設立時取締役の解任は，発起人の議決権の過半数
をもって決定する。

③　前2項の場合には，発起人は，出資の履行をした種類の設立時発行株式1株に
つき1個の議決権を有する。ただし，単元株式数を定款で定めている場合には，
1単元の種類の設立時発行株式につき1個の議決権を有する。

④　前項の規定にかかわらず，第2項の規定により設立時取締役を解任する場合に
おいて，取締役の全部又は一部の解任について議決権を行使することができない
ものと定められた種類の設立時発行株式を発行するときは，当該種類の設立時発
行株式については，発起人は，当該取締役となる設立時取締役の解任についての
議決権を行使することができない。

⑤　前各項の規定は，第41条第1項の規定により選任された設立時監査等委員で
ある設立時取締役及び同条第3項において準用する同条第1項の規定により選任
された設立時監査役の解任について準用する。この場合において，第1項及び第
2項中「過半数」とあるのは，「3分の2以上に当たる多数」と読み替えるもの
とする。

　　改正法で導入された監査等委員会設置会社制度（399の2以下）では，監査等
委員である取締役の地位の独立を確保すべく，監査等委員の解任には特別決議
が（309Ⅱ⑦・344の2Ⅲ），これと対応して設立時監査等委員である設立時取締
役の解任には発起人の議決権の3分の2以上に当たる多数が（43Ⅰ括弧書），そ
れぞれ要求されている。

　　本条につき改正法は，1項の設立時取締役の後に括弧書を加え，2項は取締
役の後の括弧書を加えるとともに改正前の「同項」を「第41条第1項」にあ
らため，5項の「第41条第3項」を「第41条第1項の規定により選任された
設立時監査等委員である設立時取締役及び同条第3項」にあらためている。こ
れは，改正法が，108条1項9号の種類株式（いわゆる役員選任権付種類株式）の
定めがある設立時発行株式により取締役を選任する場合（41Ⅰ）に，その解任
要件に以上と対応した変更を加えたものであり，本条1項は設立時監査等委員
である設立時取締役について，本条2項は監査等委員である取締役について株
主総会により解任し得る旨の定款の定めがある場合において，それぞれ発起人
の議決権の過半数によるとの規定の適用を除外するとともに準用条文の文言を
整理し，本条5項により発起人の議決権の3分の2以上に当たる多数と読み替

〔川　村〕

§45　　　　　　　　　　　　　　　　　第2編　株式会社　第1章　設立

えを行うものである。

(川村　力)

（設立時役員等の選任又は解任の効力についての特則）

第45条①　株式会社の設立に際して第108条第1項第8号に掲げる事項についての定めがある種類の株式を発行する場合において，当該種類の株式の内容として次の各号に掲げる事項について種類株主総会の決議があることを必要とする旨の定款の定めがあるときは，当該各号に定める事項は，定款の定めに従い，第40条第1項又は第43条第1項の規定による決定のほか，当該種類の設立時発行株式を引き受けた発起人の議決権（当該種類の設立時発行株式についての議決権に限る。）の過半数をもってする決定がなければ，その効力を生じない。

1　取締役（監査等委員会設置会社の取締役を除く。）の全部又は一部の選任又は解任　当該取締役となる設立時取締役の選任又は解任

2　監査等委員である取締役又はそれ以外の取締役の全部又は一部の選任又は解任　これらの取締役となる設立時取締役の選任又は解任

3　会計参与の全部又は一部の選任又は解任　当該会計参与となる設立時会計参与の選任又は解任

4　監査役の全部又は一部の選任又は解任　当該監査役となる設立時監査役の選任又は解任

5　会計監査人の全部又は一部の選任又は解任　当該会計監査人となる設立時会計監査人の選任又は解任

②　前項の場合には，発起人は，出資の履行をした種類の設立時発行株式1株につき1個の議決権を有する。ただし，単元株式数を定款で定めている場合には，1単元の種類の設立時発行株式につき1個の議決権を有する。

本条は，108条1項8号の種類株式（いわゆる拒否権付種類株式）の内容として役員選解任に当該種類株主総会決議を必要とする旨の定めがある場合，設立時選任役員の解任について，40条1項または43条1項が定める要件による決定のほかに要求される当該種類株式の決定としては，一律に発起人の当該種類の設立時発行株式の議決権の過半数による決定を必要とする旨定めるものである。本条では，本改正で監査等委員会設置会社制度（399の2以下）を導入したことに伴い，本条1項2号の規定を新設して本条が対象とする役員に監査等委員である取締役またはそれ以外の取締役を加えるとともに，本条1項1号は取

第6節　設立時代表取締役等の選定等　　　　　　　　　　　　　§47

締役に括弧書を加えて文言をあらためている。また本条1項3号から5号まで
は従来の2号から4号までが移ったものであるが，これは本条1項2号を新設
したことに伴う整理である。

(川村　力)

第46条①　設立時取締役（設立しようとする株式会社が監査役設置会社である場
　　合にあっては，設立時取締役及び設立時監査役。以下この条において同じ。）
　　は，その選任後遅滞なく，次に掲げる事項を調査しなければならない。
　1　第33条第10項第1号又は第2号に掲げる場合における現物出資財産等（同
　　　号に掲げる場合にあっては，同号の有価証券に限る。）について定款に記載さ
　　　れ，又は記録された価額が相当であること。
　2　第33条第10項第3号に規定する証明が相当であること。
　3　出資の履行が完了していること。
　4　前3号に掲げる事項のほか，株式会社の設立の手続が法令又は定款に違反し
　　　ていないこと。
②　設立時取締役は，前項の規定による調査により，同項各号に掲げる事項につい
　　て法令若しくは定款に違反し，又は不当な事項があると認めるときは，発起人に
　　その旨を通知しなければならない。
③　設立しようとする株式会社が指名委員会等設置会社である場合には，設立時取
　　締役は，第1項の規定による調査を終了したときはその旨を，前項の規定による
　　通知をしたときはその旨及びその内容を，設立時代表執行役（第48条第1項第
　　3号に規定する設立時代表執行役をいう。）に通知しなければならない。

改正法により，本条3項の文言中，改正前の「委員会設置会社」の文言が
「指名委員会等設置会社」にあらためられた。改正法で委員会設置会社の名称
が指名委員会等設置会社に改称されたことに伴う文言の整理である。内容に変
更はない。

(川村　力)

（設立時代表取締役の選定等）
第47条①　設立時取締役は，設立しようとする株式会社が取締役会設置会社（指
　名委員会等設置会社を除く。）である場合には，設立時取締役（設立しようとす

〔川　村〕　　　　　　　　　　　　　　　　　　　　　　　　　　　43

§48　　　　　　　　　　　　　　　　　　　　　第2編　株式会社　第1章　設立

> る株式会社が監査等委員会設置会社である場合にあっては，<u>設立時監査等委員で</u>
> <u>ある設立時取締役を除く。</u>）の中から株式会社の設立に際して代表取締役（株式
> 会社を代表する取締役をいう。以下同じ。）となる者（以下「設立時代表取締
> 役」という。）を選定しなければならない。
> ②　設立時取締役は，株式会社の成立の時までの間，設立時代表取締役を解職する
> 　ことができる。
> ③　前2項の規定による設立時代表取締役の選定及び解職は，設立時取締役の過半
> 　数をもって決定する。

　改正法は，本条1項で，「委員会設置会社」を「指名委員会等設置会社」に
あらため，設立時取締役の後に括弧書を加えた。前者は改正法により委員会設
置会社から指名委員会等設置会社へ名称変更されたことに伴う文言の整理であ
る。他方，後者は，改正法で導入された監査等委員会設置会社制度（399の2
以下）においては，監査等委員である取締役は代表取締役に選任されることは
できないものとされ（399の13Ⅲ），本条1項はこれと同様に，設立しようとす
る株式会社が監査等委員等設置会社である場合にも，設立時監査等委員である
設立時取締役は設立時代表取締役に選定されることができない旨の定めを設け
たものである。

〔川村　力〕

（設立時委員の選定等）
第48条①　設立しようとする株式会社が<u>指名委員会等設置会社</u>である場合には，
　設立時取締役は，次に掲げる措置をとらなければならない。
　1　設立時取締役の中から次に掲げる者（次項において「設立時委員」という。）
　　を選定すること。
　　イ　株式会社の設立に際して指名委員会の委員となる者
　　ロ　株式会社の設立に際して監査委員会の委員となる者
　　ハ　株式会社の設立に際して報酬委員会の委員となる者
　2　株式会社の設立に際して執行役となる者（以下「設立時執行役」という。）を
　　選任すること。
　3　設立時執行役の中から株式会社の設立に際して代表執行役となる者（以下
　　「設立時代表執行役」という。）を選定すること。ただし，設立時執行役が1人
　　であるときは，その者が設立時代表執行役に選定されたものとする。

44　　　　　　　　　　　　　　　　　　　　　　　　　　　　　　〔川　村〕

第8節　発起人等の責任等　　　　　　　　　　　　　　　　　§52の2

> ②　設立時取締役は，株式会社の成立の時までの間，設立時委員若しくは設立時代
> 表執行役を解職し，又は設立時執行役を解任することができる。
> ③　前2項の規定による措置は，設立時取締役の過半数をもって決定する。

　改正法により，本条1項の文言中，改正前の「委員会設置会社」の文言が
「指名委員会等設置会社」にあらためられた。改正法で委員会設置会社が指名
委員会等設置会社に改称されたことに伴う文言の整理である。内容に変更はな
い。

（川村　力）

> **（出資の履行を仮装した場合の責任等）**（新設）
> **第52条の2**①　発起人は，次の各号に掲げる場合には，株式会社に対し，当該各
> 号に定める行為をする義務を負う。
> 　1　第34条第1項の規定による払込みを仮装した場合　払込みを仮装した出資に
> 　　係る金銭の全額の支払
> 　2　第34条第1項の規定による給付を仮装した場合　給付を仮装した出資に係る
> 　　金銭以外の財産の全部の給付（株式会社が当該給付に代えて当該財産の価額に
> 　　相当する金銭の支払を請求した場合にあっては，当該金銭の全額の支払）
> ②　前項各号に掲げる場合には，発起人がその出資の履行を仮装することに関与し
> 　た発起人又は設立時取締役として法務省令で定める者は，株式会社に対し，当該
> 　各号に規定する支払をする義務を負う。ただし，その者（当該出資の履行を仮装
> 　したものを除く。）がその職務を行うについて注意を怠らなかったことを証明し
> 　た場合は，この限りでない。
> ③　発起人が第1項各号に規定する支払をする義務を負う場合において，前項に規
> 　定する者が同項の義務を負うときは，これらの者は，連帯債務者とする。
> ④　発起人は，第1項各号に掲げる場合には，当該各号に定める支払若しくは給付
> 　又は第2項の規定による支払がされた後でなければ，出資の履行を仮装した設立
> 　時発行株式について，設立時株主（第65条第1項に規定する設立時株主をい
> 　う。次項において同じ。）及び株主の権利を行使することができない。
> ⑤　前項の設立時発行株式又はその株主となる権利を譲り受けた者は，当該設立時
> 　発行株式についての設立時株主及び株主の権利を行使することができる。ただ
> 　し，その者に悪意又は重大な過失があるときは，この限りでない。

〔小　林〕

§52の2　　　　　　　　　　　第2編　株式会社　第1章　設立

I　改正の趣旨

　本条は新設規定で，設立に際して出資の履行の仮装がなされた場合に，出資
の履行を仮装した発起人およびこれに関与した発起人・設立時取締役の仮装さ
れた出資に係る金銭の支払義務・財産の給付義務を規定するための改正であ
る。出資の履行の仮装により生ずる株主間での価値移転に伴う既存株主の株式
価値の希釈化，払込みが適法になされていると信じた債権者を保護するために
置かれた規定である〔☞Ⅱ〕とともに，堅牢な設立を目的とするものでもあろ
う〔☞§55 2〕。

II　経　　緯

　従来，払込みの仮装については，預合いによるもの，見せ金によるもの，そ
の折衷形態によるものがあったが〔払込みの仮装があった場合の払込みとしての効
力等についての従来の考え方については☞会社法コンメ(2)§34Ⅱ7〔42頁以下〔川村
正幸〕〕・§63Ⅱ3〔226頁以下〔松井智予〕〕〕，仮装があった場合の仮装者等の払込
みを仮装した金額の支払義務を定めた規定は置かれていなかった。
　本改正に際し，中間試案の段階では，募集株式の発行に際しての払込みの仮
装について規定を置くものとしていた。これは，以下のような事情があったた
めである。
　募集株式の発行等において，近時，平成17年会社法が払込金保管証明の制
度を発起設立や新株発行の場合につき廃止したことを利用して（64，商登47Ⅱ
⑤・56②参照），会社が経営者の関係者等に第三者割当てによる新株発行を行
い，新株の払込金を会社の銀行口座に入金したという預金通帳の写し等により
増資の登記を行い，その旨をTDnetにより公表すると，ただちに入金した払
込金を引き出し，当該新株を市場で充却して利益を得るといった，不公正ファ
イナンスの事件が連続していた。
　判例は，見せ金によっては実質的に会社の資金が確保されたとはいえないと
して，払込みとしての効力を否定している（最判昭和38・12・6民集17巻12号
1633頁，最決平成3・2・28刑集45巻2号77頁等）。払込みとしての効力を否定さ
れると，募集株式の発行等の場合，当該引受人は，払込期日または払込期間経
過後は，新株引受権を失権するため（208Ⅴ）新株につき払込みをなす義務も

46　　　　　　　　　　　　　　　　　　　　　　　　　　　　〔小　林〕

消滅する。会社法制定以前であれば，失権した株式について新株発行の登記がなされた後は，取締役が引受担保責任を負うものとされていたため（平17改正前商280ノ13），当該新株発行は無効や不存在とはならず，引受人となった取締役が当該新株につき払込責任を負うことにより，いわゆる資本充実が果たされるものと解されていた。しかし会社法による引受担保責任規定の廃止により，このような考え方をとることはできなくなり，法律関係は不明確になっている。もし新株発行が無効とされたり，不存在とされると，発行された新株の株式取引の安全を害するおそれがあるし，増資の登記が無効となること等により，それを信じた会社債権者が害されるおそれもある。他方，募集株式の発行等は有効と解した場合も，現行会社法上は，引受人の失権により新株につき払込義務を負う者がいなくなるため，会社に新株の資金は確保されず，増資の登記を信頼した会社債権者が害されるおそれがあるし，発行済株式数の増加だけが生じて，そもそも誰が新株の株主なのかという問題が生じるほか，希釈化により他の株主を害するおそれがある（要綱概要20頁）。

そこで中間試案第1部第3の3①は，仮装払込みを行った募集株式の引受人およびこれに関与した取締役や執行役等の支払義務について規定を置くものとし，見直し要綱段階では，現物出資財産の給付が仮装された場合についても定めるものとされるとともに，第1部第3の2⑤注は，発起設立および募集設立ならびに新株予約権の払込金額の払込みおよびその行使に関しても，払込等を仮装した者の責任等につき，同様の規律を設けることとし，本条の改正はこれに基づいている。

なお，本条の趣旨は，株主間の不当な価値移転の巻戻しと債権者保護にある（要綱概要19-20頁，森本滋「募集株式発行規制の基本的枠組みと改正会社法」商事2070号〔2015〕10頁）ものといえるが，本条の趣旨は専ら前者のものと解する立場もある（一問一答平成26年153頁）。

III　出資の履行を仮装した発起人の責任（本条1項）

出資の履行の仮装に関与した発起人とは，自己が負う出資の履行（34 I）を仮装した者である。この者は，払込みを仮装した出資に係る金銭の全額の支払義務を負う（本条 I①）。出資の履行の一部について払込みが仮装された場合には，その仮装された部分の支払義務である。

また，現物出資財産の給付（現物出資）を仮装した場合には，会社に対し，

〔小　林〕

§52の2 　　　　　　　　　　　　　　第2編　株式会社　第1章　設立

現物出資財産の給付をする義務を負うこととしつつ，会社が請求した場合には，これに代えて，現物出資財産の価額に相当する金銭の全額の支払をする義務を負う（本条I②）。このように，現物出資が仮装された場合に，会社の選択により金銭による支払を請求することができることとしたのは，いったん現物出資財産の給付が仮装された場合には，会社として，当該現物出資財産を給付させるのではなく，拠出されるはずであった価値を金銭で補償させることを望む場合もあると考えられるところ，そのような金銭補償の選択を認めることは，引受人が不当に移転を受けた価値の返還という目的との関係でも合理的であるからと説明される（一問一答平成26年155頁）。この場合の「当該財産の価額」については，募集株式の213条の2第1項2号のものについては，本来出資されるべきものが出資されなかったという趣旨から，払込期日の時点における価額をいうものとされる（一問一答平成26年156頁注2）。設立の場合についても，会社は設立登記時に成立すること，また，現物出資等についての価額てん補責任の基準時（52I）との均衡からしても，会社成立時の価額と解すべきであろう。

　なお，現物出資の給付が仮装される場合としては，例えば，振替制度の対象である上場株式が現物出資財産となる場合に，口座振替によって給付がされた直後にこれを別口座に振り替えて引受人に還流させること等により，給付が仮装される場合が挙げられている（一問一答平成26年156頁注1）。

IV　出資の履行の仮装に関与した発起人・設立時取締役の責任（本条2項）

1　責任主体

　出資の履行の仮装に関与した発起人・設立時取締役として法務省令で定める者についても，出資の履行を仮装した発起人と同様の責任を負うものとされている。具体的には，①出資の履行（35条に規定する出資の履行をいう）の仮装に関する職務を行った発起人および設立時取締役（会社則7の2①），②出資の履行の仮装が創立総会の決議に基づいて行われたときは，ⅰ当該創立総会に当該出資の履行の仮装に関する議案を提案した発起人（同条②イ），ⅱ同議案の提案の決定に同意した発起人（同号ロ），ⅲ当該創立総会において当該出資の履行の仮装に関する事項について説明をした発起人および設立時取締役（同号ハ），である。②ⅰからⅲまでの者が責任主体とされているのは，いわゆる

第8節　発起人等の責任等　　　　　　　　　　　　　§52の2

見せ金等を構成する一連の行為について，創立総会の決議に基づきなされることもあると考えられる（募集株式の発行について，一問一答平成26年158頁注1）ことによる。なお，募集設立の場合について，103条2項で出資の履行の仮装に関与した発起人・設立時取締役の責任が規定されているが，これは引受人が出資の履行を仮装をした場合の発起人・設立時取締役の責任であり，募集設立において発起人が出資の履行を仮装した場合には，出資の履行の仮装に関与した発起人・設立時取締役は，本条による責任を負う。

2　責任の内容

本条2項により，出資の履行の仮装に関与した発起人・設立時取締役が負う責任は，出資の履行を仮装した発起人と同様のものである。ただし，出資の履行の仮装に関与した発起人・設立時取締役が負うこの責任は過失責任であり，これらの者が職務を行うについて注意を怠らなかったことを証明したときは本項の責任を負わないものとされ，無過失の立証責任は発起人・設立時取締役が負う（本条Ⅱただし書）。なお，ただし書の括弧書で，当該出資の履行の仮装をしたものを除くとされ，この者の責任は無過失責任とされている。本条2項は出資の履行の仮装に関与した発起人・設立時取締役に関する責任についての規定であるから，どのような者がこれに該当するかは，具体的な行為の態様，出資の履行の仮装において果たした役割等により判断され，具体的には出資の履行を仮装した引受人と共謀し，いったん会社に払い込まれた金銭に相当する額の金銭を当該引受人に返還した取締役等がこれに該当するとされる（一問一答平成26年158頁注3）。

なお，募集株式の発行時と異なり，本条1項の出資の履行を仮装した発起人の責任のみならず，出資の履行の仮装に関与した発起人・設立時取締役の責任についても，これを免除するには総株主の同意が必要とされている（55）。また，本条1項による責任は代表訴訟の対象ともなる（847Ⅰ）。

募集設立に際しての募集に応じた引受人が払込みを仮装した場合，また，募集株式の発行に際して引受人が払込みを仮装した場合に払込みを無効と考えると，これらの者は失権することになり（63Ⅲ・208Ⅴ），失権する者がなお払込みの責任を負うことをどのように説明するかという問題が生ずる。

これに対して出資の履行をしなかった発起人については，失権手続がとられることにより失権するとされている（36Ⅲ）ところ，発起人が出資の履行を仮装した場合，通常失権手続がとられることはないであろうから，この場合に

〔小　林〕　　　　　　　　　　　　　　　　　　　　　　　　　　49

は，発起人が引き続き払込義務を負っていると理解し得る。そうすると本条が支払義務を規定する理由が問題となるが，失権手続がとられていない場合には，出資の履行を仮装した発起人の責任を明確化するとともに，関与した発起人等にも支払義務を課することにより，出資の履行の確保をいっそう図ったという点にあるとしたものと解されることになろう。失権手続がとられていた場合には，本条の責任は生じない。

発起人により出資の履行が仮装された場合，そのように出資の履行の仮装により発行された株式が無効であるのか，有効であるのかが問題となる。この点，善意・無重過失の第三者に当該株式が渡れば，その株式は有効と会社法上取り扱われているが，発起人・引受人の下にとどまっている場合の効力をどのように解するかについては，学説上争いがある。

V　連帯責任（本条3項）

出資の履行の仮装を行った発起人が負う本条1項の責任と2項での発起人による出資の履行の仮装に関与した発起人・設立時取締役が負う責任は連帯責任とされている。

VI　計算上の扱い

出資の履行を仮装した発起人が本条1項に基づく義務を履行した場合には，その払込金はその他資本剰余金に計上される（会社計算21②）。発起人による出資の履行の仮装に関与した発起人，設立時取締役が本条2項に基づく義務を履行した場合には，その払込金はその他利益剰余金に計上される。現物出資等の価額てん補責任の場合と同様の考え方に基づくものであろう［☞ 会社法コンメ(2)§52 IV〔159-160頁［小林量］〕]。

VII　出資の履行が仮装された株式の株主権（本条4項，5項）

1　株主権の行使

出資の履行が仮装された株式については，その株式の引受人であり出資の履行を仮装した発起人は，本条1項による責任を履行した場合，あるいは2項による出資の履行の仮装に関与した発起人・設立時取締役が負う責任が履行され

第8節　発起人等の責任等 §52の2

た場合に，設立時株主（65 I）および株主の権利を行使することができるものとされている。これらの義務が履行されない間は，本来拠出されるべき財産が拠出されていない以上，当該発起人に株主の権利の行使を認めるのは相当ではないとの理由による（一問一答平成26年153頁）。この「株主の権利」には，配当受領権等の自益権のみならず，株主総会における議決権等の共益権も含まれる（一問一答平成26年159頁）。

もっとも，出資の履行が仮装された設立時株式あるいはその株主となる権利が譲渡された場合には，善意の譲受人を保護する必要があることから，設立時発行株式またはその株主となる権利を譲り受けた者は，当該設立時発行株式についての設立時株主および株主の権利を行使することができる。ただし，その者に悪意または重大な過失があるときは，この限りでない。

なお，譲受人に悪意・重過失がある場合であるが，その出資の履行を仮装した発起人，仮装に関与した発起人・設立時取締役による支払義務が譲受人による取得後に履行された場合について，とくに規定はされていない。しかし出資の履行を仮装した発起人・引受人も支払義務を履行すれば，株主権を行使し得ることからしてもこの場合には，当然支払義務が履行された時点から譲受人も株主権を行使し得ることになろう。このことは，後述2の無効説でも払込みがあれば発行された株式はその時点から有効と解されるであろうし，有効説の立場でも支払がなされた以上制裁を科す必要はないことから説明されよう。

また，出資の履行が仮装された「株主となる権利」（権利株）を善意・無重過失の第三者が取得した場合でも，会社がその譲渡を認めない限り自己が株主であることを会社に対して主張し得ない（35・50 II）のは，出資が履行された権利株が譲渡された場合と同様である。

2　発行された株式の効力

このように支払義務が未履行の間に譲渡がされてしまうと，株主権の希釈化が生ずることとなり，改正法はこの善意・無重過失の譲受人との関係では出資の履行の仮装により発行された株式は有効なものとの立場をとっている。これとの関係で，出資の履行が仮装された場合に出資の履行を仮装した発起人・引受人の下でもこれらの株式は有効に成立しているのかが問題となる。この点について，学説は分かれている。

無効と解する説は，この場合支払義務を履行すれば株式を取得できるコールオプションが存在するのみで，株式は未成立であり，払込みの仮装が明らかに

〔小　林〕 51

§52の2

第2編　株式会社　第1章　設立

なるまでの間，会社が株式が存在するかのごとく扱ったとしても，その間に行われた配当は無効であり，株主総会での議決権の行使は決議取消事由になるとされる（江頭112頁注2）。この立場からは，善意・無重過失の相手方に当該株式が譲渡されると既存株主は不利益を受けることになるから，不利益を被る株主は発起人・引受人による譲渡を阻止する必要があり，この阻止の方法としては，当該株式は未成立であるから，会社を被告とする当該株式の不存在確認の訴えを本案訴訟（取締役会決議の無効確認の訴えと同様，838条の類推適用により，対世効を認めるべきであるとする）として，発起人による譲渡の禁止を命ずる仮処分（処分禁止・占有移転禁止の仮処分〔民保23 I〕）を求めることになるとする（江頭112頁注3）。

この立場では，支払義務が履行されていない限り当該株式は無効であるから，これについて発起人が株主権を行使できないのは当然であり，本条4項は注意的な規定にすぎない。一方，5項については，譲受人保護のために置かれた規定となる。

これに対して，有効と考える説は，出資の仮装がされた場合，出資の効力は否定されるとしても，63条3項や208条5項との関係では「外形上」払込みないし出資の履行があった点にかんがみ，仮装者は当然に失権するものではない（発行された株式は有効である）と解し（同旨，松尾健一「資金調達におけるガバナンス」論点詳解77頁。一問一答平成26年159頁も，募集株式の発行の場面で，新株無効判決が確定するまでは有効であるとする），仮装者は，依然として出資履行義務を負担しており，改正法は，それを明確したにすぎないと解する。この立場では，出資の履行の仮装に関与した取締役等の責任は会社法制定前の「払込担保責任」と同様のものと位置付けられる。

この有効説の立場からは，仮装者は適法な株主ということになるが，本条4項は，仮装者に一種の制裁を科すとともに，仮装者の履行義務や関与者の責任が果たされることを促すために，それらが履行されるまでは株主権は行使できないものとしたものであるとする（野村修也「資金調達に関する改正」ジュリ1472号〔2014〕31頁）。また，有効説をとる立場から，無効説をとると善意無重過失の譲受人の出現により，存在しない株式が存在することになるといった従来あまりなかった考え方をとらざるを得ないと批判する（笠原武朗「仮装払込み」法時87巻3号〔2015〕29頁）とともに，先の譲渡の阻止の方法については，有効と考えた場合でも，株主権の希釈化という被害を受ける株主権を被保全権利とする仮の地位を定める仮処分が考えられるとする（笠原・前掲29頁）。なお，こ

52

〔小林〕

第8節　発起人等の責任等　　　　　　　　　　　　　　　　§52の2

の点については，支払義務とも関連して，株式有効説と整合的であるかどうか問題であるとの指摘（森本・前掲13頁注31），あるいはこのようなやや迂遠な権利が被保全権利として認められるかという問題があるとの指摘（片木晴彦「仮装の払込みと株式の効力」鳥山恭一ほか編・岸田雅雄先生古稀記念・現代商事法の諸問題〔成文堂，2016〕224頁注63）がなされている。

　無効説に賛成する〔☞§213の2Ⅴ〕が，いずれにせよ，善意・無重過失の者に譲渡された場合，自己の権利の希釈化が生ずるから，譲渡を阻止する方法を既存株主がとることは考えられる。しかし，設立段階ではまだ発起人・引受人の下にとどまっている可能性もあるが，募集株式の発行で従来なされたように，すぐに転売されてしまう可能性が高く，その場合には事前の阻止は実際上不可能であろう（松尾・前掲79頁）。この場合には，引受人と払込みの仮装に関与した取締役等の責任（213の2Ⅰ・213の3Ⅰ）が履行されない限り希釈化が生ずることになり，この場合に損害を被る株主は払込みの仮装に関与した取締役等の責任を代表訴訟で追及することになろう。

　なお，無効説のようにオプション的に考える，また，有効説のように考えるにしても，出資の履行の仮装に関与した発起人・設立時取締役が支払義務を履行した場合でも，当該株式は出資の履行の仮装者である発起人に帰属し，支払義務を履行した設立時取締役等に帰属することにはならない。この場合，設立時取締役等は出資の履行を仮装した発起人に対し，民法上の一般原則に基づいて，求償をすることになる（一問一答平成26年159頁）。

Ⅷ　設立の効力

　出資の履行が仮装された株式の効力をいずれに解するにせよ，設立段階の瑕疵であるから，設立に際してなされた払込みの仮装は，設立に際しての瑕疵として，設立無効の訴え（828Ⅰ①）で争われることになる。

　無効説をとった場合でも，善意・無重過失の第三者に譲渡されれば株式自体は有効になるとしても，出資の履行がないことには変わりはないから，出資の履行の仮装により，出資の履行の欠缺が著しい場合には，無効原因となると解されよう。

　有効説をとった場合でも，本条の責任は払込担保責任と同様のものと位置付けられているところ，同責任が規定されていた平成17年改正前商法においても，払込みの欠缺が著しい場合には無効原因となり得ると解されていた（最判

〔小　林〕

§55   第2編　株式会社　第1章　設立

昭和30・4・19民集9巻5号511頁，新注会⒀335-342頁［山口賢］）ことから，や
はり同説の立場でもそのような場合には，設立の無効原因となると解されるこ
とになろう［募集株式の場合については，☞§213の2Ⅴ］。

                                                              （小林　量）

（責任の免除）
第55条　第52条第1項の規定により発起人又は設立時取締役の負う義務，第52
　条の2第1項の規定により発起人の負う義務，同条第2項の規定により発起人又
　は設立時取締役の負う義務及び第53条第1項の規定により発起人，設立時取締
　役又は設立時監査役の負う責任は，総株主の同意がなければ，免除することがで
　きない。

1　改正の趣旨

　本改正により出資の履行を仮装した発起人の払込義務（52の2Ⅰ）と出資の
履行の仮装に関与した発起人・設立時取締役の支払義務（同条Ⅱ）が規定され
たことを受けて，これらの義務の免除についても総株主の同意を必要とするた
めの改正である。

2　免除の要件

　本改正により出資の履行を仮装した発起人の払込義務（52の2Ⅰ）と出資の
履行の仮装に関与した発起人・設立時取締役の支払義務責任（同条Ⅱ）が規定
されたところ，これらの義務の免除については，52条1項の規定により発起
人または設立時取締役の負う義務，53条1項の規定により発起人，設立時取
締役または設立時監査役の負う責任と同様，総株主の同意がなければこれをな
し得ないとしている。本改正で募集株式の発行に際して，出資の履行を仮装し
た募集株式の引受人の払込義務の免除についても同様に総株主の同意が必要と
されている（213の2Ⅱ）が，募集株式の引受人が出資の履行を仮装することに
関与した取締役（指名委員会等設置会社にあっては，執行役を含む）が負う支払義
務については，その免除にこのような要件は課されておらず（213の3参照），
これは免除にとくに制限はないことを意味していると解されている（一問一答

54   〔小　林〕

第9節　募集による設立　第4款　設立時取締役等の選任及び解任　　　§88

平成26年158頁注4)〔☞会社法コンメ(5)§213 III 4〔164頁〔小林量〕〕〕。したがっ
て，設立の場合にのみ，出資の履行の仮装に関与した発起人・設立時取締役の
責任が強化されているわけであるが，これはやはり健全な設立の確保という観
点からのものであろう。

(小林　量)

（種類創立総会の招集及び決議）

第85条① 前条，第90条第1項（同条第2項において準用する場合を含む。），
第92条第1項（同条第4項において準用する場合を含む。），第100条第1項又
は第101条第1項の規定により種類創立総会の決議をする場合には，発起人は，
種類創立総会を招集しなければならない。

② 種類創立総会の決議は，当該種類創立総会において議決権を行使することがで
きる設立時種類株主の議決権の過半数であって，出席した当該設立時種類株主の
議決権の3分の2以上に当たる多数をもって行う。

③ 前項の規定にかかわらず，第100条第1項の決議は，同項に規定する種類創立
総会において議決権を行使することができる設立時種類株主の半数以上であっ
て，当該設立時種類株主の議決権の3分の2以上に当たる多数をもって行わなけ
ればならない。

改正法は，種類創立総会の招集に係る本条1項の準用条文を，改正前の「同
条第3項」から「同条第4項」にあらためた。これは，改正法で監査等委員会
設置会社制度（399の2以下）が導入され，108条1項9号の種類株式（いわゆ
る役員選任権付種類株式）により選任された設立時取締役の解任について定める
92条に，設立しようとする株式会社が監査等委員会設置会社である場合につ
いて定める3項が新設された結果，改正前の92条3項が4項に移ったことに
伴う，条文の整理である。内容に変更はない。

(川村　力)

（設立時取締役等の選任）

第88条① 第57条第1項の募集をする場合には，設立時取締役，設立時会計参
与，設立時監査役又は設立時会計監査人の選任は，創立総会の決議によって行わ

§89　　　　　　　　　　　　　　　第2編　株式会社　第1章　設立

なければならない。
②　設立しようとする株式会社が監査等委員会設置会社である場合には，前項の規
　定による設立時取締役の選任は，設立時監査等委員である設立時取締役とそれ以
　外の設立時取締役とを区別してしなければならない。

　改正法により監査等委員会設置会社制度（399の2以下）が導入され，募集設
立における設立時取締役等の選任について定める本条においては，新たに2項
が設けられた。改正法で導入された監査等委員会設置会社においては，監査等
委員である取締役とそれ以外の取締役を区別して選任することが要求されてお
り（329Ⅱ），本条2項は，設立しようとする株式会社が監査等委員会設置会社
である場合にも同様に，設立時監査等委員である設立時取締役とそれ以外の設
立時取締役を区別して選任する旨の定めを，新設したものである（発起設立の
場合にも同様に38条2項を新設）。また改正法は，改正前の「88条」を「88条1
項」とあらためているが，これは本条2項を新設したことに伴う整理である。

　　　　　　　　　　　　　　　　　　　　　　　　　　　　　　（川村　力）

　（累積投票による設立時取締役の選任）
第89条①　創立総会の目的である事項が2人以上の設立時取締役（設立しようと
　する株式会社が監査等委員会設置会社である場合にあっては，設立時監査等委員
　である設立時取締役又はそれ以外の設立時取締役。以下この条において同じ。）
　の選任である場合には，設立時株主（設立時取締役の選任について議決権を行使
　することができる設立時株主に限る。以下この条において同じ。）は，定款に別
　段の定めがあるときを除き，発起人に対し，第3項から第5項までに規定すると
　ころにより設立時取締役を選任すべきことを請求することができる。
②　前項の規定による請求は，同項の創立総会の日の5日前までにしなければなら
　ない。
③　第72条第1項の規定にかかわらず，第1項の規定による請求があった場合に
　は，設立時取締役の選任の決議については，設立時株主は，その引き受けた設立
　時発行株式1株（単元株式数を定款で定めている場合にあっては，1単元の設立
　時発行株式）につき，当該創立総会において選任する設立時取締役の数と同数の
　議決権を有する。この場合においては，設立時株主は，1人のみに投票し，又は
　2人以上に投票して，その議決権を行使することができる。

56　　　　　　　　　　　　　　　　　　　　　　　　　　　　　　〔川　村〕

第9節　募集による設立　第4款　設立時取締役等の選任及び解任　　§90

④　前項の場合には，投票の最多数を得た者から順次設立時取締役に選任されたものとする。
⑤　前2項に定めるもののほか，第1項の規定による請求があった場合における設立時取締役の選任に関し必要な事項は，法務省令で定める。

　本改正により，本条1項の「設立時取締役」の後に括弧書が加えられた。これは，本改正で導入された監査等委員会設置会社について，監査等委員である取締役およびそれ以外の取締役の選任に累積投票が認められると規定された(342)のと同様に，設立しようとする株式会社が監査等委員会設置会社である場合の設立時監査等委員である設立時取締役およびそれ以外の設立時取締役にも，累積投票による選任を認める旨の改正がされたものである。

（川村　力）

（種類創立総会の決議による設立時取締役等の選任）
第90条①　第88条の規定にかかわらず，株式会社の設立に際して第108条第1項第9号に掲げる事項（取締役（設立しようとする株式会社が監査等委員会設置会社である場合にあっては，監査等委員である取締役又はそれ以外の取締役）に関するものに限る。）についての定めがある種類の株式を発行する場合には，設立時取締役（設立しようとする株式会社が監査等委員会設置会社である場合にあっては，設立時監査等委員である設立時取締役又はそれ以外の設立時取締役）は，同条第2項第9号に定める事項についての定款の定めの例に従い，当該種類の設立時発行株式の設立時種類株主を構成員とする種類創立総会の決議によって選任しなければならない。
②　前項の規定は，株式会社の設立に際して第108条第1項第9号に掲げる事項（監査役に関するものに限る。）についての定めがある種類の株式を発行する場合について準用する。

　改正法では，本条1項に2点の改正がなされている。1つは，括弧書中の「取締役」に括弧書が加えられたものであり，もう1つは本文中の「設立時取締役」に括弧書が加えられたものである。これは本改正で導入された監査等委員会設置会社の取締役について，108条1項9号の種類株式（いわゆる役員選任権付種類株式）の定めがある設立時発行株式を発行する場合に，設立時取締役

〔川　村〕

§92　　　　　　　　　　　　　　　　　　　第2編　株式会社　第1章　設立

の選任は当該種類の設立時発行株式の設立時種類株主を構成員とする種類創立総会の決議によるとの規定を適用する旨を（発起設立の場合については41条）定めたものであり，加えられた1つ目の括弧書は監査等委員である取締役とそれ以外の取締役につき，加えられた2つ目の括弧書は設立時監査等委員である設立時取締役とそれ以外の設立時取締役について，それぞれ区別して書かれることになったことに応じて，規定したものである。

　監査等委員会設置会社制度の導入に伴い108条1項9号をあらためたことに付随するものであり，同条の注釈を参照されたい。

（川村　力）

> **第92条①**　第90条第1項の規定により選任された設立時取締役は，株式会社の成立の時までの間，その選任に係る種類の設立時発行株式の設立時種類株主を構成員とする種類創立総会の決議によって解任することができる。
> ②　前項の規定にかかわらず，第41条第1項の規定により又は種類創立総会若しくは種類株主総会において選任された取締役を株主総会の決議によって解任することができる旨の定款の定めがある場合には，第90条第1項の規定により選任された設立時取締役は，株式会社の成立の時までの間，創立総会の決議によって解任することができる。
> ③　設立しようとする株式会社が監査等委員会設置会社である場合における前項の規定の適用については，同項中「取締役を」とあるのは「監査等委員である取締役又はそれ以外の取締役を」と，「設立時取締役」とあるのは「設立時監査等委員である設立時取締役又はそれ以外の設立時取締役」とする。
> ④　第1項及び第2項の規定は，第90条第2項において準用する同条第1項の規定により選任された設立時監査役について準用する。

　本改正により本条には，3項の新設と4項の整備に係る，2つの改正がなされた。

　本改正で導入された監査等委員会設置会社制度（399の2以下）では，108条1項9号の種類株式（いわゆる役員選任権付種類株式）により選任された取締役であっても株主総会で解任する旨の定款で別段の定めを置くことができるものとされた（347）ところ，本条3項は，本条2項の規定（108条1項9号の種類株式により選任された取締役であっても株主総会決議により解任できる旨の定款の定めがあ

58　　　　　　　　　　　　　　　　　　　　　　　　　　　　　〔川　村〕

第9節　募集による設立　第7款　設立手続等の特則等　　§*102*

る場合に，当該種類の設立時発行株式の設立時種類株主を構成員とする種類創立総会決議で選任された設立時取締役を，創立総会の決議で解任することができる）が，設立しようとする株式会社が監査等委員会設置会社である場合に，定款で監査等委員である取締役およびそれ以外の取締役について同様の定めがある場合に，設立時監査等委員である設立時取締役およびそれ以外の取締役にも適用されることを，定めたものである。監査等委員会設置会社制度の導入に伴う改正であり，関連する諸条文の注釈を参照されたい。

　本条4項は，改正前の3項を4項に移動し，また改正前の「前2項」の文言を「第1項及び第2項」とあらためたものであるが，本条3項の新設に伴う条文の整備であり内容の変更はない。

（川村　力）

（設立手続等の特則）

第102条① 　設立時募集株式の引受人は，発起人が定めた時間内は，いつでも，第31条第2項各号に掲げる請求をすることができる。ただし，同項第2号又は第4号に掲げる請求をするには，発起人の定めた費用を支払わなければならない。

② 　設立時募集株式の引受人は，株式会社の成立の時に，第63条第1項の規定による払込みを行った設立時発行株式の株主となる。

③ 　設立時募集株式の引受人は，第63条第1項の規定による払込みを仮装した場合には，次条第1項又は第103条第2項の規定による支払がされた後でなければ，払込みを仮装した設立時発行株式について，設立時株主及び株主の権利を行使することができない。

④ 　前項の設立時発行株式又はその株主となる権利を譲り受けた者は，当該設立時発行株式についての設立時株主及び株主の権利を行使することができる。ただし，その者に悪意又は重大な過失があるときは，この限りでない。

⑤ 　民法第93条ただし書及び第94条第1項の規定は，設立時募集株式の引受けの申込み及び割当て並びに第61条の契約に係る意思表示については，適用しない。

⑥ 　設立時募集株式の引受人は，株式会社の成立後又は創立総会若しくは種類創立総会においてその議決権を行使した後は，錯誤を理由として設立時発行株式の引受けの無効を主張し，又は詐欺若しくは強迫を理由として設立時発行株式の引受けの取消しをすることができない。

〔小　林〕

§102   第2編　株式会社　第1章　設立

1　改正の趣旨

　本改正により，募集設立時発行株式について払込みの仮装が行われた場合の
引受人および払込みの仮装に関与した発起人・設立時取締役の支払義務が規定
された。これらの義務が履行されない間は，本来拠出されるべき財産が拠出さ
れていない以上，募集株式の引受人に株主の権利の行使を認めるのは相当では
ない。一方，出資の履行が仮装されたことを知らずに当該株式を譲り受けた者
についてまで株主の権利の行使を認めないこととすると，取引の安全を害する
し，また，そのような譲受人は，出資の履行の仮装によって自ら利得を得た者
ではないから一律に権利行使を否定すべき理由はない（一問一答平成26年159
頁）。

　そこで，本条の改正により，3項として当該引受人は自身が102条の2第1
項による支払義務を履行するか，あるいは払込みの仮装に関与した発起人・設
立時取締役が103条2項により負う支払義務を履行した後でないと当該株式の
株主権を行使し得ない旨定めた規定が新設規定として挿入されている。また，
4項として，当該引受人から当該設立時発行株式を譲り受けた者が，善意・無
重過失である場合には，譲受人は当該設立時発行株式の株主権を行使し得る旨
定める規定が新設規定として挿入されている。これに伴い，改正前の3項が5
項に，4項が6項に繰り下がっている。

2　経　　緯

　52条の2の解説［☞§52の2Ⅱ］を参照されたい。

3　払込みが仮装された株式の株主権の行使（本条3項，4項）

　出資の履行を仮装した募集設立時発行株式の引受人は，102条の2第1項に
よる自らの義務を履行し，または取締役等が103条2項による支払義務を履行
した後でなければ，株主の権利を行使することができない（本条Ⅲ）。この
「株主の権利」には，配当受領権等の自益権のみならず，株主総会における議
決権等の共益権も含まれる（一問一答平成26年159頁）。

　もっとも，払込みが仮装された設立時株式あるいはその株主となる権利が譲
渡された場合には，善意の譲受人を保護する必要があることから，設立時発行
株式またはその株主となる権利を譲り受けた者は，当該設立時発行株式につい
ての設立時株主および株主の権利を行使することができる（本条Ⅳ）。ただ

60   〔小　林〕

第9節　募集による設立　第7款　設立手続等の特則等　　　　　§102の2

し，その者に悪意または重大な過失があるときは，この限りでない（同項ただ
し書）。

　なお，払込みが仮装された「株主となる権利」（権利株）を善意・無重過失の
第三者が取得した場合でも，会社がその譲渡を認めない限り自己が株主である
ことを会社に対して主張し得ない（63 II）のは，出資が履行された権利株が譲
渡された場合と同様である。

　その他の点については，本条3項，4項は，発起設立の場合の52条の2第4
項，5項，募集株式の発行の場合の209条2項，3項と同趣旨の規定であり，
これらの場合と同様の解釈が妥当する［☞§52の2・§209］。

（小林　量）

（払込みを仮装した設立時募集株式の引受人の責任）（新設）
第102条の2① 　設立時募集株式の引受人は，前条第3項に規定する場合には，株
　式会社に対し，払込みを仮装した払込金額の全額の支払をする義務を負う。
② 　前項の規定により設立時募集株式の引受人の負う義務は，総株主の同意がなけ
　れば，免除することができない。

1　改正の趣旨

　本条は新設規定であり，募集設立の場合に募集に応じて株式を引き受けた者
が，払込みの仮装をした場合に，同引受人に払込みを仮装した払込金額の会社
に対する支払義務を規定するための改正である。

　発起人が設立に際して，出資の履行を仮装した場合の支払義務を規定する
52条の2，および募集株式の発行に際して払込みを仮装にした引受人の支払義
務を規定する213条の2と同趣旨の規定である［☞§52の2・§213の2］。

2　引受人の支払義務（本条1項）

　募集設立に際して，募集に応じて株式を引き受けた者が，払込みの仮装をし
た場合には，同引受人は，払込みを仮装した払込金額の全額を会社に対して支
払う義務を負う。本条1項により引受人が負う責任は，代表訴訟の対象となる
（847 I）。

〔小　林〕

3 免除（本条2項）

本条1項により払込みを仮装した引受人の支払義務の免除には，総株主の同意が必要とされている。募集株式発行に際しての扱い（213の2Ⅱ）と同様であり，設立時取締役との馴れ合いにより，他の株主の利益が害されるおそれがあることによるものであろう（一問一答平成26年155頁）。

4 計算上の処理

払込みを仮装した引受人が本条1項に基づく義務を履行した場合には，その払込金はその他資本剰余金に計上される（会社計算21③）。払込みを仮装した発起人等が支払義務を履行したのと同様の扱いである［☞§52の2Ⅵ］。

（小林　量）

（発起人の責任等）

第103条① 第57条第1項の募集をした場合における第52条第2項の規定の適用については，同項中「次に」とあるのは，「第1号に」とする。

② 第102条第3項に規定する場合には，払込みを仮装することに関与した発起人又は設立時取締役として法務省令で定める者は，株式会社に対し，前条第1項の引受人と連帯して，同項に規定する支払をする義務を負う。ただし，その者（当該払込みを仮装したものを除く。）がその職務を行うについて注意を怠らなかったことを証明した場合は，この限りでない。

③ 前項の規定により発起人又は設立時取締役の負う義務は，総株主の同意がなければ，免除することができない。

④ 第57条第1項の募集をした場合において，当該募集の広告その他当該募集に関する書面又は電磁的記録に自己の氏名又は名称及び株式会社の設立を賛助する旨を記載し，又は記録することを承諾した者（発起人を除く。）は，発起人とみなして，前節及び前3項の規定を適用する。

Ⅰ 改正の趣旨

改正法は，募集設立時発行株式について払込みの仮装が行われた場合について，払込みを仮装にした引受人の支払義務を新設したが，この場合について，

第9節　募集による設立　第7款　設立手続等の特則等　　　§103

発起人が出資の履行を仮装したときと同様，払込みの仮装に関与した発起人・設立時取締役の支払義務と同義務の免除要件を規定するものであり，その趣旨は52条の2，55条の場合と同様である［☞§52の2Ⅳ・§552］。

　また，会社法の下では，擬似発起人は全面的に法律上の発起人と同様の責任を負うとの立場がとられていることから，擬似発起人も払込みの仮装に関与した発起人としての責任を負うものとされている。

　本改正により，2項および3項が新設規定として挿入されている。新設された2項と3項の規定は，募集設立に際して募集に応じた引受人が払込みを仮装した場合に，払込みの仮装に関与した発起人・設立時取締役の責任に関する規定である。これらの規定の新設に伴い改正前の2項は4項に繰り下がっている。擬似発起人にも払込みの仮装に関与した発起人の規定を適用するため，改正前本条2項中の「前項」の文言が「前3項」にあらためられている。

Ⅱ　経　　緯

52条の2の解説［☞§52の2Ⅱ］を参照されたい。

Ⅲ　払込みを仮装することに関与した発起人または設立時取締役の責任（本条2項，3項）

1　責　任　主　体

払込みを仮装することに関与した発起人または設立時取締役として法務省令で定める者は，払込みを仮装にした引受人と同様の責任を引受人と連帯して負うものとされている（本条Ⅱ本文）。具体的には，① 払込み（63条1項の規定による払込みをいう。以下同じ）の仮装に関する職務を行った発起人および設立時取締役（会社則18の2①），② 払込みの仮装が創立総会の決議に基づいて行われたときは，ⅰ 当該創立総会に当該払込みの仮装に関する議案を提案した発起人（同条②イ），ⅱ 同議案の提案の決定に同意した発起人（同号ロ），ⅲ 当該創立総会において当該払込みの仮装に関する事項について説明をした発起人および設立時取締役（同号ハ）である ②ⅰ から ⅲ までが責任主体とされているのは，発起人による出資の履行の仮装に関与した場合と同様である［☞§52の2Ⅳ1］。

〔小　林〕

63

2 責任の内容

本条2項により，払込みを仮装することに関与した発起人・設立時取締役が負う支払義務は，払込みを仮装した引受人と同様のものである。ただし，払込みを仮装することに関与した発起人・設立時取締役が負うこの責任は過失責任であり，これらの者が職務を行うについて注意を怠らなかったことを証明したときは本条2項の責任を負わないものとされ，無過失の立証責任は発起人・設立時取締役が負う（同項ただし書）。なお，ただし書の括弧書で，当該出資の履行の仮装をしたものを除くとされ，この者の責任は無過失責任とされているのは，発起人が出資の履行を仮装した場合と同様である［☞§52の2Ⅳ2］。これらの者の責任と払込みを仮装にした引受人の責任が連帯債務とされているのも，発起人が出資の履行を仮装した場合（52の2Ⅲ）と同様である。

また，本条2項により払込みの仮装に関与した発起人・設立時取締役が支払義務を履行した場合でも，当該株式は払込みの仮装者である引受人に帰属し，支払義務を履行した発起人・設立時取締役に帰属することにはならず，この場合，設立時取締役等は払込みを仮装した発起人に対し，民法上の一般原則に基づいて，求償をすることになる（一問一答平成26年159頁）ことも発起人自身が出資の履行を仮装した場合と同様である［☞§52の2Ⅶ2］。

3 計算上の扱い

払込みの仮装に関与した発起人・設立時取締役が本条2項の責任を履行した場合，会社に支払われた金額がその他利益剰余金に組み入れられることは，これらの者が発起人による出資の履行の仮装に関与した場合と同様である［☞§52の2Ⅵ］。

4 免　　除

本条3項により，払込みを仮装することに関与した発起人・設立時取締役が負う支払義務は，総株主の同意がなければこれをなし得ないとしている。55条の場合と同趣旨の規定である［☞§55 2］。

Ⅳ　擬似発起人の責任（本条4項）

擬似発起人についても，本条の2項と3項の規定が適用され，払込みを仮装

第9節　募集による設立　第7款　設立手続等の特則等　　　　　§103

することに関与した発起人としての責任を負うとされている。もっとも，関与
した者として責任の主体となり得るものは上述のように一定の行為を行った者
であるから，擬似発起人がこれらの者に該当する場合に同責任を負うことにな
る。

　擬似発起人であっても，一定の職務をすることがあることを想定した規定で
あり，擬似発起人の責任は事実上の発起人としての責任であると解する立場
［☞会社法コンメ(2)§103Ⅱ2〔398頁［小林量］］］からは理解しやすい規定であ
る。

（小林　　量）

〔小　林〕

§*108*　　　　　　　　　　　　　　　　　第2編　株式会社　第2章　株式

第3巻（§§104-154の2）増補 ────────────────────

（異なる種類の株式）

第108条 ①　株式会社は，次に掲げる事項について異なる定めをした内容の異な
る2以上の種類の株式を発行することができる。ただし，指名委員会等設置会社
及び公開会社は，第9号に掲げる事項についての定めがある種類の株式を発行す
ることができない。

1　剰余金の配当

2　残余財産の分配

3　株主総会において議決権を行使することができる事項

4　譲渡による当該種類の株式の取得について当該株式会社の承認を要するこ
と。

5　当該種類の株式について，株主が当該株式会社に対してその取得を請求する
ことができること。

6　当該種類の株式について，当該株式会社が一定の事由が生じたことを条件と
してこれを取得することができること。

7　当該種類の株式について，当該株式会社が株主総会の決議によってその全部
を取得すること。

8　株主総会（取締役会設置会社にあっては株主総会又は取締役会，清算人会設
置会社（第478条第8項に規定する清算人会設置会社をいう。以下この条にお
いて同じ。）にあっては株主総会又は清算人会）において決議すべき事項のう
ち，当該決議のほか，当該種類の株式の種類株主を構成員とする種類株主総会
の決議があることを必要とするもの

9　当該種類の株式の種類株主を構成員とする種類株主総会において取締役（監
査等委員会設置会社にあっては，監査等委員である取締役又はそれ以外の取締
役。次項第9号及び第112条第1項において同じ。）又は監査役を選任するこ
と。

②　株式会社は，次の各号に掲げる事項について内容の異なる2以上の種類の株式
を発行する場合には，当該各号に定める事項及び発行可能種類株式総数を定款で
定めなければならない。

1　剰余金の配当　当該種類の株主に交付する配当財産の価額の決定の方法，剰
余金の配当をする条件その他剰余金の配当に関する取扱いの内容

2　残余財産の分配　当該種類の株主に交付する残余財産の価額の決定の方法，
当該残余財産の種類その他残余財産の分配に関する取扱いの内容

3　株主総会において議決権を行使することができる事項　次に掲げる事項

イ　株主総会において議決権を行使することができる事項

〔川　村〕

第1節 総則 §*108*

　ロ　当該種類の株式につき議決権の行使の条件を定めるときは，その条件
4　譲渡による当該種類の株式の取得について当該株式会社の承認を要すること
　　当該種類の株式についての前条第2項第1号に定める事項
5　当該種類の株式について，株主が当該株式会社に対してその取得を請求する
　ことができること　次に掲げる事項
　イ　当該種類の株式についての前条第2項第2号に定める事項
　ロ　当該種類の株式1株を取得するのと引換えに当該株主に対して当該株式会
　　社の他の株式を交付するときは，当該他の株式の種類及び種類ごとの数又は
　　その算定方法
6　当該種類の株式について，当該株式会社が一定の事由が生じたことを条件と
　してこれを取得することができること　次に掲げる事項
　イ　当該種類の株式についての前条第2項第3号に定める事項
　ロ　当該種類の株式1株を取得するのと引換えに当該株主に対して当該株式会
　　社の他の株式を交付するときは，当該他の株式の種類及び種類ごとの数又は
　　その算定方法
7　当該種類の株式について，当該株式会社が株主総会の決議によってその全部
　を取得すること　次に掲げる事項
　イ　第171条第1項第1号に規定する取得対価の価額の決定の方法
　ロ　当該株主総会の決議をすることができるか否かについての条件を定めると
　　きは，その条件
8　株主総会（取締役会設置会社にあっては株主総会又は取締役会，清算人会設
　置会社にあっては株主総会又は清算人会）において決議すべき事項のうち，当
　該決議のほか，当該種類の株式の種類株主を構成員とする種類株主総会の決議
　があることを必要とするもの　次に掲げる事項
　イ　当該種類株主総会の決議があることを必要とする事項
　ロ　当該種類株主総会の決議を必要とする条件を定めるときは，その条件
9　当該種類の株式の種類株主を構成員とする種類株主総会において取締役又は
　監査役を選任すること　次に掲げる事項
　イ　当該種類株主を構成員とする種類株主総会において取締役又は監査役を選
　　任すること及び選任する取締役又は監査役の数
　ロ　イの定めにより選任することができる取締役又は監査役の全部又は一部を
　　他の種類株主と共同して選任することとするときは，当該他の種類株主の有
　　する株式の種類及び共同して選任する取締役又は監査役の数
　ハ　イ又はロに掲げる事項を変更する条件があるときは，その条件及びその条
　　件が成就した場合における変更後のイ又はロに掲げる事項
　ニ　イからハまでに掲げるもののほか，法務省令で定める事項
③　前項の規定にかかわらず，同項各号に定める事項（剰余金の配当について内容

〔川　村〕

§ 113 第2編 株式会社 第2章 株式

> の異なる種類の種類株主が配当を受けることができる額その他法務省令で定める
> 事項に限る。）の全部又は一部については，当該種類の株式を初めて発行する時
> までに，株主総会（取締役会設置会社にあっては株主総会又は取締役会，清算人
> 会設置会社にあっては株主総会又は清算人会）の決議によって定める旨を定款で
> 定めることができる。この場合においては，その内容の要綱を定款で定めなけれ
> ばならない。

　本条1項では，本改正に伴い，柱書の文言中，「委員会設置会社」が「指名
委員会等設置会社」にあらためられ，8号の文言中「第478条第6項」が「第
478条第8項」にあらためられ，9号の文言中「取締役」の後に括弧書が加え
られる，3点の改正がなされた。1つ目は，改正法で「委員会設置会社」が
「指名委員会等設置会社」に改称されたことに伴う文言の整理であり，2つ目
は，改正法が478条5項と7項を新設したことに伴う整理であり，いずれも内
容の変更はない。3つ目は，本条1項9号の種類株式（いわゆる役員選任権付種
類株式）に関する規定について，監査等委員会設置会社について監査等委員で
ある取締役とそれ以外の取締役との双方に適用される旨の改正がなされたもの
である。

（川村　力）

（発行可能株式総数）

第113条① 株式会社は，定款を変更して発行可能株式総数についての定めを廃
止することができない。

② 定款を変更して発行可能株式総数を減少するときは，変更後の発行可能株式総
数は，当該定款の変更が効力を生じた時における発行済株式の総数を下ることが
できない。

③ 次に掲げる場合には，当該定款の変更後の発行可能株式総数は，当該定款の変
更が効力を生じた時における発行済株式の総数の4倍を超えることができない。

　1　公開会社が定款を変更して発行可能株式総数を増加する場合

　2　公開会社でない株式会社が定款を変更して公開会社となる場合

④ 新株予約権（第236条第1項第4号の期間の初日が到来していないものを除
く。）の新株予約権者が第282条第1項の規定により取得することとなる株式の
数は，発行可能株式総数から発行済株式（自己株式（株式会社が有する自己の株

第1節　総則　　　　　　　　　　　　　　　　　　　　　　　　　　§113

　　式をいう。以下同じ。）を除く。）の総数を控除して得た数を超えてはならない。

I　本改正のポイント

　本改正は，本条3項2号において，公開会社ではない株式会社（非公開株式
会社）が定款を変更して公開会社になる場合も，定款変更後の発行可能株式総
数が，当該定款変更が効力を生じた時における発行済株式総数の4倍を超える
ことができないという旨の規定を付け加えた。

　改正前の本条3項は，「定款を変更して発行可能株式総数を増加する場合に
は，変更後の発行可能株式総数は，当該定款の変更が効力を生じた時における
発行済株式の総数の4倍を超えることはできない。ただし，株式会社が公開会
社ではない場合は，この限りではない」と規定して，公開会社に対してこの規
定の適用をする旨と，非公開会社に対してはその適用を除外する旨を明らかに
していた。これに対して，非公開会社が定款を変更して公開会社になった場合
に当該規定が適用されるかどうかが明確でなかったため，改正法は，公開会社
に対して適用していた規制を非公開会社が公開会社になった場合にも適用する
ことを明らかにした。また，非公開会社については，改正前の3項ただし書の
ような規定はないが，実質的には改正を受けておらず，3項の適用対象外であ
る。

II　発行可能株式総数の増加の限度についての4倍規制の意義

　この発行可能株式総数が発行済株式総数の4倍を超えてはならないという規
律を，4倍規制という。

　昭和25年商法改正以前においては，「資本の総額」は定款の絶対的記載事項
であって（昭25改正前商166 I ③），その全部を引き受けないと会社は成立せず
（同法170・174参照），また，会社が新株を発行する場合には，定款を変更して
この事項を変更する必要があった（同法342・343・348）。しかし，昭和25年改
正商法は，取締役会制度を取り入れるとともに，授権資本制度を採用し，機動
的に新株を発行させるため，取締役会に新株発行の決定権限を与えた（同法
280ノ2 I）。しかし，その際，取締役会に新株を発行させる権限を与えること
に歯止めをかけて，設立時発行株式は発行可能株式総数（当時，これは便宜上

〔鈴　木〕

69

§113　　　　　　　　　　　　　　　　　第2編　株式会社　第2章　株式

「発行予定株式の総数」とよばれていたが，以下，混乱を避ける意味で，平成17年会社
法の条文と同様の「発行可能株式総数」という語を用いることとする）の4分の1を
下回ることができないとし（昭25改正商166Ⅱ〔その後この条文は，昭和56年改正
で同条3項，平成13年11月改正で同条4項となった〕），発行可能株式総数のうち
設立時に発行されなかった分については，取締役会に決定権を付与して臨機応
変に新株を発行できるようにし，さらに，定款変更して発行可能株式総数を変
更する場合にも，発行済株式総数の4倍を超えてそれを増加することができな
いと規定した（昭25改正商347）。

　これは，平成17年に制定された会社法にも引き継がれた（37・本条・201）。
また，これに加えて，4倍規制は，取締役会の決定によって発行可能株式総数
を超えて新株を発行させることを禁じることによって，既存株主の持株の比率
がこの割合を超えて侵害されることがないようにしているともいえる〔詳細に
ついては，☞ 会社法コンメ(3)§113 Ⅰ2・Ⅱ2(1)〔176-179頁〔鈴木千佳子〕〕〕。

　以上で公開会社について述べたことに対して，4倍規制は非公開会社には適
用されない。その理由について，学説は，非公開会社では原則として募集株式
の発行は株主割当てによって行われ（202Ⅰ⑪），手続として株主総会の特別決
議が要求されているため（199Ⅱ・309Ⅱ⑤），発行済株式総数の4倍を超える発
行可能株式総数を定めても，取締役会がその新株の発行権限を濫用するおそれ
がないためであるとしている〔☞ 会社法コンメ(3)§113 Ⅱ2(1)〔179頁〔鈴木〕〕〕。

Ⅲ　本条文の改正（非公開会社が公開会社となった場合の規制）の経緯および理由

1　本改正前の法制度に関する解釈

　非公開会社が公開会社となった場合，その会社が公開会社になった時から公
開会社に対する本改正以前の本条3項が適用されるかについては，通説は，こ
の規定は，文言からも明らかであるように，公開会社が定款を変更して発行可
能株式総数を変更する場合に限られると解していた。その結果，非公開会社が
発行可能株式総数を発行済株式総数の4倍を超えて定款に規定していたとき，
その会社が公開会社になった場合にはそれ以降も当該規定は適用されないとい
うことになる（立案担当27頁，論点解説182頁，田邊光政監修・詳解会社法の理論と
実務〔第2版〕〔民事法研究会，2007〕115頁，大系(2)56頁〔杉井孝〕，逐条(2)127頁
〔伊藤靖史〕）。しかし，これに対しては，非公開会社における4倍規制が除外さ

第1節　総則 §113

れたのは，非公開会社においては旧株主の持株比率低下の影響が少ないためであると考えられるから，これは非公開会社が公開会社となる場合には4倍規制の適用があるべきであり，非公開会社が公開会社となるため株式譲渡制限の定款規定を廃止する定款変更を行う決議がなされる場合には，その決議に，発行可能株式総数を発行済株式総数の4倍まで減少させる定款変更が含まれていると解するべきであるという反対説も主張されていた（前田雅弘「発行可能株式総数の定めと株主保護」森本還暦52-53頁）。

2　本条文の改正が行われた理由と改正にいたるまでの経緯

立案担当者によれば，1で既述したように，改正前には，非公開会社が定款を変更して公開会社となる場合には，公開会社についての発行可能株式総数に係る規律が及ぶという規定はなかったが，同規制の趣旨に照らして，この場合にも規律を及ぼすのが相当であると考えられたため，この点を明文の規定をもって規定することとしたとされている（立案担当平成26年212頁，一問一答平成26年360頁）。

そこで，中間試案は，第3部第3の4②において「公開会社でない株式会社が定款の変更により公開会社となる場合には，当該定款の変更が効力を生じた時における発行済株式の総数は，発行可能株式総数の4分の1を下ることができないものとする」とした。その補足説明は，現行法では，非公開会社が公開会社になる場合について4倍規制を定める規定はないが，この場合にも4倍規制の趣旨を及ぼすべきであることを明確にしている（中間試案補足説明第3部第3の4）。この中間試案の内容が，パブリックコメントにおいてもすべてが賛成意見であり，また，部会でも異論がなかったため，そのまま要綱でも入れられ（要綱概要57頁），見直し要綱第3部第3の4②も，「公開会社でない株式会社が定款を変更して公開会社となる場合には，当該定款の変更後の発行可能株式総数は，当該定款の変更が効力を生じた時における発行済株式の総数の4倍を超えることができないものとする」とした。

3　改正規定の適用に関する経過規定

改正附則7条は，改正法施行期日前に非公開会社が公開会社となるための定款変更に係る決議をするための株主総会の招集通知を開始した場合には，その定款変更後の発行可能株式総数については，本条3項は適用されず，改正前の規定に従う旨を明らかにした。

〔鈴　木〕

IV　当該規定に違反した場合の効果

　非公開会社が公開会社になるためには，それまで定款で規定されていた株式の譲渡制限に関する定めを削除することになり，そのとき，発行可能株式総数が発行済株式総数の4倍を上回っている場合には，定款に記載されている発行可能株式総数をその限度に減少するための定款変更を行うか，同時に新株発行を行って発行済株式総数を発行可能株式総数の4分の1まで上げておく必要がある。しかし，これらをせずに非公開会社が公開会社となるための譲渡制限規定削除の定款変更決議しか行わなかった場合，どのような影響があるか。譲渡制限規定削除の定款変更が行われたことをもって発行可能株式総数が法定の条件を充たすまで減少されたものとみなすことは，明文規定がない以上困難である。発行可能株式総数の変更を伴わない当該定款変更は法令に違反するものとして無効であり（830 II），非公開会社は公開会社になることができないとの解釈（山下徹哉「発行可能株式総数に係る規律・株主名簿の閲覧謄写請求の拒絶事由」論点詳解302頁）が，当該規定の趣旨を貫徹するには，妥当といえよう。

V　同様の趣旨から本改正を受けた他の規定

　上記の発行可能株式総数に対する4倍規制の貫徹のため，改正前に例外となっていた点をあらためた。
　その第1点は，改正前は，新設合併・新設分割・株式移転により設立される会社においては，設立に関する第2編第1章の規定の適用が除外されていたのをあらため，37条3項を適用除外されている条文から除いて，設立時発行株式総数は発行可能株式総数の4分の1以下でなければならないことを明らかにしたことであり（814 I），第2点は，株式併合において，本改正前には通説は，株式併合が行われても発行可能株式総数は影響を受けないと解していたため，4倍規制の例外となっていたが〔☞会社法コンメ(3)§113 III 2〔184頁〔鈴木〕〕〕，改正法は，会社が株式併合に当たって株主総会決議で定めるべき事項として株式併合の効力発生日における発行可能株式総数を挙げ（180 II ④），公開会社においては，発行可能株式総数は株式併合の効力発生日における発行済株式総数の4倍を超えることができないとし（同条 III），さらに，株式併合の効力発生日に会社は発行可能株式総数の定めに従って定款変更をしたものとみ

第1節　総則　　　　　　　　　　　　　　　　　　　　　　　　　　§114

なすこととしたのである（182 II）。

　しかし，株式消却の場合の発行可能株式総数については改正が及んでおらず，消却された分だけ新株を発行できる結果により4倍規制が貫徹できないという点には相変わらず問題が残っている［☞ 会社法コンメ(3)§113 III2〔182頁以下〔鈴木〕〕］。

（鈴木千佳子）

（発行可能種類株式総数）

第114条①　定款を変更してある種類の株式の発行可能種類株式総数を減少するときは，変更後の当該種類の株式の発行可能種類株式総数は，当該定款の変更が効力を生じた時における当該種類の発行済株式の総数を下ることができない。

②　ある種類の株式についての次に掲げる数の合計数は，当該種類の株式の発行可能種類株式総数から当該種類の発行済株式（自己株式を除く。）の総数を控除して得た数を超えてはならない。

　1　取得請求権付株式（第107条第2項第2号への期間の初日が到来していないものを除く。）の株主（当該株式会社を除く。）が第167条第2項の規定により取得することとなる同項第4号に規定する他の株式の数

　2　取得条項付株式の株主（当該株式会社を除く。）が第170条第2項の規定により取得することとなる同項第4号に規定する他の株式の数

　3　新株予約権（第236条第1項第4号の期間の初日が到来していないものを除く。）の新株予約権者が第282条第1項の規定により取得することとなる株式の数

　本改正で，本条2項3号中の準用条文が，改正前の「第282条」から「第282条第1項」にあらためられた。本改正により，282条に2項および3項（新株予約権の行使において出資の履行を仮装した場合の株主の権利の行使に係る規定）が新設された結果，改正前の282条が282条1項となったことに伴う準用条文の整理であり，内容に変更はない。

（川村　力）

§ 116　　　　　　　　　　　　　　　　　　第2編　株式会社　第2章　株式

（反対株主の株式買取請求）

第116条 ①　次の各号に掲げる場合には，反対株主は，株式会社に対し，自己の有する当該各号に定める株式を公正な価格で買い取ることを請求することができる。

1　その発行する全部の株式の内容として第107条第1項第1号に掲げる事項についての定めを設ける定款の変更をする場合　全部の株式

2　ある種類の株式の内容として第108条第1項第4号又は第7号に掲げる事項についての定めを設ける定款の変更をする場合　第111条第2項各号に規定する株式

3　次に掲げる行為をする場合において，ある種類の株式（第322条第2項の規定による定款の定めがあるものに限る。）を有する種類株主に損害を及ぼすおそれがあるとき　当該種類の株式

　　イ　株式の併合又は株式の分割

　　ロ　第185条に規定する株式無償割当て

　　ハ　単元株式数についての定款の変更

　　ニ　当該株式会社の株式を引き受ける者の募集（第202条第1項各号に掲げる事項を定めるものに限る。）

　　ホ　当該株式会社の新株予約権を引き受ける者の募集（第241条第1項各号に掲げる事項を定めるものに限る。）

　　ヘ　第277条に規定する新株予約権無償割当て

②　前項に規定する「反対株主」とは，次の各号に掲げる場合における当該各号に定める株主をいう。

1　前項各号の行為をするために株主総会（種類株主総会を含む。）の決議を要する場合　次に掲げる株主

　　イ　当該株主総会に先立って当該行為に反対する旨を当該株式会社に対し通知し，かつ，当該株主総会において当該行為に反対した株主（当該株主総会において議決権を行使することができるものに限る。）

　　ロ　当該株主総会において議決権を行使することができない株主

2　前号に規定する場合以外の場合　すべての株主

③　第1項各号の行為をしようとする株式会社は，当該行為が効力を生ずる日（以下この条及び次条において「効力発生日」という。）の20日前までに，同項各号に定める株式の株主に対し，当該行為をする旨を通知しなければならない。

④　前項の規定による通知は，公告をもってこれに代えることができる。

⑤　第1項の規定による請求（以下この節において「株式買取請求」という。）は，効力発生日の20日前の日から効力発生日の前日までの間に，その株式買取請求に係る株式の数（種類株式発行会社にあっては，株式の種類及び種類ごとの

74　　　　　　　　　　　　　　　　　　　　　　　　　　　　　〔松　中〕

第1節　総則　　　　　　　　　　　　　　　　　　　　　　　　　　　　§*116*

数）を明らかにしてしなければならない。

⑥　株券が発行されている株式について株式買取請求をしようとするときは，当該株式の株主は，株式会社に対し，当該株式に係る株券を提出しなければならない。ただし，当該株券について第223条の規定による請求をした者については，この限りでない。

⑦　株式買取請求をした株主は，株式会社の承諾を得た場合に限り，その株式買取請求を撤回することができる。

⑧　株式会社が第1項各号の行為を中止したときは，株式買取請求は，その効力を失う。

⑨　第133条の規定は，株式買取請求に係る株式については，適用しない。

細　目　次

I　株式買取請求に関する本改正総論
1　改正の概要
2　株式買取請求権の濫用防止
II　買取口座制度
1　総　論
　(1)　概　要
　(2)　制度の趣旨・目的
　(3)　改正の経緯
2　発行者（会社）の義務
　(1)　買取口座の開設
　(2)　公　告
　(3)　発行者が手続を履践しなかった場合
3　買取口座への振替申請
　(1)　株式買取請求権の行使の要件としての振替申請
　(2)　振替申請の時期
4　買取口座へ記録された振替
株式の扱い
　(1)　総　論
　(2)　効力発生までの会社による振替申請の制限
　(3)　権利推定規定の適用除外
　(4)　総株主通知と個別株主通知
　(5)　会社が本条1項各号の行為を中止した場合
　(6)　株式買取請求の効力発生
　(7)　買取口座に記録された振替株式の差押えなど
5　買取口座制度の創設と株式買取請求時の個別株主通知
　(1)　個別株主通知の要否
　(2)　個別株主通知を行える期間
　(3)　株式買取請求による価格決定申立てと個別株主通知
III　振替株式以外の株式の株式買取請求の撤回制限の実効化
1　改正の趣旨と経緯
　(1)　改正の趣旨
　(2)　改正の経緯
2　株券発行会社における買取請求時の株券提出義務
　(1)　趣　旨
　(2)　改正後の株式買取請求の手続
3　株式買取請求後の反対株主による株主名簿の名簿書換請求権の否定
　(1)　趣　旨
　(2)　改正後の株式買取請求の手続
　(3)　善意の譲受人の扱い

【文献】岩原紳作「**個別株主通知と株主名簿制度**」尾崎安史ほか編・上村達男先生古稀記念・公開会社法と資本市場の法理（商事法務，2019）195頁，**大野晃宏ほか**「株券電子化開始後の解釈上の諸問題」商事1873号（2009）51頁，**笠原武朗**「組織再編」法教402号（2014）28頁，**加藤貴仁**「振替株式の株主による権利行使の方法に関する一考察」神作裕之責任編集・企業法制の将来展望〔2016年度版〕（財経詳報社，2016）207頁，**久保田安彦**「株式買取請求権に係る規定の整備」鳥山恭一＝福島洋尚編・平成26年会社法改正の分析と展望（金判1461号）（2015）88頁，**小出篤**「組織再編等における株式買取請求」論点詳解213頁，**高木弘明**「会社法改正法案の解説」東京株式懇話会会報755号（2014）52頁，**十市崇＝館大輔**「反対株主による株式買取請求（中）」商事1900号（2010）58頁，**仁科秀隆**「株式買取請求権に関する手続上の**問題点**」施行5年138頁，**仁科秀隆**「振替株式と**株主権**の行使」神田秀樹＝武井一浩編・実務に効くM&A・組織再編判例精選（有斐閣，2013）112頁，**向井宣人**「『会社法の一部を改正する法律の施行に伴う関係法律の整備等に

〔松　中〕　　　　　　　　　　　　　　　　　　　　　　　　　　　　　　　　　75

関する法律』の施行に伴う民事執行規則および民事保全規則の一部改正の概要（買取請求株式等に関する強制執行等の手続の概要）」金法 2018 号（2015）52 頁

I 株式買取請求に関する本改正総論

1 改正の概要

本改正では，株式買取請求に関して次の改正がなされた。第1に，株式買取請求の撤回制限を実効化するために買取口座制度が創設された。振替株式以外の株式についても株式買取請求の撤回制限を実効化するための改正がなされている。第2に，株式買取請求の効力発生時が効力発生日に統一された。第3に，事前支払制度が導入されることとなった。第4に，存続会社等にとって簡易組織再編となる場合の存続会社等の株主の株式買取請求権（797 I ただし書）および譲受会社にとって簡易事業譲受けとなる場合の譲受会社株主の株式買取請求権（469 I ②）が否定された。また，略式事業譲渡等（同条 II ②）および略式組織再編（785 II ②・797 II ②）における特別支配会社は，株式買取請求権を行使できる反対株主から除かれることとなった（これらについては，立案担当平成 26 年 203-204 頁参照）。

2 株式買取請求権の濫用防止

株式買取請求権に関する本改正は，基本的には濫用に対処するためのものといえる（野村修也「組織再編」ジュリ 1439 号〔2012〕58 頁，中東正文「組織再編等」岩原紳作ほか編・平成 26 年会社法改正〔有斐閣，2015〕96 頁参照）。実現しなかったものも含めて，改正の過程で議論されたのは濫用的な株式買取請求権の行使が中心であった（法制審議会会社法制部会では，第3回に問題提起がなされ，主に第7回および 12 回において議論がなされたほか，第 18 回において株式買取請求の効力発生時について検討がなされた）。

株式買取請求権は，もともと，一定の価格で株式を会社に売り付けることができるプット・オプションを株主が無償で入手できる構造のものである。そして，会社法により，「公正な価格」が保障されることになり，ナカリセバ価格に加えてシナジー分配を反映した価格という2つの基準がとられ，オプションの価値は向上した（藤田友敬「新会社法における株式買取請求権制度」江頭還暦・上 294-295 頁）。そのため，会社法制定以前に比べて，期待される機能が拡大するとともに，濫用的な行使の余地も拡大するという背景があった（もっとも，事

第1節　総則　　　　　　　　　　　　　　　　　　　　　　　　　　§116

前支払制度と税制の問題が解決されれば，濫用よりもむしろ株式買取請求を行うインセンティブが小さいことのほうが問題となるとの指摘もあった。法制審議会会社法制部会第7回会議議事録39頁［田中亘］）。ただし，何が「濫用的」と評されるかについては議論の分かれるものもあり，改正の過程では，株式買取請求権が生じる組織再編などの公表後に取得した株主の扱いのように，平成17年商法改正の趣旨を踏まえれば必ずしも濫用的と評すべきではないものも取り上げられた。

　本改正では，望ましくないと評価することに異論が少ない態様の株式買取請求権の行使はできないようにするとともに，議論の分かれたものについては，最終的には規制を設けないこととなった（簡易組織再編等における株式買取請求権は否定されることとなったが，必ずしも濫用的だからとの理由によるものではない。立案担当平成26年203頁参照）。

　議論されたが実現しなかった改正提案としては，次のものがあった。

　第1に，組織再編の公告（あるいは公表）後に株式を取得した株主が株式買取請求権を行使するのは濫用的であるとして，こうした株主の株式買取請求権を否定するものである（経済産業省および経済界の一部から提案された。法制審議会会社法制部会第3回会議議事録11頁［奈須野太］・40頁［八丁地隆］）。議論の対象は組織再編であったが，仮に改正されたとすれば，本条1項各号の行為についても同様に公告（公表）後株主の株式買取請求権は否定されたと考えられる。この案は，株式買取請求権の機能として投下資本の回収を重視する観点からは支持されたが（法制審議会会社法制部会第7回会議議事録41頁［前田雅弘］），組織再編の公正さをチェックする機能を重視すると，公表後に株式を買い集めて株式買取請求権を行使することも濫用的とはいえないといった観点から強く批判された（法制審議会会社法制部会第7回会議議事録39頁［田中］，同第12回会議議事録28-29頁［田中亘］。また，同第12回会議議事録27-28頁［静正樹］も参照）。そして，中間試案に対するパブリック・コメントを経て（結果については，法制審議会会社法制部会部会資料⒆第4の3後注，立案担当平成26年73-74頁），改正しない方向に落ち着いた（法制審議会会社法制部会部会資料⒇第4の3後注参照。その後，とくに異論は出されなかった。法制審議会会社法制部会第18回会議議事録39頁［高木弘明＝岩原紳作］参照）。これは，株式買取請求権の存否をめぐる紛争を増加させる可能性があること，および本改正で実現したほかの濫用防止策により一定の対処がなされると考えられたためである（要綱概要46-47頁）。

　なお，最決平成29・8・30（民集71巻6号1000頁）は，179条の4第1項1号，社債，株式等の振替に関する法律（以下，「社債株式振替法」という）161条

〔松　中〕　　　　　　　　　　　　　　　　　　　　　　　　　　　　　77

§116　　　　　　　　　　　　　　第2編　株式会社　第2章　株式

2項に基づく特別支配株主による株式売渡請求を承認する旨などの通知・公告の後に売渡請求の対象となっていた株式を取得した者は，価格決定申立てを行うことができないと判示した（株式買取請求権および価格決定申立権が持つ非効率な締出しに対する抑止機能という観点からは同決定には批判もある。例えば，久保田安彦「判批」リマークス57号〔2018〕90-91頁，福島洋尚「判批」判評717号〔判時2380号〕〔2018〕15頁・18頁。同決定はこうした問題に回答していない点につき，田中亘「商法学における法解釈の方法」民商154巻1号〔2018〕61-62頁。その他の点も含む同決定の問題点につき，加藤貴仁「判解」平成29年度重判解ジュリ1518号〔2018〕103頁参照）。同決定は，対象会社株主がその意思にかかわらず株式を一定の価格で売り渡すという法律関係が形成されるのが通知・公告の時点であること，および通知・公告の後に株主となった者を保護する必要がないことを理由とする（同決定の理由付けの構造につき，久保田・前掲89頁参照）。他方，179条の4第1項の「売渡株主等」は同項の通知の相手方となるべき者を意味するという株式売渡請求のみに当てはまる文言解釈を同決定は採用していない（弥永真生「判批」ジュリ1513号〔2017〕2-3頁。もっとも，そうした解釈に対しては，特別支配株主が通知・公告後の譲受人から株式を取得できないことになるとの疑問が呈されている。髙橋真弓「判批」民商154巻2号〔2018〕122頁，松田敦子「判解」曹時70巻11号〔2018〕224頁注2）。そうすると，全部取得条項付種類株式の取得における株主総会決議後に株式を取得した株主の価格決定申立権（鳥山恭一「キャッシュ・アウトにおける価格決定の申立権者の範囲」金判1526号〔2017〕1頁。同決定以前にも傍論で全部取得条項付種類株式の取得の株主総会決議後に株主となった者の価格決定申立ては権利濫用に該当する可能性があるとする下級審裁判例があった。東京地決平成25・7・31資料版商事358号148頁，東京地決平成27・3・4金判1465号42頁〔申立人の1人につき形式的には総会後の取得に当たる可能性があるとしつつ，実質的には総会前から保有していたとしてそれを否定した〕）および株主総会決議が必要な組織再編において決議後に株式を取得した株主の株式買取請求権も否定されるものと考えられる（辰巳郁「判批」金法2080号〔2017〕50-51頁。株主総会の基準日後に株主となった者による価格決定申立てを認める下級審裁判例が否定されるわけではない。同51頁）。

　第2に，公正な価格の基準日について明文で統一することも提案された（法制審議会会社法制部会部会資料⑿第4の1⑸および補足説明）。しかし，適切な形で条文を書けるのかという技術的な問題点も指摘され（法制審議会会社法制部会第12回会議議事録29-30頁［藤田友敬]），改正にはいたらなかった。

78　　　　　　　　　　　　　　　　　　　　　　　　　　　　　〔松　中〕

第1節　総則　　　　　　　　　　　　　　　　　　　　　　　　§116

そのほかにも，公正な価格の基準や費用負担について第二読会において議論されたが，結論にいたらなかった（法制審議会会社法制部会第12回会議議事録30-34頁の議論参照）。

II　買取口座制度

1　総　　論

(1)　概　　要

本条1項各号の行為を行おうとする場合，振替株式を発行している会社（発行者。以下，単に「会社」という場合は同項各号の行為を行う振替株式の発行者をいう）は，買取口座を開設し（社債株式振替155 I），社債株式振替法161条2項の公告の際に買取口座について公告しなければならない（同法155 II）。

株主は，株式買取請求権を行使しようとする場合，買取口座への振替申請をしなければならない（社債株式振替155 III）。買取口座に記載または記録（以下，単に「記録」とする）された振替株式は，本条1項各号の行為の効力発生日までは反対株主のもの，効力発生日からは会社のものと扱われる。すなわち，効力発生日までは，発行者は自己の口座への振替申請を行えず（社債株式振替155 IV），総株主通知では反対株主が株主として通知され（同法151 II ③），反対株主による個別株主通知も可能である（同法154 III ④参照）。

なお，改正前社債株式振替法155条は，本条などの株式買取請求がなされた場合に加え，振替株式である単元未満株式の買取請求（192 I）がなされた場合に，発行者が，買取請求を行った株主に対して，代金支払と引換えに発行者の口座を振替先とする振替申請を行うように求めることができると定めていた。単元未満株式の買取請求については，改正前と同様の規定が改正社債株式振替法155条8項として定められている（立案担当平成26年199-200頁注139）。

(2)　制度の趣旨・目的

本改正は，買取口座制度を導入することで，株式買取請求の撤回制限の実効化を目指している（立案担当平成26年197頁）。株式買取請求の撤回は，効力発生日から30日以内に協議が調わず，そこから30日以内に価格決定申立てがなされなかった場合を除き（117 III），会社の承諾が必要である（本条VII）。これは，投機防止の観点から，平成17年商法改正で設けられた制限である（立案担当201頁）。しかし，株式買取請求を行った後もその株主の口座に株式の記録が残る一方，買取請求の履行を求めるのは現実的ではないため，事実上，株式

〔松　中〕

79

§116   第2編　株式会社　第2章　株式

買取請求を行った株主が会社の承諾を得ずに市場で株式を売却することが可能
になっていた（要綱概要43頁）。

　前述のとおり，株式買取請求権制度に関する本改正においては，濫用的な株
式買取請求への対処が主な課題であった［☞Ⅰ2参照］。撤回制限が実効的では
ないと，とりあえず買取請求をしておいて株価の動向を見ながら売却するか
（事実上の撤回），そのまま買取請求するかを選択できることになる。これは，
株式買取請求権の行使期間を売却ができなくなる時点（株式買取請求の効力発生
日〔改正前は代金支払時。改正前117Ⅴ〕または上場廃止の短いほう）まで事実上延
長するのと同様の効果を有する。そのため，プット・オプションとしての株式
買取請求権の経済的価値を高めることになる。その結果，会社の行為（組織再
編や定款変更など）に不満を持たない株主が議案に反対し，株式買取請求権を行
使するインセンティブを高める。買取口座制度の導入により，こうした問題を
解消・緩和できることとなる。

　本改正前の実務では，撤回制限の実効性確保のために，組織再編の公告
（785ⅢⅣなど）において，株式買取請求を行う場合は効力発生日前日までに会
社の口座に振替申請を行うべき旨を記載することも行われていた（仁科・問題
点142頁，髙木54-55頁。こうした対応策は社債株式振替法施行前から議論されてい
た。例えば，武井一浩＝郡谷大輔編著・会社法・金商法実務質疑応答〔商事法務，
2010〕41-42頁［武井一浩＝郡谷大輔＝松本絢子]）。本改正は，こうした取組みを
法制化したものともいえる（髙木55頁）。

　こうした実務的な扱いについては，撤回制限の実効性確保のほかに，本改正
前から効力発生日に株式買取請求の効力が生じるとされていたタイプの組織再
編において，社債株式振替法との関係で組織再編の対価となる存続会社等の株
式が反対株主の口座に記録されてしまう余地が生じるのを防ぐために用いるこ
とも議論されていた（神田秀樹ほか「座談会・株券電子化実施後の株式実務（下）」
商事1856号〔2009〕63-64頁〔唐津伸〕，林良樹「組織再編等コーポレート・アクショ
ンの実務」商事1956号〔2012〕36-37頁参照）［☞4⑹]。もっとも，立案担当者ら
によって同法140条の適用を否定する解釈が示され（大野ほか57頁・59頁注
11，小松岳志「振替法における株式実務上の諸論点」東京株式懇話会會報699号
〔2009〕12頁），振替機関が会社から反対株主に関する情報を入手し，自動的に
対価が記録されることがないようにする取扱い（小松・前掲41-42頁参照）も定
着するようになった。そのため，この目的のために行う意義はすでに薄れてい
た（仁科・問題点140頁）。

80   〔松　中〕

第1節　総則　　　　　　　　　　　　　　　　　　　　　　　　§116

(3)　改正の経緯

　法制審議会では，経済界などから撤回制限の徹底のため，株式買取請求を
行った株式について社債株式振替法による振替えの制限を導入すべきなどの提
案がなされ（法制審議会会社法制部会参考資料(13)22頁，法制審議会会社法制部会第3
回会議議事録40頁［八丁地］），アジェンダに上った（法制審議会会社法制部会部会
資料(6)第6の1注1）。法制審議会における議論では，何が濫用と評価できるの
か，濫用的な株式買取請求の原因などについては議論がなされたが，買取口座
制度の創設に関しては，投下資本の回収時期が遅れることの指摘がなされたほ
か（法制審議会会社法制部会第7回会議議事録38頁［前田］。同法による制限に反対す
る趣旨ではなく，株主が仮払を求められるようにする制度設計の余地を指摘してい
る），意見の対立があったわけではない（法制審議会会社法制部会第7回会議議事
録38-43頁，法制審議会会社法制部会第12回会議議事録25-26頁の議論，法制審議
会会社法制部会第14回会議議事録32頁［岩原紳作］参照）。また，中間試案のパブ
リック・コメントでも賛成多数であった（法制審議会会社法制部会部会資料(19)第
2部第4の1。立案担当平成26年72頁参照）。

　最終的に，見直し要綱第2部第3の1に沿って，会社法の一部を改正する法
律の施行に伴う関係法律の整備等に関する法律49条により社債株式振替法が
改正された。

2　発行者（会社）の義務

(1)　買取口座の開設

　発行者は，本条1項各号の行為，株式併合，事業譲渡等，組織再編（合併，
会社分割，株式交換，株式移転）をしようとする場合は，振替機関等（振替機関お
よび口座管理機関。社債株式振替2Ⅴ。実際には株主名簿管理人である口座管理機関に
開設すると考えられる。証券保管振替機構「株式等振替制度に係る業務処理要領〔5.4
版〕」〔以下，「業務処理要領」という〕2章3節第4の1(1)a備考）に買取口座の開設
の申出をしなければならない（同法155Ⅰ。買取口座に関する手続の運用について
は，業務処理要領2章3節第4参考「反対株主の買取請求に係る手続イメージ（契約締
結から振替まで）」，全株懇モデルⅠ270頁参照）。買取口座は，本条1項などに基づ
く株式買取請求に係る振替株式の振替えを行うための口座と定義されている
（社債株式振替155Ⅰ括弧書）。

　買取口座の開設が必要となるのは，以上の社債株式振替法155条1項に掲げ
られた行為のみであり，特別支配株主の株式売渡請求および全部取得条項付種

〔松　中〕　　　　　　　　　　　　　　　　　　　　　　　　　　　81

類株式の取得（全部取得条項を付す定款変更は本条1項2号の行為であり，買取口座の開設が必要になる）は含まれていない。これらの行為については反対株主に価格決定申立権は与えられるものの，株式買取請求権は生じないためである。

なお，過去に組織再編などを行い，すでに発行者名義の買取口座が存在する場合は，買取口座開設の申出は必要ない（社債株式振替155 I ただし書）。買取口座は組織再編等の前に開設する必要はあるが，どの程度前かについては制限がない。そのため，具体的な計画の前から開設しておくこともできる（髙木55頁，立案担当平成26年197頁）。また，株式買取請求権を行使できる株主がいない場合も同様に買取口座の開設は必要ない（同項ただし書）。

(2) 公 告

振替株式の発行者が本条1項各号の行為を行う場合，本条3項の株主に対する通知に代えて，公告が強制される（社債株式振替161 II。会社法上は公告に代えることができるとされているのみである。本条IV）。そして，この公告を行う際には，本条1項各号の行為をする旨（本条III）に加えて，買取口座についても公告する必要がある（社債株式振替155 II）。公告の内容は，本改正前から反対株主に任意で振替えを要請していた際のものと基本的には同様である（振替口座のコードが従来の会社の口座のものから買取口座のものになる。髙木55頁。公告の例として，全株懇モデルI 272頁参照）。

(3) 発行者が手続を履践しなかった場合

会社が買取口座の開設や公告を行わなかった場合や不備がある場合について検討する。

(ア) 差止めとの関係

本改正で導入された株式併合および組織再編の差止事由となる法令違反（182の3・784の2①・796の2①・805の2）には，株式買取請求の手続への違反も含むとされている（江頭892頁・931頁・955頁）。この「法令」は，会社を名宛人とする規定に限定するとは説明されているが（立案担当平成26年205頁。この問題については，松中学「子会社株式の譲渡・組織再編の差止め」論点詳解200-211頁），会社法に限定されているわけではない。そのため，会社が買取口座の開設や公告について社債株式振替法に違反した場合は，差止事由となると解される。

もっとも，全部取得条項付種類株式の取得の差止めについては，全部取得条項付種類株式の「取得が」法令定款に違反する場合（171の3）とされている。そうすると，株式に全部取得条項を付すための定款変更（本条I②）に際して

第1節　総則　　　　　　　　　　　　　　　　　　　　　　　　　　§116

買取口座の開設などについて法令違反があったとしても，「取得が」法令に違反しているわけではなく，差止事由に含まれないようにも思える。しかし，株式買取請求権があり，買取口座制度の対象となる株式併合や組織再編については，文言上，買取口座についての手続に反した場合も，「株式の併合」(182の3) あるいは「当該吸収合併等」(796の2①) が法令に違反することとなり，差止事由に当たると解される。そして，本改正では，複数の締出しの方法のいずれにおいても同じレベルの株主保護を与えることが企図されている。定款変更を行った上で全部取得条項付種類株式を用いる場合のみ，買取口座についての法令違反が差止事由にならないと解するのは均衡を欠く。したがって，171条の3の全部取得条項付種類株式の「取得が」法令に違反する場合には，前提となる全部取得条項を付す定款変更の手続を定める法令への違反も含み，買取口座の開設を怠った場合 (社債株式振替法155条1項への違反) や公告に不備がある場合 (同条2項への違反) も差止事由となると解すべきであろう。

(イ)　行為の効力への影響

定款変更に際して株式買取請求権が認められている場合 (本条1①②③ハ) に，本条3項，4項の通知・公告を行わないと，定款変更の効力が生じないとされている (江頭842頁) [☞会社法コンメ⑿§466 IV 3(2) [17頁 [笠原武朗]]]。この理解に準じると，買取口座に関して会社がとるべき手続としての公告 (社債株式振替155 II) も上記の公告の一内容となるものであるから，これを欠くと効力が生じないことになる。また，買取口座の開設申出 (同条 I) も，株式買取請求の手続の一環である上，これを適法に行わない限り，瑕疵のない買取口座の公告を行うこともできないため，やはり定款変更の効力が生じないと解することになる。

以上のように考えると，買取口座に関する以上の手続違反があれば，普通株式のみを発行している会社が，普通株式に全部取得条項を付す定款変更を行った上で当該株式を全部取得する場合には，全部取得も効力が生じないことになる。定款変更の効力が生じない以上，普通株式には全部取得条項は付されておらず，全部取得の決定 (171) を有効になすことはできないからである。

また，組織再編についても，株式買取請求手続の瑕疵は，組織再編の無効事由となると解されてきた (論点体系(6)122頁 [得津晶]。なお，江頭894-895頁注1 [事項別に無効原因を分類できないとする])。株式買取請求権が与えられる定款変更についての検討と同様に，組織再編との関係で買取口座に関する手続に違反した場合も，会社法上の株式買取請求手続に違反した場合と扱いを変える必要

[松中]

§116 第2編 株式会社 第2章 株式

はないとすると、組織再編の無効事由になる（無効と解するものとして、岡伸浩編・平成25年会社法改正法案の解説〔中央経済社, 2014〕165頁〔岡伸浩＝壽原友樹〕）。

　もっとも、買取口座に関する会社の行為に瑕疵がある場合に、株式買取請求についての会社法上の通知・公告の欠缺と同様に扱うべきかは、必ずしも自明ではない。後述のとおり、買取口座に関して会社に手続違反がある場合、株主は買取口座への振替申請を行わなくても株式買取請求が行えると理解されている〔☞3(1)(イ)〕。そうすると、買取口座に関する手続的な瑕疵があっても、買取請求に際して買取口座への振替申請が不要となるだけで、無効とならないと理解する余地もありそうである。しかし、手続に瑕疵があっても法的に株式買取請求を行い得ることと、その瑕疵が会社の行為の効力にどのような影響を与えるかは一応別の問題と考えられる（篠原倫太郎＝藤田知也「キャッシュ・アウトおよび組織再編における株式買取請求等」商事1959号〔2012〕31頁は、組織再編の無効事由と「なり得るものとは解される」としつつ、買取口座の開設がない場合には、会社が買取口座への振替申請がないことを主張するのは信義則違反であり、振替申請なく買取請求ができるとする）。そのため、より実質的な理由を考える必要がある。

　株式買取請求についての会社法上の通知・公告に瑕疵がある場合、株主は株式買取請求を行う機会があることを知らされず、あるいは遅れて知ることになり、買取請求期間内に権利を行使する機会を逸する可能性がある（ただし、書面投票・電子投票を採用する会社では、株主総会参考書類において議案要領などが記載されるため〔301 I・302 I、会社則73 I ①・85の3-92〕、株主総会の日と効力発生日の関係によっては、通知・公告はさほど意味を持たない場合はあり得る）。しかし、買取口座の公告等に瑕疵がある場合には、買取口座への振替申請を行わなくても株式買取請求権を行使できるという理解を前提とすると、買取口座の開設申出および公告のみを欠いた場合でも、ほかの開示が適法になされている限り、株主は株式買取請求を行う機会があることを知り得ない、あるいは遅れて知ることとなるとは限らない。この点を重視するのであれば、買取口座に関する手続的瑕疵からただちに行為の効力が否定されるわけではないと考えることになる。

　なお、以上のとおり買取口座に関する手続的瑕疵については、行為の効力に影響を及ぼすかは議論の余地があるものの、募集株式の発行等における無効事由の解釈のように、差止めで事前に争えば足りることを理由として無効とはならないという帰結を導くのは困難である。新株発行の公示とは異なり、株式買取請求に関する通知・公告は、差止めを担保するためのものではないからであ

第1節　総則　　　　　　　　　　　　　　　　　　　　　　　　　　　§*116*

る（笠原武朗「組織再編行為の無効原因」落合古稀325-326頁参照）。

3　買取口座への振替申請

(1)　株式買取請求権の行使の要件としての振替申請

(ア)　手　　　続

　株主が振替株式について株式買取請求をしようとするときは，発行者の開設した買取口座に振替申請をしなければならない（社債株式振替155Ⅲ）。これは株式買取請求の効力要件であり，振替申請をしなければ買取請求の効力が生じない。このことは，株主は「株式買取請求をしようとするときは……振替の申請をしなければならない」という同項の文言に反映されている。会社による買取口座の開設と同様に，全部取得条項付種類株式の取得価格決定申立ておよび特別支配株主による株式売渡請求の売渡価格決定申立ては，「株式買取請求」（同条Ⅰ本文括弧書）ではないので，買取口座への振替申請は必要ない。

　買取口座への振替申請が効力要件となっているため，発行者は，株式買取請求がなされた株式について振替済みまたは振替申請がなされていることを確認することが想定されている（業務処理要領2章3節第4参考「反対株主の買取請求に係る手続イメージ（契約締結から振替まで）」⑭，全株懇モデルⅠ283頁参照）。また，振替申請がなされていない場合は，反対株主に振替申請を行うように案内するという対応も示されている（全株懇モデルⅠ283頁）。

　なお，証券保管振替機構（以下，「機構」という）の株式等の振替に関する業務規程（以下，「業務規程」という）などでは，以下の手続も定められている。①買取口座に振替えがなされたら，発行者は買取口座を開設した口座管理機関にその株主の氏名・名称，株式数および振替先の買取口座などの情報を通知する（業務規程115の5ⅠⅡ，同施行規則168の3）。この情報は反対株主管理簿（業務規程2⑭）に記載されるとともに（同規程115の4，同施行規則168の2），株主の口座がある口座管理機関が機構を介して行う振替先口座照会の情報と照合される（業務処理要領2章3節第4参考「反対株主の買取請求に係る手続イメージ（契約締結から振替まで）」⑦⑪参照）。②組織再編における消滅会社等である会社は，反対株主への対価の割当てを防ぐために，機構に対して，反対株主の氏名・名称，加入者口座コードおよび当該振替株式の数を通知する（業務処理要領2章3節第4の1⑴c）。③個別株主通知または情報提供請求が行われた場合の請求取次先機関を特定するため，反対株主または発行者は，買取口座に記載された振替株式について，機構に対して，株式買取請求に係る振替株式に関する届出を

〔松　中〕

85

行う（同節第 4 の 1 (2) b。実務上は発行者が行うものと想定されている。同備考）。この場合，上位機関（会社の場合，買取口座を開設している口座管理機関）に対して機構への届出の取次ぎの請求を行う。

(イ) 買取口座への振替申請をしないことがやむを得ない場合

(ア)で見たとおり，買取口座への振替申請は株式買取請求の効力要件であるが，振替申請をしないことがやむを得ない場合には，これを欠いても株式買取請求は無効とならない（立案担当平成 26 年 197 頁）。第 1 に，会社が買取口座の開設の申出（社債株式振替 155 I）をしない場合は，株主はそもそも振替申請をすることができない。第 2 に，会社が買取口座を開設したものの公告を行わない場合も，やむを得ない事情に含まれると解されている（立案担当平成 26 年 197 頁参照）。これは，買取口座は存在していても，株主が具体的な振替先口座を知らない限り，どこに振替申請を行えばよいのかわからないためといえる。

このような結論には異論はないと考えられるが，法的構成については見解が分かれ得る。

第 1 の見解は，このような場合に，会社が株式買取請求の無効を主張するのは信義則に反していると解するものである（篠原＝藤田・前掲 31 頁〔中間試案の段階の議論〕）。

これに対して，第 2 の見解は，このような場合には，振替申請が株式買取請求の要件とはならないと解すべきだとする（小出 219 頁）。これは，買取口座への振替申請をしないことがやむを得ない場合に，会社が無効を主張できなくても，会社以外の者が当該株式買取請求の無効を主張できるのではないかという問題が生じかねないことを理由とする。第 1 の見解は買取口座への振替申請をしないことがやむを得ない場合でも，引き続き振替申請が株式買取請求の要件であることを前提とするため，これを疑問視しているものと理解できる。

いずれと理解してもこの問題については結論に大差はないとも考えられるが，適法に開設・公告がなされた買取口座への振替申請がない場合に，会社から株式買取請求を認めることができるか（会社が振替申請の欠缺を主張しない限り株式買取請求が認められるのか）という問題と整合的に考える必要がある。第 1 の見解をとるのであれば，振替申請を欠く場合でも会社から効力を認めることはでき，振替申請をしないことがやむを得ない場合については会社がその欠缺を主張できないことになると考えられる。他方，買取口座への振替申請は株式買取請求の効力要件であるという理解を前提とすると，これを欠く場合には，会社が無効を主張するかどうかにかかわらず，株式買取請求は無効となると考

第1節　総則　　　　　　　　　　　　　　　　　　　　　　§ 116

えるのが自然である（小出219頁参照）。このように考えるのであれば，会社の
主張に係らせない第2の見解をとるほうが整合的であろう。

　買取口座を開設しない，あるいは公告しないという場面のほかに，買取口座
の開設および公告はなされたが，公告期間が足りない場合など，株主が買取口
座への振替申請を行う妨げとなる発行者の社債株式振替法または会社法上の義
務違反がある場合にも買取口座への振替申請を不要とするという解釈をとり得
るか。株式買取請求を行う株主の保護を考えると，こうした場合にも買取口座
への振替申請を行わなくても株式買取請求は無効とならないと解すべきことに
なる。他方，軽微な瑕疵でも買取口座への振替申請を不要とすると，それを奇
貨として濫用的な株式買取請求がなされる，あるいは手続的な負担が生じるこ
とになり，そのコストは結局他の株主が負担することになる。

　そうすると，公告期間が足りないような場合にも，原則として買取口座への
振替申請は不要となるが，具体的な事情から実際に当該株主にとって買取口座
への振替申請が困難になった（間に合わなくなった）とはいえず，手続的な瑕疵
を口実にしているにすぎない場合（例えば，他の開示を通じて買取口座への振替申
請に必要な情報を適時に入手していたにもかかわらず，市場で売却する可能性を考慮し
て振替申請をあえて行わなかったとき）には，買取請求は無効となると解すべきで
あろう。

(ウ)　例外的に買取口座への振替申請を行わなくてもよい場合の処理

　買取口座への振替えがなされれば，行為の効力発生日には反対株主の口座に
は株式の記録はないため，株式買取請求を行っているにもかかわらず，組織再
編などの対価が割り当てられるという事態は生じない。他方，例外的に買取口
座への振替申請が必要ないこととなる場合，組織再編などにおいては，反対株
主の口座に対価の増加記載がなされる可能性がある（小出226頁）。このような
場面では，本改正前に行われていた，株式買取請求を行った株主が任意に事前
に会社の口座に振替申請を行わない場合に，その株主の情報を会社が振替機関
に伝えて，対価について増加の記録をしないようにするという方法（林・前掲
36頁）で対処できることが指摘されている（小出227頁，同注29）。

(2)　振替申請の時期

　株主による買取口座への振替申請は株式買取請求権の行使より後でも認めら
れるか。社債株式振替法155条3項は，株主が株式買取請求を「しようとする
ときは」買取口座への振替申請をしなければならないとしている。そのため，
文言上，買取口座への振替申請は株式買取請求権の行使より先であることが前

〔松　中〕　　　　　　　　　　　　　　　　　　　　　　　　　87

提となっているように読める（髙木56頁参照〔振替申請が先でなければならないとするわけではない。なお，同58頁も参照〕）。また，実務上，買取口座への振替申請から実際に振替えがなされるまでは数日程度かかると指摘されている（斎藤誠「会社法制の見直しに関する要綱の概要と組織再編行為に係る株式実務への影響」東京株式懇話会會報744号〔2013〕43-44頁参照。ただし，社債株式振替法155条3項が，株式買取請求権を行使する要件としているのは，買取口座への振替申請であって振替えではない）。

株式買取請求権の行使期間内であればあらためて振替申請を行った上で，株式買取請求を行うことも可能であるため，同期間内である限り，振替申請が後になっても認められると考えられる（笠原29頁）。また，この立場を基本的に支持しつつ，社債株式振替法上は買取口座への振替申請が行われても振替申請日は記録されない（買取口座に増加の記録がなされた日は記録される。社債株式振替129Ⅲ⑥）ため，買取請求後に振替申請を行った場合，株主は会社に振替申請日を通知する必要があり，これによって会社に株式買取請求の意思表示が有効になされたとする見解もある（小出220頁）。

いずれの考え方も振替申請をすべき時期については差異はないが，「公正な価格」の算定基準日が異なる可能性がある。判例上，株式買取請求権の行使日が算定基準日とされている（最決平成23・4・19民集65巻3号1311頁，最決平成23・4・26判時2120号126頁，最決平成24・2・29民集66巻3号1784頁）ことを前提にすると，前者では振替申請日が基準日となる（笠原29頁注10）。後者によれば，振替申請を行ったことを会社に伝えた日になると考えられる（小出220頁は，この日に買取請求がなされたものとしている。振替申請と会社への通知を同日に行っていれば一致する）。

いずれの立場に立つとしても，株式買取請求権の行使期間後に振替申請がなされた場合には，もはや株式買取請求は行えない（小出220頁。笠原29頁も買取請求期間内に議論を限定している）。これを認めると，株主は実質的にいつまでも株式買取請求権を有することになり，濫用を防止する改正の趣旨に反するためである（小出220-221頁）。すなわち，株式買取請求を行った後に，株式買取請求の期間を過ぎても振替申請の追完が可能となると，売却するほうが有利な場合には売却できるように振替申請をせず，予想される公正な価格より低い市場価格であれば同期間後に振替申請を行うことで，改正前と同様の問題が生じてしまう。

第1節　総則　　　　　　　　　　　　　　　　　　　　　　　§*116*

4　買取口座へ記録された振替株式の扱い

(1)　総　　論

買取口座に記録された振替株式については，本条1項各号の行為の効力発生日を境に規律を変えている。すなわち，効力発生日までは，買取口座に振替えを行うことで株式を処分できないようにする一方，依然としてその株式は買取請求権を行使した株主のものであるため，会社に対する権利行使が可能となるように総株主通知と個別株主通知の制度を整備している〔☞(4)〕。効力発生日後は，会社のものとなるため，会社は自己の口座への振替申請を行える（社債株式振替155Ⅳ）。

また，株式買取請求権を行使するために買取口座への振替申請を行う株主以外の株主は，買取口座に振替申請を行うことができない（社債株式振替155Ⅶ）。

(2)　効力発生までの会社による振替申請の制限

発行者は，買取口座に記録された株式について，効力発生日（新設合併等〔新設合併，新設分割，株式移転（804Ⅳ括弧書）〕の場合は設立会社〔803Ⅰ括弧書〕の成立の日）までは自己の口座に振替申請をすることができない（社債株式振替155Ⅳ）。中間試案の段階までは効力発生日・会社成立の日ではなく，株式買取請求に係る代金の支払時を基準としていた（中間試案第2部第4の1④）。これは，株式買取請求の効力発生時を行為の効力発生日・設立会社の成立日に統一する議論がその後に出てきたためである（法制審議会会社法制部会部会資料⒇第4の1補足説明参照）〔株式買取請求の効力発生時については，☞§*117*Ⅰ〕。この議論の進捗に併せて，買取口座に記録された振替株式の扱いも最終的な改正と同じものとなった（法制審議会会社法制部会部会資料㉕第2部第4の1④，見直し要綱第2部第3の1④）。

発行者が，株主による株式買取請求の撤回を承諾したときは，遅滞なく，当該株主の口座に振替申請をしなければならない（社債株式振替155Ⅴ）。中間試案の段階では，この場合には「直ちに」振替申請をすべきものとされていたが（中間試案第2部第4の1⑥），発行者の負担を考慮して「遅滞なく」とされた（法制審議会会社法制部会部会資料㉕第2部第4の1⑤，見直し要綱第2部第3の1⑤）。このため，撤回を承諾した場合には，株主の口座への振替申請まで手続に一定の時間をかけることも認められる（髙木58頁）。趣旨からすると，手続の遵守に必要な時間を超えて遅滞させることは認められないが，少なくとも数

〔松　中〕

§116　　　　　　　　　　　　　　　　　　　第2編　株式会社　第2章　株式

日程度は認められよう。

　なお，社債株式振替法155条5項は，会社が承諾した上で株式買取請求が撤回され，株式買取請求を行った株主に株式を返還することを前提に，その株主の口座に振替申請を行うべき義務を定めている。すなわち，同項の規定は，あくまでもその株主に株式を返還しなければならない義務があることを前提としているのであり，同項が株式買取請求の撤回の効力自体として株式買取請求を行った株主に対する会社の返還義務を定めているわけではない。そのため，株式買取請求の撤回の効力（とくに効力発生日後の撤回）についてはさまざまな議論がなされてきたが（例えば，弥永真生「株式買取請求の撤回と解除」商事2072号〔2015〕4頁，小林史治「株式買取請求の撤回とその効果」筑波法政69号〔2017〕91頁参照），同項によって帰趨が決まるわけではなく，引き続き従来からの裁判例（株式交換の効力発生日後に株式交換完全子会社の株主が株式買取請求を撤回した場合につき，東京高判平成28・7・6判時2338号91頁。同判決につき，笠原武朗「判批」判評714号〔判時2371号〕〔2018〕7頁参照）や議論に委ねられる。

(3)　権利推定規定の適用除外

　社債株式振替法上，加入者の口座に記録された株式については，加入者が適法な権利者と推定されるのが原則である（社債株式振替143）。しかし，買取口座に記録された株式については，効力発生日までは株主に権利があり，加入者（発行者）が権利者であるとはいえない。そのため，買取口座に記録されていることから加入者が適法な権利者であると推定する基礎を欠く（立案担当平成26年198頁，久保田89頁）。そこで，同条括弧書は，買取口座について権利推定をしない旨を明示している。なお，発行者は買取口座に記録された振替株式について，発行者自身または株式買取請求をした株主の口座以外の口座に振替申請することはできない（同法155Ⅵ）。

　株式買取請求がなされた株式は，定款変更等の行為の効力発生日を基準として発行者に権利が移転し，(2)のとおり，同日以後は発行者が自己の口座に振替申請を行うことができる。しかし，社債株式振替法143条括弧書は期間を限定せずに買取口座を権利推定の対象から外しているため，買取口座に記録されている限り，効力発生日後であっても発行者に権利推定が生じない点は変わらない。したがって，発行者自身の口座に振替申請をしない限り，発行者が権利者であると推定されない。

第1節　総則　　　　　　　　　　　　　　　　　　　　　　　§ *116*

⑷　総株主通知と個別株主通知

㋐　総株主通知

　総株主通知がなされる場合，買取口座に記録された株式については，社債株式振替法151条2項1号ではなく（同号括弧書参照），同項3号で規律される。すなわち，定款変更等の効力発生日の前は株式買取請求をした者（同号）が，株式買取請求の効力が生じる効力発生日からは加入者（発行者）が株主として通知される（同号括弧書）。前者については，口座の加入者と通知される株主が異なる点で，特別株主の扱い（同項①括弧書）と類似している。

㋑　個別株主通知

　個別株主通知についても，やはり定款変更等の効力発生前後で分けて規律されている。すなわち，効力発生日前は株式買取請求の効力も生じていないため，買取口座に記載された株式は，振替申請をした（株式買取請求をした）株主のものである。そのため，社債株式振替法154条3項4号は，買取口座に記録された株式のうち「当該株主についてのもの」，すなわち，同法155条3項に基づいて買取口座への振替申請を行った株主の株式保有数および同法129条3項6号の事項（増加・減少の別および記録日）を発行者に通知するものとしている。他方，効力発生日からは，買取口座に記録された株式は，発行者が権利者となり，前記の「当該株主についてのもの」とはいえないため，株式買取請求をした株主は個別株主通知を求めることはできなくなる（立案担当平成26年199頁注138）。

⑸　会社が本条1項各号の行為を中止した場合

　会社が定款変更等を中止した場合，株式買取請求は失効する（本条Ⅷ）。振替株式の場合，株式買取請求に伴って買取口座に振替えがなされている。買取口座への振替えの後に会社が本条1項各号の行為を中止した場合について，社債株式振替法は明文規定を置いていない。株式買取請求が効力を失う以上，反対株主が権利者であり続けるものの，買取口座に記録されたままでは株主が譲渡する際に支障をきたすため，買取請求がなされた株式について株主の口座に記録する（記録を戻す）必要が生じる。この場合，2つの考え方があり得る。

　1つは，株式買取請求が効力を失っても，買取口座への振替申請は有効なままであるという考え方である。この考え方では，会社が撤回に同意した場合（社債株式振替155Ⅴ）と同様に，会社は買取口座から株主の口座を振替先口座とする振替申請を行うべき義務を負う（株主の口座への振替申請は可能である。同条Ⅵ）。株主の意思で撤回し，会社が承諾した場合には，会社の事務処理の都

〔松　中〕

91

合も考慮した上で「遅滞なく」株主の口座への振替申請を行わなければならない（同条Ⅴ）[☞(2)]。このこととの均衡から，会社の事情で行為を中止するのであれば，少なくともこれと同等の時期までには振替えが必要であろう。

もう1つは，株式買取請求が効力を失うのに伴い，買取口座への振替申請（社債株式振替155Ⅲ）も当然に効力を失い，真実（株式買取請求を行った株主の口座に記録されているのがあるべき状態）と異なって買取口座に記録されているという理解である。株式買取請求は買取口座への振替申請の前提であり，前提である株式買取請求が効力を失った以上，買取口座への振替申請も効力を失うとも考えられる（株式買取請求を行う株主以外は買取口座への振替申請はできない。同条Ⅶ）。このように考えると，振替機関等は買取請求を行った者を株主として扱って，真実を反映した記録に戻す義務を負い，会社もそれに必要な行為をすべきこととなる（なお，反対株主が買取口座への振替えを行ったものの，実際には買取請求がなされなかった場合については，全株懇モデルⅠ284頁参照）。

会社が行為を中止した場合について社債株式振替法があえて規定を置いていないのは，2つ目の考え方を前提としているとも理解できる。また，これによれば会社による振替申請を待たずにあるべき状態に戻すことができる。したがって，この考え方によるべきだろう。

(6) 株式買取請求の効力発生

改正前社債株式振替法155条は，株式買取請求がなされた株式について，発行者は，代金支払と引換えに，株主の直近上位機関に対して自己の口座への当該株式の振替申請を行うよう，株主に請求できるとしていた。他方，改正前786条5項は，吸収合併消滅会社および株式交換完全子会社の株主による株式買取請求の効力は，吸収合併・株式交換の効力発生日に生じると規定していたため，両者の関係が問題になっていた。すなわち，株式買取請求がなされた振替株式について，改正前社債株式振替法155条により代金支払時まで会社が振替申請を株主に請求できず，権利も移転しないとすると，改正前786条5項にかかわらず，効力発生日には株式買取請求の効力が生じないことになる（当時の解釈と実務的な扱いを含め，大野ほか56-57頁，林・前掲36頁参照）。

本改正により，株式買取請求については（単元未満株式の買取請求については，改正社債株式振替法155条8項が改正前と同様の規定を置いている）[☞1(1)]，同条による同時履行の定めはなくなったため，786条5項との関係をめぐる問題は生じない（なお，株式買取請求の効力が生じる時点は，株式買取請求権を生じさせる定款変更や組織再編などの効力発生日〔117Ⅵ。新設合併等の場合は設立会社の成立の

第1節　総則　　　　　　　　　　　　　　　　　　　　　　　　　§116

日。807 VI〕に統一された）。

　また，買取口座制度の創設により，株式買取請求がなされた株式の権利が効力発生日に会社に移転するという扱いが社債株式振替法上も明確になったため（同法 155 IV 参照），同法 140 条により買取請求がなされた株式が効力発生日後も会社の口座に記録されるまで会社に権利が移転しないのではないかという疑念（本改正前の解釈につき，大野ほか 56-57 頁，浜口厚子「少数株主権等の行使に関する振替法上の諸問題」商事 1897 号〔2010〕39 頁参照）も生じない。

　株式買取請求がなされた株式は効力発生日に，まず，①買取請求の効力が生じて会社に権利が移転し，続いて②定款変更や組織再編などの行為の効力が生じると考えられる（これ自体は本改正前からの理解である。大野ほか 56 頁，武井＝郡谷編著・前掲 8 頁〔武井＝郡谷＝豊田〕）。組織再編などの効力が生じる直前に株式買取請求により自己株式となった株式の消却を行うのであれば（従来から行われてきた背景も含めて，小松岳志「組織再編契約に関する実務の動向と諸問題」商事 1893 号〔2010〕17-18 頁参照），①と②の間に消却の効力を生じさせることになる。この場合，社債株式振替法 158 条 2 項は適用されず，買取口座から会社の口座に振替えがなされないまま消却されるものと理解できる（髙木 57 頁）。

⑺　買取口座に記録された振替株式の差押えなど

　振替社債等に関する強制執行，仮差押えおよび仮処分の執行，競売ならびに没収保全に関しては，社債株式振替法が最高裁判所規則に委任している（社債株式振替 280）。買取口座に振替えがなされた振替株式の差押えなどについては手当てが必要であることから（その旨の意見が出されていた。法制審議会会社法制部会部会資料⒆第 2 部第 4 の 1），民事執行規則，民事保全規則などの改正がなされた（平成 27 最高裁判所 4 号）。

　執行裁判所は，振替社債等の差押命令において，①債務者に対して振替え・抹消申請・取立てその他の処分を禁止し，②振替機関等に対して振替え・抹消を禁止する（民執規 150 の 3 I）。平成 27 年改正では，買取口座に記載されている振替株式などの買取請求株式等（民事執行規則 150 条の 3 第 2 項各号の請求がなされている振替社債等〔同項括弧書〕。振替社債等の定義は，同規則 150 条の 2 括弧書）の差押命令の対象と内容について規定が整備された（向井 52 頁参照）。以下では，振替株式について買取口座に振替えがなされ，株式買取請求権が行使された場合を前提に述べる。

　改正民事執行規則 150 条の 3 第 2 項は，買取請求株式等の差押命令の名宛人

〔松　中〕

§*116*　　　　　　　　　　　　　　　　第2編　株式会社　第2章　株式

と内容について，同条1項の読替えを定める。同条2項は，名宛人として，債
務者が口座を開設した振替機関等ではなく買取口座開設振替機関等（同条2項
により読み替えた同条1項では，買取口座開設振替機関等は，「振替機関等であって振
替社債等の発行者……が当該買取口座の開設を受けているもの」と定義されている）と
定め，発行者も加えている。これに伴い，同条4項括弧書は買取請求株式等の
差押命令の送達先を債務者，買取口座開設振替機関等および発行者としてい
る。買取口座開設振替機関等を名宛人とするのは，買取請求株式等の差押えを
行う場合，その振替株式の記録はすでに株主の口座から買取口座に移っている
ためである。そこで，株主が振替口座を開設している振替機関等ではなく，発
行者が買取口座を開設している振替機関等を対象とする必要がある。また，発
行者も名宛人とするのは，買取口座に記録された振替株式について振替申請を
行うことができるのは発行者であることから（社債株式振替155 IV-VI 参照），発
行者を名宛人としなければ強制執行の目的を達せられないためである（向井55
頁）。

　改正民事執行規則150条の3第2項は，買取請求株式等の差押命令の内容に
ついて，①債務者に対しては取立てその他の処分，②買取口座開設振替機関
等に対しては振替え，③発行者に対しては振替申請その他の処分を禁止する
ものとしている。同条1項と比較すると，④債務者に対する振替えおよび抹
消の申請，⑤買取口座開設振替機関等に対する抹消をそれぞれ禁止していな
いという差異がある。これは，債務者に振替申請および抹消申請（振替新株予
約権・振替新株予約権付社債の場合）を行う権利はなく，債務者のみならず，い
まだ権利者となっていない発行者からも抹消申請がなされることはないため，
これらを禁じる必要がないからである（向井55-56頁）。

　振替社債等譲渡命令について定める民事執行規則150条の7第6項，振替社
債等に対する強制執行について民事執行法・民事執行規則の準用関係を定める
民事執行規則150条の8，および振替社債等の仮差押えについての民事保全規
則18条3項および42条も，以上に対応した改正がなされている（向井56-57
頁参照）。

5　買取口座制度の創設と株式買取請求時の個別株主通知

⑴　個別株主通知の要否

㈠　買取口座制度の創設と個別株主通知の要否をめぐる議論

　判例は，株主が株式買取請求を行う場合，発行者が株主の地位を争ったとき

〔松　中〕

第1節　総則　　　　　　　　　　　　　　　　　　　　　　　　　§116

は，価格決定の審理終結時までに個別株主通知が必要であるとしてきた（最決平成22・12・7民集64巻8号2003頁〔172条1項による取得価格決定申立て〕，最決平成24・3・28民集66巻5号2344頁〔116条1項による株式買取請求に基づく117条2項の買取価格決定申立て〕）。

　　買取口座への振替申請が行われれば，その事実と申請者を確認すれば，株式買取請求をした者が株主であることは確認できるため，個別株主通知を求める実益はないとも考えられる（後述の会社による個別株主通知を不要とするまたはその欠缺の主張を制限する見解だけでなく，立案担当者解説も個別株主通知は必要としつつ，実益がないとも考えられるとしている。立案担当平成26年198頁）。また，特別支配株主による株式売渡請求における価格決定申立てについては，会社に対する権利行使ではないことから個別株主通知は不要とされていることとも均衡を欠く（飯田秀総「キャッシュアウトの合理性を活かす法制度の構築」ジュリ1495号〔2016〕62頁参照）。実際，買取口座への振替申請によって，株主は対抗要件を充たすと解する議論も登場していた〔☞会社法コンメ(3)§117Ⅲ2〔218頁〔柳明昌〕〕〕。また，買取口座制度の創設により，振替口座簿上の株主でない者が株式買取請求を行うことはできなくなったため，本改正後は，株式買取請求権の行使に個別株主通知は不要だとする解釈論も提示されている（岩原・個別株主通知220-221頁〔前掲・最決平成24・3・28は本改正により修正されたとする〕）。

　　しかし，①株式買取請求は個別株主通知が必要となる少数株主権等（社債株式振替154ⅠⅡ。少数株主権等の定義につき，同法147条4項括弧書）に該当すること，②個別株主通知は対抗要件であることから，発行者の負担で確認を求めるのは相当ではない，との理由より，改正後も個別株主通知は必要と解されている（立案担当平成26年198頁）。

　　実際，社債株式振替法の文言上は個別株主通知を不要とするのは難しい（なお，買取口座に記録された反対株主の株式についても，効力発生日までは個別株主通知を行えることが前提になっている〔同法154Ⅲ④〕）。前記のとおり，株式買取請求権が少数株主権等（同法147Ⅳ括弧書）に該当するのは改正前後で変わらない。同法は，株主の権利を，基準日が設定されて株主が一斉に行使をすることとなる会社法124条1項に規定する権利と，それ以外の権利（少数株主権等）に二分している（社債株式振替147Ⅳ括弧書参照）。そして，前者は総株主通知を介して株主名簿に基づいて権利行使を行わせ，後者には個別株主通知を求めている（この理解につき，伊藤靖史「振替制度と株主名簿に関する課題」法時84巻4号〔2012〕41頁参照。何を基準に二分するのかについては，吉本健一「振替法における少

〔松　中〕

95

§ *116*   第2編　株式会社　第2章　株式

数株主権等の意義と個別株主通知の効力」出口正義ほか編・青竹正一先生古稀記念・企
業法の現在〔信山社，2014〕213-214頁参照。少数株主権等の意義の解釈を通じて個別
株主通知を不要と解することの難しさにつき，岩原・個別株主通知217頁参照）。も
し，株式買取請求権の行使に個別株主通知が不要となると，株式買取請求権は
どちらの権利にも属さないものとなる（もっとも，親会社の株主としての権利は，
基準日時点の株主が一斉に行使するわけでもなく，個別株主通知も不要な権利であり，
前記の二分法が貫徹されているわけではない。加藤214-217頁）。172条1項の価格
決定申立権については少数株主権等に該当しないという見解も有力であったも
のの，本条1項の株式買取請求権については，個別に権利行使することが明確
なこともあり，少数株主権等に該当すると考えられてきた（吉本健一「判批」金
判1407号〔2013〕4頁。また，山田真紀「判解」最判解民平成24年度（下）〔2015〕
439頁参照。もっとも，本改正後は，株式買取請求について買取口座制度の創設を理由
に個別株主通知を不要と解するのであれば，むしろ買取口座制度の対象とならない172
条1項の価格決定申立ての場合が問題になる。同項の価格決定申立てについては，岩
原・個別株主通知222頁参照）。

　そこで，買取口座への振替えがなされた株式について，個別株主通知を不要
とする解釈（岩原・個別株主通知220-221頁）に加えて，社債株式振替法の文言
上は個別株主通知を不要と解するのは難しいとしつつ，会社が個別株主通知の
欠缺を奇貨として株主資格を争うのは信義則違反であるとする見解が登場して
いる（笠原29頁。また，小出223頁は，振替機関による取扱廃止後に，買取口座への
振替えがなされた株式について，会社が個別株主通知の欠缺を主張することはできない
とする）。

(イ)　**判例を前提とした本改正後の解釈**

　(ア)で見たように，判例を前提として，株式買取請求権も少数株主権等に該
当するとしつつ，会社が個別株主通知の欠缺を主張できないとする解釈が成り
立つか。判例を前提としても，会社が個別株主通知の欠缺を主張することが信
義則違反になる可能性自体は否定されていないため（山田・前掲448頁注12参
照），買取口座制度の存在が判例の理由付けにどのような影響を与えるかを検
討する必要がある。

　全部取得条項付種類株式の取得に対する価格決定申立てに個別株主通知が必
要か問題となった前掲・最決平成22・12・7は，総会の基準日および全部取得
条項付種類株式の取得の基準日に申立人が株主であるとする総株主通知が行わ
れても，申立人に「価格決定申立権の行使を否定すべき実質的な理由がないこ

とを抗告人〔Y社〕が知っていたと断ずることは困難」であるとして，会社が個別株主通知の欠缺を主張することが信義則に反し，権利濫用に当たるとはいえないとした。同決定は，その前提として，①「個別株主通知において，振替口座簿に増加又は減少の記載又は記録がされた日等が通知事項とされているのは……，少数株主権等の行使を受けた会社が，……当該株主が少数株主権等行使の要件を充たすものであるか否かを判断することができるようにするためである」，②「複数の総株主通知においてある者が各基準日の株主であると記載されていたということから，その者が上記各基準日の間も当該振替株式を継続的に保有していたことまで当然に推認されるものではない」と判示している（下線・筆者）。また，株式買取請求権に基づく価格決定申立てについて，対抗要件として個別株主通知が必要であるとした前掲・最決平成24・3・28は，理由の1つとして，個別株主通知以外の方法で株式買取請求の権利行使要件を充たしているかどうかを確認することが困難であることを挙げている。

　買取口座に振替えがなされた株式については，会社の承諾なく株主が（買取請求を撤回して）譲渡することはできない。そのため，複数の総株主通知があった場合でも基準日間に株式を保有し続けていたかどうかはわからないのとは異なり，買取口座への記録から株式買取請求の効力発生日まで株主であったことはわかる。すなわち，判例が総株主通知では足らず，個別株主通知を求めてきた前提は，買取口座への振替えが適法になされている場合には変わることになる（小出223頁。また，同頁注21参照）。

　もっとも，買取口座への振替えがなされても，それだけで株主となった時点が会社に伝えられるわけではない。そのため，一定時期（総会の基準日や総会決議）以降に株式を取得した株主は株式買取請求権を行使できず，かつ，その時期が買取口座への振替えより前に到来する場合，株式買取請求権を行使できる株主であるかどうかを十分に確認できない。

　しかし，逆にいえば，株式買取請求ができなくなるとされる取得時期より前の時点で買取口座に振替えが行われていれば，それ以降は株主であることも株式数も明確になる。したがって，株式買取請求権を発生させる行為のための株主総会決議後に取得した株主のみ権利行使ができないと解するのであれば（前掲・最決平成22・12・7が総会決議後に取得した株主による価格決定申立てを認めていないと考えられることにつき，田中秀幸「判解」最判解民平成22年度（下）〔2014〕766-768頁注21〔また，前掲・最決平成29・8・30につき，☞Ⅰ2〕），それ以前に買取口座への振替えが適法になされた株式については，会社は振替申請を行った

〔松　中〕

§ *116*   第 2 編 株式会社 第 2 章 株式

者が総会決議前から効力発生日まで株主であったことを知っていることになり，個別株主通知の欠缺を主張できないといえる。

(ウ) **課 題**

社債株式振替法上，株式買取請求権は少数株主権等と理解せざるを得ず，対抗要件として個別株主通知が必要と解されるとしても，会社から権利行使を認めることはできる。そのため，買取口座に振替えがなされた株式については個別株主通知を要求しないという扱いを定着させることで妥当な解決を図ることも考え得る。株主であることを確認できる仕組みは異なるが，従来より単元未満株式の買取請求に際しては，その手続の内容および個別株主通知が対抗要件にすぎないことから，実務上，個別株主通知を求めてこなかったとされている（下山祐樹「株券電子化に対応した全株懇モデルの解説」商事 1843 号〔2008〕27 頁，浜口・前掲 38 頁〔権利行使に際して直近上位機関に発行者への取次ぎを請求することとされており，直近上位機関が確認できるとする〕，茂木美樹「株主の権利行使」商事 1953 号〔2011〕17 頁）ため，これと同様に捉えることもできよう（本改正後の振替株式の株式買取請求について，単元未満株式の買取請求に関する実務的な扱いと同様であることは，仁科秀隆「株式の価格決定と個別株主通知」商事 1976 号〔2012〕39 頁注 26 が指摘している）。

立法論としては，株式買取請求権を行使する際に個別株主通知が求められるのは合理的ではないとも考えられる。株式買取請求権の行使に限らず，そもそも，株主がアクションを起こして権利行使要件を充たしていることを示させる仕組み自体に批判がある。この見解は，個別的な権利行使でも個別株主通知が求められないものが存在することは，個別株主通知が存在しなくても，株主の権利行使要件の充足を会社が確認することは容易であることを示している（加藤 217 頁）とした上で，各株主が個別株主通知を行うよりも，会社が社債株式振替法 277 条の記載事項証明を通じて一括して権利行使要件を確認する仕組みのほうが合理的であるとする（加藤 228-229 頁）。

さらに，現在の社債株式振替法 154 条 1 項を廃止した上で，総株主通知により株主名簿上の株主になった者については少数株主権等の行使に個別株主通知は不要とし（株主名簿の推定力を振替株式の発行者についても及ぼし，免責力も与える），個別株主通知を行えば株主名簿上の株主ではない者が（株主名簿上の株主に代わって）少数株主権等を行使できるようにすべきとの立法論もある（岩原・個別株主通知 217-219 頁）。この見解も，株主名簿上に記載されていてもすでに株主ではなくなった者が権利行使をしようとする場合については，会社による

第1節　総則　　　　　　　　　　　　　　　　　　　　　　　　　　§116

情報提供請求によって対処すればよいとする（岩原・個別株主通知204頁）。

以上の問題は，結局のところ① 真の株主による権利行使であることを確認する方法としてより社会的コストが低いのはいずれの方法か，および，② 個別株主通知と情報提供請求で総コストがさほど変わらないのであれば，会社と権利行使を行う株主のいずれが負担すべきか（岩原・個別株主通知205頁参照）という問題に帰着する。① を考えるに当たっては，会社による情報提供請求の総コスト（例えば，100人の株主について情報提供請求するのであれば100人分）と，株式買取請求を行う株主の個別株主通知のコストの総和（例えば，100人が株式買取請求をするのであれば100人分）を比較すべきであり，前者と1人の株主による個別株主通知のコストを比較すべきではない（情報提供請求による会社の負担を強調する議論にはこうしたきらいがあるか，比較対象が不明確なものもある。情報提供請求を用いるとすると，会社の負担よりも，ある程度情報提供請求が集中しても迅速に処理できるのか〔株式買取請求に関する議論ではないが，この点については，齊藤宗孝「株式等振替制度の円滑な運営と今後の発展に向けて」東京株式懇話会會報784号〔2017〕13-14頁参照〕，システムに改善が必要であればそのコストが問題になろう）。個別株主通知が必要な場面を限定しようとする議論は，② 株式買取請求を行う株主がコストを負担することの問題よりも，① について会社に確認させるほうがコストが低いことを主な根拠としているものと考えられる（岩原・個別株主通知204-205頁も，個別株主通知を求めることで株主に生じる不利益，真の株主ではない者が権利行使をする可能性の低さ，および情報提供請求による会社の負担が小さいことに言及する）。

(2)　個別株主通知を行える期間

株式買取請求がなされた株式の価格決定申立ての期間は，効力発生日後30日経過後さらに30日の間（117Ⅱ）である。他方，効力発生日に株式買取請求の効力も生じる（同条Ⅵ）結果，同日以後は，株式買取請求権を行使した者は個別株主通知を求めることはできない（社債株式振替154Ⅲ④）〔☞4(4)(イ)〕。このため，株主は株式買取請求後の協議が決裂してから価格決定申立ての期間中に価格決定申立てを行うことを決めて，個別株主通知を求めることはできない。したがって，実際上は株式買取請求権の行使期間が終わるまでに行う必要がある。

判例上，個別株主通知は会社に対する対抗要件であるとして，価格決定の審理終結時までに行えば足りるとされていたが（前掲・最決平成24・3・28，前掲・最決平成22・12・7），実際にはそれよりも前に個別株主通知を行う必要がある

〔松　中〕

99

ことになる。もっとも，改正前の全部取得条項付種類株式を用いた締出しにおいても，全部取得条項を付すための定款変更の効力発生日・全部取得条項付種類株式の取得日（通常は同日）を迎えると株主ではなくなり，上場廃止により振替株式としての取扱いも廃止されることから，事実上は効力発生日・取得日までに個別株主通知を行う必要があった（仁科・株主権117-118頁）。そのため，実際上は大きな変化があるわけではない（なお(1)で見たとおり，前掲・最決平成24・3・28は，上場廃止後に個別株主通知を求めることができない点について，株主に過度の負担を課すものではないとしていた）。

(3) 株式買取請求による価格決定申立てと個別株主通知

前掲・最決平成24・3・28からすると，価格決定申立てに個別株主通知が必要だとしても，株式買取請求の際とは別に，あらためて行う必要があるわけではない（山田・前掲440頁参照。また，仁科・前掲35頁，仁科・株主権118頁）。すでになされた株式買取請求の具体的な価格の決定を求める点で別個の権利行使ではないからである（浜口・前掲36頁）。

III 振替株式以外の株式の株式買取請求の撤回制限の実効化

1 改正の趣旨と経緯

(1) 改正の趣旨

振替株式以外の株式についても，株式買取請求をした株主が当該株式を譲渡することで事実上撤回制限を回避できる状態にあったため，これを防ぐための改正がなされた（要綱概要45頁）。振替株式以外の株式については，株式市場があるわけではなく，株式買取請求を行った後に株価を見ながら売却することが起きるわけではない。また，多くの場合は譲渡制限株式と考えられ，会社は株式買取請求後に譲渡されても承認しないという手段もある。しかし，これでは手続が煩雑になる上，すべてが譲渡制限株式であるわけでもない。そのため，あえて振替株式以外の株式について株式買取請求の撤回制限を事実上回避できる余地を残す必要はないと考えられる。

(2) 改正の経緯

法制審議会では，振替株式についての買取口座制度は議論されていたが[☞II1(3)]，それ以外の株式の株式買取請求の撤回制限を実効化するための改正については，中間試案後に提案された（法制審議会社法制部会部会資料25第2部第4の2②③）。振替株式の扱いと平仄を合わせるために出されたと考えら

第1節　総則　　　　　　　　　　　　　　　　　　　　　　　　　　§ *116*

れる。その後，とくに異論なく提案が採用された（法制審議会会社法制部会第22
回会議議事録17頁［岩原］参照。見直し要綱第2部第3の2②③）。

2　株券発行会社における買取請求時の株券提出義務

⑴　趣　旨

　株券発行会社については，改正前から，会社は株式買取請求があったとき
は，株券と引換えに代金を支払わなければならない旨の規定は存在した（改正
前117 VI。改正117 VII）。しかし，株式買取請求の時点で株主が会社に株券を提
出する必要はなかったため，株式買取請求後も株主の手元に株券は残る。その
ため，当該株主がこの株式を譲渡し，第三者が善意取得（131 II）する可能性が
あった（立案担当平成26年200頁）。なお，振替株式における任意での会社の口
座への振替えの要請と同様に，株券発行会社においても，従来より任意で株券
の提出を求める実務慣行も存在した（十市＝館59頁）。

⑵　改正後の株式買取請求の手続

　本改正により，株券発行会社の株式について株式買取請求をしようとする場
合，株主は会社に株券を提出しなければならないこととなった（本条VI）。た
だし，株券喪失登録の請求をした株主は，株券を提出することなく株式買取請
求ができる（同項ただし書）。

　株券喪失登録をすると，株券喪失登録日の翌日から1年経過した日に，当該
株券は無効となり（228 I），会社は株券喪失登録者に株券を再発行しなければ
ならない（同条II）。この日が株式買取請求後，代金支払時までの間にくる場
合，株式買取請求をした株主の手元に株券が残ることになる。そこで，代金支
払がなされたにもかかわらず，株券が手元に残る事態を防ぐため，株式買取請
求の代金支払は株券と引換えに行う旨の規定（改正前117 VI）が117条7項と
して定められている（立案担当平成26年201頁）。株券が再発行されていない場
合は，譲渡される可能性がないため，同項は適用されない（久保田90頁）。

　なお，本条6項に基づいて株式買取請求時に株券を提出した株主は，代金支
払時にあらためて株券を提出する必要はない（立案担当平成26年201頁注143）。

　株券発行会社であっても，ある株式についてまだ株券を発行していない場合
もあり得る（215 IV参照）。そのような株式の買取請求については，本条6項の
適用はないと指摘されている（久保田90頁）。同項の文言は「株券が発行され
ている株式」であり（「株券発行会社の株式」ではない），現に株券が発行されて
いない株式は該当しないように読める。実質的にも，株券発行前の譲渡は会社

〔松　中〕

§116　　　　　　　　　　　　　　第2編　株式会社　第2章　株式

に対抗できない（128 II）ので，株式買取請求をしつつ譲渡を行う危険性はない（久保田90頁）。また，本条6項が適用されるとすると，株式買取請求を行う株主は，一度株券の発行を受け，同項に基づいて再度その株券を提出することになり，迂遠なだけである。そのため，同項は株券発行会社の実際に株券が発行されている株式の買取請求のみに適用されると解すべきだろう。

3　株式買取請求後の反対株主による株主名簿の名簿書換請求権の否定

(1)　趣　　旨

　株券不発行会社では，意思表示のみによって株式を譲渡できる（江頭220頁）。そのため，株式買取請求後に株式を譲渡することが可能であり，この場合に会社が名義書換を拒絶できるかどうか明確ではないと指摘されてきた（譲渡制限株式であれば，当然，譲渡承認をしない限り拒絶できる。134①②）。もし，名義書換が拒絶できないと，会社は譲渡を対抗されることとなり，譲受人を株主として扱う必要がある（立案担当平成26年201頁）。

(2)　改正後の株式買取請求の手続

　そこで，本条9項は，株式買取請求に係る株式については，株式取得者に名義書換を求める権利があると定める133条を適用しないこととしている。本条9項の適用対象には形式的には株券発行会社（かつ実際に株券を発行しているもの）も含まれるが，そのような会社では株式買取請求時に株券を提出する義務がある（本条VI）ため，事実上，本条9項の適用は問題とならない（株券をまだ発行していない株券発行会社であれば，そもそも譲渡ができないため，やはり問題とならない。久保田91頁）。

　株式買取請求の撤回（本条VII・117 III）または本条1項各号の行為の中止により株式買取請求が効力を失った場合（本条VIII）は，本条9項は適用されない。そのような場合の株式は，もはや同項の「株式買取請求に係る株式」に当たらないからである（立案担当平成26年201-202頁）。

(3)　善意の譲受人の扱い

　本条9項は，譲受人が自らの譲り受けた株式が株式買取請求がなされたものかどうかについて善意・悪意を区別していない。そのため，譲受人の主観にかかわらず，株式買取請求がなされた株式については名義書換を請求できない。したがって，譲受人が株式買取請求のなされた株式であることを知らない場合でも，会社に対して名義書換を求めることはできない。この結果，譲受人は会社その他の第三者に株主であることを対抗できず（130 I），株式買取請求の効

第1節　総則　　　　　　　　　　　　　　　　　　　　　　　　　　§117

力が生じると，会社は，譲渡人である株式買取請求をした株主に代金を支払う
こととなる。譲受人はこの譲渡人に対して譲渡の効力を否定して代金の返還を
求める，あるいは損害賠償請求を行うこととなろう。

（松中　学）

（株式の価格の決定等）

第117条①　株式買取請求があった場合において，株式の価格の決定について，
　株主と株式会社との間に協議が調ったときは，株式会社は，効力発生日から60
　日以内にその支払をしなければならない。

②　株式の価格の決定について，効力発生日から30日以内に協議が調わないとき
　は，株主又は株式会社は，その期間の満了の日後30日以内に，裁判所に対し，
　価格の決定の申立てをすることができる。

③　前条第7項の規定にかかわらず，前項に規定する場合において，効力発生日か
　ら60日以内に同項の申立てがないときは，その期間の満了後は，株主は，いつ
　でも，株式買取請求を撤回することができる。

④　株式会社は，裁判所の決定した価格に対する第1項の期間の満了の日後の年6
　分の利率により算定した利息をも支払わなければならない。

⑤　株式会社は，株式の価格の決定があるまでは，株主に対し，当該株式会社が公
　正な価格と認める額を支払うことができる。

⑥　株式買取請求に係る株式の買取りは，効力発生日に，その効力を生ずる。

⑦　株券発行会社（その株式（種類株式発行会社にあっては，全部の種類の株式）
　に係る株券を発行する旨の定款の定めがある株式会社をいう。以下同じ。）は，
　株券が発行されている株式について株式買取請求があったときは，株券と引換え
　に，その株式買取請求に係る株式の代金を支払わなければならない。

細　目　次

I　株式買取請求の効力発生時
1　概　要
2　改正の趣旨と経緯
　(1)　改正の趣旨——「配当と
　　利息の二重取り」の防止
　(2)　改正の経緯
3　本改正後の株式買取請求の
　効力発生時と法律関係
　(1)　基本的な法律関係
　(2)　代金の支払との関係
4　本条2項に基づく価格決定
　申立てと172条1項に基づく

価格決定申立ての関係
　(1)　問題の所在
　(2)　改正後の帰結
5　価格決定の基準日との関係
II　価格決定前の支払（仮払）制
　度
1　概　要
2　制度の趣旨
3　事前支払（仮払）を行った
　場合の法律関係
　(1)　会社が事前支払を行う場
　　合の総支払額

　(2)　株主による受領拒否
　(3)　株主による事前支払の請
　　求の可否
4　公正な価格と事前支払（仮
　払）額の関係
　(1)　事前支払額を下回る公正
　　な価格の主張
　(2)　事前支払額が公正な価格
　　を上回る場合
　(3)　事前支払後の増額・一部
　　支払

〔松　中〕

§117

第2編　株式会社　第2章　株式

【文献】伊藤靖史「株式等に係る価格決定前の支払制度について」同志社法学68巻1号 (2016) 271頁，大野晃宏ほか「株券電子化開始後の解釈上の諸問題」商事1873号 (2009) 51頁，小出篤「組織再編等における株式買取請求」論点詳解213頁，小松岳志「組織再編契約に関する実務の動向と諸問題」商事1893号 (2010) 17頁，髙木弘明「会社法改正法案の解説」東京株式懇話会會報755号 (2014) 52頁，十市崇＝館大輔「反対株主による株式買取請求権 (中)」商事1900号 (2010) 58頁，仁科秀隆「株式買取請求権に関する手続上の問題点」施行5年138頁，仁科秀隆「株式の価格決定と個別株主通知」商事1976号 (2012) 27頁，浜口厚子「少数株主権等の行使に関する振替法上の諸問題」商事1897号 (2010) 34頁，森田恒平・Q&A株式・組織再編の実務(2) (商事法務，2015)，弥永真生「株式買取請求の撤回と解除」商事2072号 (2015) 4頁

I　株式買取請求の効力発生時

1　概　　要

本改正前は，116条1項に基づく株式買取請求の効力は代金支払時に生じるとされていた（改正前本条Ⅴ）が，本改正により，116条1項各号の行為の効力発生日に生じるものとなった（本条Ⅵ。なお，本条5項には事前支払制度が規定され，効力発生時の規定は本条6項に移された）。これにより，株式買取請求を行った株主は，116条1項各号の行為の効力発生日から株主としての権利を失う。そのため，効力発生日以降，配当受領権のみならず，議決権などの株主としての権利はすべて有しない（要綱概要45頁）。

2　改正の趣旨と経緯

(1)　改正の趣旨──「配当と利息の二重取り」の防止

改正前本条5項では，116条1項に基づく株式買取請求は，代金支払時に効力が生じるとしていた。他方，株式買取請求後に株主が配当受領権や議決権を有するかどうかについて規定は設けられていなかった。そのため，株式買取請求が行われた株式については，効力発生日後も代金支払時までは配当を受領できると解されていた（要綱概要45頁，立案担当平成26年202頁注144参照）。実際，そのような判断を示した下級審裁判例も存在していた（東京地判平成22・2・12・2010 WLJPCA 02128001）。その一方，会社は効力発生日から60日経過後より，「公正な価格」に年6分の利息を支払う必要がある（本条Ⅳ）[平成29年民法改正に伴う商事法定利率の廃止と本条4項の改正につき，☞Ⅱ2]。その結果，株式買取請求を行った場合，代金支払時までの間，「配当と利息の二重取り」が可能になっていたと指摘されている（立案担当平成26年202頁）。学説でも，利息請求権または配当受領権のいずれかを否定する解釈もあり得なくはなかった

第1節　総則　　　　　　　　　　　　　　　　　　　　　　　　　　§117

ものの，両方の権利があると考えざるを得ないとされてきた（十市＝館62頁）
〔学説については，☞会社法コンメ⑿§470Ⅴ3〔145-146頁［柳明昌］］〕。

　実質的に見ると，株式買取請求がなされた株式の公正な価格を判断する基準
日の後になされる配当については，買取代金との二重取りと評価せざるを得な
い（法制審議会会社法制部会第12回会議議事録26頁［田中亘＝藤田友敬］）。公正な
価格を判断する基準日時点の価格はその後の配当を含む予想キャッシュフロー
を反映しており，それは買取代金として株主の手に渡る。公正な価格を判断す
る基準日後の配当を得られると，その配当を含めた将来の予想キャッシュフ
ローを受け取る権利を譲渡し，対価を受け取っているにもかかわらず（譲渡し
たはずの）配当を得られることになる（権利落ち前に株式を売却しつつ，配当を受
領するのと同様である）。以上のように考えると，「配当と利息の二重取り」とさ
れることが多いが，これはやや正確性を欠く。上の議論は，支払期間内に公正
な買取価格（配当を反映したもの）を受け取ることを基準としている。これと比
較して二重取りといえるのは，厳密には，①株式買取請求後の配当も反映し
た買取価格と配当の両方を受け取っていること（株式買取請求後の配当を反映し
ない買取価格との差額が二重取りとなる），および②配当を反映した買取価格と反
映しない買取価格の差額に対する利息である。換言すると，利息が生じない場
合（効力発生日から60日以内に支払がなされる場合）でも，①の二重取りは生じ
る。

　このような観点からは，買取価格を調整して対処する（株式買取請求後に受け
取れる配当を反映しない価格とする）ことも考えられるが，煩雑になり，価格決
定後，買取代金の支払時までの配当については十分に反映しづらい可能性もあ
る。例えば，株式買取請求を行った株主による剰余金配当の請求が争われた前
掲・東京地判平成22・2・12では，平成20年3月31日に買取請求がなされ，
平成21年3月16日に価格決定が行われ（同月25日確定），同年4月10日に買
取価格と利息が支払われた。問題となったのは，平成21年3月31日を基準日
として同日の株主になされた配当であった。同事件では，株式買取請求日であ
る平成20年3月31日の株価が公正な価格とされたが（神戸地決平成21・3・16
金判1320号59頁），仮にここから株式買取請求（同日）後，代金支払時（平成21
年4月10日）までに支払われる配当を差し引くとしても，価格決定の時点で
は，代金の支払（株主ではなくなる日）が価格決定後の配当の基準日（平成21年
3月31日）の先後どちらになるのか（つまり，差し引くべきかどうか）は確定的に
は判明するとは限らない。

〔松　中〕

§ 117 第2編 株式会社 第2章 株式

以上の問題は，とくに価格決定手続が長引いた場合に深刻な問題となり得た。なお，改正後もわずかに二重取りの余地は残るが，株式買取請求権の行使期間は効力発生日の20日前からその前日までなので（116 V），限定的なものとなる。

(2) 改正の経緯

法制審議会においては，当初のアジェンダには上っていなかったものの（法制審議会会社法制部会部会資料(6)第6の1参照），審議の中で株式買取請求を行った株主に配当受領権を与えないこととする案が提案された（法制審議会会社法制部会第7回会議議事録38頁［前田雅弘］）。もっとも，中間試案までの段階では，事前支払制度［☞ II］の検討の一部として議論され（法制審議会会社法制部会資料(12)第4の1補足説明2。また，法制審議会会社法制部会第12回会議議事録25頁［前田雅弘］参照），中間試案では，株式買取請求をした株主に剰余金配当受領権がないものとするかどうかはなお検討するとされていた（中間試案第2部第4の2注4）。これは，株式買取請求を行った株主がいつまで剰余金配当受領権を有するべきかまだ見解の一致をみていなかったためである（中間試案補足説明第2部第4の2。配当受領権の否定に疑問を呈する見解として，法制審議会会社法制部会第12回会議議事録25-26頁［荒谷裕子］）。

中間試案のパブリック・コメント後に，配当受領権のみならず，株主としての権利のすべてがないこととすると明確化され（法制審議会会社法制部会部会資料(20)第4の1），最終的には株式買取請求の効力の発生時期の規律として整理された（法制審議会会社法制部会部会資料(25)第2部第4の2①，見直し要綱第2部第3の2①）。

これは，株式買取請求を行った株主の配当受領権を否定するのであれば，それによって会社との経済的関係が希薄となるため，議決権などの権利も否定すべきであり，そうすると結局，株主としての地位を否定することになるという考え方である（要綱概要45頁）。反対株主は株式買取請求によって会社から退出するという意思表示をしているため，あとは株式の買取価格の問題が残るのみであると理解しているものといえる（要綱概要45頁）。

3 本改正後の株式買取請求の効力発生時と法律関係

(1) 基本的な法律関係

改正前本条5項は，代金支払時に株式買取請求の効力が生じると定めていたが，改正本条6項により，116条1項各号の行為の効力発生日に効力が生じる

106 ［松 中］

第1節　総則　　　　　　　　　　　　　　　　　　　　　　　§ 117

こととなる。具体的な法律関係は，改正前から組織再編の効力発生日に株式買取請求の効力が生じるとされていた，吸収合併消滅株式会社および株式交換完全子会社の株主による株式買取請求権が行使された場合（改正前786 V，改正786 VI）と同様である（株式交換の場合の処理につき，小松17-18頁参照）。

　効力発生日の到来により，論理的には，①まず，買取請求の効力が生じることで反対株主は株主ではなくなり，②次に，定款変更などの116条1項各号の行為の効力が生じる（小松17頁。振替株式につき，大野ほか56頁参照）。①により，会社の自己株式が増加する（株式交換・株式移転であれば，対価の割当て〔768 I ③・773 I ⑥参照〕を防ぐため，実務上は消却してきた。小松18頁）。

(2) 代金の支払との関係

(ア) 振替株式の場合

　改正前社債，株式等の振替に関する法律（以下，「社債株式振替法」という）155条は，振替株式について株式買取請求がなされた場合，会社は代金支払と引換えでなければ株主に振替申請を求めることができないとしていた（組織再編のうち，その効力発生日に株式買取請求の効力が生じるとされていたものについては，同条と同法140条の適用の有無が問題となっていた。大野ほか56-57頁，浜口38-39頁など。問題状況については，小松岳志「振替法における株式実務上の諸論点」東京株式懇話会會報699号〔2009〕36頁参照）〔☞§116 II 4(6)〕。本改正により，116条1項各号の行為の効力発生日に株式買取請求の効力が生じ（本条 VI），同時に設けられた買取口座制度の下では，この日から，会社は買取口座に振替えがなされた株式について，自己の口座に振替えを申請できることとなった（社債株式振替155 IV）。これは会社による代金の支払とは無関係に定められている。

(イ) 株券発行会社の株式の場合

　株券発行会社の株式については，改正前本条5項が代金支払時に株式買取請求の効力が生じると定めるとともに，改正前本条6項は株券と引換えに代金支払をなすべき旨を定めていた。すなわち，株式買取請求の効力は，株券の引渡しの有無にかかわらず，代金の支払がなされたかどうかで決まる一方，株券の引渡しがない場合に会社が支払を拒めるという規律であった〔☞会社法コンメ⑿§470 VI 1・VII 1(1)〔147頁・149頁〔柳〕〕。本改正後も，株券と引換えに株式の代金を支払うべき旨の規定（本条 VII）は依然として残っているが，これは株式買取請求時に株券を会社に提出しない場合もあり得ることから，その際に会社が代金支払を拒めるものとしているにすぎない（立案担当平成26年201頁）〔☞§116 III 2(2)〕。そのため，代金が支払われるかどうかに関係なく，株式は効

〔松　中〕

§117　　第2編　株式会社　第2章　株式

力発生日に会社に移転する。

(ウ)　代金が支払われない場合の法律関係

(ア)(イ)で見たとおり，株式買取請求の効力発生時が代金支払時とされていた本改正前と異なり，本改正後は株主が代金の不払リスクを負うことになる（要綱概要72頁注252参照）。また，本改正の株式買取請求の撤回制限の実効化により，振替株式については株式買取請求に際して買取口座への振替申請が必要になり（社債株式振替155Ⅲ），株券発行会社では株券の提出が必要となった（116Ⅵ本文）ことから，同時履行の原則の要請は強いものではなくなったと指摘されている（髙木弘明「法務省に出向し，会社法の改正法案の作成に尽力する」MARR234号〔2014〕〔1〕）。

買取代金が支払われない場合，株主は株式買取請求を解除でき，その場合は株主としての地位を回復すると考えられる（弥永・撤回と解除6頁）。組織再編の場合，効力発生日後に株式買取請求の撤回がなされると，存続会社または株式交換・株式移転における完全子会社は株式の返還義務を負うものの，吸収合併消滅株式会社は合併により消滅し，株式交換・株式移転完全子会社の株式は完全親会社がすべてを取得している。そのため，これらの会社の株主であった者は株式の返還を求められず，会社は代金相当額の返還義務を負うとされている（立案担当202頁。東京高判平成28・7・6判時2338号91頁は，株式交換の効力発生日後に株式交換完全子会社の株主が株式買取請求を撤回した場合について，効力発生日の株式交換完全子会社の株式の価格を基準に代金相当額の返還のみを認めた。同判決につき，笠原武朗「判批」判評714号〔判時2371号〕〔2018〕7頁参照）〔☞会社法コンメ(18)§786Ⅵ1〔134頁〔柳明昌〕〕〕。これに対して，吸収合併消滅会社の株式は消滅するため，株式の返還を求めることは不可能であり履行不能となるが，株式交換・株式移転完全子会社となった会社の株主は株式の返還を求められるとも論じられている（弥永・撤回と解除5頁・8頁。もっとも，株式交換完全親会社に株式交換完全子会社の株式を引き渡すよう命じることも，株式交換完全子会社に対して株式の発行を命じることも困難であると指摘されている。伊藤雄司「判解」平成28年度重判解ジュリ1505号〔2017〕117頁，笠原・前掲13頁注22）。

116条1項各号の行為は，それ自体では吸収合併消滅会社のように株式を発行している会社が消滅し，株式を返還できなくなるわけではない。ただし，すべての株式に譲渡制限が付される（同項①）あるいは特定の種類の株式に譲渡制限または全部取得条項が付される（同項②）場合，定款変更後には株式の内容が変わる。そのため，同種の種類物は調達できず，返還すべき株式は存在し

第1節　総則　　　　　　　　　　　　　　　　　　　　　　　　　　　　　　§ 117

ないとも考えられる（こうした考え方は履行不能の概念を広く捉えすぎているとして，内容が変わった後の株式の返還を求められるとする見解もある。小林史治「株式買取請求の撤回とその効果」筑波法政 69 号〔2017〕101-102 頁）。また，普通株式に全部取得条項を付す定款変更（同号）を行い，全部取得を行ったところ，株式買取請求をした株主には持株数から端数しか交付されない場合も，端数を交付することはできず，やはり株式の返還はできない。そのため，これらの場合は，会社は株式ではなく代金相当額の返還義務を負うと解される。

4　本条 2 項に基づく価格決定申立てと 172 条 1 項に基づく価格決定申立ての関係

(1)　問題の所在

従来，普通株式のみを発行する会社が，全部取得条項付種類株式を用いて締出しを行う場合，全部取得条項付種類株式を発行し，普通株式に全部取得条項を付す旨の定款変更がなされた上で，全部取得が行われてきた（スキームの詳細については，渡辺邦広「全部取得条項付種類株式を用いた完全子会社化の手続」商事 1896 号〔2010〕27-32 頁参照）。最決平成 24・3・28（民集 66 巻 5 号 2344 頁）は，このような場合に，株式買取請求の効力が生じる時点（本改正前は代金支払時。改正前本条 V）より前に全部取得条項付種類株式の取得の効力が生じて，株式買取請求を行った株主は株式を失うこととなるため，定款変更に対する株式買取請求に基づく価格決定申立ては不適法となるとした。

このような考え方に対しては，一度要件を充たした株式買取請求が会社側の行為により行使できなくなるという解釈が必然なのかという指摘（渡辺・前掲 33 頁注 6）や，批判（例えば，弥永真生「反対株主の株式買取請求と全部取得条項付種類株式の取得価格決定（下）」商事 1922 号〔2011〕48 頁注 73）もあった。また，合併における消滅会社の株主が株式買取請求を行った場合などは，効力発生日に株式を失うにもかかわらず価格決定申立権は消滅しないことから，理論的には全部取得の効力発生は株式買取請求の価格決定申立ての障害とはならないとの指摘もあった（吉本健一「判批」金判 1407 号〔2013〕5 頁）〔☞ 会社法コンメ(3) § 116 II 2〔200-202 頁〔柳明昌〕〕〕。通常，普通株式に全部取得条項を付すための定款変更の効力発生日と全部取得条項付種類株式の取得日は同一であるため（渡辺・前掲 29 頁参照），全部取得条項付種類株式を用いた締出しにおいて 116 条 1 項 2 号の株式買取請求を行う意味は乏しいと指摘されていた（仁科・価格決定 32-33 頁）。

〔松　中〕

109

§117

第2編　株式会社　第2章　株式

(2)　改正後の帰結

　本改正により，このような場面でなされた定款変更に対する株式買取請求についての価格決定申立ては不適法ではなくなる（立案担当平成26年202頁，山田真紀「判解」最判解民平成24年度（下）〔2015〕443頁，論点体系補巻72頁［高原達広］，山本爲三郎・株式譲渡と株主権行使〔慶應義塾大学法学研究会，2017〕202頁。なお，改正附則8条により，本改正の施行日前に改正前116条1項各号の決議をするための株主総会の招集手続が開始された場合は，改正前法によることとなる）。買取りの効力は，全部取得条項付種類株式の取得よりも（論理的には）先行する定款変更の効力発生日に生じるため，当該株式が全部取得条項付種類株式となって取得されることはないからである（小出229頁）。

　他方，116条1項に基づいて株式買取請求を行うと，全部取得条項付種類株式の取得に対する172条1項の価格決定申立てはできないことになる（仁科・価格決定33頁，小出230頁，髙橋真弓「判批」判評650号〔判時2175号〕〔2013〕25頁，山本・前掲202頁）。116条1項の株式買取請求を行った株主は，全部取得条項付種類株式の株主にはならないからである。

　以上から，改正法の下で，定款変更の効力発生日の20日前から前日までに株式買取請求を行った上で，効力発生日から30日経過後30日以内に本条2項の価格決定申立てを行うとともに，取得日の20日前から前日までに172条1項の価格決定申立ても行った場合の処理は次のとおりである。まず，会社の承諾を得て株式買取請求を撤回（116Ⅶ）しない限り，172条1項の申立ては却下される。他方，同項の申立てを行ったことにより株式買取請求の効力が否定されるわけではなく，先に効力が生じる株式買取請求に基づく価格決定申立てでだけが適法なものとして扱われる。前述のとおり前掲・最決平成24・3・28は，そのような株式買取請求もただちに否定されるわけではないが，取得日以降には不適法となるとしていた。これは，本改正前には①全部取得，②株式買取請求の順に効力が生じることを前提としたものである。本改正により効力発生の順序は①株式買取請求，②全部取得と逆転するため，同決定のこの部分は改正後には当てはまらないことになる（山田・前掲443頁参照）。

　株式買取請求権に基づく価格決定申立てと全部取得に対する価格決定申立てのいずれを用いるかによって，公正な価格として保障される内容は変わらないと考えられる（小出230-231頁。定款変更に反対する株主の株式買取請求では全部取得条項付種類株式となることによる価値の下落を塡補し〔ナカリセバ価格〕，全部取得に対する価格決定申立てでは全部取得条項を付されて取得されることを前提とした公正

第1節　総則　　　　　　　　　　　　　　　　　　　　　　　　§117

な価格〔シナジー分配も含むと考えられる〕を保障するとの理解もある〔弥永真生「反対株主の株式買取請求と全部取得条項付種類株式の取得価格決定（上）」商事1921号（2011）10頁，弥永・前掲商事1922号48頁注73〕。このような考え方に基づけば，公正な価格の内容が変わることになる）。

　ただし，公正な価格の基準日は両者で異なる。判例上，株式買取請求の場合は，株式買取請求の時点が基準日となるのに対して（最決平成23・4・19民集65巻3号1311頁，最決平成23・4・26判時2120号126頁，最決平成24・2・29民集66巻3号1784頁），全部取得条項付種類株式の取得価格決定申立ての場合は取得日が基準日となるからである（最決平成28・7・1民集70巻6号1445頁はこれを前提としている。松中学「JCOM最高裁決定と構造的な利益相反のある二段階買収における『公正な価格』」商事2114号〔2016〕6頁。この点で両者が同一の救済とはいえないと指摘されている。吉本・前掲6頁）。実際にどの程度の時間的な差異が生じるのかは，定款変更の効力発生日と取得日がどの程度離れているのか（両者が同一であれば，基準日は最大20日しか変わらない），および株式買取請求のタイミングに依存する。もっとも，企業価値が増加する現金対価の取引においては，株式買取請求の対象となる株式の価値をいつの時点で判断するのかという意味での基準日はさほど意味を持たない（藤田友敬「新会社法における株式買取請求権制度」江頭還暦・上293頁。この意味での基準日は，対価が公正かどうかの判断の基準となる時点とは異なる。藤田友敬「公開買付前置型キャッシュアウトにおける公正な対価」資料版商事388号〔2016〕53頁）。

　権利行使の手続面では，振替株式の場合，株式買取請求に際しては買取口座への振替申請が必要となるが，172条1項の価格決定申立てには必要ない〔☞§116 II 3(1)(ア)〕。なお，株主にとっての差異ではないが，財源規制との関係で差異がある〔☞会社法コンメ(4)§173 III 2(2)〔114-115頁〔山下友信〕〕〕。

5　価格決定の基準日との関係

　前述のとおり〔☞4(2)〕，組織再編において株式買取請求がなされた株式の公正な価格については，株式買取請求日において当該株式が有すると認められる価格であるとする判例が確立していた（前掲・最決平成23・4・19，前掲・最決平成23・4・26，前掲・最決平成24・2・29）。すなわち，公正な価格の基準日（どの時点の株価を算定の資料として用いるのかではなく，どの時点における株式の価値を保障するのかという意味である。藤田・前掲江頭還暦292-293頁参照）は，株式買取請求日とされてきた。これらの判例は116条1項各号の行為について判断したも

§117 第2編　株式会社　第2章　株式

のではないが，同項各号の行為についても同様に株式買取請求日が公正な価格の基準日と解されている［☞会社法コンメ(3)§116Ⅴ3〔210頁［柳明昌］〕］。

本改正前においても，株式買取請求の効力発生時と公正な価格の基準日は別の問題と認識されていた。そのため，株式買取請求の効力発生時が代金支払時のもの（吸収合併存続株式会社など）と，組織再編などの効力発生日とされていたもの（吸収合併消滅会社など）で，公正な価格の算定基準日が異なるとは理解されていなかった（法制審議会会社法制部会第18回会議議事録38頁［髙木弘明］）。したがって，本条6項の改正によって影響が生じることはない（髙木弘明「組織再編における株式買取請求等」太田洋＝髙木弘明編著・平成26年会社法改正と実務対応〔改訂版〕〔商事法務，2015〕266-267頁）。

Ⅱ　価格決定前の支払（仮払）制度

1　概　　要

本改正では，株式買取請求が行われた株式の対価について，事前支払制度（仮払制度）を新設した。本条5項は，株式買取請求がなされた株式について，裁判所による価格決定があるまでの間に，会社は株主に対して公正な価格と認める額を支払うことができると定める。本改正前はこのような規定はなく，会社が株主に任意で価格決定前に公正な価格（の一部）を支払うことはあったが，あくまで任意のものであり，株主は事前支払を拒絶することができた。改正後は，同項に基づく支払として株主はこれを拒むことはできず，会社は事前支払後の事前支払分の買取価格に対する利息の支払を免れる。

2　制度の趣旨

事前支払制度が導入された背景にあったのは，効力発生日から60日経過後から支払日まで，買取価格に対して年6分による利息が課され（本条Ⅳ），これが経済情勢に照らして高額なものになっていたという点である（中間試案補足説明第2部第4の2参照）。そのため，単に会社の負担になるだけでなく，株式買取請求の濫用を招いているとも指摘されていた（中間試案補足説明第2部第4の2，立案担当平成26年202頁）。

本改正前においても，実務上，株式買取請求をした株主と会社との間で，（最終的には裁判所により決定される）買取価格の一部について価格決定より前に支払う旨の合意もなされることもあった（十市＝館65-66頁）。また，事前支払

第1節　総則　　　　　　　　　　　　　　　　　　　　　　　　　§117

だけでは，反対株主が第三者に株式を譲渡する可能性もあったため，任意に株券の提出または振替申請を要請するという対応もとられていた（十市 = 館66頁。本改正後は買取口座の創設などの撤回制限の実効化によって，買取請求後に株主が譲渡することはできなくなっている）〔☞§116ⅡⅢ〕。しかし，会社が一方的に一部弁済をするだけでは，債務の本旨に従った弁済提供（民493）とはいえず，仮払後の利息の支払も免れることはできないと考えられていた。そのため，会社と反対株主の間で仮払分については利息支払義務が生じない旨などの合意が必要になり，あくまで株主が応じる場合にしか用いることができなかった（仁科・問題点145頁。株主が拒絶した場合，公正な価格の決定の中で考慮できるという議論もあった。十市 = 館66頁参照。中間試案に対するパブリック・コメントにおいては，「裁判所の仲介で一部受領が促されているという実情もある」との意見も出された。法制審議会会社法制部会部会資料⒆第2部第4の2）。高額の利息支払を避けるために，受領拒絶を原因とする供託を用いることも考えられなくはない。しかし，①前提となる弁済の提供には債務全額の提供が必要である（十市 = 館66頁），②供託の対象は弁済の目的物であり（民494Ⅰ），金銭債務の場合には債務全額の供託が原則として必要となり，会社が公正と考えている価格のみを供託することはできないとされてきた（仁科・問題点144-145頁）。以上の事情から，任意ではなく，法定の事前支払制度が設けられることとなった。

　利払が高額となっていた問題の根本は，会社による事前支払が可能かということよりも，株式買取価格に付される利息の利率（年6分）自体の高さにあるとも考えられる（法制審議会会社法制部会第7回会議議事録40頁［藤田友敬］・42頁［八丁地隆 = 奈須野太］）。もっとも，事前支払制度を設けること自体に異論はなかった（法制審議会会社法制部会部会資料⑿第4の1補足説明。中間試案に対するパブリック・コメントでは賛成多数であり〔法制審議会会社法制部会部会資料⒆第2部第4の2〕，その後の審議でも異論はなかった。法制審議会会社法制部会第14回会議議事録32頁［岩原紳作］参照）。その一方で，本条4項を含む商事法定利率そのものの改正は，民法の法定利率との関係もあって困難であることから（髙木60頁），本改正においては法定利率には手を付けず，事前支払制度のみが設けられた。

　なお，平成29年民法改正に伴う民法の一部を改正する法律の施行に伴う関係法律の整備等に関する法律（以下，「民法整備法」という）46条による改正後の会社法117条4項は，年6分の利息ではなく，「法定利率による利息をも支払わなければならない」と定める（民法整備法による改正につき，堀越健二ほか

〔松　中〕　　　　　　　　　　　　　　　　　　　　　　　　　　　　　113

§117 第2編　株式会社　第2章　株式

「民法（債権関係）改正に伴う会社法改正の概要」商事 2154 号〔2017〕12 頁，藤原総一郎ほか「債権法改正と会社法の解釈論への影響」商事 2156 号〔2018〕21-22 頁参照）。これは，商事法定利率を定める商法 514 条が削除され（民法整備法 3），すべて民法の法定利率によるものとされた（法制審議会「民法（債権関係）の改正に関する要綱」第 9 の 1 注参照）ことの一環である。なお，民法整備法の施行日前に 116 条 1 項各号の行為のための株主総会の招集手続が開始された場合（総会決議が不要な場合には，取締役会決議または取締役もしくは執行役の決定が行われたとき）は，従前の例による（民法整備法 47 Ⅲ ①）。

3　事前支払（仮払）を行った場合の法律関係

⑴　会社が事前支払を行う場合の総支払額

　会社が事前支払を行う場合，会社は次のものの合計を最終的に支払うこととなる（立案担当平成 26 年 203 頁）。事前支払の部分としては，① ⅰ 公正な価格として事前支払をする金額，および ⅱ 前記 ⅰ に対する効力発生日の 60 日経過後から事前支払までの利息である。また，価格決定による公正な価格が事前支払額を上回る場合，② ⅰ 公正な価格と事前支払額の差額，および ⅱ 前記 ⅰ に対する効力発生日の 60 日経過後から支払日までの利息の合計額も支払う。

⑵　株主による受領拒否

　会社が本条 5 項に基づいて事前支払を行おうとしたところ株主が受領を拒否した場合，2 でみた供託に関する問題が解消され，会社は公正と認める額について供託することができることとなった（野村修也「組織再編」ジュリ 1439 号〔2012〕60 頁，要綱概要 46 頁，立案担当平成 26 年 203 頁。供託の詳細については，森田 53 頁参照）。これにより，会社は事前支払額に対して支払うべき利息を，効力発生日の 60 日経過後から価格決定後の価格の支払日までのものから事前支払日までのものに減らすことができる。

⑶　株主による事前支払の請求の可否

　中間試案の段階では，会社が公正と認める額について，株主からも事前支払を求めることができるようにすべきとの見解もあった（立案担当平成 26 年 34 頁〔弥永真生〕。なお，前払の義務付けについては，以前から会社の資金調達の点で慎重に検討すべき旨が指摘されていた。木俣由美「株式買取請求手続の再検討（下）」商事 1464 号〔1997〕30-31 頁）。

　しかし，本条 5 項は，「株式会社は……公正な価格と認める額を支払うこと

114 〔松　中〕

第1節　総則　§ 117

ができる」と定めているため，会社が株主に対して価格決定前に買取価格（の一部）を支払えるだけであり，株主の側から価格決定前の支払を求めることができるものとはなっていない。

4　公正な価格と事前支払（仮払）額の関係

(1)　事前支払額を下回る公正な価格の主張

　事前支払の金額は，会社が「公正な価格と認める額」（本条Ⅴ）と定められている。そのため，文言上，会社が事前支払分を下回る金額を公正な価格と主張する（例えば，株主が公正な価格として120を主張し，会社が事前支払として100を払い，公正な価格が90であると主張する）ことはできないようにも見える。価格決定事件は非訟事件であり，そもそも裁判所は当事者の主張に拘束されるわけではない。もっとも，訴訟に近い類型の事件として当事者主義的に運用されるものと理解されている（中東正文・企業結合法制の理論〔信山社，2008〕435-436頁，河野正憲「会社事件手続法の総論的考察」川嶋四郎＝中東正文編・会社事件手続法の現代的展開〔日本評論社，2013〕36-37頁。平成23年の非訟事件手続法改正と非訟事件手続法及び家事事件手続法の施行に伴う関係法律の整備等に関する法律による会社法改正については，金子修＝脇村真治「新非訟事件手続法の概要と会社法等の整備の解説」商事1939号〔2011〕68頁参照）。そのため，裁判所は株主・会社の主張する価格を踏まえて判断するところ，会社が，公正な価格として事前支払額を下回る価格を主張することは，通常は会社の主張を疑わせるものとなると考えられる（小出233-234頁，森田50頁。髙木61頁も事前支払額が価格決定手続において事実上の最低額とされる可能性を指摘する）。実際，改正前法の下で，株式移転に対して株式買取請求をした株主との協議の中で会社が提示した価格を最低額として扱った裁判例もあった（東京地決平成22・3・5判時2087号12頁）。

　以上を踏まえると，実際上は，会社はあり得る最低額を事前に支払うものと考えられる（髙木62頁）。もっとも，前記の事実上のリスクを踏まえた上で，会社が公正と考える価格より高い額の事前支払を行うこと自体が否定されるわけではない（伊藤280頁）。

　会社が事前支払額よりも低い公正な価格を主張することが正当な場面としては，事前支払時から審理時までに価格に影響する事実が判明したといったものがあり得る（小出234頁）。他方，事前支払時から審理時までの間に，過去の事実が判明したのではなく，新たな事実が生じた場合（例えば，株式市場全体の株価が外生的なショックで下落するなど）は，別の問題である。どの時点の株式の価

〔松　中〕

115

値を保障するのかという価格算定の基準日が事前支払時より前になるのであれば（判例のとおり株式買取請求時と捉える場合，事前支払より前になる），事前支払後に生じた事実を考慮することは整合性を欠くことになるからである。

(2) 事前支払額が公正な価格を上回る場合

(1)の検討によると，通常は，事前支払額が最終的に裁判所が決定する公正な価格を上回ることは考えにくいものの，そうした事態が生じることがあり得ないわけではない（中間試案に対する意見においても指摘されていた。法制審議会会社法制部会部会資料(19)第2部第4の2)。

この場合，株主は，超過額について善意の受益者として，現存利益の範囲で不当利得返還義務（民703）を負い，超過額の返還の請求日から法定利率による遅延損害金（同法412Ⅲ・419Ⅰ）を支払う義務を負う（小出234頁。笠原武朗「組織再編」法教402号〔2014〕30頁注13，論点体系補巻486頁〔篠原倫太郎〕も不当利得となるとする）。民法整備法の施行日前に株主総会の招集手続等がなされた行為については，商事法定利率が適用されると考えられる（笠原・前掲30頁注13。小出234頁は，商事法定利率を適用しない余地を指摘する）。

(3) 事前支払後の増額・一部支払

会社が一度「公正価格と認める額」の事前支払を行った後に，それに積み増して事前支払を行うことも禁止されていないと考えられる（森田51頁，伊藤280頁）。複数回の事前支払を禁じる文言はなく，株式買取請求を行った株主の利益を害するわけでもないからである。また，(1)を踏まえると，当初の事前支払時には考えられる最低額を支払い，その後に事前支払額を積み増す必要性も否定できないだろう。複数回の事前支払が行われると，各回の支払時以降，事前支払を行った額に対する法定利息を支払う必要がないこととなる。経済情勢に照らして法定利率が高くても，株式買取請求を行った株主は増額分に対する（増額分の支払後の）利息を受け取れなくなるが，改正法はこのような利益を積極的に保護していないものといえる。

また，積増しが可能である以上，会社が当初から「公正な価格と認める額」の一部のみを支払うこともできると解される（伊藤281頁）。

（松中　学）

（新株予約権買取請求）

第118条①　次の各号に掲げる定款の変更をする場合には，当該各号に定める新

第1節　総則 §*118*

株予約権の新株予約権者は，株式会社に対し，自己の有する新株予約権を公正な価格で買い取ることを請求することができる。

1　その発行する全部の株式の内容として第107条第1項第1号に掲げる事項についての定めを設ける定款の変更　全部の新株予約権

2　ある種類の株式の内容として第108条第1項第4号又は第7号に掲げる事項についての定款の定めを設ける定款の変更　当該種類の株式を目的とする新株予約権

② 新株予約権付社債に付された新株予約権の新株予約権者は，前項の規定による請求（以下この節において「新株予約権買取請求」という。）をするときは，併せて，新株予約権付社債についての社債を買い取ることを請求しなければならない。ただし，当該新株予約権付社債に付された新株予約権について別段の定めがある場合は，この限りでない。

③ 第1項各号に掲げる定款の変更をしようとする株式会社は，当該定款の変更が効力を生ずる日（以下この条及び次条において「定款変更日」という。）の20日前までに，同項各号に定める新株予約権の新株予約権者に対し，当該定款の変更を行う旨を通知しなければならない。

④ 前項の規定による通知は，公告をもってこれに代えることができる。

⑤ 新株予約権買取請求は，定款変更日の20日前の日から定款変更日の前日までの間に，その新株予約権買取請求に係る新株予約権の内容及び数を明らかにしてしなければならない。

⑥ 新株予約権証券が発行されている新株予約権について新株予約権買取請求をしようとするときは，当該新株予約権の新株予約権者は，株式会社に対し，その新株予約権証券を提出しなければならない。ただし，当該新株予約権証券について非訟事件手続法（平成23年法律第51号）第114条に規定する公示催告の申立てをした者については，この限りでない。

⑦ 新株予約権付社債券（第249条第2号に規定する新株予約権付社債券をいう。以下この項及び次条第8項において同じ。）が発行されている新株予約権付社債に付された新株予約権について新株予約権買取請求をしようとするときは，当該新株予約権の新株予約権者は，株式会社に対し，その新株予約権付社債券を提出しなければならない。ただし，当該新株予約権付社債券について非訟事件手続法第114条に規定する公示催告の申立てをした者については，この限りでない。

⑧ 新株予約権買取請求をした新株予約権者は，株式会社の承諾を得た場合に限り，その新株予約権買取請求を撤回することができる。

⑨ 株式会社が第1項各号に掲げる定款の変更を中止したときは，新株予約権買取請求は，その効力を失う。

⑩ 第260条の規定は，新株予約権買取請求に係る新株予約権については，適用しない。

〔松　中〕

§118   第2編　株式会社　第2章　株式

I　総　論

　本改正では，株式買取請求権の撤回防止を実効化し，濫用を規制するための制度が導入された。まず，振替株式については買取口座制度が導入された。また，振替株式以外の株式については，株式買取請求時における株券の提出義務が定められ，株式買取請求がなされた株式の譲受人は名義書換を求めることができないこととされた［☞§116］。

　会社が発行するすべての株式に譲渡制限を付す定款変更を行う場合には，すべての新株予約権者に新株予約権買取請求権が与えられ（本条Ⅰ①），ある種類の株式に譲渡制限または全部取得条項を付す定款変更を行う場合には，その種類の株式を目的とする新株予約権の新株予約権者に新株予約権買取請求権が与えられる（同項②）。本改正により，新株予約権買取請求についても，撤回防止の実効化のための規定が整備された。基本的な規律は株式買取請求と同じであるが，異なる部分も存在する。そのため，以下では，株式と異なる点を中心に検討する。

II　振替新株予約権・振替新株予約権付社債についての改正

1　買取口座制度

　振替新株予約権の買取口座制度は社債，株式等の振替に関する法律（以下，「社債株式振替法」という）183条に，振替新株予約権付社債の買取口座制度は同法215条に定められている。両条は基本的に同じ内容であるため（なお，同法は新株予約権付社債については，新株予約権自体の買取請求〔本条Ⅰ〕と，原則としてそれに伴って行う必要がある社債部分の買取請求〔本条Ⅱ本文〕を併せて新株予約権付社債買取請求と定義している。社債株式振替215Ⅰ本文括弧書），以下では振替新株予約権のもの（同法183）を中心に述べる。

　振替新株予約権の発行者（会社）が本条1項各号の定款変更（または組織変更，組織再編〔合併，会社分割，株式交換，株式移転〕。以下では，同項各号の定款変更以外には言及しない）を行う場合，買取口座の開設の申出をしなければならない（社債株式振替183Ⅰ本文）。ただし，発行者がすでに買取口座を開設している場合，またはその行為について新株予約権買取請求権を行使できる者がいない場合には，その必要はない（同項ただし書）。

118   〔松　中〕

第1節　総則 §118

　本条1項各号の定款変更を行う発行者は，本条3項の通知または本条4項の
公告に際して，買取口座についても通知・公告しなければならない（社債株式
振替183 II III）。振替株式と異なり，同法が公告（同条 III）だけでなく通知の場
合についても定めている（同条 II）のは，振替株式の発行者が116条1項各号
の行為を行う場合には同条3項の通知に代えて公告が強制される（社債株式振
替161 II）のに対して，振替新株予約権の発行者が上記の定款変更を行う場合
についてはそのような規定が置かれていない（この点につき，高橋康文編著＝尾
﨑輝宏・逐条解説新社債，株式等振替法〔金融財政事情研究会，2006〕376-377頁，論
点体系(1) 342頁〔髙原達広〕参照）ためである。

　新株予約権買取請求権を行使しようとする新株予約権者は，買取口座を振替
先口座とする振替申請を行わなければならない（社債株式振替183 IV）〔買取口座
への振替申請を行わないことがやむを得ない場合および振替申請の時期については，
☞ § 116 II 3 (1)(イ)・(2)〕。

　株式と同様に効力発生日の前は新株予約権買取請求権を行使した者（新株予
約権者）が権利者，その後は発行者が権利者になる。総新株予約権者通知と総
株主通知には使われる場面などの差異はあるが（総新株予約権者通知について
は，始関正光「株券等不発行制度・電子公告制度の導入」別冊商事法務編集部編・株券
不発行制度・電子公告制度〔別冊商事法務286号〕〔2005〕102-103頁参照），この点で
は，買取口座に記載または記録（以下，単に「記録」という）された振替新株予
約権の扱いは振替株式と同じである。すなわち，効力発生日前の段階では，発
行者は，買取口座に記録された振替新株予約権について自己の口座を振替先口
座とする振替申請をすることができない（社債株式振替183 V）。また，取扱廃
止に際して行われる総新株予約権者通知においても，効力発生日前は新株予約
権買取請求権を行使した者が，効力発生日後は買取口座の加入者（発行者）が
権利者として通知される（同法186 II ③）。効力発生日後には発行者の口座に振
替申請を行うことができるが，買取口座に記録された振替新株予約権について
は，発行者または買取請求権を行使した新株予約権者の口座以外への振替申請
はできないこととなっている（同法183 VII）。また，買取口座を振替先口座とす
る振替申請は，新株予約権買取請求権を行使する者以外はできない（同条
VIII）。

　買取口座に記録された振替新株予約権の行使について社債株式振替法は明文
規定を置いていない。しかし，振替新株予約権であるかどうかにかかわらず，
新株予約権買取請求を行った新株予約権については，効力発生日を迎えるまで

〔松　中〕　　　　　　　　　　　　　　　　　　　　119

§118　　　　　　　　　　　　　　　　第2編　株式会社　第2章　株式

の間も，権利行使はできないと解すべきである〔☞§119 I〕。そのため，その
ような規定がないのは当然のことであり，抹消申請（社債株式振替188）を含む
権利行使のための手続（通常の権利行使につき，証券保管振替機構「株式等の振替に
関する業務規程」265条参照）を行うことはできない。

2　振替新株予約権付社債についての証明書

　振替新株予約権付社債権者が社債権者集会の招集請求（718 I）とそれに基づ
く招集（同条Ⅲ），社債権者集会における議決権行使，または担保付社債の担
保物の保管状況の検査（担信49 I）を行う場合，振替口座の記載事項を証明す
る書面の提示が必要になる（社債株式振替222 I Ⅲ）。振替新株予約権付社債権者
は変動し得るが，社債原簿への記載・記録は譲渡の対抗要件とならず，振替新
株予約権付社債権者は社債原簿への記載・記録を求めることもできない（社債
株式振替法224条による会社法688条1項，691条1項の適用除外）ので，会社が権
利者を把握できない。そこで，振替新株予約権付社債についても，振替社債
（社債株式振替86）と同様の制度を採用したのが，前記の証明書である（始関・
前掲111頁・113頁注15参照）。

　振替新株予約権〔☞1〕と同様に，新株予約権付社債買取請求を行った振替
新株予約権付社債権者が買取口座への振替申請を行った場合（社債株式振替215
Ⅳ）でも，効力発生日前はその者が権利者である（同条Ⅴ参照）。そのため，本
改正では，振替新株予約権付社債権者が，社債権者集会における議決権行使な
ど前記の権利行使を行う場合に，買取口座の記載事項証明書の交付請求ができ
ることとしている（同法222Ⅴ本文）。

　社債株式振替法222条5項本文は，記載事項として，①加入者の氏名名称
および住所（同法194Ⅲ①），②発行者の商号および振替新株予約権付社債の
種類（銘柄。同項②），③振替新株予約権付社債の処分の制限に関する事項お
よび振替新株予約権付社債の発行者が，法令（放送法，航空法および日本電信電
話株式会社等に関する法律）により外国人株主の保有制限が定められた振替株式
の発行者であり，振替新株予約権付社債権者がその対象となる者であるときは
その旨（同項⑥，社債株式振替令51・28②-④）を定める。社債株式振替法222
条5項本文はこれに加えて，④銘柄ごとの数（同法194Ⅲ③）のうち買取請求
を行った振替新株予約権付社債権者の申請に係るものの数，ならびに⑤その
者の氏名名称および住所も記載事項とする。④⑤も記載事項とされているの
は，買取口座の加入者は発行者であり，①から③の情報のみでは効力発生日

120　　　　　　　　　　　　　　　　　　　　　　　　　　　　　〔松　中〕

第1節　総則　　　　　　　　　　　　　　　　　　　　　　　§118

前の権利者（新株予約権付社債買取請求を行った振替新株予約権付社債権者）についての情報が含まれないためである（立案担当平成26年200頁）。

　証明書の二重交付の防止のため，一度交付を受けた者は返還しない限り，交付請求ができない（社債株式振替222V②）。これは，買取口座に記録されていない振替新株予約権付社債の証明書についての同条3項ただし書の規定と同様のものである。

　また，同一の振替新株予約権付社債について二重に証明が行われることを防ぐため，社債株式振替法222条6項は新株予約権付社債買取請求を撤回した場合，証明書を返還するまで，発行者は振替新株予約権付社債権者の口座への振替申請をしてはならないものとしている（立案担当平成26年200頁）。これは，買取口座に記録されていない振替新株予約権付社債の証明書についても，返還前に権利者が振替えまたは抹消申請を行うことはできないとされている（同条IV）のと同様といえる（振替社債についての同様の規定である同法86条4項の説明として，高橋編著＝尾﨑・前掲216頁参照）。

III　振替制度の対象ではない新株予約権および新株予約権付社債の買取請求に関する改正

　振替制度の対象ではない新株予約権および新株予約権付社債の買取請求についても，振替株式以外の株式と同様に〔☞§116 III〕，撤回防止の実効化のための改正がなされている。

　新株予約権証券が発行されている新株予約権の買取請求をしようとするときは，新株予約権者は，新株予約権証券を会社に提出しなければならない（本条VI本文）。新株予約権付社債券が発行されている新株予約権付社債について新株予約権買取請求をしようとするときも，同様に新株予約権付社債券を提出しなければならない（本条VII本文）。記名式の証券が発行されている場合，証券を提示することで譲受人が単独で新株予約権原簿の名義書換を求めることができる（260 II，会社則56 II①）。また，無記名式（無記名新株予約権〔249①括弧書〕および無記名新株予約権付社債〔同条②括弧書〕）の証券が発行されている場合は，証券の交付のみで対抗要件も充たすことができる（257 III）。そこで，証券の発行された新株予約権について買取請求の撤回制限（本条VIII）の実効性を確保するため，証券の提出義務を課している。

　いずれの場合も，対象となる証券について公示催告の申立てをした者は提出

〔松　中〕　　　　　　　　　　　　　　　　　　　　　　　　　　　121

§119 第2編　株式会社　第2章　株式

義務を課されない（本条Ⅵただし書・Ⅶただし書）。株券の場合には株券喪失登録の制度が設けられている（221以下）のに対して，新株予約権証券および新株予約権付社債券については，非訟事件手続法114条に基づく公示催告が用いられるため，ただし書の文言が異なるが，基本的な規律は，株券の発行されている株式についての116条6項と同様である。

　また，新株予約権買取請求がなされた新株予約権については，260条の適用を排除している（本条Ⅹ）。そのため，新株予約権取得者（260Ⅰ括弧書）が新株予約権原簿記載事項の記載・記録を請求することはできない。これは，株式についての116条9項と同様に，証券の発行されていない新株予約権は意思表示のみで譲渡ができるため（江頭804頁），会社および第三者に対する対抗要件である新株予約権原簿の名義書換（257Ⅰ）を行えないようにするものである。新株予約権買取請求の撤回が会社に承諾された場合（本条Ⅷ）および会社が本条1項各号の定款変更を中止したことで，新株予約権買取請求の効力が消滅する場合（本条Ⅸ）は，「新株予約権買取請求に係る新株予約権」に該当しなくなるので，名義書換ができることとなる（論点体系補巻466頁［篠原倫太郎］）。

（松中　学）

（新株予約権の価格の決定等）

第119条①　新株予約権買取請求があった場合において，新株予約権（当該新株予約権が新株予約権付社債に付されたものである場合において，当該新株予約権付社債についての社債の買取りの請求があったときは，当該社債を含む。以下この条において同じ。）の価格の決定について，新株予約権者と株式会社との間に協議が調ったときは，株式会社は，定款変更日から60日以内にその支払をしなければならない。

②　新株予約権の価格の決定について，定款変更日から30日以内に協議が調わないときは，新株予約権者又は株式会社は，その期間の満了の日後30日以内に，裁判所に対し，価格の決定の申立てをすることができる。

③　前条第8項の規定にかかわらず，前項に規定する場合において，定款変更日から60日以内に同項の申立てがないときは，その期間の満了後は，新株予約権者は，いつでも，新株予約権買取請求を撤回することができる。

④　株式会社は，裁判所の決定した価格に対する第1項の期間の満了の日後の年6分の利率により算定した利息をも支払わなければならない。

⑤　株式会社は，新株予約権の価格の決定があるまでは，新株予約権者に対し，当

第1節　総則 §*119*

該株式会社が公正な価格と認める額を支払うことができる。
⑥　新株予約権買取請求に係る新株予約権の買取りは，定款変更日に，その効力を生ずる。
⑦　株式会社は，新株予約権証券が発行されている新株予約権について新株予約権買取請求があったときは，新株予約権証券と引換えに，その新株予約権買取請求に係る新株予約権の代金を支払わなければならない。
⑧　株式会社は，新株予約権付社債券が発行されている新株予約権付社債に付された新株予約権について新株予約権買取請求があったときは，その新株予約権付社債券と引換えに，その新株予約権買取請求に係る新株予約権の代金を支払わなければならない。

I　新株予約権買取請求の効力発生時

　本改正により，116条1項各号の行為が行われる場合の株式買取請求の効力発生日が代金の支払時から同項各号の行為の効力発生日とされた（117VI）のと同様に，118条1項各号の定款変更が行われる場合の新株予約権買取請求の効力発生日についても，代金の支払時から定款変更日とされた（本条VI）。

　株式買取請求の効力発生日の改正は，「利息（117IV）と配当の二重取り」が問題視されていたことが背景となっていた［☞§*117*I2］。これに対して，新株予約権を保有しているだけでは配当請求権があるわけではなく，利息との二重取りという問題は生じない。もっとも，買取請求の効力が生じるまでは権利者であるため，買取請求を行ったにもかかわらず新株予約権を行使できるのではないかとの問題が生じる［☞会社法コンメ(3)§*119*III2〔235頁［柳明昌］〕］。本改正により新株予約権買取請求の効力発生日が定款変更日とされたことで，定款変更日の20日前からその前日の買取請求権の行使期間（118V）の間はこの問題が残るものの，買取価格をめぐる係争中の場合などに，長期にわたって権利行使できる状態が生じる可能性は封じられた。

　買取請求がなされている新株予約権の行使は，株式買取請求を行った場合の配当請求権とパラレルな問題と考えられなくもない［☞会社法コンメ(3)§*119*III2〔235頁［柳］〕］。もっとも，株式買取請求を行いつつ，その効力発生までは配当を受け取ることは形式的には両立する一方，新株予約権を行使した場合は行使日に新株予約権者は株主となり（282I），その反面，新株予約権を失うため，先行する新株予約権の買取請求と両立し得ない，法的に矛盾した行為とな

〔松　中〕

§119

る。また，買取請求を行った新株予約権を行使して株式を取得し，それを売却できるのであれば，新株予約権買取請求の撤回に会社の同意を要する（118Ⅷ）としたことに実質的に反する。そして，本改正は株式を含め，買取請求の撤回防止の実効化を目的としているため，これを防ぐべき要請はいっそう高くなったものといえる。したがって，新株予約権買取請求後の権利行使は，禁反言の原則により，買取請求を撤回しない限り認められないと解される（逐条(2)167頁[岡田昌浩]，論点体系(1)345頁[髙原達広]）。

　なお，証券が発行されている新株予約権および新株予約権付社債の買取請求について，証券と引換えに代金を支払うべき旨の規定（改正前本条ⅥⅦ）は，本条7項，8項として維持されている。118条6項，7項に基づいて，新株予約権買取請求時に新株予約権証券または新株予約権付社債券を提出した者は，代金支払時に証券をあらためて提出する必要はない（論点体系補巻465頁[篠原倫太郎]）。

Ⅱ　事前支払（仮払）制度

　株式買取請求と同様に，新株予約権買取請求についても，本改正によって事前支払制度が創設された。すなわち，会社は，新株予約権買取請求がなされた新株予約権について，価格決定がなされるまでに，新株予約権者に公正な価格と認める額を支払うことができる（本条Ⅴ）。会社は新株予約権者が事前支払を拒もうとしても弁済供託（民494）を行うことができ，事前支払後は，法定利率に基づく公正な価格に対する利息の支払（本条Ⅳ）を免れることができるなどの点は，株式買取請求と同様である［☞§117Ⅱ]。

　なお，新株予約権付社債に付された新株予約権について買取請求を行う場合は，原則として社債部分についても併せて買取請求をする必要があり（118Ⅱ），価格決定においても社債部分を含む公正な価格が決定される（本条Ⅰ括弧書・Ⅱ）。そのため，会社が事前支払を行う場合には，社債部分も含めて公正と認める額を支払うことができる。一部のみの事前支払も許容されるのは，株式買取請求の場合と同じである［☞§117Ⅱ4(3)]。

（松中　学）

第1節　総則　　　　　　　　　　　　　　　　　　　　　　　　§120

> **（株主等の権利の行使に関する利益の供与）**
>
> **第120条**① 株式会社は，何人に対しても，株主の権利，当該株式会社に係る適
> 格旧株主（第847条の2第9項に規定する適格旧株主をいう。）の権利又は当該
> 株式会社の最終完全親会社等（第847条の3第1項に規定する最終完全親会社等
> をいう。）の株主の権利の行使に関し，財産上の利益の供与（当該株式会社又は
> その子会社の計算においてするものに限る。以下この条において同じ。）をして
> はならない。
>
> ② 株式会社が特定の株主に対して無償で財産上の利益の供与をしたときは，当該
> 株式会社は，株主の権利の行使に関し，財産上の利益の供与をしたものと推定す
> る。株式会社が特定の株主に対して有償で財産上の利益の供与をした場合におい
> て，当該株式会社又はその子会社の受けた利益が当該財産上の利益に比して著し
> く少ないときも，同様とする。
>
> ③ 株式会社が第1項の規定に違反して財産上の利益の供与をしたときは，当該利
> 益の供与を受けた者は，これを当該株式会社又はその子会社に返還しなければな
> らない。この場合において，当該利益の供与を受けた者は，当該株式会社又はそ
> の子会社に対して当該利益と引換えに給付をしたものがあるときは，その返還を
> 受けることができる。
>
> ④ 株式会社が第1項の規定に違反して財産上の利益の供与をしたときは，当該利
> 益の供与をすることに関与した取締役（指名委員会等設置会社にあっては，執行
> 役を含む。以下この項において同じ。）として法務省令で定める者は，当該株式
> 会社に対して，連帯して，供与した利益の価額に相当する額を支払う義務を負
> う。ただし，その者（当該利益の供与をした取締役を除く。）がその職務を行う
> について注意を怠らなかったことを証明した場合は，この限りでない。
>
> ⑤ 前項の義務は，総株主の同意がなければ，免除することができない。

　本条では，本改正により3点で改正がなされた。すなわち，第1に，1項に
おいて，「株主の権利」の文言の後に，改正法により「，当該株式会社に係る
適格旧株主（第847条の2第9項に規定する適格旧株主をいう。）の権利又は
当該株式会社の最終完全親会社等（第847条の3第1項に規定する最終完全親
会社等をいう。）の株主の権利」の文言が加えられ，第2に，見出しの文言が
改正前の「株主」から「株主等」にあらためられた。また第3に，4項の「委
員会設置会社」の文言が「指名委員会等設置会社」にあらためられた。
　第1の改正事項は，本条の主要な改正事項である。本改正により，適格旧株
主による責任追及等の訴え（847の2）および最終完全親会社等の株主による特

〔川　村〕　　　　　　　　　　　　　　　　　　　　　　　　　　　　　　　125

§ 122   第2編 株式会社 第2章 株式

定責任追及の訴え（847の3）の各制度が創設されたところ，適格旧株主または
最終完全親会社等の株主は，当該株式会社の株主でなくとも，当該株式会社の
取締役等に対して責任追及等の訴えを提起できることとなった。本条1項で
は，これらの訴えについて，従来の株主による責任追及の訴えの場合と同様
に，訴えの提起等に際して利益供与がなされるおそれやそれがなされた場合の
権利行使の適正が害されるおそれがあることから，適格旧株主および最終完全
親会社等の株主についても，その権利の行使に関して財産上の利益の供与をし
てはならないとの規定の対象に含めるべく改正がされたものである（立案担当
平成26年174頁）。これに伴い第2の改正点として，見出しも「株主」から
「株主等」と変更された。なお，本条2項の推定規定については，ある株式会
社が，適格旧株主や最終完全親会社等の株主に無償で財産上の利益の供与をし
た場合でも，これら適格旧株主や最終完全親会社等の株主が当該株式会社の親
会社社員としての権利を有している可能性があることから，その無償での財産
上の利益の供与が適格旧株主や最終完全親会社等の株主の権利の行使に関して
なされたと推定することは相当ではないため，推定の対象に含めず従来どおり
の規定が維持されている（立案担当平成26年175頁注92）。

　また，第3の改正点である本条4項では，本改正で委員会設置会社の名称が
指名委員会等設置会社に変更されたことによる，文言の変更がなされたもので
あり，内容の変更はない。

                                                        （川村　力）

（株主名簿記載事項を記載した書面の交付等）

第122条①　前条第1号の株主は，株式会社に対し，当該株主についての株主名
　簿に記載され，若しくは記録された株主名簿記載事項を記載した書面の交付又は
　当該株主名簿記載事項を記録した電磁的記録の提供を請求することができる。

②　前項の書面には，株式会社の代表取締役（指名委員会等設置会社にあっては，
　代表執行役。次項において同じ。）が署名し，又は記名押印しなければならな
　い。

③　第1項の電磁的記録には，株式会社の代表取締役が法務省令で定める署名又は
　記名押印に代わる措置をとらなければならない。

④　前3項の規定は，株券発行会社については，適用しない。

第2節　株主名簿　　　　　　　　　　　　　　　　　　　§125

　本改正により，本条2項の文言中，改正前の「委員会設置会社」が「指名委員会等設置会社」にあらためられた。これは，本改正により委員会設置会社の名称が指名委員会等設置会社に変更されたことにより，同文言の変更がなされたものであり，内容に変更はない。

（川村　力）

（株主名簿の備置き及び閲覧等）
第125条 ①　株式会社は，株主名簿をその本店（株主名簿管理人がある場合にあっては，その営業所）に備え置かなければならない。
②　株主及び債権者は，株式会社の営業時間内は，いつでも，次に掲げる請求をすることができる。この場合においては，当該請求の理由を明らかにしてしなければならない。
　1　株主名簿が書面をもって作成されているときは，当該書面の閲覧又は謄写の請求
　2　株主名簿が電磁的記録をもって作成されているときは，当該電磁的記録に記録された事項を法務省令で定める方法により表示したものの閲覧又は謄写の請求
③　株式会社は，前項の請求があったときは，次のいずれかに該当する場合を除き，これを拒むことができない。
　1　当該請求を行う株主又は債権者（以下この項において「請求者」という。）がその権利の確保又は行使に関する調査以外の目的で請求を行ったとき。
　2　請求者が当該株式会社の業務の遂行を妨げ，又は株主の共同の利益を害する目的で請求を行ったとき。
　3　請求者が株主名簿の閲覧又は謄写によって知り得た事実を利益を得て第三者に通報するため請求を行ったとき。
　4　請求者が，過去2年以内において，株主名簿の閲覧又は謄写によって知り得た事実を利益を得て第三者に通報したことがあるものであるとき。
④　株式会社の親会社社員は，その権利を行使するため必要があるときは，裁判所の許可を得て，当該株式会社の株主名簿について第2項各号に掲げる請求をすることができる。この場合においては，当該請求の理由を明らかにしてしなければならない。
⑤　前項の親会社社員について第3項各号のいずれかに規定する事由があるときは，裁判所は，前項の許可をすることができない。

〔前田〕　　　　　　　　　　　　　　　　　　　　　　　　　　127

§125　　　　　　　　　　　　第2編　株式会社　第2章　株式

I　本条の改正の趣旨

改正法は，改正前の本条3項3号の規定を削除し，株主名簿の閲覧・謄写を請求する者が会社の業務と実質的に競争関係にある事業を営み，またはこれに従事するものであるときを，拒絶事由から除外した。この結果，改正前の本条3項4号と5号は，それぞれ本条3項3号と4号に繰り上げられた。

新株予約権原簿の閲覧・謄写についての拒絶事由についても，同様の改正が行われた（平成26年改正前252条3項3号の削除）。

II　会社と競争関係にある者による請求

1　改正の理由と内容

改正前の会社法は，株主名簿の閲覧等の請求者が会社の業務と実質的に競争関係にある事業を営み，またはこれに従事するものであるときは，会社は請求を拒むことができる旨を定めていた（改正前本条III③）。

もともとこの拒絶事由は，平成17年の会社法制定の際，法制審議会の答申段階では想定されていなかったにもかかわらず（要綱案第2部第4の5(5)参照），政府部内における法制的な検討の過程において，株主名簿からも会社の資本政策等に係る情報が把握される可能性があるとの理由から，会計帳簿の閲覧等請求（433 II③）と平仄を合わせる形で設けられたものであった（一問一答64頁）。しかし，会計帳簿とは異なり，株主名簿について一般に営業機密が含まれているとは考えにくく，会社と競争関係にある者が会社の営業秘密を探ることとは無関係に，株主等として権利の確保または行使に関する調査のために閲覧等を求めた場合に，会社がこれを拒絶することを正当化することはできない。学説においては，この拒絶事由は立法の過誤であるとまで批判されていた（江頭憲治郎「会社法制定の理念と会社法制見直しの行方」ジュリ1414号〔2011〕99頁）。裁判例においても，文言上は無理をしつつも，この拒絶事由を極力無意味にするための解釈上の工夫がなされ，この拒絶事由は，単に本条3項1号および2号の拒絶事由の存在の証明責任を転換するにすぎず，請求者が実質的に競争関係にある事業を営んでいる場合であっても，それだけでは拒絶事由には該当せず，その者が権利の確保または行使に関する調査の目的で請求を行ったことを証明すれば，会社は閲覧等の請求を拒絶することはできないという解釈

128　　　　　　　　　　　　　　　　　　　　　　　　　　　　〔前　田〕

第3節　株式の譲渡等　第3款　株式の質入れ　　　　　　　　　　　§*149*

が示され（東京高決平成20・6・12金判1295号12頁），また，この拒絶事由にいう事業とは，株主名簿に記載された情報が競業者に知られることによって不利益を被るような性質・態様で営まれている事業に限られるという解釈を示すものが存在していた（東京地決平成22・7・20金判1348号14頁）。

このような背景の下で，改正法は，この拒絶事由を廃止することとした。この改正により，株主名簿の閲覧等の請求者が会社と実質的に競争関係にある場合において，会社は，その者が会社と実質的に競争関係にあることのみを理由として閲覧等の請求を拒絶することはできなくなった。改正後もなお，会社は，請求者が改正後の本条3項各号に定める拒絶事由に該当することを立証して，閲覧等の請求を拒むことができるが，請求者が会社と実質的に競争関係にあるという事情は，それだけでは，改正後の本条3項1号および2号の拒絶事由の該当性を推認させる事情にはならない（山下徹哉「発行可能株式総数に係る規律・株主名簿の閲覧謄写請求の拒絶事由」論点詳解305頁）。

2　中間試案・見直し要綱との比較

改正前の本条3項3号の規定を削除することについて，中間試案（第3部第2），および見直し要綱（第3部第2）からの変更はない。

中間試案においては，本条3項1号および2号の文言を見直すかどうかが検討事項とされていたが（第3部第2注），これに代わる適切な文言を見出すことが困難である等の理由から，この検討事項は見直し要綱には盛り込まれなかった（要綱概要55頁）。

（前田雅弘）

（株主名簿の記載事項を記載した書面の交付等）

第149条① 前条各号に掲げる事項が株主名簿に記載され，又は記録された質権者（以下「登録株式質権者」という。）は，株式会社に対し，当該登録株式質権者についての株主名簿に記載され，若しくは記録された同条各号に掲げる事項を記載した書面の交付又は当該事項を記録した電磁的記録の提供を請求することができる。

② 前項の書面には，株式会社の代表取締役（指名委員会等設置会社にあっては，代表執行役。次項において同じ。）が署名し，又は記名押印しなければならない。

〔川　村〕

§ 151   第 2 編　株式会社　第 2 章　株式

③　第 1 項の電磁的記録には，株式会社の代表取締役が法務省令で定める署名又は
　記名押印に代わる措置をとらなければならない。
④　前 3 項の規定は，株券発行会社については，適用しない。

　本改正により，本条 2 項の文言中，改正前の「委員会設置会社」が「指名委
員会等設置会社」にあらためられた。これは，本改正により委員会設置会社の
名称が指名委員会等設置会社に変更されたことにより，同文言の変更がなされ
たものであり，内容に変更はない。

（川村　力）

（株式の質入れの効果）
第 151 条　株式会社が次に掲げる行為をした場合には，株式を目的とする質権は，
　当該行為によって当該株式の株主が受けることのできる金銭等（金銭その他の財
　産をいう。以下同じ。）について存在する。
　1　第 167 条第 1 項の規定による取得請求権付株式の取得
　2　第 170 条第 1 項の規定による取得条項付株式の取得
　3　第 173 条第 1 項の規定による第 171 条第 1 項に規定する全部取得条項付種類
　　株式の取得
　4　株式の併合
　5　株式の分割
　6　第 185 条に規定する株式無償割当て
　7　第 277 条に規定する新株予約権無償割当て
　8　剰余金の配当
　9　残余財産の分配
　10　組織変更
　11　合併（合併により当該株式会社が消滅する場合に限る。）
　12　株式交換
　13　株式移転
　14　株式の取得（第 1 号から第 3 号までに掲げる行為を除く。）
②　特別支配株主（第 179 条第 1 項に規定する特別支配株主をいう。第 154 条第 3
　項において同じ。）が株式売渡請求（第 179 条第 2 項に規定する株式売渡請求を
　いう。）により売渡株式（第 179 条の 2 第 1 項第 2 号に規定する売渡株式をい
　う。以下この項において同じ。）の取得をした場合には，売渡株式を目的とする

130   〔森　下〕

第3節　株式の譲渡等　第3款　株式の質入れ　　　　　　　　§151

質権は，当該取得によって当該売渡株式の株主が受けることのできる金銭について存在する。

I　本条の趣旨

改正法は，いわゆるキャッシュ・アウト（支配株主が，現金を対価として少数株主の有する株式等の全部を強制的に取得することにより，少数株主を締め出すこと）を可能にするための手法として，特別支配株主による株式等売渡請求という制度を新設したが（179以下）〔特別支配株主による株式等売渡請求制度については，☞§179以下〕，特別支配株主による株式売渡請求の対象となった株式が質権の目的となっている場合があり得る。

改正法で新設された本条2項は，株式を目的とする質権の効力の1つである物上代位権に関して〔株式を目的とする質権の効力については，☞会社法コンメ(3)§151 II 1〔466頁〔森下哲朗〕〕，とくに，物上代位権については(4)〔468頁〔森下〕〕〕，質権者の物上代位権が，特別支配株主が株式売渡請求により株式を取得した際に当該株式の株主に対して支払われる金銭にも及ぶことを，明文で明らかにしたものである。

なお，本条2項と本条1項は株式を目的とする質権の物上代位権が及ぶ対象を明らかにする点で同内容であるが，1項がいずれも株式会社の行為に関するものであるのに対して，特別支配株主による株式売渡請求は株式会社の行為ではなく，特別支配株主の行為によるものであるという点で性格を異にするものであるため，新たに本条2項を設けたものである（一問一答平成26年291頁注1）。

II　物上代位の対象

本条において物上代位の対象とされているのは，株式売渡請求の結果，「売渡株式の株主が受けることのできる金銭」である。本条1項に列挙された行為の場合には金銭ではなく株式等を受け取る場合があることから，物上代位の対象は「金銭等」とされているが，株式売渡請求の場合に売渡株式の株主に交付されるものは金銭に限られることから（179の2 I ②参照），ここでは，「金銭」とされている。

〔森　下〕　　　　　　　　　　　　　　　　　　　　　　　　　　　　131

なお，物上代位の対象は，本条2項に規定されたものに限られず，それ以外にも民法の物上代位に関する規定に従い，物上代位権の効力が及ぶ場合があり得る〔☞会社法コンメ(3)§151Ⅱ1(4)(イ)〔473頁〔森下〕〕〕。例えば，特別支配株主が株式を取得したものの，何らかの理由で特別支配株主による対価の支払がなされていないような状況における（そのような場合があり得ることは想定されている。例えば，立案担当平成26年188頁を参照），売渡株式の株主の特別支配株主に対する対価の支払請求権が考えられる。

Ⅲ　株式に対する質権の取扱い

特別支配株主による株式売渡請求は，所定の手続を経ることにより，「個々の売渡株主の承諾を要しないで法律上当然に，特別支配株主と売渡株主との間に売渡株式についての売買契約が成立したのと同様の法律関係が生ずることになり（法179条の4第3項），特別支配株主が株式売渡請求において定めた取得日に売渡株式の全部を取得するものである（法179条の9第1項）」（最決平成29・8・30民集71巻6号1000頁）。一般に，質権が設定されている株式に関する売買契約が成立し，買主が株式を取得したからといって，善意取得が成立する場合を除き，質権が当然に消滅するわけではない。しかし，特別支配株主による株式売渡請求制度は，特別支配株主が対象株式会社の株式の100パーセントを保有するという状態を作り出すことを目的とする制度であるのに，売り渡された株式に設定されていた質権が残るというのでは都合が悪い。この点について，会社法は，179条の9第1項で「株式等売渡請求をした特別支配株主は，取得日に，売渡株式等の全部を取得する」と規定するが，売渡株式に設定されていた質権がどうなるかについて明確な規定を置いていない。

この点に関しては，「売渡株式等を目的とする質権が存在する場合，当該質権は対価について存在するものとされており……，特別支配株主が取得した売渡株式等自体は，質権の対象から外れる（追及効はない）」との見解や（内田修平＝李政潤「キャッシュ・アウトに関する規律の見直し」商事2061号〔2015〕27頁），「取得日以後は，質権の実行により特別支配株主以外の者が株主となることがないようにするため，売渡株式に対する質権を特別支配株主に対抗することはできず，質権者は売渡株式の代金について物上代位権を行使することしかできないという解釈をする必要がある。本条2項はこの解釈をする際の拠り所となるものである」（論点体系補巻83-84頁〔田澤元章〕）との見解が示されてい

第3節　株式の譲渡等　第3款　株式の質入れ　　　　　　　　　　§151

る。株式売渡請求制度や株式交換・株式移転のように会社の支配権確保や組織
再編のための仕組みとして会社法が設けている制度において，会社法の規定に
より株式が他者に移転する場合には，当該他者に質権の付着していない株式を
取得させる必要があるという制度の趣旨に照らし，そうした会社法に基づく株
式の移転の効果として，当該移転に伴い当該株式は質権の対象ではなくなり，
代わりに交付される金銭等につき物上代位権が及ぶこととなると考える。

IV　物上代位の方法

　登録質権者が物上代位権を行使する際の方法については，本改正において特
別の手当てがなされた。まず，登録質権者が有する被担保債権について弁済期
が到来している場合，本改正後の154条1項により，登録質権者は，売渡株式
の株主が受けとることのできる金銭を，他の債権者に先立って自ら受領し，そ
れを自己の債権の弁済に充てることができる。また，自己の債権の弁済期が到
来していないときは，同条3項により，登録質権者は特別支配株主に当該金銭
に相当する金額を供託させることができ，質権は当該供託金について存在す
る。

　こうした規定のない略式質については，原則として，民法の規定（民350・
304 I）に従い，物上代位の目的物である金銭が特別支配株主から売渡株式の株
主に支払われる前に差し押えることが必要であるが，略式質が設定された株式
が株券発行会社の株式である場合には，物上代位権を行使するに当たって株券
を株券発行会社に提出する必要があることから（219 II ②），差押えを経る必要
はないとの見解が示されている（論点体系補巻86頁［田澤］）。この見解は，本条
1項に列挙されているような行為により株主に対して株式等が交付される場合
に関する通説的見解，すなわち，物上代位の目的物の引渡しが株主に株券を提
出させてから行われる場合には，物上代位の目的物が株主の一般財産に混入す
る可能性はないため，差押えは不要であるとする見解を［☞ 会社法コンメ(3)
§153 II〔487頁［森下］〕]，特別支配株主による金銭の交付の場合についても当
てはめたものである。このような通説において差押えが不要とされる事例（例
えば，株式交換）と，特別支配株主の株式売渡請求では，株券発行会社に対し
て株券が提出されるまでは，金銭等の交付義務者（株式交換の場合は株式交換完
全親会社，株式売渡請求の場合には特別支配株主）は金銭等の交付を拒むことがで
きるという点で変わりはなく（219 II ②⑤），株券の提出を受けて株主に金銭等

〔森　下〕　　　　　　　　　　　　　　　　　　　　　　　　　　　　　　133

§152　　　　　　　　　　　　　　　　　　　第2編　株式会社　第2章　株式

を交付することによって物上代位の目的物が株主の一般財産に混入することを
避けることができることから，妥当な見解であると思われる（ただし，略式質の
物上代位に原則として差押えを必要とする通説的見解には批判もある。例えば，清原泰
司「株式質に基づく物上代位権行使の方法」南山法学40巻3＝4号〔2017〕106頁以下
は，略式質権者が物上代位権を行使するに際して差押えを要しないと主張する）。

（森下哲朗）

第152条① 　株式会社（株券発行会社を除く。以下この条において同じ。）は，前
　条第1項第1号から第3号までに掲げる行為をした場合（これらの行為に際して
　当該株式会社が株式を交付する場合に限る。）又は同項第6号に掲げる行為をし
　た場合において，同項の質権の質権者が登録株式質権者（第218条第5項の規定
　による請求により第148条各号に掲げる事項が株主名簿に記載され，又は記録さ
　れたものを除く。以下この款において同じ。）であるときは，前条第1項の株主
　が受けることができる株式について，その質権者の氏名又は名称及び住所を株主
　名簿に記載し，又は記録しなければならない。
② 　株式会社は，株式の併合をした場合において，前条第1項の質権の質権者が登
　録株式質権者であるときは，併合した株式について，その質権者の氏名又は名称
　及び住所を株主名簿に記載し，又は記録しなければならない。
③ 　株式会社は，株式の分割をした場合において，前条第1項の質権の質権者が登
　録株式質権者であるときは，分割した株式について，その質権者の氏名又は名称
　及び住所を株主名簿に記載し，又は記録しなければならない。

　本改正により，本条では6点で準用条文の修正がなされている。すなわち，
1項では順に，「前条第1号」から「前条第1項第1号」に，「同条第6号」か
ら「同項第6号」に，「同条」から「同項」に，「前条」から「前条第1項」
に，2項では「前条」から「前条第1項」に，3項では「前条」から「前条第
1項」に，それぞれ準用条文があらためられている。これは，本改正で特別支
配株主の株式等売渡請求制度（179以下）が創設され，これに伴い本条が準用
する151条に2項（株式を目的とする質権への同請求の効果）が新設されたとこ
ろ，結果として改正前の151条は151条1項となったため，本条においては，
上記6点について1項から3項までの準用文言の変更がなされたものである。

〔川　村〕

第3節　株式の譲渡等　第3款　株式の質入れ　　　　　　　　§154

内容に変更はない。

(川村　力)

第153条①　株券発行会社は，前条第1項に規定する場合には，第151条第1項の株主が受ける株式に係る株券を登録株式質権者に引き渡さなければならない。
②　株券発行会社は，前条第2項に規定する場合には，併合した株式に係る株券を登録株式質権者に引き渡さなければならない。
③　株券発行会社は，前条第3項に規定する場合には，分割した株式について新たに発行する株券を登録株式質権者に引き渡さなければならない。

本改正により，本条1項の準用条文が，改正前の「第151条」から「第151条第1項」に修正された。これは，本改正で特別支配株主の株式等売渡請求制度（179以下）が新設され，これに伴い本条が準用する151条に2項（株式を目的とする質権への同請求の効果）が新設されたところ，その結果改正前の151条が151条1項となったため，準用条文が変更されたものである。内容に変更はない。

(川村　力)

第154条①　登録株式質権者は，第151条第1項の金銭等（金銭に限る。）又は同条第2項の金銭を受領し，他の債権者に先立って自己の債権の弁済に充てることができる。
②　株式会社が次の各号に掲げる行為をした場合において，前項の債権の弁済期が到来していないときは，登録株式質権者は，当該各号に定める者に同項に規定する金銭等に相当する金額を供託させることができる。この場合において，質権は，その供託金について存在する。
1　第151条第1項第1号から第6号まで，第8号，第9号又は第14号に掲げる行為　当該株式会社
2　組織変更　第744条第1項第1号に規定する組織変更後持分会社
3　合併（合併により当該株式会社が消滅する場合に限る。）　第749条第1項に規定する吸収合併存続会社又は第753条第1項に規定する新設合併設立会社
4　株式交換　第767条に規定する株式交換完全親会社
5　株式移転　第773条第1項第1号に規定する株式移転設立完全親会社

〔川　村〕

135

§154　　　　　　　　　　　　　第2編　株式会社　第2章　株式

③　第151条第2項に規定する場合において，第1項の債権の弁済期が到来していないときは，登録株式質権者は，当該特別支配株主に同条第2項の金銭に相当する金額を供託させることができる。この場合において，質権は，その供託金について存在する。

　本条は，登録株式質権者が，物上代位の対象となる金銭の優先弁済およびそれに相当する金銭の供託を求め得ることを定めた規定であるところ，本改正により特別支配株主の株式等売渡請求制度（179以下）が導入されたことから，改正法は本条1項および3項を整備し，株式売渡請求に係る売渡株式の取得の対価として交付される金銭ないしそれに相当する金銭についても，本条が適用されることを明確にしている。また，本条2項は，供託の及ぶ行為と供託主体を明確にするべく条文の整理がなされている。

　本改正により，本条1項は，その文言につき，改正前の「第151条」が「第151条第1項」にあらためられ，また括弧書の後に「又は同条第2項の金銭」が加えられ，本条3項は新設された。

　本改正で導入された特別支配株主の株式等売渡請求制度（179以下）につき，本条で準用する151条（株式を目的とする質権の，当該株式の株主が受ける金銭等への物上代位）では，特別支配株主の売渡請求の取得の対価として交付される金銭にも物上代位の効果が及ぶことを明示する規定が新設された（同条Ⅱ）。これと併せて改正法は，登録株式質権者については，本条1項では「又は同条第2項の金銭」の文言を加えることで，151条1項の金銭等（全部取得条項付種類株式の取得の対価等）の金銭と同様に，同条2項の金銭（特別支配株主の売渡請求に係る売渡株式の取得の対価として交付される金銭）について，自己の債権の優先弁済に充てることができることを明確にし，また本条3項を新設して，自己の債権の弁済期が到来していないときは，特別支配株主に当該金銭に相当する金額を供託させることができることを明確にした。なお，151条2項が新設された結果改正前の同条は同条1項となったことに伴い，本条1項では準用条文の変更もなされている。

　また本条2項では，改正前の「前項の債権」を「株式会社が次の各号に掲げる行為をした場合において，前項の債権」とあらため，また供託の主体を「株式会社」から「当該各号に定める者」とあらため，各号を新設している。これは，本条2項について，改正前より定められていた，株式会社の行為によって株主が受けることのできる金銭について登録株式質権者が供託をさせることが

〔川　村〕

第3節　株式の譲渡等　第3款　株式の質入れ　　　　　　　§154

できる旨を，株主が金銭の交付を受けることとなる可能性がある行為に限った
規定とするとともに，当該株式会社以外の者が金銭の交付義務を負う場合には
当該者が供託の主体となることを明確にしたものである（立案担当平成26年192
頁）。

（川村　力）

§171の2

第2編　株式会社　第2章　株式

第4巻（§§155-198）増補 ───────────────

（全部取得条項付種類株式の取得対価等に関する書面等の備置き及び閲覧等）（新設）

第171条の2①　全部取得条項付種類株式を取得する株式会社は，次に掲げる日のいずれか早い日から取得日後6箇月を経過する日までの間，前条第1項各号に掲げる事項その他法務省令で定める事項を記載し，又は記録した書面又は電磁的記録をその本店に備え置かなければならない。

1　前条第1項の株主総会の日の2週間前の日（第319条第1項の場合にあっては，同項の提案があった日）

2　第172条第2項の規定による通知の日又は同条第3項の公告の日のいずれか早い日

②　全部取得条項付種類株式を取得する株式会社の株主は，当該株式会社に対して，その営業時間内は，いつでも，次に掲げる請求をすることができる。ただし，第2号又は第4号に掲げる請求をするには，当該株式会社の定めた費用を支払わなければならない。

1　前項の書面の閲覧の請求

2　前項の書面の謄本又は抄本の交付の請求

3　前項の電磁的記録に記録された事項を法務省令で定める方法により表示したものの閲覧の請求

4　前項の電磁的記録に記録された事項を電磁的方法であって株式会社の定めたものにより提供することの請求又はその事項を記載した書面の交付の請求

細 目 次

I　全部取得条項付種類株式に関する本改正
II　本条の新設の趣旨
III　取得対価等に関する書面等の備置き
　1　総　説
　2　備置きの時期
　3　書面または電磁的記録に記載または記録すべき事項
　　(1)　取得対価に関する事項（171条1項1号）
　　(2)　取得対価の割当てに関する事項（171条1項2号）
　　(3)　取得日（171条1項3号）
　　(4)　取得対価の相当性に関する事項（会社法施行規則33条の2第1項1号）
　　(5)　取得対価について参考となるべき事項（会社法施行規則33条の2第1項2号）
　　(6)　計算書類等に関する事項（会社法施行規則33条の2第1項3号）
　　(7)　備置開始日後取得日までに(4)から(6)までの事項に変更が生じたときは，変更後の当該事項（会社法施行規則33条の2第1項4号）
　4　本条1項違反の制裁
IV　書面等の閲覧等請求
V　本条違反と取得の効力等

第4節　株式会社による自己の株式の取得　第4款　全部取得条項付種
類株式の取得

§171の2

I　全部取得条項付種類株式に関する本改正

　会社法の制定時に新設された全部取得条項付種類株式は，立案の当初は債務
超過会社におけるいわゆる100パーセント減資を会社法上も可能とすることを
目的とするものとして構想されたものであるが，立案の過程で，目的を問わず
に株主総会の決議により当該種類株式の全部を会社が強制取得することができ
る制度に変更された。これにより会社法施行後には，全部取得条項付種類株式
は，MBO（経営者による企業買収）や親会社による子会社の完全子会社化な
ど，現金等の取得対価の交付により少数株主を会社から締め出すキャッシュ・
アウトの手段として多用されるようになった。キャッシュ・アウトの方法とし
ては，組織再編や株式併合も利用可能であるが，いずれもキャッシュ・アウト
の方法としては難点があり，会社法施行後に全部取得条項付種類株式を利用し
たMBOや子会社の完全子会社化の目的のキャッシュ・アウトが盛んに行わ
れるようになると，全部取得条項付種類株式の取得に関するさまざまな法律問
題について裁判上争われる事例が頻発し，全部取得条項付種類株式に関する裁
判例は，会社法施行後の裁判例の中でももっとも多いところとなっている。こ
れらの裁判例の蓄積により，キャッシュ・アウトに関する問題点が明らかにな
るとともに，問題を解決する規律のあり方も次第に明らかになってきたという
ことができる。
　そのような動きを背景として，本改正の要綱案を審議した法制審議会会社法
制部会においては，キャッシュ・アウトの制度のあり方が本格的に検討され，
その結果，MBOや完全子会社化の目的で少数株主の保有する株式を強制的に
取得することを正面から，また株主総会の決議を要しない簡便な手続で認める
制度として，総株主の議決権の90パーセント以上を有する者である特別支配
株主による株式等の売渡請求の制度を新設することとしたが（179の2-179の
10），そのことに伴い，全部取得条項付種類株式を利用したキャッシュ・アウ
トや株式併合を利用したキャッシュ・アウトについては認めるべきでないとい
う意見も一部で主張された。結論としてはそのような意見は採用されなかった
が（要綱概要40頁・69-70頁注217頁，立案担当平成26年181-182頁注105），全部
取得条項付種類株式や株式併合を利用したキャッシュ・アウトについても，特
別支配株主による株式等売渡請求や組織再編を利用したキャッシュ・アウトと
少数株主の保護においてアンバランスが生じないような規律を導入する改正が

〔山下（友）〕

§171の2　　　　　　　　　　　　　　　　　第2編　株式会社　第2章　株式

行われた。

　改正法の施行後は，キャッシュ・アウトの方法としては，支配株主が特別支配株主となっている場合には，特別支配株主の株式等売渡請求が，それ以外の場合は株式併合が利用されることとなっている。全部取得条項付種類株式の全部取得と株式併合はいずれも株主総会の特別決議を要する手続であるが，両者を比べれば株式併合のほうが手続が簡便であり，また本改正では株式併合についてもキャッシュ・アウトにより締め出される少数株主の保護措置も法定されたことから，実務では株式併合が利用されるようになっており，全部取得条項付種類株式の全部取得によるキャッシュ・アウトは利用されなくなると見られる。全部取得条項付種類株式の全部取得によるキャッシュ・アウトについては，会社法施行後多数の裁判例が見られたが，判例としては歴史的な意味を持つにすぎないこととなる。ただ，キャッシュ・アウトが構造的にはらんでいる問題については，他のキャッシュ・アウトの方法でも共通するものがあり，その限りで全部取得条項付種類株式の全部取得についての判例は先例としての意義を有することとなるものが少なくない。

II　本条の新設の趣旨

　全部取得条項付種類株式の全部の取得（以下，「全部取得」という）のような取引は，株主の権利に大きな影響を及ぼすという意味では，合併その他の組織再編と共通する。のみならず，全部取得は，同じくキャッシュ・アウトの手段となり得る組織再編と共通の側面がある。ところが，これらを実施するための手続的規律の側面では，組織再編については事前開示および事後開示による株主に対する情報開示の規制が整備されてきたのと比して（事前開示につき，782条・794条のほか，事後開示につき，791条・801条ほか），全部取得については，株主総会の決議についての株主総会参考書類による議案等の開示の規制しかなく，事後開示もなかったため，株主の判断の参考となる情報提供の不十分さが目立っていた。本改正においては，このような問題を解消すべく，全部取得について，組織再編についての事前開示および事後開示の規制とバランスがとれるような開示規制を整備することとした（立案担当平成26年192頁）。また，株式の併合および特別支配株主による株式等売渡請求についても，組織再編および全部取得とバランスがとれるような事前開示および事後開示規制が整備された（株式併合につき，182条の2・182条の6，特別支配株主による株式等の売渡請求に

第4節　株式会社による自己の株式の取得　第4款　全部取得条項付種類株式の取得

§171の2

つき，179条の5・179条の10）。

　本条は，事前開示として，取得対価等に関する書面等の備置きおよび株主の閲覧等請求権を定めるものである。全部取得について，本条の新設に先立ち情報開示規制がなかったわけではない。金融商品取引法では，全部取得は，臨時報告書による適時開示の対象事項とされており（金商24の5Ⅳ，企業開示19Ⅱ④の3），また，MBOや完全子会社化は実務上支配株式を取得するための公開買付けが先行することが一般的であり，この公開買付けについては，公開買付者による公開買付開始公告および公開買付届出書（金商27の3，公開買付10-13。同府令第二号様式の記載上の注意にMBO等の場合に関する事項が含まれている）および公開買付対象者による意見表明報告書（金商27の10，公開買付25）による情報開示が行われる（公開買付規制による情報開示については，長島・大野・常松法律事務所編・公開買付けの理論と実務〔第3版〕〔商事法務，2016〕95-144頁・211-253頁参照）。また，証券取引所では，MBOや完全子会社化を目的とした公開買付けや全部取得が行われる場合における発行会社の適時開示を義務付けており，その際の情報開示についても詳細なガイドラインを定めている（東京証券取引所上場規程441・441の2Ⅱ，佐川雄規「MBO等に関する適時開示内容の見直し等の概要」商事2006号〔2013〕76頁，十市崇「MBO等に関する適時開示内容の見直しの実務への影響」商事2011号〔2013〕71頁，長島・大野・常松法律事務所編・前掲224-227頁）。これらの会社法以外の法令等による詳細な事前の情報開示が行われているのと比較すれば，本条による事前開示は情報の質および量の両面で限定されたものとなっていることは否定し難い（舩津浩司「キャッシュ・アウト」論点詳解180-186頁は，取得の対価の相当性・公正性に関する本条に基づく事前開示の問題点を論じる）。しかし，本条は，会社法上の事前開示を義務付けたものであり，もしこの事前開示に法令違反があることになれば，後述のように全部取得の効力に影響が及ぶという独自の存在意義を有することとなる（和田宗久「キャッシュ・アウト手段としての全部取得条項付種類株式と株式併合」鳥山恭一＝福島洋尚編・平成26年会社法改正の分析と展望〔金判1461号〕〔2015〕79頁）。

Ⅲ　取得対価等に関する書面等の備置き

1　総　　説

　本条は，上記のとおり，全部取得を行う場合における株主に対する事前開示を規定するものである。株主に対して開示をする目的は，全部取得を決議する

§171の2　　　　　　　　　　　第2編　株式会社　第2章　株式

株主総会において株主が議決権を行使するための判断の参考とさせること，全部取得について差止請求権を行使するか否かの判断の参考とさせること，および裁判所に対して取得価格の決定を申し立てるか否かの判断の参考とさせることである（コンメ会施規209頁）。

なお，改正法では，この事前開示規制の整備とともに，全部取得に関する株主総会の議案に係る株主総会参考書類の記載事項についても開示事項が拡充されている（会社則85の2・93Ⅰ⑤イ）。また，これに連動し，株主総会の招集の決定事項についても改正がされている（同則63③イ⑦ハ）。

2　備置きの時期

全部取得をする会社は，取得対価等に関する書面または電磁的記録を，次の①または②のいずれか早い日から取得日後6か月を経過する日までの間，その本店に備え置かなければならない。

①171条1項の株主総会，すなわち会社が全部取得を決定する株主総会の日の2週間前の日。ただし，319条1項の場合，すなわち株主の全員の同意による株主総会の決議の省略の場合にあっては，同項の決議の省略の対象となる提案があった日である。

②172条2項の規定による通知の日または同条3項の公告の日のいずれか早い日。同条2項または3項では，会社は，株主総会決議で定めた取得日の20日前までに，全部取得条項付種類株式の株主に対して，全部取得について通知または公告により知らせることとされているが，その通知または公告の日のいずれか早い日である。

①の趣旨は，取得対価等に関する書面等の備置きは，全部取得についての株主総会決議について株主が議決権を賛否いずれに行使するかの判断の参考とさせるという開示の目的に即したものである。これに対して，②の趣旨は，172条2項または3項は，裁判所に対する価格の決定の申立ては，取得日の20日前から取得日の前日までが申立期間とされており（172Ⅰ），この期間との関係で株主に取得がされることを知らせるために，取得日の20日前までに取得について通知または公告すべきものとするものであるが〔☞§172Ⅲ〕，この通知または公告の期間と平仄を合わせて取得日の20日前までには参考材料となる情報を開示させるということである。①または②のいずれか早い日とされるのは，例えば，取得日が株主総会の日の1日後とされる場合には，①の日から備え置くのでは，②の取得日の20日前までに開示して株主の判断材料と

142　　　　　　　　　　　　　　　　　　　　　　　　　　〔山下（友）〕

する目的が達成できないので，②の日から情報を開示する必要があるということである。

備え置かなければならない期間の終期は，取得日の後6か月を経過する日である。組織再編の事前開示では，効力発生日後6か月を経過する日とされており（782 I 等），これと同じ期間とされている。もっとも，組織再編については，その無効の訴えの提訴期間が効力発生日から6か月であり（828 I ⑦ 等），事前開示の期間も訴えを提起するかどうかの判断材料を提供するという観点から連動して6か月とされているものであるが［☞会社法コンメ(18)§782 III〔52頁〔柴田和史〕〕），全部取得については，その無効の訴えは規定されておらず，6か月とする必然性はないが，事前開示ということから組織再編の場合と同じ期間とされているのであろう（事前開示については組織再編の場合と同様としたが，効力を争う訴訟については差異が残されていることの問題を指摘するものとして，舩津・前掲186-189頁）。

3　書面または電磁的記録に記載または記録すべき事項

会社が本店に備え置かなければならないものは，法定の事項を記載した書面，または記録した電磁的記録である。

書面または電磁的記録に記載または記録すべき事項は，171条1項各号に掲げる事項その他法務省令で定める事項であり，法務省令である会社法施行規則33条の2第1項は，以下の事項としている。キャッシュ・アウトとしての効果が類似する株式交換における株式交換完全子会社における法定の事前開示事項（同則184）を参照しているが（一問一答平成26年294頁注2），全部取得に特有の事項も含まれている。

(1)　**取得対価に関する事項（171条1項1号）**

全部取得と引換えに金銭等の対価（取得対価）が交付される場合における取得対価の種類ごとに権利の内容や数などが開示事項となる［☞会社法コンメ(4)§171 II 4(2)〔93-94頁〔山下友信〕〕］。

(2)　**取得対価の割当てに関する事項（171条1項2号）**

取得対価が全部取得により取得される全部取得条項付種類株式の各株主に割り当てる方法ないしは基準が開示事項となる［☞会社法コンメ(4)§171 II 4(3)〔94-95頁〔山下〕〕］。

(3)　**取得日（171条1項3号）**

会社が全部取得により全部取得条項付種類株式を取得する日が開示事項とな

〔山下(友)〕

る〔☞会社法コンメ(4)§171 II 4(4)〔95頁［山下］］〕。

(4) 取得対価の相当性に関する事項（会社法施行規則33条の2第1項1号）

取得対価の相当性に関する事項とは，次に掲げる(ア)から(エ)までの事項その他の171条1項1号および2号に掲げる事項についての定め（当該定めがない場合にあっては，当該定めがないこと）の相当性に関する事項である（会社則33の2 II）。(ア)から(エ)までの事項は，171条1項1号および2号に掲げる事項についての定めの相当性に関する事項の例示である。

(ア) 取得対価の総数または総額の相当性に関する事項（会社法施行規則33条の2第2項1号）

取得対価に関する事項は，上記(1)および(2)により開示事項とされ，全部取得に係る株主総会決議の内容となるが，株主が当該決議において賛否の判断をするに当たって必要となる当該取得対価が相当なものであるかどうかに関する情報の開示を義務付けるものである。この事項の開示は，併せて，株主が裁判所に対して，全部取得の差止請求（171の3）をするか否か，価格の決定の申立て（172）をするか否か，全部取得決議の効力についての決議取消訴訟等を提起するか否かの判断をするための情報開示の意味もある。実務上は，MBO指針や近時の判例を受けて，取得対価（公開買付けが先行する2段階のキャッシュ・アウトの場合には公開買付価格）の算定の過程に関する情報が開示されている。

(イ) 取得対価として当該種類の財産を選択した理由

発行済みの株式を全部取得条項付種類株式とする定款変更と，これを前提とする全部取得を同一の株主総会において決議する場合には，定款で具体的な取得対価の内容を定める場合であっても，単に定款の規定に従った旨のみの開示ではなく，定款の規定においてそのような取得対価を定める理由を開示しなければならない（法務省令平成26年42頁注93）。

(ウ) 全部取得をする株式会社に親会社等（2条4号の2，会社法施行規則3条の2第2項）がある場合には，当該株式会社の株主（当該親会社等を除く）の利益を害さないように留意した事項（当該事項がない場合にあっては，その旨）

MBOや完全子会社化の目的で全部取得が行われる場合には，会社にはすでに支配的地位を有する親会社等が存在するのが通例であり，会社による取得の条件の決定，対価の決定，1株に満たない端数の処理などについて，親会社等の利益を図る誘因があり，少数株主との間に構造的な利益相反の状況がある。そこで，本項の事項は，少数株主の利益を害さないようにどのような留意がされているかを開示させる趣旨である。もしこれらのような少数株主の利益に配

第4節　株式会社による自己の株式の取得　第4款　全部取得条項付種
類株式の取得　　　　　　　　　　　　　　　　　　　　　§171の2

慮した事項がない場合はその旨を開示しなければならないとして，留意した措
置をとることを促している（コンメ会施規210頁）。具体的には，独立性ある第
三者機関による株式価値の評価，独立した第三者委員会による意見，マジョリ
ティ・オブ・マイノリティの採用などについて記載することが考えられる（コ
ンメ会施規210頁。実務につき，論点体系補巻90-91頁［松本真輔］。MBOおよび完全
子会社化のスキームについて，長島・大野・常松法律事務所編・前掲307-361頁）。

　㈓　234条の規定により一に満たない端数の処理をすることが見込まれる場合に
　　おける当該処理の方法に関する事項，当該処理により株主に交付することが見
　　込まれる金銭の額および当該額の相当性に関する事項

　　この事項は，全部取得がキャッシュ・アウトの手段として用いられる場合に
は，少数株主には，取得対価として端数の株式のみが割り当てられ，端数処理
の方法により，当該株式の端数の合計数の整数部分を売却した代金を対価とし
て受け取ることになるのが一般的であって，このような場合，少数株主にとっ
ては，むしろ最終的に交付されることとなる金銭の額等に関する情報が重要で
あると考えられること，また，キャッシュ・アウトの実務においては，端数処
理の方法や交付が見込まれる金銭等については，事前に合意されることも多い
ことから，開示事項とされている（一問一答平成26年294頁注2）。端数の処理
に関する事項には，競売または任意売却のいずれの方法によるかに加え，事前
開示時点で想定されている端数処理の日程の概要，とりわけ，少数株主に対し
て金銭を交付することが見込まれる時期等も含まれる（法務省令平成26年42頁
注95。実務につき，論点体系補巻91頁［松本］）。

　　なお，2019年2月14日に法制審議会で決定された会社法制（企業統治等関
係）部会のとりまとめによる「会社法制（企業統治等関係）の見直しに関する
要綱」第3部第3の3では，株式併合に関する182条の2第1項および本条1
項により本店に備え置かなければならない書面または電磁的記録に記載し，ま
たは記録する法務省令で定める事項のうち，234条または235条の規定により
端数の処理をすることが見込まれる場合における当該処理の方法に関する事項
の充実，具体化を図るものとしている。同要綱の中間試案（2018年2月14日）
においては，当該提案に関して，株式の併合等の効力は，所定の取得日または
効力発生日に生ずるものの，株式の併合等の効力発生後に1に満たない端数の
処理により株主に実際に交付される代金の額は，任意売却等の結果に依存して
おり，実際に任意売却等がされるまでの事情変動等による代金額の低下や代金
の不交付のリスクは，当該代金の交付を受けるべき株主が負うこととなること

〔山下(友)〕

から，確実かつ速やかな任意売却等の実施および株主への代金の交付を確保するための措置の導入が必要であるという指摘を踏まえ，株式の併合等を利用したキャッシュ・アウトに際してする端数処理手続における情報開示の充実のために，具体的には，1に満たない端数の処理の方法に関する事項として，例えば，① 競売または任意売却のいずれをする予定であるかおよびその理由，② 競売をする予定である場合には，競売の申立てをする時期の見込み，③ 任意売却をする予定である場合には，任意売却する株式を買い取る者（以下，「任意売却株式買取人」という）の氏名または名称，任意売却の実施および株主に対する代金の交付の時期，任意売却株式買取人が任意売却の代金の支払のための資金を確保する方法ならびに当該方法の相当性その他の任意売却の実施および株主に対する代金の交付の見込みに関する事項（当該見込みについての取締役等の判断およびその理由を含む）が挙げられていた（法務省民事局参事官室「会社法制（企業統治関係）の見直しに関する中間試案の補足説明」〔2018年2月14日〕第3部第3の3）。

(5) **取得対価について参考となるべき事項（会社法施行規則33条の2第1項2号）**

全部取得の対価として交付されるものがどのようなものかについての情報を開示させる趣旨であり，会社法施行規則33条の2第3項では，① 取得対価の全部または一部が当該株式会社の株式である場合，② 法人等の株式，持分その他これらに準ずるもの（当該株式会社の株式を除く）である場合，③ 当該株式会社の社債，新株予約権または新株予約権付社債である場合，④ 法人等の社債，新株予約権，新株予約権付社債その他これらに準ずるもの（当該株式会社の社債，新株予約権または新株予約権付社債を除く）である場合，⑤ 当該株式会社その他の法人等の株式，持分，社債，新株予約権，新株予約権付社債その他これらに準ずるものおよび金銭以外の財産である場合のそれぞれについて，権利の内容，流通・換価性，会社以外の法人等である場合の法人等の詳細な情報などが法定されている。

(6) **計算書類等に関する事項（会社法施行規則33条の2第1項3号）**

全部取得をする会社（清算会社を除く）において最終事業年度の末日（最終事業年度がない場合にあっては，当該会社の成立の日）後に重要な財産の処分，重大な債務の負担その他の会社財産の状況に重要な影響を与える事象が生じたときは，その内容（備置開始日後当該会社が全部取得をする日までの間に新たな最終事業年度が存することとなる場合にあっては，当該新たな最終事業年度の末日後に生じた事

象の内容に限る〔会社則 33 の 2 IV ①〕）および全部取得をする会社において最終事業年度がないときは、当該株式会社の成立の日における貸借対照表である（同項 ②）。

(7) 備置開始日後取得日までに(4)から(6)までの事項に変更が生じたときは、変更後の当該事項（会社法施行規則 33 条の 2 第 1 項 4 号）

(4)から(6)までの事項が開示された後に開示された事項に変更が生じた場合には、株主のさまざまな判断にとって変更後の事項が重要であるため、開示を義務付けているものである。備置開始日は、本条 1 項各号に掲げる日のいずれか早い日である。

4 本条 1 項違反の制裁

本条 1 項に違反し、書面に記載しもしくは電磁的記録に記録すべき事項を記載もしくは記録せずまたは虚偽の記載もしくは記録をした取締役等、および本条 1 項に違反し、書面または電磁的記録を本店に備え置かなかった取締役等に対しては過料の制裁がある（976 ⑦ ⑧）。

IV 書面等の閲覧等請求

全部取得をする会社の株主は、会社に対して、その営業時間内は、いつでも、以下の ① から ④ までの請求をすることができる（本条 II 本文）。単元未満株主も請求をすることができるが、定款で同項の権利を行使できない旨を定めた場合はこの限りではない（189 II 参照）。② または ④ の請求をするには、当該会社の定めた費用を支払わなければならない（本条 II ただし書）。

全部取得についての事後開示に関する 173 条の 2 第 3 項では、事後開示される株式の取得に関する書面等の閲覧等請求は、会社の株主のほかに取得日に全部取得条項付種類株式の株主であった者も、閲覧等請求ができるものとされているが、本条 2 項では会社の株主に限られているので、取得日後会社の株主でなくなった者は、取得日後は同項の閲覧等請求をすることはできない。取得日以後は、すでに株主たる地位を失っているということを理由にするものであろう。しかし、事前開示の目的は、取得日後に株主であった者が株主総会決議の取消しの訴えなどの事後的な救済手段を行使するために参考となる情報を開示することにもあるから、株主であった者を除く合理的な理由はないし、実質的に会社に負担を生じさせるものでもないので、株主であった者の閲覧等の請求

〔山下(友)〕

§171の2　　　　　　　　　　　　　　　第2編　株式会社　第2章　株式

を認めるべきであろう（新基本法コンメ(1)332頁［齊藤真紀］，和田・前掲78-79頁）。

① 本条1項の書面の閲覧の請求（本条Ⅱ①）

② 本条1項の書面の謄本または抄本の交付の請求（本条Ⅱ②）

③ 本条1項の電磁的記録に記録された事項を法務省令で定める方法（会社法施行規則226条7号により，電磁的記録に記録された事項を紙面または映像面に表示する方法とされる）により表示したものの閲覧の請求（本条Ⅱ③）

④ 本条1項の電磁的記録に記録された事項を電磁的方法（2㉞，会社則222）であって株式会社の定めたものにより提供することの請求またはその事項を記載した書面の交付の請求（本条Ⅱ④）

本条2項に違反して株主の請求を拒絶した取締役等に対しては過料の制裁がある（976④）。

V　本条違反と取得の効力等

本条に違反して，法定の事項を記載した書面または電磁的記録の備置きがなされず，または虚偽の記載または記録がされたまま，全部取得の手続が進められることは，全部取得の差止事由となる［☞§171の3Ⅱ2］。

全部取得の効力が生じた後に，本条違反が全部取得の効力にどのような影響が及ぶか。本条の新設は合併等の組織再編における事前開示を参考としたものであるが，組織再編における法定の事前開示が行われず，または虚偽の内容の開示が行われたことは，組織再編の無効事由となると解されている（合併につき，東京地判平成22・1・29・2010 WLJPCA 01298004，株式交換につき，神戸地尼崎支判平成27・2・6金判1468号58頁。今井宏＝菊地伸・会社の合併〔商事法務，2005〕323頁，大系(4)386頁［佐々木宗啓］，江頭894頁）。全部取得については，組織再編と異なり，取得の無効の訴えという特別の訴訟形態は法定されていないので，本条違反という瑕疵は，自己株式取得の手続規定の違反という瑕疵であり，全部取得は無効ということとなる（新基本法コンメ(1)337頁［齊藤］）。全部取得を決定する株主総会の手続の瑕疵として，決議の取消事由となり，その結果として全部取得が無効となるという解釈（論点体系補巻98頁［松本］は，そのような解釈の余地があるとする。また，類型別Ⅱ720頁は，合併における法定の貸借対照表の備置きを欠いたことは合併承認決議の取消事由となるとする）も考えられなくはないが，本条の事前開示は，全部取得の株主総会決議における議決権の行

148　　　　　　　　　　　　　　　　　　　　　　　　　　〔山下（友）〕

使の参照とすることだけを目的とするものではなく，株主による差止請求権行使のための情報提供の意味もあるので，本条の違反は株主総会決議の取消しを介さずに無効と考えるべきであろう［☞§173Ⅲ2(4)］。

本条に違反し，法定の事前開示が行われず，または虚偽の内容の開示が行われた場合には，そのようなことに関係した取締役は423条1項により会社に対して，また429条1項により株主に対して損害賠償責任を負うことがあり得るが，この問題については別に論じる［☞§172Ⅷ］。

（山下友信）

（全部取得条項付種類株式の取得をやめることの請求）（新設）

第171条の3　第171条第1項の規定による全部取得条項付種類株式の取得が法令又は定款に違反する場合において，株主が不利益を受けるおそれがあるときは，株主は，株式会社に対し，当該全部取得条項付種類株式の取得をやめることを請求することができる。

Ⅰ　本条の新設の趣旨

本改正においては，全部取得条項付種類株式の全部の取得（以下，「全部取得」という）の制度は，株主にとっての影響の大きさという点では，合併等の組織再編と共通性があり，また，キャッシュ・アウトの方法として利用可能な点でも共通性があることから，全部取得についても組織再編についての規律に倣った各種の規律を新設することとされた。この改正では，組織再編一般について，株主の差止請求権を規定したことに併せて，全部取得についても株主の差止請求権を本条で新たに規定した。キャッシュ・アウトの手段となる株式併合および特別支配株主による株式等の売渡請求についても，それぞれ株主の差止請求権が規定された（株式併合につき182条の3，特別支配株主による株式等の売渡請求につき179条の7）。

このように，本条の差止請求権は，組織再編等についての差止請求権と横断的な権利として法定されたことから，解釈問題についても組織再編等の差止請求権と基本的には横断的に検討することとなるので，本条特有の解釈問題は少ない。

〔山下（友）〕

§171の3　　　　　　　　　　　　　　　第2編　株式会社　第2章　株式

II　差止事由

1　総　　説

　本条は，全部取得が法令または定款に違反する場合において，株主が不利益を受けるおそれがあることを差止請求の要件としている。この差止請求の要件は，本改正で新設された組織再編一般についての差止請求（784の2①ほか）およびキャッシュ・アウトの手段となり得る制度としての株式併合についての差止請求（182の3）と共通するものである。同じくキャッシュ・アウトの手段である特別支配株主による株式等売渡請求についての差止請求においては，売渡請求が法令に違反する場合において，株主が不利益を受けるおそれがあることが差止請求の要件とされているが（定款違反は含まれていない），制度の仕組みによりその他の事由による差止請求も認められる点で相違がある（179の7各号参照）。株主が不利益を受けるおそれがあるときであることを差止請求の要件としている点では，募集株式の発行等の差止請求権（210）とも共通する。

2　法令または定款違反

　ここにいう法令違反は，会社を規範の名宛人とする法令違反を意味し，取締役の善管注意義務または忠実義務の違反を含まないというのが，本改正の経緯を踏まえた立案担当者の解釈である（組織再編の差止請求権に関して，一問一答平成26年339頁）。会社を規範の名宛人とする法令は，会社法の規定に限らず，金融商品取引法の規定等もこれに含まれると考えられる（§784の2III3は，最判平成12・7・7民集54巻6号1767頁を引用し，会社を名宛人とするわが国のすべての法令を意味するとする）。これに対して，証券取引所の規則まで法令に含めることは無理であろう（太田洋ほか「組織再編の差止請求およびキャッシュ・アウトの差止請求に関する実務上の論点（上）」金判1471号〔2015〕5頁）。

　全部取得の効力の発生にいたるまでの法令または定款違反が差止事由となる。全部取得に係る株主総会決議の無効または不存在，事前開示（171の2）についての義務違反（事前開示の懈怠，不実記載），株主に対する通知・公告義務違反（172II III）が考えられる（新基本法コンメ⑴333頁［齊藤真紀]）。株主総会決議における全部取得の必要性についての取締役の説明義務（171III）違反は，義務の名宛人が取締役なので，その点だけからは，本条にいう法令違反には当たらないとされることになろう（藤田真樹「組織再編の差止制度の行使要件に関す

150　　　　　　　　　　　　　　　　　　　　　　　　　　　　　　　〔山下(友)〕

第4節　株式会社による自己の株式の取得　第4款　全部取得条項付種
類株式の取得
§171の3

る問題」法政研究82巻2＝3号〔2015〕731頁は，招集手続の法令違反とともに，本条
の差止事由とならないとする。これに対して，会社法コンメ(5)§210Ⅱ3(3)(オ)〔116頁
[洲崎博史]は，募集株式の有利発行に関する取締役の説明義務を定める199条3項に
ついて差止事由としての法令違反に当たるとする）。

　取締役の善管注意義務違反または忠実義務違反は法令違反に該当しないとい
う解釈に対して，学説には，善管注意義務違反も含むと解釈すべきものである
として，取得対価の不当も含めて善管注意義務違反として差止事由となるとす
る見解も見られるが（白井正和「組織再編等に関する差止請求権の拡充」川嶋四郎＝
中東正文編・会社事件手続法の現代的展開〔日本評論社，2013〕218頁，中東正文「会
社法上の差止請求に関する規律の整合性」金判1472号〔2015〕13-14頁，受川環大・組
織再編の法理と立法〔中央経済社，2017〕290頁），立法過程における議論からは，
裁判実務でこれが受け入れられる可能性はないであろう。そこで，実質的には
対価の不当を差止事由とするのに近い効果を持たせる工夫として，事前開示に
おける組織再編対価の相当性の開示に関して，対価の相当性を算定した第三者
機関の独立性が記載されていないことなど株主の意思決定や対価に影響する情
報が開示されなかったことをもって法令違反とするという見解もあるが（飯田
秀総「組織再編等の差止請求規定に対する不満と期待」ビジネス法務12巻12号
〔2012〕80-81頁，白井・前掲218-221頁），法令上の開示事項ではないとして批判
もある（受川・前掲287-288頁）。このほか2段階方式のMBOにおいては，公
開買付けによる支配株式取得の段階での360条に基づく公開買付けに係る取締
役の行為の差止請求を模索する見解も見られる（玉井利幸「M＆A取引と差止め
(2)」一橋法学16巻3号〔2017〕575頁）。

　定款違反としては，定款で定めた取得対価の価額の決定の方法や，取得の決
議をすることができるための条件に違反する場合（108Ⅱ⑦参照）などが考え
られる。

3　全部取得に係る株主総会決議の取消事由

　全部取得に係る株主総会決議が取り消されたことは，決議の無効や不存在と
同じく全部取得の法令違反として差止事由となるが，取消判決が確定する前に
取消事由があることをもって差止事由とすることは理論的には無理である。し
かし，そのように解釈すると，取消事由があることをもって差止請求をするこ
とは実際上不可能となる。そこで，学説は，とくに後述の取得対価が不当なこ
とが831条1項3号の取消事由に当たるということを主として念頭に置いて，

この取消事由がある場合の差止請求を可能とする解釈論を模索している。具体的には，①組織再編に係る差止請求に関しては，決議取消訴訟および同訴訟が認容されることで提起可能となる法令違反を理由とした差止請求の双方を本案とすることで，決議取消判決の確定前に民事保全法23条2項による差止仮処分を求めることができるという見解（田中亘「各種差止請求権の性質，要件および効果」理論の到達点27-28頁），②決議取消訴訟の提起を前提とせず，差止請求訴訟の中で直接に株主総会決議に取消事由があることを差止事由である法令違反として主張できるとした上で，同条2項による差止仮処分を求めることができるとする見解（中村信男「組織再編の差止」鳥山恭一＝福島洋尚編・平成26年会社法改正の分析と展望〔金判1461号〕〔2015〕99頁，受川・前掲293-294頁。これらに対する批判として，太田ほか・前掲6-7頁は，決議取消訴訟を本案訴訟とする決議の執行停止の仮処分によるしかないとする），さらに③総会決議の前でも3分の2以上の議決権を保有する支配株主があり，組織再編の内容が著しく不当といえる場合には，すでに取消事由がある状態が生じているとして，決議前に差止請求をすることを認める見解（松中学「子会社株式の譲渡・組織再編の差止め」論点詳解208頁）が見られる。これらの見解は，全部取得についても同様に解するものと思われる（明示するものとして，受川・前掲303-304頁）。仮処分手続の性質からいえば，①が無難な解釈であろう。①および②は，決議の成立後にはじめて仮処分の申立てができるとするものであるが，決議の成立の日と取得日の間が短いと差止仮処分命令を得ることが実際上不可能となる。その意味では，③の解釈論も傾聴に値するが，決議前の差止めには無理があるといわざるを得ず，総会決議前に仮の救済を求めるとすれば，831条1項3号違反となり得る内容の議案を審議する総会の招集が法令違反に当たるとして株主総会開催禁止または決議禁止の仮処分によることが考えられるであろう。この総会開催禁止等の仮処分は，本条に基づく差止請求権を本案とするものではなく，取締役の法令違反の業務執行の差止請求（360）を本案とするものということになろう（類型別Ⅱ897-900頁は，株主総会開催禁止仮処分は，取締役の法令違反の業務執行差止請求権を被保全権利として招集手続の法令違反等の場合に認められるとされるが，831条1項3号の取消事由も可能かどうかは明言されていない。しかし，同号の取消事由には適用できないとする理由はないように思われる）。

4 取得対価の不当

取得対価の不当は，それ自体は，組織再編や本条の差止事由としての法令違

第4節　株式会社による自己の株式の取得　第4款　全部取得条項付種
類株式の取得

§171の3

反には該当しないが，組織再編，キャッシュ・アウトのいずれにおいても，支
配株主があるなどの状況で支配株主に有利な会社の行為がされることについて
は，これを承認する株主総会の決議が特別利害関係のある株主の議決権行使に
より著しく不当な決議がなされたことという株主総会決議取消事由（831 I ③）
に該当し得るということは一般的に認められている（中間試案では，この取消事
由があることを差止事由として明記するという選択肢も提案され，これは改正法では採
用されなかったが，明記されなくとも法令違反として差止事由に該当する可能性は否定
されないと説明されていた〔中間試案補足説明第2部第5〕）。この取消事由があるこ
とを理由に組織再編や全部取得の差止めの仮処分を申し立てる方法について
は，3において述べたとおりである。

5　株主が不利益を受けるおそれがあるとき

　株主が不利益を受けるおそれがあることが差止めの要件とされている点にお
いて，組織再編，募集株式発行，新株予約権発行，各種キャッシュ・アウトに
係る差止請求権と共通であり，会社に著しい損害が生じるおそれがあること等
を差止めの要件とする取締役の法令または定款違反の業務執行行為の差止請求
権（360）とは異なる。上述のような法令や定款違反があれば，全部取得によ
り締め出される少数株主の法令または定款で定められる実体法的な権利が侵害
され，あるいは，全部取得の手続に関して各種の権利を行使するに当たって必
要な情報の提供を受けられないという不利益があり，不利益を受けるおそれが
あるという要件も充たされることになるのが通例であろう。

Ⅲ　差止請求権の行使

　本条の差止請求権を行使する当事者は，株主である。単独株主権である。単
元未満株主も行使できるが，定款の定めにより制限することは可能である
（189 Ⅱ参照）。振替株式については，本条の権利行使も少数株主権等に当た
り，個別株主通知を要する（社債株式振替154 I Ⅱ）。行使の相手方は，会社であ
る。管轄裁判所は，被告たる会社の本店所在地を管轄する地方裁判所となる
（民訴4 I Ⅳ）。
　差止請求は，全部取得の効力が生じる取得日までにする必要がある。差止請
求訴訟が係属中でも，全部取得の効力が生じれば，訴えの利益がなくなり請求
は却下される。

〔山下（友）〕

§171の3
第2編　株式会社　第2章　株式

　実際上は，本条による差止請求は，民事保全法に基づく仮の地位を定める仮処分（民保23 II）の申請の方法により申し立てられることとなる（管轄裁判所は本案の管轄裁判所である。同法12 I）。この仮処分命令が発されるためには，被保全権利が存在することと，保全の必要性が債権者である株主により疎明されることが必要である（同法23 II）。被保全権利の存在については，本条の定める差止請求の要件が充足されていることを疎明する必要がある。保全の必要性は，全部取得の効力が生じることにより株主が不利益を受け，事後的な救済が容易でないことを疎明する必要がある。組織再編の場合と異なり，全部取得については，無効を争う期間の制限がないことや無効の将来効も問題とならないことから，保全の必要性は相対的には後退する場合があり得るとする見解がある（新基本法コンメ(1) 334頁［齊藤］。ただし，全部取得に引き続いて組織再編が契約されている場合は別途考慮を要するとする）。しかし，取得対価の不当は株主総会決議取消訴訟により争うしかなく［☞§173 III 2 (2)］，また，違法な全部取得は当然無効としても，実際に原状を回復することは容易ではないので，保全の必要性をあまり制限的に解すべきではないであろう。

　仮処分についても，全部取得の効力の発生する取得日までに仮処分命令が発されなければ，申立ては却下される。

　裁判所が，仮処分命令を発することを決定したときにどのような命令を発するかは問題がある。新株発行差止めの仮処分では，会社が進めている新株の発行を仮に差し止めるという内容の仮処分命令とされるのが通例であり，これに倣えば，会社が進めている全部取得を仮に差し止めるという内容の仮処分命令となるが，全部取得の株主総会決議がすでに成立して，会社がこれ以上しなければならない行為はなく取得日の到来により全部の取得の効力が生じるだけであるという場合には，会社に不作為を命じる仮処分として全部取得を差し止めるという仮処分命令を発することでは目的を達することができないので，全部取得の株主総会決議の効力停止を命ずる仮処分命令とすることが考えられる（合併の差止仮処分命令のあり方について検討する，齊藤真紀「不公正な合併に対する救済としての差止めの仮処分」理論の到達点132-139頁が参考となる）。本条の差止請求を本案とせず，対価が不公正であることにより全部取得の決議には831条1項3号の取消事由があるとして，決議取消訴訟を本案として決議の執行停止ないし効力停止の仮処分命令を求めることと実質的に同じこととなる。

　仮処分命令は，命令の会社への送達により効力が発生する。会社が仮処分命令に対する保全異議または保全取消しを申し立て，裁判所が仮処分命令を取り

第4節　株式会社による自己の株式の取得　第4款　全部取得条項付種類株式
の取得　　　　　　　　　　　　　　　　　　　　　　　　　　　　§172

消したときには，手続を再開することができる。

Ⅳ　差止仮処分違反の取得の効力

　募集株式の発行等については，差止命令に違反した発行が無効となるかどう
かが議論されており，その議論を参照しながら，組織再編についても，差止命
令に違反した組織再編が無効事由となるかどうかが議論されている。組織再編
についても，差止仮処分違反は無効事由となるとする見解が有力である（江頭
894頁）。これに対して，全部取得については，新株発行無効の訴えや組織再編
無効の訴えのような特別の訴訟が規定されていないので，差止仮処分違反の効
力をどのように解するかが問題となる。全部取得についての株主総会の決議よ
り前に仮処分命令が発せられたにもかかわらず株主総会の決議がされた場合に
は，法令違反の決議であり，これによる全部取得については特別の訴えによら
ずに法令違反の自己株式取得として無効となると考えられる。株主総会の決議
よりも後で，取得日までの間に仮処分命令が発せられた場合にもやはり取得の
効力は生じないと考えられる。
　組織再編一般について差止請求権が認められたことに伴い，組織再編の無効
事由をどのように解するかという問題に影響がないかどうかも議論されてい
る。差止請求権が認められたことにより，株主としては事前の救済手段として
差止請求権を行使する機会を与えられていたのであるから，組織再編について
何らかの法的瑕疵があったとしても，差止請求権が行使されなかったことを
もって，事後的な救済手段である組織再編の無効事由が従来よりも制限的に解
釈されるのではないかという問題であるが，これについては，基本的には否定
的に解されている（笠原武朗「組織再編行為の無効原因」落合古稀309頁，江頭894-
895頁注1）。

（山下友信）

（裁判所に対する価格の決定の申立て）

第172条 ①　第171条第1項各号に掲げる事項を定めた場合には，次に掲げる株
　主は，取得日の20日前の日から取得日の前日までの間に，裁判所に対し，株式
　会社による全部取得条項付種類株式の取得の価格の決定の申立てをすることがで
　きる。

〔山下（友）〕

§172　　　　　　　　　　　　　　　　　　　　第2編　株式会社　第2章　株式

　　　1　当該株主総会に先立って当該株式会社による全部取得条項付種類株式の取得
　　　　に反対する旨を当該株式会社に対し通知し，かつ，当該株主総会において当該
　　　　取得に反対した株主（当該株主総会において議決権を行使することができるも
　　　　のに限る。）
　　　2　当該株主総会において議決権を行使することができない株主
　② 　株式会社は，取得日の20日前までに，全部取得条項付種類株式の株主に対
　　　し，当該全部取得条項付種類株式の全部を取得する旨を通知しなければならな
　　　い。
　③ 　前項の規定による通知は，公告をもってこれに代えることができる。
　④ 　株式会社は，裁判所の決定した価格に対する取得日後の法定利率による利息を
　　　も支払わなければならない。
　⑤ 　株式会社は，全部取得条項付種類株式の取得の価格の決定があるまでは，株主
　　　に対し，当該株式会社がその公正な価格と認める額を支払うことができる。

細　目　次

I　本条の改正の趣旨	1　MBO または完全子会社化	得の場合
II　価格の決定の申立期間	の場合	VIII　MBO に関する取締役の義務
III　取得についての通知または公	(1)　上場会社における公正な	と責任
告	取得価格	1　株主に対する429条1項に
IV　会社による価格決定前の支払	(2)　市場価格変動に伴う補正	基づく責任に関する裁判例と
V　価格決定の申立適格	の可否	学説
VI　振替株式についての価格決定	2　いわゆる100パーセント減	2　会社に対する423条1項に
の申立てと個別株主通知の要否	資の場合	基づく責任に関する裁判例と
VII　公正な取得価格	3　非公開会社における全部取	学説

I　本条の改正の趣旨

　改正前本条1項は，全部取得条項付種類株式の全部の取得（以下，「全部取
得」という）の決定が171条の株主総会決議によりされた場合には，本条1項
各号の株主は，裁判所に対して価格の決定の申立てをすることができるとする
が，この申立てをすべき期間は，当該株主総会の日から20日以内とされてい
た。しかし，このような申立期間の規定の仕方であると，株主総会決議で定め
られた取得日が当該株主総会の日から20日以内の日とされる場合には，取得
日の到来後の日に価格決定の申立てができることとなるが，取得の対価として
会社の株式等が交付される場合には取得日にその権利者となるとされていたた
め（改正前173 II），対価の取得と価格の支払に係る権利の関係が複雑なものと
なるという問題があった。組織再編における反対株主の株式買取請求権につい

156　　　　　　　　　　　　　　　　　　　　　　　　　　　　　〔山下(友)〕

第4節　株式会社による自己の株式の取得　第4款　全部取得条項付種類株式
の取得
§ 172

ては，権利行使期間を組織再編の効力発生日の20日前の日から効力発生日の
前日までとしており（785Ⅴ・797Ⅴ等），本改正では，これと実質的に平仄を
合わせて，本条の価格の決定の申立ての権利についても取得日の20日前の日
から取得日の前日までの間にあらためられた（立案担当平成26年193頁）。

　また，組織再編における株式買取請求権の規律に併せて本条2項および3項
が新設された。これは，株主に対して，申立ての権利行使の機会を保障するた
めに価格決定の申立ての期間を知らせる趣旨である（立案担当平成26年193
頁）。

　会社は裁判所が価格を決定した場合には本条4項により取得日から法定利率
による利息を支払わなければならないが（平成29年民法改正により法定利率が変
動制にあらためられたこと〔民404〕，および商事法定利率は廃止されたこと〔商法514
条の削除〕に伴い，本条4項も年6分という確定利率から民法の定める法定利率による
ことにあらためられた），株主が裁判所に申立てをしてから裁判所の決定が下さ
れる日までは相当の期間がかかることから，低金利の経済下では利息の額が会
社にとって大きな負担となり，また，利息目当ての価格決定の申立権の濫用を
招く原因となっているという問題があった。本改正により新設された本条5項
は，会社は裁判所の価格の決定があるまで，当該会社がその公正な価格と認め
る額を支払うことによりその額については利息の支払をする必要がないことと
した（立案担当平成26年202-203頁）。利息の支払の問題は，組織再編等におけ
る株式買取請求権についても同様に存在したので，本改正では，それらの株式
買取請求権についても本条5項と同様の規定が設けられた（117Ⅴ・786Ⅴ・798
Ⅴほか）。

II　価格の決定の申立期間

　本改正では，本条1項のうちの株主が裁判所に対して価格の決定の申立てを
することができる期間について改正があり，取得日の20日前の日から取得日
の前日までの期間とされた。これにより，本改正前のように，取得日以後に申
立てをすることがなくなり，申立てをした株主が裁判所の決定した価格の支払
を受ける権利と取得の対価として取得日に取得する株式等に関する権利が重複
して発生し，不当利得法理により調整する必要はなくなる。このような申立期
間の定め方は，組織再編における反対株主の株式買取請求権に関する裁判所に
対する買取価格の決定についての申立期間の定め方と同じである（消滅会社等

〔山下（友）〕

157

§172   第2編　株式会社　第2章　株式

についての785条5項，存続会社等についての797条5項ほか）。この申立期間内に
申立てをした株主については，取得日が到来しても，取得の対価である株式等
の権利を取得する効力は生じないことが明記され（173Ⅱ括弧書。本改正により
追加された），裁判所の価格の決定が確定したときにその価格の額の金銭の支払
だけを会社に対して請求することができることとなる。

　東京地決平成25・7・31（資料版商事358号148頁）は，普通株式に全部取得
条項を付す旨の定款変更の決議をするのと同じ株主総会で定款変更の効力発生
を条件として会社による全部取得をする旨の決議が行われた場合において，定
款変更決議について必要な種類株主総会の決議が上記株主総会決議の日よりも
後にされたときは，改正前本条1項の申立期間の起算日は株主総会の日ではな
く，種類株主総会決議の日が起算日となるとする。申立期間の起算日について
は，上記のとおり，本改正により変更されたので，この裁判例の先例としての
直接の意味はなくなった。しかし，全部取得の前提として普通株式等に全部取
得条項を付す定款変更が必要な場合には，定款変更については種類株主総会の
決議が必要であるから（111Ⅱ），種類株主総会の決議が有効に成立することが
必要であり，それが欠けている場合には，株主総会で決定した取得日が到来し
ても取得の効力は生じないと解されるので，本改正後においても，同様の事情
の下では株主総会決議で決定した取得日を前提として申立期間が決まるわけで
はないと考えられる。

Ⅲ　取得についての通知または公告

　本条2項は，会社は，取得日の20日前までに，全部取得条項付種類株式の
株主に対し，当該全部取得をする旨を通知しなければならず，本条3項は，本
条2項の通知は，公告をもってこれに代えることができるとする。本条2項お
よび3項は，いずれも本改正により新設された規定であり，会社が全部取得を
する旨を全部取得条項付種類株式の株主に知らせることを目的としている。組
織再編における株式買取請求権については，会社は株主に対する組織再編が行
われることの通知または公告をすることが義務付けられているが（785ⅢⅣ・
797ⅢⅣほか），これと同趣旨である。全部取得は，常に株主総会決議を必要と
するので，公開会社であるか否かを問わず常に公告による代替を認めている
（一問一答平成26年297頁注）。振替株式については，株主に対する通知は常に公
告によらなければならない（社債株式振替161Ⅱ）。

158   〔山下（友）〕

第4節　株式会社による自己の株式の取得　第4款　全部取得条項付種類株式
の取得　　　　　　　　　　　　　　　　　　　　　　　　　　　　§172

　通知または公告をする期間は，価格の決定の申立期間の開始日である取得日
の20日前までとされている。通知または公告により全部取得について知らさ
れることが必要な株主は，まず，全部取得を決定する株主総会において議決権
を行使することができない株主（本条I②）である。株主総会において決議を
することができる事項の全部について議決権を行使することができない株主に
は株主総会の招集通知がされない（299I・298II）ので，招集通知により全部取
得が行われることについて知ることができないためである。しかし，当該株主
総会において議決権を行使することができる株主についても，取得日が株主総
会の日から20日以内の日とされていれば，価格の決定の申立期間は株主総会
の日前から開始するので，やはり，通知または公告により全部の取得について
知らせる必要がある（立案担当平成26年193頁）。
　本条2項または3項に基づき通知または公告により株主に対して知らせるべ
き事項は，会社が全部取得をする旨であるが，株主の裁判所に対する価格の決
定の申立ての権利の行使の機会を保障することを目的とするのであるから，予
定されている取得日についても明らかにすることを要すると解すべきである。
　本条2項または3項の通知または公告をすることは，会社が全部取得をする
ための法律上の手続の1つであり，全部取得も自己株式の取得であることか
ら，自己株式の取得の手続についての法令違反として，本条2項または3項の
通知または公告がされなかった場合には，全部取得は無効である。
　本条2項または3項の通知または公告をすることを怠った取締役等には過料
の制裁がある（976②）。

Ⅳ　会社による価格決定前の支払

　本条5項は，会社は，本条1項による申立てに基づき全部取得の価格を裁判
所が決定するまでに，株主に対して，会社が相当と認める額の支払をすること
ができるものと規定し，仮払制度とよばれている。
　株主が価格の決定の申立てをしたときは，会社は，本条4項により，決定さ
れた取得の価格に取得日から法定利率により算定した利息をも支払わなければ
ならないとしているが，近時の低金利の状況下においては，裁判所の決定まで
相当の時間がかかるので会社にとっての金利負担が重いものとなるとともに，
利息を目当てに濫用的な価格の決定の申立てがされるおそれがあるという問題
があった。

〔山下（友）〕

159

§172 　　　　　　　　　　　　　　　　　　第2編　株式会社　第2章　株式

　しかし，判例は，改正法施行後に下されたものであるが，改正法施行前の全部取得の事例について，価格決定の裁判の一審が決定した価格に利息を付して支払をするという申入れを会社が申立株主に対してしたとしても，会社は取得日からの利息の支払義務を免れないとしていた（東京地判平成28・2・24金判1494号47頁，東京地判平成28・3・3判タ1429号238頁，東京地判平成28・3・16金判1494号54頁）。もっとも，申立株主が価格決定の裁判の確定前に会社から価格の一部の支払を受けていた場合には会社には支払日以後の利息の支払義務はないとするものも見られた（東京地判平成28・3・31判タ1426号234頁，東京地判平成28・4・21判タ1426号239頁）。

　本改正においては，この問題を解決するために，本条5項を新設し，裁判所の決定があるまでに，会社は，会社が相当と認める額の支払をして，その支払額についての利息の支払義務を免れることができるとした（一問一答平成26年331頁）。会社は，通常は，価格の決定についての裁判で自ら公正な取得の価格として主張している額の支払をすることになろう。会社の支払の後に裁判所が価格を決定したときは，決定された価格と会社の支払った額の差額についてのみ会社は取得日から法定利率による利息を支払えばよい。同様の問題のあった組織再編等の株式買取請求権に係る価格決定の申立てについても，同様の規定が新設されている（117V・786V・798Vほか）。会社は，相当と認める額を支払う権利を有するので，申立てをした株主は受領を拒絶することができず，株主が受領を拒絶したときは，会社は供託をすることができる（民494Ⅰ①。一問一答平成26年331頁）。

Ｖ　価格決定の申立適格

　会社法施行後，本条1項2号の議決権を行使することができない株主に，全部取得を決議する株主総会の議決権の基準日よりも後に株式を取得した株主（以下，「基準日後取得株主」という）も含まれるかが争われることとなった。同じ問題は，組織再編等における株主の株式買取請求権についても争われた。会社法制定後には，議決権を行使することができない株主は，議決権制限株式の株主を意味するというのが立法趣旨であったとして，議決権のある株式に係る基準日後取得株主は株式買取請求権を有しないという見解が有力であったが，異論もあった（加藤貴仁「判批」リマークス49号〔2014〕94頁，笹川敏彦「基準日後株主と株式買取請求権・取得価格決定申立権」鳥山恭一ほか編・岸田雅雄先生古稀記

160　　　　　　　　　　　　　　　　　　　　　　　　　　　　　　〔山下（友）〕

第4節　株式会社による自己の株式の取得　第4款　全部取得条項付種類株式
の取得　　　　　　　　　　　　　　　　　　　　　　　　　　　§ 172

念・現代商事法の諸問題〔成文堂，2016〕449頁）〔☞議論の詳細につき，会社法コンメ⒅§ 785 II 2 ⑵〔99-100頁〔柳明昌〕〕〕。本条の価格の決定の申立適格については，あまり議論がなかったがやはり同様に考えられていたものと思われる。

　ところが，近時になって本条の価格決定に関して裁判所の判断が示されるようになったが，いずれも基準日後取得株主の申立適格を認めた。① 前掲・東京地決平成 25・7・31，② 東京地決平成 25・9・17（金判 1427 号 54 頁〔抗告審・東京高決平成 25・11・8 LEX/DB 25502629 も同旨〕），③ 東京地決平成 25・11・6（金判 1431 号 52 頁），④ 東京地決平成 27・3・4（金判 1465 号 42 頁），⑤ 東京地決平成 27・3・25（金判 1467 号 34 頁）である。より細かくいえば，① は，完全子会社化のための全部取得に係る事案であるが（前段階として公開買付けが行われていない事例），議決権の基準日後，かつ，完全子会社化手続の公表後に株式を取得した者も申立適格を有するとする。② は，基準日設定前に全部取得に係る株主総会の議案を公表したことや，前段階の公開買付けによって全部取得に係る株主総会決議の成立が確実であったことを考慮しても，基準日後取得株主は申立適格を有するとする。③ は，基準日の時点では，当該株主総会の議題が確定しているとは限らず，株式の全部取得等を議題とする予定であることが常に公表されているとも限らないことをも併せ考慮すべきものとする。④ は，基準日以降または全部取得に係る株主総会における全部取得に関連する議案を公表した日以降に取得された株式の株主も申立適格を有するとする一方で，株主総会で全部取得が決議された後に株式を取得した者からの申立ては権利の濫用と評価される場合もあるとする。⑤ は，前段階の公開買付けの後に全部取得の手続が実施される予定であることが公表された後または基準日後に株式を取得した者も申立適格を有するものとする。

　株式買取請求権については，基準日後取得株主にも株式買取請求権を認める裁判例は見られないので，なお意見が分かれる可能性があるが，本条の価格決定申立権に関する限りでは，理由付けには裁判例ごとに若干の相違があるものの，本条 1 項 2 号の文言は株主から基準日後取得株主を排除していないこと，会社法では価格決定申立権と議決権とは切り離すという考え方がとられていること，基準日株主が全部取得の株主総会決議の議案を認識しているとは限らず，決議が成立することが確定しているわけではないことなどが挙げられ（笹川・前掲 467-468 頁），基準日後取得株主にも申立適格を認めることで実務上の決着はついたものと思われる。本条の価格決定の申立権は，強制的に株主としての地位を剥奪されるに当たり公正な価格による投下資本の回収の権利を保障

〔山下(友)〕

§172 第2編　株式会社　第2章　株式

しようとするものであり，株主が議決権を有していることや議決権を行使したことを申立ての前提としなければならない関係にあるわけではないから，基準日後取得株主の申立適格を否定すべきではないという考え方に合理性があると考えられる（近時は，組織再編よる場合も含めて，スクイーズ・アウトである場合には基準日後取得株主にも株式買取請求権および価格決定申立権を認めるべきであるとする見解も見られる。神田371頁注8）。もっとも，基準日後取得株主の中には，株主総会前に全部取得の議案が公表された後に株式を取得した者も含まれ，そのような者の申立適格を認めることの合理性には疑問もないではないが（飯田秀総「判批」商事2136号〔2017〕53-54頁は，申立権者の範囲を拡大するほど効率的な企業再編までも阻止する負の側面が大きくなるという観点から，公開買付前置型キャッシュ・アウトにおいて公開買付価格がキャッシュ・アウト価格とされることが公表される場合には，基準日後取得株主の申立適格を認めるべきでないとする。これに対しては，申立適格を認めることによるキャッシュ・アウトの規律付けという観点から適格を肯定する見解もある。白井正和「判批」ジュリ1478号〔2015〕105頁），そのような者については具体的な事情により申立権の行使が権利濫用となり許されないという解釈で対応すべきであろう（組織再編等の具体的な内容の公表後の取得者については，価格の決定において考慮すべきものとする見解もある。笹川・前掲468-469頁）。

　ところで，本改正により新設された特別支配株主による株式等の売渡請求権における株主の売買価格決定申立権について，最決平成29・8・30（民集71巻6号1000頁）は，179条の8第1項が売買価格決定の申立ての制度を設けた趣旨は，179条の4による通知または公告により，その時点における対象会社の株主が，その意思にかかわらず定められた対価の額で株式を売り渡すことになることから，そのような株主であって上記の対価の額に不服がある者に対し適正な対価を得る機会を与えることにあると解されるのであり，上記の通知または公告により株式を売り渡すことになることが確定した後に売渡株式を譲り受けた者は，179条の8第1項による保護の対象として想定されていないと解するのが相当であるとした。179条の4の通知または公告により売買契約が成立したのと同じ法律関係が確定するというのが，同決定の考え方であるとすれば，全部取得において同条の通知または公告による売買契約の成立に対応するのは株主総会による全部取得の決議がされたことであるから，同決議後は，全部取得決議以後に株式を取得した株主の申立適格は権利濫用というまでもなく否定されることになろう（辰巳郁「判批」金法2080号〔2017〕50頁）。同決定の解

第4節　株式会社による自己の株式の取得　第4款　全部取得条項付種類株式
の取得　　　　　　　　　　　　　　　　　　　　　　　　　　　§172

決については，申立適格の存否の判断基準時が早すぎるのではないかとの批判
があるが（加藤貴仁「判解」平成29年度重判解ジュリ1518号〔2018〕103頁），全部
取得で株主総会決議の時を基準とすることには問題はないであろう。また，同
決定は，基準日後取得株主の申立適格を認める解釈を暗黙裏に肯定するものと
いうことができよう（辰巳・前掲51頁）。

　なお，組織再編に関する事例で，本条1項2号に対応する株主には，株主総
会の議決権行使の基準日までに株式を取得していたが，基準日までに株主名簿
の名義書換をしていなかった株主は含まれず，そのような株主は株式買取請求
権を行使できないとする裁判例がある（東京地決平成21・10・19金判1329号30
頁）。しかし，基準日後取得株主も価格の決定の申立適格を有するという上記
裁判例の立場からは，基準日までに名義書換未了の株主についてもその後名義
書換えをしている限り申立適格を否定されることにはならないであろう。

VI　振替株式についての価格決定の申立てと個別株主通知の要否

　会社法施行後に，振替株式について本条の価格の決定の申立てをするために
は，社債株式等振替法に基づく個別株主通知をすることを要するかという問題
が議論されるようになり，下級審裁判例は，解釈が分かれたが（東京高決平成
22・1・20金判1337号24頁は，必要であり，株主総会の日から20日以内に個別株主通
知が会社に到達することを要するとする。東京高決平成22・2・9判タ1336号248頁
は，必要であるが，裁判所の決定がされるまででよいとする。東京高決平成22・2・
18判時2069号144頁は，個別株主通知は不要とする），最決平成22・12・7（民集64
巻8号2003頁）は，本条の申立ても社債株式等振替法にいう少数株主権等（同
法147Ⅳ）の行使に該当するので，会社が，申立人が株主であることについて
争った場合には，個別株主通知を要するが（同法154ⅠⅡ），その通知がされる
時期については申立事件の審理が終結する時までの間にされればよいとした。

　さらに，最決平成24・3・28（民集66巻5号2344頁）は，会社の発行する普
通株式に全部取得条項を付す定款変更決議とこの定款変更を前提とする全部取
得の決議とを同一の株主総会において決議した場合において，株主が定款変更
に係る株式買取請求権を行使した上，買取価格の決定を裁判所に申し立てるた
めには，裁判の審理終結の時までに会社に対して個別株主通知をすることが必
要であるとした。その上で，同決定は，買取価格の裁判係属中に全部取得の効

〔山下(友)〕

163

§172　　　　　　　　　　　　　　　第2編　株式会社　第2章　株式

力が生じたときは，買取請求をしている株式についても取得の効力が生じるので，申立株主は株式を失い，買取価格決定の申立適格を失うとした。株式買取請求権における買取りの効力は，買取代金の支払時に生ずるとする規定（改正前117 V）を前提とするものである。しかし，本改正においては，定款変更に係る株式買取請求権における買取りの効力発生時についての規定が改正され，買取りの効力は，定款変更の効力発生日に生ずることとされた（117 Ⅵ）。これにより，定款変更の効力発生日が取得日よりも早い通常の事例では，取得日前に株式買取請求権を行使した株主はすでに株式を保有しておらず，取得日に会社による取得の効力が生じることはないので，全部取得の効力が生じたことを理由として買取価格の決定の申立適格を失うことにはならないといわざるを得ず，前掲・最決平成24・3・28は，改正法の下では判例としての意義を失い（一問一答平成26年295頁注4・329-330頁），株主は，本条の価格の決定の申立てと買取請求権に係る買取価格の決定の裁判のいずれをも，それぞれの申立ての要件が充たされる限りで申し立てることができることになる。もっとも，定款変更の効力発生日が取得日よりも早く到来する通常の事例において，株式買取請求権が行使された場合には，定款変更の効力発生日に買取りの効力が発生し，当該株主は株式の権利を失うので，取得日に取得されることがなくなり，株式買取請求権に係る価格の決定の申立ての権利のみを有することになる（仁科秀隆「株式の価格決定と個別株主通知」商事1976号〔2012〕33頁，小出篤「組織再編等における株式買取請求」論点詳解230頁）。

Ⅶ　公正な取得価格

1　MBOまたは完全子会社化の場合

⑴　上場会社における公正な取得価格

本条に基づく申立てに対する裁判所の公正な取得価格の決定の基準については，MBOおよび完全子会社化の目的での全部取得の事例に関して，裁判例の蓄積により基本的な考え方が明らかになってきた。

まず，公正な取得価格の決定の基準日については，取得日であることに異論がなく，取得日における株式の価値に即して公正な取得価格が算出されることとなる。

公正な取得価格の意義について，最初の裁判例として，東京地決平成19・12・19（判時2001号109頁）は，公正価格とは，「取得日における当該株式の客

第4節　株式会社による自己の株式の取得　第4款　全部取得条項付種類株式
の取得

§172

観的な時価に加えて，強制的取得により失われる今後の株価上昇に対する期待
権を評価した価額をも考慮」した価格とした（抗告審である東京高決平成20・9・
12金判1301号28頁も同旨）。これに対して，特別抗告・許可抗告審である最決
平成21・5・29（金判1326号35頁）の田原睦夫裁判官の補足意見では，「①
MBOが行われなかったならば株主が享受し得る価値と，②MBOの実施に
よって増大が期待される価値のうち株主が享受してしかるべき部分とを，合算
して算定すべきもの」とする。両者で実質的な意味に違いはないと考えられ，
以後の裁判例では，上記の2とおりの定式のいずれかが採用されている。

　この定式を基礎に，具体的な算定方法については，①については，2段階式
のMBOまたは完全子会社化の事例では，公開買付価格公表日の前の一定期
間（1か月が一般的であるが，1か月が相当でない場合にはより長い期間がとられる）
の市場価格の平均価格とするのが通例である。その上で，②については，①
に対するプレミアムをどの程度とすべきかという問題としてとらえられている
ということができるが，最初の裁判例である前掲・東京高決平成20・9・12で
は，公開買付価格と同額の取得価格の決定過程にさまざまな公正さを疑わせる
事情があったことから，裁判所は同時期の公開買付けにおけるプレミアムの平
均値を参照して①の価格の20パーセントという独自の算定をした。同決定と
ほぼ同時期に経済産業省によりMBO指針（経済産業省「企業価値の向上及び公
正な手続確保のための経営者による企業買収（MBO）に関する指針」〔2007年9月4
日〕。企業価値研究会「企業価値の向上及び公正な手続確保のための経営者による企業
買収（MBO）に関する報告書」〔2007年8月2日〕も参照）が公表され，構造的な
利益相反を踏まえた公正な公開買付価格（通常は取得価格とされる）の決定のあ
り方が示されたことから，以後は，MBO指針に沿った公開買付価格の決定が
実務上行われるようになり，価格決定の裁判においても，上記の①の算出の
上，②については，公開買付価格の決定が公正な手続により行われた場合に
は，公開買付価格が公正な取得価格であるとする（換言すれば，公開買付価格か
ら①の価格を控除したプレミアムは公正であるとする）という判断をするように
なった（公開買付価格が公正な取得価格と認めたものとして，札幌地決平成22・4・28
金判1353号58頁〔抗告審の札幌高決平成22・9・16金判1353号64頁も同じ〕，東京
高決平成22・10・27資料版商事322号174頁，東京地決平成25・3・14金判1429号48
頁〔抗告審の東京高決平成25・10・8金判1429号56頁も同じ〕，前掲・東京地決平成
25・9・17，前掲・東京地決平成25・11・6）。2段階方式ではない完全子会社化の
事例で株主総会決議により決定した取得価格を公正な価格と認めたものもある

〔山下（友）〕

165

§172　　　　　　　　　　　　　　　　　　　　　第2編　株式会社　第2章　株式

（前掲・東京地決平成25・7・31）。

　これに対して，公開買付価格の決定の過程や価格水準に公正さを疑わせる事情があるなどの場合には，①または②について裁判所が独自の算出をするものもあった（大阪高決平成21・9・1判タ1316号219頁，大阪地決平成24・4・13金判1391号52頁）。

　しかるところ，2段階方式の完全子会社化に関して，前掲・東京地決平成27・3・4および抗告審の東京高決平成27・10・14（金判1497号17頁）の許可抗告審決定である最決平成28・7・1（民集70巻6号1445頁）は，①の価格の補正ができるかという後述の問題の前提として，「株式会社の株式の相当数を保有する株主（以下「多数株主」という。）が当該株式会社の株式等の公開買付けを行い，その後に当該株式会社の株式を全部取得条項付種類株式とし，当該株式会社が同株式の全部を取得する取引においては，多数株主又は上記株式会社（以下「多数株主等」という。）と少数株主との間に利益相反関係が存在する。しかしながら，独立した第三者委員会や専門家の意見を聴くなど意思決定過程が恣意的になることを排除するための措置が講じられ，公開買付けに応募しなかった株主の保有する上記株式も公開買付けに係る買付け等の価格と同額で取得する旨が明示されているなど一般に公正と認められる手続により上記公開買付けが行われた場合には，上記公開買付けに係る買付け等の価格は，上記取引を前提として多数株主等と少数株主との利害が適切に調整された結果が反映されたものであるというべきである」として，公開買付価格（＝取得価格）の決定が公正な手続で行われたと認められる場合は，公開買付価格を公正な取得価格と認めるべきであるという考え方を明らかにした。

　公正な取得価格決定の裁判では，裁判所は公開買付価格（＝取得価格）が公正な手続に従い決定されたか否かをまず審査し，公正さが肯定される場合には，公開買付価格を公正な取得価格と認めるべきであるという考え方は，学説でも一般的に支持されるようになってきていたものである（田中亘649頁）。

　もっとも，公正な手続としてどこまでのことが要求されるかについてまでは，前掲・最決平成28・7・1は明らかにしておらず，同決定が明示する独立した第三者委員会や専門家の意見を聴くといったことで足りるのか，それ以上のことが要求されるかについての学説は一致していない（藤田友敬「公開買付前置型キャッシュアウトと株式の取得価格」論究ジュリ20号〔2017〕92-94頁，白井正和「非独立当事者間の企業買収における公正な価格の算定」法教447号〔2017〕86-88頁参照）。同決定後の裁判例を見ると，同決定の考え方に従い，公開買付価格の決

第4節　株式会社による自己の株式の取得　第4款　全部取得条項付種類株式
の取得

§172

定の手続が公正であると認めて，公開買付価格を公正価格と認めたものの，当
該全部取得手続において当該公開買付価格がどのような価格交渉を経て妥結さ
れるにいたったのかについての事実経過は明らかでなく，この価格交渉過程に
おいて，恣意的意思決定排除措置が具体的にどのように機能したのかも明らか
ではなく，採用された決定排除措置の存在のみから，公開買付価格が公正な価
格であると即断することはできないとして，独自に公正な価格の検証をし，プ
レミアムの水準も他の事例のプレミアムの一般的な水準の範囲内にあるという
ことも指摘している事例があり（大阪地決平成29・1・18金判1520号56頁），前
掲・最決平成28・7・1では何が公正な手続かが明らかでないことから裁判所
が引き続き独自の審査をする可能性が残ることを示している（これに対して，特
別支配株主による株式等売渡請求の事例であるが，公正な手続により決定された として
公開買付価格を公正な取得価格と認めたものとして，静岡地沼津支決平成28・10・7
LEX/DB 25544091 とその抗告審である東京高決平成29・1・30 LEX/DB 25544950，さ
いたま地決平成29・1・25 LEX/DB 25549406 とその抗告審である東京高決平成29・6・
19 LEX/DB 25549405，株式併合の事例として，京都地決平成29・6・9金判1541号43
頁とその抗告審である大阪高決平成29・11・29金判1541号35頁）。

　公正な手続により公開買付価格が決定されたと判断される場合には，公開買
付価格がそのまま公正な取得価格と決定されるので，前掲・最決平成28・7・
1以前の前述の裁判例のように前述の①と②の要素に分解して判断するとい
う方法はとられないことになる（前掲・最決平成28・7・1に先立つ東京高決平成
28・3・28金判1491号32頁は，公開買付価格〔＝取得価格〕の決定の手続を詳細に認
定の上で公正な手続であったとし，公開買付価格が公正な取得価格と決定した。この判
断においては，①および②に分けての検討はしていないが，前掲・最決平成28・7・1
の判示に従った判断の仕方はこういうものであろう）。これに対して，公正な手続に
よって公開買付価格が決定されたとはいえないとされる場合には，引き続き前
述の裁判例のように，①と②の要素に分解して判断するという方法によるこ
とになるのであろう。この方法論が理論的といえるかは議論の余地があるが
（藤田・前掲95頁は，この方法論がとられる可能性はあるとしつつ，組織再編の場合の
株式買取請求権に関する近時の判例との整合性が問題とされるべきであるとする），会
社および支配株主が公正な手続により公開買付価格ないし取得価格を決定した
とはいえない以上は，裁判所の裁量的な判断で公正な取得価格を決定されるこ
ともやむを得ないであろう。

〔山下（友）〕

(2) 市場価格変動に伴う補正の可否

　前掲・最決平成 28・7・1 の原々審決定，原審決定のほか，前掲・東京地決平成 27・3・25（前掲・東京高決平成 28・3・28 の原審決定）は，2 段階式の完全子会社化の事例において，公開買付価格（＝取得価格）の公表日と取得日までの期間に株式市場の相場が大きく変動（上昇）した場合に，マーケット・モデルにより基準日である取得日の当該会社の市場価格を推計して補正した額を① の価格とした。これに対して，前掲・最決平成 28・7・1 は，上記(1)の判示に続けて，「上記買付け等の価格は，全部取得条項付種類株式の取得日までの期間はある程度予測可能であることを踏まえて，上記取得日までに生ずべき市場の一般的な価格変動についても織り込んだ上で定められているということができる。上記の場合において，裁判所が，上記買付け等の価格を上記株式の取得価格として採用せず，公開買付け公表後の事情を考慮した補正をするなどして改めて上記株式の取得価格を算定することは，当然考慮すべき事項を十分考慮しておらず，本来考慮することが相当でないと認められる要素を考慮して価格を決定するものであり（……），原則として，裁判所の合理的な裁量を超えたものといわざるを得ない」とした上で，2 段階方式の取引の基礎となった事情に予期しない変動が生じたと認めるに足りる特段の事情がない限り，裁判所は上記株式の取得価格を上記公開買付けにおける買付け等の価格と同額とするのが相当であるとした。

　学説では，本決定の前より，補正を認めることは，市場価格が一般的に上昇する場合には，株主の機会主義的な行動を認めることになるとして，補正に批判的な見解が見られたが（飯田秀総「株式買取請求・取得価格決定事件における株式市場価格の機能」商事 2076 号〔2015〕44 頁，田中亘「判批」ジュリ 1489 号〔2016〕112-113 頁），本決定後も補正を認めるべきでないとする見解が支配的である（本決定後の学説の状況につき，白井・前掲 82 頁参照）。しかし，その理由付けについては一様ではなく，上記のような株主の機会主義的な行動の抑止という理由付けによる見解（白井・前掲 83-84 頁）と，公開買付前置型のキャッシュ・アウトにおいては，キャッシュ・アウトの効力発生日の対象会社株式の価値は，公開買付公表からキャッシュ・アウトの効力発生日までの間の株式市場の全体の動きに従って変動するものではなく，キャッシュ・アウト対価が公開買付価格と同額とされる場合には，公開買付けとキャッシュ・アウトを一体に考え，公開買付開始時点をもってキャッシュ・アウト対価の公正さの判断基準時とすべきであるとする見解（藤田・前掲 91 頁）が見られる。これらの見解によると，

第4節　株式会社による自己の株式の取得　第4款　全部取得条項付種類株式
の取得

§172

公開買付価格は取得日までに生ずべき市場の一般的な価格変動についても織り
込んだ上で定められているから補正は認めるべきでないという本決定の理由付
けは正当でないという評価がされ，補正が認められるとしても，きわめて限ら
れた場合に限られるということになる（白井・前掲85-86頁，藤田・前掲89-92頁
〔公開買付けの終了とキャッシュ・アウトの間が不当に長期である場合，公開買付終了
後に予期しない変動が生じ当初の計画を修正せざるを得ない特別の事情が生じた場合を
例示する〕）。

　ところで，補正を認めるべきか否かという問題は，組織再編等における株式
買取請求権についても存在し，本決定の射程が株式買取請求権についても及ぶ
かは明らかでない。補正を認めた裁判例もあり（東京高決平成22・10・19判タ
1341号186頁〔株式対価の株式交換の事例で，市場価格一般が急落している場合に関す
る〕），この裁判例の許可抗告審である最決平成23・4・26（判時2120号126頁）
は，上場されている株式について，反対株主が株式買取請求をした日のナカリ
セバ価格を算定するに当たり，補正をすることは，裁判所の合理的な裁量の範
囲内にあるものというべきであるとして，補正を裁判所の裁量の範囲内として
いることと本決定との関係が問題となる。学説は，組織再編における補正につ
いては否定的な評価をしないのが一般的である（白井・前掲83頁）。この点につ
いては，全部取得の場合は，組織再編でいえばシナジー適正分配価格が買取価
格とされる場合に対応するのに対して，前掲・最決平成23・4・26はマイナス
のシナジーが生じることからナカリセバ価格が買取価格とされる場合であるか
ら，異なる基準によることに合理性があり，また組織再編で現金以外の対価と
される場合には，対価の市場価格変動次第により株主の機会主義的行動も
キャッシュ・アウトの場合とは異なるという説明はされている（白井・前掲83-
84頁）。しかし，組織再編の対価が現金である場合，とりわけ公開買付けが前
置される2段階式の組織再編の場合を全部取得の場合と区別できるかには疑問
が残るところである。

2　いわゆる100パーセント減資の場合

　債務超過会社においていわゆる100パーセント減資の手段として全部取得が
行われる場合に，取得価格を0円とすることが認められるかについては，会社
法施行後学説上議論があったところであるが〔☞会社法コンメ(4)§172 V(2)(イ)
〔106-107頁〔山下友信〕〕，近時，いわゆる100パーセント減資の方法として行
われる全部取得における取得価格を0円とした裁判例がある（大阪地決平成

§172

27・12・24 LEX/DB 25542068)。債務超過会社が私的整理を進めるため金融機関に協力を求めることを目的として，全部取得が株主総会決議により行われた事例について，多額の債務超過の状態にあり，今後の事業展開によって利益を上げることも困難な状況にあり，近く清算が行われる予定であること，全部取得によっても会社の企業価値が増加するものということはできないことなどから，取得価格は0円であるとした。具体的な判断としては正当なものということができる（松中学「判解」平成28年度重判解ジュリ1505号〔2017〕107頁，津野田一馬「判批」ジュリ1509号〔2017〕111頁）。

3 非公開会社における全部取得の場合

非公開会社における全部取得に関して本条の価格決定申立てがされた場合についての裁判例は見当たらない。公正な取得価格に関する学説も，上場会社における全部取得を念頭に置いて展開されてきたと見られるので，非公開会社の場合についてどのように考えるべきかは明らかでないところがある。非公開会社であっても，上場会社の事例と同程度に取得価格の決定について公正な手続を経て行うのであれば，前掲・最決平成28・7・1の判示が妥当しないという理由はないと考えられるが（東京地決平成30・1・29金判1537号30頁と抗告審の東京高決平成31・2・27金判1564号14頁は，公開会社ではあるが非上場会社の特別支配株主による株式等売渡請求における株主の価格決定申立ての事例で，前掲・最決平成28・7・1の判示と同旨を述べ，公開買付価格を公正な売渡価格と認めた。もっとも，当該事案は，対象会社は非上場会社ではあるが，有価証券報告書提出義務のある生命保険株式会社であり，かつ，売渡請求に先立ち公開買付けにより支配株式の取得がされたという特殊なものであり，非公開会社に一般化できるものではない），実際上はそのような手続を経ることは想定し難いので，裁判所が価格を判断することが必要とならざるを得ないであろう（最決平成27・3・26民集69巻2号365頁は，非公開会社の合併において株式買取請求権が行使された事例について，原々審決定・原審決定は，シナジーが生じない場合におけるナカリセバ価格として収益還元法により買取価格を決定したが，その過程で非流動性ディスカウントをしたのに対して，収益還元法による場合には非流動性ディスカウントを行うことはできないとした。この判示については，疑問も持たれているが〔江頭19頁注8〕，裁判所が価格を算出すること自体は認めているものと考えられる）。

第4節　株式会社による自己の株式の取得　第4款　全部取得条項付種類株式
の取得
§172

VIII　MBO に関する取締役の義務と責任

1　株主に対する 429 条 1 項に基づく責任に関する裁判例と学説

全部取得条項付種類株式を利用した MBO が多用される中で，上述のように，取得の価格に関する裁判例が多く見られるようになっているが，それとともに，MBO の一連の行為についての取締役の損害賠償責任を追及する裁判例が現れ，判決は MBO の局面における取締役の義務について，従前には見られなかった法律論を展開している。

前掲・最決平成 21・5・29 の価格決定が争われた MBO に関して，株主が取締役の 429 条 1 項に基づく損害賠償責任を追及した事例で（会社の決定した取得価格は約 23 万円であったが，裁判所が公正な取得価格として決定した額は約 33 万円であった），一審判決の東京地判平成 23・2・18（判時 2190 号 118 頁）は，MBO の利益相反的構造および取締役と株主との間の情報の非対称ということから，対象会社の取締役が，自己の利益のみを図り，株主の共同利益を損なうような MBO を実施した場合には，上記の株主の共同利益に配慮する義務に反し，ひいては善管注意義務または忠実義務に違反することになるとし，この義務に違反するかどうかは，当該 MBO が企業価値の向上を目的とするものであったこと，およびその当時の法令等に違反するものではないことはもとより，当該 MBO の交渉における当該取締役の果たした役割の程度，利益相反関係の有無またはその程度，その利益相反関係を回避あるいは解消するためにどのような措置がとられているかなどを総合して判断するとした。当該事案については，取締役にこの意味での義務違反はないとした。

これに対して，控訴審判決である東京高判平成 25・4・17（判時 2190 号 96 頁）は，①取締役および監査役は，善管注意義務の一環として，MBO に際し，公正な企業価値の移転を図らなければならない義務（公正価値移転義務）を負い，MBO を行うこと自体が合理的な経営判断に基づいている場合でも，企業価値を適正に反映しない買収価格により株主間の公正な企業価値の移転が損なわれたときは，取締役および監査役に善管注意義務違反が認められる余地がある，②取締役は，MBO 指針が提言するような情報提供義務を負うものではないが，会社と取締役とは，委任の関係に立つものであり，個別の事案の具体的な事情の下で，MBO に関し，取締役に情報提供義務が生じる場合はあり（民 645），また，MBO の場合でなくても，一般に，会社の業績等に関する情

〔山下(友)〕

171

報開示を行うときには，取締役は，当該情報開示を適正に行うべき義務を，善管注意義務の一環として負う，③株主が共同所有により把握している企業価値を超えて利益を得ることまでが，会社法上，取締役および監査役の善管注意義務によって保護されると解する根拠は見当たらない，と判示した。その上で，同判決は，当該事案において，①については，後述のように，本件では②の適正情報開示義務が果たされていないので，株主の多数が賛同したことをもって公正な企業価値の移転があったとは推認できないため，公開買付価格（取得価格も同額）が会社の客観的な企業価値を反映した価格であったかを審査する必要があるとしたが，結論としては価格が企業価値に比して低廉なものであったと認めるに足りる証拠はなく，①の義務違反はないとした。また，本件での取得価格の決定申立事件における裁判所の決定が，公正な取得価格が公開買付価格よりも高いことをもってただちに①の義務違反に結びつくものではないとする。これに対して，②の義務については，会社による公開買付賛同意見表明において，会社の株価を下げることとなったプレス・リリースによって生じるであろう株価操作の疑いを払拭する情報を開示しなかったことが②の義務違反に該当するとしたが，①の判断により取得価額は不当といえないので，株主に損害は生じていないとして，賠償請求を棄却した（このほか，MBO の頓挫により MBO 公表前からの保有株式および公表後の取得株式について損害を被ったとする株主の取締役に対する 429 条 1 項に基づく損害賠償責任が否定された事例として，東京高判平成 23・12・21 判タ 1372 号 198 頁がある）。

　全部取得を含むキャッシュ・アウトは会社法制定前には存在しなかった制度であり，これに関わる取締役の義務と責任について学説の蓄積もほとんどなかったところ，上記各判決を契機に学説の検討が進められている。学説では，前掲・東京高判平成 25・4・17 の①公正価値移転義務を認めることについては基本的に支持する見解が一般的であり，②適正情報開示義務を認めること，および③の企業価値を超えて株主の利益を実現する義務を認めないことについては，評価は分かれている（学説の状況につき，玉井利幸「判解」百選 112 頁）。

　これらの義務，とくに①および②の義務は，取締役は全部取得により株主たる地位を剥奪される少数株主の利益を保護しなければならないということを本質とするものと考えられるから，取締役は会社から委任を受けた者であり，会社の利益を保護することが取締役の任務であるという伝統的な理解との関係が問題となる。近時は，会社法制において，キャッシュ・アウトのための諸制

第4節　株式会社による自己の株式の取得　第4款　全部取得条項付種類株式
の取得

§ 172

度など支配株主と少数株主の構造的な利益相反が問題となることが目立ってき
たことから，支配株主と少数株主との間の合理的な利害調整をする役割が取締
役に求められるという認識が広がっており，この認識は，本改正により特別支
配株主による株式等売渡請求制度では，対象会社の取締役は取締役会における
売渡請求の承認の判断において少数株主の利益を保護することがその義務であ
ることが実定法上も明示されたこと（179の3）により，いっそう強化されるこ
とになっている。これらのことから，①から③までの義務違反は取締役の任
務懈怠として位置付けられ，判例・通説による429条1項の責任の要件論に従
い，第三者である少数株主に対する責任を導くことができるとされることとな
る（公正価値移転義務につき，田中亘「企業買収・再編と損害賠償」法時88巻10号
〔2016〕22-23頁）。しかし，①から③までの義務は，上述のように，少数株主
の利益を保護する義務であり，429条1項の要件としての会社に対する任務懈
怠との関係についての説明が十分にされているとは言い難いように思われる。
一部の学説は，取締役が少数株主に対しても義務を負うことを，理論的に基礎
付ける試みを展開しており（飯田秀総「特別支配株主の株式等売渡請求」論点詳解
152-157頁，玉井利幸「株式等売渡請求，キャッシュ・アウト，取締役の義務(1)−(3
完)」南山法学36巻3＝4号〔2013〕237頁，37巻3＝4号〔2014〕199頁，40巻3＝4
号〔2017〕353頁，白井正和「会社の非上場化の場面における取締役の義務」JSDA
キャピタルマーケットフォーラム事務局編・JSDAキャピタルマーケットフォーラム
〔第1期〕論文集〔日本証券業協会，2017〕191頁），今後の展開が期待される。し
かし，この議論も，基本的には組織再編やキャッシュ・アウトに即して展開さ
れているが，少数株主に対する義務はそれ以外の会社法のさまざまな局面で問
題となり得るものであり，より広い視野での議論が必要であろう。

　具体的な義務についての学説の現状としては，①については，近時は，前
掲・東京高判平成25・4・17のように裁判所が独自の公正な取得価額を算出す
るのではなく，前掲・最決平成28・7・1に従い，取得価格すなわち公開買付
価格決定の手続の公正の審査をまずすべきであり，それにより手続が公正であ
るとされれば①の義務違反は成立しないという考え方が有力となっている
（田中・前掲法時88巻10号24頁）。①の義務をそのように理解すると，公正な
手続としてどこまでのことが求められるかの考え方次第では，③の義務を肯
定するのときわめて近いことにもなり得ると考えられる。②の義務について
は，当該事案の全部取得が行われた後に金融商品取引法，証券取引所規則，会
社法によりキャッシュ・アウトにおける情報開示規制が整備されたことから，

〔山下（友）〕

§172　　　　　　　　　　　　　　　　　　第2編　株式会社　第2章　株式

前掲・東京高判平成 25・4・17 が②の義務違反ありとしたような法令等による情報開示義務ではカバーされないような情報について②の義務違反成立の可能性を認めることを疑問とする見解がある（田中・前掲法時 88 巻 10 号 27-29 頁）。

2　会社に対する 423 条 1 項に基づく責任に関する裁判例と学説

　MBO を行おうとした取締役が取得価格を予定していた価格にするために取得価格について意見を求めていた第三者機関に工作をするなどの利益相反的行為があり，これが露見したことから MBO が頓挫した事例に関して，株主が株主代表訴訟により各取締役に対して 423 条 1 項に基づき，会社が支出した費用などの会社の被った損害についての会社に対する賠償責任を追及した裁判例がある。一審判決の神戸地判平成 26・10・16（判時 2245 号 98 頁）は，買収側取締役は，利益相反行為をしたことにより，MBO の手続的公正さの確保に対する配慮義務に違反するとともに，買収側取締役および社外取締役は公開買付賛同意見表明のプレス・リリースにおいて利益相反性について株主に誤解を生じさせるおそれのある情報を開示したことが善管注意義務違反となるとした上で，前者の配慮義務違反による損害の賠償義務は認めたが，後者の情報開示義務違反と損害の間には相当因果関係はないとして，賠償義務を認めなかった。
　控訴審判決の大阪高判平成 27・10・29（判時 2285 号 117 頁）は，MBO においては，取締役は，株主との関係では，最終的には一般株主に対する公正な企業価値を移転する義務を負うが，企業価値の移転に係る公正な手続として想定される手続の一部が欠け，あるいは一部の手続に瑕疵があったとしても，最終的に公正な企業価値の移転がされていると認められれば，全体としては公正な手続が取られたと評価すべき場合はあろうし，仮に個々の行為に善管注意義務違反が認められたとしても，損害の発生がないことになり，損害賠償義務は発生しないのに対して，会社との関係を考えると，取締役が企業価値の移転について公正を害する行為を行えば，公開買付け，ひいては MBO 全体の公正に対する信頼を損なうことにより，会社は本来なら不要な出費を余儀なくされることは十分に考えられるから，取締役は，そのことによって会社が被った損害を賠償すべき義務を負うべきものとした。その上で，具体的事案においては，買収側取締役の利益相反行為は会社に対する関係で上記義務に違反するとして，賠償責任を認めた。しかし，一審判決で認められた情報開示義務違反については否定した。

第4節　株式会社による自己の株式の取得　第4款　全部取得条項付種類株式
の取得
§173

　当該事案においては，MBOをしようとした取締役の工作にもかかわらず，
公開買付価格は公正な価格であると認められたので，株主に対する公正価値移
転義務違反は成立しないが，そうであっても，公正とはいえない手続により
MBOを進めたことによりMBOが頓挫した場合には，そのことに起因して会
社に生じた費用損害等について取締役は任務懈怠責任を負うとしたもので，こ
の判断自体は正当なものと評価されている（田中・前掲法時88巻10号26頁）。
情報開示義務違反の成否が一審と控訴審とで分かれたのは，問題となった情報
は法律事務所の意見書ドラフトに関するものであり，法令により開示が必要な
ものではなかったものであるから，まさにこのような情報開示義務違反を認め
るべきかが株主に対する責任と同様に問題となる。

（山下友信）

　（効力の発生）
　第173条①　株式会社は，取得日に，全部取得条項付種類株式の全部を取得す
　　る。
　②　次の各号に掲げる場合には，当該株式会社以外の全部取得条項付種類株式の<u>株</u>
　　<u>主（前条第1項の申立てをした株主を除く。）</u>は，取得日に，第171条第1項の
　　株主総会の決議による定めに従い，当該各号に定める者となる。
　　1　第171条第1項第1号イに掲げる事項についての定めがある場合　同号イの
　　　株式の株主
　　2　第171条第1項第1号ロに掲げる事項についての定めがある場合　同号ロの
　　　社債の社債権者
　　3　第171条第1項第1号ハに掲げる事項についての定めがある場合　同号ハの
　　　新株予約権の新株予約権者
　　4　第171条第1項第1号ニに掲げる事項についての定めがある場合　同号ニの
　　　新株予約権付社債についての社債の社債権者及び当該新株予約権付社債に付さ
　　　れた新株予約権の新株予約権者

I　本条の改正の趣旨

　本改正では，本条2項柱書の株主から，172条1項，すなわち裁判所に対し
て取得される株式の価格の決定の申立てをした株主を除く旨の括弧書が追加さ

れた。本条2項は，全部取得条項付種類株式の全部の取得（以下，「全部取得」という）の対価として，171条1項1号イからニまでの規定する会社の発行する株式等の権利が交付される場合に，全部取得条項付種類株式の株主は，取得日に株式等の権利者となるとするものであるが，この規律を172条に基づいて取得の価格の決定を裁判所に対して申し立てた株主については適用しないものとする改正である。

II　取得の価格の決定を申し立てた株主の権利

1　改正による株主の権利の変更

　改正前本条2項では，全部取得条項付種類株式の株主について限定をせずに，取得日に株式等の取得対価の権利者となることとしていたので，取得日よりも前に裁判所に対して価格の決定の申立てをした株主も株式等の権利を取得することとなっていた。これにより，申立てをした株主は，取得日に取得の対価としての権利を取得するが，価格の決定が裁判所によりされるとその価格の額の支払を受ける権利も取得することになる。この点については，価格の決定を申し立てた以上は，当該株主は，取得日に対価を取得せず，裁判所の決定した価格の額の金銭の支払を受ける権利のみを有するという解釈も見られたが［☞ 会社法コンメ(4)§172 VI〔110-111頁［山下友信］］］，規定の文言からはそのような解釈が可能かどうかについては疑問であった。そこで，申立てをした株主も対価を取得するものとすると，株主が両方の権利を重複して取得することはもちろん認めるべきでないので，不当利得としての調整をすることとなる。しかし，このような複雑な法律関係を生じさせることは適切でないので，本改正においては，本条2項に括弧書を追加して，価格の決定を申し立てた株主は，株式等の対価を取得することはなく，裁判所の決定した価格により会社に対して金銭の支払を請求する権利のみを有することを明文化した（立案担当平成26年 194頁）。本改正では，172条1項を改正し，価格の決定の申立期間を，取得日の20日前から取得日の前日までとあらためたため，取得日後に価格の決定を申し立てることはなくなり，本条の改正と併せると，取得日後の申立てにより株主が裁判所の決定した価格による金銭の支払と株式等の取得の対価を重複して取得する可能性はなくなった。

　価格の決定を申し立てた株主には，裁判所の決定した価格による金銭の支払を受ける権利のみが認められるとし，法律関係の単純化を図った趣旨からは，

第4節　株式会社による自己の株式の取得　第4款　全部取得条項付種類株式
の取得　　　　　　　　　　　　　　　　　　　　　　　　　　　　§173

取得日以降においては申立てをした株主が裁判所の決定が下される前に申立て
を取り下げることは認められないと解すべきである。

2　全部取得に際しての端数処理との関係

　本条1項の改正により価格の決定を申し立てた株主は，裁判所の決定した価
格の額の支払だけを会社に対して請求できることになるが，これを裏返せば，
申立てをした株主には，株式等の取得の対価が交付されないこととなる。本改
正前は，申立てをした株主に対しても株式等の取得の対価を交付するという前
提で実務が行われてきたので，この実務は変更されることとなる。MBO等を
目的としたキャッシュ・アウトの方法として全部取得を行う場合には，少数株
主には1株未満の端数を割り当てて，234条の規定により裁判所の許可を得て
売却して得た代金を株主の持株数に応じて交付する方法により行われるのが一
般的であるが，同条1項は，端数の合計数が1に満たない場合には切り捨てる
こととしており，端数の合計が1株以上にならないと少数株主に対する金銭の
交付ができないため，キャッシュ・アウト手続の公正さに疑義が生じることか
ら，上述のとおり，本条1項の改正により価格の決定の申立てをした株主には
株式等の取得の対価が交付されなくなるということを前提として，端数の合計
を1株以上にするために対価の割当ての計算の実務も変更する必要があるとの
指摘がされている（弁護士法人大江橋法律事務所編・実務解説平成26年会社法改正
〔商事法務，2014〕132頁，野村修也＝奥山健志編著・平成26年改正会社法〔規則対応
補訂版〕〔有斐閣，2015〕119-120頁〔代宗剛〕）。

III　全部取得についての効力

1　はじめに

　本条は，全部取得の効力の発生について規定するが，全部取得は少数株主を
会社から締め出す行為（スクイーズ・アウト）であるために，少数株主を違法ま
たは不当に締め出す全部取得の効力を否定する解釈論が必要ではないかとの議
論が会社法制定時から学説により行われていた。これについては，本コンメン
タール第4巻には2009年当時の学説等による記述があるが〔☞会社法コンメ(4)
§171 IV〔99頁以下〔山下友信〕〕〕，その後裁判例や学説の展開が見られるところ
であるので，以下これを概観する。

〔山下(友)〕　　　　　　　　　　　　　　　　　　　　　　　　　　　177

2 全部取得決議の無効事由・取消事由

(1) 正当な目的の欠如または目的の不当

全部取得に解釈論上何らかの内在的限界がないのかという問題は，会社法制定直後から議論され，一部の学説より，正当な事業目的のない全部取得の株主総会決議は無効であるとの見解が提示された（藤田友敬「組織再編」商事1775号〔2006〕57頁）。その後の学説の議論では，閉鎖的な会社と上場会社等とを分けて論じられるようになっている。

上場会社等については，正当な目的がないこと，または目的が不当であることを理由に全部取得を無効とする解釈を支持する見解は見られない。ただし，これらの事由をもって全部取得の株主総会決議が831条1項3号の著しく不当な決議として取消事由となる可能性は否定しない見解は見られる（笠原武朗「全部取得条項付種類株式制度の利用の限界」江頭還暦・上248頁）。しかし，類型的に取消事由とはならないとする見解もある（江頭161頁注36は，公開型の会社の株主は，適正な対価を取得できれば，当該会社の株主の地位に固執すべき理由はないので，締め出すこと自体は，類型的に著しく不当な決議に当たらないとする）。

これに対して，閉鎖的な会社については，正当な事業目的のない，または不当な目的での全部取得の効力を否定すべきものとする見解が主張されるようになっているが，法令違反として無効とする解釈はやはり見られず，831条1項3号の著しく不当な決議として取消事由となるとされている（笠原・前掲248頁，江頭160頁注36，新基本法コンメ(1)330頁〔齊藤真紀〕）。

裁判例を見ると，まず上場会社におけるMBOの目的による全部取得の事案について，支配株主が少数株主を排除する目的があったことをもって全部取得の無効事由となるという少数株主の主張，および少数株主排除目的があることをもって831条1項3号により著しく不当な決議として取消事由となるという主張は否定されている（東京地判平成22・9・6判タ1334号117頁，大阪地判平成24・6・29判タ1390号309頁）。

閉鎖的な会社についても，経営陣に対して批判的な立場にあった少数株主を締め出すことを目的とする全部取得と認定しつつも，少数株主を排除する目的があることをもって会社法の趣旨に反するとして全部取得決議が無効であるという主張，および著しく不当な決議として取消事由があるとの主張を否定する裁判例がある（東京地判平成28・9・21 LEX/DB 25537010。具体的事案において違法行為の隠蔽等までを目的としていたわけではないことを考慮している）。しかし，直

接，少数株主排除の不当な目的があるとして全部取得の無効または全部取得の決議の取消しを認めたものではないが，支配株主が支配権を握るにいたった一連の経緯が著しく不当で権利濫用となることから全部取得を決議した株主総会の手続に不存在事由があったとして結果的に全部取得の効力を否定した事例もある（長崎地判平成27・11・9金法2037号70頁）。不当な目的があることを決議取消事由とすると，決議取消訴訟は3か月という短い提訴期間が適用されることとなり，閉鎖的な解釈における救済として適切かは疑問がないではなく，決議無効事由とする解釈も認める必要はあるのではないかと思われる。

　上場会社ではない会社におけるいわゆる100パーセント減資の目的での全部取得の効力が争われた事例として，大分地判平成25・11・28（金判1462号28頁）は，全部取得につき，正当事由は不要と解されるとし，その理由として，100パーセント減資を行う場合には債務超過であることが必要であるなどと株主が判断した場合，その旨を条件として定めることが可能であると解されることに照らせば，会社が債務超過であること等の事情があることは法律上の要件ではなく，そのような事情があることを全部取得の条件とするか否か，また，取得対価をどのように定めるかについては，株主総会の判断に委ねているとする（控訴審判決である福岡高判平成26・6・27金判1462号18頁も，一審判決を支持した）。

(2)　取得対価の不当

　取得の対価が不当に低いことが全部取得の効力に影響を及ぼさないかも議論されており，学説は，MBOや完全子会社化のための全部取得の場合に，対価が不当に低いことは831条1項3号により全部取得決議の取消事由となることを肯定していると見られる（笠原・前掲252頁，逐条(2)450頁［河村尚志］，新基本法コンメ(1)330頁［齊藤］）。

　裁判例も，このこと自体は肯定していると見られるが（一般論として全部取得の決議取消訴訟の提起可能性を肯定するものとして，東京高判平成22・7・7判時2095号128頁），具体的な事案について，取得対価が不当に低いとして決議取消事由があると認めたものはない（前掲・東京地判平成22・9・6，前掲・大阪地判平成24・6・29はいずれも取消事由はないとした）。100パーセント減資目的での全部取得に関する前掲・大分地判平成25・11・28においては，対価ゼロの取得について100パーセント減資のための全部取得であることを考慮して不公正決議取消しの事由は認められないとした。

〔山下(友)〕

(3) その他の瑕疵

前掲・大分地判平成25・11・28は，一部の株主は本件決議により株主たる地位を失うが，本件決議後に会社の再建が果たされた場合に，当該株主がその経済的利益を享受し得る立場にあるといえるとしても，会社と当該株主との間に権利義務関係や金銭の移転を生ずることにはならないのであるから，当該株主は，本件各決議との関係において，特別利害関係人に該当すること自体を否定する。

東京地判平成26・4・17（金法2017号72頁）は，全部取得に係る議案が承認されることを条件とする剰余金配当決議（取得価格が300円であるのに対して配当額は83円）がされた場合において，基準日に株式を保有しながらその後これを売却した者は，株式を取得されないにもかかわらず剰余金の配当を受けることができるとしても，同人は取得の決議について特別利害関係人には該当しないとする（控訴審判決である東京高判平成27・3・12金判1469号58頁も同旨）。

(4) 全部取得の無効

全部取得については，組織再編に係る組織再編無効の訴えのように，会社の行為の効力を争うための特別の訴訟制度は設けられていない。上記のとおり，目的が不当であること，あるいは取得対価が不当であることは，831条1項3号の取消事由に該当し得るとされているが，取消判決が確定してはじめて全部取得が無効となる。取消訴訟で争うので，全部取得の決議の日から3か月という提訴期間の制限がかかる。これに対して，支持はされていないものの，全部取得には正当な目的があることが要件であるという解釈をすれば，正当な目的がないという瑕疵は決議無効事由であるから，決議無効確認の訴えにより争うこともできるが，当然無効事由として給付訴訟等の前提問題としても主張できる。同じようなことは，例えば，全部取得に係る事前開示（171の2）の懈怠または不実記載は，自己株式取得の法定の手続違反であるので，全部取得の無効事由となると考えられる。無効事由とすれば，提訴期間の制限もない。これらの解釈論的な帰結がキャッシュ・アウトの手段ともなり得る組織再編と比較して合理的なものかどうかは多分に疑問があるところである。また，キャッシュ・アウトの手段としての特別支配株主の株式等売渡請求の制度と比較してもアンバランスがあるところで，立法論としては再考の必要があると考えられる（舩津浩司「キャッシュ・アウト」論点詳解187-189頁は，制度の間の非対称の問題を指摘し，解釈論による無効主張の制限の可能性も示唆する）。

第4節　株式会社による自己の株式の取得　第4款　全部取得条項付種類株式
の取得　　　　　　　　　　　　　　　　　　　　　　　　　　　　§ 173

3　全部取得決議の取消訴訟に関するその他の諸問題

(1)　全部の取得の決議取消訴訟の原告適格

　本改正では，株主総会決議の取消訴訟について，決議の取消しにより株主た
る地位を回復する者も，原告適格を有することを明文化する改正が行われた
(831 I 柱書)。これにより，全部取得の決議により株主の地位を失うこととなっ
た者も，同決議の原告適格を有することが法文上明らかになった（本改正前
に，解釈論としてこれを認めたものとして，前掲・東京高判平成22・7・7）。

(2)　全部取得条項を付す定款変更についての種類株主総会決議の効力

　普通株式その他のある種類株式の内容として全部取得条項を付す定款変更の
決議（111 II）と，それを前提とする全部取得の決議が同一の定時株主総会で行
われる場合には，定款変更については，当該種類株式の株主の種類株主総会決
議が必要であるところ（同項），当該会社では，株主総会と同一の日において
種類株主総会を開催して，定款変更およびそれを前提とする全部取得の決議を
したものの，定款において種類株主総会における議決権についての基準日の定
めがなかったため，種類株主総会の決議について必要な基準日公告（124 III 本
文）がされていなかったとして，種類株主総会決議が取り消された裁判例があ
る（前掲・東京地判平成26・4・17。控訴審判決の前掲・東京高判平成27・3・12も，
一審判決を維持した）。普通株式のみを発行している会社において，同一の株主
総会において定款変更と全部取得をする決議をする限りでは，株主総会と種類
株主総会で議決権を行使する株主は同一であるから，株主総会決議と別に種類
株主総会決議をすることの実質的な意味はない（この観点から上記判決を批判す
るものとして，吉本健一「判批」金判1478号〔2015〕5-7頁。これに対しては，当該事
案においては，種類株主総会で議決権を行使することができる株主を会社の有利な者に
するように操作した可能性があるということから判決を正当とする見解がある。行岡睦
彦「判批」ジュリ1481号〔2015〕89頁，松中学「判批」リマークス51号〔2015〕90
頁）。しかし，一挙手一投足の手間の問題であり，便法を認めるほどのことで
はなかろう。

(3)　全部取得の決議取消訴訟等の訴えの利益

　全部取得が株主総会決議により決定され，全部取得の効力が発生した後に，
当該会社を消滅会社とする吸収合併が行われた場合には，全部取得を決定した
株主総会決議に取消事由があるのであれば，株式を取得された株主は取消判決
の確定により合併無効の訴えの原告適格を有することになるが，合併無効の訴

〔山下(友)〕

§173 第2編　株式会社　第2章　株式

えの提訴期間内に同訴えの提起がない場合には，合併の無効はもはや誰も争えなくなることの結果として，上記全部取得を決定した株主総会決議取消しの訴えは，訴えの利益がなくなり却下されるとする裁判例がある（前掲・東京高判平成22・7・7，前掲・大阪地判平成24・6・29）。形式論理的にはこの結論を認めざるを得ないが，全部取得が行われて間もない時期に合併等の組織再編が十分な情報の公開もなく行われると，株式を取得された旧株主の救済の権利が侵害されるという，全部取得によるキャッシュ・アウトの構造的問題を明らかにする。

また，前掲・東京地判平成26・4・17の事案に関して，当該被告会社は，控訴審係属中に，臨時株主総会を招集，開催し，当該総会で上記の定款変更および全部取得の決議を追認する旨の決議が行われるとともに，定款変更に係る種類株主総会を招集，開催し，同種類株主総会でやはり上記の決議を追認する決議が行われたことから，これらの追認の決議により，当初の定款変更および全部取得の決議を争う訴えの利益が失われるかどうかが問題となった。控訴審判決である前掲・東京高判平成27・3・12は，当該全部取得の対価として交付された新株発行については新株発行無効の訴えが提起されておらず，新株発行の無効を主張することはもはや許されなくなっており，また，新株発行に関する株主総会決議の取消訴訟係属中に株式が発行された場合には，決議取消しの訴えの利益が消滅するが（最判昭和37・1・19民集16巻1号76頁を引用する），本件定款変更および全部取得の議案の決議取消判決により，すべての普通株式に全部取得条項を付し会社が全部取得する部分については遡及的に決議の効力が失われると解する余地があり，また，定款変更は全部取得後も定款として効力を有するので，少なくともその限りで上記決議の取消しを求める訴えの利益は消滅しないとした（前掲・東京高判平成22・7・7も同旨）。この解釈によれば，対価として発行された株式は有効とされる一方で，全部取得は決議取消しにより無効とされると，株式が二重に発行されたのと近似する変則的な状態が生ずるという問題がある（このことから，新株発行無効の訴えがもはや提起され得なくなったことにより全部取得の決議の訴えの利益が消滅したものと解するものとして，吉本・前掲4-5頁）。このような問題が生じるのも，全部取得を利用したキャッシュ・アウトが実質的には組織再編としての性格を有するにもかかわらず，自己株式の取得という制度的位置付けがされているにすぎず，組織再編無効の訴えのような訴訟類型が用意されていないことに原因がある。

前掲・東京高判平成27・3・12は，さらに，株主総会決議が無効とはいえず取消事由があるにとどまるときは，取消判決の確定までは当該決議は有効なも

第4節　株式会社による自己の株式の取得　第4款　全部取得条項付種
類株式の取得

§173の2

のとして取り扱われるべきであるから，全部取得の決議の取消判決が確定する
までに招集通知を受け株主総会および種類株主総会に出席した株主（全部取得
された株主）は株主の地位を有しない者であるので，そのような株主総会およ
び種類株主総会により当初の決議の日まで追認決議の効力を遡らせる決議をす
ることは許されないので，当初の決議の取消しの訴えの利益はなくならないと
した（なお，当該追認の決議については，別訴において不存在であることが確認されて
いる。東京地判平成27・3・16判時2272号138頁およびその控訴審判決として東京高
判平成27・7・15D1-law 28232844）。この点は，判決は正当であろう。

(山下友信)

（全部取得条項付種類株式の取得に関する書面等の備置き及び閲覧等）（新設）

第173条の2① 株式会社は，取得日後遅滞なく，株式会社が取得した全部取得条
項付種類株式の数その他の全部取得条項付種類株式の取得に関する事項として法
務省令で定める事項を記載し，又は記録した書面又は電磁的記録を作成しなけれ
ばならない。

② 株式会社は，取得日から6箇月間，前項の書面又は電磁的記録をその本店に備
え置かなければならない。

③ 全部取得条項付種類株式を取得した株式会社の株主又は取得日に全部取得条項
付種類株式の株主であった者は，当該株式会社に対して，その営業時間内は，い
つでも，次に掲げる請求をすることができる。ただし，第2号又は第4号に掲げ
る請求をするには，当該株式会社の定めた費用を支払わなければならない。

1　前項の書面の閲覧の請求

2　前項の書面の謄本又は抄本の交付の請求

3　前項の電磁的記録に記録された事項を法務省令で定める方法により表示した
ものの閲覧の請求

4　前項の電磁的記録に記録された事項を電磁的方法であって株式会社の定めた
ものにより提供することの請求又はその事項を記載した書面の交付の請求

I　本条の新設の趣旨

本改正では，全部取得条項付種類株式の全部の取得（以下，「全部取得」とい
う）についても，合併等の組織再編とバランスをとった株主に対する情報開示

規制を整備することとした［☞§171の2Ⅰ］。171条の2が事前開示について，本条が事後開示について規定する。組織再編における事後開示（791・801ほか）は，株主等が実行された組織変更に関する重要な事項を確認すること，組織再編の無効の訴えや取締役の責任追及の訴えの提起等の判断や訴訟における主張ないし証拠等に利用できるようにすること，さらに間接的に情報開示を通じて取締役が法律規定を遵守することも担保することを目的とするとされている［組織再編につき，☞会社法コンメ⒅§791Ⅰ1〔184-185頁〔柴田和史〕〕］。本条の事後開示も，同様の目的を有するものといえるが，全部取得については，組織再編の無効の訴えに対応する訴訟は規定されておらず，効力を争う訴訟としては，取得を決定した株主総会決議の取消しまたは無効確認訴訟の提起または法令違反等の全部取得は当然に無効と解した上で，それを前提問題とする各種の訴訟がそれに代わるものとなる。

Ⅱ　取得に関する書面等の作成

会社は，取得日（171Ⅰ③）後遅滞なく，取得に関する事項として，会社が取得した全部取得条項付種類株式の数その他の法務省令で定める事項を記載し，または記録した書面または電磁的記録を作成しなければならない（本条Ⅰ）。法務省令である会社法施行規則33条の3は以下の事項としているが，株式交換における株式交換完全子会社の事後開示事項を参考としている（一問一答平成26年295頁注4）。

① 　会社が全部取得をした日

② 　171条の3の規定による全部取得の差止請求に係る手続の経過　　株主から全部取得についての差止請求権が行使されたか否か，行使された場合にはその請求がどのような経過を辿ったかを株主に明らかにする趣旨である。

③ 　172条の規定による株主の価格決定の申立ての手続の経過　　株主から取得価格について裁判所に対して申立てがあった数および申立てによる裁判がどのような経過を辿ったかを株主に明らかにする趣旨である。

④ 　会社が取得した全部取得条項付種類株式の数

⑤ 　①から④までのほか，全部取得に関する重要な事項　　⑤に該当する事項として，同一の株主総会において，全部取得の決議に先立ち，普通株式等に全部取得条項を付す定款変更の決議をする場合には，定款変更に反

第4節　株式会社による自己の株式の取得　第4款　全部取得条項付種類株式の取得

§173の2

対の株主に株式買取請求権が認められるが (116 I ②)，この株式買取請求に係る手続の経過が考えられる (一問一答平成26年295頁注4)。

本改正前の上記定款変更についての反対株主の株式買取請求権に係る買取りの効力は，当該株式の代金の支払の時とされていた (改正前117 V)。これを前提として，判例 (最決平成24・3・28民集66巻5号2344頁) は，全部取得の効力発生後においては，対価の決定の申立てをした株主による上記定款変更についての株式買取請求に係る価格決定の申立ては不適法とした。しかし，本改正により株式買取請求に係る買取りの効力は，定款変更の効力発生日に生ずるとあらためられ (117 VI)，株式買取請求権に係る価格の決定の申立ては，効力発生日から30日以内に協議が調わないときにその期間の満了の日から30日以内に申し立てることができるとされているので (同条 II)，全部取得の効力発生後においても株式買取請求に係る価格決定の申立ては可能であるといわざるを得ず，前掲・最決平成24・3・28は改正法の下では妥当しなくなったと考えられる (一問一答平成26年295頁注4・329-330頁)。これに伴い，株式買取請求権に関する手続の経過の開示は，株主にとっても意義があるといえるので，本条により開示することに意味があることとなる。

なお，前掲・最決平成24・3・28が本改正により妥当しなくなることにより，株主は，172条に基づく取得の価格の決定の申立てと，117条2項に基づく買取価格の決定の申立てのいずれかを選択して申し立てることができることとなる。しかし，株主が取得日までに株式買取請求権を行使した場合には，定款変更の効力発生日に買取りの効力が発生することから，当該株主は取得日にはすでに株主ではなくなっており，取得の効力は生じず，取得に係る価格の決定の申立ての資格は失われ，申立てはできないということになる (仁科秀隆「株式の価格決定と個別株主通知」商事1976号〔2012〕33頁，小出篤「組織再編等における株式買取請求」論点詳解230頁)。

このほか，全部取得に許認可等が必要となる場合の当該許認可等の取得の有無，全部取得に係る株主総会決議取消訴訟が提起されている場合には，当該手続の経過，上場廃止となった場合にはその旨等が重要な事項として考えられる (論点体系補巻113頁 [松本真輔])。

本条1項では，会社は，取得日後遅滞なく，必要な事項を記載または記録した書面または電磁的記録を作成しなければならないとしているので，取得日に作成が完了している必要はない。むしろ，上記のように記載または記録しなければならない事項には，裁判に関する経過なども含まれており，これは，取得

〔山下(友)〕

日後も随時変動するものであるから，いったん記載または記録をして本条2項の備置きを開始した後でも，記載または記録した事項に変動があれば，備え置いた書面または記録を変更することも必要となる。

本条1項に違反して，必要な記載もしくは記録をせず，または虚偽の記載もしくは記録をした取締役等に対しては過料の制裁がある（976⑦）。

Ⅲ　書面等の備置き

会社は，取得日から6か月間，本条1項の書面または電磁的記録をその本店に備え置かなければならない（本条Ⅱ）。上述のように，本条1項により書面または電磁的記録を作成しなければならないのは，取得日後遅滞なくということであるから，本条2項に基づく備置きの開始時期も書面または電磁的記録が作成された後であればよい（論点体系補巻114頁［松本］）。組織再編における事後開示は効力発生日から6か月を経過する日までとされているが，この6か月の期間は，組織再編の無効の訴えの提訴期間と連動しており，事後開示による情報を株主等が組織再編の無効の訴えを提起するかどうかの判断材料とさせる趣旨である。全部取得については，組織再編の無効の訴えに対応する訴訟は規定されていないが，組織再編における事後開示とバランスをとった事後開示を新設するということから，同じ期間とされたものであろう。

本条2項に違反して書面等を備え置かなかった取締役等に対しては過料の制裁がある（976⑧）。

Ⅳ　株主の閲覧等請求

全部取得をした会社の株主または取得日に全部取得条項付種類株式の株主であった者は，当該会社に対して，その営業時間内は，いつでも次の①から④までの請求をすることができる（本条Ⅲ本文）。取得日に全部取得条項付種類株式の株主であった者も，閲覧等の請求をすることができるとされているのは，この者は取得日以降株主ではなくなっているが，事後開示の目的が上述のような点にあることからは閲覧等の請求を認める必要があるためである。単元未満株主も閲覧等の請求をすることができるが，定款で本条の権利を有しない旨が定められたときはこの限りでない（189Ⅱ参照）。②または④の請求をするには，当該会社の定めた費用を支払わなければならない（本条Ⅲただし書）。

第4節　株式会社による自己の株式の取得　第4款　全部取得条項付種
類株式の取得　　　　　　　　　　　　　　　　　　　　　　§173の2

①　本条2項の書面の閲覧の請求（本条Ⅲ①）

②　本条2項の書面の謄本または抄本の交付の請求（本条Ⅲ②）

③　本条2項の電磁的記録に記録された事項を法務省令で定める方法（会社
　法施行規則226条8号により，電磁的記録に記録された事項を紙面または映像面に
　表示する方法とされる）により表示したものの閲覧の請求（本条Ⅲ③）

④　本条2項の電磁的記録に記録された事項を電磁的方法であって会社の定
　めたものにより提供することの請求またはその事項を記載した書面の交付
　の請求（本条Ⅲ④）

本条に違反して閲覧等の請求を拒絶した取締役等に対しては過料の制裁があ
る（976④）。

V　本条違反と取得の効力

本条の全部取得に関する書面等の備置きの義務および閲覧等請求に応じる義
務に対する違反があったことが，全部取得の効力に影響を及ぼすかどうかが問
題となる。組織再編における事後開示については，義務に対する違反は合併無
効事由となるとする見解がある（今井宏＝菊地伸・会社の合併〔商事法務，2005〕
323頁。東京地判平成22・1・29・2010 WLJPCA 01298004は，合併において，事前開
示とともに事後開示が適法にされなかった事案について，事後開示が適法にされなかっ
た点も合併無効事由としている）。これを類推すれば，事後開示に関する本条違反
は，全部取得の無効を生じさせることとなるという解釈が考えられるが，全部
取得については，組織再編の無効の訴えのごとき訴えが存在せず，訴訟で取得
の効力を争うとすれば，全部取得を決定する株主総会決議の取消訴訟または無
効確認訴訟が考えられる。171条の2の事前開示が適法に行われなかったこと
については，株主総会決議の取消しを介して全部取得が無効となるのか，違法
な手続による自己株式の取得として当然に無効となるのかという問題があり，
本条でも同様の問題がある（新基本法コンメ(1)337頁［齊藤真紀］は，当然に無効
とする）。しかし，そのいずれによるとしても，本条の開示が事後開示である
ことからは，本条の違反が全部取得を無効とする瑕疵となるかは疑問である。

（山下友信）

§179　　　　　　　　　　　　　　　　　　第2編　株式会社　第2章　株式

（株式等売渡請求）（全面改正）

第179条①　株式会社の特別支配株主（株式会社の総株主の議決権の10分の9（これを上回る割合を当該株式会社の定款で定めた場合にあっては，その割合）以上を当該株式会社以外の者及び当該者が発行済株式の全部を有する株式会社その他これに準ずるものとして法務省令で定める法人（以下この条及び次条第1項において「特別支配株主完全子法人」という。）が有している場合における当該者をいう。以下同じ。）は，当該株式会社の株主（当該株式会社及び当該特別支配株主を除く。）の全員に対し，その有する当該株式会社の株式の全部を当該特別支配株主に売り渡すことを請求することができる。ただし，特別支配株主完全子法人に対しては，その請求をしないことができる。

②　特別支配株主は，前項の規定による請求（以下この章及び第846条の2第2項第1号において「株式売渡請求」という。）をするときは，併せて，その株式売渡請求に係る株式を発行している株式会社（以下「対象会社」という。）の新株予約権の新株予約権者（対象会社及び当該特別支配株主を除く。）の全員に対し，その有する対象会社の新株予約権の全部を当該特別支配株主に売り渡すことを請求することができる。ただし，特別支配株主完全子法人に対しては，その請求をしないことができる。

③　特別支配株主は，新株予約権付社債に付された新株予約権について前項の規定による請求（以下「新株予約権売渡請求」という。）をするときは，併せて，新株予約権付社債についての社債の全部を当該特別支配株主に売り渡すことを請求しなければならない。ただし，当該新株予約権付社債に付された新株予約権について別段の定めがある場合は，この限りでない。

細　目　次

I　本条の趣旨
II　制度の導入の経緯
III　株式等売渡請求制度の概要
　1　株式売渡請求
　2　新株予約権売渡請求
　3　手続の流れ
IV　検討と課題
　1　株式等売渡請求制度の特徴
　2　株式交換, 株式併合および株式等売渡請求の比較
　3　公開会社でない株式会社

【文献】飯田秀総「特別支配株主の株式等売渡請求」論点詳解147頁（初出・商事2063号〔2015〕29頁），飯田秀総「企業買収における対象会社の取締役の義務」フィナンシャル・レビュー121号(2015) 135頁，飯田秀総「キャッシュアウトの合理性を活かす法制度の構築」ジュリ1495号(2016) 57頁，**石綿学**「会社法改正後の世界におけるキャッシュ・アウト」金判1442号 (2014) 1頁，**伊藤靖史**「特別支配株主の株式等売渡請求」同志社法学67巻6号 (2015) 111頁，内田修平「キャッシュ・アウト等に関する改正」監査役647号 (2015) 58頁，**内田修平＝李政潤**「キャッシュ・アウトに関する規律の見直し」商事2061号 (2015) 23頁，弁護士法人**大江橋法律事務所編・実務解説平成26年会社法改正**（商事法務, 2014），**加藤貴仁ほか**「座談会・平成26年会社法改正の検討」ソフトロー研究24号 (2014) 51頁，**金融商品取引法研究会編・平成26年会社法改**

188　　　　　　　　　　　　　　　　　　　　　　　　　　　　　　　　〔中　東〕

正後のキャッシュ・アウト法制（金融商品取引法研究会研究記録第59号）（日本証券経済研究所，2017）［中東正文］，小島義博「キャッシュ・アウトの手法」ビジネス法務15巻8号（2015）153頁，齊藤真紀「キャッシュ・アウト」ジュリ1439号（2012）51頁，篠原倫太郎＝藤田知也「キャッシュ・アウトおよび組織再編における株式買取請求等」商事1959号（2012）22頁，柴田和史「株式等売渡請求制度」法時87巻3号（2015）30頁，柴田寛「キャッシュ・アウトの新手法」商事1981号（2012）15頁，清水毅「キャッシュ・アウトに関する改正ポイント」経理情報1370号（2014）22頁，代宗剛「Q&A株式・組織再編の実務(1)（商事法務，2015），田中亘「キャッシュ・アウト」ジュリ1472号（2014）40頁，田邉光政「キャッシュ・アウト制度の新設」関西商事法研究会編・会社法改正の潮流（新日本法規，2014）129頁，谷口達哉「株式等売渡請求に関する金融商品取引法上の諸論点」商事2114号（2016）29頁，十市崇＝江本康能「特別支配株主の株式等売渡請求の実務上の留意点」商事2083号（2015）4頁，中東正文「組織再編法制」ジュリ1495号（2016）63頁，中東正文「平成26年会社法改正後のキャッシュ・アウト法制」金融商品取引法研究会編・金融商品取引法制に関する諸問題（下）（日本証券経済研究所，2018），原田裕彦「特別支配株主の少数株主に対する株式等売渡請求制度と全株式譲渡制限会社（閉鎖会社）」北村雅史＝高橋英治編・藤田勝利先生古稀記念・グローバル化の中の会社法改正（法律文化社，2014）144頁，舩津浩司「キャッシュ・アウト」論点詳解171頁（初出・商事2064号〔2015〕4頁），松尾拓也ほか・スクイーズ・アウトの法務と税務〔第2版〕（中央経済社，2018），森本大介「株式等売渡請求を利用したキャッシュ・アウト制度の新設」ビジネス法務14巻11号（2014）82頁

I　本条の趣旨

　株式会社（対象会社）の特別支配株主は，対象会社の株主（対象会社および特別支配株主を除く）の全員に対し，その有する対象会社の株式の全部を特別支配株主に売り渡すことを請求することができる（本条I本文）。これを，特別支配株主の株式売渡請求権という。

　また，特別支配株主は，株式売渡請求をするときは，併せて，対象会社の新株予約権の新株予約権者（対象会社および特別支配株主を除く）の全員に対して，その有する対象会社の新株予約権の全部を特別支配株主に売り渡すことを請求することができる（本条II）。この請求を，新株予約権売渡請求という（同条III）。新株予約権付社債についても同様である（同項。ただし，当該新株予約権付社債に付された新株予約権について別段の定めがある場合は〔238 I ⑦〕，その定めによる）。対象会社に新株予約権が残ると，新株予約権の行使によって完全支配関係が崩れてしまい，株式売渡請求の意義が損なわれるおそれがあるためである。これらの請求を併せて，特別支配株主の株式等売渡請求という。

　特別支配株主とは，対象会社の総株主の議決権の10分の9（これを上回る割合を対象会社の定款で定めた場合にあっては，その割合）以上を対象会社以外の者および特別支配株主完全子法人（特別支配株主が発行済株式の全部を有する株式会

§ *179*   第2編　株式会社　第2章　株式

社その他これに準ずるものとして法務省令で定める法人である。会社則 33 の 4 I）が有している場合における当該者をいう。特別支配株主がこの売渡請求を行使すれば，対象会社の発行済株式（自己株式を除く）の全部を取得することができる。特別支配株主の請求権は，会社に対する権利ではなく，自己が特別支配株主である対象会社の他の株主に対する権利である点において，特殊な少数株主権である（江頭 276-277 頁）。

　改正前法におけるキャッシュ・アウト（現金を対価とする少数株主の締出し）の手法と比較すると，対象会社において株主総会決議が不要となる（立案担当平成 26 年 181 頁）。この点で，現金を対価として実施する略式株式交換と類似している。他方で，対象会社が当事者とはならない仕組みになっており，この点で，公開買付けと類似する（以上につき，飯田 148-149 頁）。

　対象会社が取引の当事者とならず，特別支配株主による株式等売渡請求は一種の形成権の行使であることから（最決平成 29・8・30 民集 71 巻 6 号 1000 頁も，このような理解を示している），組織再編とは法的性質を異にする（一問一答平成 26 年 254 頁）。そこで，次条以下で，手続，差止請求，売買価格決定申立て，効力発生，事前・事後の開示などが定められており（179 の 2-179 の 10），第 5 編（組織変更，合併，会社分割，株式交換及び株式移転）とは別に関係規定が設けられている。また，無効の訴えについても，「会社の組織に関する訴え」（828-846）とは別に，「売渡株式等の取得の無効の訴え」（846 の 2-846 の 9）が規定されている。

II　制度の導入の経緯

　この制度は，特別支配株主が対象会社の株主総会の決議を経ずに，キャッシュ・アウトを可能とするものである。キャッシュ・アウトは，「長期的視野に立った柔軟な経営の実現，株主総会に関する手続の省略による意思決定の迅速化，有価証券報告書の提出義務等の法規制を遵守するためのコストや株主管理コストの削減等を実現し得る点で，メリットを有すると指摘されている」（中間試案補足説明第 2 部第 3 の 1⑴）。

　改正前法の下でも，キャッシュ・アウトを行う手法として，全部取得条項付種類株式，金銭を対価とする組織再編などが存在しており，税制上の理由などから，全部取得条項付種類株式が実務では用いられるのが通例とされていた。もっとも，全部取得条項付種類株式の取得による場合には，略式組織再編を用

第4節の2　特別支配株主の株式等売渡請求　　　　　　　　　　　　　　§ *179*

いる場合とは異なり，常に対象会社の株主総会の特別決議が必要となる（171
Ⅰ・309Ⅱ③）。株主総会の開催が必要となると，キャッシュ・アウトを完了す
るまでに長期間が必要となり，時間的ないし手続的コストが大きいと指摘され
ていた。また，先行して公開買付けが行われることが多く，第1段階の公開買
付けが完了してから第2段階のキャッシュ・アウトが行われるまでの期間が長
くなると，公開買付けに応募しない株主が不安定な立場に置かれることから，
公開買付けの強圧性が高まるとの指摘もあった。そこで，キャッシュ・アウト
を行おうとする者が大多数の議決権を有している場合には，対象会社の株主総
会の決議を必要とせず，機動的にキャッシュ・アウトを行い，前述のメリット
を実現することを可能とするために，特別支配株主による株式売渡請求の制度
が創設された（以上について，一問一答平成26年252-253頁，中間試案補足説明第2
部第3の1⑴）。

　このような趣旨で創設されたものではあるが，従前の手法を利用することが
許されなくなるわけではない（一問一答平成26年253頁注4，立案担当平成26年
181-182頁注105）。

　なお，先行公開買付け後のキャッシュ・アウトを容易にする試みは，産業活
力の再生及び産業活動の革新に関する特別措置法（以下，「産活法」という）の
平成23年改正でもなされていた（同法21の3）。これは，認定事業者が認定計
画に従った先行公開買付けによって議決権の90パーセント以上を取得した場
合に，全部取得条項付種類株式を利用したキャッシュ・アウトの手続に特例を
設けて，主務大臣の認定を受けることにより，株主総会決議等の手続の省略を
認めたものであった（経済産業省経済産業政策局産業再生課編・逐条解説産活法〔商
事法務，2011〕149-154頁）。その後，平成25年産業競争力強化法の制定時に産
活法は廃止され，この特例措置は産業競争力強化法に引き継がれた（平26改正
前同法35）。本条による株式等売渡請求制度は，産業競争力強化法による特別
措置を一般化したという面もあろう。

Ⅲ　株式等売渡請求制度の概要

1　株式売渡請求

　株式会社（対象会社）の特別支配株主は，対象会社の株主（対象会社および特
別支配株主を除く）の全員に対し，その有する対象会社の株式の全部を特別支配
株主に売り渡すことを請求することができる。ただし，特別支配株主完全子法

〔中　東〕

191

§ 179　　　　　　　　　　　　　　　　第 2 編　株式会社　第 2 章　株式

人に対しては，その請求をしないことができる（本条 I）。

　特別支配株主とは，対象会社の総株主の議決権の 10 分の 9（これを上回る割合を定款で定めた場合にあっては，その割合）以上を有する者をいう（本条 I）。この 90 パーセントという議決権保有割合の要件は，組織再編において略式の手続によって株主総会決議を省略することができる要件に平仄を合わせたものである（一問一答平成 26 年 258 頁。468 I・784 I など参照）。議決権保有割合の算定に当たっては，特別支配株主になる者が自ら有する議決権に加えて，特別支配株主完全子法人が有している議決権も合算される。特別支配株主完全子法人とは，特別支配株主となる者が発行済株式の全部を有する株式会社その他これに準ずるものとして法務省令（会社則 33 の 4）で定める法人をいう。

　例えば，会社以外の法人や自然人のように，会社以外の者であっても，特別支配株主となることができる。略式組織再編における特別支配会社（468 I）との違いである。株式等売渡請求による売渡株式等の取得は，特別支配株主と売渡株主等との間の売買取引であり，対象会社は取引の当事者ではないことから，組織再編の場合とは異なると説明されている（一問一答平成 26 年 254 頁・258 頁）。もっとも，現金を対価とする株式交換も，完全子会社が株式交換の当事会社となり，完全親会社となる会社と完全子会社となる会社の株主との間での売買類似の株式移転が実質であることにかんがみると，株式交換の主体が会社に限られている根拠が十分には示されていないとも思われる。

　特別支配株主は 1 人（1 社）に限られる。株式等売渡請求が機動的に単独株主となることを可能とするためのものであるという制度趣旨からも，また，会社法の文言上，「当該株式会社以外の者」を受けて「当該者」という文言が用いられていることからも，このように理解される（一問一答平成 26 年 259 頁注 3）。

　対象会社には，清算株式会社がなることはできない（509 II）。清算手段としての合理性を欠き，必要性が乏しいからであり，清算会社が完全子会社となる株式交換が認められていないことと平仄を合わせたものである（一問一答平成 26 年 257 頁）。これに対して，清算株式会社が特別支配株主である場合に，株式等売渡請求をすることは禁じられていない。このような形での財産処分も，一定の合理性が認められるからである（一問一答平成 26 年 257 頁）。清算株式会社が完全親会社となる株式交換は認められていないが（同条 I ③），これは，完全親会社の側における株式買取請求権の行使による金銭の支払が，残余財産分配よりも先立つことがあり得るからである（一問一答平成 26 年 257 頁注）。

〔中　東〕

第4節の2　特別支配株主の株式等売渡請求　　　　　　　　　　　　§179

2　新株予約権売渡請求

特別支配株主は，株式売渡請求をするときは，併せて，対象会社の新株予約権の新株予約権者（対象会社および当該特別支配株主を除く）の全員に対し，その有する対象会社の新株予約権の全部を特別支配株主に売り渡すことを請求することができる。ただし，特別支配株主完全子法人に対しては，その請求をしないことができる（本条II）。特別支配株主完全子法人に対して売渡請求をしないことを認めているのは，すでに特別支配株主の完全な支配下にあるため，売渡請求を強制する必要はないからである（一問一答平成26年264頁）。

新株予約権についても売渡請求を認めるのは，株式売渡請求によって特別支配株主が対象会社の株式のすべてを有することになっても，その後に対象会社の新株予約権が行使されると，完全支配が崩れてしまい，株式売渡請求をした意義が損なわれる可能性があるからである。この趣旨から，新株予約権売渡請求は，株式売渡請求と併せて行う必要があるとしつつ，他方で，特別支配株主が新株予約権売渡請求をするか否かは任意としている。

新株予約権付社債に付された新株予約権について新株予約権売渡請求をするときは，併せて，新株予約権付社債についての社債の全部を特別支配株主に売り渡すことを請求しなければならない。ただし，当該新株予約権付社債に付された新株予約権について別段の定めがある場合は，この限りでない（本条III）。

社債も売渡請求の対象とすることを原則としたのは，新株予約権付社債は，新株予約権と社債を分離して譲渡することが基本的にできないからである（254 II・787 II ほか参照）。もっとも，例えば，社債部分は売渡請求の対象とならない旨の別段の定めがある場合（238 I ⑦）は，新株予約権のみの売渡請求をすることができる。

3　手続の流れ

株式等売渡請求の手続は，おおよそ次のとおりである（一問一答平成26年266-267頁，伊藤118-120頁参照）。

株式等売渡請求の手続は，特別支配株主が株式等売渡請求の条件等を定め（179の2），これらを対象会社に通知する（179の3）ことによって開始される。

通知を受けた対象会社は，株式等売渡請求を承認するか否かを決定する。特別支配株主は，対象会社の承認を受けなければならない（179の3）。

〔中　東〕

193

§ 179　　　　　　　　　　　　　　　　　　　　第2編　株式会社　第2章　株式

　対象会社は，株式等売渡請求を承認したときは，売渡株主等に対する通知または公告をしなければならない（179の4 I II）。この通知または公告がなされたときに，特別支配株主から売渡株主等に対して株式等売渡請求がなされたものとみなされる（同条III）。対象会社は，事前開示を行い，売渡株主等からの閲覧・謄写請求に応じなければならない（179の5）。

　株式等売渡請求をした特別支配株主は，取得日に，売渡株式等の全部を取得する（179の9 I）。対象会社は，取得日後遅滞なく，事後開示を行い，売渡株主等の閲覧・謄写請求に応じなければならない（179の10）。取得日の前日まで，特別支配株主は，対象会社の承諾を得た場合に限って，株式等売渡請求を撤回することができる（179の6）。

　株式等売渡請求に不満のある売渡株主等は，差止め（179の7），売買価格の決定の申立て（179の8），売渡株式等の取得の無効の訴え（846の2）の制度を利用することができる。

IV　検討と課題

1　株式等売渡請求制度の特徴

　改正法の施行後も，2段階買収において，全部取得条項付種類株式によるキャッシュ・アウトが予定され，あるいは実施された例もあるが，公開買付けによって対象会社の株式の90パーセント以上を取得した場合には，改正法で導入された売渡請求が予定され，実際にも実行されている（金融商品取引法研究会編5頁［中東正文]）。

　株式等売渡請求の利用には，次のようなメリットがあるとされている。

　第1に，対象会社の株主総会決議や端数処理手続が必要でないため，先行公開買付けからキャッシュ・アウトの完了までの手続を1か月程度に短縮することができる（内田＝李25頁）。全部取得を用いる場合には，数か月が必要となっており，先行公開買付けに応募しない株主が長期間不安定な立場に立たされ，公開買付けの強圧性が高まるという問題が，相当に軽減される（加藤貴仁「レックス・ホールディングス事件最高裁決定の検討（中）」商事1876号〔2009〕10頁参照)。

　第2に，株式のみならず，新株予約権や新株予約権付社債も売渡請求の対象となるため（本条II III），新株予約権者などの個別的な同意を得ずに，新株予約権などを処理することができ，法的安定性が高まる。

第4節の2　特別支配株主の株式等売渡請求　　　§ *179*

　第3に，税務上も，全部取得による場合と同様に，対象会社の含み益課税（時価評価）が生じない（法税62・62の9などを参照。また，平成29年度税制改正による組織再編税制改正の概要と影響について，塚本英巨＝田中良「キャッシュ・アウトに関する税制改正の概要と実務への影響（上）（下）」商事2137号〔2017〕17頁，2138号26頁参照）。

　他方で，デメリットも存することも指摘されている。

　第1に，継続開示義務が負担となる可能性もあったが，開示府令の改正によって，実務上の負担は大きく限定された。この点については，全部取得，株式併合，組織再編のいずれもが対象会社の株式の全部を取得するために利用することができるにもかかわらず，それらの場合における対象会社の継続開示義務（金商24 I ③）の帰趨が異なるという規制の非対称について，批判がなされていた（久保田安彦＝中東正文「少数株主の締出しと金融商品取引法上の継続開示義務の帰趨」金判1397号〔2012〕2頁）。

　この点に関しては，平成27年の企業内容等の開示に関する内閣府令の改正によって，会社法の施行に併せて，継続開示義務の中断申請のための要件が改正された（企業開示16 III ①）。すなわち，株主名簿に記載または記録された株主数が25名未満であるかの計算の基準日が，「基準事業年度の末日」から「申請時又は基準事業年度の末日」に改正され，キャッシュ・アウトの効力が生じた事業年度においても中断申請を行うことが可能となり，当該事業年度に係る有価証券報告書の提出義務を免れることができることとなった。中断申請，その後の金融庁長官への株主名簿等の提出（金商令4 III）などの手続は必要であるが，実務上の負担は大きく軽減された（内田＝李32頁，代101-102頁。また，谷口33-34頁を参照）。

　第2に，株式等売渡請求を用いると，友好的な株主をそのまま存続させたい場合であっても，その者が有する株式もいったんすべて買い取る必要があり，当該者に譲渡損益が生じる可能性があると指摘されている（松尾ほか101頁）。

2　株式交換，株式併合および株式等売渡請求の比較

　各制度の違いは，① 対価の種類，② 株主総会決議の要否，③ 取引当事者に典型的に現れる。このほか，④ 事後的に取引を争う方法，⑤ 取引の完了時期の違い（松尾ほか95頁。株式売渡請求と株式交換では，効力発生日にキャッシュ・アウトが完了するが，株式併合と全部取得では，効力発生後，端数処理が終わるまで完了しない），⑥ 対象会社の新株予約権の処理についても（柴田19-20頁，石綿1

〔中　東〕　　　　　　　　　　　　　　　　　　　　　　　　　　　　*195*

頁)，どの手法によるかによって異なる。

第1に，対価の種類（①）に関しては，会社法制定によって，組織再編の対価の種類が限定されないことが法文上も明確となった。現金対価の略式株式交換という手法の内実と相当に近い発想を取り込むことで，本改正に当たっては，株式等売渡請求制度の導入や設計に役立ったであろう。

もっとも，「金銭対価組織再編を許容することが，対価の種類間の優劣を一切消滅させることまでを含意するわけではない」と考える可能性を示唆しつつ（舩津179-180頁），「当該種類の対価を交付しさえすれば理由の積極的な開示は必要ないというような『優れた』対価はもはや存在しない」という指摘がなされている（舩津184頁）。とすれば，「対価の種類の選択理由を正面から問題として開示する必要がある」（舩津185頁）ことになろう。例えば，株式交換によれば，完全親会社の株式を対象会社の株主に交付することが可能であり，持分の継続性が保たれるから，なぜ現金を対価としてキャッシュ・アウトを行うのかの説明ないし開示が重要となる。

第2に，株主総会決議の要否（②）に関して，株式交換，全部取得条項付種類株式などをキャッシュ・アウトの手法として用いると，原則として対象会社の株主総会の特別決議が必要となる（171 I・783 I・309 II ③ ⑫）。

他方で，株式交換であっても略式の場合には，略式の要件を満たしているときには，対象会社の取締役会が株式交換契約の承認をすれば足り，株主総会決議は必要とされない（784 I）。また，株式売渡請求が用いられる場合にも，株主総会決議は必要ではなく，取締役会の承認で足りる（179の3 I III）。共通しているのは，特別支配会社（略式組織再編）または特別支配株主（株式等売渡請求）が存在している場合であり，総株主の議決権の90パーセントを特定の者が有している場合である（本条 I・468 I）。

なぜ対象会社の株主総会決議を省略することができる基準が90パーセントであるのか。本改正の折には，略式組織再編に規制を並べるのが自然であるし，規制の対称性の観点からも妥当であったであろう（金融商品取引法研究会編29-30頁［後藤元］参照）。実質的に検討すると，① 全部取得，株式併合などをキャッシュ・アウトのために用いることは，なお，制度の転用として評価すべきであること，ⅱ 株主総会によるコントロールの必要性があると法が考えていることであり，株主総会の決議を要求することを通じて，キャッシュ・アウトの効力そのものを否定する可能性を残すという意味があるとの見解がある（舩津175頁）。キャッシュ・アウトを可能とする各手法を安易に利用すること

を認めるべきでないとの基本的姿勢が示されていると思われる。株式等売渡請求についても，対象会社の株主が不利益に扱われないように，179条の2以下で手続，救済手段などが規定されており，価格決定申立ての手続に加えて（179の8），取引を巻き戻す無効の訴えも用意されていることからしても（846の2・828参照），妥当な見解であると考えられる。

第3に，取引当事者（③）に関して，株式交換，株式併合および株式売渡請求を比べると，直接の取引の当事者がおのおの異なっている。

株式交換は，完全親会社となる会社（株式会社または合同会社）と完全子会社となる会社（株式会社）との間の契約に基づく組織再編行為の一種である。すなわち，買収者と対象会社との間の契約という取引がなされて，その効果に対象会社のすべての株主が拘束される。

株式併合は，対象会社の内部の意思決定によって行われる。買収者は対象会社の支配株主として，実質的には対象会社の意思決定を掌握しているが，取引の直接的な当事者ではない。

株式売渡請求は，特別支配株主から対象会社の株主に対して行われる。一種の形成権の行使であり，売渡株主の個別の承諾を要することなく，売買契約が成立したのと同様の法律関係が生じる。対象会社が取引の当事者にならないという点で，株式売渡請求は公開買付けと類似しており，公開買付けにおける対象者の意見表明報告書（金商27の10 I）の提出と，株式売渡請求の対象会社の取締役会の承認の手続は，取締役のあり方について連続性が存する。

これらの当事者の違いは，取引の性質（ないし法的構成）の違いを反映したものである。この違いから，取引の効力を事後に争う方法も変わってくる可能性がある（846の2参照）。他方で，対象会社の意思決定（取締役の決定または取締役会の決議，取締役または取締役会の承認）によって，株主が集団的に拘束されるという組織法的な構造は同じであり，この実質をどのように理解していくのかが課題となろう。より広くは，組織再編行為，会社の単独行為（株式併合など。新設合併，株式移転および新設分割は，1つの会社の計画によって実施することが可能であり，この場合も組織再編行為であると整理されている），株主の形成権の行使（特別支配株主の株式等売渡請求，解散の訴えなど）のいずれでも，会社の個別の株主に同様の法的効果をもたらす可能性があり，これらを機能的に分析して，規制の対称性などを精査することが必要であろう。

〔中　東〕

3　公開会社でない株式会社

公開会社でない株式会社（非公開会社）を対象会社として，特別支配株主の株式等売渡請求を行うことも，少なくとも会社法の文言上は禁止されていない。

立案担当者によれば，非公開会社においても，キャッシュ・アウトを認めるメリットがあること，改正前の会社法において認められていたほかの手法によるキャッシュ・アウトについても，対象会社は公開会社に限定されていないことを考慮したとされる（一問一答平成26年256頁）。特例有限会社は，株式交換をすることができないが（会社法整備法38），全部取得条項付種類株式を用いたキャッシュ・アウトが制限されていなかったことも根拠とされている（一問一答平成26年256頁注2）。

もっとも，本改正に向けた法制審議会会社法制部会においても，非公開会社を対象にすることについては異論ないし疑問が出されていた（原田148-155頁ほか参照）。現在の立法論としても，非公開会社を対象から除外することが提案されている（原田159頁）。非公開会社においても，持分会社における除名（607 I⑧ほか）に相当する制度が必要ではあろうが，公開会社と同様にキャッシュ・アウトを可能とするような立法は適切ではなく，少なくとも解釈によって非公開会社を対象会社とする株式等売渡請求を制限するよう試みることが望まれる（中東正文・企業結合・企業統治・企業金融〔信山社，1999〕316-319頁・334-335頁参照）。

（中東正文）

（株式等売渡請求の方法）（新設）

第179条の2①　株式売渡請求は，次に掲げる事項を定めてしなければならない。

1　特別支配株主完全子法人に対して株式売渡請求をしないこととするときは，その旨及び当該特別支配株主完全子法人の名称

2　株式売渡請求によりその有する対象会社の株式を売り渡す株主（以下「売渡株主」という。）に対して当該株式（以下この章において「売渡株式」という。）の対価として交付する金銭の額又はその算定方法

3　売渡株主に対する前号の金銭の割当てに関する事項

4　株式売渡請求に併せて新株予約権売渡請求（その新株予約権売渡請求に係る

第4節の2　特別支配株主の株式等売渡請求　　　§179の2

新株予約権が新株予約権付社債に付されたものである場合における前条第3項の規定による請求を含む。以下同じ。）をするときは，その旨及び次に掲げる事項

イ　特別支配株主完全子法人に対して新株予約権売渡請求をしないこととするときは，その旨及び当該特別支配株主完全子法人の名称

ロ　新株予約権売渡請求によりその有する対象会社の新株予約権を売り渡す新株予約権者（以下「売渡新株予約権者」という。）に対して当該新株予約権（当該新株予約権が新株予約権付社債に付されたものである場合において，前条第3項の規定による請求をするときは，当該新株予約権付社債についての社債を含む。以下この編において「売渡新株予約権」という。）の対価として交付する金銭の額又はその算定方法

ハ　売渡新株予約権者に対するロの金銭の割当てに関する事項

5　特別支配株主が売渡株式（株式売渡請求に併せて新株予約権売渡請求をする場合にあっては，売渡株式及び売渡新株予約権。以下「売渡株式等」という。）を取得する日（以下この節において「取得日」という。）

6　前各号に掲げるもののほか，法務省令で定める事項

②　対象会社が種類株式発行会社である場合には，特別支配株主は，対象会社の発行する種類の株式の内容に応じ，前項第3号に掲げる事項として，同項第2号の金銭の割当てについて売渡株式の種類ごとに異なる取扱いを行う旨及び当該異なる取扱いの内容を定めることができる。

③　第1項第3号に掲げる事項についての定めは，売渡株主の有する売渡株式の数（前項に規定する定めがある場合にあっては，各種類の売渡株式の数）に応じて金銭を交付することを内容とするものでなければならない。

【文献】文献は，179条の冒頭の一覧を参照されたい。

I　本条の趣旨

本条は，株式等売渡請求の方法について規定している。

特別支配株主は，179条の規定に従って，売渡株主および売渡新株予約権者に対して売渡請求を行わなければならない。株式等売渡請求は，特別支配株主による一種の形成権の行使であり，これによって特別支配株主と対象会社の株式を売り渡す株主（売渡株主）との間，あるいは，対象会社の新株予約権を売り渡す新株予約権者（売渡新株予約権者）との間に売買類似の関係を生じさせる

〔中　東〕

§179の2   第2編　株式会社　第2章　株式

ものである。

　そこで，本条では，この法律関係の内容として，売渡株主および売渡新株予約権者（売渡株主等）に通知すべき事項を定めている。この通知は，対象会社から売渡株主等に対して行われ（179の4Ⅰ①），売渡株主に対する通知は公告による代用が認められない（同条Ⅱ）。ただし，対象会社が振替株式を発行している場合には，公告によることが義務付けられている（社債株式振替161Ⅱ）。

Ⅱ　特別支配株主が定めるべき事項

1　一　　般

　特別支配株主が株式等売渡請求をする場合に，特別支配株主は，次の事項を定めなければならない（本条Ⅰ）。

　すなわち，①特別支配株主完全子法人に対して株式売渡請求をしないこととするときは，その旨および当該特別支配株主完全子法人の名称（本条Ⅰ①），②売渡株主に対して売渡株式の対価として交付する金銭の額またはその算定方法（同項②），③売渡株主に対する金銭の割当てに関する事項（同項③），④株式売渡請求に併せて新株予約権売渡請求（新株予約権が新株予約権付社債に付されたものである場合における売渡請求を含む）をするときは，その旨のほか，ⅰ特別支配株主完全子法人に対して新株予約権売渡請求をしないこととするときは，その旨および当該特別支配株主完全子法人の名称，ⅱ売渡新株予約権者に対して当該新株予約権（新株予約権が新株予約権付社債に付されたものである場合において，売渡請求をするときは，当該新株予約権付社債についての社債を含む）の対価として交付する金銭の額またはその算定方法，ⅲ売渡新株予約権者に対する金銭の割当てに関する事項（同項④），⑤特別支配株主が売渡株式等（売渡株式および売渡新株予約権）を取得する日（取得日。同項⑤），⑥法務省令で定める事項（同項⑥）である。

　このうち，売渡株主に対する金銭の割当てに関する事項（③）は，売渡株主の有する売渡株式の数に応じて金銭を交付することを内容とするものでなければならない（本条Ⅲ）。

　法務省令で定める事項には（⑥），㋐株式売渡対価（株式売渡請求に併せて新株予約権売渡請求をする場合にあっては，株式売渡対価および新株予約権売渡対価）の支払のための資金を確保する方法，㋑上記①から⑤までの事項のほか，株式等売渡請求に係る取引条件を定めるときは，その取引条件がある（会社則33

200   〔中　東〕

第4節の2　特別支配株主の株式等売渡請求　　　　　　　　　　§179の3

の5 I）。特別支配株主が定める事項として，株式売渡対価の支払のための資金
を確保する方法（㋠）が法務省令で規定された理由は，国会，とりわけ参議院
法務委員会における法案審議，また法制審議会会社法制部会での議論におい
て，売渡株主等への対価の支払を確保する方策を講ずる必要性が指摘されたた
めである（一問一答平成26年268頁注1）。具体的には，特別支配株主の預金残
高証明書，金融機関からの融資証明書などが想定されている（一問一答平成26
年268頁注1）。また，株式等売渡請求に係る取引条件（㋐）については，特別
支配株主と売渡株主等との間の売買取引であることから，内容または条件とし
てさまざまなものが想定され，対象会社の取締役または取締役会は，これらも
踏まえて株式等売渡請求を承認するか否かを決定する必要があると考えられた
ためである（一問一答平成26年268頁注1）。

2　対象会社が種類株式発行会社である場合

　対象会社が種類株式発行会社である場合には，特別支配株主は，対象会社の
発行する種類の株式の内容に応じ，売渡株主に対する金銭の割当てに関する事
項（③）として（本条 I ③），金銭の割当てについて売渡株式の種類ごとに異な
る取扱いを行う旨および当該異なる取扱いの内容を定めることができる（本条
II）。

　この場合の金銭の割当てに関する事項は，売渡株主の有する各種類の売渡株
式の数に応じて金銭を交付することを内容とするものでなければならない（本
条 III）。

（中東正文）

（対象会社の承認）（新設）

第179条の3①　特別支配株主は，株式売渡請求（株式売渡請求に併せて新株予約
　権売渡請求をする場合にあっては，株式売渡請求及び新株予約権売渡請求。以下
　「株式等売渡請求」という。）をしようとするときは，対象会社に対し，その旨及
　び前条第1項各号に掲げる事項を通知し，その承認を受けなければならない。

②　対象会社は，特別支配株主が株式売渡請求に併せて新株予約権売渡請求をしよ
　うとするときは，新株予約権売渡請求のみを承認することはできない。

③　取締役会設置会社が第1項の承認をするか否かの決定をするには，取締役会の
　決議によらなければならない。

〔中　東〕

§179の3　　　　　　　　　　　第2編　株式会社　第2章　株式

④　対象会社は，第1項の承認をするか否かの決定をしたときは，特別支配株主に
　対し，当該決定の内容を通知しなければならない。

【文献】文献は，179条の冒頭の一覧を参照されたい。そのほか，**伊藤靖史**「特別支配株主の株式等
売渡請求」同志社法学67巻6号（2015）111頁，弁護士法人**大江橋法律事務所編**・実務解説平成
26年会社法改正（商事法務，2014），**加藤貴仁ほか**「座談会・平成26年会社法改正の検討」ソフ
トロー研究24号（2014）51頁，**清水毅**「キャッシュ・アウトに関する改正ポイント」経理情報
1370号（2014）22頁

I　本条の趣旨

　特別支配株主は，株式等売渡請求をしようとするときは，対象会社に対し，
所定の事項を通知し，その承認を受けなければならない（本条I）。
　対象会社の承認を必要とする趣旨は，売渡株主等の利益に配慮して，手続的
な制約を課したものである（一問一答平成26年271頁）。承認をするか否かの判
断に当たっては，対象会社の取締役が株式等売渡請求の条件などが適正といえ
るか否かを検討することが期待されている。

II　手続の概要

　特別支配株主は，株式等売渡請求をしようとするときは，対象会社に対し，
その旨および179条の2第1項各号に掲げる事項を通知し，その承認を受けな
ければならない（本条I）。
　対象会社の承認は，取締役会非設置会社であれば，取締役の過半数による決
定によるが（348 II），取締役会設置会社においては，取締役会の決議によらな
ければならない（本条III）。監査等委員会設置会社および指名委員会等設置会
社においては，取締役または執行役への委任が可能であるか（399の13 V VI・
416 IV参照）。可能とする見解もあり（江頭278-279頁注2），会社法の文言に忠実
ではあるが，売渡株主等の保護を対象会社の取締役会に期待するという本条3
項の趣旨からして，委任は許されないと解される（伊藤128頁，立案担当平成26
年113頁［坂本三郎］。なお，276 II・197 IVを参照）。
　この承認に当たって，特別支配株主が株式売渡請求に併せて新株予約権売渡
請求をしようとするときは，新株予約権売渡請求のみを承認することはできな

202　　　　　　　　　　　　　　　　　　　　　　　　　　　　　　〔中　東〕

第4節の2　特別支配株主の株式等売渡請求　　　　　　　　§179の3

い（本条Ⅱ。179Ⅱ参照）。

　対象会社は，承認をするか否かの決定をしたときは，特別支配株主に対し，当該決定の内容を通知しなければならない（本条Ⅳ）。

Ⅲ　対象会社の取締役の義務

　取締役会が承認するか否かの決定をなすに当たって，取締役はどのような義務を負うか。

　対象会社の売渡株主等の利益を配慮すべきことについて，理解が共有されている。取締役の善管注意義務は，本来，対象会社，ひいては対象会社のすべての株主の利益を保護することを目的とするが，株式等売渡請求に関して対象会社の取締役会の承認を求める意味は，売渡株主等の利益を保護することにある（一問一答平成26年271頁，清水25頁ほか）。

　取締役は，善管注意義務をもって，株式等売渡請求の条件などが適正といえるか否かを検討することを要し，条件などが適正でないにもかかわらず承認をしたことによって売渡株主等に損害を与えた場合には，対象会社に対する善管注意義務（330，民644）の違反を理由として，売渡株主等に対する損害賠償責任を負うことになる（429Ⅰ。一問一答平成26年271頁）。

　この検討の対象は株式等売渡請求の条件の全般にわたり，例えば，交付される対価の相当性，対価の交付の見込みが含まれる（一問一答平成26年272-273頁）。対象会社の取締役は，対価の交付の見込みを判断するに当たって，特別支配株主の資金確保の方法だけではなく，負債の面も含めて，特別支配株主が売渡株主等に対して対価を交付することが合理的に見込まれるかを確認しなければならない（一問一答平成26年272頁）。

　なお，キャッシュ・アウト全般に関わる課題ではあるが，取締役が最善の買収価格を得るために合理的な努力（交渉など）を尽くす義務を負うかについては，見解が一致してはいない。現在のキャッシュ・アウトの実務や裁判例にかんがみて，そこまでの義務は負わないとの見解がある（大江橋法律事務所編121頁）。他方で，買収対価そのほかの買収条件に関する買収者との交渉や決定を行う義務を負うと解すべきとする見解もある（田中亘621頁）。今後に残された課題ではあるが，特別支配株主の株式等売渡請求の制度が導入され，取締役の公正価格移転義務を前提とした取締役会の承認という規律が組み込まれたことで，キャッシュ・アウトに関する取締役の行為規範を構築していくための足が

〔中　東〕　　　　　　　　　　　　　　　　　　　　　　　　　203

§179の4   第2編　株式会社　第2章　株式

かりとなるであろう（加藤ほか142-143頁［藤田友敬］参照）。

（中東正文）

　（売渡株主等に対する通知等）（新設）
第179条の4①　対象会社は，前条第1項の承認をしたときは，取得日の20日前
　　までに，次の各号に掲げる者に対し，当該各号に定める事項を通知しなければな
　　らない。
　1　売渡株主（特別支配株主が株式売渡請求に併せて新株予約権売渡請求をする
　　　場合にあっては，売渡株主及び売渡新株予約権者。以下この節において「売渡
　　　株主等」という。）　当該承認をした旨，特別支配株主の氏名又は名称及び住
　　　所，第179条の2第1項第1号から第5号までに掲げる事項その他法務省令で
　　　定める事項
　2　売渡株式の登録株式質権者（特別支配株主が株式売渡請求に併せて新株予約
　　　権売渡請求をする場合にあっては，売渡株式の登録株式質権者及び売渡新株予
　　　約権の登録新株予約権質権者（第270条第1項に規定する登録新株予約権質権
　　　者をいう。））　当該承認をした旨
②　前項の規定による通知（売渡株主に対してするものを除く。）は，公告をもっ
　　てこれに代えることができる。
③　対象会社が第1項の規定による通知又は前項の公告をしたときは，特別支配株
　　主から売渡株主等に対し，株式等売渡請求がされたものとみなす。
④　第1項の規定による通知又は第2項の公告の費用は，特別支配株主の負担とす
　　る。

【文献】 文献は，179条の冒頭の一覧を参照されたい。

I　本条の趣旨

　本条は，対象会社が株式等売渡請求を承認したときに，取得日の20日前ま
でに，売渡株主等に対する通知等をすることを求めたものである。
　株式等売渡請求は，特別支配株主と売渡株主等との間の売買取引に類似する
法律関係を生じさせるものであり，対象会社は取引の当事者ではない。とはい
え，対象会社が売渡株主等に対する情報開示について一定の役割を果たすよう

204   〔中　東〕

第4節の2　特別支配株主の株式等売渡請求　　　　　　　　§179の4

にすることで，株式等売渡請求の条件の周知を徹底し，売渡株主等の利益を図るために，対象会社から売渡株主等に対する通知等を行わせることにしている（一問一答平成26年274頁）。

取得日の20日前までに通知等がなされるので，売渡株主等は，差止請求（179の7），売買価格の決定の申立て（179の8）により自己の利益を保護する機会を与えられる。

II　概　　要

1　売渡株主等に対する通知等

対象会社は，株式等売渡請求の承認をしたときは，取得日の20日前までに，売渡株主等に対して，次の事項を通知しなければならない（本条I①）。この事項には，特別支配株主が決定すべき事項（179の2I①－⑥，会社則33の5I）の多くが含まれる（会社法施行規則33条の5第1項1号〔対価の支払のための資金を確保する方法〕のみが除かれている〔同則33の6〕）。

具体的には，①承認をした旨，②特別支配株主の氏名または名称および住所，③特別支配株主完全子法人に対して株式売渡請求をしないこととするときは，その旨および当該特別支配株主完全子法人の名称（179の2I①），④売渡株主に対して売渡株式の対価として交付する金銭の額またはその算定方法（同項②），⑤売渡株主に対する金銭の割当てに関する事項（同項③），⑥株式売渡請求に併せて新株予約権売渡請求（新株予約権が新株予約権付社債に付されたものである場合における売渡請求を含む）をするときは，その旨のほか，ⅰ特別支配株主完全子法人に対して新株予約権売渡請求をしないこととするときは，その旨および当該特別支配株主完全子法人の名称，ⅱ売渡新株予約権者に対して売渡新株予約権（当該新株予約権が新株予約権付社債に付されたものである場合において，売渡請求をするときは，当該新株予約権付社債についての社債を含む）の対価として交付する金銭の額またはその算定方法，ⅲ売渡新株予約権者に対する金銭の割当てに関する事項（同項④），⑦特別支配株主が売渡株式等を取得する日（取得日。同項⑤），⑧株式等売渡請求に係る取引条件を定めるときは，その取引条件（会社則33の6・33の5I②）である。

売渡株主等に対する通知は，公告をもってこれに代えることができる（本条II）。もっとも，売渡株主に対する通知は，公告をもって代えることができない（同項括弧書）。売渡株主に対する通知は，個別の売渡株主に対する株式売渡

〔中　東〕　　　　　　　　　　　　　　　　　　　　　　　　　　　205

§179の5   第2編　株式会社　第2章　株式

請求の意思表示に代わるものと位置付けられるし，差止請求（179の7），売買
価格決定の申立て（179の8）を行う契機となるからである（一問一答平成26年
275頁）。

　ただし，対象会社が振替株式を発行している場合には，公告によることが義
務付けられている（社債株式振替161Ⅱ）。株主名簿の記載と真の株主とが必ず
しも一致しないからである（一問一答平成26年275頁）。

　対象会社が通知等をしたときは，特別支配株主から売渡株主等に対し，株式
等売渡請求がされたものとみなされる（本条Ⅲ）。通知等の費用は，特別支配
株主の負担とされる（本条Ⅳ）。対象会社は，株式等売渡請求による売渡株式
等の取得の当事者ではなく，また，通知等は，特別支配株主から売渡株主等に
対する意思表示に代わる機能を有するからである（一問一答平成26年276頁）。

2　売渡株式の登録株式質権者などに対する通知等

　売渡株式の登録株式質権者（特別支配株主が株式売渡請求に併せて新株予約権売
渡請求をする場合にあっては，売渡株式の登録株式質権者および売渡新株予約権の登録
新株予約権質権者〔270Ⅰ〕）に対して，対象会社は，株式等売渡請求の承認をし
たときは，取得日の20日前までに，承認をした旨を通知しなければならない
（本条Ⅰ②）。

　この通知は，公告をもってこれに代えることができる（本条Ⅱ）。対象会社が
通知等をしたときは，特別支配株主から売渡株主等に対し，株式等売渡請求が
されたものとみなされる（本条Ⅲ）。通知等の費用は，特別支配株主の負担と
される（本条Ⅳ）。

（中東正文）

（株式等売渡請求に関する書面等の備置き及び閲覧等）（新設）

第179条の5①　対象会社は，前条第1項第1号の規定による通知の日又は同条第
　2項の公告の日のいずれか早い日から取得日後6箇月（対象会社が公開会社でな
　い場合にあっては，取得日後1年）を経過する日までの間，次に掲げる事項を記
　載し，又は記録した書面又は電磁的記録をその本店に備え置かなければならな
　い。
　1　特別支配株主の氏名又は名称及び住所
　2　第179条の2第1項各号に掲げる事項

〔中　東〕

第4節の2　特別支配株主の株式等売渡請求　　　　　　　　§179の5

　　3　第179条の3第1項の承認をした旨
　　4　前3号に掲げるもののほか，法務省令で定める事項
②　売渡株主等は，対象会社に対して，その営業時間内は，いつでも，次に掲げる
　請求をすることができる。ただし，第2号又は第4号に掲げる請求をするには，
　当該対象会社の定めた費用を支払わなければならない。
　　1　前項の書面の閲覧の請求
　　2　前項の書面の謄本又は抄本の交付の請求
　　3　前項の電磁的記録に記録された事項を法務省令で定める方法により表示した
　　　ものの閲覧の請求
　　4　前項の電磁的記録に記録された事項を電磁的方法であって対象会社の定めた
　　　ものにより提供することの請求又はその事項を記載した書面の交付の請求

【文献】文献は，179条の冒頭の一覧を参照されたい。

I　本条の趣旨

本条は，株式等売渡請求に関する事前開示手続について定めたものである。

II　概　　要

1　事前開示

　対象会社は，対象会社による売渡株主等に対する通知の日または公告の日の
いずれか早い日から，取得日後6か月（対象会社が公開会社でない場合にあって
は，取得日後1年）を経過する日までの間，次に掲げる事項を記載または記録し
た書面または電磁的記録をその本店に備え置かなければならない（本条I柱
書）。
　記載または記録すべき事項は，①特別支配株主の氏名または名称および住
所（本条I①），②179条の2第1項各号に掲げる事項（本条I②）［特別支配株主
が定めた株式等売渡請求の条件等☞§179の2］，③対象会社が株式等売渡請求を承
認した旨（同項③），④法務省令で定める事項である（同項④）。
　法務省令で定める事項（④）としては，次の事項が定められている（会社則
33の7）。
　第1に，対価の相当性に関する事項である（会社則33の7①）。売渡株主に対

〔中　東〕　　　　　　　　　　　　　　　　　　　　　　　　　　　　　207

§179の5　　　　　　　　　　　　　　　　　　第2編　株式会社　第2章　株式

して売渡株式の対価として交付する金銭の額またはその算定方法（179の2Ⅰ②），売渡株主に対する金銭の割当てに関する事項（同項③）である（なお，新権予約権売渡請求をする場合について，179の2Ⅰ②ロハ参照）。例示的に，①株式売渡対価の総額（株式売渡請求に併せて新株予約権売渡請求をする場合にあっては，株式売渡対価の総額および新株予約権売渡対価の総額）の相当性に関する事項，ⅱ株式等売渡請求の承認に当たり売渡株主等の利益を害さないように留意した事項（当該事項がない場合にあっては，その旨）が示されている。留意した事項の例としては，第三者算定機関から株式価値の評価書を取得している場合に，その旨がある（一問一答平成26年269頁注5）。また，利益相反回避措置として第三者委員会を設置し，報告書を取得している場合に，その旨がある（白井正和ほか・M&Aにおける第三者委員会の理論と実務〔商事法務，2015〕35-36頁参照）。相当性に関する対象会社の取締役（取締役会設置会社にあっては，取締役会）の判断およびその理由も記載または記録される。対価の相当性が法務省令で事前開示事項として定められたことにより，対象会社の取締役が株式等売渡請求を承認するか否かの決定をするに当たって，対価の相当性を含めて，条件等が適正か否かを検討する必要があることが明確にされている（一問一答平成26年269頁注5）。

　第2に，対価の交付の見込みに関する事項である（会社則33の7②）。支払のための資金を確保する方法の定めについての相当性が例示されている。当該見込みに関する対象会社の取締役（会）の判断およびその理由が含まれる。対象会社の取締役が株式等売渡請求を承認するか否かの決定をするに当たって，対価の交付の見込み全般を含めて，条件等が適正か否かを検討する必要があることが明確にされている（一問一答平成26年269頁注5）。

　第3に，株式等売渡請求に係る取引条件が特別支配株主によって定められた場合には（会社則33の5Ⅰ②），取引条件の相当性に関する事項が記載または記録されなければならない（同則33の7③）。対象会社の取締役（会）の判断およびその理由が含まれる。対象会社の取締役が株式等売渡請求を承認するか否かの決定をするに当たって，取引条件の相当性を含めて，条件等が適正か否かを検討する必要があることが明確にされている（一問一答平成26年270頁注5）。

　第4に，対象会社において最終事業年度の末日後に重要な財産の処分，重大な債務の負担その他の会社財産の状況に重要な影響を与える事象が生じたときなど，重要な後発事象である（会社則33の7④）。

　第5に，備置開始日後特別支配株主が売渡株式等の全部を取得する日までの

208　　　　　　　　　　　　　　　　　　　　　　　　　　　　　　　〔中　東〕

第4節の2　特別支配株主の株式等売渡請求　　　　　　　§179の6

間に，事前開示事項に変更が生じたときは，変更後の当該事項である（会社則33の7⑤）。

2　事前開示書面などの閲覧謄写請求

売渡株主等は，対象会社に対して，その営業時間内は，いつでも，①事前開示書面の閲覧の請求，②事前開示書面の謄本または抄本の交付の請求，③事前開示のため電磁的記録に記録された事項を表示したものの閲覧の請求，④事前開示のため電磁的記録に記録された事項を電磁的方法であって対象会社の定めたものにより提供することの請求またはその事項を記載した書面の交付の請求をすることができる（本条Ⅱ）。

ただし，謄本等の交付請求（②④）をするには，当該対象会社の定めた費用を支払わなければならない。

（中東正文）

（株式等売渡請求の撤回）（新設）

第179条の6①　特別支配株主は，第179条の3第1項の承認を受けた後は，取得日の前日までに対象会社の承諾を得た場合に限り，売渡株式等の全部について株式等売渡請求を撤回することができる。

②　取締役会設置会社が前項の承諾をするか否かの決定をするには，取締役会の決議によらなければならない。

③　対象会社は，第1項の承諾をするか否かの決定をしたときは，特別支配株主に対し，当該決定の内容を通知しなければならない。

④　対象会社は，第1項の承諾をしたときは，遅滞なく，売渡株主等に対し，当該承諾をした旨を通知しなければならない。

⑤　前項の規定による通知は，公告をもってこれに代えることができる。

⑥　対象会社が第4項の規定による通知又は前項の公告をしたときは，株式等売渡請求は，売渡株式等の全部について撤回されたものとみなす。

⑦　第4項の規定による通知又は第5項の公告の費用は，特別支配株主の負担とする。

⑧　前各項の規定は，新株予約権売渡請求のみを撤回する場合について準用する。この場合において，第4項中「売渡株主等」とあるのは，「売渡新株予約権者」と読み替えるものとする。

〔中　東〕

§ 179 の 6 第 2 編 株式会社 第 2 章 株式

【文献】 文献は，179 条の冒頭の一覧を参照されたい。

I 本条の趣旨

本条は，株式等売渡請求の撤回のための手続などについて規定している。

II 概　　要

1 対象会社の取締役（会）の承諾

　特別支配株主は，株式等売渡請求について対象会社の承認を受けた後は，取得日の前日までに対象会社の承諾を得た場合に限り，売渡株式等の全部について株式等売渡請求を撤回することができる（本条 I）。取締役会設置会社が撤回の承諾をするか否かの決定をするには，取締役会の決議によらなければならない（本条 II）。

　株式等売渡請求の撤回を認めるのは，特別支配株主の財務状態が悪化し，対価の交付が困難になった場合などに，撤回の余地をまったく認めないとすれば，かえって売渡株主等の利益に反する不都合な結果になるおそれが存するからである。他方で，特別支配株主の一方的な意思表示による撤回を無制限に認めると，売渡株主等の予測可能性を害するなど，売渡株主等の利益の確保という観点から妥当ではない。そこで，株式等売渡請求の承認後に撤回するためには，対象会社の承認を要することとされている。また，株式等売渡請求の効力が発生した後に撤回を認めると，法律関係を複雑化し，また法的安定性を害することになるため，取得日前日までに承諾を要する（一問一答平成 26 年 278 頁）。

　対象会社の取締役（会）には，株式等売渡請求の承認の場面と同様に，売渡株主等の利益を擁護するために行動することが期待される（江頭 279 頁注 3）。取締役は，対象会社に対する善管注意義務に従って，撤回を承諾するか否かの判断をしなければならない。合理的な理由がないにもかかわらず，対象会社の取締役が撤回を承諾して，売渡株主等に損害を与えた場合は，取締役は売渡株主等に対して損害賠償責任を負う可能性がある（一問一答平成 26 年 279 頁注 2）。

第4節の2　特別支配株主の株式等売渡請求　　　　　　　　§179の7

2　承諾か否かの決定の通知等

　対象会社は，撤回の承諾をするか否かの決定をしたときは，特別支配株主に対し，当該決定の内容を通知しなければならない（本条Ⅲ）。

　また，対象会社は，撤回の承諾をしたときは，遅滞なく，売渡株主等に対し，当該承諾をした旨を通知しなければならない（本条Ⅳ）。この通知は，公告をもってこれに代えることができる（本条Ⅴ）。対象会社が振替株式を発行している場合には，公告によらなければならない（社債株式振替161Ⅱ）。これらの通知または公告の費用は，特別支配株主が負担する（本条Ⅶ）。

　対象会社が撤回を承諾する旨の通知または公告をしたときは，株式等売渡請求は，売渡株式等の全部について撤回されたものとみなされる（本条Ⅵ）。

　撤回は，売渡株式等の全部について一括して行わなければならず（本条Ⅰ），新株予約権売渡請求が株式売渡請求に付随するものであることから，新株予約権売渡請求が併せてなされている場合に，株式売渡請求のみを撤回することはできない（一問一答平成26年278頁）。他方で，新株予約権売渡請求のみを撤回することは認められており，その場合の手続は，株式売渡請求の撤回の場合に準ずる（本条Ⅷ）。

（中東正文）

（売渡株式等の取得をやめることの請求）（新設）

第179条の7①　次に掲げる場合において，売渡株主が不利益を受けるおそれがあるときは，売渡株主は，特別支配株主に対し，株式等売渡請求に係る売渡株式等の全部の取得をやめることを請求することができる。

1　株式売渡請求が法令に違反する場合

2　対象会社が第179条の4第1項第1号（売渡株主に対する通知に係る部分に限る。）又は第179条の5の規定に違反した場合

3　第179条の2第1項第2号又は第3号に掲げる事項が対象会社の財産の状況その他の事情に照らして著しく不当である場合

②　次に掲げる場合において，売渡新株予約権者が不利益を受けるおそれがあるときは，売渡新株予約権者は，特別支配株主に対し，株式等売渡請求に係る売渡株式等の全部の取得をやめることを請求することができる。

1　新株予約権売渡請求が法令に違反する場合

2　対象会社が第179条の4第1項第1号（売渡新株予約権者に対する通知に係

§179 の 7　　　　　　　　　　　　　　　　　　　第 2 編　株式会社　第 2 章　株式

　　る部分に限る。）又は第 179 条の 5 の規定に違反した場合
　3　第 179 条の 2 第 1 項第 4 号ロ又はハに掲げる事項が対象会社の財産の状況その他の事情に照らして著しく不当である場合

【文献】文献は，179 条の冒頭の一覧を参照されたい。そのほか，飯田秀総「組織再編等の差止請求規定に対する不満と期待」ビジネス法務 12 巻 12 号（2012）76 頁，太田洋＝安井桂大「組織再編等の差止請求制度とその論点」商事 1988 号（2013）15 頁，笠原武朗「組織再編行為の無効原因」落合古稀 309 頁，齊藤真紀「不公正な合併に対する救済としての差止めの仮処分」理論の到達点 87 頁，田中亘「各種差止請求権の性質，要件および効果」理論の到達点 2 頁，得津晶「民事保全法出でて会社法亡ぶ？」法時 82 巻 12 号（2010）28 頁，中村信男「組織再編の差止」鳥山恭一＝福島洋尚編・平成 26 年会社法改正の分析と展望（金判 1461 号）（2015）94 頁，松中学「子会社株式の譲渡・組織再編の差止め」商事 2064 号（2015）14 頁

I　本条の趣旨

　本条は，株式等売渡請求によって，売渡株主等が不利益を受けるおそれがあるときに，特別支配株主に売渡株式等の全部の取得をやめることを請求することを認めるものである。

　株式等売渡請求による売渡株式等の取得については，対象会社の株主総会決議が必要でないため，株主が株主総会決議取消しの訴え（831）によってキャッシュ・アウトの効力を事前に阻止する余地がない。本条の差止請求は，この点を補い，売渡株主等に事前の救済方法を与える趣旨である（一問一答平成 26 年 285 頁参照）。

II　概　　要

1　売渡株主による差止め

　売渡株主は，次の差止事由が存する場合において，売渡株主が不利益を受けるおそれがあるときは，特別支配株主に対し，株式等売渡請求に係る売渡株式等の全部の取得をやめることを請求することができる（本条 I）。

　売渡株主が差止請求をすることができるのは，① 株式売渡請求が法令に違反する場合（本条 I①），② 対象会社が，売渡株主に対する通知または事前開示手続を行う義務に違反した場合（同項②），③ 売渡株主に対して売渡株式の対価として交付する金銭の額もしくはその算定方法（179 の 2 I②）または売渡

212　　　　　　　　　　　　　　　　　　　　　　　　　　　　　　　〔中　東〕

第4節の2　特別支配株主の株式等売渡請求　　　　　　　　　　§179の7

株主に対する金銭の割当てに関する事項（同項③）が，対象会社の財産の状況その他の事情に照らして著しく不当である場合（本条Ⅰ③）である。

株式売渡請求において，対象会社は取引の当事者とならないため，取消事由も，特別支配株主に法令違反がある場合（①）と，対象会社に法令違反がある場合（②）に分けて規定されている（一問一答平成26年285頁）。対価の相当性に関する差止事由（③）が規定されているのは，略式組織再編についての差止事由（784の2・796の2）に平仄を合わせたものである。

売渡株主による差止請求の対象は，「売渡株式等の全部の取得」であるから，差止めの効果は，他の売渡株主が有する売渡株式も含めた売渡株式の取得の全体に及ぶ（一問一答平成26年285頁）。新株予約権売渡請求が併せてなされている場合には，新株予約権売渡請求による売渡新株予約権の取得にも及ぶ（一問一答平成26年285-286頁）。

なお，この差止請求は対象会社に対する株主の権利の行使（社債株式振替147Ⅳ）ではないので，売渡株式が振替株式であっても，売渡株主は個別株主通知（同法154）をする必要はない。

2　売渡新株予約権者による差止め

売渡新株予約権者は，次の差止事由が存する場合において，売渡新株予約権者が不利益を受けるおそれがあるときは，特別支配株主に対し，株式等売渡請求に係る売渡株式等の全部の取得をやめることを請求することができる（本条Ⅱ）。

売渡新株予約権者が差止請求をすることができるのは，①新株予約権売渡請求が法令に違反する場合（本条Ⅱ①），②対象会社が，売渡新株予約権者に対する通知または事前開示手続を行う義務に違反した場合（同項②），③売渡新株予約権者に対して当該新株予約権（新株予約権が新株予約権付社債に付されたものである場合において，売渡請求をするときは，当該新株予約権付社債についての社債を含む）の対価として交付する金銭の額もしくはその算定方法（179の2Ⅰ④ロ）または売渡新株予約権者に対する金銭の割当てに関する事項（同号ハ）が対象会社の財産の状況その他の事情に照らして著しく不当である場合（本条Ⅱ③）である。

売渡新株予約権者による差止めが認められるのは，新株予約権売渡請求に手続違反等がある場合に限られ，株式売渡請求に手続違反等があっても差止事由とはならない。また，特別支配株主が意図に反して売渡株式の取得のみを行う

〔中　東〕　　　　　　　　　　　　　　　　　　　　　　　　　　　213

ことを強いられることがないよう，売渡新株予約権者による差止めの効果は，株式等売渡請求による売渡株式等の取得の全部に及ぶ（一問一答平成26年286頁）。

（中東正文）

（売買価格の決定の申立て）（新設）
第179条の8①　株式等売渡請求があった場合には，売渡株主等は，取得日の20日前の日から取得日の前日までの間に，裁判所に対し，その有する売渡株式等の売買価格の決定の申立てをすることができる。
②　特別支配株主は，裁判所の決定した売買価格に対する取得日後の法定利率による利息をも支払わなければならない。
③　特別支配株主は，売渡株式等の売買価格の決定があるまでは，売渡株主等に対し，当該特別支配株主が公正な売買価格と認める額を支払うことができる。

【文献】文献は，179条の冒頭の一覧を参照されたい。

I　本条の趣旨

本条は，売渡株主等が売買価格に不満がある場合に，裁判所に対して公正な価格の決定を申し立てることができるとするものである。

この趣旨は，全部取得条項付種類株式の全部取得，相続人等に対する売渡しの請求，株式の併合などによるキャッシュ・アウトが行われる場合の価格決定の申立てと同様である〔☞会社法コンメ(4)§172〔102頁以下〔山下友信〕〕・177〔131頁以下〔伊藤雄司〕〕・§182の5〕。

II　概　　要

1　手　　続

株式等売渡請求があった場合には，売渡株主等は，取得日の20日前の日から取得日の前日までの間に，裁判所に対し，その有する売渡株式等の売買価格の決定の申立てをすることができる（本条I）。

第4節の2　特別支配株主の株式等売渡請求　　　　　　　　　　　§179の8

価格の決定については，ほかの株式価格決定と同様に，裁判所の合理的な裁量に委ねられていると解される（最決昭和48・3・1民集27巻2号161頁，最決平成23・4・19民集65巻3号1311頁ほか）。

具体的な決定方法なども，基本的には他の株式価格決定と同様である〔☞会社法コンメ(4)§172〔102頁以下〔山下〕・§177〔131頁以下〔伊藤〕・会社法コンメ(12)§470〔130頁以下〔柳明昌〕・会社法コンメ(18)§786〔125頁以下〔柳明昌〕〕・§798〔265頁以下〔柳明昌〕〕・§182の5〕。

なお，最決平成29・8・30（民集71巻6号1000頁）は，「特別支配株主の株式売渡請求は，その株式売渡請求に係る株式を発行している対象会社が，株主総会の決議を経ることなく，これを承認し，その旨及び対価の額等を売渡株主に対し通知し又は公告すること（法179条の4第1項1号，社債，株式等の振替に関する法律161条2項）により，個々の売渡株主の承諾を要しないで法律上当然に，特別支配株主と売渡株主との間に売渡株式についての売買契約が成立したのと同様の法律関係が生ずることになり（法179条の4第3項），特別支配株主が株式売渡請求において定めた取得日に売渡株式の全部を取得するものである（法179条の9第1項）。法179条の8第1項が売買価格決定の申立ての制度を設けた趣旨は，上記の通知又は公告により，その時点における対象会社の株主が，その意思にかかわらず定められた対価の額で株式を売り渡すことになることから，そのような株主であって上記の対価の額に不服がある者に対し適正な対価を得る機会を与えることにあると解されるのであり，上記の通知又は公告により株式を売り渡すことになることが確定した後に売渡株式を譲り受けた者は，同項による保護の対象として想定されていないと解するのが相当である」として，「上記の通知又は公告〔対象会社による売渡株主に対する通知または公告〕がされた後に売渡株式を譲り受けた者は，売買価格決定の申立てをすることができないというべきである」としている。ほかの事件類型についても，法律関係が確定的に生ずる時点を基準とする判断がなされると予想される（烏山恭一「キャッシュ・アウトにおける価格決定の申立権者の範囲」金判1526号〔2017〕1頁参照）。最高裁が示した解釈は妥当であろう。

2　利息の支払

特別支配株主は，裁判所の決定した売買価格に対する取得日後の法定利率により算定した利息をも支払わなければならない（本条Ⅱ）。

〔中　東〕　　　　　　　　　　　　　　　　　　　　　　　　　　　215

§179の9 第2編　株式会社　第2章　株式

3　仮払制度

特別支配株主は，売渡株式等の売買価格の決定があるまでは，売渡株主等に対し，当該特別支配株主が公正な売買価格と認める額を支払うことができる（本条Ⅲ。117Ⅴ・172Ⅴ・470Ⅴ・786Ⅴ・798Ⅴ参照）。

これによって，早期の支払が可能となり，特別支配株主の利息の負担の軽減になり得るし，濫用的な価格決定の申立てを防止することを期待することもできる（一問一答平成26年331頁参照）。

(中東正文)

（売渡株式等の取得）（新設）

第179条の9①　株式等売渡請求をした特別支配株主は，取得日に，売渡株式等の全部を取得する。

②　前項の規定により特別支配株主が取得した売渡株式等が譲渡制限株式又は譲渡制限新株予約権（第243条第2項第2号に規定する譲渡制限新株予約権をいう。）であるときは，対象会社は，当該特別支配株主が当該売渡株式等を取得したことについて，第137条第1項又は第263条第1項の承認をする旨の決定をしたものとみなす。

【文献】文献は，179条の冒頭の一覧を参照されたい。

1　本条の趣旨

本条は，売渡株式等の取得の効力について規定したものである。

2　本条の概要

株式等売渡請求をした特別支配株主は，取得日に，売渡株式等の全部を取得する（本条Ⅰ）。

株式等売渡請求はキャッシュ・アウトの手法であるから，集団的・画一的に株式の移転の効力が発生することが必要である。そこで，取得日に，売渡株式等の全部が一括して特別支配株主に移転することとされた（一問一答平成26年267頁）。

〔中　東〕

第4節の2　特別支配株主の株式等売渡請求　　　　　　　　§179の10

また，売渡株式等が譲渡制限株式または譲渡制限新株予約権であるときは，特別支配株主が当該売渡株式等を取得したことについて，対象会社が譲渡の承認をする旨の決定をしたものとみなされる（本条II）。特別支配株主は，実際に譲渡承認を得る必要はない。

（中東正文）

（売渡株式等の取得に関する書面等の備置き及び閲覧等）（新設）

第179条の10①　対象会社は，取得日後遅滞なく，株式等売渡請求により特別支配株主が取得した売渡株式等の数その他の株式等売渡請求に係る売渡株式等の取得に関する事項として法務省令で定める事項を記載し，又は記録した書面又は電磁的記録を作成しなければならない。

②　対象会社は，取得日から6箇月間（対象会社が公開会社でない場合にあっては，取得日から1年間），前項の書面又は電磁的記録をその本店に備え置かなければならない。

③　取得日に売渡株主等であった者は，対象会社に対して，その営業時間内は，いつでも，次に掲げる請求をすることができる。ただし，第2号又は第4号に掲げる請求をするには，当該対象会社の定めた費用を支払わなければならない。

1　前項の書面の閲覧の請求

2　前項の書面の謄本又は抄本の交付の請求

3　前項の電磁的記録に記録された事項を法務省令で定める方法により表示したものの閲覧の請求

4　前項の電磁的記録に記録された事項を電磁的方法であって対象会社の定めたものにより提供することの請求又はその事項を記載した書面の交付の請求

【文献】 文献は，179条の冒頭の一覧を参照されたい。

1　本条の趣旨

本条は，株式等売渡請求に関する事後開示手続について定めたものである。

〔中　東〕

2 概　　要

⑴　事後開示

　対象会社は，取得日後遅滞なく，特別支配株主が取得した売渡株式等の数その他の株式等売渡請求に係る売渡株式等の取得に関する事項として法務省令で定める事項を記載し，または記録した書面または電磁的記録を作成しなければならない（本条Ⅰ）。対象会社は，取得日から6か月間（対象会社が公開会社でない場合には，取得日から1年間），事後開示の書面または電磁的記録を本店に備え置かなければならない（本条Ⅱ）。

　法務省令で定める事項としては，次の事項が定められている（会社則33の8）。株式交換完全子会社の事後開示事項（同則190）が参考にされている（一問一答平成26年270頁注6）。すなわち，①特別支配株主が売渡株式等の全部を取得した日（同則33の8①），②売渡株式等の取得の差止請求（179の7）に係る手続の経過（会社則33の8②），③売渡株式等の売買価格の決定の申立て（179の8）の手続の経過（会社則33の8③），④株式売渡請求により特別支配株主が取得した売渡株式の数（対象会社が種類株式発行会社であるときは，売渡株式の種類および種類ごとの数。同条④），⑤新株予約権売渡請求により特別支配株主が取得した売渡新株予約権の数（同条⑤），⑥売渡新株予約権が新株予約権付社債に付されたものである場合には，当該新株予約権付社債についての各社債の金額の合計額（同条⑥），⑦上記のほか，株式等売渡請求に係る売渡株式等の取得に関する重要な事項（同条⑦）である。

⑵　事後開示書面などの閲覧・謄写請求

　取得日に売渡株主等であった者は，対象会社に対して，その営業時間内は，いつでも，①事後開示書面の閲覧の請求，②事後開示書面の謄本または抄本の交付の請求，③事後開示のため電磁的記録に記録された事項を表示したものの閲覧の請求，④事後開示のため電磁的記録に記録された事項を電磁的方法であって対象会社の定めたものにより提供することの請求またはその事項を記載した書面の交付の請求をすることができる（本条Ⅲ）。

　ただし，謄本等の交付請求（②④）をするには，当該対象会社の定めた費用を支払わなければならない。

（中東正文）

第5節　株式の併合等　第1款　株式の併合　　　　　　　　　　　　　§*180*

（株式の併合）

第180条①　株式会社は，株式の併合をすることができる。

②　株式会社は，株式の併合をしようとするときは，その都度，株主総会の決議によって，次に掲げる事項を定めなければならない。

1　併合の割合

2　株式の併合がその効力を生ずる日（以下この款において「効力発生日」という。）

3　株式会社が種類株式発行会社である場合には，併合する株式の種類

4　効力発生日における発行可能株式総数

③　前項第4号の発行可能株式総数は，効力発生日における発行済株式の総数の4倍を超えることができない。ただし，株式会社が公開会社でない場合は，この限りでない。

④　取締役は，第2項の株主総会において，株式の併合をすることを必要とする理由を説明しなければならない。

I　本改正の経緯と概要

　本改正において，株主総会で定めなければならない株式併合事項に，効力発生日における発行可能株式総数が加えられた（本条2項に4号を追加）。そして，発行済株式総数の4倍を超えることができないとする，公開会社における発行可能株式総数に関する4倍規制（以下，単に「4倍規制」という）が，株式併合に際しても適用されることが明示された（本条Ⅲ。改正前の3項は4項に繰下げ）。

　これは，中間試案第1部第3の2(2)①②（見直し要綱第3部第3の4①アイ）を受けた改正である。中間試案補足説明第1部第3の2(2)によると，改正前法の下では，株式併合の場合には，発行済株式総数は減少するが，発行可能株式総数は変動しない（その減少には別にそのための株主総会定款変更決議を要する）と解された（通説。大系(2)56頁〔杉井孝〕，新基本法コンメ(1)〔初版〕〔2010〕208頁〔白石智則〕，論点体系(2)40-41頁〔仁科秀隆〕。同旨，平成18年3月31日付民事局長通達〔別冊商事法務297号〕第2部第2の4(2)イ）〔☞会社法コンメ(4)§*182*Ⅱ〔154-155頁〔山本爲三郎〕〕。そこで，株式併合の場合にも，既存株主の持株比率の低下の限界を画するという発行可能株式総数の制度趣旨〔☞Ⅱ〕が達せられるように，効力発生日における発行可能株式総数を株式併合事項に加え，公開会

〔山　本〕　　　　　　　　　　　　　　　　　　　　　　　　　　　　　*219*

§*180*　　　　　　　　　　　　　　　　　　第 2 編　株式会社　第 2 章　株式

社においては 4 倍規制を適用することが適切である，と判断されたのである。株式併合事項としての発行可能株式総数は，株式併合の効力発生日における発行済株式の総数からその 4 倍の数までの範囲内で，任意に定めることができる。4 倍規制の範囲内であれば，従前と同じ数を定めることもでき，その場合には，発行可能株式総数に関する定款の定めは変更されない（発行可能株式総数については定款を変更しないという決議がなされたと解されよう）［発行可能株式総数に係る定款変更の効力については，☞§*182* 2］。以上のような中間試案に対する意見照会に対して，意見を述べるものはすべて賛成意見であった（立案担当平成 26 年 59 頁）。

　また，第 2 編第 2 章第 5 節第 1 款（本条-182 の 6）において，株主総会の株式併合決議で定められた株式併合が効力を生じる日（改正前の他の条文では，「第 180 条第 2 項第 2 号の日」と表現されていた）を，効力発生日とよぶこととされた（本条 II ② 括弧書）。

II　改正法と 4 倍規制

　本改正の前後を問わず，自己株式を消却しても（178 I），定款を変更しない限り発行可能株式総数は変動しない。発行可能株式総数に変化がなければ，当該会社が実際に発行できる株式総数は消却株式数だけ増加する（自己株式を消却して新株を発行することと，自己株式の処分とは，実質的に同様である〔藤田友敬「自己株式の法的地位」落合還暦 94-95 頁〕。後者において自己株式の数だけ発行可能株式総数が減少すると考えない以上，本文のように把握することになろう）。したがって，定款に定められた発行可能株式総数は，公開会社であってもそうでなくても，会社が実際に発行できる株式数の上限規制ではなく，株式の発行による既存株主の持株比率の低下の限界を画する趣旨を有すると解される（山下徹哉「発行可能株式総数に係る規律・株主名簿の閲覧謄写請求の拒絶事由」論点詳解 299-300 頁）。持株比率の最低限界は，持株数を発行可能株式総数で除して求められる。公開会社の 4 倍規制下にあっては，既存株主の持株比率の低下の限界は最大でも 4 分の 1 である（ただし，発行済株式総数が発行可能株式総数の 4 分の 1 未満になるような株式消却が行われると，株式消却時の持株比率を基準にすると，4 分の 1 を超えて低下する〔山下・前掲 297 頁〕。そのような場合でも，持株数を〔4 倍規制下で定款に定められている〕発行可能株式総数で除した比率が最低限界であることに変わりはない）。公開会社における授権資本制度（201 I）の観点からは，取締役会の権

限の限界を示すことになる。

4倍規制に関する改正前113条3項は、「定款を変更して発行可能株式総数を増加する場合」の規定なので（改正113条3項1号も同旨）、4倍規制はこの場合に限定して適用されると解するのが通説であった（この点につき、前田雅弘「発行可能株式総数の定めと株主保護」森本還暦25頁以下は、改正前の解釈論として、4倍規制の趣旨から、株式併合などに関して、当該事項を定める株主総会特別決議には発行済株式総数を減少させる定款変更決議が含まれると解すべきである旨の主張をされていた）。本改正では、株式併合の場合だけでなく、公開会社でない株式会社が定款を変更して公開会社になる場合（113Ⅲ②）、および、公開会社である新設合併設立株式会社（新設分割設立株式会社、株式移転設立完全親会社）の設立の場合（814条1項による37条3項の適用）にも、4倍規制を及ぼすこととされた。上述した4倍規制の趣旨を徹底させる立法判断である。

4倍規制の枠内であっても、公開会社に関しては、支配株主の異動を伴う募集株式発行等に対する規制が改正法によって新たに設けられた（206の2）。上場会社の第三者割当てによる募集株式発行等に関しては、希釈化率が25パーセント以上になる場合あるいは支配株主が異動する見込みがある場合には、一定の手続が求められている（東京証券取引所有価証券上場規程432）。なお、第三者割当てによる募集株式等に係る議決権数が、当該第三者割当てを決定する前の発行済株式に係る議決権総数の3倍を超える場合には、原則として当該株式の上場は廃止される（同規程601Ⅰ⑰、同施行規則601ⅩⅣ⑥）［本条による4倍規制に対する違反については、☞§182 2］。

Ⅲ　株式併合の必要性の説明

単元株式数に併合割合を乗じて得た数に1に満たない端数が生じない場合を除いて（182の2Ⅰ本文括弧書）、次のような情報開示制度が本改正により新設された。当該株式の併合を行う理由など、株式併合議案に係る事項が新たに株主総会参考書類記載事項とされた（会社則85の3）。併合割合の相当性や端数処理によって株主に交付する（見込み）額の相当性など、株式併合に関する事項が株主への事前開示事項とされた（182の2、会社則33の9）。改正法下では、少数株主の締出し手段として株式併合が多用されることが予想されたためだと思われる（なお、株式併合事項に関する事後開示については、株式併合の効力発生日に株主であった者にも開示される〔182の6Ⅲ本文〕）。

〔山　本〕

§ *182*   第2編　株式会社　第2章　株式

　株式併合事項を定める株主総会において取締役が行う株式併合の必要性の説明（本条Ⅳ）に関しても，上記のような情報開示を前提として，具体的で詳細な説明が求められよう［☞会社法コンメ⑷§ *180* Ⅱ 2 ⑴〔145-146頁〔山本〕〕］。

（山本爲三郎）

（株主に対する通知等）

第 181 条① 　株式会社は，効力発生日の2週間前までに，株主（種類株式発行会社にあっては，前条第2項第3号の種類の種類株主。以下この款において同じ。）及びその登録株式質権者に対し，同項各号に掲げる事項を通知しなければならない。

② 　前項の規定による通知は，公告をもってこれに代えることができる。

　本改正では，株式の併合制度を定める第2章第5節第1款の整備が行われ，これに伴って本条1項では3点で文言が変更された。すなわち，「前条第2項第2号の日」から「効力発生日」に，「同項第3号」から「前条第2項第3号」に，「次条」から「以下この款」に，それぞれ改正前の文言があらためられた。これは，180条より始まる第2章第5節第1款の適用に当たり，180条2項2号で株式の併合がその効力を生ずる日が「効力発生日」と定義されたことに伴い，1つ目の文言には「180条2項2号の日」に代わり「効力発生日」が用いられ，2つ目の文言はこれに伴って180条を準用する最初の文言になったことによる文言の変更である。また3つ目の文言は，本款に，次条に当たる182条の後に新たに182条の2以下の条文が新設されたことに伴う文言の変更である。いずれも他の条文の改正に伴う必然的な文言の変更であり，本条の内容に変更はない。

（川村　力）

（効力の発生）

第 182 条① 　株主は，効力発生日に，その日の前日に有する株式（種類株式発行会社にあっては，第180条第2項第3号の種類の株式。以下この項において同

第5節　株式の併合等　第1款　株式の併合　　　　　　　　　　§*182*

じ。）の数に同条第2項第1号の割合を乗じて得た数の株式の株主となる。

② 株式の併合をした株式会社は，効力発生日に，第180条第2項第4号に掲げる事項についての定めに従い，当該事項に係る定款の変更をしたものとみなす。

1　本改正の経緯と概要

180条2項の株式併合事項に，株式併合の効力発生日における発行可能株式総数が新たに加えられたのに伴い，株式併合決議で定められた発行可能株式総数に従って定款（37Ⅰ・98参照）が変更される旨が規定された（本条に2項を新設）。定款変更の手続を要しない趣旨である。これは，中間試案第1部第3の2(2)③（見直し要綱第3部第3の4①ウ）を受けた改正である。このような中間試案に対する意見照会に対して，意見を述べるものはすべて賛成意見であった（立案担当平成26年59頁）。

2　改正法と株式併合の効力

改正法は，株式併合事項に効力発生日における発行可能株式総数を追加し（180Ⅱ④），公開会社では発行済株式総数の4倍を超えることができないとする（同条Ⅲ。4倍規制）。これらに違反した場合の株式併合の効力が問題となる。

株式併合決議において効力発生日における発行可能株式総数を定めなかった場合，あるいは，4倍規制に違反する発行可能株式総数を定めた場合は，法令違反であるから，効力発生日前には株式併合差止事由に当たる（182の3）。さらにこれらの場合には，株主総会の株式併合決議は法令違反決議として無効（830Ⅱ参照）と評価されよう（山下徹哉「発行可能株式総数に係る規律・株主名簿の閲覧謄写請求の拒絶事由」論点詳解302-303頁）。株式併合決議において効力発生日における発行可能株式総数を定めず，かつ，効力発生日前の発行可能株式総数が効力発生日において4倍規制に反しない数である場合には，効力発生日前の発行可能株式総数と同数を効力発生日における発行可能株式総数として定めたと解し［☞§180Ⅰ］，当該株式併合決議の無効を回避すべきだと考える。

（山本爲三郎）

§ 182 の 2　　　　　　　　　　　　第 2 編　株式会社　第 2 章　株式

（株式の併合に関する事項に関する書面等の備置き及び閲覧等）（新設）

第 182 条の 2 ①　株式の併合（単元株式数（種類株式発行会社にあっては，第 180
条第 2 項第 3 号の種類の株式の単元株式数。以下この項において同じ。）を定款
で定めている場合にあっては，当該単元株式数に同条第 2 項第 1 号の割合を乗じ
て得た数に 1 に満たない端数が生ずるものに限る。以下この款において同じ。）
をする株式会社は，次に掲げる日のいずれか早い日から効力発生日後 6 箇月を経
過する日までの間，同項各号に掲げる事項その他法務省令で定める事項を記載
し，又は記録した書面又は電磁的記録をその本店に備え置かなければならない。

1　第 180 条第 2 項の株主総会（株式の併合をするために種類株主総会の決議を
　要する場合にあっては，当該種類株主総会を含む。第 182 条の 4 第 2 項におい
　て同じ。）の日の 2 週間前の日（第 319 条第 1 項の場合にあっては，同項の提
　案があった日）

2　第 182 条の 4 第 3 項の規定により読み替えて適用する第 181 条第 1 項の規定
　による株主に対する通知の日又は第 181 条第 2 項の公告の日のいずれか早い日

②　株式の併合をする株式会社の株主は，当該株式会社に対して，その営業時間内
は，いつでも，次に掲げる請求をすることができる。ただし，第 2 号又は第 4 号
に掲げる請求をするには，当該株式会社の定めた費用を支払わなければならな
い。

1　前項の書面の閲覧の請求

2　前項の書面の謄本又は抄本の交付の請求

3　前項の電磁的記録に記録された事項を法務省令で定める方法により表示した
　ものの閲覧の請求

4　前項の電磁的記録に記録された事項を電磁的方法であって株式会社の定めた
　ものにより提供することの請求又はその事項を記載した書面の交付の請求

【文献】飯田秀総「組織再編等の差止請求規定に対する不満と期待」ビジネス法務 12 巻 12 号
(2012) 76 頁，**白井**正和「組織再編等に関する差止請求権の拡充」川嶋四郎＝中東正文編・会社事
件手続法の現代的展開（日本評論社，2013) 205 頁，**福島**洋尚「株式併合によるキャッシュ・アウ
ト」上村達男ほか編・正井章筰先生古稀祝賀・企業法の現代的課題（成文堂，2015) 475 頁，**舩津**
浩司「キャッシュ・アウト」論点詳解 171 頁，**松中**学「子会社株式の譲渡・組織再編の差止め」論
点詳解 191 頁

〔飯　田〕

第5節　株式の併合等　第1款　株式の併合　　　　　　　　　§182の2

I　本条の概要と背景

1　概　　要

　本条は，株式併合について，組織再編の場合と同様の事前開示手続を定める〔☞会社法コンメ(18)§782〔28-56頁〔柴田和史〕〕・§794〔202-215頁〔柴田和史〕〕・§803〔300-308頁〔宮島司〕〕〕。従来，株式併合それ自体についての規律〔☞会社法コンメ(4)§180〔140-149頁〔山本爲三郎〕〕は存在していたが，株式併合の事前開示手続については規定がなく，本改正によってはじめて本条で事前開示手続についてのルールが導入された。

　本条が適用されるのは，株式併合によって株式が端数化される次の2つの場合に限定されている（本条I括弧書）。

　すなわち，第1に，単元株式数を定款で定めている場合は，当該単元株式数に併合の割合（180II①）を乗じて得た数に，1に満たない端数が生じるときである。例えば，単元株式数が10株の場合で，併合の割合が100株を1株に併合するものであれば，10×（1/100）＝0.1となって1に満たない端数が生じるから，本条の対象となる。また，単元株式数が10株の場合で，併合の割合が3株を1株に併合するものであれば，10×（1/3）＝3.33…となり，かけ算の結果は1を超えるが，1に満たない端数が生じるかどうかが基準なので，この場合も本条の対象となる（一問一答平成26年301頁注参照）。しかし，単元株式数が10株で，併合の割合が2株を1株に併合するものであれば，10×（1/2）＝5となって，1に満たない端数は生じないから，本条の対象とはならない。なぜならば，後者の場合，単元未満株式の部分についてしか端数が発生しないから，株主への影響が小さいと考えられるからである（一問一答平成26年308頁参照）。

　第2に，単元株式数を定款で定めていない場合には，すべての株式併合についてである。たしかに，この場合，株式の所有状況によっては株式併合によって端数が生じないこともあり得る（例えば各株主の保有株式数が偶数の場合で，2株を1株に併合するときなど）。しかし，本条は，実際に端数となる株主がいるかどうかを問わずに，最小単位である1株を基準に考えるものといえる。1株に注目すると，株式併合により必ず1未満の端数が生じる。したがって，本条は，最小単位（単元株式数の定めがあるときは単元株式数，それがないときは1株）に端数が生じるか否かに着目して，端数が生じる場合を本条の対象にしている

〔飯　　田〕

225

§ 182 の 2　　　　　　　　　　　　　　第 2 編　株式会社　第 2 章　株式

と考えられる。

　なお，本条のみならず，182 条の 3 から 182 条の 6 までの規定の適用も，株式併合によって株式が端数化される，以上の 2 つの場合に限られている。

　株式併合によって株式が端数化されると，当該端数については現金を交付する処理がなされる［☞ 会社法コンメ (5) § 235〔349-352 頁［山本爲三郎］〕］。そのため，市場価格の下落や，売却先の確保が困難となること等により，端数について適切な対価が交付されないおそれもあるなど，株主の利益に大きな影響を及ぼす（立案担当平成 26 年 194 頁参照）。そこで，そのような影響を受ける株主を保護するための規律が本改正で導入された。本条は事前の情報開示についての規定である。なお，事後の情報開示については，182 条の 6 が規律する［☞ § 182 の 6］。

　本条によって開示すべき事項は，併合の割合，効力発生日等であり，開示すべき期間は，株主総会の日の 2 週間前の日，または，株主に対する通知・公告の日のいずれか早いほうの日（以下，「備置開始日」という。会社則 33 の 9 ② イ）以降，株式併合の効力発生日後 6 か月を経過する日までの間である（本条 I）。

　株主は，当該事項についての書面等の閲覧や謄本・抄本の交付を請求することができる（本条 II）。

　これらの事項が開示されることで，株主が株主総会での議決権を行使したり，株式買取請求権を行使したりする際の意思決定を合理的に判断できるようになることが期待される（飯田 80-81 頁）。

2　背　　景

　本改正によって，本条の情報開示規制が導入されたことの背景には次の 2 つの事情がある。すなわち，第 1 は，少数株主の締出し（キャッシュ・アウト，フリーズ・アウト，スクイーズ・アウトなどともよばれる）に際して，組織再編の手法を使えば情報開示規制が存在するのに，株式併合や全部取得条項付種類株式の取得の手法を使えばそのような規制はなかった。各手法のいずれによっても少数株主の締出しという同様の結果が実現できるにもかかわらず，株式併合等について情報開示規制がないのは，株主に大きな影響を与える行為に関する規律として不十分だった（立案担当平成 26 年 192 頁参照）。第 2 は，そのような不十分な規律の下で，実際に株式併合による少数株主の締出しが濫用的に行われた事件が発生したという事情である（要綱概要 42 頁参照。具体的な事案については，大杉謙一「大規模第三者割当増資」施行 5 年 85-86 頁参照）。

〔飯　田〕

第5節　株式の併合等　第1款　株式の併合　　　　　　　　§182の2

このような経緯から，本改正においては，株式併合によるキャッシュ・アウトにおいても，情報開示，株式買取請求，差止めなど，組織再編の場合と同程度の規律が導入された。

学説においては，本改正後も，株式併合によるキャッシュ・アウトは制度の目的外使用ないし制度の転用であるとの理解を示す見解もある（福島475頁，舩津171頁参照）。このような理解に対しては，平成17年商法改正において，投資の継続論（株主は，その意思に反してキャッシュ・アウトされない権利）といった考え方は放棄されており，その象徴は現金対価の組織再編が明文で許容されたことに示されているという反論があり得る。あるいは，少なくとも本改正では，株式併合によるキャッシュ・アウトが行われることを正面から受け止めて，キャッシュ・アウト目的での利用を念頭に置いて規律を導入したのではないかという反論もあり得る（内田修平「平成26年会社法改正がM&A法制に与える示唆（上）」商事2052号〔2014〕22頁参照）。もっとも，株式併合によるキャッシュ・アウトが濫用されてはならないことについては，後者のような学説においても異論はないと思われる。ただし，どのような場合を濫用と評価するかについては意見が分かれる可能性はある。また，制度の目的外使用とする前者の学説は，とくに非公開会社の場合に「キャッシュ・アウトの目的について実質審査に服する余地があると解すべき」（福島494頁）とされるが，後者のような学説においてもキャッシュ・アウトを争うさまざまな制度の解釈（例えば株主総会決議取消しの831条1項3号の「著しく不当」や権利濫用などの解釈）においてその考えを実質的に取り込むこともあり得る（飯田秀総「少数株主の締出し（スクイーズ・アウト）」法教458号〔2018〕37頁参照）。もとより，株式併合によるキャッシュ・アウトについての評価の出発点が異なれば，個別論点の解釈の結論も異なることは十分にあり得るため，この点をめぐる議論は今後も続くだろうが，より具体的な場面を想定した議論を行うことが重要である。

II　事前開示事項（本条1項）

1　総　　説

本条によって開示が義務付けられる事項は，180条2項各号に掲げる事項（以下，「株式併合事項」という）と，法務省令で定める事項である（本条I）。

〔飯　田〕

§182の2　　　　　　　　　　　　　第2編　株式会社　第2章　株式

2　株式併合事項

180条2項各号に掲げる事項は，4つある。第1に，併合の割合，第2に，効力発生日，第3に，種類株式発行会社の場合には，併合する株式の種類，第4に，効力発生日における発行可能株式総数である［詳しくは☞会社法コンメ⑷§180〔140-149頁［山本］］］。

3　法務省令で定める事項

⑴　総　　説

法務省令で定める事項については，会社法施行規則33条の9が規定している。具体的には，①併合の割合および併合する株式の種類についての定めの相当性に関する事項，②株式の併合をする株式会社についての事項，③備置開始日後，効力発生日までに①②の事項に変更が生じたときは，変更後の当該事項である。この規定は，株式交換の場合の株式交換完全子会社の事前開示事項（同則184），全部取得条項付種類株式の取得に関する事前開示事項（同則33の2）と同様である。

⑵　併合の割合および併合する株式の種類についての定めの相当性に関する事項

併合の割合および併合する株式の種類についての定めの相当性に関する事項として，法務省令が例示している事項は2つある。

㈠　株式の併合をする株式会社に親会社等がある場合の留意した事項

第1に，株式の併合をする株式会社に親会社等（2④の2）がある場合には，当該株式会社の株主（当該親会社等を除く）の利益を害さないように留意した事項である（会社則33の9①イ）。当該事項がない場合にあっては，その旨を記載する。

親会社等は，親会社等の利益を優先して少数株主の利益を犠牲にするような株式併合を株主総会で承認するおそれがある。そこで，上記の事項を開示させることによって，そのようなおそれが現実となることを防止する機能を果たすことが期待される（情報開示による不正行為防止機能）。この事項として想定されているのは，例えば特別委員会の設置等や，第三者算定機関からの株式価値の評価書の取得などである（法務省令平成26年42頁注94参照）。

これに関連して，当該特別委員会の委員や，第三者算定機関の，親会社等からの独立性に関する事項も，これに含まれるかどうかについて議論がある（飯

第5節　株式の併合等　第1款　株式の併合　　　　　　　　　§182の2

田80頁，白井220頁，松中202頁）。この論点は，株式併合の差止請求の文脈で論じられている［☞§182の3］。

(イ)　端数処理の金額の相当性等

第2に，①235条の規定により1株に満たない端数の処理をすることが見込まれる場合における，当該処理の方法に関する事項，②当該処理により株主に交付することが見込まれる金銭の額，および，③当該額の相当性に関する事項である（会社則33の9①ロ）。

この規制の趣旨は，株式併合がキャッシュ・アウトの手段として用いられる場合が考えられるので，株式交換完全子会社の事前開示事項（会社則184）や全部取得条項付種類株式の取得の事前開示事項（同則33の2）と同様の開示をさせることにある（平成26年法務省令45頁参照）。そして，端数の処理の方法や交付することが見込まれる金銭の額について，大株主等と対象会社との間で事前に合意されることも多いことから，これらの事項と金額の相当性が開示事項として規定されている（平成26年法務省令42頁参照）。

もっとも，具体的にどのような内容を開示することが求められているのか，条文の文言からは必ずしも明らかではない。235条による端数の処理の方法は，競売（同条Ⅰ）または任意売却（同条Ⅱ・234Ⅱ）である。そして，競売は，入札者の入札によって価格が決まるから，その価格がいくらになるのかは事前に予測することは困難であり，かつ，その価格の相当性についても競売の結果であるという以上のことを説明することは困難である。また，任意売却についても，裁判所の許可が必要であるから，特定の価格での申立てをする予定があることまではいえるにしても，裁判所の許可が得られるかどうかは事前には確実にはわからない。

立案担当者の解説では，上記①の事項には，「競売または任意売却のいずれの方法によるかのほか，その時点で想定されている端数処理の日程の概要，特に最終的に少数株主に対して金銭を交付することが見込まれる時期等も含まれ得る」（法務省令平成26年42頁注95）とされている。

また，学説の中には，上記③の事項に，株式を対価とする株式交換など金銭ではない対価の種類を交付する手法ではなく，株式併合の端数処理による金銭交付という手法を選択したこと自体の理由も含まれるとする余地があるとする見解もある（舩津185頁）。しかし，「額」の相当性という条文の文言との関係で，この学説のような解釈が可能であるのかには疑問があり得る。

なお，法制審議会において決定された，「会社法制（企業統治等関係）の見

〔飯　田〕

直しに関する要綱」第3部第3の3では，会社法「235条の規定により端数の処理をすることが見込まれる場合における当該処理の方法に関する事項の充実，具体化を図るものとする」とされている。その問題意識は，「端数の処理により株主に実際に交付される代金の額は，任意売却等の結果に依存しており，実際に任意売却等がされるまでの事情変動等による代金額の低下や代金の不交付のリスクは，当該代金の交付を受けるべき株主が負うこととなることから，確実かつ速やかな任意売却等の実施及び株主への代金の交付を確保するための措置の導入について検討すべきであるという指摘」（法務省民事局参事官室「会社法制（企業統治等関係）の見直しに関する中間試案の補足説明」〔2018年2月14日〕第3部第3の3）を踏まえてのものである。そして，同補足説明では，具体的な見直しの例として，「(i)競売又は任意売却のいずれをする予定であるか及びその理由，(ii)競売をする予定である場合には，競売の申立てをする時期の見込み，(iii)任意売却をする予定である場合には，任意売却する株式を買い取る者（以下「任意売却株式買取人」という。）の氏名又は名称，任意売却の実施及び株主に対する代金の交付の時期，任意売却株式買取人が任意売却の代金の支払のための資金を確保する方法並びに当該方法の相当性その他の任意売却の実施及び株主に対する代金の交付の見込みに関する事項（当該見込みについての取締役等の判断及びその理由を含む。）を事前開示しなければならないものとする」としている。

(3) 株式の併合をする株式会社についての事項

株式の併合をする株式会社についての事項とは，その会社の計算書類等に関する事項である（会社則33の9②）。具体的には次の2つの事項である。

第1に，最終事業年度の末日（最終事業年度がない場合にあっては，当該株式会社の成立の日）後に重要な財産の処分，重大な債務の負担その他の会社財産の状況に重要な影響を与える事象が生じたときは，その内容である（会社則33の9②イ）。

第2に，当該株式会社において最終事業年度がないときは，当該株式会社の成立の日における貸借対照表である（会社則33の9②ロ）。

つまり，最終事業年度がある場合は最終事業年度の末日後に生じた事象，最終事業年度がない場合は会社成立の日以後に生じた事情のうち，会社財産に重要な影響を与えるものが該当する。これは，最新の貸借対照表が作成された日以後の会社財産に重要な影響を与える事象の開示を求めるものであり，1株当たりの価値の算定の参考となる情報を開示させるものといえる。

第5節　株式の併合等　第1款　株式の併合　　　　　　　　§182の2

(4)　変 更 事 項

　備置開始日後，効力発生日までに上記(2)および(3)の事項に変更が生じたときは，変更後の当該事項を開示しなければならない（会社則33の9③）。

Ⅲ　開示期間（本条1項）

　開示期間は，株主総会の日の2週間前の日（なお，319条1項により株主総会の決議を省略するときは，同項の提案があった日），または，株主に対する通知・公告の日のいずれか早いほうの日（備置開始日）以降，株式併合の効力発生日後6か月を経過する日までの間である（本条Ⅰ）。6か月という期間は，組織再編の場合の事前開示の規定（782Ⅰ・794Ⅰ）に揃えるものといえる。しかし，例えば株式交換の場合，無効の訴えの制度があり，無効の訴えの提訴期間は6か月である（828Ⅰ⑪）。つまり，事前開示の期間の6か月は，無効の訴えの提訴期間と一致している。これに対して，株式併合の場合は，株式併合無効の訴えなるものは規定されていない。株主総会決議一般についてその取消訴訟の制度はあるが，その提訴期間は決議の日から3か月間であって（831Ⅰ），株式併合の効力発生日から6か月間というわけではない。つまり，本条の事前開示の期間の6か月は，決議取消訴訟の提訴期間とは一致していない。したがって，本条の事前開示規制は，株主総会決議の日から3か月間については，決議取消訴訟を提訴するかどうかの判断材料を提供する機能を果たすものの，それ以後の期間については，そのような機能を果たすわけではない。また，株式併合を承認する株主総会決議について無効確認の訴えもある（830Ⅱ）。これには提訴期間の制限はないが，本条による事前開示は6か月で終了してしまう。要するに，株式併合の場合，事後開示の期間と，その効力を訴訟で争うことのできる期間に対応関係がない（福島484-485頁参照）。

Ⅳ　株主による閲覧請求等（本条2項）

　株式併合をする会社の株主は，開示期間中であれば，会社に対して，その営業時間内は，いつでも，開示事項が記載された書面の閲覧，謄本・抄本の交付の請求，または，開示事項が記録された電磁的記録の閲覧等の請求をすることができる。単なる閲覧以外の場合，すなわち，書面の謄本・抄本の交付の請求（本条Ⅱ②），および，電磁的記録に記録された事項を電磁的方法であって会社

〔飯　田〕　　　　　　　　　　　　　　　　　　　　　　　　　231

§182の3　　　　　　　　　　　　　　　第2編　株式会社　第2章　株式

の定めたものにより提供することの請求またはその事項を記載した書面の交付
の請求（同項④）の場合には，株主は，会社の定めた費用を支払う必要がある
（同項ただし書）。

（飯田秀総）

（株式の併合をやめることの請求）（新設）
第182条の3　株式の併合が法令又は定款に違反する場合において，株主が不利益
　を受けるおそれがあるときは，株主は，株式会社に対し，当該株式の併合をやめ
　ることを請求することができる。

【文献】飯田秀総「組織再編等の差止請求規定に対する不満と期待」ビジネス法務12巻12号
　(2012) 76頁，太田洋＝安井桂大「組織再編等の差止請求制度とその論点」西村高等法務研究所責
　任編集・会社法改正要綱の論点と実務対応（商事法務, 2013) 168頁，白井正和「組織再編等に関
　する差止請求権の拡充」川嶋四郎＝中東正文編・会社事件手続法の現代的展開（日本評論社,
　2013) 205頁，松中学「子会社株式の譲渡・組織再編の差止め」論点詳解191頁

I　本条の概要と背景

1　概　　要

　本条は，株式併合によって株式が端数化される場合について［これが具体的
にどのような場合なのかについては，☞§182の2 I 1］，その株式併合が法令または
定款に違反し，株主が不利益を受けるおそれがあるときは，株主に株式併合の
差止請求権を認めるものである。

2　背　　景

　株式併合によって株式が端数化されると，当該端数については現金を交付す
る処理がなされる［☞会社法コンメ(5)§235〔349-352頁［山本爲三郎］〕］。そのた
め，株主の利益に大きな影響を及ぼす。そこで，そのような影響を受ける株主
を保護するための規律が本改正で導入された。本条は，株主に差止請求権を認
めることで，株主の保護を強化するものといえる。

　また，本改正では，組織再編および全部取得条項付種類株式の取得について
も，法令または定款違反を理由とする差止請求権が導入された［☞§171の3・

232　　　　　　　　　　　　　　　　　　　　　　　　　　　　　　　〔飯　田〕

第5節　株式の併合等　第1款　株式の併合　　　　　　§182の3

§784の2・§796の2・§805の2]。本改正の立法の経緯としては，組織再編の
差止請求の導入が中心的な課題だった。そして，組織再編の差止請求に合わせ
る形で，株式併合と全部取得条項付種類株式の取得についても同様の差止請求
の規定が導入されることとなった。すなわち，中間試案第2部第5では，組織
再編の差止請求の導入がA案の本文に記載され，その注2において「全部取
得条項付種類株式の取得，株式の併合……についても，同様の規律を設けるも
のとする」とされていた。そして，組織再編において，株主総会決議取消訴訟
を本案とする差止めの仮処分が認められるのかという解釈問題が不明確である
という事情があり，また，事後的に組織再編の効力が否定されると法律関係を
複雑・不安定にするおそれがあるという事情もあり，組織再編の効力の発生前
に差止めを認める規定を立法することとなった（一問一答平成26年337頁）。さ
らに，組織再編のみならず，株式併合についても差止請求の規定が導入された
理由は，「会社の行為により株主が不利益を受け得るが事後的にその効力を否
定すれば法律関係が不安定となるおそれがある点で組織再編と同様である」
（中間試案補足説明第2部第5）からである。以上の経緯を要するに，組織再編と
同様の結果をもたらす利用が可能な株式併合については，組織再編と同様の
ルールに服すべきだという考えに基づくものといえるだろう。

II　法令または定款に違反する場合

1　立法者の意図

　本条の「法令又は定款」違反には，善管注意義務・忠実義務違反を含まない
ことを前提に立法されている。すなわち，本条は，略式組織再編の差止請求を
定めていた改正前784条2項1号を参考に立案された。同項2号では，対価が
著しく不当であることが差止事由として規定されていたため，同項1号の「法
令又は定款」には対価の不当などの善管注意義務・忠実義務違反を含まないと
解されていた。この解釈を前提として，本条は立法されている（中間試案補足
説明第2部第5，要綱概要47-48頁）。また，法制審議会会社法制部会において，
「差止めの要件の明確性を求める指摘や，株主による組織再編の差止請求は，
実際には，仮処分命令申立事件により争われ，裁判所は，短期間での審理を求
められることが予想されるところ，単なる対価の不当性を差止請求の要件とす
ると，実際上，裁判所が短期間で審理を行うことが極めて困難となるとの指摘
がされ」（中間試案補足説明第2部第5）たことを受けての立法であるから，立法

〔飯　田〕

§182 の3 　　　　　　　　　　　　　　第2編　株式会社　第2章　株式

者の意図は，善管注意義務・忠実義務違反を差止事由に含まないこととする点にあったといえる。

　もっとも，以上の立法者の意図の論拠には反論の余地があり，取締役の善管注意義務・忠実義務違反が含まれないという結論を疑問視する見解もある（飯田76頁，白井218頁）。まず，改正前784条2項の略式組織再編の差止請求は，株主総会による承認決議が行われていれば，その決議取消しの訴え（831 I）を提起できただろう場合について，それに代わる少数株主の保護のための措置として位置付けられていた（江頭〔4版〕〔2011〕819頁）。しかし，本改正で差止請求が導入されたのは，本条も含めていずれも株主総会決議による承認が必要な場合である。そのため，従来の略式組織再編の差止請求と，本条の差止請求とでは，その位置付けが異なるといえる。また，たしかに，対価の不当性を正面から審理しようとすれば，株式の価値の算定という時間と費用のかかる審理を短期間で実行する困難があるだろう。しかし，略式組織再編の場合にはそのような審理が求められるはずだから，このような困難を裁判所は克服すべきとも言い得る。また，対価の決定のプロセスの公正性の観点から，取締役の善管注意義務・忠実義務違反の有無や対価の不当性を審理の対象とするのであれば，そのような困難はないともいえる。もちろん，対価の決定のプロセスの公正性の内容について，学説のコンセンサスがない状況においては，短期間で裁判所が結論を出すのは容易ではないかもしれない。しかし，同様の困難は，例えば敵対的買収の防衛策についての差止請求などでも発生してきたはずであり，裁判所はこの困難を乗り越えてきた。取締役の善管注意義務・忠実義務違反が本条の差止事由に含まれていたとしても，必ずしも裁判所に不可能を強いるものとはいえないだろう。将来的には，取締役の義務違反を差止事由とする解釈論・立法論の再検討の必要性は残されているのではないだろうか。

2　会社を名宛人とする法令・定款

　立法者の意図を前提にすると，株式併合の手続に要求される法令・定款の規定に違反する場合が差止事由に該当すると解される。ここでいう法令には，抽象的に言えば，会社を名宛人とする日本のすべての法令が含まれる［☞会社法コンメ⑱§784 Ⅲ3〔81頁〔柴田和史〕〕。例えば，事前開示の手続（182の2）の違反（飯田80頁，白井220頁，髙木弘明「組織再編等の差止請求」太田洋＝髙木弘明編著・平成26年会社法改正と実務対応〔改訂版〕〔商事法務，2015〕280頁，松中202頁参照），株券提出手続（219 I ②）の瑕疵（江頭288頁注5），株主総会決議（180

第5節　株式の併合等　第1款　株式の併合　　　§182の3

II III) の瑕疵，株主への通知・公告 (181) の瑕疵，併合割合の不平等取扱等 (江頭290-291頁注1) が該当すると解される。このうち，事前開示の手続の違反と株主総会決議の瑕疵については，以下で敷衍して検討する。

(1)　事前開示の手続の違反

182条の2の事前開示事項について，まったく開示がなされていない場合や，開示がなされていても，重要な点に虚偽の記載がある場合には，本条の法令違反に該当する（太田＝安井181頁）。

議論が分かれるのは，併合の割合・併合する株式の種類についての定めの相当性に関する事項（182の2，会社則33の9①）について柔軟な解釈をとって，そのような柔軟な解釈に従えば開示すべき事項が開示されていない場合を，本条の法令違反に該当するとみるかどうかである。

例えば，株式の併合をする株式会社に親会社等がある場合の留意した事項（会社則33の9①イ）や，端数処理の金額の相当性（同号ロ）について，特別委員会を設置したり，第三者算定機関からの株式価値算定書を取得したりした場合に，特別委員会を設置した事実や株式価値算定書を取得した事実が182条の2の規定する開示事項に該当することは当然のこととして，それのみならず，特別委員会の委員や第三者算定機関の独立性に関する情報も，同条の規定する開示事項に含まれており，これが開示されなければ本条の法令違反に該当すると解すべきではないかという見解がある（主に組織再編の差止請求の文脈での見解であるが，本条にも妥当する見解である。飯田80頁，白井220頁，松中202頁）。なぜならば，特別委員会の委員や第三者算定機関に独立性がないときには，企業価値の算定や取引の交渉・承認の過程が歪められているおそれがあり，対価の相当性を株主が判断するに当たり，これらの独立性についての情報は特別委員会・第三者算定機関の意見の信頼性の評価にとって重要な情報と考えられるからである（飯田80頁）。

これに対して，特別委員会等の独立性に関する情報は，現在の日本の実務では開示事項に該当すると解されていないにもかかわらず，開示しないことが法令違反に該当して差し止められるとすると，その影響はきわめて大きく，このような場合について安易に差止めが認められることがあってはならないという反対説もある（太田＝安井183頁）。

この反対説に対しては，株主の判断に重要な事項を法令で書き尽くすことは困難であり，柔軟に解釈する必要性があり（白井221頁），また，差止めリスクを避けたければこれらの事項を開示すればよく（ただし，開示することで株主に

〔飯　田〕

§182の3

第2編　株式会社　第2章　株式

不利益が発生するような情報は開示義務の対象に含まれないと解する必要がある），さらに，差止めを通じて重要情報の開示を充実させていくことが本改正と整合的である（松中203-204頁）という反論がなされている。少なくとも，これらの独立性についての定性的な情報の開示（例えば特別委員会の委員や第三者算定機関に対して支払う報酬の仕組みや，過去の取引関係等の有無について定性的な情報を開示することが考えられる）をすることは，会社・特別委員会の委員・第三者算定機関にとって困難なこととまではいえないと考えられるし，この情報の開示が株主にかえって不利益を与えるものとは思われない。

なお，以上の議論は，本条の法令・定款違反に該当するかどうかという問題を取り扱うものであり，これについて肯定説を採用したからといって，特別委員会等の独立性に関する情報が開示されていない事案のすべての場合で差止めの仮処分が認められるなどとは考えられていない。民事保全法23条2項の要件を充たさなければ，本条の差止請求を本案とする仮処分が認められないのは当然である（民事保全法の解釈に関しては，野村秀敏「組織再編等に関する差止請求権の拡充」川嶋四郎＝中東正文編・会社事件手続法の現代的展開〔日本評論社，2013〕223頁参照）。

(2)　株主総会決議の瑕疵

株主総会決議の取消事由（831 I）があることは，本条の法令違反に該当するだろうか。決議取消訴訟は形成の訴えであり，取消判決が確定するまでは有効であるとすれば，本条の法令違反には該当しないという見解も考えられる（その場合でも決議取消訴訟および同訴えが認容されることにより提起可能となる法令違反による本条の差止請求訴訟の双方を本案とする，差止めの仮処分〔民保23 II〕を求めることができると解する見解もあり得る。組織再編の場合につき田中亘654頁参照）。これに対しては，株主総会決議の瑕疵に当たる法令違反が，本条の法令違反に直接該当し，取消判決の確定を待つまでもなく差止めが可能であるという見解も考えられる（両説につき，松中205-206頁参照）。

本条の適用がとくに問題になるのは，支配株主による少数株主の締出しとして株式併合が利用される局面であると考えられる。そのため，特別利害関係人の議決権行使による著しく不当な決議（831 I ③）に該当する場合に，本条の法令違反と解するかどうかがとくに重要である。

中間試案の段階では，特別利害関係人の議決権行使による著しく不当な決議に該当する場合を明文で差止事由として規定することが検討されていたが，最終的に採用されなかったという経緯がある（要綱概要48頁）。この経緯から考

えると，本条の法令違反には該当しないということになりそうである（笠原武朗「組織再編行為の無効原因」落合古稀 330 頁注 40。ただし，江頭 893-894 頁注 4 は反対）。

これに対して，略式組織再編と同レベルの事前の救済制度を導入するのが本改正の趣旨であると考えて，支配株主が株主総会決議の結果を単独で決められる場合にのみ，特別利害関係人の議決権行使による著しく不当な決議は本条の法令違反に該当すると解釈する余地もあるという見解もある（松中 210-211 頁。なお，中東正文「組織再編等」ジュリ 1472 号〔2014〕48-49 頁も参照）。

3 取締役を名宛人とする法令

本条は，「株式の併合が法令又は定款に違反する……」と，法令・定款違反の主語が株式併合になっている。そして，立法者の意図は，会社を名宛人とする法令への違反を想定していたようであり，このことも取締役の義務違反が本条の差止事由に該当しない理由の 1 つとして説明されている（立案担当平成 26年 205-206 頁参照）。そうだとすると，取締役を名宛人とする法令は，すべて本条の差止事由から除外されているということになりそうである。

学説では，例えば，株主総会参考書類への理由等の記載を取締役に義務付ける規定（301 I，会社則 85 の 3）や，取締役の説明義務についての規定（314）に違反したことが，一律に差止事由に該当しないことになってよいのかという疑問も提起されている（松中 201 頁）。もっとも，この学説が指摘する例は，株主総会決議取消事由が存在する場合に，本条で差止めができるかという問題でもあり，立法の経緯からすれば本条での差止めは想定されていないのが立法の趣旨である可能性がある。

それでは，次の場合はどうか。すなわち，株主総会の一般的な規定ではなく，株式併合についての特別の条文である 180 条 4 項において，取締役は，株主総会において，株式の併合をすることを必要とする理由を説明しなければならない，とされている。この説明を取締役が怠った場合，これは本条の差止事由に該当するだろうか。180 条 4 項は取締役を規範の名宛人とするものであって，会社を名宛人とするものではないとすれば，本条の差止事由には該当しないこととなりそうである。

ところが，この結論はいかにも均衡を欠く結論である。すなわち，182 条の2 の事前開示事項では，対価の相当性についての開示が必要とされているから〔☞§182 の 2〕，対価の相当性について開示しなければ，本条による差止請求の

〔飯 田〕

対象となる。これに対して，株式併合を実行する理由は，182条の2の事前開示事項には含まれていない。株式併合をなぜ実行する必要があるのかという，そもそもの情報が与えられなくても差止めの対象にはならないが，株式併合の実行を前提とした対価の相当性に関する情報開示がされなければ差止めの対象となるという結論が，合理的であるとは思われない。

このような不合理な結論が導かれる原因は，本条の「法令」に該当するか否かの基準を，その規範の名宛人が会社か否かとする解釈論にあるように思われる。対価が不相当であることを理由とする本条の差止めを認めないのが立法の趣旨だとすれば，そのことを条文の構造から説明するには，端的に略式組織再編の場合には正面から対価の不相当を差止事由と規定しているのに対して（784の2②・796の2②），株式併合や通常の組織再編についての差止規定ではそのような規定をあえて置かなかったことに求めれば足りる（松中 201-202頁）。それを超えて，取締役を名宛人とする法令違反を一切除外するという解釈をとることは，妥当ではない。

III 株主が不利益を受けるおそれ

「株主が不利益を受けるおそれがあるとき」が条文上は要件とされている。もっとも，法令・定款違反があれば，同時に株主が不利益を受けるおそれも認められる蓋然性が高く，この要件が独立して問題となる場面はあまりないという指摘がある（太田＝安井 179-180頁）。

ところで，募集株式の発行の差止め（210）における「株主が不利益を受けるおそれ」としては，株主権の侵害，株式価値の希釈化，持株比率の低下などが指摘されている〔☞会社法コンメ(5)§210 II 5〔129-130頁〔洲崎博史〕〕〕。これを参考に本条を考えると，本条が適用されるのは株式併合によって端数が生じる場合であるから，株主はその保有していた株式が（少なくともその一部は）現金に変更させられ，持株比率の低下が類型的に発生するのだから，端数処理が行われる株主には「不利益を受けるおそれ」が常にあると言い得る。

また，本条の差止事由に関する議論を前提にすると，例えば，事前開示が行われずに，株主総会の承認を経ていた場合には，次のように考えることができるだろう。まず，株式併合の端数処理で交付される金銭が不当に低い場合であれば，「株主が不利益を受けるおそれ」があることは明らかである。また，事前開示が行われないこと自体で，株主が必要な情報を得て株主総会で議決権行

第5節　株式の併合等　第1款　株式の併合　　　　　　　　　　　§182の4

使をする機会を奪われたことをもって「不利益を受けるおそれ」があると認めるべきである。なぜならば，もしも，「不利益」が，株主が受け取る金銭が不当であることしか意味しないとすると，対価が不当であることが差止事由に該当しないにもかかわらず，株主は対価が不当であることも必ず立証しなければ本条に基づく差止めが認められないことになってしまい，対価の不当性を差止事由から除外した根拠（つまり短期間で対価の不当性を審査することは困難であるといった論拠）とまったく整合しないからである。

（飯田秀総）

（反対株主の株式買取請求）（新設）

第182条の4① 株式会社が株式の併合をすることにより株式の数に1株に満たない端数が生ずる場合には，反対株主は，当該株式会社に対し，自己の有する株式のうち1株に満たない端数となるものの全部を公正な価格で買い取ることを請求することができる。

② 前項に規定する「反対株主」とは，次に掲げる株主をいう。

1 第180条第2項の株主総会に先立って当該株式の併合に反対する旨を当該株式会社に対し通知し，かつ，当該株主総会において当該株式の併合に反対した株主（当該株主総会において議決権を行使することができるものに限る。）

2 当該株主総会において議決権を行使することができない株主

③ 株式会社が株式の併合をする場合における株主に対する通知についての第181条第1項の規定の適用については，同項中「2週間」とあるのは，「20日」とする。

④ 第1項の規定による請求（以下この款において「株式買取請求」という。）は，効力発生日の20日前の日から効力発生日の前日までの間に，その株式買取請求に係る株式の数（種類株式発行会社にあっては，株式の種類及び種類ごとの数）を明らかにしてしなければならない。

⑤ 株券が発行されている株式について株式買取請求をしようとするときは，当該株式の株主は，株式会社に対し，当該株式に係る株券を提出しなければならない。ただし，当該株券について第223条の規定による請求をした者については，この限りでない。

⑥ 株式買取請求をした株主は，株式会社の承諾を得た場合に限り，その株式買取請求を撤回することができる。

⑦ 第133条の規定は，株式買取請求に係る株式については，適用しない。

〔飯　田〕

§182の4

第2編　株式会社　第2章　株式

細　目　次

I　本条の概要
II　買取請求の対象となる株式
　　（本条1項）
III　公正な価格（本条1項）
　1　キャッシュ・アウトの場合
　　（1）総　説
　　（2）組織再編の判例
　　（3）キャッシュ・アウトの判
　　　　例
　　（4）検　討
　2　一部の株主の有する株式の

みが端数処理される場合
　3　組織再編の株式の割当比率
　　の調整のために行われる場合
IV　反対株主（本条2項）
　1　組織再編の株式買取請求権
　　と同様であること
　2　解釈に委ねられた論点：基
　　準日後に取得した株式
　　（1）肯定説
　　（2）否定説
　　（3）検　討

V　通知・公告の期限（本条3
　　項）
VI　株式買取請求の方法（本条4
　　項）
VII　買取請求の撤回の制限とその
　　実効性の確保（本条5項，6項，
　　7項）
VIII　株式併合を中止したときの株
　　式買取請求の効力

【文献】飯田秀総・株式買取請求権の構造と買取価格算定の**考慮要素**（商事法務，2013），**飯田**秀総「株式買取請求権のデラウェア州判例の**最新動向**」神田秀樹責任編集・公益財団法人資本市場研究会編・企業法制の将来展望〔2019年度版〕（財経詳報社，2018）384頁，**飯田**秀総「株式買取請求・取得価格決定事件における株式**市場価格**の機能」商事2076号（2015）38頁，**飯田**秀総「**企業再編**・企業買収における株式買取請求・取得価格決定の申立て」法教384号（2012）26頁，**飯田**秀総「判批」**商事**2136号（2017）50頁，**伊藤**吉洋「判批」法学82巻5号（2018）83頁，**加藤**貴仁「MBOと親会社による子会社の非公開化の規制は同一であるべきか？」田中亘＝森・濱田松本法律事務所編・日本の公開買付け（有斐閣，2016）193頁，**久保田**安彦「判批」リマークス57号（2018）88頁，**齊藤**真紀「判批」商事1973号（2012）119頁，**田中**亘「商法学における**法解釈の方法**」民商154巻1号（2018）36頁，**鳥山**恭一「株式買取請求権および価格決定申立権が認められる『反対株主』の範囲」法と政治69巻2号下（2018）155頁，**葉玉**匡美「略式株式交換における株式買取請求権」商事1878号（2009）39頁，**藤田**友敬「株式買取請求権をめぐる**諸問題**」江頭古稀433頁，**藤田**友敬「公開買付前置型キャッシュアウトと株式の**取得価格**」論究ジュリ20号（2017）87頁，**藤田**友敬「公開買付前置型キャッシュアウトにおける公正な**対価**」資料版商事388号（2016）48頁，**前田**雅弘「判解」平成27年度重判解111頁，**弥永**真生「反対株主の株式買取請求権をめぐる若干の問題」商事1867号（2009）4頁

I　本条の概要

　本条は，株式併合によって株式が端数化される場合について［これが具体的にどのような場合なのかについては，☞§182の2I1］，株式買取請求の手続等を規定している。本改正における，株式併合の際の株主の保護の規定を強化する立法［その背景については，☞§182の2I2］の一環として，株式買取請求権の制度が導入された。

　株式併合における株式買取請求は，基本的に，組織再編における株式買取請求［☞会社法コンメ⒅§785〔92-125頁〔柳明昌〕〕］と同様の仕組みとして立法されている（立案担当平成26年195頁参照）。そこで，以下では，株式併合においてとくに考慮すべき点を重点的に検討することとする。

〔飯　田〕

第5節　株式の併合等　第1款　株式の併合　　　　　　　　§*182の4*

II　買取請求の対象となる株式（本条1項）

　本条で買取請求の対象となるのは，株式買取請求権を行使する株主（以下，「反対株主」という）が有する株式のうち1株に満たない端数となるものの全部である。全部であるということが，本条の特徴である。すなわち，反対株主が有する株式のうち1株に満たない端数となるものの一部のみを買取請求することはできない。なぜならば，もしこの一部のみの請求を認めてしまうと，端数処理の手続（235）が無用に複雑化するおそれがあるからである（立案担当平成26年195頁参照）。この点は，組織再編等の株式買取請求権の場合には，一部請求が認められると解されている［☞会社法コンメ(18)§785 III 3(2)〔109-110頁〔柳〕〕］ことと比較した，本条の特徴である。

III　公正な価格（本条1項）

1　キャッシュ・アウトの場合

(1)　総　　説

　株式併合をキャッシュ・アウトの手段として利用する場合（すなわち，筆頭株主のみが株主として残り，その他の株主の株式はすべて端数処理される場合）の本条1項の「公正な価格」の意義は，組織再編の株式買取請求・全部取得条項付種類株式の取得価格決定における公正な価格とできる限り同じように解釈すべきである。さもなければ，同様の経済実質を持つ取引であるにもかかわらず，どの手法をとるかによって，株式買取請求権の内容が変わってしまうことになり，合理的ではないからである（全部取得条項付種類株式の取得価格決定について，組織再編の場合の「公正な価格」と同様に解釈すべきだとする藤田友敬「新会社法における株式買取請求権制度」江頭還暦・上305頁の指摘は，株式併合の株式買取請求の場面でも同様に妥当する）。したがって，キャッシュ・アウトの類型については，組織再編の株式買取請求・全部取得条項付種類株式の取得価格決定における「公正な価格」についての解釈論［☞会社法コンメ(18)§785 IV〔113-125頁〔柳〕〕・会社法コンメ(4)§172 V〔105-109頁〔山下友信〕〕］が，本条でも参考になる。

(2)　組織再編の判例

　組織再編の株式買取請求についての最高裁の判断枠組みは次のとおりである（組織再編の株式買取請求の判例について，詳しくは，飯田・企業再編26-28頁，飯

〔飯　田〕　　　　　　　　　　　　　　　　　　　　　　　　　　　　　　　*241*

§ *182 の 4*   第 2 編　株式会社　第 2 章　株式

田・市場価格 38 頁参照）。すなわち，組織再編によって，株式買取請求権が行使
された会社（以下，「対象会社」という）の企業価値が増加するか否かが問題とな
る。もしも企業価値が増加しないならば，買取請求日における，組織再編がな
ければ株式が有したであろう価格（以下，「ナカリセバ価格」という）を算定しな
ければならない（最決平成 23・4・19 民集 65 巻 3 号 1311 頁，最決平成 23・4・26 判
時 2120 号 126 頁）。また，もしも企業価値が増加するならば，裁判所は，買取
請求日における企業価値の増加を適切に反映した価値（以下，「シナジー分配価
格」という）を算定しなければならない（最決平成 24・2・29 民集 66 巻 3 号 1784
頁）。

(3)　キャッシュ・アウトの判例

　また，上場会社を対象会社とするキャッシュ・アウトの従来の実例をみる限
りでは，いきなり株式併合の議案について株主総会に付議されるのではなく，
公開買付けを行って多数の株式を取得してから，株式併合を行うという二段階
買収のスキームが採用されることが多いと予想される。このようなスキーム
は，従来は，二段階目を全部取得条項付種類株式の取得として行い，一段階目
の公開買付価格と同額の金銭が交付されるように設計されていることが多い。
この類型についての「公正な価格」の意義についての裁判例は多くある。当初
の裁判例に大きな影響力があったのが，最決平成 21・5・29（金判 1326 号 35
頁）の田原睦夫裁判官の補足意見（以下，「田原補足意見」という）である。田原
補足意見が提示した取得価格の次の定式化は，株式買取請求権の判断枠組みと
表現は違っている。すなわち，取得価格は，① MBO が行われなかったなら
ば株主が享受し得る価値（以下，「①の価値」という）と，② MBO の実施に
よって増大が期待される価値のうち株主が享受してしかるべき部分（以下，「②
の価値」という）とを，合算して算定すべきとされた。

　下級審裁判例は，若干の文言の違いはあるが，おおむね田原補足意見と同様
の定式化に従って算定してきた（例えば，大阪地決平成 24・4・13 金判 1391 号 52
頁，東京地決平成 25・3・14 金判 1429 号 48 頁等）。そして，裁判例が行ってきた作
業の実態は何かといえば，公開買付公表時点での市場価格と，公開買付価格を
対比し，十分なプレミアムが支払われているか否かを，そのプロセスに注目し
て審査していたということができる（阿南剛「スクイーズアウト型組織再編におけ
る対価の適正性」神田秀樹＝武井一浩編・実務に効く M&A・組織再編判例精選〔有斐
閣，2013〕186 頁参照）。MBO などで利益相反の要素がある場合には，利益相反
を回避し，取引の公正性を担保する措置を講じていたかどうかに注目し，それ

242   〔飯　田〕

第5節　株式の併合等　第1款　株式の併合　　　　　　　　**§ 182 の 4**

を講じたといえるならば，1段階目の公開買付価格をもって公正な価格とする傾向にある（MBO のケースとして，例えば，東京地決平成 25・9・17 金判 1427 号 54 頁，東京高決平成 25・11・8 LEX/DB 25502629，前掲・東京地決平成 25・3・14，東京高決平成 25・10・8 金判 1429 号 56 頁など。支配・従属会社間の企業再編のケースとして，例えば，大阪地決平成 24・4・27 判時 2172 号 122 頁，東京地決平成 25・7・31 資料版商事 358 号 148 頁，東京地決平成 25・11・6 金判 1431 号 52 頁。ただし，例外として，静岡地沼津支決平成 24・4・16 D 1-Law 28221287 は，手続の公正性を審査せずに，純資産額と市場価格の中間値を取得価格とした。以上につき，飯田・市場価格 38 頁参照）。

　もっとも，裁判例の中には，手続の公正性を認めた事案であるにもかかわらず，公開買付価格の公表後，全部取得条項付種類株式の取得日までにおける市場指標（日経平均や TOPIX 等）の上昇をマーケットモデルなどを使って反映させるなどして，公開買付価格よりも高い価格をもって「公正な価格」としたものもある（東京地決平成 27・3・4 金判 1465 号 42 頁，東京地決平成 27・3・25 金判 1467 号 34 頁）。

　しかし，この後者のような裁判例に対しては批判もあった（田中亘「総括に代えて」土岐敦司 = 辺見紀男編・企業再編の理論と実務〔商事法務，2014〕234 頁，飯田・市場価格 38 頁）。そして，最決平成 28・7・1（民集 70 巻 6 号 1445 頁）は，一般に公正と認められる手続により公開買付けが行われ，その後に当該株式会社が公開買付価格と同額で全部取得条項付種類株式を取得した場合，裁判所が，公開買付け公表後の事情を考慮した補正をするなどしてあらためて株式の取得価格を算定することは，原則として裁判所の合理的な裁量を超えたものとして，否定した。

　その後の下級審裁判例は，前掲・最決平成 28・7・1 の判断枠組みに従って判断し，公正な価格を公開買付価格と同額としたものが多数ある（株式併合の事案として，大阪高決平成 29・11・29 金判 1541 号 35 頁，全部取得条項付種類株式の取得の事案として，大阪地決平成 29・1・18 金判 1520 号 56 頁，特別支配株主による株式売渡請求の事案として，東京高決平成 29・1・30 LEX/DB 25544950，東京高決平成 29・6・19 LEX/DB 25549405，東京高決平成 31・2・27 金判 1564 号 14 頁）。

⑷　検　　討

㈠　総　　説

　解釈論としては，組織再編の場合と，全部取得条項付種類株式の取得の場合と，株式併合の場合とで，公正な価格の意義を同様に解釈するべきであるか

〔飯　田〕

§ 182 の 4 　　　　　　　　　　　　　第 2 編　株式会社　第 2 章　株式

ら，基本的な枠組みは，組織再編の最高裁判例のものに従うのが論理的である。この枠組みに従うのであれば，株式併合によるキャッシュ・アウトが企業価値を上昇させる場合にはシナジー分配価格，企業価値を上昇させない場合にはナカリセバ価格を算定することとなる（企業価値の増加の有無についての諸論点につき，藤田・諸問題 441-451 頁参照。なお，企業価値を上昇させる場合のすべてのケースでシナジー分配価格を算定しなければいけないのかについて，疑問視する少数説として，飯田・考慮要素参照）。二段階買収の場合もこの枠組みで考えるのが論理的である。

　(ｲ)　基　準　日

　上述のとおり，株式対価の組織再編の場合，公正な価格の算定の基準日は，買取請求の日とするのが判例である［☞(2)］。これに対して，全部取得条項付種類株式の取得の場合には，取得日における公正な価格を算定するとする裁判例が多かったが，前掲・最決平成 28・7・1 は，基準日については何の言及もしていない。

　株式併合によるキャッシュ・アウトの場合の前掲・大阪高決平成 29・11・29 は，基準日を買取請求の日とした。その理由は，買取請求の日が，「売買契約が成立したのと同様の法律関係が生じ，かつ，株主がその後の手続をまたずに会社から退出する意思を明示した時点」だからである。しかし，キャッシュ・アウトの場合は，どのみち会社から退出することになるのであるから，買取請求をもって「会社から退出する意思を明示した」と強調してみても，実質的な意味はない（酒井太郎「判批」リマークス 58 号〔2019〕81 頁参照）。

　学説では，基準日について，本来，少数派株主の投機的行動の防止という観点も考慮して決するべきだという有力説（田中亘 645-646 頁）もある。もっとも，企業価値を増加するキャッシュ・アウトの場合の基準日は，「ほとんど意味を持たない」（藤田・諸問題 461 頁）。なぜならば，株式併合の対価が公正なものであったならば基準日においてその株式が有していると認められる価格は，総会決議後（二段階買収ならば公開買付後）の株式市場の動向等と関わりなく一定の金額となるからである（藤田・諸問題 461 頁参照）。例えば，あるべき対価が 1000 円ならば，たとえどんなに株式市場全体の動向が上昇傾向を示そうとも公正な価格は 1000 円のまま変わらない（藤田・対価 53 頁参照）。むしろ，決定的なのは，いつの時点を基準に対価の公正性を判断するかであり，それは，株式併合の決定時である株主総会決議（二段階買収ならば公開買付）時と解するべきである（藤田・取得価格 91 頁，田中・法解釈 54-57 頁参照）。この解釈は前

第5節　株式の併合等　第1款　株式の併合　　　　　　　　§182の4

掲・最決平成 28・7・1 と整合的でもある。

　なお，論理的には，企業価値を増加しないキャッシュ・アウトの場合には，ナカリセバ価格を算定することとなるため，基準日がいつであるかについて実益がある場面も想定できる。例えば，株式併合の公表前の株価を基礎に，その後の市場動向をマーケットモデルなどを用いて補正してナカリセバ価格を算定する場合である（藤田・対価 52 頁参照）。このような場合には，判例を前提にすると，株式買取請求の日を基準日として算定することとなる。ただし，例えば，DCF 法によって企業価値を算定する場合，基準日が 4 月 19 日か 4 月 20 日かといった違いにすぎないときには，算定される価格に違いをもたらさないだろう。

㈡　企業価値が増加しない場合

　企業価値が増加しない場合，ナカリセバ価格を算定すべきこととなる（前掲・最決平成 23・4・19，前掲・最決平成 23・4・26 参照）。

　少数派の株式は多数派の株式よりも低い価格でしか取引できないという現実を前提に，公正な価格の算定においても少数派ディスカウント（マイノリティディスカウント）を反映して低い価格を算定すべきだという主張がなされることもあるが，裁判例ではこれが否定されている（東京高決平成 22・5・24 金判 1345 号 12 頁）。

　また，非上場株式の場合，当該会社の株式には市場性・流動性がないことから，公正な価格の算定に際してその分を減価すべきだという非流動性ディスカウントの主張もある。最高裁は，これを否定したが（最決平成 27・3・26 民集 69 巻 2 号 365 頁），同最高裁決定の理由付けに対して学説はほぼ一致して批判しており（山下徹哉「非上場会社の株式買取請求に係る買取価格決定における非流動性ディスカウントの可否」金法 2059 号〔2017〕42 頁），当該事案において二重に非流動性ディスカウントをすることを否定すればよかったのであって（吉村一男「M&A における株主価値と裁判における公正な価格」法教 458 号〔2018〕109-110 頁参照），同最高裁決定の理由付けを一般化すべきでない（田中亘 653 頁）。

㈢　企業価値が増加する場合の判断枠組み

　判例を前提にすると，株式併合によるキャッシュ・アウトによって企業価値が増加する場合，株式買取請求権の公正な価格の判断に当たって，独立当事者間取引だったならば行われたであろう取引条件といえるかどうかが審査されるべきである（飯田・市場価格 43 頁）。そして，独立当事者間取引と評価することのできる場合，つまり，取引における手続の公正性が認定できる場合には，実

〔飯　田〕

§ 182 の 4　　　　　　　　第 2 編　株式会社　第 2 章　株式

際の買収価格（公開買付けを前置して行う二段階キャッシュ・アウトであればその公開買付価格）こそがもっとも信頼できる数字というべきである（飯田・市場価格44 頁）。なぜなら，この場合，会社・株主に対して善管注意義務を負っている取締役によって構成される対象会社の取締役会が行う判断は，当該買収提案のなされた状況において，会社・株主が期待することができる最善のものであり（加藤 202 頁），反対株主に対して実際の買収価格を上回る救済を与える必要性はないからである（飯田・市場価格 42 頁。これに対して，公正な価格の算定において手続面からの審査を重視することを批判し，対価の実質審査を重視すべきだとする見解として，黒沼悦郎「株式買取請求権に関する一省察」江頭古稀 405 頁参照）。

　手続の公正性を重視する判断枠組みは，すでに判例法理として定着している。前掲・最決平成 24・2・29 は，相互に特別の資本関係がない会社間においては，「原則として……株主及び取締役の判断を尊重すべきである」としており，まさに独立当事者間取引で行われる条件といえれば，当該企業再編の対価は公正であることを意味している（同最高裁決定の射程がキャッシュ・アウトの場合にも及ぶことについては，例えば加藤 213-214 頁注 30 参照）。また，前掲・最決平成 21・5・29 の田原補足意見は，手続の透明性が確保されていたか否かに注目していた。これは，手続の透明性が確保されていたならば，株主および取締役の判断を尊重することを前提にしていたものと解される（飯田・企業再編 35 頁）。そして，前掲・最決平成 28・7・1 は，多数株主による二段階買収でのキャッシュ・アウトの場合にも，一般に公正と認められる手続により公開買付けが行われたときには，原則として，その公開買付価格をもって公正な価格とするのが相当だとした（同最高裁決定の射程が，全部取得条項付種類株式の取得以外のキャッシュ・アウトの場合にも及ぶことについては，北村雅史「判批」法教 434 号〔2016〕163 頁，伊藤靖史「判批」判評 704 号〔判時 2340 号〕〔2017〕18 頁参照）。同最高裁決定は，このような場合の公開買付価格は，「多数株主等と少数株主との利害が適切に調整された結果が反映されたものであるというべきである」とした。つまり，多数株主によるキャッシュ・アウトという構造的な利益相反関係のあるケースにおいても，独立当事者間取引と評価できる場合には，その取引で定められた価格を公正な価格とするとしたわけである。この点は，同最高裁決定の小池裕裁判官補足意見でも次のように明示的に述べられている。すなわち，「構造的な利益相反関係が存する場合についても，取引に関する意思決定過程が恣意的になることを排除するための措置が講じられ，一般に公正と認められる手続が実質的に行われ，多数株主等と少数株主との利害が適切に調整さ

第5節　株式の併合等　第1款　株式の併合　　　　　　§182の4

れ，株式の買付価格が公正に定められたものと認められる場合には，裁判所は，独立当事者間の取引の場合と同様に，原則としてこのような手続を通じて定められた価格（取引条件）を尊重すべきものであると考えられる」とされた。

以上の点は，非上場会社の場合にも妥当する（前掲・東京高決平成31・2・27。なお，笹川敏彦「判批」札幌学院法学34巻1号〔2017〕188頁は，非上場会社においても，上場会社と同等の厳格な手続が必要なのかについては，残された課題であるとする）。

(オ)　独立当事者間取引かどうか

独立当事者間取引であるかどうかの判断に当たって，もっとも重要なメルクマールは，買収者と対象会社との間に相互に特別の資本関係があるかどうかである。このことは前掲・最決平成24・2・29でも明示されている。

逆に，独立当事者間取引とはいえない場合とは，①買収者が対象会社の親会社であるとか，あるいは，買収者である会社の支配株主と対象会社の支配株主が同一の者であるような場合，および，②MBOの場合である（これ以外の場合も含むべきかについては，飯田・考慮要素327-328頁参照）。この2つの場合に該当するかどうかで線を引くことは，公開買付規制においても行われている。すなわち，買付等の価格の算定に当たり参考とした第三者による評価書，意見書その他これらに類するものがある場合には，その写しを公開買付届出書の添付書類として提出することを要求しているが（公開買付府令13条1項8号），これが求められるのは，親子会社間の場合と，MBOの場合である。

①の場合には，親会社・支配株主は買主であるから，買収価格を安くすれば安くするほど有利になる。親会社・支配会社は，その定義上当然のこととして，対象会社を支配している。そのため，売主である対象会社の一般の株主のできるだけ高く売却したいというインセンティブと，親会社・支配株主のできるだけ安く買いたいというインセンティブが正反対になる構造にある。そして，親会社・支配株主は，少数株主の意向を無視して株主総会決議を成立させることが可能であるから，取引の両当事者の意思決定を自由に行うことができてしまい，買収価格が不公正となるおそれがある点に特徴・問題がある（ただし，①の場合の外延は不明確さが残り，比較的少ない対象会社株式しか保有しない者によるキャッシュ・アウトの場合にも利益相反排除措置が必要になるのかについては課題が残されている。藤田・取得価格93頁）。

②の場合も，買収者側に立つ経営者が，買収者として安く買収したいという利益を持つ点に特徴・問題がある。買収者側に立つ経営者は，対象会社の取

〔飯　田〕

§182の4　　　　　　第2編　株式会社　第2章　株式

締役会に強い影響力を持つため，本来は対象会社の一般株主の利益を最大化させるべき立場にあるにもかかわらず，買収者としての利益を優先してしまうおそれがある。また，この場合，356条1項の利益相反取引の場合と同様の問題状況（取締役の個人的な利害と会社・株主の利害が正反対となる状況）でもある（飯田秀総「判批」ジュリ1437号〔2012〕99頁参照）。

(カ)　利益相反関係がない場合

相互に特別の資本関係がない場合，独立当事者間の取引であるから，「一般に公正と認められる手続」（前掲・最決平成24・2・29）がとられていれば，何らかの特段の事情によって，取引が歪められていたという事実がない限りは，取引価格をもって公正な価格として算定すべきこととなる。特段の事情の例としては，株式併合について適切な情報開示が株主に対してなされていなかった場合とか，二段階買収の公開買付けに強圧性がある方法をとっていた場合などが考えられる。

このほかに，キャッシュ・アウトの場合には手続をより慎重にするという観点から，MBOや支配株主によるキャッシュ・アウトの場合と同様の措置が必要かという論点もあり得る。基本的には，ケースバイケースで，実際の取引過程の全体を見て判断する必要があるが，いくつかの個別の要素について検討する。

オークションや，他の買収者がいないかを積極的に調査するマーケット・チェックは必要か。たしかに，オークションを経て決められたことや，マーケット・チェックを経て決定されたことは，買収価格の信頼性を示す重要な証拠となる。しかし，オークションやマーケット・チェックを経ていないからといって，手続が不公正だとか，買収価格が不当だとはいえない（前掲・東京高決平成31・2・27参照）。なぜならば，構造的な利益相反関係のない買収者と対象会社との間で実質的な交渉が行われたといえる場合であれば，マーケット・チェックを行った場合と同等の公正性があると評価できるからである（デラウェア州の判例との比較に関して，飯田秀総「レックス・ホールディングス損害賠償請求事件高裁判決の検討（下）」商事2023号〔2014〕21-23頁）。

特別委員会（第三者委員会）を設置することは必要か。たしかに，論理的には，独立当事者間取引においても，会社の外部の有識者から構成される特別委員会を設置することも不可能ではないが，対象会社の取締役のほうがより会社・株主のために行動することが期待できる。なぜなら，対象会社の取締役はまさに取締役としてその会社のことを熟知しているし，株主総会で選任され，

248　　　　　　　　　　　　　　　　　　　　　　　　　　　〔飯　田〕

第5節　株式の併合等　第1款　株式の併合　　　　　　　§182の4

会社・株主に対して善管注意義務を負っているからである（飯田・考慮要素337頁）。特別委員会が必要になるのは，対象会社の取締役会に買収者からの独立性が欠如している場合，ないし，対象会社の取締役会が買収者に支配されているような場合である。つまり，特別委員会は，対象会社・株主の利益のために行動する主体として取締役会の代わりに行動することが期待されるものであり，MBOや支配・従属会社間のM&Aにおいては原則として必要と考えるべきではあるが，そのような事情のない相互に特別の資本関係のない場合には特別委員会を設置するメリットは基本的にはないと考えられる。したがって，特別委員会が設置されていなかったことは，特段の事情には当たらないと考えられる（前掲・東京高決平成31・2・27参照）。この考え方は，対象会社の取締役が，対象会社の経営陣として買収後にも残ることを優先して，低い買収価格でも受け入れてしまうおそれという抽象的・潜在的な利益相反のおそれがあるにすぎない場合であっても，変わらないと考えるべきである（飯田・考慮要素326-328頁参照）。ただし，潜在的な利益相反関係が顕在化した場合であれば，対象会社の取締役の私的利益の追求のおそれがあり，相互に資本関係のない取引だったとしても特別委員会を設置しなければ独立当事者間取引だったとは評価できない場合も考えられる。このような場合とは，例えば，競合する買収提案があり，一方は高い買収価格で経営陣の総入替え，他方は低い買収価格で経営陣は残すという提案で，買収の実現可能性など他の条件はまったく同一である場合に，経営陣として残ることだけを理由に後者の提案を対象会社の取締役会が選択するおそれがあるときである。

　独立した第三者機関からの株式価値算定書の取得は必要か。これは，市場株価が絶対に正しいとは限らないことからすると，基本的に，必要と考えるべきである。対象会社の取締役は，ファイナンスの知見を有しているとは限らないから，自社の株式価値の算定に関して専門家の意見を踏まえなければ，会社・株主の利益に最善の行為をすることができないはずである。また，非上場会社の場合，株式価値算定書の取得にかかるコストが大きく負担感があるだろうが，市場株価という客観指標すらない以上は，非上場会社であっても基本的に必要と考えるべきであろう。

　株式価値算定書に加えて，買付価格の公正性に関する意見書（フェアネス・オピニオン）の取得は必要か。買付価格の公正性については，何をもって「公正」とよぶかについて，財務アドバイザーの実務に定着した定義があるわけではない（永江亘「Going-Private取引における外部機関による公正性に関する評価意

〔飯　田〕

見書（フェアネス・オピニオン）の機能と問題点」神戸法学雑誌 60 巻 3 = 4 号〔2011〕434 頁参照）。そのため、「公正」性についての意見書を取得していないからといって手続の公正性に瑕疵が生じるとまではいえない（前掲・東京高決平成 31・2・27 参照）。

株主総会（ないし二段階買収の公開買付け）の条件としてマジョリティ・オブ・マイノリティ条件（MOM 条件。買収者と利害関係のない株主の過半数の応募を条件とすること）を付すことは必要か。この措置は、株主の意思決定の段階での公正性に関わるものであり、買収者が支配株主であるような場合にはとくに重要であるが、相互に特別の資本関係のない当事者間の取引においてこのような措置が講じられていなかったことは問題ではないというべきである（前掲・東京高決平成 31・2・27 参照）。

(キ) **利益相反関係がある場合**

利益相反関係がある場合であっても、あくまでも不公正なことが行われるおそれがあるにとどまり、常に不公正であるわけではない。そのため、「一般に公正と認められる手続」（前掲・最決平成 28・7・1）により、利益相反の影響を回避する措置が適切な形で用いられている場合には、独立当事者間取引が行われたと評価して、当事者間の交渉の結果である実際の買収価格を尊重すべきである。

最高裁は、一般に公正と認められる手続と評価されるための要件について、具体的な要件を明らかにはせず、二段階買収における公開買付けの強圧性を排除する方法がとられたこと、特別委員会を設置したこと、および、第三者算定機関からの株式価値算定書を取得したことなどを指摘して手続の公正性があるとの結論を示したにとどまる。そのため、一般に公正と認められる手続と評価されるための要件の具体化は、裁判例の蓄積に委ねられている。裁判例においては、二段階買収の場合であれば一段階目の公開買付けと二段階目の締出しが同額で行う旨を予告して実際にそのとおり行われたこと、法務アドバイザーの助言を受けたこと、財務アドバイザーによる株式価値算定のレンジ内にあること、第三者委員会を設置して買収価格の妥当性を諮問して妥当との回答を得たことなどを指摘して、一般に公正と認められる手続がとられたと評価されるのが一般的である（前掲・東京高決平成 29・1・30、前掲・東京高決平成 29・6・19、前掲・大阪高決平成 29・11・29）。

学説では、これらのメニューが揃っていれば手続の公正性が認められるといった形式的な審査にならないように留意することが重要であり、特別委員会

第5節　株式の併合等　第1款　株式の併合　　　§182の4

が実際に果たした役割に焦点を当てて詳細な検討を試みるという観点の重要性
が指摘されている（白井正和「第三者委員会に期待される機能」白井正和ほか・M&
Aにおける第三者委員会の理論と実務〔商事法務, 2015〕115-117頁）。その際には,
特別委員会に交渉権限が付与されていたかどうか, 特別委員会に財務アドバイ
ザーの選任権限が付与されていたかどうか, MOM条項が採用されていたかど
うかなどが重要な考慮要素になると学説では主張されているが（白井正和
「現状を踏まえた利益相反回避措置に関する検討」田中亘＝森・濱田松本法律事務所
編・日本の公開買付け〔有斐閣, 2016〕161頁）, 裁判例ではこれらの要素を充たし
ていなくても手続の公正性が肯定される傾向にある。例えば, 前掲・最決平成
28・7・1の事案では, 財務アドバイザーを特別委員会ではなく対象会社の取
締役会が選任していたという事情があったが, 裁判所はとくに問題視しなかっ
た（藤田・取得価格94頁）。そのため, 学説からは, 手続の公正性についての裁
判所による審査が緩すぎないかという問題が提起され続けている（玉井利幸
「株式等売渡請求, キャッシュ・アウト, 取締役の義務（3完）」南山法学40巻3＝4号
〔2017〕384頁, 伊藤吉洋「判批」法学81巻5号〔2017〕63頁, 飯田秀総「株式買取請
求権制度の限界」法教449号〔2018〕80頁, 飯田秀総「株式買取請求権のデラウェア州
判例の最新動向」神田秀樹責任編集・資本市場研究会編・企業法制の将来展望〔2019年
度版〕〔財経詳報社, 2018〕384頁参照）。そして, このように事後的な手続の公正
性の審査が緩やかにしか行われないのであれば, 事後規制による規律が不十分
と言わざるを得ないから, とくに支配株主によるキャッシュ・アウトの場合
は, 事前規制型のMOM条項によって少数株主の自由な判断の機会が確保さ
れていることが, 手続の公正性を認める必要条件とすべきではないかという主
張につながってくる（玉井利幸「判批」金判1543号〔2018〕5-6頁参照）。

　他方で, オークションやマーケット・チェックの要否についてはどうか。実
は, この点について裁判例で争われるケースはまだ少ない。支配株主による
キャッシュ・アウトの場合には, 支配株主が売主側に回るという約束をしない
限り対抗提案が登場することが構造的にほぼあり得ないのでそういう主張がさ
れないのは理解できる。しかし, MBOの場合には, 買収者側に立つ経営陣が
支配株主でない限りは, 論理的には対抗提案が登場する可能性は多少はあるの
だから, MBOの場合にはその要否が論点となり得るはずである。そして,
MBOの場合であっても, 会社の支配権がオークションプロセスを経て売却さ
れた場合, その買収価格は, 市場メカニズムによって発見された価格であるか
ら, その公正性は高く, 事後的に裁判所がそれとは別の価格を算定することに

〔飯　田〕

§182 の 4 第2編 株式会社 第2章 株式

はとくに慎重になるべきである。日本の二段階買収の実務では，強力な取引保護条項を設定しないこと，公開買付期間をある程度長く設定すること（30営業日）が一般的である。こうすることで，もしも対抗的な買収提案があるのであれば，公開買付期間中に登場するはずであり，このような間接的なマーケット・チェックをしているとして手続の公正性を補強することが意識されている（経済産業省「企業価値の向上及び公正な手続確保のための経営者による企業買収（MBO）に関する指針」〔平成19年9月4日〕16頁参照）。たしかに，間接的なマーケット・チェックであっても十分な公正性が担保されているといえる場面もあるだろう。しかし，そのようにいうためには，対抗的な買収提案者にデューデリジェンスの機会を与えるなど買収者間の情報の不平等がないこと，より魅力的な買収提案があればMBOの買収者側に立つ経営陣も売却に応じると約束していること，対抗的な公開買付けが開始されたときにMBOの買収価格の引上げをしないという約束があったことなどの要素があるかどうかの検討が必要である。さもなければ，MBOの構造上，MBOの買収者が一番情報を持っているわけであるから，当該MBOの買収者を上回る買収価格を提案してオークションに勝利しても高すぎる買収価格を支払うことになるという勝者の呪いの問題があり，構造的に対抗的な提案が起こりにくい状況にあるからである（Guhan Subramanian, Deal Process Design in Management Buyouts, 130 Harv. L. Rev. 590〔2016〕参照）。そのため，公開買付期間を長めに設定しているから，買収提案が他にあるのであればその間に登場したはずであり，そのような提案がなされなかったことはMBO価格の公正さの証拠である，といった主張は，これを額面どおり受け取るには慎重であるべきように思われる。

2　一部の株主の有する株式のみが端数処理される場合

株式併合が行われるのは，キャッシュ・アウトの場合のみならず，例えば株主管理コストを削減する目的とか，1株当たりの適正な市場価格にするため（例えば，1株10円になっていると，1円の値動きが10パーセントの値動きになってしまい，変動幅が大きくなりすぎるため）に出資単位を大きくする目的などで行われることもある（江頭285頁参照）。この場合の本条の株式買取請求権の「公正な価格」はどのように解すべきだろうか。

デラウェア州の最高裁判例には，上場を維持しつつ株主管理コストを削減するために行われた株式併合の事案（株式併合の直後に併合比率の逆数の比率で株式分割を行うことが提案された事案）があるからこれを手がかりに考えてみよう。

第5節　株式の併合等　第1款　株式の併合　　　　　　　§182の4

デラウェア一般会社法155条（Del. Code Ann. tit. 8, §155）は，株式併合の結果，1株に満たない株式が生じた場合，会社はこれを「公正な価格」で買い取ることができると定めているが，株式買取請求権は認められていない。そして，デラウェア州の最高裁は，デラウェア一般会社法155条の「公正な価格」の意味は，合併の場合の株式買取請求権における「公正な価格」（同法262条。日本法でいえばナカリセバ価格にほぼ相当する，継続企業価値の割合的な利益を意味する）とは異なり，1株に満たない端数を集めて会社が市場で売却した対価を株主に交付するまたは直近10日間の市場株価の平均値で会社が端数を買い取ることを認めた（Applebaum v. AVAYA, Inc., 812 A . 2 d 880〔Del . 2002〕）。なぜならば，もしも本件において原告株主が継続企業価値を受け取ることができるとしたら，原告が棚ぼたを取得できてしまうからである。つまり，原告は，継続企業価値の割合的な利益のすべてを受領した後で，市場株価で株式を取得しておけば，将来その会社が他の会社と合併したり，支配権の変化が生じる取引が行われたりした場合に，継続企業価値をもう1度取得することができるからである。

　日本法では，端数処理を行うと，株式市場で売り圧力が生じるので市場価格の下落を招いて，端数について適切な対価が交付されないおそれがあることなどを根拠に株式買取請求権が導入されたのだとすれば，市場価格での買取りでは不十分と解すべきケースもあるのかもしれない。しかし，もしも株式併合に伴う端数処理には類型的に市場価格の下落を招くのだとすると，市場取引による売却をするときはその売却価格が株主に交付されるが（235Ⅱ・234Ⅱ），それでは株主は類型的に不利益を被るおそれがあり，むしろ端数処理の制度自体に問題があるということになってしまう。端数処理の制度自体の合理性はあるというのが会社法の立場なのだとすれば，本条の「公正な価格」が当該端数処理として行われた市場取引による売却の価格を上回るのは，まさに当該売却の際に売り注文が増えたことによって一時的に市場価格が下落したといえるような例外的な場合にのみ認められると解すべきである。それ以外の場合は，端数処理によって支払われる対価をもって公正な価格とすべきである。

3　組織再編の株式の割当比率の調整のために行われる場合

　「合併・（共同）新設分割・株式交換・（共同）株式移転に際し，株式の割当比率を一対一にするため等に一方当事会社の株式を併合する」（江頭285頁）場合の，本条の公正な価格は，どのように解すべきだろうか。この場合というの

〔飯　田〕

§ *182 の 4*   第2編　株式会社　第2章　株式

は，組織再編行為と株式併合が一体なのだから，組織再編についての株式買取請求権が行使される場合の公正な価格と同じ価格とするのが論理的である。

Ⅳ　反対株主（本条2項）

1　組織再編の株式買取請求権と同様であること

　本条の株式買取請求権を行使できるのは，反対株主のみである（本条Ⅰ）。本条2項は反対株主の定義規定である。1号では，株主総会に先立って反対する旨を会社に対し通知し，かつ，株主総会で反対した株主が，反対株主に該当すると規定されている。2号では，株主総会において議決権を行使することができない株主が，反対株主に該当すると規定されている。本条は，組織再編の株式買取請求権の反対株主の規定［☞ 会社法コンメ⒅§785〔92-125頁〔柳〕〕〕と同様である。

2　解釈に委ねられた論点：基準日後に取得した株式

　本改正を経ても，株主総会の議決権に係る基準日後に取得した株式が，株式買取請求権の対象となるかどうかについては，解釈に委ねられた（立案担当平成26年196頁注135）。本条の裁判例でこの論点が争点になったものはまだないようである。

⑴　肯　定　説

　基準日後に株式を会社以外の者から特定承継（売買）で取得した株主は，議決権を行使できない（124 Ⅳ。江頭216頁注3参照）。そのため，当該株主は，「当該株主総会において議決権を行使することができない株主」に該当するという解釈（以下，「肯定説」という。組織再編の株式買取請求の場合についての学説として，田中亘「組織再編と対価柔軟化」法教304号〔2006〕80頁，中東正文「株式買取請求権と非訟事件手続」法政論集223号〔2008〕240-241頁，弥永7-8頁，松中学「組織再編における株式買取請求権と公正な価格」法教362号〔2010〕36頁，伊藤ほか409頁〔田中亘〕，江頭845頁，齊藤123頁等参照）も成り立ち得る。そして，多くの下級審裁判例は，基準日後に取得した株式も株式買取請求権の対象となる（全部取得条項付種類株式の取得価格決定の事案では，その申立てをすることのできる172条1項の株主に該当する）として，肯定説をとっている（例えば，前掲・東京地決平成25・9・17）。

〔飯　田〕

第5節　株式の併合等　第1款　株式の併合　　　　　　　　§182の4

(2) 否　定　説

　しかし，平成17年商法改正で785条2項1号ロ（本条2項2号に相当）が規定された経緯をみると，要綱試案補足説明第4部第3の8(3)は，「組織再編行為に係る株主総会等において議決権を行使する機会のない株主」として，その括弧書において，「株主総会等がそもそも開かれない簡易組織再編行為の際のすべての株主，株主総会等は開催されるが当該株主総会等における議決権を有しない株主（議決権制限株式の株主等）等」と示していた。つまり，「当該株主総会において議決権を行使することができない株主」という規定は，議決権制限株式の株主等に対して株式買取請求権を認めることを念頭に置いていたと解される。そのため，785条2項1号ロは，普通株式について基準日後の売買によって取得した者に株式買取請求権を認める趣旨で規定されたとはいえず，普通株式については同号イ（本条2項1号に相当）が規定し，785条2項1号ロ（本条2項2号に相当）は議決権制限株式を対象とする規定であって，普通株式を対象とする規定ではないと解することも可能である（以下，「否定説」という。神田秀樹「株式買取請求権制度の構造」商事1879号〔2009〕7頁，葉玉44頁，概説132頁注63，川島いづみ「反対株主の株式買取請求権」株式会社法大系209頁参照）〔☞会社法コンメ⑿§469Ⅲ2(2)(ｲ)(b)〔115頁〔柳明昌〕〕・会社法コンメ⒅§785Ⅱ2(2)〔99頁〔柳〕〕〕。また，肯定説をとると，株主総会で賛成票を投じた株主の株式が基準日後に売却されていると，その株式を取得した者も反対株主に含まれてしまうが，本条2項1号が単に反対するだけでなく事前の反対通知まで要求して反対株主の範囲を限定していることと整合的ではなく，論理的には発行済株式の全部が反対株主のものとなることがあり得るという不合理な結論すらもたらしてしまう（葉玉43頁）。これに対して否定説にはこのような難点はない。

(3) 検　　討

　この論点は，条文の文言や立法の経緯だけからは，結論を得ることはできない。結論を導き出すためには，株式買取請求権をどのような制度と考えるのか，議決権を行使することができる株主について総会における反対を要件としていることにどのような意義があるのか，という実質的な考慮が必要となる。もしも，条文の文言だけから議論すると，「当該株主総会において議決権を行使することができない株主」という文言には何らの制限もないことから，株主総会決議後に取得した株式であっても，この要件を充たすということも形式論理としては可能となる。しかし，肯定説の論者であっても，この場合には要件

〔飯　田〕

255

§182の4

第2編　株式会社　第2章　株式

を充たさないと解している（江頭845頁，齊藤123頁。ただし，弥永7-8頁は，この場合も肯定説をとる）。つまり，「当該株主総会において議決権を行使することができない株主」の解釈は，条文の文言上に制限がないことが決め手となっているのではなく，どの範囲で買取りを認めるべきかという実質論が決め手となっている。

　たしかに，株主総会の基準日の設定がされた時点では，株主総会の議案の詳細が決まっていない可能性があり，具体的にどのような条件でキャッシュ・アウトが行われる予定なのかが明らかにされていないことも論理的にはあり得る（前田112頁）。そのような株主の保護をすべきだという肯定説の実質論にも説得力がある（飯田・最新動向404頁参照）。

　しかし，実際のキャッシュ・アウトの事例はそのようなものばかりではない（さまざまな場面を想定した包括的な検討として，伊藤吉洋「利益相反構造のある二段階買収における株式価格決定申立権者の範囲(1)(2)」関西大学法学論集68巻4号〔2018〕794頁，68巻5号〔2019〕1208頁参照）。現在の実務で一般に行われている，公開買付けを前置して行う二段階買収型のキャッシュ・アウトにおいては，キャッシュ・アウト価格を公開買付価格と同一とする約束を公開買付届出書等で買収者が公表した上で実施し，公開買付けで3分の2以上の議決権を獲得し，その後に，キャッシュ・アウトのための株主総会の基準日を設定し，予定どおり公開買付価格と同額でキャッシュ・アウトをするのが一般的である。この場合，株主総会でキャッシュ・アウトの議案が成立するのは確実な状況であることは，明らかである。基準日後取得株主は，この状況で，あえて株式を取得したといえる。そして，予定どおりの内容で株主総会決議がされ，株式の端数処理が行われる。この一連の経緯をたどる一般的な事例において，基準日後取得株主が不測の不利益を被るとは考えられない。そうだとすると，実質論としては，株主総会決議後に株式を取得した株主が保護に値しないから取得価格決定申立権を認める必要がないと考えられている（東京高決平成24・12・28 D1-Law 28221039，前田112頁も参照）のと同じ理由で，公開買付前置型キャッシュ・アウトの公開買付後かつ二段階目のキャッシュ・アウトの株主総会の基準日後に株式を取得した株主を保護する必要があるとは考えられない。したがって，否定説に十分な理由がある（飯田・商事2136号50頁）。

　否定説の実質論は，特別支配株主の株式等売渡請求についての最決平成29・8・30（民集71巻6号1000頁）が，179条の4第1項1号，社債，株式等の振替に関する法律161条2項の「通知又は公告により株式を売り渡すことにな

256　　　　　　　　　　　　　　　　　　　　　　　　　　　　　　　〔飯　田〕

第5節　株式の併合等　第1款　株式の併合　　　　§182の4

ることが確定した後に売渡株式を譲り受けた者は，同項〔179の8I〕による保護の対象として想定されていないと解するのが相当である」ともただちに矛盾するわけではない。保護の必要性という観点からアプローチするという意味では，否定説の上記の実質論は同最高裁決定と整合的であるともいえる。

　たしかに，否定説が，前掲・最決平成29・8・30の考え方と完全に一致するとまではいえない。なぜならば，特別支配株主の株式等売渡請求の場合，90パーセント以上の株主が登場した時点でキャッシュ・アウトすることが事実上決まっていたということもできたはずだが，前掲・最決平成29・8・30は，90パーセント以上の株主が登場した時点よりも後の時点である通知・公告の時点で線を引いたからである。そのため，前掲・最決平成29・8・30の判断は，株主総会決議後に株式を取得した者による株式買取請求を否定する解釈と整合的であり（松田敦子「判解」曹時70巻11号〔2018〕3196頁），この結論は，株主総会前しかし基準日後に取得した株主については価格決定の申立ては認められるという下級審裁判例の動向を確認する内容も認められるとする見解（鳥山176頁）が有力である（ただし，伊藤93頁は，株式併合の場合は総会決議後で線が引かれるのではなく，本条3項・181条1項の通知もしくは公告または公表の時点で線が引かれるとする）。

　しかし，同最高裁決定は，株主総会決議が行われない類型の価格決定申立権が認められる株主の範囲に関する判断であって，本条のように株主総会決議が必要な場合の解釈に関してまで当然に射程が及ぶとまではいえない（山本真知子「判解」新・判例解説Watch22巻〔2018〕140頁参照）。なぜならば，本条の場合，反対株主の要件として事前の反対通知と総会での反対という要件が課されている点で，特別支配株主の売渡請求の場合と問題状況が異なっているとみることもできるからである（久保田91頁）。そのため，本条の解釈において，同最高裁決定との整合性は必ずしも決定的な理由とまではいえない（ただし，二段階目のキャッシュ・アウトの手法によって，価格決定の申立てをできる株主の範囲に差異が生じることに合理性があるのかという問題もあることにつき，加藤貴仁「判解」平成29年度重判解ジュリ1518号〔2018〕103頁参照）。また，同最高裁決定では，通知・公告後に取得した株主の申立権の有無が問題になった事案であって，公開買付後しかし通知・公告前に取得した株主の申立権の有無が問題になった場合については同最高裁決定は何も述べていないと解することも不可能ではなく（ただし，久保田90頁は，このような場合についても申立てを認める趣旨だと同最高裁決定を位置付けている），もしそうだとすると同最高裁決定と上記否定説とが抵

〔飯　田〕

触するわけでもない。

　肯定説を支える理由としては，その意思に反して株式を強制取得される株主には価格決定申立権による「公正な価格」に対する権利が保障されているから，キャッシュ・アウトは正当化されることや，キャッシュ・アウトされるのは効力発生日時点で株式を保有している株主なのだから基準日後株主にも申立権を認めることで，多数派株主と少数派株主との間の利益相反を調整する方途を保障することが重要であることも指摘されている（鳥山恭一「判批」法学セミナー 709 号〔2014〕121 頁，中村信男「判批」金判 1438 号〔2014〕5 頁，矢﨑淳司「判批」法学会雑誌 55 巻 2 号〔2015〕422 頁，山本爲三郎「判批」法学研究 88 巻 10 号〔2015〕86 頁，同「基準日後株主による取得価格決定申立」法学研究 89 巻 1 号〔2016〕1 頁等）。この見解は，株式併合によるキャッシュ・アウトは制度の借用であるという理解とも整合的である。しかし，そのような理解が当然の解釈とはいえない。また，この見解からすると，例えば基準日時点の株主であって反対票を投じたが事前の反対通知を怠った者も反対株主に含むべきという結論になるが（鳥山 181 頁），本条 2 項 1 号の文言に反するのではないかという疑問がある。たしかに，株式対価の組織再編の場合と異なり，キャッシュ・アウトの場合には対価として金銭を交付することがすでに予定されており，反対株主の範囲を限定して解して，会社財産の流出を抑えるという要請を考慮する必要がない（鳥山 973 頁）ようにも思えるが，本条 2 項 1 号が事前の反対通知を明文で要求している以上は，そのような要請を会社法はなお考慮したともいえる。株式併合の端数処理で実務上一般的に行われるのは，任意売却（235 Ⅱ・234 Ⅱ）で買収者が取得することであり，会社が取得すること（235 Ⅱ・234 Ⅳ）が原則的な形態というわけではないのだから，キャッシュ・アウトだからといって当然に対象会社の財産が流出することが予定されているともいえない。

　また，基準日後株主も反対株主に含むべきとする実質論としては，不当な条件でのキャッシュ・アウトを抑止する機能を期待するために，反対株主の範囲を広く解すべきこと，および，差益取得目的で行動する投資ファンドなどによる株式買取請求を認めやすくすることで，（泣き寝入りしがちな）一般の少数株主の利益保護を実質的に達成することができるという理由も考えられる（白井正和「判批」ジュリ 1478 号〔2015〕105 頁，田中・法解釈 62 頁，久保田 90-91 頁，福島洋尚「判批」判評 717 号〔判時 2380 号〕〔2018〕18 頁参照）。しかし，そのような株式買取請求を行使する目的で株式を取得して権利行使しようとする者は，基準日前に株式を取得すればよいのであって（飯田・最新動向 403-404 頁参照。な

第5節　株式の併合等　第1款　株式の併合　　　　　　　　§182の4

お，二段階買収による特別支配株主の株式等売渡請求の場合は，公開買付けの情報の公表後から，株式等売渡請求の通知・公告前までに取得すればよいともいえる。伊藤91頁参照），基準日後の取得分についてまで株式買取請求を認める肯定説の必要性を裏付ける理由とまではいえない。124条3項により，基準日を定める時は2週間前までに公告しなければならないとされているのだから，この期間中に（二段階買収であれば公開買付けの発表があったときから基準日までに）投資ファンドなどは取得できるのであるから，否定説の下でも，このような機能の発揮はできるはずである。また，そのような抑止機能については，831条1項3号の株主総会決議取消訴訟や429条1項に基づく損害賠償請求など他の制度によることもできることからすると，規律付け促進目的・抑止機能目的で申立適格を広げる方向での解釈をする必要性は小さいともいえる（飯田・商事53頁，前掲・最決平成29・8・30についての松尾健一「判批」法教447号〔2017〕149頁も参照）。

V　通知・公告の期限（本条3項）

　本条が適用される株式併合によって株式が端数化される場合には，株式併合についての株主への通知・公告の期限が，効力発生日の2週間前（181）ではなく，20日前（本条Ⅲ）となる。その趣旨は，会社を新設する類型以外の組織再編における株式買取請求の場合（785Ⅲ）と同様にする点にある（立案担当平成26年195頁）。

VI　株式買取請求の方法（本条4項）

　株式買取請求は，効力発生日の20日前から効力発生日の前日までの間にしなければならない（本条Ⅳ）。また，株式買取請求は，その請求に係る株式の数（種類株式発行会社の場合には株式の種類ごとの数）を明らかにしなければならない（同項）。組織再編における株式買取請求の場合（785Ⅴ）と同様である〔☞会社法コンメ⒅§785〔92-125頁［柳］〕〕。ただし，異なる点が1つある。すなわち，785条5項の買取請求に係る数を明示しなければならないという規定は，反対株主が保有する株式の一部のみの請求を認める趣旨と解されるのに対して〔☞会社法コンメ⒅§785Ⅲ3⑵〔109-110頁［柳］〕〕，本条では，1項により一部請求は認められないという違いがある。

〔飯　田〕

VII 買取請求の撤回の制限とその実効性の確保（本条5項，6項，7項）

株式買取請求をした株主は，会社の承諾がなければ株式買取請求を撤回できない（本条VI）。濫用的な権利行使を防止する趣旨であることは，組織再編における株式買取請求の場合（785 VII）と同様である（江頭 848 頁注8）。

また，この撤回の制限の規定の実効性を確保するために，本改正で次の3つのルールが，株式買取請求権一般に導入された（立案担当平成 26 年 197 頁）。すなわち，第1に，本改正の際に社債，株式等の振替に関する法律も改正され，振替株式の株主が，その有する振替株式について株式買取請求をするときは，買取口座（株式買取請求に係る振替株式の振替えを行うための口座）を振替先口座とする振替えの申請をしなければならない（社債株式振替 155 III）。これにより，株式買取請求をした株主が，その株式を市場で売却することによって，事実上，会社の承諾なしに株式買取請求を撤回するという行為を防止している（江頭 846 頁注6）［買取口座の制度の詳細については☞§116 II］。

第2に，株券発行会社の場合，株式買取請求をする株主は，原則として，会社に株券を提出しなければならない（本条V）。株券発行会社において株券を株主が保有していなければ，当該株式を譲渡することができないが（128 I），株券を株主が保有していると，第三者が善意取得してしまうおそれがある（131 II）から，これを防止するのがその趣旨である（立案担当平成 26 年 200-201頁）。

第3に，株主の請求による株主名簿記載事項の記載・記録について規定する133 条は，株式買取請求に係る株式については適用しない（本条VII）。つまり，株式買取請求に係る株式について，株主名簿の書換えの請求をすることができない。これにより，株券不発行会社の株式が第三者に譲渡されて，これについて名義書換請求がなされたとしても，会社はこれを拒絶できることを明確にしている（立案担当平成 26 年 201 頁）。

VIII 株式併合を中止したときの株式買取請求の効力

組織再編などの他の株式買取請求の場合には，会社が当該行為を中止したときは，株式買取請求はその効力を失うと規定されている（116 VIII・469 VIII・785

第5節　株式の併合等　第1款　株式の併合　　　　　　　　　　§182の5

Ⅷ・797 Ⅷ・806 Ⅷ）のに対して，本条には規定がない。立案担当者が意図的に
この規定を導入しなかったのだとすれば，株式併合を会社が中止しても，株式
買取請求はその効力を持ち続けるということとなる。しかし，そのような帰結
の合理性は疑問であり，また，立案担当者の解説等を見てもそのような積極的
な意図があったとは思われない。したがって，株式併合を中止したときは，他
の場合の規定（116 Ⅷ・469 Ⅷ・785 Ⅷ・797 Ⅷ・806 Ⅷ）を類推適用して，株式買
取請求の効力は失われると解すべきだろう。

（飯田秀総）

（株式の価格の決定等）（新設）

第182条の5①　株式買取請求があった場合において，株式の価格の決定につい
　　て，株主と株式会社との間に協議が調ったときは，株式会社は，効力発生日から
　　60日以内にその支払をしなければならない。

②　株式の価格の決定について，効力発生日から30日以内に協議が調わないとき
　　は，株主又は株式会社は，その期間の満了の日後30日以内に，裁判所に対し，
　　価格の決定の申立てをすることができる。

③　前条第6項の規定にかかわらず，前項に規定する場合において，効力発生日か
　　ら60日以内に同項の申立てがないときは，その期間の満了後は，株主は，いつ
　　でも，株式買取請求を撤回することができる。

④　株式会社は，裁判所の決定した価格に対する第1項の期間の満了の日後の法定
　　利率による利息をも支払わなければならない。

⑤　株式会社は，株式の価格の決定があるまでは，株主に対し，当該株式会社が公
　　正な価格と認める額を支払うことができる。

⑥　株式買取請求に係る株式の買取りは，効力発生日に，その効力を生ずる。

⑦　株券発行会社は，株券が発行されている株式について株式買取請求があったと
　　きは，株券と引換えに，その株式買取請求に係る株式の代金を支払わなければな
　　らない。

Ⅰ　本条の概要

　本条は，株式併合によって株式が端数化される場合の株式併合について［こ
れが具体的にどのような場合なのかについては，☞§182の2Ⅰ］，株式買取請求の

〔飯　田〕　　　　　　　　　　　　　　　　　　　　　　　　　　　　　　*261*

§182の5　　　　　　　　　　第2編　株式会社　第2章　株式

手続等を規定している。本改正における，株式併合の際の株主の保護の規定を
強化する立法［その背景については，☞§182の2 I 2］の一環として，株式買取請
求権の制度が導入された。株式併合における株式買取請求の手続は，基本的
に，組織再編等における株式買取請求と同じ内容が立法されている（立案担当
平成26年195頁参照）［そのため，株式買取請求の手続について詳しくは☞会社法コン
メ (18)§786［125-140頁［柳明昌］］］。

II　買取価格の協議と裁判所に対する申立て（本条1項，2項）

　買取価格の決定について，まず，株主と会社との間に協議が調ったときは，
会社は効力発生日から60日以内にその支払をしなければならない（本条 I）。
これは組織再編の場合と同じである。なお，この買取価格が，その支払の日に
おける分配可能額を超えるときであっても，株主はこの支払を受けることがで
きる（155 ⑬，会社則27 ⑤，会461 I 参照）。なぜなら，少数株主の保護が優先さ
れるからである（江頭265頁注6）。この場合，当該株式の取得に関する職務を
行った業務執行者は，その職務を行うについて注意を怠らなかったことを証明
しない限り，会社に対して，連帯して，その超過額を支払う義務を負う（464
I）。業務執行者が責任を負う点は，組織再編の株式買取請求の場合との違いで
ある。
　買取価格の決定について，効力発生日から30日以内に協議が調わないとき
は，株主または会社は，その期間の満了の日後30日以内に，裁判所に対し，
価格の決定の申立てをすることができる（本条 II）。これは組織再編の場合と同
じである。

III　株式買取請求の撤回（本条3項）

　この期間内（すなわち効力発生日から60日以内）に裁判所に対する価格の決定
の申立てがなされないときは，その期間の満了後は，株主は，いつでも，株式
買取請求を撤回することができる（本条 III）。なぜならば，この場合，価格決
定の方法がなくなるからである（江頭848頁注8）。本条3項は182条の4第6
項（買取請求の撤回の制限）の特則である。これは組織再編の場合と同じであ
る。

262　　　　　　　　　　　　　　　　　　　　　　　　　　　　〔飯　田〕

第5節　株式の併合等　第1款　株式の併合　　　　　　　§182の5

Ⅳ　利息の支払と仮払制度（本条4項，5項）

　会社は，裁判所の決定した価格に対する，効力発生日から60日の期間の満了の日（以下，「利息発生日」という）後の法定利率による利息をも支払わなければならない（本条Ⅳ）。この利息の発生は，一部の投資者にとっては魅力的である可能性があるため，株式買取請求の濫用を招くおそれがある。また，会社の利息の負担が大きくなるおそれがある。そこで，本改正では，次のような，価格決定前の支払制度（仮払制度）も併せて導入された［本制度の詳細については☞§117Ⅱ］。

　会社は，株式の価格の決定があるまでは，株主に対し，会社が公正な価格と認める額を支払うことができる（本条Ⅴ）。これは，組織再編の株式買取請求の場合も含めて，本改正で導入されたルールである（立案担当平成26年202-203頁参照）。価格決定前の支払（仮払）制度が導入されたことによって，専ら利息を受け取ることを目的とする株式買取請求を防止することができ，また，会社の利息の負担の軽減を可能にした。なぜならば，会社が価格決定前の支払を行う場合に，会社が株主に対して支払う義務を負う金額は，①価格決定前の支払額，②上記①の額に対する利息発生日から当該支払をした日までの利息，③上記①の額と裁判所が決定した額との差額，および，④上記③の差額に対する利息発生日後の利息だからである（立案担当平成26年203頁）。要するに，価格決定前の支払制度によって支払をした金額については，その支払の日以降は利息が発生しなくなるということである。

　本改正以前は，会社と反対株主が合意した上で仮払が行われる場合（東京地判平成28・4・21判タ1426号239頁参照）には本条5項と同じ帰結となったが，裁判所による価格決定が確定するまでは弁済の提供など会社の一方的な行為によって利息の発生を確実に阻止する方法はなかった（東京地判平成28・2・24金判1494号47頁，東京地判平成28・3・3判タ1429号238頁，東京地判平成28・3・16金判1494号54頁参照）。ただし，裁判例の中には，「株式会社に……利息の支払義務を負わせてまで当該株主を保護する必要がないと認められる特段の事情がある場合は，会社法172条2項に基づく利息は発生しないと解するべき」（東京地判平成28・3・31判タ1426号234頁）として，利息の発生を制約する解釈の工夫をするものもあった。

〔飯　田〕　　　　　　　　　　　　　　　　　　　　　　　　　　263

V 株式の買取りの効力の発生（本条6項）

株式買取請求に係る株式の買取りは，効力発生日にその効力を生ずる（本条Ⅵ）。これは，組織再編の株式買取請求の場合も含めて，本改正で導入されたルールである。この規定の趣旨は，効力発生日以降は，株式買取請求をした株主に議決権や配当受領権などの株主の権利を認めないこととする点にある（立案担当平成26年202頁参照）[詳細については☞§117Ⅰ]。

VI 代金の支払（本条7項）

株券発行会社の場合，株主は，株券を提出して株式買取請求をしなければならない（182の4Ⅴ本文）[☞§182の4Ⅶ]。ただし，当該株券について，株券喪失登録の請求（223）をした者は，株券を提出せずに株式買取請求をすることができる（182の4Ⅴただし書）。株券喪失登録の請求の手続によって，株券の失効後に，新しい株券の再発行が行われる（228Ⅱ）。この場合，会社は，株式買取請求に係る株式の代金を，株券と引換えでなければ支払うことができない（本条Ⅶ）。なお，182条の4第5項本文に従って，株券を提出した株主は，本条7項に基づいてあらためて株券を提出する必要は，もちろんない（立案担当平成26年201頁）。

（飯田秀総）

（株式の併合に関する書面等の備置き及び閲覧等）（新設）

第182条の6① 株式の併合をした株式会社は，効力発生日後遅滞なく，株式の併合が効力を生じた時における発行済株式（種類株式発行会社にあっては，第180条第2項第3号の種類の発行済株式）の総数その他の株式の併合に関する事項として法務省令で定める事項を記載し，又は記録した書面又は電磁的記録を作成しなければならない。

② 株式会社は，効力発生日から6箇月間，前項の書面又は電磁的記録をその本店に備え置かなければならない。

③ 株式の併合をした株式会社の株主又は効力発生日に当該株式会社の株主であった者は，当該株式会社に対して，その営業時間内は，いつでも，次に掲げる請求

第5節 株式の併合等 第1款 株式の併合 §182の6

をすることができる。ただし，第2号又は第4号に掲げる請求をするには，当該
株式会社の定めた費用を支払わなければならない。
1 前項の書面の閲覧の請求
2 前項の書面の謄本又は抄本の交付の請求
3 前項の電磁的記録に記録された事項を法務省令で定める方法により表示した
 ものの閲覧の請求
4 前項の電磁的記録に記録された事項を電磁的方法であって株式会社の定めた
 ものにより提供することの請求又はその事項を記載した書面の交付の請求

【文献】福島洋尚「株式併合によるキャッシュ・アウト」上村達男ほか編・正井章筰先生古稀祝賀・
企業法の現代的課題（成文堂，2015）475頁

I 本条の概要

　本条は，株式併合について，組織再編の場合と同様の事後開示手続を定める
[☞会社法コンメ⒅§791〔184-192頁［柴田和史]]・§801〔281-294頁［柴田和
史]]・§811〔349-352頁［宮島司]]]。従来，株式併合それ自体についての規律は
存在していたが，事後開示手続については規定がなく，本改正によってはじめ
て本条が導入された。
　本条が適用されるのは，株式併合によって株式が端数化される次の2つの場
合に限定されている（182の2 I括弧書）。すなわち，第1に，単元株式数を定款
で定めている場合は，当該単元株式数に併合の割合（180 II ①参照）を乗じて
得た数に，1に満たない端数が生じるときである。第2に，単元株式数を定款
で定めていない場合には，すべての株式併合についてである［詳しくは☞§182
の2 I 1]。
　株式併合によって株式が端数化されると，当該端数については現金を交付す
る処理がなされる（235参照）。そのため，株主の利益に大きな影響を及ぼす。
そこで，そのような影響を受ける株主を保護するための規律が本改正で導入さ
れた［本改正による株式併合の規律の強化の背景については，☞§182の2 I 2]。本条
は事後の情報開示についての規定であり，事前の情報開示については182条の
2が規律する。
　本条によって開示すべき事項は，株式の併合が効力を生じた時における発行
済株式の総数その他の株式の併合に関する事項として法務省令で定める事項で

〔飯　田〕 265

§182の6　　　　　　　　　　　　　　　第2編　株式会社　第2章　株式

ある（本条I）。

　開示期間は，効力発生日から6か月間である（本条II）。

　株主または効力発生日に株主であった者は，当該事項についての書面等の閲覧や謄本・抄本等の交付を請求することができる（本条III）。

　本条の事後開示規制の機能は，組織再編の場合と同様と考えられる。すなわち，第1に，株式併合の経過等につき開示を要求することにより，その適正な履行を間接的に担保する機能がある（江頭886頁参照）。第2に，株式併合には株主総会決議が必要であるところ，株主が株主総会決議取消訴訟を提起するかどうかの判断材料を提供する機能がある。

II　事後開示書面等の作成（本条1項）

1　事後開示事項

　本条によって開示が義務付けられる事項は，株式の併合が効力を生じた時における発行済株式の総数その他の法務省令で定める事項である（本条I）。法務省令で定める事項として，会社法施行規則33条の10は，①株式の併合が効力を生じた日，②182条の3の規定による株式の併合の差止請求の手続の経過，③182条の4の規定による株式買取請求の手続の経過，④株式の併合が効力を生じた時における発行済株式（種類株式発行会社の場合は，180条2項3号の種類の発行済株式）の総数，⑤以上の①から④までのほか，株式の併合に関する重要な事項を定めている。なお，④は，本条1項に例示されている事項と同じである。会社法施行規則33条の10は，株式交換の場合の株式交換完全子会社の事後開示事項（同則190）を参考にして立法されており，この点は全部取得条項付種類株式の取得に関する事後開示事項（同則33の3）と同様である（法務省令平成26年45頁参照）。

2　書面等の作成義務

　上記1の事後開示事項を記載した書面または記録した電磁的記録を，株式の併合をした会社は，効力発生日後，遅滞なく，作成しなければならない。ここでいう「効力発生日」とは，「株式の併合がその効力を生ずる日」（180 II②）のことである。株式交換であれば，債権者異議手続が終了しないと株式交換契約に定められた効力発生日が到来しても，株式交換の効力が生じない（769 VI・771 V）ため，実際に効力が生じた日を意味すると解すべき事情があるが

266　　　　　　　　　　　　　　　　　　　　　　　　　　　　　　〔飯　田〕

第5節　株式の併合等　第1款　株式の併合　　　　　　　　　　　§182の6

［☞ 会社法コンメ(18)§791Ⅱ1〔186頁［柴田］〕，株式併合についてはそのような
事情はないから，本条の効力発生日は180条2項2号の定義のとおりの意味と
考えてよい。

Ⅲ　本店での備置き（本条2項）

　株式の併合をした会社は，本条1項所定の事後開示書面等を，効力発生日か
ら6か月間，本店に備え置かなければならない（本条Ⅱ）。ここでいう「効力発
生日」とは，「株式の併合がその効力を生ずる日」（180Ⅱ②）のことであるこ
とは，上記Ⅱ2で述べたとおりである。

　なお，例えば株式交換の場合，無効の訴えの制度があり，無効の訴えの提訴
期間は6か月である（828Ⅰ⑪）。つまり，事後開示の期間の6か月は，無効の
訴えの提訴期間と一致している。これに対して，株式併合の場合は，株式併合
無効の訴えなるものは規定されていない。株主総会決議一般についてその取消
訴訟の制度はあるが，その提訴期間は決議の日から3か月間であって（831
Ⅰ），株式併合の効力発生日から6か月間というわけではない。つまり，本条の
事後開示の期間の6か月は，決議取消訴訟の提訴期間とは一致していない。し
たがって，本条の事後開示規制は，株主総会決議の日から3か月間について
は，決議取消訴訟を提訴するかどうかの判断材料を提供する機能を果たすもの
の，それ以後の期間については，そのような機能を果たすわけではない。ま
た，株式併合を承認する株主総会決議について無効確認の訴えもあるが（830
Ⅱ），これには提訴期間の制限はないが，本条による事後開示は6か月で終了
してしまう。要するに，株式併合の場合，事後開示の期間と，その効力を訴訟
で争うことのできる期間に対応関係がない（福島484-485頁参照）。

Ⅳ　株主・元株主による閲覧請求等（本条3項）

　株式併合をする会社の株主または効力発生日に株主だった者（以下，「元株
主」という）は，開示期間中であれば，会社に対して，その営業時間内は，い
つでも，開示事項が記載された書面の閲覧，謄本・抄本の交付の請求，また
は，開示事項が記録された電磁的記録の閲覧等の請求をすることができる。単
なる閲覧以外の場合，すなわち，書面の謄本・抄本の交付の請求（本条Ⅲ
②），および，電磁的記録に記録された事項を電磁的方法であって会社の定め

〔飯　田〕　　　　　　　　　　　　　　　　　　　　　　　　　　267

§182の6　　　　　　　　　　　　　　　　第2編　株式会社　第2章　株式

たものにより提供することの請求またはその事項を記載した書面の交付の請求（同項④）の場合には，請求者は，会社の定めた費用を支払う必要がある（同項ただし書）。

182条の2が規定する株式併合の事前開示の請求権者は株主のみだが，本条の事後開示の請求権者は株主のみならず，効力発生日に株主だった者も含まれる。つまり，株式併合によって会社から締め出された元株主も，事後開示の請求をすることができる。なぜなら，株式併合後も株主である者および株式併合で締め出された元株主のいずれも，株式併合の適正な履行を期待するはずであるし，また，株式併合を承認した株主総会決議の取消しの訴えの原告適格を有する（831 I）からである。

（飯田秀総）

第8節　募集株式の発行等　第2款　募集株式の割当て　　　　　　　　§205

第5巻（§§199-235）増補

（募集株式の申込み及び割当てに関する特則）
第205条 ① 前2条の規定は，募集株式を引き受けようとする者がその総数の引
　受けを行う契約を締結する場合には，適用しない。
② 前項に規定する場合において，募集株式が譲渡制限株式であるときは，株式会
　社は，株主総会（取締役会設置会社にあっては，取締役会）の決議によって，同
　項の契約の承認を受けなければならない。ただし，定款に別段の定めがある場合
　は，この限りでない。

　改正法は，本条2項を追加した。これは，募集株式が総数引受契約により引
き受けられる場合には203条（引受けの申込み）および204条（申込みに対する割
当て）の規定が適用されないことを本条1項が定めているところ，募集株式が
譲渡制限株式（2⑰）であるときは，株式会社は，定款に別段の定めがある場
合を除き，株主総会（取締役会設置会社では取締役会）の決議により，当該総数
引受契約の承認を受けなければならない旨を定めるものである。

　すなわち，本条1項は募集株式が譲渡制限株式である総数引受契約の場合に
も適用されるが，譲渡制限株式の割当てに関する204条2項が適用されないと
すると，当該譲渡制限株式に関する閉鎖性の維持や既存株主の支配的利益の保
護が確保されないおそれがある。したがって，本改正前にも，譲渡制限株式の
総数引受契約の場合には，譲渡制限株式の割当てに関する同項を類推適用すべ
きであるという見解もあった［☞会社法コンメ(5)§205 Ⅲ〔64頁［吉本健一]〕]
（非公開会社に関する議論として，久保田安彦「新会社法における募集株式発行等規制
とその問題点(2)」商事法研究32号〔2006〕31頁参照。反対，論点解説208頁）。改正
法は，この点に配慮して，総数引受契約による引受けの場合にも，一般募集の
場合と同様に（204 II），譲渡制限株式の総数引受契約は，定款に別段の定めが
ある場合を除き，株主総会（取締役会設置会社では取締役会）の決議によって承
認を受けなければならない旨を明文で定めた（株主総会の場合は特別決議〔309 II
⑤〕。一問一答平成26年365頁）。

　　　　　　　　　　　　　　　　　　　　　　　　　　　　　（吉本健一）

〔吉　本〕　　　　　　　　　　　　　　　　　　　　　　　　　269

§206の2　　　　　　　　　　　第2編　株式会社　第2章　株式

> **（募集株式の引受け）**
> **第 206 条**　次の各号に掲げる者は，当該各号に定める募集株式の数について募集株式の引受人となる。
> 1　申込者　株式会社の割り当てた募集株式の数
> 2　前条第1項の契約により募集株式の総数を引き受けた者　その者が引き受けた募集株式の数

　本改正により，本条2号では，改正前の「前条」から「前条第1項」に文言があらためられた。本改正により205条2項（譲渡制限株式の募集に際して，募集株式を引き受けようとする者がその総数の引受けを行う契約〔いわゆる総数引受契約〕を締結する場合にも株主総会〔取締役会設置会社にあっては，取締役会〕の承認を要するとの規定）が新設された結果，改正前の205条が205条1項となったことに伴う準用条文の変更であり，内容に変更はない。

（川村　力）

> **（公開会社における募集株式の割当て等の特則）**（新設）
> **第 206 条の 2**　①　公開会社は，募集株式の引受人について，第1号に掲げる数の第2号に掲げる数に対する割合が2分の1を超える場合には，第199条第1項第4号の期日（同号の期間を定めた場合にあっては，その期間の初日）の2週間前までに，株主に対し，当該引受人（以下この項及び第4項において「特定引受人」という。）の氏名又は名称及び住所，当該特定引受人についての第1号に掲げる数その他の法務省令で定める事項を通知しなければならない。ただし，当該特定引受人が当該公開会社の親会社等である場合又は第202条の規定により株主に株式の割当てを受ける権利を与えた場合は，この限りでない。
> 1　当該引受人（その子会社等を含む。）がその引き受けた募集株式の株主となった場合に有することとなる議決権の数
> 2　当該募集株式の引受人の全員がその引き受けた募集株式の株主となった場合における総株主の議決権の数
> ②　前項の規定による通知は，公告をもってこれに代えることができる。
> ③　第1項の規定にかかわらず，株式会社が同項の事項について同項に規定する期日の2週間前までに金融商品取引法第4条第1項から第3項までの届出をしている場合その他の株主の保護に欠けるおそれがないものとして法務省令で定める場

〔藤　田〕

第8節　募集株式の発行等　第2款　募集株式の割当て　　　　§206の2

合には，第1項の規定による通知は，することを要しない。

④　総株主（この項の株主総会において議決権を行使することができない株主を除く。）の議決権の10分の1（これを下回る割合を定款で定めた場合にあっては，その割合）以上の議決権を有する株主が第1項の規定による通知又は第2項の公告の日（前項の場合にあっては，法務省令で定める日）から2週間以内に特定引受人（その子会社等を含む。以下この項において同じ。）による募集株式の引受けに反対する旨を公開会社に対し通知したときは，当該公開会社は，第1項に規定する期日の前日までに，株主総会の決議によって，当該特定引受人に対する募集株式の割当て又は当該特定引受人との間の第205条第1項の契約の承認を受けなければならない。ただし，当該公開会社の財産の状況が著しく悪化している場合において，当該公開会社の事業の継続のため緊急の必要があるときは，この限りでない。

⑤　第309条第1項の規定にかかわらず，前項の株主総会の決議は，議決権を行使することができる株主の議決権の過半数（3分の1以上の割合を定款で定めた場合にあっては，その割合以上）を有する株主が出席し，出席した当該株主の議決権の過半数（これを上回る割合を定款で定めた場合にあっては，その割合以上）をもって行わなければならない。

I　総　　説

　本改正は支配権の異動をもたらす募集株式の発行について，新たな規制を設けた。この規制は，直接には近年見られた既存株主の持株比率の希釈率が非常に大きい第三者割当増資に対する批判を契機とするものではあるが，公開会社における募集株式の発行をめぐる基本的な考え方の転換を示すものであり，理論的意義は大きい。

　本改正以前は，公開会社においては，授権株式数の範囲内であれば，取締役会決議によって募集株式の発行を決定することができ，その際，既存株主の経済的な利益は保護するが（有利発行規制），持株比率の低下は原則としては保護しないとされてきた。支配権維持目的での募集株式の発行は不公正発行として差し止められる可能性はあるものの，これに該当しない限り，取締役会は既存株主の議決権の低下をもたらす募集株式の発行を決定することができ，株式の割当先も自由に選択できた（割当自由の原則）。

　従来の規制の前提は，公開会社の株主にとっては，自己の有する株式の経済的価値さえ損なわれなければ，持株比率の低下は重要な関心事ではないという

〔藤　田〕

§ 206 の 2　　　　　　　　　　　　　　　　第 2 編　株式会社　第 2 章　株式

ことにあった。しかし，公開会社の株主は，自分自身の持株比率には大きな関心を持たないことが多いとしても，会社に支配株主が出現したり，支配株主が変動したりする現象には重要な関心を持つ可能性がある。従来の規制は，公開会社の株主が自分自身の持株比率に大きな関心を持たないということと，およそ株主の持株比率一般について関心がないということが別問題であることを看過していたといえる。この点を批判する学説もあったが（例えば森本滋「新株の発行と株主の地位」法学論叢 104 巻 2 号〔1978〕1 頁，とくに 20 頁以下参照），昭和 41 年改正で導入された上記規制の基本枠組みは，長い間，変更されることはなかった。

　ところが近年，不明朗な内容の大規模な第三者割当増資が頻発し，海外機関投資家等の批判を招いたことを契機に，支配権に影響を及ぼす募集株式の発行を経営者の自由に委ねることが問題視されるようになった（岩原紳作「総論」ジュリ 1439 号〔2012〕15-17 頁）。まず金融商品取引所において，大規模な第三者割当てに関する規制が導入された。東京証券取引所の有価証券上場規程等の一部改正（2009 年 8 月 24 日施行）では，25 パーセント以上の希釈率の第三者割当増資には一定の手続（総会決議あるいは独立の第三者委員会等による第三者割当ての必要性および相当性に関する意見の入手など）が要求され，取締役会の完全な自由裁量ではないこととなった。さらに 300 パーセントを超える希釈率の第三者割当増資をすると，原則として上場廃止されることとされた。さらに本改正においても，この問題は取り上げられ，本条が導入されることとなった。

　支配権の異動を伴うような募集株式の発行がなされる場合において，一定の条件の下で既存株主の関与を求める本条は，公開会社の株主が自社の株主構成に対して利害を有することを法が正面から認めたという意味で，日本法が昭和 41 年改正以来採ってきた新株発行に関する基本的な考え方の大きな転換を示すものである。

　本条の趣旨として，支配株主の異動を伴う募集株式等の発行を組織再編行為に準じる会社の基礎の変更であるとみなすものであると説かれることがある（江頭 763 頁，中東正文「募集株式の発行等」株式会社法大系 424 頁）。会社の支配従属関係を形成するような第三者割当増資を組織再編行為に準じて扱うべきであるとする立法論は，過去に唱えられたことがあった（森本・前掲 21 頁，大隅＝今井・中 597 頁注 1）。しかし後述のように，改正法が要求する株主総会の決議要件は，組織再編に要求される特別決議ではなく，役員の選解任に準じた定足数について制限のある普通決議である。これは支配株主の異動を伴う募集株式等

272　　　　　　　　　　　　　　　　　　　　　　　　　　　　　〔藤　田〕

第8節　募集株式の発行等　第2款　募集株式の割当て　　§206の2

の発行は，会社の経営を支配する者を決定するという点で，取締役の選解任と類似する面があるという考え方による（立案担当平成26年150頁）。組織再編に係る決議の場合に認められる反対株主の株式買取請求権も設けられていない。法制審議会会社法制部会における検討の初期段階では，支配権の異動を伴う募集株式の発行を組織再編に準じたものと考え特別決議を要求すべきであるとの主張があったが（法制審議会会社法制部会第10回会議議事録29頁［河合芳光］参照），中間試案では前記のように整理された（中間試案補足説明第1部第3の1(1)，法制審議会会社法制部会第19回会議議事録47-48頁［内田修平］）。本規制は，支配株主の異動を伴う募集株式等の発行を組織再編行為になぞらえて規制するものではないと理解すべきである（加藤貴仁ほか「座談会・平成26年会社法改正の検討」ソフトロー研究24号〔2014〕94-95頁［神田秀樹＝藤田友敬］参照）。

II　規律の適用される募集株式の割当て

　株式の発行後，株式の引受人およびその子会社等の議決権割合が総株主の議決権数の2分の1を超えることになる場合に本条の規制が適用される（本条I）。議決権割合の計算に当たっては，当該募集株式の引受人の全員が引き受けた募集株式の株主となったものと仮定して行われる。規律の対象となる引受人等の議決権保有割合について，法制審議会会社法制部会の審議の過程では，金融商品取引法上の義務的公開買付けの適用要件と同様に3分の1超とすべきとの意見も有力であったが（法制審議会会社法制部会第19回会議議事録54-55頁［静正樹＝田中亘＝濱口大輔］参照），支配権の異動があったことの基準としては過半数が適切であると考えられたこと等から，このような要件とされた（立案担当平成26年150頁注41）。

　①引受人が問題の公開会社の親会社等である場合，②202条の規定により株主に株式の割当てを受ける権利を与えた場合は，本条の規制の適用はない。①の場合には，引受人はすでに当該公開会社を支配しているために，募集株式の発行により支配権の異動が生じるわけではなく，②の場合には，既存株主に均等に募集株式を引き受ける権利が与えられているからである。

　なお，いわゆる買取引受けを行う引受証券会社が総株主の議決権数の2分の1を超える株式を取得する場合にも，本条の規律は適用される。法制審議会会社法制部会の審議の過程では，このような場合も適用除外とすべきであるとの意見もあったが（法制審議会会社法制部会第21回会議議事録37-39頁［栗田照久＝杉

〔藤　田〕

273

村豊誠＝三浦聡〕参照），公募の場合であっても，支配権の異動に利用されないことが法制度上担保されているとまではいえず，また，少なくとも規律の対象を画する議決権割合を過半数に設定すればこのような規律が公募の実務を不当に阻害するともいえないという考え方から，このような例外を設けることとはされなかった（法制審議会会社法制部会第21回会議議事録33頁〔内田修平〕）。

Ⅲ 要求される手続

1 株主に対する通知・公告等

Ⅱに該当する場合には，発行会社は，株主に対する通知（本条Ⅰ）あるいはそれに代わる公告（本条Ⅱ）をすることが要求される（ただし有価証券届出書を提出する場合には，これらを要しない。本条Ⅲ）。通知・公告の内容については，会社法施行規則42条の2を参照されたい。

2 株主総会による承認

総株主の議決権の10分の1（これを下回る割合を定款で定めた場合にあっては，その割合）以上の議決権を有する株主が，通知・公告の日（あるいはこれらに代わる有価証券届出書を提出した日〔会社則42の4〕）から2週間以内に当該募集株式の引受けに反対する旨を通知した場合，払込期日（または払込期間の初日）の前日までに，株主総会の決議によって募集株式の割当等の承認を受けなければならない（本条Ⅳ）。決議要件は，出席した当該株主の議決権の過半数（これを上回る割合を定款で定めた場合にあっては，その割合以上）であるが，定足数として議決権を行使することができる株主の議決権の過半数（3分の1以上の割合を定款で定めた場合にあっては，その割合以上）を有する株主の出席が要求されている（本条Ⅴ）。これは役員の選解任決議の要件（341）に合わせたものである。

ただし，発行会社の財産の状況が著しく悪化している場合において，当該公開会社の事業の継続のため緊急の必要があるときは，株主総会による承認は不要とされる（本条Ⅳただし書）。

Ⅳ 本条違反の効果

本条の規制に違反した募集株式の発行のうち，本条1項ないし3項によって要求される通知・公告等を欠く場合については，募集事項の公示を欠く株式の

第8節　募集株式の発行等　第3款　金銭以外の財産の出資　　§207

発行の場合（最判平成9・1・28民集51巻1号71頁）と同様，新株発行差止事由がないと認められる場合ではない限り，無効原因となると考えることになろう。

　これに対して，本条4項により要求される株主総会決議を経ないでなされた募集株式の発行の効力については考え方が分かれる。株主総会決議を経ないで募集株式の有利発行がなされた場合（最判昭和46・7・16判時641号97頁参照）と同様に考え，無効原因とはならないとする見解もあるが（森本大介「第三者割当増資に関する規律および子会社株式等の譲渡に関する改正」商事1985号〔2012〕27-28頁）もあるが，無効原因となり得るという立場も有力である（江頭779頁，久保田安彦「第三者割当て」商事2041号〔2014〕30頁，野田輝久「支配権の異動を伴う募集株式の発行」関西商事法研究会編・会社法改正の潮流〔新日本法規，2014〕189-190頁，野村修也「資金調達に関する改正」ジュリ1472号〔2014〕29頁，吉本健一「支配株主の異動を伴う募集株式等の発行等」鳥山恭一＝福島洋尚編・平成26年会社法改正の分析と展望〔金判1461号〕〔2015〕36頁）。本条4項違反の募集株式の発行を無効とする立場は，事前差止めによる救済には実効性が乏しいのではないかということを懸念する。10分の1以上の議決権を有する株主からの反対通知があったことを他の株主が知ることは難しく，反対が10分の1に達する時期によっては差止めの期間が著しく短くなるおそれがある（久保田・前掲29-30頁，野村・前掲29頁）。さらに仮に株主が募集株式発行差止めの仮処分を求めても，裁判所には差止めの可否を判断する時間的余裕がなく，また払込みを認めなかったために倒産する危険があるおそれから，裁判所は差止めの仮処分を容易には認めないのではないかという疑念も示されている（江頭764頁注9）。また引受人は悪意であることが想定されるし，割り当てられた株式が善意の第三者に譲渡されることも考えにくいことも指摘される（江頭779頁，吉本・前掲36頁）。

（藤田友敬）

第207条①　株式会社は，第199条第1項第3号に掲げる事項を定めたときは，募集事項の決定の後遅滞なく，同号の財産（以下この節において「現物出資財産」という。）の価額を調査させるため，裁判所に対し，検査役の選任の申立てをしなければならない。

②　前項の申立てがあった場合には，裁判所は，これを不適法として却下する場合

§ 207

第2編　株式会社　第2章　株式

を除き，検査役を選任しなければならない。

③　裁判所は，前項の検査役を選任した場合には，株式会社が当該検査役に対して支払う報酬の額を定めることができる。

④　第2項の検査役は，必要な調査を行い，当該調査の結果を記載し，又は記録した書面又は電磁的記録（法務省令で定めるものに限る。）を裁判所に提供して報告をしなければならない。

⑤　裁判所は，前項の報告について，その内容を明瞭にし，又はその根拠を確認するため必要があると認めるときは，第2項の検査役に対し，更に前項の報告を求めることができる。

⑥　第2項の検査役は，第4項の報告をしたときは，株式会社に対し，同項の書面の写しを交付し，又は同項の電磁的記録に記録された事項を法務省令で定める方法により提供しなければならない。

⑦　裁判所は，第4項の報告を受けた場合において，現物出資財産について定められた第199条第1項第3号の価額（第2項の検査役の調査を経ていないものを除く。）を不当と認めたときは，これを変更する決定をしなければならない。

⑧　募集株式の引受人（現物出資財産を給付する者に限る。以下この条において同じ。）は，前項の決定により現物出資財産の価額の全部又は一部が変更された場合には，当該決定の確定後1週間以内に限り，その募集株式の引受けの申込み又は第205条第1項の契約に係る意思表示を取り消すことができる。

⑨　前各項の規定は，次の各号に掲げる場合には，当該各号に定める事項については，適用しない。

　1　募集株式の引受人に割り当てる株式の総数が発行済株式の総数の10分の1を超えない場合　当該募集株式の引受人が給付する現物出資財産の価額

　2　現物出資財産について定められた第199条第1項第3号の価額の総額が500万円を超えない場合　当該現物出資財産の価額

　3　現物出資財産のうち，市場価格のある有価証券について定められた第199条第1項第3号の価額が当該有価証券の市場価格として法務省令で定める方法により算定されるものを超えない場合　当該有価証券についての現物出資財産の価額

　4　現物出資財産について定められた第199条第1項第3号の価額が相当であることについて弁護士，弁護士法人，公認会計士，監査法人，税理士又は税理士法人の証明（現物出資財産が不動産である場合にあっては，当該証明及び不動産鑑定士の鑑定評価。以下この号において同じ。）を受けた場合　当該証明を受けた現物出資財産の価額

　5　現物出資財産が株式会社に対する金銭債権（弁済期が到来しているものに限る。）であって，当該金銭債権について定められた第199条第1項第3号の価額が当該金銭債権に係る負債の帳簿価額を超えない場合　当該金銭債権につい

第8節　募集株式の発行等　第4款　出資の履行等　　　§209

　　ての現物出資財産の価額
⑩　次に掲げる者は，前項第4号に規定する証明をすることができない。
　1　取締役，会計参与，監査役若しくは執行役又は支配人その他の使用人
　2　募集株式の引受人
　3　業務の停止の処分を受け，その停止の期間を経過しない者
　4　弁護士法人，監査法人又は税理士法人であって，その社員の半数以上が第1
　　号又は第2号に掲げる者のいずれかに該当するもの

　本改正により，本条8項では，改正前の「第205条」から「第205条第1
項」に文言があらためられた。本改正により205条2項（譲渡制限株式の募集に
際して，募集株式を引き受けようとする者がその総数の引受けを行う契約〔いわゆる総
数引受契約〕を締結する場合にも株主総会〔取締役会設置会社にあっては，取締役会〕
の承認を要するとの規定）が新設された結果改正前の205条は205条1項とな
り，これに伴い本条8項の準用条文が変更されたものである。内容に変更はな
い。

　　　　　　　　　　　　　　　　　　　　　　　　　　　　　（川村　力）

　（株主となる時期等）
第209条①　募集株式の引受人は，次の各号に掲げる場合には，当該各号に定め
　る日に，出資の履行をした募集株式の株主となる。
　1　第199条第1項第4号の期日を定めた場合　当該期日
　2　第199条第1項第4号の期間を定めた場合　出資の履行をした日
②　募集株式の引受人は，第213条の2第1項各号に掲げる場合には，当該各号に
　定める支払若しくは給付又は第213条の3第1項の規定による支払がされた後で
　なければ，出資の履行を仮装した募集株式について，株主の権利を行使すること
　ができない。
③　前項の募集株式を譲り受けた者は，当該募集株式についての株主の権利を行使
　することができる。ただし，その者に悪意又は重大な過失があるときは，この限
　りでない。

　本改正により，募集株式の発行等（募集株式発行のほか，設立の際の出資，募集
新株予約権の発行時または行使時）における出資の履行の仮装に関する規律の見

〔川　村〕　　　　　　　　　　　　　　　　　　　　　　　　　　　　277

§211

第2編　株式会社　第2章　株式

直しが行われた。募集株式の発行については，出資の履行を仮装した募集株式の引受人（213の2）およびその場合の取締役等（213の3）の支払義務が新設されたが，これら出資が仮装された募集株式については，新株発行等の無効の訴え（828Ⅰ②③）の認容判決が確定するまでは当該引受人が株主であり続けるところ（839参照），支払義務が履行されない間は，本来拠出されるべき財産が拠出されていないことから，引受人には株主の権利の行使を認めるのは相当ではない（立案担当平成26年153-154頁）。

以上より本条は2項と3項を新設している。本条2項は，出資の履行を仮装した募集株式の引受人は，自ら213条の2第1項の義務を履行し，または取締役等により213条の3第1項の支払義務が履行された後でなければ，株主の権利を行使し得ないこととした。他方，本条3項では，出資の履行が仮装されたことを知らずに募集株式を譲り受けた者については，そのような者にまで株主の権利の行使を認めないことは募集株式の取引の安全を害すること，そのような譲受人は出資の履行の仮装により自ら利得を得た者ではないことから，悪意または重過失がない限り株主の権利を行使することができることとされた（立案担当平成26年154頁）。

なお，2項と3項の新設に伴い，条文の見出しは「株主となる時期」から「株主となる時期等」に変更されている。

（川村　力）

（引受けの無効又は取消しの制限）

第211条①　民法第93条第1項ただし書及び第94条第1項の規定は，募集株式の引受けの申込み及び割当て並びに第205条第1項の契約に係る意思表示については，適用しない。

②　募集株式の引受人は，第209条第1項の規定により株主となった日から1年を経過した後又はその株式について権利を行使した後は，錯誤，詐欺又は強迫を理由として募集株式の引受けの取消しをすることができない。

本改正により，本条1項では改正前の「第205条」から「第205条第1項」に，本条2項では改正前の「第209条」から「第209条第1項」に，それぞれ準用条文があらためられている。本条1項は，本改正により，205条に2項

〔川　村〕

第8節　募集株式の発行等　第6款　募集に係る責任等　　　　　§212

(譲渡制限株式の募集に際して，募集株式を引き受けようとする者がその総数の引受け
を行う契約〔いわゆる総数引受契約〕を締結する場合にも株主総会〔取締役会設置会社
にあっては，取締役会〕の承認を要するとの規定）が新設され改正前の205条が
205条1項となったことに伴う準用条文の変更であり，本条2項は，本改正に
より，209条に2項，3項（募集株式の発行について出資の履行の仮装がされ，引受
人または取締役等の支払がなされていない場合の，当該株式の株主の権利に関する規
定）が新設され改正前の209条が209条1項となったことに伴う準用条文の変
更である。いずれも内容に変更はない。

（川村　力）

（不公正な払込金額で株式を引き受けた者等の責任）

第212条 ①　募集株式の引受人は，次の各号に掲げる場合には，株式会社に対
し，当該各号に定める額を支払う義務を負う。

　1　取締役（指名委員会等設置会社にあっては，取締役又は執行役）と通じて著
　　しく不公正な払込金額で募集株式を引き受けた場合　当該払込金額と当該募集
　　株式の公正な価額との差額に相当する金額

　2　第209条第1項の規定により募集株式の株主となった時におけるその給付し
　　た現物出資財産の価額がこれについて定められた第199条第1項第3号の価額
　　に著しく不足する場合　当該不足額

②　前項第2号に掲げる場合において，現物出資財産を給付した募集株式の引受人
　が当該現物出資財産の価額がこれについて定められた第199条第1項第3号の価
　額に著しく不足することにつき善意でかつ重大な過失がないときは，募集株式の
　引受けの申込み又は第205条第1項の契約に係る意思表示を取り消すことができ
　る。

　本改正により，本条1項1号では「委員会設置会社」から「指名委員会等設
置会社」に，本条1項2号では「第209条」から「第209条第1項」に，本条
2項では「第205条」から「第205条第1項」に，それぞれ改正前の文言があ
らためられた。

　本条1項1号は，委員会設置会社が指名委員会等設置会社に改称されたこと
に伴う文言の変更，本条1項2号は209条2項，3項（募集株式の発行について
出資の履行の仮装がされ，引受人または取締役等の支払がなされていない場合の，当該

〔川　村〕

§213　　　　　　　　　　　　　　　　第2編　株式会社　第2章　株式

株式の株主の権利に関する規定）が新設され改正前の 209 条が 209 条 1 項となっ
たことに伴う準用条文の変更，本条 2 項では 205 条 2 項（譲渡制限株式の募集に
際して，募集株式を引き受けようとする者がその総数の引受けを行う契約〔いわゆる総
数引受契約〕を締結する場合にも株主総会〔取締役会設置会社にあっては，取締役会〕
の承認を要するとの規定）が新設され改正前の 205 条が 205 条 1 項となったこと
に伴う準用条文の変更がされたものである。内容の変更はない。

（川村　力）

（出資された財産等の価額が不足する場合の取締役等の責任）

第 213 条①　前条第 1 項第 2 号に掲げる場合には，次に掲げる者（以下この条に
おいて「取締役等」という。）は，株式会社に対し，同号に定める額を支払う義
務を負う。

　1　当該募集株式の引受人の募集に関する職務を行った業務執行取締役（指名委
員会等設置会社にあっては，執行役。以下この号において同じ。）その他当該
業務執行取締役の行う業務の執行に職務上関与した者として法務省令で定める
もの

　2　現物出資財産の価額の決定に関する株主総会の決議があったときは，当該株
主総会に議案を提案した取締役として法務省令で定めるもの

　3　現物出資財産の価額の決定に関する取締役会の決議があったときは，当該取
締役会に議案を提案した取締役（指名委員会等設置会社にあっては，取締役又
は執行役）として法務省令で定めるもの

②　前項の規定にかかわらず，次に掲げる場合には，取締役等は，現物出資財産に
ついて同項の義務を負わない。

　1　現物出資財産の価額について第 207 条第 2 項の検査役の調査を経た場合

　2　当該取締役等がその職務を行うについて注意を怠らなかったことを証明した
場合

③　第 1 項に規定する場合には，第 207 条第 9 項第 4 号に規定する証明をした者
（以下この条において「証明者」という。）は，株式会社に対し前条第 1 項第 2 号
に定める額を支払う義務を負う。ただし，当該証明者が当該証明をするについて
注意を怠らなかったことを証明したときは，この限りでない。

④　募集株式の引受人がその給付した現物出資財産についての前条第 1 項第 2 号に
定める額を支払う義務を負う場合において，次の各号に掲げる者が当該現物出資
財産について当該各号に定める義務を負うときは，これらの者は，連帯債務者と
する。

〔川　村〕

第8節　募集株式の発行等　第6款　募集に係る責任等　　　　§ 213 の 2

　　1　取締役等　第1項の義務
　　2　証明者　前項本文の義務

　本改正により，本条1項1号と3号で，それぞれ改正前の「委員会設置会社」から「指名委員会等設置会社」に文言があらためられている。本改正で委員会設置会社が指名委員会等設置会社に改称されたことに伴う文言の変更であり，内容に変更はない。

（川村　力）

（出資の履行を仮装した募集株式の引受人の責任）（新設）
第 213 条の 2 ①　募集株式の引受人は，次の各号に掲げる場合には，株式会社に対し，当該各号に定める行為をする義務を負う。
　　1　第208条第1項の規定による払込みを仮装した場合　払込みを仮装した払込金額の全額の支払
　　2　第208条第2項の規定による給付を仮装した場合　給付を仮装した現物出資財産の給付（株式会社が当該給付に代えて当該現物出資財産の価額に相当する金銭の支払を請求した場合にあっては，当該金銭の全額の支払）
　　②　前項の規定により募集株式の引受人の負う義務は，総株主の同意がなければ，免除することができない。

I　改正の趣旨

　本条は新設規定で，募集株式の発行に際して，引受人が出資の履行を仮装した場合の，出資の履行を仮装した引受人に仮装した出資の履行に係る金銭の支払義務・財産の給付義務を規定するための改正である。
　近時，募集株式の発行に際して，払込みを仮装した不公正ファイナンスの事件が連続したことに対応してなされた改正である［詳しくは☞§52の2Ⅱ］。
　本条の趣旨が会社債権者と株主の保護のものであるか，専ら株主保護のためのものであるかについて争いがあるのも，設立の場合と同様である［☞§52の2Ⅱ］。

〔小　林〕　　　　　　　　　　　　　　　　　　　　　　　　　281

II 払込みを仮装した引受人の責任（本条1項）

208条1項の払込みを仮装した引受人は，払込みを仮装した払込金額の全額の支払義務を負い（本条I①），208条2項の規定による現物出資財産の給付を仮装した引受人は，会社に対し，現物出資財産の給付をする義務を負う（本条I②）。ただし，会社が請求した場合には，これに代えて，現物出資財産の価額に相当する金銭の全額の支払をする義務を負う（同号括弧書）。この場合の「現物出資財産の価額」については，本来出資されるべきものが出資されなかったという趣旨から，払込期日の時点における価額をいうものとされる（一問一答平成26年156頁注2）。払込期日に募集株式の効力が発生すること，現物出資等についての価額てん補責任の基準時（52I）との均衡からしても，同解釈によるべきであろう。

なお，本条の規定の射程は，当該募集株式の発行が新株発行不存在とされるような場合については及ばないとされている（要綱概要20頁［☞ V］）。

III 責任の免除（本条2項）

本条1項により引受人が負う支払・給付義務の免除については，総株主の同意が必要とされている。このようにされる理由として，この義務について，一般の債務免除と同様の手続により免除することを認めると，募集株式の引受人と取締役等との馴れ合いにより，他の株主の利益が害されるおそれがあることが挙げられている（一問一答平成26年155頁）。

IV 代表訴訟・連帯債務・計算上の扱い

本条1項の引受人の責任は，代表訴訟の対象とされている（847I）。これは，出資の履行が仮装される場合には，募集株式の引受人と取締役等が結託しているため，取締役等は，募集株式の引受人に対する責任追及を懈怠するおそれがあることによる（一問一答平成26年155頁）。また，本条により引受人が支払責任を負う場合で，払込みを仮装することに関与した取締役も支払責任を負う場合には，これらの者は連帯債務者となる（213の3II）。

払込みを仮装した引受人が本条1項各号の支払義務を履行した場合，会社に

第8節　募集株式の発行等　第6款　募集に係る責任等　　　§213の2

支払われた金額がその他資本剰余金に組み入れられる（会社計算21⑤）。これらは設立の場合［☞§52の2Ⅵ］と同様である。

Ⅴ　発行された株式の効力

　募集株式の発行に際して出資の履行が仮装された場合に，出資の履行の仮装により発行された株式の効力については，改正法はとくに規定しておらず，解釈に委ねられており，この点について学説は無効説と有効説に分かれている。

　有効説の立場から，新株発行無効判決が確定するまでは，有効である（一問一答平成26年159頁）とされるが，そもそも払込みの仮装が無効原因となり得るかが問題である（松尾健一「資金調達におけるガバナンス」論点詳解77頁は，新株発行無効の訴えは新株発行という全体としての1つの効力を争うものであるから，一部のある株式について払込みが仮装されたことを理由としてその株式を無効とすることはできないとする）が，払込みの仮装がある場合に新株発行が不存在となる場合もあると解されている。

　どのような場合が不存在となるのかについては，発行された募集株式のほぼすべてについて払込みが仮装され，さらに募集株式の発行等にも重大な瑕疵がある場合とする見解（松尾・前掲79頁）や，個別事案における具体的事情によっては，新株発行が不存在となることもあり得るとする見解がある（一問一答平成26年160頁注）。後者は，払込みの仮装以外に瑕疵がない場合でも，事情により不存在となり得る場合を肯定するものと思われ，これを肯定すべきであろう。例えば，実際にあった日本中油事件のように，同一資金を払い込んでは引き出し，それでまた払い込むという手法を繰り返し，資本金2000万円であったものを12億円超まで増資したというような事例においては，支払義務を仮装者等に課しても支払う能力がないであろうし，あるいは株主が仮装者のみであり，容易に支払義務を免除し得るというような場合には，改正法の規定は実効性を欠くことになる。また，実体のない増資を無効判決が確定するまで有効として，増資は存在すると扱うことは不当であるから，このような場合には募集株式の発行は不存在と評価し得るであろう。しかし，規制を潜脱するという違法な動機があるにせよ，払込みの仮装以外に法的瑕疵のない場合を，有効説の立場をとりながら不存在を導くことは困難であると思われる。

　無効説に対しては，有効説から，無効説をとると善意無重過失の譲受人の出現により，存在しない株式が存在することになるといった従来あまりなかった

〔小　林〕　　　　　　　　　　　　　　　　　　　　　　　　　　　　283

§213の3   第2編　株式会社　第2章　株式

考え方をとらざるを得ないとの批判がある（笠原武朗「仮装払込み」法時87巻3号〔2015〕29頁）。また，無効説をとる立場からも技巧的という弱点はあるとする説がある（片木晴彦「仮装の払込みと株式の効力」鳥山恭一ほか編・岸田雅雄先生古稀記念・現代商事法の諸問題〔成文堂，2016〕225頁）。

　しかし，株券が発行されていた時代に，予備株券が流通せしめられた場合に，全株主の負担において善意取得を肯定する見解もドイツで主張されていた（河本一郎「物としての株券」大阪株式事務懇談會編・株式會社の法理論と實際〔有斐閣，1957〕47頁参照）し，現在，法は，振替決済の場面で誤記入による善意取得を認め，それにより振替株式の総数が発行株式数を超過する場合には，誤記録を行った振替機関に消却義務を課す（社債株式振替144・145）ことにより，無から有が発生することを認めている。この仮装払込みの場面でも，消却義務に代えて支払義務を課しているとも解し得る。また，手形の局面ではあるが，手形を無権代理人が振り出した場合に，直接の相手方だけでなく，第三取得者にも表見代理の規定適用を認め，直接の相手方が悪意である場合にも，第三者が善意・無過失の場合には，第三者のところで手形が成立することを学説は認めている。これらの点からすると無効説の考え方が従来なかった特異なものではないと思われる。

　無効説に賛成したい。

（小林　量）

（出資の履行を仮装した場合の取締役等の責任）（新設）

第213条の3①　前条第1項各号に掲げる場合には，募集株式の引受人が出資の履行を仮装することに関与した取締役（指名委員会等設置会社にあっては，執行役を含む。）として法務省令で定める者は，株式会社に対し，当該各号に規定する支払をする義務を負う。ただし，その者（当該出資の履行を仮装したものを除く。）がその職務を行うについて注意を怠らなかったことを証明した場合は，この限りでない。

②　募集株式の引受人が前条第1項各号に規定する支払をする義務を負う場合において，前項に規定する者が同項の義務を負うときは，これらの者は，連帯債務者とする。

第8節　募集株式の発行等　第6款　募集に係る責任等　　§213の3

I　改正の趣旨

本条は新設規定であり，募集株式の発行に際して，出資の履行の仮装があった場合，その出資の履行の仮装に関与した取締役等の責任を規定するための改正である。

II　出資の履行を仮装することに関与した取締役等の責任（本条1項）

1　責任主体

本条により責任を負う者は，出資の履行を仮装することに関与した取締役（指名委員会等設置会社にあっては，執行役を含む）として法務省令で定める者であり，具体的には，①出資の履行（208条3項に規定する出資の履行をいう。以下同じ）の仮装に関する職務を行った取締役および執行役（会社則46の2①），②出資の履行の仮装が取締役会の決議に基づいて行われたときは，当該取締役会の決議に賛成した取締役（同条②イ），当該取締役会に当該出資の履行の仮装に関する議案を提案した取締役および執行役（同号ロ）であり，③出資の履行の仮装が株主総会の決議に基づいて行われたときは，当該株主総会に当該出資の履行の仮装に関する議案を提案した取締役（同条③イ），同議案の提案の決定に同意した取締役（取締役会設置会社の取締役を除く。同号ロ），同議案の提案が取締役会の決議に基づいて行われたときは，当該取締役会の決議に賛成した取締役（同号ハ），当該株主総会において当該出資の履行の仮装に関する事項について説明をした取締役および執行役（同号ニ），である。②③の各主体が責任主体とされているのは，いわゆる見せ金等については，複数の行為の全体を捉えて払込の履行の仮装と判断される場合も多いところ，それらの個々の行為が株主総会決議や取締役会決議に基づいてなされることもあると考えられることによる（一問一答平成26年158頁注1）。

2　責任の内容

本条1項により，出資の履行の仮装に関与した取締役等が負う責任は，出資の履行を仮装した引受人と同様のものである。ただし，出資の履行の仮装に関与した取締役等が負うこの責任は過失責任であり，これらの者が職務を行うに

〔小林〕

285

ついて注意を怠らなかったことを証明したときは同項の責任を負わないものとされ，無過失の立証責任は取締役等が負う（同項ただし書）。なお，ただし書の括弧書で，当該出資の履行の仮装をしたものを除くとされ，この者の責任は無過失責任とされている。ここでの出資の履行を仮装した者とは，設立の場合と同様，具体的な行為の態様，出資の履行の仮装において果たした役割等により判断され，具体的には払込みを仮装した引受人と共謀し，いったん会社に払い込まれた金銭に相当する額の金銭を当該引受人に返還した取締役等がこれに該当するとされる（一問一答平成26年158頁注3）。

また，本条1項により出資の履行の仮装に関与した取締役等が支払義務を履行した場合でも，当該株式は出資の履行の仮装者である引受人に帰属し，支払義務を履行した取締役等に帰属することにはならず，この場合，取締役等は出資の履行を仮装した引受人に対し，民法上の一般原則に基づいて，求償をすることになる（一問一答平成26年159頁）ことも設立の場合と同様である〔☞§52の2Ⅶ2・§103Ⅲ2〕。

Ⅲ　連帯責任（本条2項）

募集株式の引受人が出資の履行を仮装したことにより213条の2第1項各号に規定する支払義務を負う場合に，取締役等が，出資の履行を仮装することに関与した取締役等として，本条1項の責任を負う場合に，これらの者は，連帯債務者となるとされている。設立の場合（52の2Ⅲ・103Ⅱ）と同様の扱いである。

Ⅳ　責任の免除

本条で払込みを仮装することに関与した取締役等の責任の免除に関する規定は置かれていない。これは募集株式の現物出資の場合に取締役が負う価額てん補責任（213）の場合と同様である。同条の取締役の価額てん補責任の免除に関してとくに規定がないのは，免除にとくに制限はないことを意味しているといわれていたことから，本条での取締役等の責任も同様の扱いとする趣旨である。これは，取締役の現物出資の場合の価額てん補責任についてのそのように処理する理由として，募集株式の現物出資の場合には，取締役自身は利益移転を受けていないことが挙げられていたところ，立案担当者は今回の払込みの仮

第9節　株券　第2款　株券の提出等　　　　　　　　　　　　　§219

装の場合の責任規定も専ら株主間の利益移転の問題と解し，213条の場合と同様の理由を挙げている（一問一答平成26年158頁注4）。

V　代表訴訟・計算上の扱い

　出資の払込みの仮装に関与した取締役等の責任は代表訴訟の対象となる（847 I）。また，払込みの仮装に関与した取締役等が本条1項の責任を履行した場合，会社に支払われた金額がその他利益剰余金に組み入れられる（一問一答平成26年156頁注3）ことは，設立の場合［☞§52の2 VI］と同様である。

（小林　量）

（株券の記載事項）

第216条　株券には，次に掲げる事項及びその番号を記載し，株券発行会社の代表取締役（指名委員会等設置会社にあっては，代表執行役）がこれに署名し，又は記名押印しなければならない。

1　株券発行会社の商号

2　当該株券に係る株式の数

3　譲渡による当該株券に係る株式の取得について株式会社の承認を要することを定めたときは，その旨

4　種類株式発行会社にあっては，当該株券に係る株式の種類及びその内容

　本改正により，本条柱書では，改正前の「委員会設置会社」から「指名委員会等設置会社」に文言があらためられた。本改正で委員会設置会社が指名委員会等設置会社に改称されたことに伴う文言の変更であり，内容に変更はない。

（川村　力）

（株券の提出に関する公告等）

第219条①　株券発行会社は，次の各号に掲げる行為をする場合には，当該行為の効力が生ずる日（第4号の2に掲げる行為をする場合にあっては，第179条の2第1項第5号に規定する取得日。以下この条において「株券提出日」とい

〔中　東〕

§219

第2編　株式会社　第2章　株式

う。）までに当該株券発行会社に対し当該各号に定める株式に係る株券を提出しなければならない旨を株券提出日の1箇月前までに，公告し，かつ，当該株式の株主及びその登録株式質権者には，各別にこれを通知しなければならない。ただし，当該株式の全部について株券を発行していない場合は，この限りでない。

1　第107条第1項第1号に掲げる事項についての定款の定めを設ける定款の変更　全部の株式（種類株式発行会社にあっては，当該事項についての定めを設ける種類の株式）

2　株式の併合　全部の株式（種類株式発行会社にあっては，第180条第2項第3号の種類の株式）

3　第171条第1項に規定する全部取得条項付種類株式の取得　当該全部取得条項付種類株式

4　取得条項付株式の取得　当該取得条項付株式

4の2　第179条の3第1項の承認　売渡株式

5　組織変更　全部の株式

6　合併（合併により当該株式会社が消滅する場合に限る。）　全部の株式

7　株式交換　全部の株式

8　株式移転　全部の株式

②　株券発行会社が次の各号に掲げる行為をする場合において，株券提出日までに当該株券発行会社に対して株券を提出しない者があるときは，当該各号に定める者は，当該株券の提出があるまでの間，当該行為（第2号に掲げる行為をする場合にあっては，株式売渡請求に係る売渡株式の取得）によって当該株券に係る株式の株主が受けることのできる金銭等の交付を拒むことができる。

1　前項第1号から第4号までに掲げる行為　当該株券発行会社

2　第179条の3第1項の承認　特別支配株主

3　組織変更　第744条第1項第1号に規定する組織変更後持分会社

4　合併（合併により当該株式会社が消滅する場合に限る。）　第749条第1項に規定する吸収合併存続会社又は第753条第1項に規定する新設合併設立会社

5　株式交換　第767条に規定する株式交換完全親会社

6　株式移転　第773条第1項第1号に規定する株式移転設立完全親会社

③　第1項各号に定める株式に係る株券は，株券提出日に無効となる。

④　第1項第4号の2の規定による公告及び通知の費用は，特別支配株主の負担とする。

【文献】文献は，179条の冒頭の一覧を参照されたい。

288

〔中　東〕

第9節　株券　第2款　株券の提出等　　　　　　　　　　　　　　§ 219

I　本条の改正の趣旨

　本条の改正箇所は，株券発行会社を対象会社とする株式等売渡請求によって
株式の取得が行われた場合に，株券の処理方法（株券提出手続など）を規定す
る。株券発行会社が対象会社となる場合に，取得日以降も株券が売渡株主の手
元に残ることになると，善意取得などが生じる可能性があるため，一定の手続
を経て，株券を無効とするものである（一問一答平成 26 年 280 頁）。

　株券提出手続が必要となる各種の取引を含む規定に組み込んだため，形式的
な変更は少なくないが，ほかの取引の規制について実質的な変更はない［☞ 会
社法コンメ (5) § 219〔219 頁以下［大塚龍児］］］。

　以下では，株式等売渡請求による株式の取得に関する部分について扱う。

II　改正の概要

1　公告および通知

　株券発行会社は，売渡株式について株式売渡請求の承認（179 の 3 I）をする
場合には，取得日（株券提出日）までに当該株券発行会社に対し売渡株式に係
る株券を提出しなければならない旨を株券提出日の 1 か月前までに，公告し，
かつ，当該株式の株主およびその登録株式質権者には，各別にこれを通知しな
ければならない（本条 I 本文）。ただし，当該株式の全部について株券を発行し
ていない場合は，公告および通知は不要である（同項ただし書）。

2　株券提出前の金銭等の交付の拒絶

　株券発行会社が株式売渡請求の承認をする場合において，株券提出日までに
当該株券発行会社に対して株券を提出しない者があるときは，特別支配株主
は，当該株券の提出があるまでの間，株式売渡請求に係る売渡株式の取得に
よって当該株券に係る株式の株主が受けることのできる金銭等の交付を拒むこ
とができる（本条 II）。

3　株券が無効となる日

　株式売渡請求の対象となる株式を表章する株券は，株券提出日（取得日）に
無効となる（本条 III）。

〔中　東〕

289

§ 220　　　　　　　　　　　　　　第2編　株式会社　第2章　株式

なお，本条1項括弧書において，「当該行為の効力が生ずる日（第4号の2に掲げる行為〔株式売渡請求の承認〕をする場合にあっては，第179条の2第1項第5号〔特別支配株主の決定事項〕に規定する取得日。以下この条において「株券提出日」という。）」と定義されているため，改正前219条3項においては，「株券は，当該各号に掲げる行為の効力が生ずる日に無効となる」と規定されていたのが，本改正で「株券は，株券提出日に無効となる」と改正されたが，実質的な変更はない。

4　公告および通知の費用

株券提出手続のための公告および通知の費用は，特別支配株主の負担となる（本条Ⅳ）。

（中東正文）

（株券の提出をすることができない場合）

第220条①　前条第1項各号に掲げる行為をした場合において，株券を提出することができない者があるときは，株券発行会社は，その者の請求により，利害関係人に対し異議があれば一定の期間内にこれを述べることができる旨を公告することができる。ただし，当該期間は，3箇月を下ることができない。

②　株券発行会社が前項の規定による公告をした場合において，同項の期間内に利害関係人が異議を述べなかったときは，前条第2項各号に定める者は，前項の請求をした者に対し，同条第2項の金銭等を交付することができる。

③　第1項の規定による公告の費用は，同項の請求をした者の負担とする。

本改正により，本条2項では，「前項」から「株券発行会社が前項」に，「株券発行会社は，同項」から「前条第2項各号に定めるものは，前項」に，「前条第2項」から「同条第2項」に，3点で改正前の文言が変更された。

本条が準用する219条では，改正前より，同条1項が定める株券の提出に関する公告等の効果として，同条2項が株券を提出しない者に対する対価の交付を拒絶し得る旨が定められているところ，本改正により，219条1項には，本改正で導入された特別支配株主の株式売渡請求権における売渡株式に係る株券を対象とするため4号の2が新設され，219条2項では，第1に特別支配株主の株式売渡請求権における当該特別株主をその主体に含め，第2に株券の提出

290　　　　　　　　　　　　　　　　　　　　　　　　　　　　　　〔川　村〕

第9節　株券　第3款　株券喪失登録　　　　　　　　　　　　　§233

により当該株券に係る株主が金銭等の交付を受けることとなる可能性がある行為に限った規定にするとともに，当該株券の発行会社以外の者が金銭等の交付義務を負う場合には当該者が交付を拒否する主体となることを明確にする整備を行うべく，柱書の文言をあらためるとともに当該主体を明示する1号から6号までを新設している。

　本条は，株券を提出することができない者があるときに，この者の費用負担により（本条Ⅲ），1項により3か月以上の異議期間を設けて株券発行会社が公告し，2項により当該期間内に利害関係人が異議を述べなかったときは，この者に219条2項の金銭等の交付がなされ得る旨を定める異議催告制度であるところ，改正法では，本条2項の文言になされた3つの変更点のうち，第2の変更点で準用する219条2項の主体は特別支配株主の株式売渡請求権における当該特別株主を含めて株券発行会社とは異なる主体を明示的に含むこととなったことから，第1の変更点と第2の変更点では主体を明示的に書き分けるようあらためられたものである。また第3の変更点は，第2の変更点で先に219条が準用されることになったことに伴う準用文言の変更である。

（川村　力）

（適用除外）
第233条　非訟事件手続法第4編の規定は，株券については，適用しない。

　本条では改正法により，改正前の「非訟事件手続法（平成23年法律第51号）」の文言が「非訟事件手続法」にあらためられた。改正法で新株予約権買取請求に係る118条に6項が新設され，同項で非訟事件手続法が本条より先に準用されることになった結果，本条の文言が整理されたものである。内容の変更はない。

（川村　力）

〔川　村〕

§238　　　　　　　　　　　　　　　　第2編　株式会社　第3章　新株予約権

第6巻（§§236-294）増補

（募集事項の決定）

第238条① 株式会社は，その発行する新株予約権を引き受ける者の募集をしようとするときは，その都度，募集新株予約権（当該募集に応じて当該新株予約権の引受けの申込みをした者に対して割り当てる新株予約権をいう。以下この章において同じ。）について次に掲げる事項（以下この節において「募集事項」という。）を定めなければならない。

1　募集新株予約権の内容及び数

2　募集新株予約権と引換えに金銭の払込みを要しないこととする場合には，その旨

3　前号に規定する場合以外の場合には，募集新株予約権の払込金額（募集新株予約権1個と引換えに払い込む金銭の額をいう。以下この章において同じ。）又はその算定方法

4　募集新株予約権を割り当てる日（以下この節において「割当日」という。）

5　募集新株予約権と引換えにする金銭の払込みの期日を定めるときは，その期日

6　募集新株予約権が新株予約権付社債に付されたものである場合には，第676条各号に掲げる事項

7　前号に規定する場合において，同号の新株予約権付社債に付された募集新株予約権についての第118条第1項，第179条第2項，第777条第1項，第787条第1項又は第808条第1項の規定による請求の方法につき別段の定めをするときは，その定め

② 募集事項の決定は，株主総会の決議によらなければならない。

③ 次に掲げる場合には，取締役は，前項の株主総会において，第1号の条件又は第2号の金額で募集新株予約権を引き受ける者の募集をすることを必要とする理由を説明しなければならない。

1　第1項第2号に規定する場合において，金銭の払込みを要しないこととすることが当該者に特に有利な条件であるとき。

2　第1項第3号に規定する場合において，同号の払込金額が当該者に特に有利な金額であるとき。

④ 種類株式発行会社において，募集新株予約権の目的である株式の種類の全部又は一部が譲渡制限株式であるときは，当該募集新株予約権に関する募集事項の決定は，当該種類の株式を目的とする募集新株予約権を引き受ける者の募集について当該種類の株式の種類株主を構成員とする種類株主総会の決議を要しない旨の定款の定めがある場合を除き，当該種類株主総会の決議がなければ，その効力を

292　　　　　　　　　　　　　　　　　　　　　　　　　　　　　　〔吉　本〕

第2節　新株予約権の発行　第2款　募集新株予約権の割当て　　　　　§244

> 生じない。ただし，当該種類株主総会において議決権を行使することができる種
> 類株主が存しない場合は，この限りでない。
> ⑤　募集事項は，第1項の募集ごとに，均等に定めなければならない。

　改正法は，特別支配株主による株式等売渡請求の制度を新設したが（179以
下），この場合に特別支配株主は株式全部（対象会社および特別支配株主が有する
株式を除く）の売渡請求に併せて新株予約権全部（対象会社および特別支配株主が
有する新株予約権を除く）の売渡請求をすることができる（同条Ⅱ）。当該新株予
約権が新株予約権付社債に付されたものである場合には，特別支配株主は，新
株予約権売渡請求に併せて当該社債全部の売渡請求をしなければならないのが
原則である（同条Ⅲ本文）。ただし，新株予約権付社債の発行時にこの点につ
いて別段の定めがある場合はこの限りでないとされた（同項ただし書）。本条の
改正は，この点を1項7号に追加するものである。

（吉本健一）

（募集新株予約権の申込み及び割当てに関する特則）
第244条①　前2条の規定は，募集新株予約権を引き受けようとする者がその総
　数の引受けを行う契約を締結する場合には，適用しない。
②　募集新株予約権が新株予約権付社債に付されたものである場合における前項の
　規定の適用については，同項中「の引受け」とあるのは，「及び当該募集新株予
　約権を付した社債の総額の引受け」とする。
③　第1項に規定する場合において，次に掲げるときは，株式会社は，株主総会
　（取締役会設置会社にあっては，取締役会）の決議によって，同項の契約の承認
　を受けなければならない。ただし，定款に別段の定めがある場合は，この限りで
　ない。
　1　募集新株予約権の目的である株式の全部又は一部が譲渡制限株式であると
　　き。
　2　募集新株予約権が譲渡制限新株予約権であるとき。

　改正法は，本条3項を追加し，募集株式に関する205条2項の新設に倣っ
て，募集新株予約権の目的である株式の全部または一部が譲渡制限株式（2
⑰）である場合，および募集新株予約権が譲渡制限新株予約権（243Ⅱ②括弧

〔吉　本〕

書）である場合には，定款に別段の定めがある場合を除き，会社が株主総会（取締役会設置会社では取締役会）の決議により，新株予約権総数引受契約の承認を受けなければならない旨を定めた。

本条1項および2項は，募集新株予約権の目的である株式の全部または一部が譲渡制限株式である場合，および募集新株予約権が譲渡制限新株予約権である場合の総数引受契約にも，適用される。しかし，これらの総数引受契約による引受けに割当先の決定手続に関する243条2項が適用されないと，譲渡制限株式や譲渡制限新株予約権に関する閉鎖性の維持や既存株主の支配的利益の保護が確保されないおそれがある。したがって，これらの総数引受契約の場合には，同項を類推すべきであるとの見解もあったが〔☞ 会社法コンメ(6)§244 Ⅱ3〔88頁〔吉本健一〕〕〕（論点体系(2)254頁〔三笘裕〕も参照），改正法は，243条2項と同趣旨の規定を明文で置いた（本条Ⅲ）。これにより，上記の場合には，一般募集の場合と同様に（243Ⅱ），会社は，定款に別段の定めがある場合を除き，株主総会（取締役会設置会社では取締役会）の決議により，新株予約権総数引受契約の承認を受けなければならない（株主総会の場合は特別決議〔309Ⅱ⑥〕。一問一答平成26年366頁注）。その結果，公開会社においてストック・オプションとして付与される新株予約権（通常譲渡制限が付される）の割当ても，原則取締役会決議を要することになると指摘されている（太田洋ほか編集代表・新株予約権ハンドブック〔第4版〕〔商事法務，2018〕135-136頁）。

（吉本健一）

（公開会社における募集新株予約権の割当て等の特則）（新設）

第244条の2① 公開会社は，募集新株予約権の割当てを受けた申込者又は前条第1項の契約により募集新株予約権の総数を引き受けた者（以下この項において「引受人」と総称する。）について，第1号に掲げる数の第2号に掲げる数に対する割合が2分の1を超える場合には，割当日の2週間前までに，株主に対し，当該引受人（以下この項及び第5項において「特定引受人」という。）の氏名又は名称及び住所，当該特定引受人についての第1号に掲げる数その他の法務省令で定める事項を通知しなければならない。ただし，当該特定引受人が当該公開会社の親会社等である場合又は第241条の規定により株主に新株予約権の割当てを受ける権利を与えた場合は，この限りでない。

1 当該引受人（その子会社等を含む。）がその引き受けた募集新株予約権に係る

第2節　新株予約権の発行　第2款　募集新株予約権の割当て　　　§244の2

　　交付株式の株主となった場合に有することとなる最も多い議決権の数
　　2　前号に規定する場合における最も多い総株主の議決権の数
②　前項第1号に規定する「交付株式」とは，募集新株予約権の目的である株式，募集新株予約権の内容として第236条第1項第7号ニに掲げる事項についての定めがある場合における同号ニの株式その他募集新株予約権の新株予約権者が交付を受ける株式として法務省令で定める株式をいう。
③　第1項の規定による通知は，公告をもってこれに代えることができる。
④　第1項の規定にかかわらず，株式会社が同項の事項について割当日の2週間前までに金融商品取引法第4条第1項から第3項までの届出をしている場合その他の株主の保護に欠けるおそれがないものとして法務省令で定める場合には，第1項の規定による通知は，することを要しない。
⑤　総株主（この項の株主総会において議決権を行使することができない株主を除く。）の議決権の10分の1（これを下回る割合を定款で定めた場合にあっては，その割合）以上の議決権を有する株主が第1項の規定による通知又は第3項の公告の日（前項の場合にあっては，法務省令で定める日）から2週間以内に特定引受人（その子会社等を含む。以下この項において同じ。）による募集新株予約権の引受けに反対する旨を公開会社に対し通知したときは，当該公開会社は，割当日の前日までに，株主総会の決議によって，当該特定引受人に対する募集新株予約権の割当て又は当該特定引受人との間の前条第1項の契約の承認を受けなければならない。ただし，当該公開会社の財産の状況が著しく悪化している場合において，当該公開会社の事業の継続のため緊急の必要があるときは，この限りでない。
⑥　第309条第1項の規定にかかわらず，前項の株主総会の決議は，議決権を行使することができる株主の議決権の過半数（3分の1以上の割合を定款で定めた場合にあっては，その割合以上）を有する株主が出席し，出席した当該株主の議決権の過半数（これを上回る割合を定款で定めた場合にあっては，その割合以上）をもって行わなければならない。

Ⅰ　本条の趣旨

　本改正は支配権の異動をもたらす募集株式の発行について，新たな規制を導入したが（206の2），新株予約権の発行が行われた場合も，その行使により支配権の異動がもたらされる可能性があるため，同様の規制を置くこととしたものである。

〔藤　田〕

§244の2 　　　　　　　　　　第2編　株式会社　第3章　新株予約権

II　規 制 内 容

　本条も，基本的には募集株式の発行に係る規制と同様の内容となっている。支配権の異動につながる新株予約権の発行に該当するか否かは，新株予約権の引受人がその引き受けた募集新株予約権に係る「交付株式」の株主になったと想定した場合の議決権割合によって判断する（本条I）。単純な新株予約権の行使により株式が交付される場合だけではなく，取得条項によって新株予約権が与えられる場合，さらに新株予約権を取得対価とする取得条項が何重にも連鎖する場合をもカバーできるように，複雑な規定が置かれている。

　交付株式とは，①募集新株予約権の目的である株式，②取得条項に基づく募集新株予約権の取得と引換えに交付される株式（236 I ⑦ニ参照），③その他募集新株予約権の新株予約権者が交付を受ける株式として法務省令で定める株式である（本条II）。③について，会社法施行規則55条の3は，①募集新株予約権に新株予約権または新株予約権付社債を取得対価とする取得条項が付されている場合には，当該新株予約権または当該新株予約権付社債に付された新株予約権（「取得対価新株予約権」〔同条 I ①〕とよばれる）の目的である株式（同号），⑪取得対価新株予約権に株式を対価とする取得条項が付されている場合の当該株式（同項②）も交付株式となることとする。さらに取得対価新株予約権に，新株予約権または新株予約権付社債を取得対価とする取得条項が付されている場合には，当該新株予約権または当該新株予約権付社債に付された新株予約権も取得対価新株予約権とみなし（同条II），その結果，新株予約権または新株予約権を取得対価とする取得条項が何重にも連鎖する場合もカバーされることになる。

　また新株予約権の行使によって交付される株式数が固定的ではなく，算定方法により決定される場合（例えば，一定金額を交付される株式の特定の日の市場価格で除した数の株式が交付されるとする等）をとる場合には，新株予約権発行時点では，交付株式数が確定せず，本条の適用の有無がわからないという事態が生じる。このため会社法施行規則55条の3第3項は，引受人に対する募集新株予約権の割当ての決定または引受人との間の総数引受契約の締結の日（割当等決定日）の前日に当該交付株式が交付されたものとみなして計算するものとしている。

（藤田友敬）

〔藤　田〕

第3節　新株予約権原簿　　　　　　　　　　　　　　　　　　　§250

（新株予約権者となる日）

第245条①　次の各号に掲げる者は，割当日に，当該各号に定める募集新株予約権の新株予約権者となる。

1　申込者　株式会社の割り当てた募集新株予約権

2　第244条第1項の契約により募集新株予約権の総数を引き受けた者　その者が引き受けた募集新株予約権

②　募集新株予約権が新株予約権付社債に付されたものである場合には，前項の規定により募集新株予約権の新株予約権者となる者は，当該募集新株予約権を付した新株予約権付社債についての社債の社債権者となる。

　本改正により，本条1項2号では，改正前の「前条第1項」から「第244条第1項」に準用条文があらためられた。本改正により募集新株予約権の特定引受人への割当等の特則に係る244条の2が新設されたことに伴い，準用文言の変更がされたものである。内容の変更はない。

　　　　　　　　　　　　　　　　　　　　　　　　　　　　　　　（川村　力）

（新株予約権原簿記載事項を記載した書面の交付等）

第250条①　前条第3号イの新株予約権者は，株式会社に対し，当該新株予約権者についての新株予約権原簿に記載され，若しくは記録された新株予約権原簿記載事項を記載した書面の交付又は当該新株予約権原簿記載事項を記録した電磁的記録の提供を請求することができる。

②　前項の書面には，株式会社の代表取締役（指名委員会等設置会社にあっては，代表執行役。次項において同じ。）が署名し，又は記名押印しなければならない。

③　第1項の電磁的記録には，株式会社の代表取締役が法務省令で定める署名又は記名押印に代わる措置をとらなければならない。

④　前3項の規定は，証券発行新株予約権及び証券発行新株予約権付社債に付された新株予約権については，適用しない。

　本改正により，本条2項では，改正前の「委員会設置会社」から「指名委員会等設置会社」に文言があらためられた。本改正により委員会設置会社が指名委員会等設置会社に改称されたことに伴う文言の変更である。内容に変更はない。

　　　　　　　　　　　　　　　　　　　　　　　　　　　　　　　（川村　力）

〔川　村〕

§252   第2編　株式会社　第3章　新株予約権

（新株予約権原簿の備置き及び閲覧等）
第252条① 　株式会社は，新株予約権原簿をその本店（株主名簿管理人がある場
　合にあっては，その営業所）に備え置かなければならない。
② 　株主及び債権者は，株式会社の営業時間内は，いつでも，次に掲げる請求をす
　ることができる。この場合においては，当該請求の理由を明らかにしてしなけれ
　ばならない。
　1 　新株予約権原簿が書面をもって作成されているときは，当該書面の閲覧又は
　　謄写の請求
　2 　新株予約権原簿が電磁的記録をもって作成されているときは，当該電磁的記
　　録に記録された事項を法務省令で定める方法により表示したものの閲覧又は謄
　　写の請求
③ 　株式会社は，前項の請求があったときは，次のいずれかに該当する場合を除
　き，これを拒むことができない。
　1 　当該請求を行う株主又は債権者（以下この項において「請求者」という。）が
　　その権利の確保又は行使に関する調査以外の目的で請求を行ったとき。
　2 　請求者が当該株式会社の業務の遂行を妨げ，又は株主の共同の利益を害する
　　目的で請求を行ったとき。
　3 　請求者が新株予約権原簿の閲覧又は謄写によって知り得た事実を利益を得て
　　第三者に通報するため請求を行ったとき。
　4 　請求者が，過去2年以内において，新株予約権原簿の閲覧又は謄写によって
　　知り得た事実を利益を得て第三者に通報したことがあるものであるとき。
④ 　株式会社の親会社社員は，その権利を行使するため必要があるときは，裁判所
　の許可を得て，当該株式会社の新株予約権原簿について第2項各号に掲げる請求
　をすることができる。この場合においては，当該請求の理由を明らかにしてしな
　ければならない。
⑤ 　前項の親会社社員について第3項各号のいずれかに規定する事由があるとき
　は，裁判所は，前項の許可をすることができない。

298   〔前　田〕

第3節　新株予約権原簿　　　　　　　　　　　　　　　　　　　　§252

1　本条の改正の趣旨

　改正法は，改正前の本条3項3号の規定を削除し，新株予約権原簿の閲覧・謄写を請求する者が会社の業務と実質的に競争関係にある事業を営み，またはこれに従事するものであるときを，拒絶事由から除外した。この結果，改正前の本条3項4号と5号は，それぞれ本条3項3号と4号に繰り上げられた。

　株主名簿の閲覧・謄写についての拒絶事由についても，同様の改正が行われた（改正前125 Ⅲ ③ の削除）。

2　会社と競争関係にある者による請求

(1)　改正の理由

　改正前の会社法は，新株予約権原簿の閲覧等の請求者が会社の業務と実質的に競争関係にある事業を営み，またはこれに従事するものであるときは，会社は請求を拒むことができる旨を定めていた（改正前本条 Ⅲ ③）。

　もともとこの拒絶事由は，平成17年の会社法制定の際，株主名簿の閲覧等の請求に関する規定（改正前125 Ⅲ ③）とともに，会計帳簿の閲覧等請求（433 Ⅱ ③）と平仄を合わせる形で設けられたものであった。しかし，会計帳簿とは異なり，株主名簿・新株予約権原簿について一般に営業機密が含まれているとは考えにくく，会社と競争関係にある者が会社の営業秘密を探ることとは無関係に，株主等として権利の確保または行使に関する調査のために閲覧等を求めた場合に，会社がこれを拒絶できることとするのは不合理である。そこで，改正法は，この拒絶事由を廃止することとした［株主名簿について☞§125 Ⅱ 1］。

(2)　中間試案・見直し要綱との比較

　改正前の本条3項3号の規定を削除することについて，中間試案（第3部第2），および見直し要綱（第3部第2）からの変更はない。

　中間試案においては，本条3項1号および2号の文言を見直すかどうかが検討事項とされていたが（第3部第2注），この検討事項は見直し要綱には盛り込まれなかった［株主名簿について☞§125 Ⅱ 2］。

（前田雅弘）

〔前　田〕　　　　　　　　　　　　　　　　　　　　　　　　　　　　　299

§ 272   第2編　株式会社　第3章　新株予約権

（新株予約権原簿の記載事項を記載した書面の交付等）

第 270 条①　前条第1項各号に掲げる事項が新株予約権原簿に記載され，又は記録された質権者（以下「登録新株予約権質権者」という。）は，株式会社に対し，当該登録新株予約権質権者についての新株予約権原簿に記載され，若しくは記録された同項各号に掲げる事項を記載した書面の交付又は当該事項を記録した電磁的記録の提供を請求することができる。

②　前項の書面には，株式会社の代表取締役（指名委員会等設置会社にあっては，代表執行役。次項において同じ。）が署名し，又は記名押印しなければならない。

③　第1項の電磁的記録には，株式会社の代表取締役が法務省令で定める署名又は記名押印に代わる措置をとらなければならない。

④　前3項の規定は，証券発行新株予約権及び証券発行新株予約権付社債に付された新株予約権については，適用しない。

　本改正により，本条2項では，改正前の「委員会設置会社」から「指名委員会等設置会社」に文言があらためられた。本改正により委員会設置会社が指名委員会等設置会社に改称されたことに伴う文言の変更である。内容に変更はない。

（川村　力）

（新株予約権の質入れの効果）

第 272 条①　株式会社が次に掲げる行為をした場合には，新株予約権を目的とする質権は，当該行為によって当該新株予約権の新株予約権者が受けることのできる金銭等について存在する。

1　新株予約権の取得

2　組織変更

3　合併（合併により当該株式会社が消滅する場合に限る。）

4　吸収分割

5　新設分割

6　株式交換

7　株式移転

②　登録新株予約権質権者は，前項の金銭等（金銭に限る。）を受領し，他の債権

第4節　新株予約権の譲渡等　第3款　新株予約権の質入れ　　§272

　　者に先立って自己の債権の弁済に充てることができる。
③　株式会社が次の各号に掲げる行為をした場合において，前項の債権の弁済期が
　　到来していないときは，登録新株予約権質権者は，当該各号に定める者に同項に
　　規定する金銭等に相当する金額を供託させることができる。この場合において，
　　質権は，その供託金について存在する。
<u>1</u>　<u>新株予約権の取得　当該株式会社</u>
<u>2</u>　<u>組織変更　第744条第1項第1号に規定する組織変更後持分会社</u>
<u>3</u>　<u>合併（合併により当該株式会社が消滅する場合に限る。）　第749条第1項に</u>
　　<u>規定する吸収合併存続会社又は第753条第1項に規定する新設合併設立会社</u>
<u>④</u>　<u>前3項の規定は，特別支配株主が新株予約権売渡請求により売渡新株予約権の</u>
　　<u>取得をした場合について準用する。この場合において，前項中「当該各号に定め</u>
　　<u>る者」とあるのは，「当該特別支配株主」と読み替えるものとする。</u>
<u>⑤</u>　新株予約権付社債に付された新株予約権（第236条第1項第3号の財産が当該
　　新株予約権付社債についての社債であるものであって，当該社債の償還額が当該
　　新株予約権についての同項第2号の価額以上であるものに限る。）を目的とする
　　質権は，当該新株予約権の行使をすることにより当該新株予約権の新株予約権者
　　が交付を受ける株式について存在する。

Ⅰ　改正の概要と趣旨

　本条は，新株予約権の質入れの効果を定めるものである。本改正前は，本条
3項において，被担保債権の弁済期が到来していないときでも，登録新株予約
権質権者は，株式会社に対して，金銭の供託をさせることができ，この場合
に，質権は，その供託金について存在するものとしていた。

　本改正後も，本条3項において同様の規定を定めている。もっとも，そこで
は，①新株予約権の取得，②組織変更および③合併（当該株式会社の消滅する
場合に限る）について，登録新株予約権質権者が，上記の供託を請求できるも
のとした。改正前，金銭の供託をさせることができる行為について規定はな
く，また，供託を請求する相手方は株式会社と規定されていた。改正後，上記
①から③までについて供託の請求ができることに加えて，それぞれに関して
供託の主体となる者が明らかにされた。

　また，本改正で，株式等売渡請求制度が創設された。株式等売渡請求制度に
おいては，対象会社が新株予約権を発行している場合には，特別支配株主が株
式の売渡請求と併せて行う場合に限って，新株予約権の売渡請求（新株予約権

〔川　口〕

301

売渡請求）をすることができる（179 II）。これは，株式の売渡請求によって特別支配株主が発行済株式の全部を有することになったとしても，後日，新株予約権が行使されることによって，新株予約権者が株主となれば，100パーセント子会社の創設という，株式売渡請求制度の意義が損なわれることが理由である。以上の改正を受けて，特別支配株主が新株予約権売渡請求を行い，売渡新株予約権を取得した場合，上記と同様に新株予約権の質入れの効果を認める必要がある。そこで，本条4項を新設し，3項を準用する形で，特別支配株主が新株予約権売渡請求によって売渡新株予約権を取得した場合でも，登録新株予約権質権者は，自己の債権の弁済期が到来していないとき，特別支配株主に金銭等に相当する金額を供託させることができるものとした。本条4項の新設に伴い，従来の4項は5項に繰り下げられている。

II 登録新株予約権質権者が金銭等に相当する金額を供託させることができる場合

本条3項では，株式会社が，①新株予約権の取得，②組織変更，③合併（当該株式会社が消滅する場合に限る）を行う場合に，登録新株予約権質権者が金銭の供託を請求できるものとしている。請求の相手方は，①の場合，当該株式会社，②の場合，744条1項1号に規定する組織変更後の持分会社（組織変更後持分会社），③の場合，749条1項に規定する吸収合併存続会社または753条1項に規定する新設合併設立会社とされている。このように，本条3項では，金銭の交付義務を負う者が，供託の主体となることが明確にされている。なお，本条4項では，3項で供託の主体とされる者（「当該各号に定める者」）を「当該特別支配株主」と読み替えることで，特別支配株主に供託義務を負わせている。

ところで，株式会社が持分会社に組織変更をする場合，株式会社が発行している新株予約権は，組織変更の効力発生日に消滅する（745 V）。そのため，組織変更後持分会社は，当該新株予約権者に対して，新株予約権に代わる金銭を交付することを要する（744 I ⑦参照。持分会社の新株予約権の発行は予定されていない）。また，株式会社が吸収合併により消滅する場合においても，吸収合併消滅会社の発行する新株予約権は，吸収合併の効力発生日に消滅する（750 IV）。そのため，吸収合併消滅会社の新株予約権者を保護するため，吸収合併存続会社は，新株予約権または金銭の交付を要するものとしている（749 I

第6節　新株予約権無償割当て　　　　　　　　　　　　　　　　　§279

④）。新設合併における新設合併消滅会社の新株予約権者に対しても，同様
に，新設合併設立会社は新株予約権または金銭を交付しなければならない
（753 I ⑩）。これに対して，吸収分割，新設分割，株式交換または株式移転の場
合，それぞれ吸収分割承継株式会社，新設分割設立株式会社，株式交換完全親
会社または株式移転完全親会社による新株予約権の交付のみが予定されている
（758 I ⑤・763 I ⑩・768 I ④・773 I ⑨）。本改正に当たって，登録新株予約権質権
者が金銭を供託させることができる旨を定めた規定（本条Ⅲ）は，上記の①
から③までといった，新株予約権者が金銭の交付を受けることとなる可能性
のある行為に限って定められることとなった（一問一答平成26年291頁注3参
照）。同様の規定は，登録株式質権者についても定められている（154 Ⅱ）。

（川口恭弘）

（新株予約権無償割当ての効力の発生等）
第279条① 　前条第1項第1号の新株予約権の割当てを受けた株主は，同項第3
号の日に，同項第1号の新株予約権の新株予約権者（同項第2号に規定する場合
にあっては，同項第1号の新株予約権の新株予約権者及び同項第2号の社債の社
債権者）となる。
② 　株式会社は，前条第1項第3号の日後遅滞なく，株主（種類株式発行会社に
あっては，同項第4号の種類の種類株主）及びその登録株式質権者に対し，当該
株主が割当てを受けた新株予約権の内容及び数（同項第2号に規定する場合に
あっては，当該株主が割当てを受けた社債の種類及び各社債の金額の合計額を含
む。）を通知しなければならない。
③ 　前項の規定による通知がされた場合において，前条第1項第1号の新株予約権
についての第236条第1項第4号の期間の末日が当該通知の日から2週間を経過
する日前に到来するときは，同号の期間は，当該通知の日から2週間を経過する
日まで延長されたものとみなす。

Ⅰ　本条の改正の趣旨

本改正前の本条は，新株予約権無償割当ての効力発生日とその効果（本条
Ⅰ）および株主・登録株式質権者に対する会社の通知義務（改正前本条Ⅱ）を規
定していた。改正法は，この通知義務の期限を修正するとともに（本条Ⅱ），新

〔吉　本〕

§ 279　　　　　　　　　　　　　第2編　株式会社　第3章　新株予約権

株予約権の行使期間の末日が当該通知の日から2週間を経過する日前に到来するときは，行使期間が通知日から2週間経過する日まで延長されたものとみなすことにした（本条Ⅲ）。その趣旨は，新株予約権無償割当ての効果が生じたにもかかわらず，株主・登録株式質権者が長期間にわたってその事実を知らされない事態が生じることを防止すること，および新株予約権無償割当てを利用した株主割当増資（いわゆるライツ・オファリング）の利用環境を整備するためである。

Ⅱ　改正の内容

1　株主・登録株式質権者に対する通知

新株予約権無償割当てを行った会社は，効力発生日（278Ⅰ③）後遅滞なく，割当てを受けた株主（種類株式発行会社では，割当てを受けた種類株主）およびその登録株式質権者に対し，当該株主が割当てを受けた新株予約権の内容および数（新株予約権付社債を割り当てた場合には，当該株主が割当てを受けた社債の種類および各社債の金額の合計額を含む）を通知しなければならない。これは，新株予約権無償割当てにより，新株予約権者（および社債権者）となった株主およびその登録株式質権者に対し，その内容を知らせるためである。

本改正前は，新株予約権無償割当ての通知は，新株予約権の行使期間の初日の2週間前までにすればよいことになっていた（改正前本条Ⅱ）。これは，新株予約権行使の準備をする時間的余裕を与えることを目的としていた。しかし，株式無償割当ての場合の通知は，その効力発生日後遅滞なくすべきとされており（187Ⅱ），新株予約権無償割当てにより株主の権利内容に変更が生じていることからすると，行使期間の初日の2週間前までであれば，効力発生日後相当な期間の経過後も当該通知をしなくてよいとするのは適当でないと考えられた（新基本法コンメ(1)〔初版〕〔2010〕488頁〔田村詩子＝江口眞樹子〕，論点体系(2)351頁〔藤原総一郎〕）〔☞会社法コンメ(6)§279Ⅲ〔264-265頁〔吉本健一〕〕〕。改正法は，この点に配慮して，会社が，当該通知を効力発生日後遅滞なく行わなければならないものとした（黒沼悦郎「ライツ・オファリング」鳥山恭一＝福島洋尚編・平成26年会社法改正の分析と展望〔金判1461号〕〔2015〕50頁）。

2　通知が遅れた場合の効果

他方で近時，上場会社が株主割当増資を行う際に，株式引受けを望まない株

304　　　　　　　　　　　　　　　　　　　　　　　　　　　　　　　〔吉　本〕

第6節　新株予約権無償割当て　　　　　　　　　　　　§279

主が新株予約権を売却できる機会を確保するために，新株予約権無償割当てを利用するスキーム（ライツ・オファリング）が注目され，この利用促進を目的とした種々の環境整備が行われてきた（鈴木克昌ほか・エクイティ・ファイナンスの理論と実務〔第2版〕〔商事法務，2014〕452頁以下，太田洋ほか編集代表・新株予約権ハンドブック〔第4版〕〔商事法務，2018〕604頁以下参照）〔☞会社法コンメ(5)§202V〔44-46頁〔吉本健一〕〕。ライツ・オファリングの利用促進のために克服すべき課題の1つとして，全体スケジュールの期間短縮化が挙げられており，会社法が対応すべき事項として，新株予約権の行使期間の初日の2週間前という株主・登録株式質権者に対する割当通知期限を遅らせることが検討された。見直し要綱では，通知期限を効力発生日後遅滞なくかつ新株予約権の行使期間の末日の2週間前までとする提案がなされていたが（見直し要綱第1部第3の3），改正法は最終的に，後者について特段の期限は設けず，ただ行使期間の末日が当該通知から2週間を経過する日前に到来するときは，当該行使期間が通知日から2週間を経過する日まで延長されたものとみなすこととした（本条Ⅲ。経緯について，野村修也「資金調達に関する改正」ジュリ1472号〔2014〕25頁参照）。

　この趣旨は，株主・登録株式質権者に対する通知は，新株予約権の行使期間の末日の2週間前までになされればよいとする要綱の考え方と基本的に同じである。ただ，ある特定の株主に対する通知が新株予約権の行使期間の末日の2週間前より遅れてされた場合には，当該株主に限って当該行使期間の延長を認めれば足り，それ以外の株主についてまで当該行使期間の延長を認めるといたずらに新株予約権に係る法律関係を不安定にするとの考慮から，改正法の規定文言となったとされる（一問一答平成26年170頁）。また，見直し要綱の内容によれば，当該通知がその期限を徒過した場合の効果が不明確であるという問題もあった。この結果，特定の株主に対する通知が遅れても新株予約権の行使期間（236Ⅰ④）が変更されるわけではなく，登記事項（911Ⅲ⑫ロ）の変更も要しないことになった（一問一答平成26年170頁注1）。

　今回の通知期限に関する改正により，上場会社のライツ・オファリングでは，新株予約権の割当後ただちに新株予約権を上場し，かつ権利行使期間を開始させることができると指摘されている（黒沼・前掲50頁。なお，ライツ・オファリングの法的問題点については，大崎貞和「ライツ・オファリングをめぐる現状と課題」ジュリ1470号〔2014〕28頁，洲崎博史「ライツ・オファリング」商事2041号〔2014〕12頁参照）。

　　　　　　　　　　　　　　　　　　　　　　　　　　　（吉本健一）

〔吉　本〕　　　　　　　　　　　　　　　　　　　　　　　　305

§ 282　　　　　　　　　　　　　　第2編　株式会社　第3章　新株予約権

（株主となる時期等）
第 282 条①　新株予約権を行使した新株予約権者は，当該新株予約権を行使した
日に，当該新株予約権の目的である株式の株主となる。
②　新株予約権を行使した新株予約権者であって第 286 条の 2 第 1 項各号に掲げる
者に該当するものは，当該各号に定める支払若しくは給付又は第 286 条の 3 第 1
項の規定による支払がされた後でなければ，第 286 条の 2 第 1 項各号の払込み又
は給付が仮装された新株予約権の目的である株式について，株主の権利を行使す
ることができない。
③　前項の株式を譲り受けた者は，当該株式についての株主の権利を行使すること
ができる。ただし，その者に悪意又は重大な過失があるときは，この限りでな
い。

【文献】 久保田安彦「株式・新株予約権の仮装払込みをめぐる法律関係」阪法 65 巻 1 号（2015）115
頁，**森本滋「募集株式発行規制**の基本的枠組みと改正会社法」商事 2070 号（2015）4 頁

I　本条の改正点

　本改正によって，本条に，2 項，3 項が付加された。2 項は，募集新株予約
権の発行時の払込等，または，新株予約権の行使に際する出資の払込等が仮装
された場合につき，その新株予約権を行使した新株予約権者（286 の 2 I ①-
③）は，同人または仮装に関与した取締役等が法定の支払義務（286 の 2 I・286
の 3 I）を履行した後でなければ，その新株予約権の目的である株式について
株主の権利を行使することができない旨を定める。3 項は，その株主の権利を
行使することができない株式を譲り受けた者は，株主の権利を行使することが
できるが，払込等の仮装につき悪意または重過失がある譲受人は，権利を行使
することができない旨を定める。この改正は，設立の際の出資の履行または募
集株式の発行等の出資の履行が仮装された場合の効果に関する改正（52 の 2 IV
V・102 III IV・209 II III）とパラレルなものである。払込等が仮装された株式の
成立等（株式不存在ではないか，株式発行無効原因となるか等）をめぐって解釈上
の争いがある点は，設立の際の出資の履行または募集株式の発行等の出資の履
行に関する仮装の場合と同様である。

306　　　　　　　　　　　　　　　　　　　　　　　　　　　　〔江　頭〕

第7節　新株予約権の行使　第1款　総則　　　　　　　　　　　　　§282

II　新株予約権を行使した者による株主の権利の行使の禁止（本条2項）

1　株主の権利を行使できない者

本条2項の定めにより株主の権利の行使が認められない「新株予約権を行使した新株予約権者であって第286条の2第1項各号に掲げる者に該当するもの」とは，次の者である［☞§286の2 II］。

①　募集新株予約権の発行時の払込等を仮装した者で，当該新株予約権を行使したもの（286の2 I①）

②　募集新株予約権の発行時の払込等の仮装につき悪意または重過失による不知で当該新株予約権を譲り受け，それを行使した者（286の2 I①）

③　新株予約権の行使の際の払込みを仮装した者（286の2 I②）

④　新株予約権の行使の際の金銭以外の財産の給付を仮装した者（286の2 I③）

これらの者は，286条の2第1項に基づき，払込等が仮装された金銭等の全額の支払義務を負い，同人がその義務を履行するか，または，同人の連帯債務者である286条の3第1項に定める者が当該規定に基づく支払義務を履行した後でなければ，当該払込等が仮装された新株予約権の目的である株式について，株主の権利を行使することができない。

本改正前も，明文の規定はなかったものの，少なくとも上記の③④の者については，金銭の払込みまたは金銭以外の財産の給付をしない限り，新株予約権行使の効力は発生しないと解されていた［☞会社法コンメ(6)§282 IV〔285-286頁〔江頭憲治郎〕〕］。したがって，本条2項は，改正前の法制を大きく変えるものではなく，法律関係を明確化する趣旨のものと考えられる。しかし，事柄を明確化したことから，新たな解釈上の争点が浮かび上がったことは，否定しがたい［☞2(2)・3]。

なお，286条の3第1項に定める者が支払義務を履行した場合，株主の権利を行使することができるのは，新株予約権者であって，当該支払義務を履行した同項に定める者ではない。

〔江　頭〕

2　株主の権利の行使の禁止の効果

(1)　一　　般

1に定める者は，同人が286条の2第1項の義務を履行するか，または，286条の3第1項に定める者が当該規定に基づく支払義務を履行した後でなければ，「株主の権利」，すなわち配当受領権等の自益権および株主総会の議決権等の共益権のすべてを行使することができない（立案担当平成26年154頁）。したがって，例えば会社が1に定める者の株主総会における議決権の行使を認める処理を行った場合，他の株主は，本条2項に基づき同人には株主の権利の行使が認められないことを主張して，総会決議取消しの訴えを提起できる。しかし，1に定める者が株主の権利を行使したすべての場合につき他の株主に実効的な救済手段があるかという問題は，存在している（久保田126頁。例えば，1に定める者に対し剰余金の配当が行われた場合に，他の株主がどのような方法でその是正を求められるのか）。

(2)　払込等の仮装以外の「新株予約権の違法な行使」の解釈への影響

1に定める者が，同人または286条の3第1項に定める者による義務の履行がないままに株主の権利を行使する場合，他の株主等は，新株発行無効の訴え（828 I ②③）を経ずに，1に定める者の権利の行使が違法であることを主張できる。他方，1に定める者は，同人または286条の3第1項に定める者が支払義務を履行すれば，株主の権利を行使することができるようになる。ということは，1に定める者は，当該新株予約権の行使後も，支払義務を履行すれば株式を取得できる一種のコール・オプションを所持しているのと同じ状態である。言い換えると，1に定める者は，新株予約権の行使の前後を通じて，新株予約権（コール・オプション）を保有し続けているともいえ，したがって，本条2項は，1に定める者の当該新株予約権の行使は，当然無効であると定めているに等しい（江頭810頁注6）。

本条2項が，払込等が仮装された新株予約権の行使が「当然無効」である（新株発行無効の訴えを経ることなく無効である）旨を規定したものであるとすると，新株予約権の行使に，払込等の仮装以外の瑕疵があった場合の効果はどうなのであろうか。本改正前，行使条件に違反する新株予約権の行使につき，新株発行無効の訴えによる無効を認めた判例があった（最判平成24・4・24民集66巻6号2908頁）。しかし，新株予約権の行使による株式の発行のように，いつ株式が発行されたのかを株主等が認識することが困難な形で多数回生じる株式

第7節　新株予約権の行使　第1款　総則　　　　　　　§282

発行に，モグラ叩きのように1つひとつ新株発行無効の訴えを提起しなければ
無効にならないとする法制は，過度に処理の画一性を要求するものではなかろ
うか。払込等の仮装以外の瑕疵がある新株予約権の行使についても，本条2項
を類推し，当然無効となる余地を認めるべきである（江頭716頁注2。株式が成
立したと信じて譲り受けた者の保護については，江頭810頁注6参照）。

3　株主の権利の行使が禁止されている間における新株予約権を行使 した新株予約権者の地位

　本条2項により1に定める者が株主の権利を行使できない間，同人がどのよ
うな法的地位にあるかについては，学説が分かれている。その点の理解次第に
よって，1に定める者が払込等が仮装された新株予約権の目的である株式を善
意・無重過失の譲受人に対し譲渡すると株式価値の移転（自己の株式価値の水割
り。本条Ⅲ）という不利益を被る他の株主が，1に定める者による譲渡の禁止
を命ずる仮処分を申請することが可能であるか，あるいは，それが可能である
とした場合における被保全権利が何か等が変わってくるからである。
　第1の説は，2(2)で述べたように，1に定める者は，株主の権利を行使でき
ない間，支払義務を履行すれば株式を取得できる一種のコール・オプションを
有するのみであり，株式は未成立と解する立場である（江頭112頁注2，論点体
系補巻36頁［小林俊明］，森本・募集株式発行規制10頁）。この立場の論者は，1に
定める者の譲渡によって不利益を被る可能性がある他の株主は，会社を被告と
する当該株式の不存在確認の訴え（取締役会決議の無効確認の訴え等と同じく，838
条を類推適用し，対世効を認める）の提起権を被保全権利として，1に定める者に
よる株式譲渡の禁止を命ずる処分禁止・占有移転禁止の仮処分（民保23Ⅰ）を
求められると主張する（江頭112頁注3）。また，この立場によると，1に定め
る者は，たとい法定の支払義務を免除されても（286の2Ⅱ），当然に権利の行
使が可能な株主になるわけではないことになる（森本・募集株式発行規制10
頁）。
　この説に対しては，株式未成立という法的構成は，本条2項，3項が支払義
務未履行のものを「株式」とよんでいることとの文言上の齟齬が大きすぎると
する批判がある（久保田131頁）。
　第2の説は，支払義務が未履行の間にも株式は成立し，1に定める者は当該
株式を有しているが，払込等の仮装が新株発行無効の訴え（828Ⅰ②③・838）
の無効原因になると解する立場である（久保田133頁）。この立場によっても，

〔江　頭〕　　　　　　　　　　　　　　　　　　　　　　　　309

1に定める者の譲渡によって不利益を被る可能性がある他の株主は，新株発行無効の訴えの提起権を被保全権利として，1に定める者による株式譲渡の禁止を命ずる仮処分（仮の地位を定める仮処分〔民保23 II〕と解するようである）を求めることができる（久保田128頁）。

しかし，会社法制定前，新株発行の登記後に未引受株式があった場合について取締役の引受担保責任が規定されていた法制の下で，当該引受担保責任の存在を理由に，払込等の仮装は新株発行無効の訴えの無効原因とはならないと判示した判例があり（最判平成9・1・28民集51巻1号71頁），改正法の286条の2第1項・286条の3第1項の責任は，当該引受担保責任に類似するから，仮装払込みが新株発行無効の訴えの無効原因になると解することは，難しいように思われる。

第3の説は，支払義務が未履行の間にも株式は成立し，かつ，払込等の仮装は，新株発行無効の訴えの無効原因にもならないと解する立場である（野村修也「資金調達に関する改正」ジュリ1472号〔2014〕31頁，笠原武朗「仮装払込み」法時87巻3号〔2015〕29頁）。しかし，この立場に立つと，1に定める者の譲渡によって不利益を被る可能性がある他の株主が当該譲渡を阻止する方法を見出すことは困難であり，他の株主の保護に欠ける（この立場に立ちつつ，不利益を被る可能性がある他の株主は，譲受人の出現により実質的希釈化を受ける自己の株主権を被保全権利とする仮の地位を定める仮処分を求めることができると主張するものがある〔笠原・前掲29頁〕。会社以外の第三者の行為によって株主権の希釈化〔株式価値の下落〕の不利益を被る株主には，当該第三者の行為の差止請求権があると解するようであるが，しかし，株主にそのような第三者の行為の差止請求権が認められるのであれば，会社法上の株主による差止めの規定はおよそ不要ということになりかねず〔久保田127頁〕，「実質的希釈化を受ける自己の株主権」を被保全権利とする仮の地位を定める仮処分は，認め難いと思われる）。

立案担当者は，払込等が仮装された場合の株式の発行等の効力について，改正法は特定の解釈を前提としたものではないとして（新株発行を不存在とする解釈も，必ずしも否定されないという），その立場を明らかにしていない（立案担当平成26年154頁注54）。

III 譲受人による権利行使（本条3項）

払込等が仮装された株式であって，本条2項により株主の権利を行使するこ

第7節　新株予約権の行使　第3款　責任　　　　　§285

とができないものを譲り受けた者は，当該株式についての株主の権利を行使することができる。ただし，その者が，払込等の仮装について悪意または重大な過失による不知で当該株式を譲り受けた場合には，その株主の権利を行使することができない（本条Ⅲ）。払込等の仮装について善意・無重過失の譲受人を保護する規定である。

　払込等の仮装につき善意・無重過失の者が株式を譲り受けた場合，その後に同人から当該株式を譲り受けた者は，悪意・重過失の有無にかかわらず株主の権利を行使することができるのか。それとも，譲受人ごとに個別に悪意・重過失の有無を判断すべきか。Ⅱ3の点につき第1の説をとった場合には，善意・無重過失の譲受人が出たことによってはじめて「株式」が成立すると解することから，そのような形でいったん成立した株式は，その後に悪意・重過失の者が取得しても，株主の権利の行使が妨げられることはない，と解すべきことになろう。第2または第3の説をとった場合には，譲受人ごとに個別に悪意・重過失の有無を判断し，株主の権利の行使の許否を決定すると解する余地もあるように思われる。

（江頭憲治郎）

（不公正な払込金額で新株予約権を引き受けた者等の責任）

第285条①　新株予約権を行使した新株予約権者は，次の各号に掲げる場合には，株式会社に対し，当該各号に定める額を支払う義務を負う。

　1　第238条第1項第2号に規定する場合において，募集新株予約権につき金銭の払込みを要しないこととすることが著しく不公正な条件であるとき（取締役（指名委員会等設置会社にあっては，取締役又は執行役。次号において同じ。）と通じて新株予約権を引き受けた場合に限る。）　当該新株予約権の公正な価額

　2　第238条第1項第3号に規定する場合において，取締役と通じて著しく不公正な払込金額で新株予約権を引き受けたとき　当該払込金額と当該新株予約権の公正な価額との差額に相当する金額

　3　第282条第1項の規定により株主となった時におけるその給付した現物出資財産の価額がこれについて定められた第236条第1項第3号の価額に著しく不足する場合　当該不足額

②　前項第3号に掲げる場合において，現物出資財産を給付した新株予約権者が当該現物出資財産の価額がこれについて定められた第236条第1項第3号の価額に

〔川　村〕

§286 第2編　株式会社　第3章　新株予約権

著しく不足することにつき善意でかつ重大な過失がないときは，新株予約権の行使に係る意思表示を取り消すことができる。

　本改正により，本条1項1号では，改正前の「委員会設置会社」から「指名委員会等設置会社」に文言があらためられ，本条1項3号では，改正前の「第282条」から「第282条第1項」に準用条文があらためられた。

　本条1項1号は，本改正により委員会設置会社が指名委員会等設置会社に改称されたことに伴う文言の変更であり，本条1項3号は，本改正で282条に2項，3項（新株予約権に係る払込等を仮装した新株予約権が行使された場合で，当該新株予約権者および取締役等により支払がされていない場合の，株式の権利に関する規定）が新設されたことに伴い改正前の282条が282条1項となった結果，準用条文が変更されたものである。いずれも内容に変更はない。

(川村　力)

（出資された財産等の価額が不足する場合の取締役等の責任）

第286条① 　前条第1項第3号に掲げる場合には，次に掲げる者（以下この条において「取締役等」という。）は，株式会社に対し，同号に定める額を支払う義務を負う。

　1 　当該新株予約権者の募集に関する職務を行った業務執行取締役（指名委員会等設置会社にあっては，執行役。以下この号において同じ。）その他当該業務執行取締役の行う業務の執行に職務上関与した者として法務省令で定めるもの

　2 　現物出資財産の価額の決定に関する株主総会の決議があったときは，当該株主総会に議案を提案した取締役として法務省令で定めるもの

　3 　現物出資財産の価額の決定に関する取締役会の決議があったときは，当該取締役会に議案を提案した取締役（指名委員会等設置会社にあっては，取締役又は執行役）として法務省令で定めるもの

② 　前項の規定にかかわらず，次に掲げる場合には，取締役等は，現物出資財産について同項の義務を負わない。

　1 　現物出資財産の価額について第284条第2項の検査役の調査を経た場合

　2 　当該取締役等がその職務を行うについて注意を怠らなかったことを証明した場合

③ 　第1項に規定する場合には，第284条第9項第4号に規定する証明をした者（以下この条において「証明者」という。）は，株式会社に対し前条第1項第3号

第7節　新株予約権の行使　第3款　責任　　　　§286の2

に定める額を支払う義務を負う。ただし，当該証明者が当該証明をするについて
注意を怠らなかったことを証明したときは，この限りでない。
④　新株予約権者がその給付した現物出資財産についての前条第1項第3号に定め
る額を支払う義務を負う場合において，次に掲げる者が当該現物出資財産につい
て当該各号に定める義務を負うときは，これらの者は，連帯債務者とする。
1　取締役等　第1項の義務
2　証明者　前項本文の義務

　本改正により，本条1項1号および3号では，改正前の「委員会設置会社」
から「指名委員会等設置会社」に文言があらためられた。本改正により委員会
設置会社が指名委員会等設置会社に改称されたことに伴う文言の変更である。
内容に変更はない。

（川村　力）

（新株予約権に係る払込み等を仮装した新株予約権者等の責任）（新設）
第286条の2①　新株予約権を行使した新株予約権者であって次の各号に掲げる者
に該当するものは，株式会社に対し，当該各号に定める行為をする義務を負う。
1　第246条第1項の規定による払込み（同条第2項の規定により当該払込みに
代えてする金銭以外の財産の給付を含む。）を仮装した者又は当該払込みが仮
装されたことを知って，若しくは重大な過失により知らないで募集新株予約権
を譲り受けた者　払込みが仮装された払込金額の全額の支払（当該払込みに代
えてする金銭以外の財産の給付が仮装された場合にあっては，当該財産の給付
（株式会社が当該給付に代えて当該財産の価額に相当する金銭の支払を請求し
た場合にあっては，当該金銭の全額の支払））
2　第281条第1項又は第2項後段の規定による払込みを仮装した者　払込みを
仮装した金銭の全額の支払
3　第281条第2項前段の規定による給付を仮装した者　給付を仮装した金銭以
外の財産の給付（株式会社が当該給付に代えて当該財産の価額に相当する金銭
の支払を請求した場合にあっては，当該金銭の全額の支払）
②　前項の規定により同項に規定する新株予約権者の負う義務は，総株主の同意が
なければ，免除することができない。

〔江　頭〕

§286の2　　　　　　　　　　　　　　第2編　株式会社　第3章　新株予約権

I　本条の趣旨

　本条は，募集新株予約権（238 I）が有償発行されるときの払込金額の払込等（246 I II），または，新株予約権の行使に際する出資の払込等（281 I II）が仮装された場合につき，その新株予約権を行使した新株予約権者に対し，払込みを仮装された払込金額等の支払・給付義務を課す規定である。設立の際に出資の履行を仮装した発起人もしくは設立時募集株式の引受人の責任（52の2 I・55・102の2），および，募集株式の発行等の際に出資の履行を仮装した募集株式の引受人の責任（213の2）の規定とパラレルな規定であるが，新株予約権については，その発行時と行使時とのそれぞれについて払込等の仮装が想定されることから，本条は，その点に対応した規定となっている（一問一答平成26年164頁）。

　本改正前，新興市場の上場会社等を中心に，仮装払込み（架空増資・不正ファイナンス）が告発される事態が相次いだが（岩原紳作「総論」ジュリ1439号〔2012〕18頁），その中には，新株予約権を行使する形のものも少なくなかった（東京地判平成22・2・18判タ1330号275頁等。論点体系補巻235頁［小林俊明］）。新株予約権の発行・行使時の仮装払込等も，本来出資されるべき財産の拠出がないまま株式が発行される結果，他の株主から払込等を仮装した新株予約権者等に対する不当な価値の移転を生じさせることは，設立および募集株式の発行等における仮装払込等の場合と変わるところはない（一問一答平成26年164頁）。そこで本条は，その新株予約権を行使した新株予約権者に対し，出資の履行を仮装した募集株式の引受人等と同じ内容の義務を課したものである。

　本条は，改正法の施行日前に募集事項の決定があった募集新株予約権，および，施行日前に発行された募集新株予約権以外の新株予約権については，適用されない（改正附則13）。

II　義務を負う者

1　募集新株予約権の発行時の払込等を仮装した者で，当該新株予約権を行使したもの（本条1項1号）

⑴　一　般

有償発行される募集新株予約権の発行時の払込み（246 I）を仮装し，かつ，

314　　　　　　　　　　　　　　　　　　　　　　　　　　　　　　〔江　頭〕

第7節　新株予約権の行使　第3款　責任　　　　　§286の2

当該新株予約権を行使した者は，払込みが仮装された払込金額の全額の支払を
する義務を負う。当該払込みに代えてする金銭以外の財産の給付（同条Ⅱ）が
仮装された場合であれば，当該財産を給付する義務を負うが，会社が当該給付
に代えて当該財産の価額に相当する金銭の支払を請求した場合には，当該金銭
の全額の支払をする義務を負う。

　募集新株予約権の発行時の払込み（または給付。以下，本条の解説において，
「払込等」という）を仮装した新株予約権者であっても，当該新株予約権をまだ
行使していない間は，本来拠出されるべき財産が拠出されないまま株式が発行
されるという事態にはいたっておらず，他の株主から当該新株予約権者に対す
る不当な価値の移転は生じていないから，本条の義務は生じない（一問一答平
成26年164頁。立法論的な批判として，久保田安彦「株式・新株予約権の仮装払込み
をめぐる法律関係」阪法65巻1号〔2015〕142頁）。

(2)　払込みが仮装された払込金額

　本条1項1号にいう「払込みが仮装された払込金額」とは，新株予約権の払
込金額を指す。そこで，転換社債型新株予約権付社債の発行等において，新株
予約権の払込金額が零と定められている場合（江頭796頁注8）には，払込みの
仮装があっても，それは募集社債の払込金額（676⑨）の払込みの仮装にすぎ
ず，本条の義務は発生しないのかが問題となる。しかし，そう解したのでは，
仮装払込み（架空増資・不正ファイナンス）防止という本条の目的が容易に潜脱
される。新株予約権の払込金額が零と表示されている場合でも，理論的な新株
予約権の経済価値を算出し（江頭803頁注22），払込みが仮装された額を当該理
論的な新株予約権の額に先に充当する形の計算をし，本条を適用すべきであ
る。この点は，2の者の義務についても同様である。

(3)　2から4までの者にも共通する事項

　本条1項各号に基づき義務を負う者は，その支払・給付の義務を履行する
か，または，286条の3第1項の規定による支払がされた後でなければ，当該
払込等が仮装された新株予約権の目的である株式について，株主の権利を行使
することができない（282Ⅱ）。

　本条1項各号に基づき義務を負う者は，286条の3第1項の義務を負う者が
存在する場合には，双方が連帯債務者となる（同条Ⅱ）。

　本条1項各号の義務は，株主代表訴訟による責任追及の対象となる（847Ⅰ）
〔☞ Ⅲ〕。

〔江　頭〕

§286の2 第2編 株式会社 第3章 新株予約権

2 募集新株予約権の発行時の払込等の仮装につき悪意または重過失による不知で当該新株予約権を譲り受け，それを行使した者（本条1項1号）

発行時の払込等が仮装された募集新株予約権を譲り受けた者がそれを行使した場合にも，払込等を仮装した者自身が当該新株予約権を行使した場合と同じく，他の株主からの価値の移転が生ずる。しかし，当該新株予約権の譲受人が常に払込等を仮装した者と同じ義務を負うこととなっては，新株予約権の取引の安全が害される。そこで，譲受人に発行時の払込等の仮装について悪意・重過失がある場合に限り，同人は1の者と同様の義務を負うものとされている（一問一答平成26年164-165頁）。

善意・無重過失の譲受人が新株予約権を行使した場合には，払込等を仮装した者にも，本条に基づく義務は発生しない。他の株主からの利益移転が生じたままになってしまうが，損害を被った株主としては，払込等を仮装した者と共謀した取締役等の任務懈怠責任（423 I）を追及するほかない。

発行時の払込等の仮装について善意・無重過失の者が当該募集新株予約権を譲り受けた場合，その後に同人から当該新株予約権を譲り受けて行使した者については，悪意・重過失の有無にかかわらず本条1項1号の義務を免れるのか，それとも，譲受人（行使者）ごとに個別に悪意・重過失の有無によって義務の有無を判断すべきかという問題がある。本条の責任が重いものであることを考慮すると（本条II），譲受人（行使者）ごとに個別に悪意・重過失の有無を判断すべきものと解される。

3 新株予約権の行使の際の払込みを仮装した者（本条1項2号）

281条1項または2項後段の規定による払込みを仮装した新株予約権の行使者は，払込みを仮装した金銭の全額を支払う義務を負う。

この義務は，募集新株予約権以外の新株予約権（取得条項付株式の取得の対価として発行される新株予約権〔107 II ③ ホ〕，新株予約権無償割当て〔277〕により発行される新株予約権，組織再編に際して新株予約権の対価として発行される新株予約権〔749 I ④ イ等〕など）の行使の際の払込みが仮装された場合にも生ずる（一問一答平成26年165頁）。この点は，4の者の責任についても同様である。

316 〔江 頭〕

第7節　新株予約権の行使　第3款　責任　　　　　　　　§286の3

4　新株予約権の行使の際の金銭以外の財産の給付を仮装した者（本条1項3号）

　281条2項前段の規定による給付を仮装した新株予約権の行使者は，給付を仮装した金銭以外の財産の給付を行う義務を負う。会社が当該給付に代えて当該財産の価額に相当する金銭の支払を請求した場合には，当該金銭の全額の支払をする義務を負う。

III　責任の免除（本条2項）

　II1から4までの者の負う義務は，総株主の同意がなければ，免除することができない。

IV　会計処理

　II1から4までの者が本条に基づく支払・給付義務を履行した場合には，会社に対して支払われた金銭，または，給付された金銭以外の財産の額は，「その他資本剰余金」に計上される（会社計算21⑦）。払込等を仮装した新株予約権者による義務の履行は，特別の法定責任ではあるとしても，追加出資に近い性質を有するからである（論点体系補巻237頁［小林］）。286条の3第1項の義務が履行された場合と取扱いが異なる点に，注意を要する［☞§286の3 V]。

（江頭憲治郎）

（新株予約権に係る払込み等を仮装した場合の取締役等の責任）（新設）

第286条の3①　新株予約権を行使した新株予約権者であって前条第1項各号に掲げる者に該当するものが当該各号に定める行為をする義務を負う場合には，当該各号の払込み又は給付を仮装することに関与した取締役（指名委員会等設置会社にあっては，執行役を含む。）として法務省令で定める者は，株式会社に対し，当該各号に規定する支払をする義務を負う。ただし，その者（当該払込み又は当該給付を仮装したものを除く。）がその職務を行うについて注意を怠らなかったことを証明した場合は，この限りでない。

②　新株予約権を行使した新株予約権者であって前条第1項各号に掲げる者に該当

〔江　頭〕　　　　　　　　　　　　　　　　　　　　　　　　　　317

§286の3　　　　　　　　　　　　　　第2編　株式会社　第3章　新株予約権

> するものが当該各号に規定する支払をする義務を負う場合において，前項に規定
> する者が同項の義務を負うときは，これらの者は，連帯債務者とする。

I　本条の趣旨

　本条は，新株予約権を行使した新株予約権者が286条の2第1項各号に定める行為をする義務を負う場合に，当該各号の払込みまたは給付（以下，「払込等」という）を仮装することに関与した取締役・執行役に対し，連帯債務者として，当該各号に定める義務と同じ支払義務を課す規定である。仮装払込等を行った新株予約権者に対して支払・給付義務を課しただけでは，必ずしもその履行がなされることが期待できないので，補完的に，仮装に関与した取締役・執行役に対しても同じ義務を課したものである。設立の際（52の2ⅡⅢ・103Ⅱ），および，募集株式の発行等の際（213の3）の仮装払込みについても，本条とパラレルな規定がある。

　本条は，改正法の施行日前に募集事項の決定があった募集新株予約権，および，施行日前に発行された募集新株予約権以外の新株予約権については，適用されない（改正附則13）。

II　義務を負う者

1　法務省令で定める者（本条1項）

　本条に基づき支払義務を負う取締役・執行役は，払込等を「仮装することに関与した取締役（指名委員会等設置会社にあっては，執行役を含む。）として法務省令で定める者」である。法務省令では，次の①から③までの者が「法務省令で定める者」であるとされている。法務省令の規定の仕方は，利益供与に関して責任をとるべき取締役等の場合（会社則21）の規定の仕方に類似している。

　①　払込等の仮装に関する職務を行った取締役・執行役（会社則62の2①）

　　　払込等の仮装，例えば「見せ金」については，複数の行為の全体をとらえて仮装と判断される場合も多く（法務省令平成26年35頁），当該複数の行為の一部であっても，それを職務として行った取締役・執行役は，「払込み等の仮装に関する職務を行った」ことになる。

318　　　　　　　　　　　　　　　　　　　　　　　　　　　　　　〔江　頭〕

第7節 新株予約権の行使 第3款 責任 §286の3

② 払込等の仮装が取締役会の決議に基づいて行われたときは，① 当該取締役会の決議に賛成した取締役，または，ⅱ 当該取締役会に当該払込等の仮装に関する議案を提案した取締役および執行役（会社則62の2②）

① で述べた，払込等の仮装を構成する複数の行為のうちの一部の行為であっても，それが取締役会の決議に基づいて行われていれば，「払込み等の仮装が取締役会の決議に基づいて行われた」ことになる（平成26年法務省令35頁）。

③ 払込等の仮装が株主総会の決議に基づいて行われたときは，① 当該株主総会に当該払込等の仮装に関する議案を提案した取締役，ⅱ その議案の決定に同意した取締役（取締役会設置会社の取締役を除く），ⅲ その議案の提案が取締役会の決議に基づいて行われたときは，当該取締役会の決議に賛成した取締役，または，ⅳ 当該株主総会において当該払込等の仮装に関する事項について説明をした取締役・執行役（会社則62の2③）

「払込み等の仮装が株主総会の決議に基づいて行われた」ことの意義は，② で取締役会の決議について説明したところと同じである。

2　職務を行うについて注意を怠らなかったことを証明した場合の免責（本条1項ただし書）

1①から③までに掲げた者が，その職務を行うについて注意を怠らなかったことを証明した場合には，本条に定める義務を免れる。ただし，その者が「当該払込みは当該給付を仮装したもの」である場合には，その行為態様にかんがみ，そうした証明によって義務を免れることはできない（本条Ⅰただし書括弧書）。どのような行為を行えば「当該払込みは当該給付を仮装した」ことになるかは，同人の具体的な行為の態様，払込等の仮装において果たした役割等によって判断されることになるが，例えば，払込等の仮装を行った新株予約権者と共謀し，いったん会社に払い込まれた金銭に相当する額の金銭を同人に返還した取締役は，これに該当する（一問一答平成26年158頁注3）。

3　株主代表訴訟等

本条の義務は，役員等（423Ⅰ）の責任に当たるので，株主代表訴訟による責任追及の対象となる（847Ⅰ）。ただし，286条の2の義務と異なり（同条Ⅱ対比），その免除について総株主の同意を要するものとされていない（一問一答平成26年166頁注4）。したがって，業務執行の一環として，取締役会の決定等に

〔江　頭〕

よって責任の免除が可能であるが，免除対象者が現任役員であれば，当該免除は利益相反取引となり（356・365・419 II），退任役員であっても，免除額が高額であれば，重要な職務執行に該当して取締役会決議による承認（362 IV）が必要となる（論点体系補巻 241 頁〔小林俊明〕）。

III 義務の内容（本条1項）

IIによって義務を負う取締役・執行役の義務の内容は，「〔第286条の2第1項〕各号に規定する支払をする義務」である。すなわち，常に金銭の支払義務であり，① 286条の2第1項1号の場合には，払込みが仮装された払込金額の全額，または，給付が仮装された財産の価額に相当する金銭の全額，② 同項2号の場合には，払込みを仮装した金銭の全額，③ 同項3号の場合には，給付を仮装した財産の価額に相当する金銭の全額の支払義務となる。

IV 連帯債務者

IIによって義務を負う取締役・執行役は，286条の2第1項各号に掲げる者と，連帯債務者の関係になる（本条 II）。

V 会 計 処 理

IIによって義務を負う取締役・執行役がその義務を履行した場合については，286条の2第1項各号に掲げる者が義務を履行した場合と異なり，その額を「その他資本剰余金」に計上する旨の規定がないので，一般の損害賠償責任の履行として，義務が履行された事業年度の利益（その他利益剰余金）として認識される（法務省令平成 26 年 56 頁）。

（江頭憲治郎）

（新株予約権証券の記載事項）
第 289 条 新株予約権証券には，次に掲げる事項及びその番号を記載し，株式会社の代表取締役（指名委員会等設置会社にあっては，代表執行役）がこれに署名

〔川 村〕

第8節　新株予約権に係る証券　第3款　新株予約権証券等の提出　　　§293

し，又は記名押印しなければならない。
1　株式会社の商号
2　当該新株予約権証券に係る証券発行新株予約権の内容及び数

　本改正により，本条柱書では，改正前の「委員会設置会社」から「指名委員会等設置会社」に文言があらためられた。本改正により委員会設置会社が指名委員会等設置会社に改称されたことに伴う文言の変更である。内容に変更はない。

（川村　力）

（新株予約権証券の喪失）
第291条①　新株予約権証券は，非訟事件手続法第100条に規定する公示催告手続によって無効とすることができる。
②　新株予約権証券を喪失した者は，非訟事件手続法第106条第1項に規定する除権決定を得た後でなければ，その再発行を請求することができない。

　平成23年に非訟事件手続法が改正された。この改正により，第3編「公示催告事件」が第4編となり，141条以下の条文が99条以下にあらためられている。同改正に伴い，本条の非訟事件手続法の条文も改正されている。

（川口恭弘）

（新株予約権証券の提出に関する公告等）
第293条①　株式会社が次の各号に掲げる行為をする場合において，当該各号に定める新株予約権に係る新株予約権証券（当該新株予約権が新株予約権付社債に付されたものである場合にあっては，当該新株予約権付社債に係る新株予約権付社債券。以下この款において同じ。）を発行しているときは，当該株式会社は，当該行為の効力が生ずる日（第1号に掲げる行為をする場合にあっては，第179条の2第1項第5号に規定する取得日。以下この条において「新株予約権証券提出日」という。）までに当該株式会社に対し当該新株予約権証券を提出しなければならない旨を新株予約権証券提出日の1箇月前までに，公告し，かつ，当該新

〔江　頭〕

321

§ 293 　　　　　　　　　　　　　　　第 2 編　株式会社　第 3 章　新株予約権

株予約権の新株予約権者及びその登録新株予約権質権者には，各別にこれを通知
しなければならない。

1　第 179 条の 3 第 1 項の承認　売渡新株予約権

1 の 2　取得条項付新株予約権の取得　当該取得条項付新株予約権

2　組織変更　全部の新株予約権

3　合併（合併により当該株式会社が消滅する場合に限る。）　全部の新株予約権

4　吸収分割　第 758 条第 5 号イに規定する吸収分割契約新株予約権

5　新設分割　第 763 条第 1 項第 10 号イに規定する新設分割計画新株予約権

6　株式交換　第 768 条第 1 項第 4 号イに規定する株式交換契約新株予約権

7　株式移転　第 773 条第 1 項第 9 号イに規定する株式移転計画新株予約権

② 　株式会社が次の各号に掲げる行為をする場合において，新株予約権証券提出日
までに当該株式会社に対して新株予約権証券を提出しない者があるときは，当該
各号に定める者は，当該新株予約権証券の提出があるまでの間，当該行為（第 1
号に掲げる行為をする場合にあっては，新株予約権売渡請求に係る売渡新株予約
権の取得）によって当該新株予約権証券に係る新株予約権の新株予約権者が交付
を受けることができる金銭等の交付を拒むことができる。

1　第 179 条の 3 第 1 項の承認　特別支配株主

2　取得条項付新株予約権の取得　当該株式会社

3　組織変更　第 744 条第 1 項第 1 号に規定する組織変更後持分会社

4　合併（合併により当該株式会社が消滅する場合に限る。）　第 749 条第 1 項に
　規定する吸収合併存続会社又は第 753 条第 1 項に規定する新設合併設立会社

5　吸収分割　第 758 条第 1 号に規定する吸収分割承継株式会社

6　新設分割　第 763 条第 1 項第 1 号に規定する新設分割設立株式会社

7　株式交換　第 768 条第 1 項第 1 号に規定する株式交換完全親株式会社

8　株式移転　第 773 条第 1 項第 1 号に規定する株式移転設立完全親会社

③ 　第 1 項各号に定める新株予約権に係る新株予約権証券は，新株予約権証券提出
日に無効となる。

④ 　第 1 項第 1 号の規定による公告及び通知の費用は，特別支配株主の負担とす
る。

⑤ 　第 220 条の規定は，第 1 項各号に掲げる行為をした場合において，新株予約権
証券を提出することができない者があるときについて準用する。この場合におい
て，同条第 2 項中「前条第 2 項各号」とあるのは，「第 293 条第 2 項各号」と読
み替えるものとする。

322　　　　　　　　　　　　　　　　　　　　　　　　　　　　　　　　　　〔江 頭〕

第8節　新株予約権に係る証券　第3款　新株予約権証券等の提出　　　　　§293

I　本条の改正点

　本条は，新株予約権証券（当該新株予約権が新株予約権付社債に付されたもので
ある場合には，新株予約権付社債券。以下，本条の解説において同じ）が発行されて
いる場合において，組織再編行為等が行われるときは，新株予約権者または新
株予約権質権者に対し新株予約権証券の発行会社に新株予約権証券を提出する
よう求める手続（新株予約権証券等提出手続）をとるべきこと，および，その効
果・費用負担など当該手続に関する事項を定める規定である［☞ 会社法コンメ
(6)§293 I 1〔342-343頁〔江頭憲治郎〕〕］。本改正によって，特別支配株主が株式
売渡請求の対象会社の新株予約権者に対し，その有する新株予約権を特別支配
株主に売り渡すことを請求することができるものとされたことから（179 II
III），本条については，その場合にも対象会社が新株予約権証券等提出手続を
とるべき旨が定められるとともに（本条 I ①），そのことに関連する改正が行わ
れた。そうした本条の改正の目的および内容は，株券提出手続に係る219条の
改正とパラレルである。

II　改正の内容

1　新株予約権証券提出日（本条1項）

　本改正前は，新株予約権証券の発行会社は，「当該行為の効力が生ずる日」
までに当該会社に対し新株予約権証券を提出しなければならない旨を公告・通
知しなければならないと規定されていた（改正前本条 I）。改正によって，売渡
新株予約権に係る新株予約権証券の提出については，「第179条の2第1項第
5号に規定する取得日」までに提出しなければならない旨の公告・通知と規定
され（本条 I 括弧書），また，「当該行為の効力が生ずる日」および「第179条
の2第1項第5号に規定する取得日」の双方を合わせて「新株予約権証券提出
日」とよぶこととされた。売渡新株予約権の取得は，新株予約権証券の発行会
社（対象会社）につき発生する効力ではないので，「当該行為の効力が生ずる
（日）」とは別の表現を使うことにしたものと思われる。
　「新株予約権証券提出日」の文言は，本条2項，3項でも用いられている。

〔江　頭〕

2 金銭等の交付を拒むことができる者の明示（本条2項）

本改正前は，「株式会社」は，新株予約権証券を提出しない者に対して金銭等の交付を拒むことができる，と規定されていた（改正前本条Ⅱ）。本改正によって，各場合につき金銭等の交付を拒むことができる者が誰であるかが個別的に明示された（本条Ⅱ）。新株予約権証券の発行会社（「株式会社」）と金銭等の交付を行う（金銭等の交付を拒絶する）者とが異なる場合について，表現を正確にする趣旨の改正であり，219条2項の改正と同趣旨のものである。

3 新株予約権売渡請求に係る公告・通知の費用負担（本条4項）

新株予約権売渡請求に際して本条1項の公告・通知を行うのは，新株予約権証券の発行会社（対象会社）であるが，当該公告・通知に要する費用は，特別支配株主の負担となる（本条Ⅳ）。本改正によって新株予約権売渡請求の制度が新設されたことに伴い付加された規定であり，219条4項の付加と同旨である。

4 220条の規定の読替え（本条5項）

本改正により，本条5項に，後段が付加された。220条2項の文言を読み替える規定であり，改正前と，実質は変わらない。

Ⅲ 本条の公告・通知の懈怠の効果

本条の公告・通知を懈怠した場合の効果に関しては，本改正前から存在した事柄については，すでに解説がある［☞会社法コンメ(6)§293Ⅱ1〔343-344頁〔江頭〕〕。

新株予約権売渡請求につき本条の公告・通知の懈怠があった場合には，取得日以降に新株予約権証券の善意取得（258Ⅱ）が生ずる可能性があるなど（立案担当平成26年192頁），法律関係が混乱するおそれがあるので，懈怠が売渡株式等の取得の無効事由になると解すべきである（846の2）。

他方，対象会社による本条の公告・通知の懈怠が，売渡新株予約権者による取得の差止事由になるかについては，規定文言上，差止事由とはされていない（179の7Ⅱ②）。当該懈怠は，売渡新株予約権者自身の不利益を生ずるもの（同項柱書）ではない，と考えられているのかもしれない。しかし，対象会社が，

第8節　新株予約権に係る証券　第3款　新株予約権証券等の提出　　　§294

売渡新株予約権者に対して179条の4第1項の通知のみを行って同条2項の公告を行わず，かつ，本条1項の公告を行うことを懈怠する場合には，無記名式の新株予約権（249①）を有する売渡新株予約権者が売買価格の決定の申立ての機会を失う等の不利益を受けるおそれがあることを，否定できないと思われる。このような場合には，179条の7第2項2号の類推適用により，差止請求を認めるべきであろう。

　本改正により，合併，吸収分割，新設分割，株式交換および株式移転に関する法令違反については，差止請求の制度が新設された（784の2・796の2・805の2）。しかし，本条の公告・通知の懈怠が，差止めの要件である「当事会社の株主の不利益」を生ずるおそれは，乏しいと思われる。

（江頭憲治郎）

（無記名式の新株予約権証券等が提出されない場合）

第294条①　第132条の規定にかかわらず，<u>前条第1項第1号の2に掲げる行為</u>をする場合（株式会社が新株予約権を取得するのと引換えに当該新株予約権の新株予約権者に対して当該株式会社の株式を交付する場合に限る。）において，同項の規定により新株予約権証券（無記名式のものに限る。以下この条において同じ。）が提出されないときは，株式会社は，当該新株予約権証券を有する者が交付を受けることができる株式に係る第121条第1号に掲げる事項を株主名簿に記載し，又は記録することを要しない。

②　前項に規定する場合には，株式会社は，前条第1項の規定により提出しなければならない新株予約権証券を有する者が交付を受けることができる株式の株主に対する通知又は催告をすることを要しない。

③　第249条及び第259条第1項の規定にかかわらず，<u>前条第1項第1号の2に掲</u>げる行為をする場合（株式会社が新株予約権を取得するのと引換えに当該新株予約権の新株予約権者に対して当該株式会社の他の新株予約権（新株予約権付社債に付されたものを除く。）を交付する場合に限る。）において，同項の規定により新株予約権証券が提出されないときは，株式会社は，当該新株予約権証券を有する者が交付を受けることができる当該他の新株予約権（無記名新株予約権を除く。）に係る第249条第3号イに掲げる事項を新株予約権原簿に記載し，又は記録することを要しない。

④　前項に規定する場合には，株式会社は，前条第1項の規定により提出しなければならない新株予約権証券を有する者が交付を受けることができる新株予約権の

〔山下（徹）〕

§294 第2編　株式会社　第3章　新株予約権

新株予約権者に対する通知又は催告をすることを要しない。

⑤　第249条及び第259条第1項の規定にかかわらず，前条第1項第1号の2に掲げる行為をする場合（株式会社が新株予約権を取得するのと引換えに当該新株予約権の新株予約権者に対して当該株式会社の新株予約権付社債を交付する場合に限る。）において，同項の規定により新株予約権証券が提出されないときは，株式会社は，当該新株予約権証券を有する者が交付を受けることができる新株予約権付社債（無記名新株予約権付社債を除く。）に付された新株予約権に係る第249条第3号イに掲げる事項を新株予約権原簿に記載し，又は記録することを要しない。

⑥　前項に規定する場合には，株式会社は，前項第1項の規定により提出しなければならない新株予約権証券を有する者が交付を受けることができる新株予約権付社債に付された新株予約権の新株予約権者に対する通知又は催告をすることを要しない。

本改正により，本条1項，3項および5項において，本改正前の「前条第1項第1号」が「前条第1項第1号の2」に修正された。これは，改正前293条1項1号が，本改正により，同項1号の2に繰り下げられたことに伴う引用条項の修正であり，実質に関わる改正ではない。

（山下徹哉）

第1節　株主総会及び種類株主総会　第1款　株主総会　　　　　　　　§ *309*

第7巻（SS 295-347）増補

（株主総会の決議）

第 309 条 ①　株主総会の決議は，定款に別段の定めがある場合を除き，議決権を行使することができる株主の議決権の過半数を有する株主が出席し，出席した当該株主の議決権の過半数をもって行う。

②　前項の規定にかかわらず，次に掲げる株主総会の決議は，当該株主総会において議決権を行使することができる株主の議決権の過半数（3 分の 1 以上の割合を定款で定めた場合にあっては，その割合以上）を有する株主が出席し，出席した当該株主の議決権の 3 分の 2（これを上回る割合を定款で定めた場合にあっては，その割合）以上に当たる多数をもって行わなければならない。この場合においては，当該決議の要件に加えて，一定の数以上の株主の賛成を要する旨その他の要件を定款で定めることを妨げない。

1　第 140 条第 2 項及び第 5 項の株主総会

2　第 156 条第 1 項の株主総会（第 160 条第 1 項の特定の株主を定める場合に限る。）

3　第 171 条第 1 項及び第 175 条第 1 項の株主総会

4　第 180 条第 2 項の株主総会

5　第 199 条第 2 項，第 200 条第 1 項，第 202 条第 3 項第 4 号，第 204 条第 2 項及び第 205 条第 2 項の株主総会

6　第 238 条第 2 項，第 239 条第 1 項，第 241 条第 3 項第 4 号，第 243 条第 2 項及び第 244 条第 3 項の株主総会

7　第 339 条第 1 項の株主総会（第 342 条第 3 項から第 5 項までの規定により選任された取締役（監査等委員である取締役を除く。）を解任する場合又は監査等委員である取締役若しくは監査役を解任する場合に限る。）

8　第 425 条第 1 項の株主総会

9　第 447 条第 1 項の株主総会（次のいずれにも該当する場合を除く。）

　イ　定時株主総会において第 447 条第 1 項各号に掲げる事項を定めること。

　ロ　第 447 条第 1 項第 1 号の額がイの定時株主総会の日（第 439 条前段に規定する場合にあっては，第 436 条第 3 項の承認があった日）における欠損の額として法務省令で定める方法により算定される額を超えないこと。

10　第 454 条第 4 項の株主総会（配当財産が金銭以外の財産であり，かつ，株主に対して同項第 1 号に規定する金銭分配請求権を与えないこととする場合に限る。）

11　第 6 章から第 8 章までの規定により株主総会の決議を要する場合における当該株主総会

〔松　尾〕

§ 309　　　　　　　　　　　　　　　第2編　株式会社　第4章　機関

12　第5編の規定により株主総会の決議を要する場合における当該株主総会

③　前2項の規定にかかわらず，次に掲げる株主総会（種類株式発行会社の株主総会を除く。）の決議は，当該株主総会において議決権を行使することができる株主の半数以上（これを上回る割合を定款で定めた場合にあっては，その割合以上）であって，当該株主の議決権の3分の2（これを上回る割合を定款で定めた場合にあっては，その割合）以上に当たる多数をもって行わなければならない。

1　その発行する全部の株式の内容として譲渡による当該株式の取得について当該株式会社の承認を要する旨の定款の定めを設ける定款の変更を行う株主総会

2　第783条第1項の株主総会（合併により消滅する株式会社又は株式交換をする株式会社が公開会社であり，かつ，当該株式会社の株主に対して交付する金銭等の全部又は一部が譲渡制限株式等（同条第3項に規定する譲渡制限株式等をいう。次号において同じ。）である場合における当該株主総会に限る。）

3　第804条第1項の株主総会（合併又は株式移転をする株式会社が公開会社であり，かつ，当該株式会社の株主に対して交付する金銭等の全部又は一部が譲渡制限株式等である場合における当該株主総会に限る。）

④　前3項の規定にかかわらず，第109条第2項の規定による定款の定めについての定款の変更（当該定款の定めを廃止するものを除く。）を行う株主総会の決議は，総株主の半数以上（これを上回る割合を定款で定めた場合にあっては，その割合以上）であって，総株主の議決権の4分の3（これを上回る割合を定款で定めた場合にあっては，その割合）以上に当たる多数をもって行わなければならない。

⑤　取締役会設置会社においては，株主総会は，第298条第1項第2号に掲げる事項以外の事項については，決議をすることができない。ただし，第316条第1項若しくは第2項に規定する者の選任又は第398条第2項の会計監査人の出席を求めることについては，この限りでない。

I　改正の概要

本条は，株主総会の決議要件について定めるものであり，2項では，株主総会の特別決議の要件と，特別決議が必要となる事項が定められている。本改正では，特別決議によるべき決議事項が追加された。

II　改正の内容と経緯

1　総数引受契約の承認に係る株主総会決議

募集株式が譲渡制限株式である場合には，その割当先およびその者に割り当

第1節　株主総会及び種類株主総会　第1款　株主総会　　　　　§309

てる募集株式の数を，取締役会設置会社においては取締役会決議によって，取締役会設置会社以外の会社では株主総会決議によって定めなければならないとされている（204 II）。他方，募集株式を引き受けようとする者が，その総数の引受けを行う契約（総数引受契約）を締結する場合には，204条は適用されないこととなっていた（改正前205）。このため，募集株式が譲渡制限株式であっても，総数引受契約を締結する場合には，株主総会決議等によることなく割当先を決定することができると解されていた。

　本改正では，205条2項が追加され，募集株式が譲渡制限株式である場合には，総数引受契約を締結するときであっても，取締役会設置会社以外の会社では株主総会の決議によってその契約の承認を受けなければならないこととされた［☞§205］。この総数引受契約の承認に係る株主総会決議は，割当先および割り当てる募集株式の数の決定に係る株主総会決議の要件に揃えて特別決議とされた（本条 II ⑤）。

　募集新株予約権についても，それが譲渡制限新株予約権である場合，またはその目的である株式（の一部）が譲渡制限株式である場合には，総数引受契約を締結するときであっても，取締役会設置会社以外の会社ではその契約について株主総会決議による承認を受けなければならないこととされた［☞§244］。この総数引受契約の承認に係る株主総会決議も，譲渡制限新株予約権等の割当等の決定に係る株主総会決議の要件に揃えて特別決議とされた（本条 II ⑥）。

2　監査等委員である取締役の解任決議

　改正前法では，役員等の解任決議のうち，累積投票（342 III-V）によって選任された取締役の解任および監査役の解任については，株主総会の特別決議によらなければならないとされていた。本改正ではこれらに加えて，監査等委員会の委員である取締役の解任決議についても，株主総会の特別決議によらなければならないこととされた（本条 II ⑦）。解任の要件を厳しくすることによって，監査等委員である取締役に監査役と同等の独立性を保障しようとするものである。

（松尾健一）

〔松　尾〕

（ある種類の種類株主に損害を及ぼすおそれがある場合の種類株主総会）

第 322 条 ①　種類株式発行会社が次に掲げる行為をする場合において，ある種類の株式の種類株主に損害を及ぼすおそれがあるときは，当該行為は，当該種類の株式の種類株主を構成員とする種類株主総会（当該種類株主に係る株式の種類が2以上ある場合にあっては，当該2以上の株式の種類別に区分された種類株主を構成員とする各種類株主総会。以下この条において同じ。）の決議がなければ，その効力を生じない。ただし，当該種類株主総会において議決権を行使することができる種類株主が存しない場合は，この限りでない。

1　次に掲げる事項についての定款の変更（第111条第1項又は第2項に規定するものを除く。）

　　イ　株式の種類の追加

　　ロ　株式の内容の変更

　　ハ　発行可能株式総数又は発行可能種類株式総数の増加

1の2　第179条の3第1項の承認

2　株式の併合又は株式の分割

3　第185条に規定する株式無償割当て

4　当該株式会社の株式を引き受ける者の募集（第202条第1項各号に掲げる事項を定めるものに限る。）

5　当該株式会社の新株予約権を引き受ける者の募集（第241条第1項各号に掲げる事項を定めるものに限る。）

6　第277条に規定する新株予約権無償割当て

7　合併

8　吸収分割

9　吸収分割による他の会社がその事業に関して有する権利義務の全部又は一部の承継

10　新設分割

11　株式交換

12　株式交換による他の株式会社の発行済株式全部の取得

13　株式移転

②　種類株式発行会社は，ある種類の株式の内容として，前項の規定による種類株主総会の決議を要しない旨を定款で定めることができる。

③　第1項の規定は，前項の規定による定款の定めがある種類の株式の種類株主を構成員とする種類株主総会については，適用しない。ただし，第1項第1号に規定する定款の変更（単元株式数についてのものを除く。）を行う場合は，この限りでない。

④　ある種類の株式の発行後に定款を変更して当該種類の株式について第2項の規定による定款の定めを設けようとするときは，当該種類の種類株主全員の同意を得なければならない。

第1節　株主総会及び種類株主総会　第2款　種類株主総会　　　　§322

I　本条の改正の趣旨

　本条は，種類株式発行会社において種類株式の種類株主間で利害が対立する場合の調整方法として，会社の行為がある種類の株式の種類株主に損害を及ぼすおそれがあるときは，当該行為について当該種類の株式の種類株主を構成員とする種類株主総会決議がなければ，その効力を生じないものとする。本改正においては，特別支配株主による株式等売渡請求の制度が新設された（179-179の10）。これに伴い，特別支配株主による株式等売渡請求がされた場合に対象会社が承認をするという行為についても本条1項の種類株主の種類株主総会決議が必要となり得るものとする本条1項1号の2の規定が追加された。種類株式発行会社において，特別支配株主の株式等売渡請求に対する承認を会社がするという行為においても，種類株式の種類株主間において利害の対立が生じ，ある種類の株式の種類株主に損害が生ずるおそれがあるということから，本条1項の利害調整の手続の対象とすることが必要であるという考え方によるものである。

II　特別支配株主による株式等売渡請求についての対象会社の承認

　会社が種類株式を発行している場合においても，特別支配株主による株式等売渡請求は，種類を問わず会社の発行する株式の全部を対象としなければならない（179 I 参照）。株式の種類が異なれば，株式の公正な価値も種類ごとに異なるものと考えられるので，売渡しの対価は異なるものとされる必要がある。このことに配慮して，179条の2第2項は，特別支配株主による株式等売渡請求において，対象会社が種類株式発行会社である場合には，特別支配株主は，対象会社の発行する種類の株式の内容に応じ，同条1項3号の事項，すなわち売渡株主に対して売渡株式の対価として交付する金銭の割当てに関する事項として，当該金銭の割当てについて売渡株式の種類ごとに異なる取扱いの内容を定めることができるものとしている。しかし，これに基づいて，株式の種類ごとに金銭の割当てについて異なる取扱いの内容を定めるか否かを問わず，金銭の割当てについてある種類の株式の株主に損害が生ずるおそれがある。そこで，本条1項1号の2により，取締役会の承認が本条の種類株主総会決議を要

〔山下（友）〕

331

§322　　　　　　　　　　　　　　　　　　　第2編　株式会社　第4章　機関

する行為の1つとして追加されたものである。各種の組織再編の場合において
も，当事会社が種類株式発行会社である場合に，組織再編の対価について株式
の種類ごとに異なる取扱いをすることができるが，その場合にある種類の株式
の株主に損害を及ぼすおそれがあるときには，本条1項により種類株主総会の
決議を要するとされること（本条I⑦‐⑬）と平仄を合わせるものである。

　対象会社の承認について種類株主総会の決議を要することになるのは，承認
の対象となる金銭の割当てがある種類の株式の株主に損害を及ぼすおそれがあ
る場合である。特別支配株主による株式等の売渡請求は，少数株主から特別支
配株主への株式の売渡しの効力を生じさせる行為であるから，種類株主総会決
議が必要とされる株式併合や株式分割のように会社の発行する種類株主間の割
合的な権利を変更させる行為とは区別される。それにもかかわらず，対象会社
の承認について種類株主総会の決議の対象とされたのは，種類株式ごとの金銭
の割当てに関する事項がある種類の株式の株主に損害を及ぼすおそれがあると
いうことに基づくのであるから，ここでの損害は，株式の種類ごとの売渡対価
が各種類の株式の価値を公正に反映していないことによる損害であると考えざ
るを得ない。会社法で種類株主総会の決議を要するとされている行為のうち，
組織再編については，種類株式間の割合的権利を変動させることによる損害
と，各種類株式の組織再編の対価が公正な株式価値を反映していないことによ
る損害の双方が問題とされるが［☞会社法コンメ(7)§322Ⅲ〔337頁以下〕・Ⅳ7
〔346-348頁〕[山下友信]]，対象会社による承認については，後者の意味での損
害を問題とするものである。したがって，各種類株式に対する売渡対価である
金銭の割当てが，各種類株式の株式価値を公正に反映したものである場合に
は，種類株主総会決議をすることを要しない（論点体系補巻251頁[野田耕志]。
飯田秀総「特別支配株主の株式等売渡請求」論点詳解164頁も，各種類株式が上場され
ている場合に，対価の比率が市場価格の比率と同じであれば公正であり，種類株主総会
決議は要しないとする）。

　会社は，定款により，本条1項に基づく種類株主総会の決議を要しない旨を
定めることができる（本条Ⅱ）。これに基づく定款の定めを，本条1項各号に規
定されている各事項の一部の事項のみについて置くことについては，会社法の
立案担当者は否定的な見解を示しており，定款の定めは本条1項各号の事項を
一括したものでなければならないとしていた（立案担当89頁）。このような解
釈を前提とする限り，改正法の施行前に，そのような定款の定めを設けている
場合には，その定款の定めは，新設の本条1項1号の2の事項にも適用される

332　　　　　　　　　　　　　　　　　　　　　　　　　　　　　　〔山下(友)〕

第1節　株主総会及び種類株主総会　第2款　種類株主総会　　　§323

と解される（立案担当平成26年186頁注111は，定款の定めの具体的な文言によって
は，種類株主総会決議を要しない旨を定めたものと解し得るとする）。

　116条1項3号は，定款により本条1項に基づく種類株主総会の決議を要し
ない旨を定めている場合に，該当する行為を会社が行うときには，反対株主の
株式買取請求権が認められるとするが，そこでは，特別支配株主による売渡請
求は列記されていない。これは，売渡請求は，会社の行為ではないことによる
ものと考えられる。売渡株主は売買価格の決定の申立てをする権利を有するの
で（179の8），実質的な問題はない。

　本条により必要な種類株主総会の決議を経ずに行われた売渡しは，無効とな
るべきものであるが，売渡株式等の取得の無効の訴え（846の2）により無効と
することを要する（論点体系補巻251頁［野田］）。

（山下友信）

（種類株主総会の決議を必要とする旨の定めがある場合）
第323条　種類株式発行会社において，ある種類の株式の内容として，株主総会
（取締役会設置会社にあっては株主総会又は取締役会，<u>第478条第8項</u>に規定す
る清算人会設置会社にあっては株主総会又は清算人会）において決議すべき事項
について，当該決議のほか，当該種類の株式の種類株主を構成員とする種類株主
総会の決議があることを必要とする旨の定めがあるときは，当該事項は，その定
款の定めに従い，株主総会，取締役会又は清算人会の決議のほか，当該種類の株
式の種類株主を構成員とする種類株主総会の決議がなければ，その効力を生じな
い。ただし，当該種類株主総会において議決権を行使することができる種類株主
が存しない場合は，この限りでない。

　本改正により，本条本文において，本改正前の「第478条第6項」が「第
478条第8項」に修正された。これは，改正前478条6項が，本改正により，
同条8項に繰り下げられたことに伴う引用条項の修正であり，実質に関わる改
正ではない。

（山下徹哉）

〔山下（徹）〕

§326　　　　　　　　　　　　　　　　　第2編　株式会社　第4章　機関

（株主総会以外の機関の設置）

第326条① 株式会社には，1人又は2人以上の取締役を置かなければならない。

② 株式会社は，定款の定めによって，取締役会，会計参与，監査役，監査役会，会計監査人，監査等委員会又は指名委員会等を置くことができる。

　従来，定款に定めることで置くことのできる機関としては，取締役会，会計参与，監査役，監査役会，会計監査人のほかに，委員会（取締役によって構成される委員会）が挙げられていた。改正法では，監査等委員会設置会社が新設され，その結果，委員会とよばれるものが多様になった。本条2項では，これらを明確にするために，規定に修正が加えられた。

　第1に，新たに置くことのできる機関として，監査等委員会を挙げた。これは，公開会社であろうと，非公開会社であろうと設置することができる。ただしこれを設置する場合には，取締役会の設置が必要となっている（327）。監査等委員会を設置する会社は監査等委員会設置会社としての規律の下に置かれる（399の2-399の14）。

　第2に，改正前本条では委員会を置くことができると定めていながら，実際に置くことのできた委員会は，指名委員会，監査委員会，報酬委員会であった。本改正では，これら3委員会を置く会社の名称が指名委員会等設置会社へと変更になったのを受けて，これら3つの委員会を指名委員会等と総称して挙げている。したがって，ここで指名委員会等の「等」とは上記3委員会を指しているものと解される。また，この3つの委員会はセットになっており，その一部だけを設けることはできない。その意味では指名委員会等＝3委員会と理解することになる。

　もっとも文言上，「等」について，ここに挙げた以外の委員会を各会社の判断で置くことを認めているものと解する余地がなくもない（例えば経営委員会，社外取締役委員会，買収防衛委員会など）。しかし，現行会社法では，そのような委員会について法的権限を与える規定がない以上，そのような委員会を設けたところで，結局は取締役会または代表取締役等の諮問機関のようなものとなるほかないのであるから，そのような解釈をとってもあまり実益はないであろう。かえって，そのような解釈は諮問委員会も必ず定款によって定めなければならないことになって，柔軟さに欠けることになることから不都合であろう。

（近藤光男）

〔近　藤〕

334

第2節　株主総会以外の機関の設置　　　　　　　　　　　　§327

（取締役会等の設置義務等）

第327条①　次に掲げる株式会社は，取締役会を置かなければならない。

1　公開会社

2　監査役設置会社

<u>3　監査等委員会設置会社</u>

4　指名委員会等設置会社

②　取締役会設置会社（監査等委員会設置会社及び指名委員会等設置会社を除く。）は，監査役を置かなければならない。ただし，公開会社でない会計参与設置会社については，この限りでない。

③　会計監査人設置会社（監査等委員会設置会社及び指名委員会等設置会社を除く。）は，監査役を置かなければならない。

④　<u>監査等委員会設置会社及び指名委員会等設置会社</u>は，監査役を置いてはならない。

⑤　<u>監査等委員会設置会社及び指名委員会等設置会社</u>は，会計監査人を置かなければならない。

⑥　<u>指名委員会等設置会社は，監査等委員会を置いてはならない。</u>

I　取締役会設置会社

　改正法では，取締役会を必ず置かなければならない会社について定める本条1項をあらためた。4号の変更は，従来の委員会設置会社の名称が指名委員会等設置会社へと変更になったことを受けたものである。3号は，本改正で新設された監査等委員会設置会社について，取締役会の設置を義務付けた。監査等委員会設置会社の監査等委員は，監査役とは異なり，取締役として取締役会による監視・監督機能を充実させる役割を持つものであり，取締役会における議決権を行使し，必要な場合に代表取締役等の解職を行うことが予定されている。

　すなわち，監査等委員会設置会社は取締役会の監督機能の充実という観点から，自ら業務執行をしない社外取締役を複数置くことで業務執行と監督の分離を図りつつ，そのような社外取締役が，監査等委員会を通じて監査を担うとともに，取締役会による経営者の選定・解職等の決定への関与を通じて監督機能を果たすことが意図されている。このことは，（監査等委員会が選定する）監査等委員により取締役会を招集することが予定されている（399の14）ことから

〔近　藤〕

§327　　　　　　　　　　　　第2編　株式会社　第4章　機関

も明らかである。そこで取締役会の設置が必ず求められているのである。

II　取締役会設置会社と監査役

　取締役会設置会社には監査役を置かなければならないという原則の例外として，委員会設置会社（現在の指名委員会等設置会社）があった。これは，この種の会社では監査委員会が置かれるため，さらに監査役を置くとなれば機能の面で重複が生じてしまうからである。
　同様に監査等委員会設置会社についても，監査等委員会が置かれることから，取締役会設置会社に監査役を置かなければならない原則の例外となることが，本条2項の括弧書において示されている。

III　会計監査人設置会社と監査役

　IIと同様の趣旨から，本条3項括弧書において，会計監査人設置会社であっても，監査等委員会設置会社については監査役を置く必要がないことが明らかにされた。

IV　監査等委員会設置会社と監査役

　以上のように監査等委員会と監査役とでは職務の重なる部分が多く，両者を置くことは無用な重複となるおそれがあり，さらに併存すれば混乱を招くことから，本条4項では監査役の設置を積極的に禁止している。

V　監査等委員会設置会社と会計監査人

　監査等委員会設置会社では，内部統制システムを利用した組織的な監査を行うものとされている。この場合，内部統制システムの構築に当たっては，計算書類の適正性・信頼性の確保の観点から会計監査人が重要な役割を果たすと考えられる（中間試案補足説明第1部第1の2(1)イ）。すなわち会計の専門家である会計監査人のバックアップが不可欠である。取締役会から独立した第三者による監査を受けるのが適切だからである（一問一答平成26年26頁）。そこで，本条5項では，指名委員会等設置会社と同様，監査等委員会設置会社において

336　　　　　　　　　　　　　　　　　　　　　　　　　　　　　〔近　藤〕

第2節　株主総会以外の機関の設置　　　　　　　　§327の2

も，会計監査人の設置が義務付けられている。ここでは大会社かどうかは問われない。

VI　指名委員会等設置会社と監査等委員会設置会社

委員会制度を活用した2つの会社形態はそれぞれの特有な構造を持っている。指名委員会等設置会社では，監査委員のほか，取締役の選任や報酬について，業務執行者から独立した社外取締役が過半数を占める指名委員会と報酬委員会が置かれる。

一方，監査等委員会設置会社では，これらの委員会が置かれない代わりに，例えば監査等委員会で選定する監査等委員は，委員以外の取締役に関する選任・解任・辞任や報酬についても，株主総会で監査等委員会としての意見を述べることができる（342の2IV・361VI）。

このように監査等委員が総会で意見を述べる権限が強化されているほか，監査等委員である取締役は他の取締役と区別して株主総会で選任される（329II）。すなわち，指名委員会等設置会社と監査等委員会設置会社とでは，制度の理念や仕組みが異なるのである。また，指名委員会等設置会社では監査委員会を活用することで本来の監視・監督機能を発揮できるのであり，さらに監査等委員会も置くことは適切といえない。そこで，本条6項は，指名委員会等設置会社では監査等委員会を置くことが許されていない旨を明らかにしている。

（近藤光男）

（社外取締役を置いていない場合の理由の開示）（新設）

第327条の2　事業年度の末日において監査役会設置会社（公開会社であり，かつ，大会社であるものに限る。）であって金融商品取引法第24条第1項の規定によりその発行する株式について有価証券報告書を内閣総理大臣に提出しなければならないものが社外取締役を置いていない場合には，取締役は，当該事業年度に関する定時株主総会において，社外取締役を置くことが相当でない理由を説明しなければならない。

〔岩　原〕

§ 327 の 2　　　　　　　　　　　　　　　　第 2 編　株式会社　第 4 章　機関

細　目　次

I　総　説	III　説明義務の判断の基準時	3　事　例
1　趣　旨	IV　説明の内容等	V　違反の効果
2　沿　革	1　意　義	
II　規律の対象となる会社	2　具体的な説明	

I　総　　説

1　趣　　旨

　本条は，日本の大企業のコーポレート・ガバナンスを改善するために，公開会社である大会社たる監査役会設置会社で，金融商品取引法（以下，「金商法」という）24 条 1 項により有価証券報告書提出義務のある会社には，社外取締役の設置を原則として求めることとし，社外取締役を置いていない会社は，社外取締役を置くことが相当でない理由を定時株主総会において説明しなければならないと定めたものである。イギリスの証券取引所の The UK Governance Code のように，「comply or explain（遵守するか，遵守しないときは説明せよ）」のルールを（Paul L. Davies & Sarah Worthington, Gower's Principles of Modern Company Law, 10 th ed.〔Sweet & Maxwell, 2016〕p.397. 野田博「『遵守せよ，さもなければ説明せよ』原則の考え方と現実との乖離をめぐる一考察」ソフトロー研究 8 号〔2007〕1 頁，同「社外取締役についての規律と『遵守するか，または説明せよ』原則」出口正義ほか編・青竹正一先生古稀記念・企業法の現在〔信山社，2014〕323 頁参照），株主総会における会社の説明義務として規定したものである。株主からの求めがなくても説明義務が生じる点において，314 条が定める取締役の株主総会における説明義務の例外となる（佐藤寿彦「社外取締役『不設置の理由開示』と社外性要件の見直し」ビジネス法務 14 巻 2 号〔2014〕19 頁）。

　社外取締役の設置を原則として求めたのは，社外取締役には，業務執行者から独立した立場で，業務執行者による業務執行全般の評価に基づき，取締役会の決議における議決権を行使すること等を通じて業務執行者を適切に監督すること等を期待することができること，株式会社と業務執行者等の間の利益相反を監督する機能を果たし得ること等が，期待されるためである（立案担当平成 26 年 125 頁）。取締役会の業務執行者に対する監督機能を強化することを目的に，社外取締役をより積極的に活用することが図られた。

　その背景としては，日本企業のコーポレート・ガバナンスが他の国に比較し

〔岩　原〕

第2節　株主総会以外の機関の設置　　　　　　　　　　　　§327の2

て劣っていることが，リーマン危機以降に明確になった日本企業の競争力の低下，欧米企業等に比較したパフォーマンス（ROE や ROA）の悪さをもたらしているのではないかという危機感があった［☞前注II］。そこで，欧米企業において一般的となっている取締役会の機能に関するモニタリング・モデルの考え方に従い（川濱昇「取締役会の監督機能」森本滋ほか編・企業の健全性確保と取締役の責任〔有斐閣，1997〕7頁以下），取締役の過半数を独立取締役として，取締役会は業務執行者から独立した立場で業務執行者を評価し，業務執行者を選任・監督することを主たる機能とする体制を，日本にも導入しようとして，社外取締役の設置の促進を図ったわけである（これに対し，本条のような立法に対する懸念を示す見解として，野田・前掲青竹古稀349-350頁参照）。

　また，上場会社における株主構成が，会社との取引関係を維持・強化する目的で株式を保有する銀行，生損保，事業法人を中心としたものから，国内外の機関投資家等，もっぱら株式リターンを得る目的で株式を保有する経済主体を中心とするものに転換したことを，背景として挙げる指摘もある。すなわち，彼らが直接経営をモニタリングすると，便益が株主全体に及ぶという集合行為の問題や，インサイダーになって株式を売りたいときに売れなくなる等の問題が生じるために，自らに代わり社外取締役を取締役会に送り込んで経営を監視してもらう必要があるとする（田中亘「取締役会の監督機能の強化」商事2062号〔2015〕5頁）。

　この説明義務により，社外取締役を置いていない上場会社等は，そのような説明を毎年の定時株主総会でしなければならなくなることから，それを避けるために社外取締役の選任に向けた動きが一段と促進されることが期待された（立案担当平成26年125-126頁）。

2　沿　革

　本条は，本改正により設けられた。本改正を審議した法制審議会会社法制部会においては，取締役会の監督機能を充実させるために社外取締役の設置を義務付けるべきか否かが大きな争点になった。金融商品取引所や学者の委員・幹事等からは，日本企業のコーポレート・ガバナンスや資本市場の向上を図り，とくに海外機関投資家等からの信頼を維持するためには，法律でもって社外取締役の設置を義務付けるべきであり，監査等委員会設置会社制度導入との整合性からも，社外取締役の設置の義務付けが必要であって，社外取締役を選任しない理由の開示という開示規制（comply or explain）だけでは効果がない等の

〔岩　原〕

§327の2 　　　　　　　　　　第2編　株式会社　第4章　機関

主張がなされた（法制審議会会社法制部会第19回会議議事録1頁以下［静正樹＝前田雅弘＝上村達男＝神作裕之＝中東正文等］。わが国における社外取締役導入の効果を積極的に評価する実証研究として，齋藤卓爾「日本企業による社外取締役の導入の決定要因とその効果」宮島英昭編・日本の企業統治〔東洋経済新報社，2011〕181頁，内田交謹「取締役会構成変化の決定要因と企業パフォーマンスへの影響」商事1874号〔2009〕20–21頁参照）。もっとも，上場会社に限って義務付けるのであれば，会社法に規定するのではなく，金融商品取引所の規則に任せるのが自然だという意見もあった（法制審議会会社法制部会第19回会議議事録5頁［前田］）。これに対して主として経済界の委員から，そもそも社外取締役の導入がコーポレート・ガバナンス強化に役立つか確実な効果の実証があるわけではない，一律に法律で社外取締役を義務付けることは，各会社の創意工夫による最適なガバナンスを阻害する，このような問題は上場規則で定めればよい等の反対が強く唱えられた（同第19回会議議事録3頁以下［杉村豊誠＝伊藤雅人＝濱口大輔等］，同第21回会議議事録3頁以下［杉村豊誠＝安達俊久＝伊藤雅人＝濱口大輔等］等）。この問題に関する試案への意見も大きく分かれた（立案担当平成26年43頁以下）。

　そこで法制審議会は，一定の会社に社外取締役を設置することを会社法上要求することは，見直し要綱の内容としては断念することとした。その代わり見直し要綱第1部第1の2前注に，会社法としては，金商法24条1項の規定によりその発行する株式について有価証券報告書を提出しなければならない株式会社において，社外取締役が存しない場合には，社外取締役を置くことが相当でない理由を事業報告の内容とすることとした。そのような会社法施行規則の改正を行うことを予定したわけである。

　本改正後，事業年度の末日において監査役会設置会社（大会社に限る）であって金商法24条1項の規定によりその発行する株式について有価証券報告書を内閣総理大臣に提出しなければならないものが社外取締役を置いていない場合には，株式会社の役員に関する事項として，社外取締役を置くことが相当でない理由を事業報告の内容に含めなければならないとされた（会社則124Ⅱ）。また，取締役が取締役（監査等委員である取締役を除く）の選任に関する議案を提出する場合には，株式会社が社外取締役を置いていない特定監査役会設置会社（公開会社であり，かつ，大会社である監査役会設置会社であって，金商法24条1項により有価証券報告書を提出しなければならない会社。当該株主総会の終結の時に社外取締役を置いていないこととなる見込みであるものを含む）であって，かつ，取締役に就任したとすれば社外取締役となる見込みである者を候補者とする取

第2節　株主総会以外の機関の設置　　　　　　　　§327の2

締役の選任に関する議案を当該株主総会に提出しないときは，株主総会参考書類には，社外取締役を置くことが相当でない理由を記載しなければならないと規定された（同則74の2）。

　これは会社法に設置強制を規定することに経済界の反対が強かっただけでなく，学説の中にも，資本市場の信頼が一番問題になる金融商品取引所に上場している会社を対象に，市場の声を反映した形で，かつ会社の個別の事情も考慮した，法律より柔軟なルールを設定できる上場規則の制定により，コーポレート・ガバナンスのあり方を規律することが望ましいという議論があることも考慮したものであった（法制審議会会社法制部会第19回会議議事録7頁［中東正文］等参照。また，加藤貴仁「証券取引所と上場企業の管理」江頭還暦・下683頁，同「コーポレート・ガバナンスをめぐるルールのコンバージェンス」ソフトロー研究18号〔2011〕66頁以下参照）。しかし同部会および法制審議会総会は，見直し要綱と内容として一体をなすものとして，次のような附帯決議を行った。附帯決議に参加した各界関係者が附帯決議の実現に向けて協力することを期待したものである。

　「1　社外取締役に関する規律については，これまでの議論及び社外取締役の選任に係る現状等に照らし，現時点における対応として，本要綱に定めるもののほか，金融商品取引所の規則において，上場会社は取締役である独立役員を一人以上確保するよう努める旨の規律を設ける必要がある。」

　「2　1の規律の円滑かつ迅速な制定のための金融商品取引所での手続において，関係各界の真摯な協力がされることを要望する。」

　この附帯決議は，東京証券取引所有価証券上場規程（以下，「有価証券上場規程」という）445条の4，名古屋証券取引所上場有価証券の発行者の会社情報の適時開示等に関する規則42条の4等として実現された。

　しかし改正法案の国会提出に先立つ自由民主党政務調査会法務部会における改正法案の審議において，コーポレート・ガバナンスを強化する方向性をより明確にするために，社外取締役の選任をいっそう促進するための規定を法律である会社法に設ける必要があるとの指摘がなされた（立案担当平成26年125頁）。そこで，社外取締役が業務執行者に対する監督上重要な役割を果たし得ることにかんがみ，「社外取締役を置くことが相当でない理由」を事業報告の内容とするという法務省令の改正による対応に加えて，事業年度の末日において社外取締役を置いていない上場会社等の取締役は，当該事業年度に関する定時株主総会において，「社外取締役を置くことが相当でない理由」を説明しな

〔岩　原〕

§327の2   第2編 株式会社 第4章 機関

ければならないことを会社法で定めることとしたのが，本条である（立案担当
平成26年125頁）。

　なお，東京証券取引所は上場会社に対し，一般株主と利益相反が生じるおそ
れのない社外取締役または社外監査役である独立役員（主要取引先等の業務執行
者，当該監査役は，原則として独立役員としての資格を充たさない）を1名以上確保
すべきことを義務付け（有価証券上場規程436の2），また，取締役である独立役
員を少なくとも1名以上確保するよう努めなければならないとしている（同規
程445の4）。さらに，コーポレートガバナンス・コードの策定に従い，東京証
券取引所第一部・第二部上場会社は，独立社外取締役を2名以上選任していな
い場合には，東京証券取引所に提出する「コーポレート・ガバナンス報告書」
においてその理由を説明することが要求される（同規程436の3，コーポレートガ
バナンス・コード原則4-8）。

　東京証券取引所の平成30年7月31日の発表によれば，東京証券取引所第一
部上場会社2099社のうち社外取締役がいない会社は7社にすぎず，同第二部
上場会社511社のうち社外取締役がいない会社は5社にすぎない。同第一部上
場会社のうち2名以上の社外取締役のいる会社は1986社（全体の94.6パーセン
ト），3名以上は949社（全体の45.2パーセント），取締役の3分の1以上が社外
取締役である会社が877社（全体の41.8パーセント），取締役の過半数が社外取
締役である会社が103社（全体の4.9パーセント）になっている（東京証券取引所
「東証上場会社における独立社外取締役の選任状況，委員会の設置状況及び相談役・顧
問等の開示状況」〔2018年7月31日〕〔https://www.jpx.co.jp/listing/others/ind-ex-
ecutive/tvdivq0000001j9j-att/nlsgeu00000393cs.pdf〕）。

　なお，改正附則25条は，「政府は，この法律の施行後2年を経過した場合に
おいて，社外取締役の選任状況その他の社会経済情勢の変化等を勘案し，企業
統治に係る制度の在り方について検討を加え，必要があると認めるときは，そ
の結果に基づいて，社外取締役を置くことの義務付け等所要の措置を講ずるも
のとする」と規定した。これに基づいて法制審議会が決定した「会社法制（企
業統治等関係）の見直しに関する要綱」（2019年2月14日）第2部第2の2
は，「監査役会設置会社（公開会社であり，かつ，大会社であるものに限る。）
であって金融商品取引法第24条第1項の規定によりその発行する株式につい
て有価証券報告書を内閣総理大臣に提出しなければならないものは，社外取締
役を置かなければならないものとする」としている。同要綱に基づいて会社法
が改正されれば，本条は廃止されることになろう。

342   〔岩　原〕

第2節　株主総会以外の機関の設置　　　　　　　　　　　　§327の2

II　規律の対象となる会社

　本条の対象が「監査役会設置会社」とされているのは，指名委員会等設置会社や監査等委員会設置会社と異なり，監査役会設置会社では社外取締役の選任が義務付けられていないことから（331Ⅵ・400ⅠⅢ），社外取締役を置くことが相当でない理由の説明が必要と考えられたためである（立案担当平成26年126頁）。監査役会設置会社であることのほかに，「公開会社であり，かつ，大会社である」株式会社であることが，説明義務の要件とされているのは，監査役会設置会社の中には，監査役会を任意に置いている株式会社も含まれ，株主数の少ない小規模な株式会社もあり得るが，そのような株式会社をすべて規律の対象とすることは相当でないためである。公開会社（2⑤）であり，かつ，大会社（2⑥）である株式会社は，類型的に見て，株主構成が頻繁に変動することや，会社の規模にかんがみた影響力の大きさから，社外取締役による業務執行者に対する監督の必要性が高く，その会社の規模から，社外取締役の人材確保に伴うコストを負担し得ると考えられたためとされる（立案担当平成26年126頁）。

　また，有価証券報告書の提出義務がある会社を説明義務の対象としたのは，そのような会社は類型的に，不特定多数の株主が存在する可能性が高いことから，社外取締役による業務執行者に対する監督の必要性がとくに高いと考えられたためとされる（立案担当平成26年126頁）。有価証券報告書の提出義務がある会社とは，上場会社（金商24Ⅰ①），店頭売買有価証券発行者（同項②・2Ⅷ⑩ハ・67の11Ⅰ，金商令3。現在，該当する者は存在しない），募集または売出しを行った有価証券の発行者等（金商24Ⅰ③・4Ⅰ本文・4Ⅱ本文・4Ⅲ本文・23の8Ⅰ本文Ⅱ），5年の事業年度の末日に連続して株券等の有価証券の所有者の数が1000人以上である会社（同法24Ⅰ④，金商令3の6Ⅳ，企業開示16の3）である。

III　説明義務の判断の基準時

　本条に基づく説明が必要となるか否か，すなわち，「監査役会設置会社（公開会社であり，かつ，大会社であるものに限る。）であって金融商品取引法第24条第1項の規定によりその発行する株式について有価証券報告書を内閣総

〔岩　原〕　　　　　　　　　　　　　　　　　　　　　　　　　　343

§327の2　　　　　　　　　　　　　　　　第2編　株式会社　第4章　機関

理大臣に提出しなければならないもの」であるか否か，および「社外取締役を置いていない場合」に当たるか否かは，「事業年度の末日において」判断する。

したがって，事業年度の末日においてこれらの要件に該当していれば，その後，「当該事業年度に関する定時株主総会」までの間に，それらの要件に該当しなくなっても，本条に基づく説明義務を負う（立案担当平成26年127頁）。逆に，期末時点では社外取締役がいたが，定時株主総会の終結時には，社外取締役全員の任期が満了するなどして，社外取締役が存在しなくなる場合には，説明義務はない（佐藤・前掲20頁）。

また，事業年度の末日にこれらの要件に該当する会社が，「当該事業年度に関する定時株主総会」に社外取締役の選任議案を上程する場合であっても，取締役はそれにより説明義務を免れるわけではなく，事業年度末日において「社外取締役を置くことが相当でない理由」を説明しなければならない。もっとも，社外取締役の選任を促進するという本条の趣旨・目的や，「社外取締役を置くことが相当でない理由」は各社の個別の事情に応じて説明しなければならないことにかんがみれば，当該定時株主総会に社外取締役の選任議案が上程される場合には，「社外取締役を置くことが相当でない理由」の説明は，その点を踏まえた比較的簡潔なものでもよいとされている（立案担当平成26年127頁）。しかし実務においては，社外取締役が必要だと考えて新たに導入することにしたのに，社外取締役の選任を付議した定時株主総会では「社外取締役を置くことが相当でない理由」を説明するのは矛盾であるとして，この矛盾を回避するために，直近に終了した事業年度においては社外取締役を置くことが相当でなかったが，現在ではそれが解消されたという説明を行うか，条文の文言を目的論的に柔軟に解釈し，社外取締役の導入を決めた会社は「社外取締役を置くこととした理由」を説明することをもって本条の説明を果たしたものと解釈することが主張されている（佐藤・前掲20頁）。

IV　説明の内容等

1　意　　義

「社外取締役を置くことが相当でない理由」の説明は，各社において，その個別事情に応じてすべきであり，会社法上社外取締役を含む取締役の選任権限は株主総会にあることからすれば（329 I），各会社の説明が「社外取締役を置

第2節　株主総会以外の機関の設置　　　　　　　　　　　　　§327の2

くことが相当でない理由」として十分であるか否かの判断は、第一次的には当該会社の株主（株主総会）において行われるとされる（立案担当平成26年127頁）。もっとも、「社外取締役を置くことが相当でない理由」は、単に社外取締役を「置かない」理由を説明するだけでは足りず、置くことが「相当でない」理由の説明として、社外取締役を置くことがかえってその会社にマイナスを及ぼすといった事情を説明しなければならないとされている（法務省令平成26年27頁）。また、「社外監査役が○名おり、社外者による監査・監督として十分に機能している」と説明するだけでは、社外取締役を置くことが「必要でない」理由の説明にすぎず、社外取締役を置くことが「相当でない」理由の説明としては認められないとも解されている（立案担当平成26年127頁）。事業報告および参考書類に「社外取締役を置くことが相当でない理由」を記載することを要求した会社法施行規則124条2項、74条の2第1項に関しては、同則124条3項、74条の2第3項はそれぞれ、「前項の理由は、当該監査役会設置会社の当該事業年度における事情に応じて記載し、又は記録しなければならない。この場合において、社外監査役が2人以上あることのみをもって当該理由とすることはできない」、「第1項の理由は、当該株式会社のその時点における事情に応じて記載しなければならない。この場合において、社外監査役が2人以上あることのみをもって当該理由とすることはできない」と規定している。社外取締役と社外監査役は、同じ社外者といえども、取締役会の決議における議決権を有しているか否かが異なり、それぞれに求められる役割も自ずと異なるため、社外監査役が2人以上置かれている、さらにいえば監査役制度が機能しているからといって、社外取締役を置くことが相当でないということに当然につながるわけではないということを確認的に定めたものとされる（塚本英巨「社外要件の改正と『社外取締役を置くことが相当でない理由』の説明義務」企業会計67巻3号〔2015〕29頁）。

2　具体的な説明

具体的にどのような説明を行うべきかに関し、comply or explain の生みの親であるイギリスの The UK Corporate Governance Code は、同 Code の条項が遵守されていない場合は、「その実際のプラクティスが、個別のコード条項に係る原則といかに整合的であり、いかに優れたガバナンスに貢献し、いかに事業目的の実現を促進しているかを記述するよう心掛けるべきである」としている。さらにベンチマークにおいて提供されるべき情報として、なぜ

〔岩原〕

comply しないかの背景の詳細，comply に代わる実際の措置を採用したことの明快な論理的根拠，逸脱に起因するリスクに対処し関連する原則との適合性を維持するための措置，ある個別の条項からの逸脱が一時的であることを想定している場合には，会社が当該条項の遵守を想定する時期，を挙げている（佐藤寿彦「社外取締役がいない会社に求められる説明」商事 2024 号〔2014〕17 頁）。わが国においても，これらが参考になるという指摘がなされている（佐藤・前掲商事 2024 号 16 頁以下）。

実務家には，助言や監督に必要な情報を社外者が獲得することが困難な類型の企業においては，適任の社外取締役候補を用意することは容易ではないことから，そうした企業特性を有すること等を具体的に説明した上で，適任者を発見できなかったことを説明することは，「社外取締役を置くことが相当でない理由」として認められる余地があるという見解がある（中西和幸ほか「『社外取締役を置くことが相当でない理由』の説明内容と運用のあり方」商事 1980 号〔2012〕45 頁）。しかしこれに対しては，背景事情を説明しても，事実の適示にすぎず，それだけをもって不遵守を正当化する理由とはならないという指摘がある（佐藤・前掲商事 2024 号 17-18 頁）。

社外取締役の設置に代わる実際の措置を採用したことについての明快な論理的根拠としては，例えば，「現状で十分に機能している」と記載しているだけでは，論理的根拠に欠けると指摘されている（佐藤・前掲商事 2024 号 18 頁）。しかし学説の中には，「経営の妥当性については，会社の情報に通じた社内取締役がしっかり担保しているので」「社外者を取締役に加えても，費用を上回る便益は見込めない」とか「社外者を意思決定に参加させることで，かえって意思決定の迅速性，効率性が阻害される」といった説明が考えられるとするものがある（田中・前掲 9-10 頁）。

社外取締役を設置しないことに起因するリスクに対処し関連する原則との適合性を維持するための措置の記載としては，例えば，業務執行の妥当性を含めて経営を監督する取締役会で議決権を有する独立者がいないため，取締役会の判断の客観性が損なわれるリスクに対処するために，リスクの緩和措置を説明することが有意義であるとされる。しかし，それだけでは不十分であり，緩和措置を採る以前に社外取締役を置くことが相当でない固有の事情も併せて説明しなければならないと指摘されている。社外監査役がいることは社外取締役が不要であることの理由にならないとも指摘されている（佐藤・前掲商事 2024 号 18 頁）。社外取締役は，社外監査役が担う適法性にとどまらず妥当性について

第2節　株主総会以外の機関の設置　　　　　　　　　　　　　　§327の2

も監督義務を負うし，また取締役は監査役と異なり取締役会における議決権を有しているからである。しかし，改正法施行後の「社外取締役を置くことが相当でない理由」の開示例においては，「監査役会など他の機関・制度によって，社外取締役に対し一般に期待される企業価値向上のための助言機能や経営全般の監督機能及び利益相反の監督機能は十分に確保された体制が整っていると考えております」(㈱ワークマン，2015) といった説明をしている会社がある (塚本英巨「『社外取締役を置くことが相当でない理由』の開示分析」企業会計68巻2号〔2016〕61頁)。

　逸脱が一時的な場合に想定される遵守時期の記載としては，社外取締役を置くことを予定している時期を明示することが，投資家の積極的な評価に資するとされる (佐藤・前掲商事2024号18-19頁)。

3　事　　例

　改正法に基づく「社外取締役を置くことが相当でない理由」の開示例としては，以下のようなものがある。まず取締役会における迅速な業務執行の意思決定機能を重視することから，社外取締役を置くことが相当でないと説明する会社がある。例えば，「当社は迅速な意思決定機能を維持し，機動的な経営判断による持続的な企業価値向上と市場環境の変化にいち早く対応できる体制を確保するうえで，社外取締役を選任していない現在の体制がもっとも有効であると判断している……」(㈱ワークマン，2015)，「当社は，取締役会等で重要な経営判断を伴う業務執行について議論・審議し，決定することが適切と判断しております。また，刻々と変わる事業環境に対応するために，迅速かつ的確な意思決定が必要と考えております。当社の属する業界は，世界的な経済の好不況に大きく影響を受けます。このような業界環境の中で，当社の取締役会は迅速かつ機動的に開催されております」(㈱共和工業所，2015)，「当社は取締役会を重要な業務執行について議論し実質的かつ具体的な決定をも行う機関と位置づけ，必要があれば，臨機応変に会合を開催し実質的な議論を行っておりますので，社外取締役に社内取締役と同等の役割を求めるのは過度な負担となり，無理に社外取締役を導入すると取締役会の機能を低下させるおそれがあるためです」(エヌアイシ・オートテック㈱，2015)，「当社の取締役会は，迅速・タイムリーな意思決定を行うことを第一に考え，現場に精通した社内取締役によって構成されるべきと考えております」(㈱エッチ・ケー・エス，2015) といった開示が行われている (塚本・前掲企業会計68巻2号61頁)。

〔岩　原〕

347

§327の2   第2編　株式会社　第4章　機関

　また，社外取締役の選任のコストを理由とする説明をした会社もある。すなわち，「コストの観点からも社外取締役を単に形式的にのみ選任することは適切ではないと判断しております」（㈱共和工業所，2015）という説明をしている。

　他方，社外取締役の適任者を探しているところで，まだ導入できていないという説明をしている会社もある。例えば，「当社は，かねてより当社の事業内容を理解し，業務執行者を適切に監督する能力を持つ独立社外取締役の候補者を探してまいりましたが，兼業の困難性，報酬等との関係で就任をご承諾いただける候補者を選任するに至っておりません。独立性に乏しい方や当社の社外取締役としての適格性を欠く方を社外取締役として選任することは，かえって当社のコーポレートガバナンス体制の障害となりかねないことから，現時点では社外取締役を置くことは相当でないと判断しております」（㈱リニカル，2015），「独立性を有し業務執行を適切に監督する能力を持ち，当社の事業内容を理解いただける適任者を見つけることができませんでした。適任者でない方を社外取締役として選任した場合，取締役会に期待される機能が果たせない可能性があり，現時点では，社外取締役を置くことは相当でないと判断しております」（田辺工業㈱，2015），「社外取締役の導入につきましては，社外取締役候補者の人選に向け，前向きに検討してまいりましたが，適任者を確保できず，このような中で社外取締役を設置することは，却って経営監視機能の実効性を損なう恐れがあるため，現在まで導入には至っておりません。今後につきましては，当社にとって適任である社外取締役候補者の人選に引き続き取り組むとともに，監査等委員会設置会社への移行も含め前向きに検討してまいります」（㈱誠建設工業，2015），などと説明した例がある（塚本・前掲企業会計68巻2号63頁。なお，澤口実＝飯島隆博「改訂CGコードに基づく開示エクスプレイン」資料版商事418号〔2019〕105頁参照）。

　なお，説明を行った旨は，議事録にも記載すべきであるとされる（佐藤・前掲ビジネス法務14巻2号19-20頁）。

Ⅴ　違反の効果

　取締役が本条に基づく説明義務を果たさなかった場合，または説明が虚偽であったり不十分である場合，取締役は善管注意義務違反（330，民644）の責任を負う（423・429）。しかし本条に違反した場合に過料に処する旨の規定は設け

第 2 節　株主総会以外の機関の設置　　　　　　　　　　　　　§327の2

られていない (976)。また，当該定時株主総会における取締役選任議案に係る株主総会決議には取消事由 (831 I ①) があるとされる余地がある (立案担当平成 26 年 128 頁，一問一答平成 26 年 96 頁)。

　これに対して，法律に基づく説明は報告事項の性質を有し，決議の方法に関する法令違反としての取消事由に該当しないと考えられていることから [☞ 会社法コンメ (7) §314 Ⅴ 2(1)〔267-268 頁〔松井秀征〕]，本条違反の説明があっても，決議の方法に関する法令違反に該当せず，決議取消事由とはならないという見解がある (中西和幸ほか「『社外取締役を置くことが相当でない理由』に関する規律の要綱からの変更と実務に与える影響」商事 2025 号〔2014〕19 頁)。本条の説明義務は当該定時株主総会に取締役選任議案が提出されているか否かにかかわらず義務付けられており，取締役選任議案が提出されていなければ決議取消事由にならないものが，当該議案が提出されただけで決議取消事由になるというのは，合理的とはいい難く，参考書類での記載の不備を問題にすればよいと主張されている。しかし，本条の説明はとくに取締役選任議案への議決権行使の前提となることから，本条違反が，取締役選任議案が提出されているときに当該議案に関する決議取消事由となるとすることは，何ら不合理でない。

　また，参考書類に適法に「社外取締役を置くことが相当でない理由」の記載がされていたという場合には，本条の説明が適法になされなくても，取締役の選任決議を取り消すまでの必要がないか，裁判所の裁量により取消請求を棄却する余地があるとする説もある (田中・前掲 12 頁)。たしかに，本条の説明が必要な会社においては参考書類に本条と同様の記載が求められることが通常であることから，本条違反を問わずとも参考書類の記載の不備を理由に決議取消しを認めれば足りることが多いと考えられるが，仮に参考書類にはきちんと記載されていても本条の報告に不備があれば，やはり決議取消しを認めてもよいのではなかろうか。参考書類による開示のほかに本条の説明義務を規定した意味が失われるからである。

　ただし，説明内容の合理性は株主の判断に委ねられるとして，仮に当該説明内容が客観的には不合理である (と裁判所に認定された) としても，直接に何らかの法的効力を生じさせるものではないとか (江頭 389 頁注 6)，当該 (定時) 株主総会におけるいずれかの決議 (とくに，取締役の選任決議) に瑕疵があることにはならないとされている (塚本英巨ほか「改正会社法の要点詳解〔早期対応編〕」経理情報 1409 号〔2015〕12 頁)。

(岩原紳作)

〔岩　原〕　　　　　　　　　　　　　　　　　　　　　　　　　　349

§329　　　　　　　　　　　　　　第2編　株式会社　第4章　機関

（大会社における監査役会等の設置義務）

第 328 条 ①　大会社（公開会社でないもの，監査等委員会設置会社及び指名委員会等設置会社を除く。）は，監査役会及び会計監査人を置かなければならない。

②　公開会社でない大会社は，会計監査人を置かなければならない。

　本条は，大会社における監査役会・会計監査人の設置義務に関する規定である。本改正により，本条は2点の修正を受けた。

　第1に，本条1項括弧書に「監査等委員会設置会社」が加えられた。本改正により新たに設けられた機関設計である監査等委員会設置会社は，監査役を置くことができない（327Ⅳ）。それゆえ，監査役で構成する監査役会の設置は，監査等委員会設置会社では不可能である。そこで，監査等委員会設置会社について，それが大会社に該当するとしても監査役会の設置義務を負わないこととするために，本条1項の「大会社」から監査等委員会設置会社を除くこととされた。なお，本条1項の規定とは別に，監査等委員会設置会社は，大会社か否かを問わず，会計監査人を置かなければならない旨の規定が置かれている（327Ⅴ）。

　第2に，本条1項括弧書において，本改正前の「委員会設置会社」が「指名委員会等設置会社」に修正された。これは，本改正による用語変更（2⑫）に伴う文言の整理であり，実質に関わる改正ではない。

（山下徹哉）

（選任）

第 329 条 ①　役員（取締役，会計参与及び監査役をいう。以下この節，第371条第4項及び第394条第3項において同じ。）及び会計監査人は，株主総会の決議によって選任する。

②　監査等委員会設置会社においては，前項の規定による取締役の選任は，監査等委員である取締役とそれ以外の取締役とを区別してしなければならない。

③　第1項の決議をする場合には，法務省令で定めるところにより，役員（監査等委員会設置会社にあっては，監査等委員である取締役若しくはそれ以外の取締役又は会計参与。以下この項において同じ。）が欠けた場合又はこの法律若しくは定款で定めた役員の員数を欠くこととなるときに備えて補欠の役員を選任するこ

350　　　　　　　　　　　　　　　　　　　　　　　　　　　　　　　〔浜　田〕

第3節　役員及び会計監査人の選任及び解任　第1款　選任　　　§329

とができる。

I　本条の改正の概要

　本改正により，監査等委員会設置会社が，株式会社の機関設計の選択肢に追加された。監査等委員会設置会社の監査等委員会は，指名委員会等設置会社の監査委員会と同様，取締役により構成される。しかし，監査等委員である取締役の選任については，監査役制度の特徴を受け継いだ。

　指名委員会等設置会社の監査委員は，取締役会の決議によって取締役の中から選定するのに対し（400 II），監査役は，株主総会の決議によって直接に選任する（本条 I）。この特徴は，監査役が取締役の職務の執行を監査する際の立場を堅固にするものであり，監査役制度の長所に数えることができる。この長所が，監査等委員会制度の設計に活かされた。すなわち，株主総会における取締役の選任は，監査等委員である取締役とそれ以外の取締役とを区別してしなければならない（本条 II。なお，設立時につき 38 条 2 項・40 条 4 項・88 条 2 項，組織変更時につき 746 条 2 項，新設合併時につき 753 条 2 項，新設分割時につき 763 条 2 項，株式移転時につき 773 条 2 項）。

　監査等委員である取締役とそれ以外の取締役とでは，選任が区別されることから，欠員も，登記も，区別される（346 I・911 III ㉒ イ）。

　本条 2 項が追加されたことにより，従来の 2 項は 3 項に移された。なお，補欠役員を予備的に選任する際に，監査等委員会設置会社では監査等委員である取締役とそれ以外の取締役とを区別することになるのは当然であり，本条 3 項の改正は，それを明らかにしている。

II　役員選任議案に関する法改正

1　監査等委員選任議案に関する監査等委員会の同意権・提案権

　監査役の選任機関を株主総会とすることが，監査役の立場を堅固にするのに役立つのは，監査される側の取締役が監査役の選任を左右することの抑制に役立つからである。取締役が株主総会に提出する議案は異議なく承認されるのが通例であることにかんがみると，この抑制機能を担っているもっとも重要な仕組みは，監査役選任議案に関する，監査役（監査役が 2 人以上であればその過半

〔浜　田〕

§ 329 第2編 株式会社 第4章 機関

数，監査役会設置会社では監査役会）の同意権・提案権である（343 I-III）。

監査役候補者の決定に関するこの仕組みは，本改正に当たり，監査等委員会の制度設計にそのまま活かされた。監査等委員である取締役の選任議案を，取締役が株主総会に提出するには，監査等委員会の同意を得なければならない。加えて，監査等委員会は，監査等委員である取締役の選任を株主総会の議題とすることや，具体的な候補者名を挙げつつ監査等委員である取締役の選任議案を株主総会に提出することも，取締役に請求することができる（344の2 I II）。

なお，監査等委員である取締役の地位強化策として，監査役に準じた配慮がなされているその他の仕組みとしては，以下のものがある。監査等委員である取締役の任期がそれ以外の取締役より長いこと（332 III IV。もっとも，2年であって，監査役の原則4年には及ばない。336），その解任は特別決議によること（309 II ⑦），その報酬枠は株主総会において別枠で定めるものとされ，枠内の配分は監査等委員である取締役の協議によること（361 II III。監査役は387 I II），監査等委員である取締役の選任・解任・辞任・報酬等につき，監査等委員の各人に株主総会における意見陳述権が与えられていること（342の2 I II・361 V。監査役は345 IV・387 III）等である。

2 会計監査人の選任等議案の内容の決定機関

会計監査人の選任・解任・不再任については，株主総会に提出する議案の内容は，監査役設置会社であれば監査役が（監査役が2人以上であればその過半数をもって），監査役会設置会社であれば監査役会が（344），監査等委員会設置会社であれば監査等委員会が（399の2 III ②），指名委員会等設置会社であれば監査委員会が（404 II ②），それぞれ「決定」する。本改正により，同意権・提案権よりも踏み込んだ決定権が，それぞれに付与された。

候補者を取締役等の執行側が決定するのでは，監査される者が監査する者を事実上選ぶこととなってしまいかねないという問題への対処は，会計監査人から始まった。すなわち，昭和56年商法改正により会計監査人の選任機関が取締役会から株主総会へ変更された際に，会計監査人の選解任議案についての，監査役の過半数による「同意権・提案権」が，はじめて規定された（商特3 II III・6 III）。それ以前，会計監査人を取締役会で選解任していた時代に，監査役の過半数の同意が必要とされたことが，このような形で受け継がれた。

この種の規律は，会計監査人の独立性を高めるのに役立つ。監査役と会計監査人の連携協力を円滑にするためにも役立つ（稲葉374頁，竹内・解説238頁，

352 〔浜 田〕

第3節 役員及び会計監査人の選任及び解任 第1款 選任 §329

新注会(6)523頁〔龍田節〕）。そこで，2001年12月にコーポレート・ガバナンス強化の議員立法が行われた際に，監査役会の「同意権・提案権」を定めていた当時の株式会社の監査等に関する商法の特例に関する法律3条2項，3項が，監査役の選任にも準用された（同法18Ⅲ）。平成17年制定の会社法は，監査役・監査役会設置会社に関しては，監査役候補者と会計監査人候補者の両者につき，同様の規律を引き継いだ（343，改正前344）。

　しかし，会計監査人については，その後「同意権・提案権」から「決定権」への切換えが進められた。業務監査の担い手が会計監査人の選解任議案を「決定」するほうが，会計監査を受ける執行側の影響を抑制するのにいっそう役立つからである。

　当初は，平成14年商法改正により新設された「委員会等設置会社」において，会計監査人の選任・解任・不再任議案の内容の「決定」が監査委員会の権限とされた（商特21の8Ⅱ②）。これが会社法の「指名委員会等設置会社」（本改正前は「委員会設置会社」）に引き継がれ，現在にいたっている（404Ⅱ②）。次いで，本改正により，監査役・監査役会設置会社においても，監査役・監査役会が会計監査人の選任・解任・不再任議案の内容を「決定」するものとされた（344）。従前の「同意権・提案権」の仕組みは，権限の行使状況も併せて考慮すれば，会計監査人の独立性を確保するという観点からは必ずしも十分ではないとの指摘がなされるようになったからである（立案担当平成26年147頁）。改正法が，新設の監査等委員会設置会社に同様の規律を及ぼしたのは，いうまでもない（399の2Ⅲ②）。

3 役員選任議案の参考書類記載事項に関する法務省令等の改正

　書面投票・電子投票を採用する会社が，役員・会計監査人の選任議案を株主総会にかける場合には，株主総会参考書類に，それらの候補者に関する詳しい情報を記載しなければならない（301・302）。それらの記載内容を定める会社法施行規則が，本改正に合わせて改正された（会社則74-77）。監査等委員である取締役の選任議案については，別立ての条文が追加されている（同則74の3）。なお，上場株式の議決権の代理行使の勧誘に関する内閣府令も，同様に改正された（同府令2-5・21-24・39・40）。

〔浜　田〕

Ⅲ　社外取締役選任に関する近時の動向

昨今，上場会社は，たとえ監査役会設置会社であっても，社外取締役候補者を真剣に探さなければならない環境に置かれている。そのような環境が整備されてきた背景には，監査役会設置会社を主流とする日本の上場会社のコーポレート・ガバナンスが，取締役会の監督機能の強化が進められてきた主要国との国際比較において，満足し得る状況にないという認識がある。

本改正により，事業年度の末日に株式を上場している監査役会設置会社が社外取締役を置いていない場合には，社外取締役を置くことが相当でない理由を定時株主総会で説明しなければならなくなった（327の2。本改正により，社外取締役・社外監査役の要件も，親会社・兄弟会社等の関係者や一定の業務執行者等の近親者を除外するものへと厳格化された。2⑮⑯）。その際には「相当でない理由」を，事業報告にも記載しなければならず（会社則124Ⅱ），株主総会に社外取締役候補者の選任議案を提出しない場合には，株主総会参考書類にもそれを記載しなければならない（同則74の2Ⅰ）。しかも，社外監査役が2人以上あることのみをもって「相当でない理由」とすることはできないことが，わざわざ明記された（同則124Ⅲ・74の2Ⅲ）。

金融商品取引所もまた，取締役会の監督機能の強化を求める国内外の投資家等の声に応えるべく，取締役会の監督機能の強化に向けて，上場会社を誘導している。東京証券取引所は2006年3月から，上場会社に「コーポレート・ガバナンスに関する報告書」の提出を求め，取引所のホームページにその情報を掲載するという取組みをはじめていたところ（有価証券上場規程419等），2010年度からは「一般株主と利益相反が生じるおそれのない」社外取締役または社外監査役である「独立役員」を1名以上確保して取引所に届け出ることを義務化するとともに（同規程436の2，同規程施行規則436の2），コーポレート・ガバナンス報告書において，「独立役員」に関する詳細な情報開示をなすことを求めるようになった（平成21年東証上場第65号別添1）。一方，法制審議会は，見直し要綱を2012年9月7日に取りまとめた際に，「金融商品取引所の規則において，上場会社は取締役である独立役員を1人以上確保するよう努める旨の規律を設ける必要がある」との付帯決議を行った。これを受けて東京証券取引所は，独立取締役を「1名以上確保するよう努めなければならない」とする有価証券上場規程の改正規定（同規程445の4）を，2014年2月10日から施行した

第3節　役員及び会計監査人の選任及び解任　第1款　選任　　　§*331*

(立案担当平成 26 年 120-121 頁)。

　東京証券取引所はその後さらに，金融庁と東京証券取引所を共同事務局とする有識者会議が取りまとめた原案 (2015 年 3 月 5 日公表) を受けて，「コーポレートガバナンス・コード」を策定し，コードの趣旨・精神の尊重を上場会社に求めるとともに，上場会社がコードを実施しない場合には，その理由を，コーポレート・ガバナンス報告書に記載する方法により説明するものとした (有価証券上場規程別添・436 の 3・445 の 3，同規程施行規則 211 Ⅳ 等。2015 年 6 月 1 日施行)。「コーポレートガバナンス・コード」は，上場会社は独立社外取締役を少なくとも 2 名以上選任すべきとしている (原則 4-8)。なお，東京証券取引所のこのような動きに，その他の金融商品取引所も追随している。

　改正法が 2015 年 5 月 1 日に施行された後，監査役会設置会社が監査等委員会設置会社へ移行するケースが目立ってきている (監査等委員会設置会社の数は，三井住友銀行の調査によれば，2019 年 6 月末時点で，上場会社 3739 社中 1027 社とのことである。2019 年 7 月 13 日付日本経済新聞夕刊 1 面)。「コーポレートガバナンス・コード」が「独立社外取締役の複数選任」を要請したことは，社外役員が 2 人でもこの要請を充たし得る監査等委員会設置会社への移行を後押しした。

(浜田道代)

（取締役の資格等）
第 331 条 ①　次に掲げる者は，取締役となることができない。

1　法人

2　成年被後見人若しくは被保佐人又は外国の法令上これらと同様に取り扱われている者

3　この法律若しくは一般社団法人及び一般財団法人に関する法律（平成 18 年法律第 48 号）の規定に違反し，又は金融商品取引法第 197 条，第 197 条の 2 第 1 号から第 10 号の 3 まで若しくは第 13 号から第 15 号まで，第 198 条第 8 号，第 199 条，第 200 条第 1 号から第 12 号の 2 まで，第 20 号若しくは第 21 号，第 203 条第 3 項若しくは第 205 条第 1 号から第 6 号まで，第 19 号若しくは第 20 号の罪，民事再生法（平成 11 年法律第 225 号）第 255 条，第 256 条，第 258 条から第 260 条まで若しくは第 262 条の罪，外国倒産処理手続の承認援助に関する法律（平成 12 年法律第 129 号）第 65 条，第 66 条，第 68 条若しく

§331   第2編　株式会社　第4章　機関

　　は第69条の罪，会社更生法（平成14年法律第154号）第266条，第267条，
　　第269条から第271条まで若しくは第273条の罪若しくは破産法（平成16年
　　法律第75号）第265条，第266条，第268条から第272条まで若しくは第
　　274条の罪を犯し，刑に処せられ，その執行を終わり，又はその執行を受ける
　　ことがなくなった日から2年を経過しない者
　4　前号に規定する法律の規定以外の法令の規定に違反し，禁錮以上の刑に処せ
　　られ，その執行を終わるまで又はその執行を受けることがなくなるまでの者
　　（刑の執行猶予中の者を除く。）
②　株式会社は，取締役が株主でなければならない旨を定款で定めることができな
　い。ただし，公開会社でない株式会社においては，この限りでない。
③　監査等委員である取締役は，監査等委員会設置会社若しくはその子会社の業務
　執行取締役若しくは支配人その他の使用人又は当該子会社の会計参与（会計参与
　が法人であるときは，その職務を行うべき社員）若しくは執行役を兼ねることが
　できない。
④　指名委員会等設置会社の取締役は，当該指名委員会等設置会社の支配人その他
　の使用人を兼ねることができない。
⑤　取締役会設置会社においては，取締役は，3人以上でなければならない。
⑥　監査等委員会設置会社においては，監査等委員である取締役は，3人以上で，
　その過半数は，社外取締役でなければならない。

I　本条の改正の趣旨

　改正法により，新たな機関形態として監査等委員会設置会社の制度が創設さ
れたことに伴い，本条において，監査等委員である取締役は，業務執行取締
役・使用人等との兼任が禁止されること（本条Ⅲ），および監査等委員である
取締役は，3人以上で，過半数は社外取締役でなければならないこと（本条
Ⅵ）を定める規定が新設された。この結果，改正前の本条3項と4項は，それ
ぞれ本条4項と5項に繰り下げられた。また改正法が従前の「委員会設置会
社」の名称を「指名委員会等設置会社」にあらためたことにより，本条におい
ても名称変更が行われた（本条Ⅳ）。

356   〔前　田〕

第3節　役員及び会計監査人の選任及び解任　第1款　選任　　　　　§331

II　監査等委員である取締役の兼任禁止

1　改正の理由

　改正法により創設された監査等委員会設置会社の制度において，監査等委員会は，取締役の職務を監査し，監査報告を作成する（399の2 III ①）。監査をする者が監査される者と同一である場合，または監査をする者が監査される者の従属的な立場にある場合には，実効的な監査を期待することはできない。

　そこで，監査等委員である取締役は，会社の業務執行取締役（2 ⑮ イ）・使用人，または子会社の業務執行取締役・執行役・使用人を兼ねることを禁止される。会社または子会社の会計参与（会計参与が法人であるときは，その職務を行うべき社員）を兼ねることも禁止される（本条 III。会社の会計参与との兼任禁止は，333 III ①）。この兼任禁止は，指名委員会等設置会社における監査委員の兼任禁止の規定（本条 IV・333 III ①・400 IV）に倣ったものである。兼任禁止の趣旨は，監査役の兼任禁止の規定（335 II）とも共通するが，監査役設置会社における監査役は，会社または子会社の取締役との兼任も禁止されるところ，監査等委員会設置会社における監査等委員は，取締役であり，業務執行取締役でない取締役との兼任はもとより禁止されない点が異なる。

　兼任禁止の範囲，および兼任禁止に違反した場合の効果について，監査委員の兼任禁止規定（本条 IV・333 III ①・400 IV）に関する注釈〔☞会社法コンメ(7)§333 III 1〔467-469頁〔後藤元〕〕・§331 V〔448頁〔榊素寛〕・会社法コンメ(9)§400 III 3〔48-51頁〔野村修也〕〕〕，および監査役の兼任禁止規定（335 II）に関する注釈〔☞会社法コンメ(7)§335 III〔481-486頁〔山田純子〕〕・§333 III 1〔467-469頁〔後藤〕〕〕を参照されたい。

2　中間試案・見直し要綱との比較

　見直し要綱の段階までは，監査等委員会設置会社は「監査・監督委員会設置会社」，監査等委員会は「監査・監督委員会」とよばれていた。本条3項の定める兼任禁止について，中間試案（第1部第1の2(2)③），および見直し要綱（第1部第1の1(3)③）からの変更はない。

〔前　田〕　　　　　　　　　　　　　　　　　　　　　　　　　　357

§332 　　　　　　　　　　　　第2編　株式会社　第4章　機関

Ⅲ　監査等委員会の構成

1　改正の理由

　改正法により創設された監査等委員会設置会社の制度において，監査等委員会は，取締役の職務を監査し，監査報告を作成するとともに，会計監査人の選任・解任・不再任の議案の内容を決定し，また，監査等委員以外の取締役の選任・解任・辞任および報酬等についての意見を決定しなければならない（399の2Ⅲ）。監査等委員会がこれらの職務を実効的に行うためには，同委員会は，社外取締役を中心に，代表取締役らから独立した判断を行うことのできる組織となっている必要がある。

　そこで改正法は，指名委員会等設置会社における三委員会の構成（400ⅠⅢ）に倣い，監査等委員会は，3人以上の取締役で構成され，その過半数は社外取締役でなければならないこととした（本条Ⅵ）［指名委員会等設置会社における三委員会の構成に関して☞会社法コンメ⑼§400ⅡⅢ〔45-51頁［野村］〕］。

2　中間試案・見直し要綱との比較

　改正要綱の段階までは，監査等委員会設置会社は「監査・監督委員会設置会社」，監査等委員会は「監査・監督委員会」とよばれていた。本条6項の定める監査等委員会の構成について，中間試案（第1部第1の2⑵①②），および見直し要綱（第1部第1の1⑶①②）からの変更はない。

（前田雅弘）

（取締役の任期）

第332条① 　取締役の任期は，選任後2年以内に終了する事業年度のうち最終のものに関する定時株主総会の終結の時までとする。ただし，定款又は株主総会の決議によって，その任期を短縮することを妨げない。

② 　前項の規定は，公開会社でない株式会社（監査等委員会設置会社及び指名委員会等設置会社を除く。）において，定款によって，同項の任期を選任後10年以内に終了する事業年度のうち最終のものに関する定時株主総会の終結の時まで伸長することを妨げない。

③ 　監査等委員会設置会社の取締役（監査等委員であるものを除く。）についての

第3節　役員及び会計監査人の選任及び解任　第1款　選任　§332

第1項の規定の適用については，同項中「2年」とあるのは，「1年」とする。

④　監査等委員である取締役の任期については，第1項ただし書の規定は，適用しない。

⑤　第1項本文の規定は，定款によって，任期の満了前に退任した監査等委員である取締役の補欠として選任された監査等委員である取締役の任期を退任した監査等委員である取締役の任期の満了する時までとすることを妨げない。

⑥　指名委員会等設置会社の取締役についての第1項の規定の適用については，同項中「2年」とあるのは，「1年」とする。

⑦　前各項の規定にかかわらず，次に掲げる定款の変更をした場合には，取締役の任期は，当該定款の変更の効力が生じた時に満了する。

1　監査等委員会又は指名委員会等を置く旨の定款の変更

2　監査等委員会又は指名委員会等を置く旨の定款の定めを廃止する定款の変更

3　その発行する株式の全部の内容として譲渡による当該株式の取得について当該株式会社の承認を要する旨の定款の定めを廃止する定款の変更（監査等委員会設置会社及び指名委員会等設置会社がするものを除く。）

I　本条の改正の趣旨

改正法により，新たな機関形態として監査等委員会設置会社の制度が創設されたことに伴い，本条において，監査等委員会設置会社の取締役の任期を定める規定が新設された（本条Ⅲ-Ⅴ）。この結果，改正前の本条3項と4項は，それぞれ本条6項と7項に繰り下げられた。

このほか，監査等委員会設置会社においては，公開会社でない会社（非公開会社）であっても定款による任期の伸長は認められないこととされた（本条Ⅱ括弧書）。

また，定款変更により監査等委員会を設置・廃止した場合，および定款変更により非公開会社が公開会社となった場合における取締役の任期についての規定が整備された（本条Ⅶ）。さらに，同改正法が従前の「委員会設置会社」の名称を「指名委員会等設置会社」にあらためたことにより，本条においても名称変更が行われた（本条Ⅱ Ⅵ Ⅶ）。

〔前　田〕

§332　　　　　　　　　　第2編　株式会社　第4章　機関

II　監査等委員会設置会社の取締役の任期

1　改正の理由と内容

　監査等委員会設置会社における監査等委員会は，取締役の職務を監査し，監査報告を作成することを職務としており（399の2III①），監査等委員である取締役は，取締役ではあるものの，監査役会設置会社における監査役に近い性質を有している。そこで監査等委員である取締役の任期は，その独立性を確保する観点から，監査等委員でない取締役の任期よりも長くし，かつ定款・株主総会決議による短縮を認めないこととすべきである。その反面，監査等委員である取締役も取締役として会社の業務執行の決定（399の13I①）に参加することから，任期を監査役ほどに長くするのも適当でない（立案担当平成26年131-132頁）。

　そこで改正法は，監査等委員でない取締役の任期を，指名委員会等設置会社における取締役の任期（本条VI）に倣って1年とした上で（本条III），監査等委員である取締役の任期は，それより長く，かつ監査役の任期である4年（336I）よりは短い2年にするとともに，定款・株主総会決議による短縮を認めないこととした（本条IIV）。

　このように，監査等委員である取締役の任期について定款・株主総会決議による短縮は認められないが，補欠として選任された監査等委員である取締役の任期については，定款により，任期満了前に退任した監査等委員である取締役の任期の満了の時まで（残任期間）とすることが認められる（本条V）。補欠として選任された監査等委員である取締役についてまで，本条1項の定める2年より短い任期が認められないとすると，その者と他の在任中の監査等委員である取締役とで，退任時期が異なってしまうため，退任時期を揃えることができるよう，補欠監査役の任期についての規定（336III）に倣い，手当てをしたものである〔☞会社法コンメ(7)§336I3〔490頁〔山田純子〕〕〕。なお，補欠として選任された監査等委員でない取締役の任期についても，定款・株主総会決議によって，任期満了前に退任した監査等委員でない取締役の任期の満了の時までとすることが認められるが，これは，本条1項ただし書の規定の適用による。

　また，非公開会社においては，原則として，定款によって取締役の任期を10年まで伸長することが認められているが，監査等委員会設置会社においては，指名委員会等設置会社と同様，定款による任期の伸長は認められない（本

360　　　　　　　　　　　　　　　　　　　　　　　　　　　　〔前　田〕

第3節　役員及び会計監査人の選任及び解任　第1款　選任　　§332

条II括弧書）。監査等委員会設置会社の制度は，指名委員会等設置会社ほどで
はないにせよ，取締役会が業務執行者への監督機能を強く発揮することが期待
された機関形態であり，公開会社であるかどうかにかかわらず，監督機関を構
成する取締役は，選任を通じた株主による信任を頻繁に受けるのが適当だから
である（一問一答平成26年35頁）。

　なお，改正前は，剰余金の配当等を決定する機関について，定款による取締
役会への授権が認められるためには，取締役の任期が1年を超えないことが要
件の1つとされていたところ，改正法は，監査等委員会設置会社については，
「監査等委員である取締役以外の取締役」の任期が1年を超えなければこの要
件を満たすこととし（459I柱書），監査等委員会設置会社も剰余金配当等の決
定機関に関する特則の適用を受けることができるよう手当てをした。

2　中間試案・見直し要綱との比較

　見直し要綱の段階までは，監査等委員会設置会社は「監査・監督委員会設置
会社」，監査等委員会は「監査・監督委員会」とよばれていた。本条2項から
5項までに定める監査等委員会設置会社の取締役の任期について，中間試案
（第1部第1の2⑶⑦），および見直し要綱（第1部第1の1⑵⑦）からの実質的
変更はない。

III　一定の定款変更に伴う任期の満了

1　改正の理由・内容

　監査等委員会設置会社においては，他の機関形態をとる会社とは，取締役に
求められる資質・要件が異なり得る。そこで改正法は，監査等委員会設置会社
以外の会社が監査等委員会設置会社に移行するための定款変更が効力を生じた
時，または監査等委員会設置会社が監査等委員会設置会社以外の会社に移行す
るための定款変更が効力を生じた時には，在任中の取締役の任期は終了するこ
ととした（本条VII①②）。これらの定款変更を行うためには，会社は，取締役
を選任し直さなければならないこととなる。指名委員会等設置会社への移行，
または指名委員会等設置会社からの移行の場合の扱いと同様である［☞会社法
コンメ⑺§332 IV1〔459頁〔榊素寛〕〕］。

　なお，非公開会社が公開会社に移行するための定款変更が効力を生じた場合
には，非公開会社における伸長された任期（本条II）を公開会社に移行したあ

〔前　田〕

361

とに認めるのは不都合であるため，在任中の取締役の任期は終了することとされているところ（本条Ⅶ③），指名委員会等設置会社は，すでに改正前から，この規律の適用対象外であった。指名委員会等設置会社は，非公開会社であっても任期の伸長は認められないからである（本条Ⅱ括弧書）。このことは監査等委員会設置会社においても妥当するので，改正法は，監査等委員会設置会社について，本条7項3号の規定の適用がないことを明らかにしている（同号括弧書）。

2　中間試案・見直し要綱との比較

本条7項に定める一定の定款変更に伴う任期の満了について，中間試案および見直し要綱に定めはなかった。

（前田雅弘）

（会計参与の任期）
第334条①　第332条（第4項及び第5項を除く。次項において同じ。）の規定は，会計参与の任期について準用する。
②　前項において準用する第332条の規定にかかわらず，会計参与設置会社が会計参与を置く旨の定款の定めを廃止する定款の変更をした場合には，会計参与の任期は，当該定款の変更の効力が生じた時に満了する。

本条は，会計参与の任期を定める規定である。本改正により，本条1項の「第332条」の後に括弧書が追加された。

改正前本条1項は，取締役の任期に関する332条の規定を，会計参与の任期について準用することを定めていた。本改正により監査等委員会設置会社という機関設計が新たに設けられたことに伴い，「監査等委員である取締役」の任期に関する特別ルールが332条4項および5項として規定された。これらの特別ルールは，「監査等委員である取締役」が監査等委員会設置会社の取締役のうち監査等委員会という業務監査を行う機関の構成員であるという特殊性に由来する（332条4項と336条1項，332条5項と336条3項を対比）。そのような特殊な下位類型が設けられていない会計参与の任期についてそうした特別ルールを準用する必要はない。そのため，本条1項において，332条のうち4項および

第3節　役員及び会計監査人の選任及び解任　第1款　選任　　§336

5項は準用しない旨が新たに規定された（本条2項についても同じである）。

（山下徹哉）

（監査役の任期）

第336条①　監査役の任期は，選任後4年以内に終了する事業年度のうち最終の
ものに関する定時株主総会の終結の時までとする。

②　前項の規定は，公開会社でない株式会社において，定款によって，同項の任期
を選任後10年以内に終了する事業年度のうち最終のものに関する定時株主総会
の終結の時まで伸長することを妨げない。

③　第1項の規定は，定款によって，任期の満了前に退任した監査役の補欠として
選任された監査役の任期を退任した監査役の任期の満了する時までとすることを
妨げない。

④　前3項の規定にかかわらず，次に掲げる定款の変更をした場合には，監査役の
任期は，当該定款の変更の効力が生じた時に満了する。

1　監査役を置く旨の定款の定めを廃止する定款の変更

2　監査等委員会又は指名委員会等を置く旨の定款の変更

3　監査役の監査の範囲を会計に関するものに限定する旨の定款の定めを廃止す
る定款の変更

4　その発行する全部の株式の内容として譲渡による当該株式の取得について当
該株式会社の承認を要する旨の定款の定めを廃止する定款の変更

　本条は，監査役の任期を定める規定であり，そのうち本条4項は，株式会社
が一定の内容の定款変更を行った場合における監査役の任期の満了について定
める。本改正により，本条4項は2点の修正を受けた。

　第1に，監査役の任期が満了することとなる定款変更の1つとして，「監査
等委員会を置く旨の定款の変更」が加えられた（本条Ⅳ②）。本改正により新
たに設けられた機関設計である監査等委員会設置会社は，監査役を置くことが
できない（327Ⅳ）。したがって，監査等委員会を置く旨の定款変更を行い，監
査等委員会設置会社に移行する場合には，従前の監査役の任期を維持すること
は不可能である。そこで，当該定款変更の効力発生時に監査役の任期が満了す
ることとされた。

　第2に，本条4項2号において，本改正前の「委員会」が「指名委員会等」

〔山下（徹）〕

363

§340 第2編　株式会社　第4章　機関

に修正された。これは，本改正による用語変更（2⑫）に伴う文言の整理であり，実質に関わる改正ではない。

（山下徹哉）

（監査役等による会計監査人の解任）

第340条①　監査役は，会計監査人が次のいずれかに該当するときは，その会計監査人を解任することができる。

　1　職務上の義務に違反し，又は職務を怠ったとき。

　2　会計監査人としてふさわしくない非行があったとき。

　3　心身の故障のため，職務の執行に支障があり，又はこれに堪えないとき。

②　前項の規定による解任は，監査役が2人以上ある場合には，監査役の全員の同意によって行わなければならない。

③　第1項の規定により会計監査人を解任したときは，監査役（監査役が2人以上ある場合にあっては，監査役の互選によって定めた監査役）は，その旨及び解任の理由を解任後最初に招集される株主総会に報告しなければならない。

④　監査役会設置会社における前3項の規定の適用については，第1項中「監査役」とあるのは「監査役会」と，第2項中「監査役が2人以上ある場合には，監査役」とあるのは「監査役」と，前項中「監査役（監査役が2人以上ある場合にあっては，監査役の互選によって定めた監査役）」とあるのは「監査役会が選定した監査役」とする。

⑤　監査等委員会設置会社における第1項から第3項までの規定の適用については，第1項中「監査役」とあるのは「監査等委員会」と，第2項中「監査役が2人以上ある場合には，監査役」とあるのは「監査等委員」と，第3項中「監査役（監査役が2人以上ある場合にあっては，監査役の互選によって定めた監査役）」とあるのは「監査等委員会が選定した監査等委員」とする。

⑥　指名委員会等設置会社における第1項から第3項までの規定の適用については，第1項中「監査役」とあるのは「監査委員会」と，第2項中「監査役が2人以上ある場合には，監査役」とあるのは「監査委員会の委員」と，第3項中「監査役（監査役が2人以上ある場合にあっては，監査役の互選によって定めた監査役）」とあるのは「監査委員会が選定した監査委員会の委員」とする。

本条は，監査役等による会計監査人の解任について定める規定である。会計監査人は，いつでも，株主総会の決議によって解任することができるが（339

〔山下（徹）〕

第3節　役員及び会計監査人の選任及び解任　第3款　選任及び解任の手続に
関する特則　　　　　　　　　　　　　　　　　　　　　　　　　§342

I），一定の重大な事由があるときには，株主総会を招集することなく，監査役
等が会計監査人を速やかに解任できるようにするための規定が本条である。本
改正により，本条は2点の修正を受けた。

　第1に，本条5項が追加された。これは，本改正により監査等委員会設置会
社という機関設計が新たに設けられたことに対応するものである。監査等委員
会設置会社は，監査役を置くことができない（327 IV）。取締役の職務執行の監
査や株主総会に提出する会計監査人の選解任等に関する議案の内容の決定と
いった監査役設置会社であれば監査役が担う職責は，監査等委員会設置会社で
は監査等委員会が担うこととされている（399の2 III①②）。それに応じて，本
条5項は，本条1項から3項までの規定において「監査役」とされているとこ
ろを，「監査等委員会」，「監査等委員」または「監査等委員会が選定した監査
等委員」に読み替える旨を定める。本条5項の読替えは，監査役会設置会社に
関する本条4項や指名委員会等設置会社に関する本条6項における読替えに
倣った内容となっている。

　第2に，本条6項（改正前本条5項を繰下げ）において，本改正前の「委員会
設置会社」が「指名委員会等設置会社」に修正された。これは，本改正による
用語変更（2⑫）に伴う文言の整理であり，実質に関わる改正ではない。

(山下徹哉)

（累積投票による取締役の選任）

第342条① 　株主総会の目的である事項が2人以上の取締役（監査等委員会設置
会社にあっては，監査等委員である取締役又はそれ以外の取締役。以下この条に
おいて同じ。）の選任である場合には，株主（取締役の選任について議決権を行
使することができる株主に限る。以下この条において同じ。）は，定款に別段の
定めがあるときを除き，株式会社に対し，第3項から第5項までに規定するとこ
ろにより取締役を選任すべきことを請求することができる。

② 　前項の規定による請求は，同項の株主総会の日の5日前までにしなければなら
ない。

③ 　第308条第1項の規定にかかわらず，第1項の規定による請求があった場合に
は，取締役の選任の決議については，株主は，その有する株式1株（単元株式数
を定款で定めている場合にあっては，1単元の株式）につき，当該株主総会にお
いて選任する取締役の数と同数の議決権を有する。この場合においては，株主

§342の2   第2編　株式会社　第4章　機関

は，1人のみに投票し，又は2人以上に投票して，その議決権を行使することが
できる。
④　前項の場合には，投票の最多数を得た者から順次取締役に選任されたものとす
る。
⑤　前2項に定めるもののほか，第1項の規定による請求があった場合における取
締役の選任に関し必要な事項は，法務省令で定める。
⑥　前条の規定は，前3項に規定するところにより選任された取締役の解任の決議
については，適用しない。

　本条は，累積投票による取締役の選任について定める規定である。本改正により，本条1項の「取締役」の後に括弧書が追加された。
　本改正により新たに設けられた機関設計である監査等委員会設置会社においては，取締役の選任に際し，監査等委員である取締役とそれ以外の取締役とを区別して選任しなければならない（329Ⅱ）。そこで，累積投票に関しても，監査等委員である取締役の選任とそれ以外の取締役の選任を別個のものとして取り扱うこととするために，本条における「取締役」という用語について括弧書を追加し，監査等委員会設置会社の場合の特例を定めることとされた。したがって，監査等委員会設置会社の場合は，株主総会の目的である事項が，2人以上の監査等委員である取締役の選任であるか，2人以上の監査等委員ではない取締役の選任であるときに，（定款で別段の定めがない限り，）累積投票の対象となる。一方で，監査等委員である取締役とそれ以外の取締役を1人ずつ選任し，合わせれば2人の取締役の選任といえるにすぎない場合には，累積投票の対象とはならない。

                                                            （山下徹哉）

（監査等委員である取締役等の選任等についての意見の陳述）（新設）
第342条の2①　監査等委員である取締役は，株主総会において，監査等委員である取締役の選任若しくは解任又は辞任について意見を述べることができる。
②　監査等委員である取締役を辞任した者は，辞任後最初に招集される株主総会に出席して，辞任した旨及びその理由を述べることができる。
③　取締役は，前項の者に対し，同項の株主総会を招集する旨及び第298条第1項第1号に掲げる事項を通知しなければならない。

366   〔前　田〕

第3節　役員及び会計監査人の選任及び解任　第3款　選任及び解任の	
手続に関する特則	§342の2

④　監査等委員会が選定する監査等委員は，株主総会において，監査等委員である取締役以外の取締役の選任若しくは解任又は辞任について監査等委員会の意見を述べることができる。

I　本条の新設の趣旨

改正法により，新たな機関形態として監査等委員会設置会社の制度が創設されたことに伴い，本条において，監査等委員である取締役は，監査等委員である取締役の選任等について株主総会における意見陳述権を有すること（本条 I），監査等委員である取締役を辞任した者は株主総会における意見陳述権を有すること（本条 II III），および監査等委員会が選定する監査等委員は，監査等委員である取締役以外の取締役の選任等について株主総会における意見陳述権を有すること（本条 IV）を定める規定が新設された。

II　監査等委員の選任等についての意見陳述権

1　改正の理由と内容

監査等委員である取締役は，株主総会において，監査等委員である取締役の選任・解任・辞任について意見を述べることができる（本条 I）。

監査等委員会設置会社における監査等委員会は，取締役の職務を監査し，監査報告を作成することを職務としており（399の2 III ①），監査等委員である取締役は，取締役ではあるものの，監査役会設置会社における監査役に近い性質を有している。そこで改正法は，監査等委員である取締役の選任・解任・辞任について，監査役の選任等（329 I・343・345 I-IV）についてと同様の規律を設けることで，その独立性を確保し，また地位を強化しようとしている。すなわち，監査等委員会設置会社における監査等委員である取締役は，監査等委員でない取締役と区別して，株主総会決議により選任される（329 II）。監査等委員である取締役の選任議案を取締役が株主総会に提出するには，監査等委員会の同意が必要であり，監査等委員会は，選任の議題・議案の提案権を有する。また監査等委員である取締役の解任には，株主総会・種類株主総会の特別決議を要する（344の2・309 II ⑦・324 II ⑤）。本条1項の規定は，これらの規律と並び，監査等委員である取締役の独立性確保のために設けられた規定である。

〔前　田〕

367

§342の2　　　　　　　　　　　　　　　第2編　株式会社　第4章　機関

すなわち，本条1項の規定は，監査等委員である取締役の選任等についての意見陳述権を監査等委員である取締役に付与することにより，株主に判断材料を提供し，株主総会における審議が慎重になされることを確保するとともに，監査等委員以外の取締役によって，監査等委員以外の取締役と意見を異にする監査等委員が不当に解任されること（もしくは不再任となること），または監査等委員以外の取締役と緊密な関係にある監査等委員が不当に選任されることを牽制することをねらっている。それとともに，監査等委員がこの意見陳述権を背景として，監査等委員の選任・解任議案に関する取締役会における審議で主導的役割を果たすことが期待される。辞任についても，本条1項の規定は，監査等委員に意見陳述権を保障することにより，監査等委員以外の取締役によって，監査等委員以外の取締役と意見を異にする監査等委員が不当に事実上辞任を強制されることを牽制し，他方で監査等委員が自発的に辞任した場合には，その背後にある他の取締役との意見対立を株主に知らせる機会を確保することを意図している。

　本条1項の規定により，監査等委員である取締役が意見陳述をすることができるのは，自分自身の選任等についてに限られない。すなわち，監査等委員である取締役は，自らの再任・解任について意見陳述ができることはもとより，他の監査等委員の選任・解任・辞任について意見を述べることができる。

　監査等委員である取締役が辞任をした場合には，その者自身はもはや監査等委員である取締役ではなく，本条1項の規定に基づく意見陳述をすることはできないが，辞任後最初に招集される株主総会に出席して，辞任した旨およびその理由を述べることができる（本条Ⅱ）。この意見陳述の機会を確保するために，取締役は，監査等委員である取締役を辞任した者に対し，辞任後最初に招集される株主総会について，それを招集する旨およびその日時・場所を通知しなければならない（本条Ⅲ）。

　書面または電磁的方法による議決権行使が行われる場合には，本条1項の規定による監査等委員である取締役の意見があるときは，その意見の内容の概要を株主総会参考書類に記載しなければならない（301・302，会社則65・74の3Ⅰ⑤・78の2③）。

　また，公開会社において監査等委員である取締役の解任・辞任があった場合には，その者の氏名とともに，本条1項の規定による監査等委員である取締役の意見があるときはその意見の内容を，本条2項の規定により陳述された理由があるときはその理由を，事業報告に記載しなければならない（会社則121⑦

368　　　　　　　　　　　　　　　　　　　　　　　　　　　　　　　　〔前　田〕

第3節　役員及び会計監査人の選任及び解任　第3款　選任及び解任の手続に関する特則　　§342の2

イ–ハ）。株主総会議事録には，本条1項の規定による監査等委員である取締役の意見があるときはその意見の内容の概要を，本条2項の規定に基づき辞任した旨とその理由の陳述があるときはその陳述の内容の概要を，記載しなければならない（会社則72Ⅲ③イロ）。

以上について，会計参与等の選任等に関する，345条の注釈を参照されたい〔☞会社法コンメ(7)§345〔572頁［後藤元］〕〕。

2　中間試案・見直し要綱との比較

見直し要綱の段階までは，監査等委員会設置会社は「監査・監督委員会設置会社」，監査等委員会は「監査・監督委員会」とよばれていた。本条1項から3項までに定める監査等委員の選任等についての意見陳述権について，中間試案（第1部第1の2⑶⑤⑥），および見直し要綱（第1部第1の1⑵⑤⑥）からの変更はない。

Ⅲ　監査等委員以外の取締役の選任等についての意見陳述権

1　改正の理由

監査等委員会が選定する監査等委員は，監査等委員以外の取締役の選任・解任・辞任について，株主総会において監査等委員会の意見を述べることができる（本条Ⅳ）。監査等委員会設置会社には，指名委員会等設置会社の指名委員会に相当する委員会が存在しないために，監査等委員以外の取締役の人事面での独立性確保が難しくなるところ，それを補うための工夫として，監査等委員以外の取締役の選任等について，監査等委員会に意見陳述権を与えることとしたのである（要綱概要5頁）。

この意見陳述権により，監査等委員会の意見が株主に知らされ，株主による議決権行使に影響を与え，株主総会における業務執行者を含む取締役の選解任を通じた株主による取締役に対する監督が実効的に行われるようになるといわれる（一問一答平成26年43頁）。しかし意見陳述権の実際上のより重要な機能は，株主による議決権行使に影響を与え，または株主による監督を促すというよりは，むしろ意見陳述権を背景として，取締役会における審議の段階で，監査等委員たる取締役が，取締役の人事について主導的役割を果たすことを可能にすること（立案担当平成26年133頁，一問一答平成26年43頁）であろう。取締役の人事についての取締役会における審議には，もとより監査等委員である取

〔前田〕

役も参加する。監査等委員である取締役は，もし監査等委員以外の取締役の選任等について相当でないと認める事情が存在するのであれば，それを是正すべく，まずは取締役会において意見を述べることが善管注意義務から要請される。業務執行者としては，監査等委員会が選定する監査等委員によって相当でない旨の意見陳述が株主総会で行われることのないよう，実際上，取締役会における審議の段階で，監査等委員である取締役の意見を尊重せざるを得ないという圧力を受けることになる。このようにして，監査等委員会が指名委員会等設置会社の指名委員会に近い機能を果たすことが期待される。

本条と同様の考え方に基づき，監査等委員以外の取締役の報酬面での独立性確保を図るための規定が，361条6項に設けられている。

2 中間試案・見直し要綱との比較

見直し要綱の段階までは，監査等委員会設置会社は「監査・監督委員会設置会社」，監査等委員会は「監査・監督委員会」とよばれていた。

中間試案では，監査等委員会が選定する監査等委員は，監査等委員である取締役も含めた取締役の選任・解任・辞任について，株主総会において意見を述べることができるものとするかどうかを検討課題としていたが（第1部第1の2(2)④注1），見直し要綱および改正法は，監査等委員会に意見陳述権を付与することとした。

3 意見陳述をする者

本条に基づいて意見陳述を行うのは，監査等委員会が選定する監査等委員である（本条Ⅳ）。

監査等委員以外の取締役の選任等についての意見の決定（399の2Ⅲ③），および本条に基づく意見陳述は，監査役会設置会社における監査役，または指名委員会等設置会社における監査委員の有する「監査」の権限を超え，取締役の人事面にまで踏み込んだ「監督」ともいうべき権限である（「監査等」委員会という名称は，この人事面および報酬面での意見陳述権の存在を考慮したものである）。監査等委員会は，妥当性の観点から（松元暢子「監査等に関する規律の見直し」論点詳解52頁，江頭591頁），多数決により組織的に意見を決定し（同号・399の10Ⅰ），その選定する監査等委員が株主総会において意見陳述を行う仕組みがとられている。

370　　　　　　　　　　　　　　　　　　　　　　　　　　　　　　〔前　田〕

第3節 役員及び会計監査人の選任及び解任 第3款 選任及び解任の
手続に関する特則 §342の2

4 意見陳述の内容と意見陳述がなされる株主総会

　本条4項の規定に基づく意見陳述権は，監査等委員会が指名委員会等設置会社の指名委員会の機能にできるだけ近い機能を果たすべく，監査等委員以外の取締役の選任または解任について，取締役会における議案の決定が適正に行われることを主たる目的として設けられた制度である［☞1］。したがって，本条4項の規定に基づく意見陳述は，監査等委員以外の取締役について，取締役会において選任・解任の議案が決定されたことが前提になると解すべきであろう。すなわち，本条4項の規定は，取締役会において選任・解任の具体的な議案が決定されていないにもかかわらず，一般的・抽象的に監査等委員以外の取締役の人事について意見を陳述することを認める規定ではない。株主総会参考書類への記載［☞6］もこのことを前提としている。辞任についての意見陳述権も，不当に事実上辞任を強制されることを阻止するために認められたものであり，具体的に辞任があったことが意見陳述の前提になると解される。

　そうすると，本条4項の規定自体は，とくに意見陳述を行うべき株主総会を限定しておらず，どの株主総会において意見陳述権を行使するかは監査等委員である取締役が善管注意義務に照らして判断すればよいとはいえるものの（太子堂厚子「監査等委員会設置会社への移行後の実務課題」商事2111号〔2016〕18頁。同旨，松元・前掲54頁），合理的な理由により監査等委員会における意見形成に時間を要したなどの特段の事情のない限りは，選任・解任についての意見陳述は，当該選任または解任の議案が提出された株主総会において行うことが善管注意義務から要請されるのではなかろうか。本条4項の規定に基づく意見陳述権の趣旨には，当該選任・解任議案についての議決権行使の判断材料を株主に与えることも含まれているところ［☞1］，その後に招集される株主総会における意見陳述では，この趣旨との関係では意見を陳述する意味がなくなるからである。

　監査等委員以外の取締役の任期は1年であるから（332Ⅲ），選任についての意見陳述は，通常は，定時株主総会ごとに行われることになると考えられる。

　辞任についての意見陳述もまた，不当な辞任を阻止するという趣旨に照らせば，特段の事情のない限りは，辞任後最初に招集される株主総会において行うべきこととなろう。

〔前　田〕

371

5 意見陳述の義務

本条4項の規定に基づいて監査等委員会が選定する監査等委員が株主総会で述べる意見の内容は，監査等委員会で決定する（399の2Ⅲ③）。監査等委員以外の取締役について選任・解任・辞任がある場合には，監査等委員会はその職務として，必ずこの意見を決定しなければならない（江頭憲治郎「会社法改正によって日本の会社は変わらない」法時86巻11号〔2014〕64頁）。

監査等委員が意見を決定した場合には，本条4項の規定に基づいて，監査等委員会が選定する監査等委員は，必ず株主総会で意見陳述を行わなければならないか。同項の文言は，意見を述べることが「できる」とされており，常には意見陳述を行う義務はないと解する説もある（江頭・前掲64頁，江頭593頁注2，塚本英巨・監査等委員会導入の実務〔商事法務，2015〕227頁）。これに対しては，監査等委員会が選定する監査等委員は，その職務として，株主総会で必ず意見陳述を行わなければならないと解する説もある（森本滋「平成26年会社法改正の理念と課題」法の支配176号〔2015〕58頁，龍田＝前田137頁注19。ほぼ同旨，太子堂・前掲26頁注3)。

文言上，決定に関する399条の2第3項3号の規定は，意見陳述に関する本条4項の規定を受け，株主総会において陳述する意見を決定するという形で定められており，意見陳述と決定とは一体であって，意見陳述なしに決定だけがされることは想定されていないように読める。そして監査等委員会設置会社の制度は，監査等委員会に，指名委員会等設置会社の指名委員会・報酬委員会にできるだけ近い機能を発揮させ，取締役会の監督機能をできるだけ指名委員会等設置会社におけるのと遜色ないようにすることが，その基本的な考え方である。意見陳述も決定も常に行わなければならないと解するのが，この制度の趣旨にもっとも合致した解釈であるというべきであろう。本条4項の文言は，たしかに「できる」となっているが，これは職務権限であって（森本滋「監査等委員会設置会社をめぐる法的諸問題」監査役651号〔2016〕9頁），必要ならば権限を行使することが善管注意義務から要請されるところ，監査等委員会設置会社の制度の趣旨から，意見陳述を行うことが常に必要であると解釈すべきこととなる。

監査等委員以外の取締役についての選任・解任・辞任があるにもかかわらず，監査等委員会としてとくに指摘すべき事項がない場合には，株主総会における意見陳述を行わないことができるとの見解もあるが（太子堂・前掲19頁，

塚本・前掲227頁，三浦亮太「監査等委員会設置会社への移行および移行後の株主総会の留意点」商事2097号〔2016〕18-19頁），この場合でも，「指摘すべき事項はない」旨の意見陳述は行わなければならないと解すべきではなかろうか。

　もっとも，常には意見陳述を行う義務はないという解釈をとるとしても，意見を決定している以上，株主総会の議場で，取締役の選任・解任の議題に関連して株主から説明を求められれば，説明義務の規定（314）に基づき，監査等委員会が選定する監査等委員は意見を述べなければならない（江頭・前掲64頁，江頭593頁注2，松元・前掲54頁）。また，株主は，必要があれば裁判所の許可を得て監査等委員会議事録の閲覧・謄写をすることもでき（399の11 II），通常は必要性の要件は充たされることになろう（江頭・前掲64頁，江頭593頁注2）。

6　株主総会参考書類等への意見の記載

　書面または電磁的方法による議決権行使が行われる場合には，本条4項の規定による監査等委員会の意見があるときは，その意見の内容の概要を株主総会参考書類に記載しなければならない（301・302，会社則65・74 I ③・78 ③）。

　監査等委員以外の取締役の選任議案または解任議案について株主が議決権を行使するに当たり，監査等委員会の意見は重要な判断材料になるため，その意見の内容の概要が株主総会参考書類の記載事項とされている。

　辞任について監査等委員会の意見があるときは，株主総会参考書類への記載は要求されていないが，それは，辞任についての議案は存在しないからである。

　なお，本条4項の規定に基づく意見陳述は株主総会当日に行使されるものであるところ，株主総会参考書類への記載がなされていないからといって，意見陳述を行うことが制約されるわけではない〔☞ 会社法コンメ(7)§345 IV〔577頁〔後藤元〕〔会計参与等の選任等〕〕。選任議案または解任議案が株主総会に提出される場合であっても，当該株主総会においては意見陳述が行われないことが例外的にはあり得るところであるし〔☞ 4〕，仮に常には意見陳述を行う義務はないという前記の立場〔☞ 5〕をとると，どの株主総会においても意見陳述がなされないことがあり得ることとなるが，株主総会参考書類の作成時点までに，その対象とする株主総会において意見陳述がなされることを合理的に知り得なかった場合には，たとえ株主総会参考書類への記載がないまま株主総会当日に意見陳述がなされても，株主総会参考書類に不実の記載がなされたことにはな

§344   第2編　株式会社　第4章　機関

らず，株主総会決議に取消事由（831 I ①）が生じることはないという解釈をと
るべきであろう。その逆に，株主総会参考書類の作成時点で，その対象とする
株主総会において意見陳述がなされるという合理的な予測に基づき株主総会参
考書類への記載がなされたところ，株主総会当日に意見陳述がなされなかった
場合も，同様に解すべきこととなる。

　公開会社における事業報告には，監査等委員以外の取締役の解任・辞任が
あった場合に，その者の氏名とともに，本条4項の規定による監査等委員会の
意見があるときは，その意見の内容を記載しなければならない（会社則 121 ⑦
イロ）。株主総会議事録には，本条4項の規定による監査等委員会の意見陳述
があった場合には，その意見の内容の概要を記載しなければならない（会社則
72 III ③ ハ）。

7　違反の効果

　監査等委員以外の取締役の選任または解任の議案が提出された株主総会にお
いて，監査等委員会が選定する監査等委員が本条4項の規定に基づく意見陳述
を行うことを求めたにもかかわらず，意見陳述の機会を与えることなく，当該
選任・解任の議案について株主総会決議がなされた場合には，その決議につい
て，決議方法の法令違反を理由に取消事由が生じる（831 I ①）。株主総会参考
書類への必要な記載［☞ 6］を欠けば，招集手続の法令違反を理由に取消事由
が生じる（同号）。

　辞任についての意見陳述の機会が与えられなかった場合は，ただちに決議の
瑕疵には結び付くことはないが，その者の辞任に関する意見陳述がなされな
かったことが，株主総会の決議事項（他の監査等委員以外の取締役の選任決議な
ど）に影響を与えるときは，当該決議事項に関する株主総会決議に取消しの問
題を生じる可能性は否定できない［☞ 会社法コンメ (7) § 345 VI〔578 頁［後藤
元］〕〔会計参与等の選任等］〕。

                                                                （前田雅弘）

　（会計監査人の選任等に関する議案の内容の決定）（全面改正）
　第 344 条 ① 　監査役設置会社においては，株主総会に提出する会計監査人の選任
　　及び解任並びに会計監査人を再任しないことに関する議案の内容は，監査役が決

第3節　役員及び会計監査人の選任及び解任　第3款　選任及び解任の手続に
関する特則　　　　　　　　　　　　　　　　　　　　　　　　　§344

定する。
②　監査役が2人以上ある場合における前項の規定の適用については，同項中「監
　査役が」とあるのは，「監査役の過半数をもって」とする。
③　監査役会設置会社における第1項の規定の適用については，同項中「監査役」
　とあるのは，「監査役会」とする。

I　改正の趣旨

　会計監査人は，株主総会の決議によって，選任または解任され（329 I・339
I），選任後1年以内に終了する事業年度のうち最終のものに関する定時株主総
会において別段（不再任）の決議がされなかったときは，当該定時株主総会に
おいて再任されたものとみなされる（338 II）。改正前法は，監査役（会）設置
会社においては，会計監査人の選任・解任・不再任に関する議題および議案
（の概要）について，原則として取締役（取締役会設置会社においては，取締役会）
が決定すべきこととしつつ（改正前298 I②⑤・IV，改正前会社則63③イ・⑦
イ・73 I①），会計監査人の独立性を実質的に確保するとともに，監査役と会計
監査人の連携協力を円滑にするため（新注会(6)522-523頁［龍田節]），会計監査
人の選任に関する議案および会計監査人の解任・不再任に関する議題につい
て，監査役（監査役会設置会社においては，監査役会）に同意権を付与し（改正前
344 I III），監査役（会）が会計監査人人事について積極的にイニシアティブを
とることを可能とするため（稲葉375頁），会計監査人の選任に関する議案およ
び会計監査人の選任・解任・不再任に関する議題について，監査役（会）に提
案権を付与していた（同条 II III）。
　しかしながら，会計監査人の選解任等に関する議案について取締役（会）が
決定するという制度には，「インセンティブのねじれ」（取締役と会計監査人との
間の利益相反）が存在しており（コーポレート・ガバナンスに関する有識者懇談会
「上場会社に関するコーポレート・ガバナンス上の諸課題について」〔2009〕27頁），上
記のような「改正前の規律は，監査役または監査役会による会計監査人の選解
任等に関する議案等についての同意権および提案権の行使状況も併せて考慮す
れば，会計監査人の独立性を確保するという観点からは，必ずしも十分では
な」く（一問一答平成26年136頁），会計監査人の選解任等に関する議案の内容
の決定権を監査役（会）に付与することにより，「『インセンティブのねじれ』

〔山　田〕

§344　　　　　　　　　　　　　　　第2編　株式会社　第4章　機関

を目に見える形で克服していくことが重要である」（金融審議会公認会計士制度部会報告「公認会計士・監査法人制度の充実・強化について」〔2006〕6-7頁。コーポレート・ガバナンスに関する有識者懇談会・前掲26-36頁，日本公認会計士協会「上場会社のコーポレート・ガバナンスとディスクロージャー制度のあり方に関する提言」〔2009〕7-8頁，金融審議会金融分科会「我が国金融・資本市場の国際化に関するスタディグループ報告」〔2009〕12-13頁，日本監査役協会「有識者懇談会の答申に対する最終報告書」〔2010〕37-43頁も参照）との指摘がされていた。また，平成19年6月に公認会計士法等の一部を改正する法律案が可決された際には，衆議院財務金融委員会（2007年6月8日）において，「財務情報の適正性の確保のためには，企業のガバナンスが前提であり，監査役又は監査委員会の機能の適切な発揮を図るとともに，監査人の選任決議案の決定権や監査報酬の決定権限を監査役に付与する措置についても，引き続き真剣な検討を行い，早急に結論を得るよう努めること」との附帯決議がされ，参議院財政金融委員会（2007年6月15日）においても，同旨の附帯決議がされた。

　そこで，会計監査人の取締役（会）からの独立性を確保するとともに，監査役（会）と会計監査人との職務上の密接な関係にかんがみ，会計監査人の選任につき監査役（会）の意思を反映させるため（江頭620頁），改正法は，監査役（会）設置会社においては，株主総会に提出する会計監査人の選任・解任・不再任に関する議案の内容は，監査役（会）が決定することとした。

II　決定権の内容

　監査役設置会社においては，株主総会に提出する会計監査人の選解任等に関する議案の内容は，監査役が1人である場合には監査役が（本条I），監査役が2人以上ある場合には監査役の過半数をもって（本条II），当該会社が監査役会設置会社である場合には監査役会が（本条III。監査役の過半数をもって行う監査役会の決議〔393 I〕によって），それぞれ決定する。

　指名委員会等設置会社（改正前法の下では委員会設置会社）においては，平成14年改正による制度の導入時から，会計監査人の選解任等に関する議案の内容の決定権は監査委員会に付与されている（平14改正商特21の8 II②，会社404 II②）ところ，指名委員会等設置会社の取締役会は，会計監査人の選解任等に関する議案の内容の決定をすることができないだけでなく，監査委員会がこれらの議案の内容についてした決定を取り消したり，変更したりすることもでき

376　　　　　　　　　　　　　　　　　　　　　　　　　　　　　　〔山　田〕

第3節　役員及び会計監査人の選任及び解任　第3款　選任及び解任の手続に
関する特則
§344

ないと解されている（始関・平成14年92頁）。監査役（会）設置会社の取締役
（会）も，会計監査人の選解任等に関する議案の内容の決定をすることができ
ないだけでなく，監査役（会）がこれらの議案の内容についてした決定を取り
消したり，変更したりすることもできないと解されている（一問一答平成26年
136-137頁，松元暢子「監査等に関する規律の見直し」論点詳解61頁）。

　会計監査人の選解任等に関する議案の内容の決定に際して，取締役が監査役
（会）に対して議案の原案を提示することの可否について，学説では，本条の
改正の経緯にかんがみ，取締役が原案を提示することは認められないとする見
解（江頭621頁注18，松元・前掲61-62頁）と，取締役が原案を提示すること
は，とくにこれを禁じる規定がない以上，許容されているとする見解〔☞§399
の2Ⅲ3⑶〕とが対立している。日本監査役協会会計委員会が，本条の改正の
趣旨を踏まえ，監査役としての会計監査人の選解任等の議案の内容の決定権行
使に対する考え方および実務対応を示すものとして，2015年3月に公表した
「会計監査人の選解任等に関する議案の内容の決定権行使に関する監査役の対
応指針」（以下，「対応指針」という）は，「具体的な実務としては，監査役は，
会計監査人の選解任等の議案決定に際して，経営執行部門から会計監査人の選
任候補案を受領することが考えられる」としており（対応指針2頁），実務で
は，取締役が監査役（会）に対して会計監査人の選解任等に関する議案の原案
を提示することも排除していないようである。

　監査役（会）が会計監査人の選解任等に関する議案の内容を決定した場合に
は，取締役（会）は，当該議案について決議するための株主総会の招集の決定
（298ⅠⅣ）をしなければならない（一問一答平成26年136-137頁）。

Ⅲ　決定権行使の方法

　監査役（会）が会計監査人の選解任等に関する議案の内容の決定権を適切に
行使するためには，現任の会計監査人の監査活動の適切性・妥当性を評価し，
会計監査人の選解任等に関する議案の内容の決定および再任の適否の判断を主
体的に行わなければならない（対応指針2-3頁）。対応指針は，「監査活動の適
切性・妥当性の評価にあたって，監査役は，……経営執行部門から会計監査人
の活動実態について報告聴取するほか，自ら事業年度を通して，会計監査人か
ら会計監査についての報告聴取，現場立会いを行い，会計監査人が監査品質を
維持し適切に監査しているか評価する。公開会社においては，事業報告に記載

〔山　田〕

§344　　　　　　　　　　　　　　　　　　　第2編　株式会社　第4章　機関

している『会計監査人の解任又は不再任の決定の方針』の内容も再任・不再任の判断基準となる。また，会計監査人の独立性，法令等の遵守状況についても検討が必要である」，「監査役は，……会計監査人が再任に相応しい監査活動を行っているかどうか，事業年度毎に，監視・検証し，再任の適否について判断しなければならない」としている（対応指針3-4頁。日本監査役協会「監査役監査基準」〔平成27年7月改定。以下，「監査役監査基準」という〕34ⅡⅢも参照）。

　監査役（会）は，会計監査人の再任が不適当と判断した場合には，速やかに新たな会計監査人候補者を検討しなければならない（監査役監査基準34Ⅳ前段）ところ，対応指針は，「監査役は，……会計監査人の選任候補に関して，公認会計士又は監査法人の概要，欠格事由の有無，内部管理体制，監査報酬の水準，会計監査人の独立性に関する事項等職務の遂行に関する事項（会社計算規則第131条）等について，経営執行部門から事前に十分な報告を受けるとともに，経営執行部門において適切な検討プロセスを経ているか確認する必要がある」としている（対応指針2-3頁。監査役監査基準34Ⅳ後段も参照）。

　東京証券取引所が，その有価証券上場規程の別添として定め，2015年6月から適用している「コーポレートガバナンス・コード」（2018年6月改訂。東京証券取引所有価証券上場規程436の3・445の3参照）も，監査役会は，少なくとも① 外部会計監査人候補を適切に選定し外部会計監査人を適切に評価するための基準の策定，② 外部会計監査人に求められる独立性と専門性を有しているか否かについての確認を行うべきであるとしている（同補充原則3-2①）。

　日本監査役協会会計委員会が，2015年11月に公表し，2017年10月に改定した「会計監査人の評価及び選定基準策定に関する監査役等の実務指針」（以下，「実務指針」という）は，会計監査人の評価基準項目例として，監査法人の品質管理，監査チーム，監査報酬等，監査役等とのコミュニケーション，経営者等との関係，グループ監査および不正リスクについて14項目を，会計監査人の選定基準項目例として，監査法人の概要，監査の実施体制等および監査報酬見積額について7項目を掲げている（実務指針5-36頁）。

Ⅳ　開　　示

　本改正に向けて検討が行われた法制審議会会社法制部会においては，監査役（会）による会計監査人の選解任等に関する議案の内容の決定権の行使状況やその行使の理由を事業報告等において開示することにより，監査役（会）によ

第3節　役員及び会計監査人の選任及び解任　第3款　選任及び解任の
手続に関する特則　　　　　　　　　　　　　　　　　　　§344の2

るこの権限の行使に関する実効性が高まるとの指摘がされ（法制審議会会社法制
部会第23回会議議事録10-11頁［栗田照久・太田順司］），同部会の支持を得た（一
問一答平成26年137頁注1）。

　そこで，改正省令は，会計監査人の選任議案に関する株主総会参考書類記載
事項として，監査役（会）が「当該候補者を会計監査人の候補者とした理由」
（会社則77③）の記載を求め，会計監査人の解任・不再任議案に関する株主総
会参考書類記載事項として，監査役（会）が会計監査人の解任・不再任「議案
の内容を決定した理由」（同則81②）の記載を求めることとした。この「理
由」は，監査役（会）が当該議案の内容を決定した理由であり，株主総会参考
書類を作成する取締役において，監査役（会）からその理由を聴取する等し
て，株主総会参考書類に記載することとなる（平成26年法務省令16頁）。ま
た，公開会社である会計監査人設置会社の事業報告の記載事項である「会計監
査人の解任又は不再任の決定の方針」（同則126④）も，監査役（会）が策定
し，取締役において，事業報告に記載することとなる（太田洋＝髙木弘明編著・
平成26年会社法改正と実務対応〔改訂版〕〔商事法務，2015〕135頁，監査役監査基準
34Ⅰ）。

　なお，上場会社は，原則として，当該会社の会計監査人を，有価証券報告書
等に記載される財務諸表等の監査証明等を行う公認会計士等として選任するも
のとされている（東証有価証券上場規程438）ところ，上場会社は，有価証券報
告書に，「監査の状況」として，① 当該会社が監査公認会計士等（企業開示19
Ⅱ⑨の4）を選定した理由について，当該会社が監査公認会計士等を選定する
に当たって考慮するものとしている方針（会社法施行規則126条4号に掲げる事項
を含む）を含めて具体的に記載すること，② 当該会社の監査役（会）が当該会
社の監査公認会計士等または会計監査人の評価を行った場合には，その旨およ
びその内容を記載することを求められる（金商24Ⅰ①，企業開示15①イ・第3号
様式記載上の注意(37)・第2号様式記載上の注意(56)d(c)(e)）。

(山田純子)

（監査等委員である取締役の選任に関する監査等委員会の同意等）（新設）
　第344条の2① 取締役は，監査等委員会がある場合において，監査等委員である
　取締役の選任に関する議案を株主総会に提出するには，監査等委員会の同意を得

〔前　田〕

§344の2　　　　　　　　　　　　　　　　第2編　株式会社　第4章　機関

なければならない。
② 監査等委員会は，取締役に対し，監査等委員である取締役の選任を株主総会の目的とすること又は監査等委員である取締役の選任に関する議案を株主総会に提出することを請求することができる。
③ 第341条の規定は，監査等委員である取締役の解任の決議については，適用しない。

I　本条の新設の趣旨

改正法により，新たな機関形態として監査等委員会設置会社の制度が創設されたことに伴い，本条において，監査等委員である取締役の選任議案を取締役が株主総会に提出するには，監査等委員会の同意が必要であること（本条I），監査等委員会は，監査等委員である取締役の選任の議題・議案の提案権を有すること（本条II），および監査等委員である取締役の解任については，一般の取締役の解任とは株主総会の決議要件が異なること（本条III）を定める規定が新設された。

II　監査等委員の選任等に関する監査等委員会の同意権等

1　改正の理由と内容

改正法は，監査等委員である取締役の選任・解任・辞任について，監査役の選任等（329I・343・345 I-IV）についてと同様の規律を設けることで，その独立性を確保し，地位を強化しようとしており［☞§342の2 II 1］，本条の規定もその一環である。

本条1項の規定は，343条1項・3項の規定に倣い，監査等委員である取締役の選任議案を取締役が株主総会に提出するには，監査等委員会の同意が必要である旨を定める。

本条2項の規定は，343条2項・3項の規定に倣い，監査等委員会は，監査等委員である取締役の選任の議題・議案の提案権を有する旨を定める。

書面または電磁的方法による議決権行使が行われる会社において，取締役が監査等委員である取締役の選任に関する議案を提出する場合に，本条2項の規定に基づき当該議案が監査等委員会の請求により提出されたものであるときは，その旨を株主総会参考書類に記載しなければならない（301・302，会社則

380　　　　　　　　　　　　　　　　　　　　　　　　　　　　　〔前　田〕

第3節　役員及び会計監査人の選任及び解任　第3款　選任及び解任の手続に関する特則　§346

74の3 I ④)。

　本条3項の規定は，343条4項の規定に倣い，監査等委員である取締役の解任の決議については，一般の取締役の解任に関する341条の規定（定足数の軽減が制限された株主総会の普通決議を要求する規定）の適用がない旨を定める。監査等委員である取締役の解任には，株主総会の特別決議を要することとなる（309 II ⑦。種類株主総会については324 II ⑤)。

　監査役の選任に関する監査役の同意等に関する，343条の注釈を参照されたい〔☞会社法コンメ(7) §343〔562-567頁〔山田純子〕〕〕。

2　中間試案・見直し要綱との比較

　見直し要綱の段階までは，監査等委員会設置会社は「監査・監督委員会設置会社」，監査等委員会は「監査・監督委員会」とよばれていた。本条の定める監査等委員の選任等に関する監査等委員会の同意権等について，中間試案（第1部第1の2(3)②-④)，および見直し要綱（第1部第1の1(2)②-④)からの変更はない。

（前田雅弘）

（役員等に欠員を生じた場合の措置）

第346条 ①　役員（監査等委員会設置会社にあっては，監査等委員である取締役若しくはそれ以外の取締役又は会計参与。以下この条において同じ。）が欠けた場合又はこの法律若しくは定款で定めた役員の員数が欠けた場合には，任期の満了又は辞任により退任した役員は，新たに選任された役員（次項の一時役員の職務を行うべき者を含む。）が就任するまで，なお役員としての権利義務を有する。

②　前項に規定する場合において，裁判所は，必要があると認めるときは，利害関係人の申立てにより，一時役員の職務を行うべき者を選任することができる。

③　裁判所は，前項の一時役員の職務を行うべき者を選任した場合には，株式会社がその者に対して支払う報酬の額を定めることができる。

④　会計監査人が欠けた場合又は定款で定めた会計監査人の員数が欠けた場合において，遅滞なく会計監査人が選任されないときは，監査役は，一時会計監査人の職務を行うべき者を選任しなければならない。

⑤　第337条及び第340条の規定は，前項の一時会計監査人の職務を行うべき者について準用する。

〔山下（徹）〕

§346 　第2編　株式会社　第4章　機関

⑥　監査役会設置会社における第4項の規定の適用については，同項中「監査役」とあるのは，「監査役会」とする。

⑦　監査等委員会設置会社における第4項の規定の適用については，同項中「監査役」とあるのは，「監査等委員会」とする。

⑧　指名委員会等設置会社における第4項の規定の適用については，同項中「監査役」とあるのは，「監査委員会」とする。

　本条は，役員等に欠員が生じた場合の役員としての権利義務を有する者や一時役員・会計監査人の職務を行うべき者について定める規定である。本改正により，本条は3点の修正を受けた。

　第1に，本条1項の「役員」という用語について，監査等委員会設置会社の場合の読替えが追加された（本条I括弧書。なお，この読替えは，本条の「役員」という用語のすべてについて行われる）。これは，本改正により監査等委員会設置会社という機関設計が新たに設けられたことに対応するものである。本条にいう「役員」という用語は，「取締役，会計参与及び監査役をいう」と定義される（329 I）。ところが，監査等委員会設置会社においては，取締役の選任に際し，監査等委員である取締役とそれ以外の取締役とを区別して選任しなければならず（同条II），また，監査等委員である取締役は3人以上であることが義務付けられる（331 VI）。そのため，役員が欠けたか否か，あるいは役員の員数が欠けたか否かは，監査等委員である取締役とそれ以外の取締役とで別個に判断する必要がある。そこで，監査等委員会設置会社の場合には本条の「役員」という用語を「監査等委員である取締役若しくはそれ以外の取締役又は会計参与」と読み替えることとした。329条3項括弧書と同じ趣旨である。

　第2に，本条7項が追加された。これは，本改正により監査等委員会設置会社という機関設計が新たに設けられたことに対応するものである。監査等委員会設置会社は，監査役を置くことができない（327 IV）。取締役の職務執行の監査や株主総会に提出する会計監査人の選解任等に関する議案の内容の決定といった監査役設置会社であれば監査役が担う職責は，監査等委員会設置会社では監査等委員会が担うこととされている（399の2 III①②）。本条4項は，会計監査人に欠員が生じた場合に，監査役が一時会計監査人の職務を行うべき者を選任すべきことを定めるところ，本条7項は，監査等委員会設置会社の機関設計に応じて，本条4項の規定中「監査役」とあるのを，「監査等委員会」に読み替える旨を定める。

382 　　　　　　　　　　　　　　　　　　　　　　　　　〔山下（徹）〕

第3節　役員及び会計監査人の選任及び解任　第3款　選任及び解任の手続に
関する特則　　　　　　　　　　　　　　　　　　　　　　　　§347

第3に，本条8項（改正前本条7項を繰下げ）において，本改正前の「委員会
設置会社」が「指名委員会等設置会社」に修正された。これは，本改正による
用語変更（2⑫）に伴う文言の整理であり，実質に関わる改正ではない。

(山下徹哉)

（種類株主総会における取締役又は監査役の選任等）

第347条 ①　第108条第1項第9号に掲げる事項（取締役（監査等委員会設置会
社にあっては，監査等委員である取締役又はそれ以外の取締役）に関するものに
限る。）についての定めがある種類の株式を発行している場合における第329条
第1項，第332条第1項，第339条第1項，第341条並びに第344条の2第1項
及び第2項の規定の適用については，第329条第1項中「株主総会」とあるのは
「株主総会（取締役（監査等委員会設置会社にあっては，監査等委員である取締
役又はそれ以外の取締役）については，第108条第2項第9号に定める事項につ
いての定款の定めに従い，各種類の株式の種類株主を構成員とする種類株主総
会）」と，第332条第1項及び第339条第1項中「株主総会の決議」とあるのは
「株主総会（第41条第1項の規定により又は第90条第1項の種類創立総会若し
くは第347条第1項の規定により読み替えて適用する第329条第1項の種類株主
総会において選任された取締役（監査等委員会設置会社にあっては，監査等委員
である取締役又はそれ以外の取締役。以下この項において同じ。）については，
当該取締役の選任に係る種類の株式の種類株主を構成員とする種類株主総会（定
款に別段の定めがある場合又は当該取締役の任期満了前に当該種類株主総会にお
いて議決権を行使することができる株主が存在しなくなった場合にあっては，株
主総会））の決議」と，第341条中「第309条第1項」とあるのは「第309条第
1項及び第324条」と，「株主総会」とあるのは「株主総会（第347条第1項の
規定により読み替えて適用する第329条第1項及び第339条第1項の種類株主総
会を含む。）」と，第344条の2第1項及び第2項中「株主総会」とあるのは「第
347条第1項の規定により読み替えて適用する第329条第1項の種類株主総会」
とする。

②　第108条第1項第9号に掲げる事項（監査役に関するものに限る。）について
の定めがある種類の株式を発行している場合における第329条第1項，第339条
第1項，第341条並びに第343条第1項及び第2項の規定の適用については，第
329条第1項中「株主総会」とあるのは「株主総会（監査役については，第108
条第2項第9号に定める事項についての定款の定めに従い，各種類の株式の種類
株主を構成員とする種類株主総会）」と，第339条第1項中「株主総会」とある

〔山下(徹)〕

のは「株主総会（第41条第3項において準用する同条第1項の規定により又は第90条第2項において準用する同条第1項の種類創立総会若しくは第347条第2項の規定により読み替えて適用する第329条第1項の種類株主総会において選任された監査役については，当該監査役の選任に係る種類の株式の種類株主を構成員とする種類株主総会（定款に別段の定めがある場合又は当該監査役の任期満了前に当該種類株主総会において議決権を行使することができる株主が存在しなくなった場合にあっては，株主総会））」と，第341条中「第309条第1項」とあるのは「第309条第1項及び第324条」と，「株主総会」とあるのは「株主総会（第347条第2項の規定により読み替えて適用する第329条第1項の種類株主総会を含む。）」と，第343条第1項及び第2項中「株主総会」とあるのは「第347条第2項の規定により読み替えて適用する第329条第1項の種類株主総会」とする。

　本条は，種類株主総会により取締役・監査役を選任できる旨の種類株式（108Ⅰ⑨）がある場合の取締役・監査役の選任等についての特例を定める規定である。本改正により，本条は2点の修正を受けた。

　第1に，本条1項において「取締役」という用語について，監査等委員会設置会社の場合の読替えが追加された。本改正により新たに設けられた機関設計である監査等委員会設置会社においては，取締役の選任に際し，監査等委員である取締役とそれ以外の取締役とを区別して選任しなければならない（329Ⅱ）。このことに対応し，種類株主総会により取締役・監査役を選任できる旨の種類株式において，監査等委員である取締役か，それ以外の取締役かどちらか一方のみについて種類株主総会で選任できる旨を定めることができるし，両方について種類株主総会で選任できる旨を定めることもできる（108Ⅰ⑨）。そのため，当該種類株式が発行されている場合の特例を定める本条1項においても，監査等委員会設置会社の場合には，監査等委員である取締役とそれ以外の取締役を区別する必要がある。そこで，本条1項の「取締役」という用語を，監査等委員会設置会社の場合には「監査等委員である取締役又はそれ以外の取締役」と読み替えることとして，必要箇所について読替えを指示する文言が加えられた。

　第2に，本条1項で読替えを指示する規定に，344条の2第1項および2項が追加された。本改正により監査等委員会設置会社という機関設計が新たに設けられたことに伴って，監査等委員である取締役の選任に関する特例（監査等

第3節　役員及び会計監査人の選任及び解任　第3款　選任及び解任の手続に
関する特則　　　　　　　　　　　　　　　　　　　　　　　　§347

委員会の同意等）を定める344条の2が新たに定められた。種類株主総会によ
り監査等委員である取締役を選任できる旨の種類株式が発行されている場合に
は，同条1項および2項の「株主総会」を適宜読み替える必要がある。そのた
め，同条1項および2項についても必要な読替えをすべき旨が本条1項に定め
られることとなった。

（山下徹哉）

〔山下（徹）〕

§ 357　　　　　　　　　　　　　　　　　　　第 2 編　株式会社　第 4 章　機関

第 8 巻（§§ 348-395）増補 ──────────────────

（業務の執行）

第 348 条① 取締役は，定款に別段の定めがある場合を除き，株式会社（取締役会設置会社を除く。以下この条において同じ。）の業務を執行する。

② 取締役が 2 人以上ある場合には，株式会社の業務は，定款に別段の定めがある場合を除き，取締役の過半数をもって決定する。

③ 前項の場合には，取締役は，次に掲げる事項についての決定を各取締役に委任することができない。

1　支配人の選任及び解任

2　支店の設置，移転及び廃止

3　第 298 条第 1 項各号（第 325 条において準用する場合を含む。）に掲げる事項

4　取締役の職務の執行が法令及び定款に適合することを確保するための体制その他株式会社の業務並びに当該株式会社及びその子会社から成る企業集団の業務の適正を確保するために必要なものとして法務省令で定める体制の整備

5　第 426 条第 1 項の規定による定款の定めに基づく第 423 条第 1 項の責任の免除

④ 大会社においては，取締役は，前項第 4 号に掲げる事項を決定しなければならない。

　本条 3 項 4 号の改正は，362 条 4 項 6 号の改正と同じく，改正前本条 3 項 4 号の「株式会社の業務の適正を確保するために必要なものとして法務省令で定める体制」として改正前会社法施行規則 98 条 1 項 5 号において定められていた事項（「当該株式会社並びにその親会社及び子会社から成る企業集団における業務の適正を確保するための体制」）の一部を，会社法本体に定めることにしたものである。本条 3 項 4 号の改正の趣旨は 362 条 4 項 6 号の改正と同じである。

（加藤貴仁）

（取締役の報告義務）

第 357 条① 取締役は，株式会社に著しい損害を及ぼすおそれのある事実があることを発見したときは，直ちに，当該事実を株主（監査役設置会社にあっては，

〔山下（徹）〕

第4節　取締役　　　　　　　　　　　　　　　　　　　　　　§ 360

　　監査役）に報告しなければならない。
② 監査役会設置会社における前項の規定の適用については，同項中「株主（監査
　役設置会社にあっては，監査役）」とあるのは，「監査役会」とする。
③ 監査等委員会設置会社における第1項の規定の適用については，同項中「株主
　（監査役設置会社にあっては，監査役）」とあるのは，「監査等委員会」とする。

　本条は，取締役が会社に著しい損害を及ぼすおそれのある事実があることを
発見したときの報告義務を定める規定である。本改正により，本条3項が追加
された。
　本条3項は，監査等委員会設置会社の場合に，報告の相手方を「監査等委員
会」とするものである。本改正により新たに設けられた機関設計である監査等
委員会設置会社においては，業務監査を行う機関として監査等委員会が設置さ
れる（399の2 III ①）。本条1項および2項において，報告の相手方は，業務監
査を行う機関が置かれていない株式会社では株主，監査役設置会社では監査
役，監査役会設置会社では監査役会と，業務監査に関する機関設計に応じて報
告の相手方を変えることとされている。そこで，これらの規定と横並びのもの
として，監査等委員会設置会社における報告の相手方を監査等委員会と定める
のが本条3項である。
　なお，指名委員会等設置会社においては，執行役について同様の報告義務が
規定されている（419 I）ところ，その報告の相手方は監査委員であり，会議体
としての監査委員会ではない。監査等委員会設置会社における監査等委員会
は，指名委員会等設置会社における監査委員会と同様に，会議体として組織的
な監査を行うものとして設計されているが（一問一答平成26年55頁），取締役
ないし執行役の報告の相手方に関しては，監査役会設置会社における場合（報
告の相手方を会議体としての監査役会とする。本条 II）と同様のルールが採用され
ていることになる［この点に関する検討については ☞ § 419］。

　　　　　　　　　　　　　　　　　　　　　　　　　　　　　　　（山下徹哉）

（株主による取締役の行為の差止め）
第360条① 6箇月（これを下回る期間を定款で定めた場合にあっては，その期
　間）前から引き続き株式を有する株主は，取締役が株式会社の目的の範囲外の行

§ 360   第 2 編　株式会社　第 4 章　機関

> 為その他法令若しくは定款に違反する行為をし，又はこれらの行為をするおそれ
> がある場合において，当該行為によって当該株式会社に著しい損害が生ずるおそ
> れがあるときは，当該取締役に対し，当該行為をやめることを請求することがで
> きる。
> ② 　公開会社でない株式会社における前項の規定の適用については，同項中「6 箇
> 月（これを下回る期間を定款で定めた場合にあっては，その期間）前から引き続
> き株式を有する株主」とあるのは，「株主」とする。
> ③ 　監査役設置会社，監査等委員会設置会社又は指名委員会等設置会社における第
> 1 項の規定の適用については，同項中「著しい損害」とあるのは，「回復するこ
> とができない損害」とする。

　本条は，一定の場合に，取締役会や監査役などの会社機関による監督に期待
するのではなく，株主が自ら，取締役による法令・定款違反行為等の差止めを
請求できるとする規定である。本改正により，本条は 2 点の修正を受けた。
　第 1 に，本条 3 項の適用対象に「監査等委員会設置会社」が加えられた。本
条 3 項は，監査機関を置く株式会社について，株主による取締役の行為の差止
めの要件のうち会社の損害要件を加重するものである。取締役とは別に業務監
査を行う機関を置く株式会社では，当該監査機関（またはその構成員）に，会社
に「著しい損害が生ずるおそれ」があるときに取締役の法令・定款違反行為等
を差し止める権限が与えられている（監査役設置会社の監査役について 385 条，指
名委員会等設置会社の監査委員について 407 条）。そのため，「著しい損害が生ずる
おそれ」があるにとどまる場合については，それら監査機関等の権限行使に期
待することとし，株主が自ら差止めを請求できる場合をより重大な事態に限定
する，すなわち会社に「回復することができない損害が生ずるおそれ」がある
ときに限定するのが，本条 3 項の趣旨である。そうしたところ，本改正により
新たに設けられた機関設計である監査等委員会設置会社には，業務監査を行う
機関として監査等委員会が設置され（399 の 2 Ⅲ ①），その構成員である監査等
委員に取締役の行為の差止権限が与えられている（399 の 6）。この点で，監査
等委員会設置会社は，監査役設置会社や指名委員会等設置会社と同じ状況にあ
るから，本条 3 項の適用対象として，監査等委員会設置会社も加えられること
となった。
　第 2 に，本条 3 項において，本改正前の「委員会設置会社」が「指名委員会
等設置会社」に修正された。これは，本改正による用語変更（2 ⑫）に伴う文

388   〔山下（徹）〕

第4節　取締役　　　　　　　　　　　　　　　　　　　　§361

言の整理であり，実質に関わる改正ではない。

（山下徹哉）

（取締役の報酬等）

第361条 ① 取締役の報酬，賞与その他の職務執行の対価として株式会社から受ける財産上の利益（以下この章において「報酬等」という。）についての次に掲げる事項は，定款に当該事項を定めていないときは，株主総会の決議によって定める。

　1　報酬等のうち額が確定しているものについては，その額

　2　報酬等のうち額が確定していないものについては，その具体的な算定方法

　3　報酬等のうち金銭でないものについては，その具体的な内容

② 監査等委員会設置会社においては，前項各号に掲げる事項は，監査等委員である取締役とそれ以外の取締役とを区別して定めなければならない。

③ 監査等委員である各取締役の報酬等について定款の定め又は株主総会の決議がないときは，当該報酬等は，第1項の報酬等の範囲内において，監査等委員である取締役の協議によって定める。

④ 第1項第2号又は第3号に掲げる事項を定め，又はこれを改定する議案を株主総会に提出した取締役は，当該株主総会において，当該事項を相当とする理由を説明しなければならない。

⑤ 監査等委員である取締役は，株主総会において，監査等委員である取締役の報酬等について意見を述べることができる。

⑥ 監査等委員会が選定する監査等委員は，株主総会において，監査等委員である取締役以外の取締役の報酬等について監査等委員会の意見を述べることができる。

I　改正の趣旨

　本条は，取締役の報酬等（報酬，賞与その他の職務執行の対価として株式会社から受ける財産上の利益。本条I）についての規律である。本改正により，監査等委員会設置会社が創設されたのに伴い，監査等委員会設置会社の取締役の報酬等に関する特則として，本条2項，3項，5項および6項が新設された。なお，本条4項は，改正前の本条2項に相当し，内容に変更はない。

〔田　中〕

389

§ 361　　　　　　　　　　　　　　　　　　第2編　株式会社　第4章　機関

II　監査等委員である取締役の独立性確保のための措置

1　総　　説

　監査等委員会は，代表取締役等の業務執行取締役をはじめとする取締役の職務の執行の監査を主な職務としている（399の2 III ①）。その監査が実効的に行われるようにするために，本条は，監査等委員である取締役の報酬等について，他の取締役（とくに，経営陣である業務執行取締役）からの独立性を確保するための措置を設けている（本条 II III V）。

2　報酬等の決定の方法

　株式会社の取締役の報酬等については，定款または株主総会で本条1項各号の事項を定めなければならない。もっとも，実務上は，株主総会で取締役の報酬総額（その上限）を定め，その範囲内で，各取締役の報酬等の決定は取締役会に一任することが多く，判例も，その取扱いを是認している（最判昭和60・3・26判時1159号150頁）[☞会社法コンメ(8) § 361 III 1(2)〔162頁〔田中亘〕]]。けれども，もしも監査等委員会設置会社において，監査等委員である取締役の報酬等と他の取締役の報酬等を一括して株主総会で定め，各取締役の配分は取締役会に一任することとした場合には，監査等委員の報酬等が取締役会の多数派の意向によって決められることとなり，監査等委員の業務執行者からの独立性が確保されなくなる。

　そこで，監査等委員会設置会社においては，監査等委員である取締役の報酬等は，他の取締役の報酬等と区別して定めなければならないこととするとともに（本条 II），定款または株主総会で監査等委員である取締役の報酬総額（その上限）を定めた場合には，その範囲内における各監査等委員の報酬等の決定は，取締役会でなく，監査等委員である取締役の協議によるべきものとした（本条 III）。これは，監査役を置く株式会社において，監査役の報酬等は，取締役の報酬等とは区別して定款または株主総会で定めるべきものとし（387 I），監査役が2人以上いる場合に定款または株主総会で監査役の報酬総額（その上限）を定めた場合には，各監査役の報酬等は，監査役の協議によって定めるべきものとしている（同条 II）のと同趣旨である。

390　　　　　　　　　　　　　　　　　　　　　　　　　　　　〔田　中〕

第 4 節　取締役　　　　　　　　　　　　　　　　　　　　§361

3　報酬等についての各監査等委員の意見陳述権

　監査等委員である取締役の報酬等は，定款に定めがなければ株主総会で決す
るとはいえ，その株主総会に提出する報酬議案の内容は取締役会が決定する。
そのため，取締役会の多数派の意向により，監査等委員である取締役の報酬を
不相当に低額とした議案が提出されるおそれがある。そこで，本条5項は，監
査等委員である取締役は，株主総会において，監査等委員である取締役の報酬
等について，意見を述べることができるものとした。これにより，取締役会の
判断に一定の掣肘を加えることを期待している。監査役の報酬等についての意
見陳述権（387 Ⅲ）〔☞ 会社法コンメ(8)§387 Ⅲ 3〔431 頁［田中亘]]〕と同趣旨であ
る。

　本条6項の意見陳述権〔☞ Ⅲ〕の場合には，監査等委員会が意見の内容を決
定する（399 の 2 Ⅲ ③）のと異なり，本条5項の意見陳述権は，監査等委員で
ある各取締役が，各自の意見を述べることができる。

Ⅲ　監査等委員以外の取締役の報酬等についての意見陳述権

　監査等委員会が選定する監査等委員は，株主総会において，監査等委員以外
の取締役の報酬等について意見を述べることができる（本条 Ⅵ）。監査等委員
が述べるべき意見の内容は，監査等委員会が決定する（399 の 2 Ⅲ ③）。

　監査等委員以外の取締役の選任・解任・辞任（いわゆる人事）についての意
見陳述権（342 の 2 Ⅳ）とともに，監査等委員会が業務執行者を含む取締役の人
事および報酬について一定の関与をすることを通じて，業務執行者に対する監
督機能の強化を図る趣旨である（立案担当平成 26 年 133 頁）〔意見陳述権に関する
論点については，☞§399 の 2 Ⅲ 4〕。

　取締役の報酬等議案を決議する株主総会において，株主が書面または電磁的
方法で議決権を行使することができる場合に，本条6項による監査等委員会の
意見があるときは，株主総会参考書類には，その意見の内容の概要を記載しな
ければならない（301 Ⅰ・302 Ⅰ，会社則 82 Ⅰ ⑤）。

　　　　　　　　　　　　　　　　　　　　　　　　　　　　（田中　亘）

〔田　中〕　　　　　　　　　　　　　　　　　　　　　　　　　　　391

§362

第2編　株式会社　第4章　機関

（取締役会の権限等）

第362条① 取締役会は，すべての取締役で組織する。

② 取締役会は，次に掲げる職務を行う。

　1　取締役会設置会社の業務執行の決定

　2　取締役の職務の執行の監督

　3　代表取締役の選定及び解職

③ 取締役会は，取締役の中から代表取締役を選定しなければならない。

④ 取締役会は，次に掲げる事項その他の重要な業務執行の決定を取締役に委任することができない。

　1　重要な財産の処分及び譲受け

　2　多額の借財

　3　支配人その他の重要な使用人の選任及び解任

　4　支店その他の重要な組織の設置，変更及び廃止

　5　第676条第1号に掲げる事項その他の社債を引き受ける者の募集に関する重要な事項として法務省令で定める事項

　6　取締役の職務の執行が法令及び定款に適合することを確保するための体制その他株式会社の業務並びに当該株式会社及びその子会社から成る企業集団の業務の適正を確保するために必要なものとして法務省令で定める体制の整備

　7　第426条第1項の規定による定款の定めに基づく第423条第1項の責任の免除

⑤ 大会社である取締役会設置会社においては，取締役会は，前項第6号に掲げる事項を決定しなければならない。

細　目　次

I　総　説
1　本条の改正の概要
2　本条の改正の趣旨
II　子会社の管理に関する親会社
取締役の義務・責任
1　学　説
2　裁判例

(1)　総　説
(2)　平成13年判決
(3)　平成24年判決
3　親会社取締役の義務・責任
とグループ経営の多様性
III　企業集団内部統制システムの
構築・運用に関する親会社取締

役の義務・責任
1　総　説
2　企業集団内部統制システム
とグループ経営の多様性
3　子会社の管理における信頼
の原則

【文献】**荒谷裕子**「親子会社法制に潜む課題」監査役616号 (2013) 4頁，**伊勢田道仁**・内部統制と会社役員の法的責任（中央経済社，2018），**岩崎俊彦**「企業集団の親子会社間における内部統制の実態と課題」弥永真生編著・企業集団における内部統制（同文舘出版，2016）157頁，**岩原紳作**「銀行持株会社による子会社管理に関する銀行法と会社法の**交錯**」松嶋英機ほか編・門口正人判事退官記念・新しい時代の民事司法（商事法務，2011）421頁，**岩原紳作ほか**「座談会・改正会社法の意義と今後の課題（下）」商事2042号 (2014) 4頁，**石井裕介＝金村公樹**「グループ内部統制シ

392

〔加　藤〕

ステムの構築・運用と監視・監督」商事 2157 号（2018）4 頁，梅津昭彦「企業グループと取締役の注意義務」上村達男ほか編・正井章筰先生古稀祝賀・企業法の現代的課題（成文堂，2015）101頁，奥山健志「子会社管理についての親会社取締役の責任」野村修也＝松井秀樹編・実務に効くコーポレート・ガバナンス判例精選（有斐閣，2013）124 頁，加藤貴仁「企業グループのコーポレート・ガバナンスにおける多重代表訴訟の意義」西村高等法務研究所責任編集・会社法制見直しの視点（商事法務，2012）73 頁，加藤貴仁「企業結合法制と銀行規制の関係について」金融法務研究会・金融規制の観点からみた銀行グループをめぐる法的課題（2013）1 頁，加藤貴仁「金融グループのコーポレート・ガバナンス」宍戸善一＝後藤元編著・コーポレート・ガバナンス改革の提言（商事法務，2016）381 頁，加藤貴仁「支配株主と少数派株主のエージェンシー問題に関する覚書」東京大学法科大学院ローレビュー 11 号（2016）222 頁，川浜昇「持株会社の機関」資本市場法制研究会編・持株会社の法的諸問題（資本市場研究会，1995）66 頁，神作裕之「親子会社とグループ経営」株式会社法大系 57 頁，齊藤真紀「企業集団内部統制」論点詳解 119 頁，坂本三郎「会社法の改正について」監査役 631 号（2014）86 頁，柴田和史「子会社管理における親会社の責任（下）」商事 1465 号（1997）68 頁，志谷匡史「親子会社と取締役の責任」小林秀之＝近藤光男編・〔新版〕株主代表訴訟大系（弘文堂，2002）122 頁，砂田太士「親会社取締役の義務と責任」上村達男ほか編・正井章筰先生古稀祝賀・企業法の現代的課題（成文堂，2015）351 頁，太子堂厚子＝河島勇太「グループ・ガバナンスに関する規律等の見直し」商事 2057 号（2015）28 頁，高橋英治「企業集団における内部統制」ジュリ 1452 号（2013）26 頁，高橋陽一・多重代表訴訟制度のあり方（商事法務，2015），塚本英巨「平成 26 年改正会社法と親会社取締役の子会社監督責任」商事 2054 号（2014）23 頁，野村修也「内部統制への企業の対応と責任」企業会計 58 巻 5 号（2006）98 頁，濱口耕輔「親会社取締役が子会社管理にあたり果たすべき義務内容の整理」法教 454 号（2018）100 頁，藤田友敬「親会社株主の保護」ジュリ 1472 号（2014）33 頁，舩津浩司・「グループ経営」の義務と責任（商事法務，2010），舩津浩司「子会社管理義務をめぐる理論的課題」ジュリ 1495 号（2016）51 頁，舩津浩司「判批」百選 110 頁，舩津浩司「グループ会社管理に関する理論的検討」商事 2167 号（2018）4 頁，舩津浩司「親会社取締役の子会社管理義務をめぐる実務認識，理論動向と裁判例」法教 453 号（2018）90 頁，前田重行「持株会社による子会社支配と持株会社の責任(1)」曹時 58 巻 3 号（2006）1 頁，前田重行「持株会社による子会社の支配と管理」金融法務研究会・金融持株会社グループにおけるコーポレート・ガバナンス（2006）43頁，町田祥弘「企業集団における内部統制の整備と運用」弥永真生編著・企業集団における内部統制（同文舘出版，2016）223 頁，松本祥尚「企業集団における内部統制概念の展開」同 37 頁，村中徹「子会社の管理における取締役・監査役の職務と実務課題」金融財政事情研究会編・田原睦夫先生古稀・最高裁判事退官記念・現代民事法の実務と理論（上）（金融財政事情研究会，2013）686頁，森本滋「平成 26 年会社法改正の理念と課題」法の支配 176 号（2015）55 頁，森田多恵子「裁判例にみる企業集団における内部統制」弥永真生編著・企業集団における内部統制（同文舘出版，2016）65 頁，弥永真生「会社法の下での企業集団における内部統制」同 2 頁，山下友信「持株会社システムにおける取締役の民事責任」金融法務研究会・金融持株会社グループにおけるコーポレート・ガバナンス（金融法務研究会事務局，2006）24 頁，吉武一「企業集団における内部監査機能の実態と課題」弥永真生編著・企業集団における内部統制（同文舘出版，2016）193 頁，渡辺邦広＝草原敦夫「親会社取締役の子会社管理責任」商事 2158 号（2018）33 頁

I　総　説

1　本条の改正の概要

本条 4 項 6 号は，取締役会は内部統制システムの整備に係る事項の決定を個々の取締役に委任することができない旨を定める規定である〔☞ 会社法コン

§362 第2編　株式会社　第4章　機関

メ(8)§362 IV 7(1)〔227頁〔落合誠一〕〕。内部統制システムの整備に係る事項とは，内部統制システムの要綱・大綱（基本方針）を指す（論点解説335頁）。取締役会が決定する基本方針に従い，具体的な内部統制システムが整備されることになる。大会社である取締役会設置会社の取締役会は，内部統制システムの整備に係る事項を決定しなければならない（本条V）。

本改正は，内部統制システムの基本方針の中に「当該株式会社及びその子会社から成る企業集団の業務の適正を確保するために必要な……体制」（以下，「企業集団内部統制システム」という）が含まれることを，会社法の規定として明確にした。しかし，改正前本条4項6号の下でも，同号の「株式会社の業務の適正を確保するために必要なものとして法務省令で定める体制」に「当該株式会社並びにその親会社及び子会社から成る企業集団における業務の適正を確保するための体制」が含まれることが，改正前会社法施行規則100条1項5号において明記されていた。すなわち，本改正は，従前は会社法施行規則において定められていた事項の一部を，会社法本体に定めることにしたにすぎない。

2　本条の改正の趣旨

本改正の趣旨として，企業集団が1つのグループとして経営される場合，株式会社およびその株主にとって，子会社の経営の効率性および適法性がきわめて重要なものとなっていることから，企業集団内部統制システムが内部統制システムの基本方針に含まれることを示す条文を会社法施行規則から会社法に規定することが適切であることが挙げられている（一問一答平成26年235頁）。しかし，本改正によって，新たに取締役会がその決定を個々の取締役に委任することができない事項が増加したわけではないし，大会社である取締役会設置会社の取締役会が決定しなければならない事項が増加したわけでもない。本改正に伴い会社法施行規則も改正され，「当該株式会社並びにその親会社及び子会社から成る企業集団における業務の適正を確保するための体制」の例示として，「当該株式会社の子会社の〔取締役等〕の職務の執行に係る事項の当該株式会社への報告に関する体制」などいくつかの規定が追加された（会社則100 I ⑤イ-ニ）。しかし，これらの規定は例示にすぎず内部統制システムの基本方針として決定すべき事項を実質的に拡大することや，親会社の内部統制システムの基本方針に，企業集団内部統制システムだけではなく子会社の内部統制システムの整備に係る事項を含めることが意図されているわけではない（平成26年法務省令3頁）。

〔加　藤〕

第5節　取締役会　第1款　権限等　　　　　　　　　　　§362

そもそも本条4項6号および5項は，内部統制システムの整備を取締役会に義務付ける規定ではない。しかし，会社の規模の巨大化や事業内容の複雑化により，適切な内部統制システムを構築しなければ，取締役会が本条2項2号の定める監督義務等を果たすことが困難となる。したがって，内部統制システムの構築に注意を尽くさなかったことが，取締役の善管注意義務違反と評価される場合がある〔☞会社法コンメ(8)§362 IV 7(1)〔227-228頁〔落合〕〕。本改正も企業集団内部統制システムの整備等を取締役会に直接的に義務付けることを意図しているわけではなく，内部統制システムの整備は取締役会に委ねられており，場合によって取締役の善管注意義務違反が問われる可能性があるという会社法の基本的な枠組みに変化はない（一問一答平成26年236頁注2）。

しかし，本条の改正にいたる過程において，子会社の管理に関する親会社取締役の義務・責任に係る規定の新設が複数回にわたり提案され，法制審議会会社法制部会において活発な議論が行われたことに注意する必要がある（要綱概要25-26頁，一問一答平成26年239-240頁，塚本24-26頁）。むしろ，本条の改正の意義は，このような立案過程でなされた議論が，企業集団内部統制システムの整備を含む子会社の管理に関する親会社取締役の義務・責任の解釈に影響を与える可能性にあるように思われる（荒谷8頁，奥山132頁，齊藤131頁，坂本112頁，藤田37頁）。

II　子会社の管理に関する親会社取締役の義務・責任

1　学　説

企業集団内部統制システムは，親会社が子会社を管理するための手段の1つにすぎない。例えば，平常時は企業集団内部統制システムを通じた監督が中心となるが，子会社において何らかの問題が発生したにもかかわらず子会社において適切な対処が行われない場合には，親会社による積極的な関与が求められる可能性がある（塚本30頁，濱口101頁，森田73-74頁，渡辺＝草原36頁）。したがって，親会社取締役が，企業集団内部統制システムの構築・運用に関し，親会社に対してどのような義務・責任を負っているかを分析するためには，その前提として子会社の管理に関する親会社取締役の義務・責任の内容を明らかにする必要がある。

法制審議会会社法制部会では，複数回にわたり，子会社の管理に関する親会社取締役の義務・責任について，会社法に明文の規定を設けるべきか否かにつ

〔加　藤〕

§362 第2編　株式会社　第4章　機関

いて検討が行われた（法制審議会会社法制部会における検討の概要については，要綱概要25-26頁，塚本24-26頁が詳しい）。このような明文の規定を設けることは，多重代表訴訟（親会社株主が親会社に代わり子会社取締役の責任を追及するための訴訟）を創設しない場合の代替案の1つとして提起された（中間試案第2部第1の1【B案】(注) ア）。その理由は，多重代表訴訟の創設に反対する根拠の1つとして，子会社取締役が任務を懈怠した場合には子会社の管理に関する親会社取締役の責任を株主代表訴訟によって追及すれば足りることが挙げられていたが，その当時，親会社取締役がそのような責任を負っているかどうか必ずしも明らかではなかったことにある（要綱概要25頁，塚本25頁）。

　子会社の管理に関する親会社取締役の義務・責任は，① 親会社取締役が子会社取締役に具体的な行為を行うように指図を行った場合だけではなく，② 子会社取締役が任務を懈怠することを妨げることができなかった場合や③ 任務を懈怠した子会社取締役の責任追及を不当に怠った場合にも問題となる（髙橋・あり方203-204頁）。① の場合，親会社取締役は，その指図の内容によっては，親会社だけではなく子会社に対しても責任を負う可能性があることについて争いはないように思われる（川浜76-77頁，前田・支配と責任10頁，山下28-29頁）。これに対して② の場合，かつては，子会社の管理に関する不作為を根拠として親会社取締役の責任を認めることに対して，慎重な見解が主張されたこともあった（柴田70頁，志谷126頁など）。このような見解の背景には，平成9年の私的独占の禁止及び公正取引の確保に関する法律（以下，「独占禁止法」という）改正によって持株会社が解禁される前は，独占禁止法違反に問われないために，子会社の事業活動に関与しないことが，法的観点からは，むしろ，望ましいと考えられてきたことがあるように思われる。しかし，持株会社が解禁されて以降は，子会社の管理のために適切な影響力を行使したか否かが，正面から親会社取締役の親会社に対する義務・責任として位置付けられるようになった（山下28-30頁，加藤・意義82-83頁）。そして，親会社にとって子会社株式は資産であるから，親会社取締役の義務・責任には子会社株式を他の資産と同じく活用することが含まれると主張する見解（舩津・義務と責任157-158頁・230-231頁）が提唱されたことを契機として，学説では，親会社およびその株主の利益の最大化の観点から，親会社取締役の義務・責任には企業集団を構成する会社を適切に管理することが含まれると解する見解が現れるようになった（齊藤133-134頁，村中696-697頁，神作101頁）。このような見解は，本改正以前からすでに支配的になっていたとの指摘も見られる（塚本28頁）。

396　　　　　　　　　　　　　　　　　　　　　　　　　　　　　〔加　藤〕

第5節　取締役会　第1款　権限等　　　　　　　　　　　　　§362

2　裁　判　例

(1)　総　説

　本稿の目的は，子会社の管理に関する親会社取締役の義務・責任に関する裁判例を網羅的に紹介することではない。以下では，子会社の管理に関する不作為について親会社取締役が親会社に対して責任を負うか否かが争われた著名な下級審裁判例である東京地判平成13・1・25（判時1760号144頁。以下，「平成13年判決」という）と福岡高判平成24・4・13（金判1399号24頁。以下，「平成24年判決」）に焦点を絞って検討を行う。両判決は，本改正の意義を理解するという点でも有用である。

(2)　平成13年判決

　平成13年判決の事案は，完全子会社が発行済株式総数全部を保有する孫会社が海外の法令に違反して制裁金を課されたことについて，完全親会社の取締役の完全親会社に対する責任が株主代表訴訟によって追及されたというものであった。同判決は，法制審議会会社法制部会においても言及されているが（塚本27頁），子会社の管理に関する親会社取締役の責任が生じる範囲は，原則として親会社取締役が子会社取締役に対して何らかの指図を行った場合に限定されると判示した。平成13年判決が出された当時は，依然として，平成9年の独占禁止法改正による持株会社解禁以前と同じく，親会社取締役が子会社に影響力を行使することを否定的に評価し，親会社取締役がその影響力の不行使について責任を負うことを否定的に解する見解が少なくなく，同判決はこのような学説の傾向とある程度平仄が合っていると指摘されている（山下29-30頁）。また，平成13年判決で問題とされた孫会社による法令違反行為は，平成9年の独占禁止法改正による持株会社解禁以前のものでもあった。

　しかし，平成13年判決以降，グループ経営を取り巻く経済社会状況は大きく変化している。法制審議会会社法制部会では，このような状況の変化を前提として，子会社の管理に関する親会社取締役の義務・責任の内容があらためて検討された。そして，少なくとも，親会社取締役は，子会社の管理について，平成13年判決が示すように非常に限定された範囲でしか親会社に対して義務・責任を負わないとの解釈論は，もはや成り立ち得ないことが明らかになったように思われる（奥山133頁，岩原ほか5頁［岩原紳作］，太子堂＝河島32頁，塚本30頁，藤田37頁注28，森田80頁，渡辺＝草原34頁）。本改正に関して，本条4項6号の改正が子会社の管理に関する親会社取締役の義務・責任の厳格化につ

〔加　藤〕

397

§362　　　　　　　　　　　　　　　　　　　　第2編　株式会社　第4章　機関

ながる可能性を示唆する見解も存在する（町田 224 頁，松本 51 頁，森本 64 頁，弥
永・内部統制 4 頁。なお，本稿の筆者も類似の主張をしたことがある。加藤・関係 7 頁
注21）。しかし，平成 13 年判決は，本改正によって本条 4 項 6 号が改正された
ことによって否定されるのではなく，本改正とは関係のない，親会社取締役の
善管注意義務・忠実義務に関する現行法の解釈論として否定されると考える見
解が有力であることに留意されるべきである（塚本 28 頁，渡辺＝草原 36-37
頁）。

　なお，比較的最近，完全子会社（P 社）が完全親会社（Q 社）の取締役から
働きかけを受けて Q 社の取引先への融資（以下，「本件融資」という）を行った
がその一部が回収不能となったことについて，P 社への働きかけを行った Q
社の取締役の Q 社に対する責任が追及された事案がある（東京高判平成 25・3・
14 資料版商事 349 号 32 頁）。本判決は，P 社の法人格を否認すべき場合とはいえ
ないことおよび Q 社の取締役が P 社の意思決定を支配していたとはいえない
ことを根拠として，Q 社の取締役の責任を否定した。このような判示に対し
て，平成 13 年判決との類似性を指摘する見解がある（奥山 130 頁注 2，三浦治
「判批」金判 1450 号〔2014〕5 頁）。しかし，本件の原告は，子会社の管理に関す
る不作為を根拠として親会社取締役の責任を追及しようとしたのではなく，親
会社が定めた関係会社管理規定違反を含む親会社取締役の子会社に対する不当
な指図を根拠として主張していた。第 1 審判決において本件融資は関係会社管
理規定に違反しないと判示されたことを踏まえると，本判決の判示はこのよう
な原告の主張に応答したにすぎないように思われる（森田 73 頁）。むしろ，本
判決については，本件融資の回収不能によって P 社が被った損害は，原則と
して，P 社の法人格が否認される場合に限り Q 社の損害になると判示してい
る点が問題であるように思われる。

(3)　平成 24 年判決

　平成 24 年判決は，平成 13 年判決と異なり，子会社の管理に関する不作為に
ついて親会社取締役の親会社に対する義務違反を認めた判決である。本件は，
完全子会社（X 社）の取締役または監査役を兼任していた完全親会社（Y 社）
の取締役 3 名を被告として，X 社における不良在庫問題に関与またはそれを
見逃したことならびに不良在庫問題に起因する X 社の財務危機を救済するた
めに Y 社に救済融資を含む種々の措置を行わせたことが Y 社に対する善管注
意義務および忠実義務に違反するとして，Y 社株主が株主代表訴訟を提起し
た事案である。平成 24 年判決では，原審（福岡地判平成 23・1・26 金判 1367 号

398　　　　　　　　　　　　　　　　　　　　　　　　　　　　　　　　〔加　藤〕

第5節 取締役会 第1款 権限等 §362

41頁）と同じく，X社において不良在庫問題の原因となった取引（以下，「本件取引」という）を見逃したことについて，被告らには忠実義務および善管注意義務違反が認められると判示した。ただし，原審判決および平成24年判決はともに，Y社が被った損害の主張立証がなされていないとして，本件取引を見逃したことについて被告らの損害賠償責任を認めなかった（なお，救済融資を行ったことについては，原審判決および平成24年判決ともに，被告らの損害賠償責任を認めている）。

結論として，子会社の管理に関する不作為について親会社取締役の損害賠償責任を認めたわけではないが，平成24年判決は，少なくとも平成13年判決よりも，親会社取締役の義務・責任を広く解しているように思われる。しかし，学説では，その事案の特徴を踏まえて，平成24年判決を一般化することに慎重な見解が有力であるように思われる（奥山131頁，伊勢田91頁，齊藤136頁注41，神作100頁，舩津・百選111頁，濱口102-104頁，舩津・理論動向94頁，森田72-73頁。村中705頁注48，渡辺＝草原37-38頁）。平成24年判決の事案の特徴として，被告とされたのはX社とY社の役員を兼任していたものに限られていたことを挙げることができる。そして，平成24年判決では，本件取引を見逃したことについて被告らの忠実義務および善管注意義務違反を認定するに当たり，Y社の取締役としての行動とX社の取締役または監査役としての行動をとくに区別していない。言い方を代えれば，本判決は，「X社の取締役の行動を監視することについてY社の取締役として監視義務違反が存在したか否か」を問うているのではなく，「X社の取締役としての監視義務違反はY社の取締役としての監視義務違反を基礎付ける」ことを前提としているように思われる。しかし，このような解釈は，被告が親子会社の役員を兼任していることを前提にしているのであるから，子会社管理について親会社取締役の親会社に対する責任が追及される場合に一般的に妥当するわけではないように思われる（加藤・関係7頁注22）。ただし，親会社が子会社を管理する手法として取締役を兼任させることは数多く行われているようであり，かつ，兼任関係の存在は子会社の管理に関する親会社取締役としての義務・責任の内容を検討する際の重要な考慮要素と考える見解が有力であることに留意されるべきである（舩津・理論的課題56頁注33，舩津・理論動向95頁，村中700頁・706頁注49）。その他に平成24年判決の事案の特徴として，本件取引に親会社自身が関与していたなど親会社取締役が子会社における不良在庫問題を認識していたまたは認識可能であったことも挙げられる。

〔加 藤〕

3　親会社取締役の義務・責任とグループ経営の多様性

1で述べたように，本改正以前から，学説では，親会社取締役としての職務の中に親会社および親会社株主全体の利益の観点から子会社の管理を行うことが含まれると解する見解が有力になりつつあり，現在では多数を占めるようになった（髙橋・あり方209-211頁，舩津・理論的検討5頁）。このような見解によれば，子会社取締役の職務の執行の効率性および適法性を確保するために必要であったにもかかわらず子会社株主としての影響力等を行使しなかったことが，親会社取締役としての善管注意義務・忠実義務違反と評価される可能性がある。法制審議会会社法制部会での検討を通じてこのような見解の妥当性が確認された結果，平成13年判決を現行法の解釈論として維持することは困難となった。しかし，子会社の管理に関する親会社取締役の義務・責任の具体的な内容までも明らかになったとはいえないように思われる。むしろ，法制審議会会社法制部会での検討からは，企業集団が1つのグループとして経営される場合であってもグループ経営のあり方は多様であるため，子会社の管理の具体的なあり方は基本的に親会社取締役の裁量に委ねられるべき事項であることも明らかになったように思われる。法制審議会会社法制部会において，親会社取締役の義務・責任に関する規定を設けるべきとの提案が採択されなかった原因は，このような義務・責任の存在自体に疑問が呈されたからではなく，その具体的内容について争いがあったからである（藤田37頁注28，塚本27頁）。

学説においても，子会社の管理に関する親会社取締役の義務・責任を論じる際には，グループ経営には多様な形が存在するため広い裁量が認められるべきことは，当然の前提とされているように思われる（石井＝金村6頁，奥山129頁，神作60-61頁，齊藤133-134頁，田中亘275頁，塚本30頁，濱口101-102頁，舩津・理論的課題53頁，村中695頁，山下37頁，渡辺＝草原35頁）。子会社の管理の具体的なあり方を構成する要素には，親会社が子会社の事業活動に関与する程度や子会社が親会社に事業活動の状況を報告する頻度，親会社が保有する子会社株式の持株割合などが含まれる。これらの事項について親会社およびその株主全体の利益の観点から望ましい選択とは何かが問題となるが，それらは子会社の事業のグループにとっての重要性，親会社と子会社の事業の特徴の差異や親子会社関係が形成されるにいたった経緯などによって異なるように思われる。親会社が複数の子会社を有する場合，親会社と各子会社の関係が異なる可能性がある以上，望ましい子会社の管理のあり方も子会社ごとに異なる可能性

第5節　取締役会　第1款　権限等　　　　　　　　　　　　§362

もある。

　子会社の管理に関する親会社取締役の義務・責任の具体的な内容を検討する際には，子会社は親会社から独立した法人である以上，子会社取締役は親会社取締役の指図に従う法的な義務を負っていないことをどのように考慮すべきかも問題となる（川浜78頁，前田・支配と責任10-11頁，加藤・意義83-84頁，加藤・関係6頁，髙橋・あり方215-216頁）。また，子会社に少数派株主が存在する場合，親会社取締役から指図を受けた子会社取締役の義務・責任には，子会社だけではなくその少数派株主の利益を保護することが含まれる（江頭449頁，加藤・覚書229-230頁）。したがって，子会社取締役は，子会社に対する義務・責任の解釈として，親会社取締役の指図を拒否することが求められる場合もある。前述した子会社の管理に関する不作為を根拠として親会社取締役の責任を認めることに慎重な見解は，その根拠の1つとして，子会社は親会社の指図に従う法的な義務を負っていないことを挙げていた（志谷141頁注44，前田・支配と責任10頁，前田・支配と管理63頁）。例えば，親会社取締役が子会社取締役から十分な協力を得ることができなかったために，親会社およびその株主全体の利益の観点から望ましい企業集団内部統制システムを構築することができなかった場合，親会社取締役は善管注意義務・忠実義務を果たしたといえるか否かが問題となるように思われる。学説の中には，子会社株主としての株主権の行使を超えて，親会社取締役に子会社の監督を義務付けることに対して慎重な見解も存在する（髙橋・内部統制30-31頁）。

　親会社と子会社の独立性は，グループ経営の多様性を構成する1つの要素である。この点に関して，親会社取締役には，保有する子会社株式の割合や経営委任契約の利用などさまざまな選択肢がある。例えば，完全親子会社の場合も，子会社取締役は親会社取締役の指図に従う法的な義務を負っていないという状況に変わりはないが，事実上，子会社取締役は親会社取締役の指図に従わざるを得ない状況が存在するように思われる。また，親会社が子会社との間で経営委任契約を締結することにより，親会社取締役による子会社取締役への指図に法的な根拠を与えることもできる（柴田69-70頁，前田・支配と責任16-19頁，前田・支配と管理58-62頁。子会社の管理の手法としての経営委任契約の限界について，前田・支配と責任19-21頁，前田・支配と管理62-64頁，舩津・義務と責任279-283頁）。また，取締役は株主総会決議を遵守する義務を負うが，親会社が子会社の機関設計として取締役会を設置しない会社を選択すれば株主総会の権限が会社に関する一切の事項に及ぶため，親会社は子会社の株主総会決議を通じて

〔加　藤〕

401

§362 第2編 株式会社 第4章 機関

さまざまな事項について子会社に指示を行うことが可能となり，その指示に子会社取締役は法的に拘束されることになる（295 I。加藤・金融グループ 396 頁）。学説では，親会社取締役の義務・責任の内容として，子会社の管理を行うために必要な場合には少数派株主を締め出して完全親子会社関係を創設することや，それが困難であれば子会社株式の売却が求められる場合があるかについても論じられている（舩津・義務と責任 296 頁・343-344 頁，舩津・理論的課題 54-55 頁）。

Ⅲ　企業集団内部統制システムの構築・運用に関する親会社取締役の義務・責任

1　総　説

企業集団内部統制システムは，内部統制システムの一種である（本条Ⅳ⑥）。したがって，企業集団内部統制システムの構築・運用に関する親会社取締役の義務・責任の基本的な枠組みは，内部統制システムの構築・運用に関する取締役の義務・責任と等しいと思われる。

例えば，業務執行を担当する代表取締役および業務担当取締役は，取締役会が決定した（企業集団）内部統制システムの基本方針に従い，自らの担当範囲において（企業集団）内部統制システムを具体的に構築する義務を負う。業務執行を担当しない取締役を含むすべての取締役は，取締役会の構成員として，（企業集団）内部統制システムの基本方針の決定に関与することだけではなく，取締役が内部統制システムの構築について善管注意義務・忠実義務を尽くしているか否かを監視・監督する義務を負う（岩崎 167-168 頁，村中 698 頁，石井＝金村 5-6 頁）［☞ 会社法コンメ (8) §362 Ⅳ 7 (1)〔227-228 頁〔落合〕〕。取締役の義務の中には，（企業集団）内部統制システムの構築だけではなく，その後の適切な運用および問題が生じた場合の見直しも含まれる（野村 100 頁，江頭 408 頁注 4，石井＝金村 9 頁，町田 230-231 頁，松本 54-55 頁・58 頁）。（企業集団）内部統制システムの運用状況の概要は事業報告の記載事項であり，監査役による監査の対象でもある（会社則 118 ②・129 I ⑤）。（企業集団）内部統制システムの構築の場合と同じく，（企業集団）内部統制システムの運用について第一次的な義務を負うのは業務執行を担当する取締役であり，その他の取締役は監視・監督について義務を負う（石井＝金村 10 頁）。取締役が（企業集団）内部統制システムの構築・運用に関わる際には，（企業集団）内部統制システムはリスク管理など具体的な

402 〔加　藤〕

第5節　取締役会　第1款　権限等　　　　　　　　　　　　　§362

問題を解決するための手段にすぎないことが意識されるべきである（岩崎162-
164頁）。

　企業集団内部統制システムの対象は「当該株式会社及びその子会社から成る
企業集団」（本条Ⅳ⑥）であるが，このことは親会社が株式または持分を保有
する他の会社を含めた「企業集団内部統制システム」を構築・運用することが
不要であるということを意味しない。取締役の善管注意義務・忠実義務の解釈
として，このような会社を管理するための内部統制システムの構築・運用が求
められる可能性がある（奥山133頁，神作103頁，舩津・義務と責任202-204頁，舩
津・理論的課題53頁，舩津・理論的検討6頁，村中687-688頁注2，弥永・内部統制
33頁，渡辺＝草原38頁注9）。実務では，グループ会社管理において，持分法適
用関連会社など連結子会社ではない会社を対象に含める企業グループも少なく
ないようである（石井＝金村9頁）。このような実務は，上場会社は，金融商品
取引法に基づき，内部統制報告書の提出が義務付けられていることと関係があ
るように思われる（同法24の4の4Ⅰ）。同法における内部統制報告書の対象
は，「会社における財務報告が法令等に従って適正に作成されるための体制」
（財務計算適正体制3）である。そして，金融商品取引法では連結財務諸表の作
成が求められるが，連結の範囲には関連会社が含まれる（連結財務規10）。その
ため，金融商品取引法における内部統制の対象には，関連会社が含まれると説
明されることがある（古武200頁注7）。

2　企業集団内部統制システムとグループ経営の多様性

　Ⅱ3で述べたグループ経営の多様性は，企業集団内部統制システムの構築・
運用に関する親会社取締役の義務・責任の具体的な内容を検討する際にも考慮
されるべきである（髙橋・あり方218頁）。企業集団内部統制システムの構築・
運用に際して，子会社を親会社内部の一事業部門であるかのように扱うことが
当然に要求されるわけではないし，親会社および親会社株主全体の利益の観点
から望ましいのであれば，子会社に対して親会社からの相当程度の独立性を認
めることも許される。望ましい企業集団内部統制システムのあり方は各グルー
プによって異なり得るし，あるグループを念頭に置いたとしても妥当な選択肢
は無数に存在し得る。したがって，内部統制システム一般の場合と同じく，企
業集団内部統制システムの構築・運用に関しても，親会社取締役に広範な裁量
が認められるべきである（奥山131頁，神作101頁，齊藤136-137頁，田中亘275
頁）。例えば，実務で採用されている代表的な内部統制の手法には，グループ

〔加　藤〕　　　　　　　　　　　　　　　　　　　　　　　　　　　403

理念・方針の共有，グループ管理規程の活用，親会社によるグループ会社の社内規程作成支援，グループ横断的な会議体の設置，役職員の兼務・出向・ローテーション，管理部門に係る業務の受委託，グループ共通の教育研修制度，グループ内部監査，グループ内部通報制度，親会社監査役によるグループ監査等が挙げられるが，企業グループには各グループの特性に応じてこれらの手法の中から必要と考えられるものを取り入れていくことが求められている（石井＝金村7頁。なお，グループ経営におけるコーポレート・ガバナンスに関する一般的なベストプラクティスを示すものとして，経済産業省「グループ・ガバナンス・システムに関する実務指針（グループガイドライン）」〔2019年6月28日策定〕がある）。ただし，いったん構築した（企業集団）内部統制システムが機能していないにもかかわらず，そのような状況を長期間放置することは，（企業集団）内部統制システムの運用に関する義務違反と評価されるべきである（論点解説335頁，石井＝金村10頁）。

　企業集団内部統制システムの構築・運用を求められるのは親会社であるが，その内容には子会社から親会社への報告体制などが含まれる（会社則100Ⅰ⑤イ）。したがって，親会社における企業集団内部統制システムが機能するためには，子会社が親会社の構築した企業集団内部統制システムに適合した仕組み（子会社の内部統制システムを含む）を備える必要がある。別の言い方をすれば，そのような仕組みの構築・運用を子会社に働きかける仕組みが親会社における企業集団内部統制システムに含まれるということである（弥永・内部統制17-18頁）。ただし，企業集団内部統制システムの構築・運用に関する親会社取締役の義務・責任を検討する際にも，Ⅱ3で述べたように，親会社取締役には子会社に企業集団内部統制システムを遵守させる手段が限られていることが考慮されるべきである（髙橋・あり方219-220頁，渡辺＝草原37頁）。

3　子会社の管理における信頼の原則

　企業集団内部統制システムの構築・運用が適切に行われていれば，仮に子会社においてその業務の適正を損なう事態が生じたとしても，親会社取締役が親会社に対する義務に違反したと評価されることはない。しかし，親会社取締役が子会社における不正行為等を認識したまたは認識することができたにもかかわらず，一定の調査や是正措置等を行わなかった場合，親会社に対する義務に違反したと評価される場合がある（奥山133頁，神作102頁，山下38-40頁）。このような立場は，企業集団内部統制システムについて信頼の原則を認める見

第5節 取締役会 第2款 運営 §367

解，すなわち，企業集団内部統制システムを通じて警告が発せられていない限り，親会社取締役は子会社の業務が適正に行われていると信頼することを認める立場といえる（森田68頁・74頁，弥永・内部統制34頁。同旨の見解として，髙橋・あり方212-213頁）。ただし，信頼の原則を認める前提として，企業集団内部統制システムが最低限備えなければならない内容について争いがある（岩原・交錯441-442頁，舩津・理論的課題54頁，髙橋・あり方218-219頁注220，松本57頁。内部統制システム一般についても，同様の問題があることにつき，髙橋・あり方218頁注219）。別の言い方をすれば，グループ経営の多様性を考慮したとしても，企業集団内部統制システムが一般的に備えるべき最低限の要素が存在するか否かが問題とされている。

　企業集団内部統制システムの内容は，ある企業グループが採用しているグループ経営の方針に適したものでなければならない。グループ経営の方針の妥当性は個々の企業グループごとに異なり，そのグループの頂点に位置する親会社取締役の経営判断に委ねられるべきものである。同様に個々の企業グループが採用しているグループ経営の方針に適した内部統制システムの内容も，親会社取締役の経営判断に委ねられるべきものである。個々の企業グループが採用しているグループ経営の方針とは関係なく，一定の内部統制システムの構築を義務付けることは，グループ経営の方針との齟齬をきたし，親会社の利益を害する可能性が高い。しかし，企業集団内部統制システムとして，少なくとも子会社から親会社へ定期的に情報提供が行われる仕組みに加えて，親会社取締役が必要があると考えた場合に子会社の業務が適正に行われているか否かを確認できる仕組みが構築・運用されることが望ましいように思われる（山下36-37頁。同旨の見解として，弥永・内部統制35頁）。

(加藤貴仁)

（株主による招集の請求）

第367条①　取締役会設置会社（監査役設置会社，監査等委員会設置会社及び指名委員会等設置会社を除く。）の株主は，取締役が取締役会設置会社の目的の範囲外の行為その他法令若しくは定款に違反する行為をし，又はこれらの行為をするおそれがあると認めるときは，取締役会の招集を請求することができる。

②　前項の規定による請求は，取締役（前条第1項ただし書に規定する場合にあっては，招集権者）に対し，取締役会の目的である事項を示して行わなければなら

§371　　　　　　　　　　　　　　第2編　株式会社　第4章　機関

ない。
③　前条第3項の規定は，第1項の規定による請求があった場合について準用する。
④　第1項の規定による請求を行った株主は，当該請求に基づき招集され，又は前項において準用する前条第3項の規定により招集した取締役会に出席し，意見を述べることができる。

　本条は，取締役会設置会社のうち業務監査を行う機関を置かないものにおいて，株主の取締役に対する監督是正権限の拡充として，一定の場合において株主に取締役会の招集請求権限を与える規定である。本改正により，本条は2点の修正を受けた。
　第1に，本条1項括弧書に「監査等委員会設置会社」が加えられた。本改正により新たに設けられた機関設計である監査等委員会設置会社には，業務監査を行う機関として監査等委員会が設置される（399の2Ⅲ①）。そのため，業務監査を行う機関を置かない代わりに株主の取締役に対する監督是正権限を拡充するという本条の趣旨は，監査等委員会設置会社には妥当しない。そこで，本条1項括弧書に「監査等委員会設置会社」を追加し，本条の適用対象から除外することとされた。
　第2に，本条1項括弧書において，本改正前の「委員会設置会社」が「指名委員会等設置会社」に修正された。これは，本改正による用語変更（2⑫）に伴う文言の整理であり，実質に関わる改正ではない。

　　　　　　　　　　　　　　　　　　　　　　　　　　　　（山下徹哉）

（議事録等）
第371条①　取締役会設置会社は，取締役会の日（前条の規定により取締役会の決議があったものとみなされた日を含む。）から10年間，第369条第3項の議事録又は前条の意思表示を記載し，若しくは記録した書面若しくは電磁的記録（以下この条において「議事録等」という。）をその本店に備え置かなければならない。
②　株主は，その権利を行使するため必要があるときは，株式会社の営業時間内は，いつでも，次に掲げる請求をすることができる。
　1　前項の議事録等が書面をもって作成されているときは，当該書面の閲覧又は

第5節　取締役会　第2款　運営　　　　　　　　　　　　　　§371

　　　謄写の請求
　　2　前項の議事録等が電磁的記録をもって作成されているときは，当該電磁的記
　　　録に記録された事項を法務省令で定める方法により表示したものの閲覧又は謄
　　　写の請求
　③　監査役設置会社，監査等委員会設置会社又は指名委員会等設置会社における前
　　　項の規定の適用については，同項中「株式会社の営業時間内は，いつでも」とあ
　　　るのは，「裁判所の許可を得て」とする。
　④　取締役会設置会社の債権者は，役員又は執行役の責任を追及するため必要があ
　　　るときは，裁判所の許可を得て，当該取締役会設置会社の議事録等について第2
　　　項各号に掲げる請求をすることができる。
　⑤　前項の規定は，取締役会設置会社の親会社社員がその権利を行使するため必要
　　　があるときについて準用する。
　⑥　裁判所は，第3項において読み替えて適用する第2項各号に掲げる請求又は第
　　　4項（前項において準用する場合を含む。以下この項において同じ。）の請求に
　　　係る閲覧又は謄写をすることにより，当該取締役会設置会社又はその親会社若し
　　　くは子会社に著しい損害を及ぼすおそれがあると認めるときは，第3項において
　　　読み替えて適用する第2項の許可又は第4項の許可をすることができない。

　　本条は，取締役会議事録等の備置きや閲覧・謄写請求について定める規定で
ある。本改正により，本条は2点の修正を受けた。
　　第1に，本条3項の適用対象に「監査等委員会設置会社」が加えられた。本
条3項は，監査機関を置く株式会社について，株主による取締役会議事録等の
閲覧・謄写請求の要件を加重し，裁判所の許可を得ることを要求するものであ
る。取締役会の議事録の閲覧・謄写に裁判所の許可が要求されることになった
のは，昭和56年商法改正においてであり（昭56改正後商260ノ4Ⅳ），その趣
旨は会社の機密の保持を図ることにあった。平成17年改正前商法の下では，
株式会社であれば，必ず業務監査を行う機関（監査役または監査委員会）が置か
れていたが，平成17年制定の会社法は，株式会社制度の中に同改正前の有限
会社制度の実質を取り込むこととし，監査機関を置かない機関設計の株式会社
が認められることになった。そこで，会社法は，業務監査を行う機関を置く監
査役設置会社および委員会設置会社については，平成17年改正前商法のルー
ルを継承し，取締役会議事録等の閲覧・謄写に裁判所の許可を要するものとす
る（本条Ⅲ）。その一方で，取締役会設置会社のうち業務監査を行う機関を置
かないものについては，株主の取締役に対する監督是正権限を拡充することと

〔山下（徹）〕　　　　　　　　　　　　　　　　　　　　　　　　　　　407

§372　　　　　　　　　　　　　　　第2編　株式会社　第4章　機関

し，そのため，裁判所の許可を要求せず，営業時間内は，いつでも取締役会議事録等の閲覧・謄写を請求できることとした（本条Ⅱ）。本条2項および3項は，以上のような沿革を有する規定であるところ，本改正により新たに設けられた機関設計である監査等委員会設置会社には，業務監査を行う機関として監査等委員会が設置される（399の2Ⅲ①）。業務監査を行う機関を置くという点で，監査等委員会設置会社は，監査役設置会社や指名委員会等設置会社と同じ状況にあり，取締役会議事録等の閲覧・謄写に裁判所の許可を不要とする理由がない。そこで，本条3項の適用対象に「監査等委員会設置会社」を追加し，監査等委員会設置会社においても取締役会議事録等の閲覧・謄写に裁判所の許可を要求することとされた。

　第2に，本条3項において，本改正前の「委員会設置会社」が「指名委員会等設置会社」に修正された。これは，本改正による用語変更（2⑫）に伴う文言の整理であり，実質に関わる改正ではない。

（山下徹哉）

（取締役会への報告の省略）

第372条① 取締役，会計参与，監査役又は会計監査人が取締役（監査役設置会社にあっては，取締役及び監査役）の全員に対して取締役会に報告すべき事項を通知したときは，当該事項を取締役会へ報告することを要しない。

② 前項の規定は，第363条第2項の規定による報告については，適用しない。

③ 指名委員会等設置会社についての前2項の規定の適用については，第1項中「監査役又は会計監査人」とあるのは「会計監査人又は執行役」と，「取締役（監査役設置会社にあっては，取締役及び監査役）」とあるのは「取締役」と，前項中「第363条第2項」とあるのは「第417条第4項」とする。

　本改正により，本条3項において，本改正前の「委員会設置会社」が「指名委員会等設置会社」に修正された。これは，本改正による用語変更（2⑫）に伴う文言の整理であり，実質に関わる改正ではない。

（山下徹哉）

第5節　取締役会　第2款　運営　　　　　　　　　　　　　　　§373

（特別取締役による取締役会の決議）

第373条 ① 　第369条第1項の規定にかかわらず，取締役会設置会社（指名委員会等設置会社を除く。）が次に掲げる要件のいずれにも該当する場合（監査等委員会設置会社にあっては，第399条の13第5項に規定する場合又は同条第6項の規定による定款の定めがある場合を除く。）には，取締役会は，第362条第4項第1号及び第2号又は第399条の13第4項第1号及び第2号に掲げる事項についての取締役会の決議については，あらかじめ選定した3人以上の取締役（以下この章において「特別取締役」という。）のうち，議決に加わることができるものの過半数（これを上回る割合を取締役会で定めた場合にあっては，その割合以上）が出席し，その過半数（これを上回る割合を取締役会で定めた場合にあっては，その割合以上）をもって行うことができる旨を定めることができる。

　　1 　取締役の数が6人以上であること。

　　2 　取締役のうち1人以上が社外取締役であること。

② 　前項の規定による特別取締役による議決の定めがある場合には，特別取締役以外の取締役は，第362条第4項第1号及び第2号又は第399条の13第4項第1号及び第2号に掲げる事項の決定をする取締役会に出席することを要しない。この場合における第366条第1項本文及び第368条の規定の適用については，第366条第1項本文中「各取締役」とあるのは「各特別取締役（第373条第1項に規定する特別取締役をいう。第368条において同じ。）」と，第368条第1項中「定款」とあるのは「取締役会」と，「各取締役」とあるのは「各特別取締役」と，同条第2項中「取締役（」とあるのは「特別取締役（」と，「取締役及び」とあるのは「特別取締役及び」とする。

③ 　特別取締役の互選によって定められた者は，前項の取締役会の決議後，遅滞なく，当該決議の内容を特別取締役以外の取締役に報告しなければならない。

④ 　第366条（第1項本文を除く。），第367条，第369条第1項，第370条及び第399条の14の規定は，第2項の取締役会については，適用しない。

　本条は，特別取締役による取締役会決議について定める規定である。本改正により，本条は4点の修正を受けた。

　第1に，本条1項第1括弧書において，本改正前の「委員会設置会社」が「指名委員会等設置会社」に修正された。これは，本改正による用語変更（2⑫）に伴う文言の整理であり，実質に関わる改正ではない。

　第2に，監査等委員会設置会社について，本条1項が適用される場面を限定する旨の文言が追加された（本条1第2括弧書）。本条1項は，取締役会の専決

〔山下（徹）〕

§ 373　　　　　　　　　　　　　　第2編　株式会社　第4章　機関

事項のうち，重要な財産の処分・譲受けおよび多額の借財については，機動的な決定を可能にする必要があることから，特別取締役のみによる議決を認めるものである。そうしたところ，本改正により新たに追加された機関設計である監査等委員会設置会社においては，① 取締役の過半数が社外取締役である場合（399の13Ⅴ）または ② 取締役に決定を委任できる旨を定款で定めた場合（同条Ⅵ）には，重要な財産の処分・譲受けおよび多額の借財を含む重要な業務執行の大部分（同条Ⅴ各号列挙事項以外）の決定を取締役に委任することができる。そのため，これらの場合には，本条1項を適用する必要性が乏しい。そこで，監査等委員会設置会社については ① または ② の場合を本条の適用場面から除外することとされた（一問一答平成26年60頁）。

　第3に，本条1項および2項において，特別取締役のみによる議決が可能な事項を挙げる条文として，399条の13第4項1号および2号が追加された。362条の規定は，監査等委員会設置会社には適用されず，代わりに399条の13が適用される（同条Ⅰ柱書）。そこで，同条のうち，重要な財産の処分・譲受けおよび多額の借財を掲げる同条4項1号および2号を，本条1項および2項に追加することとされたものである。これは，本改正による監査等委員会設置会社の導入に伴い，監査等委員会設置会社の適用条項に対応するための修正にすぎず，実質に関わる改正ではない。

　第4に，本条4項において，特別取締役による取締役会（本条Ⅱ）について適用しないこととする条文に399条の14が追加された。本条4項は，特別取締役による取締役会について，取締役会の招集権者に関する各種特別ルール（366Ⅰただし書・367）の適用を排除している。本改正により新たに追加された機関設計である監査等委員会設置会社については，取締役会の招集権者をとくに定めたとしても（366Ⅰただし書），監査等委員会が選定する監査等委員は，取締役会を招集することができるという特別ルールが規定されている（399の14）。しかし，特別取締役による取締役会は，その有する権限（重要な財産の処分・譲受けまたは多額の借財の決定）にかんがみると，監査等委員会による招集を認める必要はない。そのため，当該特別ルールの適用を排除することとされたものである（一問一答平成26年60頁注）。その結果，監査等委員会設置会社においても，特別取締役による取締役会の招集権者は，本条2項により読み替えられる366条1項により，「各特別取締役」となる。

（山下徹哉）

第6節　会計参与　　　　　　　　　　　　　　　　　　　　　　　　§375

（会計参与の権限）

第374条①　会計参与は，取締役と共同して，計算書類（第435条第2項に規定
する計算書類をいう。以下この章において同じ。）及びその附属明細書，臨時計
算書類（第441条第1項に規定する臨時計算書類をいう。以下この章において同
じ。）並びに連結計算書類（第444条第1項に規定する連結計算書類をいう。第
396条第1項において同じ。）を作成する。この場合において，会計参与は，法
務省令で定めるところにより，会計参与報告を作成しなければならない。

②　会計参与は，いつでも，次に掲げるものの閲覧及び謄写をし，又は取締役及び
支配人その他の使用人に対して会計に関する報告を求めることができる。

　1　会計帳簿又はこれに関する資料が書面をもって作成されているときは，当該
　　書面

　2　会計帳簿又はこれに関する資料が電磁的記録をもって作成されているとき
　　は，当該電磁的記録に記録された事項を法務省令で定める方法により表示した
　　もの

③　会計参与は，その職務を行うため必要があるときは，会計参与設置会社の子会
社に対して会計に関する報告を求め，又は会計参与設置会社若しくはその子会社
の業務及び財産の状況の調査をすることができる。

④　前項の子会社は，正当な理由があるときは，同項の報告又は調査を拒むことが
できる。

⑤　会計参与は，その職務を行うに当たっては，第333条第3項第2号又は第3号
に掲げる者を使用してはならない。

⑥　指名委員会等設置会社における第1項及び第2項の規定の適用については，第
1項中「取締役」とあるのは「執行役」と，第2項中「取締役及び」とあるのは
「執行役及び取締役並びに」とする。

　本改正により，本条6項において，本改正前の「委員会設置会社」が「指名
委員会等設置会社」に修正された。これは，本改正による用語変更（2⑫）に
伴う文言の整理であり，実質に関わる改正ではない。

（山下徹哉）

（会計参与の報告義務）

第375条①　会計参与は，その職務を行うに際して取締役の職務の執行に関し不

§377 　　　　　　　　　　　　　　　　　第2編　株式会社　第4章　機関

正の行為又は法令若しくは定款に違反する重大な事実があることを発見したとき
は，遅滞なく，これを株主（監査役設置会社にあっては，監査役）に報告しなけ
ればならない。
② 　監査役会設置会社における前項の規定の適用については，同項中「株主（監査
役設置会社にあっては，監査役）」とあるのは，「監査役会」とする。
③ 　監査等委員会設置会社における第1項の規定の適用については，同項中「株主
（監査役設置会社にあっては，監査役）」とあるのは，「監査等委員会」とする。
④ 　指名委員会等設置会社における第1項の規定の適用については，同項中「取締
役」とあるのは「執行役又は取締役」と，「株主（監査役設置会社にあっては，
監査役）」とあるのは「監査委員会」とする。

　本条は，会計参与が取締役の職務執行に関し不正の行為または法令・定款違
反の重大な事実があることを発見したときの報告義務について定める規定であ
る。本改正により，本条は2点の修正を受けた。
　第1に，本条3項が追加された。本条3項は，監査等委員会設置会社の場合
に，報告の相手方を「監査等委員会」とするものである。本改正により新たに
設けられた機関設計である監査等委員会設置会社においては，業務監査を行う
機関として監査等委員会が設置される（399の2Ⅲ①）。報告の相手方は，業務
監査を行う機関が置かれていない株式会社では「株主」（本条Ⅰ），監査役設置
会社では「監査役」（同項括弧書），監査役会設置会社では「監査役会」（本条
Ⅱ），指名委員会等設置会社では「監査委員会」（本条Ⅳ）と，業務監査に係る
機関設計に応じて報告の相手方が定められている。そこで，これらの規定と横
並びのものとして，監査等委員会設置会社における報告の相手方を「監査等委
員会」と定めるのが本条3項である。
　第2に，本条4項（改正前本条3項を繰下げ）において，本改正前の「委員会
設置会社」が「指名委員会等設置会社」に修正された。これは，本改正による
用語変更（2⑫）に伴う文言の整理であり，実質に関わる改正ではない。

　　　　　　　　　　　　　　　　　　　　　　　　　　　　　　　（山下徹哉）

（株主総会における意見の陳述）
第377条① 　第374条第1項に規定する書類の作成に関する事項について会計参

第7節　監査役　　　　　　　　　　　　　　　　　　　　　　　　　§386

与が取締役と意見を異にするときは，会計参与（会計参与が監査法人又は税理士
法人である場合にあっては，その職務を行うべき社員）は，株主総会において意
見を述べることができる。
②　指名委員会等設置会社における前項の規定の適用については，同項中「取締
役」とあるのは，「執行役」とする。

本改正により，本条2項において，本改正前の「委員会設置会社」が「指名
委員会等設置会社」に修正された。これは，本改正による用語変更（2⑫）に
伴う文言の整理であり，実質に関わる改正ではない。

（山下徹哉）

（監査役設置会社と取締役との間の訴えにおける会社の代表等）
第386条①　第349条第4項，第353条及び第364条の規定にかかわらず，次の
各号に掲げる場合には，当該各号の訴えについては，監査役が監査役設置会社を
代表する。
1　監査役設置会社が取締役（取締役であった者を含む。以下この条において同
じ。）に対し，又は取締役が監査役設置会社に対して訴えを提起する場合
2　株式交換等完全親会社（第849条第2項第1号に規定する株式交換等完全親
会社をいう。次項第3号において同じ。）である監査役設置会社がその株式交
換等完全子会社（第847条の2第1項に規定する株式交換等完全子会社をい
う。次項第3号において同じ。）の取締役，執行役（執行役であった者を含
む。以下この条において同じ。）又は清算人（清算人であった者を含む。以下
この条において同じ。）の責任（第847条の2第1項各号に掲げる行為の効力
が生じた時までにその原因となった事実が生じたものに限る。）を追及する訴
えを提起する場合
3　最終完全親会社等（第847条の3第1項に規定する最終完全親会社等をい
う。次項第4号において同じ。）である監査役設置会社がその完全子会社等
（同条第2項第2号に規定する完全子会社等をいい，同条第3項の規定により
当該完全子会社等とみなされるものを含む。次項第4号において同じ。）であ
る株式会社の取締役，執行役又は清算人に対して特定責任追及の訴え（同条第
1項に規定する特定責任追及の訴えをいう。）を提起する場合
②　第349条第4項の規定にかかわらず，次に掲げる場合には，監査役が監査役設
置会社を代表する。

〔山下（徹）〕

413

§386　　　　　　　　　　　　　　　　第2編　株式会社　第4章　機関

1　監査役設置会社が第847条第1項，第847条の2第1項若しくは第3項（同
　条第4項及び第5項において準用する場合を含む。）又は第847条の3第1項
　の規定による請求（取締役の責任を追及する訴えの提起の請求に限る。）を受
　ける場合
2　監査役設置会社が第849条第4項の訴訟告知（取締役の責任を追及する訴え
　に係るものに限る。）並びに第850条第2項の規定による通知及び催告（取締
　役の責任を追及する訴えに係る訴訟における和解に関するものに限る。）を受
　ける場合
3　株式交換等完全親会社である監査役設置会社が第847条第1項の規定による
　請求（前項第2号に規定する訴えの提起の請求に限る。）をする場合又は第
　849条第6項の規定による通知（その株式交換等完全子会社の取締役，執行役
　又は清算人の責任を追及する訴えに係るものに限る。）を受ける場合
4　最終完全親会社等である監査役設置会社が第847条第1項の規定による請求
　（前項第3号に規定する特定責任追及の訴えの提起の請求に限る。）をする場合
　又は第849条第7項の規定による通知（その完全子会社等である株式会社の取
　締役，執行役又は清算人の責任を追及する訴えに係るものに限る。）を受ける
　場合

　本条は，会社と取締役の間の訴訟の場合など，監査役設置会社において，監
査役が会社を代表すべき場合について規定する。本改正によって，旧株主によ
る責任追及等の訴え（847の2）および最終完全親会社等の株主による特定責任
追及の訴え（847の3）が新たに認められたことに伴い，本条についても，その
適用場面を大幅に拡充する旨の修正が行われた。なお，このことを反映し，本
条の見出しにおいて，その最後に「等」が追加されている。改正前の本条が規
律していたのは，監査役設置会社と当該会社の取締役との間の訴えに関する会
社代表権の所在であった。本改正により，本条は，従来の規律内容に加えて，
当該会社の子会社の取締役，執行役または清算人に対する訴えに関する会社代
表権の所在をも規律することになったため，その部分を「等」で表している。
　本条1項は，訴訟における会社の代表権の所在を規定する。そのうち1号
は，改正前本条1項で規定されていたものと同じ内容である。本改正で新たに
加えられたのは，第1に，株式交換等完全親会社である監査役設置会社が，そ
の株式交換等完全子会社の取締役等（取締役，執行役または清算人。これらの者で
あったものも含む）について，責任追及等の訴えのうち847条の2第1項各号に
掲げる行為の効力が生じた時までにその原因事実が生じた責任に関するものを

414　　　　　　　　　　　　　　　　　　　　　　　　　　　〔山下（徹）〕

第7節　監査役　　　　　　　　　　　　　　　　　　　　　§386

提起する場合（本条Ⅰ②），第2に，最終完全親会社等である監査役設置会社が
その完全子会社等である株式会社の取締役等に対して特定責任追及の訴えを提
起する場合（同項③）である。第1の場合は，旧株主による責任追及等の訴え
が法定されたことに伴い，第2の場合は，特定責任追及の訴えが法定されたこ
とに伴い，追加されたものである。本来，監査役設置会社を代表するのは，取
締役または代表取締役であるが（349），前記の第1の場合でも第2の場合で
も，責任を追及される取締役等と，責任を追及する株式交換等完全親会社また
は最終完全親会社等の取締役との間の人的関係や仲間意識から，馴れ合い訴訟
が行われ，旧株主または最終完全親会社等の株主の利益を害するおそれがある
ことから，取締役ではなく，監査役が会社を代表することとされた（一問一答
平成26年215頁）。したがって，本条1項1号とその趣旨は同じである。

　本条2項は，提訴請求等に関する会社の代表権の所在を規定する。本条2項
1号は，取締役の責任追及に係る提訴請求を受ける場合に監査役設置会社を代
表するのは監査役である旨を定める。本改正により，監査役設置会社が，旧株
主による責任追及等の訴えまたは特定責任追及の訴えの前提となる，旧株主ま
たは最終完全親会社等の株主からの提訴請求（847の2ⅠⅢまたは847の3Ⅰ）を
受ける場合が，本条2項1号の適用対象に追加された。また，本改正により，
本条2項に3号と4号が追加された。本条2項3号は，株式交換等完全親会社
が株式交換等完全子会社に対して本条1項2号に規定する訴えの提起の請求を
する場合と，株式交換等完全子会社が株式交換等完全親会社に対して旧株主に
よる責任追及の訴えの対象となる責任に係る責任追及の訴えの提起等の通知
（849条6項の通知）をする場合に，株式交換等完全親会社である監査役設置会
社を代表するのが監査役である旨を定める。本条2項4号は，最終完全親会社
等がその完全子会社等に対して本条1項3号に規定する特定責任追及の訴えの
提起の請求をする場合と，完全子会社等がその最終完全親会社等に対して当該
完全子会社等の取締役等の特定責任に係る責任追及の訴えの提起等の通知
（849条7項の通知）をする場合に，最終完全親会社等である監査役設置会社を
代表するのが監査役である旨を定める。

　本条2項に係る以上の改正点のうち，提訴請求をする場合（本条Ⅱ③④）に
ついては，本条1項2号および3号で訴えを提起する場合の代表権が監査役に
与えられることに伴い，その訴え提起の前提となる提訴請求を行う場合にも，
監査役が会社を代表すべきこととするものである（一問一答平成26年215-216
頁）。提訴請求を受ける場合（本条Ⅱ①）については，当該請求を受けて訴えを

〔山下（徹）〕　　　　　　　　　　　　　　　　　　　　　　　　　415

§*386*　　　　　　　　　　　　　　第2編　株式会社　第4章　機関

提起するか否かを決定する権限が監査役にあることを前提として（本条Ⅰ②③参照），提訴請求の受領についても，監査役に会社を代表する権限を帰属させるのが適切なためである（一問一答平成26年217頁）。849条6項または7項の通知を受ける場合（本条Ⅱ③④）については，当該通知を株式交換等完全親会社または最終完全親会社等の代表取締役が受領することとすると，人的関係や仲間意識から，当該通知に続けて行われるべき849条10項の公告・通知が懈怠されるおそれがあることから，当該通知の受領について監査役に会社を代表する権限を帰属させるのが適切なためである（一問一答平成26年218頁）。

　そのほか，本条2項2号において，本改正前の「第849条第3項」が「第849条第4項」に修正された。これは，改正前849条3項が，本改正により，同条4項に繰り下げられたことに伴う引用条項の修正であり，実質に関わる改正ではない。

（山下徹哉）

〔山下(徹)〕

第9節　会計監査人　　　　　　　　　　　　　　　　　　　　　§396

第9巻（§§396-430）増補

（会計監査人の権限等）

第396条①　会計監査人は，次章の定めるところにより，株式会社の計算書類及びその附属明細書，臨時計算書類並びに連結計算書類を監査する。この場合において，会計監査人は，法務省令で定めるところにより，会計監査報告を作成しなければならない。

②　会計監査人は，いつでも，次に掲げるものの閲覧及び謄写をし，又は取締役及び会計参与並びに支配人その他の使用人に対し，会計に関する報告を求めることができる。

　　1　会計帳簿又はこれに関する資料が書面をもって作成されているときは，当該書面

　　2　会計帳簿又はこれに関する資料が電磁的記録をもって作成されているときは，当該電磁的記録に記録された事項を法務省令で定める方法により表示したもの

③　会計監査人は，その職務を行うため必要があるときは，会計監査人設置会社の子会社に対して会計に関する報告を求め，又は会計監査人設置会社若しくはその子会社の業務及び財産の状況の調査をすることができる。

④　前項の子会社は，正当な理由があるときは，同項の報告又は調査を拒むことができる。

⑤　会計監査人は，その職務を行うに当たっては，次のいずれかに該当する者を使用してはならない。

　　1　第337条第3項第1号又は第2号に掲げる者

　　2　会計監査人設置会社又はその子会社の取締役，会計参与，監査役若しくは執行役又は支配人その他の使用人である者

　　3　会計監査人設置会社又はその子会社から公認会計士又は監査法人の業務以外の業務により継続的な報酬を受けている者

⑥　<u>指名委員会等設置会社</u>における第2項の規定の適用については，同項中「取締役」とあるのは，「執行役，取締役」とする。

　本改正により，本条6項において，本改正前の「委員会設置会社」が「指名委員会等設置会社」に修正された。これは，本改正による用語変更（2⑫）に伴う文言の整理であり，実質に関わる改正ではない。

（山下徹哉）

〔山下（徹）〕　　　　　　　　　　　　　　　　　　　　　　　　　417

（監査役に対する報告）

第397条① 会計監査人は，その職務を行うに際して取締役の職務の執行に関し不正の行為又は法令若しくは定款に違反する重大な事実があることを発見したときは，遅滞なく，これを監査役に報告しなければならない。

② 監査役は，その職務を行うため必要があるときは，会計監査人に対し，その監査に関する報告を求めることができる。

③ 監査役会設置会社における第1項の規定の適用については，同項中「監査役」とあるのは，「監査役会」とする。

④ 監査等委員会設置会社における第1項及び第2項の規定の適用については，第1項中「監査役」とあるのは「監査等委員会」と，第2項中「監査役」とあるのは「監査等委員会が選定した監査等委員」とする。

⑤ 指名委員会等設置会社における第1項及び第2項の規定の適用については，第1項中「取締役」とあるのは「執行役又は取締役」と，「監査役」とあるのは「監査委員会」と，第2項中「監査役」とあるのは「監査委員会が選定した監査委員会の委員」とする。

　本条は，会計監査人が取締役の職務執行に関し不正の行為または法令・定款違反の重大な事実があることを発見したときの報告義務と会計監査人に対する報告徴求の権限を定める規定である。本改正により，本条は2点の修正を受けた。

　第1に，本条4項が追加された。本条4項は，監査等委員会設置会社の場合に，本条1項の報告の相手方を「監査等委員会」とするとともに，本条2項の報告徴求権限の帰属主体を「監査等委員会が選定した監査等委員」とするものである。本改正により新たに設けられた機関設計である監査等委員会設置会社においては，業務監査・会計監査を行う機関として監査等委員会が設置される（399の2Ⅲ①）。本条1項の報告の相手方については，監査役設置会社では「監査役」（本条Ⅰ），監査役会設置会社では「監査役会」（本条Ⅲ），指名委員会等設置会社では「監査委員会」（本条Ⅴ）と，本条2項の報告徴求権限の帰属主体については，監査役設置会社・監査役会設置会社では「監査役」（本条Ⅰ），指名委員会等設置会社では「監査委員会が選定した監査委員会の委員」（本条Ⅴ）と，業務監査・会計監査に関連する機関設計に応じてそれぞれ規定されている。そこで，これらの規定と横並びのものとして，監査等委員会設置会社における報告の相手方を「監査等委員会」と，報告徴求権限の主体を「監査等委員会が選定した監査等委員」と定めるのが本条4項である。

　第2に，本条5項（改正前本条4項を繰下げ）において，本改正前の「委員会

第9節　会計監査人　　　　　　　　　　　　　　　　　　　　　　　　§398

設置会社」が「指名委員会等設置会社」に修正された。これは，本改正による
用語変更（2⑫）に伴う文言の整理であり，実質に関わる改正ではない。

（山下徹哉）

> **（定時株主総会における会計監査人の意見の陳述）**
> **第398条①**　第396条第1項に規定する書類が法令又は定款に適合するかどうか
> について会計監査人が監査役と意見を異にするときは，会計監査人（会計監査人
> が監査法人である場合にあっては，その職務を行うべき社員。次項において同
> じ。）は，定時株主総会に出席して意見を述べることができる。
> ②　定時株主総会において会計監査人の出席を求める決議があったときは，会計監
> 査人は，定時株主総会に出席して意見を述べなければならない。
> ③　監査役会設置会社における第1項の規定の適用については，同項中「監査役」
> とあるのは，「監査役会又は監査役」とする。
> ④　監査等委員会設置会社における第1項の規定の適用については，同項中「監査
> 役」とあるのは，「監査等委員会又は監査等委員」とする。
> ⑤　指名委員会等設置会社における第1項の規定の適用については，同項中「監査
> 役」とあるのは，「監査委員会又はその委員」とする。

　本条は，定時株主総会における会計監査人の意見陳述の権限および義務を定
める規定である。本改正により，本条は2点の修正を受けた。
　第1に，本条4項が追加された。本条4項は，監査等委員会設置会社の場合
に，本条1項の「監査役」を「監査等委員会又は監査等委員」と読み替えるも
のである。本条1項は，396条1項に規定する書類（計算書類およびその附属明
細書，臨時計算書類ならびに連結計算書類）の法令定款適合性について，会計監査
人の意見と会計監査人以外の会計監査を行う機関の意見が異なる場合に，会計
監査人が定時株主総会で自らの意見について説明する権限を与える。この会計
監査人以外の会計監査を行う機関は，監査役設置会社については「監査役」
（本条Ⅰ），監査役会設置会社については「監査役会又は監査役」（本条Ⅲ），指名
委員会等設置会社については「監査委員会又はその委員」（本条Ⅴ）と，業務
監査・会計監査に関する機関設計に応じてそれぞれ規定されている。本改正に
より新たに設けられた機関設計である監査等委員会設置会社においては，業務
監査・会計監査を行う機関として，監査等委員会が設置される（399の2Ⅲ
①）。監査等委員会が監査報告を作成し，それと異なる意見を有する監査等委

〔山下（徹）〕

§399　　　　　　　　　　　　　　　　　　　第2編　株式会社　第4章　機関

員は自らの意見を監査報告に付記することができる（会社計算128の2Ⅰ）。そこで，監査等委員会設置会社の機関構造に対応して，本条1項の「監査役」を「監査等委員会又は監査等委員」と読み替えるのが本条4項である。

　第2に，本条5項（改正前本条4項を繰下げ）において，本改正前の「委員会設置会社」が「指名委員会等設置会社」に修正された。これは，本改正による用語変更（2⑫）に伴う文言の整理であり，実質に関わる改正ではない。

（山下徹哉）

（会計監査人の報酬等の決定に関する監査役の関与）

第399条①　取締役は，会計監査人又は一時会計監査人の職務を行うべき者の報酬等を定める場合には，監査役（監査役が2人以上ある場合にあっては，その過半数）の同意を得なければならない。

②　監査役会設置会社における前項の規定の適用については，同項中「監査役（監査役が2人以上ある場合にあっては，その過半数)」とあるのは，「監査役会」とする。

③　監査等委員会設置会社における第1項の規定の適用については，同項中「監査役（監査役が2人以上ある場合にあっては，その過半数)」とあるのは，「監査等委員会」とする。

④　指名委員会等設置会社における第1項の規定の適用については，同項中「監査役（監査役が2人以上ある場合にあっては，その過半数)」とあるのは，「監査委員会」とする。

1　改正の趣旨

　本条は，会計監査人の経営陣からの独立性を確保するため，会計監査人の報酬等については，監査役等の同意を得なければならない旨を定めたものである〔☞会社法コンメ(9)§399Ⅰ1〔40頁〔田中亘〕〕〕。

　本改正により，監査等委員会設置会社が創設されたのに伴い，本条3項が新設され，監査等委員会設置会社において会計監査人または一時会計監査人の報酬等を定める場合には，監査等委員会の同意を要するものとした。

2　会計監査人の報酬等の決定権

　本改正の審議過程では，会計監査人の報酬等については，監査役等が決定す

〔田　中〕

第9節の2　監査等委員会　第1款　権限等　　　　　　　§399の2

るものとすべきであるとの意見も出されたが，結論としては，監査役等に同意
権を付与するにとどめる改正前法の規律が維持されることになった［この間の
経緯については，☞会社法コンメ(9)§399Ⅱ〔41-42頁［田中］]。

（田中　亘）

（監査等委員会の権限等）（新設）

第399条の2① 監査等委員会は，全ての監査等委員で組織する。

② 監査等委員は，取締役でなければならない。

③ 監査等委員会は，次に掲げる職務を行う。

　1　取締役（会計参与設置会社にあっては，取締役及び会計参与）の職務の執行
　　の監査及び監査報告の作成

　2　株主総会に提出する会計監査人の選任及び解任並びに会計監査人を再任しな
　　いことに関する議案の内容の決定

　3　第342条の2第4項及び第361条第6項に規定する監査等委員会の意見の決
　　定

④ 監査等委員がその職務の執行（監査等委員会の職務の執行に関するものに限
　る。以下この項において同じ。）について監査等委員会設置会社に対して次に掲
　げる請求をしたときは，当該監査等委員会設置会社は，当該請求に係る費用又は
　債務が当該監査等委員の職務の執行に必要でないことを証明した場合を除き，こ
　れを拒むことができない。

　1　費用の前払の請求

　2　支出をした費用及び支出の日以後におけるその利息の償還の請求

　3　負担した債務の債権者に対する弁済（当該債務が弁済期にない場合にあって
　　は，相当の担保の提供）の請求

細目次

Ⅰ　趣旨
Ⅱ　監査等委員会の構成
　1　趣旨
　2　常勤者の非強制
Ⅲ　監査等委員会の職務
　1　総説
　　(1)　職務内容の概要
　　(2)　組織監査（独任制の否
　　　定）の原則
　2　取締役等の職務執行の監査
　　および監査報告の作成

　(1)　総説
　(2)　監査の方法
　(3)　適法性監査と妥当性監査
　(4)　会計監査・会計監査人と
　　の連携
　(5)　監査報告
　3　会計監査人の選任等議案の
　　内容の決定
　　(1)　趣旨
　　(2)　議案の内容の決定の方法
　　(3)　取締役による原案提示の

　　　可否
　　(4)　株主への情報開示
　4　監査等委員以外の取締役の
　　人事（選任等および報酬等）
　　についての意見の内容の決定
　　(1)　趣旨
　　(2)　意見陳述の対象および時
　　　期
　　(3)　意見陳述義務の有無
　　(4)　意見内容の決定プロセス
　　(5)　任意の指名・報酬委員会

〔田　中〕

421

§399の2

第2編　株式会社　第4章　機関

が置かれる場合
(6)　株主に対する情報開示
(7)　議事録への記載
Ⅳ　監査等委員の職務執行上の費用等の前払等の請求

1　趣　旨
2　本規定の適用範囲
(1)　監査等委員の職務の執行（監査等委員会の職務の執行に関するものに限る）に

ついての費用であること
(2)　職務執行のための必要性
3　費用または債務の処理に関する体制の整備

【文献】下山祐樹「監査等委員会設置会社における任意の指名委員会・報酬委員会等の位置づけと運用」商事2104号（2016）18頁，太子堂厚子「監査等委員会設置会社への移行後の実務課題」商事2111号（2016）18頁，高橋均・監査役監査の実務と対応〔第5版〕（同文舘出版，2016），武井一浩「監査等委員会監査等基準の制定について」監査役647号（2015）31頁，塚本英巨・監査等委員会導入の実務（商事法務，2015），塚本英巨＝三菱UFJ信託銀行法人コンサルティング部会社法務コンサルティング室・監査等委員会設置会社移行会社の事例分析（別冊商事法務399号）（2015），東京証券取引所上場部・東証上場会社コーポレート・ガバナンス白書2019（2019），中村直人ほか・平成26年改正会社法対応内部統制システム構築の実務（商事法務，2015），日本監査役協会・監査等委員会監査等基準（平成27年9月29日制定），日本監査役協会「選任等・報酬等に対する監査等委員会の意見陳述権行使の実務と論点」（平成28年11月24日）監査役662号（2016）別冊付録，日本監査役協会「会計監査人の評価及び選定基準策定に関する監査役等の実務指針（平成27年11月10日）」監査役647号（2015）別冊付録，日本監査役協会「会計監査人の選解任等に関する議案の内容の決定権行使に関する監査役の対応指針」（「改正会社法及び改正法務省令に対する監査役等の実務対応（平成27年3月5日）」別添資料1）監査役639号（2015）146-151頁，森本滋・企業統治と取締役会（商事法務，2017）

Ⅰ　趣　　旨

　本条は，監査等委員会の構成およびその職務権限について定めている（本条Ⅰ-Ⅲ）。また，監査等委員の職務の執行について生ずる費用等の前払等請求についても定めを置いている（本条Ⅳ）。

Ⅱ　監査等委員会の構成

1　趣　　旨

　監査等委員会は，すべての監査等委員で構成する（本条Ⅰ）。監査等委員は，取締役でなければならない（本条Ⅱ）。監査等委員である取締役は，3人以上で，その過半数は，社外取締役でなければならない（331Ⅵ）。監査等委員である取締役は，株主総会の決議により，他の取締役と区別して選任される（329ⅠⅡ）。

　監査役設置会社では，監査役は監査の職務に特化した役員であり，取締役会における議決権を持たないのに対し，監査等委員会設置会社では，監査の職務を担う役員である監査等委員が，同時に取締役会の構成員として，業務執行の

第 9 節の 2　監査等委員会　第 1 款　権限等　　　　　　　　　§ 399 の 2

決定，取締役の職務執行の監督，および代表取締役の選定・解職といった職務
(399 の 13 I 各号) をも担う点に，特徴がある。

　従来，監査役設置会社の監査役については，代表取締役をはじめとする業務
執行取締役 (経営陣) に対する人事権や指揮・監督権を持たないため，経営陣
の監督を行うことには限界があると指摘されており，とりわけ上場会社では，
むしろ社外取締役の機能を活用すべきであるとの指摘が強くなされていた (一
問一答平成 26 年 18 頁)。もっとも，上場会社の伝統的な組織形態である監査役
会設置会社では，社外監査役を最低 2 名選任することが求められることから
(335 III 参照)，社外取締役を選任することは重複負担となり，社外取締役の増
員が十分進まない懸念がある。また，社外取締役は，監査役と異なり，単独で
会社の業務を監査する権限はないため，経営陣の監督の機能を十分に尽くせる
かは疑問の余地がある。

　監査等委員会設置会社では，監査役が置かれないため，社外監査役との重複
負担がなくなり，社外取締役を増員しやすくなると期待される (一問一答平成
26 年 19 頁)。また，社外取締役が，監査等委員の職務を通じて会社の状況につ
いて情報を得ることにより，取締役会における経営陣の監督をより実効的に行
うことができるようになることも期待される。

　2018 年 7 月 13 日現在，東京証券取引所 (以下，「東証」という) 上場会社であ
る監査等委員会設置会社 888 社 (東証上場会社全体に占める比率は 24.7 パーセン
ト) における監査等委員の平均員数は 3.41 人であり，うち社外取締役である
監査等委員の比率は，77.3 パーセントであった (東証コーポレート・ガバナンス
白書 67-68 頁・103 頁)。

2　常勤者の非強制

　監査役会設置会社は，最低 1 人の常勤の監査役を置かなければならないのに
対し (390 III)，監査等委員会設置会社は，常勤の監査等委員を置くことは義務
付けられていない。これは，監査等委員会設置会社は，内部統制システムの整
備の決定が義務付けられており (399 の 13 I ① ロハ・II)，監査等委員会は，自
ら会社業務について実地に監査するよりは，むしろ，内部統制システムが適切
に構築・運営されているかを監視し，必要に応じて，内部統制部門に対して指
示を与えるといった形で，内部統制システムを利用した監査を行うことが主と
して想定されているためである (一問一答平成 26 年 38 頁)。

　もっとも，監査等委員会設置会社が任意に常勤の監査等委員を置くことは，

〔田　中〕

§399の2　　　　　　　　　　　　　　第2編　株式会社　第4章　機関

もとより可能である（一問一答平成26年39頁）。監査とは，日々，多くの情報に接していることが重要であり，常勤者を置かずに十分な監査をすることができるか疑問であるとの意見が実務家の間では少なくない（田中亘ほか「攻めのガバナンスと監査の実効性」監査役649号〔2016〕26頁［宮本照雄]）。本改正の審議においても，常勤者の役割が重要であるとの指摘がされていたことから，改正法の下では，公開会社における会社役員に関する事業報告記載事項として，監査等委員会について常勤の監査等委員の選定の有無およびその理由の開示を求めることとした（会社則121⑩イ）。

　2015年10月1日時点で監査等委員会設置会社に移行した上場会社210社を対象にした調査では，常勤者を置いている会社が178社（84.8パーセント）であった（塚本＝三菱UFJ 25頁）。

Ⅲ　監査等委員会の職務

1　総　　説

(1)　職務内容の概要

本条3項は，監査等委員会の職務として，3種のものを規定している。

①　取締役（会計参与設置会社にあっては，取締役と会計参与）の職務執行の監査および監査報告の作成（同項①）

②　会計監査人の選任・解任・不再任議案の内容の決定（同項②）

③　監査等委員以外の取締役の選任・解任・辞任および報酬等についての監査等委員会の意見の内容の決定（同項③）

(2)　組織監査（独任制の否定）の原則

　監査役設置会社（監査役会設置会社でも同じ）では，原則として，各監査役が単独でその職務権限を行使するものとされている（独任制。390Ⅱ柱書ただし書参照）。これに対し，監査等委員会設置会社では，原則として，会議体としての監査等委員会が，組織的に，監査その他の職務を行うものとされている（組織監査の原則。一問一答平成26年40頁）。例えば，各監査等委員は，監査等委員会から選定されてはじめて，会社の業務・財産状況の調査権限を行使でき（399の3ⅠⅡ），その権限の行使については，監査等委員会の決議に従わなければならない（同条Ⅳ。監査役についての381条2項，3項，390条2項柱書ただし書と対比）。また，監査等委員以外の取締役の人事についての意見陳述の内容を決定するのは監査等委員会であり（本条Ⅲ③），監査等委員は，監査等委員会か

第9節の2　監査等委員会　第1款　権限等　　　　　　　§399の2

ら選定された場合に，監査等委員会の意見を株主総会で陳述する職務権限を有するにすぎない（342の2Ⅳ・361Ⅵ）。

　このような組織監査の原則が採用されているのは，監査等委員会設置会社では，監査等委員の過半数が社外取締役であることから（331Ⅵ），多数派の監査等委員が経営陣の意向に沿って少数派の監査等委員の活動を抑圧するといった危険は小さいことを踏まえて，監査等委員が，監査等委員会が定める統一的な方針の下に，組織的・効率的に監査その他の職務を行うことの利点を優先させるためであると解される。

　ただし，会社の業務が適法に行われているかどうかは，本来，多数決で決められる性質の問題ではない。それゆえ，個々の監査等委員が，会社の業務について法令違反等の事実があると認めた場合は，それが監査等委員会の多数意見と異なっていても，個別に意見を述べるべきである（399の5，会社則130の2Ⅰ柱書後段，会社計算128の2Ⅰ柱書後段参照）。また，取締役の違法行為等の差止請求権は，監査等委員会でなく，個々の監査等委員が有している（399の6）。このように，一定の事項については，個々の監査等委員が自己の判断によってその職務権限を行使すべきものとされていることに，留意すべきである。

2　取締役等の職務執行の監査および監査報告の作成

(1)　総　　説

　監査等委員会の職務の第1は，取締役（会計参与設置会社にあっては，取締役および会計参与）の職務の執行を監査し，監査報告を作成することである（本条Ⅲ①）。なお，取締役の職務には，使用人に対する指揮・監督も含まれることから（龍田＝前田120頁），監査等委員会の職務は，使用人によって担われる部分も含め，監査等委員会設置会社の業務全般を監査すること（業務監査）であるといえる。

(2)　監査の方法

　監査等委員会設置会社における監査の方法について，会社法の立案担当者は，監査等委員会は自ら会社の業務・財産状況を調査するというよりは，むしろ内部統制システムが適切に構築・運営されているかを監視し，必要に応じて，内部統制部門に対して指示を与えるといった形で，内部統制システムを利用した監査を行うことが主として想定されていると説明している（一問一答平成26年38頁。監査等委員会設置会社は内部統制システムの整備の決定が義務付けられていることにつき，399条の13第1項1号ロハ，2項）。

〔田　中〕

425

§399の2

第2編　株式会社　第4章　機関

　もっとも，監査等委員会に選定された監査等委員が，399条の3の報告徴求権や業務・財産状況調査権を行使することにより，自ら監査を行うことも可能である（新基本法コンメ(2)298頁［星明男］）。具体的には，監査等委員が，取締役・使用人からの報告聴取，各事業部門や子会社に対する往査，重要な会議への出席あるいは重要な書類の閲覧といった監査活動を行うことが考えられる（監査役設置会社で一般的なこうした監査活動の詳細については，高橋28-58頁参照）。監査等委員会としては，会社の規模や事業の内容等を踏まえ，自社に最適な監査の方法をとることが期待される（実務の状況につき，塚本英巨「監査等委員会設置会社の監査体制」商事2099号〔2016〕4頁）。もっとも，監査等委員会設置会社においても，内部統制システムの内容の決定権限は監査等委員会でなく，取締役会にある（399の13Ⅰ①ロハ）。それゆえ，例えば内部監査部門を監査等委員会の直属にするといった，内部統制システムの利用を中心とした監査体制をとるためには，取締役会の協力が必要となろう［内部監査部門を利用した監査については，☞§399の13Ⅲ4(4)］。

(3)　適法性監査と妥当性監査

　監査役設置会社における監査と監査等委員会設置会社における監査との間の相違点として，監査役の権限は，原則的に，会社業務の適法性を監査することに限られるのに対し，監査等委員会の権限は，会社業務の妥当性を監査することに及ぶと指摘されている（江頭591頁，新基本法コンメ(2)298頁［星］）。これは，監査等委員が取締役会（399の13Ⅰ②）の構成員でもあること（本条Ⅱ）や，監査等委員以外の取締役の人事（指名等および報酬等）についての意見陳述権を有すること（本条Ⅲ③・342の2Ⅳ・361Ⅵ）を理由としている。

　もっとも，監査役も，例えば監査役選任議案に対する同意権・提案権を行使する場面（343ⅠⅡ）や，会社を代表して取締役に対する訴え（386Ⅰ①）を提起するかどうか判断する場面では，適法性だけでなく妥当性の観点からの判断をする権限を有していると解される。また，監査役が会社の業務や財産状況の調査（381）をする場合に，取締役・使用人が，妥当性の問題しか含まれていないことを理由に調査を拒むことはできないし［☞会社法コンメ(8)§381Ⅱ1(1)(イ)〔395頁［吉本健一］〕］（そのようなことは，調査をしてみなければわからないからである），監査役が取締役会で発言をする場合に，妥当性の問題にすぎないことを理由に発言を妨げられることもないと解される（江頭533頁注3，田中亘294頁。意思決定の過程で十分な議論をすることが，当該決定の適法性を確保することにつながるからである）。他方，監査報告については，監査等委員会監査報告と監査役監

426　　　　　　　　　　　　　　　　　　　　　　　　　　　　　　　　　　〔田　中〕

第9節の2 監査等委員会 第1款 権限等 　　　　　　　§399の2

査報告の記載内容は基本的に共通であり〔☞(5)〕，監査等委員会監査報告であるからといって，一般的に会社業務の妥当性について報告する形にはなっていない（妥当性の問題は営業秘密に関わる微妙な事項が多いため，監査報告のような開示書類の記載には適しないためである。江頭533頁注3）。これらの点からすれば，監査等委員会の権限と監査役の権限の違いは，必ずしも大きいものではない。また，監査役にせよ監査等委員会にせよ，その権限の及ぶ範囲は，個別の権限ごとにその趣旨を踏まえて考察するべきであり，「監査役の監査の範囲は会社業務の適法性にしか及ばないが，監査等委員会の監査の範囲は会社業務の妥当性にも及ぶ」といった一般化をすることは，必ずしも適切とは思われない（田中亘294頁）〔☞会社法コンメ(8)§381Ⅱ1(1)(イ)〔395頁〔吉本〕〕〕。

(4) 会計監査・会計監査人との連携

　監査等委員会の監査の範囲は，会社業務全般に及ぶため〔☞(1)〕，当然，会計に関する事項にも及ぶ。もっとも，監査等委員会設置会社では，職業的専門家である会計監査人の監査が義務付けられているため（327Ⅴ・436Ⅱ①），会計事項についての監査等委員会の監査は，自ら主導的に監査をするというよりは，会計監査人の監査を踏まえ，その方法・内容が相当であるか等について判断し，意見を述べることが中心となる（同号，会社計算128の2Ⅰ・127②-⑤)〔☞(5)〕。とはいえ，そのことは，会計監査について監査等委員会が果たす役割が小さいことを意味するものではない。監査等委員会が上記の意見を形成するためには，会計監査人がその職務を適正に遂行しているか，また職務の適正な遂行を確保するための体制を整備しているか等につき，会計監査人に適宜説明を求め，確認を行う必要がある（監査等委員会監査等基準34参照）。また，監査等委員会は，会計監査人の選任等議案の内容の決定権（本条Ⅲ②）〔☞3〕および会計監査人の報酬等についての同意権（399ⅠⅢ）を有しており，これらの権限の行使のために，会計監査人の職務遂行状況，監査体制，独立性および専門性を確認し（監査等委員会監査等基準37参照），また監査契約の相当性を検証する（同基準38）など，会計監査の適正確保のために重要な職責を果たすことが期待されている。

　さらに，監査等委員会設置会社の会計監査人が，その職務を行うに際して取締役の不正な行為または法令・定款に違反する重大な事実を発見したときは，監査等委員会に対して報告義務を負い（397ⅠⅣ），また監査等委員会が選定した監査等委員は，職務を行うため必要があるときは，会計監査人に対し監査に関する報告を求めることができる（同条ⅡⅣ）。監査等委員会は，このような

〔田　中〕　　　　　　　　　　　　　　　　　　　　　　　　　427

§ 399 の 2　　　　　　　　　　　　　第 2 編　株式会社　第 4 章　機関

報告を受ける権限を適切に行使するほか，会計監査人との間で監査計画，監査方法，実施状況について適宜情報・意見交換をするなど，監査の実効性確保のため適切に連携を行うことが期待されている（日本監査役協会＝日本公認会計士協会・監査役等と監査人との連携に関する共同研究報告〔最終改正・2018 年 1 月 25 日〕，日本監査役協会会計委員会・会計監査人との連携に関する実務指針〔最終改正・2018 年 8 月 17 日〕，高橋 186-189 頁参照）。

⑸　**監 査 報 告**

監査等委員会は，事業年度ごとに監査報告を作成しなければならない（本条 Ⅲ ①・436 Ⅱ）。

事業報告およびその附属明細書に関する監査報告は，次の事項を内容としなければならない（436 Ⅱ ②，会社則 130 の 2 Ⅰ・129 Ⅰ ②-⑥）。

①　監査等委員会の監査の方法およびその内容

②　事業報告およびその附属明細書が法令または定款に従い会社の状況を正しく示しているかどうかについての意見

③　取締役の職務の遂行に関し不正の行為または法令もしくは定款に違反する重大な事実があったときは，その事実

④　監査のため必要な調査ができなかったときは，その旨およびその理由

⑤　内部統制システムの内容の概要および運用状況の概要（会社則 118 ②）について，その内容が相当でないと認めるときは，その旨およびその理由

⑥　会社の財務および事業の方針の決定を支配する者の在り方に関する基本方針に関する事項（会社則 118 ③）および親会社等との間の取引に関する事項（同条 ⑤）が事業報告の内容となっているとき（後者の事項については，会社法施行規則 128 条 3 項に定める場合は附属明細書の内容となっているとき）は，当該事項についての意見

⑦　監査報告を作成した日

また，計算書類およびその附属明細書に関する監査報告は，次の事項を内容としなければならない（436 Ⅱ ①，会社計算 128 の 2 Ⅰ・127 ②-⑤）。

①　監査等委員会の監査の方法およびその内容

②　会計監査人の監査の方法または結果を相当でないと認めたときは，その旨およびその理由（会計監査人から会計監査報告の内容の通知を受けていない場合〔会社計算 130 Ⅲ〕は，その旨）

③　重要な後発事象（会計監査報告の内容となっているものを除く）

④　会計監査人の職務の遂行が適正に実施されることを確保するための体制

428　　　　　　　　　　　　　　　　　　　　　　　　　　　　　〔田　中〕

第9節の2　監査等委員会　第1款　権限等　　　　　　　　　§399の2

（会計監査人の内部統制システム）に関する事項

⑤　監査のため必要な調査ができなかったときは，その旨およびその理由

⑥　監査報告を作成した日

　監査報告の内容は監査等委員会の決議によって定められるが（会社則130の2
Ⅱ，会社計算128の2Ⅱ），各監査等委員は，監査報告の内容が自己の意見と異な
る場合には，その意見を監査報告に付記することができる（会社則130の2Ⅰ，
会社計算128の2Ⅰ）。

　監査報告の記載内容の詳細については，日本監査法人「監査等委員会監査報
告のひな型」（2015年11月10日制定），高橋89-109頁を参照。

3　会計監査人の選任等議案の内容の決定

(1)　趣　　旨

　会計監査人の選任および解任ならびに不再任の決定は，株主総会の決議によ
る（329Ⅰ・339Ⅰ・338Ⅱ）が，これらの議案（以下，「会計監査人の選任等議案」と
いう）の内容の決定は，監査等委員会設置会社においては，監査等委員会の職
務とされている（本条Ⅲ②）。

　この規定は，会計監査人の選任等議案の決定は監査等委員会の専権に属する
ことを定めたものであり，取締役会はこれらの議案の内容を決定することはで
きず，監査等委員会の決定を取り消したり変更することもできない（一問一答
平成26年136頁）。会計監査人の業務執行機関からの独立性を確保することが
目的である。監査役設置会社または指名委員会等設置会社において，会計監査
人の選任等議案の内容の決定は，それぞれ，監査役（監査役会設置会社の場合は
監査役会）または監査委員会が行うものとされている（344・404Ⅱ②）のと，同
趣旨である。なお，本改正前は，監査役・監査役会は，これらの議案について同
意権・提案権を有するにとどめられていた（改正前344）が，会計監査人の独立性
の確保のため，決定権を有する形にあらためられた（一問一答平成26年136頁）。

　監査等委員会が，会計監査人の選任議案等の内容を決定した場合は，取締役
会は，当該議案について決議するための株主総会の招集の決定（298）をしな
ければならない（一問一答平成26年136-137頁）。

(2)　議案の内容の決定の方法

　監査等委員会は，選任等議案の内容の決定に当たり，現任の会計監査人を再
任すべきかどうか，場合によっては解任を株主総会に提案すべきかどうか，あ
るいは，新たに会計監査人を選任すべき場合は誰を候補者とするかといった問

〔田　中〕

§399の2   第2編　株式会社　第4章　機関

題について，取締役の善管注意義務・忠実義務を尽くして，主体的に判断しなければならない。

　なお，会計監査人は，株主総会で不再任の決議をしない限り自動再任されるが（338 II），監査等委員会としては，毎期の定時株主総会に先立って，不再任議案を株主総会に提出するか否かの決定を通じ，会計監査人の再任の適否を主体的に決定すべきである（日本監査役協会・対応指針第3の2(1)，塚本281頁）。

　監査等委員会設置会社が公開会社である場合，会計監査人の解任または不再任の決定の方針が事業報告記載事項であることから（会社則126④）［☞(4)］，監査等委員会は，当該方針を決定し，それを踏まえて解任または不再任の決定をする必要があると解される。また，東京証券取引所制定のコーポレートガバナンス・コードは，会計監査人候補の適切な選定や会計監査人の評価のための基準の策定を推奨している（補充原則3-2①）。これを踏まえ，少なくとも上場会社においては，監査等委員会は，あらかじめ策定した一定の基準の下に，会計監査人候補者の選定および現任会計監査人の評価とそれに基づく再任・不再任あるいは解任の適否の判断を行うことが望ましい（会計監査人の選定および評価基準策定のための実務指針として，日本監査役協会・実務指針参照）。

　具体的に，監査等委員会が会計監査人の再任の適否を判断するに当たっては，会計監査人の職務遂行状況，監査体制，独立性および専門性などを確認，検討することが考えられる（監査等委員会監査等基準37 III。より詳細な確認事項のリストとして，日本監査役協会・実務指針第1部も参照）。また，新たに会計監査人を選任すべき場合の候補者の選定に当たっては，候補者となる公認会計士または監査法人の概要（監査実績，品質管理体制，欠格事由の非該当性，独立性等），監査の実施体制，監査報酬の見積額の合理性などを確認，検討することが考えられる（日本監査役協会・実務指針第2部，日本監査役協会・対応指針第3の2，監査等委員会監査等基準37 IV 参照）。

　もっとも，監査等委員会は，上記のような確認・検討事項に関する情報収集から議案の内容の決定にいたるプロセスすべてを自ら行うことが要求されているわけではなく，監査等委員会が監査の職務の執行等を通じて自ら取得した会計監査人に関する情報のほか，財務部門を中心とした執行部門（取締役・使用人）から必要な情報を収集した上で，最終的な決定を行えばよい（高橋150頁，監査等委員会監査等基準37 II 参照）。監査等委員会は，会計監査人の選任議案等の内容の決定に必要な情報を得るため，報告徴求権および業務・財産状況調査権を行使することができる（399の3）。また，監査等委員会が執行部門から必

第9節の2　監査等委員会　第1款　権限等　　　　　　　§399の2

要な情報を得られるような体制を整備することは，取締役会の職務である（各
取締役の善管注意義務・忠実義務の内容をなす）と解される（399の13 I ① ロ，会社
則110の4 I ④参照。日本監査役協会・対応指針第3の2⑴注6も参照）。

　監査等委員会はまた，日本公認会計士協会が公認会計士・監査法人に対して
実施する品質管理レビュー（鈴木昌治＝小暮和敏「日本公認会計士協会における品
質管理レビュー制度等の概要〔平成28年度〕」監査役671号〔2017〕71-82頁）の結果
を参考にすることも考えられる（日本監査役協会・実務指針第1部第1の1-2参
照）。さらに，必要な場合には，会計監査人の選定・評価のために外部の専門
家を雇い，そのための費用を会社に求償することも考えられる（本条Ⅳ）。

(3)　取締役による原案提示の可否

　会計監査人の選任等議案の内容の決定は監査等委員会の職務であるが，その
原案を取締役が作成して監査等委員会に提示することは，とくにこれを禁じる
規定がない以上，許容されていると解する（日本監査役協会・対応指針第3の2⑴
は，これが許容されるとの解釈を前提にして，実務的には，監査役等〔監査役，監査役
会，監査等委員会および監査委員会を総称して以下このようにいう〕が経営執行部門か
ら会計監査人の選任候補案を受領することが考えられるとする）。

　これに対し，学説の中には，本改正において，改正前は会計監査人の選任等
議案について同意権・提案権を有するにとどまっていた監査役・監査役会につ
いて，会計監査人の独立性強化のため決定権を有する形にあらためた経緯
〔☞⑴〕を重視して，改正法下では，取締役が監査役等に対して選任等議案の
原案を提示することも認められないとする見解がある（江頭621頁注18，松元暢子
「監査等に関する規律の見直し」論点詳解61-62頁，新基本法コンメ⑵299頁〔星〕）。

　しかし，本改正ないしその前段階の「会社法制の見直しに関する要綱案」
（平成24年8月1日）の趣旨説明においては，取締役の監査役等に対する原案提
示をも禁じる趣旨で会計監査人の選任等議案の内容の決定権に関する改正を行
うというような記述は見当たらない（一問一答平成26年136-137頁，要綱概要13-
14頁参照）。かえって，法制審議会会社法制部会の審議では，監査役等に会計
監査人の選任等議案の内容の決定権が与えられたとしても，取締役による原案
提示は禁じられないという意見が出され（法制審議会会社法制部会第4回会議議事
録21-22頁〔田中亘〕），それについてとくに異論は出なかった（同22頁〔岩原紳
作〕参照）。また，もしも本改正によって原案提示が禁じられることになったと
すれば，改正前から監査委員会が会計監査人の選任等議案の内容について決定
権を有していた指名委員会等設置会社では，本改正により，執行役による原案

〔田　中〕

431

§399の2　　　第2編　株式会社　第4章　機関

提示の禁止という規制が新たに課されたと解することになるが，そのような趣旨で法改正が行われた形跡も見当たらない。さらに，執行役が指名委員会に対して取締役候補者の原案を提示すること（江頭566頁注1，新基本法コンメ(2)328頁［尾崎安央］）や，監査役の個別報酬を監査役間の協議で決定する場合（387 II）に取締役がその原案を提示すること（江頭544頁）［☞会社法コンメ(8)§387 III 4(1)〔432頁［田中亘]]〕はとくに禁じられないと解されていることとの平仄も問題となろう。これらの点からすると，明文の規定もないのに，会計監査人の選任議案等について，取締役が監査役等に対して原案を提示することが禁じられると解することはできないと考える。

監査役等が会計監査人の選任議案等の内容の決定権を適切に行使するためには，会計監査人ないしその候補者の選定・評価のために必要な情報が執行部門から監査役等に円滑に提供されるなど，執行部門と監査役等との十分な連携が必要である（日本監査役協会・対応指針第3の2(1)）。そうした連携は，法令の規定だけで実現できるものではなく，平素から監査役等と会計監査人および執行部門が緊密に情報交換や協議を行うなどの実務上の努力が必要とされよう。会社法が，そうした実務の進展の有無を考慮せず，一律的に，執行部門から監査役等への原案提示を禁じたとしても，会計監査人の独立性強化の目的は必ずしも実現せず，かえって監査役等が，執行部門からの何らのサポートもないまま選任議案等の内容の決定を強いられることにより，不適切な会計監査人の選定につながるおそれなしとしないであろう。

(4)　株主への情報開示

公開会社では，会計監査人の解任または不再任の決定の方針を事業報告に記載しなければならない（会社則126④），監査等委員会設置会社では，解任または不再任の議案は監査等委員会が決定することから，これらの決定の方針についても，監査等委員会が決定し，執行部門を通じて事業報告に記載させることになろう（日本監査役協会・対応方針第3の2(5)②）。

また，株主に書面投票または電子投票を認める会社では，会計監査人の選任議案を提出する場合には当該候補者を会計監査人の候補者とした理由，会計監査人の解任または不再任議案を提出する場合には当該会計監査人を解任または不再任とする理由を，株主総会参考書類に記載しなければならない（301・302，会社則77③・81②）。これらの理由についても，監査等委員会設置会社では監査等委員会が決定し，執行部門を通じて株主総会参考書類に記載させることになると解される。

432　　　　　　　　　　　　　　　　　　　　　　　　　　　　　〔田　中〕

第9節の2　監査等委員会　第1款　権限等　　　　　　　　§399の2

4　監査等委員以外の取締役の人事（選任等および報酬等）についての意見の内容の決定

(1)　趣　　旨

　監査等委員会が選定した監査等委員（以下，「選定監査等委員」という）は，監査等委員以外の取締役の選任，解任もしくは辞任（以下，「選任等」という）および報酬等（361 I）について，監査等委員会の意見を述べることができる（意見陳述権。342の2 IV・361 VI）。監査等委員会の職務の第3は，これらの意見の内容を決定することである（本条 III ③）。

　業務執行取締役に対する実効的な監督のためには，業務執行取締役を含む取締役の選任等および報酬等（以下，両者を併せて「人事」という）の決定を適切に行うことが重要であるところ，監査等委員会は，その過半数が社外取締役であり（331 VI），こうした人事の決定への関与を通じて業務執行者を効果的に監督することが期待できる。そこで，法は，監査等委員会が，監査等委員でない取締役の選任等および報酬等についての意見の内容を決定し，監査等委員会の選定する監査等委員を通じて，株主総会で当該意見を述べることができることとしたものである（一問一答平成26年42-43頁）。

　このような，業務執行取締役の監督手段としての意見陳述権の機能は，この権限が実際に行使される（選定監査等委員が株主総会において監査等委員会の意見を述べる）場合にのみ，発揮されるというわけではない。監査等委員会ないし各監査等委員が，意見陳述権を背景（交渉の手がかり）にして，監査等委員以外の取締役の人事について代表取締役や取締役会に対して意見を述べ，議論・調整を行うことによって，人事の決定が適切に行われるようになれば，たとえ株主総会において意見陳述権が行使されなかったとしても，この権限の機能が発揮されたということができよう（太子堂19頁参照）。

(2)　意見陳述の対象および時期

　監査等委員会の意見陳述の対象は，監査等委員以外の取締役の選任等および報酬等であって，それらに関する株主総会の議案には限定されていない。それゆえ，株主総会において，取締役の選任・解任または報酬等の決定が決議事項となっていない場合にも，監査等委員会は，必要に応じて，監査等委員以外の取締役の選任等や報酬等について，株主総会において意見を述べるかどうか，および意見を述べる場合はその内容について，検討，決定すべきである（森本174頁）〔なお，「意見を述べない」という決定も許容されると解すべきことについて

〔田　中〕

433

§399の2 第2編 株式会社 第4章 機関

は，☞(3)]。

実際に，監査等委員会がどの株主総会で意見陳述権を行使するかは，監査等委員の善管注意義務に基づく判断に委ねられるが，基本的には，監査等委員会は，毎年の定時株主総会ごとに，意見を述べるかどうかおよび意見を述べる場合はその内容を検討，決定することになろう（太子堂18頁）。監査等委員会設置会社では，監査等委員でない取締役の任期は1年であるため（332 III），毎年，定時株主総会にその選任議案が上程されるし，また報酬等についても，毎年の業績等を踏まえて，株主総会または各取締役の報酬等の決定について株主総会から一任を受けた取締役会もしくは取締役会から再一任を受けた代表取締役等において，決定あるいは見直しが行われることが通常であるからである（太子堂18頁）。また，臨時株主総会においても，例えば監査等委員以外の取締役の選任・解任議案または報酬等議案が上程されるなど，必要がある場合には，監査等委員会において，意見を述べるかどうかおよび意見を述べる場合は意見の内容を，検討，決定することになろう（太子堂26頁注2）。

(3) 意見陳述義務の有無

監査等委員以外の取締役の人事についての意見の内容の決定は，監査等委員会の職務とされている（本条 III ③）。もっともこれは，監査等委員会は常に株主総会において述べるべき意見を決定しなければならないという趣旨ではなく，述べるべき意見はとくにない（意見を述べない）という決定をすることもできると解される（太子堂19頁，森本177頁）。342条の2第4項および361条6項が，選定監査等委員は，監査等委員以外の取締役の選任等および報酬等について監査等委員会の意見を「述べることができる」と規定し，意見を「述べなければならない」とは規定していないことは，監査等委員会は常に述べるべき意見を決定しなければならないわけではないという解釈と整合的である（なお，監査等委員会が意見を述べるべきであると決定した場合は，選定監査等委員は，その決定に従い，意見を述べなければならないと解される。太子堂26頁注3）。実務上も，株主総会において選定監査等委員が意見陳述を行わないか，または「特段の意見はない」，「指摘すべき点はない」と述べる例は多い（上場会社の株主総会参考書類の記載による分析であるが，太子堂19-21頁参照）。

もっともこれに対し，学説上は，本条3項3号の解釈として，監査等委員会は監査等委員以外の取締役の選任等および報酬等についての意見を必ず決定しなければならない（「述べるべき意見はない」という決定をすることは許されない）と解し，その解釈を前提に，選定監査等委員は，株主総会において常に監査等

434 〔田 中〕

第9節の2 監査等委員会 第1款 権限等 §399の2

委員会の意見を述べなければならないとする見解がある（前田雅弘「平成26年
会社法改正」日本取引所金融商品取引法研究4号〔2016〕10頁，龍田＝前田137頁注
19）。また，監査等委員は，株主総会において常に監査等委員会の意見を述べ
る義務を負うものではないが，監査等委員会の意見自体は，本条3項3号によ
り必ず決定しなければならず，株主総会において株主から説明を求められた場
合（314）は，選定監査等委員はその意見を述べなければならないとする見解
もある（江頭憲治郎「会社法改正によって日本の会社は変わらない」法時86巻11号
〔2014〕64頁，江頭592頁・593頁注2，松元・前掲54頁）。また，定時株主総会ま
たは監査等委員以外の取締役の選任・解任または報酬等が決議事項となってい
る臨時株主総会において，監査等委員以外の取締役の適格性や報酬等の相当性
についての監査等委員会の意見がまったくないということは，「通常考え難
い」とする見解もある（塚本227頁。もっともこの見解は，監査等委員会はこれらの
株主総会において述べる意見を必ず決定しなければならないとまで解する趣旨ではない
ようである。塚本229頁）。

　けれども，監査等委員会において，監査等委員以外の取締役の人事について
特段の問題点を見出さなかったか，または，見出したけれども（監査等委員会
の意見陳述権を背景とした）代表取締役や取締役会との間の議論・調整によって
問題点が是正された場合には，あえて監査等委員会の意見を株主総会において
述べる必要はないと考えられる（太子堂19頁）。前段落で挙げた学説は，その
ような場合には，監査等委員会は，監査等委員以外の取締役の人事は「適正で
ある」旨の意見を決定すべきであると解するのであろうが，もしも株主総会に
おいてそのような意見が陳述された場合，人事について監査等委員会が「お墨
付き」を与えたと株主によって解釈される可能性がある。そのことが，監査等
委員以外の取締役の人事（その内容や決定プロセス）について，将来的にさらな
る改善を図ることの妨げになるおそれがあると監査等委員会が判断することも
あり得よう。そのような場合は，監査等委員会は，株主総会において「特段の
意見はない」という立場をとるにとどめ，あえて「適正である」という意見を
述べることまではしないことも，合理性があると思われる。

　さらにいえば，監査等委員以外の取締役の人事について，監査等委員会が何
らかの問題点を見出し，かつそれが代表取締役や取締役会の議論・調整によっ
て是正されなかった場合に，監査等委員会が，その問題点は今後の継続的な議
論・調整によって将来的に是正される見込みがあるため，現時点で株主総会で
の意見陳述という形で問題点を公にすることは必ずしも適切でない（代表取締

〔田　中〕

§399の2

役や取締役会の態度の硬化を招き，議論・調整を通じた解決が困難になるおそれがあるため）と合理的に判断することもあり得ると考えられる。

意見陳述権は，監査等委員以外の取締役の人事の適正化を通じて業務執行取締役に対する実効的な監督を実現するため，法が監査等委員会に付与した権限であり，一般的には，それが積極的に行使されることが望ましい。とはいえ，取締役の人事の適正化（より一般的に，よき企業統治の実現，といってもよい）のためには，法令の規定の整備だけでなく，監査等委員会と業務執行取締役との間で円滑な情報交換や協議を行うといった実務上の努力が積み重ねられる必要がある。単に法が一定の権限を定め，あるいはその行使を義務付ければ解決するといった単純な問題ではないと思われる。法解釈論としては，監査等委員会の意見陳述権を高く評価しつつも，それをどの場面で，どのような態様で行使するかについては，監査等委員会の広い裁量を認めるべきではなかろうか。

もちろん，意見の内容の決定は監査等委員会の職務である以上（本条Ⅲ③），各監査等委員は，善管注意義務を尽くして，意見を述べるかどうかおよび意見を述べる場合は意見の内容を決定しなければならない。それゆえ，具体的な事情の下で意見を述べないことが取締役の善管注意義務に反するといえる場合には，監査等委員会は述べるべき意見を決定する義務を負うと解される。とはいえ，前述のとおり，意見陳述権の行使については監査等委員会に広い裁量を認めるべきであることから，述べるべき意見を決定しなかったことについて監査等委員が善管注意義務違反とされる場合は，株主総会において特定の内容の選任・解任議案または報酬等議案を提案することあるいは提案しないことそれ自体が取締役の善管注意義務違反と評価される場合のような，きわめて例外的な場面に限られると解すべきではないか。

(4) 意見内容の決定プロセス

(ア) 総　説

監査等委員は，善管注意義務を尽くして，監査等委員以外の取締役の人事について監査等委員会の意見の決定（「述べるべき意見はない」という決定も含む）を行わなければならない。

具体的に，監査等委員会が監査等委員以外の人事についての意見を決定する上では，次のようなプロセスを踏むことが考えられる（塚本230-237頁参照。意見形成の実態につき，日本監査役協会・実務と論点3(3)も参照）。

(イ) 選任等についての意見形成のプロセス

まず，監査等委員以外の取締役の選任については，自社の企業理念や具体的

第9節の2　監査等委員会　第1款　権限等　　　　　　　　　　§399の2

な経営戦略，取り巻く環境等を踏まえ，取締役会がその役割・責務を実効的に
果たすための知識・経験・能力を全体としてバランスよく備え，多様性と適正
規模を両立させる形で構成できるように，取締役候補者の選定が行われている
かを検討することになろう（監査等委員会監査等基準46Ⅰ参照）。取締役のうち業
務執行取締役（その候補者）については，当該者が自社の経営を行う能力・資
質を有しているか（塚本232頁），当該者が現任者である場合は，当該者ないし
会社の業績を踏まえた公正・適切な人事が行われているか（同条Ⅱ参照），と
いった点について検討することが考えられる。また，社外取締役候補者につい
ては，その役割・責務を適切に果たすため必要な時間・労力を振り向けること
ができるか，当該候補者が有する知識・経験・能力が，自社の経営の監督のた
めに適しているかどうか（同条Ⅲ参照）といった点を検討することになろう。
以上の点の検討のため，監査等委員会は，現経営陣に対しヒアリングを行うほ
か，必要に応じて候補者自身に対してインタビューを行うことが考えられる
（塚本232-233頁，日本監査役協会・実務と論点3⑶⑥）。

　監査等委員以外の取締役の解任については，監査等委員会は，解任理由を現
経営陣に確認するとともに，必要に応じ，解任理由となっている事実関係を調
査し，解任の必要性・相当性を判断することになろう（塚本234頁）。また，監
査等委員以外の取締役の辞任については，辞任理由について当該辞任取締役，
および必要に応じて現経営陣に確認し，辞任の必要性・相当性を判断すること
になると考えられる（塚本234頁）。

　意見形成の客観性を担保するため，監査等委員会は，取締役候補者の評価基
準など，意見形成のための基準をあらかじめ策定しておくことが有益であろう
（塚本233頁）。

(ウ)　報酬等についての意見形成のプロセス

　監査等委員以外の取締役の報酬等についての意見を決定する上では，監査等
委員会は，取締役の報酬等が，会社の業績や取締役の職務遂行の状況，および
業務執行取締役に対する適切なインセンティブ付けといった観点を踏まえて相
当な内容となっているか，また，報酬等の決定が公正かつ適切な手続を経て行
われているか，といった点について検討することになろう（監査等委員会監査等
基準47，塚本235頁）。選任等についての意見形成の場合［☞(イ)］と同様，監査
等委員会は，報酬等についての意見形成のための基準をあらかじめ策定してお
くことが有益であろう（塚本236頁）。

　実務上は，定款または株主総会で定めた取締役の報酬総額の上限の範囲で，

〔田　中〕

§399の2　　　　　　　　　　　　　　　第2編　株式会社　第4章　機関

取締役の個人別の報酬等の決定が取締役会に一任されており，しかも取締役会では，その決定は代表取締役等に再一任されているために，取締役の個人別の報酬等が明らかにされていない場合が少なくない（塚本235頁）[☞会社法コンメ(8)§361 Ⅲ 1・3(3)〔162頁・166-167頁［田中］〕]。そのような場合にも，監査等委員会は，取締役の個人別の報酬等についての意見を決定することができるし（塚本235頁），そのような意見を形成するために，代表取締役等に対し，取締役の個人別の報酬等の内容および決定の方法（支給基準の存在および内容等）について報告を求めることもできると解される（399の3Ⅰ参照）。また，そもそもそのような再一任がされていること自体について，改善の必要があるという意見を決定することも考えられるであろう。

(5)　任意の指名・報酬委員会が置かれる場合

近時，指名委員会等設置会社でない上場会社において，指名委員会または報酬委員会を任意に置く例が増えている（下山18頁，澤口実＝渡辺邦広編著・指名諮問委員会・報酬諮問委員会の実務〔第2版〕〔商事法務，2019〕40頁）。こうした任意の指名・報酬委員会の構成や権限は，法定されていないため会社により異なるが，社外取締役が中心的な構成員となっている場合が多い（東証コーポレート・ガバナンス白書88-95頁）。また，その権限としては，取締役会の諮問を受けて，取締役候補者の指名または報酬等について勧告的な答申をするものとしている場合が多いが，任意の報酬委員会の場合は，取締役会の再一任を受けて，取締役の個別の報酬額を決定する権限を有する場合もある（下山20頁）。

監査等委員会設置会社が任意の指名・報酬委員会を置く場合にも，監査等委員会は，監査等委員以外の取締役の人事についての意見の内容を決定する職務を免れない（本条Ⅲ③）。もっとも，こうした任意の指名・報酬委員会が置かれている場合は，監査等委員会は，監査等委員以外の取締役の選任等や報酬等について独自に意見を形成するというよりは，むしろ，これらの委員会から必要な報告・説明を受けるなどして（監査等委員の一部がこれらの委員会の委員を兼任する場合も多いであろう），その活動が適切に行われていることを確認した上で，これらの委員会の意見や活動内容に依拠して，監査等委員会の意見の内容を決定することができると解される（監査等委員会監査等基準46Ⅴ・47Ⅳ，武井36頁・38頁）。会社業務の監査と取締役の人事についての監督とでは，それに適した資質や経験の内容は相当に異なると考えられるため，必ずしも，これらの活動を監査等委員会が一手に担うことが望ましいとは限らない。むしろこれらの監査・監督の職務を，監査等委員会と任意の指名・報酬委員会とに適切に

第9節の2　監査等委員会　第1款　権限等　　　　§399の2

分担させることにより，効率的な監査・監督の体制を構築する余地が認められ
るべきであろう。

(6)　株主に対する情報開示

一定の場合には，監査等委員でない取締役の人事についての監査等委員会の
意見は，株主総会において陳述するだけでなく，開示書類の中でも明らかにし
なければならない。

具体的には，まず，監査等委員会設置会社の株主総会で株主が書面または電
磁的方法で議決権を行使することができる場合において，当該株主総会に監査
等委員以外の取締役の選任議案または解任議案が提出される場合に，監査等委
員以外の取締役の選任もしくは解任または辞任について監査等委員会の意見が
あるときは，株主総会参考書類には，その意見の内容の概要を記載しなければ
ならない（301 I・302 I，会社則74 I ③・78 ③）。当該株主総会に監査等委員以外
の取締役の報酬等議案が提出される場合に，監査等委員以外の取締役の報酬等
について監査等委員会の意見があるときも，同様である（同則82 I ⑤）。

また，監査等委員会設置会社が事業年度の末日において公開会社である場合
において，辞任した監査等委員以外の取締役がある場合に，監査等委員以外の
取締役の選任等についての監査等委員会の意見があるときは，その意見の内容
を事業報告に記載しなければならない（会社則119 ②・121 ⑦ ロ）。

(7)　議事録への記載

株主総会において監査等委員以外の取締役の人事についての監査等委員会の
意見が述べられた場合には，当該意見の内容の概要を当該株主総会の議事録に
記載しなければならない（会社則72 Ⅲ ③ ハト）。

Ⅳ　監査等委員の職務執行上の費用等の前払等の請求

1　趣　　旨

監査等委員がその職務の執行（監査等委員会の職務の執行に関するものに限る）
について，監査等委員会設置会社に対して，① 費用の前払の請求，② 支出を
した費用および支出の日以後におけるその利息の償還の請求，または ③ 負担
した債務の債権者に対する弁済（当該債務が弁済期にない場合には，相当の担保の
提供）の請求（以下，「費用等の前払等の請求」という）をしたときは，会社は，当
該請求に係る費用または債務が，監査等委員の職務の執行に必要でないことを
証明した場合を除き，これを拒むことができない（本条Ⅳ）。

〔田　中〕　　　　　　　　　　　　　　　　　　　　　　　　　　　439

§ 399 の 2   第 2 編　株式会社　第 4 章　機関

監査等委員は取締役であり，会社との関係は委任の関係であることから(330)，監査等委員は，本条 4 項がなくても，職務の執行に必要な費用等の前払等を会社に請求することができる（民 649・650）。本条 4 項の意義は，費用や債務の負担が監査等委員の職務の執行に必要でないことの立証責任を会社に負わせること（立証責任の転換）により，監査等委員が，費用等の前払等の請求を行うことを容易にすることにある（新基本法コンメ(2)300 頁 [星]）。これにより，監査等委員が，経営陣から独立した立場で，監査等の職務を実効的に遂行することができるようになることが期待されている。監査役についての 388 条 [☞ 会社法コンメ(8)§388 1 [442 頁 [砂田太士]]]，指名委員会等設置会社の委員についての 404 条 4 項 [☞ 会社法コンメ(9)§404 Ⅵ [108 頁 [伊藤靖史]]] と同趣旨である。

2　本規定の適用範囲

(1)　監査等委員の職務の執行（監査等委員会の職務の執行に関するものに限る）についての費用であること

監査等委員は取締役であり，監査等委員としての職務以外の取締役の職務を執行することがあり得るが，本条 4 項の適用があるのは，監査等委員の職務のうち監査等委員会の職務（本条 Ⅲ 各号参照）の執行に関するものに限られる。監査等委員会の職務の執行に関しないものについての費用等の前払等の請求は，原則に戻って，民法 649 条，650 条によって行われる [指名委員会等設置会社の委員についてであるが，☞ 会社法コンメ(9)§404 Ⅵ [108 頁 [伊藤]]]。

他方，監査等委員会の職務の執行に関するものについてであれば，監査等委員は，その職務の執行に必要な一切の費用について，本条 4 項による請求ができる。したがって，取締役の職務の執行の監査（本条 Ⅲ ①）に限らず，会計監査人の選任等議案の内容の決定（同項 ②）や，監査等委員以外の取締役の人事についての意見の内容の決定（同項 ③）に関する職務の執行について，監査等委員が費用や債務を負担した場合（例えば，これらの決定のため必要な助言を得るため外部コンサルタンティングを雇った場合）も，その費用等の前払等を会社に請求できる（新基本法コンメ(2)300 頁 [星]）。

本条 4 項により前払等の請求ができる費用としては，往査等のための国内外の出張旅費，調査費，研修費（研修会への出席のための旅費等も含む），交際費，事務用品費のほか，監査等委員会が独自に補助者を雇用した場合の人件費，弁護士や会計士など外部専門家に助言を求めた場合の報酬などが含まれる（塚本

第9節の2　監査等委員会　第1款　権限等　　　　　　　　　　　§399の2

197頁）［監査役についてであるが，☞会社法コンメ(8)§388 2〔442頁［砂田]]]。監査等委員会に選定された監査等委員が会社を代表して取締役と訴訟をすること（399の7Ⅰ②）や，監査等委員が取締役の違法行為等の差止めを請求すること（399の6）の費用も，取締役の職務の執行の監査（本条Ⅲ①）についての費用として，本条4項の適用があると解される（監査役が会社を代表して取締役を訴えた場合についてであるが，東京高判平成24・7・25判時2268号124頁）。

(2)　職務執行のための必要性

　監査等委員が負担した費用または債務が，職務の執行に必要でないことを会社が証明した場合は，会社は本条4項の請求を拒むことができる。もっとも，監査等委員の職務は，監査等委員に結果責任を負わせるものではないから，例えば監査等委員が取締役の違法行為等の差止請求（399の6）で敗訴した場合であっても，請求の時点では違法行為等の疑いがあったため，差止請求をすべきであるという監査等委員の判断に善管注意義務違反があったとはいえない場合には，差止請求に要した費用は，監査等委員の職務の執行のため必要な費用として，会社に対し償還請求ができると解すべきである［監査役による差止請求〔385〕の費用についてであるが，☞会社法コンメ(8)§385 Ⅳ3〔419頁［岩原紳作］］参照］。同様に，監査等委員会が選定した監査等委員が会社を代表して取締役の責任を追及した訴訟（399の7Ⅰ②）が敗訴に終わった場合にも，それは，当事者双方が主張立証を尽くした上で，取締役の判断が著しく不合理であるとはいえないと判断された結果であって，訴えを提起すべきであるという監査等委員会の判断自体に善管注意義務の違反があったとはいえない場合には，監査等委員は，訴訟に要した費用の償還を会社に請求できると解すべきである（監査役が会社を代表して取締役を訴えた場合についてであるが，前掲・東京高判平成24・7・25参照）。

3　費用または債務の処理に関する体制の整備

　監査等委員会設置会社の取締役会は，内部統制システムの一環として，監査等委員の職務の執行について生ずる費用または債務の処理に関する事項を決定しなければならない（会社則110の4Ⅰ⑥）［☞§399の13 Ⅲ4(3)］。このような事項の決定がなくても，監査等委員は，本条4項により，当該費用または債務について会社に前払等の請求をすることができるが，当該費用または債務の処理に係る方針についてあらかじめ取締役会に決定させることにより，監査等委員会ないし各監査等委員の予測可能性を高め，その職務の円滑な遂行に資することが目的である（平成26年法務省令5-6頁）。例えば，毎事業年度の一定の時期

〔田　中〕

§ 399 の 3　　　　　　　　　　　　　第 2 編　株式会社　第 4 章　機関

に，今後 1 年間に必要と見込まれる費用を予算化するとともに，予算枠の範囲外の費用について，必要なものは随時支払うことを定めることなどが考えられる（塚本 199 頁，中村ほか 151-152 頁）。

（田中　亘）

（監査等委員会による調査）（新設）

第 399 条の 3 ①　監査等委員会が選定する監査等委員は，いつでも，取締役（会計参与設置会社にあっては，取締役及び会計参与）及び支配人その他の使用人に対し，その職務の執行に関する事項の報告を求め，又は監査等委員会設置会社の業務及び財産の状況の調査をすることができる。

②　監査等委員会が選定する監査等委員は，監査等委員会の職務を執行するため必要があるときは，監査等委員会設置会社の子会社に対して事業の報告を求め，又はその子会社の業務及び財産の状況の調査をすることができる。

③　前項の子会社は，正当な理由があるときは，同項の報告又は調査を拒むことができる。

④　第 1 項及び第 2 項の監査等委員は，当該各項の報告の徴収又は調査に関する事項についての監査等委員会の決議があるときは，これに従わなければならない。

【文献】高橋均・監査役監査の実務と対応〔第 5 版〕（同文館出版，2016）

I　本条の趣旨

　本条は，監査等委員会が有する，取締役，会計参与および支配人その他の使用人に対する報告徴収権および会社の業務・財産状況の調査権限，ならびに子会社に対する事業の報告徴収権および業務・財産状況の調査権限について定めた規定である。

　監査役設置会社では，個々の監査役に，会社および子会社に対する報告徴収権および業務・財産状況の調査権限があり（381 II III），監査役会設置会社であってもそれに変わりはない（390 II 柱書ただし書参照）。これに対し，監査等委員会設置会社では，これらの権限は監査等委員会に帰属しており，個々の監査等委員は，監査等委員会から選定されてはじめて，これらの権限を行使するこ

〔田　中〕

第9節の2　監査等委員会　第1款　権限等　　　　　　　　　§399の3

とができる（本条ⅠⅡ）。また，これらの権限の行使については，監査等委員会
設置会社の決議に従わなければならない（本条Ⅳ）。

　監査等委員は，その過半数が社外取締役であるから（331Ⅵ），多数派の監査
等委員が経営陣の意向に沿って少数派の監査等委員の活動を抑圧するといった
問題が生じる危険は小さいことを踏まえ，複数の監査等委員が，監査等委員会
の統一的な方針の下に効率的・組織的な監査を行うことの利点を優先させたも
のである〔☞§399の2Ⅲ1〕。指名委員会等設置会社において，報告徴収および
業務・財産状況の調査権限が監査委員会に帰属するものとされている（405ⅠⅡ
Ⅳ）〔☞会社法コンメ(9)§405Ⅰ1〔109頁〔伊藤靖史〕〕〕のと同趣旨である。

　なお，監査等委員会設置会社の取締役会は，内部統制システムの整備義務の
一環として，会社および子会社の取締役・使用人等が監査等委員会に報告をす
る体制の整備の決定をすることが義務付けられているが（399の13Ⅰ①ロ，会社
則110の4Ⅰ④），監査等委員会は，そのような決定によらずとも，本条の権限
を行使し，会社および子会社の取締役・使用人等に対して報告を求め，または
業務・財産状況の調査をすることができる。とりわけ，取締役会が整備した報
告体制から得られる情報では不足がある場合は，こうした法定の権限の行使が
必要となろう（新基本法コンメ(2)301頁〔星明男〕参照）。

Ⅱ　報告徴収権および業務・財産状況調査権

　監査等委員会の選定した監査等委員は，いつでも，会社の取締役（会計参与
設置会社の場合はそれに加えて会計参与）および支配人その他の使用人に対し，職
務の執行に関する事項の報告を求め，または会社の業務・財産状況の調査をす
ることができる（本条Ⅰ）。監査等委員会は，報告徴収・調査権限を行使する場
合にそのつど監査等委員を選定することもできるし，特定の監査等委員にこう
した権限を継続的に付与してもよい（新基本法コンメ(2)301頁〔星〕）。

　取締役・使用人等に対する報告徴収に際しては，合理的な範囲で，報告の方
法を指定することができると解される。例えば，書面による報告や，監査等委
員会での報告を求めることができる（新基本法コンメ(2)301頁〔星〕）。実務上
は，全部門を対象にした定例の報告徴収をするほか，経営に重大な影響を及ぼ
すリスク等を発見した場合などに，非定例の報告徴収を行っている（高橋40-
42頁）。

　会社の業務・財産状況の調査には，現場に赴き業務の遂行状況を視察（実

〔田　中〕　　　　　　　　　　　　　　　　　　　　　　　　　443

§399の3　　　　　　　　　　　　　　　　　第2編　株式会社　第4章　機関

査）したり，取締役会や経営会議その他の重要な会議に出席したり，会計帳簿
や議事録その他の重要な書類を閲覧・謄写したり，あるいは取締役・使用人等
に質問をするといった活動が含まれる（調査の実務につき，高橋42-52頁）。

Ⅲ　子会社に対する報告徴収権および業務・財産状況調査権

1　趣　　旨

　現代の株式会社は，子会社を含めた企業グループを形成して事業を行ってい
ることが通常であり，監査等委員会は，自社における報告徴収および業務・財
産状況の調査権限だけでは，会社業務の適正を図れない場合が多い。もっと
も，子会社といえども独立の法人であり，子会社に対して報告徴収や業務・財
産状況の調査をする上では，子会社自身（その少数派株主や債権者）の利益にも
配慮する必要がある。そこで，本条2項は，監査等委員会が選定する監査等委
員は，監査等委員会の職務を執行するため必要があるときに限り，子会社に対
して事業の報告を求め，または子会社の業務・財産状況の調査をすることがで
きるものとし，かつ本条3項において，子会社は正当な理由があるときは，こ
うした報告および調査を拒むことができるものとした。監査役設置会社につい
ての381条3項，4項〔☞会社法コンメ(8)§381Ⅱ2(2)〔399-400頁〔吉本健一〕〕〕，
指名委員会等設置会社についての405条2項，3項〔☞会社法コンメ(9)§405Ⅲ
〔112-113頁〔伊藤〕〕〕と同趣旨である。

2　子会社の範囲

　「子会社」の意義については，2条3号および会社法施行規則3条が定めて
いる〔☞会社法コンメ(1)§2Ⅱ3〔26-28頁〔江頭憲治郎〕〕〕。外国会社も子会社と
なり得るが〔☞会社法コンメ(1)§2Ⅱ3(1)(ｳ)〔28頁〔江頭〕〕〕，外国会社である子
会社が報告徴収・調査に応じる義務を負うか否かは，当該子会社の従属法に
よって決まると解されることから（江頭535頁注5），監査等委員会は，外国会
社である子会社に対しては必要な報告徴収や調査ができない場合もあり得る。
その場合には，監査等委員会は，監査報告に必要な調査ができなかった旨を記
載することになる（会社則130の2Ⅰ②・129Ⅰ④。江頭535頁注5参照）。

3　監査等委員会の職務の遂行に必要なとき

　子会社に対する報告徴収および業務・財産状況の調査の権限は，監査等委員

〔田　中〕

第9節の2　監査等委員会　第1款　権限等　　　　　　　§399の3

会の職務の遂行に必要なときに限って，行使できる（本条Ⅱ）。例えば，子会社において会計不正の疑いがある場合に，当該会計不正の調査に必要な限度で，報告徴求や調査をすることができる。

4　子会社の拒絶事由

子会社は，正当な理由があるときは，本条2項の報告または調査を拒むことができる（本条Ⅲ）。正当な理由の存在は，子会社が主張，立証しなければならない（新基本法コンメ(2) 301頁〔星〕）。

この「正当な理由」の解釈をめぐっては議論があり，①調査が不必要または権限濫用的なものである場合に限定されるとする説（前田536頁）と，②①が挙げる場合以外にも「正当な理由」は認め得るとする説（新注会(6) 459頁〔谷川久〕）が対立している。近時は，②説に立って，子会社が営業上の秘密を保持する場合には「正当な理由」が認められるとする見解が有力になっている（新注会(6) 459頁〔谷川〕）〔☞会社法コンメ(8)§381Ⅱ2(2)(ロ)〔400頁〔吉本〕・会社法コンメ(9)§405Ⅳ〔115頁〔伊藤〕〕〕。

しかし，監査等委員会の職務の遂行（例えば，不正会計の調査）のため子会社に対する報告徴収や調査が必要となる場合は，子会社の営業上の秘密に関わる事項（例えば，原価に関する情報や取引条件の詳細など）についても調査を要する場合がむしろ通常であると考えられる。そのため，単に営業上の秘密の保持を理由に子会社が報告・調査を拒み得ると解したのでは，本条3項はほとんど空文化するおそれがある。なお，営業上の秘密保持を正当な理由と認める学説は，親会社の監査等委員は子会社に対して守秘義務を負っていないことを理由とする〔☞会社法コンメ(8)§381Ⅱ2(2)(ロ)〔400頁〔吉本〕・会社法コンメ(9)§405Ⅳ〔115頁〔伊藤〕〕〕。しかし，親会社の監査等委員は親会社に対しては受任者としての守秘義務を負っており，これに違反して子会社に損害を与えたときは，429条1項によって子会社に対する責任も認め得る。また，同項を待たずとも，監査等委員が職務権限の行使により子会社の機密情報を取得したときは，職務の遂行に必要な範囲を超えて当該情報を使用・開示してはならないことは，信義則（民1Ⅱ）上の義務として認められ，これに反する場合は子会社に対して不法行為責任（同法709）が生じ得ると解すべきである（監査等委員〔会〕を通じて当該機密を入手した親会社がこれを開示・利用した場合も同様と解される）。さらに，監査等委員が子会社から示された営業秘密を図利加害目的で使用・開示した場合は，不正競争防止法により，刑事罰を含む制裁を受ける（同

〔田　中〕　　　　　　　　　　　　　　　　　　　　　　445

§399の4 第2編　株式会社　第4章　機関

法2 I ⑦・3・4・21 I ③―⑥)。このように，監査等委員が子会社に対する報告・調査により取得した営業上の秘密を使用・開示することには法的な制約があると解すべきであり，そのような制約がないことを理由にして子会社が報告・調査自体を拒めるという解釈は，説得力がないと考える。

　以上からすると，単に子会社が営業上の秘密を保持していることのみをもって子会社が報告・調査を拒む「正当な理由」があると解することはできず，正当な理由があると認めるためには，親会社の監査等委員ないし親会社が，当該営業上の秘密を不正に利用する疑いがあるという客観的な理由が必要となると解すべきである。

5　監査等委員会の決議

　会社または子会社に対する報告徴収または業務・財産状況の調査をする者として監査委員会から選定された監査等委員は，これらの報告・調査に関する事項について監査等委員会の決議がある場合は，それに従わなければならない(本条Ⅳ)。会議体として組織的な監査を行うための規定であり（立案担当平成26年134頁注19)，指名委員会等設置会社についての405条4項と同趣旨である。

(田中　亘)

(取締役会への報告義務)（新設）

第399条の4　監査等委員は，取締役が不正の行為をし，若しくは当該行為をするおそれがあると認めるとき，又は法令若しくは定款に違反する事実若しくは著しく不当な事実があると認めるときは，遅滞なく，その旨を取締役会に報告しなければならない。

【文献】味村治＝加藤一昶・改正商法及び監査特例法等の解説（法曹会，1977)

I　本条の趣旨

　本条は，監査等委員が，取締役の不正の行為または法令・定款違反もしくは著しく不当な事実を認めるときに，取締役会への報告義務を定めたものである。

446　　　　　　　　　　　　　　　　　　　　　　　　　　　　〔田　中〕

第9節の2　監査等委員会　第1款　権限等　　　　　　　　§399の4

　監査等委員は，取締役の法令・定款違反行為の差止めを請求したり（399の6），あるいは監査等委員会に選定された監査等委員が取締役に対して損害賠償請求訴訟を提起する（399の7Ⅰ②）などの是正権限を有するが，それだけでは，会社業務の適正を図る上で必ずしも十分でない。他方，取締役会は，取締役に対し監督権限を有しており（399の13Ⅰ②），法令・定款違反行為の中止を取締役に命じることもできるし，代表取締役または業務執行取締役から解職すること（同項③・363Ⅰ②参照）も可能である。そこで，取締役会が持つ取締役に対する監督機能を監査等委員が生かせるようにするため，本条による報告義務を定めたものである（監査役の報告義務についてであるが，稲葉258頁参照）。監査役設置会社における監査役の報告義務（382）および指名委員会等設置会社における監査委員の報告義務（406）と，同趣旨の規定である。
　本条による報告は，監査等委員の義務であると同時に権限である。本条の要件を充たす事項について報告をする場合，取締役会が，議題と無関係であるといった理由で報告を妨げることはできない（稲葉258-259頁参照）。

II　報告義務の範囲

1　概要および沿革

　本条によって監査等委員に報告義務が生じるのは，①取締役が不正の行為をし，もしくはするおそれがあると認めるとき，または②法令もしくは定款に違反する事実もしくは著しく不当な事実があると認めるとき，である。
　会社法制定前は，監査役設置会社の監査役は，取締役が会社の目的の範囲外の行為その他法令もしくは定款に違反する行為をし，またはするおそれがある場合に，取締役会への報告義務を負うものとされていた（平17改正前商260ノ3Ⅱ）。それが，会社法制定時に，上記①または②の場合に報告義務を負う形にあらためられた（382）。本改正で導入された監査等委員会設置会社における監査等委員の報告義務についても，同条の要件が踏襲されている（本条）。会社法制定に際し，このように報告義務の範囲があらためられた経緯は明らかでないが，①法令・定款違反が取締役の行為でなくても（例えば，使用人の行為であっても）報告義務を負わせる点，ⅱ「不正の行為」または「著しく不当な事実」といった，法令・定款違反には必ずしも該当しない場合にも報告義務を負わせる点で，報告義務の範囲を拡大しているとも解し得る（もっとも，実質的に報告義務の範囲が拡大しているといえるかは，疑問がある）[☞ 2(2)・3(1)(2)]。

〔田　中〕　　　　　　　　　　　　　　　　　　　　　　　　447

2 不正の行為

監査等委員が報告義務を負う場合の第1は，取締役が「不正の行為」をし，または当該行為をするおそれがあると認める場合である（本条）。

(1) 「不正の行為」の解釈

「不正の行為」の意味につき，従来の学説では，① 法令・定款違反の行為をいうと解する説（逐条(5)86頁［西山芳喜]）と，② 法令・定款違反の行為のほか，それには該当しないが社会的に不当な行為を含むと解する説（近藤＝志谷IV 730頁，新基本法コンメ(2) 264頁［野村修也]）があるが，必ずしも詳細な検討は行われていないように思われる。

(2) 検　討

法令用語としては，「不正」は，違法という意味で使われることもあるが，それよりも広い意味で使われることもあり，立法趣旨により意味に広狭の幅があるとされている（吉国一郎ほか・法令用語辞典［第9次改訂版]〔学陽書房，2014] 659頁）。会社法には，「不正の行為」という文言を用いる規定がいくつかあるが（358 I・397 I・507 IV・667 II・854 I・859③④），それについては，「会社財産の私消等の故意の会社加害行為」（358条1項につき江頭595頁注1，854条1項につき新基本法コンメ(3) 457頁［山田泰弘] 等）というように，かなり限定的に解されている。もっともこれらの規定の場合は，その趣旨からして，単なる法令・定款違反をもって「不正の行為」と解すべきではないことは明らかである（もしそう解すると，例えば358条1項で，法令・定款違反の「重大な」事実をも要件にしていることが無意味になってしまう）。本条はこれらの規定とは趣旨が異なるから，「不正の行為」の意味について，これらの規定と同様に解する必要はないであろう。

そしてもし，本条の「不正の行為」を「故意の加害行為」というように限定的に解するならば，取締役が故意の加害行為ではないものの法令または定款に違反する行為をするおそれがあると監査等委員が認める場合，平成17年改正前商法によれば生じたはずの報告義務（同法260ノ3 II参照）［☞II 1] が，本条では生じなくなる可能性がある（本条の報告義務の対象としては，法令・定款違反の事実もあるが，取締役が法令・定款違反行為をするおそれがあるもののまだしていない場合が「事実」に当たるか，疑問である）。会社法制定による法改正が，報告義務の範囲を限定する趣旨でなされたという証拠はなく，また実質的にも，法令・定款違反の行為を取締役がしようとしていることを監査等委員が取締役会

第9節の2　監査等委員会　第1款　権限等　　　　§399の4

に報告しなくてよいと解すべき理由はないと考えられる。そうであるとすれ
ば，本条（382条，406条も同じ）の「不正の行為」は，少なくとも，法令また
は定款に違反する行為を広く含むと解すべきであろう。

　他方，法令・定款には違反しないが「社会的に不当な行為」（近藤＝志谷Ⅳ
730頁，新基本法コンメ(2)264頁［野村］）が「不正の行為」に含まれると解すべ
きかは，問題である。「社会的に不当」とは不明確で無限定な概念であり，こ
のような要件の下で報告義務を課すと，監査等委員（監査役や監査委員も同様）
に萎縮効果を及ぼす危険が大きい。それに，取締役の行為が社会的に不当では
あるが法令・定款違反には当たらない場合，当該行為をした取締役は任務懈怠
の責任（423Ⅰ）を負わない一方，これを取締役会に報告しなかった監査等委員
だけが任務懈怠とされるというのも，均衡を失するように思われる。

　もっとも，取締役の行為が法令・定款違反に当たらない場合，それを「社会
的に不当」と認めるかどうかは，監査等委員の裁量の範囲内であるとも考えら
れる（裁量の範囲を超えるほどに不当であるなら，それは善管注意義務の違反であり，
すなわち法令違反となる）。そのように考えるなら，この場合には監査等委員
は，取締役の行為が「社会的に不当」ひいては「不正」であると認めたときに
限り，取締役会に報告すれば足りる。結果として，この場合には監査等委員
は，取締役会に報告する権限を有するが，義務は負わないことになる。このよ
うに解するのであれば，「不正の行為」を「社会的に不当な行為」を含むとい
うように広く解しても，問題はないかもしれない。

3　法令・定款違反の事実または著しく不当な事実

　本条による報告義務が生じるもう1つの場合は，監査等委員が，法令もしく
は定款に違反する事実または著しく不当な事実があると認める場合である（本
条）。

(1)　法令・定款違反の事実

　平成17年改正前商法では，取締役が法令もしくは定款に違反する行為を
し，またはするおそれがあると認める場合に報告義務が生じるとされていた
（同法260ノ3Ⅱ）［☞1］。これに対し，会社法では，法令もしくは定款に違反す
る「事実」があると認める場合に，報告義務が生じる（本条・382・406）。それ
ゆえ，例えば使用人による法令・定款違反も，本条の報告義務の対象に含まれ
ることになる。もっとも，取締役は下位の使用人に対する監視・監督義務を負
うから（東京地判平成21・10・22判時2064号139頁），使用人に法令・定款違反

〔田　中〕

449

がある場合，放置すれば取締役の法令違反（監視・監督義務違反）となり得る。そうであれば，会社法制定前も，使用人による法令・定款違反についても，取締役が法令違反の行為をしたまたはするおそれがある場合として，報告義務の対象となったのであり，その点で，会社法制定によって報告義務の範囲が実質的に拡大したわけではないともいい得る。

「法令」には，会社法以外の法令も含まれる（新基本法コンメ(2)302頁［星明男］）。また，善管注意義務（330, 民644）や忠実義務（355）のような一般的な規定の違反も含まれる［☞会社法コンメ(8)§382Ⅱ1〔402頁［砂田太士]]]。

(2) 著しく不当な事実

監査等委員は，「著しく不当な事実」があると認める場合も，取締役会に対する報告義務を負う（本条）。ここでいう「著しく不当」の意味については，① 善管注意義務・忠実義務の違反となる場合をいうのか，② 義務違反とはいえないまでもそれを決定することないし行うことが妥当でない場合を含む［☞会社法コンメ(8)§382Ⅱ1〔402頁［砂田]]］のか，という問題がある。平成17年改正前商法275条（会社法384条に相当），281条ノ3第2項8号の「著シク不当」の解釈をめぐる論点（味村＝加藤81頁，新注会(6)443-446頁［竹内昭夫]）と同様の問題である。

判例上，例えば取締役に広い裁量が認められる経営判断についても，その過程，内容に「著しく不合理」な点があれば善管注意義務・忠実義務の違反になることが認められている（最判平成22・7・15判時2091号90頁）。「著しく不当」とは，そのように，法的に許容される裁量の範囲を逸脱して善管注意義務・忠実義務の違反となるほどに「不当」であることを意味する，という解釈も可能なように思われる（上記①説）。ただ，そのように解すると，「著しく不当」な場合とは，すべて法令違反（会社法330条，民法644条または会社法355条の違反）の場合に還元されてしまうことになり，本条が法令・定款違反の事実のほかに「著しく不当な事実」を報告義務の対象としていることが説明しづらくなる。本条（382条，406条も同じ）の解釈としては，「著しく不当な事実」は，善管注意義務・忠実義務の違反とまではいえないまでも妥当性を著しく欠くものを含む（上記②説）と解することが素直であろう。

もっとも，ある事実（業務執行の決定あるいは業務の執行等）が，善管注意義務・忠実義務の違反であるとはいえない場合には，それを「著しく不当」と認めるかどうかは，監査等委員の裁量の範囲内であると考えられる（裁量の範囲内にあるとはいえないほど不当であれば，それはもはや善管注意義務・忠実義務の違反

第9節の2 監査等委員会 第1款 権限等 §399の5

として，法令違反の事実といえる）。監査等委員は，当該事実が「著しく不当」と認めた場合のみ，本条による報告義務を負うことになるから，結局，当該事実については，監査等委員は報告の権限はあるが，義務はないと解するのと同じことになる。

　これに対し，善管注意義務・忠実義務の違反とはいえなくても，客観的に「著しく不当」な（裁判所によって「著しく不当」と判断されるような）事実であれば監査等委員は報告義務を負うとする解釈もあり得る。しかし，そのように解する場合，監査等委員が報告義務を負う範囲は不明確となって萎縮効果を及ぼすし，また，「著しく不当」な事実を作り出した取締役は任務懈怠責任を負わず，それを報告しなかった監査等委員だけが任務懈怠責任を問われるという均衡を失する事態にもなる。したがって，前段落のように解することが適当である。このような解釈によれば，本条が法令・定款違反の場合に加えて「著しく不当」な事実を報告義務の対象としたのは，ある事実が厳密に法令・定款違反に当たるとはいえなくても，監査等委員が取締役会に報告し，善処を促すことを可能にした点に，主たる意義があると理解することになろう。

4 報告の方法

　監査等委員は，報告義務の対象となる行為または事実を認めたときは，遅滞なく取締役会に報告しなければならない（本条）。定例の取締役会を待っていたのでは，取締役の不正の行為または法令・定款違反の事実により会社に重大な損害が生じるおそれが強い場合には，監査等委員は，366条により取締役会の招集をしなければ，「遅滞なく」報告したとはいえないとして，任務懈怠の責任を問われる場合もあり得るであろう。

(田中　亘)

（株主総会に対する報告義務）（新設）
第399条の5　監査等委員は，取締役が株主総会に提出しようとする議案，書類その他法務省令で定めるものについて法令若しくは定款に違反し，又は著しく不当な事項があると認めるときは，その旨を株主総会に報告しなければならない。

【文献】塚本英巨・監査等委員会導入の実務（商事法務，2015），**味村**治＝**加藤**一昶・改正商法及び監

〔田　中〕

§ 399 の 5 第2編 株式会社 第4章 機関

査特例法等の解説（法曹会，1977）

I 本条の趣旨

本条は，監査等委員が，取締役が株主総会に提出しようとする議案等に法令・定款違反または著しく不当な事項があると認めるときに，株主総会に対する報告義務を課すものである。そのような違法・不当な議案等が株主総会に提出され，決議または報告がされることを防止することが目的である。監査役の株主総会に対する報告義務と同趣旨である（384）〔☞ 会社法コンメ (8) § 384 I 1〔410頁〔吉本健一〕〕。義務の内容の相違点については，☞ III〕。

指名委員会等設置会社の監査委員には，本条に対応する報告義務は課されていない。これは，監査委員は取締役会の構成員であるため，違法・不当な議案等が株主総会に提出されようとする場合には，取締役会においてこれを指摘してやめさせることが可能であり，そのために取締役会に対する報告義務（406）が課されていることが理由とされている〔☞ 会社法コンメ (9) § 407 I 1〔122頁〔岩原紳作〕〕〕（立案担当平成26年133頁）。他方，監査等委員も取締役会の構成員であり，取締役会に対する報告義務が課されている点（399の4）も監査委員と変わりがないが，監査委員と異なり，本条により株主総会に対する報告義務も課されている。このような相違を設けた理由について，立案担当者は，監査等委員会設置会社は指名委員会等設置会社と異なり，指名委員会および報酬委員会が置かれないことにかんがみ，監査等委員には，取締役会だけでなく株主総会に対する報告義務も課すことが適切であるためであると説明している（立案担当平成26年133頁）。監査等委員会設置会社の取締役会の独立性は，指名委員会等設置会社と比べると低い分，監査等委員には株主総会に対する報告という追加的な義務を課すことが適切であるという趣旨と解されるが，これに対しては異論もある（森本滋「監査等委員会設置会社をめぐる法的諸問題」監査役651号〔2016〕7頁）。

II 報告義務の対象

本条により監査等委員に報告義務が生じるのは，取締役が株主総会に提出しようとする議案，書類その他法務省令で定めるものについて，監査等委員が法令もしくは定款に違反し，または著しく不当な事項があると認める場合であ

〔田 中〕

第9節の2　監査等委員会　第1款　権限等　　　　　　　　§399の5

る。「書類」の具体例としては，計算書類および事業報告（435 II），連結計算書類（444 VI）等が挙げられる。また，「法務省令で定めるもの」とは，電磁的記録その他の資料が指定されている（会社則110の2）。例えば，計算書類や事業報告が電磁的記録により作成され，株主総会に提供されようとしている場合がこれに当たる。

　399条の4と同様，本条にいう「著しく不当」とは，① 善管注意義務・忠実義務に違反する場合をいうのか（監査役の報告義務についてであるが，味村＝加藤81頁，大隅＝今井・中304頁），② 善管注意義務・忠実義務に違反するとまではいえないが妥当でない場合を含む（新注会(6)445-446頁［竹内昭夫］）［☞ 会社法コンメ(8)§384 II 2(1)［412頁［吉本］]）のか，という解釈問題がある。この点は，399条の4の解釈について述べたのと同様，② の解釈をとるべきであるが，善管注意義務・忠実義務に反するとまでいえない事項については，これを「著しく不当」と認めるかどうかは監査等委員の裁量の範囲内であるため，結局そのような事項については，実際上，監査委員は報告の権限を有するが，義務は負わないと解することが適切であると考える［☞§399の4 II 3(2)]。

III　報告義務の履行方法

　監査役の株主総会に対する報告義務を定める384条は，監査役は，取締役が株主総会に提出しようとする議案等を「調査」しなければならないとした上，その場合に法令もしくは定款に違反し，または著しく不当な事項があると認めるときは，その「調査の結果」を株主総会に報告しなければならないものとしている。

　これに対し，本条は，監査等委員の株主総会に対する報告義務のみを定め，調査義務についてはとくに定めていない。これは，監査等委員には調査の義務がないものとする趣旨ではなく，監査等委員は取締役として，株主総会に提出しようとする議案等については当然に調査義務を負うため，あえて監査等委員としての調査義務を課す必要はないためであると理解されている（塚本256頁，新基本法コンメ(2)303頁［星明男］）。

　株主総会に対する報告の方法については，特段の規制はなく，書面でも電磁的記録でも，口頭でもよい（新基本法コンメ(2)303頁［星］）。なお，書面投票または電子投票を採用しているため株主に株主総会参考書類を交付しなければならない会社（301 I・302 I参照）において，監査等委員が議案につき本条により

〔田　中〕　　　　　　　　　　　　　　　　　　　　　　　　　　　　　453

§399の6　　　　　　　　　　　　　第2編　株式会社　第4章　機関

報告すべき事項がある場合には，その内容の概要を株主総会参考書類に記載し
なければならない（会社則73 I ③）。

（田中　亘）

（監査等委員による取締役の行為の差止め）（新設）
第399条の6①　監査等委員は，取締役が監査等委員会設置会社の目的の範囲外の
　行為その他法令若しくは定款に違反する行為をし，又はこれらの行為をするおそ
　れがある場合において，当該行為によって当該監査等委員会設置会社に著しい損
　害が生ずるおそれがあるときは，当該取締役に対し，当該行為をやめることを請
　求することができる。
②　前項の場合において，裁判所が仮処分をもって同項の取締役に対し，その行為
　をやめることを命ずるときは，担保を立てさせないものとする。

【文献】田中亘「各種差止請求権の性質，要件および効果」理論の到達点2頁

I　本条の趣旨

　本条は，監査等委員に取締役の違法行為等の差止請求権を与える規定であ
る。監査等委員会設置会社は，監査役設置会社と異なり，会議体による組織的
な監査を行うことを原則とし，独任制の原則はとられていないが〔☞§399の2
Ⅲ 1 (2)〕，違法行為等の差止めについては緊急性が高いことから，監査等委員
会ではなく，個々の監査等委員に権利が与えられている（立案担当平成26年133
-134頁）。指名委員会等設置会社において，個々の監査委員に執行役または取
締役の違法行為等の差止請求権が与えられている（407）のと同趣旨である。

II　差止請求権の性質

　本条の差止請求権（360条の株主による差止請求権，385条の監査役による差止請
求権，407条の監査委員による差止請求権も同じ）は，株主代表訴訟（847以下）と
同様，法定訴訟担当（民訴115 I ②）の一種であるという理解が一般的である
（類型別Ⅱ913頁，新基本法コンメ(2)304頁［星明男］）〔☞会社法コンメ(8)§385 Ⅳ 3

454　　　　　　　　　　　　　　　　　　　　　　　　　　　　　〔田　中〕

第9節の2　監査等委員会　第1款　権限等　　　　　　　　　　§399の6

〔418頁〔岩原紳作〕〕。

　法定訴訟担当であるということは，監査等委員は，会社が有する取締役の違法行為等差止請求権を代わって行使しているということになるが，そのような差止請求権を会社が有する法的根拠は何か，ということが問題となる。この点については，取締役は法令・定款を遵守する義務（債務）を会社に対して負っているところ（355），債務はその性質に反しない限り，履行の強制が可能である（民414 I）。そして，会社自身が差止請求権を行使することを禁じる規定は会社法にはないことから，会社は一般に，取締役の法令・定款遵守義務の履行強制として，取締役の違法行為等の差止めを請求することができると解される（田中・差止7-12頁）。もっとも，監査等委員会設置会社が取締役に対して差止訴訟を提起する場合には，監査等委員が被告になるときは取締役会または株主総会で代表者を定め，また監査等委員以外の取締役が被告になるときは監査等委員会が監査等委員の中から代表者を選定する必要がある（399の7 I）。これに対し，本条による場合は，会社に著しい損害が生ずるおそれがあることを要件とするものの，各監査等委員が単独で差止請求権を行使することができる。

III　差止請求権の要件

1　総　　説

　差止請求権の要件については，360条の株主による差止請求権，385条の監査役による差止請求権および407条の監査委員による差止請求権と基本的に同一であり，これらの規定と同様の解釈が妥当しよう。具体的には，次のとおりである。

2　差止めの対象

　本条による差止請求の対象となるのは，取締役が会社の目的の範囲外の行為その他法令もしくは定款に違反する行為をし，またはするおそれがある場合である。

(1)　法　令　違　反

　「法令」には，会社法の個別具体的な規定のほか，取締役の善管注意義務・忠実義務の違反も含まれる〔☞会社法コンメ(8)§360 III 1 (2)〔132頁〔岩原紳作〕〕〕（新基本法コンメ(2)304頁〔星〕。善管注意義務・忠実義務違反による監査役の差止めの仮処分申立てを認容したものとして，東京地決平成20・11・26資料版商事299

〔田　中〕　　　　　　　　　　　　　　　　　　　　　　　　　　　455

§399の6　　　　　　　　　第2編　株式会社　第4章　機関

号330頁）。また，会社法以外の法令の違反も含まれる［☞会社法コンメ(8)§360 Ⅲ1(2)〔133頁［岩原］］］（新基本法コンメ(2)304頁［星］。電気事業法違反を理由に株主が差止請求を行った事例〔結論的には，法令違反はないとして棄却〕として，東京高判平成11・3・25判時1686号33頁）。

　取締役の善管注意義務・忠実義務の違反を理由とする差止めが求められた場合において，取締役の責任（423 I）が追及された場合と同様に経営判断原則の適用が認められるべきかが議論されている［☞会社法コンメ(8)§360 Ⅲ1(2)〔134頁［岩原］］］。差止請求は責任追及訴訟と異なり，取締役を個人責任のリスクにさらすものではなく，義務違反を認めても取締役のなり手がなくなるといった問題が生じることはないから，経営判断原則の適用を認める必要はないという考え方もあり得ると思われる。しかし，経営判断原則の正当化根拠としては，経営の専門家でない裁判所が，経営判断の合理性を審査することは困難である点も挙げることができる（田中亘265頁）。そのような問題は，差止請求についても存するであろう（裁判所がリスクを過大評価し，取締役の義務違反を認めて差止めを命じる場合には，本来は会社・株主の利益のために行うべき行為が行えなくなるおそれがある）。この観点からは，差止請求においても責任追及訴訟と同様，経営判断原則の適用を認めるべきである［☞会社法コンメ(8)§360 Ⅲ1(2)〔134頁［岩原］］］ということになりそうである。

　株主による違法行為等差止請求の事例であるが，東京地決平成16・6・23（金判1213号61頁）は，当該事件における取締役の決定（グループ会社の支援のため増資の引受けをすること）は「経営判断にほかならないから，本件支援決定の適法性を判断するに当たっては，取締役の判断に許容された裁量の範囲を超えた善管注意義務違反があるか否か，すなわち，意思決定が行われた当時の状況下において，当該判断をする前提となった事実の認識の過程（情報収集とその分析・検討）に不注意な誤りがあり合理性を欠いているか否か，その事実認識に基づく判断の推論過程及び内容が明らかに不合理なものであったか否かという観点から検討がなされるべきである」としており（結論的には，善管注意義務違反を否定），差止請求においても経営判断原則が適用されるという理解に立っていると解される。

(2)　定款違反

　定款違反の行為としては，会社の目的（27①）の範囲外の行為が本条で明示されているが，他の定款規定の違反も含まれる［☞会社法コンメ(8)§360 Ⅲ1(3)〔134-135頁［岩原］］］。

第9節の2　監査等委員会　第1款　権限等　　　　　　　　　　§399の6

ある行為が定款所定の目的自体には包含されなくても，その目的遂行のため必要な行為は，なお目的の範囲内の行為に含まれる（最判昭和27・2・15民集6巻2号77頁）。判例は，会社の権利能力（当該行為の有効性）との関係で目的の範囲内かどうかが問われる場合は，取引安全の考慮から，目的遂行のため必要な行為であるかどうかは，定款の記載自体から観察して客観的・抽象的に必要であり得べきかによって判断すべきものとし，目的の範囲を非常に広く解している（前掲・最判昭和27・2・15）。これに対し，差止請求（本条・360・385・407）との関係で目的の範囲内かどうかを判断する場合は，いまだ契約が締結されていない段階であるから（契約がすでに締結されている場合は，上記判例の基準により目的の範囲内とされたときは，当該契約は有効となるため，これを履行することは法令にも定款にも反する行為でなく，差し止めることはできないと解される），取引の安全を考慮する必要は必ずしも高くない。それゆえ，この場合には目的の範囲を上記判例ほど広く解する必要はなく，例えば取締役に権限濫用の意図があるなど，主観的に目的達成に必要でない行為についても，目的の範囲外の行為と認めてよいとする学説が有力である（鈴木＝竹内305頁，大隅＝今井・中247頁）〔☞ 会社法コンメ(8)§360 III 1(3)〔136頁［岩原］〕〕。

2　著しい損害が生ずるおそれ

監査等委員が取締役の違法行為等の差止めを請求するには，会社に「著しい損害が生ずるおそれ」があることも必要である（本条）。法令・定款違反の有無の判断は必ずしも容易でないことを踏まえ，取締役の業務執行に対し監査等委員が過度に介入する結果とならないように，このような要件が課されていると解される〔☞会社法コンメ(8)§385 III 2〔416頁［岩原紳作］〕〕。ただし，監査等委員会設置会社の株主が差止請求をする場合は，会社に回復不能の損害が生ずるおそれがあることが要件とされるのに対し，監査の職務権限を有する監査等委員の場合は，より「著しい損害が生ずるおそれ」というより緩やかな要件の下に差止請求が認められる。

もっとも，本来，履行の強制のためには損害の発生ないしそのおそれは要件ではないから（民414 I。中田裕康・債権総論〔第3版〕〔有斐閣，2013〕89頁），監査等委員会設置会社自身が，399条の7第1項により代表者を定めて取締役の違法行為等の差止請求をする場合には〔このような請求ができると解すべきことにつき，☞II〕，違法行為等により損害が生ずるおそれがあることを主張，立証する必要はないと解される。ただし，実際の差止請求は，本案判決を待っていて

〔田　中〕　　　　　　　　　　　　　　　　　　　　　　　　　457

§399の6 　　　　　　　　　第2編　株式会社　第4章　機関

は違法行為等の阻止に間に合わないことから，仮の地位を定める仮処分（民保23 II）を求める形でなされることが多いと考えられる。その場合は，同項の要件が充たされる必要があり，とりわけ，差止めの仮処分が会社に生ずる著しい損害または急迫の危険を避けるため必要であることの疎明が必要になると解される。

IV　差止請求の方法・手続

1　差止請求の方法

本条の差止請求は，取締役に対して行う。訴えをもって行う必要はなく，裁判外でも差止請求をすることができる（新基本法コンメ(2)304頁［星］）。

2　差止請求の手続

(1)　株主代表訴訟の手続規定の類推適用の可否

監査等委員が，訴えをもって差止請求を行った場合に，株主代表訴訟の手続に関する諸規定が類推適用されるかどうかが問題になる［監査役による差止請求についての議論であるが，☞会社法コンメ(8)§385 IV 3［418頁［岩原］］。この点に関し，株主による差止請求（360）の場合には，法定訴訟担当であるという点で株主代表訴訟と性質を同じくすることから，担保提供，訴訟参加・訴訟告知，資格を喪失した株主による訴訟追行，勝訴株主の費用の会社による負担，敗訴株主の責任等につき，株主代表訴訟の手続に関する諸規定（847の4 II III・849・851・852）を類推適用すべきであると解されている［☞会社法コンメ(8)§360 IV 3［141頁［岩原］］。

しかし，株主による差止請求は，株主代表訴訟と同様，基本的に株主自身（および，利害を基本的に同じくする他の株主）の利益のために訴訟担当をするもの（担当者のための訴訟担当）であるのに対し，監査等委員（監査役，監査委員も同じ）の差止請求は，職務上の義務として訴訟担当をするもの（職務上の当事者としての訴訟担当）であるから，株主による差止請求の場合に代表訴訟の規定の類推適用が認められるからといって，監査等委員の差止請求でも同様に解すべきことにはただちにはならない。とくに，濫用的な代表訴訟に備えるための担保提供命令（847の4 II III）については，職務として権限行使をする監査等委員は濫用の危険が小さいこと，および監査等委員が会社を代表して取締役を訴える場合（399の7 I ②）にも担保提供命令の制度が存在しないことからして，類

458　　　　　　　　　　　　　　　　　　　　　　　　　　　　　　［田　中］

第9節の2　監査等委員会　第1款　権限等　　　　　　　　§399の6

推適用は否定されるべきであろう［☞会社法コンメ(8)§385 IV 3〔418頁［岩原］〕。また，会社による費用負担については，852条の類推適用によるのでなく，399条の2第4項の費用償還等請求によって認められるべきである［☞会社法コンメ(8)§385 IV 3〔419頁［岩原］〕。これによれば，差止請求が結果として監査等委員の敗訴に終わった場合であっても，監査等委員が法令・定款違反を疑うべき理由がないのに差止請求を起こしたなど，職務の執行のため差止請求が必要でないことが証明される場合でない限りは，会社に対する費用償還請求が認められることになろう（会社を代表して取締役を訴えた監査役による手数料の償還請求について，敗訴に終わった部分も含めて認容した事例として，東京高判平成24・7・25判時2268号124頁参照［☞399の2 IV 2⑵〕）。また，敗訴の場合の会社に対する損害賠償責任についても，852条2項を類推適用するのではなく，監査等委員が善管注意義務に違反して差止請求を行ったと認められる場合に，423条1項の任務懈怠責任を負うと解すれば足りよう。なお，一定の場合に旧株主の責任追及を認める847条の2は，性質上，監査等委員の差止請求に類推できるものではないであろう。

　これに対して，訴訟参加（849 I）や訴訟告知・公告・通知の規定（同条 IV V）は，差止請求にも類推適用できると指摘されている［☞会社法コンメ(8)§385 IV 3〔419頁［岩原］〕。少なくとも，訴訟告知については，差止訴訟の判決の効果が会社に及ぶことから（民訴115 I ②）［☞II］，手続保障のため，849条4項が類推適用されるべきであろう。

⑵　裁判管轄

　裁判管轄については，明文の規定なく専属管轄を認めることは適切でないとして，株主による差止請求についても，代表訴訟の専属管轄の規定（848）を類推適用することは否定されている（類型別 II 908-909頁）［☞会社法コンメ(8)§360 IV 3〔141頁［岩原］〕。監査等委員による差止請求についても，同条の類推適用は否定されよう。それゆえ，裁判管轄については民事訴訟法の規定が適用されることとなり，被告の住所地（民訴4 I II）のほか，会社に関する訴えで「役員……に対する訴えで役員としての資格に基づくもの」として，会社の本店所在地も管轄（専属管轄ではない）とされよう（同法5⑧・4 IV）［☞会社法コンメ(8)§385 IV 3〔419頁［岩原］〕。

〔田　中〕

§399の6　　　　　　　　　　　　　　　　第2編　株式会社　第4章　機関

3　差止めの仮処分命令

⑴　仮の地位を定める仮処分

監査等委員が訴えにより差止請求をする場合，判決が確定する前に違法行為等が完了してしまい，差止めの目的を達成できないおそれが大きい。そこで，違法行為等の差止請求は，仮の地位を定める仮処分（民保23Ⅱ）を求める形で行われることが多い（前掲・東京地決平成16・6・23，前掲・東京地決平成20・11・26参照）。

仮の地位を定める仮処分を求めるには，被保全権利の存在すなわち本条の要件が充たされていることの疎明のほか，債権者に生ずる著しい損害または急迫の危険を避けるため仮処分が必要であること（保全の必要性）の疎明が必要となる（民保23Ⅱ。違法行為等の差止請求との関係では，同項にいう「債権者」は，会社を指すと解される。田中・差止14頁）。本条の差止請求は，会社に著しい損害が生ずるおそれがあることが要件であること，および，本案判決における判決確定を待っている間に取締役が違法行為等を完了してしまうと差止請求は無意味になってしまうことから，被保全権利の疎明があれば，原則として，保全の必要性も認められると解すべきであろう（類型別Ⅱ914-915頁）。

⑵　仮処分命令と担保

一般に，仮処分命令を出す場合は裁判所は担保の提供を要求することができるが（民保14），本条による差止めの仮処分では，裁判所は担保の提供を命じることはできない（本条Ⅱ）。監査役および監査委員による差止請求の場合と同様であり（385Ⅱ・407Ⅱ），その趣旨としては，①監査等委員は職務として差止めの請求をするものであって濫用の可能性が低いこと，②仮に担保提供を命じた場合，会社がその費用の支出を拒否することにより，実際上，差止請求が困難になるおそれがあること，③仮処分の密行性を損なうこと，が挙げられている（新基本法コンメ⑵304-305頁［星］）［☞会社法コンメ⑻§385Ⅳ4〔420頁［岩原]]]。

4　差止判決の効果

⑴　判　決　効

本条による差止訴訟の判決効は，法定訴訟担当の一般原則により，会社に及ぶ（民訴115Ⅰ②）。したがって，本条の差止請求を棄却する判決が確定した場合，会社が同一の原因による差止請求（民法414条による）［☞Ⅱ］を提起するこ

第9節の2　監査等委員会　第1款　権限等　　　　　　　　§399の6

とはできなくなるほか，他の監査等委員および株主も，本条および360条による差止請求を提起することはもはやできなくなる（新基本法コンメ(2)304頁[星]）。

(2)　差止判決（または仮処分命令）に反する行為の効力

取締役が，違法行為等の差止めを命じる確定判決または仮処分命令に違反して，違法行為等を行った場合，当該行為の効力が問題となる。これについては，差止判決または仮処分命令は，取締役の不作為義務を確認したにとどまり，行為の効力には影響しないと解する見解が多いが（論点解説411頁，江頭505頁，前田482頁），差止判決または仮処分命令について悪意の相手方に対しては会社は無効を主張できるとする見解も有力である（鈴木＝竹内305頁，新注会(6)430頁[北沢正啓]）[☞会社法コンメ(8)§360 IV 5〔144頁[岩原]]]。

裁判例としては，株主総会開催禁止の仮処分（違法行為等差止請求権を被保全権利とすると解される。類型別 II 899-900頁）に違反して開催された総会決議の効力について，東京高判昭和62・12・23（判タ685号253頁）はこれを有効とするが，浦和地判平成11・8・6（判タ1032号238頁）は，仮処分の実効性を確保する必要があることを理由に，不存在とした。

差止めの仮処分命令に違反して行われた新株発行について無効原因があるとした最判平成5・12・16（民集47巻10号5423頁），および職務執行停止の仮処分に違反してなされた行為は絶対的に無効であるとする判例（最判昭和39・5・21民集18巻4号608頁）を踏まえると，差止判決または仮処分命令は，単に当事者間の債権債務関係を裁判所が確認したにすぎないと常にいうことはできず，個別の差止規定ごとに，当該規定の趣旨を踏まえて，それが行為の効力に影響を及ぼすかどうかを解釈により決定すべきである。違法行為等差止請求権（360・385・本条・407）は，取締役（または執行役）の違法行為等が会社に著しい（または回復不能の）損害を生ずるおそれがある場合に，当該行為をやめさせるため会社法が株主，監査役，監査等委員または監査委員にとくに付与した権利ないし権限であることを重視すれば，差止判決または仮処分命令は，取締役または執行役の当該行為に関する権限を制約する効力を有すると解することも，可能と思われる。そのように解するときは，差止判決または仮処分命令に違反した行為は，それが対内的行為（株主総会の招集等）の場合は当然無効であり，また，取引の安全が要請される対外的行為の場合も，相手方が悪意の場合には行為は無効になると解してよいのではなかろうか（田中・差止31-32頁）。

（田中　亘）

〔田　中〕　　　　　　　　　　　　　　　　　　　　　　　461

§399の7　　　　　　　　　　　　　　　　第2編　株式会社　第4章　機関

（監査等委員会設置会社と取締役との間の訴えにおける会社の代表等）（新設）

第399条の7①　第349条第4項，第353条及び第364条の規定にかかわらず，監査等委員会設置会社が取締役（取締役であった者を含む。以下この条において同じ。）に対し，又は取締役が監査等委員会設置会社に対して訴えを提起する場合には，当該訴えについては，次の各号に掲げる場合の区分に応じ，当該各号に定める者が監査等委員会設置会社を代表する。

1　監査等委員が当該訴えに係る訴訟の当事者である場合　取締役会が定める者（株主総会が当該訴えについて監査等委員会設置会社を代表する者を定めた場合にあっては，その者）

2　前号に掲げる場合以外の場合　監査等委員会が選定する監査等委員

②　前項の規定にかかわらず，取締役が監査等委員会設置会社に対して訴えを提起する場合には，監査等委員（当該訴えを提起する者であるものを除く。）に対してされた訴状の送達は，当該監査等委員会設置会社に対して効力を有する。

③　第349条第4項，第353条及び第364条の規定にかかわらず，次の各号に掲げる株式会社が監査等委員会設置会社である場合において，当該各号に定める訴えを提起するときは，当該訴えについては，監査等委員会が選定する監査等委員が当該監査等委員会設置会社を代表する。

1　株式交換等完全親会社（第849条第2項第1号に規定する株式交換等完全親会社をいう。次項第1号及び第5項第3号において同じ。）　その株式交換等完全子会社（第847条の2第1項に規定する株式交換等完全子会社をいう。第5項第3号において同じ。）の取締役，執行役（執行役であった者を含む。以下この条において同じ。）又は清算人（清算人であった者を含む。以下この条において同じ。）の責任（第847条の2第1項各号に掲げる行為の効力が生じた時までにその原因となった事実が生じたものに限る。）を追及する訴え

2　最終完全親会社等（第847条の3第1項に規定する最終完全親会社等をいう。次項第2号及び第5項第4号において同じ。）　その完全子会社等（同条第2項第2号に規定する完全子会社等をいい，同条第3項の規定により当該完全子会社等とみなされるものを含む。第5項第4号において同じ。）である株式会社の取締役，執行役又は清算人に対する特定責任追及の訴え（同条第1項に規定する特定責任追及の訴えをいう。）

④　第349条第4項の規定にかかわらず，次の各号に掲げる株式会社が監査等委員会設置会社である場合において，当該各号に定める請求をするときは，監査等委員会が選定する監査等委員が当該監査等委員会設置会社を代表する。

1　株式交換等完全親会社　第847条第1項の規定による請求（前項第1号に規定する訴えの提起の請求に限る。）

2　最終完全親会社等　第847条第1項の規定による請求（前項第2号に規定す

462　　　　　　　　　　　　　　　　　　　　　　　　　　　　　　〔田　中〕

第 9 節の 2　監査等委員会　第 1 款　権限等　　　　　　　　　§399 の 7

る特定責任追及の訴えの提起の請求に限る。）

⑤　第 349 条第 4 項の規定にかかわらず，次に掲げる場合には，監査等委員が監査
等委員会設置会社を代表する。

　　1　監査等委員会設置会社が第 847 条第 1 項，第 847 条の 2 第 1 項若しくは第 3
　　項（同条第 4 項及び第 5 項において準用する場合を含む。）又は第 847 条の 3
　　第 1 項の規定による請求（取締役の責任を追及する訴えの提起の請求に限
　　る。）を受ける場合（当該監査等委員が当該訴えに係る訴訟の相手方となる場
　　合を除く。）

　　2　監査等委員会設置会社が第 849 条第 4 項の訴訟告知（取締役の責任を追及す
　　る訴えに係るものに限る。）並びに第 850 条第 2 項の規定による通知及び催告
　　（取締役の責任を追及する訴えに係る訴訟における和解に関するものに限る。）
　　を受ける場合（当該監査等委員がこれらの訴えに係る訴訟の当事者である場合
　　を除く。）

　　3　株式交換等完全親会社である監査等委員会設置会社が第 849 条第 6 項の規定
　　による通知（その株式交換等完全子会社の取締役，執行役又は清算人の責任を
　　追及する訴えに係るものに限る。）を受ける場合

　　4　最終完全親会社等である監査等委員会設置会社が第 849 条第 7 項の規定によ
　　る通知（その完全子会社等である株式会社の取締役，執行役又は清算人の責任
　　を追及する訴えに係るものに限る。）を受ける場合

細　目　次

I　本条の趣旨
II　監査等委員会設置会社と取締
　役との間の訴訟における会社代
　表
　1　趣　旨
　2　「取締役」の範囲
　3　監査等委員が訴訟当事者で
　ある場合
　4　監査等委員が訴訟当事者と
　なる場合以外の場合
　5　会社代表の意味
　6　訴えに関する決定と善管注
　意義務・忠実義務
III　取締役が監査等委員会設置会
　社に対して訴訟を提起する場合
　の訴状の送達

IV　旧株主による責任追及等の訴
　えの対象となる取締役等の責任
　を追及する訴えを提起する場合
　の会社代表
V　最終完全親会社等の株主によ
　る特定責任追及の訴え（多重代
　表訴訟）の対象となる取締役等
　の特定責任を追及する訴えの場
　合の会社代表
VI　取締役の責任を追及する訴え
　の提訴請求を受ける場合の会社
　代表
VII　取締役の責任を追及する株主
　代表訴訟における訴訟告知およ
　び和解の通知・催告を受ける場
　合の会社代表

　1　訴訟告知および和解の通
　知・催告を受ける権限
　2　取締役の責任を追及する株
　主代表訴訟における和解に関
　する権限
　　(1)　問題の所在
　　(2)　監査等委員以外の取締役
　　の責任を追及する訴訟の場
　　合
　　(3)　監査等委員の責任を追及
　　する訴訟の場合
VIII　株式交換等完全親会社または
　最終完全親会社等が責任追及等
　の訴えに関する通知を受ける場
　合の会社代表

【文献】商事法務研究会会社法研究会「**会社法研究会報告書**（平成 29 年 3 月 2 日）」商事 2129 号
　（2017）4 頁，**渡辺邦広**「監査等委員会設置会社における提訴請求・利益相反取引に関する諸問
　題」商事 2135 号（2017）48 頁

〔田　中〕　　　　　　　　　　　　　　　　　　　　　　　　　　　　　　　　463

§399の7　　　　　　　　　　　第2編　株式会社　第4章　機関

I　本条の趣旨

　本条は，監査等委員会設置会社と取締役との間における訴え等において会社を代表する者について特別の定めを設けるものである。

　また，本改正により旧株主による責任追及等の訴え（847の2）および最終完全親会社等の株主による特定責任追及の訴え（847の3）が創設されたことに伴い，これらの訴えの対象となる責任の追及訴訟（取締役等の責任を追及する訴えに限る）を監査等委員会設置会社が提起する場合およびそれらの訴訟の前提となる提訴請求をする場合に，監査等委員会が選定する監査等委員が会社を代表することとした（本条III IV）。

　さらに，監査等委員会設置会社が，株主等の行う責任追及訴訟（取締役等の責任を追及する訴えに限る）の前提としての提訴請求，訴訟告知あるいは和解に関する通知・催告を受ける場合に，監査等委員が会社を代表する旨も定めている（本条V）。

II　監査等委員会設置会社と取締役との間の訴訟における会社代表

1　趣　　旨

　監査等委員会設置会社と取締役（取締役であった者を含む）との間の訴えにおいて，一般原則（349 IV）どおり代表取締役が会社を代表するものとした場合には，同僚である取締役の利益を会社の利益に優先させ，いわゆる馴れ合い訴訟によって会社の利益を害するおそれがある（監査役設置会社と取締役との間の訴えについてであるが，最判平成5・3・30民集47巻4号3439頁参照）。そこで，監査等委員以外の取締役と会社との間の訴訟においては，監査等委員会が選定する監査等委員が会社を代表するものとし（本条I②），他方，監査等委員と会社との間の訴訟においては，監査等委員に会社を代表させるとかえって同僚意識による馴れ合い訴訟の危険が生じることから，取締役会が定める者（株主総会が定めた場合はその者）が，会社を代表することとした（同項①）ものである。指名委員会等設置会社と執行役または取締役との間の訴えにおける会社の代表に関する408条1項と同趣旨である（始関・平成14年93頁参照）。

　本条の適用対象となる会社と取締役との間の訴えの種類については，とくに

464　　　　　　　　　　　　　　　　　　　　　　　　　　　　〔田　中〕

第9節の2　監査等委員会　第1款　権限等　　　　　　§399の7

限定はされておらず，取締役としての地位に基づく訴え（任務懈怠責任〔423 I〕
の追及訴訟等）に限らず，個人としての地位に基づく訴え（会社と取締役との間の
財産権の帰属に関する争いなど）についても，本条の適用がある（新基本法コンメ
(2)307頁〔星明男〕）〔☞会社法コンメ(8)§386 II 2(1)〔423頁〔吉本健一〕〕〕。馴れ合
い訴訟の危険は，いずれの場合も変わりがないからである。

2　「取締役」の範囲

本条にいう取締役には，過去に取締役であった者を含む（本条 I 柱書）。これ
は，株式会社と取締役との間の訴えにおける会社の代表に関する諸規定
（353・364・386・408）に共通である。会社法制定前の規定（平17改正前商275ノ
4等）は，過去に取締役であった者を含む旨の明文の定めがなく，判例は，訴
えの提起時において取締役であった者のみが含まれると解していたが（最判平
成15・12・16民集57巻11号2265頁），会社法制定に際し，馴れ合い訴訟の危険
は現任取締役である場合と退任取締役である場合とで大きく変わらないという
理由で，改正されたものである（立案担当104頁）。もっともこれに対しては，
退任後の個人的な法律関係に基づく訴えについてまで，一律に代表取締役の代
表権を排除する必要があるか疑問であるとの批判もある〔386条につき，☞会社
法コンメ(8)§386 II 2(2)〔424頁〔吉本〕〕〕。

一時取締役（346 II）や取締役の職務代行者（352 I）も，本条の取締役に含ま
れると解されている（新基本法コンメ(2)306-307頁〔星〕）〔☞会社法コンメ(9)§408
II 1(2)〔132頁〔伊藤靖史〕〕〕。

訴訟の当事者が取締役であると主張していても，会社を代表する取締役が同
人を取締役と認めていないときは，馴れ合い訴訟のおそれはないから，本条の
規制は適用されず，代表取締役が会社を代表する（監査役設置会社についてであ
るが，前掲・最判平成5・3・30）。

3　監査等委員が訴訟当事者である場合

監査等委員会設置会社と取締役との間の訴えにおいて，監査等委員が訴訟の
当事者である場合は，取締役会が定めた者（株主総会が代表者を定めた場合はその
者）が，会社を代表する（本条 I ①）〔その趣旨は☞1〕。なお，取締役会または株
主総会は，訴訟の相手方である監査等委員以外の監査等委員を会社を代表する
者と定めることもできると解すべきである（渡辺50頁）。監査等委員が訴訟の
相手方となる場合に本条1項2号の適用がないのは，訴訟の相手方の同僚であ

〔田　中〕　　　　　　　　　　　　　　　　　　　　　　　　　　　　　465

§399の7　　　　　　　　　　　　　　　第2編　株式会社　第4章　機関

る監査等委員のみによって構成される監査等委員会に会社を代表する者を決定
させるのは相当でないからであるにすぎず，取締役会または株主総会が，会社
を代表する者として（訴訟の相手方以外の）監査等委員が適当であると判断した
場合にまで，監査等委員が会社を代表することまで禁じる趣旨ではないと解さ
れるためである（渡辺50頁）。

　監査等委員会設置会社でなく，また監査役設置会社でも指名委員会等設置会
社でもない株式会社と取締役との間の訴えにおいては，原則として代表取締役
が会社を代表し（349 IV），ただ株主総会または取締役会で，他の代表者を定め
ることもできるものとされている（353・364）。これに対し，監査等委員会設置
会社と監査等委員である取締役との間の訴えについては，353条，364条の適
用はなく（本条I柱書），常に取締役会または株主総会で代表者を定めなければ
ならない（指名委員会等設置会社と監査委員である取締役との間の訴えの場合と同
様）[☞会社法コンメ(9)§408 II 2(1)〔133頁〔伊藤〕〕]。委員会型の会社について
は，監査機関を置かない株式会社以上に，訴えの適正な遂行を求める趣旨と解
される。

　取締役の場合[☞2]と異なり，監査等委員については，過去に監査等委員
であった者を含む旨の定めはないため，過去に監査等委員であっても現在は監
査等委員でない取締役が訴訟の当事者となる場合は，本条1項1号は適用され
ず，同項2号により，監査等委員会が選定した監査等委員が会社を代表すると
解される（新基本法コンメ(2)307頁〔星〕，逐条(5)283頁〔近藤光男〕。監査等委員で
あるかどうかは，訴えの提起時において判断されると解される。前掲・最判平成15・
12・16参照）[☞会社法コンメ(9)§408 II 2(1)〔133頁〔伊藤〕〕]。

4　監査等委員が訴訟当事者となる場合以外の場合

　監査等委員会設置会社と取締役との間の訴えにおいて，監査等委員が訴訟の
当事者である場合以外の場合は，監査等委員会が選定した監査等委員が，会社
を代表する（本条I②）[その趣旨は☞1]。

　監査役設置会社と取締役との間の訴えについては，監査役が会社を代表する
ものとされており（386 I ①），監査役が数人いる場合や監査役会を置く場合で
も，1人の監査役の判断で会社を代表して訴えを提起することができる（独任
制の原則）[☞会社法コンメ(8)§386 II 3〔424頁〔吉本〕〕]。これに対し，会議体と
して組織的な監査を行うことを原則とする監査等委員会設置会社では，どの監
査等委員が会社を代表するかも，監査等委員会が定めることになる（本条I

466　　　　　　　　　　　　　　　　　　　　　　　　　　　　　　　〔田　中〕

②）。指名委員会等設置会社と執行役または取締役（監査委員である者を除く）の間の訴訟において，監査委員会の選定する監査委員が会社を代表する（408 I ②。始関・平成 14 年 93 頁参照）のと同趣旨である。

5 会社代表の意味

本条 1 項 1 号または 2 号により，監査等委員会設置会社を代表する者は，訴えの提起から訴訟の終了に至るまで，すべての訴訟手続について会社を代表する（新基本法コンメ (2) 307 頁［星］）［☞ 会社法コンメ (8) §386 II 3〔424 頁［吉本］］・会社法コンメ (9) §408 II 1 (4)〔133 頁［伊藤］］）。

この場合の「会社を代表する」という意味は，単に会社を代表して訴訟行為をする権限（対外的な業務執行の権限）を有するというだけでなく，訴えを提起するか，訴えの取下げあるいは和解をするかといった，訴訟に関するすべての意思決定をする権限（業務執行の決定権限）をも有するという趣旨であると解されている（監査役設置会社につき，新注会 (6) 474 頁［鴻常夫］）［指名委員会等設置会社につき，☞ 会社法コンメ (9) §408 II 3 (1)〔134-135 頁［伊藤］］。そのように解しなければ，馴れ合い訴訟の防止という本条の趣旨は達成できないためである。

もっとも，監査役設置会社においては，個々の監査役が会社を代表して取締役に対する訴えを提起する権限を有する［☞ 4］のと異なり，監査等委員会設置会社と監査等委員以外の取締役との間の訴えにおいては，監査等委員会が選定した監査等委員が会社を代表するものとされている（本条 I ②）。それゆえ，監査等委員会設置会社では，個々の監査等委員でなく監査等委員会が，会社を代表して当該訴えを提起する監査等委員を選定するかどうかの決議を通じ，当該訴えを提起するかどうかを決定する（実質的な）権限を有するものと解される（立案担当平成 26 年 173 頁，一問一答平成 26 年 217 頁参照）［指名委員会等設置会社についてであるが，☞ 会社法コンメ (9) §408 II 3 (1)〔135 頁［伊藤］］。

他方，訴訟を提起した後の個々の訴訟行為については，監査等委員会が選定した監査等委員が意思決定を行う権限を有していると解される。もっとも，当該監査等委員の意思決定が監査等委員会（その多数派）の意図に沿わない場合は，監査等委員会は当該選定監査等委員を解職し，新たに会社を代表する監査等委員を選定することができるから，実質的には，個々の訴訟行為についても，監査等委員会が究極的な意思決定権限を有しているとも言い得るだろう。

なお，監査等委員会設置会社と監査等委員である取締役との間の訴えについては，取締役会（株主総会が決定する場合は株主総会）が，本条 1 項 1 号により代

〔田 中〕

§399の7　　　　　　　　　　　　　第2編　株式会社　第4章　機関

表者を定めるかどうかの判断を通じ，訴えを提起するかどうかの決定を行うことになると考えられる。

6　訴えに関する決定と善管注意義務・忠実義務

　取締役に対する訴えを提起するかどうかの判断を行う者（5で述べたとおり，監査等委員以外の取締役に対する訴えについては，監査等委員会の決議の形で，監査等委員がそうした判断を行うと考えられる）は，善管注意義務（330，民644）・忠実義務（355）を尽くして，提訴が会社の最善の利益となるかを判断しなければならない（委員会設置会社〔現行法の指名委員会等設置会社〕の監査委員についてであるが，東京地判平成28・7・28金判1506号44頁〔東京高判平成28・12・7金判1510号47頁で是認〕参照）。

　監査役設置会社の監査役が取締役に対する訴えを提起するかどうかを判断する場合には，①監査役の権限は適法性監査を中心とするものであることから，監査役は取締役の任務懈怠の有無や勝訴の見込みを中心に判断すべきものとする見解（近藤光男「代表訴訟と監査役の機能」江頭還暦・上601頁）と，②取締役の資力や賠償額の大きさのほか，解任等他の手段をとることが会社の将来の利益になる可能性や提訴が会社の信用に与える影響など，政策的な要素をも考慮して提訴するかどうかの判断ができるとする見解（江頭536頁注6）が対立している。「監査役の権限は適法性監査を中心とする」という言明は，取締役の職務執行が適法であるが妥当とはいえない場合に，監査役にそれを是正する一般的な権限（取締役会による業務執行取締役の選定・解職権限や監督権限に相当するような権限）が付与されていないという，現行法の有り様を説明したものにすぎず，条文上，監査役が妥当性に関する判断をすることがとくに制約されていない場合にまで，明文の根拠もないのに監査役に妥当でないと信じる判断を強制するものと解すべきではない（田中亘293-295頁）。したがって，②説を支持するべきであり，監査等委員会（監査委員会も同様）による提訴の判断についても，同様に解すべきである。この点に関し，取締役である監査等委員は妥当性の監査も行う権限を有することを理由に，後者の見解をとる向きもあるが〔指名委員会等設置会社の監査委員会の提訴の判断についてその見解をとるものとして，☞会社法コンメ(9)§408Ⅱ3(2)〔136頁〔伊藤〕〕，この問題について，監査役設置会社と監査等委員会設置会社・指名委員会等設置会社とで，とくに違いを設ける理由はないと考える。

　前掲・東京地判平成28・7・28は，委員会設置会社（現行法の指名委員会等設

468

〔田　中〕

置会社に相当）の監査委員が，株主の提訴請求に対して，監査委員会の決議により，取締役の責任追及の訴えを提起しないと判断・決定したことが任務懈怠に当たるとして，株主代表訴訟により責任を追及された事例において，当該事件では取締役の責任を追及する訴訟で勝訴する可能性が非常に低いことを理由に，監査委員の善管注意義務・忠実義務違反を否定しているが，勝訴の可能性が非常に低いとはいえない場合に，②説が挙げるような政策的要素も考慮して提訴しないという判断をすることを許容しない趣旨ではないであろう（山下徹哉「判批」法教 436 号〔2017〕140 頁，山田泰弘「判批」金判 1515 号〔2017〕6 頁）。

III 取締役が監査等委員会設置会社に対して訴訟を提起する場合の訴状の送達

取締役が監査等委員会設置会社に対して訴訟を提起する場合には，本条 1 項にかかわらず，誰か 1 人の監査等委員（訴えを提起しようとする者自身は除く）に対して訴状を送達すれば，監査等委員会設置会社に対して送達の効力を有する（本条 II）。訴えの提起時には誰が会社を代表するか定められていない場合もあることを考慮したものであり，指名委員会等設置会社についての 408 条 2 項と同趣旨である（新基本法コンメ (2) 307 頁［星］）。

IV 旧株主による責任追及等の訴えの対象となる取締役等の責任を追及する訴えを提起する場合の会社代表

本改正により，株式会社がする株式交換，株式移転または吸収合併（以下，本項で「株式交換等」という）の効力が生ずる日に当該株式会社の株主であった者は，当該株式会社の株主でなくなった場合であっても，当該株式交換等によって当該株式会社の完全親会社（以下，「株式交換等完全親会社」という。849 II ①）の株式を取得した場合は，当該株式会社の発起人等の責任（当該株式交換等の効力が生ずるときまでにその原因となった事実が生じたものに限る）を追及できるものとする，旧株主による責任追及等の訴えの制度が創設された（847 の 2）。

このような場合において，株式交換等完全親会社が当該株式会社（以下，「株式交換等完全子会社」という。847 の 2 I）の株式を直接有する場合には，847 条 1 項，3 項により，責任追及等の訴えを提起することができる。もっとも，そう

〔田　中〕

した訴えが，旧株主による責任追及等の訴えの対象となる株式交換等完全子会社の取締役等（取締役，執行役または清算人をいい，これらの者であった者を含む。以下，「取締役等」という）の責任に係るものである場合には，取締役等と株式交換等完全親会社の取締役との間の同僚意識から，馴れ合い訴訟によって，旧株主の利益を害するおそれがある。そこで，監査等委員会設置会社である株式交換等完全親会社が，旧株主による責任追及等の訴えの対象となる取締役等の責任を追及する訴えを提起する場合には，監査等委員会が選定する監査等委員が，株式交換等完全親会社を代表することとしている（本条Ⅲ①。立案担当平成26年172頁，一問一答平成26年215頁）。監査役設置会社についての386条1項2号，および指名委員会等設置会社についての408条3項1号と同趣旨である。

また，そのような責任追及等の訴えの前提となる，株式交換等完全子会社等に対する提訴請求（847Ⅰ）についても，監査等委員会設置会社の選定する監査等委員が会社を代表する（本条Ⅳ①）。

V　最終完全親会社等の株主による特定責任追及の訴え（多重代表訴訟）の対象となる取締役等の特定責任を追及する訴えの場合の会社代表

本改正により，株式会社の最終完全親会社等（847の3Ⅰ）の株主が，当該株式会社の発起人等の責任のうち一定の要件を充たすもの（特定責任。同条Ⅳ）の追及をすることができるものとする，最終完全親会社等の株主による特定責任追及の訴え（多重代表訴訟）の制度が創設された（同条）。

最終完全親会社等が，当該株式会社の株式を直接有する場合には，最終完全親会社等も，847条1項，3項により，責任追及等の訴えを提起することができる。もっとも，そうした訴えが，特定責任追及の訴えの対象となる当該株式会社の取締役等の特定責任に係るものである場合には，取締役等と最終完全親会社等の取締役との間の同僚意識から，馴れ合い訴訟によって，最終完全親会社等の株主の利益を害するおそれがある。そこで，監査等委員会設置会社である最終完全親会社等が，特定責任追及の訴えの対象となる取締役等の責任を追及する訴えを提起する場合には，監査等委員会が選定する監査等委員が，最終完全親会社等を代表することとしている（本条Ⅲ②。立案担当平成26年172頁，一問一答平成26年215頁）。監査役設置会社についての386条1項3号および指名委員会等設置会社についての408条3項2号と同趣旨である。

470

〔田　中〕

第9節の2　監査等委員会　第1款　権限等　　　　　　§399の7

また，そのような責任追及等の訴えの前提となる，当該株式会社に対する提訴請求（847 I）をする場合も，監査等委員会設置会社の選定する監査等委員が会社を代表する（本条Ⅳ②）。

Ⅵ　取締役の責任を追及する訴えの提訴請求を受ける場合の会社代表

監査等委員会設置会社が，取締役の責任について，①株主から責任追及等の訴えの提訴請求（847 I）を受ける場合，②適格旧株主（847の2 Ⅸ）から責任追及等の訴えの提訴請求（同条 I Ⅲ）を受ける場合，および③最終完全親会社等の株主から特定責任追及の訴えの提訴請求（847の3 I）を受ける場合は，監査等委員が，監査等委員会設置会社を代表する（当該監査等委員が当該訴えに係る訴訟の相手方である場合を除く。本条Ⅴ①）。これらの取締役の責任を追及する訴えについては，監査等委員会に提訴するかどうかの決定権限があることから〔☞Ⅱ4・5〕，監査等委員会にその決定を行う機会を与えるため，監査等委員に会社を代表して提訴請求を受ける権限を与えたものである（立案担当平成26年173頁，一問一答平成26年217頁）。監査役設置会社についての386条2項1号，指名委員会等設置会社についての408条5項1号と同趣旨である。

ただし，監査等委員がこれらの訴えの相手方となる場合は，当該監査等委員には，会社を代表して提訴請求を受ける権限はない（本条Ⅴ①第3括弧書）。もっとも，その場合にも本条5項自体の適用は排除されていない（同項1号は，「当該監査等委員」が提訴請求を受けることを否定しているにすぎない）。そこで，この場合は，当該監査等委員以外の監査等委員が，会社を代表して提訴請求を受ける権限を有すると解される（新基本法コンメ(2)308頁〔星〕，渡辺49頁。指名委員会等設置会社の監査委員についてであるが，東京地判平成19・9・27判時1986号146頁）。監査等委員が訴えの相手方になる場合は，監査等委員会が選定する監査等委員ではなく，取締役会または株主総会が定めた者が会社を代表すること（本条 I ①）からすれば，この場合に監査等委員が提訴請求の受領権者となる理由は，必ずしも自明ではない。監査等委員は取締役でもあることから，提訴をするか否かについて取締役会に諮ることもできることや，監査等委員に対する訴えとそれ以外の取締役に対する訴えとで提訴請求の受領権者を変えることは煩瑣であり，提訴請求者に不必要な負担をかけるおそれがあることが考慮されたためであろうか。

〔田　中〕

§399の7   第2編　株式会社　第4章　機関

自らが責任追及等の訴えに係る訴訟の相手方になっている場合を除き，どの
監査等委員も，会社を代表して上記の提訴請求を受ける権限がある。これは，
もしもこれらの提訴請求を受ける場合についても，監査等委員会設置会社がこ
れらの訴えを提起する場合（本条Ⅰ②・Ⅲ①②）と同様に，監査等委員会が選
定する監査等委員が会社を代表するものとすれば，株主が提訴請求をする時点
で会社を代表する監査等委員が選定されていなかったり，選定されていたとし
ても誰がその監査等委員であるかが株主にわからないために，提訴請求ができ
なくなってしまうおそれがあるためである（新基本法コンメ(2)308頁［星］）。

Ⅶ　取締役の責任を追及する株主代表訴訟における訴訟告知および和解の通知・催告を受ける場合の会社代表

1　訴訟告知および和解の通知・催告を受ける権限

監査等委員会設置会社が，取締役の責任を追及する株主代表訴訟（847Ⅰ Ⅲ）
について，849条4項による訴訟告知を受ける場合は，監査等委員が会社を代
表する（本条Ⅴ②）。そのような株主代表訴訟で和解がなされ，監査等委員会
設置会社が850条2項による和解内容の通知および催告を受ける場合も，同様
である（本条Ⅴ②）。ただし，いずれの場合も，当該監査等委員が訴訟の当事
者である場合を除く（同号）。

取締役の責任を追及する株主代表訴訟では，監査等委員会が，原告として訴
訟に参加するかどうかを決定する権限を有し（本条Ⅰ②），また原告として訴訟
に参加した場合［解釈次第では，原告として参加していなくても。☞2(2)］は，会社
を代表して和解をする権限も有することから［☞Ⅱ5］，監査等委員会にこれら
の決定をする機会を与えるため，監査等委員が会社を代表して，これらの訴訟
告知および通知・催告を受ける権限を与えたものと解される。監査役設置会社
についての386条2項2号［☞会社法コンメ(8)§386Ⅲ2・3〔425-426頁［吉
本］〕］，指名委員会等設置会社についての408条5項2号［☞会社法コンメ(9)
§408Ⅳ2・3〔139-141頁［伊藤］〕］と同趣旨である。もっとも，監査等委員であ
る取締役の責任を追及する訴訟の場合は，訴訟告知または和解の通知・催告を
受けた（訴訟の相手方以外の）監査等委員は，監査等委員会でなく取締役会に決
定を諮るべきである［提訴請求を受けた場合の提訴の決定と同様。☞Ⅵ］。

472   ［田　中］

第9節の2　監査等委員会　第1款　権限等　　　　　　　　　§399の7

2　取締役の責任を追及する株主代表訴訟における和解に関する権限

(1)　問題の所在

　取締役の責任を追及する株主代表訴訟における和解に関する行為について，誰が会社を代表するか，および和解に関する行為の意思決定を誰が行うについては，解釈が必ずしも確立していない状況にある（監査役設置会社や指名委員会等設置会社についても存する問題である。会社法研究会報告書27頁）。以下，訴訟の被告が監査等委員以外の取締役である場合と，監査等委員である場合とに分けて，検討する。

(2)　監査等委員以外の取締役の責任を追及する訴訟の場合

　監査等委員以外の取締役の責任を追及する株主代表訴訟において，監査等委員会設置会社が，当該訴訟に原告として参加（共同訴訟参加）した場合は，監査等委員会が選定した監査等委員（以下，「選定監査等委員」という）が訴訟手続に関する一切の行為について会社を代表することから（本条Ⅰ②）［☞Ⅱ5］，当該訴訟における和解についても，選定監査等委員が会社を代表すると解される（会社法研究会報告書27頁）。また，和解に関する意思決定を行うのも，選定監査等委員であるが，監査等委員会は，誰を監査等委員に選定するかを通じ，実質的に，それらの決定を最終的に行う権限を有している，と解することになろう［☞Ⅱ5］。

　これに対し，監査等委員以外の取締役の責任を追及する株主代表訴訟において，監査等委員会設置会社が補助参加人もしくは利害関係人として和解をし，または原告株主と被告の和解を承認する（850Ⅰただし書）かもしくはそれについて異議を述べる（同条Ⅱ）場合に，誰が会社を代表するかについては，明文の規定がない。そこでこれらの場合は，原則どおり（349Ⅳ），代表取締役が会社を代表してこれらの行為（以下，「和解に関する行為」という）をする権限を有すると解される。ただし，取締役との間の和解または和解の承認は，利益相反取引に当たるから，取締役会の決議を要すると解される（365Ⅰ・356Ⅰ②③。850条2項の異議は，利益相反がなく，かつ迅速に行う必要もあることから，取締役会の決議は不要と解する）。

　もっとも，本条5項2号は，850条2項による和解内容の通知および異議を述べるべき旨の催告については，監査等委員が，会社を代表してこれを受けるものとしている。この規定は，監査等委員会が，当該和解について異議を述べるべきであると判断した場合には，監査等委員会が選定した監査等委員が，会

〔田　中〕

473

§399の7　　　　　　　　　　　　第2編　株式会社　第4章　機関

社を代表して和解に対して異議を述べる権限を有することを前提にした規定であると解すべきである（もしもそのような権限がないなら，通知・催告を監査等委員が受けるべきものとする理由がないからである）。この点については，監査役設置会社と取締役との間の訴訟では監査役が会社を代表すると規定しつつ，退任取締役については明文の規定を欠いていた平成17年改正前商法275条ノ4について，前掲・最判平成15・12・16［☞II2］が，同条の「取締役」には退任取締役は含まれないと解しつつ，株主代表訴訟で追及できる取締役の責任には，退任取締役の在職中の責任も含まれるところ，その提訴請求については監査役が会社を代表して受けることとされている（同条後段）のは，監査役がそのような責任追及訴訟を提起するかどうかを決定し，その訴訟で会社を代表する権限を有することを前提にしているとして，監査役は，退任取締役の在職中の責任を追及する訴訟について会社を代表する権限があると判示しているのと同様の解釈が可能であると考える。ただし，監査役設置会社の場合は，各監査役に会社を代表して訴えを提起する権限があるのに対し，監査等委員会設置会社の場合は，監査等委員会が選定した監査等委員に訴え提起の権限があること（本条II）からすると，現行法の下では，各監査等委員に会社を代表して和解に対する異議を述べる権限があるのではなく，監査等委員会が選定した監査等委員にその権限があると解すべきであろう（後述する要綱に基づく改正が実現すれば，この点の解釈は変わると考えられる）。

　もっとも，前掲・最判平成15・12・16は，代表取締役もまた，会社を代表して退任取締役の在職中の責任を追及する訴訟を提起する権限があると判示している。これと同様に考えれば，監査等委員会が選定した監査等委員には会社を代表して和解に対し異議を述べる権限があると解する場合でも，代表取締役もまた，会社を代表して和解に対して異議を述べる権限（および，その他の和解に関する行為をする権限）は否定されないことになる。実際的な考慮としても，もしも和解に関する行為について代表取締役の代表権を否定した場合，監査等委員会設置会社が被告側に補助参加している場合は，代表取締役が会社を代表しているのに，和解に関する行為をするときだけは代表者を交替しなければならなくなり，不都合であるといえよう（会社法研究会報告書27-28頁）。

　以上をまとめると，現行法の解釈としては，監査等委員会設置会社の代表取締役は，会社を代表して監査等委員以外の取締役の責任を追及する訴えにおいて和解に関する行為をする権限がある（ただし，利益相反取引として取締役会の承認は必要）一方，監査等委員会は，その選定した監査等委員を通じて和解に対

474　　　　　　　　　　　　　　　　　　　　　　　　　　　　　〔田　中〕

第9節の2　監査等委員会　第1款　権限等　　　　　　§399の7

して異議を述べる権限を有する，ということになる。

なおこの問題に関し，「会社法制（企業統治等関係）の見直しに関する要綱」（2019年2月14日）は，監査等委員会設置会社が，監査等委員以外の取締役，執行役および清算人ならびにこれらの者であった者（以下，本項において「取締役等」という）の責任を追及する和解をするには，各監査等委員の同意を得なければならないものとする法改正を提案している（同要綱第3部第3の1②）。これは，監査等委員会設置会社が，責任追及等の訴えにおいて取締役等の側に補助参加する場合（849Ⅲ②）や，監査等委員以外の取締役および執行役の責任の一部免除に関する議案を提出する場合（425Ⅲ②・426Ⅱ）に，各監査等委員の同意が必要とされるのと平仄を合わせたものである（神田秀樹「『会社法制（企業統治等関係）の見直しに関する要綱案』の解説（8完）」商事2198号〔2019〕6-7頁）。この改正が実現すれば，各監査等委員の同意がなければ会社は和解ができなくなる点で，各監査等委員には，和解に異議を述べる権限が認められたといえる。そのことからすれば，改正後は，850条3項により会社を代表して和解に対して異議を述べる権限も，各監査等委員が有する（その一方，代表取締役も会社を代表して異議を述べる権限がある）と解することになろう。

(3)　監査等委員の責任を追及する訴訟の場合

(2)に述べたことと異なり，監査等委員の責任を追及する訴訟の場合は，監査等委員会が和解に関する意思決定の権限を有するものとするとかえって馴れ合いの危険が生じるので，そのような権限を認めるべきではない（本条Ⅰ①参照）。それゆえ，一般原則どおり，そのような訴訟における和解に関する行為について会社を代表するのは代表取締役であり，ただ，和解は利益相反取引に当たるため，それに関する意思決定には取締役会の承認を要すると解すべきであろう。本条5項2号は，そのような訴訟についても，訴訟の相手方以外の監査等委員が和解の通知・催告を受ける権限を認めるが，その場合，通知・催告を受けた監査等委員は監査等委員会でなく，取締役会に対して決定を諮るべきである〔☞1〕。

Ⅷ　株式交換等完全親会社または最終完全親会社等が責任追及等の訴えに関する通知を受ける場合の会社代表

株式会社等（848）が責任追及等の訴えを提起し，または株主等（847の4Ⅱ）が提起した責任追及等の訴えの訴訟告知（849Ⅳ）を受けた場合に，当該訴え

〔田　中〕

475

§399の8　　　　　　　　　　　　　　第2編　株式会社　第4章　機関

または訴訟告知が，旧株主による責任追及の訴え（847の2）または最終完全親会社等の株主による特定責任追及の訴え（847の3）の対象となる責任に係るものであるときは，当該株式会社等は，その株式交換等完全親会社または最終完全親会社等に対し，遅滞なく，当該訴えの提起または当該訴訟告知を受けた旨を通知しなければならない（849 VI VII）。そして，当該通知を受けた株式交換等完全親会社または最終完全親会社等は，その旨を公告し，または株式交換等完全親会社の適格旧株主もしくは最終完全親会社等の株主に通知しなければならない（849 X）。それらの者が，これらの責任追及等の訴えに参加する機会（849 I II参照）を保障することが目的である（一問一答平成26年225頁）。

　もっとも，これらの責任追及等の訴えが，当該株式会社等の取締役等（取締役，執行役および清算人をいい，これらの者であった者を含む）の責任に係るものである場合には，仮に849条6項，7項の通知を株式交換等完全親会社または最終完全親会社等の代表取締役が受けるものとすると，当該取締役等と当該代表取締役との間の同僚意識から，それに続いて行われるべき849条10項の公告または通知が懈怠されるおそれがある（一問一答平成26年218頁）。そこで，この場合において，株式交換等完全親会社または最終完全親会社等が監査等委員会設置会社である場合は，監査等委員が，会社を代表して849条6項，7項の通知を受けるものとしている（本条V③④）。株式交換等完全親会社または最終完全親会社等が監査役設置会社である場合の386条2項3号，4号，および指名委員会等設置会社である場合の408条5項3号，4号と，同趣旨である。

（田中　亘）

　（招集権者）（新設）
　第399条の8　監査等委員会は，各監査等委員が招集する。

【文献】塚本英巨・監査等委員会導入の実務（商事法務，2015）

1　本条の趣旨

　本条は，各監査等委員に，監査等委員会の招集権限があることを定めるものである。

〔田　中〕

第9節の2　監査等委員会　第2款　運営　　　　　　　　　§399の8

2　総　　説

　監査等委員会は会議体であり，会社法の規定によって招集され（本条・399の9），決議によって意思決定を行う（399の10）機関である。会社法上，監査等委員会の決定が必要とされる場合に，招集手続によらずに監査等委員が事実上集まって何事かを決めても，それは監査等委員会の決定とはいえず，何らの法的効力も認められない（なお，会社法上，監査等委員会でなく監査等委員全員の同意を要する場合がいくつかあり〔425Ⅲ・426Ⅱ・427Ⅲ・849Ⅲ〕，その場合は，個々の監査等委員が同意の意思表示をすれば足り，監査等委員会の招集・決議は要しない。塚本214頁）。

　本条から399条の12までは，監査等委員会の運営に関する定めが置かれている。基本的に，指名委員会等設置会社の委員会（指名委員会等。2⑫）の場合（410-414）と同様の規律が定められているが，指名委員会等と監査等委員会の位置付けの違い（前者は取締役会の内部機関であるが，後者は，監査役・監査役会と同様，取締役会とは独立した機関である。一問一答平成26年49頁）を反映した相違点も存する。具体的には，取締役会の定めによって監査等委員会の招集期間を短縮したり〔☞§399の9Ⅲ1〕，定足数や決議要件を加重すること〔☞§399の10〕は，認められていない。

　実務上は，監査等委員会の円滑・効率的な運営のため，監査等委員会の決議により，監査等委員会の組織・権限・運営について定める「監査等委員会規則」（あるいは「監査等委員会規程」）を定めることが通常であろう（塚本202頁。規則例として，日本監査役協会「監査等委員会規則（ひな型）」〔2015年7月23日制定。江頭憲治郎＝中村直人編・監査役小六法会社法編〔平成30年版〕（日本監査役協会，2017）所収〕，塚本325頁以下参照）。そのような規則は，強行法規である会社法の諸規定に反しない限度で，効力を有する。他方，監査等委員会の組織・権限・運営について取締役会の規則で定めることは，前述した監査等委員会の取締役会からの独立性を考えると，できないと解すべきであろう（塚本177頁）。

3　監査等委員会の招集

　監査等委員会は，各監査等委員が招集する（本条）。取締役会とは異なり（366条1項ただし書と対比），監査等委員会の招集権者を特定の者に限定することは認められていない（一問一答平成26年47頁）。この点は，監査役会設置会社において，各監査役が監査役会の招集権を有しており（391），また指名委員

〔田　中〕

477

§ 399 の 9　　　　　　　　　　　　　　　　第 2 編　株式会社　第 4 章　機関

会等設置会社において，各委員会の委員が各委員会の招集権を有するとされている（410）のと，同様である。

　指名委員会等の招集権が各委員に与えられている趣旨については，委員のいずれかが委員会の開催が必要であると判断した場合に速やかに委員会を開催できるようにするためであると説明されているが（始関・平成 14 年 107 頁），それとともに，社外取締役である委員の委員会招集権を保障することに実質的な意義があるとも指摘されている（新基本法コンメ(2)342 頁〔大塚龍児〕）。また，監査役会の招集権が各監査役に保障されている趣旨について，特定の監査役に排他的な招集権限を与えると監査役間に事実上の上下関係が生まれるおそれがある点に求める見解もある〔☞会社法コンメ(8)§391 Ⅱ〔483 頁〔森本滋〕〕〕。このような，社外取締役である委員の権限確保あるいは委員間の対等性の保障という趣旨は，本条にも当てはまるというべきであろう。

　監査等委員会規則〔☞Ⅱ〕により，特定の監査等委員が監査等委員会を招集するものと定めることは可能であるが，そのような規則があっても，他の監査等委員は，366 条 2 項，3 項のような手続を踏むことなく，監査等委員会を招集することができると解される（塚本 205-206 頁）。

（田中　亘）

（招集手続等）（新設）

第 399 条の 9 ①　監査等委員会を招集するには，監査等委員は，監査等委員会の日の 1 週間（これを下回る期間を定款で定めた場合にあっては，その期間）前までに，各監査等委員に対してその通知を発しなければならない。

②　前項の規定にかかわらず，監査等委員会は，監査等委員の全員の同意があるときは，招集の手続を経ることなく開催することができる。

③　取締役（会計参与設置会社にあっては，取締役及び会計参与）は，監査等委員会の要求があったときは，監査等委員会に出席し，監査等委員会が求めた事項について説明をしなければならない。

【文献】 塚本英巨・監査等委員会導入の実務（商事法務，2015）

第9節の2　監査等委員会　第2款　運営　　　　　　　　§399の9

I　本条の趣旨

本条は，監査等委員会の招集の手続について定めるものである（本条ⅠⅡ）。
また，監査等委員会の要求があった場合の取締役（会計参与設置会社では会計参
与も）の監査等委員会への出席および説明義務についても定めている（本条
Ⅲ）。

II　招集の必要性

監査等委員会は会議体であり，会社法の規定に従って招集されてはじめて，
適法に意思決定をすることができるのが原則である。会社法上，監査等委員会
による決定が必要とされる場合に，招集手続を経ずに監査等委員が集まって何
事かを決めても，それは監査等委員会の決定とはいえず，法的効力は認められ
ない。

もっとも，会社法上，監査等委員会ではなく，監査等委員全員の同意を要求
している場合には，各監査等委員がそれぞれに同意をすれば足り，監査等委員
会の決定は必要ない［☞§399の8Ⅱ］。

III　招集の手続

1　招集期間

監査等委員会を招集するには，原則として，監査等委員会の日の1週間前
（初日は不算入。民140）までに，各監査等委員に対して通知（招集通知）を発し
なければならない（本条Ⅰ）。1週間という期間（以下，「招集期間」という）は，
定款によって短縮することができる（同項括弧書）。これは，監査役会の招集期
間に関する規律（392Ⅰ）と同じである。

指名委員会等設置会社については，各委員会（監査委員会も含む）は取締役会
の内部機関であるという位置付けであり（一問一答平成26年49頁），そのこと
を反映して，招集期間についても取締役会の定めによって短縮することが認め
られている（411Ⅰ）［☞会社法コンメ(9)§411Ⅱ1〔150頁〔森本滋〕〕〕。これに対
し，監査等委員会について，取締役会の定めによる招集期間の短縮が認められ
ていないのは，指名委員会や報酬委員会が置かれない監査等委員会設置会社の

〔田　中〕　　　　　　　　　　　　　　　　　　　　　　　　　479

§399の9 第2編 株式会社 第4章 機関

取締役会は，これらが置かれる指名委員会等設置会社と比べると，取締役会の経営陣からの独立性に疑問が残ることを考慮し，監査等委員会の取締役会からの独立性を確保しようとする趣旨と解される（一問一答平成26年49-50頁，塚本206頁参照）。また，監査等委員会自身の定めによって招集期間を短縮することが認められず，定款の定めが必要とされるのは，招集期間は，各監査等委員に出席の機会と準備の時間を与えるために設けられるものであるが，それは監査等委員自身の利益でなく，会社ひいては株主の利益のためのものであるから，これを短縮するには，株主自身の（特別決議による）承認が必要であるとしたものと解される［取締役会の招集期間〔368 I〕についてであるが，☞会社法コンメ(8) §368 II 2〔273頁〔森本滋〕〕]。

定款による定めの例として，全国株懇連合会のモデル定款規定（全株懇定款モデル）では，監査等委員会の招集通知は，会日の3日前までに発するものとし，緊急の必要があるときは，この期間をさらに短縮することができるものとしている（全株懇モデル I 71頁）。

2 招集通知の方法

招集通知の方法についてはとくに制約はなく，書面だけでなく，電磁的方法または口頭（電話等）によってもよい（新基本法コンメ(2) 309頁〔星明男〕）。招集通知である以上，開催場所と日時は伝えなければならないが，会議の目的事項を伝える必要はない（新基本法コンメ(2) 309頁〔星〕）。招集通知で会議の目的事項を特定したとしても，監査等委員会は他の事項を審議することができると解される（新基本法コンメ(2) 309頁〔星〕。取締役会についてであるが，名古屋高判平成12・1・19金判1087号18頁）。もっとも，充実した審議のためには，招集通知で会議の目的事項を伝えるほか，会議資料等も添付することが望ましいであろう（塚本206頁）。

3 招集手続の省略

監査等委員全員の同意があるときは，招集手続を省略することができる（本条 II）。取締役会（368 II），監査役会（392 II）および指名委員会等設置会社の指名委員会等（411 II）の招集手続の省略と同様である。招集手続を省略することについて監査等委員全員が同意していれば，監査等委員会には監査等委員全員が出席していなくても，そこでの議事・決議は有効に成立する（新基本法コンメ(2) 309頁〔星〕）。

〔田　中〕

第9節の2　監査等委員会　第2款　運営　　　　　　　　§399の10

例えば，年間を通じた監査等委員会の開催日程を監査等委員全員の同意に
よって確定すれば，当該年間の監査等委員会は，招集手続をせずに開催する
ことが可能になる（塚本207頁）。

Ⅳ　取締役等の監査等委員会への出席および説明

取締役は，監査等委員会の要求があったときは，監査等委員会に出席し，求
められた事項について説明しなければならない（本条Ⅲ）。会計参与設置会社
の場合は，会計参与についても同様である（同項）。これは，監査等委員会
が，取締役・会計参与の職務の執行の監査（399の2Ⅲ①）や取締役の指名・
報酬についての意見の決定（同項③）など，その職務を遂行する上で，監査等
委員である取締役以外の取締役や会計参与の説明を聴く必要が生ずることが想
定されるためである（一問一答平成26年47頁）。他方，監査等委員でない取締
役には，監査等委員会への出席権は認められていない。これは，監査等委員で
ない取締役のいない状況での自由・闊達な議論をする機会を保障するためであ
る（一問一答平成26年47頁，新基本法コンメ(2)310頁［星］）。いずれについて
も，指名委員会等と執行役等の関係に関する規律（411Ⅲ）と同趣旨である（一
問一答平成26年47頁）。

　　　　　　　　　　　　　　　　　　　　　　　　　　　　　（田中　亘）

（監査等委員会の決議）（新設）

第399条の10①　監査等委員会の決議は，議決に加わることができる監査等委員
　の過半数が出席し，その過半数をもって行う。

②　前項の決議について特別の利害関係を有する監査等委員は，議決に加わること
　ができない。

③　監査等委員会の議事については，法務省令で定めるところにより，議事録を作
　成し，議事録が書面をもって作成されているときは，出席した監査等委員は，こ
　れに署名し，又は記名押印しなければならない。

④　前項の議事録が電磁的記録をもって作成されている場合における当該電磁的記
　録に記録された事項については，法務省令で定める署名又は記名押印に代わる措
　置をとらなければならない。

⑤　監査等委員会の決議に参加した監査等委員であって第3項の議事録に異議をと

〔田　中〕

§399の10　　　　　　　　　　第2編　株式会社　第4章　機関

どめないものは，その決議に賛成したものと推定する。

【文献】塚本英巨・監査等委員会導入の実務（商事法務，2015）

I　本条の趣旨

　本条は，監査等委員会の決議の要件（本条I）および特別利害関係人の議決からの排除（本条II）について定める。また，議事録の作成義務（本条III IV），および議事録に異議をとどめない場合の決議賛成の推定（本条V）について規定している。

II　決議の要件

　監査等委員会の決議は，議決に加わることができる監査等委員の過半数が出席し（定足数要件），その過半数をもって行う（議決要件。本条I）。これらの要件は，加重することも軽減することも認められていない（新基本法コンメ(2)310頁[星明男]）。

　指名委員会等設置会社の指名委員会等は，取締役会の内部機関であるという位置付けから，取締役会の決議によって定足数要件や議決要件を加重することが認められている（412I）。これに対し，監査等委員会については，取締役会ないし監査等委員以外の取締役（とくに業務執行取締役）からの独立性を確保するため，取締役会の決議による要件の加重は認められていない（一問一答平成26年49-50頁）。また，取締役会とは異なり，定款の規定によって定足数要件や議決要件を加重することも認められていない（369条1項と対比。加重ができない点は，監査役会の場合〔393I〕と共通する）。これは，要件を加重すると決議がしづらくなり，監査等委員会が機能不全に陥って会社業務の適正が確保されなくなるといった事態が生じることをおそれたためであろうか。なお，定足数要件や議決要件を軽減することができないのは，取締役会や監査役会，指名委員会等と共通する（369I・393I・412I）。これは，慎重な意思決定を促すこと，および要件を軽減する実務的要請がとくにないこと［取締役会についてであるが，☞会社法コンメ(8)§369 II 2(1)〔288頁[森本滋]〕］によるものと考えられる。

482　　　　　　　　　　　　　　　　　　　　　　　　　　　　　　〔田　中〕

第9節の2　監査等委員会　第2款　運営　　　　　　　　§399の10

III　審議・決議の方法

1　会議の必要性

　監査等委員会は，取締役会と異なり書面決議は認められておらず（370対比），常に会議を開催して，決議をしなければならない。この点は，監査役会や指名委員会等と同様である。監査等委員会には，取締役会と違って緊急性を要する決議事項は少なく，会議による密接な情報共有や意見交換の機会を犠牲にしてでも機動的な意思決定をすることが望ましい場面は想定しにくいと考えられたものであろう［指名委員会等についてであるが，☞会社法コンメ(9)§412 II 4〔155頁［森本滋］〕]。

　会議というためには，出席者全員が同一の場に居合わせなければならないわけではなく，情報伝達の即時性・双方向性が確保されていれば，テレビ会議システムや電話会議システムによって監査等委員会を開催することは可能である（塚本208-209頁，新基本法コンメ(2)310頁［星]）。会社法施行規則110条の3第3項1号は，監査等委員が開催場所に居合わせず，テレビ会議システムや電話会議システムを通じて監査等委員会に出席する場合があることを想定した規定になっている［☞ V]。

2　議事運営の方法

　監査等委員会の議事運営の方法については，会社法にはとくに規定がなく，定款または監査等委員会規則の定めがあればそれにより，ない場合は会議体の一般原則によって，合理的に運営されることになろう［取締役会の議事運営についてであるが，☞会社法コンメ(8)§369 II 1 (1)〔286頁［森本]]。具体的には，会議の目的事項について，提案者から議案の提案および説明がされ，それについて審議（質疑応答や意見の交換）の上で，決議が行われると考えられる。

　議長についてもこれを置くべき旨の規定はなく，議長を置かずに審議・決議を行うことも適法である（会社法施行規則110条の3第3項6号は，議長が存しない場合があることを想定した規定になっている）。もっとも，実務上は，監査等委員会規則により，監査等委員会が選定した監査等委員長が議長を務めるといった定めを置いている場合が多いであろう（日本監査役協会「監査等委員会規則（ひな型)」〔2015年7月23日制定〕2 II・5 I 参照)。

〔田　中〕

483

§ 399 の 10   第 2 編　株式会社　第 4 章　機関

3　特別利害関係人の議決からの排除

⑴　趣　　旨

　監査等委員会の決議について特別の利害関係を有する監査等委員は，議決に加わることができない（本条 II）。監査等委員の個人的ないし会社外の利害関係のために，会社の利益に反する決議がされることを未然に防止することが目的である。取締役会（369 II）および指名委員会等（412 II）と共通する規制である。

⑵　特別利害関係人の範囲

　「特別の利害関係」とは，監査等委員が会社に対する善管注意義務・忠実義務に従い公正に議決権を行使することが定型的に期待し難いと認められるような個人的ないし会社外の利害関係をいう（取締役会における特別利害関係人についてであるが，最判昭和 44・3・28 民集 23 巻 3 号 645 頁）［☞ 会社法コンメ ⑻ § 369 III 2 ⑴〔292-293 頁〔森本〕〕〕。例えば，ある監査等委員の関与が疑われる違法・不正行為を調査するために監査等委員を選定する決議（399 の 3）について，当該関与が疑われる監査等委員は，特別利害関係人に当たると解される（塚本 213 頁）。

　監査等委員会がある職務の遂行のために選定した（399 の 3・399 の 7 I ②・III IV 等）監査等委員（以下，「選定監査等委員」という）を解職する決議について，当該選定監査等委員は，特別利害関係人に当たるか。代表取締役を解職する取締役会決議については，判例は，当該代表取締役が私心を去って会社の利益のために議決権を行使することは期待し難いことを理由に，特別利害関係人に当たると解している（前掲・最判昭和 44・3・28）。もっともこの判例に対しては，代表取締役の解職は，取締役会の監督権限の行使というよりは会社の業務執行（経営方針等）をめぐる意見の対立に起因する場合が多いことを理由に反対する見解も有力である（江頭 421-422 頁注 15 等）。選定監査等委員からの解職は，当該選定監査等委員個人の問題というより，むしろ監査をめぐる監査等委員間の方針の対立（例えば，違法・不正な業務執行の疑いについて調査を継続するかどうか）に起因する場合が多いと考えられ，後者の場合には，当該選定監査等委員も含めた監査等委員全員に参加の機会を保障した上での多数決により決することが望ましいと考えられる。解職の原因によって特別利害関係人に当たるかどうかを区別するという立場も考えられるが（代表取締役の解職決議について，出口正義・株主権法理の展開〔文眞堂，1991〕310 頁），限界事例が多く区別が困難であ

484   〔田　中〕

第9節の2　監査等委員会　第2款　運営　　　　　　　　　　§399の10

るとすれば（江頭422頁注15）[☞会社法コンメ(8)§369 III 2(2)〔294頁［森本］]]，選定監査等委員の解職については，一般に，当該選定監査等委員は特別利害関係人には当たらないと解すべきではないか。

(3)　議決からの排除

特別利害関係人が「議決に加わることができない」（本条 II）という意味については議論があるが（新基本法コンメ(2)217-218頁［小林俊明］）[369条2項につき，☞会社法コンメ(8)§369 III 3〔296-298頁［森本］]]，決議に参加できない（議決権を有しない）だけでなく，審議に参加して質問や意見を述べる権限もないという趣旨であると解すべきである（東京地判平成23・1・7資料版商事323号67頁。少なくとも議長として議事を主催することはできないと解したものとして，東京高判平成8・2・8資料版商事151号142頁）。審議への参加権を認めると，質問や意見の陳述を通じて他の監査等委員に影響を与え，ひいては決議の内容を会社に不利益な形に歪める危険があるためである。監査等委員会が，決議のために必要な情報を得るために，特別利害関係人の出席を認めることは可能であるが，それは監査等委員の審議参加権の行使としての出席ではないから，監査等委員会から退席を命じられた場合は，特別利害関係人は退席しなければならない（前掲・東京地判平成23・1・7）。

特別利害関係人は議決に加わることができない結果，定足数要件の算定の際に分母から除外される（本条 I）。

IV　決議の瑕疵

監査等委員会の決議に手続上または内容上の瑕疵がある場合の法的効力については，株主総会決議のような特別の定め（830・831）は置かれておらず，一般原則に従い，原則として決議は無効になると解される［指名委員会等の決議の瑕疵につき，☞会社法コンメ(9)§412 IV〔156頁［森本］]]。ただし，取締役会決議の場合と同様，手続上の瑕疵があってもそれが決議の結果に影響しないと認めるべき特段の事情があるときは，決議は無効にならないと解される（一部の取締役に対する招集通知を欠く場合につき，最判昭和44・12・2民集23巻12号2396頁，特別利害関係人を決議に参加させた場合につき，最判平成28・1・22民集70巻1号84頁）。

〔田　中〕

V 議 事 録

1 議事録の作成

監査等委員会の議事については，法務省令（会社則110の3）で定めるところにより，議事録を作成しなければならない（本条Ⅲ）。議事録は，書面または電磁的記録（26Ⅱ）をもって作成しなければならない（会社則110の3Ⅱ）。書面をもって議事録を作成した場合は，出席した監査等委員はこれに署名または記名押印しなければならない（本条Ⅲ）。電磁的記録をもって議事録を作成した場合は，法務省令で定める署名または記名押印に代わる措置（電子署名。会社則225）をとらなければならない（本条Ⅳ）。

議事録は，次の事項を内容とするものでなければならない（会社則110の3Ⅲ）。①監査等委員会の開催日時および場所（開催場所に存しない出席者がいる場合はその出席の方法［☞Ⅲ1］を含む。同項①），②議事の経過の要領およびその結果（同項②），③特別利害関係人がいる場合はその氏名（同項③），④取締役，会計参与または会計監査人の報告義務の履行として述べられた意見または発言があるときはその内容の概要（同項④），⑤監査等委員会に出席した取締役（監査等委員を除く），会計参与または会計監査人の氏名または名称（同項⑤），⑥議長が存するときは議長の氏名（同項⑥）。なお，399条の12により，取締役，会計参与または会計監査人による監査等委員会への報告を要しないものとされた場合は，議事録は，報告を要しないものとされた事項の内容，報告を要しないものとされた日，および議事録の作成に係る職務を行った監査等委員の氏名を内容とするものとする（会社則110の3Ⅳ）。

議事録に虚偽記載等をした者は，過料に処される（976⑦）。

2 議事録に異議をとどめない場合の賛成の推定

監査等委員会の決議に参加した監査等委員であって，議事録に異議をとどめないものは，その決議に賛成したものと推定する（本条Ⅴ）。取締役会（369Ⅴ），監査役会（393Ⅳ）および指名委員会等（412Ⅴ）の場合と同様である。その趣旨は，個々の監査等委員が決議に賛成したことの立証を不要とすることにより，責任追及を容易にすることにある（新基本法コンメ(2)311頁［星］）。また，各監査等委員に対し，決議への賛否を議事録に明確に記載するように動機付けることを通じて，監査等委員会の審議の充実を図る効果もあると指摘され

第9節の2　監査等委員会　第2款　運営　　　　　　　§399の11

ている〔☞会社法コンメ(9)§412 V 5〔159頁〔森本〕〕〕(新基本法コンメ(2)311頁
〔星〕)。

（田中　亘）

　　（議事録）（新設）
第399条の11①　監査等委員会設置会社は，監査等委員会の日から10年間，前条
　　第3項の議事録をその本店に備え置かなければならない。
②　監査等委員会設置会社の株主は，その権利を行使するため必要があるときは，
　　裁判所の許可を得て，次に掲げる請求をすることができる。
　1　前項の議事録が書面をもって作成されているときは，当該書面の閲覧又は謄
　　写の請求
　2　前項の議事録が電磁的記録をもって作成されているときは，当該電磁的記録
　　に記録された事項を法務省令で定める方法により表示したものの閲覧又は謄写
　　の請求
③　前項の規定は，監査等委員会設置会社の債権者が取締役又は会計参与の責任を
　　追及するため必要があるとき及び親会社社員がその権利を行使するため必要があ
　　るときについて準用する。
④　裁判所は，第2項（前項において準用する場合を含む。以下この項において同
　　じ。）の請求に係る閲覧又は謄写をすることにより，当該監査等委員会設置会社
　　又はその親会社若しくは子会社に著しい損害を及ぼすおそれがあると認めるとき
　　は，第2項の許可をすることができない。

1　本条の趣旨

　本条は，監査等委員会の議事録の備置きの義務，ならびに株主等の閲覧・謄
写請求権について定めたものである。取締役会（371），監査役会（394）および
指名委員会等（413）の議事録と同様の規制である。

2　議事録の備置義務

　監査等委員会設置会社は，399条の10第3項により作成した監査等委員会
の議事録を，監査等委員会の日から10年間，その本店に備え置かなければな
らない（本条I）。本条2項以下の閲覧・謄写請求に供することが目的である。
備置を怠った場合は，過料に処される（976⑧）。

〔田　中〕　　　　　　　　　　　　　　　　　　　　　　　　　　　　　487

§399の11　　　　　　　　　　　　　　　第2編　株式会社　第4章　機関

議事録の備置期間の始期は，監査等委員会の日であって，議事録の作成日ではない。このことは，議事録は，監査等委員会の日に作成しなければならないことを意味しよう。

3　株主等の閲覧・謄写請求権

監査等委員会設置会社の株主は，その権利を行使するために必要があるときは，裁判所の許可を得て，①議事録が書面をもって作成されているときは，当該書面の閲覧または謄写の請求，②議事録が電磁的記録をもって作成されているときは，当該電磁的記録を法務省令で定める方法（紙面または映像面に表示する方法。会社則226）により表示したものの閲覧または謄写の請求をすることができる（本条Ⅱ）。

また，監査等委員会設置会社の債権者が取締役または会計参与の責任を追及するため必要があるとき，および親会社社員（31Ⅲ）がその権利を行使するため必要があるときも，裁判所の許可を得て，①または②の請求をすることができる（本条Ⅲ）。いずれの規律も，取締役会（371Ⅱ-Ⅴ），監査役会（394ⅡⅢ）および指名委員会等（413Ⅱ-Ⅳ）の議事録と共通する。

指名委員会等設置会社の取締役は，指名委員会等の議事録について閲覧・謄写をすることができるが（413Ⅱ），監査等委員会設置会社の取締役には，監査等委員会の議事録の閲覧・謄写権は認められていない。これは，監査等委員会の取締役会からの独立性を確保するためであり，監査役会設置会社の取締役に監査役会の議事録の閲覧・謄写権が認められていないのと同趣旨である（一問一答平成26年51頁）。

4　裁判所の許可

株主，債権者および親会社社員の閲覧・謄写請求に必要な裁判所の許可（本条ⅡⅢ）は，非訟事件の手続（第7編第3章）によって行う。裁判所は，閲覧または謄写の請求が，監査等委員会設置会社またはその親会社もしくは子会社に著しい損害を及ぼすおそれがあるときは，許可をすることができない（本条Ⅳ）［裁判所の許可に関する法律問題については，☞会社法コンメ(8)§371Ⅴ〔326-328頁［森本滋］〕]。

（田中　亘）

第9節の2　監査等委員会　第2款　運営　　　　　　　　　§399の12

（監査等委員会への報告の省略）（新設）
第399条の12　取締役，会計参与又は会計監査人が監査等委員の全員に対して監
査等委員会に報告すべき事項を通知したときは，当該事項を監査等委員会へ報告
することを要しない。

1　本条の趣旨

本条は，取締役，会計参与または会計監査人の監査等委員会への報告を省略
できる場合を定めるものである。

2　監査等委員会への報告の省略

会社法は，一定の場合に，取締役，会計参与および会計監査人の監査等委員
会への報告義務を定めているが（357 I III・375 I III・397 I IV），監査等委員以外
の取締役や，会計参与および会計監査人は，監査等委員会の招集権や招集請求
権を有しないことから，監査等委員会が近く開催されることが予定されていな
い場合に，どのように報告義務を履行すればよいかが問題となる。そこで，本
条は，取締役，会計参与または会計監査人が監査等委員の全員に対して報告す
べき事項を通知すれば，当該事項を監査等委員会へ報告することを要しないこ
ととした（言い換えれば，監査等委員全員への通知によって，監査等委員会への報告
義務を履行できることとした）ものである（監査役会への報告の省略〔395〕について
であるが，立案担当114頁参照）。監査役会への報告の省略（同条）および指名委
員会等への報告の省略（414）と同趣旨である。

3　議事録の作成

本条の通知により監査等委員会への報告が省略された場合も，監査等委員会
の議事録は作成しなければならない。この場合の議事録の内容については，
399条の10第3項，会社法施行規則110条の3第4項を参照されたい
〔☞§399の10 V 1〕。

（田中　亘）

〔田　中〕

489

§ 399 の 13　　　　　　　　　　第 2 編　株式会社　第 4 章　機関

(監査等委員会設置会社の取締役会の権限)（新設）

第 399 条の 13①　監査等委員会設置会社の取締役会は，第 362 条の規定にかかわらず，次に掲げる職務を行う。

1　次に掲げる事項その他監査等委員会設置会社の業務執行の決定

　　イ　経営の基本方針

　　ロ　監査等委員会の職務の執行のため必要なものとして法務省令で定める事項

　　ハ　取締役の職務の執行が法令及び定款に適合することを確保するための体制その他株式会社の業務並びに当該株式会社及びその子会社から成る企業集団の業務の適正を確保するために必要なものとして法務省令で定める体制の整備

2　取締役の職務の執行の監督

3　代表取締役の選定及び解職

②　監査等委員会設置会社の取締役会は，前項第 1 号イからハまでに掲げる事項を決定しなければならない。

③　監査等委員会設置会社の取締役会は，取締役（監査等委員である取締役を除く。）の中から代表取締役を選定しなければならない。

④　監査等委員会設置会社の取締役会は，次に掲げる事項その他の重要な業務執行の決定を取締役に委任することができない。

1　重要な財産の処分及び譲受け

2　多額の借財

3　支配人その他の重要な使用人の選任及び解任

4　支店その他の重要な組織の設置，変更及び廃止

5　第 676 条第 1 号に掲げる事項その他の社債を引き受ける者の募集に関する重要な事項として法務省令で定める事項

6　第 426 条第 1 項の規定による定款の定めに基づく第 423 条第 1 項の責任の免除

⑤　前項の規定にかかわらず，監査等委員会設置会社の取締役の過半数が社外取締役である場合には，当該監査等委員会設置会社の取締役会は，その決議によって，重要な業務執行の決定を取締役に委任することができる。ただし，次に掲げる事項については，この限りでない。

1　第 136 条又は第 137 条第 1 項の決定及び第 140 条第 4 項の規定による指定

2　第 165 条第 3 項において読み替えて適用する第 156 条第 1 項各号に掲げる事項の決定

3　第 262 条又は第 263 条第 1 項の決定

4　第 298 条第 1 項各号に掲げる事項の決定

5　株主総会に提出する議案（会計監査人の選任及び解任並びに会計監査人を再

490　　　　　　　　　　　　　　　　　　　　　　　　　　　　　〔田　中〕

第9節の2　監査等委員会　第3款　監査等委員会設置会社の取締役
会の権限等　　　　　　　　　　　　　　　　　　　　　　§399の13

　　任しないことに関するものを除く。）の内容の決定
　6　第365条第1項において読み替えて適用する第356条第1項の承認
　7　第366条第1項ただし書の規定による取締役会を招集する取締役の決定
　8　第399条の7第1項第1号の規定による監査等委員会設置会社を代表する者
　　の決定
　9　前項第6号に掲げる事項
　10　第436条第3項，第441条第3項及び第444条第5項の承認
　11　第454条第5項において読み替えて適用する同条第1項の規定により定めな
　　ければならないとされる事項の決定
　12　第467条第1項各号に掲げる行為に係る契約（当該監査等委員会設置会社の
　　株主総会の決議による承認を要しないものを除く。）の内容の決定
　13　合併契約（当該監査等委員会設置会社の株主総会の決議による承認を要しな
　　いものを除く。）の内容の決定
　14　吸収分割契約（当該監査等委員会設置会社の株主総会の決議による承認を要
　　しないものを除く。）の内容の決定
　15　新設分割計画（当該監査等委員会設置会社の株主総会の決議による承認を要
　　しないものを除く。）の内容の決定
　16　株式交換契約（当該監査等委員会設置会社の株主総会の決議による承認を要
　　しないものを除く。）の内容の決定
　17　株式移転計画の内容の決定
⑥　前2項の規定にかかわらず，監査等委員会設置会社は，取締役会の決議によっ
　て重要な業務執行（前項各号に掲げる事項を除く。）の決定の全部又は一部を取
　締役に委任することができる旨を定款で定めることができる。

――――――――――――――――――――――――――――――――――――

細　目　次

Ⅰ　本条の趣旨
Ⅱ　業務執行の決定
Ⅲ　監査等委員会設置会社の取締
　役会が決定しなければならない
　事項
　1　総　説
　2　経営の基本方針
　3　内部統制システムの整備
　4　監査等委員会の職務の執行
　のため必要な事項
　　(1)　概　要
　　(2)　補助使用人等に関する事
　　　項
　　(3)　監査等委員会への報告，
　　　費用等の処理，その他

　　(4)　内部監査部門との連携
　5　会社および企業集団の業務
　の適正を確保する体制の整備
　　(1)　概　要
　　(2)　自社の業務の適正を確保
　　　するための体制
　　(3)　企業集団における業務の
　　　適正を確保するための体制
　　(4)　親会社の取締役の子会社
　　　の管理・監督義務
　6　事業報告への記載および監
　査等委員会の意見
Ⅳ　業務執行の決定の委任とその
　限界
　1　原　則

　2　重要な業務執行の決定の委
　任不可の原則
　3　取締役への委任が認められ
　る場合
　　(1)　趣　旨
　　(2)　取締役の過半数が社外取
　　　締役である場合
　　(3)　定款の定めがある場合
　　(4)　取締役に決定を委任する
　　　ことができない事項
　　(5)　特別取締役制度の不適用
Ⅴ　取締役の職務執行の監督
Ⅵ　代表取締役の選定および解職

〔田　中〕

491

§ 399の13　　　　　第2編　株式会社　第4章　機関

【文献】コーポレート・ガバナンス・システムの在り方に関する研究会「法的論点に関する解釈指針」（2015年7月24日。http://www.meti.go.jp/press/2015/07/20150724004/20150724004.html），**神作**裕之「親子会社とグループ経営」株式会社法大系57頁，**玉井**孝明**ほか**「第84回監査役全国会議パネルディスカッション・コーポレート・ガバナンスの実効性確保に向けて」監査役670号（2017）4頁，**塚本**英巨・監査等委員会導入の実務（商事法務，2015），**中村**直人**ほか**・内部統制システム構築の実務（商事法務，2015），**日本監査役協会**「役員等の構成の変化などに関する第17回インターネット・**アンケート**集計結果（監査等委員会設置会社版）」（平成29年5月10日）監査役668号（2017）別冊付録，**日本監査役協会**「監査役等と内部監査部門との**連携**について」（平成29年1月13日）監査役663号（2017）別冊付録，森・濱田松本法律事務所編・**変わるコーポレートガバナンス**（日本経済新聞出版社，2015）

I　本条の趣旨

　本条は，監査等委員会設置会社の取締役会の職務権限について定めたものである。監査等委員会設置会社の取締役会の職務権限については，362条は適用されず，本条によって規律される（本条I柱書）。指名委員会等設置会社の取締役会の職務権限についても，362条でなく416条が規律するものとされており（同条I柱書），362条は，監査等委員会設置会社または指名委員会等設置会社（以下，両者を併せて「委員会型の会社」という）でない取締役会設置会社のみに適用される規定となっている（なお，362条以外の取締役会に関する規定〔363-373〕は，監査等委員会設置会社にも適用される）。

　本条は，監査等委員会設置会社の取締役会は，① 業務執行の決定，② 取締役の職務の執行の監督および ③ 代表取締役の選定・解職を職務とする旨を定めている（本条I）。また，業務執行等の意思決定に関し，取締役会が決定しなければならない事項（経営の基本方針，および監査等委員会の職務執行のため必要な体制を含む内部統制システムの整備）について定める（本条I①イ-ハ・II）とともに，取締役に決定を委任することができる事項の範囲についても規定している（本条IV-VI）。

　また，代表取締役の選定（本条I③）に関して，監査等委員会設置会社の代表取締役が，監査等委員を除く取締役の中から選ばれなければならないこと（逆にいえば，監査等委員である取締役は代表取締役になれないこと）を定めている（本条III）。

第9節の2　監査等委員会　第3款　監査等委員会設置会社の取締役
会の権限等　　　　　　　　　　　　　　　　　　　　　§399の13

II　業務執行の決定

　株式会社がその目的を達成するには，事業戦略を策定し，使用人を雇用・管理し，原材料を調達し，製品を製造・販売するといった，さまざまな行為すなわち事業活動が必要となる。会社法は，このような事業活動に関する意思決定を「業務執行の決定」（362 II①・本条 I①・416 I①）または「業務の決定」（348 II）とよび，その決定を実行して実際に事業活動を遂行することを「業務の執行」（または「業務を執行する」）とよんでいる（348 I・363 I。「業務の執行」とは厳密にはどのような行為を指すのかは，とくに社外取締役の資格要件との関係で問題となるが，それについては，在り方研第2の2，田中亘「MBOにおける特別委員会」金判1425号〔2013〕12-15頁参照）。

　本条1項1号は，監査等委員会設置会社の取締役会は，業務執行の決定をする包括的な職務権限を有する旨を定めている。指名委員会等設置会社の取締役会についての416条1項1号，および委員会型の会社でない取締役会設置会社についての362条2項1号と同様である。

　なお，取締役会は意思決定機関であり，意思決定の実行としての業務の執行をする権限は有しない（新注会(6)103-104頁［堀口亘]，新基本法コンメ(2)316頁［星明男]）。監査等委員会設置会社の業務の執行は，代表取締役その他の業務執行取締役が行う（363 I）。

III　監査等委員会設置会社の取締役会が決定しなければならない事項

1　総　　説

　本条1項1号イからハまでおよび2項は，監査等委員会設置会社の取締役会が必ず決定しなければならない事項を定めている。

2　経営の基本方針

　監査等委員会設置会社の取締役会は，経営の基本方針を決定しなければならない（本条 I①イ・II）。監査等委員会設置会社は，指名委員会等設置会社と同様，取締役会は経営の基本方針を定めた上で，日々の業務執行の決定は業務執行者に委ね，業務執行者がその基本方針どおりに経営しているかを監督すると

〔田　中〕

§399 の 13　　　　　　　　　　　　　　第2編　株式会社　第4章　機関

いうシステム（いわゆるモニタリング・モデル）を採用している（一問一答平成26年54頁。指名委員会等設置会社につき，始関・平成14年78頁も参照）。そこで，指名委員会等設置会社の場合と同様，取締役会は経営の基本方針を定めることを必須としたものである（一問一答平成26年54頁）。

　経営の基本方針とは，監査等委員会設置会社における業務執行の決定や業務の執行，および取締役会による取締役の職務執行の監督の基準・基礎となる方針のことである（塚本159頁。指名委員会等設置会社についてであるが，森本滋ほか「平成14年商法改正と経営機構改革」商事法務編集部編・委員会等設置会社・株式制度の理論と実務〔別冊商事法務263号〕〔2003〕111-112頁〔始関正光〕，江頭560頁）。2014年制定のコーポレートガバナンス・コード（以下，「CGコード」という）下での上場会社の実務においては，会社の経営理念（CGコード原則2-1），会社の行動準則（同2-2），コーポレートガバナンスに関する基本的な考え方と基本方針（同3-1(ii)），資本政策の基本的な方針（同1-3），および中長期の経営戦略・経営計画（同3-1(i)）といったものが，通常，経営の基本方針に当たると解される（改正会セミ企業統治編282頁〔小林利治〕，新基本法コンメ(2)316頁〔星〕も参照）。もっとも，経営の基本方針の存在様式，およびこれをどの程度具体的・詳細に定めるべきかであるかは，各社ごとにさまざまであり得，それについては，取締役会の広い裁量が認められるべきであろう。

　経営の基本方針は，毎年決定する必要はなく，一度決定したものは変更の必要がない限り，そのまま適用してよい（改正会セミ企業統治編281-282頁〔武井一浩＝岩原紳作〕）。

3　内部統制システムの整備

　監査等委員会設置会社の取締役会はまた，①監査等委員会の職務の執行のため必要なものとして法務省令で定める事項（本条Ⅰ①ロ），ならびに②取締役の職務の執行が法令および定款に適合することを確保するための体制その他株式会社の業務ならびに当該株式会社およびその子会社から成る企業集団の業務の適正を確保するものとして法務省令で定める体制の整備（同号ハ）の決定を行わなければならない（本条Ⅱ。以下，これらの決定を併せて「内部統制システムの整備の決定」という）〔①の詳細は☞4・②の詳細は☞5〕。

　監査等委員会設置会社では，会議体である監査等委員会が，内部統制システムを利用して組織的な監査を行うことが想定されている（一問一答平成26年55頁）。そのため，監査等委員会設置会社では，大会社であるかどうかを問わず

第9節の2　監査等委員会　第3款　監査等委員会設置会社の取締役
会の権限等　　　　　　　　　　　　　　　　　　　　　　§399の13

(362条4項6号，5項と対比)，内部統制システムの整備の決定を必須としたもの
である（一問一答平成26年55頁）。監査委員会による組織的な監査を想定する
指名委員会等設置会社において，内部統制システムの整備の決定が必須とされ
ている（416Ⅰ①ホ・Ⅱ）のと同趣旨である。

　もっとも，本条は，監査等委員会設置会社が内部統制システムを整備するこ
と自体を義務付けているわけではなく，取締役会が，会社の性質，規模等を踏
まえ，「内部統制システムを整備しない」という決定をすることも，本条2項
に違反するものではない（一問一答平成26年236頁注2）。とはいえ，取締役会
が自社の規模，性質等にかんがみて必要な内部統制システムを整備していない
場合，取締役は善管注意義務（330，民644）の違反の責任を問われ得る（最判平
成21・7・9判時2055号147頁，大阪地判平成12・9・20判時1721号3頁。一問一答
平成26年237頁）。監査等委員会設置会社では，監査等委員会は内部統制シス
テムを利用した監査を行うことが想定されていることも踏まえれば，内部統制
システムをまったく整備しないという決定をすることが，取締役の善管注意義
務を尽くしたといえる場合は，実際上は考えにくいのではなかろうか（監査等
委員を含む取締役が自ら会社業務の適正を監査・監督できるような小規模な会社では，
そのようにいえる可能性があるが，そのような会社が，あえて監査等委員会設置会社の
機関設計を採用することは考えにくい）。もっとも，重要な子会社が存在しないと
いう理由で企業集団の業務の適正を確保する体制（会社則110の4Ⅱ⑤）を整備
しない旨を決定する場合のように，内部統制システムを構成する個別の体制・
事項について，これを整備しないという決定をすることが取締役の善管注意義
務に違反しない場合はあり得よう。

　取締役会は，内部統制システムの具体的な内容（例えば，監査等委員会の職務
を補助すべき使用人の人数）まで決定する必要はない。取締役会においては，内
部統制システムの目標の設定，目標達成のために必要な内部組織およびその権
限，内部組織間の連絡方法，是正すべき事実が生じた場合の是正方法等に関す
る重要な事項（要綱・大綱）を決定すれば足り，その要綱・大綱に従った内部
統制システムの具体的な内容の決定は，取締役に委任することができる（論点
解説335頁）。

4　監査等委員会の職務の執行のため必要な事項

⑴　概　　要
監査等委員会の職務の執行のため必要な事項（本条Ⅰ①ロ）として取締役会

〔田　中〕

§ *399 の 13* 　　　　　　　　　　　　第 2 編　株式会社　第 4 章　機関

が決定すべき事項は，① 監査等委員会の職務を補助すべき取締役および使用人（以下，「補助使用人等」という）に関する事項，② 補助使用人等の監査等委員以外の取締役からの独立性に関する事項，③ 監査等委員会の補助使用人等に対する指示の実効性の確保に関する事項，④ 会社および子会社の役職員から監査等委員会への報告に関する体制，⑤ ④ の報告をした者がそれを理由として不利な取扱いを受けないことを確保するための体制，⑥ 監査等委員の職務執行の費用の処理等に係る方針に関する事項，⑦ その他監査等委員会の監査が実効的に行われることを確保するための体制である（会社則 110 の 4 I）。

これらは，指名委員会等設置会社の取締役会が決定すべき監査委員会の職務の執行のため必要なものとして法務省令で定める事項（416 I ① ロ II，会社則 112 I），および大会社である監査役設置会社の取締役会が決定すべき監査役に関連する事項（362 IV ⑥ V，会社則 100 III）と，基本的に同内容である。なお，これらの事項は，本改正に際し，監査を支える体制や監査機関による使用人からの情報収集に関する規定の充実・具体化を図るために，追加ないし修正されている（法務省令平成 26 年 4 頁）。

⑵　補助使用人等に関する事項

監査等委員会は，職務の執行のため必要があるときは，自ら補助使用人を雇い，その費用を会社に請求することができる（399 の 2 IV）が，会社がその業務執行機関の決定により，自社の取締役または使用人の中から監査等委員会の職務の執行を補助すべき者（補助使用人等）を定めることも可能である。会社法施行規則 110 条の 4 第 1 項 1 号は，監査等委員会設置会社の取締役会が，そうした補助使用人等に関する事項を決定すべき旨を定めている［☞ ⑴①］。大会社である監査役設置会社では，取締役会は「監査役がその職務を補助すべき使用人を置くことを求めた場合」における当該使用人に関する事項を定めるべきものとされているのに対し（同則 100 III ①），監査等委員会設置会社では，そうした場合に限定せず，常に補助使用人等に関する事項を定めるべきものとしている点が異なる（指名委員会等設置会社についての同則 112 条 1 項 1 号と同内容）。これは，監査等委員会は，その構成員の過半数が社外取締役であり，会社に関する情報を十分に有しているわけではないことや，常勤の監査等委員を置くことも求められていないことから，その職務の執行のために補助使用人等が必要とされる場合が多いと考えられたことによると思われる（塚本 190 頁）［指名委員会等設置会社についてであるが，☞ 会社法コンメ ⑼ § *416* II 1 ⑶〔172 頁［落合誠一］〕］。

496　　　　　　　　　　　　　　　　　　　　　　　　　〔田　中〕

第9節の2　監査等委員会　第3款　監査等委員会設置会社の取締役
会の権限等

§399の13

　もっとも，監査等委員会設置会社の取締役会は，常に補助使用人等を「置く
こと」を決定しなければならないものではない（塚本190頁）。実際にも，日本
監査役協会が会員の監査等委員会設置会社を対象に2017年2月から3月まで
に実施したアンケート調査では，回答会社395社（うち上場会社368社）中，補
助使用人等を置く会社は222社（56.2パーセント。うち上場会社205社，55.7パー
セント）であり，半数近くの会社は補助使用人等を置いていない（日本監査役協
会・アンケート28頁）。また，補助使用人等を置く会社でも，内部監査部門等の
他の部署と兼務している補助使用人等が多い（日本監査役協会・アンケート28-29
頁）。同時期に実施された指名委員会等設置会社に対するアンケート調査で
は，回答会社のほとんど（94.4パーセント）が補助使用人等を置いているのと
比較すると，監査等委員会設置会社において十分な人員が配置されているか，
検討の余地があろう（日本監査役協会・アンケート28頁）。

　監査等委員会の取締役会は，補助使用人等の監査等委員以外の取締役からの
独立性の確保に関する事項も定めなければならない（会社則110の4 I ②）〔☞(1)
②〕。例えば，補助使用人等の選任・解任は監査等委員会が行うものとすると
か，補助使用人等の人事について監査等委員会が同意権を有するといった定め
をすることが考えられる（塚本192-193頁。実務上も，人事同意権等を有するものと
している場合が多い。日本監査役協会・アンケート30頁）。

　さらに，監査等委員会の補助使用人等に対する指示の実効性に関する事項も
定める必要がある（会社則110の4 I ③）〔☞(1)③〕。例えば，補助使用人等は監
査等委員会の専属スタッフとし，業務執行取締役は当該補助使用人等に対して
指揮命令は行わないものとするとか（塚本193頁），補助使用人等が（代表取締
役社長の直轄である）内部監査部門と兼務している場合に，監査等委員会の指揮
命令が社長の指揮命令に優先する旨を定めるといったことが考えられる。

(3)　監査等委員会への報告，費用等の処理，その他

　監査等委員会設置会社の取締役会は，会社および子会社の取締役等から監査
等委員会への報告に関する体制についても決定しなければならない（会社則
110の4 I ④）〔☞(1)④〕。本改正で，株式会社の内部統制システムには「当該株
式会社及びその子会社から成る企業集団の業務の適正を確保するために必要」
な体制（362 IV ⑥・本条 I ① ハ・416 I ① ホ）を含むことが明記されたことを踏ま
え，自社だけでなくその子会社の役職員から監査等委員会への報告体制につい
ても定めるべきこととされた（法務省令平成26年4-5頁）。もっとも，報告の対
象は，当然，当該監査等委員会設置会社の監査等委員会の職務の執行に資する

〔田　中〕

497

情報であって，その範囲を超えて，当該会社およびその子会社の役職員が把握
しているあらゆる情報が報告の対象とされることを想定しているわけではない
（法務省平成26年5頁）。また，「報告」とは，監査等委員会が直接報告を受け
ることに限られず，社内外の適切な窓口を介して間接的な報告がされることも
含む（例えば，外部専門家を窓口とする内部通報制度を設けることなど）。子会社の
役職員からの報告については，子会社の監査役あるいは当該監査等委員会設置
会社のグループ内部統制部門等が，子会社の役職員から報告される情報をとり
まとめて監査等委員会に報告することも考えられ，会社法施行規則110条の4
第1項4号も，そのことを注意的に明らかにしている（法務省令平成26年5
頁）。

　また，上記の報告を行った役職員が，それを理由として不利な取扱いを受け
ないことを確保する体制についても定める必要がある（会社則110の4Ⅰ⑤）
［☞(1)⑤］。具体的には，内部通報が監査等委員会に対して直接に，あるいは経
営陣から独立した窓口を介して監査等委員会に報告される体制を定めるとか，
通報者の秘匿と不利益な取扱いに関する規律を整備するといったことが考えら
れる（法務省平成26年5頁，中村ほか146-148頁）。

　監査等委員会設置会社の取締役会は，監査等委員の職務の執行について生ず
る費用または債務の処理に関する事項も決定しなければならない（会社則110
の4Ⅰ⑥）［☞(1)⑥］。このような決定がなくても，監査等委員は，399条の2第
4項により，その職務の執行について生ずる費用の前払もしくは償還または負
担した債務の弁済等を会社に請求することができるが，当該費用または債務の
処理に係る方針についてあらかじめ取締役会に決定させることにより，監査等
委員会の予測可能性を高め，その職務の円滑な遂行に資すると考えられる（法
務省令平成26年5-6頁）。例えば，毎事業年度の一定の時期に，今後1年間に必
要と見込まれる費用を予算化すること，および予算枠の範囲外の費用について
も，必要なものは随時支払うことを定めることが考えられる（塚本199頁，中村
ほか151-152頁）。

　その他，監査等委員会の監査が実効的に行われることを確保するための体制
について決定しなければならない（会社則110の4Ⅰ⑦）［☞(1)⑦］。例えば，監
査等委員会と業務執行取締役との定期的な会合・意見交換，内部監査部門・会
計監査人・グループ会社の監査役等との情報交換その他の連携，監査等委員会
が求める場合に，会社の費用負担により外部の専門家を顧問として雇うことを
保証することなどが考えられる（中村ほか154頁）。

(4) 内部監査部門との連携

　多くの会社は，業務の適正を監査するための部署・部門（内部監査部門）を有している。内部統制システムを利用した組織監査を行うことが想定されている［☞3］監査等委員会設置会社では，監査等委員会が，内部監査部門と連携し，必要に応じて内部監査部門に指示を出すなど，内部監査部門を活用した監査を行うことが期待される（塚本194頁。監査機関と内部監査部門との連携一般につき，日本監査役協会・連携，玉井ほか24頁［松井秀樹］も参照）。

　内部監査部門の組織上の位置付け（とくに，監査等委員会等の監査機関との関係）は，会社によってさまざまである。内部監査部門が監査等委員会に直属し，当該部門全体（そのスタッフ全員）が監査等委員会の補助使用人等として監査を行うという体制も，取締役会が監査等委員会の監査の職務の執行のため必要な事項（本条Ⅰ①）として定めることにより，採用可能である（このような体制とすることが監査等委員会制度の趣旨に適うとするものとして，下山祐樹「監査等委員会設置会社への移行判断における検討事項」商事2054号〔2014〕52頁）。このような体制をとる場合には，監査等委員会は，補助使用人等に対する指揮命令権の行使として，内部監査部門に対して調査等を指示したり，監査に関する報告を受ける権限を有することは当然に認められよう。

　もっとも，現状では，上記のような体制をとる会社は少数派であり，多くの監査等委員会設置会社は，内部監査部門がトップ経営者（社長）に直属するという伝統的な体制を維持しているようである（歴史的に，内部監査部門は，トップ経営者の代行として内部監査を行う組織として形成されてきたことにつき，玉井ほか45-48頁［吉田邦雄］）。日本監査役協会が2016年3月から4月までに実施したアンケート調査では，回答した委員会型の会社37社（うち指名委員会等設置会社は1社で，他は監査等委員会設置会社）のうち，内部監査部門が社長に直属している会社が31社（83.8パーセント）であり，監査（等）委員会に直属している会社は，3社（8.1パーセント）にとどまる（この比率は，監査役設置会社と大きく異ならない。日本監査役協会・連携63頁問13）。もっとも，内部監査部門が社長（あるいはその他の業務執行機関）に直属している会社でも，内部監査部門の報告は業務執行機関だけでなく，監査（等）委員会に対しても行うものとしていることが多い（日本監査役協会・連携64頁問16）。また，監査（等）委員会が内部監査部門に調査等を指示できる旨が社内規則に定められているか，あるいは定められていなくても調査等を依頼したことがある会社が少なくない（日本監査役協会・連携66頁問24）。

〔田　中〕

§399 の 13   第 2 編 株式会社 第 4 章 機関

　内部監査部門スタッフが監査等委員会の補助使用人等になっていない場合で
あっても，監査等委員会が，業務財産状況調査権・報告徴収権（399 の 3 I）の
行使により，内部監査部門に対して監査に関する報告を受けることは可能と解
される。また，そうした報告を正確に行うために必要な限度で，内部調査部門
に対して一定の調査を指示することも，監査等委員会の業務財産状況調査権・
報告徴収権の一部として認め得るという解釈もあり得ると思われる（日本監査
役協会・連携 13-14 頁）。もっとも，業務財産状況調査権・報告徴収権のみを手
がかりとするのでは，監査等委員会が内部監査部門から報告を受けたり調査等
を指示する権限の範囲が明確でなく，実際上，それらの権限を円滑・効果的に
行使することが困難となるおそれがある。そこで，取締役会が，役職員から監
査等委員会への報告に関する体制（会社則 110 の 4 I ④）の 1 つとして，内部監
査部門は監査等委員会に対して監査に関する報告をすべき旨を定め，また，そ
の他監査等委員会の監査が実効的に行われることを確保する体制（同項 ⑦）の
1 つとして，内部監査部門は監査等委員会による調査等の指示に従うべき旨を
定めることが望ましいといえよう（日本監査役協会・連携 14-15 頁，玉井ほか 9-10
頁［松井秀樹］）。また，それに加えて，監査等委員会の監査が実効的に行われ
ることを確保する体制（同号）として，経営トップが関与する不祥事を内部監
査部門が発見した場合は（通常の報告先である社長等でなく）監査等委員会に報
告すべきものとすること（実際にこうした体制をとっている会社は多い。日本監査役
協会・連携 44 頁問 17），内部監査部門に対する社長等の指示と監査等委員会の
指示が競合した場合は，監査等委員会の指示が優先するものとすること（実例
として，玉井ほか 42 頁［濱典幸］），あるいは，内部監査部門の活動（監査規則，内
部監査部門の予算・人員，監査計画，リスク評価の手法等）について，監査等委員会
に承認権限を付与すること（日本監査役協会・連携 12-15 頁）なども，検討に値
しよう。

5　会社および企業集団の業務の適正を確保する体制の整備

(1)　概　　要

　監査等委員会設置会社の取締役会が，株式会社の業務ならびに当該株式会社
およびその子会社から成る企業集団の業務の適正を確保するために必要なもの
としてその整備の決定をすべき体制としては，① 取締役および使用人の職務
の執行が法令および定款に適合することを確保するための体制，② 取締役の
職務の執行に係る情報の保存および管理に関する体制，③ 損失の危険の管理

に関する体制，④取締役の職務の執行が効率的に行われることを確保するための体制，⑤当該株式会社ならびにその親会社および子会社から成る企業集団の業務の適正を確保するための体制が挙げられる（本条I①ハ・II，会社則110の4II）。

これらは，大会社（362IV⑥・V，会社則100I）および指名委員会等設置会社（416I①ホ・II，会社則112II）において，取締役会が整備の決定をすべき事項と同内容である。

(2) 自社の業務の適正を確保するための体制

(1)①から④までの事項は，監査等委員会設置会社の取締役会が，自社（当該監査等委員会設置会社自身）の業務の適正を確保するために整備の決定をすべき事項である。

このうち，①取締役および使用人の職務の執行が法令および定款に適合することを確保するための体制（本条I①ハ，会社則110の4II④）については，法令・定款の違反が生じる可能性のある行為を整理した上で，違反が生じないような予防策および違反が生じた場合の対応策（内部通報窓口の設置，内部監査部門の監査等）について決定することが考えられる（論点解説337頁，中村ほか61頁）。具体的には，コンプライアンス委員会の設置やコンプライアンス担当者の選任，役職員に対するコンプライアンス研修の実施，内部監査部門による監査，内部通報窓口の設置や内部通報規程の整備などが挙げられる（中村ほか61-62頁）。

②取締役の職務の執行に係る情報の保存および管理に関する体制（会社則110の4II①）については，取締役の職務の執行（業務執行の意思決定，業務の執行，監督）をどのような形で記録として残すか，その記録の保存期間および保存場所，および記録の検索や閲覧の方法などについて決定することが考えられる（論点解説336頁）。また，取締役の職務の中には使用人に対する監督も含まれることから，使用人の職務の執行の記録，保存，検索・閲覧の方法についても決定することになろう（論点解説336頁）。具体的には，文書管理規程の整備，情報管理の責任者や委員会の設置，情報セキュリティ体制の整備等が挙げられる（中村ほか69頁）。

③損失の危険の管理に関する体制（会社則110の4II②）については，会社の業態に応じて生ずる可能性のあるリスクの把握，リスクの現実化を未然に防止するための手続・機構，リスクが現実した場合の対処方法，当該手続や対処方法を実施するための人的・物的体制に関する事項について決定することが考

§ 399 の 13　　　　　　　　　　　　　　　第 2 編　株式会社　第 4 章　機関

えられる（論点解説 336 頁）。具体的には，リスク管理組織の設置，リスク管理の監査，リスクが現実化した場合の役員・担当部署・監査部門の対応を定めること等が挙げられる（中村ほか 73 頁）。

④取締役の職務の執行が効率的に行われることを確保するための体制（会社則 110 の 4 Ⅱ③）については，取締役の職務執行の手続や職務分掌が合理的であるかや，取締役の職務執行のため効率的な人員配置がされているかを検証する体制について決定することが考えられる（論点解説 337 頁，中村ほか 79 頁）。具体的には，経営会議の設置，予算管理および業績管理の体制，業務執行役員制度の導入や役員ミーティングの設置などが挙げられる（中村ほか 79 頁）。

(3)　**企業集団における業務の適正を確保するための体制**

(1)⑤ の体制は，監査等委員会設置会社の取締役会が，当該監査等委員会設置会社ならびにその親会社および子会社から成る企業集団における業務の適正を確保するために整備の決定をすべき体制である（会社則 110 の 4 Ⅱ⑤）。

(ア)　**子会社との関係**

本改正前の会社法は，大会社および委員会設置会社（現行の指名委員会等設置会社に相当）は，「株式会社の業務の適正を確保するために必要なものとして法務省令で定める体制の整備」の決定をすべきものとした上で（改正前 348 Ⅲ④・Ⅳ・362 Ⅳ⑥・Ⅴ・416 Ⅰ①ホ），会社法施行規則において，当該体制には「当該株式会社並びにその親会社及び子会社から成る企業集団における業務の適正を確保するための体制」を含む旨を定めていた（改正前会社則 98 Ⅰ⑤・100 Ⅰ⑤・112 Ⅱ⑤）。

これに対し，本改正では，大会社および委員会型の会社は，株式会社の業務の適正を確保するための体制と並んで，「当該株式会社及びその子会社から成る企業集団の業務の適正を確保するために必要なものとして法務省令で定める体制」の整備の決定をもすべき旨が会社法に明記された（348 Ⅲ④・362 Ⅳ⑥・本条 Ⅰ①ハ・416 Ⅰ①ホ）。これは，近時，株式会社とその子会社から成る企業集団による経営（グループ経営）が進展し，とりわけ持株会社形態が普及していることから，親会社およびその株主にとっては，その子会社の経営の効率性および適法性がきわめて重要なものとなっているという現状にかんがみて，当該株式会社およびその子会社から成る企業集団の業務の適正を確保するための体制については，法務省令でなく，法律である会社法で規定することが適切であると考えられたことによるものである（一問一答平成 26 年 235 頁）。このような法改正を踏まえて，会社法施行規則も改正され，企業集団における業務の適

正を確保するための体制の例示として，① 子会社の取締役等の職務の執行に係る事項の当該株式会社への報告に関する体制，② 子会社の損失の危険の管理に関する体制，③ 子会社の取締役等の職務の執行が効率的に行われることを確保するための体制，④ 子会社の取締役等および使用人の職務の執行が法令および定款に適合することを確保するための体制が規定された（会社則98 I ⑤・100 I ⑤・110 の 4 II ⑤・112 II ⑤。法務省令平成 26 年 3 頁参照）。

上記 ① から ④ までの体制は，企業集団の内部統制についての当該株式会社における体制のことであって（会社則98 I ⑤柱書・100 I ⑤柱書・110 の 4 II ⑤柱書・112 II ⑤柱書参照），当該株式会社の子会社における体制自体について，当該株式会社の取締役会が整備の決定をすることが求められているわけではない（平成 26 年法務省令 3 頁）。親会社の取締役会といえども，子会社の内部統制システムを直接，決定する権限があるわけではないからである。親会社としては，自社における子会社管理のための体制（規程や担当部署等）を整備することのほか，子会社に対して内部統制システムの整備を指示・要請したり，あるいは内部統制システムを整備すべき旨の契約を子会社と結ぶことを通じて，企業集団の業務の適正を確保するための体制を整備することになろう（変わるコーポレートガバナンス187-195 頁・221 頁 ［島岡聖也］ 参照。具体的に，親会社の取締役会がどのような体制の整備の決定をすることが考えられるかについては，中村ほか85-119 頁参照）。

なお，上記 ②，③ および ④ の体制は，それぞれ，自社における(1)③ （損失の危険の管理），(1)④ （職務の執行の効率性確保），および(1)① （職務の執行の法令・定款適合性確保）の体制に対応しているが，上記 ① については，自社における(1)② の体制とは違って，子会社の取締役等の職務の執行に係る情報の保存および管理の体制ではなく，むしろそのような情報の自社（当該株式会社）への報告の体制の整備の決定が求められている。これは，子会社における体制自体について整備の決定を求めているという誤解を生じさせないようにすること，および，企業集団における情報の保存・管理のためには，当該株式会社に子会社の情報が報告されることこそが重要であるためである（平成 26 年法務省令 4 頁注 4。子会社から報告を受けた情報を当該株式会社が保存・管理する体制は，(1)② の体制に含まれると解される）。なお，会社法施行規則 110 条の 4 第 2 項 5 号は，上記 ① から ④ までの事項に形式的に区分した決定をすることまで求めるものではなく，実質的にそれらの事項について決定がされていればよい（平成 26 年法務省令 3 頁）。

〔田　中〕

§399の13　　　　　　　　　　第2編　株式会社　第4章　機関

(イ)　親会社との関係

　会社法施行規則110条の4第2項5号は，「当該株式会社並びにその親会社
及び子会社から成る企業集団における業務の適正を確保するための体制」と規
定していることから，監査等委員会設置会社が親会社を有する場合には，取締
役会は，親会社との関係で企業集団における業務の適正を確保するための体制
の整備の決定をすることも求められる。具体的には，グループ行動規範の遵
守，親会社との取引の必要性や公正性を確保するための体制（市場取引と同等の
条件で取引する，第三者機関の評価や社外役員の意見を求める，等。これについての事
業報告またはその附属明細書への記載につき，会社法施行規則118条5号・128条3項
参照）や，親会社の内部監査部門との連携等について決定することが考えられ
る（中村ほか91頁）。

(4)　親会社の取締役の子会社の管理・監督義務

　法制審議会会社法制部会における本改正の審議においては，親会社の取締役
が子会社を管理・監督する義務を負う旨の明文の規定を設けることが検討され
たが，監督義務の範囲が不明確であり，グループ経営に対する萎縮効果を与え
ること等を理由にした反対論も強く，結局，そうした立法化は行われなかった
（一問一答平成26年239頁）。もっともこのことは，解釈論として，親会社の取
締役が子会社の管理・監督について一定の義務を負うことを否定するものでは
ない（法制審議会会社法制部会においても，審議を通じて，親会社の取締役にそうした
監督の職務があることについての解釈上の疑義は，相当程度に払拭されたとの部会長コ
メントが行われている。一問一答平成26年240頁注2）。子会社が不適切な管理によ
り損失を被れば，保有する子会社株式の価値の減価を通じて親会社も損害を被
ること，および，親会社は支配株主として子会社に対して有する影響力を行使
して，子会社に対して適切な内部統制システムの整備を求めるなどの方法で管
理・監督を行うことが可能であることを踏まえれば，親会社の取締役は，親会
社に対して負う善管注意義務・忠実義務の一内容として，相当の範囲で，子会
社を管理・監督する義務を負っていると解することが適当である（福岡高判平
成24・4・13金判1399号24頁参照。舩津浩司・「グループ経営」の義務と責任〔商事
法務，2010〕156頁，神作101頁，変わるコーポレートガバナンス206-207頁〔藤田友
敬〕等）。本改正で，内部統制システムに「当該株式会社及びその子会社から
成る企業集団の業務の適正を確保するために必要なものとして法務省令で定め
る体制」を含む旨が規定されたことは〔☞(3)(ヲ)〕，親会社の取締役に子会社の
管理・監督の義務があることを前提にしていると理解すべきであろう。

〔田　中〕

第9節の2　監査等委員会　第3款　監査等委員会設置会社の取締役
会の権限等　　　　　　　　　　　　　　　　　　　　　　§399の13

　もっとも，親会社が子会社の業務に対してどこまでの管理・監督を行うべき
であるかは，当該子会社の規模や重要性のほか，管理・監督に要する費用や子
会社の独立性の尊重（親会社が子会社の業務を過度に管理・監督すると，子会社の役
職員のやる気を損なうかもしれない）といった反対の考慮要素も踏まえて決定す
る必要があり，高度の経営上の知見・経験を要する。それゆえ，親会社の取締
役会が，自社および子会社を含む企業集団の業務の適正を確保するためにどの
ような内容の内部統制システムを整備するかについては，親会社取締役に広い
裁量が認められ，義務違反の審査は，経営判断原則の枠組み（最判平成22・7・
15判時2091号90頁）によって行うことが適当である（神作102頁，変わるコーポ
レートガバナンス218-219頁［藤田］。内部統制システムの整備の決定一般について経
営判断原則の適用があると解すべきことにつき，大杉謙一「役員の責任」株式会社法大
系312頁，藤田友敬「取締役会の監督機能と取締役の監視義務・内部統制システム構築
義務」尾崎安央ほか編・上村達男先生古稀記念・公開会社法と資本市場の法理〔商事法
務，2019〕381頁）。

6　事業報告への記載および監査等委員会の意見

　監査等委員会設置会社の取締役会が，内部統制システムの整備について決議
（本条I①ロハ）〔☞3・4・5〕をしたときは，その決議の内容の概要および当該
内部統制システムの運用状況の概要を事業報告に記載しなければならない（会
社則118②）。本改正に際し，内部統制システムの運用状況の概要についても開
示すべき旨が新たに規定された（平成26年法務省令19-20頁）。

　内部統制システムの運用状況の概要は，内部統制システムの客観的な運用状
況を意味するものであり，運用状況の評価の記載を求めるものではない（もち
ろん，評価を任意に記載することは妨げられない）。運用状況の概要として何を記載
するかは各社の状況に応じて異なるが，例えば，内部統制に関する委員会の開
催状況や社内研修の実施状況，内部統制・内部監査部門の活動状況等を記載す
ることが考えられる（平成26年法務省令20頁注36。内部報告システムについての事
業報告の記載例として，中村ほか163-166頁）。

　監査等委員会は，上記の内部統制システムに関する事業報告の記載事項（会
社則118②）の内容が相当でないと認めるときは，その旨およびその理由を，
監査等委員会報告に記載しなければならない（同則129I⑤・130の2I②）。こ
の場合，監査等委員会は，内部統制システムの整備の決定の内容や運用状況が
違法（取締役の善管注意義務・忠実義務に反する）とまではいえなくても，これを

〔田　中〕

相当でないと認める場合は，監査等委員会報告に記載すべきであるから，その範囲で，監査等委員会は適法性だけでなく妥当性の監査もすることになると考えられる（[☞会社法コンメ(8)§381 II 1 (1)(イ)〔395頁［吉本健一］]〕。もしも「相当でない」とは違法な場合のみを指すとすれば，それは会社法施行規則129条1項2号・130条の2第1項2号により，当然監査等委員会報告に記載すべきであり，あえて同則129条1項5号のような記載事項を設ける理由が説明できない）。もっとも，内部統制システムの整備の決定の内容や運用状況が違法とはいえない場合には，これを相当でないと認めるかどうかは，監査等委員会の裁量の範囲に属すると解すべきである。したがって，監査等委員会が内部統制システムに関する事項について，これを「相当でない」とは認めなかったために監査等委員会報告に記載しなかった場合に，後日，裁判所が，当該事項は違法とまではいえないが相当でないと判断して，監査等委員の善管注意義務違反を認めるといったことは，起こり得ないと考えられる（399条の4の「不正の行為」や，同条および399条の5の「著しく不当」の解釈と同様のことがここでもいえる）[☞§399の4 II 2 (2)・3 (2)・§399の5 II]。

IV　業務執行の決定の委任とその限界

1　原　　則

後述する委任が禁じられる事項[☞2]を除き，取締役会は，業務執行の決定を取締役に委任することができる。日常業務の決定は，代表取締役に当然に委任されていると推定すべきであると解されている（鈴木＝竹内276頁，江頭414頁，新基本法コンメ(2)316頁［星］，塚本165頁）。

なお，取締役会は業務執行の決定を行う包括的な職務権限を有しているから（本条I①），取締役に決定を委任した事項についても，取締役会は自ら決定をすることができる。また，業務執行の決定を委任された取締役が決定した事項についても，当該決定に基づく対外的な業務執行（例えば，契約の締結）がいまだ行われていない間は，取締役会は，当該決定を撤回し，あるいは変更することができると解される。このように取締役会が決定をした場合は，取締役は，取締役会の決定に従って，業務執行をしなければならない（指名委員会等設置会社についてであるが，始関・平成14年83-84頁，新基本法コンメ(2)359頁［田中亘]）。

第9節の2　監査等委員会　第3款　監査等委員会設置会社の取締役
会の権限等
§399の13

2　重要な業務執行の決定の委任不可の原則

　後述する例外の場合〔☞3〕を除き，監査等委員会設置会社の取締役会は，
次に掲げる事項その他の重要な業務執行の決定を取締役に委任することができ
ない（本条Ⅳ）。①重要な財産の処分および譲受け（同項①），②多額の借財
（同項②），③支配人その他の重要な使用人の選任および解任（同項③），④支
店その他の重要な組織の設置，変更および廃止（同項④），⑤社債を引き受け
る者の募集に関する重要な事項として法務省令（会社則110の5）に定める事項
（本条Ⅳ⑤），⑥定款の定めに基づく役員等の責任の免除（同項⑥）。重要な業
務執行の決定については，とくに慎重を期すために，取締役会での審議を経た
上での決議によらなければならないこととしたものであり，委員会型の会社以
外の取締役会設置会社についての362条4項〔☞会社法コンメ(8)§362Ⅳ〔222
頁〔落合誠一〕〕〕と同趣旨である。なお，これら各号に列挙されていなくて
も，会社法の他の規定により取締役会の法定決議事項とされている事項〔具体
的には☞3(4)〕については，取締役会が定めなければならない。

　どのような事項が，本条4項により取締役会の決議を要する「重要」な業務
執行の決定といえるかは，微妙な場合がある。判例は，ある財産の処分が「重
要な財産の処分」（362Ⅳ①。本条4項1号に相当）に当たるかどうかは，当該財
産の価額や会社の総資産に占める割合のほか，当該財産の保有目的，処分行為
の態様（会社の事業のため通常行われる取引かどうか等），会社における従来の取扱
い等の事情を総合的に考慮して判断すべきものとしている（最判平成6・1・20
民集48巻1号1頁。帳簿価額が会社の総資産額の約1.6パーセントに当たる他社株式
の譲渡が，会社の従前の取扱いをも考慮すると，重要財産の処分に当たり得るとし，重
要性を否定した原判決を破棄差し戻した。重要な財産の譲受け〔362Ⅳ①〕に当たると
認めた裁判例として，東京高判平成25・2・21資料版商事348号29頁。多額の借財
〔同項②〕に当たると認めた裁判例として，東京高判平成11・1・27金法1538号68頁
も参照）。

　実務上は，取締役会規則により，取締役会決議の要否を決める具体的な基準
（付議基準）を設けている会社が多い（山田和彦ほか・取締役会付議事項の実務〔第
2版〕〔商事法務，2016〕209頁）。362条4項は強行規定であるから，付議基準に
満たない事項については，当該会社において当然に取締役会決議を要しないと
までいうことはできない。けれども，何が会社にとって重要な事項であるか
は，会社の運営・管理の責任者である取締役会が一番よく知っているともいい

〔田　中〕

得るのであるから，取締役会の定めた付議基準は，同項の該当性の判断に当たり，重要な考慮要素になるというべきである（前掲・最判平成6・1・20も，当該会社における従来の取扱いを考慮要素としている）。ことに，同項の違反は取引の効力にも影響し得ることから（最判昭和40・9・22民集19巻6号1656頁），取引安全の見地からも，何が同項の取引に該当するかを明確にしようとする各社の努力は尊重されてしかるべきである。

その他，本条4項は362条4項と同内容であることから，個別の事項の解釈については，同項の注釈に譲る［☞会社法コンメ(8)§362 IV〔222-232頁〔落合〕〕］。

3　取締役への委任が認められる場合

⑴　趣　旨

監査等委員会設置会社制度を創設する趣旨は，業務執行者に対する監督機能の強化にあるところ，監督機能をより実効的なものにするためには，社外取締役をはじめとする業務執行者を監督する者が，個別の業務執行の決定に逐一関与するのではなく，業務執行者の監督に専念することができるようにすることが望ましいといえる（一問一答平成26年62頁）。

そこで，会社法は，本条4項の規制［☞2］に例外を設け，取締役の過半数が社外取締役である場合［☞(2)］，または定款でその旨を定めた場合［☞(3)］には，監査等委員会設置会社の取締役会の決議によって，重要な業務執行の決定（本条5項各号に掲げる事項は除く）［☞(4)］を取締役に委任することを認めている（本条Ⅴ Ⅵ）。このような規律をとることにより，監査等委員会設置会社では，いわゆるモニタリング・モデル（業務執行者に対する監督を取締役会の主要な役割とする企業統治の構造）をより強く指向した機関設計を採用することができる（一問一答平成26年62頁）。

なお，指名委員会等設置会社では，取締役会の決議により，重要な業務執行の決定を執行役に委任することができる（416 IV。同項各号に掲げる事項は除く）。これに対し，監査等委員会設置会社では，取締役会の決議のみによって重要な業務執行の決定を取締役に委任することはできず，本条5項または6項が定める追加的な要件が必要とされる。これは，指名委員会と報酬委員会という，取締役会の業務執行者からの独立性を担保する仕組みを持たない監査等委員会設置会社が，重要な業務執行の決定を取締役に委任することを認めるためには，取締役会の業務執行者からの独立性を担保する追加的な仕組みを採用し

ている（それゆえ，モニタリング・モデルが実効的に機能すると期待できる）場合（本条5項の場合）か，または，株主自身がモニタリング・モデルをより強く指向した機関構成を採用するという明示的な判断を行った場合（本条6項の場合）であることを要する，という考え方に基づくものであると思われる。なお，この点に関しては，そもそも重要な業務執行の決定を取締役に委任できる場合を強行法規的に制約することにどのような意義があるのかという論点があり得る（それについては，加藤貴仁ほか「座談会・会社法研究会報告書の検討」ソフトロー研究27号〔2017〕158-160頁〔澤口実＝後藤元＝田中亘〕参照）。

(2) 取締役の過半数が社外取締役である場合

監査等委員会設置会社の取締役の過半数が社外取締役である場合は，取締役会の決議によって，重要な業務執行の決定（本条5項各号の事項は除く）を取締役に委任することができる（本条Ⅴ）。

監査等委員会設置会社の取締役の過半数が社外取締役である場合は，監査等委員会が有する取締役の人事（指名および報酬）についての株主総会における意見陳述権（342の2Ⅳ・361Ⅵ）と相まって，指名委員会や報酬委員会がなくても，取締役会の業務執行者からの独立性がその構成上担保されているということができる。そこで，この場合は，取締役会の決議により，重要な業務執行の決定を取締役に委任することを認め，モニタリング・モデルをより強く指向した機関構成を採ることを可能としたものである（一問一答平成26年63頁）。

(3) 定款の定めがある場合

監査等委員会設置会社は，取締役の過半数が社外取締役でない場合にも，取締役会の決議によって重要な業務執行（本条5項各号に掲げる事項を除く）の決定の全部または一部を取締役に委任することができる旨を定款で定めることができる（本条Ⅵ）。

監査等委員会設置会社は，株主総会において他の取締役とは区別して選任され（329Ⅰ Ⅱ），その過半数を社外取締役とする（331Ⅵ）監査等委員である取締役を構成員とする監査等委員会が，取締役の職務の執行を監査するとともに，業務執行取締役を含む取締役の人事（指名・報酬）について意見陳述権を有する（342の2Ⅳ・361Ⅵ）。また，監査等委員である取締役以外の取締役の任期は1年とされ（332Ⅲ），株主が毎事業年度の定時株主総会で，当該取締役の選任を通じて職務の執行を監督することも可能である。

このように，監査等委員会設置会社は，指名委員会や報酬委員会を有しないとはいえ，監査等委員会の業務執行者からの独立性が制度的に担保され，取締

役会の監督機能が強化されている。このことを踏まえて，監査等委員会設置会社では，各社の状況に応じて株主の判断により，指名委員会等設置会社において執行役への委任が認められているのと同程度まで，取締役会の決議により業務執行の決定の取締役への委任を認めることとしたものである（一問一答平成26年64-65頁）。

なお，定款には，重要な業務執行の決定（本条5項各号の事項を除く）の全部でなく，そのうち一部のみ（例えば，委任できる事項の種類を限定した形で）について，取締役会の決議により取締役に委任できる旨を定めることも可能である（本条Ⅵ）。これは，モニタリング・モデルを指向するとしても，どの範囲で業務執行の委任を認めるのが適当であるかは，各社の状況によってさまざまであり得るので，委任を認める重要な業務執行の範囲を含めて，株主の判断に係らしめることとしたものである（一問一答平成26年65頁注）。

(4) 取締役に決定を委任することができない事項

本条5項および6項によっても，取締役への委任ができない事項は，次のとおりである（本条Ⅴただし書）[これらの趣旨につき，☞会社法コンメ(9)§416Ⅳ〔178-183頁〔落合〕]]。① 譲渡制限株式の譲渡の認否の決定および買取人の指定（同項①），② 定款の定めに基づく市場取引等による自己の株式の取得の決定（同項②），③ 譲渡制限新株予約権の譲渡の認否の決定（同項③），④ 株主総会の招集の決定（同項④），⑤ 株主総会に提出する議案の内容の決定（同項⑤），⑥ 競業取引および利益相反取引の承認（同項⑥），⑦ 取締役会を招集する取締役の決定（同項⑦），⑧ 監査等委員である取締役と会社との間の訴訟において会社を代表する者の決定（同項⑧），⑨ 定款の定めに基づく取締役の責任免除の決定（同項⑨），⑩ 計算書類・事業報告等の決算関係書類の承認（同項⑩），⑪ 中間配当の決定（同項⑪），⑫ 事業譲渡等の契約の内容の決定（株主総会の承認を要しないものは除く。同項⑫），⑬ 組織再編（合併契約，吸収分割契約，新設分割計画，株式交換契約，株式移転計画）の内容の決定（株主総会の承認を要しないものは除く。同⑬‐⑰）。このほかに，⑭ 経営の基本方針の決定（本条Ⅰ①イ）および ⑮ 内部統制システムの整備の決定（同号ロハ）は，本条2項により，取締役に委任することはできず取締役会で行わなければならないと解される（同項は，本条4項と異なり，本条5項・6項により適用を排除されていない）。また，⑯ 定款の定めに基づく剰余金の配当等の決定（459）についても，同条1項が，「取締役会……が定めることができる」旨の定款の定め以外は認めていないと解されること，および，⑩ 決算関係書類の承認や ⑪ 中間配当の決定は取締役

会で行わなければならないこととの均衡から，取締役への委任は禁じられていると解すべきであろう。

逆に，委員会型の会社以外の取締役会設置会社では取締役に委任できないが，監査等委員会設置会社では，本条5項，6項により取締役に決定を委任できる事項としては，次のようなものがある（指名委員会等設置会社についてであるが，始関・平成14年83-84頁，論点解説429-430頁，江頭559-560頁注1参照）。① 重要な財産の処分・譲受け（本条Ⅳ①），② 多額の借財（同項②），③ 重要な使用人の選解任（同項③），④ 支店その他の重要な組織の設置・変更・廃止（同項④），⑤ 社債の募集に関する重要事項の決定（同項⑤），⑥ 要綱を定款で定めた種類株式の内容の決定（108Ⅲ），⑦ 自己株式の取得価格等の決定および子会社からの取得の決定（157・163），⑧ 取得条項付株式・取得条項付新株予約権の取得に関する決定（168・169・273・274），⑨ 株式の分割・株式無償割当て（183・186），⑩ 所在不明株主の株式の買取りに係る事項の決定（197Ⅳ），⑪ 公開会社における募集株式・新株予約権の募集事項の決定（201Ⅰ・240Ⅰ），⑫ 株主総会の承認を要しない事業譲渡等の契約の内容の決定（468，本条Ⅴ⑫対比），⑬ 株主総会の承認を要しない組織再編の内容の決定（784・796・805，本条Ⅴ⑬-⑰対比），⑭ 株式を振替制度の取扱い対象とすることへの同意（社債株式振替128Ⅱ），⑮ その他の重要な業務執行の決定（前段落で挙げたものを除く。本条Ⅳ柱書）。

(5) 特別取締役制度の不適用

監査等委員会設置会社において，取締役の過半数が社外取締役である場合または本条6項の定款の定めがある場合には，特別取締役による取締役会の決議の制度は，利用できない（373Ⅰ）。このような場合は，取締役会決議により重要な業務執行の決定を取締役に委任できる以上，特別取締役の制度を利用する必要はないためである（新基本法コンメ(2)245頁［小林俊明］）。

Ⅴ　取締役の職務執行の監督

監査等委員会設置会社の取締役会は，取締役の職務の執行を監督する職務も行う（本条Ⅰ②）。取締役の職務には，使用人の職務の執行の監督も含まれることから，取締役会による監督の対象は，使用人によって担われる部分も含めた，会社の事業全体であるといえる（龍田＝前田120頁，新基本法コンメ(2)318頁［星明男］）。

〔田　中〕

§399の13　　　　　　　　　　　第2編　株式会社　第4章　機関

　規定上，監査等委員である取締役の職務執行も含めて，すべての取締役の職務執行が取締役会の監督対象となる。しかし，指名委員会等設置会社の各委員会（監査委員会も含む）が取締役会の内部組織と位置付けられ，取締役会の監督の下に取締役会と緊密な連携を図ってその職務を遂行することが想定されているのと異なり，監査等委員会は，取締役会から一定程度独立した立場でその職務を行うものと位置付けられている（一問一答平成26年49頁）。このことから，取締役会が監査等委員である取締役の職務の執行に対する監督権限も，監査等委員会の独立性を損なうような形で行使してはならないと解される（塚本175頁）。

　例えば，指名委員会等設置会社では，各委員会から選定された委員が，各委員会の職務の執行の状況を取締役会に報告する義務を負うが（417Ⅲ），監査等委員会設置会社にはこのような規定がなく，解釈論としても，取締役会は，監査等委員会の職務の執行の状況の報告を受ける権限はないと解すべきである（監査役・監査役会の職務の執行の状況の報告を受ける権限が取締役会にないのと同じ。塚本175頁）。また，監査等委員会の組織や運営について取締役会が定めを置くことも，監査等委員会の独立性を損なうおそれがあるため，できないと解すべきであろう［☞§399の8Ⅱ］。

　その他，本条1項2号は，委員会型の会社でない取締役会設置会社における362条2項2号と同じであるから，具体的な解釈論については，同規定の注釈に譲る［☞会社法コンメ(8)§362Ⅲ3〔218-219頁〔落合〕〕］。

Ⅵ　代表取締役の選定および解職

　監査等委員会設置会社の取締役会は，代表取締役の選定および解職の職務も行う（本条Ⅰ③）。監査等委員である取締役は，業務執行をすることはできないことから，代表取締役は，監査等委員以外の取締役の中から選定しなければならない（本条Ⅲ）。

　その他，本条1項3号は，委員会型の会社以外の取締役会設置会社の代表取締役の選定・解職についての362条2項3号と同内容であることから，具体的な解釈については，同規定の注釈に譲る［☞会社法コンメ(8)§362Ⅲ4〔219-222頁〔落合〕〕］。

（田中　亘）

第10節　指名委員会等及び執行役　第1款　委員の選定，執行役の選任等　§400

> **（監査等委員会による取締役会の招集）**（新設）
> **第399条の14**　監査等委員会設置会社においては，招集権者の定めがある場合で
> あっても，監査等委員会が選定する監査等委員は，取締役会を招集することがで
> きる。

1　本条の趣旨

　本条は，監査等委員会が選定する監査等委員に取締役会の招集権を与える規
定である。指名委員会等設置会社において，各委員会が選定する委員に取締役
会の招集権が与えられている（417 I）のと，同内容である。

2　監査等委員会が選定する監査等委員による取締役会の招集

　監査等委員会において，特定の取締役を取締役会の招集権者と定めた場合
（366 I ただし書）であっても，監査等委員会が選定する監査等委員は，同条2
項以下の手続を経ることなく，取締役会を招集することができる（本条）。
　監査等委員ないし監査等委員会の職務の遂行のため，取締役会を開催する必
要がある場合に，遅滞なく取締役会を招集することを可能にすることが本条の
目的である。例えば，監査等委員が，取締役が不正の行為をし，もしくはする
おそれがあると認めるとき，または法令もしくは定款に違反する事実もしくは
著しく不当な事実があると認めるときは，遅滞なく，その旨を取締役会に報告
しなければならないところ（399の4），この報告義務を履行するために，本条
による取締役会の招集権が機能し得る（一問一答平成26年70頁）。また，株主
総会に提出する会計監査人の選解任および不再任に関する議案の決定は監査等
委員会の職務権限であるが（399の2 Ⅲ ②），こうした内容の議案を株主総会に
提出するには株主総会を招集しなければならないところ，株主総会の招集は取
締役会の専決事項であるため（298 Ⅳ・399の13 Ⅴ ④），監査等委員が本条によ
り取締役会を招集する必要が生じ得る（一問一答平成26年70頁）。

（田中　亘）

> **（委員の選定等）**
> **第400条①**　指名委員会，監査委員会又は報酬委員会の各委員会（以下この条，

〔山下（徹）〕

§401　　　　　　　　　　　　　　第2編　株式会社　第4章　機関

次条及び第911条第3項第23号ロにおいて単に「各委員会」という。）は，委員3人以上で組織する。

②　各委員会の委員は，取締役の中から，取締役会の決議によって選定する。

③　各委員会の委員の過半数は，社外取締役でなければならない。

④　監査委員会の委員（以下「監査委員」という。）は，指名委員会等設置会社若しくはその子会社の執行役若しくは業務執行取締役又は指名委員会等設置会社の子会社の会計参与（会計参与が法人であるときは，その職務を行うべき社員）若しくは支配人その他の使用人を兼ねることができない。

　本条は，本改正により，2点の修正を受けた。

　第1に，本条1項において，本改正前に単に「各委員会」とされていた部分が，「指名委員会，監査委員会又は報酬委員会の各委員会」と具体的に列挙する形に修正された上で，それを意味する用語として「各委員会」を当てる旨の定義規定が括弧書として追加された。本改正前の「委員会」は，「指名委員会，監査委員会及び報酬委員会」を意味し（改正前2⑫），それゆえ「各委員会」が「指名委員会，監査委員会又は報酬委員会の各委員会」を指すことは明らかであったから，「各委員会」という用語を定義する規定は存在しなかった。ところが，本改正により，新たな「委員会」として「監査等委員会」が追加されたため，単に「各委員会」というと監査等委員会も含み得ることになる。そこで，本条でいう「各委員会」に監査等委員会を含めないこととするため，所要の文言の整理を行ったものであり，実質に関わる改正ではない。なお，本条で定義された「各委員会」という用語は，本改正前に「各委員会」という用語を用いていた各条項（401・911Ⅲ㉓ロ）でも，本条と同様の意味で用いられることとされている。

　第2に，本条4項において，本改正前の「委員会設置会社」が「指名委員会等設置会社」に修正された。これは，本改正による用語変更（2⑫）に伴う文言の整理であり，実質に関わる改正ではない。

　　　　　　　　　　　　　　　　　　　　　　　　　　　　　（山下徹哉）

（委員の解職等）

第401条①　各委員会の委員は，いつでも，取締役会の決議によって解職するこ

514　　　　　　　　　　　　　　　　　　　　　　　　　　〔山下（徹）〕

第10節　指名委員会等及び執行役　第1款　委員の選定，執行役の選任等　§402

とができる。

② 前条第1項に規定する各委員会の委員の員数（定款で4人以上の員数を定めたときは，その員数）が欠けた場合には，任期の満了又は辞任により退任した委員は，新たに選定された委員（次項の一時委員の職務を行うべき者を含む。）が就任するまで，なお委員としての権利義務を有する。

③ 前項に規定する場合において，裁判所は，必要があると認めるときは，利害関係人の申立てにより，一時委員の職務を行うべき者を選任することができる。

④ 裁判所は，前項の一時委員の職務を行うべき者を選任した場合には，<u>指名委員会等設置会社</u>がその者に対して支払う報酬の額を定めることができる。

　本改正により，本条4項において，本改正前の「委員会設置会社」が「指名委員会等設置会社」に修正された。これは，本改正による用語変更（2⑫）に伴う文言の整理であり，実質に関わる改正ではない。

（山下徹哉）

（執行役の選任等）

第402条① <u>指名委員会等設置会社</u>には，1人又は2人以上の執行役を置かなければならない。

② 執行役は，取締役会の決議によって選任する。

③ <u>指名委員会等設置会社</u>と執行役との関係は，委任に関する規定に従う。

④ 第331条第1項の規定は，執行役について準用する。

⑤ 株式会社は，執行役が株主でなければならない旨を定款で定めることができない。ただし，公開会社でない<u>指名委員会等設置会社</u>については，この限りでない。

⑥ 執行役は，取締役を兼ねることができる。

⑦ 執行役の任期は，選任後1年以内に終了する事業年度のうち最終のものに関する定時株主総会の終結後最初に招集される取締役会の終結の時までとする。ただし，定款によって，その任期を短縮することを妨げない。

⑧ 前項の規定にかかわらず，<u>指名委員会等設置会社</u>が指名委員会等を置く旨の定款の定めを廃止する定款の変更をした場合には，執行役の任期は，当該定款の変更の効力が生じた時に満了する。

〔山下(徹)〕

§404   第2編　株式会社　第4章　機関

　本改正により，本条1項，3項，5項および8項において，本改正前の「委員会設置会社」が「指名委員会等設置会社」に，本条8項において，本改正前の「委員会」が「指名委員会等」に修正された。これは，本改正による用語変更（2⑫）に伴う文言の整理であり，実質に関わる改正ではない。

（山下徹哉）

（執行役の解任等）
第403条①　執行役は，いつでも，取締役会の決議によって解任することができる。
②　前項の規定により解任された執行役は，その解任について正当な理由がある場合を除き，指名委員会等設置会社に対し，解任によって生じた損害の賠償を請求することができる。
③　第401条第2項から第4項までの規定は，執行役が欠けた場合又は定款で定めた執行役の員数が欠けた場合について準用する。

　本改正により，本条2項において，本改正前の「委員会設置会社」が「指名委員会等設置会社」に修正された。これは，本改正による用語変更（2⑫）に伴う文言の整理であり，実質に関わる改正ではない。

（山下徹哉）

（指名委員会等の権限等）
第404条①　指名委員会は，株主総会に提出する取締役（会計参与設置会社にあっては，取締役及び会計参与）の選任及び解任に関する議案の内容を決定する。
②　監査委員会は，次に掲げる職務を行う。
　1　執行役等（執行役及び取締役をいい，会計参与設置会社にあっては，執行役，取締役及び会計参与をいう。以下この節において同じ。）の職務の執行の監査及び監査報告の作成
　2　株主総会に提出する会計監査人の選任及び解任並びに会計監査人を再任しないことに関する議案の内容の決定
③　報酬委員会は，第361条第1項並びに第379条第1項及び第2項の規定にかか

516   〔山下（徹）〕

第10節　指名委員会等及び執行役　第2款　指名委員会等の権限等　　§405

わらず，執行役等の個人別の報酬等の内容を決定する。執行役が<u>指名委員会等設置会社</u>の支配人その他の使用人を兼ねているときは，当該支配人その他の使用人の報酬等の内容についても，同様とする。

④　委員がその職務の執行（当該委員が所属する<u>指名委員会等</u>の職務の執行に関するものに限る。以下この項において同じ。）について<u>指名委員会等設置会社</u>に対して次に掲げる請求をしたときは，当該指名委員会等設置会社は，当該請求に係る費用又は債務が当該委員の職務の執行に必要でないことを証明した場合を除き，これを拒むことができない。

1　費用の前払の請求

2　支出をした費用及び支出の日以後におけるその利息の償還の請求

3　負担した債務の債権者に対する弁済（当該債務が弁済期にない場合にあっては，相当の担保の提供）の請求

　本改正により，本条3項および4項において，本改正前の「委員会設置会社」が「指名委員会等設置会社」に，本条4項および本条の見出しにおいて，本改正前の「委員会」が「指名委員会等」に修正された。これは，本改正による用語変更（2⑫）に伴う文言の整理であり，実質に関わる改正ではない。

（山下徹哉）

（監査委員会による調査）

第405条①　監査委員会が選定する監査委員は，いつでも，執行役等及び支配人その他の使用人に対し，その職務の執行に関する事項の報告を求め，又は<u>指名委員会等設置会社</u>の業務及び財産の状況の調査をすることができる。

②　監査委員会が選定する監査委員は，監査委員会の職務を執行するため必要があるときは，<u>指名委員会等設置会社</u>の子会社に対して事業の報告を求め，又はその子会社の業務及び財産の状況の調査をすることができる。

③　前項の子会社は，正当な理由があるときは，同項の報告又は調査を拒むことができる。

④　第1項及び第2項の監査委員は，当該各項の報告の徴収又は調査に関する事項についての監査委員会の決議があるときは，これに従わなければならない。

　本改正により，本条1項および2項において，本改正前の「委員会設置会社」が「指名委員会等設置会社」に修正された。これは，本改正による用語変

〔山下（徹）〕

517

§408   第2編　株式会社　第4章　機関

更（2⑫）に伴う文言の整理であり，実質に関わる改正ではない。

（山下徹哉）

（監査委員による執行役等の行為の差止め）

第407条　①　監査委員は，執行役又は取締役が<u>指名委員会等設置会社</u>の目的の範
囲外の行為その他法令若しくは定款に違反する行為をし，又はこれらの行為をす
るおそれがある場合において，当該行為によって当該<u>指名委員会等設置会社</u>に著
しい損害が生ずるおそれがあるときは，当該執行役又は取締役に対し，当該行為
をやめることを請求することができる。

②　前項の場合において，裁判所が仮処分をもって同項の執行役又は取締役に対
し，その行為をやめることを命ずるときは，担保を立てさせないものとする。

本改正により，本条1項において，本改正前の「委員会設置会社」が「指名
委員会等設置会社」に修正された。これは，本改正による用語変更（2⑫）に
伴う文言の整理であり，実質に関わる改正ではない。

（山下徹哉）

**（<u>指名委員会等設置会社</u>と執行役又は取締役との間の訴えにおける会社の代表
等）**

第408条　①　第420条第3項において準用する第349条第4項の規定並びに第353
条及び第364条の規定にかかわらず，<u>指名委員会等設置会社</u>が執行役（執行役で
あった者を含む。以下この条において同じ。）若しくは取締役（取締役であった
者を含む。以下この条において同じ。）に対し，又は執行役若しくは取締役が<u>指
名委員会等設置会社</u>に対して訴えを提起する場合には，当該訴えについては，次
の各号に掲げる場合の区分に応じ，当該各号に定める者が<u>指名委員会等設置会社</u>
を代表する。

1　監査委員が当該訴えに係る訴訟の当事者である場合　取締役会が定める者
（株主総会が当該訴えについて<u>指名委員会等設置会社</u>を代表する者を定めた場
合にあっては，その者）

2　前号に掲げる場合以外の場合　監査委員会が選定する監査委員

②　前項の規定にかかわらず，執行役又は取締役が<u>指名委員会等設置会社</u>に対して

518   〔山下（徹）〕

第10節　指名委員会等及び執行役　第2款　指名委員会等の権限等　　§ *408*

訴えを提起する場合には，監査委員（当該訴えを提起する者であるものを除く。）に対してされた訴状の送達は，当該指名委員会等設置会社に対して効力を有する。

③ 第420条第3項において準用する第349条第4項の規定並びに第353条及び第364条の規定にかかわらず，次の各号に掲げる株式会社が指名委員会等設置会社である場合において，当該各号に定める訴えを提起するときは，当該訴えについては，監査委員会が選定する監査委員が当該指名委員会等設置会社を代表する。

1　株式交換等完全親会社（第849条第2項第1号に規定する株式交換等完全親会社をいう。次項第1号及び第5項第3号において同じ。）　その株式交換等完全子会社（第847条の2第1項に規定する株式交換等完全子会社をいう。第5項第3号において同じ。）の取締役，執行役又は清算人（清算人であった者を含む。以下この条において同じ。）の責任（第847条の2第1項各号に掲げる行為の効力が生じた時までにその原因となった事実が生じたものに限る。）を追及する訴え

2　最終完全親会社等（第847条の3第1項に規定する最終完全親会社等をいう。次項第2号及び第5項第4号において同じ。）　その完全子会社等（同条第2項第2号に規定する完全子会社等をいい，同条第3項の規定により当該完全子会社等とみなされるものを含む。第5項第4号において同じ。）である株式会社の取締役，執行役又は清算人に対する特定責任追及の訴え（同条第1項に規定する特定責任追及の訴えをいう。）

④ 第420条第3項において準用する第349条第4項の規定にかかわらず，次の各号に掲げる株式会社が指名委員会等設置会社である場合において，当該各号に定める請求をするときは，監査委員会が選定する監査委員が当該指名委員会等設置会社を代表する。

1　株式交換等完全親会社　第847条第1項の規定による請求（前項第1号に規定する訴えの提起の請求に限る。）

2　最終完全親会社等　第847条第1項の規定による請求（前項第2号に規定する特定責任追及の訴えの提起の請求に限る。）

⑤ 第420条第3項において準用する第349条第4項の規定にかかわらず，次に掲げる場合には，監査委員が指名委員会等設置会社を代表する。

1　指名委員会等設置会社が第847条第1項，第847条の2第1項若しくは第3項（同条第4項及び第5項において準用する場合を含む。）又は第847条の3第1項の規定による請求（執行役又は取締役の責任を追及する訴えの提起の請求に限る。）を受ける場合（当該監査委員が当該訴えに係る訴訟の相手方となる場合を除く。）

2　指名委員会等設置会社が第849条第4項の訴訟告知（執行役又は取締役の責任を追及する訴えに係るものに限る。）並びに第850条第2項の規定による通

〔山下（徹）〕

519

§408

第2編　株式会社　第4章　機関

> 知及び催告（執行役又は取締役の責任を追及する訴えに係る訴訟における和解
> に関するものに限る。）を受ける場合（当該監査委員がこれらの訴えに係る訴
> 訟の当事者である場合を除く。）
>
> 3　株式交換等完全親会社である指名委員会等設置会社が第849条第6項の規定
> による通知（その株式交換等完全子会社の取締役，執行役又は清算人の責任を
> 追及する訴えに係るものに限る。）を受ける場合
>
> 4　最終完全親会社等である指名委員会等設置会社が第849条第7項の規定によ
> る通知（その完全子会社等である株式会社の取締役，執行役又は清算人の責任
> を追及する訴えに係るものに限る。）を受ける場合

　本条は，会社と取締役・執行役との間の訴訟の場合など，指名委員会等設置
会社において，代表執行役以外の者が会社を代表すべき場合について規定す
る。本改正によって，旧株主による責任追及等の訴え（847の2）および最終完
全親会社等の株主による特定責任追及の訴え（847の3）が新たに認められたこ
とに伴い，本条についても，その適用場面を大幅に拡充する旨の修正が行われ
た。その修正内容は，基本的に，監査役設置会社に係る386条と同様である
〔その趣旨等は，☞§386〕。

　第1に，株式交換等完全親会社である指名委員会等設置会社が，その株式交
換等完全子会社の取締役等（取締役，執行役または清算人。これらの者であったも
のも含む）について，責任追及等の訴えのうち847条の2第1項各号に掲げる
行為の効力が生じた時までにその原因事実が生じた責任に関するものを提起す
る場合（本条Ⅲ①）と，最終完全親会社等である指名委員会等設置会社がその
完全子会社等である株式会社の取締役等に対して特定責任追及の訴えを提起す
る場合（同項②）には，監査委員会が選定する監査委員が当該会社を代表する
（386Ⅰ②③参照）。

　第2に，株式交換等完全親会社である指名委員会等設置会社が株式交換等完
全子会社に対して本条3項1号に規定する訴えの提起の請求をする場合（本条
Ⅳ①）と，最終完全親会社等である指名委員会等設置会社がその完全子会社等
に対して本条3項2号に規定する特定責任追及の訴えの提起の請求をする場合
（本条Ⅳ②）には，監査委員会が選定する監査委員が当該会社を代表する（386
Ⅱ③④参照）。

　第3に，指名委員会等設置会社が，旧株主による責任追及等の訴えまたは特
定責任追及の訴えの前提となる，旧株主または最終完全親会社等の株主からの

第10節　指名委員会等及び執行役　第3款　指名委員会等の運営　　§410

提訴請求（847の2ⅠⅢまたは847の3Ⅰ）を受ける場合（いずれも，執行役または取締役の責任追及の場合に限る）には，監査委員が当該会社を代表する（本条Ⅴ①。386Ⅱ①参照）。

　第4に，株式交換等完全子会社が株式交換等完全親会社に対して旧株主による責任追及の訴えの対象となる責任に係る責任追及の訴えの提起等の通知（849条6項の通知）をする場合（本条Ⅴ③）と，完全子会社等がその最終完全親会社等に対して当該完全子会社等の取締役等の特定責任に係る責任追及の訴えの提起等の通知（849条7項の通知）をする場合（本条Ⅴ④）には，監査委員が，その通知を受ける株式交換等完全親会社または最終完全親会社等である指名委員会等設置会社を代表する（386Ⅱ③④参照）。

　第1および第2の場合の代表権は，監査委員会が選定する監査委員にあるのに対し，第3および第4の場合の代表権は，すべての監査委員に与えられる。

　そのほか，本条1項，2項および5項（改正前本条Ⅲ）ならびに本条の見出しにおいて，本改正前の「委員会設置会社」が「指名委員会等設置会社」に修正された。これは，本改正による用語変更（2⑫）に伴う文言の整理である。また，本条5項2号において，本改正前の「第849条第3項」が「第849条第4項」に修正された。これは，改正前849条3項が，本改正により，同条4項に繰り下げられたことに伴う引用条項の修正である。これらは，いずれも実質に関わる改正ではない。

（山下徹哉）

（招集権者）
第410条　指名委員会等は，当該指名委員会等の各委員が招集する。

　本改正により，本条において，本改正前の「委員会」が「指名委員会等」に修正された。これは，本改正による用語変更（2⑫）に伴う文言の整理であり，実質に関わる改正ではない。

（山下徹哉）

〔山下（徹）〕

§412   第2編　株式会社　第4章　機関

（招集手続等）

第411条① 指名委員会等を招集するには，その委員は，指名委員会等の日の1
週間（これを下回る期間を取締役会で定めた場合にあっては，その期間）前まで
に，当該指名委員会等の各委員に対してその通知を発しなければならない。

② 前項の規定にかかわらず，指名委員会等は，当該指名委員会等の委員の全員の
同意があるときは，招集の手続を経ることなく開催することができる。

③ 執行役等は，指名委員会等の要求があったときは，当該指名委員会等に出席
し，当該指名委員会等が求めた事項について説明をしなければならない。

本改正により，本条1項から3項までにおいて，本改正前の「委員会」が
「指名委員会等」に修正された。これは，本改正による用語変更（2⑫）に伴う
文言の整理であり，実質に関わる改正ではない。

(山下徹哉)

（指名委員会等の決議）

第412条① 指名委員会等の決議は，議決に加わることができるその委員の過半
数（これを上回る割合を取締役会で定めた場合にあっては，その割合以上）が出
席し，その過半数（これを上回る割合を取締役会で定めた場合にあっては，その
割合以上）をもって行う。

② 前項の決議について特別の利害関係を有する委員は，議決に加わることができ
ない。

③ 指名委員会等の議事については，法務省令で定めるところにより，議事録を作
成し，議事録が書面をもって作成されているときは，出席した委員は，これに署
名し，又は記名押印しなければならない。

④ 前項の議事録が電磁的記録をもって作成されている場合における当該電磁的記
録に記録された事項については，法務省令で定める署名又は記名押印に代わる措
置をとらなければならない。

⑤ 指名委員会等の決議に参加した委員であって第3項の議事録に異議をとどめな
いものは，その決議に賛成したものと推定する。

本改正により，本条1項，3項および5項ならびに本条の見出しにおいて，

522   〔山下(徹)〕

第10節　指名委員会等及び執行役　第3款　指名委員会等の運営　　　§413

本改正前の「委員会」が「指名委員会等」に修正された。これは，本改正による用語変更（2⑫）に伴う文言の整理であり，実質に関わる改正ではない。

（山下徹哉）

（議事録）

第413条①　指名委員会等設置会社は，指名委員会等の日から10年間，前条第3項の議事録をその本店に備え置かなければならない。

②　指名委員会等設置会社の取締役は，次に掲げるものの閲覧及び謄写をすることができる。

1　前項の議事録が書面をもって作成されているときは，当該書面

2　前項の議事録が電磁的記録をもって作成されているときは，当該電磁的記録に記録された事項を法務省令で定める方法により表示したもの

③　指名委員会等設置会社の株主は，その権利を行使するため必要があるときは，裁判所の許可を得て，第1項の議事録について前項各号に掲げるものの閲覧又は謄写の請求をすることができる。

④　前項の規定は，指名委員会等設置会社の債権者が委員の責任を追及するため必要があるとき及び親会社社員がその権利を行使するため必要があるときについて準用する。

⑤　裁判所は，第3項（前項において準用する場合を含む。以下この項において同じ。）の請求に係る閲覧又は謄写をすることにより，当該指名委員会等設置会社又はその親会社若しくは子会社に著しい損害を及ぼすおそれがあると認めるときは，第3項の許可をすることができない。

本改正により，本条1項から5項までにおいて，本改正前の「委員会設置会社」が「指名委員会等設置会社」に，本条1項において，本改正前の「委員会」が「指名委員会等」に修正された。これは，本改正による用語変更（2⑫）に伴う文言の整理であり，実質に関わる改正ではない。

（山下徹哉）

〔山下（徹）〕

§ 416   第2編　株式会社　第4章　機関

（指名委員会等への報告の省略）

第414条　執行役，取締役，会計参与又は会計監査人が委員の全員に対して指名委員会等に報告すべき事項を通知したときは，当該事項を指名委員会等へ報告することを要しない。

　本改正により，本条および本条の見出しにおいて，本改正前の「委員会」が「指名委員会等」に修正された。これは，本改正による用語変更（2⑫）に伴う文言の整理であり，実質に関わる改正ではない。

(山下徹哉)

（指名委員会等設置会社の取締役の権限）

第415条　指名委員会等設置会社の取締役は，この法律又はこの法律に基づく命令に別段の定めがある場合を除き，指名委員会等設置会社の業務を執行することができない。

　本改正により，本条および本条の見出しにおいて，本改正前の「委員会設置会社」が「指名委員会等設置会社」に修正された。これは，本改正による用語変更（2⑫）に伴う文言の整理であり，実質に関わる改正ではない。

(山下徹哉)

（指名委員会等設置会社の取締役会の権限）

第416条①　指名委員会等設置会社の取締役会は，第362条の規定にかかわらず，次に掲げる職務を行う。

1　次に掲げる事項その他指名委員会等設置会社の業務並びに当該株式会社及びその子会社から成る企業集団の業務執行の決定

　イ　経営の基本方針

　ロ　監査委員会の職務の執行のため必要なものとして法務省令で定める事項

　ハ　執行役が2人以上ある場合における執行役の職務の分掌及び指揮命令の関係その他の執行役相互の関係に関する事項

〔加　藤〕

第10節　指名委員会等及び執行役　第4款　指名委員会等設置会社の取締役
の権限等
§ 416

　　ニ　次条第2項の規定による取締役会の招集の請求を受ける取締役
　　ホ　執行役の職務の執行が法令及び定款に適合することを確保するための体制
　　　その他株式会社の業務並びに当該株式会社及びその子会社から成る企業集団
　　　の業務の適正を確保するために必要なものとして法務省令で定める体制の整
　　　備
　2　執行役等の職務の執行の監督
②　指名委員会等設置会社の取締役会は，前項第1号イからホまでに掲げる事項を
　決定しなければならない。
③　指名委員会等設置会社の取締役会は，第1項各号に掲げる職務の執行を取締役
　に委任することができない。
④　指名委員会等設置会社の取締役会は，その決議によって，指名委員会等設置会
　社の業務執行の決定を執行役に委任することができる。ただし，次に掲げる事項
　については，この限りでない。
　1　第136条又は第137条第1項の決定及び第140条第4項の規定による指定
　2　第165条第3項において読み替えて適用する第156条第1項各号に掲げる事
　　項の決定
　3　第262条又は第263条第1項の決定
　4　第298条第1項各号に掲げる事項の決定
　5　株主総会に提出する議案（取締役，会計参与及び会計監査人の選任及び解任
　　並びに会計監査人を再任しないことに関するものを除く。）の内容の決定
　6　第365条第1項において読み替えて適用する第356条第1項（第419条第2
　　項において読み替えて準用する場合を含む。）の承認
　7　第366条第1項ただし書の規定による取締役会を招集する取締役の決定
　8　第400条第2項の規定による委員の選定及び第401条第1項の規定による委
　　員の解職
　9　第402条第2項の規定による執行役の選任及び第403条第1項の規定による
　　執行役の解任
　10　第408条第1項第1号の規定による指名委員会等設置会社を代表する者の決
　　定
　11　第420条第1項前段の規定による代表執行役の選定及び同条第2項の規定に
　　よる代表執行役の解職
　12　第426条第1項の規定による定款の定めに基づく第423条第1項の責任の免
　　除
　13　第436条第3項，第441条第3項及び第444条第5項の承認
　14　第454条第5項において読み替えて適用する同条第1項の規定により定めな
　　ければならないとされる事項の決定
　15　第467条第1項各号に掲げる行為に係る契約（当該指名委員会等設置会社の

〔加　藤〕

§ 417   第2編　株式会社　第4章　機関

　　　　株主総会の決議による承認を要しないものを除く。）の内容の決定
　　16　合併契約（当該指名委員会等設置会社の株主総会の決議による承認を要しな
　　　　いものを除く。）の内容の決定
　　17　吸収分割契約（当該指名委員会等設置会社の株主総会の決議による承認を要
　　　　しないものを除く。）の内容の決定
　　18　新設分割計画（当該指名委員会等設置会社の株主総会の決議による承認を要
　　　　しないものを除く。）の内容の決定
　　19　株式交換契約（当該指名委員会等設置会社の株主総会の決議による承認を要
　　　　しないものを除く。）の内容の決定
　　20　株式移転計画の内容の決定

　本改正により，本条は以下の2点で改正された。第1に，2条12号の改正
により本改正前の委員会設置会社の呼称が指名委員会等設置会社にあらためら
れたことに伴い，本条においても委員会設置会社の表記が指名委員会等設置会
社にあらためられた。第2に，本条1項1号ホが改正され，362条4項6号の
改正と同じく，改正前本条1項1号ホの「株式会社の業務の適正を確保するた
めに必要なものとして法務省令で定める体制」として改正前会社法施行規則
112条2項5号において定められていた事項（「当該株式会社並びにその親会社及
び子会社から成る企業集団における業務の適正を確保するための体制」）の一部が，会
社法本体に定められることになった。本条1項1号ホの改正の趣旨は362条4
項6号の改正と同じである。

　　　　　　　　　　　　　　　　　　　　　　　　　　　　　　　（加藤貴仁）

　（指名委員会等設置会社の取締役会の運営）
第417条①　指名委員会等設置会社においては，招集権者の定めがある場合で
　　あっても，指名委員会等がその委員の中から選定する者は，取締役会を招集する
　　ことができる。
②　執行役は，前条第1項第1号ニの取締役に対し，取締役会の目的である事項を
　　示して，取締役会の招集を請求することができる。この場合において，当該請求
　　があった日から5日以内に，当該請求があった日から2週間以内の日を取締役会
　　の日とする取締役会の招集の通知が発せられないときは，当該執行役は，取締役
　　会を招集することができる。
③　指名委員会等がその委員の中から選定する者は，遅滞なく，当該指名委員会等

526   〔山下（徹）〕

第10節　指名委員会等及び執行役　第5款　執行役の権限等　　　　　　　§419

の職務の執行の状況を取締役会に報告しなければならない。

④　執行役は，3箇月に1回以上，自己の職務の執行の状況を取締役会に報告しな
ければならない。この場合において，執行役は，代理人（他の執行役に限る。）
により当該報告をすることができる。

⑤　執行役は，取締役会の要求があったときは，取締役会に出席し，取締役会が求
めた事項について説明をしなければならない。

　本改正により，本条1項および本条の見出しにおいて，本改正前の「委員会
設置会社」が「指名委員会等設置会社」に，本条1項および3項において，本
改正前の「委員会」が「指名委員会等」に修正された。これは，本改正による
用語変更（2⑫）に伴う文言の整理であり，実質に関わる改正ではない。

（山下徹哉）

（執行役の権限）

第418条　執行役は，次に掲げる職務を行う。

1　第416条第4項の規定による取締役会の決議によって委任を受けた指名委員
　会等設置会社の業務の執行の決定

2　指名委員会等設置会社の業務の執行

　本改正により，本条1号および2号において，本改正前の「委員会設置会
社」が「指名委員会等設置会社」に修正された。これは，本改正による用語変
更（2⑫）に伴う文言の整理であり，実質に関わる改正ではない。

（山下徹哉）

（執行役の監査委員に対する報告義務等）

第419条　①　執行役は，指名委員会等設置会社に著しい損害を及ぼすおそれのあ
る事実を発見したときは，直ちに，当該事実を監査委員に報告しなければならな
い。

②　第355条，第356条及び第365条第2項の規定は，執行役について準用する。
この場合において，第356条第1項中「株主総会」とあるのは「取締役会」と，

〔山下（徹）〕

§*419*　　　　　　　　　　　　　　　　　第2編　株式会社　第4章　機関

第365条第2項中「取締役会設置会社においては，第356条第1項各号」とある
のは「第356条第1項各号」と読み替えるものとする。
③　第357条の規定は，指名委員会等設置会社については，適用しない。

　本改正により，本条1項および3項において，本改正前の「委員会設置会
社」が「指名委員会等設置会社」に修正された。これは，本改正による用語変
更（2⑫）に伴う文言の整理であり，実質に関わる改正ではない。
　なお，本条1項は，執行役が会社に著しい損害を及ぼすおそれのある事実を
発見したときの報告義務を定めるが，その報告の相手方を，会議体としての監
査委員会ではなく，監査委員とする。これに対して，監査等委員会設置会社に
おいて，同様の義務である取締役の報告義務は，監査等委員会が報告の相手方
とされる（357Ⅲ）。つまり，本改正では，同様に組織的監査を行う指名委員
会等設置会社と監査等委員会設置会社とで規律内容が異なることとされている
［☞§357］。そこで，この点に関連して，若干の付言を行いたい。
　監査等委員会設置会社の規律は，監査役会設置会社における取締役の報告義
務（357ⅠⅡ）の規律に倣って会議体を報告の相手方としたものと考えられるた
め，まずは監査役会設置会社における取締役の報告義務の規律と本条1項を比
較する。そうすると，監査役会設置会社においては監査役の独任制が維持され
ている（江頭540頁）が，取締役の報告の相手方は監査役会とされている。こ
れに対して，指名委員会等設置会社の監査委員会は，会議体として組織的な監
査を行うことが予定される［☞会社法コンメ(9)§*404*Ⅲ3［96頁［伊藤靖史］］］
が，執行役の報告の相手方は監査委員とされている。この点では，機関設計と
報告の相手方の関係が逆転しているかのようである。
　監査役会設置会社において取締役の報告の相手方を個々の監査役ではなく会
議体としての監査役会とするルールは，平成5年商法改正により監査役会の制
度が設けられた時以来のルールである（平5改正後商特19Ⅰ・商274ノ2）。その
趣旨は，会社に著しい損害を及ぼすおそれのある事実に関する情報を監査役に
共通のものとし，監査役会においてとるべき措置を協議し，取締役の業務執行
に対する監査の適正を期することにあるとされていた（新注会（第2補巻）115
頁［森本滋］，一問一答平成5年165頁・157頁参照）。他方，指名委員会等設置会
社において執行役の報告の相手方を会議体としての監査委員会ではなく個々の
監査委員とするルールは，平成14年商法改正により指名委員会等設置会社
（当時の名称は「委員会等設置会社」）の制度が設けられた時以来のルールである

528　　　　　　　　　　　　　　　　　　　　　　　　　　　　　〔山下（徹）〕

第10節　指名委員会等及び執行役　第5款　執行役の権限等　§ *419*

（平14改正後商特21の14Ⅴ）。同改正において，独任制である監査役とは異なり，組織体として監査を行うものとして監査委員会が設計されたにもかかわらず，執行役の報告の相手方を監査委員とした趣旨は，報告義務が生じた場合に，最寄りの監査委員にただちに報告することで，監査委員の取締役会への報告義務の履行や監査委員の差止請求権の行使などの措置を迅速に講ずることができるようにすることにあるとされていた（始関・平成14年121頁）。その際，監査役会設置会社の場合のルールとの相違についての言及はない。

　平成5年改正時に取締役の報告の相手方が監査役会とされたことについて，それを素直に解釈すれば，取締役は監査役の誰かに監査役会の招集を求め，招集された監査役会の会議の席上で報告すべきことになる。そのような規律に従うと，取締役が適時に報告義務を履行できず，また監査役による是正措置が時機を失する可能性があるとの問題意識から，立法論としての批判があり（新注会（第2補巻）115頁・95-96頁［森本］），あるいは，報告の相手方が会議体としての監査役会であるとしても，監査役の1人に告げるとか，監査役会宛の文書を監査役会事務局に届けることで足りるとの解釈が示されていた（新注会（第2補巻）60頁［龍田節］。会計監査人の報告義務〔平5改正後商特8Ⅰ。会社397ⅢⅠ〕について）。平成14年改正時に，指名委員会等設置会社における報告の相手方が監査委員とされたことは，前記の批判・解釈論の問題意識を反映させたものであり（始関・平成14年121頁参照），一定の合理性を有するものであったと評価できるであろう。しかし，取締役や執行役などの監査役会や監査委員会などに対する報告について，会社法は，会議体の構成員の全員に報告事項を通知したときは，会議体での報告を省略できる旨の規定を置く（395・414）ことで，前記の批判・解釈論の問題意識に応えた（立案担当114-115頁）。そうすると，このような規定を置く会社法の下で，依然として，本条1項が報告の相手方を，監査委員会ではなく，監査委員とすることの是非は，問い直されてしかるべきである。そして，監査委員の間での情報が共有されることは，適切な対応が講じられるようにするために有益だといえるから，報告の相手方を監査委員会とすることにも合理性が認められる。また，監査委員会と同様に組織として監査を行う監査等委員会については，報告の相手方が会議体としての監査等委員会とされている（357Ⅲ）が，この規律と本条1項との規律の相違を合理的に説明する事情も見当たらない。そうすると，本条1項が執行役の報告の相手方を監査委員とする規律は，再検討の余地があるものと思われる。

（山下徹哉）

〔山下（徹）〕

§423　　　　　　　　　　　　　　　第2編　株式会社　第4章　機関

（表見代表執行役）

第421条　指名委員会等設置会社は，代表執行役以外の執行役に社長，副社長その他指名委員会等設置会社を代表する権限を有するものと認められる名称を付した場合には，当該執行役がした行為について，善意の第三者に対してその責任を負う。

　本改正により，本条において，本改正前の「委員会設置会社」が「指名委員会等設置会社」に修正された。これは，本改正による用語変更（2⑫）に伴う文言の整理であり，実質に関わる改正ではない。

（山下徹哉）

（株主による執行役の行為の差止め）

第422条①　6箇月（これを下回る期間を定款で定めた場合にあっては，その期間）前から引き続き株式を有する株主は，執行役が指名委員会等設置会社の目的の範囲外の行為その他法令若しくは定款に違反する行為をし，又はこれらの行為をするおそれがある場合において，当該行為によって当該指名委員会等設置会社に回復することができない損害が生ずるおそれがあるときは，当該執行役に対し，当該行為をやめることを請求することができる。

②　公開会社でない指名委員会等設置会社における前項の規定の適用については，同項中「6箇月（これを下回る期間を定款で定めた場合にあっては，その期間）前から引き続き株式を有する株主」とあるのは，「株主」とする。

　本改正により，本条1項および2項において，本改正前の「委員会設置会社」が「指名委員会等設置会社」に修正された。これは，本改正による用語変更（2⑫）に伴う文言の整理であり，実質に関わる改正ではない。

（山下徹哉）

（役員等の株式会社に対する損害賠償責任）

第423条①　取締役，会計参与，監査役，執行役又は会計監査人（以下この節に

530　　　　　　　　　　　　　　　　　　　　　　　　　　　〔森　本〕

第11節　役員等の損害賠償責任　　　　　　　　　　　　　　　　§423

おいて「役員等」という。）は，その任務を怠ったときは，株式会社に対し，こ
れによって生じた損害を賠償する責任を負う。

② 取締役又は執行役が第356条第1項（第419条第2項において準用する場合を
含む。以下この項において同じ。）の規定に違反して第356条第1項第1号の取
引をしたときは，当該取引によって取締役，執行役又は第三者が得た利益の額
は，前項の損害の額と推定する。

③ 第356条第1項第2号又は第3号（これらの規定を第419条第2項において準
用する場合を含む。）の取引によって株式会社に損害が生じたときは，次に掲げ
る取締役又は執行役は，その任務を怠ったものと推定する。

1 第356条第1項（第419条第2項において準用する場合を含む。）の取締役又
は執行役

2 株式会社が当該取引をすることを決定した取締役又は執行役

3 当該取引に関する取締役会の承認の決議に賛成した取締役（<u>指名委員会等設</u>
<u>置会社</u>においては，当該取引が<u>指名委員会等設置会社</u>と取締役との間の取引又
は<u>指名委員会等設置会社</u>と取締役との利益が相反する取引である場合に限
る。）

④ <u>前項の規定は，第356条第1項第2号又は第3号に掲げる場合において，同項</u>
<u>の取締役（監査等委員であるものを除く。）が当該取引につき監査等委員会の承</u>
<u>認を受けたときは，適用しない。</u>

細　目　次

I　本条の改正	V　監査等委員会の承認手続	VI　推定規定の適用除外の効果
II　本条4項の趣旨	1　序	1　法定推定と事実上の推定
III　監査等委員会の承認の法的意	2　承認を求める取締役	2　本条4項と428条
義	3　承認の時期	3　小　括
IV　本条4項の適用範囲	4　承認決議と特別利害関係	

I　本条の改正

改正法は，監査等委員会設置会社制度を新設した。この関係で，「委員会設
置会社」は「指名委員会等設置会社」と改称され（2⑫参照），本条3項3号の
「委員会設置会社」も「指名委員会等設置会社」に変更された（用語の整理）。

改正法は，本条に4項の規定を追加し，利益相反取締役（監査等委員であるも
のを除く）が利益相反取引につき監査等委員会の承認を受けたときは，本条3
項の規定を適用しないこととした。この場合，利益相反取引に関わった本条3
項各号所定の取締役の任務懈怠が推定されないのである。

〔森　本〕　　　　　　　　　　　　　　　　　　　　　　　　　　　531

II 本条4項の趣旨

　利益相反取引に係る監査等委員会の承認は，関係取締役の任務懈怠を推定する本条3項の規定を適用除外するだけであり，利益相反取引に係る取締役会の承認について規定する356条1項2号，3号，365条1項の規定の適用を除外するものではない。利益相反取引を適法に行うために必要とされる取締役会の承認に加えて，監査等委員会の承認を受けた場合に，任務懈怠の推定が排除されるが，その承認の有無は当該取引の効力に影響を与えない。また，監査等委員会は，承認の申出がない場合にも，利益相反取引を承認することができるのであろう。これは監査等委員会の監査・監督行為の一環と考えられるが，監査等委員会は必ずこの承認の是非を審査しなければならないわけではないとされている（論点体系補巻367頁［中村直人］参照）。

　指名委員会等設置会社の執行役との利益相反取引に係る取締役会決議に賛成した取締役には，本条3項3号の任務懈怠の推定規定は適用されない（同号括弧書）。取締役会における取締役間の馴れ合いの危険に配慮して，取締役との利益相反取引に係る取締役会決議に賛成した取締役の任務懈怠は推定するが，取締役を兼任しない執行役と取締役との間の馴れ合いの危険は，取締役相互の馴れ合いの危険よりも質的に軽微であるとして，取締役を兼任しない執行役との利益相反取引の承認決議に賛成した取締役の任務懈怠は推定されないこととされたのである（始関・平成14年136頁参照）。

　監査等委員会は，監査等委員である取締役以外の取締役の人事や報酬等について意見を決定しなければならず（399の2Ⅲ③），監査等委員会が選定する監査等委員は，株主総会において，この意見を述べることができる（342の2Ⅳ・361Ⅵ）。これは，監査等委員会の人事関連事項に係る意見陳述権であるが，しばしば，監査等委員会の経営評価権限といわれる。社外取締役には，業務執行者から独立した立場で株式会社と業務執行者との間の利益相反取引を監視する機能が期待されているが，そのような社外取締役がその委員の過半数を占め，さらに，経営評価権限を有する監査等委員会が，監査等委員以外の取締役との利益相反取引を承認するときは，任務懈怠の推定規定を適用しないことに合理性があると考えられたようである（立案担当平成26年133頁）。

　ところで，監査等委員会の人事関連事項に係る意見陳述権（経営評価権限）は，指名委員会や報酬委員会が設置されない監査等委員会設置会社の取締役会

第11節　役員等の損害賠償責任　　　　　　　　　　　　　　§423

の監督機能を実質化するために認められたものである（立案担当平成26年132-133頁）。したがって，上記の理由で任務懈怠の推定規定の適用が除外されるのであれば，指名委員会等設置会社においても，やや複雑な規制となろうが，同趣旨の規定を設ける余地もあったように思われる。また，利益相反取引について株主総会の承認が求められている取締役会非設置会社においても，任務懈怠の推定を維持することが合理的かどうか，検討を要するように思われる。

　本条4項が設けられた実質的理由は，上場会社における社外取締役の積極的登用を促進し，柔軟な機関構成による弾力的迅速な経営を推進することを目指して新設された監査等委員会設置会社の利用を促す政策目的にあると解することが合理的であろう（前田雅弘「監査役会と三委員会と監査・監督委員会」株式会社法大系274頁，江頭589頁）。

　なお，以下においては，監査等委員会設置会社の取締役との利益相反取引について検討し，会社とは監査等委員会設置会社を意味するものとする。

Ⅲ　監査等委員会の承認の法的意義

　取締役会において，利益相反取締役が利益相反取引について重要な事実を開示し，利益相反取締役を議決から排除して当該取引が承認されると，利益相反取引の一般的抽象的な危険が排除されたとして，当該取引をすることが認められる。しかしながら，取締役会における利益相反取引の承認に際して，取締役相互の馴れ合いが危惧される。このため，当該取引により会社に損害が生じたときは，関係取締役の任務懈怠が推定されるのである（本条Ⅲ）。

　監査等委員会が，監査等委員以外の取締役との利益相反取引を承認するときは，任務懈怠の推定規定の適用が排除されるが，取締役会の承認が不要とされるわけでない。会社が利益相反取引をすべきかどうかは原則として代表取締役が決定すべき経営事項である。しかし，利益相反関係が認められるため，代表取締役が専決執行するのでなく，取締役会において，利害関係のない取締役が，当該取引の対価の公正さだけでなく，当該取引を行うことが合理的であり，妥当であるかどうか，経営判断を行った上，その取引を承認することが求められるのである。このような経営判断事項について，社外取締役が過半数であり，しかも，業務執行に関わらない取締役のみにより構成されている監査等委員会が，取締役会よりも適切に判断することができるわけではなかろう。このため，監査等委員会の承認が，利益相反取引についての取締役会の承認に代

〔森　本〕

533

わるものとされるのでなく、取締役会の承認に加えて、監査等委員会の承認を受けた場合に、馴れ合いの危険に配慮して設けられた任務懈怠の推定が排除されるのである。監査等委員会も、取締役会におけると同様、当該取引が公正かつ合理的・妥当なものであるとして承認することとなるが、その承認により馴れ合いの弊害が大幅に減少し、関係取締役の任務懈怠を推定する必要がなくなると考えられたのである。

本条4項は、監査等委員会が利益相反取引の承認について主導的役割を果たすことを求めているわけではない。監査等委員会の承認は、実質的には、取締役会における承認の当否をチェックするものとして、監査等委員会による取締役の職務執行の適法性・妥当性監査の延長線上にある機能ということができる。監査等委員である取締役は、2度にわたり利益相反取引を承認することとなるが、監査等委員である取締役は、他の取締役よりも利益相反取引に係る責任が加重されるものでもない。

Ⅳ　本条4項の適用範囲

本条4項の規定の適用が主として問題となるのは、363条1項所定の業務執行取締役のほか、使用人兼務取締役であろうが、監査等委員でなければ、社外取締役ないし非業務執行取締役もこの規定の適用を受ける。他方、監査等委員である取締役については、本条4項の規定の適用は除外され、本条3項の任務懈怠の推定は排除されない（本条Ⅳ括弧書）。これは、監査等委員会の判断の公正性を確保するためである（一問一答平成26年45頁）。監査等委員会において監査等委員である取締役との利益相反取引を承認する場合には、監査等委員である取締役相互の馴れ合いが危惧されるからである。

なお、監査等委員である取締役との利益相反取引に本条4項の規定の適用が除外されるのであるから、監査等委員である取締役との利益相反取引を行った代表取締役や当該取引に係る取締役会の承認決議に賛成した取締役の任務懈怠の推定を排除するため、監査等委員会の承認を求めることもできないと解することが合理的である。他方、監査等委員でない取締役との利益相反取引に係る監査等委員会の承認があるときは、当該取引に係る取締役会の承認決議に賛成した監査等委員である取締役の任務懈怠の推定も、排除されることとなろう〔☞Ⅴ2〕。

本条3項は、取締役会の承認の有無にかかわらず、適用される。取締役会の

第11節　役員等の損害賠償責任　　　　　　　　　　　　　　§423

承認のなかった利益相反取引について，取締役の責任を追及しようとする者
は，取締役会の承認のなかったこと（法令違反の事実）を立証する必要はなく，
当該取引が利益相反取引であることと当該取引により会社に損害が生じたこと
を主張立証するだけでよい。これと同様に，本条4項も，取締役会の承認の有
無にかかわらず，適用されるかが問題となる。しかし，利益相反取引に係る任
務懈怠の推定規定は，取締役相互の馴れ合いの危険に配慮したものである。こ
れに対して，取締役会の承認を受けないで利益相反取引を行うことは法令違反
の職務執行（任務懈怠）であり，当該取引を行った取締役は，法令違反行為を
行ったことそれ自体を理由に任務懈怠責任を負う。監査等委員会が承認して
も，その違法性がなくなるわけでなく，監査等委員会の承認により関係取締役
の任務懈怠の推定を排除する理由はない。したがって，取締役会の承認を受け
た利益相反取引であってはじめて，監査等委員会の承認を理由に，任務懈怠の
推定規定の適用が除外されると解するべきである（江頭589頁注1）。

V　監査等委員会の承認手続

1　序

　監査等委員会の承認を受けるための具体的手続は規定されていない。実務
上，利益相反取引が行われるときは，原則として監査等委員会の承認を受ける
ことが予想され，監査等委員会の内部規則において，承認手続に関する規定を
設けておくことが合理的である。

　監査等委員は取締役であり，利益相反取引に関する取締役会の承認決議に参
加しなければならない。監査等委員の全員が当該取締役会決議に賛成した場合
においても，それにより監査等委員会の承認があったことにはならない（塚本
英巨・監査等委員会導入の実務〔商事法務，2015〕244頁）。監査等委員会は，取締
役会の承認決議とは別個に，その決議により，当該取引を承認しなければなら
ないのである。

　取締役を兼任する会社との継続的取引等に配慮して，実務上，取締役会にお
いて，利益相反取引の包括承認がされているが，監査等委員会においても，同
様の包括承認が許されることとなろう。

2　承認を求める取締役

本条4項が定める「同項の取締役」とは，「本条3項の取締役」と「356条

〔森　本〕

535

§423 第2編　株式会社　第4章　機関

1項の取締役」のいずれの取締役を意味するのであろうか。

本条4項が定める「同項の取締役」を本条3項の取締役と解するとき，監査等委員である取締役との利益相反取引についても，監査等委員会の承認を受けることにより，会社を代表した取締役や取締役会決議に賛成した取締役の任務懈怠の推定が排除されることとなろう。しかし，「同項の取締役」は356条1項の取締役であり，監査等委員である取締役の利益相反取引については，監査等委員会の承認を受けることはできない（その承認に法的意味はない）と解することが合理的であろう。当該取引については，当該監査等委員以外の取締役も，監査等委員会の承認を受けて，本条4項の適用除外規定の適用を受けることはできないのである（塚本・前掲243頁）。

「356条1項の取締役」の意義について，学説上議論が錯綜している。直接取引については，利益相反取締役を意味すると解されている。間接取引については，会社を代表する取締役と解する見解もあるが，本条4項の規定が設けられたことにより，利益相反取締役を意味すると解することとなろう。

ところで，利益相反取締役は，利益相反取引について，重要事実を開示して取締役会の承認を受けなければならないが（976③参照），それは，会社の代表取締役（業務執行取締役）が当該取引をすることを決定した場合にはじめて問題となる。したがって，実務的には，利益相反取締役が積極的に取締役会の承認を求めるかどうかに関わりなく，代表取締役が，自らの職責として，当該取引をしようとするときに，取締役会の承認を求めるのが通常のようである。上場会社の実務上一般に，取締役兼任関係が認められる関係会社との取引として利益相反取引が問題となり，取締役会の議長である代表取締役が，取締役会に当該取引の承認議案を提出し，当該取引に係る重要事実も，利益相反取締役でなく，議長自らが開示しているようである（鍛治雄一「利益相反取引と取締役会」森本滋編・取締役会の法と実務〔商事法務，2015〕107-109頁参照）。当該取締役会において，利益相反取締役または議長（代表取締役）が重要事実を開示したかどうかが決定的に重要であり，承認を求める取締役が誰であっても，承認の効力に影響を与えないと解されている〔取締役会の承認について，☞会社法コンメ(9)§423 II 4(3)(イ)〔266-267頁〔森本滋〕〕・会社法コンメ(8)§356 III 2(1)〔84頁〔北村雅史〕〕〕。重要事実を開示して利益相反取引の承認を求めるべき取締役は利益相反取締役であるが，現実に重要事実を開示したのが利益相反取締役か代表取締役のいずれであるかについて，議論する実益はない。重要事実の開示後，利害関係のない取締役により当該取引が承認されれば，適法に利益相反取引を行う

536　　　　　　　　　　　　　　　　　　　　　　　　　　　　　〔森　本〕

第11節　役員等の損害賠償責任　　　　　　　　　　　　　　§423

ことができるのである。

　監査等委員会が（監査等委員以外の取締役との）利益相反取引を承認するときは，本条3項各号の取締役のすべてについて任務懈怠の推定が排除される。これらの取締役のいずれもが，監査等委員会が当該取引を承認することに利害関係を有するのである。したがって，この場合には，いよいよ，監査等委員会に承認を求める取締役を限定する意味はなく，実務上，代表取締役が監査等委員会に承認を求めることになろう。

3　承認の時期

　356条1項，365条1項の利益相反取引に係る取締役会の承認を受けるのは，「取引をしようとするとき」である。これは，取引をする前に承認を受けなければならないことを意味する。学説上，事後承認の効力について議論され，事後承認には，当該取引を確定的に有効なものとする効果は認められるが，取締役の責任には影響を与えないと解されている〔☞会社法コンメ (8)§356 Ⅲ2⑵〔85頁〔北村〕〕〕。事後承認は，事前の承認に比して安易にされる危険が認められるからである。

　本条4項は，「第356条第1項第2号又は第3号に掲げる場合において」と定めている。これは，「取引をしようとするとき」を意味し，監査等委員会の承認も，取引をする前に受けることが必要となると解されている（一問一答平成26年45-46頁注1）。取締役会の承認は利益相反取引を行う前に受けたが，監査等委員会の承認は当該取引の後であった場合，任務懈怠の推定は破られないこととなる。

　実務上原則として，取締役会と監査等委員会の承認は同日に行われることとなろうが，取締役会の承認の前に監査等委員会の承認を受けることができるかどうか，議論されている。両者の前後関係は問わないとして，利益相反取引の承認決議を取締役会に上程しようとする代表取締役（取締役会議長）が，前もって，監査等委員会の承認を求め，監査等委員会の承認を受けた後に，これを前提に取締役会の審議を求めることに合理性を認める見解もある（福岡真之介＝髙木弘明・監査等委員会設置会社のフレームワークと運営実務〔商事法務，2015〕172頁）。しかし，取締役会の承認があってはじめて，監査等委員会の承認が問題となると解することが合理的である。

　利益相反取引をすべきかどうかは代表取締役の経営判断事項であるが，利益相反関係が認められるため，取締役会において，利害関係のない取締役が，当

〔森　本〕

§423　　　　　　　　　　　　　　　　　第2編　株式会社　第4章　機関

該取引の対価の公正さだけでなく，会社にとって合理的かつ妥当であるか判断
を行い，その取引を承認することが求められるのである。監査等委員会の承認
が取締役会の承認に代わるものとされていないのは，監査等委員会が取締役会
よりも適切にこのような判断を行うことができるとは考えられていないからで
ある。監査等委員会が，取締役会の審議状況にも配慮して，当該取引が公正か
つ合理的・妥当なものであると判断するときは，馴れ合いの弊害（業務執行取
締役との馴れ合いの危険）が認められないとして，関係取締役の任務懈怠の推定
が排除されるのであり，監査等委員会の承認は，取締役会の承認制度を前提と
する補充的なものである。

　利益相反取締役（または，代表取締役）は，取締役会において重要事実を開示
しなければならない。監査等委員会において，代表取締役や利益相反取締役に
説明を求めることが必要となる場合もあろうが，監査等委員会は，原則とし
て，取締役会における重要事実の開示のほか，取締役会に提供された情報・資
料を参考に，取締役会の審議状況にも配慮して，当該取引の公正さと合理性・
妥当性を確認することで足りよう。そのために，監査等委員会における審議手
続に係る規定は設けられていないのである。監査等委員会の承認を先議するこ
とは違法であり，任務懈怠の推定が排除されないとまで解する必要はないが，
適切でないというべきである。監査等委員会の承認を事前に受けている場合，
決議賛成取締役の任務懈怠の推定が事前に排除されることとなり，取締役会の
承認手続が緊張感を欠くこととなるおそれがあろう。

4　承認決議と特別利害関係

　監査等委員会における監査等委員以外の取締役の利益相反取引の承認決議に
ついて，監査等委員に特別の利害関係が認められる場合，当該監査等委員は，
その議決に加わることができない（399の10Ⅱ）［☞§399の10]。特別の利害関
係の範囲について，当該取引に関する取締役会の承認決議に係る特別の利害関
係の場合と基本的に同様に解されるが（369Ⅱ参照），この典型例として，取引
相手方会社の代表取締役であるが，当該取引を行っていない者等が挙げられて
いる（中村直人編著・監査役・監査委員ハンドブック〔商事法務，2015〕435頁）。

　監査等委員でない取締役との利益相反取引を監査等委員会が承認することに
より，取締役会における当該取引の承認決議に賛成した監査等委員である取締
役の任務懈怠も推定されないこととなるが，それは利益相反取締役の任務懈怠
の推定が排除されることから導かれる効果であり，特別利害関係の問題は生じ

538　　　　　　　　　　　　　　　　　　　　　　　　　　　　〔森　本〕

第 11 節　役員等の損害賠償責任　　　　　　　　　　　　　　　　　§423

ない。

VI　推定規定の適用除外の効果

1　法定推定と事実上の推定

　取締役会の承認を受けた利益相反取引であっても，当該取引により会社に損害が生じたときは，本条 3 項各号の規定により，利益相反取締役，会社が当該取引をすることを決定した取締役，および，当該取引に関する取締役会の承認決議に賛成した取締役の任務懈怠が推定され，これらの取締役が責任を免れるためには任務懈怠がなかったこと（客観的に相当の注意を尽くしたこと）を立証しなければならない。十分な情報を得て当該取引が公正かつ妥当であると合理的に判断したことを証明することにより，任務懈怠の推定を覆すことができる〔☞会社法コンメ(9)§423 II 4(3)(エ)〔268-269 頁〔森本〕〕〕。

　監査等委員会が利益相反取引を承認することにより，関係取締役の任務懈怠の推定が排除される。関係取締役の責任を追及しようとする者（株主代表訴訟の場合には，原告株主）は，当該取締役の任務懈怠について主張立証しなければならない（一問一答平成 26 年 46 頁注 2）。原告株主は，取締役会において十分な情報を得て当該取引が公正かつ妥当であると判断されたわけではないことを立証することとなるが，この場合，広範な経営判断原則の適用が認められるわけではない。したがって，原告株主が，取締役会の承認手続の問題点についてそれなりの主張立証をするときは，被告取締役も，当該取引が公正かつ妥当であると合理的に判断したことをそれなりに根拠付けることも必要となろう。

　監査役会設置会社や指名委員会等設置会社において，取締役会の承認決議に賛成した取締役は，取締役会において，重要事実の開示を受け，さらに，必要に応じて，利益相反取締役や代表取締役（執行役）に質問した上，当該取引が公正かつ妥当であると合理的かつ誠実に判断したことを明らかにすることにより，任務懈怠のなかったことを立証することになろう。これは，監査等委員会が利益相反取引を承認するに際してチェックすべき項目について，事後的に立証することを意味するように思われる。指名委員会等設置会社の監査委員会が，これらの事項をチェックした後，利益相反取引に関して関係執行役や取締役の任務懈怠はなかったとして，不提訴理由書を作成するときは（408 I ①・847 IV），任務懈怠の推定を覆す事実上の効果が認められよう。監査役会設置会社において，社外取締役を中心とする任意の委員会が利益相反取引について承

〔森　本〕

§ 423 　　　　　　　　　　　　　　　　　　第 2 編　株式会社　第 4 章　機関

認する場合も同様の効果が認められないわけではなかろう。このように解する
ときは，監査等委員会が事後的に承認した場合においても，その承認手続の適
正さを明らかにすることにより，任務懈怠の推定を覆すことが容易となろう。

2　本条 4 項と 428 条

428 条 1 項は，利益相反取引のうち自己のためにした直接取引について，利
益相反取締役の本条 1 項の責任は，任務懈怠が当該取締役の責めに帰すること
ができない事由によるものであることをもって免れることはできないものとす
る。

この規定について，多数説は，利益相反取締役の任務懈怠が推定されること
を前提に，自己のためにした直接取引について無過失責任を規定したもの（任
務懈怠の推定は覆されない）と解している〔☞会社法コンメ (9) § 428 II 2〔330–332 頁
〔北村〕〕。本条 4 項により任務懈怠が推定されない場合，利益相反取締役の責
任を追及しようとする者は，任務懈怠について証明しなければならないことと
なるが（一問一答平成 26 年 46 頁注 2），自己のためにした直接取引に係る「利益
吐出し」のために無過失責任構成を採用する多数説は，本条 4 項が 428 条 1 項
の解釈に影響するとは考えていないように思われる。

利益相反取引が公正なものであることを証明するときは，任務懈怠は認めら
れないと解する見解（田中亘「利益相反取引と取締役の責任（上）」商事 1763 号
〔2006〕8–9 頁）によれば，本条 4 項により任務懈怠の推定が排除されるとき
は，責任を追及しようとする者は，善管注意義務違反（故意過失）でなく，当
該取引が（客観的に）公正でなかったことを主張立証することとなるのであろ
うか。

3　小　　括

本条 3 項がなくても，会社に損害が生じたのであるから，利益相反取引に係
る任務懈怠の有無は，関係取締役にとって厳格に判断されることとなろう。他
方，このような規定があっても，公正な手続により取締役会が承認したことを
立証すれば，任務懈怠のないことの反証となろう（任務懈怠のないことの事実上
の推定）。したがって，本条 4 項は，取締役の任務懈怠責任の成否にとって決
定的な意味を有するものではなかろう（郡谷大輔「監査等委員会設置会社制度の創
設」企業会計 67 巻 3 号〔2015〕54 頁）。利益相反取引に係る責任問題にとって，
経営判断原則が利益相反取引に係る任務懈怠の判断にどのように関わるかが重

540　　　　　　　　　　　　　　　　　　　　　　　　　　　　　　　　〔森　本〕

第11節　役員等の損害賠償責任　　　　　　　　　　　　　　　　§425

要であり，任務懈怠の推定排除規定は，会社内の手続と責任関係を複雑にする
だけで，あまり意味がないように思われる。

　わが国の取締役・執行役の利益相反取引に係る規制は，画一的硬直的にすぎ
る（356 I・365・419 II・423 III・428）。立法論的には，業務執行取締役と社外取
締役ないし非業務執行取締役を区別することのほか，開示の効用にも配慮し
て，重要性基準と公正性の基準を基礎に弾力的柔軟なルールの構築が求められ
る。そのような弾力的柔軟なルールが構築されるときは，監査役その他の会社
関係者についても，それに準じたルールを適用することも検討課題となろう。

（森本　滋）

（責任の一部免除）

第425条①　前条の規定にかかわらず，第423条第1項の責任は，当該役員等が
　職務を行うにつき善意でかつ重大な過失がないときは，賠償の責任を負う額から
　次に掲げる額の合計額（第427条第1項において「最低責任限度額」という。）
　を控除して得た額を限度として，株主総会（株式会社に最終完全親会社等（第
　847条の3第1項に規定する最終完全親会社等をいう。以下この節において同
　じ。）がある場合において，当該責任が特定責任（第847条の3第4項に規定す
　る特定責任をいう。以下この節において同じ。）であるときにあっては，当該株
　式会社及び当該最終完全親会社等の株主総会。以下この条において同じ。）の決
　議によって免除することができる。
　1　当該役員等がその在職中に株式会社から職務執行の対価として受け，又は受
　　けるべき財産上の利益の1年間当たりの額に相当する額として法務省令で定め
　　る方法により算定される額に，次のイからハまでに掲げる役員等の区分に応
　　じ，当該イからハまでに定める数を乗じて得た額
　　イ　代表取締役又は代表執行役　6
　　ロ　代表取締役以外の取締役（業務執行取締役等であるものに限る。）又は代
　　　表執行役以外の執行役　4
　　ハ　取締役（イ及びロに掲げるものを除く。），会計参与，監査役又は会計監査
　　　人　2
　2　当該役員等が当該株式会社の新株予約権を引き受けた場合（第238条第3項
　　各号に掲げる場合に限る。）における当該新株予約権に関する財産上の利益に
　　相当する額として法務省令で定める方法により算定される額
②　前項の場合には，取締役（株式会社に最終完全親会社等がある場合において，

〔黒沼〕

§ 425　　　　　　　　　　　　　第2編　株式会社　第4章　機関

同項の規定により免除しようとする責任が特定責任であるときにあっては，当該
株式会社及び当該最終完全親会社等の取締役）は，同項の株主総会において次に
掲げる事項を開示しなければならない。

　1　責任の原因となった事実及び賠償の責任を負う額

　2　前項の規定により免除することができる額の限度及びその算定の根拠

　3　責任を免除すべき理由及び免除額

③　監査役設置会社，監査等委員会設置会社又は指名委員会等設置会社において
　は，取締役（これらの会社に最終完全親会社等がある場合において，第1項の規
　定により免除しようとする責任が特定責任であるときにあっては，当該会社及び
　当該最終完全親会社等の取締役）は，第423条第1項の責任の免除（取締役（監
　査等委員又は監査委員であるものを除く。）及び執行役の責任の免除に限る。）に
　関する議案を株主総会に提出するには，次の各号に掲げる株式会社の区分に応
　じ，当該各号に定める者の同意を得なければならない。

　1　監査役設置会社　監査役（監査役が2人以上ある場合にあっては，各監査
　　役）

　2　監査等委員会設置会社　各監査等委員

　3　指名委員会等設置会社　各監査委員

④　第1項の決議があった場合において，株式会社が当該決議後に同項の役員等に
　対し退職慰労金その他の法務省令で定める財産上の利益を与えるときは，株主総
　会の承認を受けなければならない。当該役員等が同項第2号の新株予約権を当該
　決議後に行使し，又は譲渡するときも同様とする。

⑤　第1項の決議があった場合において，当該役員等が前項の新株予約権を表示す
　る新株予約権証券を所持するときは，当該役員等は，遅滞なく，当該新株予約権
　証券を株式会社に対し預託しなければならない。この場合において，当該役員等
　は，同項の譲渡について同項の承認を受けた後でなければ，当該新株予約権証券
　の返還を求めることができない。

【文献】北村雅史「親会社株主の保護」法時87巻3号（2015）37頁，野田博「社外取締役」鳥山恭
　一＝福島洋尚編・平成26年会社法改正の分析と展望（金判1461号）（2015）12頁

I　改正の趣旨

　本条1項柱書，2項柱書，および3項柱書の改正は，多重代表訴訟の導入に
伴うものである。改正法は，株式会社に最終完全親会社等がある場合の株式会
社の役員等の特定責任について，最終完全親会社等の株主が特定責任追及の訴

542　　　　　　　　　　　　　　　　　　　　　　　　　　　　　〔黒　沼〕

第11節　役員等の損害賠償責任　　　　　　　　　　　　　　　§425

えを提起できるようにした（847の3）。これにもかかわらず，最終完全親会社
等またはその完全子会社等のみをその株主とする当該株式会社の総株主の決議
のみによって当該株式会社の役員等の特定責任の一部を免除することができて
しまうと，多重代表訴訟を創設する意義が減殺されてしまう。そこで，株式会
社に最終完全親会社等がある場合において，当該株式会社の役員等の特定責任
の一部免除をするときは，当該株式会社の株主総会の決議に加えて，当該最終
完全親会社等の株主総会の決議をも要することとした（中間試案補足説明第2部
第1の1⑵。一問一答平成26年195頁）。

　本条1項1号ロ，ハの改正は，社外取締役の要件の変更に伴うものである。
改正法は，社外取締役の要件を厳格化した（2⑮）。このため，これまで社外取
締役とされていた者が社外取締役の要件を充たさないこととなり，このような
者の最低責任限度額が増加することになってしまう。そこで，本改正では，最
低責任限度額の適用区分を見直すこととし，その基準を社外取締役かどうかで
はなく，自ら業務執行を行うかどうかによることとした。自ら業務執行を行わ
ない取締役は，責任が発生するリスクを自ら十分にコントロールすることがで
きる立場にあるとはいえないからである（中間試案補足説明第1部第1の3⑶。一
問一答平成26年128頁）。

　本条3項2号，3号の改正は，監査等委員会設置会社の導入に伴うものであ
る。改正法は，監査等委員会設置会社制度を導入したことから，従来の委員会
設置会社に対する規制と同様に，取締役が役員等の責任の一部免除議案を株主
総会に提出するには，各監査等委員の同意を要することとし（本条Ⅲ②），ま
た委員会設置会社の名称変更に伴い，これを指名委員会等設置会社とした（同
項③）。

Ⅱ　株式会社に最終完全親会社等がある場合の役員等の特定責任の一部免除

　株式会社に最終完全親会社等がある場合の株式会社の役員等の特定責任を，
本条に基づいて一部免除するには，当該株式会社の株主総会において本条によ
る承認決議を得るとともに，最終完全親会社等の株主総会においても本条によ
る承認決議を得なければならない（本条Ⅰ）。最終完全親会社等とは847条の3
第1項に規定する最終完全親会社等をいい，特定責任とは同条4項に規定する
特定責任をいう（本条Ⅰ）。役員等の責任の一部免除につき最終完全親会社等の

〔黒沼〕

§425　　　　　　　　　　第2編　株式会社　第4章　機関

株主総会決議を必要とする範囲を特定責任に限定したのは，最終完全親会社等の株主による責任追及の訴え（847の3）が可能な範囲と一致させるためである。ただし，最終完全親会社等に損害が生じていない（同条Ⅰ②）など，当該最終完全親会社等の株主が責任追及の訴えを提起できない場合にも，本条1項が適用されることに注意を要する。

　責任の一部免除決議に際しては，当該株式会社の株主総会において責任免除額等の開示が行われるだけでなく，最終完全親会社等の株主総会においても同様の開示が行われなければならない（本条Ⅱ）。さらに，当該株式会社が監査役設置会社等であるときに議案の提出に監査役等の同意が必要であるだけでなく，最終完全親会社等が監査役設置会社等であるときは，最終完全親会社等の株主総会への議案の提出に最終完全親会社等の監査役等の同意が必要になる（本条Ⅲ）。

　株式会社の株主総会決議と最終完全親会社等の株主総会決議は，ともに役員等の特定責任の一部免除の要件であり，いずれかを欠くときは，責任の一部免除は効力を有しない。決議内容が同一であれば，2つの株主総会における一部免除の決議の時期に隔たりがあっても，両決議が有効に成立した時点で一部免除の効果が生じると解される。免除額に相違がある場合は，少ない免除額の範囲で一部免除の効果が生じると考えてよいだろう。

　なお，平成27年に会社法施行規則113条1号イが改正され，最低責任限度額の基準となる報酬等の額を算定するのに，最終完全親会社等の株主総会の決議の日を含む事業年度ではなく，当該株式会社の決議の日を含む事業年度を基準とすることとされた。2つの決議の日が異なることによって最低責任限度額が異なることのないようにするためである。

　株主総会によって特定責任の一部免除の決議がされた後に，株式会社が役員等に退職慰労金等を支給したり，役員等が本条1項2号の新株予約権を行使し，または譲渡するときも，当該株式会社の株主総会の承認だけでなく，最終完全親会社等の株主総会の承認を受けなければならない（本条Ⅳ）。本条1項により，本条4項の「株主総会」が「当該株式会社及び当該最終完全親会社等の株主総会」に読み替えられていることに注意されたい。

Ⅲ　業務執行取締役等でない取締役の最低責任限度額

代表取締役および業務執行取締役等以外の取締役の最低責任限度額は，その

544　　　　　　　　　　　　　　　　　　　　　　　　　　　　　　　　〔黒　沼〕

第 11 節　役員等の損害賠償責任　　　　　　　　　　　　　　　　　§426

者が 2 条 15 号に規定する社外取締役であると否とにかかわらず，法務省令で
定める方法により算定される 1 年当たりの報酬等の額に 2 を乗じた額を基礎と
することとされた（本条 I ①ハ）。

　業務執行取締役等とは，業務執行取締役（363 条 1 項各号に掲げる取締役および
当該株式会社の業務を執行したその他の取締役）もしくは執行役または支配人その
他の使用人をいう（2⑮イ）。したがって，使用人兼務取締役は業務執行取締役
等に当たり，その最低責任限度額は報酬等の額に 4 を乗じた額を基礎とする。
従業員出身の取締役であっても業務執行取締役でなく，取締役として業務を執
行したことがなければ，本条 1 項 1 号ハの取締役である。

IV　監査等委員会設置会社における各監査等委員の同意

　監査等委員会設置会社において，取締役が役員等の 423 条 1 項の責任の一部
免除議案を株主総会へ提出するには，各監査等委員の同意を得なければならな
い（本条 III ②）。過度に寛大な責任の一部免除議案が提出されることを防止す
るためである。監査等委員は，同意を与えるかどうかを自らの善管注意義務に
照らして判断することを要し，その判断を誤った場合には任務懈怠責任（423
I）を問われる可能性がある。

　監査等委員である取締役の責任の一部免除議案を提出するには，各監査等委
員の同意を得る必要はない（本条 III 柱書）。監査等委員でない取締役と監査等
委員である取締役との間には「馴れ合いの危険」がないからであろう。

（黒沼悦郎）

（取締役等による免除に関する定款の定め）

第 426 条①　第 424 条の規定にかかわらず，監査役設置会社（取締役が 2 人以上
　ある場合に限る。），監査等委員会設置会社又は指名委員会等設置会社は，第 423
　条第 1 項の責任について，当該役員等が職務を行うにつき善意でかつ重大な過失
　がない場合において，責任の原因となった事実の内容，当該役員等の職務の執行
　の状況その他の事情を勘案して特に必要と認めるときは，前条第 1 項の規定によ
　り免除することができる額を限度として取締役（当該責任を負う取締役を除
　く。）の過半数の同意（取締役会設置会社にあっては，取締役会の決議）によっ
　て免除することができる旨を定款で定めることができる。

〔黒　沼〕

§426　　　　　　　　　　　　　　　第2編　株式会社　第4章　機関

② 前条第3項の規定は，定款を変更して前項の規定による定款の定め（取締役
（監査等委員又は監査委員であるものを除く。）及び執行役の責任を免除すること
ができる旨の定めに限る。）を設ける議案を株主総会に提出する場合，同項の規
定による定款の定めに基づく責任の免除（取締役（監査等委員又は監査委員であ
るものを除く。）及び執行役の責任の免除に限る。）についての取締役の同意を得
る場合及び当該責任の免除に関する議案を取締役会に提出する場合について準用
する。この場合において，同条第3項中「取締役（これらの会社に最終完全親会
社等がある場合において，第1項の規定により免除しようとする責任が特定責任
であるときにあっては，当該会社及び当該最終完全親会社等の取締役）」とある
のは，「取締役」と読み替えるものとする。

③ 第1項の規定による定款の定めに基づいて役員等の責任を免除する旨の同意
（取締役会設置会社にあっては，取締役会の決議）を行ったときは，取締役は，
遅滞なく，前条第2項各号に掲げる事項及び責任を免除することに異議がある場
合には一定の期間内に当該異議を述べるべき旨を公告し，又は株主に通知しなけ
ればならない。ただし，当該期間は，1箇月を下ることができない。

④ 公開会社でない株式会社における前項の規定の適用については，同項中「公告
し，又は株主に通知し」とあるのは，「株主に通知し」とする。

⑤ 株式会社に最終完全親会社等がある場合において，第3項の規定による公告又
は通知（特定責任の免除に係るものに限る。）がされたときは，当該最終完全親
会社等の取締役は，遅滞なく，前条第2項各号に掲げる事項及び責任を免除する
ことに異議がある場合には一定の期間内に当該異議を述べるべき旨を公告し，又
は株主に通知しなければならない。ただし，当該期間は，1箇月を下ることがで
きない。

⑥ 公開会社でない最終完全親会社等における前項の規定の適用については，同項
中「公告し，又は株主に通知し」とあるのは，「株主に通知し」とする。

⑦ 総株主（第3項の責任を負う役員等であるものを除く。）の議決権の100分の
3（これを下回る割合を定款で定めた場合にあっては，その割合）以上の議決権
を有する株主が同項の期間内に同項の異議を述べたとき（株式会社に最終完全親
会社等がある場合において，第1項の規定による定款の定めに基づき免除しよう
とする責任が特定責任であるときにあっては，当該株式会社の総株主（第3項の
責任を負う役員等であるものを除く。）の議決権の100分の3（これを下回る割
合を定款で定めた場合にあっては，その割合）以上の議決権を有する株主又は当
該最終完全親会社等の総株主（第3項の責任を負う役員等であるものを除く。）
の議決権の100分の3（これを下回る割合を定款で定めた場合にあっては，その
割合）以上の議決権を有する株主が第3項又は第5項の期間内に当該各項の異議
を述べたとき）は，株式会社は，第1項の規定による定款の定めに基づく免除を

546　　　　　　　　　　　　　　　　　　　　　　　　　　　　　　〔黒　沼〕

第 11 節　役員等の損害賠償責任　　　　　　　　　　　　　　　　§ 426

してはならない。

⑧　前条第 4 項及び第 5 項の規定は，第 1 項の規定による定款の定めに基づき責任
を免除した場合について準用する。

I　改正の趣旨

　改正法による本条の改正点には，監査等委員会設置会社の導入に伴うもの
と，多重代表訴訟の導入に伴うものとがある。

　本条による役員等の責任の一部免除は，監査役設置会社と委員会設置会社の
みに認められていた。取締役の判断だけでは恣意的な責任免除が行われる危険
性が高いからである。本改正により導入された監査等委員会設置会社は，監査
役設置会社や委員会設置会社（本改正後の指名委員会等設置会社）と同程度に監
査監督権限が強化されていると考えられたため，監査等委員会設置会社にも本
条による責任の一部免除が認められた（本条 I）。

　改正法は，株式会社に最終完全親会社等がある場合の株式会社の役員等の特
定責任について，最終完全親会社等の株主が特定責任追及の訴えを提起できる
ようにした（847 の 3）。最終完全親会社等のある株式会社について，本条の定
める定款の規定と取締役会決議による役員等の責任の一部免除がなされると，
最終完全親会社等の株主の意向を無視した責任の一部免除が行われ，多重代表
訴訟を創設する意義が減殺されるおそれがある。本条による責任の一部免除に
最終完全親会社等の株主の意思を反映させる手段としては，定款変更の際に最
終完全親会社等の株主総会決議を要求することも考えられる。しかし，定款変
更の時点においては，役員等の特定責任を一部免除する具体的な必要性が生じ
ていないことから，この時点で最終完全親会社等の株主総会決議を要する必要
はないと考えられた（一問一答平成 26 年 198 頁注）。これに対し，定款規定と取
締役会決議に基づく責任の一部免除については，株主の異議手続が設けられて
いるので，当該株式会社の役員等の特定責任を一部免除する具体的な必要性が
問われる段階である異議手続について，最終完全親会社等の株主も異議を述べ
ることができるとすることが，改正前法の趣旨に照らして適切であると考えら
れた（一問一答平成 26 年 197 頁）。そこで，最終完全親会社等のある株式会社の
役員等の特定責任を本条により一部免除する際に，株主の異議手続を当該株式
会社と最終完全親会社等の双方で行うこと（本条 V-Ⅶ）が定められた。

〔黒沼〕

§426   第2編　株式会社　第4章　機関

II　監査等委員会設置会社における役員等の責任の一部免除

　本改正で導入された監査等委員会設置会社は，本条に基づき，定款規定と取
締役会決議により，役員等の423条1項に基づく責任の一部免除をすることが
できる（本条 I）。取締役会決議による責任の一部免除に監査等委員の同意を要
求することにより，恣意的な責任免除の判断が行われる危険を防止できるから
である。
　監査等委員会設置会社において，取締役会決議により役員等の責任を一部免
除するには，まずそのことを可能にする定款規定が必要であるが，取締役が，
取締役（監査等委員を除く）の責任を免除することができる旨の定めを設ける定
款変更議案を株主総会に提出するには，各監査等委員の同意を要する（本条
II・425 III）。取締役が，同様の役員等の責任の免除に関する議案を取締役会に
提出する際にも，各監査等委員の同意を要する（本条 II・425 III）。ともに，取
締役間の馴れ合いを防止するためである。
　なお，本条2項第2文は，取締役会決議による責任の一部免除では，その責
任が特定責任に当たる場合であっても最終完全親会社等の取締役会における手
続を要しないため，425条3項を準用するに当たり規定の読替えを定めるもの
である。

III　株式会社に最終完全親会社等がある場合の株主の異議手続等

　株式会社に最終完全親会社等がある場合に，当該株式会社の役員等の特定責
任を一部免除する決定を，本条に基づいて取締役会決議（取締役会非設置会社に
おいては取締役の過半数の同意）により行ったときには，当該株式会社の取締役
が株主の異議手続を開始するとともに（本条 III），最終完全親会社等の取締役
が最終完全親会社等の株主の異議手続を行わなければならない（本条 V–VII）。
最終完全親会社等とは847条の3第1項に規定する最終完全親会社等をいい，
特定責任とは同条4項に規定する特定責任をいう（425 I）。役員等の責任の一
部免除につき最終完全親会社等の株主の異議手続を必要とする範囲を特定責任
に限定したのは，最終完全親会社等の株主による責任追及の訴え（847の3）が
可能な範囲と一致させるためである。ただし，最終完全親会社等に損害が生じ

548   〔黒沼〕

第11節　役員等の損害賠償責任　　　　　　　　　　　　　　　　　　§427

ていない（同条I②）など，当該最終完全親会社等の株主が責任追及の訴えを提起できない場合にも，本条5項以下が適用されることに注意を要する。

　最終完全親会社等における手続は次のとおりである。株式会社において株主の異議手続のための公告・通知がなされたときは，当該最終完全親会社等の取締役は，遅滞なく，①責任原因事実，②賠償責任を負うべき額，③責任を免除することができる限度額およびその算定の根拠，④責任を免除すべき理由，⑤責任免除額，および⑥責任免除に異議があれば，一定の期間内（1か月以上でなければならない）に述べるべき旨を，公告し，または株主に通知する（本条V）。公開会社でない最終完全親会社等においては，株主への通知が求められる（本条VI）。

　そして，株式会社と最終完全親会社等のいずれか一方で，総株主（責任の一部免除の対象となっている役員等を除く）の議決権の3パーセント（定款でこれを下回る割合を定めた場合は，その割合）以上を有する株主が，異議申立期間内に異議を述べたときは，株式会社は取締役会決議等による責任の一部免除をしてはならない（本条VII）。これに反して株式会社が一部免除の意思表示をしたとしても，その効力は認められない。株式会社の株主の異議手続と最終完全親会社等の株主の異議手続は，ともに本条により役員等の責任の一部免除が認められるための要件であるから，いずれかの異議手続を欠くときも，責任の一部免除は効力を有しない。

　株式会社に最終完全親会社等がある場合において，取締役会決議による役員等の特定責任の一部免除を行った後に，株式会社が役員等に退職慰労金等を支給したり，役員等が425条1項2号の新株予約権を行使し，または譲渡するときも，当該株式会社の株主総会の承認だけでなく，最終完全親会社等の株主総会の承認を受けなければならない（本条VIII・425 IV）。425条1項により，同条4項の「株主総会」が「当該株式会社及び当該最終完全親会社等の株主総会」に読み替えられていることに注意されたい。

（黒沼悦郎）

（責任限定契約）
第427条① 　第424条の規定にかかわらず，株式会社は，取締役（業務執行取締役等であるものを除く。），会計参与，監査役又は会計監査人（以下この条及び第911条第3項第25号において「非業務執行取締役等」という。）の第423条第1

§427　　　　　　　　　　　　　　　　　　　　第2編　株式会社　第4章　機関

項の責任について，当該非業務執行取締役等が職務を行うにつき善意でかつ重大
な過失がないときは，定款で定めた額の範囲内であらかじめ株式会社が定めた額
と最低責任限度額とのいずれか高い額を限度とする旨の契約を非業務執行取締役
等と締結することができる旨を定款で定めることができる。

② 前項の契約を締結した非業務執行取締役等が当該株式会社の業務執行取締役等
に就任したときは，当該契約は，将来に向かってその効力を失う。

③ 第425条第3項の規定は，定款を変更して第1項の規定による定款の定め（同
項に規定する取締役（監査等委員又は監査委員であるものを除く。）と契約を締
結することができる旨の定めに限る。）を設ける議案を株主総会に提出する場合
について準用する。この場合において，同条第3項中「取締役（これらの会社に
最終完全親会社等がある場合において，第1項の規定により免除しようとする責
任が特定責任であるときにあっては，当該会社及び当該最終完全親会社等の取締
役）」とあるのは，「取締役」と読み替えるものとする。

④ 第1項の契約を締結した株式会社が，当該契約の相手方である非業務執行取締
役等が任務を怠ったことにより損害を受けたことを知ったときは，その後最初に
招集される株主総会（当該株式会社に最終完全親会社等がある場合において，当
該損害が特定責任に係るものであるときにあっては，当該株式会社及び当該最終
完全親会社等の株主総会）において次に掲げる事項を開示しなければならない。

1 第425条第2項第1号及び第2号に掲げる事項

2 当該契約の内容及び当該契約を締結した理由

3 第423条第1項の損害のうち，当該非業務執行取締役等が賠償する責任を負
わないとされた額

⑤ 第425条第4項及び第5項の規定は，非業務執行取締役等が第1項の契約に
よって同項に規定する限度を超える部分について損害を賠償する責任を負わない
とされた場合について準用する。

【文献】前田雅弘「企業統治」ジュリ1472号（2014）18頁，野村修也＝奥山健志編著・平成26年改
正会社法〔規則対応補訂版〕（有斐閣，2015）59頁［白根央］，太田洋＝髙木弘明編著・平成26年
会社法改正と実務対応〔改訂版〕（商事法務，2015）113頁，野田博「社外取締役」鳥山恭一＝福
島洋尚編・平成26年会社法改正の分析と展望（金判1461号）（2015）12頁

I　改正の趣旨

改正法による本条の改正点には，社外取締役・社外監査役の要件の変更に伴
うもの，監査等委員会設置会社の導入に伴うものと，多重代表訴訟の導入に伴

550　　　　　　　　　　　　　　　　　　　　　　　　　　　　　　　〔黒　沼〕

第 11 節　役員等の損害賠償責任　　　　　　　　　　　　　　　　§427

うものがある。

　改正法は，社外取締役・社外監査役の要件を厳格化した（2⑮⑯）。このた
め，これまで社外取締役・社外監査役とされていた者が社外取締役・社外監査
役の要件を充たさないこととなり，このような者が株式会社と責任限定契約を
締結することができなくなってしまう。そこで，本改正では，責任限定契約の
締結要件を見直すこととし，その基準を社外取締役・社外監査役かどうかでは
なく，自ら業務執行を行うかどうかによることとした。自ら業務執行を行わな
い者は，責任が発生するリスクを自ら十分にコントロールすることができる立
場にあるとはいえないからである（中間試案補足説明第 1 部第 1 の 3⑶。一問一答
平成 26 年 129 頁）。この結果，社外取締役に代えて業務執行を行わない取締役
が，社外監査役に代えて監査役（監査役は会社の業務を執行することができない）
が，株式会社と責任限定契約を締結できることとされた（本条Ⅰ）。

　本条の改正としては，3 項中の「監査等委員」の語にしか現れていないが，
本条 3 項が準用する 425 条 3 項により，本改正で導入された監査等委員会設置
会社において，取締役と責任限定契約を締結するために定款変更議案を株主総
会へ提出するには，各監査等委員の同意が必要である旨が規定された。馴れ合
い防止のためである。

　改正法は，株式会社に最終完全親会社等がある場合の株式会社の役員等の特
定責任について，最終完全親会社等の株主が特定責任追及の訴えを提起できる
ようにした（847 の 3）。最終完全親会社等のある株式会社について，役員等と
の間で本条の定める責任限定契約が締結されると，最終完全親会社等の株主の
意向を無視した責任の一部免除が行われ，多重代表訴訟を創設する意義が減殺
されるおそれがある。本条による責任限定契約に最終完全親会社等の株主の意
思を反映させる手段としては，定款変更の際に最終完全親会社等の株主総会決
議を要求することも考えられる。しかし，定款変更の時点においては，責任限
定契約によって役員等の特定責任を一部免除する具体的な必要性が生じていな
いことから，この時点で最終完全親会社等の株主総会決議を要する必要はない
と考えられた（一問一答平成 26 年 199 頁注）。これに対し，責任限定契約の発動
による責任の一部免除が行われたときには，株主総会において責任原因事実等
の一定の事項を開示しなければならないとされているので（改正前本条Ⅳ），株
式会社の役員等の特定責任について責任限定契約が発動された後の開示を，最
終完全親会社等の株主総会においても行うことが適切であると考えられた（一
問一答平成 26 年 199 頁）。そこで，最終完全親会社等のある株式会社の役員等の

〔黒　沼〕

§427

特定責任について責任限定契約による一部免除が行われた場合に，事後の開示手続を当該株式会社の株主総会と最終完全親会社等の株主総会の双方で行うこと（本条Ⅳ）が定められた。

Ⅱ　業務執行取締役等以外の取締役・監査役との間の責任限定契約

　業務執行取締役等以外の取締役および監査役は，株式会社との間で，本条に従い，責任限定契約を締結することができる（本条Ⅰ）。改正法は，責任限定契約を締結できる業務執行取締役等以外の取締役，会計参与，監査役，または会計監査人を，「非業務執行取締役等」とよんでいる（本条Ⅰ）。業務執行取締役等とは，業務執行取締役（363条1項各号に掲げる取締役および当該株式会社の業務を執行したその他の取締役）もしくは執行役または支配人その他の使用人をいう（2⑮イ）。代表取締役は，363条1項1号に掲げる取締役として業務執行取締役に含まれるので，本条の取締役は，書き振りは異なるが，最低責任限度額が報酬等の2年分を基準とする425条1項1号ハの取締役と範囲が一致する。従業員出身の取締役であっても業務執行取締役でなく，取締役として業務を執行したことがなければ，責任限定契約を締結することができる。

　非業務執行取締役等が当該株式会社の業務執行取締役等に就任したときは，責任限定契約は，将来に向かって効力を失う（本条Ⅱ）。当該取締役が業務執行取締役等に就任したとはいえない場合であっても，会社の業務を執行すれば，「業務執行取締役等以外の取締役」の地位を失うので，責任限定契約は，やはり将来に向かって効力を失うと考えられる。本改正前は，責任限定契約を締結した取締役等が，当該株式会社の子会社の業務執行取締役等に就任したときも，責任限定契約は将来に向かって効力を失うとされていた（改正前本条Ⅱ）。これは社外取締役が子会社の業務執行取締役等に就任すると社外取締役の要件を充たさなくなるからであった。これに対し，改正法の下では，業務執行取締役等以外の取締役が子会社の業務執行取締役等に就任しても前者の資格を失うわけではないので，責任限定契約は効力を失わないこととされた（一問一答平成26年132頁）。

第11節　役員等の損害賠償責任　　　　　　　　　　　　　　　　§427

III　監査等委員会設置会社における各監査等委員の同意

　監査等委員会設置会社において，取締役が，監査等委員以外の取締役と責任限定契約を締結することができる旨の定款の定めを設ける議案を株主総会に提出するには，各監査等委員の同意を得なければならない（本条3項による425条3項の準用）。取締役間の馴れ合いを防止するためである。

　なお，本条3項2文は，責任限定契約による責任の一部免除では，その責任が特定責任に当たる場合であっても最終完全親会社等の取締役会における手続を要しないため，425条3項を準用するに当たり読替えを定めるものである。

IV　株式会社に最終完全親会社等がある場合の事後の開示等

　株式会社に最終完全親会社等がある場合において，株式会社が，責任限定契約の相手方である非業務執行取締役等が任務を怠ったことにより損害を受けたことを知ったときであって，当該損害が特定責任に係るものであるときは，その後最初に招集される当該株式会社の株主総会および当該最終完全親会社等の株主総会において，①責任原因事実，②賠償責任を負うべき額，③責任を免除することができる限度額およびその算定根拠，④責任限定契約の内容および当該契約を締結した理由，⑤損害のうち当該非業務執行取締役等が責任を負わないとされた額を開示しなければならない（本条IV）。株式会社の非業務執行取締役等の特定責任追及の訴えを提起することができる最終完全親会社等の株主に，責任限定契約による責任の一部免除が行われたことを知らせるためである。

　株式会社の株主総会で事後の開示が行われることにより，当該株式会社の株主は，定款による責任限定契約の授権の適否を再考することができ，場合によっては株主のイニシアティブで定款変更を行うことが期待される。これに対して最終完全親会社等の株主には，株式会社の定款を変更する権限が与えられていない。本条4項は多重代表訴訟の導入に伴って改正されたものであるが，最終完全親会社等の株主に多重代表訴訟の提起権が与えられていることと，責任限定契約の事後報告を受けることとの間でつり合いがとれているか，はなはだ疑問である。このように事後の開示が最終完全親会社等の株主の利益保護にとって不十分であること，責任限定契約を授権する定款規定が設けられれば責

〔黒　沼〕　　　　　　　　　　　　　　　　　　　　　　　　　　553

§ 429   第2編　株式会社　第4章　機関

任限定契約が締結される蓋然性が高いことを考えると，立法論としては，定款
変更の段階で，最終完全親会社等の株主総会の承認を求めるべきであったと考
える。

　本条4項により最終完全親会社等の株主総会における事後の開示が求められ
るのは，株式会社の受けた損害が特定責任に係るものである場合に限られ，特
定責任とは，847条の3第4項に規定する特定責任をいう (425 I)。このよう
な限定を行ったのは，最終完全親会社等の株主総会における事後の開示が求め
られる範囲と，最終完全親会社等の株主による責任追及の訴え (847の3) が可
能な範囲を一致させるためである。ただし，最終完全親会社等に損害が生じて
いない (同条 I ②) など，当該最終完全親会社等の株主が責任追及の訴えを提
起できない場合にも，本条4項が適用されることに注意を要する。最終完全親
会社等の取締役が事後の開示を怠れば任務懈怠責任を問われるが，それにより
責任限定契約による責任の一部免除の効果が影響を受けることはない。

　なお，株式会社に最終完全親会社等がある場合において，責任限定契約によ
り役員等の423条1項の責任の一部免除の効力が生じた後に，株式会社が役員
等に退職慰労金等を支給したり，役員等が425条1項2号の新株予約権を行使
し，または譲渡するときは，当該株式会社の株主総会の承認だけでなく，最終
完全親会社等の株主総会の承認を受けなければならない (本条 V・425 IV)。425
条1項により，同条4項の「株主総会」が「当該株式会社及び当該最終完全親
会社等の株主総会」に読み替えられていることに注意されたい。

（黒沼悦郎）

（役員等の第三者に対する損害賠償責任）

第429条①　役員等がその職務を行うについて悪意又は重大な過失があったとき
　は，当該役員等は，これによって第三者に生じた損害を賠償する責任を負う。
②　次の各号に掲げる者が，当該各号に定める行為をしたときも，前項と同様とす
　る。ただし，その者が当該行為をすることについて注意を怠らなかったことを証
　明したときは，この限りでない。
1　取締役及び執行役　次に掲げる行為
　イ　株式，新株予約権，社債若しくは新株予約権付社債を引き受ける者の募集
　　をする際に通知しなければならない重要な事項についての虚偽の通知又は当
　　該募集のための当該株式会社の事業その他の事項に関する説明に用いた資料

554   〔舩　津〕

第11節　役員等の損害賠償責任　　　　　　　　　　　　　　§429

　　　　についての虚偽の記載若しくは記録
　　ロ　計算書類及び事業報告並びにこれらの附属明細書並びに臨時計算書類に記
　　　載し，又は記録すべき重要な事項についての虚偽の記載又は記録
　　ハ　虚偽の登記
　　ニ　虚偽の公告（第440条第3項に規定する措置を含む。）
　2　会計参与　計算書類及びその附属明細書，臨時計算書類並びに会計参与報告
　　に記載し，又は記録すべき重要な事項についての虚偽の記載又は記録
　3　監査役，監査等委員及び監査委員　監査報告に記載し，又は記録すべき重要
　　な事項についての虚偽の記載又は記録
　4　会計監査人　会計監査報告に記載し，又は記録すべき重要な事項についての
　　虚偽の記載又は記録

　本改正によって，本条2項が定める役員等の第三者に対する特別の損害賠償
責任のうち，監査報告の虚偽記載等に関する責任主体として，本改正により導
入された監査等委員会設置会社の監査等委員が追加されている。監査等委員会
設置会社においては，監査等委員会が監査報告の作成主体となる（399の2Ⅲ
①）ためである。

　　　　　　　　　　　　　　　　　　　　　　　　　　　　（舩津浩司）

〔舩　津〕　　　　　　　　　　　　　　　　　　　　　　　　　　　555

会社計算 §6　　　　　　　　　　　　　　　　第2編　会計帳簿　第2章　資産及び負債

第10巻（§§431-444）・第11巻（§§445-465）増補 ─────────

（負債の評価）

会社計算第6条①　負債については，この省令又は法以外の法令に別段の定めが
ある場合を除き，会計帳簿に債務額を付さなければならない。

② 　次に掲げる負債については，事業年度の末日においてその時の時価又は適正な
価格を付すことができる。

1　退職給付引当金（使用人が退職した後に当該使用人に退職一時金，退職年金
その他これらに類する財産の支給をする場合における事業年度の末日において
繰り入れるべき引当金をいう。第75条第2項第2号において同じ。）その他の
将来の費用又は損失の発生に備えて，その合理的な見積額のうち当該事業年度
の負担に属する金額を費用又は損失として繰り入れることにより計上すべき引
当金（株主等に対して役務を提供する場合において計上すべき引当金を含
む。）

2　払込みを受けた金額が債務額と異なる社債

3　前2号に掲げる負債のほか，事業年度の末日においてその時の時価又は適正
な価格を付すことが適当な負債

I　改正の背景・経緯・趣旨・概要

　2012年5月17日に企業会計基準委員会・企業会計基準第26号「退職給付
に関する会計基準」が改正され，未認識数理計算上の差異および未認識過去勤
務費用を，税効果を調整の上，純資産の部（その他の包括利益累計額）に計上す
ることとし，積立状況を示す額をそのまま負債（または資産）として計上する
こととされた（同会計基準13項・24項また書・25項また書参照）。

　ただし，個別財務諸表においては，当面の間，従来と同じ取扱いがなされ
る。すなわち，個別貸借対照表上は，退職給付債務に未認識数理計算上の差異
および未認識過去勤務費用を加減した額から，年金資産の額を控除した額を負
債として計上する（ただし，年金資産の額が退職給付債務に未認識数理計算上の差異
および未認識過去勤務費用を加減した額を超える場合には，資産として計上する）。そ
して，個別貸借対照表に負債として計上される額は「退職給付引当金」の科目
をもって固定負債に計上する（退職給付に関する会計基準39項）［☞会社計算
§74・75］。

556　　　　　　　　　　　　　　　　　　　　　　　　　　　　　〔弥　永〕

第1節　資産及び負債の評価　第1款　通則　　　　　　　　　　会社計算§6

　これを受けて，平成25年法務省令第16号により，会社計算規則75条2項2号にニとして「退職給付引当金（連結貸借対照表にあっては，退職給付に係る負債）」が追加され，同号ハの括弧書でハの引当金から除くものとして「ニに掲げる退職給付引当金」が追加された。これを前提として，（平成30年改正前）本条2項1号イ括弧書に「第75条第2項第2号において同じ」という文言が追加された。

　もっとも，これらの改正は，資産または負債として計上されるべき項目について，それぞれ，どの細目に属するものかを明らかにするものにすぎず，どのような金額で計上すべきかは，会社計算規則5条および6条を含む「一般に公正妥当と認められる企業会計の慣行」に従うものとされている。

　なお，企業会計基準第29号「収益認識に関する会計基準」および企業会計基準適用指針第30号「収益認識に関する会計基準の適用指針」（2018年3月30日）により，返品されないことが見込まれる製品および商品にかかる対価の額で収益を認識する（すなわち，返品されることが見込まれる製品および商品については，収益〔売上高〕を認識しない）とされ（同会計基準26項，同適用指針85項），また，返品調整引当金が廃止された。そこで，平成30年法務省令第27号により，本条2項1号が改正された。すなわち，返品調整引当金の例示（改正前同号ロ）が削除され，「将来の費用又は損失」の後の「（収益の控除を含む……）」という文言も削除された。

II　論　　点

　「退職給付引当金」および「退職給付に係る負債」は，本条を含む「一般に公正妥当と認められる企業会計の慣行」に従って，計上される。なお，会社計算規則の「用語の解釈及び規定の適用に関しては，一般に公正妥当と認められる企業会計の基準その他の企業会計の慣行をしん酌しなければならない」（同則3）とされており，少なくとも有価証券報告書提出会社については，単体の計算書類との関係では「退職給付に関する会計基準」が唯一の「一般に公正妥当と認められる企業会計の基準」に該当し，連結計算書類との関係でも，金融商品取引法上，指定国際会計基準，修正国際基準または米国基準により連結財務諸表を作成する会社を除き，同様に解することができる。

　一般に公正妥当と認められる企業会計の基準その他の一般に公正妥当と認められる企業会計の慣行を踏まえて，単体の計算書類との関係では，「退職給付

〔弥永〕

557

会社計算§21　　　　　　　　　　　第2編　会計帳簿　第3章　純資産

引当金」には適正な価格を付すことができるのは当然である（本条Ⅱ①）。他方，連結計算書類との関係での「退職給付に係る負債」は，金融商品取引法上，指定国際会計基準，修正国際基準または米国基準により連結財務諸表を作成する会社を除き，「退職給付に関する会計基準」を前提としており，有価証券報告書提出会社でない会社であっても「退職給付に関する会計基準」に従って，計上すべきであるという解釈の余地がある。いずれにしても，本条2項3号により，「退職給付に係る負債」には適正な価格を付すことができ，また，一般に公正妥当と認められる企業会計の慣行を踏まえると，債務額（本条Ⅰ）ではなく，適正な価格を付さなければならないと解すべきである。

(弥永真生)

（設立時又は成立後の株式の交付に伴う義務が履行された場合）

会社計算第21条　次に掲げる義務が履行された場合には，株式会社のその他資本剰余金の額は，当該義務の履行により株式会社に対して支払われた金銭又は給付された金銭以外の財産の額が増加するものとする。

1　法第52条第1項の規定により同項に定める額を支払う義務（当該義務を履行した者が法第28条第1号の財産を給付した発起人である場合における当該義務に限る。）

2　法第52条の2第1項各号に掲げる場合において同項の規定により当該各号に定める行為をする義務

3　法第102条の2第1項の規定により同項に規定する支払をする義務

4　法第212条第1項各号に掲げる場合において同項の規定により当該各号に定める額を支払う義務

5　法第213条の2第1項各号に掲げる場合において同項の規定により当該各号に定める行為をする義務

6　法第285条第1項各号に掲げる場合において同項の規定により当該各号に定める額を支払う義務

7　新株予約権を行使した新株予約権者であって法第286条の2第1項各号に掲げる者に該当するものが同項の規定により当該各号に定める行為をする義務

〔久　保〕

第1節 株式会社の株主資本 第1款 株式の交付等 会社計算§21

I　本条の趣旨

　株式や新株予約権の発行などに際し会社に対して株式や新株予約権の引受人などから交付される対価が違法に著しく低い場合，会社法は一定の範囲の者に対して不足額等を支払う義務を課している。本条は，かかる義務が当該引受人またはそれと同視すべき者によって履行された場合に，その会計処理として会社が受領した金銭などの財産の額をその他資本剰余金に計上すべきことを定める。

　改正前会社計算規則には現在の1号，4号，6号に相当する事由のみが定められていたが，本改正において仮装払込みに関する責任の規定が導入されたことにより2号，3号，5号，7号の規定が追加されている。そのほか，1号，4号，6号について形式的な改正が加えられている。

II　本条による会計処理の対象となる義務の履行の範囲

　本条による会計処理の対象となる義務の履行の範囲については，本条各号が定めている。これらを義務の発生局面にそって整理すると，設立時の株式発行の場面（本条①‐③），会社成立後の募集株式の発行等の場面（本条④⑤），新株予約権の発行およびその行使の場面（本条⑥⑦）に分けることができる。また義務の発生根拠となる事実にそって整理すると，取締役と通じて著しく不公正な払込額が定められた（ないし無償であることが不公正な条件である）場合（本条4号が掲げる212条1項1号，本条6号が掲げる285条1項1号・2号），現物出資の目的物の価額が本来あるべき額に著しく不足する場合（本条1号が掲げる52条1項，本条4号が掲げる212条1項2号，本条6号が掲げる285条1項3号），および払込みや現物出資財産の給付が仮装された場合（本条2号が掲げる52条の2第1項各号，本条3号が掲げる102条の2第1項，本条5号が掲げる213条の2第1項各号，本条7号が掲げる286条の2第1項各号）の3つがある。それぞれの責任の詳細な内容については，各法条の解説を参照されたい。

　本条各号に定められている義務は，いずれも本来適切な額の払込みないし給付をなすべきであった者（募集新株予約権に対する払込みの仮装に関しては，当該払込みの仮装につき悪意重過失で当該新株予約権を譲り受け，行使した者を含む。本条⑦，会286の2Ⅰ①）に対して課される義務のみである。例えば，本条1号にお

〔久　保〕

会社計算§21　　　　　　　　　　第2編　会計帳簿　第3章　純資産

いては52条1項の責任（設立時において現物出資財産の価額が著しく不足する場合の責任）を不適切な現物出資を行った発起人自身が履行した場合のみに限定しており（本条①括弧書），設立時取締役が義務を履行した場合を明確に排除している。また本条2号の払込等の仮装についても，当該仮装を行った発起人自身の責任について規定する52条の2第1項のみが規定されており，当該仮装に関与した他の発起人や設立時取締役の責任に関する同条2項は規定されていない。本条3号以下においても同様の区別がされている。以上の文理からすれば，本条は本来適切に払込みや現物出資財産の給付を行うべきであった者が責任を履行した場合にのみ当該履行額をその他資本剰余金に組み入れるよう規定していると解され，拡張解釈などによってその他の者による履行について本条を適用（ないし類推適用）することはできない。本来適切に払込等を行うべきであった者以外によって責任が履行された場合には損害賠償と同様の取扱いがされる。すなわち，当該額が支払事業年度の特別利益に計上され，最終的にはその他利益剰余金に組み入れられることになる（法務省令78頁，コンメ商施規198-199頁）。

　もっとも，同一の原因によって生じた「損害」に対する補てんであるにもかかわらず，誰によって履行されるかという事情によって会社の利益額が変化するのは，いささか奇異に映る。立法論ではあるが，本来なされるべき資本取引において生じた不足を補てんするものであるという点を捉えるなら，誰によって責任が履行された場合であったとしても資本項目として表示されるようにするのが適切ではないか，との指摘も可能であるように思われる。

III　本条による会計処理

　本条各号に規定されている義務が履行された場合，当該義務の履行によって株式会社に支払われた金銭または給付された財産の額が，当該株式会社のその他資本剰余金の額の増加額とされる（本条柱書）。この点に関し，改正前会社計算規則には，現在の1号，4号，6号に相当する規定においてそれぞれ「額の全部又は一部を支払う義務」と規定されていたが，「額を支払う義務」とあらためている。これは，「全部又は一部」の文言がなくとも，それぞれの規定に従って支払われた額についてはそれが全額であるか一部の額であるかにかかわらず本条柱書によってその他資本剰余金として会計処理されることが明確であるためである。この改正は規律内容の実質的な変更ではない（法務省令平成26

560　　　　　　　　　　　　　　　　　　　　　　　　　　　　〔久　保〕

第 3 節　株式会社の連結計算書類　　　　　　　　　　　　　会社計算 §61

年 56 頁注 121)。

　義務の履行についての会計処理は，本条のような解決が唯一の論理的解決ではなく，資本金等増加限度額を増加させる（最終的には資本金ないし資本準備金の額に組み入れる）という選択肢もあり得る [☞ 会社法コンメ ⑪ 会社計算 §21〔23 頁〔神田秀樹〕〕]。

　しかし本条はそのような解決を採用していない。これは，本条各号の掲げる責任が会社財産確保のためというよりは株主間の公平を図るためのものであるからとの指摘がある（コンメ商施規 198 頁）。すなわち，本条各号の掲げる責任はいずれも免除可能である（例えば，本条 1 号の掲げる 52 条 1 項の責任は 55 条により総株主の同意があれば免除が可能である。また本条 4 号の掲げる 212 条 1 項各号の責任や本条 6 号の掲げる 285 条 1 項各号の責任については免除要件の強化についての定めもない）。債権者保護のために定められた責任である 462 条 1 項の責任のうち分配可能額を超える部分について総株主の同意によっても免除できないこと（462 Ⅲ）との比較からすれば，本条各号の掲げる責任がいずれも免除可能とされることから，その目的はいずれも株主間の公平の確保であろうと考えられることになる。この考え方を前提にしつつ，本条各号の掲げる責任が履行された場合に，債権者保護のために資本金ないし資本準備金として資金を拘束する必要はない，と判断しているのであろう。

　もっとも，本条各号の掲げる責任がいずれも免除可能であり，その点で債権者保護の観点が後退している点はそのとおりであるが，そこから論理必然的に資金拘束を図る必要がないとの結論が導かれるわけではない。本条各号の掲げる責任がいずれも本来適切に出資されるべき財産を回復するためのものであるとすれば，回復された財産の会計処理についても本来なされるべきであったのと同様に資本金等増加限度額の増加として処理すべきだ，という立論もそれなりの説得力を持つように感じられる。ただ，責任免除に関する条文との整合性に加えて，資本制度が債権者保護のために必ずしも有効であるとはいえないことから考えると，本条も許容できるのではないかと思われる。

　　　　　　　　　　　　　　　　　　　　　　　　　　　　　　（久保大作）

　（連結計算書類）
　会社計算第 61 条　法第 444 条第 1 項に規定する法務省令で定めるものは，次に掲

〔弥　永〕

会社計算§61　　　　　　　　第3編　計算関係書類　第1章　総則

げるいずれかのものとする。

1　この編（第120条から第120条の3までを除く。）の規定に従い作成される次のイからニまでに掲げるもの

　　イ　連結貸借対照表

　　ロ　連結損益計算書

　　ハ　連結株主資本等変動計算書

　　ニ　連結注記表

2　第120条の規定に従い作成されるもの

3　第120条の2の規定に従い作成されるもの

4　第120条の3の規定に従い作成されるもの

1　改正の背景・経緯・趣旨・概要

　会社計算規則120条は指定国際会計基準による連結計算書類の作成を，同則120条の2は修正国際基準による連結計算書類の作成を，同則120条の3は米国基準による連結計算書類の作成を，一定の会社について認めているが，指定国際会計基準，修正国際基準または米国基準の下では，連結財務諸表は連結貸借対照表，連結損益計算書，連結株主資本等変動計算書および連結注記表から構成されるものとされていない。すなわち，指定国際会計基準または修正国際基準の下では，その期間の期末の財政状態計算書，その期間の純損益およびその他の包括利益計算書，その期間の持分変動計算書，その期間のキャッシュ・フロー計算書，注記（重要な会計方針の要約およびその他の説明的情報で構成される），前期に関する比較情報および前期の期首現在の財政状態計算書から完全な1組の財務諸表は構成される（国際会計基準第1号10項）。また，米国基準の下では，貸借対照表，損益計算書，剰余金計算書または株主持分変動計算書，キャッシュ・フロー計算書，会計方針の記述，注記，附属明細書および説明資料が基本財務諸表に当たる。

　そこで，平成21年法務省令第46号，平成23年法務省令第33号および平成28年法務省令第1号による改正により，現在の2号，3号および4号の規定が設けられた。

2　論　　点

　指定国際会計基準または修正国際基準により連結計算書類を作成する場合には，連結貸借対照表ではなく連結財政状態計算書が，連結損益計算書ではなく

562　　　　　　　　　　　　　　　　　　　　　　　　　　　　　〔弥　永〕

会社計算§74

連結純損益およびその他の包括利益計算書が作成されるほか，連結キャッシュ・フロー計算書，前期に関する比較情報および前期の期首現在の連結財政状態計算書の作成が求められることになるが，会社計算規則「第1章から第5章までの規定により第61条第1号に規定する連結計算書類において表示すべき事項に相当するものを除くその他の事項は，省略することができる」（会社計算120Ⅰ後段・120の2Ⅲ）とされており，連結キャッシュ・フロー計算書や前期に関する比較情報および前期の期首現在の連結財政状態計算書の作成は要しない。米国基準で作成する場合についても，同様の定めが設けられている（同則120の3ⅠⅢ）。

(弥永真生)

（資産の部の区分）

会社計算第74条① 資産の部は，次に掲げる項目に区分しなければならない。この場合において，各項目（第2号に掲げる項目を除く。）は，適当な項目に細分しなければならない。

1 流動資産

2 固定資産

3 繰延資産

② 固定資産に係る項目は，次に掲げる項目に区分しなければならない。この場合において，各項目は，適当な項目に細分しなければならない。

1 有形固定資産

2 無形固定資産

3 投資その他の資産

③ 次の各号に掲げる資産は，当該各号に定めるものに属するものとする。

1 次に掲げる資産 流動資産

  イ 現金及び預金（1年内に期限の到来しない預金を除く。）

  ロ 受取手形（通常の取引（当該会社の事業目的のための営業活動において，経常的に又は短期間に循環して発生する取引をいう。以下この章において同じ。）に基づいて発生した手形債権（破産更生債権等（破産債権，再生債権，更生債権その他これらに準ずる債権をいう。以下この号において同じ。）で1年内に弁済を受けることができないことが明らかなものを除く。）をいう。）

  ハ 売掛金（通常の取引に基づいて発生した事業上の未収金（当該未収金に係

〔弥 永〕

563

会社計算§74　　　　　　　　　第3編　計算関係書類　第2章　貸借対照表等

　　　　る債権が破産更生債権等で1年内に弁済を受けることができないことが明ら
　　　　かなものである場合における当該未収金を除く。）をいう。）
　　ニ　所有権移転ファイナンス・リース取引におけるリース債権のうち，通常の
　　　　取引に基づいて発生したもの（破産更生債権等で1年内に回収されないこと
　　　　が明らかなものを除く。）及び通常の取引以外の取引に基づいて発生したも
　　　　ので1年内に期限が到来するもの
　　ホ　所有権移転外ファイナンス・リース取引におけるリース投資資産のうち，
　　　　通常の取引に基づいて発生したもの（破産更生債権等で1年内に回収されな
　　　　いことが明らかなものを除く。）及び通常の取引以外の取引に基づいて発生
　　　　したもので1年内に期限が到来するもの
　　ヘ　売買目的有価証券及び1年内に満期の到来する有価証券
　　ト　商品（販売の目的をもって所有する土地，建物その他の不動産を含む。）
　　チ　製品，副産物及び作業くず
　　リ　半製品（自製部分品を含む。）
　　ヌ　原料及び材料（購入部分品を含む。）
　　ル　仕掛品及び半成工事
　　ヲ　消耗品，消耗工具，器具及び備品その他の貯蔵品であって，相当な価額以
　　　　上のもの
　　ワ　前渡金（商品及び原材料（これらに準ずるものを含む。）の購入のための
　　　　前渡金（当該前渡金に係る債権が破産更生債権等で1年内に弁済を受けるこ
　　　　とができないことが明らかなものである場合における当該前渡金を除く。）
　　　　をいう。）
　　カ　前払費用であって，1年内に費用となるべきもの
　　ヨ　未収収益
　　タ　その他の資産であって，1年内に現金化することができると認められるも
　　　　の
　2　次に掲げる資産（ただし，イからチまでに掲げる資産については，事業の用
　　　に供するものに限る。）　　有形固定資産
　　イ　建物及び暖房，照明，通風等の付属設備
　　ロ　構築物（ドック，橋，岸壁，さん橋，軌道，貯水池，坑道，煙突その他土
　　　　地に定着する土木設備又は工作物をいう。）
　　ハ　機械及び装置並びにホイスト，コンベヤー，起重機等の搬送設備その他の
　　　　付属設備
　　ニ　船舶及び水上運搬具
　　ホ　鉄道車両，自動車その他の陸上運搬具
　　ヘ　工具，器具及び備品（耐用年数が1年以上のものに限る。）
　　ト　土地

564　　　　　　　　　　　　　　　　　　　　　　　　　　　　〔弥　永〕

会社計算§74

　チ　リース資産（当該会社がファイナンス・リース取引におけるリース物件の借主である資産であって，当該リース物件がイからトまで及びヌに掲げるものである場合に限る。）

　リ　建設仮勘定（イからトまでに掲げる資産で事業の用に供するものを建設した場合における支出及び当該建設の目的のために充当した材料をいう。）

　ヌ　その他の有形資産であって，有形固定資産に属する資産とすべきもの

3　次に掲げる資産　無形固定資産

　イ　特許権

　ロ　借地権（地上権を含む。）

　ハ　商標権

　ニ　実用新案権

　ホ　意匠権

　ヘ　鉱業権

　ト　漁業権（入漁権を含む。）

　チ　ソフトウエア

　リ　のれん

　ヌ　リース資産（当該会社がファイナンス・リース取引におけるリース物件の借主である資産であって，当該リース物件がイからチまで及びルに掲げるものである場合に限る。）

　ル　その他の無形資産であって，無形固定資産に属する資産とすべきもの

4　次に掲げる資産　投資その他の資産

　イ　関係会社の株式（売買目的有価証券に該当する株式を除く。以下同じ。）その他流動資産に属しない有価証券

　ロ　出資金

　ハ　長期貸付金

　ニ　前払年金費用（連結貸借対照表にあっては，退職給付に係る資産）

　ホ　繰延税金資産

　ヘ　所有権移転ファイナンス・リース取引におけるリース債権のうち第1号ニに掲げるもの以外のもの

　ト　所有権移転外ファイナンス・リース取引におけるリース投資資産のうち第1号ホに掲げるもの以外のもの

　チ　その他の資産であって，投資その他の資産に属する資産とすべきもの

　リ　その他の資産であって，流動資産，有形固定資産，無形固定資産又は繰延資産に属しないもの

5　繰延資産として計上することが適当であると認められるもの　繰延資産

④　前項に規定する「1年内」とは，次の各号に掲げる貸借対照表等の区分に応じ，当該各号に定める日から起算して1年以内の日をいう（以下この編において

〔弥　永〕

565

会社計算§74　　　　　　第3編　計算関係書類　第2章　貸借対照表等

同じ。）。
1　成立の日における貸借対照表　会社の成立の日
2　事業年度に係る貸借対照表　事業年度の末日の翌日
3　臨時計算書類の貸借対照表　臨時決算日の翌日
4　連結貸借対照表　連結会計年度の末日の翌日

I　改正の背景・経緯・趣旨・概要

　2012年5月17日に企業会計基準委員会・企業会計基準第26号「退職給付に関する会計基準」が改正され，未認識数理計算上の差異および未認識過去勤務費用を，税効果を調整の上，純資産の部（その他の包括利益累計額）に計上することとし，積立状況を示す額をそのまま負債（または資産）として計上することとされた（同会計基準13項・24項また書・25項また書参照）。

　ただし，個別財務諸表においては，当面の間，従来と同じ取扱いがなされる。すなわち，個別貸借対照表上は，退職給付債務（各従業員等〔会社と雇用関係にある使用人および会社の役員（退職給付制度の対象となる者に限る）。すでに退職した者を含む〕に支払われると見込まれる退職給付〔退職以後に従業員等に支払われる退職一時金および退職年金。すでに支払われたものを除く〕の額のうち，当該各従業員等の貸借対照表日まで〔すでに退職した者については，退職の日まで〕の勤務に基づき生じる部分に相当する額について，貸借対照表日における割引率〔国債，政府関係機関債券またはその他の信用度の高い債券の利回りを基礎とし，貸借対照表日から当該各従業員等に退職給付を支払うと見込まれる日までの期間を反映して財務諸表提出会社が定める率〕を用いて割引計算することにより算出した額を，すべての従業員等について合計した額によって計算される負債。財務規8ＬＶ参照）に未認識数理計算上の差異（数理計算上の差異〔年金資産の期待運用収益と実際の運用成果との差異，退職給付債務の数理計算に用いた見積数値と実績との差異および見積数値の変更等により発生した差異。同条ＬＸ参照〕のうち，当期純利益または当期純損失を構成する項目として費用処理〔費用の減額処理または費用を超過して減額した場合の利益処理を含む〕されていないもの。同条ＬＸⅡ参照）および未認識過去勤務費用（過去勤務費用〔退職給付制度の採用または退職給付水準の改訂により発生する退職給付債務の増加または減少分。同条ＬＸⅠ参照〕のうち，当期純利益または当期純損失を構成する項目として費用処理されていないもの。同条ＬＸⅢ参照）を加減した額から，年金資産の額を控

566　　　　　　　　　　　　　　　　　　　　　　　　　　　　　　〔弥　永〕

会社計算§74

除した額を負債として計上するが，年金資産の額が退職給付債務に未認識数理計算上の差異および未認識過去勤務費用を加減した額を超える場合には，資産として計上する。そして，個別貸借対照表に資産として計上される額は「前払年金費用」等の適当な科目をもって固定資産に計上するとされている（退職給付に関する会計基準 39 項）。

これを受けた平成 24 年内閣府令第 61 号による改正後財務諸表等の用語，様式及び作成方法に関する規則 32 条 1 項 12 号および平成 24 年内閣府令第 61 号による改正後連結財務諸表の用語，様式及び作成方法に関する規則 30 条 1 項 4 号との平仄をとって，平成 25 年法務省令第 16 号により，本条 3 項 4 号にニとして「前払年金費用（連結貸借対照表にあっては，退職給付に係る資産）」が追加された。この改正は，資産として計上されるべき項目について，どの細目に属するものかを明らかにするものである。

企業会計基準第 28 号「『税効果会計に係る会計基準』の一部改正」（2018 年 2 月 16 日）による改正後「税効果会計に係る会計基準」第三・1 項および平成 30 年内閣府令第 7 号による改正後財務諸表等の用語，様式及び作成方法に関する規則 31 条 5 号では，繰延税金資産はすべて投資その他の資産として区分して表示することとされた。

これを受けた平成 30 年法務省令第 5 号による改正により，本条 3 項 1 号タが削除され，同号レが同号タとされる一方で，本条 3 項 4 号ホは「繰延税金資産」とされた。

II 論　　点

「前払年金費用」および「退職給付に係る資産」は，会社計算規則 5 条を含む「一般に公正妥当と認められる企業会計の慣行」に従って，計上される。なお，会社計算規則の「用語の解釈及び規定の適用に関しては，一般に公正妥当と認められる企業会計の基準その他の企業会計の慣行をしん酌しなければならない」（同則 3）とされており，少なくとも，有価証券報告書提出会社については，単体の計算書類との関係では「退職給付に関する会計基準」が唯一の「一般に公正妥当と認められる企業会計の基準」に該当し，連結計算書類との関係でも，金融商品取引法上，指定国際会計基準，修正国際基準または米国基準により連結財務諸表を作成する会社を除き，同様に解することができる。

(弥永真生)

〔弥　永〕

567

会社計算 §75　　　　　　　　　　第3編　計算関係書類　第2章　貸借対照表等

（負債の部の区分）

会社計算第75条 ①　負債の部は，次に掲げる項目に区分しなければならない。この場合において，各項目は，適当な項目に細分しなければならない。

1　流動負債

2　固定負債

②　次の各号に掲げる負債は，当該各号に定めるものに属するものとする。

1　次に掲げる負債　流動負債

イ　支払手形（通常の取引に基づいて発生した手形債務をいう。）

ロ　買掛金（通常の取引に基づいて発生した事業上の未払金をいう。）

ハ　前受金（受注工事，受注品等に対する前受金をいう。）

ニ　引当金（資産に係る引当金及び1年内に使用されないと認められるものを除く。）

ホ　通常の取引に関連して発生する未払金又は預り金で一般の取引慣行として発生後短期間に支払われるもの

ヘ　未払費用

ト　前受収益

チ　ファイナンス・リース取引におけるリース債務のうち，1年内に期限が到来するもの

リ　資産除去債務のうち，1年内に履行されると認められるもの

ヌ　その他の負債であって，1年内に支払われ，又は返済されると認められるもの

2　次に掲げる負債　固定負債

イ　社債

ロ　長期借入金

ハ　引当金（資産に係る引当金，前号ニに掲げる引当金及びニに掲げる退職給付引当金を除く。）

ニ　退職給付引当金（連結貸借対照表にあっては，退職給付に係る負債）

ホ　繰延税金負債

ヘ　のれん

ト　ファイナンス・リース取引におけるリース債務のうち，前号リに掲げるもの以外のもの

チ　資産除去債務のうち，前号ヌに掲げるもの以外のもの

リ　その他の負債であって，流動負債に属しないもの

会社計算§75

I　改正の背景・経緯・趣旨・概要

　2012年5月17日に企業会計基準委員会・企業会計基準第26号「退職給付に関する会計基準」が改正され，未認識数理計算上の差異および未認識過去勤務費用を，税効果を調整の上，純資産の部（その他の包括利益累計額）に計上することとし，積立状況を示す額をそのまま負債（または資産）として計上することとされた（同会計基準13項・24項また書・25項また書参照）。

　ただし，個別財務諸表においては，当面の間，従来と同じ取扱いがなされる。すなわち，個別貸借対照表上は，退職給付債務に未認識数理計算上の差異および未認識過去勤務費用を加減した額から，年金資産の額を控除した額を負債として計上するが，年金資産の額が退職給付債務に未認識数理計算上の差異および未認識過去勤務費用を加減した額を超える場合には，資産として計上する。そして，個別貸借対照表に負債として計上される額は「退職給付引当金」の科目をもって固定負債に計上するとされている（退職給付に関する会計基準39項）。

　財務諸表等の用語，様式及び作成方法に関する規則52条3項および「退職給付に関する会計基準」の改正を受けた平成24年内閣府令第61号による改正後連結財務諸表の用語，様式及び作成方法に関する規則38条1項6号との平仄をとって，平成25年法務省令第16号により，本条2項2号にニとして，「退職給付引当金（連結貸借対照表にあっては，退職給付に係る負債）」が追加された。この改正は，負債として計上されるべき項目について，どの細目に属するものかを明らかにするものである。

　企業会計基準第28号「『税効果会計に係る会計基準』の一部改正」（2018年2月16日）による改正後「税効果会計に係る会計基準」第三・1項および平成30年内閣府令第7号による改正後財務諸表等の用語，様式及び作成方法に関する規則51条では，繰延税金負債はすべて固定負債として区分して表示することとされた。

　これを受けた平成30年法務省令第5号による改正により，本条2項1号チが削除され，同号リ，ヌ，ルが，それぞれ同号チ，リ，ヌとされる一方で，本条2項2号ホは「繰延税金負債」とされた。

〔弥永〕

会社計算§76　　　　　　第3編　計算関係書類　第2章　貸借対照表等

II　論　　点

「退職給付引当金」および「退職給付に係る負債」は，会社計算規則6条を含む「一般に公正妥当と認められる企業会計の慣行」に従って，計上される。なお，会社計算規則の「用語の解釈及び規定の適用に関しては，一般に公正妥当と認められる企業会計の基準その他の企業会計の慣行をしん酌しなければならない」(同則3) とされており，少なくとも，有価証券報告書提出会社については，単体の計算書類との関係では「退職給付に関する会計基準」が唯一の「一般に公正妥当と認められる企業会計の基準」に該当し，連結計算書類との関係でも，金融商品取引法上，指定国際会計基準，修正国際基準または米国基準により連結財務諸表を作成する会社を除き，同様に解することができる。

(弥永真生)

(純資産の部の区分)

会社計算第76条 ①　純資産の部は，次の各号に掲げる貸借対照表等の区分に応じ，当該各号に定める項目に区分しなければならない。

1　株式会社の貸借対照表　次に掲げる項目

　イ　株主資本

　ロ　評価・換算差額等

　ハ　新株予約権

2　株式会社の連結貸借対照表　次に掲げる項目

　イ　株主資本

　ロ　次に掲げるいずれかの項目

　　(1)　評価・換算差額等

　　(2)　その他の包括利益累計額

　ハ　新株予約権

　ニ　非支配株主持分

3　持分会社の貸借対照表　次に掲げる項目

　イ　社員資本

　ロ　評価・換算差額等

②　株主資本に係る項目は，次に掲げる項目に区分しなければならない。この場合において，第5号に掲げる項目は，控除項目とする。

〔弥　永〕

会社計算§76

　1　資本金

　2　新株式申込証拠金

　3　資本剰余金

　4　利益剰余金

　5　自己株式

　6　自己株式申込証拠金

③　社員資本に係る項目は，次に掲げる項目に区分しなければならない。

　1　資本金

　2　出資金申込証拠金

　3　資本剰余金

　4　利益剰余金

④　株式会社の貸借対照表の資本剰余金に係る項目は，次に掲げる項目に区分しなければならない。

　1　資本準備金

　2　その他資本剰余金

⑤　株式会社の貸借対照表の利益剰余金に係る項目は，次に掲げる項目に区分しなければならない。

　1　利益準備金

　2　その他利益剰余金

⑥　第4項第2号及び前項第2号に掲げる項目は，適当な名称を付した項目に細分することができる。

⑦　評価・換算差額等又はその他の包括利益累計額に係る項目は，次に掲げる項目その他適当な名称を付した項目に細分しなければならない。ただし，第4号及び第5号に掲げる項目は，連結貸借対照表に限る。

　1　その他有価証券評価差額金

　2　繰延ヘッジ損益

　3　土地再評価差額金

　4　為替換算調整勘定

　5　退職給付に係る調整累計額

⑧　新株予約権に係る項目は，自己新株予約権に係る項目を控除項目として区分することができる。

⑨　連結貸借対照表についての次の各号に掲げるものに計上すべきものは，当該各号に定めるものとする。

　1　第2項第5号の自己株式　次に掲げる額の合計額

　　イ　当該株式会社が保有する当該株式会社の株式の帳簿価額

〔弥　永〕

571

会社計算§76　　　　　　　第3編　計算関係書類　第2章　貸借対照表等

　　　ロ　連結子会社並びに持分法を適用する非連結子会社及び関連会社が保有する
　　　　当該株式会社の株式の帳簿価額のうち，当該株式会社のこれらの会社に対す
　　　　る持分に相当する額
　　2　第7項第4号の為替換算調整勘定　外国にある子会社又は関連会社の資産及
　　　び負債の換算に用いる為替相場と純資産の換算に用いる為替相場とが異なるこ
　　　とによって生じる換算差額
　　3　第7項第5号の退職給付に係る調整累計額　次に掲げる項目の額の合計額
　　　イ　未認識数理計算上の差異
　　　ロ　未認識過去勤務費用
　　　ハ　その他退職給付に係る調整累計額に計上することが適当であると認められ
　　　　るもの

I　改正の背景・経緯・趣旨・概要

1　退職給付に関する会計基準の改正に伴う改正

　2012年5月17日に，企業会計基準委員会・企業会計基準第26号「退職給
付に関する会計基準」が改正され，未認識数理計算上の差異および未認識過去
勤務費用を，税効果を調整の上，純資産の部（その他の包括利益累計額）に計上
することとされ，積立状況を示す額をそのまま負債（または資産）として計上
することとされた（同会計基準13項・24項また書・25項また書参照）。そして，積
立状況を示す額について，負債となる場合には「退職給付に係る負債」等の適
当な科目をもって固定負債に計上し，資産となる場合には「退職給付に係る資
産」等の適当な科目をもって固定資産に計上し，未認識数理計算上の差異およ
び未認識過去勤務費用については，税効果を調整の上，純資産の部におけるそ
の他の包括利益累計額に「退職給付に係る調整累計額」等の適当な科目をもっ
て計上するものとされている（同会計基準27項）。

　そこで，「退職給付に関する会計基準」の改正を受けた平成24年内閣府令第
61号による改正後連結財務諸表の用語，様式及び作成方法に関する規則（以
下，「連結財務諸表規則」という）43条の2第1項5号との平仄をとって，本条7
項に5号として「退職給付に係る調整累計額」が追加され，9項に連結貸借対
照表における「第7項第5号の退職給付に係る調整累計額」は未認識数理計算
上の差異，未認識過去勤務費用およびその他退職給付に係る調整累計額に計上
することが適当であると認められるものの合計額とする旨の3号が追加され

572　　　　　　　　　　　　　　　　　　　　　　　　　　　　〔弥　永〕

会社計算§76

た。

2 連結財務諸表に関する会計基準の改正に伴う改正

企業会計基準委員会・企業会計基準第22号「連結財務諸表に関する会計基準」の2013年9月13日改正により，「少数株主持分」という表現が「非支配株主持分」という表現とされた（同会計基準26項）。これは，わが国においては，親会社が必ずしも自己の計算において子会社の株式または議決権の過半数を保有しているわけではないので（同会計基準6項・7項。会社法施行規則3条1項から3項までも参照），「非支配株主持分」がより的確な表現であり，また，国際的な会計基準（米国財務会計基準書第160号〔現在は会計基準編纂書810〕や国際会計基準第1号54項は，non-controlling interestsという表現を用いている）において用いられている表現とも一致するからである。

この改正を受けた平成26年内閣府令第22号による改正後連結財務諸表規則42条および43条の4との平仄をとって，平成27年法務省令第6号による改正により，本条1項2号ニの「少数株主持分」が「非支配株主持分」とされた。

II 論 点

一般に公正妥当と認められる企業会計の基準である「退職給付に関する会計基準」をしん酌する結果（会社計算3），（株式会社単体の）貸借対照表の評価・換算差額等には「第7項第5号の退職給付に係る調整累計額」は計上されず，連結貸借対照表の評価・換算差額等またはその他の包括利益累計額に「第7項第5号の退職給付に係る調整累計額」が計上されることになる。

本条9項3号が，連結貸借対照表における「第7項第5号の退職給付に係る調整累計額」は未認識数理計算上の差異，未認識過去勤務費用およびその他退職給付に係る調整累計額に計上することが適当であると認められるものの合計額であるとしているのは，「退職給付に関する会計基準」が「当期に発生した未認識数理計算上の差異及び未認識過去勤務費用並びに当期に費用処理された組替調整額（第15項参照）については，その他の包括利益に『退職給付に係る調整額』等の適当な科目をもって，一括して計上する」としていること（同会計基準29項）を踏まえたものである。なお，その他の包括利益累計額に計上されている未認識数理計算上の差異および未認識過去勤務費用のうち，当期に費用処理された部分については，その他の包括利益の調整（組替調整）を行う

〔弥 永〕

573

会社計算 §93　　　　　　　　第3編　計算関係書類　第3章　損益計算書等

ものとされている（同会計基準15項）。

（弥永真生）

（税等）

会社計算第93条①　次に掲げる項目の金額は，その内容を示す名称を付した項目
をもって，税引前当期純利益金額又は税引前当期純損失金額（連結損益計算書に
あっては，税金等調整前当期純利益金額又は税金等調整前当期純損失金額）の次
に表示しなければならない。

1　当該事業年度（連結損益計算書にあっては，連結会計年度）に係る法人税等

2　法人税等調整額（税効果会計の適用により計上される前号に掲げる法人税等
の調整額をいう。）

②　法人税等の更正，決定等による納付税額又は還付税額がある場合には，前項第
1号に掲げる項目の次に，その内容を示す名称を付した項目をもって表示するも
のとする。ただし，これらの金額の重要性が乏しい場合は，同号に掲げる項目の
金額に含めて表示することができる。

　企業会計基準委員会・企業会計基準第22号「連結財務諸表に関する会計基
準」の2013年9月13日改正により，「少数株主持分」という表現が「非支配
株主持分」という表現とされた（同会計基準26項）。これは，わが国において
は，親会社が必ずしも自己の計算において子会社の株式または議決権の過半数
を保有しているわけではないので，「非支配株主持分」がより的確な表現であ
り，また，国際的な会計基準において用いられている表現とも一致するからで
ある。

　また，改正前の基準の下での「少数株主損益調整前当期純利益」を「当期純
利益」と，改正前の基準の下での「当期純利益」を「親会社株主に帰属する当
期純利益」とした（連結財務諸表に関する会計基準39項(3)②③）。すなわち，2
計算書方式の場合には，当期純利益に非支配株主に帰属する当期純利益を加減
して，親会社に帰属する当期純利益を表示し，1計算書方式の場合には，当期
純利益の直後に親会社株主に帰属する当期純利益および非支配株主に帰属する
当期純利益を付記するものとした（同会計基準39項(3)③）。

　そこで，平成27年法務省令第6号による改正前には，本条1項は，連結損

574　　　　　　　　　　　　　　　　　　　　　　　　　　〔弥　永〕

益計算書においては，①連結会計年度に係る法人税等，②法人税等調整額，
③税金等調整前当期純利益または税金等調整前当期純損失として表示した額
に①および②に掲げる額を加減して得た額，④税金等調整前当期純利益と
して表示した額があるときは，当該額のうち少数株主持分に属するもの，およ
び，⑤税金等調整前当期純損失として表示した額があるときは，当該額のう
ち少数株主持分に属するものの金額は，その内容を示す名称を付した項目を
もって，税金等調整前当期純利益金額または税金等調整前当期純損失金額の次
に表示しなければならないと定めていたが，改正後本条1項は，連結損益計算
書においては，①連結会計年度に係る法人税等および②法人税等調整額の金
額は，その内容を示す名称を付した項目をもって，税金等調整前当期純利益金
額または税金等調整前当期純損失金額の次に表示しなければならないとのみ定
めている（なお，改正後会社計算94参照）。これは，「連結財務諸表に関する会計
基準」の改正を受けて平成26年内閣府令第22号により改正された後の連結財
務諸表の用語，様式及び作成方法に関する規則65条1項，2項と整合的であ
る。

（弥永真生）

（当期純損益金額）
会社計算第94条① 第1号及び第2号に掲げる額の合計額から第3号及び第4号
に掲げる額の合計額を減じて得た額（以下「当期純損益金額」という。）は，当
期純利益金額として表示しなければならない。

　1　税引前当期純損益金額

　2　前条第2項に規定する場合（同項ただし書の場合を除く。）において，還付税
　　額があるときは，当該還付税額

　3　前条第1項各号に掲げる項目の金額

　4　前条第2項に規定する場合（同項ただし書の場合を除く。）において，納付税
　　額があるときは，当該納付税額

② 前項の規定にかかわらず，当期純損益金額が零未満である場合には，零から当
　期純損益金額を減じて得た額を当期純損失金額として表示しなければならない。

③ 連結損益計算書には，次に掲げる項目の金額は，その内容を示す名称を付した
　項目をもって，当期純利益金額又は当期純損失金額の次に表示しなければならな
　い。

会社計算 §94　　　　　　第3編　計算関係書類　第3章　損益計算書等

　1　当期純利益として表示した額があるときは，当該額のうち非支配株主に帰属するもの
　2　当期純損失として表示した額があるときは，当該額のうち非支配株主に帰属するもの
④　連結損益計算書には，当期純利益金額又は当期純損失金額に当期純利益又は当期純損失のうち非支配株主に帰属する額を加減して得た額は，親会社株主に帰属する当期純利益金額又は当期純損失金額として表示しなければならない。
⑤　第1項及び第2項の規定にかかわらず，臨時計算書類の損益計算書の当期純損益金額の表示については，適当な名称を付すことができる。

　企業会計基準委員会・企業会計基準第22号「連結財務諸表に関する会計基準」の2013年9月13日改正により，「少数株主持分」という表現が「非支配株主持分」という表現とされた（同会計基準26項）。これは，わが国においては，親会社が必ずしも自己の計算において子会社の株式または議決権の過半数を保有しているわけではないので，「非支配株主持分」がより的確な表現であり，また，国際的な会計基準において用いられている表現とも一致するからである。
　また，改正前の基準の下での「少数株主損益調整前当期純利益」を「当期純利益」と，改正前の基準の下での「当期純利益」を「親会社株主に帰属する当期純利益」とした（連結財務諸表に関する会計基準39項(3)②③）。すなわち，2計算書方式の場合には，当期純利益に非支配株主に帰属する当期純利益を加減して，親会社に帰属する当期純利益を表示し，1計算書方式の場合には，当期純利益の直後に親会社株主に帰属する当期純利益および非支配株主に帰属する当期純利益を付記するものとされた（同会計基準39項(3)③）。
　そこで，平成27年法務省令第6号による改正により，会社計算規則93条1項が改正され，連結損益計算書において，税金等調整前当期純利益として表示した額があるときは，当該額のうち少数株主持分に属するもの，および，税金等調整前当期純損失として表示した額があるときは，当該額のうち少数株主持分に属するものの金額を，その内容を示す名称を付した項目をもって，税金等調整前当期純利益金額または税金等調整前当期純損失金額の次に表示することは要求されなくなった。
　その代わり，連結損益計算書について本条3項および4項が新設され，改正前の3項は5項とされた。すなわち，連結損益計算書には，①当期純利益と

576　　　　　　　　　　　　　　　　　　　　　　　　　　　　　〔弥　永〕

会社計算§96

して表示した額があるときは，当該額のうち非支配株主に帰属するものまたは
②当期純損失として表示した額があるときは，当該額のうち非支配株主に帰属するものの金額は，その内容を示す名称を付した項目をもって，当期純利益金額または当期純損失金額の次に表示しなければならないものとされた（本条Ⅲ）。また，連結損益計算書には，当期純利益金額または当期純損失金額に当期純利益または当期純損失のうち非支配株主に帰属する額を加減して得た額は，親会社株主に帰属する当期純利益金額または当期純損失金額として表示しなければならないものとされた（本条Ⅳ）。これは，「連結財務諸表に関する会計基準」の改正を受けて平成26年内閣府令第22号により改正された後の連結財務諸表の用語，様式及び作成方法に関する規則65条3項，4項と整合的である。

(弥永真生)

【株主資本等変動計算書】

会社計算第96条 ① 株主資本等変動計算書等（株主資本等変動計算書，連結株主資本等変動計算書及び社員資本等変動計算書をいう。以下この編において同じ。）については，この条に定めるところによる。

② 株主資本等変動計算書等は，次の各号に掲げる株主資本等変動計算書等の区分に応じ，当該各号に定める項目に区分して表示しなければならない。

  1 株主資本等変動計算書 次に掲げる項目

    イ 株主資本

    ロ 評価・換算差額等

    ハ 新株予約権

  2 連結株主資本等変動計算書 次に掲げる項目

    イ 株主資本

    ロ 次に掲げるいずれかの項目

      (1) 評価・換算差額等

      (2) その他の包括利益累計額

    ハ 新株予約権

    ニ 非支配株主持分

  3 社員資本等変動計算書 次に掲げる項目

    イ 社員資本

    ロ 評価・換算差額等

③ 次の各号に掲げる項目は，当該各号に定める項目に区分しなければならない。

〔弥 永〕

会社計算§96　　　第3編　計算関係書類　第4章　株主資本等変動計算書等

　　1　株主資本等変動計算書の株主資本　次に掲げる項目
　　　イ　資本金
　　　ロ　新株式申込証拠金
　　　ハ　資本剰余金
　　　ニ　利益剰余金
　　　ホ　自己株式
　　　ヘ　自己株式申込証拠金
　　2　連結株主資本等変動計算書の株主資本　次に掲げる項目
　　　イ　資本金
　　　ロ　新株式申込証拠金
　　　ハ　資本剰余金
　　　ニ　利益剰余金
　　　ホ　自己株式
　　　ヘ　自己株式申込証拠金
　　3　社員資本等変動計算書の社員資本　次に掲げる項目
　　　イ　資本金
　　　ロ　資本剰余金
　　　ハ　利益剰余金
④　株主資本等変動計算書の次の各号に掲げる項目は，当該各号に定める項目に区
　分しなければならない。この場合において，第1号ロ及び第2号ロに掲げる項目
　は，適当な名称を付した項目に細分することができる。
　　1　資本剰余金　次に掲げる項目
　　　イ　資本準備金
　　　ロ　その他資本剰余金
　　2　利益剰余金　次に掲げる項目
　　　イ　利益準備金
　　　ロ　その他利益剰余金
⑤　評価・換算差額等又はその他の包括利益累計額に係る項目は，次に掲げる項目
　その他適当な名称を付した項目に細分することができる。
　　1　その他有価証券評価差額金
　　2　繰延ヘッジ損益
　　3　土地再評価差額金
　　4　為替換算調整勘定
　　5　退職給付に係る調整累計額
⑥　新株予約権に係る項目は，自己新株予約権に係る項目を控除項目として区分す
　ることができる。
⑦　資本金，資本剰余金，利益剰余金及び自己株式に係る項目は，それぞれ次に掲

578　　　　　　　　　　　　　　　　　　　　　　　　　　　　〔弥　永〕

げるものについて明らかにしなければならない。この場合において，第2号に掲げるものは，各変動事由ごとに当期変動額及び変動事由を明らかにしなければならない。

1　当期首残高（遡及適用，誤謬の訂正又は当該事業年度の前事業年度における企業結合に係る暫定的な会計処理の確定をした場合にあっては，当期首残高及びこれに対する影響額。次項において同じ。）

2　当期変動額

3　当期末残高

⑧　評価・換算差額等又はその他の包括利益累計額，新株予約権及び非支配株主持分に係る項目は，それぞれ次に掲げるものについて明らかにしなければならない。この場合において，第2号に掲げるものについては，その主要なものを変動事由とともに明らかにすることを妨げない。

1　当期首残高

2　当期変動額

3　当期末残高

⑨　連結株主資本等変動計算書についての次の各号に掲げるものに計上すべきものは，当該各号に定めるものとする。

1　第3項第2号ホの自己株式　次に掲げる額の合計額

イ　当該株式会社が保有する当該株式会社の株式の帳簿価額

ロ　連結子会社並びに持分法を適用する非連結子会社及び関連会社が保有する当該株式会社の株式の帳簿価額のうち，当該株式会社のこれらの会社に対する持分に相当する額

2　第5項第4号の為替換算調整勘定　外国にある子会社又は関連会社の資産及び負債の換算に用いる為替相場と純資産の換算に用いる為替相場とが異なることによって生じる換算差額

3　第5項第5号の退職給付に係る調整累計額　次に掲げる項目の額の合計額

イ　未認識数理計算上の差異

ロ　未認識過去勤務費用

ハ　その他退職給付に係る調整累計額に計上することが適当であると認められるもの

I　改正の背景・経緯・趣旨・概要

1　退職給付に関する会計基準の改正に伴う改正

2012年5月17日に企業会計基準委員会・企業会計基準第26号「退職給付

に関する会計基準」が改正され，未認識数理計算上の差異および未認識過去勤務費用を，税効果を調整の上，純資産の部（その他の包括利益累計額）に計上することとし，積立状況を示す額をそのまま負債（または資産）として計上することとされた（同会計基準13項・24項また書・25項また書参照）。そして，積立状況を示す額について，負債となる場合は「退職給付に係る負債」等の適当な科目をもって固定負債に計上し，資産となる場合は「退職給付に係る資産」等の適当な科目をもって固定資産に計上し，未認識数理計算上の差異および未認識過去勤務費用については，税効果を調整の上，純資産の部におけるその他の包括利益累計額に「退職給付に係る調整累計額」等の適当な科目をもって計上するものとされている（同会計基準27項）。

　そこで，この改正を受けた平成24年内閣府令第61号による改正後連結財務諸表の用語，様式及び作成方法に関する規則（以下，「連結財務諸表規則」という）69条の5第1項4号および様式第6号との平仄をとって，平成25年法務省令第16号により，本条5項に5号として「退職給付に係る調整累計額」が追加され，9項に連結株主資本等変動計算書における「第5項第5号の退職給付に係る調整累計額」は未認識数理計算上の差異，未認識過去勤務費用およびその他退職給付に係る調整累計額に計上することが適当であると認められるものの合計額とする旨の3号が追加された。

2　連結財務諸表に関する会計基準の改正に伴う改正

　企業会計基準委員会・企業会計基準第22号「連結財務諸表に関する会計基準」の2013年9月13日改正により，「少数株主持分」という表現が「非支配株主持分」という表現とされた（同会計基準26項）。これは，わが国においては，親会社が必ずしも自己の計算において子会社の株式または議決権の過半数を保有しているわけではないので，「非支配株主持分」がより的確な表現であり，また，国際的な会計基準において用いられている表現とも一致するからである。

　また，改正前の基準の下での「少数株主損益調整前当期純利益」を「当期純利益」と，改正前の基準の下での「当期純利益」を「親会社株主に帰属する当期純利益」とした（連結財務諸表に関する会計基準39項(3)②③）。すなわち，2計算書方式の場合には，当期純利益に非支配株主に帰属する当期純利益を加減して，親会社に帰属する当期純利益を表示する。1計算書方式の場合には，当期純利益の直後に親会社株主に帰属する当期純利益および非支配株主に帰属す

会社計算§96

る当期純利益を付記する（同会計基準39項(3)③）。

　これとの整合性を図るため，連結株主資本等変動計算書の利益剰余金の変動事由としての「当期純利益」が「親会社株主に帰属する当期純利益」とされた（企業会計基準委員会・企業会計基準第6号「株主資本等変動計算書に関する会計基準」7項）。

　そこで，平成27年法務省令第6号による改正により，本条2項2号ニおよび8項の「少数株主持分」が「非支配株主持分」とされた。これは，「連結財務諸表に関する会計基準」の改正を受けた平成26年内閣府令第22号による改正後連結財務諸表規則71条および76条と整合的である。

3　企業結合に関する会計基準の改正に関する改正

　企業会計基準委員会・企業会計基準第21号「企業結合に関する会計基準」では，取得原価は，被取得企業から受け入れた資産および引き受けた負債のうち企業結合日時点において識別可能なもの（識別可能資産および負債）の企業結合日時点の時価を基礎として，当該資産および負債に対して企業結合日以後1年以内に配分することとされ（同会計基準28項），その（注6）では，「企業結合日以後の決算において，配分が完了していなかった場合は，その時点で入手可能な合理的な情報等に基づき暫定的な会計処理を行い，その後追加的に入手した情報等に基づき配分額を確定させる」とされているが，2013年9月13日に「企業結合に関する会計基準」が改正され，その（注6）では「暫定的な会計処理の確定が企業結合年度の翌年度に行われた場合には，企業結合年度に当該確定が行われたかのように会計処理を行う。企業結合年度の翌年度の連結財務諸表及び個別財務諸表（以下合わせて「財務諸表」という。）と併せて企業結合年度の財務諸表を表示するときには，当該企業結合年度の財務諸表に暫定的な会計処理の確定による取得原価の配分額の見直しを反映させる」とされた。

　これは，2009年12月4日に企業会計基準委員会・企業会計基準第24号「会計上の変更及び誤謬の訂正に関する会計基準」が公表されたことを契機として，暫定的な会計処理の確定が企業結合年度の翌年度に行われた場合の取扱いについて見直しを行ったものである。また，株主資本等変動計算書の表示については，「株主資本等変動計算書に関する会計基準」が改正され，「企業結合に関する会計基準」に「従って暫定的な会計処理の確定が企業結合年度の翌年度に行われ，当該年度の株主資本等変動計算書のみの表示が行われる場合に

〔弥　永〕

581

会社計算§102　　　　　　　　　　　第3編　計算関係書類　第5章　注記表

は，第5項なお書きに準じて，期首残高に対する影響額を区分表示するとともに，当該影響額の反映後の期首残高を記載する」とされた（株主資本等変動計算書に関する会計基準5-3項）。

そこで，平成27年法務省令第6号による改正により，本条7項1号括弧書の「遡及適用又は誤謬の訂正をした場合にあっては，当期首残高及びこれに対する影響額」が「遡及適用，誤謬の訂正又は当該事業年度の前事業年度における企業結合に係る暫定的な会計処理の確定をした場合にあっては，当期首残高及びこれに対する影響額」とされた。

II　論　　点

一般に公正妥当と認められる企業会計の基準をしん酌する結果，（株式会社単体の）株主資本等変動計算書の評価・換算差額等には本条「第5項第5号の退職給付に係る調整累計額」は計上されず，連結株主資本等変動計算書の評価・換算差額等またはその他の包括利益累計額に本条「第5項第5号の退職給付に係る調整累計額」が計上されることになる。

本条9項3号が，連結株主資本等変動計算書における本条「第5項第5号の退職給付に係る調整累計額」は未認識数理計算上の差異，未認識過去勤務費用およびその他退職給付に係る調整累計額に計上することが適当であると認められるものの合計額であるとしているのは，「退職給付に関する会計基準」が「当期に発生した未認識数理計算上の差異及び未認識過去勤務費用並びに当期に費用処理された組替調整額（第15項参照）については，その他の包括利益に『退職給付に係る調整額』等の適当な科目をもって，一括して計上する」としていること（同会計基準29項）を踏まえたものである。なお，その他の包括利益累計額に計上されている未認識数理計算上の差異および未認識過去勤務費用のうち，当期に費用処理された部分については，その他の包括利益の調整（組替調整）を行うものとされている（同会計基準15項）。

（弥永真生）

（連結計算書類の作成のための基本となる重要な事項に関する注記等）
会社計算第102条①　連結計算書類の作成のための基本となる重要な事項に関す

会社計算§102

る注記は，次に掲げる事項とする。この場合において，当該注記は当該各号に掲げる事項に区分しなければならない。

1　連結の範囲に関する次に掲げる事項

イ　連結子会社の数及び主要な連結子会社の名称

ロ　非連結子会社がある場合には，次に掲げる事項

(1)　主要な非連結子会社の名称

(2)　非連結子会社を連結の範囲から除いた理由

ハ　株式会社が議決権の過半数を自己の計算において所有している会社等を子会社としなかったときは，当該会社等の名称及び子会社としなかった理由

ニ　第63条第1項ただし書の規定により連結の範囲から除かれた子会社の財産又は損益に関する事項であって，当該企業集団の財産及び損益の状態の判断に影響を与えると認められる重要なものがあるときは，その内容

ホ　開示対象特別目的会社（会社法施行規則（平成18年法務省令第12号）第4条に規定する特別目的会社（同条の規定により当該特別目的会社に資産を譲渡した会社の子会社に該当しないものと推定されるものに限る。）をいう。以下この号及び第111条において同じ。）がある場合には，次に掲げる事項その他の重要な事項

(1)　開示対象特別目的会社の概要

(2)　開示対象特別目的会社との取引の概要及び取引金額

2　持分法の適用に関する次に掲げる事項

イ　持分法を適用した非連結子会社又は関連会社の数及びこれらのうち主要な会社等の名称

ロ　持分法を適用しない非連結子会社又は関連会社があるときは，次に掲げる事項

(1)　当該非連結子会社又は関連会社のうち主要な会社等の名称

(2)　当該非連結子会社又は関連会社に持分法を適用しない理由

ハ　当該株式会社が議決権の100分の20以上，100分の50以下を自己の計算において所有している会社等を関連会社としなかったときは，当該会社等の名称及び関連会社としなかった理由

ニ　持分法の適用の手続について特に示す必要があると認められる事項がある場合には，その内容

3　会計方針に関する次に掲げる事項

イ　重要な資産の評価基準及び評価方法

ロ　重要な減価償却資産の減価償却の方法

ハ　重要な引当金の計上基準

ニ　その他連結計算書類の作成のための重要な事項

〔弥　永〕

583

会社計算§102　　　　　　　　　　第3編　計算関係書類　第5章　注記表

② 連結の範囲又は持分法の適用の範囲の変更に関する注記は，連結の範囲又は持
　分法の適用の範囲を変更した場合（当該変更が重要性の乏しいものである場合を
　除く。）におけるその旨及び当該変更の理由とする。

I　改正の背景・経緯・趣旨・概要

1　平成23年改正

　従来，「連結財務諸表制度における子会社及び関連会社の範囲の見直しに係
る具体的な取扱い」三では，「特別目的会社……については，適正な価額で譲
り受けた資産から生ずる収益を当該特別目的会社が発行する証券の所有者に享
受させることを目的として設立されており，当該特別目的会社の事業がその目
的に従って適切に遂行されているときは，当該特別目的会社に対する出資者及
び当該特別目的会社に資産を譲渡した会社（以下「出資者等」という。）から
独立しているものと認め，……出資者等の子会社に該当しないものと推定す
る」としていたが，企業会計基準委員会・企業会計基準第22号「連結財務諸
表に関する会計基準」は，2011年3月25日改正により，「特別目的会社……
については，適正な価額で譲り受けた資産から生ずる収益を当該特別目的会社
が発行する証券の所有者に享受させることを目的として設立されており，当該
特別目的会社の事業がその目的に従って適切に遂行されているときは，当該特
別目的会社に資産を譲渡した企業から独立しているものと認め，当該特別目的
会社に資産を譲渡した企業の子会社に該当しないものと推定する」と定めた
（同会計企準7-2項）。このように「特別目的会社に対する出資者」を，この推定
規定の対象から除外した趣旨については，「特別目的会社を利用した取引の拡
大により，設定当時に想定されていなかった取引にまで同取扱いが適用されて
おり，必ずしも連結の範囲から除外する趣旨に合致しているとはいえないもの
があるといった意見や，注記による開示は本表を補足するものであって，事業
の一環として営む特別目的会社については，連結財務諸表に含めることが経済
的実態を反映する会計処理であるとする意見もあった」，そこで，「同取扱いが
資産の譲渡に関連して開発された設定当時の趣旨を踏まえ，資産の譲渡者のみ
に適用するよう改正することとした」（同会計基準49-5項）と説明されている。
これを受けて，平成23年内閣府令第30号により，財務諸表等の用語，様式及
び作成方法に関する規則8条7項が改正され，「当該特別目的会社に対する出

584　　　　　　　　　　　　　　　　　　　　　　　　　　　　　　〔弥　永〕

会社計算§102

資者及び」という文言が削除されるなどした。

　これらとの整合性を図るため，平成23年法務省令第33号により，会社法施行規則4条の規定から，「当該特別目的会社に対する出資者又は」が削除され，あわせて，本条1項1号ホ括弧書のうち「当該特別目的会社に対する出資者又は」が削除された。

2　平成27年改正

　「連結財務諸表に関する会計基準」は，連結財務諸表の注記事項とすべきものの1つとして，「会計処理の原則及び手続等」を挙げていたが，2013年9月13日改正により，「会計方針等」とされた（同会計基準43項(3)）。これは，企業会計基準委員会・企業会計基準第24号「会計上の変更及び誤謬の訂正に関する会計基準」において，会計方針とは「財務諸表の作成にあたって採用した会計処理の原則及び手続をいう」と定義しており（同会計基準4項(1)），当然のことながら，「会計上の変更及び誤謬の訂正に関する会計基準」も連結財務諸表に適用されることからすれば，「会計処理の原則及び手続」＝「会計方針」であり，「会計方針」という表現を用いることが首尾一貫していると考えられたためであろう。

　これを受けて，平成26年内閣府令第22号により，連結財務諸表の用語，様式及び作成方法に関する規則も，「会計方針に関する事項」（連結財務規13Ⅰ④）を注記事項として挙げるよう改正された。そこで，これらとの整合性を図るため，平成27年法務省令第6号により，本条1項3号も「会計方針」（改正前は「会計処理基準」）と規定することとした。

Ⅱ　論　点

　平成23年改正によって，注記すべき事項が実質的に減少しているとみる余地がないわけではないが，これは，会計処理方法の実質的変更の結果，反射的に減少したにすぎない。他方，平成27年改正によっては，規律の実質に変更はなく，注記すべき事項に増減はないものと考えられる。そもそも，平成23年法務省令第6号による改正後会社計算規則は，会計方針とは「計算書類又は連結計算書類の作成に当たって採用する会計処理の原則及び手続をいう」（圏点・筆者）と定めたのであるから（会社計算2Ⅲ㊺），本条1項3号は「会計方針に関する次に掲げる事項」と定めることが首尾一貫していたのであり，当然

〔弥永〕

585

会社計算§113　　　　　　　第3編　計算関係書類　第5章　注記表

の改正ということができる。

(弥永真生)

（1株当たり情報に関する注記）

会社計算第113条　1株当たり情報に関する注記は，次に掲げる事項とする。

1　1株当たりの純資産額

2　1株当たりの当期純利益金額又は当期純損失金額（連結計算書類にあっては，1株当たりの親会社株主に帰属する当期純利益金額又は当期純損失金額）

3　株式会社が当該事業年度（連結計算書類にあっては，当該連結会計年度。以下この号において同じ。）又は当該事業年度の末日後において株式の併合又は株式の分割をした場合において，当該事業年度の期首に株式の併合又は株式の分割をしたと仮定して前2号に掲げる額を算定したときは，その旨

　企業会計基準委員会・企業会計基準第22号「連結財務諸表に関する会計基準」の2013年9月13日改正により，「少数株主持分」という表現が「非支配株主持分」という表現とされた（同会計基準26項）。これは，わが国においては，親会社が必ずしも自己の計算において子会社の株式または議決権の過半数を保有しているわけではないので，「非支配株主持分」がより的確な表現であり，また，国際的な会計基準において用いられている表現とも一致するからである。

　また，改正前の基準の下での「少数株主損益調整前当期純利益」を「当期純利益」と，改正前の基準の下での「当期純利益」を「親会社株主に帰属する当期純利益」とした（連結財務諸表に関する会計基準39項(3)②③）。すなわち，2計算書方式の場合には，当期純利益に非支配株主に帰属する当期純利益を加減して，親会社に帰属する当期純利益を表示し，1計算書方式の場合には，当期純利益の直後に親会社株主に帰属する当期純利益および非支配株主に帰属する当期純利益を付記するものとされた（同会計基準39項(3)③）。

　しかし，連結財務諸表上の1株当たり当期純利益は，親会社株主に帰属する1株当たり当期純利益を表示する（連結財務諸表上の当期純利益〔当期純損失〕は親会社株主に帰属する当期純利益〔当期純損失〕とする）ものとされた（企業会計基準委員会・企業会計基準第2号「1株当たり当期純利益に関する会計基準」12項）。

〔弥　永〕

会社計算§120の3

　これと平仄をとるため，平成27年法務省令第6号により，本条2号に括弧書として「連結計算書類にあっては，1株当たりの親会社株主に帰属する当期純利益金額又は当期純損失金額」が追加された。

（弥永真生）

（米国基準で作成する連結計算書類に関する特則）

会社計算第120条の3① 連結財務諸表の用語，様式及び作成方法に関する規則第95条又は連結財務諸表の用語，様式及び作成方法に関する規則の一部を改正する内閣府令（平成14年内閣府令第11号）附則第3項の規定により，連結財務諸表の用語，様式及び作成方法について米国預託証券の発行等に関して要請されている用語，様式及び作成方法によることができるものとされた株式会社の作成すべき連結計算書類は，米国預託証券の発行等に関して要請されている用語，様式及び作成方法によることができる。この場合においては，第1章から第5章までの規定により第61条第1号に規定する連結計算書類において表示すべき事項に相当するものを除くその他の事項は，省略することができる。

② 前項の規定による連結計算書類には，当該連結計算書類が準拠している用語，様式及び作成方法を注記しなければならない。

I　改正の背景・経緯・趣旨・概要

　本条は，平成23年法務省令第33号により新設されたものであるが，実際には平成21年法務省令第46号による改正前会社計算規則120条に相当する規定を復活させたものである。

　本条は，米国基準によって連結財務諸表を作成することが金融商品取引法に基づく開示との関連で認められている会社に，連結計算書類も米国基準によって作成することを認めるものである。本条1項は連結財務諸表の用語，様式及び作成方法に関する規則（以下，「連結財務諸表規則」という）95条または連結財務諸表の用語，様式及び作成方法に関する規則の一部を改正する内閣府令（平成14内閣11号）附則3項に，本条2項は連結財務諸表規則98条1号に，それぞれ対応する規定である。

　証券取引法に基づく開示については，米国で上場等を行っているため米国証券取引委員会に登録している会社または昭和52年3月31日以前に米国預託証

〔弥永〕

587

会社計算§120の3　　　　　　　　　第3編　計算関係書類　第7章　雑則

券（ADR）の発行等に関して要請されている用語，様式および作成方法によって連結財務諸表を作成しかつこれを開示していた会社は，米国預託証券（ADR）の発行等に関して要請されている用語，様式および作成方法によって連結貸借対照表および連結損益計算書を作成することができるものとされていた（平成21年内閣府令第73号による改正前連結財務規93）。これは，米国の証券取引委員会に登録している会社が米国基準と日本基準の両方で連結財務諸表を作成することを要求されると，会社にとっての事務負担などのコストが大きいと同時に，2つの財務数値が公表されると，投資者を誤導したり，混乱させるおそれがあるという理由に基づくものであった（平松朗「自己株式の処分等に係る財務諸表等規則等の改正（下）」商事1630号〔2002〕6頁）。

　また，証券取引法に基づく開示との関連では，1977年3月31日以前に米国預託証券（ADR）の発行等に関して要請されている用語，様式および作成方法によって連結財務諸表を作成しかつこれを開示していた会社も，米国預託証券の発行等に関して要請されている用語，様式および作成方法によって連結貸借対照表および連結損益計算書を作成することができるものとされていたが，これは従来の経緯を踏まえ，格別の状況の変化もないため，これまでの特例を認めるものであった（平松・前掲7頁）。

　このような証券取引法における連結財務諸表作成についての例外規定の存在を前提として，平成21年法務省令第46号による改正前会社計算規則120条は，連結計算書類を作成する会社が証券取引法に基づく連結財務諸表と異なる連結計算書類を作成することを求められることは適当ではないという価値判断にたって，証券取引法に基づく開示について，米国預託証券の発行等に関して要請されている用語，様式および作成方法によって連結財務諸表を作成することが認められている会社が作成すべき連結計算書類に記載すべき事項およびその記載方法は，米国預託証券の発行等に関して要請されている用語，様式および作成方法によることができるものとしていた。

　しかし，金融商品取引法の下で，指定国際会計基準により連結財務諸表を作成することを認めた平成21年内閣府令第73号による連結財務諸表規則改正により，米国基準による連結財務諸表の作成を認める規定が削除され（改正後93条は指定国際会計基準による連結財務諸表の作成を認める規定となった），2016年3月31日後に終了する連結会計年度に係る連結財務諸表は米国基準によって作成することができないこととされた（平成21年内閣府令第73号改正附則2Ⅱ Ⅲ）。これを受けて，平成21年法務省令第46号により，会社計算規則120条

588　　　　　　　　　　　　　　　　　　　　　　　　　　　　　　　〔弥　永〕

会社計算§120の3

は米国基準ではなく，指定国際会計基準により連結計算書類を作成することを認める規定とされた。

　ところが，平成23年内閣府令第44号による連結財務諸表規則の改正により，米国預託証券の発行等に関して要請されている用語，様式および作成方法により作成した連結財務諸表（米国式連結財務諸表）を米国証券取引委員会に登録している連結財務諸表提出会社が当該米国式連結財務諸表を金融商品取引法の規定による連結財務諸表として提出することを，「金融庁長官が公益又は投資者保護に欠けることがないものとして認める場合には，当該会社の提出する連結財務諸表の用語，様式及び作成方法は，金融庁長官が必要と認めて指示した事項を除き，米国預託証券の発行等に関して要請されている用語，様式及び作成方法によることができる」という規定が95条として設けられたので，これと平仄をとるため，本条が設けられた。

　なお，連結財務諸表規則95条と異なり，「金融庁長官が必要と認めて指示した事項を除き」とは規定されていない。

II　本条の趣旨と解釈・論点

1　米国基準によった場合の記載または注記の省略（本条1項後段）

　米国基準によって連結計算書類を作成する場合であっても，会社計算規則第3編第1章から第5章までの規定により61条1号に規定する連結計算書類において表示すべき事項に相当するものを除き，省略することができるものとされている。これは，米国基準によると記載または注記すべき事項が膨大になるため，簡略化を認めたものである。また，連結財務諸表規則の規定により記載または注記をすべき事項に比べて会社計算規則72条以下の規定により連結計算書類に含めるべき事項は簡略化されていることとの均衡を図ったものである。たしかに，同条以下の規定により連結計算書類に含めるべき事項のうち，米国基準による場合には記載または注記されない事項が理論的にはあり得，その場合には，同条以下の規定が定める要求水準を充たさないおそれが抽象的にはまったくないわけではないが，米国基準は高い品質を有するものであるから，現実には弊害が生ずるおそれはないと考えてよいのであろう。

〔弥　永〕

589

会社計算§120の3　　　　　　　　　　　第3編　計算関係書類　第7章　雑則

2　用語，様式および作成方法の注記（本条2項）

　米国預託証券の発行等に関して要請されている用語，様式および作成方法は連結計算書類についての原則的な用語，様式および作成方法ではなく，会社債権者などの利害関係人にとって必ずしもなじみが深いものとは限らないので，利害関係人が連結計算書類を作成する会社を親会社とする企業集団の財産および損益の状態を正確に判断することを可能にするため，米国預託証券の発行等に関して要請されている用語，様式および作成方法によって作成された連結計算書類については，それらが準拠している用語，様式および作成方法を注記しなければならないものとされている。

3　一般に公正妥当と認められる企業会計の基準その他の企業会計の慣行

　本条は，連結財務諸表の用語，様式および作成方法について米国預託証券の発行等に関して要請されている用語，様式および作成方法によることを認めるものである。しかし，ここでいう「作成方法」に会計処理の原則および手続（会計方針）が含まれるかどうかについては争いがある。しかし，含まれないと解すると，日本基準によって会計処理をしなければならないことになり，二重に作成する手間を省くという本条の趣旨に合致しないのではないかという問題が生ずる。

　たしかに，金融商品取引法の下では，指定国際会計基準，修正国際基準や米国基準は，連結財務諸表規則1条1項にいう「一般に公正妥当と認められる企業会計の基準」に該当するものではないという整理を前提として，条文が作られている。すなわち，連結財務諸表規則1条1項は，連結財務諸表の「用語，様式及び作成方法は，……この規則の定めるところによるものとし，この規則において定めのない事項については，一般に公正妥当と認められる企業会計の基準に従うものとする」と定めているところ，同則93条，94条および95条が指定国際会計基準，修正国際基準または米国基準により連結財務諸表を作成することを認めている。指定国際会計基準，修正国際基準または米国基準により連結財務諸表を作成することができるのは特例として位置付けられており，作成することができる会社は限定されている（連結財務規1の2・1の3・95）。もし，指定国際会計基準，修正国際基準または米国基準が「一般に公正妥当と認められる企業会計の基準」に当たるのであれば，このように限定することは

590　　　　　　　　　　　　　　　　　　　　　　　　　　　　　　〔弥　永〕

会社計算§125

整合的ではない。実際，修正国際基準との関係で，金融庁は，「修正国際基準は，我が国で作成された企業会計の基準ではあるものの，連結財務諸表等を作成するにあたり『適用の一般原則』となる『我が国において「一般に」公正妥当と認められる企業会計の基準』には該当せず，法令の要件（連結財務諸表規則第1条の3等）を満たす株式会社が，『適用の特例』として任意に適用が行える企業会計の基準です。よって，現行の指定国際会計基準と同様に，『第7章　企業会計の基準の特例』等に所要の規定整備を行ったものです」（圏点・筆者）と指摘している（「『連結財務諸表の用語，様式及び作成方法に関する規則等の一部を改正する内閣府令（案）』等に対するパブリックコメントの概要及びそれに対する金融庁の考え方」〔2015年9月4日〕No.4）。

　他方，会社法の下では，431条が「株式会社の会計は，一般に公正妥当と認められる企業会計の慣行に従うものとする」と定めている以上，法務省令である会社計算規則の定めにより，「一般に公正妥当と認められる企業会計の慣行」に当たらない会計処理の原則および手続によることを認めることは委任の範囲を超えているということになろう。そうであれば，米国基準は，少なくとも，連結計算書類との関係では，会社法上，一般に公正妥当と認められる企業会計の基準その他の企業会計の慣行の1つに当たると解するのが自然である。

（弥永真生）

（計算関係書類の提供）

会社計算第125条　計算関係書類を作成した<u>取締役（指名委員会等設置会社にあっては，執行役）</u>は，会計監査人に対して計算関係書類を提供しようとするときは，<u>監査役（監査等委員会設置会社にあっては監査等委員会の指定した監査等委員，指名委員会等設置会社にあっては監査委員会の指定した監査委員）</u>に対しても計算関係書類を提供しなければならない。

　本条は，計算関係書類の会計監査人および株式会社の監査機関への提供手続を定める。本改正により監査等委員会設置会社が新設され，また改正前の委員会設置会社が指名委員会等設置会社と改称されたことを受けて，改正省令では，計算関係書類を作成した取締役ないし執行役は，会計監査人に対して当該計算書類を提供しようとするときには，監査役設置会社では監査役に，監査等

〔片木〕

会社計算 §128の2　第4編　計算関係書類の監査　第3章　会計監査人設置会社における監査

委員会設置会社では監査等委員会の指定した監査等委員に，指名委員会等設置会社では監査委員会の指定した監査委員に対しても当該計算書類を提供しなければならない旨を規定する。

(片木晴彦)

(監査等委員会の監査報告の内容) (新設)

会社計算第128条の2①　監査等委員会は，計算関係書類及び会計監査報告（第130条第3項に規定する場合にあっては，計算関係書類）を受領したときは，次に掲げる事項を内容とする監査報告を作成しなければならない。この場合において，監査等委員は，当該事項に係る監査報告の内容が当該監査等委員の意見と異なる場合には，その意見を監査報告に付記することができる。

1　監査等委員会の監査の方法及びその内容

2　第127条第2号から第5号までに掲げる事項

3　監査報告を作成した日

②　前項に規定する監査報告の内容（同項後段の規定による付記を除く。）は，監査等委員会の決議をもって定めなければならない。

I　総　説

本条は，本改正で新設された監査等委員会設置会社の監査等委員会が作成する計算関係書類の監査報告の内容を規定する。監査等委員会による事業報告の監査その他業務監査の監査報告については，会社法施行規則130条の2に規定されている。

監査等委員会設置会社では，監査等委員会が，取締役の職務の執行を監査し，監査報告を作成する（399の2Ⅲ①）。また，会計監査人とともに，取締役の作成した計算書類およびその附属明細書，臨時計算書類，ならびに連結計算書類を監査する（436Ⅱ①・441Ⅱ・444Ⅳ）。監査等委員会が選定する監査等委員は，取締役および会社使用人から，その職務の執行に関する事項の報告を受け，また監査等委員会設置会社の業務および財産の状況を自ら調査する権限を有する（399の3Ⅰ）。常勤の監査等委員を置くことはできるが，義務付けられているわけではない（ただし，会社は常勤の監査等委員の選定の有無およびその理由

会社計算§128の2

を，事業報告に記載する。会社則121⑩イ）。指名委員会等設置会社の監査委員会と同様，会社の内部統制（399の13Ⅰ①ハ，会社則110の4Ⅱ）を利用しながら必要な調査を行うことが想定される（一問一答平成26年38頁，江頭590頁）。

指名委員会等設置会社における監査委員会が選定する監査委員の調査と同様（405Ⅳ），監査等委員会が選定する監査等委員の報告の徴収および調査に関しては，監査等委員会の決議に従うことが求められ（399の3Ⅳ），監査役会の各監査役のように独任制（390Ⅱただし書）は認められていない。

Ⅱ 監査報告の内容

1 監査等委員会の監査の方法および内容（本条1項1号）

監査の信頼性を正確に判断できるように，監査等委員会が実際に行った監査の方法について明瞭かつ簡潔に記載すべきことは，監査役会の監査報告や監査委員会の監査報告と変わらない［☞会社法コンメ⑩会社計算§128Ⅱ1〔219-220頁〔片木晴彦〕〕・§129Ⅱ1〔223-224頁〔片木晴彦〕〕〕。また，上述のように，監査等委員会では，監査等委員独自の監査活動が想定されていないため，監査等委員会としての監査活動のみが報告され，「各監査等委員の監査の内容」を報告することは求められていない［☞会社法コンメ⑩会社計算§128Ⅱ1〔220頁〔片木〕〕〕。

監査等委員会は，内部監査部門等との連携体制その他内部統制システムの構築・運用の状況等を踏まえながら，会社の内部統制システム等を活用して，組織的かつ効率的にその監査を行うことが期待される（日本監査役協会・監査等委員会監査等基準〔以下，「監査等委員会監査等基準」という〕39Ⅰ）。

2 その他の記載事項（本条1項2号・3号）

監査等委員会のその他の記載内容は，会計監査人設置会社の監査役監査報告および監査役会監査報告と同じである。すなわち，①会計監査人の監査の方法または結果の相当性に関する意見，②重要な後発事象，③会計監査人の職務の遂行が適正に実施されることを確保するための体制に関する事項，および④監査のために必要な調査ができなかったときには，その旨およびその理由［☞会社法コンメ⑩会社計算§127Ⅱ〔214-217頁〔片木晴彦〕〕〕である。

監査等委員会においても，計算関係書類の表示の適正性については，会計監査人が意見を表明し，監査等委員会は会計監査人の監査の方法または結果の相当性について意見を述べる。また，監査等委員会は，会計監査人から，会計監

〔片 木〕

593

査報告の内容の通知を受けるに際して，独立性に関する事項その他会計監査の品質管理に関する事項についても，会計監査人から通知を受けることになっており（会社計算131），これらの内容を確認した結果についても報告する［☞会社法コンメ⑩会社計算§127Ⅱ4〔216頁〔片木〕〕〕。

監査等委員会の監査報告の内容は，会社計算規則132条に規定する通知期限までに，取締役および会計監査人に通知されなければならない。通知期限の履行を確認するために，監査等委員会の監査報告に作成日を記載する（本条Ⅰ③）。また，監査報告への各監査等委員の署名については，同規則ではとくに定められていないが，実務上各監査等委員の署名，捺印が想定されている（監査等委員会監査等基準59Ⅵ）。

3 監査等委員の意見の付記

監査等委員会の監査意見は，監査等委員会の決議によって決定されるが（本条Ⅱ），監査等委員会の意見と見解を異にする監査等委員は，その意見を監査報告に付記することができる（本条Ⅰ）。

前述のように，監査等委員会は，指名委員会等設置会社の監査委員会と同様に，組織として監査活動を行うことが前提とされており，監査等委員の独任制は認められていない。しかし，計算書類の承認の特則（439）および取締役会の決議による剰余金の配当等の特則（459Ⅰ・460Ⅰ）の適用を認める条件としての監査機関の監査意見について，指名委員会等設置会社の監査委員会と扱いを異にする根拠はないことから［☞会社法コンメ⑩会社計算§129Ⅱ3〔225頁〔片木〕〕〕，監査等委員会の監査意見についても，監査等委員の意見の付記が認められる。計算書類の承認の特則および取締役会の決議による剰余金の配当等の特則の適用が認められる条件として，計算書類について会計監査人が無限定適正意見を表明し，当該会計監査人の会計監査報告に係る監査等委員会の監査報告に，会計監査人の監査の方法または結果を相当でないと認める意見がないこと，そして監査等委員の付記もかかる意見を内容としないことが求められる（会社計算135・155）。

4 監査報告の内容の決定（本条2項）

監査等委員会の監査報告の内容の決定は，監査等委員会の組織としての決定であり，その決議（399の10）によらなければならない。

（片木晴彦）

会社計算§130

（会計監査報告の通知期限等）

会社計算第130条① 会計監査人は，次の各号に掲げる会計監査報告の区分に応じ，当該各号に定める日までに，特定監査役及び特定取締役に対し，当該会計監査報告の内容を通知しなければならない。

1 各事業年度に係る計算書類及びその附属明細書についての会計監査報告 次に掲げる日のいずれか遅い日

イ 当該計算書類の全部を受領した日から4週間を経過した日

ロ 当該計算書類の附属明細書を受領した日から1週間を経過した日

ハ 特定取締役，特定監査役及び会計監査人の間で合意により定めた日があるときは，その日

2 臨時計算書類についての会計監査報告 次に掲げる日のいずれか遅い日

イ 当該臨時計算書類の全部を受領した日から4週間を経過した日

ロ 特定取締役，特定監査役及び会計監査人の間で合意により定めた日があるときは，その日

3 連結計算書類についての会計監査報告 当該連結計算書類の全部を受領した日から4週間を経過した日（特定取締役，特定監査役及び会計監査人の間で合意により定めた日がある場合にあっては，その日）

② 計算関係書類については，特定監査役及び特定取締役が前項の規定による会計監査報告の内容の通知を受けた日に，会計監査人の監査を受けたものとする。

③ 前項の規定にかかわらず，会計監査人が第1項の規定により通知をすべき日までに同項の規定による会計監査報告の内容の通知をしない場合には，当該通知をすべき日に，計算関係書類については，会計監査人の監査を受けたものとみなす。

④ 第1項及び第2項に規定する「特定取締役」とは，次の各号に掲げる場合の区分に応じ，当該各号に定める者（当該株式会社が会計参与設置会社である場合にあっては，当該各号に定める者及び会計参与）をいう（第132条において同じ。）。

1 第1項の規定による通知を受ける者を定めた場合 当該通知を受ける者として定められた者

2 前号に掲げる場合以外の場合 監査を受けるべき計算関係書類の作成に関する職務を行った取締役及び執行役

⑤ 第1項及び第2項に規定する「特定監査役」とは，次の各号に掲げる株式会社の区分に応じ，当該各号に定める者とする（以下この章において同じ。）。

1 監査役設置会社（監査役会設置会社を除く。） 次のイからハまでに掲げる場合の区分に応じ，当該イからハまでに定める者

イ 2以上の監査役が存する場合において，第1項の規定による会計監査報告

〔片木〕

595

会社計算§130　　第4編　計算関係書類の監査　第3章　会計監査人設置会社
における監査

　　　の内容の通知を受ける監査役を定めたとき　当該通知を受ける監査役として
　　　定められた監査役
　　ロ　2以上の監査役が存する場合において，第1項の規定による会計監査報告
　　　の内容の通知を受ける監査役を定めていないとき　全ての監査役
　　ハ　イ又はロに掲げる場合以外の場合　監査役
　2　監査役会設置会社　次のイ又はロに掲げる場合の区分に応じ，当該イ又はロ
　　に定める者
　　イ　監査役会が第1項の規定による会計監査報告の内容の通知を受ける監査役
　　　を定めた場合　当該通知を受ける監査役として定められた監査役
　　ロ　イに掲げる場合以外の場合　全ての監査役
　3　監査等委員会設置会社　次のイ又はロに掲げる場合の区分に応じ，当該イ又
　　はロに定める者
　　イ　監査等委員会が第1項の規定による会計監査報告の内容の通知を受ける監
　　　査等委員を定めた場合　当該通知を受ける監査等委員として定められた監査
　　　等委員
　　ロ　イに掲げる場合以外の場合　監査等委員のうちいずれかの者
　4　指名委員会等設置会社　次のイ又はロに掲げる場合の区分に応じ，当該イ又
　　はロに定める者
　　イ　監査委員会が第1項の規定による会計監査報告の内容の通知を受ける監査
　　　委員を定めた場合　当該通知を受ける監査委員として定められた監査委員
　　ロ　イに掲げる場合以外の場合　監査委員のうちいずれかの者

　本条は，会計監査人がその会計監査報告の内容を通知すべき日程および株式
会社内で通知を受けるべき者について規定する。
　会計監査人は，本条1項に規定される期日までに，その会計監査報告の内容
を「特定取締役」および「特定監査役」に通知しなければならない〔☞会社法
コンメ⑩§130Ⅱ1〔228頁〔片木晴彦〕〕〕。「特定監査役」の意義については本条
5項各号に定められている。本改正で新設された監査等委員会設置会社につい
ては，同項3号に規定され，「特定監査役」とは，監査等委員会が特定の委員
を定めた場合には当該監査等委員，とくに定めていない場合には監査等委員の
いずれかの者，とされている。また，従来の委員会設置会社に関する規定は改
称された「指名委員会等設置会社」に関する規定として同項4号に移行してい
る。

　　　　　　　　　　　　　　　　　　　　　　　　　　　　　　　（片木晴彦）

596　　　　　　　　　　　　　　　　　　　　　　　　　　　　〔片　木〕

会社計算§132

（会計監査人の職務の遂行に関する事項）

会社計算第131条　会計監査人は，前条第1項の規定による特定監査役に対する会計監査報告の内容の通知に際して，当該会計監査人についての次に掲げる事項（当該事項に係る定めがない場合にあっては，当該事項を定めていない旨）を通知しなければならない。ただし，全ての監査役（監査等委員会設置会社にあっては監査等委員会，指名委員会等設置会社にあっては監査委員会）が既に当該事項を知っている場合は，この限りでない。

1　独立性に関する事項その他監査に関する法令及び規程の遵守に関する事項

2　監査，監査に準ずる業務及びこれらに関する業務の契約の受任及び継続の方針に関する事項

3　会計監査人の職務の遂行が適正に行われることを確保するための体制に関するその他の事項

監査役，監査役会，監査委員会，そして本改正で新設された監査等委員会設置会社の監査等委員会は，その監査報告において，会計監査人の監査の方法または結果の相当性について報告するとともに，会計監査人の職務の遂行が適正に実施されることを確保するための体制に関する事項についても報告することが求められている（会社計算127④・128 II②・128の2 I②・129 I②）。本条は，これらの意見の形成の前提として，会計監査人が，「特定監査役」（同則130Ⅴ）に会計監査報告の内容を通知するに際して，その監査法人または監査事務所の職務の遂行の体制についても，通知することを求める。

改正本条ただし書は，監査役，監査等委員会設置会社にあっては監査等委員会，指名委員会等設置会社にあっては監査委員会のすべての者が事前の説明等で通知事項について知っている場合には，通知を不要とする。本改正で監査等委員会設置会社が新設され，委員会設置会社が指名委員会等設置会社に改称されたことに伴う改正である。

（片木晴彦）

（会計監査人設置会社の監査役等の監査報告の通知期限）

会社計算第132条①　会計監査人設置会社の特定監査役は，次の各号に掲げる監査報告の区分に応じ，当該各号に定める日までに，特定取締役及び会計監査人に

〔片　木〕

会社計算 §132　　第4編　計算関係書類の監査　第3章　会計監査人設置会社
における監査

対し，監査報告（監査役会設置会社にあっては，第128条第1項の規定により作
成した監査役会の監査報告に限る。以下この条において同じ。）の内容を通知し
なければならない。
　1　連結計算書類以外の計算関係書類についての監査報告　次に掲げる日のいず
　　れか遅い日
　　　イ　会計監査報告を受領した日（第130条第3項に規定する場合にあっては，
　　　　同項の規定により監査を受けたものとみなされた日。次号において同じ。）
　　　　から1週間を経過した日
　　　ロ　特定取締役及び特定監査役の間で合意により定めた日があるときは，その
　　　　日
　2　連結計算書類についての監査報告　会計監査報告を受領した日から1週間を
　　経過した日（特定取締役及び特定監査役の間で合意により定めた日がある場合
　　にあっては，その日）
②　計算関係書類については，特定取締役及び会計監査人が前項の規定による監査
　報告の内容の通知を受けた日に，監査役（監査等委員会設置会社にあっては監査
　等委員会，指名委員会等設置会社にあっては監査委員会）の監査を受けたものと
　する。
③　前項の規定にかかわらず，特定監査役が第1項の規定により通知をすべき日ま
　でに同項の規定による監査報告の内容の通知をしない場合には，当該通知をすべ
　き日に，計算関係書類については，監査役（監査等委員会設置会社にあっては監
　査等委員会，指名委員会等設置会社にあっては監査委員会）の監査を受けたもの
　とみなす。

　　本条は，会計監査人から会計監査報告の内容の通知を受けた特定監査役（会
社計算130 V）が，特定取締役（同条IV）および会計監査人に対して，監査役の
監査報告（監査役会設置会社では監査役会の監査報告のみ），監査等委員会設置会社
では監査等委員会の監査報告，指名委員会等設置会社では監査委員会の監査報
告を通知する日程について，および計算関係書類について監査役，監査等委員
会または監査委員会の監査を受けたものとされる日または監査を受けたものと
みなされる日に関する規律について規定する。
　　本条の改正は，本改正で監査等委員会設置会社が新設され，委員会設置会社
が指名委員会等設置会社に改称されたことに伴う規定の整備を内容とする。
　　　　　　　　　　　　　　　　　　　　　　　　　　　　　　　（片木晴彦）

598　　　　　　　　　　　　　　　　　　　　　　　　　　　　　　　〔片　木〕

会社計算§133

（計算書類等の提供）

会社計算第133条 ① 法第437条の規定により株主に対して行う提供計算書類（次の各号に掲げる株式会社の区分に応じ，当該各号に定めるものをいう。以下この条において同じ。）の提供に関しては，この条に定めるところによる。

1　株式会社（監査役設置会社（監査役の監査の範囲を会計に関するものに限定する旨の定款の定めがある株式会社を含む。次号において同じ。）及び会計監査人設置会社を除く。）　計算書類

2　会計監査人設置会社以外の監査役設置会社　次に掲げるもの

　イ　計算書類

　ロ　計算書類に係る監査役（監査役会設置会社にあっては，監査役会）の監査報告があるときは，当該監査報告（2以上の監査役が存する株式会社（監査役会設置会社を除く。）の各監査役の監査報告の内容（監査報告を作成した日を除く。）が同一である場合にあっては，1又は2以上の監査役の監査報告）

　ハ　第124条第3項の規定により監査を受けたものとみなされたときは，その旨の記載又は記録をした書面又は電磁的記録

3　会計監査人設置会社　次に掲げるもの

　イ　計算書類

　ロ　計算書類に係る会計監査報告があるときは，当該会計監査報告

　ハ　会計監査人が存しないとき（法第346条第4項の一時会計監査人の職務を行うべき者が存する場合を除く。）は，会計監査人が存しない旨の記載又は記録をした書面又は電磁的記録

　ニ　第130条第3項の規定により監査を受けたものとみなされたときは，その旨の記載又は記録をした書面又は電磁的記録

　ホ　計算書類に係る監査役（監査役会設置会社にあっては監査役会，監査等委員会設置会社にあっては監査等委員会，指名委員会等設置会社にあっては監査委員会）の監査報告があるときは，当該監査報告（2以上の監査役が存する株式会社（監査役会設置会社を除く。）の各監査役の監査報告の内容（監査報告を作成した日を除く。）が同一である場合にあっては，1又は2以上の監査役の監査報告）

　ヘ　前条第3項の規定により監査を受けたものとみなされたときは，その旨の記載又は記録をした書面又は電磁的記録

② 定時株主総会の招集通知（法第299条第2項又は第3項の規定による通知をいう。以下同じ。）を次の各号に掲げる方法により行う場合にあっては，提供計算書類は，当該各号に定める方法により提供しなければならない。

1　書面の提供　次のイ又はロに掲げる場合の区分に応じ，当該イ又はロに定め

〔片　木〕

る方法

　イ　提供計算書類が書面をもって作成されている場合　当該書面に記載された事項を記載した書面の提供

　ロ　提供計算書類が電磁的記録をもって作成されている場合　当該電磁的記録に記録された事項を記載した書面の提供

２　電磁的方法による提供　次のイ又はロに掲げる場合の区分に応じ，当該イ又はロに定める方法

　イ　提供計算書類が書面をもって作成されている場合　当該書面に記載された事項の電磁的方法による提供

　ロ　提供計算書類が電磁的記録をもって作成されている場合　当該電磁的記録に記録された事項の電磁的方法による提供

③　提供計算書類を提供する際には，当該事業年度より前の事業年度に係る貸借対照表，損益計算書又は株主資本等変動計算書に表示すべき事項（以下この項において「過年度事項」という。）を併せて提供することができる。この場合において，提供計算書類の提供をする時における過年度事項が会計方針の変更その他の正当な理由により当該事業年度より前の事業年度に係る定時株主総会において承認又は報告をしたものと異なるものとなっているときは，修正後の過年度事項を提供することを妨げない。

④　提供計算書類に表示すべき事項（株主資本等変動計算書又は個別注記表に係るものに限る。）に係る情報を，定時株主総会に係る招集通知を発出する時から定時株主総会の日から３箇月が経過する日までの間，継続して電磁的方法により株主が提供を受けることができる状態に置く措置（会社法施行規則第222条第１項第１号ロに掲げる方法のうち，インターネットに接続された自動公衆送信装置（公衆の用に供する電気通信回線に接続することにより，その記録媒体のうち自動公衆送信の用に供する部分に記録され，又は当該装置に入力される情報を自動公衆送信する機能を有する装置をいう。以下この章において同じ。）を使用する方法によって行われるものに限る。第８項において同じ。）をとる場合における第２項の規定の適用については，当該事項につき同項各号に掲げる場合の区分に応じ，当該各号に定める方法により株主に対して提供したものとみなす。ただし，この項の措置をとる旨の定款の定めがある場合に限る。

⑤　前項の場合には，取締役は，同項の措置をとるために使用する自動公衆送信装置のうち当該措置をとるための用に供する部分をインターネットにおいて識別するための文字，記号その他の符号又はこれらの結合であって，情報の提供を受ける者がその使用に係る電子計算機に入力することによって当該情報の内容を閲覧し，当該電子計算機に備えられたファイルに当該情報を記録することができるものを株主に対して通知しなければならない。

⑥　第４項の規定により計算書類に表示した事項の一部が株主に対して第２項各号

会社計算§133

に定める方法により提供したものとみなされる場合において，監査役，会計監査人，監査等委員会又は監査委員会が，現に株主に対して提供された計算書類が監査報告又は会計監査報告を作成するに際して監査をした計算書類の一部であることを株主に対して通知すべき旨を取締役に請求したときは，取締役は，その旨を株主に対して通知しなければならない。

⑦　取締役は，計算書類の内容とすべき事項について，定時株主総会の招集通知を発出した日から定時株主総会の前日までの間に修正をすべき事情が生じた場合における修正後の事項を株主に周知させる方法を当該招集通知と併せて通知することができる。

⑧　第4項の規定は，提供計算書類に表示すべき事項のうち株主資本等変動計算書又は個別注記表に係るもの以外のものに係る情報についても，電磁的方法により株主が提供を受けることができる状態に置く措置をとることを妨げるものではない。

I　本条の改正の趣旨

会社法は，取締役会設置会社では，定時株主総会の招集の通知に際して，計算書類および事業報告，ならびに監査機関の監査を受けた場合にはこれらの書類の監査報告または会計監査報告をも株主に提供することを求めている (437) が，本条は，これらの提供書類のうち，計算書類およびその監査報告または会計監査報告の提供方法について定める。事業報告の提供方法については，会社法施行規則133条に定める。また，連結計算書類を作成する株式会社では，定時株主総会の招集の通知に際して，連結計算書類をも提供することが求められるが (444Ⅵ)，連結計算書類の提供方法については，会社計算規則134条に定める。

改正省令は，本改正で監査等委員会設置会社が新設され，委員会設置会社が指名委員会等設置会社に改称されたことに伴う規定の整備を行うとともに，インターネットによる情報のみなし提供（Web開示。本条Ⅳ）の範囲を拡大し，さらにインターネットによる情報提供を行う際には，みなし提供の適用を受けない情報と併せて，一体として開示を行うことが認められることを明らかにする。

〔片　木〕

会社計算§133　　第5編　計算書類の株主への提供及び承認の特則に関する要件　第1章　計算書類等の株主への提供

II　定時株主総会に提供すべき書類

　提供すべき書類の内容については，監査役設置会社（本条の規律では，監査の範囲を会計に関するものに限定する旨の定款の定めのある株式会社を含む）および会計監査人設置会社以外の株式会社，会計監査人設置会社以外の監査役設置会社，ならびに会計監査人設置会社に分けて規律される（本条I）。会計監査人を設置する監査役および監査役会設置会社，監査等委員会設置会社，ならびに指名委員会等設置会社では，会計監査人による会計監査報告に加えて，監査役または監査役会，監査等委員会，監査委員会による計算関係書類に関する監査報告が作成されるが（会社計算127-129），当該監査報告も提供することが求められる。

III　Web開示制度（本条4項から8項まで）

　株式会社は，計算書類等の株主に対する書面または電磁的方法による提供（本条II）に代えて，インターネットのホームページに掲載する開示（Web開示。会社則222I①ロ）を行った場合には，本条2項による情報の提供がなされたとみなされる。Web開示による情報のみなし提供は，定款にその旨を規定することを要し（本条IVただし書），計算書類については，個別注記表についてのみ認められていたが，改正省令は，株主資本等変動計算書をもその対象に加える。このほか，事業報告の内容の一部（会社則133III），株主総会参考書類の記載事項の一部（同則94），連結計算書類およびその監査報告（会社計算134IV）についてもWeb開示による情報のみなし提供が認められている。

　監査役，会計監査人，監査等委員会設置会社の監査等委員会，および指名委員会等設置会社の監査委員会は，計算書類全体について監査し，監査報告を作成するが，これらの監査機関は，本条4項の措置により個別注記表の全部または一部，および株主資本等変動計算書が株主に直接提供されず，Web開示にとどまる場合には，現に株主に対して提供された計算書類が，監査対象となった計算書類の一部であることを株主に対して通知して注意を促すよう，取締役に請求することができる（本条VI）。

〔片　木〕

会社計算§134

Ⅳ　Web 開示による計算書類の一体開示（本条8項）

　Web 開示により，計算書類のうち個別注記表の全部または一部，および株主資本等変動計算書について，みなし提供の適用がある場合に，みなし提供事項ではない，貸借対照表や損益計算書をも，みなし提供の対象となる事項と一体として併せて開示することはとくに妨げられないと解されるが，改正省令により新設された本条8項は，その旨を明確にしている（法務省令平成26年57頁）。

（片木晴彦）

（連結計算書類の提供）

会社計算第134条①　法第444条第6項の規定により株主に対して連結計算書類の提供をする場合において，定時株主総会の招集通知を次の各号に掲げる方法により行うときは，連結計算書類は，当該各号に定める方法により提供しなければならない。

　1　書面の提供　次のイ又はロに掲げる場合の区分に応じ，当該イ又はロに定める方法

　　イ　連結計算書類が書面をもって作成されている場合　当該書面に記載された事項を記載した書面の提供

　　ロ　連結計算書類が電磁的記録をもって作成されている場合　当該電磁的記録に記録された事項を記載した書面の提供

　2　電磁的方法による提供　次のイ又はロに掲げる場合の区分に応じ，当該イ又はロに定める方法

　　イ　連結計算書類が書面をもって作成されている場合　当該書面に記載された事項の電磁的方法による提供

　　ロ　連結計算書類が電磁的記録をもって作成されている場合　当該電磁的記録に記録された事項の電磁的方法による提供

②　前項の連結計算書類に係る会計監査報告又は監査報告がある場合において，当該会計監査報告又は監査報告の内容をも株主に対して提供することを定めたときにおける同項の規定の適用については，同項第1号イ及びロ並びに第2号イ及びロ中「連結計算書類」とあるのは，「連結計算書類（当該連結計算書類に係る会計監査報告又は監査報告を含む。）」とする。

〔片　木〕

会社計算§134　　第5編　計算書類の株主への提供及び承認の特則に関する要件　第1章　計算書類等の株主への提供

③　連結計算書類を提供する際には，当該連結会計年度より前の連結会計年度に係る連結貸借対照表，連結損益計算書又は連結株主資本等変動計算書に表示すべき事項（以下この項において「過年度事項」という。）を併せて提供することができる。この場合において，連結計算書類の提供をする時における過年度事項が会計方針の変更その他の正当な理由により当該連結会計年度より前の連結会計年度に相当する事業年度に係る定時株主総会において報告をしたものと異なるものとなっているときは，修正後の過年度事項を提供することを妨げない。

④　連結計算書類（第2項に規定する場合にあっては，当該連結計算書類に係る会計監査報告又は監査報告を含む。）に表示すべき事項に係る情報を，定時株主総会に係る招集通知を発出する時から定時株主総会の日から3箇月が経過する日までの間，継続して電磁的方法により株主が提供を受けることができる状態に置く措置（会社法施行規則第222条第1項第1号ロに掲げる方法のうち，インターネットに接続された自動公衆送信装置を使用する方法によって行われるものに限る。）をとる場合における第1項の規定の適用については，当該事項につき同項各号に掲げる場合の区分に応じ，当該各号に定める方法により株主に対して提供したものとみなす。ただし，この項の措置をとる旨の定款の定めがある場合に限る。

⑤　前項の場合には，取締役は，同項の措置をとるために使用する自動公衆送信装置のうち当該措置をとるための用に供する部分をインターネットにおいて識別するための文字，記号その他の符号又はこれらの結合であって，情報の提供を受ける者がその使用に係る電子計算機に入力することによって当該情報の内容を閲覧し，当該電子計算機に備えられたファイルに当該情報を記録することができるものを株主に対して通知しなければならない。

⑥　第4項の規定により連結計算書類に表示した事項の一部が株主に対して第1項各号に定める方法により提供したものとみなされた場合において，監査役，会計監査人，監査等委員会又は監査委員会が，現に株主に対して提供された連結計算書類が監査報告又は会計監査報告を作成するに際して監査をした連結計算書類の一部であることを株主に対して通知すべき旨を取締役に請求したときは，取締役は，その旨を株主に対して通知しなければならない。

⑦　取締役は，連結計算書類の内容とすべき事項について，定時株主総会の招集通知を発出した日から定時株主総会の前日までの間に修正をすべき事情が生じた場合における修正後の事項を株主に周知させる方法を当該招集通知と併せて通知することができる。

連結計算書類を作成する取締役会設置会社では，定時株主総会の招集の通知に際して，取締役会の承認を受けた連結計算書類を提供することを求められる

604　　　　　　　　　　　　　　　　　　　　　　　　　　　　〔片　木〕

会社計算§135

が (444 VI)，本条はその提供の方法について定める。改正法務省令は，本改正
で監査等委員会設置会社が新設され，委員会設置会社が指名委員会等設置会社
に改称されたことに伴う規定の整備を行う。連結計算書類およびその会計監査
報告または監査報告の事項の一部について，Web 開示による提供 (本条 IV) が
適用される場合には，監査役，会計監査人，監査等委員会設置会社の監査等委員
会，および指名委員会等設置会社の監査委員会は，現に株主に対して提供された
連結計算書類が，監査された連結計算書類の一部であることを株主に対して通
知すべきことを，取締役に対して求めることができる旨を規定する (本条 VI)。

(片木晴彦)

【計算書類等の承認の特則に関する要件】

会社計算第 135 条①　法第 439 条及び第 441 条第 4 項（以下この条において「承
認特則規定」という。）に規定する法務省令で定める要件は，次の各号（監査役
設置会社であって監査役会設置会社でない株式会社にあっては，第 3 号を除
く。）のいずれにも該当することとする。

1　承認特則規定に規定する計算関係書類についての会計監査報告の内容に第
126 条第 1 項第 2 号イに定める事項（当該計算関係書類が臨時計算書類である
場合にあっては，当該事項に相当する事項を含む。）が含まれていること。

2　前号の会計監査報告に係る監査役，監査役会，監査等委員会又は監査委員会
の監査報告（監査役会設置会社にあっては，第 128 条第 1 項の規定により作成
した監査役会の監査報告に限る。）の内容として会計監査人の監査の方法又は
結果を相当でないと認める意見がないこと。

3　第 128 条第 2 項後段，第 128 条の 2 第 1 項後段又は第 129 条第 1 項後段の規
定により第 1 号の会計監査報告に係る監査役会，監査等委員会又は監査委員会
の監査報告に付記された内容が前号の意見でないこと。

4　承認特則規定に規定する計算関係書類が第 132 条第 3 項の規定により監査を
受けたものとみなされたものでないこと。

5　取締役会を設置していること。

---

439 条および 441 条 4 項は，法定の監査を受け，取締役会の承認を得た各事
業年度に係る計算書類および臨時計算書類が，法令および定款に従い株式会社
の財産および損益の状況を正しく表示しているものとして法務省令に定める要

〔片木〕

605

会社計算 §152　第7編　株式会社の計算に係る計数等に関する事項　第2章
資本金等の額の減少

件に該当する場合には，当該計算書類または臨時計算書類の株主総会による承
認を省略し，各事業年度に係る計算書類についてはその内容を定時株主総会で
報告することで足りる旨を規定する。本条は，取締役会の承認によって計算書
類または臨時計算書類を確定させるための要件を定める。

　改正法務省令は，本改正で監査等委員会設置会社が新設され，委員会設置会
社が指名委員会等設置会社に改称されたことに伴う規定の整備を行う。

　承認特則規定の適用を受けるためには，会計監査人の会計監査報告が無限定
適正意見（会社計算126Ⅰ②イ）を内容としていること，当該会計監査人の監査
の方法または結果について，監査役，監査役会，監査等委員会設置会社の監査
等委員会，または指名委員会等設置会社の監査委員会の監査報告において，相
当でないと認める意見がないこと，そして，監査役，監査等委員，監査委員の
付記意見も，かかる意見を内容としないことが求められる。

(片木晴彦)

（計算書類に関する事項）

会社計算第152条　第449条第2項第2号に規定する法務省令で定めるものは，同
　項の規定による公告の日又は同項の規定による催告の日のいずれか早い日におけ
　る次の各号に掲げる場合の区分に応じ，当該各号に定めるものとする。
1　最終事業年度に係る貸借対照表又はその要旨につき公告対象会社（法第449
　　条第2項第2号の株式会社をいう。以下この条において同じ。）が法第440条
　　第1項又は第2項の規定により公告をしている場合　次に掲げるもの
　イ　官報で公告をしているときは，当該官報の日付及び当該公告が掲載されて
　　　いる頁
　ロ　時事に関する事項を掲載する日刊新聞紙で公告をしているときは，当該日
　　　刊新聞紙の名称，日付及び当該公告が掲載されている頁
　ハ　電子公告により公告をしているときは，法第911条第3項第28号イに掲
　　　げる事項
2　最終事業年度に係る貸借対照表につき公告対象会社が法第440条第3項に規
　　定する措置をとっている場合　法第911条第3項第26号に掲げる事項
3　公告対象会社が法第440条第4項に規定する株式会社である場合において，
　　当該株式会社が金融商品取引法第24条第1項の規定により最終事業年度に係
　　る有価証券報告書を提出している場合　その旨
4　公告対象会社が会社法の施行に伴う関係法律の整備等に関する法律（平成17

606　　　　　　　　　　　　　　　　　　　　　　　　　　　　　　　〔舩　津〕

年法律第 87 号）第 28 条の規定により法第 440 条の規定が適用されないもので
ある場合　その旨
5　公告対象会社につき最終事業年度がない場合　その旨
6　前各号に掲げる場合以外の場合　前編第 2 章の規定による最終事業年度に係
る貸借対照表の要旨の内容

　本条は本改正により登記事項の追加や削除が行われた結果，改正前の 911 条
3 項 27 号以下については号数の繰上げが生じている。本条の改正はこれに伴
う引用条文の修正を行うものであり，規律内容に実質的な変更はない。

（舩津浩司）

【剰余金の分配を決定する機関の特則に関する要件】
会社計算第 155 条　第 459 条第 2 項及び第 460 条第 2 項（以下この条において「分
　配特則規定」という。）に規定する法務省令で定める要件は，次のいずれにも該
　当することとする。
1　分配特則規定に規定する計算書類についての会計監査報告の内容に第 126 条
　第 1 項第 2 号イに定める事項が含まれていること。
2　前号の会計監査報告に係る監査役会，監査等委員会又は監査委員会の監査報
　告の内容として会計監査人の監査の方法又は結果を相当でないと認める意見が
　ないこと。
3　第 128 条第 2 項後段，第 128 条の 2 第 1 項後段又は第 129 条第 1 項後段の規
　定により第 1 号の会計監査報告に係る監査役会，監査等委員会又は監査委員会
　の監査報告に付記された内容が前号の意見でないこと。
4　分配特則規定に規定する計算関係書類が第 132 条第 3 項の規定により監査を
　受けたものとみなされたものでないこと。

　本条は，取締役会限りで剰余金分配を決定できる旨を定める分配特則規定の
要件の詳細を定めるものであるところ，本改正により，新たに監査等委員会設
置会社が導入されたことから，本条の改正（平成 27 年法務省令 6 号による改正）
は，監査等委員会設置会社においては，監査役会設置会社や指名委員会等設置
会社と同様に，計算書類の監査に当たる機関たる監査等委員会の監査報告に会
計監査人の監査方法・結果を相当でないと認める意見がないこと，および監査

会社計算 §159　第7編　株式会社の計算に係る計数等に関する事項　第6章　分配可能額

等委員のうちで会計監査人の監査方法・結果を相当でないと認める意見を有するものが1人もいないこと，が分配特則規定の要件の一部を構成することを明らかにするものである。

(舩津浩司)

（剰余金の配当等に関して責任をとるべき取締役等）
会社計算第159条①　法第462条第1項各号列記以外の部分に規定する法務省令で定めるものは，次の各号に掲げる行為の区分に応じ，当該各号に定める者とする。
　1　法第461条第1項第1号に掲げる行為　次に掲げる者
　　イ　株式の買取りによる金銭等の交付に関する職務を行った取締役及び執行役
　　ロ　法第140条第2項の株主総会において株式の買取りに関する事項について説明をした取締役及び執行役
　　ハ　分配可能額の計算に関する報告を監査役（監査等委員会及び監査委員会を含む。以下この条において同じ。）又は会計監査人が請求したときは，当該請求に応じて報告をした取締役及び執行役
　2　法第461条第1項第2号に掲げる行為　次に掲げる者
　　イ　株式の取得による金銭等の交付に関する職務を行った取締役及び執行役
　　ロ　法第156条第1項の規定による決定に係る株主総会において株式の取得に関する事項について説明をした取締役及び執行役
　　ハ　法第156条第1項の規定による決定に係る取締役会において株式の取得に賛成した取締役
　　ニ　分配可能額の計算に関する報告を監査役又は会計監査人が請求したときは，当該請求に応じて報告をした取締役及び執行役
　3　法第461条第1項第3号に掲げる行為　次に掲げる者
　　イ　株式の取得による金銭等の交付に関する職務を行った取締役及び執行役
　　ロ　法第157条第1項の規定による決定に係る株主総会において株式の取得に関する事項について説明をした取締役及び執行役
　　ハ　法第157条第1項の規定による決定に係る取締役会において株式の取得に賛成した取締役
　　ニ　分配可能額の計算に関する報告を監査役又は会計監査人が請求したときは，当該請求に応じて報告をした取締役及び執行役
　4　法第461条第1項第4号に掲げる行為　次に掲げる者
　　イ　株式の取得による金銭等の交付に関する職務を行った取締役及び執行役

〔黒沼〕

会社計算§159

　　ロ　法第171条第1項の株主総会において株式の取得に関する事項について説明をした取締役及び執行役

　　ハ　分配可能額の計算に関する報告を監査役又は会計監査人が請求したときは，当該請求に応じて報告をした取締役及び執行役

5　法第461条第1項第5号に掲げる行為　次に掲げる者

　　イ　株式の買取りによる金銭等の交付に関する職務を行った取締役及び執行役

　　ロ　法第175条第1項の株主総会において株式の買取りに関する事項について説明をした取締役及び執行役

　　ハ　分配可能額の計算に関する報告を監査役又は会計監査人が請求したときは，当該請求に応じて報告をした取締役及び執行役

6　法第461条第1項第6号に掲げる行為　次に掲げる者

　　イ　株式の買取りによる金銭等の交付に関する職務を行った取締役及び執行役

　　ロ　法第197条第3項後段の規定による決定に係る株主総会において株式の買取りに関する事項について説明をした取締役及び執行役

　　ハ　法第197条第3項後段の規定による決定に係る取締役会において株式の買取りに賛成した取締役

　　ニ　分配可能額の計算に関する報告を監査役又は会計監査人が請求したときは，当該請求に応じて報告をした取締役及び執行役

7　法第461条第1項第7号に掲げる行為　次に掲げる者

　　イ　株式の買取りによる金銭等の交付に関する職務を行った取締役及び執行役

　　ロ　法第234条第4項後段（法第235条第2項において準用する場合を含む。）の規定による決定に係る株主総会において株式の買取りに関する事項について説明をした取締役及び執行役

　　ハ　法第234条第4項後段（法第235条第2項において準用する場合を含む。）の規定による決定に係る取締役会において株式の買取りに賛成した取締役

　　ニ　分配可能額の計算に関する報告を監査役又は会計監査人が請求したときは，当該請求に応じて報告をした取締役及び執行役

8　法第461条第1項第8号に掲げる行為　次に掲げる者

　　イ　剰余金の配当による金銭等の交付に関する職務を行った取締役及び執行役

　　ロ　法第454条第1項の規定による決定に係る株主総会において剰余金の配当に関する事項について説明をした取締役及び執行役

　　ハ　法第454条第1項の規定による決定に係る取締役会において剰余金の配当に賛成した取締役

　　ニ　分配可能額の計算に関する報告を監査役又は会計監査人が請求したときは，当該請求に応じて報告をした取締役及び執行役

9　法第116条第1項各号の行為に係る同項の規定による請求に応じてする株式

〔黒沼〕

609

の取得　株式の取得による金銭等の交付に関する職務を行った取締役及び次の
イからニまでに掲げる行為の区分に応じ，当該イからニまでに定める者

イ　その発行する全部の株式の内容として法第107条第1項第1号に掲げる事
　項についての定めを設ける定款の変更　次に掲げる者
　(1)　株主総会に当該定款の変更に関する議案を提案した取締役
　(2)　(1)の議案の提案の決定に同意した取締役（取締役会設置会社の取締役
　　を除く。）
　(3)　(1)の議案の提案が取締役会の決議に基づいて行われたときは，当該取
　　締役会の決議に賛成した取締役

ロ　ある種類の株式の内容として法第108条第1項第4号又は第7号に掲げる
　事項についての定めを設ける定款の変更　次に掲げる者
　(1)　株主総会に当該定款の変更に関する議案を提案した取締役
　(2)　(1)の議案の提案の決定に同意した取締役（取締役会設置会社の取締役
　　を除く。）
　(3)　(1)の議案の提案が取締役会の決議に基づいて行われたときは，当該取
　　締役会の決議に賛成した取締役

ハ　法第116条第1項第3号に規定する場合における同号イからハまで及びヘ
　に掲げる行為　次に掲げる者
　(1)　当該行為が株主総会の決議に基づいて行われたときは，当該株主総会に
　　当該行為に関する議案を提案した取締役
　(2)　(1)の議案の提案の決定に同意した取締役（取締役会設置会社の取締役
　　を除く。）
　(3)　(1)の議案の提案が取締役会の決議に基づいて行われたときは，当該取
　　締役会の決議に賛成した取締役
　(4)　当該行為が取締役会の決議に基づいて行われたときは，当該取締役会に
　　おいて当該行為に賛成した取締役

ニ　法第116条第1項第3号に規定する場合における同号ニ及びホに掲げる行
　為　次に掲げる者
　(1)　当該行為に関する職務を行った取締役及び執行役
　(2)　当該行為が株主総会の決議に基づいて行われたときは，当該株主総会に
　　当該行為に関する議案を提案した取締役
　(3)　(2)の議案の提案の決定に同意した取締役（取締役会設置会社の取締役
　　を除く。）
　(4)　(2)の議案の提案が取締役会の決議に基づいて行われたときは，当該取
　　締役会の決議に賛成した取締役
　(5)　当該行為が取締役会の決議に基づいて行われたときは，当該取締役会の
　　決議に賛成した取締役

10　法第182条の4第1項の規定による請求に応じてする株式の取得　次に掲げ

会社計算§*159*

る者

イ　株式の取得による金銭等の交付に関する職務を行った取締役

ロ　法第 180 条第 2 項の株主総会に株式の併合に関する議案を提案した取締役

ハ　ロの議案の提案の決定に同意した取締役（取締役会設置会社の取締役を除く。）

ニ　ロの議案の提案が取締役会の決議に基づいて行われたときは，当該取締役会の決議に賛成した取締役

11　法第 465 条第 1 項第 4 号に掲げる行為　株式の取得による金銭等の交付に関する職務を行った取締役及び執行役

12　法第 465 条第 1 項第 5 号に掲げる行為　次に掲げる者

イ　株式の取得による金銭等の交付に関する職務を行った取締役及び執行役

ロ　法第 107 条第 2 項第 3 号イの事由が株主総会の決議に基づいて生じたときは，当該株主総会に当該行為に関する議案を提案した取締役

ハ　ロの議案の提案の決定に同意した取締役（取締役会設置会社の取締役を除く。）

ニ　ロの議案の提案が取締役会の決議に基づいて行われたときは，当該取締役会の決議に賛成した取締役

ホ　法第 107 条第 2 項第 3 号イの事由が取締役会の決議に基づいて生じたときは，当該取締役会の決議に賛成した取締役

　改正法は，株式の併合により端数を生じる場合に反対株主に株式買取請求権を与えるとともに（182 の 4 I），支払額が分配可能額を超える場合に業務執行者に超過額支払義務を課すこととした（464 I）。本条は，462 条 1 項，464 条 1 項，または 465 条 1 項の責任を負う業務執行者の範囲を定めているので，株式会社が株式併合に反対する株式買取請求権に応じた場合の 464 条 1 項の責任を負う者の範囲を，本条 9 号の規定を参考にして定めた（一問一答平成 26 年 306 頁注 4）。

　株式併合に係る 464 条 1 項の責任を負う業務執行者は，①株式の取得による金銭等の交付に関する職務を行った取締役，②株主総会に株式併合に関する議案を提案した取締役，③取締役会非設置会社において，当該議案の提案の決定に同意した取締役，および④取締役会設置会社において，総会議案の提案を承認する取締役会決議に賛成した取締役である（本条⑩）。

　なお，本条 1 号ハは，監査等委員会設置会社の導入に伴い，監査等委員会を追加するものである。

（黒沼悦郎）

〔黒　沼〕

§441　　　　　　　　　　　　　　　　　　　第2編　株式会社　第5章　計算等

（計算書類等の監査等）

第436条① 監査役設置会社（監査役の監査の範囲を会計に関するものに限定する旨の定款の定めがある株式会社を含み，会計監査人設置会社を除く。）においては，前条第2項の計算書類及び事業報告並びにこれらの附属明細書は，法務省令で定めるところにより，監査役の監査を受けなければならない。

② 会計監査人設置会社においては，次の各号に掲げるものは，法務省令で定めるところにより，当該各号に定める者の監査を受けなければならない。

1　前条第2項の計算書類及びその附属明細書　監査役（監査等委員会設置会社にあっては監査等委員会，指名委員会等設置会社にあっては監査委員会）及び会計監査人

2　前条第2項の事業報告及びその附属明細書　監査役（監査等委員会設置会社にあっては監査等委員会，指名委員会等設置会社にあっては監査委員会）

③ 取締役会設置会社においては，前条第2項の計算書類及び事業報告並びにこれらの附属明細書（第1項又は前項の規定の適用がある場合にあっては，第1項又は前項の監査を受けたもの）は，取締役会の承認を受けなければならない。

　本改正によって，本条2項において，本改正により新たに導入された監査等委員会設置会社の計算書類等の監査に関する規律が追加されるとともに，本改正前の「委員会設置会社」が「指名委員会等設置会社」に名称変更されたことに伴う文言の変更が行われている。

　前者に関しては，監査等委員会設置会社において，計算書類等の監査は，監査役設置会社の監査役や指名委員会等設置会社の監査委員会に相当する監査等委員会がこれを行うことが定められている。

（舩津浩司）

（臨時計算書類）

第441条① 株式会社は，最終事業年度の直後の事業年度に属する一定の日（以下この項において「臨時決算日」という。）における当該株式会社の財産の状況を把握するため，法務省令で定めるところにより，次に掲げるもの（以下「臨時計算書類」という。）を作成することができる。

1　臨時決算日における貸借対照表

2　臨時決算日の属する事業年度の初日から臨時決算日までの期間に係る損益計

612　　　　　　　　　　　　　　　　　　　　　　　　　　　　　　　　〔舩　津〕

第2節　会計帳簿等　第3款　連結計算書類　　　　　　　　　§444

算書

② 第436条第1項に規定する監査役設置会社又は会計監査人設置会社においては，臨時計算書類は，法務省令で定めるところにより，監査役又は会計監査人（監査等委員会設置会社にあっては監査等委員会及び会計監査人，指名委員会等設置会社にあっては監査委員会及び会計監査人）の監査を受けなければならない。

③ 取締役会設置会社においては，臨時計算書類（前項の規定の適用がある場合にあっては，同項の監査を受けたもの）は，取締役会の承認を受けなければならない。

④ 次の各号に掲げる株式会社においては，当該各号に定める臨時計算書類は，株主総会の承認を受けなければならない。ただし，臨時計算書類が法令及び定款に従い株式会社の財産及び損益の状況を正しく表示しているものとして法務省令で定める要件に該当する場合は，この限りでない。

1 第436条第1項に規定する監査役設置会社又は会計監査人設置会社（いずれも取締役会設置会社を除く。）　第2項の監査を受けた臨時計算書類

2 取締役会設置会社　前項の承認を受けた臨時計算書類

3 前2号に掲げるもの以外の株式会社　第1項の臨時計算書類

　本改正によって，本条2項において，本改正により新たに導入された監査等委員会設置会社の臨時計算書類の監査に関する規律が追加されるとともに，本改正前の「委員会設置会社」が「指名委員会等設置会社」に名称変更されたことに伴う文言の変更が行われている。

　前者に関しては，監査等委員会設置会社において，臨時計算書類の監査は，監査役設置会社の監査役や指名委員会等設置会社の監査委員会に相当する監査等委員会がこれを行うことが定められている。

（舩津浩司）

第444条① 会計監査人設置会社は，法務省令で定めるところにより，各事業年度に係る連結計算書類（当該会計監査人設置会社及びその子会社から成る企業集団の財産及び損益の状況を示すために必要かつ適当なものとして法務省令で定めるものをいう。以下同じ。）を作成することができる。

② 連結計算書類は，電磁的記録をもって作成することができる。

③ 事業年度の末日において大会社であって金融商品取引法第24条第1項の規定

〔舩津〕

§459　　　　　　　　　　　　　　　　　　　第2編　株式会社　第5章　計算等

により有価証券報告書を内閣総理大臣に提出しなければならないものは，当該事業年度に係る連結計算書類を作成しなければならない。

④　連結計算書類は，法務省令で定めるところにより，監査役（監査等委員会設置会社にあっては監査等委員会，指名委員会等設置会社にあっては監査委員会）及び会計監査人の監査を受けなければならない。

⑤　会計監査人設置会社が取締役会設置会社である場合には，前項の監査を受けた連結計算書類は，取締役会の承認を受けなければならない。

⑥　会計監査人設置会社が取締役会設置会社である場合には，取締役は，定時株主総会の招集の通知に際して，法務省令で定めるところにより，株主に対し，前項の承認を受けた連結計算書類を提供しなければならない。

⑦　次の各号に掲げる会計監査人設置会社においては，取締役は，当該各号に定める連結計算書類を定時株主総会に提出し，又は提供しなければならない。この場合においては，当該各号に定める連結計算書類の内容及び第4項の監査の結果を定時株主総会に報告しなければならない。

1　取締役会設置会社である会計監査人設置会社　第5項の承認を受けた連結計算書類

2　前号に掲げるもの以外の会計監査人設置会社　第4項の監査を受けた連結計算書類

　本改正によって，本条4項において，本改正により新たに導入された監査等委員会設置会社の連結計算書類の監査に関する規律が追加されるとともに，本改正前の「委員会設置会社」が「指名委員会等設置会社」に名称変更されたことに伴う文言の変更が行われている。

　前者に関しては，監査等委員会設置会社において，連結計算書類の監査は，監査役設置会社の監査役や指名委員会等設置会社の監査委員会に相当する監査等委員会がこれを行うことが定められている。

（舩津浩司）

（剰余金の配当等を取締役会が決定する旨の定款の定め）

第459条 ①　会計監査人設置会社（取締役（監査等委員会設置会社にあっては，監査等委員である取締役以外の取締役）の任期の末日が選任後1年以内に終了する事業年度のうち最終のものに関する定時株主総会の終結の日後の日であるもの及び監査役設置会社であって監査役会設置会社でないものを除く。）は，次に掲

第6節 剰余金の配当等に関する責任 §462

げる事項を取締役会（第2号に掲げる事項については第436条第3項の取締役会
に限る。）が定めることができる旨を定款で定めることができる。
1 第160条第1項の規定による決定をする場合以外の場合における第156条第
1項各号に掲げる事項
2 第449条第1項第2号に該当する場合における第448条第1項第1号及び第
3号に掲げる事項
3 第452条後段の事項
4 第454条第1項各号及び同条第4項各号に掲げる事項。ただし，配当財産が
金銭以外の財産であり，かつ，株主に対して金銭分配請求権を与えないことと
する場合を除く。
② 前項の規定による定款の定めは，最終事業年度に係る計算書類が法令及び定款
に従い株式会社の財産及び損益の状況を正しく表示しているものとして法務省令
で定める要件に該当する場合に限り，その効力を有する。
③ 第1項の規定による定款の定めがある場合における第449条第1項第1号の規
定の適用については，同号中「定時株主総会」とあるのは，「定時株主総会又は
第436条第3項の取締役会」とする。

　本条は，会計監査人設置会社であって一定の要件を充たす会社については，
剰余金の配当等の決定権限を取締役会に与える旨の定款の定めを置くことがで
きる旨を定めている。本改正による本条1項括弧書へのさらなる括弧書の挿入
により，本改正により新たに導入された監査等委員会設置会社も一定の要件を
充たす場合にはそのような定款の定めを置くことができること，および，その
場合の要件として定められている取締役の任期に係る規律（大まかには，任期が
1年以内であること）は，監査等委員である取締役以外の取締役についてのみ妥
当することが明らかにされている。

(舩津浩司)

（剰余金の配当等に関する責任）
第462条① 前条第1項の規定に違反して株式会社が同項各号に掲げる行為をし
た場合には，当該行為により金銭等の交付を受けた者並びに当該行為に関する職
務を行った業務執行者（業務執行取締役（指名委員会等設置会社にあっては，執
行役。以下この項において同じ。）その他当該業務執行取締役の行う業務の執行
に職務上関与した者として法務省令で定めるものをいう。以下この節において同

〔舩 津〕　　　　　　　　　　　　　　　　　　　　　　　　　615

§ 462   第2編　株式会社　第5章　計算等

じ。）及び当該行為が次の各号に掲げるものである場合における当該各号に定め
る者は，当該株式会社に対し，連帯して，当該金銭等の交付を受けた者が交付を
受けた金銭等の帳簿価額に相当する金銭を支払う義務を負う。

1　前条第1項第2号に掲げる行為　次に掲げる者
　イ　第156条第1項の規定による決定に係る株主総会の決議があった場合（当
　　該決議によって定められた同項第2号の金銭等の総額が当該決議の日におけ
　　る分配可能額を超える場合に限る。）における当該株主総会に係る総会議案
　　提案取締役（当該株主総会に議案を提案した取締役として法務省令で定める
　　ものをいう。以下この項において同じ。）
　ロ　第156条第1項の規定による決定に係る取締役会の決議があった場合（当
　　該決議によって定められた同項第2号の金銭等の総額が当該決議の日におけ
　　る分配可能額を超える場合に限る。）における当該取締役会に係る取締役会
　　議案提案取締役（当該取締役会に議案を提案した取締役（指名委員会等設置
　　会社にあっては，取締役又は執行役）として法務省令で定めるものをいう。
　　以下この項において同じ。）

2　前条第1項第3号に掲げる行為　次に掲げる者
　イ　第157条第1項の規定による決定に係る株主総会の決議があった場合（当
　　該決議によって定められた同項第3号の総額が当該決議の日における分配可
　　能額を超える場合に限る。）における当該株主総会に係る総会議案提案取締
　　役
　ロ　第157条第1項の規定による決定に係る取締役会の決議があった場合（当
　　該決議によって定められた同項第3号の総額が当該決議の日における分配可
　　能額を超える場合に限る。）における当該取締役会に係る取締役会議案提案
　　取締役

3　前条第1項第4号に掲げる行為　第171条第1項の株主総会（当該株主総会
　の決議によって定められた同項第1号に規定する取得対価の総額が当該決議の
　日における分配可能額を超える場合における当該株主総会に限る。）に係る総
　会議案提案取締役

4　前条第1項第6号に掲げる行為　次に掲げる者
　イ　第197条第3項後段の規定による決定に係る株主総会の決議があった場合
　　（当該決議によって定められた同項第2号の総額が当該決議の日における分
　　配可能額を超える場合に限る。）における当該株主総会に係る総会議案提案
　　取締役
　ロ　第197条第3項後段の規定による決定に係る取締役会の決議があった場合
　　（当該決議によって定められた同項第2号の総額が当該決議の日における分
　　配可能額を超える場合に限る。）における当該取締役会に係る取締役会議案
　　提案取締役

〔舩　津〕

第6節　剰余金の配当等に関する責任　　　　　　　　　　　　§ 462

　　5　前条第1項第7号に掲げる行為　次に掲げる者
　　　イ　第234条第4項後段（第235条第2項において準用する場合を含む。）の
　　　　規定による決定に係る株主総会の決議があった場合（当該決議によって定め
　　　　られた第234条第4項第2号（第235条第2項において準用する場合を含
　　　　む。）の総額が当該決議の日における分配可能額を超える場合に限る。）にお
　　　　ける当該株主総会に係る総会議案提案取締役
　　　ロ　第234条第4項後段（第235条第2項において準用する場合を含む。）の
　　　　規定による決定に係る取締役会の決議があった場合（当該決議によって定め
　　　　られた第234条第4項第2号（第235条第2項において準用する場合を含
　　　　む。）の総額が当該決議の日における分配可能額を超える場合に限る。）にお
　　　　ける当該取締役会に係る取締役会議案提案取締役
　　6　前条第1項第8号に掲げる行為　次に掲げる者
　　　イ　第454条第1項の規定による決定に係る株主総会の決議があった場合（当
　　　　該決議によって定められた配当財産の帳簿価額が当該決議の日における分配
　　　　可能額を超える場合に限る。）における当該株主総会に係る総会議案提案取
　　　　締役
　　　ロ　第454条第1項の規定による決定に係る取締役会の決議があった場合（当
　　　　該決議によって定められた配当財産の帳簿価額が当該決議の日における分配
　　　　可能額を超える場合に限る。）における当該取締役会に係る取締役会議案提
　　　　案取締役
②　前項の規定にかかわらず，業務執行者及び同項各号に定める者は，その職務を
　行うについて注意を怠らなかったことを証明したときは，同項の義務を負わな
　い。
③　第1項の規定により業務執行者及び同項各号に定める者の負う義務は，免除す
　ることができない。ただし，前条第1項各号に掲げる行為の時における分配可能
　額を限度として当該義務を免除することについて総株主の同意がある場合は，こ
　の限りでない。

　本改正によって，本条1項柱書および1号ロについて，本改正前の「委員会
設置会社」が「指名委員会等設置会社」に名称変更されたことに伴う文言の変
更が行われている。規律内容に変更はない。

　　　　　　　　　　　　　　　　　　　　　　　　　　　　　　（舩津浩司）

§464   第2編　株式会社　第5章　計算等

（買取請求に応じて株式を取得した場合の責任）

第464条① 株式会社が第116条第1項又は第182条の4第1項の規定による請
求に応じて株式を取得する場合において，当該請求をした株主に対して支払った
金銭の額が当該支払の日における分配可能額を超えるときは，当該株式の取得に
関する職務を行った業務執行者は，株式会社に対し，連帯して，その超過額を支
払う義務を負う。ただし，その者がその職務を行うについて注意を怠らなかった
ことを証明した場合は，この限りでない。

② 前項の義務は，総株主の同意がなければ，免除することができない。

　本改正では，株式併合により端数が生じる場合に，反対株主に端数となる株
式について買取請求権が認められた（182の4Ⅰ）。この株式買取請求に応じる
会社の自己株式取得については，反対株主を保護するため，自己株式の取得財
源に関する規制（461Ⅰ）は適用されないが，このことを悪用した濫用的な会社
財産の還元を防止するために，本条による業務執行者の責任を課すこととした
（中間試案補足説明第1部第3の2(1)。一問一答平成26年306頁）。濫用的な会社財
産の還元とは，会社が大株主などと通謀して大幅な併合割合の株式併合を行
い，分配可能額の制限なしに，会社財産を株主に払い戻すことなどを意味す
る。

（黒沼悦郎）

§ 467

第 12 巻（§§ 466–509）増補

（事業譲渡等の承認等）

第 467 条① 株式会社は，次に掲げる行為をする場合には，当該行為がその効力を生ずる日（以下この章において「効力発生日」という。）の前日までに，株主総会の決議によって，当該行為に係る契約の承認を受けなければならない。

1 事業の全部の譲渡

2 事業の重要な一部の譲渡（当該譲渡により譲り渡す資産の帳簿価額が当該株式会社の総資産額として法務省令で定める方法により算定される額の 5 分の 1（これを下回る割合を定款で定めた場合にあっては，その割合）を超えないものを除く。）

2 の 2 その子会社の株式又は持分の全部又は一部の譲渡（次のいずれにも該当する場合における譲渡に限る。）

  イ 当該譲渡により譲り渡す株式又は持分の帳簿価額が当該株式会社の総資産額として法務省令で定める方法により算定される額の 5 分の 1（これを下回る割合を定款で定めた場合にあっては，その割合）を超えるとき。

  ロ 当該株式会社が，効力発生日において当該子会社の議決権の総数の過半数の議決権を有しないとき。

3 他の会社（外国会社その他の法人を含む。次条において同じ。）の事業の全部の譲受け

4 事業の全部の賃貸，事業の全部の経営の委任，他人と事業上の損益の全部を共通にする契約その他これらに準ずる契約の締結，変更又は解約

5 当該株式会社（第 25 条第 1 項各号に掲げる方法により設立したものに限る。以下この号において同じ。）の成立後 2 年以内におけるその成立前から存在する財産であってその事業のために継続して使用するものの取得。ただし，イに掲げる額のロに掲げる額に対する割合が 5 分の 1（これを下回る割合を当該株式会社の定款で定めた場合にあっては，その割合）を超えない場合を除く。

  イ 当該財産の対価として交付する財産の帳簿価額の合計額

  ロ 当該株式会社の純資産額として法務省令で定める方法により算定される額

② 前項第 3 号に掲げる行為をする場合において，当該行為をする株式会社が譲り受ける資産に当該株式会社の株式が含まれるときは，取締役は，同項の株主総会において，当該株式に関する事項を説明しなければならない。

細 目 次

I 本条の改正の概要　　　　　2 経過措置　　　　　1 「子会社」の株式・持分の譲
 1 改正の経緯　　　　　II 対象となる子会社株式の譲渡　　　渡

〔齊 藤〕

§467　　　　　　　　　　　　　　　　　　　　第2編　株式会社　第7章　事業の譲渡等

2　親会社による譲渡
3　譲渡対象となる子会社株式等の帳簿価額が総資産の5分の1を超えること
4　譲渡の効力発生日に，当該（親）会社が，子会社の議決権の過半数を有しないとき
　(1)　議決権に対する直接支配

　の喪失
　(2)　ほかの事情による子会社の総議決権の増加
　(3)　株式の分売・公開買付けへの応募
5　譲渡の相手方が特別支配会社でないこと
6　特別清算手続・倒産手続

Ⅲ　「事業譲渡」概念への影響
Ⅳ　本条1項2号の2に該当しない子会社株式の譲渡につき，株主総会決議を要する場合
Ⅴ　本条1項2号の2に該当する譲渡につき，株主総会決議を欠いていた場合の取引の効力

【文献】伊藤靖史「会社法467条1項2号に関する一考察」同志社法学59巻6号（2008）187頁，伊藤靖史「子会社の基礎的変更への親会社株主の関与」同志社法学51巻2号（1999）48頁，遠藤美光「結合企業における子会社の再編成と親会社株主の保護」遠藤美光＝清水忠之編・田村諄之輔先生古稀記念・企業結合法の現代的課題と展開（商事法務，2002）21頁，大隅健一郎・新版株式会社法変遷論（有斐閣，1987），川浜昇「持株会社の機関」資本市場法制研究会編・持株会社の法的諸問題（資本市場研究会，1995）66頁，神作裕之「純粋持株会社における株主保護（上）（中）（下）」商事1429号（1996）2頁・1430号9頁・1431号13頁，神作裕之「株主総会関係の規定の改正」商事1641号（2002）6頁，牛丸興志夫ほか「親子会社法制の立法論的検討（上）」金法1537号（1999）6頁，菊地雄介「企業グループの重層化と株主総会制度」判タ1122号（2003）55頁，北村雅史「親会社株主の保護」法時87巻3号（2015）37頁，北村雅史「企業結合の形成過程」森本滋編著・企業結合法の総合的研究（商事法務，2009）14頁，北村雅史ほか「座談会・親子会社の運営と会社法（中）」商事1921号（2011）41頁，黒沼悦郎「持株会社の法的諸問題(3)」資本市場120号（1995）70頁，西尾幸夫「子会社運営に関する親会社株主の権限」ジュリ1140号（1998）10頁，早川勝「持株会社による事業統合の問題点」判タ1158号（2004）139頁，藤田友敬「親会社株主の保護」岩原紳作ほか編・平成26年会社法改正（有斐閣，2015）57頁，舩津浩司・「グループ経営」の義務と責任（商事法務，2010），前田重行「持株会社株主総会の子会社に対する権限の拡大と株主総会の運営」筑波大学大学院企業法学専攻十周年記念論集刊行委員会編・筑波大学大学院企業法学専攻十周年記念論集・現代企業法学の研究（信山社，2001）537頁，前田雅弘「親会社株主の保護」ジュリ1439号（2012）38頁，前田雅弘「親子会社をめぐる株主等の保護とその問題点」法律のひろば51巻11号（1998）17頁，前田雅弘「持株会社」商事1466号（1997）23頁，前田雅弘「持株会社の法的諸問題(2)」資本市場119号（1995）50頁，松中学「子会社株式の譲渡・組織再編の差止め」論点詳解191頁，森本大介「第三者割当増資に関する規律および子会社株式等の譲渡に関する改正」商事1985号（2012）23頁，森本滋「純粋持株会社と会社法」曹時47巻12号（1995）1頁，山下眞弘「米国会社法における資産譲渡と総会決議」立命館法学269号（2000）1頁

Ⅰ　本条の改正の概要

　本改正により，株式会社（親会社）が保有するその子会社の株式・持分の全部または一部を譲渡する場合において，次の2つの要件を充たす場合には，事業の重要な一部の譲渡に準じて，株主総会の特別決議による事前の承認を要することとなった（本条Ⅰ②の2・309Ⅱ⑪）。具体的には，①譲渡の対象となる株式・持分の帳簿価額が，当該親会社の総資産として法務省令（会社則134）で定める方法により算定される額の5分の1を超え，かつ②譲渡後，当該親会

§467

社が当該子会社の議決権の総数の過半数を保有しない場合である。

　株式会社が，子会社の株式・持分を譲渡することにより，当該子会社に対する支配的影響力を失うことの影響は，その規模次第では，子会社の重要な一部の譲渡に匹敵すると考えられたことによる（中間試案補足説明第２部第１の２(1)，一問一答平成26年241頁）。

　本条１項２号の２に該当する子会社の株式等の譲渡も，「事業譲渡等」（468 I）に該当するため，相手方が特別支配会社である場合には略式事業譲渡等の手続を利用でき（同項），株式買取請求制度（469・470）の対象となる。

　本改正は，株主の利益に与える重大性にかんがみ，株主総会の特別決議事項を定める本条１項の適用範囲を拡張するものであって，会社法総則の事業譲渡概念に変更を加えるものではない。総則上の事業譲渡は，競業避止義務の負担や商号と事業活動の関係について規定するが，子会社株式の譲渡によって子会社が営む事業の主体に変更が生じるわけではない。少なくとも，本改正が依拠する立法上の政策判断は，会社法総則の事業譲渡概念の拡張を予定していないといえる。本改正前から，子会社株式の譲渡とそれに伴う一連の取引が，総則上の事業譲渡に該当すると評価される余地はあったが，この点は本改正においても変わらない［☞Ⅳ。本改正が，本条１項１号および２号の事業譲渡概念に与える影響については，☞Ⅲ］。

1　改正の経緯

　純粋持株会社，事業持株会社を問わず，企業グループにおいては，子会社の事業が企業グループ全体，ひいては親会社の収益の源泉の少なくとも一部をなす。そのような子会社の株主総会の議決権行使をはじめとする子会社の株主に付与される共益権は，持株会社の取締役によって行使されることになり，持株会社の株主は，事業に対する直接の支配を失うことになる。このような事態は，親会社（ないし持株会社）の株主の権利の縮減とよばれ（大隅・変遷論179頁，舩津９頁），親会社株主にいかなる保護が必要とされるかが議論の対象とされてきた。

　親会社（となる会社）の株主は，会社がその事業を子会社化する場面において株主総会により承認を与える機会，親会社取締役の選解任，民事責任の追及等などによって，事業に対する支配を間接的に維持することはできるが，学説においては，本条１項が，会社が行う事業譲渡を株主総会の承認に係らせていることとの均衡から，それと同程度の意義を有する子会社株式の譲渡も事業の

〔齊藤〕

§467　　　　　　　　　　　　第2編　株式会社　第7章　事業の譲渡等

重要な譲渡に準じて扱われる必要があることを指摘する見解も有力であった（森本滋19頁，前田・資本市場58頁，同・ひろば21頁，黒沼76頁，川浜84頁，中東正文「M&A法制の現代的課題（下）」商事1659号〔2003〕53頁注49等）。このような学説の中には，本条1項1号ないし2号の類推適用を認めるものもあった（黒沼76頁，周田憲二「ドイツにおける子会社株式譲渡」島大法学45巻4号〔2002〕287頁，概説436頁，否定説として，江頭〔4版〕〔2011〕884-885頁注1，遠藤28頁等）。下級審裁判例にはそのような解釈を否定するものもあったが（東京地判平成4・3・13判タ805号170頁），否定説が判例として確立するにはいたっておらず，実務におけるリーガルリスクも払拭されていなかった。平成9年の私的独占の禁止及び公正取引の確保に関する法律の改正により持株会社が解禁されたことを契機に，親会社株主の権利の縮減に関する関心も高まったことを受けて，立法提案もなされてきたが（法務省民事局参事官室「親子会社法制等に関する問題点」〔1998年7月8日〕第1編第2章2⑷〔商事1497号（1998）22頁〕，法務省民事局参事官室「商法等の一部を改正する法律案要綱中間試案」〔2002年4月18日〕第11〔商事1593号（2001）37頁〕），実現するにいたっていなかった。本改正により，この点につき，立法的手当てがされることになった。

　本改正の論議においては，株式会社の子会社による組織再編，第三者割当による募集株式の発行等も，事業譲渡等に匹敵する影響を前者に与えるものとして，当該株式会社の株主総会の承認事項とすることの是非も論じられた。しかし，親会社の行為である子会社株式の譲渡を株主総会決議事項とすることは，一法主体の内部における意思決定手続の厳格化にとどまるのに対して，子会社が行う行為を親会社株主総会の決議事項とすることは，子会社の内部的意思決定に別の法主体が関与させる点において，現行法の考え方に大きな変更を加えるものであること，また，子会社の意思決定の迅速性を損ねるおそれもあることなどから，慎重な議論が必要であるとして，改正事項として取り上げられることは見送られた（中間試案補足説明第2部第1の2⑵）。

2　経過措置

　改正法の施行日（2015年5月1日）以前に契約が締結された子会社の株式等の譲渡については，改正前の規律によることとされている（通常の取引および特別清算手続の場合につき，改正附則17条，再生手続，更生手続について，それぞれ会社法の一部を改正する法律の施行に伴う関係法律の整備等に関する法律〔平成26法91号〕11 I・13 I，一問一答平成26年246頁参照）。

§467

II 対象となる子会社株式の譲渡

本条の対象となる譲渡に係る契約内容の決定は，監査等委員会設置会社・指名委員会等設置会社においても，取締役ないし執行役に委任することはできず，取締役会決議を要する（399の13Ⅴ⑫・Ⅵ・416Ⅳ⑮）。

1 「子会社」の株式・持分の譲渡

本条において，その株式・持分の譲渡が親会社株主総会の決議事項となるような子会社は，当該親会社によって，財務および事業の方針の決定を支配されている会社等である（2③，会社則3Ⅰ・2Ⅲ②）。すなわち，実質基準による。また，子会社には，株式会社，持分会社（2①，会社則2Ⅰ），外国会社（2②，会社則2Ⅰ），組合，外国における組合に相当するものその他これらに準ずる事業体が含まれることになる。

効力発生前日の時点で子会社に該当すれば足りると解される。

2 親会社による譲渡

会社等が，株式会社の子会社に該当するか否かの判断においては，当該株式会社の子会社の計算で保有する議決権，人的つながり等も考慮されるため（会社法施行規則3条3項1号における「自己」の定義参照），本条1項2号の2における「子会社」には，親会社とその子会社が共同で株式等を保有する会社や，親会社がその子会社を通じて間接的に株式等を保有するにすぎない会社も含まれる。しかしながら，本条の対象となるのは，親会社たる当該株式会社の行為であるから，親会社自身が保有する子会社の株式等の譲渡に限定される（立案担当平成26年28-29頁［坂本三郎］）。例えば，親会社たる当該株式会社がその子会社 S_1 と共同で別の子会社 S_2 の株式を保有する場合に，S_1 が S_2 の株式を譲渡する場合や，当該株式会社の支配下にある中間持株会社 S_1 がその子会社（孫会社）S_2 の株式を譲渡する場合には，譲渡される株式のボリュームによっては，S_2 が当該株式会社の（間接的な）子会社としての地位を失うこともあり得るが，本条1項2号の2の対象とならない。

〔齊　藤〕

3 譲渡対象となる子会社株式等の帳簿価額が総資産の5分の1を超えること

　子会社の株式等の譲渡が株主総会決議事項とされたのは，そのような行為が会社の重要な事業の一部の譲渡と同程度の影響を株式会社に及ぼす可能性があるためであることから，承認を必要とする譲渡は，譲渡される株式の帳簿価額の大きさによって限定されている。一定以上の規模の譲渡のみ，会社経営の迅速性よりも，親会社の株主の保護が優先されるべきであると考えられたためである（一問一答平成26年241頁）。

　具体的には，譲渡対象となる子会社株式の帳簿価額が，会社法施行規則134条により算出される当該株式会社の総資産額の5分の1を超える場合であり，これは，株主総会による承認を必要とする事業の一部の譲渡の軽微基準と同じである。ただし，事業の一部の譲渡においては，この基準を超えない場合には，株主総会の承認を要しないと規定されており，対象にならない範囲を法規定により明らかにする，という体裁がとられているのに対し，子会社の株式等の譲渡のほうは，対象となる範囲が規定されているという点で，建付けが反対になっている。これに加えて，事業の一部の譲渡においては，形式的な軽微基準による除外に加えて，「重要性」という質的な絞りがかけられている。しかし，子会社株式の譲渡においては，重要性による限定はなく，帳簿価額が総資産額の5分の1を超える子会社の株式等の譲渡は，すべて承認の対象となる。

　このように1つの譲渡の対象となる子会社株式のボリュームに着眼した規律となっている結果，株式が徐々に売却されて，子会社に対する支配を失うケース（川浜85頁参照）は直接の対象とはされていない。このようなケースを捕捉するために，一定期間内に売却された子会社株式の帳簿価額の合計が総資産の5分の1を超える場合に，本条を類推適用し得るかが問題となるが，本改正において適用対象の明確化も重視されていること［例えば，☞ 4(1)］に照らすと，否定的に解すべきではないかと思われる。ただし，定款により，このような場合を株主総会の決議事項とすることは認められると解される。

　総資産額は，原則として，契約締結をした日を基準に算出されるが，契約締結日から効力発生時直前までの間の日時を別途定めた場合には，当該日時が基準時となる（会社則134 I）。

　次の4に述べる効力発生日の保有議決権を定める本条1項2号の2ロが「当該子会社の議決権」と定めているのとは異なり，同号イは「当該譲渡により譲

§ 467

り渡す当該子会社の株式又は持分」ではなく，「当該譲渡により譲り渡す株式又は持分」という表現が用いられている。したがって，1つの取引の対象に，ある子会社の株式だけでなく，親会社が保有するほかの株式も含まれている場合に，これらの帳簿価額を合算すれば総資産額の5分の1を超える場合にも，同号イの要件を充たすことになるかのようにも読める（このような可能性を示唆するものとして，藤田70頁）。しかし，同号イもロも，事業の一部の譲渡に匹敵する程度の影響を有する子会社株式等の譲渡を特定するために設けられた要件であることにかんがみると，たまたま，同じ取引に含まれているほかの株式の帳簿価額も合算するべきではない。同号イの要件を充たすか否かは，子会社単位で判断されるべきであると思われる。ただしその株式が一括譲渡の対象となっている複数の子会社の事業が互いに密接に関連しているために，一括譲渡が全体として事業の一部の譲渡に匹敵すると評価される場合には，本条1項2号の2または後述Ⅳのように同項2号の類推適用の余地がないではない。

なお，5分の1という数値を定款により引き下げることができる点は，事業の一部の譲渡と同様である（本条Ⅰ(2の2)イ括弧書）。

4　譲渡の効力発生日に，当該（親）会社が，子会社の議決権の過半数を有しないとき

(1)　議決権に対する直接支配の喪失

株主総会決議による承認を要するのは，前述の1から3を充たす子会社の株式等の譲渡であって，譲渡の効力発生時に，株式会社が，その子会社の議決権の過半数を保有しない場合である。

株式会社の事業に対する影響の大きさのメルクマールとしては，本来，当該子会社に対する支配的な影響力を失うか否かという基準とすべきであろう。立法論としては，会社法における子会社の定義が，実質的な支配の有無に着目している以上（会社則3），子会社であった会社等に対する支配的影響力を失わせる行為には株主総会決議を要求すべきである，という帰結もあり得る。

しかしながら，実質基準による子会社たる地位を失うか否かを事前に正確に見極めることには困難が伴うこともあるところ，実務には，行為の効力を左右する事前手続の対象となる範囲が明確であることへの要請も高い。このことに配慮し，効力発生日に株式会社が当該子会社の議決権の過半数を（直接に）有しない，という形式的な基準が用いられた（一問一答平成26年245頁。なお，上記の説明においては，親会社の定義に実質的基準が用いられていることが引合いに出さ

れているが，会社法の定義上，「親会社」は株式会社を支配するものとされているところ，株式会社が親会社たる地位を失うことを要件とすると，株式会社が株式会社以外の会社等の持分を譲渡する場合にも適用するために，規定の建付けはいっそう複雑になったであろう〔会社則 3 Ⅳ 参照〕）。

また，親会社たる株式会社 P が，その中間持株会社 S_1 の株式を譲渡したために，S_1 の完全子会社 S_2 も，P 社の子会社たる地位を失うこともあるが，P の株主総会決議による承認を要するのは，S_1 の株式等の譲渡についてのみであり，S_2 に対する支配の喪失は，決議事項ではない。決議の対象は，子会社（S_1）の「株式の譲渡」であるからである。

子会社に及ぼし得る支配の程度は，ほかの要素，例えば完全子会社かそうでないか等によっても変化し得る。本条項は，譲渡後に議決権過半数の直接支配を有しない，という点を基準としているため，完全子会社の株式を 49 パーセント譲渡しても，株主総会の特別決議は不要であることになる。当該完全子会社の株式が会社の唯一の財産であっても，またその株式の帳簿価額が会社の総資産額に占める割合が大きくても，この点は変わらない（藤田 70 頁）。

このように形式的な明確性を重視した結果，親会社がその保有する子会社の株式等の全部または一部をほかの子会社に譲渡することにより，実質的な親子関係は失われないが，親会社が議決権の過半数を直接保有している地位を失う場合（一問一答平成 26 年 245 頁注 1 参照），およびほかの子会社を通じた間接的な議決権保有や人的その他の関係をも加味すると実質的な親子関係にあるものの，親会社自身は譲渡前から議決権の過半数を保有していない子会社の株式等の全部または一部を譲渡する場合も（一問一答平成 26 年 245 頁注 2），本条の対象に含まれることになった。グループ全体としてみれば，これらの場合において譲渡先が傘下の会社であるときは，親会社による当該子会社の支配に変化が生じないこともあり得る。会社法が，事業譲渡についても，略式手続以外，譲渡先の属性によって株主総会決議の要否を区別していないことから（事業の完全子会社への移転を親会社株主の保護が必要な株主権の縮減の一例と考える立場もあり得る），体系整合性と適用範囲の明確さを重視した結果といい得る（過剰規制の可能性を示唆する見解として，藤田 70 頁注 44）。傘下にあるグループ企業に対する譲渡は不要とするのであれば，グループ外に株式が放出されて実質的支配を失う時点で株主総会決議を要求することが本条の趣旨に適うことになるが（伊藤 117 頁），傘下のグループ企業に対する影響力の行使可能性にも濃淡があり，必要な場合を過不足なく捕捉する規定の創設は困難であることから，本条のよう

§ 467

な割切りもやむを得ないであろう。

効力発生日における親会社が保有する子会社の議決権数に照準を合わせている一方で，子会社であるか否かは実質基準により判別される。この結果，譲渡前から子会社の議決権の過半数を保有しておらず，譲渡後も実質的には子会社に該当する場合にも，譲渡される子会社株式の帳簿価額が前述の基準［☞ 3］を充たすほど大きければ，本条が適用される。

そもそも，事業譲渡の場合には，（判例の定義によれば）事業活動が承継されるため，当該事業（またはその一部）に対する譲渡会社による直接の支配は，譲渡により失われる（ただし，相手方が傘下のグループ企業の場合には間接的には関与し得る）。本条 1 項 2 号の 2 が典型例に念頭に置くのは，子会社に対する議決権の過半数を喪失し，当該子会社の親会社たる地位を失うような場合であるが，同号は，子会社に対する議決権をすべて失うことを要件としていない点において，本条 1 項 1 号，2 号の対象となる事業譲渡が会社に与える影響よりも軽微な場合も捕捉されているといえる［質的な重要性にかかる絞りもないことにつき，☞ 3］。

改正の趣旨に照らせば過剰規制の部分があることは否めないものの，事前の明確さを確保することが優先されたということであろう。

譲渡の効力発生日において，同時に子会社から新株を交付されたり，第三者から株式を取得したりすることにより，結果として議決権過半数が維持される場合には，株主総会決議による承認は不要であると解される。

(2) ほかの事情による子会社の総議決権の増加

効力発生日の前日までに，株主総会決議による承認を経なければならないところ，子会社の総議決権数は，子会社による新株発行，合併，自己株式の取得等により変動し得る。

本条の手続を履践していたところ，子会社の自己株式取得等により総議決権数が減ったため，効力発生日にも引き続き親会社が子会社の議決権の過半数を有することとなった場合には，無用な株主総会決議を経ただけであり，実質的な問題は生じない。

これに対して，株式譲渡の効力発生日に子会社株式に係る総議決権が増加したために，予測に反して親会社の議決権割合が過半数を下回る事態が生じたにもかかわらず，親会社の株主総会決議を経ていなかった場合，本条 1 項に違反するかが問題となる。例えば，P 社の完全子会社 S 社の発行済株式総数が 1 万株であり，そのうちの 4000 株を第三者へ譲渡したところ，その効力発生日

〔齊藤〕

§467 　　　　　　　　　　　　　　第2編　株式会社　第7章　事業の譲渡等

に子会社の株式 5000 株の発行の効力が生じた場合などである。

　このような場合に P 社が S 社の株式の過半数を有する地位を失ったのは，S 社の新株発行によるのか，親会社による子会社株式の譲渡によるものなのか，一義的に判断することはできない。

　株主総会の承認は，譲渡の効力発生日の前日までに得ることが必要とされるところ，子会社による募集株式の発行等子会社の総議決権が増加する事態を，事前に親会社が知り得る場合には，親会社も，そのことを考慮して手続を進めることもできる。しかし，子会社は別法人である以上，子会社の新株発行を親会社が事前に知り得ない場合もある。

　本条1項2号の2が対処しようとした親会社株式の権利縮減とは，本来，株主が株主総会の議決権行使により関与し得る事項が，取締役の権限に移ってしまうことであり，本改正の趣旨は，子会社株式に対する支配の喪失の当否を取締役限りで決定し得る状態から，株主の決定事項に戻すことにある。そうであるとすれば，子会社側の事情が偶然重なったことにより子会社に対する支配が失われる場合には，親会社取締役も，子会社株式の譲渡により子会社に対する支配を手放すことを積極的に決定しているとはいえない。したがって，その当否を株主に問う必要も，本来はないはずである。

　しかし，本条1項2号の2ロは，効力発生日において子会社の議決権過半数を有しないことを要件としており，その要因を限定はしていない（当該譲渡により議決権過半数を有しなくなったことを要件としているのではない）。したがって，子会社側の事情により子会社の総議決権が増加した場合にも，形式的には同号ロの要件を充たすことになり，株主総会の承認が必要であることになる（松中197頁，野村修也＝奥山健志編著・平成26年改正会社法〔規則対応補訂版〕〔有斐閣，2015〕129頁［桑原秀明］，山本憲光「その他の親会社株主保護のための制度」太田洋＝髙木弘明編著・平成26年会社法改正と実務対応〔改訂版〕〔商事法務，2015〕211頁）。もっとも，事前に承認を得ていない場合には，追認することが可能であると解され［☞会社法コンメ⑿§467Ⅴ2〔62頁［齊藤真紀]]]，同号に該当することにつき善意・無重過失の相手方には，取引の無効を主張できないと解するべきである［☞Ⅴ]。

(3) 株式の分売・公開買付けへの応募

　本条1項2号の2は，譲渡の態様につき，効力発生日の議決権要件以外には，とくに限定を設けていない。不特定多数に分売される場合も本条の対象となる（藤田70頁）。

628 　　　　　　　　　　　　　　　　　　　　　　　　　　　　　　　〔齊　藤〕

§467

　事業譲渡においては，判例によれば，有機的な一体として機能する財産の移転に伴い事業活動を承継させることが必要となるため（最大判昭和40・9・22民集19巻6号1600頁），譲渡の相手方は，通常は，単独の者，または複数の者であっても共同で事業を運営し得る者であろう。しかし，株式譲渡については，そのような事実上の制約も働かない。本条1項2号の2が，親会社の議決権過半数の支配を通じた影響力行使可能性を喪失することに着目していることから，譲渡の相手方の人数で扱いを異にする必要はないと考えられる。

　当該子会社の株式に対して行われる公開買付けに応募して手放す場合も，本条の譲渡に該当する（野村＝奥山編著・前掲131頁［桑原］）。

　公開買付けの応募状況次第では，按分決済により譲渡の対象となる株式数が変更されることもあり得る。譲渡されるべき株式数が減ったことにより，本条1項2号の2に該当しなくなった場合，会社の株主が被る影響が本条による保護を必要とする閾値を下回り，結果として事前に行った株主総会決議が無駄になるにすぎない。

　当該譲渡の条件が，株主総会決議によって承認されたものと異なるが，本条1項2号の2の要件に該当する範囲にとどまる場合に，あらためて決議が必要かが問題となる。本条は，子会社に対する支配の喪失に係る親会社株主の保護を目的としているところ，株主が賛成（覚悟）していたものより軽微な支配の喪失になった場合に株主には不利益は生じないから，不要であると解される。もっとも，実務においては，このような再決議による混乱を避けるために，当初の手続において，按分決済になった場合にあり得べき帰結等も含めて，承認を得ておくことが望ましいと思われる。例えば，（当該応募により）最大で喪失し得る議決権数に承認を与える議案であることが明らかであれば，その範囲に収まる変動については，株主総会による承認はあったものといえよう。

5　譲渡の相手方が特別支配会社でないこと

　譲渡の相手方が特別支配会社である場合には，本条1項2号の2による株主総会決議による承認は不要である（468 I）。譲渡の相手方である特別支配会社以外の株主には株式買取請求権が付与される（469 II②）。

6　特別清算手続・倒産手続

　特別清算手続・倒産手続において，本条の趣旨を踏まえて，株主総会の承認に代えて裁判所の許可が必要とされている場合については，本改正により，本

〔齊藤〕

条1項2号の2と同一の基準を充たす子会社株式等の譲渡も，裁判所の許可の対象とされた（536 I ③・Ⅲ，会社則152，民再42 I・43 I Ⅷ，会更46 I Ⅱ X）。

Ⅲ 「事業譲渡」概念への影響

子会社株式の譲渡につき，前述のように，立法の趣旨を事業譲渡との実質的な同質性に求めながらも，株主に与える影響を主軸に据えて，譲渡される株式の資産規模と譲渡後の議決権のみを基準とする規定を設け，総則の事業譲渡概念や競業避止義務との関係を切り離したことにより，本条1項1号，2号の事業譲渡概念の解釈も影響を受ける可能性があり得ることが指摘されている。すなわち，本条1項1号，2号の「事業譲渡」についても，株主総会の特別決議事項とされる趣旨として，株主に対する影響の重大さに力点が置かれるようになれば，判例・従来の通説における事業譲渡の要件に含まれている事業活動の承継は不要であるという解釈や［☞会社法コンメ⑿§467 Ⅱ 1 ⑵ ⑷〔29頁［齊藤真紀］］］，リーディングケースである前掲・最大判昭和40・9・22の読み方として，競業避止義務が現実に生じることは不要である（特約で排除している場合も適用対象に含まれる）という理解の説得力が増すことになる（藤田72頁注51）。

これに対して，「事業譲渡」については，立法技術上，総則の事業概念とは離れて要件を定めることができない制約があることを受け入れざるを得ず，本条1項2号の2の創設は，事業概念とは別の，株主への影響に焦点を当てたものと整理するべきであり，改正後も，従来の事業譲渡の概念は維持されるとする見解もある（前田・ジュリ44頁，北村41頁）。

Ⅳに述べるとおり，本条1項2号の2に該当しない取引であっても，子会社管理事業の譲渡など，事業譲渡と評価される取引として，同項2号により株主総会決議が必要となるべき場合がある，という解釈は，同項2号の2が，子会社株式等の譲渡につき，事業譲渡該当性とは別の観点から株主総会決議が必要とされるべき場面を捕捉しようとした規定であるという理解と整合的である。このような理解からは，同号の創設は，直接，1号および2号の事業譲渡の概念に直接変化をもたらすものではないといえよう。前者の見解は，本改正により株主保護という本条の趣旨がより際立つことにより，徐々に解釈の重点が移る可能性を指摘するものと位置付けられ得る。

§467

IV 本条1項2号の2に該当しない子会社株式の譲渡につき，株主総会決議を要する場合

本条1項2号の2は，同項2号のように形式的基準によって除外されるべき範囲を明らかにするのではなく，該当する範囲を示すという建付けになっている。後者における重要性のような質的な基準は設けられていない。中間試案および見直し要綱の段階においては，同号と同様に，形式基準によって株主総会決議が不要な範囲を明らかにする建付けになっていたところ，法文において，形式基準の位置付けが反対（株主総会決議が必要な場合を明らかにするもの）に変更された。また，本条は，質的な要素を考慮していない。形式的には本条1項2号の2に該当しない場合であっても，例えば，事業の一部に匹敵する子会社管理部門の譲渡と評価されるべき株式等の取引があり得る。そのような場合に，同項2号の類推適用により，株主総会決議を要するような解釈の余地を，今回の改正は，直接は否定してはいない（法制審議会会社法制部会第14回会議議事録13-15頁の議論，中間試案補足説明第2部第1の2(1)参照）。

しかし，株式譲渡に本条1項を類推適用することにつき多数説が否定的であった改正前とは異なり，株式譲渡にも株主総会による承認が必要とされる場合があることが明らかにされた改正法において，本条1項2号の2は，形式基準は株主総会決議が不要となる場合を明らかにするのではなく，株主総会決議が必要である（一部の）場合を示しているにすぎないとすると，株主総会決議が必要な範囲を明確にするという改正の趣旨に反し，本改正により，ある程度の規模の株式を譲渡する取引の法的安定性が後退することになろう。不要な株主総会決議を経ていた場合より，必要な株主総会決議を経なかった場合の取引に対する影響のほうが大きいからである。

事業の一部譲渡に係る本条1項2号は，株主総会の承認が必要な事業の譲渡について，重要性という抽象的な要件により絞りをかけつつ，さらに，形式的な軽微基準を設ける（質的に重要な一部に該当するとしても，軽微基準を充たせば，総会決議は不要）という建付けになっている。これにより，実際には，重要性の有無に関する判断を経ず，軽微基準に該当しさえすれば，株主総会決議が不要である，と事前に容易に判断することが可能となっている。条文の建付けにおいて，重要な一部の例外として位置付けられるため，形式的な軽微基準に該当する事業の一部の譲渡には，他の要素から重要である可能性を否定され得な

〔齊藤〕

631

いものがある（すなわち，軽微基準により，本来は決議が必要である場合も不要にされており，過小規制となっている）かのようにも読める。しかし，そうではなく，軽微基準は，明らかに（本条の趣旨から）株主総会が不要とされるべき領域を示したにすぎない（軽微基準に該当しない場合であっても，さらに重要性が否定されるべき譲渡があり得ると理解すべきであろう）。

　同様に，子会社株式の譲渡についても，子会社が営んでいる事業に対する支配を失うことにつき，株主にその当否を問うべきか否かの基準については，譲渡する子株式の帳簿価額が総資産の5分の1を下回れば，それをもって，親会社に与える影響の重大さを否定するのに十分である，と考えるのが，本則と軽微基準の建付けを入れ替えた本条の理解として整合的ではないかと思われる（論点体系補巻403頁［菊地伸］）。すなわち，解釈論としては，本条1項2号の2は，同項2号が「重要性」を要素に挙げていることを前提に，それと同程度の，量的な側面だけでなく，質的な側面においても重要といえる行為を捕捉しているのであり，同号に挙げられている要素以外の子会社株式に係る量的な要素（例えば，子会社の売上げ等）や質的要素（子会社が企業グループで果たす機能や歴史的経緯）に着目して，本項2号の2や2号の類推適用により，子会社の株式譲渡につき株主総会決議を要する場面を広げたりするべきではないと思われる。言い換えれば，本項2号の2に規定される場合以外に株主総会決議を要するほどの重要な子会社株式の取引があれば，株主は定款を変更して株主総会の権限を広げるべきである。たしかに，子会社株式の帳簿価額は，原則として取得原価によるため，子会社が成長したために子会社株式の時価がその帳簿価額を著しく上回ることになる場合があり得る（森本大30頁）。この点への対応は立法的課題として残る。

　しかし，当該（子会社）株式の占有喪失も含む取引が，親会社の重要な一事業部門の譲渡（本項2号）に該当するかどうかは，本項2号の2該当性とは別に問題となり得る。親会社の事業内における位置付けは，子会社の営む事業への支配とは別の要素であるからである。

　本号を子会社株式の譲渡に関する特則と捉える場合，言い換えれば子会社株式が取引対象に含まれる場合には，本条1項2号の2のみが適用される（同号に該当しなければ，株主総会決議による承認を要しない）と解釈すべきかどうかが問題となる。この点につき，中間試案補足説明は，本改正（提案）は，子会社株式の譲渡により子会社事業に係る間接的な支配を失う点に着目したものであるから，新たに設けられる形式基準により株主総会決議が必要とされる範囲か

§467

ら外れる子会社株式の譲渡が，解釈により，子会社の管理に係る（親会社の）事業の一部譲渡と評価され，事業譲渡等に該当するとされる余地があるとする（中間試案補足説明第2部第1の2(1)）。

改正前においても，子会社株式の譲渡への本条1項2号の類推適用を認めるか否かにかかわらず，移転の対象となる権利義務の総体が事業の全部または一部と評価され得れば，そこに子会社株式が含まれていようがいまいが，本条1項1号または2号が適用された。本改正により，親会社が行う取引の対象の規模がどれほど大きくとも，その中にたまたま含まれていた子会社株式が，本項2号の2の基準を充たさない限り，株主総会の決議は不要となってしまうことは不合理であろう。

V 本条1項2号の2に該当する譲渡につき，株主総会決議を欠いていた場合の取引の効力

判例・通説によれば，本条1項の決議を欠く取引は，取引相手方の善意・悪意を問わず無効であり，その無効は相手方からも主張することができる（最判昭和61・9・11判時1215号125頁。絶対的無効）。今日のM&A実務における迅速性および安全性の要請にかんがみると，このような解釈を支持するには，取引が本条1項各号に該当するかどうかを通常は相手方も事前に判別し得ることが前提となると思われる。事業譲渡の場合，判例によれば，事業活動の承継が必要であるから，それにより，少なくとも取引対象が事業であることが相手方にも明らかであるし，取引対象の規模も取引相手方には明らかである。

本条1項2号の2の要件を充たす子会社は，持株会社の比較的大きな子会社等に限られるであろうが，譲渡対象となる株式を発行した会社が譲渡人の子会社に該当するか否か，効力発生前後の譲渡人の議決権保有割合等は，取引相手方が容易に確認し得る事項とは必ずしもいえない。また，子会社株式を複数の相手方に分売する場合 [☞ II 4(3)] にも同号が適用され得るところ，このような取引の相手方に，同号に該当する取引であるか，譲渡人の株主総会決議の決議を経ているかを調査することは期待できないこともある。事業譲渡については，デューデリジェンスにより株主総会決議の要否が取引相手方にも事前にわかるとの指摘もあるが（江頭963頁注8），同号については，子会社による新株発行等により適用範囲が左右され得ることなど，同号の適用があるか否かについて，譲渡会社においても事前に確定的に知り得ない場合があり得る。このよ

〔齊 藤〕

633

うな規律の建付けにかんがみると，株主総会決議を欠く事業譲渡について絶対的無効説を支持する場合においても，同号の取引については，それに該当することにつき善意・無重過失の相手方に対しては無効を主張できないと解するべきではないかと思われる（反対，論点体系補巻404頁［菊地］）。このように相対的無効説を採用する場合には，本条は，会社，とくに会社の株主を保護するための規定であることから，無効を主張できるのは，原則として会社であると解することになろう（最判平成21・4・17民集63巻4号535頁参照）。

　株主の交代をもたらした（子）会社株式の譲渡が本条1項2号の2に違反するために無効となる場合の，子会社と譲渡の当事者の法律関係が問題となる。

　子会社の株主名簿の名義書換請求の場面において，子会社は，譲渡後に譲渡人が有する議決権比率を知り得ることもある。しかし，子会社には，本条1項2号の2のそれ以外の要件を充足しているか否か（例えば，譲渡対象の株式が親会社の総資産に占める比重，自社が譲渡人の子会社に該当していたのか否か），譲渡人において有効な株主総会決議が成立したかなどを確認する手段や機会が法的に担保されているわけではない（ただし，これらの事項に関連する情報を事実上子会社が入手していることも多いであろう）。

　本条1項2号の2違反により子会社株式の譲渡が無効であっても，子会社が株券発行会社である場合において，株券を呈示して行われた名義書換請求に応じて名義が書き換えられたときは，株券の資格授与的効力（131）により，（子）会社は悪意・重過失がない限り，新しい株主である譲受人を株主と扱えば免責される［☞会社法コンメ(3)§131Ⅲ1(4)［326頁［伊藤靖史］］］。振替株式についても，口座に記載・記録された振替株式についての権利を加入者は適法に有するものと推定されるため（社債株式振替143），総株主通知に基づいて書き換えられる株主名簿の記載には，同様の免責的効力が認められる［☞会社法コンメ(3)§130Ⅲ1(4)〔327頁［伊藤靖史］］］。

　子会社における悪意とは，本条1項2号の2違反の譲渡の効力につき絶対無効説に立つ場合においては，株主の交代の原因になった譲渡が本条1項2号の2に該当し，かつ，有効な株主総会決議を欠いているために，譲受人が無権利であることを証明できるにもかかわらず，株主名簿の名義書換に応じること，または権利行使を認めることであり，重過失があるとは，そのような証拠があることに重大な過失により知らなかった，または，証拠を有しながら，重過失により，名義書換請求に応じたこと，または権利行使を認めたこと，ということになろう［☞会社法コンメ(3)§130Ⅲ1(4)〔326頁［伊藤］〕・§131Ⅱ2〔341頁

§469

［伊藤］〕。譲渡の当事者以外に無効を主張させるべきではないとすれば，いずれかの当事者が無効を主張する意思を有していることに係る悪意・重過失も必要となる〕。相対的無効説に立つ場合の子会社における悪意とは，子会社株式の譲渡が本条1項2号の2に該当し，有効な株主総会決議が欠けることにつき，譲受人に悪意または重過失が認められるために，譲渡人が無効を主張でき，また譲渡人にその意思がある等の特段の事情があるという，きわめて例外的な場合となろう（前掲・最判平成21・4・17）。

これに対して，振替株式以外の株式で，株券が発行されていない場合の株式については，無権利者への名義書換により生じ得る紛争防止のために，会社法に置かれている手当ては，譲渡人と譲受人による共同申請（およびそれに準ずるものとして法務省令で定められている形式による申請）のみであり，これをもって，株主名簿の記載に，株券発行会社と同様の免責的効力を認めることに慎重な見解が有力である（江頭211頁）〔☞会社法コンメ(3)§130 Ⅲ 1 (4)〔327頁［伊藤］〕〕。

(齊藤真紀)

（反対株主の株式買取請求）

第469条① 事業譲渡等をする場合（次に掲げる場合を除く。）には，反対株主は，事業譲渡等をする株式会社に対し，自己の有する株式を公正な価格で買い取ることを請求することができる。

1 第467条第1項第1号に掲げる行為をする場合において，同項の株主総会の決議と同時に第471条第3号の株主総会の決議がされたとき。

2 前条第2項に規定する場合（同条第3項に規定する場合を除く。）

② 前項に規定する「反対株主」とは，次の各号に掲げる場合における当該各号に定める株主をいう。

1 事業譲渡等をするために株主総会（種類株主総会を含む。）の決議を要する場合 次に掲げる株主

イ 当該株主総会に先立って当該事業譲渡等に反対する旨を当該株式会社に対し通知し，かつ，当該株主総会において当該事業譲渡等に反対した株主（当該株主総会において議決権を行使することができるものに限る。）

ロ 当該株主総会において議決権を行使することができない株主

2 前号に規定する場合以外の場合 全ての株主（前条第1項に規定する場合における当該特別支配会社を除く。）

〔神 田〕

③ 事業譲渡等をしようとする株式会社は，効力発生日の20日前までに，その株主（前条第1項に規定する場合における当該特別支配会社を除く。）に対し，事業譲渡等をする旨（第467条第2項に規定する場合にあっては，同条第1項第3号に掲げる行為をする旨及び同条第2項の株式に関する事項）を通知しなければならない。

④ 次に掲げる場合には，前項の規定による通知は，公告をもってこれに代えることができる。

1 事業譲渡等をする株式会社が公開会社である場合

2 事業譲渡等をする株式会社が第467条第1項の株主総会の決議によって事業譲渡等に係る契約の承認を受けた場合

⑤ 第1項の規定による請求（以下この章において「株式買取請求」という。）は，効力発生日の20日前の日から効力発生日の前日までの間に，その株式買取請求に係る株式の数（種類株式発行会社にあっては，株式の種類及び種類ごとの数）を明らかにしてしなければならない。

⑥ 株券が発行されている株式について株式買取請求をしようとするときは，当該株式の株主は，事業譲渡等をする株式会社に対し，当該株式に係る株券を提出しなければならない。ただし，当該株券について第223条の規定による請求をした者については，この限りでない。

⑦ 株式買取請求をした株主は，事業譲渡等をする株式会社の承諾を得た場合に限り，その株式買取請求を撤回することができる。

⑧ 事業譲渡等を中止したときは，株式買取請求は，その効力を失う。

⑨ 第133条の規定は，株式買取請求に係る株式については，適用しない。

I 本条の改正の趣旨

本条の改正は，組織再編の場合等を含めての本改正による反対株主の株式買取請求権制度に係る一連の改正の一環である。具体的には，①いわゆる簡易手続の場合について株式買取請求権が否定され，②いわゆる略式手続の場合における特別支配会社については株式買取請求権が否定され，③株券が発行されている株式について株式買取請求権を行使する株主は株券を会社に提出することを要するものとされ（株式を他に譲渡することはできなくなる），買取請求をした株式については名義書換の請求はできないこととされた。なお，振替株式については，買取口座が開設され，株主が買取請求をした株式はその買取口座に移管され，他に譲渡することはできなくなる（社債株式振替155）〔詳細は，

☞ §116 II]。③は，買取請求の撤回が制限されることを意味する。

II　本条1項の改正

　本条1項の改正は，事業譲渡等（その定義は468条1項）をする場合におい
て，反対株主（その定義は本条2項）に株式買取請求権が認められない場合を規
定したものである。1号は，本改正前から存在した規律であり，場所が移動し
たにすぎない（改正前本条1項ただし書が改正後同項1号になった）。2号は，本改
正で新設された規定で，いわゆる簡易手続の場合には株式買取請求権は認めら
れないこととしたものである。「前条第2項に規定する場合」とは簡易手続の
場合であり，株主総会は（原則として）開催されず，この場合には株式買取請
求権は認められないこととなった。理論的には，簡易手続の場合には，事業譲
渡等は会社にとってインパクトが小さく基礎的変更とはいえないのであるか
ら，株主総会決議が不要であるだけでなく，株式買取請求制度も不要なはずで
ある（神田366-367頁注6を参照）。しかし，そのような考え方は平成9年の商法
改正で簡易手続制度が創設された際には採用されず，株主総会決議は不要とす
るけれども（なお，会社法制定前までは5パーセント基準であったものが会社法で20
パーセント基準に緩和された），株式買取請求は認めることとされた。本改正に
よってようやく上記の考え方に立った規律となった（立案担当平成26年203頁，
一問一答平成26年333頁を参照）。
　「同条第3項に規定する場合」とは一定数の株主の請求によって株主総会が
開催され簡易手続とならない場合であり（468 III参照），株主総会決議がされる
ので，反対株主に株式買取請求権が認められる。

III　本条2項および3項の改正

　本条2項の改正は，事業譲渡等をする場合で反対株主に株式買取請求権が認
められる場合における「反対株主」の定義から，いわゆる略式手続の場合にお
ける特別支配会社を除くこととしたものである。略式手続は，90パーセント
以上の株式を有する特別支配会社が存在する場合であるから，株主総会を開催
してもどうせ可決されるから総会決議を不要とするものである。このため，簡
易手続の場合と異なり，理論的にも，この場合には少数株主保護のために株式
買取請求権制度が必要である。しかし，特別支配会社に株式買取請求権を認め

〔神　田〕

§470　　　　　　　　　　　　　　　　第2編　株式会社　第7章　事業の譲渡等

る必要はない。会社法は株主総会決議がない場合にはすべての株主を「株式買取請求権を有する株主」という意味での「反対株主」と定義したため，形式的には特別支配会社もこれに含まれることとなってしまっていた。これを是正したのが本改正による本条2項の改正である（立案担当平成26年204頁，一問一答平成26年334頁を参照）。

本条3項は，会社は，特別支配会社に対しては，事業譲渡等をする旨等の通知をしなくてよいものとする改正である。2項の改正と同様の趣旨である。

IV　本条6項および9項の新設

本条6項本文の新設は，株券が発行されている株式について株式買取請求権を行使する株主は株券を会社に提出することを要するものとし，株式を他に譲渡できなくするものである（一問一答平成26年325頁を参照）。このこととの関係から，本条9項において，買取請求をした株式については名義書換の請求はできないこととする旨の規律も新設された（立案担当平成26年201頁，一問一答平成26年328頁を参照）。

本条6項ただし書が株券の喪失登録をしている株券について例外としているのは，株券の喪失登録をし，株式買取請求権を行使する者は株券を保有していないはずなので，同項本文の規律を及ぼすことができないからである（なお，立案担当平成26年201頁，一問一答平成26年327頁を参照）。

なお，6項の新設により，改正前の6項および7項は，改正後の7項および8項となった。

（神田秀樹）

（株式の価格の決定等）
第470条①　株式買取請求があった場合において，株式の価格の決定について，株主と事業譲渡等をする株式会社との間に協議が調ったときは，当該株式会社は，効力発生日から60日以内にその支払をしなければならない。
②　株式の価格の決定について，効力発生日から30日以内に協議が調わないときは，株主又は前項の株式会社は，その期間の満了の日後30日以内に，裁判所に対し，価格の決定の申立てをすることができる。
③　前条第7項の規定にかかわらず，前項に規定する場合において，効力発生日か

638　　　　　　　　　　　　　　　　　　　　　　　　　　　　　　〔神　田〕

§470

ら60日以内に同項の申立てがないときは，その期間の満了後，株主は，いつでも，株式買取請求を撤回することができる。

④　第1項の株式会社は，裁判所の決定した価格に対する同項の期間の満了の日後の法定利率による利息をも支払わなければならない。

⑤　第1項の株式会社は，株式の価格の決定があるまでは，株主に対し，当該株式会社が公正な価格と認める額を支払うことができる。

⑥　株式買取請求に係る株式の買取りは，効力発生日に，その効力を生ずる。

⑦　株券発行会社は，株券が発行されている株式について株式買取請求があったときは，株券と引換えに，その株式買取請求に係る株式の代金を支払わなければならない。

I　本条の改正の趣旨

本条の改正は，組織再編の場合等を含めての本改正による反対株主の株式買取請求権制度に係る一連の改正の一環である。具体的には，①会社は，裁判所による買取価格の決定があるまでは，株主に対して会社が公正な価格と認める額を支払うことができることとし，この仮払により法定利息の支払を防ぐことを認め，②株式買取請求に係る株式の買取りの効力発生時期を組織再編等（本条では事業譲渡等）の効力が発生する日としたものである。

なお，本条4項は，本改正では改正を受けていないが，平成29年民法改正前は，裁判所が買取価格を決定したときは，会社は効力発生日から60日間経過後は年6分の法定利息をつけて支払をするものと規定していたところ，同改正により，民事・商事の法定利率が一本化され，かつ，3年ごとに法務省令で定められる変動利率となったため，民法の一部を改正する法律の施行に伴う関係法律の整備等に関する法律（平成29法45号）によって本条4項の「年6分の利率により算定した」が「法定利率による」に改正された（2020年4月1日施行予定）（法定利率の改正については，筒井健夫＝村松秀樹編著・一問一答民法（債権関係）改正〔商事法務，2018〕78頁以下を参照）。

II　本条3項の改正

本条3項は，改正前の469条6項が改正後の同条7項になったための改正である。

〔神田〕

639

Ⅲ　本条5項の新設

本条5項の新設は，会社は，裁判所による買取価格の決定があるまでは，株主に対して会社が公正な価格と認める額を支払うことができるとして，この仮払により法定利息の支払を防ぐことを認めたものである（立案担当平成26年202-203頁，一問一答平成26年331頁を参照）〔詳細は，☞§117Ⅱ〕。

なお，5項の新設により，改正前の5項および6項は，改正後の6項および7項となった。

Ⅳ　本条6項の改正

本条6項の改正は，改正前の5項が株式買取請求に係る株式の買取りの効力発生時期を株式の代金の支払の時と規定していたものを改めて，事業譲渡等の効力が発生する日（467条1項にいう「効力発生日」）としたものである。本改正前は，株式買取請求に係る株式の買取りの効力発生時期は，会社が設立される場合については設立会社の成立の日とされ，それ以外の場合については株式の代金の支払の時とされる場合と組織再編等の効力発生日とされる場合とに分かれていた。この後者の点について，本改正はすべての場合について効力発生日に統一することとしたものである（その趣旨については，立案担当平成26年202頁，一問一答平成26年329頁を参照）。

本改正前は，株主が買取請求をした後，株式の買取りの効力が生ずるまでの間，その株式に係る剰余金配当請求権や議決権等の株主の権利を有するとの見解があり得た。その見解に立つと，株式買取請求をした株主は，本条4項に基づく利息を受領しつつ剰余金配当請求権を有するという，二重取りをすることができることとなり，相当とはいえない。そこで，本改正は，改正前において代金支払時に株式の買取りの効力が生ずるとされていた各株式買取請求権について，株式の買取りの効力が生ずる時を代金支払時から事業譲渡等の効力発生時にあらためることとした（以上については，立案担当平成26年202頁，一問一答平成26年329頁を参照）〔詳細は，☞§117Ⅰ〕。

（神田秀樹）

第1節　総則　第2款　清算株式会社の機関　第2目　清算人の就任及び解任
並びに監査役の退任
§ 478

> **第477条** ① 　清算株式会社には，1人又は2人以上の清算人を置かなければならない。
> ② 　清算株式会社は，定款の定めによって，清算人会，監査役又は監査役会を置くことができる。
> ③ 　監査役会を置く旨の定款の定めがある清算株式会社は，清算人会を置かなければならない。
> ④ 　第475条各号に掲げる場合に該当することとなった時において公開会社又は大会社であった清算株式会社は，監査役を置かなければならない。
> ⑤ 　第475条各号に掲げる場合に該当することとなった時において監査等委員会設置会社であった清算株式会社であって，前項の規定の適用があるものにおいては，監査等委員である取締役が監査役となる。
> ⑥ 　第475条各号に掲げる場合に該当することとなった時において指名委員会等設置会社であった清算株式会社であって，第4項の規定の適用があるものにおいては，監査委員が監査役となる。
> ⑦ 　第4章第2節の規定は，清算株式会社については，適用しない。

　本改正によって，清算株式会社の機関に関する本条には，本改正により新たに導入された監査等委員会設置会社に関する規律が5項として追加されるとともに，改正後の6項において「委員会設置会社」が「指名委員会等設置会社」に名称変更されたことに伴う文言の変更がなされたほか，本改正による5項の追加に伴う項の繰下げに係る技術的な修正が行われている。

　改正後の本条5項は，清算開始原因が生じた時において公開会社または大会社であった清算株式会社は監査役を置かなければならないとする本条4項の規律が，監査等委員会設置会社に清算開始原因が生じた場合にも妥当する結果として，指名委員会等設置会社における監査委員（改正本条Ⅵ参照）と同様に，監査機能を担う機関の構成員である監査等委員が清算株式会社の監査役となることを定めるものである。

（舩津浩司）

（清算人の就任）
第478条 ① 　次に掲げる者は，清算株式会社の清算人となる。

〔舩　津〕

§478   第2編　株式会社　第9章　清算

 1　取締役（次号又は第3号に掲げる者がある場合を除く。）

 2　定款で定める者

 3　株主総会の決議によって選任された者

② 前項の規定により清算人となる者がないときは，裁判所は，利害関係人の申立てにより，清算人を選任する。

③ 前2項の規定にかかわらず，第471条第6号に掲げる事由によって解散した清算株式会社については，裁判所は，利害関係人若しくは法務大臣の申立てにより又は職権で，清算人を選任する。

④ 第1項及び第2項の規定にかかわらず，第475条第2号又は第3号に掲げる場合に該当することとなった清算株式会社については，裁判所は，利害関係人の申立てにより，清算人を選任する。

⑤ 第475条各号に掲げる場合に該当することとなった時において監査等委員会設置会社であった清算株式会社における第1項第1号の規定の適用については，同号中「取締役」とあるのは，「監査等委員である取締役以外の取締役」とする。

⑥ 第475条各号に掲げる場合に該当することとなった時において指名委員会等設置会社であった清算株式会社における第1項第1号の規定の適用については，同号中「取締役」とあるのは，「監査委員以外の取締役」とする。

⑦ 第335条第3項の規定にかかわらず，第475条各号に掲げる場合に該当することとなった時において監査等委員会設置会社又は指名委員会等設置会社であった清算株式会社である監査役会設置会社においては，監査役は，3人以上で，そのうち半数以上は，次に掲げる要件のいずれにも該当するものでなければならない。

 1　その就任の前10年間当該監査等委員会設置会社若しくは指名委員会等設置会社又はその子会社の取締役（社外取締役を除く。），会計参与（会計参与が法人であるときは，その職務を行うべき社員。次号において同じ。）若しくは執行役又は支配人その他の使用人であったことがないこと。

 2　その就任の前10年内のいずれかの時において当該監査等委員会設置会社若しくは指名委員会等設置会社又はその子会社の社外取締役又は監査役であったことがある者にあっては，当該社外取締役又は監査役への就任の前10年間当該監査等委員会設置会社若しくは指名委員会等設置会社又はその子会社の取締役（社外取締役を除く。），会計参与若しくは執行役又は支配人その他の使用人であったことがないこと。

 3　第2条第16号ハからホまでに掲げる要件

⑧ 第330条及び第331条第1項の規定は清算人について，同条第5項の規定は清算人会設置会社（清算人会を置く清算株式会社又はこの法律の規定により清算人会を置かなければならない清算株式会社をいう。以下同じ。）について，それぞ

642   〔舩　津〕

第1節　総則　第2款　清算株式会社の機関　第3目　清算人の職務等　　§482

れ準用する。この場合において，同項中「取締役は」とあるのは，「清算人は」
と読み替えるものとする。

　本改正によって，本条には，清算株式会社が清算開始原因発生前において同
改正により新たに導入された監査等委員会設置会社であった場合における清算
開始原因発生後に清算人となる者に関する規律が本条5項として追加され，指
名委員会等設置会社に係る同様の規律である改正前本条5項前段の規定が改正
本条6項として独立して規定されるとともに，清算株式会社の監査役の構成に
関する改正前本条5項後段に相当する規定につき，改正本条7項において，同
改正においてなされた社外監査役の要件の見直しに合わせた規律を導入した上
で監査等委員会設置会社であった清算株式会社にもこの規律を及ぼしている。
このほか，「委員会設置会社」が「指名委員会等設置会社」に名称変更された
ことに伴う文言の変更がなされるとともに，改正本条5項の追加および改正前
本条5項を2つの項に分離して規律したことに伴う項の繰下げに係る技術的な
修正が行われている。

　改正後の本条5項は，監査等委員会設置会社に清算開始原因が生じた場合に
おいて，従前の取締役のうち，清算人となるのは，監査等委員である取締役以
外の取締役であることを定める。監査等委員は清算株式会社の監査役となり得
る（改正477Ⅴ）ことから，これらの者を清算人となる者から除外する趣旨で
あり，指名委員会等設置会社に係る本改正前本条5項前段（改正本条Ⅵ）と同
様の規定である。

　改正後の本条7項は，監査等委員会設置会社または指名委員会等設置会社で
あった清算株式会社が監査役会を設置する場合，監査役は3人以上なければな
らず，また，そのうち半数以上は，（清算株式会社でない）通常の監査役会設置
会社における社外監査役（改正2⑯）と同様の要件を充たしていなければなら
ないことなどを規定している。

　　　　　　　　　　　　　　　　　　　　　　　　　　　　（舩津浩司）

（業務の執行）
第482条 ①　清算人は，清算株式会社（清算人会設置会社を除く。以下この条に
　おいて同じ。）の業務を執行する。

〔舩　津〕　　　　　　　　　　　　　　　　　　　　　　　　　643

§*490* 第2編　株式会社　第9章　清算

② 清算人が2人以上ある場合には，清算株式会社の業務は，定款に別段の定めが
ある場合を除き，清算人の過半数をもって決定する。

③ 前項の場合には，清算人は，次に掲げる事項についての決定を各清算人に委任
することができない。

1 支配人の選任及び解任

2 支店の設置，移転及び廃止

3 第298条第1項各号（第325条において準用する場合を含む。）に掲げる事項

4 清算人の職務の執行が法令及び定款に適合することを確保するための体制そ
の他清算株式会社の業務の適正を確保するために必要なものとして法務省令で
定める体制の整備

④ 第353条から第357条（第3項を除く。）まで，第360条並びに第361条第1
項及び第4項の規定は，清算人（同条の規定については，第478条第2項から第
4項までの規定により裁判所が選任したものを除く。）について準用する。この
場合において，第353条中「第349条第4項」とあるのは「第483条第6項にお
いて準用する第349条第4項」と，第354条中「代表取締役」とあるのは「代表
清算人（第483条第1項に規定する代表清算人をいう。）」と，第360条第3項中
「監査役設置会社，監査等委員会設置会社又は指名委員会等設置会社」とあるの
は「監査役設置会社」と読み替えるものとする。

　本改正によって新たに導入された監査等委員会設置会社も，清算開始後は監
査等委員会を置くことができず（松井信憲・商業登記ハンドブック〔第3版〕〔商事
法務，2015〕509-510頁），監査等委員会設置会社ではなくなる（2(11の2)参照）
ことから，清算人会設置会社以外の会社の清算人の業務執行につき定める本条
では，取締役・代表取締役の権限・義務の規定のうち，専ら監査等委員会設置
会社に係る規定につき清算人への準用を除外するための規定が整備されるとと
もに，本改正前の「委員会設置会社」が「指名委員会等設置会社」に名称変更
されたことに伴う文言の変更が行われている。

(舩津浩司)

（清算人会の運営）

第490条 ① 清算人会は，各清算人が招集する。ただし，清算人会を招集する清
算人を定款又は清算人会で定めたときは，その清算人が招集する。

第1節　総則　第2款　清算株式会社の機関　第4目　清算人会　　　　§490

② 前項ただし書に規定する場合には，同項ただし書の規定により定められた清算
人（以下この項において「招集権者」という。）以外の清算人は，招集権者に対
し，清算人会の目的である事項を示して，清算人会の招集を請求することができ
る。

③ 前項の規定による請求があった日から5日以内に，その請求があった日から2
週間以内の日を清算人会の日とする清算人会の招集の通知が発せられない場合に
は，その請求をした清算人は，清算人会を招集することができる。

④ 第367条及び第368条の規定は，清算人会設置会社における清算人会の招集に
ついて準用する。この場合において，第367条第1項中「監査役設置会社，監査
等委員会設置会社及び指名委員会等設置会社」とあるのは「監査役設置会社」
と，「取締役が」とあるのは「清算人が」と，同条第2項中「取締役（前条第1
項ただし書に規定する場合にあっては，招集権者）」とあるのは「清算人（第
490条第1項ただし書に規定する場合にあっては，同条第2項に規定する招集権
者）」と，同条第3項及び第4項中「前条第3項」とあるのは「第490条第3
項」と，第368条第1項中「各取締役」とあるのは「各清算人」と，同条第2項
中「取締役（」とあるのは「清算人（」と，「取締役及び」とあるのは「清算人
及び」と読み替えるものとする。

⑤ 第369条から第371条までの規定は，清算人会設置会社における清算人会の決
議について準用する。この場合において，第369条第1項中「取締役の」とある
のは「清算人の」と，同条第2項中「取締役」とあるのは「清算人」と，同条第
3項中「取締役及び」とあるのは「清算人及び」と，同条第5項中「取締役で
あって」とあるのは「清算人であって」と，第370条中「取締役が」とあるのは
「清算人が」と，「取締役（」とあるのは「清算人（」と，第371条第3項中「監
査役設置会社，監査等委員会設置会社又は指名委員会等設置会社」とあるのは
「監査役設置会社」と，同条第4項中「役員又は執行役」とあるのは「清算人又
は監査役」と読み替えるものとする。

⑥ 第372条第1項及び第2項の規定は，清算人会設置会社における清算人会への
報告について準用する。この場合において，同条第1項中「取締役，会計参与，
監査役又は会計監査人」とあるのは「清算人又は監査役」と，「取締役（」とあ
るのは「清算人（」と，「取締役及び」とあるのは「清算人及び」と，同条第2
項中「第363条第2項」とあるのは「第489条第8項において準用する第363条
第2項」と読み替えるものとする。

　本条では，清算人会の運営につき取締役会に関する規定を大幅に準用してい
るが，本改正によって新たに導入された監査等委員会設置会社も，清算開始後
は監査等委員会を置くことができず（松井信憲・商業登記ハンドブック〔第3版〕

〔舩　津〕　　　　　　　　　　　　　　　　　　　　　　　　　　　　　　645

§ 509   第 2 編 株式会社 第 9 章 清算

〔商事法務, 2015〕509-510 頁), 監査等委員会設置会社ではなくなる (2⟨11 の 2⟩
参照) ことから, 準用の趣旨を明確化するための読替え規定が整備されるとと
もに, 本改正前の「委員会設置会社」が「指名委員会等設置会社」に名称変更
されたことに伴う文言の変更が行われている。

(舩津浩司)

第 509 条① 次に掲げる規定は, 清算株式会社については, 適用しない。

1 第 155 条

2 第 5 章第 2 節第 2 款 (第 435 条第 4 項, 第 440 条第 3 項, 第 442 条及び第
443 条を除く。) 及び第 3 款並びに第 3 節から第 5 節まで

3 第 5 編第 4 章並びに第 5 章中株式交換及び株式移転の手続に係る部分

② 第 2 章第 4 節の 2 の規定は, 対象会社が清算株式会社である場合には, 適用し
ない。

③ 清算株式会社は, 無償で取得する場合その他法務省令で定める場合に限り, 当
該清算株式会社の株式を取得することができる。

本改正によって, 本条には, 本改正により新たに導入された特別支配株主の
株式等売渡請求権につき, 対象会社が清算中である場合には適用しない旨を定
める規定が新たに 2 項として挿入されている。

その趣旨は, 清算株式会社を対象とする株式等売渡請求は清算手段としての
合理性を欠き, 必要性が乏しいこと, また, 清算株式会社が他の会社の完全子
会社となる株式交換が認められていないことなどを踏まえたものであるとされ
る (一問一答平成 26 年 257 頁)。

これに対して, 清算株式会社が他の株式会社の特別支配株主である場合に,
当該清算株式会社が株式等売渡請求をすることは禁止されていない。これは,
清算株式会社が他の株式会社を対象会社とする株式等売渡請求を行って完全子
会社とした上で, 当該他の株式会社の発行済株式のすべてを一括して第三者に
売却することにより売却価格を高めることに一定の合理性があるためであると
される (一問一答平成 26 年 257 頁)。この点に関しては, 株式交換については清
算株式会社が他の株式会社の完全親会社となる株式交換が認められていないこ
ととの平仄が問題となるが, 株式交換においては, 完全親会社となる清算株式

646   〔舩 津〕

第1節　総則　第8款　適用除外等　　　　　　　　　　　　　　　§ 509

会社の側で株式買取請求権の取扱いが問題となるのに対して，株式等売渡請求においては特別支配株主である清算株式会社に関してそのような問題は生じないという差異があるためであるとの説明が立案担当者によりなされている（一問一答平成26年257頁）。

　　　　　　　　　　　　　　　　　　　　　　　　　　　（舩津浩司）

§536　　　　　　　　　　　　　　　　　　第2編　株式会社　第9章　清算

第13巻（§§510-574）増補

（事業の譲渡の制限等）

第536条①　特別清算開始の命令があった場合には，清算株式会社が次に掲げる
　行為をするには，裁判所の許可を得なければならない。

　1　事業の全部の譲渡

　2　事業の重要な一部の譲渡（当該譲渡により譲り渡す資産の帳簿価額が当該清
　　算株式会社の総資産額として法務省令で定める方法により算定される額の5分
　　の1（これを下回る割合を定款で定めた場合にあっては，その割合）を超えな
　　いものを除く。）

　3　その子会社の株式又は持分の全部又は一部の譲渡（次のいずれにも該当する
　　場合における譲渡に限る。）

　　イ　当該譲渡により譲り渡す株式又は持分の帳簿価額が当該清算株式会社の総
　　　資産額として法務省令で定める方法により算定される額の5分の1（これを
　　　下回る割合を定款で定めた場合にあっては，その割合）を超えるとき。

　　ロ　当該清算株式会社が，当該譲渡がその効力を生ずる日において当該子会社
　　　の議決権の総数の過半数の議決権を有しないとき。

②　前条第3項の規定は，前項の許可を得ないでした行為について準用する。

③　第7章（第467条第1項第5号を除く。）の規定は，特別清算の場合には，適
　用しない。

　本改正により，一定の子会社の株式等の譲渡には，事業の重要な一部の譲渡
の場合と同様に，当該子会社の株式等を保有する株式会社の株主総会の特別決
議が必要とされることとなった（467 I ②の2 参照）。本条1項3号では，同様
の子会社の株式等の譲渡が特別清算中に行われる場合には，特別清算中の事業
の重要な一部の譲渡の場合と同様に裁判所の許可を要する旨が定められた。

　なお，同様に手続開始後の事業の全部または重要な一部の譲渡につき裁判所
の許可が必要とされている再生手続および更生手続についても，再生手続開始
後の子会社の株式等の譲渡（平26改正民再42 I・43 I Ⅷ）または更生手続開始後
更生計画案を決議に付す旨の決定がなされるまでの間の子会社の株式等の譲渡
（平26改正会更46 Ⅱ Ⅹ）であって会社法と同一の要件を充たすものについて，
裁判所の許可を要する旨が定められている（立案担当平成26年178-179頁注
99）。

（舩津浩司）

648　　　　　　　　　　　　　　　　　　　　　　　　　　　　　　〔舩　津〕

§695の2

第16巻（§§676-742）増補 ──────────

（信託財産に属する社債についての対抗要件等）

第695条の2① 社債については，当該社債が信託財産に属する旨を社債原簿に記
載し，又は記録しなければ，当該社債が信託財産に属することを<u>社債発行会社</u>そ
の他の第三者に対抗することができない。

② 第681条第4号の社債権者は，その有する社債が信託財産に属するときは，<u>社
債発行会社</u>に対し，その旨を社債原簿に記載し，又は記録することを請求するこ
とができる。

③ 社債原簿に前項の規定による記載又は記録がされた場合における第682条第1
項及び第690条第1項の規定の適用については，第682条第1項中「記録された
社債原簿記載事項」とあるのは「記録された社債原簿記載事項（当該社債権者の
有する社債が信託財産に属する旨を含む。）」と，第690条第1項中「社債原簿記
載事項」とあるのは「社債原簿記載事項（当該社債権者の有する社債が信託財産
に属する旨を含む。）」とする。

④ 前3項の規定は，社債券を発行する旨の定めがある社債については，適用しな
い。

　本条は，平成18年の信託法改正に伴い追加された規定である（平成18年法
律第109号による追加）が，その際，1項は「社債については，当該社債が信託
財産に属する旨を社債原簿に記載し，又は記録しなければ，当該社債が信託財
産に属することを<u>株式会社</u>その他の第三者に対抗することができない」とさ
れ，また2項は「第681条第4号の社債権者は，その有する社債が信託財産に
属するときは，<u>株式会社</u>に対し，その旨を社債原簿に記載し，又は記録するこ
とを請求することができる」とされていた。しかしながら，平成17年の会社
法制定によって社債の発行が株式会社に限られなくなった［☞会社法コンメ⑯
§676Ⅱ［16頁［今井克典］］］ことから，信託財産に属する可能性のある，した
がって本条の対象となり得る社債を発行した会社も，株式会社に限定するのは
正しくなく，「社債発行会社」（682Ⅰ参照）とするのが正しい。本改正による本
条1項および2項の修正は，このような立法の過誤をあらためるものである。

（舩津浩司）

〔舩　津〕　　　　　　　　　　　　　　　　　　　　　　　　　　　　　649

担信 §45　　　　　　　　　　　　　　第7章　信託契約の効力等

（社債券の喪失）

第699条① 　社債券は，非訟事件手続法第100条に規定する公示催告手続によって無効とすることができる。

② 　社債券を喪失した者は，非訟事件手続法第106条第1項に規定する除権決定を得た後でなければ，その再発行を請求することができない。

　本条の改正は，平成23年の非訟事件手続法の改正（平成23年法律第51号による改正）に伴って，整備法（平成23法53号）により引用条文を修正するものである。規律内容に実質的な変更はない。

（舩津浩司）

（特別代理人の選任）

担信第45条① 　次に掲げる場合には，裁判所は，社債権者集会の申立てにより，特別代理人を選任することができる。

　1 　受託会社が総社債権者のためにすべき信託事務の処理及び担保付社債の管理を怠っているとき。

　2 　社債権者と受託会社との利益が相反する場合において，受託会社が総社債権者のために信託事務の処理及び担保付社債の管理に関する裁判上又は裁判外の行為をする必要があるとき。

② 　前項の申立てを却下する裁判には，理由を付さなければならない。

③ 　第1項の規定による特別代理人の選任の裁判に対しては，不服を申し立てることができない。

④ 　第1項の申立てに係る非訟事件は，発行会社の本店の所在地を管轄する地方裁判所の管轄に属する。

⑤ 　第1項の規定による非訟事件については，非訟事件手続法（平成23年法律第51号）第40条及び第57条第2項第2号の規定は，適用しない。

　本条の改正は，平成23年の非訟事件手続法の改正（平成23年法律第51号による改正）に伴って，整備法（平成23法53号）により引用条文を修正するものであり，規律内容に実質的な変更はない。

（舩津浩司）

650　　　　　　　　　　　　　　　　　　　　〔舩　津〕

担信 §56

> **（書類の移管等）**
> **担信第 56 条** 前受託会社の取締役（指名委員会等設置会社にあっては，執行役），
> これを代表する社員，清算人又は破産管財人は，遅滞なく，その委託者，発行会
> 社又は社債権者のために保管する物及び信託事務に関する書類を新受託会社に移
> 管し，その他信託事務を新受託会社に引き継ぐために必要な一切の行為をしなけ
> ればならない。

　本条の改正は，本改正によって，本改正前の「委員会設置会社」が「指名委員会等設置会社」に名称変更されたことに伴い文言を変更するものであり，規律内容に実質的な変更はない。

（舩津浩司）

§746
第5編　組織変更，合併，会社分割，株式交換及び株式移転　第1章　組織変更

第17巻（§§743-774）増補

（持分会社の組織変更計画）

第746条 ①　持分会社が組織変更をする場合には，当該持分会社は，組織変更計画において，次に掲げる事項を定めなければならない。

1　組織変更後の株式会社（以下この条において「組織変更後株式会社」という。）の目的，商号，本店の所在地及び発行可能株式総数

2　前号に掲げるもののほか，組織変更後株式会社の定款で定める事項

3　組織変更後株式会社の取締役の氏名

4　次のイからハまでに掲げる場合の区分に応じ，当該イからハまでに定める事項

　イ　組織変更後株式会社が会計参与設置会社である場合　組織変更後株式会社の会計参与の氏名又は名称

　ロ　組織変更後株式会社が監査役設置会社（監査役の監査の範囲を会計に関するものに限定する旨の定款の定めがある株式会社を含む。）である場合　組織変更後株式会社の監査役の氏名

　ハ　組織変更後株式会社が会計監査人設置会社である場合　組織変更後株式会社の会計監査人の氏名又は名称

5　組織変更をする持分会社の社員が組織変更に際して取得する組織変更後株式会社の株式の数（種類株式発行会社にあっては，株式の種類及び種類ごとの数）又はその数の算定方法

6　組織変更をする持分会社の社員に対する前号の株式の割当てに関する事項

7　組織変更後株式会社が組織変更に際して組織変更をする持分会社の社員に対してその持分に代わる金銭等（組織変更後株式会社の株式を除く。以下この号及び次号において同じ。）を交付するときは，当該金銭等についての次に掲げる事項

　イ　当該金銭等が組織変更後株式会社の社債（新株予約権付社債についてのものを除く。）であるときは，当該社債の種類及び種類ごとの各社債の金額の合計額又はその算定方法

　ロ　当該金銭等が組織変更後株式会社の新株予約権（新株予約権付社債に付されたものを除く。）であるときは，当該新株予約権の内容及び数又はその算定方法

　ハ　当該金銭等が組織変更後株式会社の新株予約権付社債であるときは，当該新株予約権付社債についてのイに規定する事項及び当該新株予約権付社債に付された新株予約権についてのロに規定する事項

　ニ　当該金銭等が組織変更後株式会社の社債等（社債及び新株予約権をいう。

第3節　持分会社の組織変更　　　　　　　　　　　　　　　　§747

　　以下この編において同じ。）以外の財産であるときは，当該財産の内容及び
　　数若しくは額又はこれらの算定方法
　8　前号に規定する場合には，組織変更をする持分会社の社員に対する同号の金
　　銭等の割当てに関する事項
　9　効力発生日
②　組織変更後株式会社が監査等委員会設置会社である場合には，前項第3号に掲
　げる事項は，監査等委員である取締役とそれ以外の取締役とを区別して定めなけ
　ればならない。

　本改正によって，本条に，組織変更後株式会社が監査等委員会設置会社であ
る場合の組織変更計画において定めるべき取締役の氏名については，監査等委
員である取締役とそれ以外の取締役とを区別すべきことを定める2項が追加さ
れた。
　追加された本条2項の規定の趣旨は，改正法329条2項と同様に監査等委員
である取締役の地位の独立性の確保を背景とするもの（一問一答平成26年30頁
参照）であると考えられる。

　　　　　　　　　　　　　　　　　　　　　　　　　　　　　（舩津浩司）

（持分会社の組織変更の効力の発生等）
第747条①　組織変更をする持分会社は，効力発生日に，株式会社となる。
②　組織変更をする持分会社は，効力発生日に，前条第1項第1号及び第2号に掲
　げる事項についての定めに従い，当該事項に係る定款の変更をしたものとみな
　す。
③　組織変更をする持分会社の社員は，効力発生日に，前条第1項第6号に掲げる
　事項についての定めに従い，同項第5号の株式の株主となる。
④　次の各号に掲げる場合には，組織変更をする持分会社の社員は，効力発生日
　に，前条第1項第8号に掲げる事項についての定めに従い，当該各号に定める者
　となる。
　1　前条第1項第7号イに掲げる事項についての定めがある場合　同号イの社債
　　の社債権者
　2　前条第1項第7号ロに掲げる事項についての定めがある場合　同号ロの新株
　　予約権の新株予約権者
　3　前条第1項第7号ハに掲げる事項についての定めがある場合　同号ハの新株

〔舩　津〕　　　　　　　　　　　　　　　　　　　　　　　　　　653

§753　第5編　組織変更，合併，会社分割，株式交換及び株式移転　第2章　合併

予約権付社債についての社債の社債権者及び当該新株予約権付社債に付された新株予約権の新株予約権者

⑤　前各項の規定は，第781条第2項において準用する第779条（第2項第2号を除く。）の規定による手続が終了していない場合又は組織変更を中止した場合には，適用しない。

本改正によって，746条（「前条」）に2項が追加されたことから，本条において746条を引用する規定について，上記項の追加に対応した引用規定の修正を行う技術的な改正がなされた。規律内容の実質的な変化はない。

(舩津浩司)

（株式会社を設立する新設合併契約）

第753条①　2以上の会社が新設合併をする場合において，新設合併により設立する会社（以下この編において「新設合併設立会社」という。）が株式会社であるときは，新設合併契約において，次に掲げる事項を定めなければならない。

1　新設合併により消滅する会社（以下この編において「新設合併消滅会社」という。）の商号及び住所

2　株式会社である新設合併設立会社（以下この編において「新設合併設立株式会社」という。）の目的，商号，本店の所在地及び発行可能株式総数

3　前号に掲げるもののほか，新設合併設立株式会社の定款で定める事項

4　新設合併設立株式会社の設立時取締役の氏名

5　次のイからハまでに掲げる場合の区分に応じ，当該イからハまでに定める事項

イ　新設合併設立株式会社が会計参与設置会社である場合　新設合併設立株式会社の設立時会計参与の氏名又は名称

ロ　新設合併設立株式会社が監査役設置会社（監査役の監査の範囲を会計に関するものに限定する旨の定款の定めがある株式会社を含む。）である場合　新設合併設立株式会社の設立時監査役の氏名

ハ　新設合併設立株式会社が会計監査人設置会社である場合　新設合併設立株式会社の設立時会計監査人の氏名又は名称

6　新設合併設立株式会社が新設合併に際して株式会社である新設合併消滅会社（以下この編において「新設合併消滅株式会社」という。）の株主又は持分会社である新設合併消滅会社（以下この編において「新設合併消滅持分会社」とい

654　　　　　　　　　　　　　　　　　　　　　　　　　　　　〔舩　津〕

第3節 新設合併 第1款 株式会社を設立する新設合併 §753

う。）の社員に対して交付するその株式又は持分に代わる当該新設合併設立株式会社の株式の数（種類株式発行会社にあっては，株式の種類及び種類ごとの数）又はその数の算定方法並びに当該新設合併設立株式会社の資本金及び準備金の額に関する事項

7 新設合併消滅株式会社の株主（新設合併消滅株式会社を除く。）又は新設合併消滅持分会社の社員に対する前号の株式の割当てに関する事項

8 新設合併設立株式会社が新設合併に際して新設合併消滅株式会社の株主又は新設合併消滅持分会社の社員に対してその株式又は持分に代わる当該新設合併設立株式会社の社債等を交付するときは，当該社債等についての次に掲げる事項

イ 当該社債等が新設合併設立株式会社の社債（新株予約権付社債についてのものを除く。）であるときは，当該社債の種類及び種類ごとの各社債の金額の合計額又はその算定方法

ロ 当該社債等が新設合併設立株式会社の新株予約権（新株予約権付社債に付されたものを除く。）であるときは，当該新株予約権の内容及び数又はその算定方法

ハ 当該社債等が新設合併設立株式会社の新株予約権付社債であるときは，当該新株予約権付社債についてのイに規定する事項及び当該新株予約権付社債に付された新株予約権についてのロに規定する事項

9 前号に規定する場合には，新設合併消滅株式会社の株主（新設合併消滅株式会社を除く。）又は新設合併消滅持分会社の社員に対する同号の社債等の割当てに関する事項

10 新設合併消滅株式会社が新株予約権を発行しているときは，新設合併設立株式会社が新設合併に際して当該新株予約権の新株予約権者に対して交付する当該新株予約権に代わる当該新設合併設立株式会社の新株予約権又は金銭についての次に掲げる事項

イ 当該新設合併消滅株式会社の新株予約権の新株予約権者に対して新設合併設立株式会社の新株予約権を交付するときは，当該新株予約権の内容及び数又はその算定方法

ロ イに規定する場合において，イの新設合併消滅株式会社の新株予約権が新株予約権付社債に付された新株予約権であるときは，新設合併設立株式会社が当該新株予約権付社債についての社債に係る債務を承継する旨並びにその承継に係る社債の種類及び種類ごとの各社債の金額の合計額又はその算定方法

ハ 当該新設合併消滅株式会社の新株予約権の新株予約権者に対して金銭を交付するときは，当該金銭の額又はその算定方法

11 前号に規定する場合には，新設合併消滅株式会社の新株予約権の新株予約権

〔舩津〕

§753　第5編　組織変更，合併，会社分割，株式交換及び株式移転　第2章　合併

　　者に対する同号の新設合併設立株式会社の新株予約権又は金銭の割当てに関す
　　る事項
②　新設合併設立株式会社が監査等委員会設置会社である場合には，前項第4号に
　掲げる事項は，設立時監査等委員である設立時取締役とそれ以外の設立時取締役
　とを区別して定めなければならない。
③　第1項に規定する場合において，新設合併消滅株式会社の全部又は一部が種類
　株式発行会社であるときは，新設合併消滅会社は，新設合併消滅株式会社の発行
　する種類の株式の内容に応じ，同項第7号に掲げる事項（新設合併消滅株式会社
　の株主に係る事項に限る。次項において同じ。）として次に掲げる事項を定める
　ことができる。
　1　ある種類の株式の株主に対して新設合併設立株式会社の株式の割当てをしな
　　いこととするときは，その旨及び当該株式の種類
　2　前号に掲げる事項のほか，新設合併設立株式会社の株式の割当てについて株
　　式の種類ごとに異なる取扱いを行うこととするときは，その旨及び当該異なる
　　取扱いの内容
④　第1項に規定する場合には，同項第7号に掲げる事項についての定めは，新設
　合併消滅株式会社の株主（新設合併消滅会社及び前項第1号の種類の株式の株主
　を除く。）の有する株式の数（前項第2号に掲げる事項についての定めがある場
　合にあっては，各種類の株式の数）に応じて新設合併設立株式会社の株式を交付
　することを内容とするものでなければならない。
⑤　前2項の規定は，第1項第9号に掲げる事項について準用する。この場合にお
　いて，前2項中「新設合併設立株式会社の株式」とあるのは，「新設合併設立株
　式会社の社債等」と読み替えるものとする。

　本改正によって，本条に，新設合併設立株式会社が監査等委員会設置会社で
ある場合に新設合併契約において定めるべき設立時取締役の氏名については，
設立時監査等委員である設立時取締役とそれ以外の設立時取締役とを区別すべ
きことを定める2項が追加されたほか，同項の追加に伴う項の繰下げに係る技
術的な修正が行われている。
　追加された本条2項の規定の趣旨は，改正329条2項と同様に監査等委員で
ある取締役の地位の独立性の確保を背景とするもの（一問一答平成26年30頁参
照）であると考えられる。

（舩津浩司）

第1節　吸収分割　第2款　株式会社に権利義務を承継させる吸収分割　§759

（株式会社に権利義務を承継させる吸収分割の効力の発生等）
第759条① 吸収分割承継株式会社は，効力発生日に，吸収分割契約の定めに従い，吸収分割会社の権利義務を承継する。

② 前項の規定にかかわらず，第789条第1項第2号（第793条第2項において準用する場合を含む。次項において同じ。）の規定により異議を述べることができる吸収分割会社の債権者であって，第789条第2項（第3号を除き，第793条第2項において準用する場合を含む。次項において同じ。）の各別の催告を受けなかったもの（第789条第3項（第793条第2項において準用する場合を含む。）に規定する場合にあっては，不法行為によって生じた債務の債権者であるものに限る。次項において同じ。）は，吸収分割契約において吸収分割後に吸収分割会社に対して債務の履行を請求することができないものとされているときであっても，吸収分割会社に対して，吸収分割会社が効力発生日に有していた財産の価額を限度として，当該債務の履行を請求することができる。

③ 第1項の規定にかかわらず，第789条第1項第2号の規定により異議を述べることができる吸収分割会社の債権者であって，同条第2項の各別の催告を受けなかったものは，吸収分割契約において吸収分割後に吸収分割承継株式会社に対して債務の履行を請求することができないものとされているときであっても，吸収分割承継株式会社に対して，承継した財産の価額を限度として，当該債務の履行を請求することができる。

④ 第1項の規定にかかわらず，吸収分割会社が吸収分割承継株式会社に承継されない債務の債権者（以下この条において「残存債権者」という。）を害することを知って吸収分割をした場合には，残存債権者は，吸収分割承継株式会社に対して，承継した財産の価額を限度として，当該債務の履行を請求することができる。ただし，吸収分割承継株式会社が吸収分割の効力が生じた時において残存債権者を害することを知らなかったときは，この限りでない。

⑤ 前項の規定は，前条第8号に掲げる事項についての定めがある場合には，適用しない。

⑥ 吸収分割承継株式会社が第4項の規定により同項の債務を履行する責任を負う場合には，当該責任は，吸収分割会社が残存債権者を害することを知って吸収分割をしたことを知った時から2年以内に請求又は請求の予告をしない残存債権者に対しては，その期間を経過した時に消滅する。効力発生日から10年を経過したときも，同様とする。

⑦ 吸収分割会社について破産手続開始の決定，再生手続開始の決定又は更生手続開始の決定があったときは，残存債権者は，吸収分割承継株式会社に対して第4項の規定による請求をする権利を行使することができない。

⑧ 次の各号に掲げる場合には，吸収分割会社は，効力発生日に，吸収分割契約の

〔神 作〕
657

§759 第5編　組織変更，合併，会社分割，株式交換及び株式移転　第3章　会社分割

定めに従い，当該各号に定める者となる。

1　前条第4号イに掲げる事項についての定めがある場合　同号イの株式の株主
2　前条第4号ロに掲げる事項についての定めがある場合　同号ロの社債の社債権者
3　前条第4号ハに掲げる事項についての定めがある場合　同号ハの新株予約権の新株予約権者
4　前条第4号ニに掲げる事項についての定めがある場合　同号ニの新株予約権付社債についての社債の社債権者及び当該新株予約権付社債に付された新株予約権の新株予約権者

⑨　前条第5号に規定する場合には，効力発生日に，吸収分割契約新株予約権は，消滅し，当該吸収分割契約新株予約権の新株予約権者は，同条第6号に掲げる事項についての定めに従い，同条第5号ロの吸収分割承継株式会社の新株予約権の新株予約権者となる。

⑩　前各項の規定は，第789条（第1項第3号及び第2項第3号を除き，第793条第2項において準用する場合を含む。）若しくは第799条の規定による手続が終了していない場合又は吸収分割を中止した場合には，適用しない。

細目次

序
I　本改正の概要
1　分割会社に知れていない債権者の保護
2　濫用的・詐害的な会社分割における残存債権者の保護
II　分割会社に知れていない債権者の保護（本条2項，3項）
III　濫用的・詐害的な会社分割における残存債権者の保護
1　本改正の経緯
　(1)　会社分割法制における債権者保護の問題点
　(2)　立法提案
　(3)　本改正における選択
　(4)　直接履行請求権に係る規律の概要

　(5)　改正法施行後の状況
2　直接履行請求権が付与される残存債権者の意義
　(1)　残存債権者の意義
　(2)　債権者異議手続がなされる場合——事実上の人的分割の場合
　(3)　同意した残存債権者
　(4)　本改正の限界——債権者異議手続を履践した濫用的・詐害的な会社分割
3　従来の救済方法と直接履行請求権との異同
　(1)　裁判例における従来の救済方法
　(2)　詐害行為取消権および否認権

　(3)　22条1項の類推適用
　(4)　法人格否認の法理
　(5)　法律構成による法的効果の異同
4　「〔残存債権者を〕害することを知って」の意義
　(1)　緒論
　(2)　詐害性・有害性
　(3)　詐害の意思
5　承継会社の悪意
6　物的有限責任
7　請求の期間制限
8　倒産手続との調整
9　民法上の詐害行為取消権との関係
10　直接履行請求を受けた承継会社の分割会社に対する権利

【文献】浅田隆「濫用的な会社分割等に関する最近の動向と金融機関の対応」金法2071号（2017）8頁，池野千白「詐害的会社分割における残存債権者保護制度創設の意義と限界」札幌学院法学31巻2号（2015）27頁，**伊藤眞**「会社分割と倒産法理との交錯」NBL968号（2012）12頁，**受川環大・組織再編の法理と立法（中央経済社，2017），内海淳一「会社分割における債権者保護の改正」松山大学論集29巻2号（2017）83頁，**岡正晶**「濫用的会社分割に関する**立法提案**」松嶋英機ほか編・門口正人判事退官記念・新しい時代の民事司法（商事法務，2011）371頁，**岡正晶**「濫用

658　　　　　　　　　　　　　　　　　　　　　　　　　　　　　　　　　〔神　作〕

第1節　吸収分割　第2款　株式会社に権利義務を承継させる吸収分割　§759

的会社分割・事業譲渡と**否認権**」金法 2071 号（2017）38 頁，岡田陽介「濫用的会社分割と法人格否認の法理(1)(2完)」愛媛法学会雑誌 40 巻 1＝2 号（2014）55 頁，41 巻 1＝2 号（2015）65 頁，**笠原武朗「組織再編」**法教 402 号（2014）28 頁，**笠原武朗「会社分割**における債権者異議手続と詐害行為取消し・否認・法人格否認」徳本穣ほか編・森淳二朗先生退職記念・会社法の到達点と展望（法律文化社，2018）51 頁，片山直也「濫用的会社分割・事業譲渡と詐害行為取消権」金法 2071 号（2017）20 頁，**神田秀樹「会社分割と債権者保護」**ジュリ 1439 号（2012）63 頁，**北村雅史**「詐害の会社分割と債権者の保護」田邊光政編集代表・今中利昭先生傘寿記念・会社法・倒産法の現代的展開（民事法研究会，2015）251 頁，**金融法委員会**「濫用的会社分割に係る否認要件とその効果についての中間論点整理」金法 1996 号（2014）13 頁，小出篤「濫用的会社分割・事業譲渡における会社法上の債権者保護」金法 2071 号（2017）31 頁，**郡谷**大輔「詐害的な会社分割における債権者の保護」商事 1982 号（2012）14 頁，佐野誠「詐害的会社分割条項の立法論的一考察」福岡大学法学論叢 61 巻 1＝2 号（2016）1 頁，鈴木千佳子「濫用的会社分割と債権者異議手続の問題点」山本爲三郎編・企業法の法理（慶應義塾大学出版会，2012）135 頁，**鈴木達大「濫用的会社分割に対する債権者保護の一考察」**白鷗大学大学院法学研究年報 9 号（2014）75 頁，**全国倒産処理弁護士ネットワーク**「濫用的会社分割についての立法意見の提出」金法 1914 号（2011）10 頁，**第一東京弁護士会総合法律研究所倒産法研究部会編著・会社分割と倒産法（清文社，2012），土岐敦司＝辺見紀男編・濫用的会社分割（商事法務，2013），**得津晶「会社分割等における債権者の保護」論点詳解 237 頁，難波孝一「詐害的会社分割」川嶋四郎＝中東正文編・会社事件手続法の現代的展開（日本評論社，2013）119 頁，新里慶一「会社分割と詐害行為取消権」中京法学 47 巻 3＝4 号（2013）79 頁，**新里慶一「濫用型会社分割と詐害行為取消権」**月報司法書士 558 号（2018）18 頁，服部育生「濫用的な会社分割」愛知学院大学論叢法学研究 53 巻 1＝2 号（2012）117 頁，**前田修也「濫用的会社分割」**上智法学論集 56 巻 4 号（2013）197 頁，**牧真理子・組織再編における債権者保護（法律文化社，2018），**松下淳一「濫用的会社分割についての覚書」事業再生と債権管理 138 号（2012）146 頁，宮島司「濫用的会社分割と詐害行為取消」法学研究 87 巻 9 号（2014）143 頁，**森本滋「会社分割制度と債権者保護」**金法 1923 号（2011）28 頁，村上裕「濫用的会社分割における『詐害性』について(1)(2完)」金沢法学 56 巻 1 号（2013）21 頁，57 巻 1 号（2014）27 頁，吉田正之「会社分割における債権者保護」法政理論 44 巻 4 号（2012）149 頁，若色敦子「濫用的会社分割における残存債権者の直接請求権」熊本ロージャーナル 12 号（2016）15 頁，山下眞弘「会社法改正要綱と詐害的会社分割」阪大法学 62 巻 5 号（2013）337 頁，**山本和彦「濫用的会社分割と詐害行為取消権・否認権」**土岐＝辺見紀男 1 頁，渡邊博己「詐害的会社分割と分割会社債権者の保護」京都学園法学 62 号（2010）1 頁

序

　本改正は，会社分割における債権者保護を強化した。すなわち第1に，分割会社に知れていない債権者の保護を図り，第2に，濫用的または詐害的な会社分割に対応するために残存債権者の保護を図った。分割会社に知れていない債権者の保護は，吸収分割と新設分割の双方に共通した内容の規律であり，濫用的・詐害的な会社分割における残存債権者の保護は，吸収分割と新設分割に共通した規律であるばかりか，事業譲渡についても同様の規律が導入された。株式会社に権利義務を承継させる吸収分割に係る本条に即して，分割会社に知れていない債権者の保護と濫用的・詐害的な吸収分割における残存債権者の保護

〔神　作〕

§759 第5編　組織変更，合併，会社分割，株式交換及び株式移転　第3章　会社分割

に係る規律の概要を述べた後 ［☞ I］，それぞれについて詳細に述べる ［☞ II・III］。

I　本改正の概要

1　分割会社に知れていない債権者の保護

　吸収分割においては，分割会社の債権者の全部または一部が異議を述べることができる場合には，分割会社は所定の事項を官報に公告し，かつ，分割会社に知れている債権者であって異議を述べることができる者に対しては各別の催告をしなければならない（789 II）。もっとも，官報公告に加えて，定款の定めに従い日刊新聞紙による公告または電子公告をするときは，不法行為によって生じた分割会社の債権者を除き，各別の催告を要しないものとされている（同条 III）。そして，改正前法は，吸収分割について異議を述べることができる分割会社の債権者のうち「各別の催告をしなければならないものに限」り，各別の催告を受けなかった当該債権者は，吸収分割契約において吸収分割後に分割会社に対して債務の履行を請求することができないものとされているときは，分割会社に対して，吸収分割会社が効力発生日に有していた財産の価額を限度として，吸収分割契約において吸収分割後に承継会社に対して債務の履行を請求することができないものとされているときは，承継会社に対し承継した財産の価額を限度として，当該債務の履行を請求することができるものとしていた（改正前本条 II III）。分割会社に知れていない債権者に対しては，「各別の催告をしなければならない」とはされていないから，官報公告しか行わなくても，分割会社に知れていない債権者は，吸収分割契約の内容に従って分割会社または承継会社のいずれか一方に対してしか債務の履行を請求できなかった。

　しかし，分割会社に知れていないというだけで，各別の催告に基づく異議申述の機会を与えられることもなく，吸収分割契約の定めに従って分割会社または承継会社の一方に対してしか債務の履行を請求できなくなるというのは，少なくとも立法論としては適切でないと考えられた。また，たまたま分割会社に知れている債権者であれば，各別の催告を受けるべき地位にあるため，各別の催告を受けない場合には分割会社と承継会社の双方に対して債務の履行を請求できるのに対し，同じ方法で公告され，かつ，各別の催告を受けていないという点においても同じであるのに，ある債権者が分割会社に知れていないというだけで分割会社または承継会社の一方に対しては債務の履行を請求できなくな

660　　　　　　　　　　　　　　　　　　　　　　　　　　〔神　作〕

第1節　吸収分割　第2款　株式会社に権利義務を承継させる吸収分割　§759

るのは，分割会社に知れている債権者かどうかというひとえに分割会社側の事情によって債権者の保護のあり方に差を設けることになり，不合理であると考えられた（一問一答平成26年342頁）。

　さらに，789条3項は，官報公告に加えて，日刊新聞紙による公告または電子公告を行う場合には，不法行為債権者を除き，各別の催告を要しない旨を定めている。そうすると，条文を素直に文言解釈するならば，会社分割について異議を述べることができる不法行為債権者であっても，分割会社に知れていない者に対しては，官報公告に加えて日刊新聞紙公告または電子公告を行っていれば，各別の催告を要しないものと文言解釈される可能性があった。この点については，すでに改正前法においても，そのような解釈は適切でないとして，会社に知れていない不法行為債権者は分割会社と承継会社の双方に対して不法行為に基づく債務の履行を請求することができるとする解釈論が有力に主張されていた。すなわち，巨大な偶発債務を負った会社が，被害が顕在化または明確化しない段階で会社分割を行うことによって責任逃れをすることを認めるべきではないとして，不法行為債権者は，分割会社に知れていない場合であっても，分割会社と承継会社等の双方に対して不法行為に基づく債務の履行を請求できるとする有力な見解が存在した（江頭〔4版〕〔2011〕847-848頁注5，神田〔14版〕〔2012〕353頁注6等）。しかし，そのような見解によらない場合には，分割会社に知れていない不法行為債権者は，分割会社または承継会社のいずれか一方に対してしか債務の履行を請求できないおそれがあった。

　そこで，改正法は，効力発生日に，吸収分割契約の定めに従い，分割会社の権利義務を承継するという原則的な規律（本条 I）が適用されない場合として，官報公告をした場合については，分割会社と承継会社の双方に対して債務の履行を請求できる場合の要件から「各別の催告をしなければならないものに限る」という文言を削除し，各別の催告を行う必要があったかどうかにかかわらず，すなわち分割会社に知れている債権者か知れていない債権者かを問題にすることなく，催告を受けなかった債権者は，吸収分割契約において吸収分割後に分割会社に対して債務の履行を請求することができないものとされているときであっても，分割会社に対して，分割会社が効力発生日に有していた財産の価額を限度として，当該債務の履行を請求することができることを明確にした（本条 II）。同様に，分割会社に知れている債権者か知れていない債権者かを問題にすることなく，催告を受けなかった債権者は，吸収分割契約において吸収分割後に承継会社に対して債務の履行を請求することができないものとされ

〔神　作〕

661

ているときであっても，承継会社に対して，承継した財産の価額を限度として，当該債務の履行を請求することができるものとされた（本条Ⅲ）。

そして，官報公告に加えて日刊新聞紙による公告または電子公告をした場合であっても，催告を受けなかった不法行為債権者については一律に分割会社と承継会社の双方に対して当該債務の履行を請求することができるものとされた（本条ⅡⅢ）。

2　濫用的・詐害的な会社分割における残存債権者の保護

平成17年会社法の下で，会社分割制度における債権者保護法制の脆弱性を突いて，濫用的または詐害的会社分割とよばれる会社分割が横行した。とりわけ，会社分割後に承継会社に承継されない債務の債権者すなわち分割会社に残存する債権者（以下，「残存債権者」という）は，事実上の人的分割の場合を除き，会社法上の債権者異議手続の対象にならないことを利用して，承継会社に承継されない債務と承継される債務を恣意的に選択し，実際には金融機関を残存債権者とし，取引債権者の債務を承継させるとともに，優良事業または優良な金融資産・不動産等を承継会社に承継させた上で，承継した債務については分割会社が重畳的にこれを引き受けるというタイプの会社分割がしばしば行われた。さらに悪質なケースでは，承継会社から交付された承継会社株式を廉価あるいは無償で分割会社の関係者に譲渡したり，承継会社が分割会社の関係者に対して有利な価格で募集株式の発行を行ったりして，分割会社の財産である承継会社の株式の価値を毀損することなどが行われた。濫用的または詐害的会社分割により，分割会社の事業は停止または廃止されるのが通常であった。このような濫用的・詐害的会社分割の横行は，東京地方裁判所の判決においてこのような会社分割が「少なからず存在することは当裁判所に顕著である」といわしめるほどであった（東京地判平成22・5・27判時2083号148頁）。濫用的または詐害的会社分割を過不足なく定義することは困難であるが，例えば，債務超過会社が，承継会社に債務の履行を請求できる債権者と，分割会社にしか請求できない残存債権者とを恣意的に選別した上で，承継会社に優良な事業や資産を承継させ，残存債権者の同意を得ずに会社分割を行い，当該残存債権者の利益を害するものと定義される（北村251頁）。

判例は，このような濫用的・詐害的な会社分割に対処するために，詐害行為取消権や否認権の行使を認めたり，法人格否認の法理を適用したり，あるいは22条の事業譲受けにおいて商号を続用する場合の譲受会社の責任についての

第1節　吸収分割　第2款　株式会社に権利義務を承継させる吸収分割　§759

規定を類推適用したりするなど，積極的に残存債権者の保護を図ってきた [☞ III 3]。

しかし，残存債権者が，承継会社に対して金銭の支払を直接請求できるものとすることが適切であり簡明であるとして，会社法上新たに，残存債権者に承継会社に対する直接履行請求権を付与することとし，承継した財産の価額を限度として，承継会社に対して直接自己の債務の履行を請求できるものとした。本改正により，事業譲渡，吸収分割および新設分割について，残存債権者の直接履行請求権制度が設けられたが，本条4項から7項までの規定は，濫用的・詐害的な会社分割が吸収分割により行われる場合にかかる残存債権者を保護するための規定である。

II　分割会社に知れていない債権者の保護（本条2項，3項）

吸収分割においては，分割会社の債権者の全部または一部が異議を述べることができる場合には，分割会社は所定の事項を官報に公告し，かつ，分割会社に知れている債権者であって異議を述べることができる者に対しては各別の催告を要する (789 II)。なお，債権者異議手続において，官報公告，電子公告または日刊新聞紙公告および各別の催告において示された異議申述期間（同項④）内に債権者が異議を述べたときは，分割会社は，当該吸収分割をしても当該債権者を害するおそれがないときを除き，異議を申述した債権者に対し，弁済し，もしくは相当の担保を提供し，または当該債権者に弁済を受けさせることを目的として信託会社等に相当の財産を信託しなければならない（同条V）。他方，異議申述期間内に異議を述べなかった債権者は，当該吸収分割について承認したものとみなされ（同条IV），会社分割無効の訴えを提起することができなくなる (828 II ⑨)。

もっとも，官報公告に加えて，定款の定めに従い日刊新聞紙による公告または電子公告をするときは，不法行為によって生じた分割会社の債権者を除き，各別の催告を要しないものとされている (789 III)。沿革を概観すると，会社分割制度を導入した平成12年改正商法は，知れたる債権者には各別の催告を要するとした上で，官報公告に加え定款の定めに従い日刊新聞紙による公告をするときは，各別の催告は要しないと規定していた（同法374ノ20 I）。そして，各別の催告を受けなかった債権者に対する分割会社の債務については，分割契約書の記載にかかわらず，これを負担しないものとされた会社も，分割会社の

〔神　作〕　　　　　　　　　　　　　　　663

§759 第5編 組織変更，合併，会社分割，株式交換及び株式移転 第3章 会社分割

場合は分割の日において有した財産の価額を限度として，また承継会社の場合は承継した財産の価額を限度として弁済の責任を負うこととされていた（同法374ノ26 II）。平成16年改正商法（平成16法87号）により，会社の公告に関する規定が改正されて新たに電子公告制度が導入され，会社が官報公告に加えて定款所定の電子公告を行った場合にも，不法行為債権者以外の債権者に対する個別催告は要しないものとされた（平16改正商374ノ20 I）。そして，不法行為債権者保護の必要性から「不法行為ニ因リテ生ジタル債権ノ債権者ニ限」って，分割会社に知れている債権者かどうかを問うことなく，会社分割の両当事会社に対して請求することができるという救済を与えることとした（同法374ノ26 II括弧書）。平成16年改正商法により，分割会社は，官報公告に加えて日刊新聞紙または電子公告により公告をすれば，不法行為債務を除く偶発債務の連帯責任を免れることができるようになり，会社分割の当事会社によるリスク管理が容易になった。会社債権者は通常取引先である商人であるため，取引先の情報を公告ホームページから定期的にチェックすることが期待されるから，各別の催告のコスト等にかんがみその省略が正当化されると説明された（江頭憲治郎「株券不発行制度・電子公告制度の導入に関する要綱の解説（下）」商事1676号〔2003〕11頁）。官報の電子化により官報閲覧サービスなど官報の公示機能が向上したことも各別の催告の省略を認める理由となった。

　そして，改正前法の下では，吸収分割について異議を述べることができる分割会社の債権者のうち「各別の催告をしなければならないものに限」り，各別の催告を受けなかった場合には，吸収分割契約において吸収分割後に分割会社に対して債務の履行を請求することができないものとされているときであっても，分割会社に対して，吸収分割会社が効力発生日に有していた財産の価額を限度として，また承継会社が債務を負担しないものとされた場合は，承継した財産の価額を限度として承継会社に対して当該債務の履行を請求することができるものとされた（改正前本条 II III）。各別の催告をする必要がない会社に知れていない分割会社の債権者であって，吸収分割後は分割会社または承継会社のいずれか一方に対しては債務の履行を請求できないと定められていたときは，各別の催告を受けなかった場合には分割当事会社のいずれに対しても請求できるという保護は与えられないことになったのである。さらに，会社分割について異議を述べることができる不法行為によって生じた債務に係る債権者であって，会社分割当時，分割会社に知れていない不法行為債権者についても，分割会社が官報公告に加えて電子公告または新聞公告を行っていれば，分割会社ま

第1節　吸収分割　第2款　株式会社に権利義務を承継させる吸収分割　　§759

たは承継会社のいずれか一方に対して債務の履行を請求できない旨を吸収分割
契約に定めた場合には，分割当事会社の双方に対する請求を遮断されると解される余地があった。

　会社法制定当時から，会社に知れていない不法行為債務に係る債権者についてすら，各別の催告を受けなかった場合の保護を与えられないとする結論は妥当でないとされ，それを克服するための解釈論上の努力がなされてきた。大別して，① 789条3項の冒頭に「前項の規定にかかわらず」と規定されていることから，同項の定める不法行為債権者については「知れている債権者」であるかどうかを問わず各別の催告を要すると解する説（江頭〔4版〕〔2011〕847-848頁注5，神田〔14版〕〔2012〕353頁注6等），② 異議を申述しない債権者は会社分割を承認したものとみなすと規定する同条4項の規定の適用の前提は，債権者が自ら分割前に債権者であることを知っている場合に限るとして，そもそも免責的効力が発生しないと解する説（論点解説693頁），および ③「各別の催告をしなければならないものに限る」という文言を不法行為債権者については仮に会社に知れていたら各別の催告をしなければならない債権者を含むと解釈する説（伊藤靖史ほか・事例で考える会社法〔有斐閣，2011〕449-450頁〔齊藤真紀〕）が主張されていた。

　改正法は，官報公告をした場合については，「各別の催告をしなければならない場合に限る」という文言を削除し，各別の催告を行う必要があったかどうかを問わず，すなわち分割会社に知れている債権者か知れていない債権者かにかかわりなく，催告を受けなかった債権者は，吸収分割契約において吸収分割後に分割会社に対して債務の履行を請求することができないものとされているときであっても，分割会社に対して，吸収分割会社が効力発生日に有していた財産の価額を限度として，当該債務の履行を請求することができることを明確にした（本条II）。同様に，分割会社に知れている債権者か知れていない債権者かにかかわりなく，催告を受けなかった債権者は，吸収分割契約において吸収分割後に承継会社に対して債務の履行を請求することができないものとされているときであっても，承継会社に対して，承継した財産の価額を限度として，当該債務の履行を請求することができるものとされた（本条III）。改正前法の下では，分割会社に知れていない債権者に対しては，「各別の催告をしなければならない」とはされていないから，官報公告しか行わなくても，吸収分割契約の内容に従って分割会社（または承継会社）に対して履行の請求をすることができないとされていた分割会社の債権者は，分割会社（または承継会社）に対し

〔神　作〕

665

ては債務の履行を請求できなかった。しかし，分割会社に知れていないという
だけで，各別の催告を受けて異議を申述する機会を与えられることもなく，吸
収分割契約の定めに従って分割会社（または承継会社）に対して債務の履行を請
求できなくなることは，少なくとも立法論としては適切でないと考えられる。
また，たまたま分割会社に知れている債権者であれば，各別の催告を受けるべ
き地位にあるため各別の催告を受けない場合には分割会社（または承継会社）に
対しても債務の履行を請求できるのに対し，同じ方法で公告され，かつ，各別
の催告を受けていないという点においても同じであるのに，ある債権者が分割
会社に知れていないというだけで分割会社（または承継会社）に対しては債務の
履行を請求できなくなるのは，分割会社に知れている債権者かどうかというひ
とえに分割会社側の事情によって債権者の保護のあり方に差を設けるのは不合
理であるという問題もあった（一問一答平成 26 年 342 頁）。

　さらに，官報公告に加えて日刊新聞紙による公告または電子公告をした場合
には，催告を受けなかった不法行為債権者は，吸収分割契約において吸収分割
後に分割会社または承継会社の一方に対して債務の履行を請求することができ
ないものとされているときであっても，分割当事会社の双方に対して，当該債
務の履行を請求することができることを明確にした（本条ⅡⅢ）。不法行為債
権者は，官報公告に加えて，日刊新聞紙による公告または電子公告がなされた
場合であっても，催告を受けなかったときは，分割会社と承継会社の双方に対
して債務の履行を請求できるものとされているのは，分割会社と取引関係のな
い不法行為債権者に会社の公告を確認することを期待することは酷であるため
である（一問一答平成 26 年 343 頁注 3）。これらの債権者に係る債務について
は，効力発生日に，吸収分割契約の定めに従い，分割会社の権利義務を承継す
るという原則的規律（本条Ⅰ）が適用されず，当該債務に係る債権を有する者
は，分割会社に対して債務の履行を請求できないとされているときであって
も，分割会社が効力発生日に有していた財産の価額を限度として分割会社に対
し，承継会社に対して債務の履行を請求できないとされているときであって
も，承継した財産の価額を限度として承継会社に対して，それぞれ当該債務の
履行を請求することができる（本条ⅡⅢ）。

第1節　吸収分割　第2款　株式会社に権利義務を承継させる吸収分割　　§759

III　濫用的・詐害的な会社分割における残存債権者の保護

1　本改正の経緯

(1)　会社分割法制における債権者保護の問題点

　濫用的・詐害的な会社分割が横行し，本改正にいたったことは，会社分割における会社債権者保護のあり方が十分ではなかった可能性を示唆している。濫用的・詐害的な会社分割が行われやすい会社法上の問題として，次の4点を指摘できる（詳細は，森本・債権者保護28頁以下参照）[☞ 会社法コンメ(17) §757〔258頁以下[神作裕之]]〕。

　第1は，会社分割制度自体が会社債権者を害する危険を孕むことである。すなわち，合併の場合に認められる字義どおりの包括承継と異なり，会社分割においては部分的一般承継が可能であるため，不採算部門の分社化や反対に不採算部門を分割会社に残し業績の良好な事業部門を承継会社に承継させる吸収分割のように，分割会社の権利義務が分割会社・承継会社のいずれかに一方的に有利または不利に承継されるおそれがある。裏からいえば，合併の場合には，複数の当事会社の権利義務が一体化されることになるから，仮に合併が失敗すると一蓮托生となるため濫用的な利用に対する抑制が働くのに対し，会社分割の場合は，一部の当事会社を破綻させて他の当事会社を存続させようとする可能性があるため，会社債権者に対する危険性は合併の場合よりも類型的に大きいと考えられる。

　第2に，会社分割制度を導入した平成12年改正商法の下では，会社分割の対象は「営業ノ全部又ハ一部」（新設分割につき同法373条，吸収分割につき同法374条ノ16）であったのに対し，会社法は，会社分割による承継の対象を分割会社の「事業に関して有する権利義務の全部又は一部」とあらためたことにより，権利義務関係の恣意的な切分けが容易になった点である。平成17年改正前商法において営業（会社法上の「事業」に相当）自体の承継が必要とされていたのは，免責的債務引受には債権者の承諾を要し，また雇用契約の譲渡には労働者の承諾が必要であるところ（民625 I），会社分割の場合にはそれらの承諾が不要であるために，営業（事業）の承継という形で会社債権者・労働者の保護を図るためであった（原田晃治「会社分割法制の創設について（上）」商事1563号〔2000〕12頁）。ところが，具体的事案において，ある特定の権利義務の集合体が「営業」に該当するかどうかは必ずしも一義的に明確でなく，その判断は容

〔神 作〕　　　　　　　　　　　　　　　　　　　　　　　　　　　667

易でないところ，吸収分割契約書または新設分割計画書に記載されている権利義務が一体として営業としての実質を備えていると評価されない場合には当該会社分割の無効事由となるが，このことは会社分割の効力を不当に不安定にし，法的安定性を害する等の理由により，会社分割についてその承継する権利義務が一体として営業としての実質を備えなければ許されないとして抑制すべき理由は見出し難いことなどを理由に，事業自体の承継を要求しないものとされた（以上につき，立案担当 181-182 頁注 3）。

　第 3 に，会社法は，吸収分割が効力を生じる日以後における分割会社の債務および分割会社が承継会社に承継させた債務についての「履行の見込みに関する事項」を分割会社の事前開示事項とし（会社則 183 ⑥），債権者異議手続において異議を述べることができる債権者に対し承継会社が負担する承継会社の債務の「履行の見込みに関する事項」を承継会社の事前開示事項とする（同則 192 ⑦）。承継する権利義務に含まれる債務のみならず，分割会社に残される債務についても履行の見込みの記載が必要であるのは，優良な事業部門を切り離す等の会社分割の結果，分割会社がそもそも負っていた債務が履行不能になる可能性があるためである（岩原紳作ほか「座談会・会社分割に関する改正商法への実務対応」商事 1568 号〔2000〕23 頁〔岩原紳作〕）。会社法においては，事前開示事項についての規定は会社法施行規則に委ねられ，文言も債務の「履行ノ見込アルコト」から「債務……の履行の見込みに関する事項」とあらためられた（同則 183 ⑥）。立案担当者の説明によると，「債務の履行の見込み」がないことは会社分割の無効事由にはならないという。その理由は，見込みがあることを効力要件とすると，①履行の見込みは将来に対する予測であるから法的安定性が害される一方，②債権者異議手続および詐害行為取消権によって債権者は別途保護されるからである（法務省令 137 頁）。債務の履行の見込みがない場合には，事前開示書面には単にその旨を記載すれば足りるからである（論点解説 673-674 頁）。これに対し，会社法制定前の有力説と同様，「債務の履行の見込みがあること」を会社分割の効力要件とし，当事会社のいずれかにつき分割後その債務の履行の見込みがない場合には会社分割の無効事由に該当するとする見解も有力に主張されている（江頭 914 頁注 3，柴田和史・会社法詳解〔第 2 版〕〔商事法務，2015〕440 頁注 8）。規定文言が変更された理由は，会社法制定前の登記実務が「履行ノ見込アルコト」という文言を理由に分割会社・承継会社・新設会社のいずれかが帳簿上債務超過であると分割の登記を受理しなかった点をあらためさせる必要があったためであり，そうであるとすれば会社法の下でも

第1節　吸収分割　第2款　株式会社に権利義務を承継させる吸収分割　§759

履行の見込みがないことが会社分割の無効事由であることに変わりないというのがその根拠である（江頭914頁注3）。株式会社の場合，債務の履行の見込みがないことは破産原因である支払不能につながるし，履行の見込みがない旨が開示されたとしても債権者にそれが個別に通知されるわけではない以上，債権者がそれに同意したとみなすことには合理性がないことを理由に，「債務の履行の見込みがないこと」が会社分割無効原因に当たると解する説もある（弥永真生・会社法の実践トピックス24〔日本評論社，2009〕330頁）。実質論としては，債務の履行の見込みがあることが会社分割の効力要件であると解することにより，債務の履行の見込みのない会社分割においては債権者との事前交渉が不可避となり，会社再建の意図を債権者に伝え，債権者が会社再建成功の可能性を見込めば，債務の株式化や債権放棄等の約束を取り付けるなどすることにより実質債務超過の会社でも会社分割後の債務の履行の見込みが立つ可能性が生じ，会社分割制度を利用できる。その結果，債権者の意向も間接的に会社分割に反映させることができ，関係者利益のバランスを図った有意義な会社分割ができるという効果が期待できるという議論がある（田中亘「判批」ジュリ1327号〔2007〕141-142頁）。会社分割の効力要件という重要な事項が，債務の履行の見込みという必ずしも明確でない要件によって左右されることは，会社分割の法的安定性を確保するために会社分割の対象を「営業（事業）」の全部または一部とすることを廃棄した会社法の考え方と平仄が合わない面があるのは確かであり，会社法の下では，債務の履行の見込みは会社分割の効力要件ではないとする解釈論（概説499頁注341）が優勢である。実質論としては，債務の履行の見込みを要件にすると，不採算部門の整理統合による企業のリストラや再建に会社分割を活用しにくくなることへの懸念がある（川島いづみ「判解」百選〔初版〕〔2006〕195頁）。

　第4に，会社分割制度は会社債権者の利益を損ないやすいものであるのに，債権者保護が比較法的に見ても脆弱であるためである。会社分割の便宜を重視し，分割当事会社が連帯責任を負う場合をむしろ例外とし，基本的には債権者異議手続による事前的保護で足りるとしている。さらに，債権者異議手続についても，対象となる債権者の範囲を限定し分割会社に債務を請求できる分割会社の債権者（以下，「残存債権者」という）を債権者異議手続の対象から排除し，官報公告に加え日刊新聞紙による公告または電子公告を行うときは，不法行為債権者を除き個別催告の省略を認めている（789Ⅲ）。日本法における会社分割における会社債権者保護に不足がないかどうか，債務引受の規律との均衡はと

〔神　作〕

§759

第5編　組織変更，合併，会社分割，株式交換及び株式移転　第3章　会社分割

れているのか，等について疑問を呈する見解もある（前田修志「会社分割における債権者保護制度の基本的視点」遠藤美光＝清水忠之編・田村諄之輔先生古稀記念・企業結合法の現代的課題と展開〔商事法務，2002〕221頁，鈴木・濫用的会社分割89-90頁，受川268-269頁等参照）。

　他方，会社分割は，とくに事業再建や事業再生の有力な法的手段であることも広く認められている。選択と集中により優良部門の資産と負債を新設会社に切り離し，分割会社の残存債権者が新設会社から交付された新設会社株式の売却等を通じて経済合理的な満足を受けることを予定して行われる。その多くは，会社分割後の新設会社の事業が高い収益力を有することを前提に，分割会社に交付される新設会社株式を第三者であるスポンサーがDCF方式等により算定される適正価額で分割会社から買い取り，当該売買代金を分割会社の残存債権者への弁済原資とすることより行われている。そこで，事業再生・事業再建を効率的に行うための法的手段としての会社分割の利用を阻害しないように，いわゆる「良い会社分割」と「悪い会社分割」のメルクマールを抽出する試みがなされている（岩知道真吾＝浅野貴志「良い会社分割と悪い会社分割のメルクマール」第一東京弁護士会総合法律研究所倒産法研究部会編著154頁以下）。「良い会社分割」が濫用的・詐害的な会社分割であるとされて，その事業再生・事業再建スキームを否定されることや，会社分割という法的手段を事業再生・事業再建スキームとして用いること自体を逡巡することを懸念する向きがある。

　特別清算，事業再生ADRおよび民事再生の場合には残存債権者の同意を要件とすることで適正かつ迅速な処理が担保される（服部明人「本書の目的と構成」第一東京弁護士会総合法律研究所倒産法研究部会編著4頁）。したがって，私的整理において残存債権者の同意を得る際に，本条4項に基づく直接履行請求権を私的整理成立時の残存債権者が放棄する権利の対象に加えておくなどすれば（郡谷20頁），直接履行請求権を付与する本改正により良い会社分割が妨げられることにはならないであろう。

　ところが，濫用的・詐害的な会社分割においては，残存債権者の理解や協力なく行われるのが通常である。そもそも，残存債権者の同意を得ずに，事業の一部の継続や取引・雇用関係の部分的な維持を目的として会社分割制度を用いることが，たとえそれにより優良事業が存続できたとしても，それを「良い会社分割」といえるかどうかが問題になる。債務超過やそれに等しい窮状に陥った会社が，既存債権者の理解を得ながら優良事業とそれ以外の事業を切り分けて会社の再建を図ること自体は合理的な会社再建の手法であるが，既存債権者

第1節　吸収分割　第2款　株式会社に権利義務を承継させる吸収分割　§ 759

との協議等もなく会社再建のために分割会社が恣意的に承継資産・負債を選別
する会社分割の中に良い会社分割があるのかという評価に関わる（奥山健志
「会社分割の濫用」施行5年164頁）。

　「良い会社分割」であるかどうかは，基準が明確でなく，ましてや会社分割
時点においてそれを判断することは容易ではない。債権者と事業再生・再建に
向けた協議を行い，その理解と協力の下で行った会社分割が，結果的に失敗に
終わったからといって，それが会社分割時点において「悪い会社分割」であっ
たと評価することは結果論にすぎないであろう。反対に，結果的に経済効率的
な「良い会社分割」の中にも，残存債権者と承継債権者の取扱いにかんがみ，
残存債権者に本条4項の救済をはじめ3に述べるその他の法的救済が認められ
る場合があり得る。濫用的・詐害的な会社分割に対する立法がなされた今日，
本条4項から7項までの規定に即して，その実質的な根拠をどのように捉える
かを明らかにし，個別の解釈論を詰めていく必要がある［☞ 4］。

(2)　立 法 提 案

　会社分割後に承継会社または新設会社に承継されない債務の債権者すなわち
分割会社に残存する債権者（以下，「残存債権者」という）は，実質的な人的分割
の場合を除き会社法上の債権者異議手続の対象にならない。そのこともあっ
て，承継会社・新設会社に承継されない債務と承継される債務を恣意的に選択
し，実際には金融機関を残存債権者とし，主要な取引債権者の債務を承継させ
るとともに，優良事業または優良な金融資産・不動産等を承継会社・新設会社
に承継させる会社分割が横行した。裁判所は，3に述べるように濫用的・詐害
的な会社分割に対し詐害行為取消権または否認権の行使を認めたり，法人格否
認の法理や事業譲渡における商号続用者の責任に係る22条1項の規定を（類
推）適用したりするなどして，残存債権者を積極的に救済してきた。

　しかし，濫用的・詐害的な会社分割に立法的に対処すべきであるとする意見
も有力になり，残存債権者の保護に焦点を絞った具体的な立法提案がなされる
にいたった。例えば，債務超過である会社または会社分割により債務超過とな
る会社が会社分割をする場合には，分割会社に知れたる残存債権者に対する各
別の通知（催告）義務を課し，当該各別の通知義務の懈怠の効果として承継会
社・設立会社の連帯責任を認めるべきとする会社法の改正提案がなされた（全
国倒産処理弁護士ネットワーク10-15頁）。また，①責任財産の減少による否認類
型（破160）に基づく否認の法的効果は会社分割無効の判決が確定した場合に
準じる旨，②濫用的・詐害的会社分割の本質は債権者平等原則を破る行為で

〔神 作〕

671

§759 第5編　組織変更，合併，会社分割，株式交換及び株式移転　第3章　会社分割

あるため分割会社の一部の債務を新会社に承継させる会社分割は破産法162条にいう既存の債務についてされた担保の供与または債務の消滅に関する行為に該当する旨，③他の破産債権者を害する事実等について悪意を判断する基準者は承継会社・新設会社である旨，および④その場合の否認の法的効果としては残存債権者の債権全部について承継会社・新設会社が物的有限責任を負う旨を規定すべきであるとの立法提案もなされていた（岡・立法提案389-390頁。なお，詐害行為取消権についても偏頗行為によるときの法的効果として④と同旨の規定を会社法に置くべきであるとされていた）。学説においても，「債務の履行の見込み」を会社分割の効力要件として復活すること，残存債権者を債権者異議手続の対象にすることを含め債権者異議手続を見直すこと，会社分割取消しの訴えの創設などさまざまな見解が述べられた（立法提案の選択肢と議論の状況につき，佐野16頁以下参照）。このような状況の下，本改正により，I 2に述べたような分割会社の残存債権者に承継会社・新設会社に対する直接履行請求権を付与する規律が導入された。

(3)　本改正における選択

残存債権者が，承継会社に対して金銭の支払を直接請求できるものとすることが適切であり簡明であるとして，会社法上，2以下に述べるような履行請求権を残存債権者に付与することとし，承継した財産の価額を限度として，承継会社に対して直接自己の債務の履行を請求できるものとした。

濫用的・詐害的な会社分割から残存債権者を保護するためには，債務の履行の見込みを会社分割の効力要件とすること，残存債権者を債権者異議手続の対象にすることなども立法論としては考えられた。しかし，債務の履行の見込みを会社分割の効力要件にすることについては，残存債権者に対する債務が完全に履行されない場合であっても，会社分割を用いた事業再生スキームによって結果的に残存債権者と承継の対象となった債務に係る債権者の双方の得られる弁済額が拡大する場合もあり得ることから適切でないと考えられた（小出32-33頁）。また，残存債権者を債権者異議手続の対象にすることについては，第1に，債権者異議手続はそのコストに照らしてベネフィットが限定的であり会社分割に係る実務の柔軟性を阻害すること（神作裕之＝三上徹「インタビュー・商法学者が考える濫用的会社分割問題」金法1924号〔2011〕53頁〔神作裕之〕），第2に，事業譲渡を用いて濫用的・詐害的に残存債権者を害することも可能であるが，事業譲渡については残存債権者の保護について債権者異議手続をとることができないこと（神田・債権者保護64頁）などから，直接履行請求権による保

護が図られたものである（小出33頁）。巻戻し的な処理により法律関係が錯綜する場面を減少させるとともに残存債権者が簡便に直截的な法的救済を受けるための手段を拡大し，こうして濫用的・詐害的な会社分割に対するエンフォースメントを強化することにより，本改正前に横行していた濫用的・詐害的な会社分割に抑止的な効果をもたらすことも期待される（神作＝三上・前掲54頁［神作］，長谷川翔大「濫用的会社分割と詐害行為取消権」東京大学法科大学院ローレビュー10巻〔2015〕58-59頁）。

(4) 直接履行請求権に係る規律の概要

そこで，改正法は，濫用的・詐害的な会社分割における残存債権者は，分割会社が残存債権者を害することを知って会社分割をした場合には，会社分割そのものを取り消すのではなく，端的に，承継会社に対して債務の履行を直接請求することができることとして（本条Ⅳ），直截かつ簡明な保護を与えることとした（一問一答平成26年344頁）。もっとも，残存債権者であっても，債権者異議手続の対象になる事実上の人的分割である分割会社の残存債権者には，直接履行請求権は認められない（本条Ⅴ）。さらに，分割会社について破産手続開始の決定，再生手続開始の決定または更生手続開始の決定があったときは，残存債権者は，承継会社に承継されない債務の履行を承継会社に対して請求をする権利を行使することができない（本条Ⅶ）ばかりか，すでに行使されていた直接履行請求権も破産管財人等に受継されない。他方，本条4項の規定に基づく直接履行請求権は，転得者に対しては行使できない。また，直接履行請求権の主張期間については，詐害行為取消しの訴えについてと同様の規定が置かれている（本条Ⅵ）。本条6項は，平成29年民法改正に伴い改正され，直接履行責任は，吸収分割会社が残存債権者を害することを知って吸収分割をしたことを知った時から2年以内に請求または請求の予告をしない残存債権者については，その期間経過時に消滅し，効力発生日から10年を経過したときも同様に消滅することとし，20年から10年に短縮された（同項）。

(5) 改正法施行後の状況

判例による対応や本改正により，あからさまな濫用的・詐害的会社分割は減少した一方，取引債務を会社分割により承継する権利義務に含めずに当該事業の価値を維持するために承継会社に偏頗弁済をさせたり，全債権者に債権者異議手続を行い異議申述の機会を与えた上で濫用とも疑われる会社分割を行ったりする，より巧妙で濫用的・詐害的かどうか判断が難しい会社分割が増えているとされる（岡・否認権39頁参照）。直接履行請求権について判示した公表裁判

〔神 作〕

§759 第5編　組織変更，合併，会社分割，株式交換及び株式移転　第3章　会社分割

例はまだ存在しないようである。

なお，改正法成立時辺りを境に濫用事例はかなり少なくなっているが，ヒアリング調査に基づき，その原因を分析した研究によると，① 会社法改正や裁判例の蓄積のほか，② 悪徳コンサルタントへの刑事・民事上の制裁および司法当局の姿勢，③ 準則型私的整理制度の普及，④ 金融環境の改善，⑤ 過剰投資や不採算事業分離のみで再生可能な企業の減少などが考えられると指摘されている（浅田10頁）。

2　直接履行請求権が付与される残存債権者の意義

(1)　残存債権者の意義

本条4項は，吸収分割承継株式会社に承継されない債務の債権者を残存債権者と定義して，残存債権者に承継会社に対する直接履行請求権を付与している。ただし，残存債権者であっても，事実上の人的分割である分割会社の残存債権者には，直接履行請求権は認められず，本条1項の規定に基づき，効力発生日に，吸収分割契約の定めに従い，分割会社の権利義務が承継会社に承継される（本条Ⅴ）。さらに，分割会社について破産手続開始の決定，再生手続開始の決定または更生手続開始の決定があったときは，残存債権者は，承継会社に対して承継会社に承継されない債務の履行を請求する権利を行使することができない（本条Ⅶ）。本条5項については次の(2)で扱い，本条7項については，倒産手続との調整の問題として8において扱う。

(2)　債権者異議手続がなされる場合──事実上の人的分割の場合

本改正による残存債権者の承継会社に対する直接履行請求権は，債権者異議手続が履践される事実上の人的分割の場合には適用されない（本条Ⅴ）。吸収分割において承継会社にその債務に係る債権が承継されない残存債権者については，事実上の人的分割の場合を除き，債権者異議手続は不要である。本改正で新設された残存債権者の承継会社に対する直接履行請求権は，事実上の人的分割が行われる場合には，適用されない。事実上の人的分割がなされる場合には，分割会社の残存債権者に対しても債権者異議手続が行われ，同手続に基づく保護を受けることができるからである。この場合において，残存債権者に対し各別の催告がなされなければ，本条3項の規定が適用され，吸収分割契約において吸収分割後に承継会社に対して債務の履行を請求することができないものとされているときであっても，承継会社に対して承継した財産の価額を限度として，当該債務の履行を請求することができる（同項）。ただし，分割会社

674　　　　　　　　　　　　　　　　　　　　　　　　　　　　　　　〔神　作〕

第1節　吸収分割　第2款　株式会社に権利義務を承継させる吸収分割　§759

が，官報公告に加えて，定款に定める日刊新聞紙による公告または電子公告を
していた場合には，不法行為債権者だけが承継会社に対し当該不法行為債務の
履行を請求することができる（同項・Ⅱ）。

　事実上の人的分割においては，吸収分割の効力発生日に全部取得条項付種類
株式の取得または剰余金の配当を行う旨を吸収分割契約に明記し，それぞれの
手続を履践する必要がある。すなわち，全部取得条項付種類株式の取得には株
主総会の特別決議を要する（171Ⅰ・309Ⅱ③）。また，剰余金の配当として承継
会社の株式を現物配当するときも，金銭分配請求権を与えない限り，株主総会
の特別決議が必要である（454Ⅳ・309Ⅱ⑩）。ただし，いずれの場合も，会社分
割の対価が承継会社の株式のみであるときに限り，分配可能額規制の適用が除
外される（792・758⑧イロ。ただし，端数の調整等を目的とする分割交付金の交付の
例外につき，会社法施行規則178条参照）。分割会社が吸収分割の効力発生日に剰
余金の配当または全部取得条項付種類株式の取得の対価として承継会社の株式
だけを交付する場合には，分配可能額規制の適用を排除する一方，吸収分割会
社の全債権者を対象として債権者異議手続を履践すべきこととしたものである
（789Ⅰ②括弧書）。

(3)　同意した残存債権者

　仮定的弁済率よりも残存債権者の弁済率が低下することに詐害性の根拠を認
める見解も，残存債権者がそれに同意している場合にはそのような債権者を保
護する必要はないとする（難波孝一「会社分割の濫用を巡る諸問題」判タ1337号
〔2011〕34頁）。本条4項の直接履行請求権も，虚偽のない重要な情報が適切に
提供された上で，残存債権者が同意しているのであれば，そのような債権者を
保護する必要はなく，直接履行請求権の放棄または不行使の合意の効力を認め
てよいであろう。

(4)　本改正の限界──債権者異議手続を履践した濫用的・詐害的な会社分割

　もっとも，債権者異議手続を履践した上で，対象になる債権者を害するタイ
プの濫用的・詐害的な会社分割の例が登場している。例えば，東京地判平成
22・7・22（金法1921号117頁）は，資産の大部分を分割会社に残して債務を承
継した新設分割の事案であるが，会社分割のタイミング・態様，個別催告の意
図的な回避等を理由として債務免脱目的で行った会社分割であると認定し，新
設会社に承継された債務に係る債権者に法人格否認の法理を適用して分割会社
に対する請求を認めた。また，東京地判平成28・5・26（判時2328号111頁）
は，個別催告を省略して適法に債権者異議手続が行われた事実上の人的分割の

〔神　作〕

675

§759 第5編 組織変更，合併，会社分割，株式交換及び株式移転 第3章 会社分割

事案であったが，債権者異議手続が履践された以上，特段の事情がない限り否認権の行使は認められないとして，分割会社の監督委員による当該会社分割の否認の請求を棄却した。会社法上債権者を保護するための規定の対象にされていない債権者については詐害行為取消権による保護を図る必要性があると判示した最判平成24・10・12（民集66巻10号3311頁）を前提にした判旨と考えられる。これらの事案は，本条4項の規定に基づく直接履行請求権によって分割会社の債権者を救済することはできない。債権者異議手続自体についての見直しの提言や（鈴木・濫用的会社分割89-90頁，受川268-269頁等参照），**3**に述べる本条4項に基づく直接履行請求権以外の法的救済を認める解釈論（笠原・会社分割51頁以下参照）などが試みられている。

3 従来の救済方法と直接履行請求権との異同

(1) 裁判例における従来の救済方法

濫用的・詐害的な会社分割に対し，改正前法の下で，裁判所は，詐害行為取消権（前掲・最判平成24・10・12等），否認権（福岡地判平成22・9・30判タ1341号200頁，東京高判平成24・6・20判タ1388号366頁等），事業譲渡の譲受人が商号を続用した場合に譲受人に責任を課す22条1項の類推適用（ゴルフクラブの会員の預託金返還債務に関する最判平成20・6・10判時2014号150頁をリーディングケースとする。典型的な濫用的・詐害的会社分割については，東京地判平成22・7・9判時2086号144頁，大阪地判平成22・10・4金法1920号118頁等参照），あるいは法人格否認の法理（福岡地判平成22・1・14金法1910号88頁，前掲・東京地判平成22・7・22等）により，公平を回復すべく残存債権者を積極的に救済してきた（前掲・最判平成24・10・12以前の裁判例の網羅的な研究として，佐藤潤＝高木洋平編纂「濫用的会社分割をめぐる裁判例」第一東京弁護士会総合法律研究所倒産法研究部会編著193頁以下，近時のより巧妙な事案に関する裁判例については，岡・否認権38頁以下参照）。

なお，学説においては，上述した法的救済のほか，残存債権者に会社分割無効の訴えの原告適格を認めるべきであるとする少数説がある。残存債権者は，異議を述べることができる債権者ではないから会社分割無効の訴えを提起することができないと一般に解されているが（東京高判平成23・1・26金法1920号100頁，神田・債権者保護63頁，得津243-244頁等），債権者異議手続の対象になっておらず，会社分割について承認していないのであるから，会社分割について承認をしなかった債権者に該当するとして原告適格が認められるとする見

第1節　吸収分割　第2款　株式会社に権利義務を承継させる吸収分割　§759

解がある（川島いづみ「会社分割における会社債権者の保護」早稲田社会科学総合研究11巻1号〔2010〕81頁、弥永真生「会社分割無効の訴えの原告適格」商事1936号〔2011〕4頁）。

以下、詐害行為取消権・否認権〔☞(2)〕、22条1項の類推適用〔☞(3)〕および法人格否認の法理〔☞(4)〕により残存債権者を救済した裁判例を概観する。直接履行請求権の要件である本条4項の〔残存債権者を〕害することを知って」という文言は、詐害行為取消権（民424 I）や否認権に関する規定（破160 I①）と基本的に同一であるため、民法または破産法の解釈が本条4項の解釈に際して大いに参考になることは間違いない。他方、学説の中には、本条4項は法人格否認の法理の明文化であると理解する説があり、同法理を適用した裁判例において法人格が否認された実質的根拠を抽出することは、同項の解釈にとって参考になるであろう。さらに、22条1項の商号続用の場合の事業譲受人の責任についても、商号続用の要件を緩やかに解する傾向があるが、そのことは問題になった会社分割の濫用性・詐害性の程度と相関関係があると考えられ、類推適用の根拠になった事案の性格を押さえておくことは、やはり本条4項の解釈にとって参考になると考えられる。

(2)　詐害行為取消権および否認権

(ア)　緒　　論

詐害行為取消しの要件は債権者を害することを知って会社分割を行うこと、すなわち詐害行為をすることである。否認は、積極財産を減少させる狭義の詐害行為、相当対価否認および偏頗否認の3類型に即して議論されている。詐害行為取消権と否認権とは、沿革的に共通の期限を持ち、責任財産の回復を目的とし、内容の一部についても共通しているが、法律上の権利としては別個・独立のものとされる（伊藤眞・破産法・民事再生法〔第4版〕〔有斐閣, 2018〕544頁）。平成29年民法改正により、詐害行為取消権と否認権の対象となる行為類型は、無償否認に対応する無償行為取消権が独立して認められていない点を除き、基本的に平仄のとれたものになった。すなわち、平成29年民法改正により、詐害行為取消権の規定に大幅な改正が加えられ、一般的な詐害行為の要件と効果を定めた上で（平29改正民424）、債権者間の衡平・平等や債務者にとっての問題になる行為の有用性を考慮する必要がある個別の詐害行為類型を明文化し、相当の対価を得てした財産の処分行為の特則（同法424の2）、特定の債権者に対する担保の供与等の特則（同法424の3）、および過大な代物弁済等の対価的な均衡を欠く債務消滅行為の特則（同法424の4）が設けられた。以下で

〔神　作〕

は，詐害行為取消権と否認権について両者を比較しながら併せて述べることにする。もっとも，詐害性ないし有害性の要件については，4 の「〔残存債権者を〕害することを知って」の意義について述べる際に，詐害行為取消しと否認の要件を行為類型ごとに述べることとし，以下では，そもそも会社分割が詐害行為取消しや否認の対象になるかどうか〔☞(イ)〕，詐害行為取消しや否認の基準時〔☞(ウ)〕および法的効果〔☞(エ)〕について扱う。

(イ) 会社分割が詐害行為取消し・否認の対象になるか

はじめに，会社分割が詐害行為取消しや否認の対象になるかどうかが問題になる。残存債権者が新設会社を被告として詐害行為取消しを求めた事案において，詐害行為取消権の行使を認めた前掲・最判平成 24・10・12 は，「新設分割について異議を述べることもできない新設分割株式会社の債権者は，民法 424 条の規定により，詐害行為取消権を行使して新設分割を取り消すことができると解される。この場合においては，その債権の保全に必要な限度で新設分割設立株式会社への権利の承継の効力を否定することができるというべきである」と判示し，債権者異議手続の対象にならない残存債権者による詐害行為取消しの訴えを認容した。この事件は詐害行為取消権に係る事件であるが，否認についても同様の考え方が適用されると考えられる（伊藤・前掲 558-559 頁）。同判決は，その理由として，残存債権者は会社法上の債権者保護制度である債権者異議手続の対象外であることに加え，詐害行為取消権の効力が相対効にとどまり（大連判明治 44・3・24 民録 17 輯 117 頁等），債務者にその効力が及ばないため会社分割の効力には影響を与えるものではないことを挙げていた。

ところが，平成 29 年民法改正により，詐害行為取消請求を認容する確定判決の効力がすべての債権者のみならず債務者にも及ぶとされ（民 425），債務者にも審理に参加する機会を保障するため，債権者は，詐害行為取消しの訴えを提起したときは，遅滞なく債務者に対して訴訟告知をすべきものとされた（同法 424 の 7 II）。詐害行為取消しの認容判決の効力が債務者にも及ぶとされたため，前掲・最判平成 24・10・12 が濫用的会社分割に対する詐害行為取消しを認容した理由のうち，取消判決の効力が債務者には及ばないことを挙げている点は維持できない可能性がある（後藤元「いわゆる濫用的会社分割への詐害行為取消権の適用と今後の課題」金判 1355 号〔2010〕1 頁）。しかし判例は，従来から詐害行為取消しの効果は債務者には及ばないとしながら，① 逸出財産が不動産である場合には，当該不動産の登記名義が債務者に戻り，債務者の責任財産として強制執行の対象になる，② 詐害行為取消権を保全するための仮処分にお

第1節　吸収分割　第2款　株式会社に権利義務を承継させる吸収分割　§759

ける仮処分解放金（供託金）の還付請求権は，債務者に帰属する（民保65），③債務者の受益者に対する債務消滅行為が取り消された場合には，いったん消滅した受益者の債務者に対する債権が回復するとして（大判昭和16・2・10民集20巻79頁），取消判決の効力が債務者に及んでいると考えられる点もあった。

平成29年改正前民法の下でも，詐害行為取消請求を認容する確定判決の効力が承継会社に及ぶわけではないものの，承継資産または価額償還に相当する金銭が承継会社から残存債権者に引き渡されることにより，会社分割契約に従った承継の効力の発生が妨げられている。会社分割契約の定めに従った会社分割の効力が生じていない限りにおいて，売買契約における引渡債務の履行などと異なり承継の効果が法律の規定に基づいて発生する会社分割においては，会社分割の法的効果の発生が詐害行為取消しまたは否認による形成的効力によって否定されているのであるから，承継会社は承継されるべき資産の承継を分割会社に求めることができると解すべきであると思われる。すなわち，会社分割の詐害行為取消しまたは否認の効力は，前述した債務者の受益者に対する債務消滅行為が取り消された場合には，いったん消滅した受益者の債務者に対する債権が回復する（前掲・大判昭和16・2・10）のと同様に，会社分割を詐害行為として取り消し，または否認する場合は，承継の効力が生じていないものと考えられる。このように解するならば，平成29年改正前民法の下でも，また破産法の下でも，債務者との関係においても資産承継の効力が生じておらず，しかし，会社分割自体の効力は否定されたわけではないと整理することができよう。そうであるとすれば，前掲・最判平成24・10・12の判旨は，平成29年改正民法施行後の詐害行為取消しについても，また破産法に基づく否認についても妥当すると解される。

(ウ)　要件と基準時

平成29年改正民法は，否認の規律と平仄を合わせて，取消しの対象を「法律行為」から「行為」にあらためた上で，責任財産を減少させる狭義の詐害行為，相当の対価を得てした財産の処分行為の特則，および特定の債権者に対する担保の供与等の特則を設け，類型化した。詐害行為取消権の要件は詐害行為と詐害意思であり，基準時は行為時点であるが，無資力要件が必要であると解されている（民424 I）。平成29年改正民法は同改正前民法424条が有していた一般条項的な規定性を維持しており，行為類型を狭義の財産減少行為と偏頗行為に分けた上でそれぞれの法的効果について規定する否認権の規律と同様の構造を有するわけではなく，一般規定に個別規定を追加したものであるとされる

〔神　作〕

679

§759 第5編　組織変更，合併，会社分割，株式交換及び株式移転　第3章　会社分割

（中田裕康ほか・講義債権法改正〔商事法務，2017〕122頁〔沖野眞已〕）。

　相当の対価を得て財産を処分した場合の要件は，①隠匿等の処分のおそれを現に生じさせるものであること，②隠匿等の処分の意思があったこと，および③相手方がその行為の当時，隠匿等の処分をする意思について悪意であったことである（民424の2）。濫用的・詐害的分割について新設の偏頗類型の詐害行為に係る同法424条の3が適用されると解する場合には，基準時と要件は次のとおりである。担保の供与または債務の消滅に関する行為が，債務者の支払不能時に行われたものであること，および，債務者と受益者の通謀である。当該行為が債務者の義務に属せずまたはその時期が債務者の義務に属しない場合には，支払不能になる前30日以内に行われたものであること，および，通謀を要する。

　否認の場合には，狭義の詐害行為，相当対価否認，および偏頗行為否認の三類型が問題になる。第1は，責任財産を減少させる詐害行為であり，さらに2つの類型に分かれる。すなわち，時期を問わず責任財産を減少させる詐害行為であって，破産者の害意を積極要件，詐害についての受益者の善意を消極要件とする類型と（破160Ⅰ①），支払停止または破産手続開始申立後の詐害行為であって，詐害意思は否認の要件ではなく，支払停止および詐害についての受益者の善意が消極要件である類型に分かれる（同項②）。第2に，相当対価を得てした財産の処分行為については，①隠匿等の処分のおそれを現に生じさせること，②隠匿等処分意思を有していたこと，および③相手方が破産者の隠匿等処分意思について悪意であった場合に限り否認されるという特則がある（同法161）。第3に，偏頗行為否認は，支払不能または破産手続開始申立てから破産手続開始までの時期を形式的危機時機とし，この時期になされた既存債務についての担保の供与や債務の消滅に係る行為については，破産者の詐害意思の有無を問わずに否認の対象にするものである（同法162）。偏頗行為として否認する場合には，基準時は支払不能の時点となる。債務者は，支払不能にいたるまでは債権者を平等に取り扱わなくても自由競争の尊重の観点から否定的評価を受けないという詐害行為取消権および否認制度の根本的な価値判断に関わる問題であるとされる（山本13頁）。受益者の悪意については，支払不能後の行為である場合には，受益者は支払不能または支払停止について悪意であることを要し，破産手続開始申立後の行為である場合には，受益者が当該申立てについて悪意であることを要する。なお，非義務偏頗行為については，否認の要件が緩和されており，支払不能になる前30日以内の行為も否認の対象とな

680　　　　　　　　　　　　　　　　　　　　　　　　　　〔神　作〕

り，受益者の悪意についての証明責任が転換されている（同条Ⅰ②本文・ただし書）。さらに，支払停止等があった後，またはその前6月以内に破産者がなした無償行為またはこれと同視すべき有償行為は否認の対象となる（同法160Ⅲ）。この類型については，破産者の詐害意思も受益者の支払停止等についての認識などの主観的要素も不要である。

（エ）**法的効果**

詐害行為取消権の場合も否認の場合も，その法的効果としては，承継資産も承継負債も原則として巻き戻されることになると解される（山本11頁，東京地決平成22・11・30金判1368号54頁）。もっとも，承継した資産や負債が事業活動によって変動しているようなケースでは，現物返還には困難を伴う場合が多く，実際には価額償還が認められるケースが少なくない（前掲・東京地判平成22・5・27，東京高判平成22・10・27金法1910号77頁，名古屋地判平成23・7・22判時2136号70頁，東京地判平成24・1・26判タ1370号245頁，前掲・東京高判平成24・6・20等）。巻戻し的な処理から生じる法律関係の複雑化や法的不安定性にかんがみるならば，適切な解決であると考えられる。否認の結果として承継した資産の返還を命じると，承継会社の事業活動の継続が不可能になるという意味で組織法上の行為としての会社分割の効果を覆すのと同様の結果になるとして，むしろ価額償還の限度で認められるべきであるとする見解もある（伊藤27-28頁）。承継債務に係る債権者の引当財産に相当する移転資産について承継会社に対する価額償還が認められ，価額償還がなされると承継債務に係る債権者に対する引当財産の移転の効果が消滅するので，承継債権者の分割会社に対する債権が復活する。承継した債務の全額の引受を承継会社は求めることになるが，破産管財人は差額償還請求権を行使し，相殺的な処理を図ることになるとされる（伊藤28頁）。

さらに，会社分割の対価として承継会社から分割会社に交付された株式の取扱いが問題になる。自己株式取得規制との関係から，交付株式の価額に相当する金銭の支払請求権，分割会社が交付株式を処分していた場合にはその価額相当額を償還請求する権利を承継会社に認めるべきであると提案されている（伊藤29頁）。濫用的・詐害的な新設分割について，否認の場合には，破産管財人の側からは，詐害行為性の評価根拠事実として，新設会社の純資産額に基づきそれが十分な価値を有しないことを主張し，新設会社の側からは評価障害事実として株式に表章される事業価値に基づきそれが十分な価値を有することを主張することとなり，債務の承継と交付株式が資産の移転の相当な対価とみなさ

§759 第5編　組織変更，合併，会社分割，株式交換及び株式移転　第3章　会社分割

れれば，破産法160条に基づく詐害行為否認の成立は阻却され，破産管財人は同法161条に基づき相当対価否認を主張立証することになるとされる（伊藤・前掲560頁）。平成29年改正前民法の下では，詐害行為取消権を行使された受益者は，詐害行為取消権の行使の結果として逸出財産を債務者に返還する義務を負うにもかかわらず，その逸出財産の返還を完了したとしても，詐害行為取消しの効果が債務者には及ばないために，当該財産を取得するためにした反対給付の返還等を債務者に求めることはできないとされていた。しかし，平成29年改正により取消しの確定判決は債務者に対しても効力を有することとされ（平29改正民425），否認権を行使された受益者は逸出財産を取得するためにした反対給付の返還または価額償還を請求できるとする規定を破産法に倣って（破168），導入した（同法425の2）。

　これに対し，偏頗行為として否認または詐害行為取消しをする場合の法的効果は，必ずしも明らかでない。承継会社に承継させた債務が否認によって分割会社に戻るとする考え方と，資産の移転と債務の引受が一体として否認され承継会社から分割会社に承継した資産と負債がともに戻るという見解に分かれ得る（山本和彦「会社分割と倒産手続」事業再生と債権管理132号〔2011〕20頁）。

　㈑　**詐害行為取消権の特徴**

　詐害行為取消権による場合には，次の特徴がある。第1に，詐害行為取消しの主張は訴えによらなければならない。第2に，要件としては，詐害性のみならず債務者の詐害意思という主観的要件が必要とされる。第3に，逸出した財産の現物を返還することが原則であるが，それが困難であるときは価額償還を求めることができる（平29改正民424の6 I）。承継会社が分割会社から承継した事業を構成する資産を返還しなければならないとすると，承継会社における当該事業の継続および当該事業に係る従業員や取引先等の利益を害する結果になる（一問一答平成26年344頁）。さらに，資産の内容が変動している可能性が高く，承継会社が承継した資産を残存債権者が特定してそれを返還させることは著しく困難である。もっとも，平成29年改正前民法の下で，判例は，原則として現物返還を請求すべきとしながら，現物返還が困難であるときは価額償還を請求することを認めており（大判昭和7・9・15民集11巻1841頁等），濫用的・詐害的な会社分割について詐害行為取消しを認めた多くの下級審裁判例は価額償還を認めてきた。他方，不動産のように資産を特定できれば移転登記を抹消し分割会社の名義に戻すことができる点は，詐害行為取消権のメリットになり得る。第4に，被担保債権額を限度に取消しや価額償還が認められるにす

682　　　　　　　　　　　　　　　　　　　　　　　　　　　　〔神　作〕

第1節　吸収分割　第2款　株式会社に権利義務を承継させる吸収分割　　§759

ぎない一方（同法424の8 I II），事実上の優先弁済効がある（同法424の9）。第5に，詐害行為取消権は債務者が破産手続に入ると破産管財人がこれを否認制度により承継する（東京地判平成19・3・26判時1967号105頁等）。第6に，詐害行為取消権は転得者に対しても行使が可能である（同法424の5参照）。第7に，出訴期間の制限がある。平成29年改正民法により，詐害行為取消請求に係る訴えは，債務者が債権者を害することを知って行為をしたことを債権者が知った時から2年を経過したとき，行為の時から10年を経過したときは，提起できないものとされ，後者については改正前法における20年から10年に短縮された（同法426）。

(カ)　否認権の特徴

否認による場合には，次の特徴がある。第1に，否認の主張は訴えによる必要はなく，否認の請求または抗弁によって行使することができ，破産財団の管理機構である破産管財人に専属する権能である（破173 I）。第2に，要件としては，偏頗行為否認についてだけでなく，詐害行為否認についても，破産者に関し主観的要件が不要とされる場合がある（同法160 I ②）。第3に，相当対価否認において内部者等について隠匿等の処分をする意思について悪意の推定が，また，偏頗行為否認において内部者等について支払不能であったこと等について悪意の推定および支払停止があった後の債務の消滅等は支払不能時になされたものであることの推定規定がある（同法161 II・162 II III）。第4に，否認の効果は破産財団を原状に復させるものであり（同法167 I），優先弁済効は認められない。第5に，価額償還が可能である（同条 II）。第6に，転得者に対しても行使が可能である（同法170）。第7に，否認権行使の期間制限がある（同法176）。同条は，平成29年改正民法に伴う破産法改正により，民法の期間制限に平仄を合わせる改正が行われた。

(3)　22条1項の類推適用

22条1項は，事業を譲り受けた会社が譲渡会社の商号を続用する場合において，譲受会社も譲渡会社の事業によって生じた債務を弁済する責任を負う旨を規定する。同項が，事業譲渡や現物出資・会社分割など，法律構成のいかんにかかわらず，詐害的な事業の移転に際する債権者の救済のために機能してきたことは，つとに指摘されている（江頭憲治郎・会社法人格否認の法理〔東京大学出版会，1980〕225-226頁注15）。前掲・最判平成20・6・10は，平成17年改正前商法26条1項（現行会22 I）の類推適用により，ゴルフクラブの名称を続用した新設会社に対する残存債権者の預託金返還請求権に係る責任を認めた。す

〔神 作〕　　　　　　　　　　　　　　　　　　　　　　683

§759 第5編　組織変更，合併，会社分割，株式交換及び株式移転　第3章　会社分割

でに，ゴルフ場の事業譲渡においてゴルフクラブの名称を続用していれば，商号が異なっていても特段の事情がない限り平成17年改正前商法26条1項の類推適用を認めるという判例法理が確立していたが（最判平成16・2・20民集58巻2号367頁），会社分割によりゴルフ場の事業が移転する場合も同様に扱われることが明確になった。なお，前掲・最判平成20・6・10は，特段の事情として，設立会社がゴルフ場の事業譲受後遅滞なくゴルフクラブの会員によるゴルフ場施設の優先的利用を拒否した場合を挙げている。その後，東京地判平成22・11・29（判タ1350号212頁）は，前掲・最判平成20・6・10を引用し，分割会社が経営する事業の名称をその事業主体を表示するものとして用いていた場合において，会社分割に伴いその事業が新設会社に承継され，新設会社がその事業の名称を引き続き使用しているときは，新設会社は，会社分割後遅滞なく債権者に債務引受をしない旨の通知をしたなど免責を認めるべき特段の事情がない限り，22条1項の類推適用により，分割会社が債権者に対して同事業により負担する債務を弁済する責任を負うと判示し，同条2項も類推適用されることを前提としている。

　22条1項の趣旨を外観法理に求める見解が有力であるが（最判昭和29・10・7民集8巻10号1795頁，最判昭和47・3・2民集26巻2号183頁），事業譲渡や会社分割を知っていても債務引受の誤認に係る信頼を保護すべきであるとする判例の基礎には，債務だけを残して事業を移転することにより残存債権者を害してはならないという詐害譲渡禁止法的な規律を含んでいるという理解があるとされ，学説においても，濫用的・詐害的な会社分割に対する残存債権者の救済のために22条1項を類推適用することは，広く支持されてきた（岩原ほか・前掲28頁〔岩原〕）。

　もっとも，分割会社の事業に関して有する権利義務の一部が会社分割の対象とされ，当該対象の移転は事業の移転と観念されない場合には，22条1項を類推適用するのは困難であろう（弥永真生「判批」ジュリ1360号〔2008〕85頁，反対，得津晶「判批」NBL888号〔2008〕5頁）〔☞§23の2Ⅲ〕。

　22条1項の類推適用による場合の法的効果は，分割会社の残存債権者は，承継会社に対しても譲渡会社に対する債権を主張することができることになり，分割会社と承継会社は連帯債務の関係に立つ。

(4)　**法人格否認の法理**

　前掲・福岡地判平成22・1・14は，濫用的・詐害的な新設分割において残存債権者を法人格否認の法理により救済したはじめての公表裁判例である。判旨

第1節　吸収分割　第2款　株式会社に権利義務を承継させる吸収分割　§759

は，残存債権者と分割会社との間で会社再建について交渉が積み重ねられてきたことから分割会社としては残存債権者の利益や期待を著しく損なうことのないよう合理的に配慮する信義則上の義務があるとする。その上で，本件会社分割のみならずその後の株式譲渡や増資を含めた一連の行為を全体として観察し，債務免脱目的があるとして法人格否認の濫用類型に該当するための「目的要件」を認定した。不当目的および分割会社と新設会社の「強い一体性」を根拠に法人格否認の法理を適用している。「強い一体性」について，判旨は，①分割会社と新設会社との間にはそれぞれの代表者が親子であるという関係があること，②事業目的が共通であること，および③新設会社の事業が分割会社の事業と連続性があり店舗名称を続用していることを挙げ，両者の間に強い経済的一体性が認められるとした。判旨は，偏頗性や企業価値の減損といった問題に深入りすることを回避し，従来の交渉過程から残存債権者を害さない信義則上の義務を導き，それを媒介として執行免脱という「不当目的」を認めたものといえよう。「支配の要件」については，判旨は明示的には判断していない。もっとも，執行免脱の場合に法人格否認の法理により救済した最判昭和48・10・26（民集27巻9号1240頁）も支配の要件を明確に打ち出したわけではなく，むしろ実質的同一性を問題にしていた。判旨は，事業の継続性・連続性を重視して，分割会社と新設会社との経済的一体性を認めているが，新設会社が分割会社から承継した事業が実質的に前後同一であるという認定は，支配についても異動がないことを含んでいるものと解される。つまり，同一の企業ないし企業グループの内部で債務免脱という不当な目的の下に複数の会社に資産を分散することこそが法人格否認の実質的根拠であると考えることができるとすれば，支配の要件は，ここでは，事業および支配の連続性があれば足りると考えられる。強制執行の免脱の疑いがあるケースでは，商号，本店所在地，役員構成，株主構成等などを判断して実質的同一性について判断されることが少なくない（京都地判平成11・4・15金判1068号3頁，大阪高判平成12・7・28金判1113号35頁等）。これまでの裁判例に照らし，とくに緩和された基準を用いていると評価されるわけではないように思われる。

　福岡地判平成23・2・17（判タ1349号177頁）は，親族が全株式を所有するパチンコ事業を営む同族会社が，経営再建のために複数の新設分割を行い，その後さらに新設分割や合併を繰り返した事案であった。分割会社の株主でも連帯保証人でもなかった分割会社の代表取締役の妻であり専業主婦であった者が，新設会社の株式を譲り受けるとともにその代表者に就任したが，夫と適宜

〔神　作〕

相談の上で必要に応じて会社経営の指示を出しており，実質的には会社分割前とほぼ変わらない方式によって新設会社の経営が行われていた。さらに，新設会社はそれぞれ従前の同一の施設を利用して同一の屋号で経営されており，中心となる従業員等にも変更がなかった。同判決は，分割会社と複数存在する新設会社との間には，その事業態様や支配実態は実質的に変化がなく，法人格が支配者である分割会社の代表取締役およびその親族により意のままに道具として支配されている（支配要件）と認定した。その上で，同判決は，破綻状態にあった分割会社について破産手続あるいは再生手続が行われた場合と比較して，明らかに債権者間の公平を欠ききわめて恣意的なものであり，担保権の順位・状況，再生手続において営業上必要な債務がある程度優先される面があることなどを考慮しても，著しく公平性を欠き信義則に反するとして，債務免脱目的を認定し，法人格否認の法理の適用を肯定した。

それに対し，大阪地判平成22・10・4（金法1920号118頁）は，分割会社が新設会社の全株式を保有していることから支配の要件は充たされるとしながら，会社分割について「不当目的の要件」を推認できるのは，① 倒産状況にないにもかかわらずこれを偽装して行われた，② 会社分割の内容が実質的にみても債権者平等原則の要請に著しく反する，③ 会社分割の内容が分割会社の債権者に対する配当の見込みを明らかに減少させる，および ④ 会社分割の手続において財産状況等について明らかに虚偽の説明を行った等特段の事情がある場合というべきであるとし，不当目的の要件の存在を推認するに足りないとした。同判決は，分割会社の債権者にとって偏頗的な会社分割については法人格否認の法理を適用し得るという趣旨であるかのように解される。同判決は，上記 ② の債権者平等原則の要請に言及しつつ，本件では会社分割前における分割会社の一般債権者の配当率は3パーセント程度であるところ，当該会社分割により配当率がそれより下がるかどうかについて立証がないという興味深い判示をした。

法人格否認の法理を適用した場合の法的効果として，分割会社の残存債権者は，承継会社または新設会社に対しても分割会社に対する債権を主張することができることになり，分割会社と承継会社・新設会社は連帯債務の関係に立つ。

以上の裁判例の分析から，濫用的な会社分割の場合に，法人格否認の法理が，従来の判例法理に比べて著しく緩和された基準の下で適用されているとか，従来の法人格否認の法理から外れたものであるとはいえないと考えられ

第1節　吸収分割　第2款　株式会社に権利義務を承継させる吸収分割　§759

る。会社分割における債権者保護の脆弱性を根拠に，詐害行為取消しの趣旨に
かんがみながら，法人格否認の法理を弾力的に適用することが支持されている
（森本・債権者保護35頁）。

(5)　法律構成による法的効果の異同

　濫用的・詐害的な会社分割における残存債権者を救済するための法律構成に
よって法的効果に次のような違いが生じ得る。もっとも，詐害行為取消しおよ
び否認も可能であるが，必ずしも，法的効果が確定していないという問題があ
る。否認が認められた場合には，相手方は破産者の受けた反対給付に関し，反
対給付が破産財団中に現存する場合には当該反対給付の返還を請求する権利を
（破168Ⅰ①），現存しない場合には財団債権者として反対給付の価額償還請求
権を有する（同項②）。会社分割が否認された場合の反対給付が何か，交付株
式や承継債務が反対給付に該当するかどうか，該当するとしてそれらの具体的
な取扱いをどうすべきかについて，前述したようなさまざまな見解があるが，
議論が収束しているとはいえない（植村京子「価額償還請求権をめぐる諸問題」東
京第一弁護士会総合法律研究所倒産法研究部会編著136頁以下参照）。平成29年改正
民法により，詐害行為取消しの場合も，受益者は，債務者に対し，反対給付の
返還または価額償還を請求できるものとされたため（同法425の2），否認され
た場合と同様の解釈問題が生じる。

　詐害行為取消しも否認も承継した資産の返還が基本になるため，価額償還に
よらない場合には，移転した資産の実質的な巻戻しが起こり，承継した債務に
係る債権者や承継会社の事業に甚大な影響が生じ得る。

　偏頗行為による詐害行為取消しまたは否認をする場合には，要件として受益
者が債務者の支払不能を知っていること，あるいは破産者を害する事実を知っ
ていることが必要になるが，承継債権者の多くは取引債権者であり善意である
場合が多いこと（井上聡ほか「座談会・会社分割をめぐる諸問題」金法1923号
〔2011〕68頁〔小林信明〕），承継債権者が多数存在するときにそれらを相手に否
認請求することは実務的にきわめて困難であること（服部明人＝岡伸浩「会社分
割と破産法上の否認権の類型」第一東京弁護士会総合法律研究所倒産法研究部会編著86
頁）から，実効性が乏しいと指摘される。

　これに対し，法人格否認の法理による解決や22条1項の類推適用による場
合の法的効果は類似する。すなわち，詐害行為取消しや否認のような巻戻し的
な処理が生じず，残存債権者は，分割会社に対する債権を直截に承継会社に対
しても主張することができる。また，本条4項の直接履行請求権による救済と

〔神　作〕

687

異なり，物的有限責任という限定がない。詐害行為取消しや否認権の行使では，承継会社の第三者割当増資による株式価値の希釈化等に十分に対応できないので，会社分割を前提に法律関係が形成される状況にかんがみるならば，承継会社に対する請求を認める解決が基本的には望ましいと考えられる。22条1項の類推適用による場合には詐害行為取消しや否認の場合と同様に期間制限があるのに対し（同条Ⅲ），期間制限が適用されない点では法人格否認の法理のほうが，会社債権者にとって有利であると考えられる。なお，同条1項の類推適用による場合には，承継会社が債務を承継しないことを明言しているようなときは，類推適用の基礎は認められないという考え方もあろう（前掲・大阪地判平成22・10・4）。

　法人格否認の法理を適用する場合には，債務免脱・執行免脱を目的とする法人格の濫用類型に該当し，債務免脱目的の立証を要する。詐害的・濫用的会社分割において法人格否認の法理の適用を否定しつつ，詐害行為取消権・否認の要件である「詐害性」を肯定した裁判例があり，法人格否認の法理の適用が濫用的・詐害的会社分割の局面で緩やかになされているとは評価されない（福岡高判平成23・10・27金法1936号74頁，京都地判平成27・3・26判時2270号118頁）。22条1項の類推適用による場合に必要な商号・屋号等の続用の要件は不要である。本来，法人格否認の法理は，支配要件を必要とするが，裁判例では厳格に認定されない傾向がある。そのほか，法人格否認の法理は，問題となる事案限りで，法人格を否認するにすぎないので，会社分割に対する影響は抑えられる可能性がある。

　他方，22条1項を類推適用する場合には，緩やかに解されているにせよ商号・屋号等の続用があり，事業の移転と評価されることが必要である。また，会社分割において承継会社が分割会社の債務を弁済する責任を負わない旨の同条2項の登記の申請があった場合は，受理するのが実務の取扱いであるため（塚田佳代＝前田和樹「商業・法人登記実務の諸問題(2)」民事月報64巻9号〔2009〕12頁），このような登記がなされたり，債権者に対し同旨の通知がなされたりすると承継会社等の同条1項の類推適用に基づく責任を追及することはできない。同項の請求には期間制限もある（同条Ⅲ）。また，法人格否認の法理においては，さまざまな要素を考慮することができ，例えば，残存債権者と分割会社の交渉の経緯を会社分割の不当目的性を認定する根拠の1つとする裁判例があるが，同条1項の適用の場面では，そのような信頼関係は通常は問題とされない。

第1節　吸収分割　第2款　株式会社に権利義務を承継させる吸収分割　§759

4　「〔残存債権者を〕害することを知って」の意義

⑴　緒　　論

「〔残存債権者を〕害することを知って」という文言は，民法の詐害行為取消権と同じ規定振りであり，詐害行為取消権に係る解釈が参考になると考えられる。民法上の詐害行為取消権は，後の強制執行に備えて債務者の責任財産を保全するための制度であることから，債務者の無資力要件が必要とされ，債務者の財産処分行為によって債務超過となる場合が「債権者を害すること」に該当すると解されている（中田裕康・債権総論〔第3版〕〔岩波書店，2013〕247頁，潮見佳男・債権総論〔第5版〕〔信山社，2018〕226頁）。民法上の詐害行為取消権についてのこのような理解を前提に，分割会社が会社分割により債務超過となる場合が典型的な場合であると説明される（一問一答平成26年345頁）。債務超過とは，債務額の総計が資産額の総計を超過している状態をいい，債務者が法人の場合には破産手続開始原因である「債務超過」と同義であるとされる。そして，債務超過かどうかは，事業活動が継続している場合には，簿価を基準にするのではなく，事業が継続している場合には継続事業価値を基準に判定する（伊藤・前掲124頁）。吸収分割の場合において，承継会社から発行される対価が不相当である場合には，債務超過になる場合もあり得る。また，分割会社の金融資産や不動産を吸収分割の対象にし，分割会社が承継会社の株式を対価として取得した場合には，たとえ対価が相当であるとしても，隠匿や無償供与がしやすい財産に変換されているという理由から，詐害性を肯定する立場もある。

　平成29年改正民法により，民法の詐害行為取消権の規定に大幅な改正が加えられた。すなわち，詐害行為の一般的な要件と効果を定めた上で（同法424），債権者間の衡平・平等や債務者にとって問題となる行為の有用性を考慮する必要がある個別の詐害行為類型を明文化し，相当の対価を得てした財産の処分行為の特則（同法424の2），特定の債権に対する担保の供与等の特則（同法424の3），および過大な代物弁済等の対価的な均衡を欠く債務消滅行為の特則（同法424の4）が設けられた。一般的な詐害行為の要件と効果を定める同法424条は，財産減少行為を基本類型とした二元的要件構成すなわち責任財産減少行為としての客観的な詐害行為と主観的要件としての債務者の詐害の意思を基礎にしている（潮見・前掲債権総論238頁）。この改正は，改正前民法の下で詐害行為取消権の対象になる行為が破産法上の否認権の対象にならない場合が生じていたのを是正し，基本的には民法の詐害行為取消権の要件を破産法上の否

〔神　作〕

689

認権の要件と平仄を合わせるものと理解される。詐害行為取消しの効果については，債務者にも取消しの効果が及ぶものとされ，現物返還を原則とし，それが困難な場合に限って価額償還を認め（同法424の6），判例法理（前掲・大連判明治44・3・24）を明文化した。ところが，平成29年民法改正に合わせて，残存債権者に直接履行請求権を認める本条4項等の規定には修正が加えられなかった。そこで，平成29年改正民法の下で，「〔残存債権者を〕害することを知って」の解釈に影響が生じるのか，生じるとしたらどのような影響が生じるかが問題になる。

　平成29年民法改正によって詐害行為取消権と倒産法上の否認権の規定が基本的に平仄のとれた整合的な規律になり，破産法が否認権において採用している制度枠組み・準則との矛盾が生じないように，破産法上の否認権制度との整合性が図られた（潮見・前掲債権総論238頁）。詐害的・濫用的会社分割に関する従来の裁判例・学説も，「〔残存債権者を〕害することを」分割会社が知っていたかどうかを議論するに当たり，否認権についての破産法上の規律を念頭に議論が展開されることが多かった。破産法の否認についての規律は，詐害行為否認およびその特殊類型である無償行為否認・相当対価否認と，偏頗行為否認とを峻別するという考え方に立つものである（伊藤眞ほか・条解破産法〔第2版〕〔弘文堂，2014〕1071頁・1081頁）。平成29年改正民法の体系もまた，一般的な詐害行為の要件と効果を定めた上で（平29改正民424），相当の対価を得てした財産の処分行為の特則（同法424の2），特定の債権者に対する担保の供与等の特則（同法424の3），および過大な代物弁済等の対価的な均衡を欠く債務消滅行為の特則（同法424の4）を設けたものであり（筒井健夫＝村松秀樹編著・一問一答民法（債権関係）改正〔商事法務，2018〕102-104頁），一般法と特別法の関係から，特則が適用される場合には，424条1項の規定が適用されることはない。その限りにおいて，破産法における否認権に関する規定の構造と同様に解されることになると思われる。

　たしかに，濫用的または詐害的な会社分割が，事案によってはいずれの類型にも当たる場合もあり得るし，事案によっては異なる類型に妥当することがあるという指摘や（神田・債権者保護65頁），本改正は残存債権者保護に係る判例の到達点を，途中の解釈論を飛ばした一種のバイパスとして条文化したものであって，平成29年改正民法ないし破産法の3分類に倣う意図はなく要件の細分化にはあまり実益がないとする見解がある（若色19頁）。しかし，「〔残存債権者を〕害することを知って」の意義をより明確化するためには，民法・破産法

第1節　吸収分割　第2款　株式会社に権利義務を承継させる吸収分割　§759

の体系との整合性に配慮した上で，平成29年改正民法における詐害行為取消権および破産法における否認権の類型化に即して整理することが生産的であると考えられる（同旨，新里24頁）。

　なお，改正法施行以前から，判例・学説は，法的効果の観点からは本条4項の規定に基づく直接履行請求権に類似し，さらに責任限定がない点において残存債権者にとってより有利である法人格否認の法理の適用や22条1項の類推適用によっても，濫用的・詐害的な会社分割における残存債権者の保護を図ってきた。そこで，詐害行為取消権や否認権の行使を認める裁判例・学説の検討に加えて，法人格否認の法理および22条1項の類推適用により残存債権者を救済する場合の実質的根拠や考慮要素についても検討する必要がある。以下では，詐害行為取消権および否認権行使の類型と，法人格否認の法理ならびに22条1項の類推適用による場合とを区別して論じるものとする。詐害行為取消権と否認権については，両者を比較しつつ，まとめて述べる［その理由については，☞ 3(2)(ア)参照］。

(2)　詐害性・有害性

　残存債権者の直接履行請求権は，分割会社が残存債権者を「害する」ことを知ってした会社分割の場合に発生する（本条Ⅳ）。残存債権者を「害する」ことになる典型的な場合は，分割会社が会社分割により債務超過になる場合であるとされる。また，分割会社が会社分割（新設分割の事案）時にすでに債務超過であったにもかかわらず，会社分割によりその全資産を新設会社に承継させており，分割会社は新設会社が承継した債務について重畳的債務引受をしているため，会社分割後も債務総額は変動していない場合には，当該会社分割は，債権者の共同担保が減少して債権者が満足を得られなくなる（破産）債権者を害する行為であるとした裁判例がある（福岡地判平成21・11・27金法1911号84頁）。

(ア)　責任財産の減少に基づく詐害性

　平成29年改正民法424条1項は，債権者は，債務者が債権者を害することを知ってした行為の取消しを裁判所に請求することができる旨を定める。破産法160条1項は，時期を問わず，破産者が破産債権者を害することを知って，責任財産を減少させる行為をした場合，または破産者が支払停止または破産手続開始の申立後に責任財産を減少させる行為をした場合には，その行為は否認の対象になる旨，規定する。裁判例の多くは，責任財産の減少に基づく詐害性・有害性を認めている。

〔神　作〕

§759
第5編　組織変更，合併，会社分割，株式交換及び株式移転　第3章　会社分割

　第1に，吸収分割の場合において，承継会社から交付される対価が承継会社の株式以外の資産であって不相当である場合や，承継会社の株式であっても分割条件が分割会社にとって不公正である場合には，無資力要件の下すなわち分割会社がそれにより債務超過になるかまたは債務超過の状態で会社分割を行ったという制約の下で，分割会社の責任財産が減少し本条4項にいう「〔残存債権者を〕害する」といい得る。

　第2に，分割会社の金融資産や不動産を吸収分割による承継の対象にし，分割会社が承継会社の株式を対価として取得した場合には，たとえ対価が相当であるとしても，隠匿や無償供与がしやすい財産に変換されているという理由から，詐害性が肯定される立場がある。前掲・東京地判平成22・5・27およびその控訴審判決である前掲・東京高判平成22・10・27は新設分割の事案であるが，分割会社の保有するほとんどの無担保資産が逸出し，その対価として取得した新設会社の株式は非上場会社であるためその株式の流動性は乏しく，当該株式の価値の保全に著しい困難が伴うこと，および強制執行の手続においても財産評価や換価に著しい困難を伴うことから，責任財産の減少を認めた。また，新設分割に詐害行為取消しを認めた前掲・最判平成24・10・12は，分割会社の主たる資産である土地・建物と短期借入金等の負債を承継し，分割会社は承継債務について重畳的債務引受をした事案であった。本件新設分割当時，承継の対象となった不動産には約3300万円の担保余力があった。第1審判決および控訴審判決は，非上場会社の株式は換価の困難性に起因する減価が生じる可能性があり，新設会社の株式価値はその後の新設会社の企業活動によって大きく左右されるため，新設分割の時点において新設会社の事業の存続可能性に疑問が存するような場合においては承継した権利義務の価値を新設会社の株式価値が下回ることもあり得ると判示し，共同担保としての実質的効力の削減があり得ると判示した。しかしながら，これらの裁判例から，会社分割の対価が非上場会社の株式である場合には，当該財産の性質から，分割会社の一般財産が実質的に毀損されるという準則を導くことには慎重であるべきである。もしもそのような一般論が成り立つとすると，分割会社が債務超過である場合には，およそすべての会社分割が詐害行為取消しの対象になり得るということになりかねず，企業再生・再建の有力な法的手段である会社分割の効用を減殺させかねない。会社分割の対価が非上場会社の株式である場合のみならず，詐害行為取消権に係る判例・通説を前提とすれば，対価が金銭や流動性の高い有価証券である場合であっても，対価の財産としての性質に基づき詐害行為取消し

第1節　吸収分割　第2款　株式会社に権利義務を承継させる吸収分割　§759

の対象となりかねない。そのような解釈論の下では，会社分割制度の法的安定性が大きく損なわれる危険もある（神作裕之「濫用的会社分割と詐害行為取消権（下）」商事1925号〔2011〕42頁）。なお，近時，分割対価として，新設会社の株式に加え3年の据置期間後毎年2回，10年分割弁済による内容の社債を交付した例がある。前掲・東京地判平成24・1・26およびその控訴審判決である前掲・東京高判平成24・6・20は，将来の支払可能性について定かではないとして当該社債に資産性があるとは到底認められないと判示した。

　第3に，分割会社がすでに債務超過状態にある場合を念頭に置いて，そのような会社が資産と同額の負債を承継させた場合，当該負債は責任財産の割合に応じた債権実価でしか把握できないため，移転資産額は承継債務の債権実価額を上回っており，責任財産が逸出する，換言すれば債権者にとっての当該債権の実質価額（回収見込額）を基準にして，残存債権者の債権の実質価額が会社分割の前後で減少する場合には責任財産を毀損する詐害行為であるとする見解がある（伊藤24頁，内田博久「倒産状態において行われる会社分割の問題点」金法1902号〔2010〕59頁，服部＝岡・前掲78頁，植村京子「否認権の効果に関する一考察」金融財政事情研究会編・田原睦夫先生古稀・最高裁判事退官記念・現代民事法の実務と理論（下）〔金融財政事情研究会，2013〕348頁等）。もっとも，債権の実質価額を基準にする考え方に対しては，詐害性の判断においては，資産と債務とを等価で減少させる行為かどうかは「額面」を基準になされるのが破産法の立場であるとして，根本的な批判が向けられている（山本12-13頁，金融法委員会18頁）。この批判に対しては，弁済や担保提供による債権者の弁済等を受領する権能に基づく行為に係る平等原則違反を問う局面ではなく，資産移転の反対給付としての対価の価値を問う局面なので，実価で捉えることに問題はないとする反論がある（岡正晶「濫用的会社分割の詐害行為取消を認めた最二判平成24・10・12」金判1405号〔2012〕1頁，伊藤25頁注36）。

　第4に，一般財産の共同担保としての価値が実質的に毀損されることを問題にするのであれば，市場性のない非上場株式に転化する点ではなく，会社分割の結果として会社分割前に会社を清算すれば得られたはずの清算価値を残存債権者に対し保障できなくなる点に着目すべきであるとされる（金融法委員会19-20頁）。前掲・京都地判平成27・3・26は，新設分割によりその事業に係る財産の大半を全雇用契約とともに新設会社に承継させた後，分割会社について破産手続が開始され，分割会社による新設会社株式の譲渡が破産管財人により否認されて当該株式が任意売却された事案において，法人格否認の法理の適用も

詐害行為取消権の行使も否定し，残存債権者の救済を否定したが，詐害性を否定する理由付けの一部において，清算価値と分割対価である株式譲渡の否認・任意売却後の一般債権者の配当率との比較を用いた点が注目される。仮定的な弁済率の低下を問題とすることにより，資産と負債を分割会社から承継会社に移転することは，債務の実価と承継会社から交付された承継会社株式の価値との合計額を超える資産が承継会社に承継されれば，担保権設定や弁済には該当しないものの，偏頗行為への準備行為として，そのような会社分割を絶対的な財産減少行為と評価する立場がある（黒木和彰＝川口珠青「濫用的会社分割に対する一試論（下）」銀行法務21 736号〔2011〕39-40頁，松下149頁，北村260頁等）。責任財産減少行為とみることに対しては，例えば，一度SPCを設立してそこに債務者の一部資産と等価の債務を移転し，その後ただちに当該SPCに移転した資産で承継した債務を弁済する場合，そのような行為は単純な弁済と区別する必要はなく，第三者への資産・債務の移転という行為の経由は，この行為の無価値性にとって本質的な意義を有しないとの批判がある（山本13頁）。なお，仮定的な弁済率の低下を責任財産の減少行為と捉えた上で，同意をしていない残存債権者に対しては会社分割前の清算価値から算出される仮定的な清算価値を弁済したりする場合には，詐害性が失われるとする見解がある（松下149-150頁）。このような考え方に立つならば，仮定的な弁済率を前提にして，会社分割前に会社を清算すれば得られたはずの清算価値を会社分割の結果として残存債権者に対し保障できなくなること，すなわち経済的ポジションの悪化に着目することにより，のれんの切出し等のプラス効果を持つ会社分割を相当広く否認の対象から外す効果を持つことになろう（金融法委員会19-20頁）。残存債権者に対し，会社分割をせずに清算すると仮定した場合の清算価値すら保障できないような場合に限り，一般財産の共同担保としての価値を実質的に毀損するものとして，「債権者を害する」ものと評価する場合には，残存債権者に取引前の清算価値を保障するために必要な限度で承継会社への権利の承継の効力を否定するという法的効果を導くべきことになる（金融法委員会20頁）。しかし，倒産手続の開始が決定されていない会社について清算価値を観念し，最低限それを保障すれば「〔残存債権者を〕害する」とはいえないと解することには問題があるように思われる。それが処分価額を基準にするのであれば低すぎるハードルであると思われるし，継続企業価値を観念するのであれば算定の困難性から恣意性・裁量性が大幅に入らざるを得ず，中立性・専門性のある算定機関が十分な情報に基づいて適正な手続の下で正当化するような場合を除き，

第1節　吸収分割　第2款　株式会社に権利義務を承継させる吸収分割　§759

適切でないようにも思われる。

　第5に，承継会社に承継した債務を分割会社が重畳的に債務引受することが，分割会社の責任財産を減少させる行為であるとする裁判例がある。新設分割に対し否認権の行使を認めた前掲・福岡地判平成21・11・27は，重畳的債務引受により分割会社の債務は減少せず積極財産のみが減少したとして破産法160条1項1号に基づき否認を認めた。分割会社が承継会社に承継させた債務について重畳的債務引受を行う場合の責任財産減少性について，下級審裁判例と学説には，それを肯定するものがある。前掲・京都地判平成27・3・26は，会社分割の時点において，債務超過会社であるA社が新設分割によりその大半の資産をY社に移転するとともに，Y社に承継した負債についてA社が重畳的債務引受をしたため，A社の責任財産が減少したとする。しかし，重畳的債務引受をしているからといって実際に分割会社の資産が減少するとは限らず，さらに，最終的な負担については分割会社と設立会社との間の内部的な負担関係を考慮する必要がある。すなわち，重畳的債務引受も，それだけで詐害性の根拠になるわけではない（井上聡「濫用的会社分割における問題の本質」金法1903号〔2010〕5頁）。なお，学説においては，会社分割を総合的に捉えた上で，もともと分割会社の債権者だった承継債権者をさらに優遇するために承継した債務について分割会社がそれを引き受けたものとして，全体として偏頗行為と評価する見解がある（山本6頁）。

　第6に，再建スキームの合理性を責任財産の減少の判断において考慮することの可否，考慮できるとするとどのように考慮するかという問題がある。前掲・名古屋地判平成23・7・22は，分割会社の債務の大半を占める金融機関を残存債権者とし，分割会社の資産の約3割を承継した新設会社は債務超過でなく事業を継続しており，残存債権者への弁済は128年という長期分割弁済を計画していた事案において，共同担保としての価値を実質的に毀損したと判示し，詐害行為として取り消した。残存債権者の権利内容をその同意なく不利益変更するものであり，「〔残存債権者を〕害する」といえる事案であったと思われる。責任財産の減少の類型であるのか，偏頗行為として扱うべきであったのかは，必ずしも明瞭ではないが，残存債権者の権利内容をその同意もなく不利益変更しており，「〔残存債権者を〕害する」ことは明らかであると考えられる。

(イ)　**相当対価処分における隠匿等の処分のおそれ・意思に基づく詐害性**

　平成29年改正民法424条の2は，相当の対価を得て債務者がその財産を処

〔神　作〕

695

§ *759*

第5編　組織変更，合併，会社分割，株式交換及び株式移転　第3章　会社分割

分した場合において，債権者は，① 当該行為がその財産の種類の変更により債務者において隠匿，無償の供与その他の債権者を害することになる処分（以下，「隠匿等の処分」という）をするおそれを現に生じさせるものであること，② 債務者が当該行為の当時隠匿等の処分をする意思を有していたこと，および ③ 受益者が当該行為の当時，債務者が隠匿等の処分をする意思を有していたことを知っていたときは，詐害行為取消請求をすることができる旨，定める。破産法も同様に，相当対価処分行為について，① 当該行為がその財産の種類の変更により破産者において隠匿等の処分をするおそれを現に生じさせるものであること，② 破産者が当該行為の当時その対価について隠匿等の処分をする意思を有していたこと，および ③ 受益者が当該行為の当時破産者が隠匿等の処分をする意思を有していたことを知っていたことがいずれも認められる場合に限り，否認の対象になる旨の規定を置いている（破161 I）。

責任財産の実質的減少を防ぐために相当対価行為の否認可能性を認めつつも，相当対価の場合にも否認の可能性があるとすると，経済的危機に直面した債務者と取引をする相手方が否認権を行使される可能性を意識して萎縮してしまう結果，債務者が自己の財産を換価して経済的再生を図ることが阻害され，再建可能性のある債務者が破綻に追い込まれるおそれがあること等を考慮したものである（小川秀樹編著・一問一答新しい破産法〔商事法務，2004〕222頁）。

隠匿等の処分のおそれは，行為の時点において存在することが必要であり，かなり具体的かつ限定的なものであることを要すると解されている一方，具体的な認識を有する関係者間の行為であれば，行為時点において債務超過であったとはいえない場合であっても，それを予測して行動している以上，否認権行使時に債務超過であれば否認権行使が可能であるとされる（垣内秀介「否認要件をめぐる若干の考察」金融財政事情研究会編・前掲226-229頁）。隠匿等処分の意思とは，行為の時点において債権者の権利実現を妨げる意図と解されている（潮見佳男・新債権総論 I〔信山社，2017〕778-779頁）。

判例は，不動産等の財産を相当な価格で処分する行為（相当価格処分行為）については，不動産等を費消・隠匿しやすい金銭に換えるものであることから詐害性が認められ，例外的に当該行為の目的・動機が正当なものである場合には，平成29年改正前民法424条1項の詐害行為には当たらないとする立場を採っている（大判明治39・2・5民録12輯133頁，大判明治44・10・3民録17輯538頁，最判昭和41・5・27民集20巻5号1004頁，最判昭和42・11・9民集21巻9号2323頁等参照）。濫用的・詐害的な会社分割の文脈では，承継資産が交付株式に

696　　　　　　　　　　　　　　　　　　　　　　　　　　　　〔神　作〕

第1節　吸収分割　第2款　株式会社に権利義務を承継させる吸収分割　§759

変換されたことをもって隠匿等の処分のおそれを生じさせたとみることができ，債権者に対する情報開示がなされず秘密裡に行われたり，分割直後に交付株式が第三者に低廉な価格で譲渡されたりすることは隠匿等の処分意思の存在を推認させる材料であると指摘されている（伊藤26頁）。前掲・福岡地判平成22・9・30は，新設会社の全株式を分割会社の代表者の妻でありかつ新設会社の代表者に就任した者に低廉な価格で譲渡した新設分割の事案において，相当対価否認を認めた。また，新設分割後に分割会社が新設会社から交付された株式を著しく低廉な価格で譲渡した上に，新設会社が第三者割当増資をした事案において，これら一連の行為は分割会社の責任財産である一般財産を減少させ残存債権者に満足を得られなくするものであると判示する下級審裁判例がある（前掲・福岡高判平成23・10・27）。有利な価格で承継会社が第三者割当増資をすることによって，当該会社の価値が既存株主である分割会社から割当先に移転するため，隠匿等の処分の意思があったと認められるケースがあり得る。その他，分割会社の清算価値が保障されていないことや，承継資産と負債の切分けが恣意的になされたことなども，相当対価処分の取消しや否認の事由になり得るとする見解もある（綾克己「濫用的会社分割の分水嶺」事業再生と債権管理137号〔2012〕153頁）。

(ウ)　偏頗行為に基づく詐害性

平成29年改正前民法下の判例（最判昭和33・9・26民集12巻13号3022頁）は，特定の債権者に対する弁済に関して，債権者平等の原則は破産手続開始の決定によってはじめて生じるものであるから，特定の債権者に対する弁済が他の債権者の共同担保を減少させる場合においても，その弁済は原則として詐害行為には当たらず，ただ，債務者が特定の債権者と通謀し，他の債権者を害する意思をもってその弁済をした場合には詐害行為に当たるとしていた。通謀がある場合には，破産法上の偏頗行為否認よりも広く詐害行為取消しが認められ得るいわゆる逆転現象が生じていた（詳細は，中田ほか・前掲123-125頁〔沖野〕）。

平成29年民法改正により，偏頗行為類型が詐害行為取消しの一類型として明文化されるとともに，時間的制限を課し，義務的行為については支払不能時，非義務的行為については支払不能の30日前以内になされた行為までを対象にした。破産法上の偏頗行為否認について，平成16年改正破産法が支払不能基準を採用したことに倣ったものである。平成16年改正前破産法の下では，支払停止・破産申立前であっても実質的危機時期における弁済について故意否認を認めるのが判例・通説であったが，取引安全および否認権の成否に関

〔神　作〕　　　　697

§759

第5編 組織変更，合併，会社分割，株式交換及び株式移転 第3章 会社分割

する予測可能性が低下するという理由から，支払不能概念を導入する一方，故意否認を廃止することにしたものである（小川編著・前掲226-227頁）。平成16年改正破産法は，債権者平等に反するのはいつかという観点から，平成16年改正前破産法が採用していた支払停止基準に代えて支払不能基準を採用した上で（山本克己「否認権（下）」ジュリ1274号〔2004〕124頁），支払不能とは，「債務者が，支払能力を欠くために，その債務のうち弁済期にあるものにつき，一般的かつ継続的に弁済することができない状態……をいう」と定義した（破2ⅩI）。平成29年民法改正において，特定の債権者に対する担保の供与等の特則が設けられ，支払不能を基準時にするとともに，支払不能について破産法と同様の定義規定が置かれた（民424の3）。

平成29年改正民法424条の3は，債務者がした既存の債務についての担保の供与または債務の消滅に関する行為について，当該行為が，①債務者の支払不能時に行われ，かつ②債務者と受益者とが通謀して他の債権者を害する意図をもって行われたときは，詐害行為取消請求をすることができ（同条I），債務者の義務に属せずまたはその時期が債務者の義務に属しないものである場合においては，当該行為が，①債務者が支払不能になる前30日以内に行われ，かつ②債務者と受益者とが通謀して他の債権者を害する意図をもって行われたものであるときは，詐害行為取消請求をすることができる旨（同条Ⅱ），規定する。破産手続の開始にいたらない平時においては，債務消滅行為の時点で債務者が支払不能であったとしても，その後に債務者が支払不能の状態から回復する可能性がある。債務者が支払不能の状態から回復したときは，もはやその債務消滅行為は詐害行為ではなくなる。詐害行為の後に債務者が無資力の状態から回復したときも，その行為は詐害行為ではなくなると解されている（大判昭和12・2・18民集16巻120頁等参照）。平成29年改正民法は，債務者が事後的に支払不能の状態から回復したときは詐害行為取消権の要件を充たさないことを当然の前提としている。偏頗行為類型の明文化には，破産にいたらない状態における取引秩序の維持，私的整理の規律および私的交渉の促進という意義があるとされる（中田裕康「詐害行為取消権と否認権の関係」山本克己ほか編・新破産法の理論と実務〔判例タイムズ社，2008〕302-303頁）。

破産法は，偏頗行為否認について，既存の債務についてされた担保の供与または債務の消滅に関する行為について，①支払不能または破産手続開始の申立後になされたこと，および，②受益者が①について悪意であることを要件とし（同法162I①），破産者の義務に属しない行為等については，支払不能に

第1節　吸収分割　第2款　株式会社に権利義務を承継させる吸収分割　　§759

なる前30日以内になされたときは，債権者が当該行為の当時「他の破産債権者を害すること」を知らなかった場合を除き，否認の対象になると規定する（同項②）。

　民法の規律は，破産法上の偏頗行為否認の規律とほぼ同様であるが，民法の規律は，第1に，債務者と受益者の通謀を要求している点において，破産法上の偏頗行為より要件が厳格である。第2に，破産法は，内部者が受益者の場合と非義務的行為については受益者の悪意を推定しているのに対し（同法162II），民法にはこのような推定規定はない。もっとも，実務的には内部者であれば，受益者は悪意である旨の事実上の推定が働くとされる（債権法研究会編・詳説改正債権法〔金融財政事情研究会，2017〕111頁〔中井康之〕）。第3に，民法には破産法と異なり，支払停止による支払不能の推定規定（同法162III）が置かれていない。支払停止は，判例上，債務者が資力欠乏のため債務の支払をすることができないと考えてその旨を明示的または黙示的に外部に表示する行為とされる（最判昭和60・2・14判時1149号159頁）。平成29年改正民法の下では，偏頗行為に対し詐害行為取消しを主張するためには，詐害行為取消権に共通の要件である債務者の無資力すなわち債務超過に加えて支払不能を債権者の側で主張立証すべきことになる。

　支払不能の基準は，従来，早い者勝ちが許される世界と債権者間の平等の世界との分水嶺とされてきた。債権者平等原則は，実体法から手続法において，債権が発生の前後による優劣がなく平等であるという非優先性の例外が各場面に応じて実質的に判断され，比例原則に伴うコストの負担に関する制度的制約の相違にかんがみ，適用されると説明される（中田裕康「債権者平等の原則の意義」曹時54巻5号〔2002〕11-12頁）。支払不能概念が民法上の詐害行為取消権にも導入され，かつ，詐害行為取消制度自体が執行段階における債権者平等を実現するための前提を整えるという目的を含んでいるため，債権者平等は破産法と民法を通じて，平時および倒産時を通じて妥当する原則であるとする見解がある（牧126頁）。平成29年改正民法と破産法には支払不能の定義規定が置かれており，「債務者が，支払能力を欠くために，その債務のうち弁済期にあるものにつき，一般的かつ継続的に弁済することができない状態をいう」とされる（平29改正民424の31①括弧書，破2XI）。支払停止が債務者の1回的行為であるのに対し，支払不能は，弁済能力の欠乏が一定期間継続する状態を意味する（伊藤・前掲113頁）。弁済能力の欠乏は，財産，信用などのいずれの手段によっても弁済期が到来した債務を支払う資力がないことを意味し，それが一般

〔神　作〕

的かつ継続的であり，客観的状態であることを要する（伊藤・前掲114頁）。支払不能状態が発生し，それが一定期間継続する中で，支払停止が生じるのが通常であるとされ，支払停止よりも否認の対象期間を実質的に拡大している（山本克己「否認権（上）」ジュリ1273号〔2004〕82頁）。他方，支払不能の定義規定は，弁済期が未到来の債務については問題にしない趣旨で「弁済期にあるもの」を弁済することができない状態である旨を明確化したように見える。しかし，弁済期未到来の債務についても将来支払えないことが確実である場合も支払不能に当たるとする見解が学説上は有力である。すなわち，支払不能かどうかは現在の弁済能力の一般的欠乏で判断し，将来の債務不履行の一定程度の確実性と同義であるとされる（中西正「否認権」全国倒産処理弁護士ネットワーク編・論点解説新破産法（上）〔金融財政事情研究会，2005〕188頁以下，松下淳一「新たな否認権と相殺制限の理論的根拠」田邊光政編集代表・今中利昭先生古稀記念・最新倒産法・会社法をめぐる実務上の諸問題〔民事法研究会，2005〕52頁，山本和彦「支払不能の概念について」新堂幸司＝山本和彦編・民事手続法と商事法務〔商事法務，2006〕170頁等）。

　偏頗類型の詐害行為取消しについては，債務者と受益者が通謀して「他の債権者を害する意図」をもって行われた行為であることが必要である。平成29年改正前民法において偏頗行為について詐害行為取消しを認めた判例は，債務者がとくにある債権者と通謀してその債権者だけに優先的に債権の弁済を得させる意図の下に債務者の在庫商品を当該債権者に適正な価格で売却し，その売買代金債権と受益者たる上記債権者の有する債権を相殺した場合（最判昭和39・11・17民集18巻9号1851頁）や，特定の債権者だけに優先的に債権の満足を得させる意図で債権を代物弁済として譲渡した場合（最判昭和48・11・30民集27巻10号1491頁）に債務者と受益者との通謀が認められている。会社分割により承継会社が承継した債務に係る債権者がこのような通謀の要件を充たす場合はそれほど多くはないのではないかと推測される。

　偏頗性こそが濫用的・詐害的会社分割の本質であると理解する見解は，強い批判を受けつつも，有力である（浅田隆「判批」NBL 939号〔2010〕49頁，井上・前掲7頁，山本4頁，得津264-268頁，なお，牧125-128頁は，債権者平等を基軸としながら，付加的な考慮要素として債務者の行為態様や害意を検討した上で，詐害性を阻却する事情があるか検討すべきとする）。判例にも，偏頗性を問題にする見解がある。前掲・最判平成24・10・12の法廷意見は詐害性について判示していないが，須藤正彦裁判官は，「本件新設分割における対価が相当であるとしても，

第1節　吸収分割　第2款　株式会社に権利義務を承継させる吸収分割　§759

〔分割会社〕の純資産（株式価値）は変動しないが，本件残存債権の責任財産は大幅に変動するなどの事態が生じ，かつ，本件残存債権の債権者と本件承継債権の債権者との間で著しい不平等が生ずるに至った」と補足意見を述べ，責任財産の減少と偏頗行為性の両面を指摘している。同判決は新設単独分割の事案であったが，分割会社の残存債権が4億5500万円，会社分割により新設会社に移転した資産の価値3300万円，新設会社に移転した債務3200万円，分割対価として新設会社株式100万円として，残存債権者の回収可能割合が会社分割前の6.8パーセントから会社分割によって0.22パーセントにまで減少した。須藤裁判官は，この点を捉えて残存債権者と承継債権者との間で著しい不平等が生じていると判示したものと考えられる。もっとも，偏頗行為であるとして破産法162条を適用して否認した裁判例は見当たらない。また，責任財産の減少と偏頗行為性を合わせて総合的に考慮して取り消すことは，破産法における否認権の規律と基本的に平仄を合わせた平成29年民法改正の下ではできなくなり，いずれに該当するかを分別してそれぞれの要件該当性を議論することになると指摘されている（山本和彦ほか「シンポジウム・濫用的会社分割を考える」土岐＝辺見編221頁〔山本和彦〕）。

　濫用的・詐害的会社分割は，偏頗行為類型であるとする説は，残存債権の債権者と承継債権の債権者との間に著しい不平等が生じる点が問題であり，偏頗行為類型に該当するとする（井上・前掲7頁，鳥山恭一「判批」法学セミナー697号〔2013〕131頁，弥永真生「判批」判評660号〔判時2205号〕〔2014〕28頁，森本滋「判批」民商147巻6号〔2013〕82頁）。分割会社が積極財産を承継会社に承継させた上で承継会社に対する請求権を承継する債務に係る債権者に付与することにより承継する債務を消滅させたものと評価するとの説明がなされる（井上・前掲7頁）。その他，法人格の持つ積極的財産分離性に着目して，会社分割は担保の供与ではないが，機能においてはまさに特定債権者への担保の供与またはそれに類する行為であるとして，破産法上および民法上の偏頗行為該当性を根拠付ける見解が唱えられている（得津268頁）。

　偏頗行為と解する説に対しては，次のような批判がある。第1に，偏頗行為とは担保の提供または債務の消滅に関する行為であるが（破162 I，民再127の3 I，会更86の3 I），会社分割は担保の供与にも債務の消滅に関する行為にも該当せず，第三者への責任財産の分配の局面であるから，偏頗行為とはなり得ないとの批判がある。この指摘に関連して，第2に，会社分割は担保提供や債務の消滅に関する行為にも当たらず，そもそも承継債務に係る債権者の債務者は別

§759 第5編 組織変更，合併，会社分割，株式交換及び株式移転 第3章 会社分割

法人である承継会社になっており，偏頗弁済の前提である同一の債務者における責任財産の分配という前提を欠いていると批判される。第3に，濫用的会社分割が偏頗類型に該当するならば，破産法上の否認によるとすると，履行期が到来している場合には支払不能後または倒産手続開始の申立後になされた偏頗行為に限り，また履行期が未到来の偏頗行為は支払不能となる前30日以内になされた場合に限って否認の対象になるところ，このような時間的制限により否認の対象が限定されてしまい，妥当な解決が図れないという問題点が指摘される（得津264頁）。平成29年改正民法により，偏頗類型の詐害行為取消しも，履行期が到来している債務の支払等については，債務者が支払不能であることを要し，履行期が到来していない債務の支払等については行為が支払不能になる前30日以内に行われたことを要するが（同法424の3ⅠⅡ），時間的制限により詐害行為取消しの対象が限定される。この批判に対しては，支払不能の認定を厳格にすることにより詐害行為取消しの対象が狭くなりすぎないような解釈論的努力をすべきであると反論される（得津272頁）。第4に，分割会社が支払不能等になっている事実，支払不能前であれば「他の破産債権者を害すること」について受益者の悪意が必要であるが，承継債務に係る債権者が悪意である場合は少なく（岡・立法提案382-383頁），悪意の要件のため否認権はほとんど使えないという致命的な難がある（伊藤ほか・前掲1069頁注21）と批判される。同法の下での偏頗類型の詐害行為取消しには，債務者と受益者の通謀が要件とされており，通謀がある場合はさらに少ないと考えられる。

　残存債権者と承継債権者の弁済率に不平等が生じたときに，常に偏頗行為に該当するかどうかについては，さらなる場合分けが必要であるとする見解がある。すなわち，残存債権者と承継債権者の弁済率に差が生じたとしても，残存債権者に清算価額が保障されているのであれば，債権者を害するとはいえないと解する説が有力になりつつある。また，残存債権者の回収率は清算価額に比した場合に比べ低下しているけれども，当該会社分割により分割会社と承継会社の企業価値の総和が当該会社分割前よりも増加している場合にどのように解すべきかという論点がある。一般に，会社分割による企業再生・企業再建が行われる場合には，承継会社・新設会社に事業継続に必要な債権が承継され，承継債権と分割会社の残存債権が弁済率で差異が生じてもそれだけで偏頗行為となるものではなく，弁済率の差に合理的な理由があり分割会社の残存債権者にとって会社分割を行うことによって合理的な経済的満足を得られるかどうかが重要となるが，合理性の基準の明確化は困難であると指摘されている（服部＝

第1節　吸収分割　第2款　株式会社に権利義務を承継させる吸収分割　§759

岡・前掲85頁）。

　この点については，詐害的・濫用的会社分割の本質を偏頗行為とみる説の間でも見解が分かれている。会社分割により承継会社の企業価値の増大がもたらされ，その結果として分割会社の保有する承継会社の株式価値が増大し，残存債権者の期待配当も増大する場合には，承継債権者と残存債権者の双方の利益状態が改善されており，民事再生法85条5項などと実質的に同様の場面であり，債権者平等の例外と評価することができるとする見解がある（山本15-16頁）。

　この考え方に対しては，2つの観点からの批判がある。第1は，清算価値保障の考え方に賛成しつつも，判決主文で資産・金銭の返還が命じられてもそれが現実に実行される保障がなく，とくに承継会社に倒産手続が開始されれば按分弁済しかなされず，残存債権者の保護として不十分であると批判する。そこで論者は，清算価値を保障するために必要な資産が裁判上の和解における現金一括払などにより現実に返還されることを条件にするとともに，破産管財人等が否認権を行使しないときは，立法論としては残存債権者は本条4項に基づく直接履行請求権を行使できるとすべきだと主張する（岡・否認権41頁・43頁）。第2は，事前の観点からの効率性と事後の観点からの効率性とを区別すべきであり，事後の観点から効率的な会社分割であるからといって残存債権者に救済が与えられないとすれば，債権者はコベナンツやより高い利息・担保等を要求することにより債務者は有利な条件で借入れを行うことができなくなり，ひいては効率性を害する結果となり得るため，詐害性は否定すべきではないとの批判である（得津274-280頁。得津准教授は，残存債権者の分割前の想定弁済率の維持という基準を採用するほかないとする。同277頁）。

　詐害的・濫用的分割の本質を偏頗行為に見出す場合には，否認権行使の法的効果として，承継された債務に係る悪意の債権者に対して，その受けた弁済の返還等を請求し，まだ弁済していない場合には，承継した資産のうち悪意の承継債権者の引当財産に相当する額について承継会社・新設会社に対し価額賠償を請求することになるであろう（金融法委員会23-24頁）。本条4項に基づく直接履行請求を偏頗行為であるという理由に基づいて認容する場合には，直接履行請求制度が早い者勝ちを許す制度であって，偏頗行為を抑制しつつその法的効果が債権者平等の回復に資さないという問題点もある。もっとも，平成29年改正民法において従来の判例法を明文化した民法424条の3にも同様の問題があり，通謀を要求するという要件の加重の下にそのような救済を認めるとい

〔神　作〕

う立法的解決がなされたと評することもできよう。

㈤ 法人格の機能としての積極的財産分離機能の濫用

(ア)から(ウ)までに検討した法的観点，すなわち責任財産の減少，相当対価の場合において隠匿等の処分のおそれと意思がある場合，および偏頗性とは別の観点から，濫用的・詐害的会社分割は，責任財産の配分に本質があり，責任財産の減少類型でも偏頗行為類型でもないハイブリッドなタイプであるとする見解がある。法人格否認の法理を手掛かりとして，不当な法規定の潜脱意図や不当に特定の債務の履行を免れる明確な意図があること（前田・濫用的会社分割216-217頁），あるいは，法人格を利用して責任財産の分離がなされた上で，優良な事業や財産が承継される一方，残存債権者と承継債務の切分けがなされ，承継債権者についてのみ優良な事業や財産を含む責任財産への充当がなされること（片山直也「詐害行為の類型と法規範の構造」森征一＝池田真朗編・内池慶四郎先生追悼・私権の創設とその展開〔慶應義塾大学出版会，2013〕202-204頁，片山24頁）に濫用性・詐害性の本質的な構造上の特徴があるとする。

新設分割の場合にはとくにそのような観点が妥当するであろうが，吸収分割が利用される場合も，分割会社と承継会社の間に支配の共通性など何らかのグループ関係が存在する場合が少なくないと考えられ，法人の積極的財産分離機能を濫用して債務を免脱する法人格の濫用類型であるとする見方には一定の説得力がある。本条4項の残存債権者の直接履行請求権の規定は，法人格否認の法理の要件を明確化し，利用しやすくしたものであるとする説明もある（小出37頁）。同様に，直接履行請求権の規定は，法人格否認の法理をベースに合目的的に修正し具体化したものと見て，具体的には支配関係を請求時ではなく会社分割時に認定し，再建スキーム全体を一体として評価し，さらには債権者に対する配慮がなされたかどうか等の事情も総合的に考慮して会社分割制度の濫用が意図されているか，もしくは濫用と評価されるべき状況を認識していることが「〔残存債権者を〕害することを知って」の意義であるとする見解がある（若色19頁）。

濫用的・詐害的会社分割に法人格否認の法理を適用した裁判例がある〔☞3⑷〕。とくに，会社分割により主要な資産を分離した後，さらに承継会社・新設会社を他の会社と合併させる等の企業再編行為を行うことにより，承継した資産の隠匿等処分がなされやすい事案において，法人格否認の法理を適用することは有効であると考えられる。この場合の特徴は，関連会社が同一の会社グループに属していたり，経営陣や株主のレベルに共通性があったりする点にあ

るが，法人格否認の法理の要件とされる支配の要件について緩やかな判断がなされている下級審裁判例があることが注目される（東京地判平成24・7・23金判1414号45頁）。

(ｵ) **小　　括**

(a)　解釈の方針──詐害行為取消権・否認権の行使要件との比較において

残存債権者の承継会社に対する直接履行請求権は，直截簡明な保護を与えるものであり，詐害行為取消権と異なり訴えによる必要はなく，残存債権者に認められる固有の請求権である。他方，分割会社に倒産手続の開始決定がなされると残存債権者は直接履行請求権を行使できなくなる。直接履行請求権の要件である「〔残存債権者を〕害することを知って」という文言は，平成29年改正民法424条1項の詐害行為取消権の一般規定と同じである。民法上の詐害行為取消権に関する規律は，平成29年民法改正により，破産法上の否認の規定に倣って一定の行為類型について要件が明確化され，一般ルールに対する特則が設けられたが，民法424条1項は一般規定としての性格を保持している。本改正で新設された直接履行請求権に係る本条4項の規定は，平成29年民法改正に伴い改正されることはなかった。

本条4項の規定における「〔残存債権者を〕害すること」の意義，すなわち吸収分割の詐害性・有害性がどのような場合に認められるかについては，直接履行請求権を新設する契機になった濫用的・詐害的な会社分割の本質を明確にした上で，民法上の詐害行為取消権や倒産法上の否認権の規律との関係や整合性に配慮しつつ検討する必要がある。平成29年改正民法における詐害行為取消権および破産法における否認権の行使要件に係る判例・学説は，改正法により創設された直接履行請求権が「〔残存債権者を〕害すること」という類似の文言を用いていることや，詐害行為取消権や否認権により残存債権者の救済を図ってきた裁判例を踏まえて行われた立法であることにかんがみるならば，本条4項の「〔残存債権者を〕害すること」の解釈に当たって基礎になると考えられる。したがって，責任財産の減少に基づく詐害性と〔☞(ｱ)〕，相当対価処分における隠匿等の処分のおそれ・意思に基づく詐害性〔☞(ｲ)〕が認められる場合には，「〔残存債権者を〕害すること」に当たるといえる。

直接履行請求権と詐害行為取消権等との行使要件の関係については，次のような見解が対立している。

第1に，直接履行請求権の行使要件は，詐害行為取消権の行使要件よりも厳格に解すべきであるとする見解がある。直接履行請求権は，分割会社の残存債

権者による抜駆け的な債権回収を認めるものである上に，分割会社について倒産手続が開始した場合との調整規定がなく単に直接履行請求権を行使できない旨が規定されているにすぎない。それゆえ，倒産手続における債権者平等に配慮している詐害行為取消権の行使要件よりも，本条4項に基づく直接履行請求権の行使要件を緩やかに解すべき合理性も許容性も存在せず，そのように解することはひいては分割会社の残存債権者の保護のための規定である直接履行請求権制度の趣旨にも反するという（邵谷20頁）。また，本条4項の直接履行請求権を法人格否認の法理を明確化したものであると位置付けた上で，早い者勝ちを認める直接履行請求権の制度趣旨からして，詐害行為取消権よりもやや高いハードルの設定を目指すものであるとする見解もある（若色19頁）。

　第2に，本条4項の直接履行請求権は，民法上の詐害行為取消権における行使要件と同様であるとする見解がある。濫用的会社分割の本質は，分割会社の優良資産ないし優良事業を承継会社に移転し，その対価として承継会社の株式だけが交付され，それだけが残存債権者の責任財産になる点にあると捉えた上で，具体的な事例に応じて責任財産の減少，相当対価における財産隠匿等のおそれ，および偏頗行為のいずれにも該当する場合があり，かつ重畳的に該当する可能性もあるが，民法上の詐害行為取消権よりも行使要件を緩めると債権者を保護しすぎるおそれがあるとする（神田・債権者保護65頁）。

　第1の見解に対しては，分割会社について倒産手続が開始されれば，倒産法制に基づいて債権者平等が図られ，そのときは直接履行請求権はもはや行使できないとの調整がなされているのであるから，直接履行請求権について詐害行為取消権の行使要件よりも緩やかに解する合理性も許容性もないとはいえないという反論が可能であろう。会社分割法制における残存債権者保護の脆弱性という構造的な問題を直視し，そのような脆弱性が濫用的・詐害的な会社分割の横行を招き，それを是正するために本改正により残存債権者の直接履行請求権制度が創設されたと理解するならば，むしろ，詐害行為取消権や否認権の成立を認めることが困難な場合であっても，会社分割制度の濫用と認められる会社分割は「〔残存債権者を〕害する」ものであると解することは十分に可能であると思われる。

　判例は，濫用的・詐害的な会社分割に対し，詐害行為取消しや破産法160条または161条により否認を認容することにより残存債権者の保護を図っており，学説・実務からも広い支持を受けていた。少なくとも吸収分割において分割対価が不相当であることにより責任財産を減少させる狭義の詐害性が認めら

第1節　吸収分割　第2款　株式会社に権利義務を承継させる吸収分割　§759

れる会社分割や，会社分割の対価は相当であるがそれを隠匿等の処分をするお
それ・意図等がある会社分割は，分割会社が会社分割時に債務超過であるかま
たは当該会社分割により債務超過に陥るという条件の下で，本条4項の〔残
存債権者を〕害する」会社分割に当たると解すべきである〔☞(ｱ)(ｲ)〕。会社分割
の対価が承継会社から交付された株式である場合において，分割会社が会社分
割後短期間で事業体としての活動を事実上停止しているようなときは，分割会
社にはその保有する承継会社の株式について株主としてそれを適切に管理し企
業価値を向上させようとする意図がなく責任財産を毀損するものであると推認
し得るであろう。あるいは，会社分割の直後に承継会社から交付された株式を
関係者に廉価で売却したり，承継会社が大量の第三者割当増資を分割会社以外
の第三者に行ったりしたときは，承継会社の株式の隠匿等の処分の意図等に基
づく詐害性・有害性を推認することが可能であろう。

　なお，分割会社が，承継会社に承継した債務について重畳的債務引受をする
ことをもって，分割会社の債務は減少しておらず資産だけが逸出しているとし
て濫用的・詐害的な会社分割の徴表と捉える裁判例・学説もある（前掲・福岡
地判平成22・9・30，伊藤23-24頁）。しかし，内部負担割合や承継債務の弁済状
況等によっては分割会社の弁済率を低下させるとは限らず，また，承継債権者
に対し異議を述べる機会を付与しないことで債権者に動揺を生じさせないなど
良い会社分割において重畳的債務引受がなされるケースもあるとされ，事案ご
とに判断する必要があろう（鹿子木康ほか「パネルディスカッション・事業承継ス
キームの光と影」事業再生と債権管理132号〔2011〕41頁参照）。

　民法上の詐害行為取消権や倒産法上の否認権の対象になる場合を超えて，本
条4項の詐害性・有害性を認め得るかどうかは，会社分割制度における債権者
保護に係る規律の評価に関わる。分割会社の債権者としては，コベナンツ等を
設けることにより自衛すべきであるという考え方もあろう。しかし，すべての
債権者にそのようなコベナンツを設けることを期待できるわけでもなく，他方
コベナンツにもさまざまな利害得失があり，コベナンツによる解決が一概に優
れているとは断定できない。冒頭に述べたように，本条4項に基づく直接履行
請求権の要件は，基本的に詐害行為取消権および否認権の行使要件を基礎とす
べきである。しかしながら，会社分割制度における残存債権者保護の脆弱性を
認め，さまざまな条文や法理を適用ないし類推適用して残存債権者の保護が図
られてきたのにもかかわらず，本改正により残存債権者を保護するための立法
措置が講じられた点を重視するならば，本条4項に基づく直接履行請求権の範

〔神　作〕

§759 第5編　組織変更，合併，会社分割，株式交換及び株式移転　第3章　会社分割

囲を詐害行為取消権または否認権を行使した場合よりも緩やかに解すべきではないとまで考える必要はないと思われる。

(b)　偏頗性に基づく詐害性・有害性　　従来の議論において詐害行為取消権または否認権の行使要件を充足するかどうかについて争いがあるのは，偏頗行為の類型であった〔☞(ウ)〕。偏頗行為であることだけを理由に詐害行為取消しや否認を認めた裁判例はないようである。しかし，濫用的・詐害的な会社分割の本質的な問題はその偏頗性にあるとする見解は，幅広い支持を得ている。すなわち，濫用的・詐害的な会社分割において残存債権者と承継会社が承継した債務に係る債権者（承継債権者）の弁済率との間に不公平が生じる偏頗性を問題視する見解は少なくない。ところが，会社分割による権利義務の承継は，偏頗行為否認に関する破産法162条や偏頗行為の詐害行為取消類型である平成29年改正民法424条の3における「既存の債務についてされた担保の供与又は債務の消滅に関する行為」には当たらないと解する説も有力である。承継会社において事業を継続する意図もなく，会社分割により承継した資産をもってただちに承継した債務に係る債権者に弁済をしたような場合には，債務の消滅または担保の提供と評価し得るケースもたしかにあるであろう。そのような場合には，分割会社が支払不能に陥っていたという条件の下で，偏頗行為として本条4項に基づく直接履行請求権を認め得るであろう。しかし，承継会社が実際に事業を継続しており，事業に伴い承継会社に新たな債権者が生じているような場合に，会社分割による権利義務の承継をもって分割会社の債務についての担保の供与または債務の消滅に当たると解することには困難があるという議論には説得力があると思われる。しかしながら，多くの見解が問題視する，残存債権者が承継債権者に比べて不平等・不衡平に扱われた偏頗性をもって，本条4項における「〔残存債権者を〕害する」会社分割であるとしてその詐害性・有害性を認める解釈論上の可能性は排除されていないと解される。

(c)　法人格否認の法理および22条1項の類推適用との関係　　従来の裁判例の中には，濫用的・詐害的な会社分割における残存債権者を救済するために，法人格否認の法理を適用し，また，事業譲渡における譲受会社の商号続用責任に係る22条1項の規定を類推適用する裁判例が相当数存在した〔☞3(3)(4)〕。法人格否認の法理や22条1項の類推適用による法的救済は，本条4項に基づく直接履行請求権による場合と要件および法的効果が異なる。そのため，同項による直接履行請求権の創設によって民法上の詐害行為取消権による救済が否定されたと解すべきではないのと同様に〔☞9〕，法人格否認の法理や22

708　　　　　　　　　　　　　　　　　　　　　　　　　　　　〔神　作〕

第1節　吸収分割　第2款　株式会社に権利義務を承継させる吸収分割　　§759

条1項の類推適用による救済方法が当然には否定されたわけではないと考えられる。

　他方，新たに創設された本条4項の直接履行請求権の要件である「〔残存債権者を〕害すること」の解釈に際し，法人格否認の法理や22条1項の類推適用の場合に考慮される事項を取り込み得るかどうか，検討する必要がある。また，本改正により，事業譲渡についても残存債権者の譲受会社に対する直接履行請求権が認められたため（23の2），22条1項の類推適用による場合と23条の2の適用関係について整理する必要が生じる。

　濫用的・詐害的会社分割において法人格否認の法理が適用される場合の典型は，法人の積極的財産分離機能を濫用して，残存債権者に対する債務の履行を免れるために，承継会社・設立会社に分割会社の資産等を移転する場合である［☞(エ)］。分割会社の責任財産が減少することにより残存債権者が害される場合，および分割会社が承継会社から相当対価を付与されながらそれを隠匿等処分する意思とおそれがある場合には，「〔残存債権者を〕害する」場合に該当すると解される［☞(a)］。法人格否認の法理による場合には，承継会社の責任には限度額がないから，とくに悪質な濫用的・詐害的な会社分割については，債務免脱目的を認めて，法人格否認の法理を適用すべき場合があろう。とくに，新設分割の場合には，分割会社限りで新設分割計画を策定することができ，残存債権者は債権者異議手続の対象にならないことから，債務免脱のために新設分割が用いられるおそれがある。分割会社が策定した新設分割計画に従って分割会社の権利義務の全部または一部を新設会社に承継させた上で，分割会社が会社分割直後に事業を停止した場合などには，残存債権者による強制執行を免れる目的の下に会社分割を行ったものと評価すべき場合があろう。法人格否認の法理の実質的な根拠は，新設分割により法人格を創設し，または既存の会社を承継会社として利用して分割会社と設立会社・承継会社の間で恣意的に権利義務関係を切り分けることにより残存債権者に対する債務を免脱しようとする点にある（前掲・福岡地判平成23・2・17，前掲・東京地判平成22・7・22）［☞3(4)］。法人格否認の法理が適用される場合には，分割会社の責任財産が減少するか，または分割会社が設立会社・承継会社から相当対価を付与されながらそれを隠匿等処分する意思とおそれがあると認められるであろうから，「〔残存債権者を〕害すること」に該当するといえ，本条4項の規定も適用される。債務免脱目的で認定されるとくに悪質な濫用的・詐害的な会社分割については，例えば会社分割直後に分割会社が事業を停止し実質的に破綻していたり，設立会

〔神　作〕

709

§759 第5編　組織変更，合併，会社分割，株式交換及び株式移転　第3章　会社分割

社・承継会社が交付した株式が分割会社から関係者に廉価または無償で譲渡されたりしている場合には，債務免脱目的が明白であるとして，判例上比較的緩やかに適用されている支配の要件を充たせば法人格否認の法理が適用され，責任財産限度額の制約なく残存債権者は分割会社に対する債務の履行を設立会社・承継会社に請求できるであろう。

　注目されるのは，近時，濫用的・詐害的な会社分割に対し，法人間における恣意的な権利義務の配分を問題視する見解があることである。すなわち，濫用的・詐害的な会社分割は典型的な責任財産減少行為とも偏頗行為とも異なり，法人格を利用した責任財産の恣意的な切分けにその本質があるとする見解や，法人格否認の法理の要件を明確化した規定であるという有力な理解がある[☞(エ)]。これらの見解は，分割会社の責任財産を恣意的に承継会社・新設会社という別法人を用いて責任財産の枠を設定した上で，残存債権者に対する執行を免脱し，または残存債権者と承継債権者とを不平等・不衡平に取り扱うために分割会社の権利義務の一部を恣意的に承継させること自体を問題にしている。濫用的・詐害的な会社分割の本質は，枠としての責任財産の創設をしつつ残存債権者の債権について分割会社の責任財産から充当しないよう法人間において恣意的に権利義務を配分する点にあると解し，かつ，会社法上そのような恣意的な配分からの残存債権者の保護が脆弱であると評価するのであれば，そのような会社分割の詐害性・有害性を認定することは，立法の経緯にかんがみるならば十分に理由があると思われる。恣意的な権利義務の配分は，残存債権者の弁済率が低下する場合や残存債権者と承継債権者の弁済率が不平等・不衡平である場合にとくに問題になるため，後述する[☞(e)(f)]。

　これに対し，22条1項の事業譲渡会社の商号を使用した譲受会社の責任は，同一の事業主体により事業が継続していると信じたり，事業主体は変更したけれども譲受会社により譲渡会社の債務が引き受けられたと信じたりすることは無理もないことから，そのような外観の作出に寄与した譲受会社に譲渡会社の債務の弁済責任を課すものと説明される（前掲・最判平成16・2・20）。もっとも，同項の責任は，譲渡会社の債務について責任を負わない旨を登記しまたは債権者に通知することにより排除することができる（同条II）。商号続用の場合の事業譲受人の責任は，かねてから詐害的な事業譲渡に対する救済の機能を営んできたと指摘されており，屋号・名称等の続用の場合にも広く類推適用されてきた[☞3(3)]。しかし，本改正により，詐害的な事業譲渡の場合の残存債権者の救済規定が新設されたことから（23の2），少なくとも残存債権者が金融

第1節　吸収分割　第2款　株式会社に権利義務を承継させる吸収分割　§759

機関である典型的な濫用的・詐害的会社分割の場合には，22条1項の責任は
外観法理に基づく責任として純化し，濫用的・詐害的事業譲渡における残存債
権者の保護は原則として23条の2に委ねることが適切であろう。そのことに
対応して，これまで22条1項の類推適用によって解決してきたケースのうち
屋号や名称等の続用の事案において濫用的・詐害的な事業譲渡が問題になって
いる場合には，23条の2の適用を検討することになろう。会社分割において
屋号や名称等が承継会社において続用されている場合において，これまでに検
討してきた残存債権者に救済が与えられるべき要件を充足する場合には，本条
4項を適用し，直接履行請求権を認めるべきである。例えば，ゴルフ事業を営
む会社がゴルフ事業を会社分割により承継会社に承継させ，ゴルフクラブの名
称を承継会社が引き続き使用していたようなケースにおいては，今後は本条4
項の規定に基づいて当該ゴルフクラブの会員が分割会社に交付した預託金の返
還請求権を承継会社に対し請求できると解することになろう（前掲・最判平成
20・6・10）。22条1項を類推適用する場合と異なり，当該会社分割後，遅滞な
く会員によるゴルフ場施設の優先的利用を拒否したなど特段の事情があって
も，承継会社は上記責任を免れるものではないと解される。同項の類推適用
は，原則として商号の続用がある場合に限られると解すべきであると考えられ
る。しかしながら，分割会社に多数の一般消費者ないし利用者が債権者として
存在するような場合には，例外的に従来の判例法理と同様に屋号や名称等の続
用の場合にも同項を拡張して適用すべき場合があり得るであろう。上述したゴ
ルフ事業の譲渡においてゴルフクラブ会員の預託金返還請求権が問題になる事
案においては，預託金の性質や利用者（消費者）保護に対する考慮から，同項
が類推適用される可能性も否定できない。

　(d)　詐害行為取消権（平29改正民424 I）との関係　　平成29年改正民法
424条1項の規定が，責任財産減少行為に限定されずに，一般規定としての性
質を持つと解されていることは前述した〔☞(1)〕。同項の解釈として，濫用型
会社分割のようにいずれの類型にも収まりきらないハイブリッド型について
も，一般規定としての同項は適用し得る，すなわち責任財産減少行為に限定さ
れずに，特別規定に該当しない範囲で，弁済率の低下をもって有害性とし，ま
た正当な処分権行使の逸脱を不当性と捉えて，濫用的組織再編行為など新たな
詐害行為類型に対応し得る開かれた規定と考えるべきであるとする見解が唱え
られている（片山27-28頁。とくに28頁注42参照。もっとも，片山教授は，行為類
型が近接する特則を適用ないし類推適用する余地も認められるとする）。詐害行為取消

〔神　作〕

711

§759 第5編　組織変更，合併，会社分割，株式交換及び株式移転　第3章　会社分割

権の一般規定である平成29年改正民法424条1項の解釈として，責任財産の枠を設定し権利義務を法人間で恣意的に配分することにより残存債権者に満足を与えないことが「債権者を害すること」に該当するとの解釈論が精緻化され定着するのであれば，本条4項の規定も詐害行為取消権についてと同様に解釈すれば足りる。しかし，倒産法における否認の解釈としてはそのような行為を偏頗行為として捕捉することは難しく［☞(b)］，かつ，詐害行為取消しの行使要件と否認の行使要件の平仄を合わせる方向で改正をした平成29年改正民法の下で，そのような逆転現象を生じさせることは適切ではないなどの理由により，詐害行為取消権の解釈としては新たな詐害行為類型として認めることができないとしても，「〔残存債権者を〕害すること」という文言の下に会社分割を原因として承継債権者よりも不利益に扱われた残存債権者については本条4項の規定に基づき直接履行請求権を行使できると解する余地はあると考えられる。

(e)　弁済率の減少や清算価値保障に係る議論　残存債権者について会社分割時における清算価値が保障されているかどうかを決定的な基準として濫用的・詐害的な会社分割かどうかを判断すべきとする見解がある（浅田17-19頁）。これに対し，清算価値保障原則を適用して，債権者間の不平等が残存債権者に対する清算価値の保障を失わせるまでにいたれば会社分割を詐害行為と評価することがただちに正当化されるのかを疑問視する見解がある。というのは，債務超過状態で特定の債権者に弁済すれば，その直前の時点で清算すると仮定した場合の残存債権者に対する弁済率は低下し，清算価値を割り込むことになるため，債務超過後の弁済行為は一般的に責任財産の減少行為による否認の対象になりかねないからである（山本13-14頁）。そのような議論は，会社分割・事業譲渡以外では特段されていないとの指摘もある（金融法委員会18頁注7）。さらに，分割会社が債務超過の状態であっても実際には倒産手続の開始決定がない段階において，分割会社のイニシアティブで強制的な債務整理の性質を持つ会社分割を利用する場合に，清算価値や会社分割時の弁済率を基準にすることが，そもそも理論的に正当化できるのかという問題もあろう。弁済率が低下せず，あるいは清算価値が保障されていれば会社分割の詐害性・有害性は認められないとはただちにはいえないように思われるからである。

(f)　残存債権と承継債権者の弁済率の不平等・不衡平　会社分割制度は，分割会社と承継会社・新設会社，とりわけ単独行為である新設分割において，分割会社の権利義務を当事会社の間で配分することについて特段の規律を

第1節　吸収分割　第2款　株式会社に権利義務を承継させる吸収分割　§759

設けていない。そのため，残存債権者と承継債権者の弁済率の著しい不平等・不衡平を惹起する事態が生じ得る。

　ところが，前述したように，会社分割により残存債権者と承継債権者の弁済率が異なることが詐害行為取消しおよび否認における偏頗行為に該当するとして詐害行為取消しや否認の対象にすることは困難であると考えられる〔☞(ウ)〕。しかしながら，濫用的・会社分割の本質を残存債権者と承継債権者の弁済率の不平等・不衡平に求める見解が多数である。詐害行為取消または否認において，偏頗行為類型として捕捉することが困難な場合であっても，濫用的・詐害的な会社分割に立法的に対応した本改正に基づく本条4項の解釈として「〔残存債権者を〕害すること」に当たると解釈することは可能であると思われる。濫用的・詐害的会社分割における「〔残存債権者を〕害すること」の解釈を，同様の文言を用いている詐害行為取消権に係る民法の規定および否認に係る破産法における「〔残存債権者を〕害すること」と異なる解釈をすることができるのは，残存債権者と承継債権者を著しく不平等・不衡平に取り扱うことは，会社分割制度の許容するところではなく，濫用的利用と評価することは正当であると考えられるからである。分割会社が事業を停止するまでにはいたらない事案であっても，また，残存債権者には清算価値が保障されていた場合であっても，残存債権者と承継債権者の弁済率に大きな差が生じることは公正・衡平に反し会社分割制度が想定している利用の仕方とは考えられない。

　残存債権者と承継債権者の弁済率については，残存債権者にとっては証明が困難であるという問題があるが，今後，裁判例の蓄積が期待される。分割会社は，会社分割が効力を生じる日以後における分割会社の債務および承継した債務の履行の見込みに関する事項について開示すべきものとされており（会社則183⑥），この記載が具体的かつ客観的になされることが望まれる。実務的には，分割会社は当該会社分割後に承継会社・新設会社の株式を通じてどのように承継会社・新設会社を管理運営しようとしていたのかをはじめ，当該会社分割に係る計画においてその見通しを示し，その計画について独立性・専門性を有する第三者機関の評価を経ていることが望ましいであろう。

　(g)　会社分割のプロセスや会社分割契約の合理性　　濫用的・詐害的な会社分割を緩やかに認定することに対しては，私的整理により実質的に企業を再建・再生するための会社分割の利用を制約することになるとの懸念があり，良い会社分割と悪い会社分割の分水嶺を明確化する試みがなされている。たしかに会社分割には，強制的な債務整理の側面がある。企業の再生や整理の手段と

〔神　作〕　　　　　　　　　　713

§759 第5編　組織変更，合併，会社分割，株式交換及び株式移転　第3章　会社分割

しても活発に利用されていることから明らかなように，会社分割は適切に利用するならば，分割会社の残存債権者の利益にもつながり得る。良い会社分割には，①優良部門を中心とした事業再生につながる，②商取引債権者を主体とする承継債務者にとって債権回収が図られる一方，当該商取引の継続を期待できる，③金融債権者にとってはより高い弁済率を期待できる，④利害関係人への周知や了解があるなど手続が透明であるというメリットが認められると指摘されている（伊藤14-15頁）。他方で，分割会社が主導する強制的な債務整理になり得ることにかんがみ，①事業存続とリストラクチャリングに伴う企業価値の向上とその当事者への分配可能性，②債権の公平な取扱い，③清算価値保障，④商取引債権の選択妥当性，および⑤正確な情報提供の要素を挙げ，とくに衡平性の観点から清算価値保障原則が重要であると指摘し，残存債権者について一定多数の賛成があるかどうかが衡平性の要件を充たすメルクマールになるとする見解がある（浅田17-19頁）。

これに対し，悪い会社分割の徴表として，①残存債権者に対する弁済率の低下，②交付株式を適正な対価で処分して残存債権者への弁済原資とせず，さらに悪質な場合には交付株式の廉価譲渡（前掲・福岡地判平成23・2・17等）や有利な価格での第三者割当増資（前掲・福岡地判平成22・1・14等）により分割会社の責任財産を毀損する，③合理的な弁済計画・経営計画の不存在，④資産と負債の切分けに合理性がないこと，④残存債権者の理解を得るための情報開示や交渉の有無・程度などが挙げられている（岩知道＝浅野・前掲156頁以下）。危機的状況にある会社が行う会社分割には，執行段階の債権者平等を実現するための前提を整える観点から偏頗性があるとし，債務者の意図や行為態様等を加味して詐害性を認定した上で，事業再生スキームの内容の合理性（清算価値を上回る弁済率が実現する合理的な見込み），残存債権者への情報開示，不利益を受ける残存債権者の合意，中立で公正性のある第三者の関与などから詐害性が阻却される場合があるとして，倒産処理手続が保障する透明性と衡平性を確保する必要があるとする見解がある（牧136-138頁）。

前述したように，弁済率や清算価値の保障は，会社分割の詐害性・有害性の決定的な判断基準にはならないと思われる。良い会社分割と悪い会社分割の議論から本条4項の「〔残存債権者を〕害する」会社分割であるかどうかの判断にとって考慮要因となり得るのは，企業再建のために会社分割を用いるとの決定にいたるプロセスの適正性と当該会社分割の合理性であると考えられる。分割会社を再建するための合理性が認められないケースの典型は，分割会社が分割

第1節　吸収分割　第2款　株式会社に権利義務を承継させる吸収分割　§759

対価として交付された承継会社の株式について適切に株主権を行使したり管理
したりする意図がない場合などである。会社分割にいたる決定のプロセスの適
正性や会社分割の合理性は，責任財産の減少または相当対価の場合の隠匿等の
処分の意図がある場合かどうかを判断する際の重要な考慮要素になろう。そし
て，残存債権者との協議やその同意の取得に努めたかどうかは，残存債権者と
承継債権者間の不平等・不衡平の要素を判断する際の考慮要素になり得るとと
もに，次に述べる詐害意思の判断の際の考慮要素になり得ると考えられる。

(3)　詐害の意思

詐害行為取消しに係る判例は，「債務者が債権者を害することを知ってし
た」行為かどうかは，当該行為の詐害性が強ければ強いほど債務者の悪意は単
なる認識で足り，詐害性が弱ければ債務者には害意を要求しており，債務者が
債権者を害する行為をしたことと，債務者の悪意とを相関的ないし総合的に考
慮して判断してきたとされる（奥田昌道・債権総論〔増補版〕〔悠々社，1992〕285-
287頁，大村敦志・基本民法Ⅲ〔第2版〕〔有斐閣，2005〕180-182頁）。濫用的・詐
害的会社分割においては，会社分割後に，分割会社がその事業を停止し，企業
としての実態を失うケースが少なくない。そのようなケースにおいては，分割
会社が企業価値を高めるために分社化し企業組織を再編しようとしたわけでは
なく，債務者の「詐害の意思」は強いケースであったと考えられる。同様に，
分割会社が分割直後に承継会社の株式を廉価で第三者に譲渡するような場合に
も詐害の意思があったことは明らかであろう。

会社分割の対価の相当性は充たされており，詐害性はそれほど強いとは考え
られない場合であっても，詐害の意思との相関において詐害行為と認められる
ことはあり得る。相当対価の詐害行為取消しや相当対価否認に相当するケース
である。詐害性と債務者の悪意を相関的に判断して「債務者が債権者を害する
ことを知ってした」行為かどうかを判断する詐害行為取消権に係る判例の立場
からすると，本条4項の「〔残存債権者を〕害することを知って」の解釈におい
ても，詐害性と分割会社の悪意を相関的に判断することになると考えられる。

前掲・名古屋地判平成23・7・22は，分割会社の債務の大半を占める金融機
関を残存債権者とし，分割会社の資産の約3割を承継した新設会社は債務超過
でなく事業を継続しており，残存債権者への弁済は128年という長期分割弁済
を計画していた事案において，共同担保としての価値を実質的に毀損するとし
て詐害性を認めた上で，残存債権者が極めて長期の分割弁済を強いられること
になるとの認識を分割会社は有していたとして詐害の意思を認定した。なお，

〔神　作〕

§759 第5編　組織変更，合併，会社分割，株式交換及び株式移転　第3章　会社分割

新設会社は，控訴審において，詐害の意思の有無について経営判断の原則を理由に争ったが，名古屋高判平成24・2・7（判タ1369号231頁）は経営判断原則によって残存債権者を害する態様でされた本件会社分割を正当化することはできないとして詐害の意思を認定した。

残存債権者との交渉の有無やその経緯などは，詐害の意思を判断する際の考慮要素になるであろう。残存債権者に対し，不利益を受ける状況にいたった経緯や資産および負債の状況，事業再生スキームによってさらなる損失が発生しないか，事業の維持存続の方法，弁済方法等の情報を提供し，十分な説明を行い，同意を得る必要があるとされる（牧137頁）。強制的な債務整理の側面がある会社分割を事業再生に用いる場合には，債権者の理解と協力の下に進めるべきであると考えられるが，十分な説明を行い，事業再生スキームに合理性があるにもかかわらず，残存債権者が同意しなかったような場合には，詐害の意思が否定されることもあろう。

5　承継会社の悪意

改正法は，承継会社に不測の損害を与えないように，吸収分割の効力が生じたときにおいて承継会社が残存債権者を害することを知らなかったときは，当該債権者が承継会社に対して債務の履行を請求することはできないものとする（本条IVただし書）。濫用的・詐害的な会社分割が新設分割によって行われた場合に係る764条4項には本条4項ただし書に相当する規定はなく，吸収分割により濫用的・詐害的な会社分割が行われた場合に固有の規定である。吸収分割の場合には，当事会社が独立当事者である場合もあり，そのような吸収分割であっても残存債権者を害する吸収分割がなされることは論理的にはあり得る。そのような吸収分割であっても，残存債権者を害することを承継会社が知らないときは，承継会社の保護を優先する規定である。さらに，問題となる会社分割の前から承継会社には債権者が存在する可能性もあり，また，当該吸収分割により承継した債務に係る債権者が存在し得るため，分割会社が残存債権者を害することを知って吸収分割をした場合であっても，承継会社がそのことを知らなかった場合には，承継会社に対して残存債権者は直接履行を請求することができないこととして，本条4項の責任が生じることにより影響を被る範囲を承継会社の主観的要件によって限定する趣旨である。

破産法の相当対価否認においては，承継会社が，分割会社の総株主の議決権の過半数を有する者であるときや，分割会社の総株主の議決権の過半数を子株

第1節　吸収分割　第2款　株式会社に権利義務を承継させる吸収分割　§759

式会社または親法人および子株式会社が有する場合における当該親法人であるときは，隠匿等の処分の意思を知っていたものと推定される（破161 II）。分割会社と承継会社の間にそのような関係があるときは，承継会社が悪意であるという事実上の推定が働くであろう。

4(2)(ア)に述べた詐害性・有害性と承継会社の悪意とが，相関的に判断され，本条4項の直接履行請求権の成否が決せられることになろう。

裁判例には，詐害性を認めながら承継会社の代表者に悪意はなかったとして，詐害行為取消しを認めなかった事案がある。東京地判平成20・12・16（金法1922号119頁）およびその控訴審判決である東京高判平成21・9・30（金法1922号109頁）は，分割会社が承継会社にパチンコ・スロット店2店舗の営業権を吸収分割により承継させた事案において，会社分割の詐害性を認めつつ，承継会社の代表取締役と分割会社の代表取締役は兄弟であったという人間関係に着目しても，承継会社はただちに分割会社の債務を免れさせることを目的として意思を通じて本件会社分割契約を締結したとまでは認定できないと判示した。

6　物的有限責任

承継会社の責任は，分割会社から承継した財産の価額を限度とする物的有限責任とされている（本条IV）。債務が限定されるのではなく責任が限定されるにすぎないため，残存債権者は債務の全額について履行を請求することができ，承継した財産の価額を限度にするため承継会社の資産全体が本条4項に基づく責任の強制執行の対象となるが，承継した財産の価額を限度として残存債権者に対して責任を負う（要綱概要73頁注281）。物的有限責任とされた理由は，残存債権者が承継会社に対して債務の履行を請求することにより，承継会社に対してのみ債務の履行を請求できることとされた分割会社の承継債権者や，吸収分割の前から存在する承継会社の債権者が不測の不利益を受ける可能性があるためである。他方，残存債権者は，会社分割が行われなかった場合には，分割会社に帰属していた財産の範囲内でのみ弁済を受けるのであるから，濫用的・詐害的な会社分割が行われたからといって，承継会社が分割会社から承継した財産の価額の範囲を超えて債務の弁済を請求することまで認める必要はないと考えられるからである（一問一答平成26年348頁）。また，事実上の人的分割の場合に，各別の催告を受けなかった承継会社に承継されない債務に係る債権者は，承継会社に対して，承継した財産の価額を限度として債務の履行

〔神　作〕

§ 759

第5編　組織変更，合併，会社分割，株式交換及び株式移転　第3章　会社分割

を請求できるものとされている（本条Ⅲ）こととの均衡からしても，同様の保護を与えれば足りる。さらに，民法上の詐害行為取消権を行使した場合にも，詐害行為によって利益を受けた者または転得者は，詐害行為の目的となる財産を返還し，またはその価格を賠償するものとされていることとの均衡に配慮する必要があることが指摘されている（一問一答平成26年348頁）。

　承継した財産の価額とは，承継した財産のみの価額を意味するのか，それとも承継した財産の価額から承継した債務の額を差し引いた純財産を意味するのか，解釈問題が残る。この点については，従前から，承継した財産の価額を意味し承継した債務は控除しないと解されてきており（一問一答平成12年133頁等），本改正で新設された本条4項についても，同様に解釈すべきである（要綱概要73頁注281）。そのように解釈しないと，濫用的・詐害的な会社分割によって害される残存債権者の保護をまっとうできず（一問一答平成26年348-349頁），解釈論としても本条4項にいう「財産」とは積極財産のみを指すと解釈することが素直であるからである。他方，「財産」をそのように解釈すると，承継会社の既存債権者や承継債権者が害されるおそれがある。この点については，それらの者は直接履行請求をされるおそれがある会社分割に対し異議を述べることが可能であること（789Ⅰ②・799Ⅰ②），承継会社の既存債権者は，承継会社の責任が問われるのは悪意の場合に限られることから承継会社の取締役等の任務懈怠責任を追及できると解されている（要綱概要49頁）。

　本条4項により直接履行請求が認められる場合には，判決主文においては，相続財産の限定承認の場合と同様に，承継した財産の限度でいくらを支払えという記載になるとされる（要綱概要49頁）。相続財産の限定承認の場合と異なるのは，第1に吸収分割により承継された財産に限って執行が行われるのではなく承継会社の全資産を執行手続の対象にした上で責任限度額があること，第2に相続財産について実質的に破産手続と類似の清算手続が設けられ，他の相続債権者も同一の配当手続で取り扱われることになるのに対し，本条4項による直接履行請求権制度については清算手続が用意されていない点である。そのため，前述した「承継した財産の限度で支払え」という判決主文ではなく，「被告の責任は○○円を限度とする」と責任限度額を特定した上で，判決主文が記載されるとする説がある（田中亘「会社法改正の視点からみた濫用的会社分割」土岐＝辺見編34頁以下）。他の残存債権者や承継会社の債権者との差押えが競合して責任限度額が問題になった場合に，承継会社は請求権異議の訴えを提起して「承継した財産の価額」について別途争う機会を残しておくべきである

第1節　吸収分割　第2款　株式会社に権利義務を承継させる吸収分割　§759

から（得津288-290頁），「承継した財産の限度で支払え」という主文で足りるとする説を支持すべきである。

7　請求の期間制限

本条4項の請求権については，民法上の詐害行為取消権の場合と同様に，請求の期間制限がある。すなわち，承継会社が本条4項の規定に基づき残存債権者に対する分割会社の債務を履行する責任を負う場合には，当該責任は，分割会社が残存債権者を害することを知って吸収分割をしたことを知った時から2年以内に同項による請求またはその予告をしない当該債権者についてはその期間を経過した時に消滅し，また，効力発生日から10年を経過したときも，消滅する（本条Ⅵ）。

平成29年民法改正に伴う会社法改正により，詐害行為取消権の出訴期間の制限が行為の時から20年であったのが10年に短縮されたことに伴い，直接履行請求権の請求に係る期間制限も効力発生日から10年に短縮された。なお，民法426条と異なり，請求だけではなくその予告を加えている理由は，残存債権者の分割会社に対する債権に条件や期限が付されている場合には，当該債権者が，分割会社が当該債権者を害することを知って会社分割をしたことを知った時から2年以内に本条4項の規定による請求をすることができない場合があり得ることを考慮したためである（一問一答平成26年351頁注）。

8　倒産手続との調整

破産管財人等に否認権が認められている破産手続開始の決定，再生手続開始の決定または更生手続開始の決定があったときは，残存債権者は，本条4項の規定による請求権を行使することができない（本条Ⅶ）。残存債権者による権利行使には，訴訟外または訴訟上の請求だけでなく，当該請求権に係る債務名義に基づく強制執行および保全執行など執行行為も含まれる（一問一答平成26年353頁注2）。

分割会社について倒産手続が開始された場合には，破産管財人等により否認権が行使される可能性がある。否認権と本条4項の直接履行請求権の実質的な要件および内容は類似していること，および，残存債権者が個別に倒産手続外で同項の規定による請求権を行使すると破産管財人等による否認権の行使との競合が生じ破産財団等の確保が事実上困難になることが懸念されることにかんがみると，分割会社の債権者の平等を測るため，倒産手続開始後は残存債権者

〔神　作〕

§759 第5編　組織変更，合併，会社分割，株式交換及び株式移転　第3章　会社分割

の個別的権利行使は認めないこととし，逸出資産の回復は専ら破産管財人等による否認権の行使に委ねることとしたものである（要綱概要49頁）。破産法107条2項は，法人の債務について有限責任を負う者がある場合において，当該法人について破産手続開始決定があったときは，当該法人の債権者は，当該法人の債務について有限責任を負う社員に対しその権利を行使できないと定め，かつ，中断受継という処理もされていない。本条7項と同様に，破産手続開始前は残存債権者が直接請求できるものの分割会社について破産手続が開始するとその権利は破産管財人にすべて集約的に帰属するという点で，同様のタイプの規律は，すでに破産法が採用しているところであった（山本ほか・前掲217-218頁〔山本〕）。

　もっとも，直接履行請求権制度と否認権制度は趣旨・目的が異なっており，本条4項の規定による直接履行請求権の要件と否認権の要件がまったく同一に解釈される保障があるわけではないから，破産管財人等が否認の訴えを提起してもそれが認められないことはあり得る。

　本条4項の規定による請求権は，分割会社の請求権ではなく，残存債権者に固有の請求権であるから，破産管財人等がこの請求権を行使することはできない。また，詐害行為取消権と異なり，当該請求権に係る訴訟の継続中に分割会社について破産手続等の開始の決定がされた場合であっても，当該訴訟手続が中断し，破産管財人等がこれを受継することはない。残存債権者の直接履行請求権は，個々の残存債権者を個別的に保護するための制度であり，総債権者のために責任財産の保全を図る破産管財人等の否認権とは制度趣旨が異なり，破産法45条2項のような受継を認めないと整理された（法制審議会会社法制部会第23回会議議事録17-18頁〔坂本三郎〕）。

　したがって，詐害行為取消訴訟を提起せずに本条4項に基づく直接履行請求権の行使を主張して訴えを提起していた場合において，分割会社について倒産手続開始の決定があったときは，それまでの訴訟活動は無意味になるという問題点がある。さらに，分割会社に加え承継会社についても倒産手続が開始された場合には，①分割会社の破産管財人等が否認権を行使しても価額償還請求をせざるを得ない部分が多く，②会社分割から時間が経過するなどして承継会社の新債務が多額であり，③価額償還請求権の金額より残存債権の総額のほうが多いときは，本条4項による直接請求権を行使するほうが残存債権者に有利であるとして，破産管財人等が否認権を行使しないときは，残存債権者による直接履行請求権の行使を認めるべきであるとの改正提案がなされている

〔神　作〕

第1節　吸収分割　第2款　株式会社に権利義務を承継させる吸収分割　§759

（岡・否認権43頁）。

　なお，残存債権者が本条4項の規定による直接履行請求権を行使し，承継会社から弁済を受けた後に，分割会社について破産手続開始等の決定がされた場合については，調整規定が置かれていない。その理由は，改正前法においてすでに認められている本条3項の規定に基づく請求権が行使され，その後分割会社について破産手続開始等の決定がされた場合にも同様の状況が生じるが，この場合については，何ら調整規定が置かれていないこととの平仄を図ったためである（一問一答平成26年354頁）。

9　民法上の詐害行為取消権との関係

　本条4項の規定に基づく直接履行請求権の新設により，民法上の詐害行為取消権の行使はできなくなるのか，それとも両者は独立して行使することができるかが問題になる。明文の規定は置かれなかったが，両者は，独立して行使し得るものと解される（要綱概要73頁注280，一問一答平成26年356頁，伊藤ほか・前掲1070頁）。

　本条4項の規定に基づく直接請求権は，民法上の詐害行為取消権と異なり，総債権者のために責任財産を保全するための権利ではなく，個々の残存債権者に固有の権利であり，両者はその目的を異にしており，直接履行請求権は，民法上の詐害行為取消権の特則ではないからである。分割会社に破産手続等が開始される可能性がある場合には，詐害行為取消訴訟を提起すべきであり，また，承継会社が会社分割後の事業失敗や資産処分等により支払能力がなくなった場合には，価額償還に代えて詐害行為取消権行使により特定資産の返還を求めるほうが有利な場合もあり，詐害行為取消訴訟も併せて提起する実益がある（浅田16頁）。

　なお，直接履行請求権と民法上の詐害行為取消権の競合が生じたときについても，会社法は調整規定を置いていない。その理由は，このような競合は，改正前法の下でも本条3項の規定による請求権について生じ得るが，改正前法はそれについて調整規定を置いていないこととの平仄を図ったものである（一問一答平成26年355頁）。

　平成29年民法改正の中間試案の段階では，詐害行為取消権を債務者の責任財産保全のための制度として純化させた上で，債権者は詐害行為の全部の取消しを請求することができるものとしていたが，このような制度の下では濫用的会社分割に詐害行為取消権の行使を認めることは適当ではなく，本条4項の直

〔神 作〕

§ 759

第5編　組織変更，合併，会社分割，株式交換及び株式移転　第3章　会社分割

接履行請求権による解決をもって民法上の詐害行為取消権の規定の特則と理解し，詐害行為取消権の規定の適用は排除されると解すべきであると唱える見解があった（高須順一「債権法改正作業と濫用的会社分割」土岐＝辺見編59-63頁）。なお，残存債権者に対し承継会社への直接履行請求権を認める解決は，受益者の下での執行容認という詐害行為取消権の法的性質に関する有力学説である責任説に基づくものと理解する見解がある（高須・前掲61頁，その他，法制審議会民法（債権関係）部会第41回会議議事録49頁［岡正晶］および第43回会議議事録7頁［潮見佳男］参照）。しかし，直接履行請求権はそれを主張する残存債権者の個別の権利であってすべての残存債権者のために責任財産を保全するための制度ではなく，ましてや分割会社のすべての債権者のために責任財産を保全するための制度として設計されているわけではないから，責任説に基づく詐害行為取消権の特則とみることはできない。

　直接履行請求権は，詐害行為取消権とは別個独立の制度であると理解した上で，本条4項による救済が認められた以上は，詐害行為取消権の行使は認められないと説く見解や（鳥山・前掲131頁），現物返還が望ましい場合に限って詐害行為取消権の行使が認められるとする見解（笠原・会社分割32-33頁）が唱えられている。たしかに，詐害行為取消しの法的効果の原則が現物返還であるとすると，より適切かつ合理的な処理を行うために直接履行請求をすることを原則とすべきであるとする考え方にも一理ある（片山30頁）。しかし，詐害行為取消しの訴えには，分割会社について倒産手続の開始が決定される場合を想定して受継を念頭に置いていたり，不動産等が承継され現物返還を求めたりしたい場合には固有のメリットがある。本条4項の直接履行請求権の創設は，従来認められてきたこのようなメリットを剥奪する趣旨ではなく，むしろ残存債権者のための法的救済の選択肢を増やし，エンフォースメントを強化することにあったと考えらえる。

　本条4項に基づく直接履行請求権は，訴えによる必要がないため，残存債権者は，まずは本条4項に基づく履行を求めるのが便宜であり，残存債権者が銀行であり承継会社が当該銀行に預金を有している場合には，相殺による回収も可能になると指摘されている（井上聡＝松尾博憲編著・金融法務債権法改正〔金融財政事情研究会，2017〕81頁）。しかし，直接履行請求権は分割会社に破産手続等が開始されると行使できず破産管財人等による受継がなされないため，分割会社が破産手続に入る懸念がある場合には受継を念頭に詐害行為取消訴訟を提起することが考えられるとされる（井上＝松尾編著・前掲81頁）。むしろ，分割

722

〔神　作〕

第1節　吸収分割　第2款　株式会社に権利義務を承継させる吸収分割　§759

会社について破産手続が開始されると，直接履行請求権に基づく訴えは完全に無意味となり訴訟費用分の負担も生じるので，直接履行請求の訴えを提起するメリットはまったくなく，詐害行為取消権の行使によるべきであると指摘する見解もある（邵谷19頁）。

　直接履行請求訴訟と詐害行為取消訴訟とが競合した場合の取扱いが問題になる。直接履行請求訴訟が先に確定し実現される場合と，詐害行為取消訴訟が先に確定し実現される場合とに分けて論じられている。直接履行請求訴訟が先に確定し支払がなされたときは，詐害行為取消訴訟においてはもはや現物返還ができなくなり，価額償還になって返還される賠償額から直接請求に基づいて承継会社が支払った額が控除されることにより調整が図られる。これに対し，詐害行為取消訴訟が先に確定すると，現物返還がされ，その結果，「承継した財産」の価額はなくなり，もはや直接履行請求はできなくなる（山本ほか・前掲216-217頁〔山本〕）。なお，詐害行為取消訴訟が先に確定し，価額償還がなされた場合には，財産の承継の効力は否定されていないから，直接履行請求における承継会社の責任は減少しないとする見解がある（田中・前掲土岐＝辺見編40頁）。

10　直接履行請求を受けた承継会社の分割会社に対する権利

　承継会社が分割会社の残存債権者に対し本条4項に基づく債務を負担する場合には，分割会社と承継会社が負担するそれぞれの債務は連帯債務の関係に立つ。平成29年改正民法の下では，連帯債務関係は，債務の目的がその性質上可分である場合において，① 法令の規定または ② 当事者の意思表示によって数人が連帯して債務を負担するときに発生し，債権者は，連帯債務者の1人に対し，または同時にもしくは順次にすべての連帯債務者に対し，全部または一部の履行を請求できるものと定められた（平29改正民436）。「民法（債権関係）の改正に関する中間試案の補足説明」によれば，連帯債務については判例上の不真正連帯債務に関する規律を原則的な連帯債務の規律として位置付ける趣旨であるとされる（同補足説明第16の3⑶）。平成29年改正民法における連帯債務関係の規定は，従来の不真正連帯債務を念頭に規定される一方，従来の真正連帯債務に対しても適用されるため，真正連帯債務と不真正連帯債務の区別は相対化したといえる。

　平成29年改正民法により，連帯債務関係においては，別段の意思を表示した場合を除き，同改正前民法においては絶対的効力事由であった履行の請求，

〔神　作〕

第5編　組織変更，合併，会社分割，株式交換及び株式移転　第3章　会社分割

§759

免除および消滅時効の絶対的効力が否定された。すなわち，更改，相殺および混同の場合を除き，連帯債務者の1人について生じた事由は，他の連帯債務者に対して原則としてその効力を生じない（平29改正民441）。

　一方の債務者が弁済によって共同の免責を得た場合には，免責を得た額が自己の負担部分を超えているかどうかにかかわりなく，他の連帯債務者に対し，その免責を得るために支出した財産の額のうち各自の負担部分に応じた額の求償権を有する（平29改正民442 I）。さらに，この求償は，弁済のその他免責があった日以後の法定利息および回避できなかった費用その他の損害の賠償を包含するものとされる（同条 II）。判例は，いわゆる不真正連帯債務については，自己の負担部分を超える出捐をしてはじめて他の連帯債務者に対して求償できるのに対し（最判昭和63・7・1民集42巻6号451頁），連帯債務については，連帯債務者の1人が自己の負担部分に満たない額の弁済をした場合であっても，他の連帯債務者に対して各自の負担部分の割合に応じた求償をすることができるとしていた（大判大正6・5・3民録23輯863頁）。平成29年改正民法は，後者を連帯債務の求償の一般的なルールとした。これは，連帯債務者の負担部分は，固定した数額ではなく，割合として債務額の全部に通じて存在しており，連帯債務者の1人が共同の免責を得るためにした出捐の中にも各自の負担に属する部分が存することを理由にする。さらに，一部求償を認めるほうが各債務者の負担を公平にし，自己の負担部分を超えない弁済についても求償を認めることで連帯債務の弁済が促進され，債権者にとって不都合は生じないと考えられることから，自己の負担部分を超えるかどうかにかかわらず，求償を認めることとしたものである。なお，民法442条1項括弧書の趣旨は，一般には，代物弁済等をした連帯債務者は，出捐額が共同免責額以下であるときには出捐額が基準となり，その出捐額が共同免責額を超える場合には超える部分は他の債権者に何ら利益を与えるものではないことから，求償の基準は共同免責額とされている（同項括弧書）。

　もっとも，濫用的・詐害的会社分割の場合には，吸収分割契約の定めるところに従い分割会社の権利義務が承継会社に承継されるから，吸収分割契約によっては承継されない債務について承継会社が本条4項に基づいて弁済した場合には，通常であれば承継会社はその全額を分割会社に対して求償することができると考えられる。しかし，負担部分について分割会社と承継会社の間で合意がなされることは考えられ，その場合には，上述した求償のルールに従う。なお，連帯債務者の1人との間の免除等と求償権については，平成29年改正

724　　　　　　　　　　　　　　　　　　　　　　　　　　　　　〔神作〕

第1節　吸収分割　第3款　持分会社に権利義務を承継させる吸収分割　　§761

民法445条に規律が設けられている。

　吸収分割の場合には，承継会社には会社分割の前から債権者や株主が存在する可能性がある。このような債権者や株主にとって，直接履行請求を受けた承継会社が分割会社に求償を求めない場合には，債権者については債権者代位権を行使したり，承継会社の役員の第三者責任を追及したりすること，株主については役員等の責任追及の訴えを提起することなどが考えられる（要綱概要49頁）。

（神作裕之）

（持分会社に権利義務を承継させる吸収分割の効力の発生等）

第761条　①　吸収分割承継持分会社は，効力発生日に，吸収分割契約の定めに従い，吸収分割会社の権利義務を承継する。

②　前項の規定にかかわらず，第789条第1項第2号（第793条第2項において準用する場合を含む。次項において同じ。）の規定により異議を述べることができる吸収分割会社の債権者であって，第789条第2項（第3号を除き，第793条第2項において準用する場合を含む。次項において同じ。）の各別の催告を受けなかったもの（第789条第3項（第793条第2項において準用する場合を含む。）に規定する場合にあっては，不法行為によって生じた債務の債権者であるものに限る。次項において同じ。）は，吸収分割契約において吸収分割後に吸収分割会社に対して債務の履行を請求することができないものとされているときであっても，吸収分割会社に対して，吸収分割会社が効力発生日に有していた財産の価額を限度として，当該債務の履行を請求することができる。

③　第1項の規定にかかわらず，第789条第1項第2号の規定により異議を述べることができる吸収分割会社の債権者であって，同条第2項の各別の催告を受けなかったものは，吸収分割契約において吸収分割後に吸収分割承継持分会社に対して債務の履行を請求することができないものとされているときであっても，吸収分割承継持分会社に対して，承継した財産の価額を限度として，当該債務の履行を請求することができる。

④　第1項の規定にかかわらず，吸収分割会社が吸収分割承継持分会社に承継されない債務の債権者（以下この条において「残存債権者」という。）を害することを知って吸収分割をした場合には，残存債権者は，吸収分割承継持分会社に対して，承継した財産の価額を限度として，当該債務の履行を請求することができる。ただし，吸収分割承継持分会社が吸収分割の効力が生じた時において残存債権者を害することを知らなかったときは，この限りでない。

⑤　前項の規定は，前条第7号に掲げる事項についての定めがある場合には，適用

〔神　作〕

725

§761 第5編　組織変更，合併，会社分割，株式交換及び株式移転　第3章　会社分割

しない。

⑥　吸収分割承継持分会社が第4項の規定により同項の債務を履行する責任を負う場合には，当該責任は，吸収分割会社が残存債権者を害することを知って吸収分割をしたことを知った時から2年以内に請求又は請求の予告をしない残存債権者に対しては，その期間を経過した時に消滅する。効力発生日から10年を経過したときも，同様とする。

⑦　吸収分割会社について破産手続開始の決定，再生手続開始の決定又は更生手続開始の決定があったときは，残存債権者は，吸収分割承継持分会社に対して第4項の規定による請求をする権利を行使することができない。

⑧　前条第4号に規定する場合には，吸収分割会社は，効力発生日に，同号に掲げる事項についての定めに従い，吸収分割承継持分会社の社員となる。この場合においては，吸収分割承継持分会社は，効力発生日に，同号の社員に係る定款の変更をしたものとみなす。

⑨　前条第5号イに掲げる事項についての定めがある場合には，吸収分割会社は，効力発生日に，吸収分割契約の定めに従い，同号イの社債の社債権者となる。

⑩　前各項の規定は，第789条（第1項第3号及び第2項第3号を除き，第793条第2項において準用する場合を含む。）若しくは第802条第2項において準用する第799条（第2項第3号を除く。）の規定による手続が終了していない場合又は吸収分割を中止した場合には，適用しない。

【文献】759条の注釈における【文献】に掲げた参考文献。

　本改正は，会社分割における債権者保護を強化するために，分割会社に知れていない債権者の保護と，濫用的・詐害的な会社分割に対応して残存債権者の保護を図った。分割会社に知れていない債権者の保護は，吸収分割と新設分割について共通した内容の規律である。濫用的・詐害的な会社分割における残存債権者の保護も，吸収分割と新設分割について共通の規律を設け，さらに濫用的・詐害的な事業譲渡についても同様の規律を導入した。持分会社に権利義務を承継させる吸収分割についても，分割会社に知れていない債権者の保護と（本条ⅡⅢ），濫用的・詐害的な会社分割に対応して残存債権者に承継会社に対する直接履行請求権を付与することにより保護（本条Ⅳ-Ⅶ）を図った。本条に係る本改正の内容は，株式会社に権利義務を承継させる吸収分割に係る759条と実質的に同一であるため，参考文献を含め，同条の注釈に譲る。

（神作裕之）

第2節　新設分割　第2款　株式会社を設立する新設分割　　§763

（株式会社を設立する新設分割計画）

第763条①　1又は2以上の株式会社又は合同会社が新設分割をする場合におい
て，新設分割により設立する会社（以下この編において「新設分割設立会社」と
いう。）が株式会社であるときは，新設分割計画において，次に掲げる事項を定
めなければならない。

1　株式会社である新設分割設立会社（以下この編において「新設分割設立株式
　会社」という。）の目的，商号，本店の所在地及び発行可能株式総数

2　前号に掲げるもののほか，新設分割設立株式会社の定款で定める事項

3　新設分割設立株式会社の設立時取締役の氏名

4　次のイからハまでに掲げる場合の区分に応じ，当該イからハまでに定める事
　項

　イ　新設分割設立株式会社が会計参与設置会社である場合　新設分割設立株式
　　会社の設立時会計参与の氏名又は名称

　ロ　新設分割設立株式会社が監査役設置会社（監査役の監査の範囲を会計に関
　　するものに限定する旨の定款の定めがある株式会社を含む。）である場合
　　新設分割設立株式会社の設立時監査役の氏名

　ハ　新設分割設立株式会社が会計監査人設置会社である場合　新設分割設立株
　　式会社の設立時会計監査人の氏名又は名称

5　新設分割設立株式会社が新設分割により新設分割をする会社（以下この編に
　おいて「新設分割会社」という。）から承継する資産，債務，雇用契約その他
　の権利義務（株式会社である新設分割会社（以下この編において「新設分割株
　式会社」という。）の株式及び新株予約権に係る義務を除く。）に関する事項

6　新設分割設立株式会社が新設分割に際して新設分割会社に対して交付するそ
　の事業に関する権利義務の全部又は一部に代わる当該新設分割設立株式会社の
　株式の数（種類株式発行会社にあっては，株式の種類及び種類ごとの数）又は
　その数の算定方法並びに当該新設分割設立株式会社の資本金及び準備金の額に
　関する事項

7　2以上の株式会社又は合同会社が共同して新設分割をするときは，新設分割
　会社に対する前号の株式の割当てに関する事項

8　新設分割設立株式会社が新設分割に際して新設分割会社に対してその事業に
　関する権利義務の全部又は一部に代わる当該新設分割設立株式会社の社債等を
　交付するときは，当該社債等についての次に掲げる事項

　イ　当該社債等が新設分割設立株式会社の社債（新株予約権付社債についての
　　ものを除く。）であるときは，当該社債の種類及び種類ごとの各社債の金額
　　の合計額又はその算定方法

　ロ　当該社債等が新設分割設立株式会社の新株予約権（新株予約権付社債に付

〔舩　津〕　　　　　　　　　　　　　　　　　　　　　　　　　　　　　727

§ 763　第5編　組織変更，合併，会社分割，株式交換及び株式移転　第3章　会社分割

されたものを除く。）であるときは，当該新株予約権の内容及び数又はその算定方法

ハ　当該社債等が新設分割設立株式会社の新株予約権付社債であるときは，当該新株予約権付社債についてのイに規定する事項及び当該新株予約権付社債に付された新株予約権についてのロに規定する事項

9　前号に規定する場合において，2以上の株式会社又は合同会社が共同して新設分割をするときは，新設分割会社に対する同号の社債等の割当てに関する事項

10　新設分割設立株式会社が新設分割に際して新設分割株式会社の新株予約権の新株予約権者に対して当該新株予約権に代わる当該新設分割設立株式会社の新株予約権を交付するときは，当該新株予約権についての次に掲げる事項

イ　当該新設分割設立株式会社の新株予約権の交付を受ける新設分割株式会社の新株予約権の新株予約権者の有する新株予約権（以下この編において「新設分割計画新株予約権」という。）の内容

ロ　新設分割計画新株予約権の新株予約権者に対して交付する新設分割設立株式会社の新株予約権の内容及び数又はその算定方法

ハ　新設分割計画新株予約権が新株予約権付社債に付された新株予約権であるときは，新設分割設立株式会社が当該新株予約権付社債についての社債に係る債務を承継する旨並びにその承継に係る社債の種類及び種類ごとの各社債の金額の合計額又はその算定方法

11　前号に規定する場合には，新設分割計画新株予約権の新株予約権者に対する同号の新設分割設立株式会社の新株予約権の割当てに関する事項

12　新設分割株式会社が新設分割設立株式会社の成立の日に次に掲げる行為をするときは，その旨

イ　第171条第1項の規定による株式の取得（同項第1号に規定する取得対価が新設分割設立株式会社の株式（これに準ずるものとして法務省令で定めるものを含む。ロにおいて同じ。）のみであるものに限る。）

ロ　剰余金の配当（配当財産が新設分割設立株式会社の株式のみであるものに限る。）

② 　新設分割設立株式会社が監査等委員会設置会社である場合には，前項第3号に掲げる事項は，設立時監査等委員である設立時取締役とそれ以外の設立時取締役とを区別して定めなければならない。

第2節　新設分割　第2款　株式会社を設立する新設分割　　　§764

　本改正によって，本条に，新設分割設立株式会社が監査等委員会設置会社である場合に新設分割計画において定めるべき設立時取締役の氏名については，設立時監査等委員である設立時取締役とそれ以外の設立時取締役とを区別すべきことを定める2項が追加された。

　追加された本条2項の規定の趣旨は，改正329条2項と同様に監査等委員である取締役の地位の独立性の確保を背景とするもの（一問一答平成26年30頁参照）であると考えられる。

（舩津浩司）

（株式会社を設立する新設分割の効力の発生等）

第764条①　新設分割設立株式会社は，その成立の日に，新設分割計画の定めに従い，新設分割会社の権利義務を承継する。

②　前項の規定にかかわらず，第810条第1項第2号（第813条第2項において準用する場合を含む。次項において同じ。）の規定により異議を述べることができる新設分割会社の債権者であって，第810条第2項（第3号を除き，第813条第2項において準用する場合を含む。次項において同じ。）の各別の催告を受けなかったもの（第810条第3項（第813条第2項において準用する場合を含む。）に規定する場合にあっては，不法行為によって生じた債務の債権者であるものに限る。次項において同じ。）は，新設分割計画において新設分割後に新設分割会社に対して債務の履行を請求することができないものとされているときであっても，新設分割会社に対して，新設分割会社が新設分割設立株式会社の成立の日に有していた財産の価額を限度として，当該債務の履行を請求することができる。

③　第1項の規定にかかわらず，第810条第1項第2号の規定により異議を述べることができる新設分割会社の債権者であって，同条第2項の各別の催告を受けなかったものは，新設分割計画において新設分割後に新設分割設立株式会社に対して債務の履行を請求することができないものとされているときであっても，新設分割設立株式会社に対して，承継した財産の価額を限度として，当該債務の履行を請求することができる。

④　第1項の規定にかかわらず，新設分割会社が新設分割設立株式会社に承継されない債務の債権者（以下この条において「残存債権者」という。）を害することを知って新設分割をした場合には，残存債権者は，新設分割設立株式会社に対して，承継した財産の価額を限度として，当該債務の履行を請求することができる。

〔神　作〕

729

§ 764

第5編　組織変更，合併，会社分割，株式交換及び株式移転　第3章　会社分割

⑤　前項の規定は，前条第1項第12号に掲げる事項についての定めがある場合には，適用しない。

⑥　新設分割設立株式会社が第4項の規定により同項の債務を履行する責任を負う場合には，当該責任は，新設分割会社が残存債権者を害することを知って新設分割をしたことを知った時から2年以内に請求又は請求の予告をしない残存債権者に対しては，その期間を経過した時に消滅する。新設分割設立株式会社の成立の日から10年を経過したときも，同様とする。

⑦　新設分割会社について破産手続開始の決定，再生手続開始の決定又は更生手続開始の決定があったときは，残存債権者は，新設分割設立株式会社に対して第4項の規定による請求をする権利を行使することができない。

⑧　前条第1項に規定する場合には，新設分割会社は，新設分割設立株式会社の成立の日に，新設分割計画の定めに従い，同項第6号の株式の株主となる。

⑨　次の各号に掲げる場合には，新設分割会社は，新設分割設立株式会社の成立の日に，新設分割計画の定めに従い，当該各号に定める者となる。

　1　前条第1項第8号イに掲げる事項についての定めがある場合　同号イの社債の社債権者

　2　前条第1項第8号ロに掲げる事項についての定めがある場合　同号ロの新株予約権の新株予約権者

　3　前条第1項第8号ハに掲げる事項についての定めがある場合　同号ハの新株予約権付社債についての社債の社債権者及び当該新株予約権付社債に付された新株予約権の新株予約権者

⑩　2以上の株式会社又は合同会社が共同して新設分割をする場合における前2項の規定の適用については，第8項中「新設分割計画の定め」とあるのは「同項第7号に掲げる事項についての定め」と，前項中「新設分割計画の定め」とあるのは「前条第1項第9号に掲げる事項についての定め」とする。

⑪　前条第1項第10号に規定する場合には，新設分割設立株式会社の成立の日に，新設分割計画新株予約権は，消滅し，当該新設分割計画新株予約権の新株予約権者は，同項第11号に掲げる事項についての定めに従い，同項第10号ロの新設分割設立株式会社の新株予約権の新株予約権者となる。

【文献】759条の注釈における【文献】に掲げた参考文献。

〔神　作〕

第2節　新設分割　第2款　株式会社を設立する新設分割　　　　§764

序

　本改正は，会社分割における債権者保護を強化するために，分割会社に知れ
ていない債権者の保護と，濫用的・詐害的な会社分割における残存債権者の保
護を図った。分割会社に知れていない債権者の保護は，吸収分割と新設分割に
共通した内容の規律である。また，濫用的・詐害的な会社分割における残存債
権者の保護も，吸収分割と新設分割について共通の規律を設け，さらに濫用
的・詐害的な事業譲渡についても同様の規律を導入した。株式会社の新設を伴
う新設分割の法的効果について規律する本条についても，分割会社に知れてい
ない債権者の保護を強化し（本条ⅡⅢ），濫用的・詐害的な新設分割が行われ
たときは分割会社の残存債権者に新設分割設立会社（以下，「新設会社」という）
に対する直接履行請求権を付与する改正を行った（本条Ⅳ-Ⅶ）。本改正による
本条の内容は，承継会社が吸収分割の効力が生じた時において残存債権者を害
することを知らなかったときは，残存債権者は直接履行請求権を有しないと定
める759条4項ただし書に相当する規定がない点を除き，承継会社に権利義務
を承継させる吸収分割の効果について定める同条の規律と実質的に同一である
ため，参考文献を含め，基本的に同条の注釈に譲り，以下では，新設分割に固
有の論点と特徴についてのみ述べる。

Ⅰ　新設分割における詐害性・有害性

　裁判例に現れた濫用的・詐害的な会社分割は，新設分割とりわけ単独新設分
割の事案が多い。その理由としては，単独新設分割は，吸収分割と異なり分割
会社における手続のみによって行い得る単独行為であり，同一企業における企
業内再編であるためであると考えられる。残存債権者を害する濫用的・詐害的
な会社分割であっても，会社法上は残存債権者の関与なく会社分割手続を進め
ることができるため，残存債権者が害されるおそれがとくに大きい。もっと
も，独立した当事会社間において吸収分割が行われる場合と異なり，単独新設
分割の場合には，新設分割に際して新設会社から必ず当該新設会社の株式が分
割会社に発行されるため，基本的に相当対価を取得していると考えられ，分割
会社の責任財産が当然に減少しているとはいえない。また，新設分割の対象と
なる分割会社の権利義務を承継するとともに新設会社が設立される新設分割に

〔神　作〕　　　　　　　　　　　　　　　　　　　　　　　　　　　　　　731

おいては，吸収分割の場合と異なり，分割会社の権利義務を承継する側の新設会社には当該新設分割の前から行われている事業や固有の債権者が存在しないため，詐害性・有害性を認定する場合に考慮すべき利害関係が吸収分割の場合に比べて単純であるといえよう。

単独新設分割により，分割会社の企業価値が高まるといえるか。たしかに，分割会社の比較的良好な事業を新設会社に切り出すことによりコングロマリット・ディスカウントを解消するという意味での事業価値の増加はあり得る。しかし，単独新設分割の場合には，吸収分割のように他の会社の事業と合同することによるシナジー効果の発生が見込めるわけではない。

ただし，共同新設分割の場合には，複数の当事会社が交渉して新設分割計画を定め，合同行為として新設分割が行われる。当事会社が独立当事者であれば新設分割の条件がある当事会社にとって不利であり当該会社の残存債権者が害される危険はそれほど大きくないと考えられる。しかし，複数の当事会社の間に支配従属関係や共通支配関係がある場合には，グループ会社間で権利義務を恣意的に配分することにより特定の分割会社の残存債権者を狙い撃ちにした共同新設分割がなされるおそれがある。また，独立対等な会社同士で共同新設分割がなされる場合であっても，交渉力の格差などにより一方の分割会社に不利な条件が定められることによって当該会社の責任財産が減少し，その結果当該会社の残存債権者が害されることがないとはいえないであろう。

上述したような単独新設分割の特徴から，単独新設分割において分割会社の責任財産の減少に基づく詐害性・有害性がどのような場合に認められるのか，検討を要する。すなわち，分割会社の金融資産や不動産を新設分割による承継の対象にして，分割会社が新設会社の株式を対価として取得した場合には，単独新設分割の効力発生時点において対価が不相当であり分割会社の責任財産が減少したと評価される場合は限定的であると考えられる。たしかに，たとえ対価が相当であるとしても，隠匿や無償供与が容易な財産に変換されているという理由から，詐害性を肯定する立場がある。東京地判平成22・5・27（判時2083号148頁）およびその控訴審判決である東京高判平成22・10・27（金法1910号77頁）は，新設分割の事案であったが，分割会社の保有するほとんどの無担保資産が逸出し，その対価として取得した新設会社の株式は非上場会社であるためその株式の流動性は乏しく，当該株式の価値の保全に著しい困難が伴うこと，および強制執行の手続においても財産評価や換価に著しい困難を伴うことから，責任財産の減少を認めた。また，新設分割に詐害行為取消しを認め

第2節　新設分割　第2款　株式会社を設立する新設分割　　§764

た最判平成24・10・12（民集66巻10号3311頁）は，分割会社の主たる資産で
ある土地・建物と短期借入金等の負債を承継し，分割会社は承継債務について
重畳的債務引受をし，当該新設分割の時点において，新設分割により新設会社
に承継された不動産には約3300万円の担保余力があった事案であった。第1
審判決および控訴審判決は，非上場会社の株式は換価の困難性に起因する減価
が生じる可能性があり，新設会社の株式価値はその後の新設会社の事業活動に
よって大きく左右されるため，新設分割の時点において新設会社の事業の存続
可能性に疑問が存するような場合においては，承継した権利義務の価値を新設
会社の株式価値が下回り共同担保としての実質的効力の削減があり得ると判示
した。

　しかしながら，これらの裁判例から，新設分割の対価が非上場会社の株式で
ある場合には，当該財産の性質から，分割会社の一般財産が実質的に毀損され
るという準則を導くことには慎重であるべきである。もしもそのような一般論
が成り立つとすると，分割会社が債務超過である場合には，およそすべての会
社分割が詐害行為取消しまたは否認の対象になり，また本条4項の新設会社に
対する直接履行請求権が生じ得るということになりかねない。企業再生・再建
の有力な法的手段である会社分割の効用が減殺されるおそれが大きい。会社分
割の対価が非上場会社の株式である場合のみならず，詐害行為取消権・否認権
に係る判例・通説を前提にすれば，対価が金銭や流動性の高い有価証券である
場合であっても，対価の財産としての性質に基づき詐害行為取消しや否認の対
象になりかねない。そのような解釈論の下では，会社分割制度の法的安定性が
大きく損なわれる危険もある（神作裕之「濫用的会社分割と詐害行為取消権（下）」
商事1925号〔2011〕42頁）。

　吸収分割や共同新設分割の場合においては，承継会社・新設会社から分割会
社に交付される対価が不相当である場合には，無資力要件の下すなわち分割会
社がそれにより債務超過になるかまたは債務超過の状態で会社分割を行ったと
いう制約の下で，分割会社の責任財産が減少し本条4項にいう「（残存債権者
を）を害する」場合が生じ得る。しかし，単独新設分割の場合には，一般的に
は相当の対価が新設会社から分割会社に交付されているといえる。そのため，
責任財産の減少が認められるのは，新設分割計画が明らかに不合理であった
り，新設会社から交付された株式に基づく権利を適切に行使することにより新
設会社の株式価値の増加を通じて分割会社の企業価値を向上させようとする意
思と能力が分割会社には欠けていたりするなどの例外的な場合にとどまるとい

〔神　作〕

えよう。分割会社が新設分割と同時に事業活動を停止し企業としての実体を失っているような場合には，分割会社の存立という観点からは正当性および合理性を見出し難く，濫用的・詐害的な新設分割であることが事実上推定されるであろう。また，濫用的・詐害的な会社分割において散見される，分割会社が保有する新設会社の株式の価値を会社分割後に新設会社が大規模な第三者割当増資をすることによって希釈化したり，新設会社の株式を分割会社の関係者に無償または廉価で譲渡したりする場合には，回顧的な観点であるが，分割会社の責任財産を逸失させることが当初から計画されていた可能性があり，相当対価であっても隠匿等の処分のおそれと意図を認定し得るであろう。単独新設分割により分割会社が相当対価を取得した場合であっても分割会社に隠匿等の処分のおそれと意思が認められる場合には，本条4項にいう「〔残存債権者を〕害する」場合に該当する。

　残存債権者と新設会社が承継した債務に係る債権者との弁済率の相違などの実質的な不衡平な取扱いが「〔残存債権者を〕害する」に該当し得るかどうか等についての論点を含め，他の論点は吸収分割の場合と同様であるため，759条の注釈に譲る。

II　新設会社の善意・悪意（本条4項）

　本改正は，濫用的・詐害的な吸収分割が行われた場合において，承継会社に不測の損害を与えないように，承継会社が吸収分割の効力が生じた時において残存債権者を害することを知らなかったときは，当該債権者が承継会社に対して債務の履行を請求することはできないこととした（759 IV ただし書）。ところが，濫用的・詐害的な会社分割が新設分割によって行われた場合に係る本条4項には，吸収分割の場合に係る759条4項ただし書に相当する規定はない。濫用的・詐害的な新設分割が行われた場合には，新設会社が，本件新設分割により分割会社の債権者が害されることについて善意であったかどうかは問わない趣旨である。

　なお，民法424条の特則と解されている持分会社の設立取消しの訴えにおいても，同条1項ただし書に相当する規定は置かれていない（832参照）。すなわち，受益者たる会社の悪意は必要とされていない。もっとも，持分会社の設立取消しの訴えにおいては，取消しの原因が一部の社員のみにある場合には，他の社員全員の同意により当該持分会社を継続することができるものとされてい

第 2 節　新設分割　第 2 款　株式会社を設立する新設分割　　§764

る（845）。また，設立取消しがなされると，解散の場合に準じて清算手続に移
行し（644③），したがって，取消しを求めた社員の債権者は，出資の取戻しを
求めることができないことになる。

　仮に，新設会社の善意・悪意を問題にするとしたら，誰について主観的要件
を判断することになるのであろうか。吸収分割に係る759条4項とパラレルに
考えるならば，新設分割の効力が生じた時において新設会社が残存債権者を害
することを知っていたかどうかが問題になる。新設分割においては，事業譲渡
のように権利が個別に承継され義務が個々に引き受けられるのではなく，新設
分割計画の定めに基づき新設分割に付与された法律上の効果として，新設分割
の対象である権利義務が新設会社に一般承継される（本条I）。すなわち，会社
分割に対しては，新設分割計画という私的自治に基づく決定により，新設分割
の対象である権利義務が法定の時点において一般承継されるという法律上の効
果が付与されているのである。その法定の日とは，新設会社の成立の日（本条
I），すなわち本店所在地において設立の登記をした日である（49）。新設分割
の場合には，新設会社が成立するのは新設分割の効力が発生した日であり，ま
さにそれと同時に会社分割の効力も発生するのである。

　合資会社の設立について詐害行為取消権の行使を認めた大判大正7・10・28
（民録24輯2195頁）は，この論点につき，次のように判示した。「会社カ詐害行
為ニ依ル受益者タル場合ニ於テ其受益者タル会社カ債権者ヲ害スル事実ヲ知リ
タルヤ否ヤノ問題ハ会社ノ社員其他ノ代表者カ之ヲ知リタルヤ否ヤニ依リテ決
スヘキモノトス。而シテ会社ノ設立行為カ詐害行為ナル場合ニ於テハ設立者カ
債権者ヲ害スヘキ事実ヲ知リタルトキハ会社ニ於テ之ヲ知リタルモノト認ムル
ヲ相当トス」。判例は，民法上の詐害行為取消権の規律の解釈について，会社
の設立行為を取り消した場合における受益者の善意を，発起人について判断し
ていると考えられる。

　ところが，会社分割においては，発起人は存在しない。平成9年改正前商法
の下では，新設合併につき，設立委員制度が設けられており，定款の作成その
他設立に関する行為は，各会社が選任した設立委員が共同してすることとされ
（同法56Ⅲ），罰則規定との関係では設立委員は発起人とみなされていた（同法
500）。しかし，定款記載事項の内容は，合併当事会社自体がその業務執行機関
により決定するものであり，また，その他の設立に関する行為の意義が不明で
あるという疑問が提起され，合併手続の簡素化という平成9年改正商法の目的に
もかんがみ，設立委員制度は廃止された（新注会（第4補巻）258頁注62［前田庸］）。

〔神　作〕

第5編　組織変更，合併，会社分割，株式交換及び株式移転　第3章　会社分割

§764

　会社法の下で新設型の組織再編行為も，平成9年改正商法の規律を引き継いで設立委員を設けなかった。単独新設分割においては，実質的には分割会社が発起人の機能を果たすと考えられる。そして，会社分割は組織法上の行為であり，代表取締役によりなされる必要があるから，受益者が善意かどうかの判断は，分割会社の代表取締役について判断するべきであり，そうであるとすると，定型的に悪意の要件は充たされるものと考えられる。株主の主観的要件を問題にするにしても，単独新設分割の場合には，新設会社の株主となるのは分割会社であるため，結果的には分割会社の代表取締役であると解することになると考えられる。そうであるとすると，単独新設分割の場合には，新設会社の悪意の要件は定型的に充たされると考えられ，新設会社を保護する規定は必要ないということになろう。

　もっとも，新設分割後に新設会社の株主構成に変動があった場合には，株主保護のためにその主観的要件を問題にする余地が生じるという考え方もあり得る。しかし，受益者の善意は，本条4項の対象である濫用的・詐害的な会社分割の効力が発生した日において判断すべきであるから，株主のその後の変動によって左右されないと解すべきであろう。

　解釈論上問題となり得るのは，共同新設分割が独立当事者間でなされたようなケースであろう。新設分割計画の定めが一方の当事会社にとって不利益な条件であり，「〔残存債権者を〕害する」と評価される場合において，他方の当事会社がそのことについて善意である可能性があり得るからである。この場合には，残存債権者を害していない共同新設分割の当事会社について759条4項ただし書を類推適用する余地があると考えられる。

　なお，詐害信託については，受託者の主観的要件を問わず委託者の債権者は詐害行為取消しの訴えを提起できるとした上で，受益者の主観を問題にし，「受益者としての指定……を受けたことを知った時（受益権を譲り受けた者にあっては，受益権を譲り受けた時）」を基準に善意かどうかを判断するものとするなど，立法により明確なルールを定めている。とりわけ，詐害信託の場合には，債権者は，受益者を被告として当該受益権の委託者への譲渡しを請求する訴えを認めている（信託11。なお，同法23ⅡⅢも参照）。新設分割の場合も，詐害信託において受託者の主観的要件を問題にしないのと同様に，会社法は，新設会社の善意悪意を問題にしていない。さらに，会社法は，会社分割を物的分割に限ることとし，新設会社の発行する株式が分割会社に交付されることを原則としている。すなわち，詐害信託に即していえば，委託者と受益者が一致

736　　　　　　　　　　　　　　　　　　　　　　　　　　　　〔神　作〕

第2節　新設分割　第3款　持分会社を設立する新設分割　　　　　　　§766

しているケースといえる。共同新設分割の場合には、新設会社の株式は新設分割の各当事会社に交付されているため、ある当事会社の残存債権者は害されているものの、他の当事会社の残存債権者が害されていないケースは、実質的に吸収分割のケースと類似しており、詐害信託に係る信託法の規律を参考にしても、残存債権者を害していない当事会社の主観を問題にすべき場合があると考えられる。なお、共同新設分割の当事会社の間に支配従属関係や同一の企業グループに属しているといった関係がある場合には、759条4項ただし書を類推適用する必要はないであろう。この点については、同条の注釈に譲る。

（神作裕之）

（持分会社を設立する新設分割の効力の発生等）

第766条①　新設分割設立持分会社は、その成立の日に、新設分割計画の定めに従い、新設分割会社の権利義務を承継する。

②　前項の規定にかかわらず、第810条第1項第2号（第813条第2項において準用する場合を含む。次項において同じ。）の規定により異議を述べることができる新設分割会社の債権者であって、第810条第2項（第3号を除き、第813条第2項において準用する場合を含む。次項において同じ。）の各別の催告を受けなかったもの（第810条第3項（第813条第2項において準用する場合を含む。）に規定する場合にあっては、不法行為によって生じた債務の債権者であるものに限る。次項において同じ。）は、新設分割計画において新設分割後に新設分割会社に対して債務の履行を請求することができないものとされているときであっても、新設分割会社に対して、新設分割会社が新設分割設立持分会社の成立の日に有していた財産の価額を限度として、当該債務の履行を請求することができる。

③　第1項の規定にかかわらず、第810条第1項第2号の規定により異議を述べることができる新設分割会社の債権者であって、同条第2項の各別の催告を受けなかったものは、新設分割計画において新設分割後に新設分割設立持分会社に対して債務の履行を請求することができないものとされているときであっても、新設分割設立持分会社に対して、承継した財産の価額を限度として、当該債務の履行を請求することができる。

④　第1項の規定にかかわらず、新設分割会社が新設分割設立持分会社に承継されない債務の債権者（以下この条において「残存債権者」という。）を害することを知って新設分割をした場合には、残存債権者は、新設分割設立持分会社に対して、承継した財産の価額を限度として、当該債務の履行を請求することができ

§766 第5編　組織変更，合併，会社分割，株式交換及び株式移転　第3章　会社分割

る。
⑤　前項の規定は，前条第1項第8号に掲げる事項についての定めがある場合には，適用しない。
⑥　新設分割設立持分会社が第4項の規定により同項の債務を履行する責任を負う場合には，当該責任は，新設分割会社が残存債権者を害することを知って新設分割をしたことを知った時から2年以内に請求又は請求の予告をしない残存債権者に対しては，その期間を経過した時に消滅する。新設分割設立持分会社の成立の日から10年を経過したときも，同様とする。
⑦　新設分割会社について破産手続開始の決定，再生手続開始の決定又は更生手続開始の決定があったときは，残存債権者は，新設分割設立持分会社に対して第4項の規定による請求をする権利を行使することができない。
⑧　前条第1項に規定する場合には，新設分割会社は，新設分割設立持分会社の成立の日に，同項第3号に掲げる事項についての定めに従い，当該新設分割設立持分会社の社員となる。
⑨　前条第1項第6号に掲げる事項についての定めがある場合には，新設分割会社は，新設分割設立持分会社の成立の日に，新設分割計画の定めに従い，同号の社債の社債権者となる。
⑩　2以上の株式会社又は合同会社が共同して新設分割をする場合における前項の規定の適用については，同項中「新設分割計画の定めに従い，同号」とあるのは，「同項第7号に掲げる事項についての定めに従い，同項第6号」とする。

【文献】759条の注釈における【文献】に掲げた参考文献。

　本改正は，会社分割における債権者保護を強化するために，分割会社に知れていない債権者の保護と，濫用的・詐害的な会社分割の横行に対応するために残存債権者の保護を図った。分割会社に知れていない債権者の保護は，吸収分割と新設分割について共通した内容の規律である。濫用的・詐害的な会社分割における残存債権者の保護も，吸収分割と新設分割に共通の規律を設け，さらに事業譲渡についても同様の規律を導入した。このような一連の改正の一環として，持分会社に権利義務を承継させる新設分割の法的効果について規律する本条についても，分割会社に知れていない債権者の保護が図られるとともに（本条ⅡⅢ），濫用的・詐害的な会社分割に対応するために残存債権者に新設分割設立持分会社に対する直接履行請求権が付与された（本条Ⅳ-Ⅶ）。本条に係る本改正の内容は，承継会社が吸収分割の効力が生じた時において残存債権者を害することを知らなかったときは，残存債権者は承継会社に対し直接履行を

738　　　　　　　　　　　　　　　　　　　　　　　　〔神作〕

第2節　株式移転　　　　　　　　　　　　　　　　　　§773

請求することができないと定める759条4項ただし書に相当する規定がない点を除き，株式会社に権利義務を承継させる吸収分割に係る同条と実質的に同一であるため，参考文献を含め，同条の注釈に譲る。また，新設分割に固有の論点と特徴については，株式会社を設立する新設分割の場合と同一であるため，その効果について定める764条の注釈に譲る。

(神作裕之)

（株式移転計画）

第773条①　1又は2以上の株式会社が株式移転をする場合には，株式移転計画において，次に掲げる事項を定めなければならない。

1　株式移転により設立する株式会社（以下この編において「株式移転設立完全親会社」という。）の目的，商号，本店の所在地及び発行可能株式総数

2　前号に掲げるもののほか，株式移転設立完全親会社の定款で定める事項

3　株式移転設立完全親会社の設立時取締役の氏名

4　次のイからハまでに掲げる場合の区分に応じ，当該イからハまでに定める事項

　イ　株式移転設立完全親会社が会計参与設置会社である場合　株式移転設立完全親会社の設立時会計参与の氏名又は名称

　ロ　株式移転設立完全親会社が監査役設置会社（監査役の監査の範囲を会計に関するものに限定する旨の定款の定めがある株式会社を含む。）である場合　株式移転設立完全親会社の設立時監査役の氏名

　ハ　株式移転設立完全親会社が会計監査人設置会社である場合　株式移転設立完全親会社の設立時会計監査人の氏名又は名称

5　株式移転設立完全親会社が株式移転に際して株式移転をする株式会社（以下この編において「株式移転完全子会社」という。）の株主に対して交付するその株式に代わる当該株式移転設立完全親会社の株式の数（種類株式発行会社にあっては，株式の種類及び種類ごとの数）又はその数の算定方法並びに当該株式移転設立完全親会社の資本金及び準備金の額に関する事項

6　株式移転完全子会社の株主に対する前号の株式の割当てに関する事項

7　株式移転設立完全親会社が株式移転に際して株式移転完全子会社の株主に対してその株式に代わる当該株式移転設立完全親会社の社債等を交付するときは，当該社債等についての次に掲げる事項

　イ　当該社債等が株式移転設立完全親会社の社債（新株予約権付社債についてのものを除く。）であるときは，当該社債の種類及び種類ごとの各社債の金

第5編　組織変更，合併，会社分割，株式交換及び株式移転　第4章　株式交換及び株式移転

§773

額の合計額又はその算定方法

　　ロ　当該社債等が株式移転設立完全親会社の新株予約権（新株予約権付社債に付されたものを除く。）であるときは，当該新株予約権の内容及び数又はその算定方法

　　ハ　当該社債等が株式移転設立完全親会社の新株予約権付社債であるときは，当該新株予約権付社債についてのイに規定する事項及び当該新株予約権付社債に付された新株予約権についてのロに規定する事項

　8　前号に規定する場合には，株式移転完全子会社の株主に対する同号の社債等の割当てに関する事項

　9　株式移転設立完全親会社が株式移転に際して株式移転完全子会社の新株予約権の新株予約権者に対して当該新株予約権に代わる当該株式移転設立完全親会社の新株予約権を交付するときは，当該新株予約権についての次に掲げる事項

　　イ　当該株式移転設立完全親会社の新株予約権の交付を受ける株式移転完全子会社の新株予約権の新株予約権者の有する新株予約権（以下この編において「株式移転計画新株予約権」という。）の内容

　　ロ　株式移転計画新株予約権の新株予約権者に対して交付する株式移転設立完全親会社の新株予約権の内容及び数又はその算定方法

　　ハ　株式移転計画新株予約権が新株予約権付社債に付された新株予約権であるときは，株式移転設立完全親会社が当該新株予約権付社債についての社債に係る債務を承継する旨並びにその承継に係る社債の種類及び種類ごとの各社債の金額の合計額又はその算定方法

　10　前号に規定する場合には，株式移転計画新株予約権の新株予約権者に対する同号の株式移転設立完全親会社の新株予約権の割当てに関する事項

②　株式移転設立完全親会社が監査等委員会設置会社である場合には，前項第3号に掲げる事項は，設立時監査等委員である設立時取締役とそれ以外の設立時取締役とを区別して定めなければならない。

③　第1項に規定する場合において，株式移転完全子会社が種類株式発行会社であるときは，株式移転完全子会社は，その発行する種類の株式の内容に応じ，同項第6号に掲げる事項として次に掲げる事項を定めることができる。

　1　ある種類の株式の株主に対して株式移転設立完全親会社の株式の割当てをしないこととするときは，その旨及び当該株式の種類

　2　前号に掲げる事項のほか，株式移転設立完全親会社の株式の割当てについて株式の種類ごとに異なる取扱いを行うこととするときは，その旨及び当該異なる取扱いの内容

④　第1項に規定する場合には，同項第6号に掲げる事項についての定めは，株式移転完全子会社の株主（前項第1号の種類の株式の株主を除く。）の有する株式の数（前項第2号に掲げる事項についての定めがある場合にあっては，各種類の

第2節　株式移転　　　　　　　　　　　　　　　　　　§773

> 株式の数）に応じて株式移転設立完全親会社の株式を交付することを内容とする
> ものでなければならない。
> ⑤　前2項の規定は，第1項第8号に掲げる事項について準用する。この場合にお
> いて，前2項中「株式移転設立完全親会社の株式」とあるのは，「株式移転設立
> 完全親会社の社債等」と読み替えるものとする。

　本改正によって，本条に，株式移転設立完全親会社が監査等委員会設置会社
である場合に株式移転計画において定めるべき設立時取締役の氏名について
は，設立時監査等委員である設立時取締役とそれ以外の設立時取締役とを区別
すべきことを定める2項が追加されたほか，同項の追加に伴う項の繰下げに係
る技術的な修正が行われている。

　追加された本条2項の規定の趣旨は，改正329条2項と同様に監査等委員で
ある取締役の地位の独立性の確保を背景とするもの（一問一答平成26年30頁参
照）であると考えられる。

（舩津浩司）

〔舩　津〕　　　　　　　　　　　　　　　　　　　　　　　　　　　741

§ 777 第5編　組織変更，合併，会社分割，株式交換及び株式移転　第5章　組織変更，合併，会社分割，株式交換及び株式移転の手続

第 18 巻（§§ 775-816）増補

（新株予約権買取請求）

第 777 条①　株式会社が組織変更をする場合には，組織変更をする株式会社の新株予約権の新株予約権者は，当該株式会社に対し，自己の有する新株予約権を公正な価格で買い取ることを請求することができる。

②　新株予約権付社債に付された新株予約権の新株予約権者は，前項の規定による請求（以下この款において「新株予約権買取請求」という。）をするときは，併せて，新株予約権付社債についての社債を買い取ることを請求しなければならない。ただし，当該新株予約権付社債に付された新株予約権について別段の定めがある場合は，この限りでない。

③　組織変更をしようとする株式会社は，効力発生日の 20 日前までに，その新株予約権の新株予約権者に対し，組織変更をする旨を通知しなければならない。

④　前項の規定による通知は，公告をもってこれに代えることができる。

⑤　新株予約権買取請求は，効力発生日の 20 日前の日から効力発生日の前日までの間に，その新株予約権買取請求に係る新株予約権の内容及び数を明らかにしてしなければならない。

⑥　新株予約権証券が発行されている新株予約権について新株予約権買取請求をしようとするときは，当該新株予約権の新株予約権者は，組織変更をする株式会社に対し，その新株予約権証券を提出しなければならない。ただし，当該新株予約権証券について非訟事件手続法第 114 条に規定する公示催告の申立てをした者については，この限りでない。

⑦　新株予約権付社債券が発行されている新株予約権付社債に付された新株予約権について新株予約権買取請求をしようとするときは，当該新株予約権の新株予約権者は，組織変更をする株式会社に対し，その新株予約権付社債券を提出しなければならない。ただし，当該新株予約権付社債券について非訟事件手続法第 114 条に規定する公示催告の申立てをした者については，この限りでない。

⑧　新株予約権買取請求をした新株予約権者は，組織変更をする株式会社の承諾を得た場合に限り，その新株予約権買取請求を撤回することができる。

⑨　組織変更を中止したときは，新株予約権買取請求は，その効力を失う。

⑩　第 260 条の規定は，新株予約権買取請求に係る新株予約権については，適用しない。

742　　　　　　　　　　　　　　　　　　　　　　　　　　　　〔伊　藤〕

第1節　組織変更の手続　第1款　株式会社の手続　　　　　　　　§777

I　総　　説

1　本条改正の概要

　本条は，本改正前から存在する規定であり，株式会社が組織変更をする場合の新株予約権買取請求の手続等について定めるものである。本改正は，本条に6項，7項，10項を追加した。本改正前の6項，7項の項番号は，8項，9項にあらためられた。

　本条6項は，新株予約権証券が発行されている新株予約権について新株予約権買取請求をしようとするときの新株予約権証券の提出について定めるものである。本条7項は，新株予約権付社債券が発行されている新株予約権付社債に付された新株予約権について新株予約権買取請求をしようとするときの新株予約権付社債券の提出について定めるものである。本条10項は，新株予約権買取請求に係る新株予約権について新株予約権原簿の名義書換請求の規定(260)を適用しない旨を定めるものである。

2　株式買取請求権に関する本改正と本条

　株式買取請求権と，全部取得条項付種類株式の取得価格決定申立制度については，会社法制定後に事件数が急増するとともに，さまざまな実務的・理論的問題が生じていた（岩原紳作「総論」ジュリ1439号〔2012〕17頁，施行5年105頁以下に収められた諸論考参照）。そこで，本改正では，株式買取請求権について，主に濫用の防止のためにいくつかの手当てがなされるとともに，新株予約権買取請求権についても同様の手当てがなされた。例えば，株式買取請求・新株予約権買取請求の撤回制限の実効性を確保するための改正が行われており，本条の改正もその一環と位置付けることができる（社債，株式等の振替に関する法律の改正による買取口座制度の創設も，同様の目的によるものである）〔同制度については☞§118 II 1〔新株予約権・新株予約権付社債の場合〕〕。

　会社法制定時に，株式買取請求は，買取請求の相手方たる会社の承諾を得た場合に限り，撤回することができるものとされた（785 VII〔改正前785 VI〕・797 VII〔改正前797 VI〕・806 VII〔改正前806 VI〕）。このようなルールは，例えば上場会社において，とりあえず株式買取請求権を行使しておき，その後の株価の動向等を見ながら，市場での売却価格のほうが裁判所で決定される価格よりも有利であると判断した場合には，株式買取請求を撤回して株式を市場で売却すると

〔伊　藤〕

743

第5編　組織変更，合併，会社分割，株式交換及び株式移転　第5章　組織変
§777 更，合併，会社分割，株式交換及び株式移転の手続

いった投機的な株式買取請求を防止するために設けられた（立案担当201頁）。
そして，これと同様の趣旨から [☞会社法コンメ(18)§777 V 2 〔15頁〔遠藤美
光〕〕・§787 V 1 〔158頁〔柳明昌〕〕・§808 VI 〔342頁〔柳明昌〕〕]，新株予約権買取
請求についても，撤回の制限が定められた（本条 VIII 〔改正前本条 VI〕・787 VIII 〔改
正前787 VI〕・808 VIII 〔改正前808 VI〕）。しかしながら，このように撤回の制限が
定められていたにもかかわらず，例えば上場株式については，株式買取請求に
係る株式を市場で売却することによって，事実上，会社の承諾を得ることなく
株式買取請求を撤回するのと同様の結果を得られることが指摘され，これにつ
いての対処が必要だと考えられたわけである（中間試案補足説明第2部第4の1，
立案担当平成26年196頁以下）。

II　新株予約権証券の提出（本条6項）

1　新株予約権買取請求のための新株予約権証券の提出

本条6項本文は，新株予約権証券が発行されている新株予約権について新株
予約権買取請求をしようとするときは，当該新株予約権の新株予約権者は，組
織変更をする株式会社に対し，その新株予約権証券を提出しなければならない
旨を定める。

本改正によってこのような定めが追加されたのは，以下に述べるように，新
株予約権証券が発行されている新株予約権について，新株予約権買取請求の撤
回制限（本条 VIII 〔改正前本条 VI〕）の実効性を確保するためである（株券の提出に
ついて，立案担当平成26年200頁以下。新株予約権証券の提出についてのルールがそ
れと同趣旨であることについて，同201頁注142）。

すなわち，本改正前は，新株予約権証券が発行されている新株予約権につい
て本条に基づく新株予約権買取請求をする場合に，当該新株予約権証券の会社
への提出が要求されていなかった。ところが，新株予約権証券が請求者の手元
に残るとすれば，これが第三者に譲渡され，当該新株予約権証券に係る新株予
約権について善意取得（258 II）が生じるおそれがあった。これによって，株式
会社の承諾を得ずに新株予約権買取請求が撤回されたのと同様の結果が生じる
可能性があったわけである。また，新株予約権の譲渡が新株予約権買取りの効
力発生後に行われる場合には，株式会社は，新株予約権買取請求者に代金を支
払う義務を負うとともに，当該新株予約権証券の所持人を正当な新株予約権者
と扱わなければならないことになるおそれがあった。

744　　　　　　　　　　　　　　　　　　　　　　　　　　　　〔伊　藤〕

第1節　組織変更の手続　第1款　株式会社の手続　　§777

　他方で，新株予約権買取請求をした時から買取りの効力が生じる時までの間
に，請求者が新株予約権証券を保持し続ける法的利益はないと考えられ，本改
正によって，新株予約権証券が発行されている新株予約権について新株予約権
買取請求をしようとするときは，新株予約権証券を提出しなければならないも
のとされたのである。

　本条6項本文は，「新株予約権証券が発行されている新株予約権」としてい
るため，証券発行新株予約権（236 I ⑩・249 ③ニ）であっても，新株予約権証
券が発行されていないもの（288参照）については適用されない（株券発行会社
の株式であるが，株券が発行されていないものについて，久保田安彦「株式買取請求権
に係る規定の整備」鳥山恭一＝福島洋尚編・平成26年会社法改正の分析と展望〔金判
1461号〕〔2015〕90頁）。

2　新株予約権証券の提出を要しない場合

　本条6項ただし書は，新株予約権証券について非訟事件手続法114条に規定
する公示催告の申立てをした者については，1に述べた新株予約権証券の提出
を要しない旨を定める。新株予約権証券を喪失してこれを提出することができ
ない者が新株予約権買取請求権を行使することができなくなることは相当では
ないと考えられ，そのような者も，当該新株予約権証券について有価証券無効
宣言公示催告の申立て（非訟114）をしたのであれば，新株予約権証券を提出
しなくとも新株予約権買取請求ができることとされたのである（株券の提出に
ついて，立案担当平成26年201頁。新株予約権証券の提出についてのルールがそれと
同趣旨であることについて，同頁注142）。

　新株予約権証券について有価証券無効宣言公示催告の申立て（非訟114）を
した上で，当該新株予約権証券に係る新株予約権について買取請求をした者
は，公示催告手続を経て除権決定（同法106 I）を得れば，新株予約権証券の再
発行を請求することができる（291 II）。このようにして新株予約権証券が再発
行された場合に，新株予約権買取請求に係る代金の支払がされたにもかかわら
ず，当該新株予約権に関する新株予約権証券が請求者の手元に残る事態が生じ
ないよう，株式会社は，当該新株予約権証券と引換えに，その新株予約権買取
請求に係る新株予約権の代金を支払わなければならないものとする778条7項
（改正前778 VI）は残されることになった（株券の提出について，立案担当平成26年
201頁）。

　778条7項の文言上，同項が適用される場面に限定が付されていないが，新

〔伊藤〕

745

第5編　組織変更，合併，会社分割，株式交換及び株式移転　第5章　組織変
§777　更，合併，会社分割，株式交換及び株式移転の手続

株予約権買取請求の時にすでに新株予約権証券を提出した新株予約権者が，代
金の支払を受けるためにあらためて新株予約権証券を提出しなければならない
わけではない（株券の提出について，立案担当平成26年201頁注143）。

Ⅲ　新株予約権付社債券の提出（本条7項）

本条7項本文は，新株予約権付社債券が発行されている新株予約権付社債に
付された新株予約権について新株予約権買取請求をしようとするときは，当該
新株予約権の新株予約権者は，組織変更をする株式会社に対し，その新株予約
権付社債券を提出しなければならない旨を定める。また，同項ただし書は，当
該新株予約権付社債券について非訟事件手続法114条に規定する公示催告の申
立てをした者については，新株予約権付社債券の提出を要しない旨を定める。
　これらの規定の趣旨や，公示催告手続を経て新株予約権付社債券が再発行さ
れた場合の代金支払のための新株予約権付社債券の提出に関するルール（778
Ⅷ〔改正前778Ⅶ〕）は，Ⅱに述べた新株予約権証券の提出の場合と同様である
（規定の趣旨について，立案担当平成26年201頁注142）。

Ⅳ　新株予約権原簿の名義書換規定の不適用（本条10項）

本条10項は，260条の規定は，新株予約権買取請求に係る新株予約権につ
いては，適用しない旨を定める。同条は，新株予約権原簿の名義書換について
の規定であり，同条1項は，新株予約権を当該新株予約権を発行した株式会社
以外の者から取得した者は，当該株式会社に対し，当該新株予約権に係る新株
予約権原簿記載事項を新株予約権原簿に記載し，または記録することを請求す
ることができる旨を定める。本条10項によって，新株予約権買取請求に係る
新株予約権については，このような名義書換請求ができないことになる。
　本改正によってこのような定めが追加されたのは，以下に述べるように，証
券発行新株予約権ではなく，証券発行新株予約権付社債に付された新株予約権
でもない新株予約権（かつ，振替新株予約権ではないもの）について，新株予約権
買取請求の撤回制限（本条Ⅷ〔改正前本条Ⅵ〕）の実効性を確保するためである
（株主名簿の名義書換規定の不適用について，立案担当平成26年201頁。本条10項の
適用範囲は，文言上そのような新株予約権に限られないが，実際に同項の適用が問題に
なるのは，そのような新株予約権に限られるであろう。久保田・前掲91頁参照）。

746　　　　　　　　　　　　　　　　　　　　　　　　　　　　　〔伊　藤〕

第1節　組織変更の手続　第1款　株式会社の手続　　　　　　§778

すなわち，そのような新株予約権は意思表示によって譲渡できる（江頭804頁）〔☞会社法コンメ(6)§254 II 2〔158頁〔川口恭弘〕〕。そのため，新株予約権買取請求をした新株予約権者が請求後に当該新株予約権を譲渡し，そのような譲渡を理由とする新株予約権原簿の名義書換請求（260 I）を株式会社が拒絶できないとすれば（このような事情が名義書換を拒絶できる正当な理由に該当するかどうかは，明らかではなかった），株式会社の承諾を得ずに新株予約権買取請求が撤回されたのと同様の結果が生じることになる。そこで，このような場合について260条の規定の適用を除外し，新株予約権原簿の名義書換を請求することができないこととして，新株予約権の譲渡が株式会社に対抗されることを防ぐこととされた。

株式会社の承諾を得て新株予約権買取請求が撤回された場合（本条 VIII〔改正前本条 VI〕）や，新株予約権買取請求が効力を失った場合（本条 IX〔改正前本条 VII〕）には，そのような新株予約権は「新株予約権買取請求に係る」新株予約権とはいえないことから本条10項の適用はなく，新株予約権原簿の名義書換請求が可能だと考えられる（株主名簿の名義書換規定の不適用について，立案担当平成26年201頁以下）。新株予約権の価格の決定について協議が調わず，かつ，価格の決定の申立てもなく，新株予約権買取請求が撤回された場合（778 III）についても，同様に考えることができる（株主名簿の名義書換規定の不適用について，久保田・前掲90-91頁）。

（伊藤靖史）

（新株予約権の価格の決定等）

第778条① 新株予約権買取請求があった場合において，新株予約権（当該新株予約権が新株予約権付社債に付されたものである場合において，当該新株予約権付社債についての社債の買取りの請求があったときは，当該社債を含む。以下この条において同じ。）の価格の決定について，新株予約権者と組織変更をする株式会社（効力発生日後にあっては，組織変更後持分会社。以下この条において同じ。）との間に協議が調ったときは，当該株式会社は，効力発生日から60日以内にその支払をしなければならない。

② 新株予約権の価格の決定について，効力発生日から30日以内に協議が調わないときは，新株予約権者又は組織変更後持分会社は，その期間の満了の日後30日以内に，裁判所に対し，価格の決定の申立てをすることができる。

〔伊　藤〕

第5編　組織変更，合併，会社分割，株式交換及び株式移転　第5章　組織変
§778　更，合併，会社分割，株式交換及び株式移転の手続

③　前条第8項の規定にかかわらず，前項に規定する場合において，効力発生日から60日以内に同項の申立てがないときは，その期間の満了後は，新株予約権者は，いつでも，新株予約権買取請求を撤回することができる。

④　組織変更後持分会社は，裁判所の決定した価格に対する第1項の期間の満了の日後の法定利率による利息をも支払わなければならない。

⑤　組織変更をする株式会社は，新株予約権の価格の決定があるまでは，新株予約権者に対し，当該株式会社が公正な価格と認める額を支払うことができる。

⑥　新株予約権買取請求に係る新株予約権の買取りは，効力発生日に，その効力を生ずる。

⑦　組織変更をする株式会社は，新株予約権証券が発行されている新株予約権について新株予約権買取請求があったときは，新株予約権証券と引換えに，その新株予約権買取請求に係る新株予約権の代金を支払わなければならない。

⑧　組織変更をする株式会社は，新株予約権付社債券が発行されている新株予約権付社債に付された新株予約権について新株予約権買取請求があったときは，新株予約権付社債券と引換えに，その新株予約権買取請求に係る新株予約権の代金を支払わなければならない。

I　総　説

1　本条改正の概要

本条は，本改正前から存在する規定であり，株式会社が組織変更をする場合の新株予約権買取請求に係る新株予約権の価格の決定等について定めるものである。本改正は，本条3項について会社法の規定の項番号の変更（777条6項が8項にあらためられた）に伴う文言の修正をするとともに，本条に5項を追加した。本改正前の5項，6項，7項の項番号は，6項，7項，8項にあらためられた。

本条5項は，新株予約権の価格の決定前の株式会社による支払について定めるものである。また，本改正によって777条6項，7項が追加された一方で，本条7項，8項（改正前本条Ⅵ Ⅶ）は削除されなかった［☞§777 Ⅱ 2・Ⅲ］。

2　株式買取請求権に関する本改正と本条

株式買取請求権と，全部取得条項付種類株式の取得価格決定申立制度については，会社法制定後に事件数が急増するとともに，さまざまな実務的・理論的問題が生じていた（岩原紳作「総論」ジュリ1439号〔2012〕17頁，施行5年105頁

748　　　　　　　　　　　　　　　　　　　　　　　　　　　　　　〔伊　藤〕

第1節　組織変更の手続　第1款　株式会社の手続　　§778

以下に収められた諸論考参照）。そこで，本改正では，株式買取請求権について，主に濫用の防止のためにいくつかの手当てがなされるとともに，新株予約権買取請求権についても同様の手当てがなされた。

　例えば，株式買取請求・新株予約権買取請求に係る株式・新株予約権について裁判所に対して価格の決定の申立てが行われた場合に，会社の利息負担を軽減するための改正が行われており，本条5項の追加もその一環と位置付けることができる。

　株式買取請求の相手方たる会社は，組織再編の効力発生日から60日の期間の満了の日後の法定利率による利息（平成29年改正前は，年6分の利率により算定した利息）をも支払わなければならない（786Ⅳ・798Ⅳ・807Ⅳ）。新株予約権買取請求についても，同様の利息の支払ルールが定められている（本条Ⅳ・788Ⅳ・809Ⅳ）。しかし，法定利率（とくに，平成29年改正前の年6分の利率）は，現在の経済状況からすれば高利であり，これが株式買取請求の濫用を招く原因にもなっていると指摘された。また，買取対価の早期の支払とそれによる会社の利息負担の軽減のために，裁判所による価格決定の前に，反対株主と会社の間で，会社の側から一定の価格を支払う旨を合意することがあるともいわれた。このような会社からの「仮払」が，本改正によって会社法上の制度とされ，会社は，株式の価格が決定される前に，当該会社が公正な価格と認める額を支払うことができることとされた。そして，新株予約権についても同様の規律を設けるものとされたわけである（中間試案補足説明第2部第4の2，立案担当平成26年202頁以下。本改正前の実務による対応について，仁科秀隆「株式買取請求権に関する手続上の問題点」施行5年144頁以下参照）。

Ⅱ　新株予約権の価格の決定前の株式会社による支払（本条5項）

　本条5項は，組織変更をする株式会社は，新株予約権の価格の決定があるまでは，新株予約権者に対し，当該株式会社が公正な価格と認める額を支払うことができる旨を定める。これによって，組織変更をする株式会社が，新株予約権買取請求をした新株予約権者に対して，当該株式会社が公正な価格と認める額を提供すれば，同額について適法な弁済提供をしたことになる。当該新株予約権者がその受領を拒絶すれば，会社は弁済供託（民494Ⅰ①）をすることができる（株式の価格の決定前の株式会社による支払について，立案担当平成26年203

〔伊　藤〕

749

§783 第5編 組織変更，合併，会社分割，株式交換及び株式移転 第5章 組織変更，合併，会社分割，株式交換及び株式移転の手続

頁）。

本条5項による支払を株式会社がした場合，本条4項の規定にかかわらず，当該株式会社は当該支払をした額については当該支払後の利息を支払う義務を負わない。そのため，このような場合に当該株式会社が新株予約権者に対して支払う額の総額は，① 本条5項による支払の額，② この額について本条4項に定められた日から当該支払をした日までの利息，③ 裁判所の決定した新株予約権の価格が上記 ① の額よりも高かった場合にはその差額，および，④ この差額について本条4項に定められた日後の利息の合計額になる（株式の価格の決定前の株式会社による支払について，立案担当平成 26 年 203 頁）。

本条5項については，786 条5項等と同様に，「公正な価格と認める額」を超える支払・「公正な価格と認める額」の積増等の可否が問題になる［☞§786 II 2・3］。裁判所が決定した買取価格が本条5項による支払額を下回る場合の処理についても，786 条5項等と同様に考えることができる［☞§786 II 4］。

(伊藤靖史)

（吸収合併契約等の承認等）

第 783 条 ①　消滅株式会社等は，効力発生日の前日までに，株主総会の決議によって，吸収合併契約等の承認を受けなければならない。

②　前項の規定にかかわらず，吸収合併消滅株式会社又は株式交換完全子会社が種類株式発行会社でない場合において，吸収合併消滅株式会社又は株式交換完全子会社の株主に対して交付する金銭等（以下この条及び次条第1項において「合併対価等」という。）の全部又は一部が持分等（持分会社の持分その他これに準ずるものとして法務省令で定めるものをいう。以下この条において同じ。）であるときは，吸収合併契約又は株式交換契約について吸収合併消滅株式会社又は株式交換完全子会社の総株主の同意を得なければならない。

③　吸収合併消滅株式会社又は株式交換完全子会社が種類株式発行会社である場合において，合併対価等の全部又は一部が譲渡制限株式等（譲渡制限株式その他これに準ずるものとして法務省令で定めるものをいう。以下この章において同じ。）であるときは，吸収合併又は株式交換は，当該譲渡制限株式等の割当てを受ける種類の株式（譲渡制限株式を除く。）の種類株主を構成員とする種類株主総会（当該種類株主に係る株式の種類が2以上ある場合にあっては，当該2以上の株式の種類別に区分された種類株主を構成員とする各種類株主総会）の決議が

〔舩　津〕

第2節　吸収合併等の手続　第1款　吸収合併消滅会社，吸収分割会社及び株
式交換完全子会社の手続　第1目　株式会社の手続

§784

なければ，その効力を生じない。ただし，当該種類株主総会において議決権を行
使することができる株主が存しない場合は，この限りでない。

④　吸収合併消滅株式会社又は株式交換完全子会社が種類株式発行会社である場合
において，合併対価等の全部又は一部が持分等であるときは，吸収合併又は株式
交換は，当該持分等の割当てを受ける種類の株主の全員の同意がなければ，その
効力を生じない。

⑤　消滅株式会社等は，効力発生日の20日前までに，その登録株式質権者（次条
第2項に規定する場合における登録株式質権者を除く。）及び第787条第3項各
号に定める新株予約権の登録新株予約権質権者に対し，吸収合併等をする旨を通
知しなければならない。

⑥　前項の規定による通知は，公告をもってこれに代えることができる。

　本改正以前においても，本条2項で定義されている「合併対価等」という語
は，784条1項においても用いられていた。本改正による本条2項の修正は，
このような立法の不備をあらためるためのものである。

（舩津浩司）

(吸収合併契約等の承認を要しない場合)

第784条①　前条第1項の規定は，吸収合併存続会社，吸収分割承継会社又は株
式交換完全親会社（以下この目において「存続会社等」という。）が消滅株式会
社等の特別支配会社である場合には，適用しない。ただし，吸収合併又は株式交
換における合併対価等の全部又は一部が譲渡制限株式等である場合であって，消
滅株式会社等が公開会社であり，かつ，種類株式発行会社でないときは，この限
りでない。

②　前条の規定は，吸収分割により吸収分割承継会社に承継させる資産の帳簿価額
の合計額が吸収分割株式会社の総資産額として法務省令で定める方法により算定
される額の5分の1（これを下回る割合を吸収分割株式会社の定款で定めた場合
にあっては，その割合）を超えない場合には，適用しない。

　本改正によって，それまでいわゆる略式手続においてのみ認められていた吸
収合併等の消滅株式会社等の株主の差止請求権を，通常の手続についても認め
る784条の2の規定が導入された。これに伴い，改正前に本条2項に規定され
ていた略式手続に係る株主の差止請求権の規定も併せて784条の2（2号）に

〔舩　津〕

第5編　組織変更，合併，会社分割，株式交換及び株式移転　第5章
§784の2　組織変更，合併，会社分割，株式交換及び株式移転の手続

移行されたことにより，改正前の3項の項数を繰り上げる技術的な修正が行われている。

(舩津浩司)

(吸収合併等をやめることの請求)（新設）

第784条の2　次に掲げる場合において，消滅株式会社等の株主が不利益を受けるおそれがあるときは，消滅株式会社等の株主は，消滅株式会社等に対し，吸収合併等をやめることを請求することができる。ただし，前条第2項に規定する場合は，この限りでない。

1　当該吸収合併等が法令又は定款に違反する場合

2　前条第1項本文に規定する場合において，第749条第1項第2号若しくは第3号，第751条第1項第3号若しくは第4号，第758条第4号，第760条第4号若しくは第5号，第768条第1項第2号若しくは第3号又は第770条第1項第3号若しくは第4号に掲げる事項が消滅株式会社等又は存続会社等の財産の状況その他の事情に照らして著しく不当であるとき。

細 目 次

I　総　説
　1　本条改正の概要
　2　略式組織再編の要件を充たす場合の差止請求
　3　一般的な組織再編の差止請求に係る明文規定の新設
II　差止事由
　1　総　説
　2　法令または定款違反（本条1号）
　　(1)　法令違反
　　(2)　善管注意義務・忠実義務違反
　　(3)　対価の不相当
　　(4)　書面等の不備置・不実記載
　　(5)　法定の要件を充たす承認がない場合
　　(6)　金融商品取引所規則違反
　　(7)　定款違反
　　(8)　本条1号の差止事由についての評価

　3　略式組織再編の要件を充たす場合の対価の不相当（本条2号）
　　(1)　本条2号による差止請求が認められる場合
　　(2)　任意に株主総会決議による承認が行われる場合
　4　株主が不利益を受けるおそれ（本条柱書）
III　差止請求が認められない場合
IV　差止めの手続
　1　当事者と管轄裁判所
　2　差止請求ができる期間
　3　差止めの方法
　　(1)　差止請求の方法
　　(2)　本条の差止請求を本案とする仮処分の手続
V　差止めの効果
　1　差止めの効果
　2　仮処分命令に違反した吸収合併等
VI　差止めと無効

VII　本改正前に主張されていた組織再編の差止め
　1　序
　2　合併承認決議の取消しの訴えを本案とする仮処分
　　(1)　このような仮処分の可否
　　(2)　組織再編対価の不相当と利益相反回避措置
　　(3)　このような仮処分の本案訴訟
　　(4)　仮処分命令に違反した組織再編の効果
　3　取締役・執行役の行為の差止め
　　(1)　会社の「損害」
　　(2)　取締役・執行役の「法令」違反
　　(3)　仮処分命令に違反した組織再編の効果
　4　その他の構成

〔伊　藤〕

第2節　吸収合併等の手続　第1款　吸収合併消滅会社，吸収分割会社
及び株式交換完全子会社の手続　第1目　株式会社の手続　　　　　§784の2

【文献】飯田秀総「組織再編等の**差止**請求規定に対する不満と期待」ビジネス法務12巻12号
(2012) 76頁，**飯田秀総**「特別支配株主の**株式等売渡請求**」論点詳解147頁，**伊藤靖史**「募集株
式・募集新株予約権発行差止めの仮処分」理論の到達点61頁，**内田修平**「平成26年会社法改正が
M&A法制に与える示唆（下）」商事2053号 (2014) 15頁，**大隅健一郎**「株主権にもとづく**仮処
分**」山木戸克己編集代表・吉川大二郎博士還暦記念・保全処分の体系（下）（法律文化社，1966）
644頁，**太田洋ほか**「組織再編の差止請求およびキャッシュ・アウトの差止請求に関する実務上の
論点（上）（下）」金判1471号 (2015) 2頁，金判1472号2頁，**笠原武朗**「組織再編行為の無効原
因」落合古稀309頁，**齊藤真紀**「不公正な合併に対する救済としての差止めの仮処分」理論の到達
点87頁，**白井正和・友好的買収**の場面における取締役に対する規律（商事法務，2013），**白井正和**
「組織再編等に関する**差止**請求権の拡充」川嶋四郎＝中東正文編・会社事件手続法の現代的展開
（日本評論社，2013）205頁，**新谷勝**・会社訴訟・仮処分の理論と実務〔第2版〕（民事法研究会，
2011），**新堂幸司**「仮処分」三ヶ月章ほか・経営法学全集⑲経営訴訟（ダイヤモンド社，1966）91
頁，**瀬木比呂志**・民事保全法〔新訂版〕（日本評論社，2014），**田中亘**「キャッシュ・アウト」ジュ
リ1472号 (2014) 40頁，**田中亘**「各種**差止**請求権の性質，要件および効果」理論の到達点2頁，
十市崇＝館大輔「反対株主による**株式買取請求権**（上）」商事1898号 (2010) 89頁，**得津晶**「民
事保全法出でて会社法亡ぶ？」法時82巻12号 (2010) 28頁，**中東正文**「組織再編等」ジュリ
1472号 (2014) 46頁，**中村信男**「組織再編の差止」鳥山恭一＝福島洋尚編・平成26年会社法改正
の分析と展望（金判1461号）(2015) 94頁，**松中学**「子会社株式の譲渡・組織再編の差止め」論
点詳解191頁，**村田敏一**「株式会社の合併比率の著しい不公正について」立命館法学321＝322号
(2008) 515頁，**森田恒平**・Q&A株式・組織再編の実務(2)（商事法務，2015），**弥永真生**「著しく
不当な合併条件と差止め・損害賠償請求」江頭還暦・上623頁

I　総　　説

1　本条改正の概要

　本条は，本改正によって新設された規定であり，吸収合併等の消滅株式会社
等の株主の，消滅株式会社等に対する，吸収合併等をやめることの請求（差止
請求）について定めるものである。784条1項本文に規定する場合（略式組織再
編の要件を充たす場合）の差止請求について定めていた改正前784条2項は削除
され（同条3項の項番号は2項にあらためられた），本条が，そのような場合の差
止請求を含めた規定として定められた［☞Ⅱ1］。

2　略式組織再編の要件を充たす場合の差止請求

　本改正前には，組織再編の差止請求を認める会社法の明文の規定としては，
略式組織再編の要件を充たす場合の差止請求について定めていた改正前784条
2項，796条2項があるだけであった。これらの規定は，784条1項本文，796
条1項本文に規定する場合において，当該組織再編が法令もしくは定款に違反
する場合，または，組織再編対価が著しく不当である場合に，被支配株式会社

〔伊　藤〕

の株主が不利益を受けるおそれがあるときは，当該組織再編の差止めを請求することができる旨を定めていた。

略式組織再編の要件を充たす場合の差止請求は，平成17年に会社法が制定された際に，略式組織再編制度の導入の一環として定められたものである。すなわち，同制度は，完全な（またはほぼ完全な）支配関係がある会社間で組織再編が行われる場合に，被支配株式会社で株主総会を開催したとしても結論は明らかであることから，そのような株主総会の開催を不要にすることにより迅速かつ簡易な組織再編を可能にするために導入された（立案担当198頁）。

それと同時に，そのような場合に被支配株式会社の少数株主を保護するための措置として，①交付される合併対価の種類によっては略式組織再編を認めないものとされ（784Ⅰただし書・796Ⅰただし書）〔この趣旨について☞会社法コンメ⒅§784Ⅱ4(3)〔80頁〔柴田和史〕〕・§796Ⅱ3(3)〔133頁〔柴田和史〕〕〕，②被支配株式会社の株主にも株式買取請求権や無効の訴えの提起が認められ（785Ⅰ・797Ⅰ・828Ⅰ⑦⑨⑪），それに加えて，③略式組織再編の要件を充たす場合の差止請求が認められることになった。

③が認められた理由は，組織再編を承認する株主総会決議があれば決議について特別の利害関係を有する者が議決権を行使したことによって著しく不当な決議がなされたことを理由に決議の取消しの訴えを提起できるような場合（831Ⅰ③）について，略式組織再編として株主総会決議を要求しない代わりに，差止請求を認めることにしたと説明される（現代化78頁）。

以上のような略式組織再編の要件を充たす場合の差止請求のルールは，本改正後も維持されている。規定の形は，本条および796条の2に，それ以外の組織再編の差止請求のルールとまとめたものとされた〔☞Ⅱ1〕。

3　一般的な組織再編の差止請求に係る明文規定の新設

本改正前は，略式組織再編の要件を充たす場合以外の組織再編の差止請求について，これを認める規定は会社法に定められていなかった。もっとも，略式組織再編の要件を充たす場合以外の組織再編について，どのような意味での「差止請求」も認められないと考えられていたわけではない。組織再編の差止請求を可能にするための解釈論が，さまざまに展開されていた。とりわけ，平成17年に会社法が制定される前から，組織再編を承認する決議の取消しの訴え（831Ⅰ）を本案とする仮処分を申し立てることができるとする見解が有力であった〔☞Ⅶ〕。

第2節　吸収合併等の手続　第1款　吸収合併消滅会社，吸収分割会社
及び株式交換完全子会社の手続　第1目　株式会社の手続　　　§784の2

しかし，そのような仮処分については，本案である実体法上の差止請求権が
不明確であることから，これを認めない見解もあり得るところであった。また，株主や債権者が組織再編の効力を争う手段として無効の訴えが設けられているが（828Ⅰ⑥-⑫），事後的に組織再編の効力が否定されれば，法律関係を複雑・不安定にするおそれもある。そのため，むしろ株主が組織再編の効力発生前にその差止めを請求することができることとするのが相当であるとも考えられた。以上のことから，本改正によって，株主が不利益を受けることとなる組織再編に対する事前の救済手段として，一般的な組織再編の差止請求に係る明文の規定を新設するものとされた（以上について，立案担当平成26年205頁）。

本条の新設は，796条の2，805条の2の新設とともに，以上のような改正の一環をなすものである。また，一般的な組織再編の差止請求を認めるのと同様の趣旨から，全部取得条項付種類株式の取得・特別支配株主の株式等売渡請求・株式併合についても，差止請求に係る規定（171の3・179の7・182の3）が新設された（立案担当平成26年205頁）。

なお，本条等の新設によって，組織再編の差止請求を可能にするために従来唱えられていた上記のような解釈論が否定されるものではない［☞Ⅶ］。

Ⅱ　差　止　事　由

1　総　　　説

本条柱書本文は，本条1号または2号の場合において，消滅株式会社等の株主が不利益を受けるおそれがあるときは，消滅株式会社等の株主は，消滅株式会社等に対し，吸収合併等をやめることを請求することができる旨を定める。

本条1号の差止事由は，784条1項本文に規定する場合（略式組織再編の要件を充たす場合）を含めて，組織再編一般について認められるものであり，そのような場合において消滅株式会社等の株主が不利益を受けるおそれがあるときは，差止請求ができる。これに対して，本条2号の差止事由は，略式組織再編の要件を充たす場合にのみ認められるものであり，そのような場合において消滅株式会社等の株主が不利益を受けるおそれがあるときは，差止請求ができる。略式組織再編の要件を充たす場合についての差止事由は，改正前784条2項が定めていたものと実質的に同じである（以上について，立案担当平成26年205頁注147）。

なお，本改正にいたる議論の中では，「特別の利害関係を有する者が議決権

〔伊　藤〕　　　　　　　　　　　　　　　　　　　　　　　　　755

を行使することにより，当該組織再編に関して著しく不当な株主総会の決議が
され，又はされるおそれがある場合」を差止事由と定めることについても検討
された（中間試案第2部第5【A案】（注1））。これは，従来の解釈論によって，
組織再編の承認決議の取消しの訴え（831条1項3号の取消事由によるもの）を本
案とする仮処分が認められるとされていた場合［☞Ⅶ2(1)］を，本条の差止事
由として定めようとするものであった。しかし，差止請求の仮処分命令申立事
件においてそのようなことを短期間で判断することは難しいという理由から，
これは差止事由とはされなかった（要綱概要48頁）。

2 法令または定款違反（本条1号）

(1) 法 令 違 反

　本条1号は，当該吸収合併等が法令または定款に違反する場合を，吸収合併
等の差止事由とする。

　本条1号にいう法令の違反として，例えば，①吸収合併契約等の内容が違
法であること，②吸収合併契約等に関する書面等の不備置・不実記載，③吸
収合併契約等について法定の要件を充たす承認がないこと，④株式買取請
求・新株予約権買取請求の手続が履行されないこと，⑤債権者の異議手続が
履行されないこと，⑥簡易吸収合併等・略式吸収合併等の要件を充たさない
にもかかわらずその手続がとられること，⑦消滅株式会社等の株主に対する
株式・持分の割当てが違法になされること，⑧私的独占の禁止及び公正取引
の確保に関する法律の定める手続に違反して吸収合併等が行われること，⑨
吸収合併等の認可を要するにもかかわらずそれがないことが挙げられる（江頭
892頁・931頁・955頁参照）。

　本条1号は「当該吸収合併等が法令……に違反する場合」と規定している
が，そのような法令の違反が消滅株式会社等の側で生じることは要件とされて
いない。そのため，法令の違反が存続株式会社等の側で生じることも，本条1
号にいう法令の違反に該当すると考えてよい。もっとも，本条の差止請求が認
められるためには，それに加えて，消滅株式会社等の株主が不利益を受けるお
それがあることが必要である。その場合に，本条の文言上，「本条1号の法令
の違反『によって』消滅株式会社等の株主が不利益を受ける」という関係が成
り立つ必要はない。

(2) 善管注意義務・忠実義務違反

　本条1号にいう法令の違反には，取締役・執行役の善管注意義務（330，民

644)・忠実義務（355・419 II）の違反は含まれない（江頭892頁・931頁，新基本法コンメ(3)296頁［家田崇］）。その理由として，略式組織再編の要件を充たす場合の差止請求について定めていた改正前784条2項，796条2項にいう法令の違反は，会社を規範の名宛人とする法令の違反を意味し［例えば☞ 会社法コンメ(18) §784 III 3〔81頁［柴田］］・§796 III 2〔234頁［柴田］］］，取締役・執行役の善管注意義務・忠実義務の違反を含まないと解されていたことが挙げられる（立案担当平成26年205頁。江頭892頁・931頁，新基本法コンメ(3)296頁［家田］も同趣旨か）。

　「会社を規範の名宛人とする」という説明に対しては批判もあるが（松中201頁以下），正確には，210条1号にいう法令の違反と同様に（大隅＝今井・中652頁，大隅＝大森375頁参照），吸収合併等に関する具体的な法令の規定の違反が本条1号にいう法令の違反であると考えられる。たしかに，210条1号にいう法令の違反とは募集株式の発行等に関する具体的な法令の規定の違反を意味するという解釈についても，近年では疑問が呈されている（田中・差止15頁以下）。また，本改正にいたる改正作業をめぐって，本条1号にいう法令の違反には取締役・執行役の善管注意義務・忠実義務の違反が含まれるという解釈の余地を残すべきであるとする見解もあった（飯田・差止80頁，白井・差止218頁）。しかし，そのような議論があったにもかかわらず，本条1号は，取締役・執行役の善管注意義務・忠実義務の違反が同号にいう法令の違反に含まれないということを前提に起草されている（要綱概要48頁）。取締役・執行役の善管注意義務・忠実義務の違反がこれに含まれると考えることは，解釈論としては難しいであろう。

(3)　対価の不相当

　本条1号にいう法令または定款の違反には，吸収合併等の対価が不相当であることそのものは，含まれない（江頭893頁注2・931頁注1，新基本法コンメ(3)296頁［家田］）。組織再編対価の不相当は法令または定款の違反とは別個の差止事由として定める（本条②・796の2②）のが，会社法の規定のあり方である。また，組織再編対価が不相当であることによって取締役・執行役の善管注意義務・忠実義務違反の問題が生じる可能性はあるが，(2)に述べたように，善管注意義務・忠実義務の違反は本条1号にいう法令の違反に含まれない（立案担当平成26年205頁）。

　略式組織再編の要件を充たす場合以外の組織再編について，組織再編対価の不相当そのものが差止事由とされなかったのは，組織再編の差止請求が通常は

仮処分命令申立事件で争われ，裁判所が短期間での審理を求められるところ，組織再編対価の不相当を差止事由とすれば裁判所が短期間で審理を行うことが困難になると考えられるからである（中間試案補足説明第2部第5，要綱概要48頁）。

もっとも，以上に述べたことから，組織再編対価が不相当である場合に，いかなる意味での組織再編の差止めも認められない，ということにはならない。組織再編の承認決議に取消事由がある場合，そのような決議の取消しの訴えを本案とする仮処分（民保23 II）を申し立てることができる［☞ VII 2(1)]。そこでの取消事由として，決議について特別の利害関係を有する者が議決権を行使したことによって著しく不当な決議がされたこと（831 I ③）が主張される場合，裁判所は，その限りで，組織再編対価の不相当についても判断しなければならないはずである［☞ VII 2(2)]。

(4) 書面等の不備置・不実記載

(1)②の書面等の不備置・不実記載については，このような開示の違反について取締役・執行役が十分な注意を尽くしていたが認識できなかった場合であっても，本条1号にいう法令の違反があったことになる（太田ほか・上6頁）。

吸収合併等を承認する株主総会決議の時点では開示の違反はなかったが，当該決議の後かつ吸収合併等の効力発生前に対価の相当性に影響を与える事由が発生し，これについて要求される開示（会社則182 I ⑥）がされなかったときについて，いったん決議された当該吸収合併等の承認を覆すことはできず，このような開示は組織再編の効力との関係では実質的な意味がないものであることから，法令の違反といえたとしても，株主が不利益を受けるおそれがなく，差止めが認められないといわれることがある（太田ほか・上6頁）。しかし，本条の文言上，「本条1号の法令の違反『によって』消滅株式会社等の株主が不利益を受ける」という関係が成り立つ必要はない。そのため，上記の事由の発生によって，当初定められた対価がもはや相当ではなくなったのであれば，消滅株式会社等の株主は不利益を受けるおそれがあるともいえる。

書面等の不備置・不実記載が本条1号にいう法令の違反として差止事由になることから，事前開示書面等（782 I）の記載事項について柔軟に解釈することで，組織再編について望ましい情報開示を促すことができると指摘されることがある。具体的には，組織再編対価の相当性に関する事項（会社則182 I ①・184 I ①）には，対価の総数または総額の相当性に関する事項（同則182 III ①・

第2節　吸収合併等の手続　第1款　吸収合併消滅会社，吸収分割会社
及び株式交換完全子会社の手続　第1目　株式会社の手続　　　　　§784の2

184 III ①) として，フィナンシャル・アドバイザー等の第三者機関の独立性に
関する事項が含まれ，これが記載されていなければ本条1号にいう法令の違反
になるとされる（飯田・差止80-81頁，白井・差止220-221頁）。

　これに対しては，①開示が要求される事項かどうかについて解釈論上争い
がある事項が開示されない場合や，②開示が要求される事項について開示さ
れているが，組織再編等に対する株主の賛否の判断に重要な影響を及ぼすよう
な虚偽の余事記載がある場合があり得，とくに①の場合には安易に差止めが
認められることがあってはならないといわれることがある（太田ほか・下7
頁）。

　しかし，①についていえば，仮に事前開示書面等の記載事項に第三者機関
の独立性に関する事項が含まれると裁判所によって解釈されるのであれば，そ
の事項の開示がなければ本条1号にいう法令の違反に該当するのであり，解釈
論上争いがあるからといって法令の違反に該当しないということにはならな
い。また，②については，虚偽の余事記載によって株主の賛否の判断に重要
な影響が及ぶことを，法定事項として開示されている情報だけでは防止できな
いのであれば，法定事項として開示されている情報（組織再編対価の相当性に関
する事項等）が十分ではないと捉えられ，本条1号にいう法令の違反に該当す
る可能性はある（そう解さなければ，余事記載による株主の誤導を是認することにな
る）。

(5)　法定の要件を充たす承認がない場合

　(1)③の「法定の要件を充たす承認がない」として本条1号にいう法令の違
反に該当する場合とは，どこまでの範囲のものであると考えるべきであろう
か。消滅株式会社等の株主総会の決議による吸収合併契約等の承認（783 I），
吸収合併消滅株式会社・株式交換完全子会社の総株主の同意（同条 II），譲渡制
限株式等の割当てを受ける種類の株式の種類株主を構成員とする種類株主総会
の決議（同条 III），または，合併対価等の全部または一部が持分等であるとき
の当該持分等の割当てを受ける種類の株主全員の同意（同条 IV）が存在しない
場合に，本条1号にいう法令の違反に該当すると考えることに，問題はない。
また，取締役会設置会社では，吸収合併契約等の内容の決定には取締役会決議
を要する（362 IV・399の13 V ⑬ ⑭ ⑯・416 IV ⑯ ⑰ ⑲）〔☞ 会社法コンメ (17) §748
VI 2(2)〔101頁〔柴田〕〕。この取締役会決議を欠くことも，本条1号にいう法令
の違反に含めてよいであろう。

　株主総会の決議による吸収合併契約等の承認（783 I）・種類株主総会の決議

〔伊　藤〕　　　　　　　　　　　　　　　　　　　　　　　　　　　759

§784の2

第5編　組織変更，合併，会社分割，株式交換及び株式移転　第5章
組織変更，合併，会社分割，株式交換及び株式移転の手続

(同条Ⅲ。以下ではこれらを併せて「株主総会等の決議」という) について，そのような決議に瑕疵がある場合のすべてが，本条1号にいう法令の違反として，差止事由があるといえるか。株主総会等の決議に無効原因がある場合や，株主総会等の決議が不存在なのであれば，そのような決議は，法的には，当然に無効であり，または，存在しないと評価される。そして，そのような瑕疵は，どのような方法でも主張することができる (新注会(5)385頁・401頁 [小島孝]，江頭375頁以下)。そのため，そのような場合，株主総会等の有効な決議がないにもかかわらず組織再編が行われるといえるから，本条1号にいう法令の違反に該当すると考えてよい。問題は，株主総会等の決議の瑕疵が，取消事由にとどまる場合である。

　これについて，決議の「瑕疵」が取消事由なのかそれ以外のものなのかをとくに区別せず (むしろ取消事由を念頭に置いて)，そのような瑕疵がある場合が本条1号にいう法令の違反に該当すると述べる見解がある (江頭892頁・931頁・955頁。中東48-49頁，中村99頁も同趣旨か) [なお，募集株式の発行等のために必要な株主総会決議に取消事由がある場合について，募集株式の発行の無効が容易には認められないことを理由に，210条1号にいう法令の違反として差止めが認められるべきだとする見解がある☞会社法コンメ(5)§210Ⅱ3(2) [108-109頁 [洲崎博史]]]。

　しかし，株主総会等の決議の瑕疵が取消事由にとどまる場合，当該決議についての取消判決が確定してはじめて決議はさかのぼって無効となるはずである (新注会(5)348頁 [岩原紳作]，江頭371頁)。株主総会等の決議の取消事由のうち，招集手続・決議方法の法令・定款違反 (831Ⅰ①) は，組織再編が適法に行われる前提となる重要な手続に関する具体的な法令の規定の違反，あるいは，定款の違反として，本条1号にいう法令または定款の違反に該当すると考えることもできるだろう。また，決議内容の定款違反 (831Ⅰ②) は，本条1号にいう定款の違反そのものである。これに対して，招集手続・決議方法の著しい不公正 (831Ⅰ①) と，特別の利害関係を有する者の議決権行使による著しく不当な決議 (同項③) の場合，以上のような意味での法令または定款の違反がない。また，決議取消判決確定前には，「株主総会等の有効な決議がなかった」という意味での法令の違反も観念できない。したがって，そのような場合は，本条1号にいう法令または定款の違反があると考えることはできないと思われる (太田ほか・上6頁)。「特別の利害関係を有する者が議決権を行使することにより，当該組織再編に関して著しく不当な株主総会の決議がされ，又はされるおそれがある場合」が本条の差止事由として定められなかった経緯 [☞Ⅱ1]

760　　　　　　　　　　　　　　　　　　　　　　　　　　　　　〔伊藤〕

からしても，そのように考えるべきであろう。

たとえ以上のように考えたとしても，株主総会等の決議に取消事由がある場合，そのような決議等の取消しの訴えを本案とする仮処分（民保23Ⅱ）を申し立てることはできるのであるから［☞Ⅶ2(1)］，大きな不都合はないというべきである。また，そのように考えるためにも，このような仮処分は本改正後も認められるものと考えなければならない（松中211頁）。

株主総会等の決議に取消事由がある場合に，本条1号にいう法令の違反があると考えれば，831条1項3号の取消事由があるような株主総会等の決議が行われる前に，組織再編の差止めを本条1号に基づいて請求することができるとする見解もある（松中208頁）。たしかに，この見解が指摘するように，組織再編の効力発生日の設定によっては実質的に差止請求が困難になる可能性はある。しかし，本条1号の文言上，法令の違反は差止事由とされるが，法令違反の「おそれ」（360Ⅰ等）は差止事由とされていない。差止請求を認める必要性があるからといって，本条1号の文言に反する解釈をすることが正当化されるわけではない。

(6) 金融商品取引所規則違反

吸収合併等が会社法等の法令には違反しないが，金融商品取引所が定める規則に違反する場合に，本条1号にいう法令の違反があるといえるか。たしかに，金融商品取引所の規則制定権限は金融商品取引法に基づくものであり（同法84），規則の作成・変更のためには，認可を受けなければならない（同法149）。しかし，金融商品取引所の規則自体は法令とはいえず，その違反は本条1号にいう法令の違反とはいえない（太田ほか・上5頁）。金融商品取引所の規則の違反については，金融商品取引所が行う処分（金商87）によって対処すべきである。

(7) 定款違反

本条1号にいう定款の違反として，例えば，① 吸収合併等によって存続株式会社等の定款所定の目的の範囲外の事業を営むこととなる場合，② 特別支配会社の要件を定款で加重する会社について，定款所定の割合を充たさない他の会社を特別支配会社であるとして略式組織再編が行われる場合が挙げられる（江頭892頁・931頁・955頁参照）。

もっとも，本改正によって新設された特別支配株主の株式等売渡請求の差止めに関する179条の7第1項1号について，特別支配株主の要件が定款で加重されている場合にそれに満たない者が株式等売渡請求をすることは，同号の法

令違反に該当するものと考えられる（田中・キャッシュ43頁）。それと同様に、上記②の場合は、定款の違反ではなく、法令（784 I）の違反というべきであろう。

会社法の文言上、「定款に違反」するとされる場合、通常それは、問題となる株式会社の定款に違反することを意味する（210①・360など）。また、定款の違反が会社法の差止請求の規定において一般に差止事由とされているのは、株式会社の業務が当該会社の定款を遵守して行われることを確保するためであると考えられる。これらのことからすれば、上記①については、これは消滅株式会社等の定款の違反ではないため、本条1号にいう定款の違反とはいえないとも考えられる。しかし、上記①の場合、消滅株式会社等が行っていた事業のうち、存続株式会社等の定款所定の目的の範囲外のものは、そのことを理由に廃止または処分される可能性もある。そうだとすれば、上記①の場合が本条1号にいう定款の違反に含まれないと解する必要もないだろう。いずれにしても、本条の差止請求が認められるためには、消滅株式会社等の株主が不利益を受けるおそれがあることが必要である。

(8) 本条1号の差止事由についての評価

吸収合併等について取締役・執行役に善管注意義務・忠実義務の違反があるとしても、当該吸収合併等が具体的な法令または定款に違反しない限り、本条による差止めは認められない〔☞(2)〕。他方で、取締役・執行役に善管注意義務・忠実義務の違反があることを理由に、360条等の差止請求をするためには、当該行為によって会社に損害が生ずるおそれがなければならない〔☞Ⅶ3(1)〕。つまり、当該吸収合併等について取締役・執行役に善管注意義務・忠実義務の違反があるが、会社には損害が生じず、株主が不利益を受けるおそれがあるにとどまる場合には、会社法の規定による差止請求はできないというのが、会社法の立場である。

このような会社法の立場については、例えば、金銭を対価とする買収提案が競合している場合に、より低い対価の買収提案を買収対象会社の経営陣が支持して組織再編をしようとするときであっても、具体的な違法行為がなければ差止めが認められないことになるといった批判もあり得る（飯田・差止79頁、白井・差止217-218頁参照）。

会社法の立場については、会社には損害が生じず、株主が不利益を受けるおそれがあるにとどまる業務執行については、法令または定款に違反することが比較的明確な場合に限って差止請求を認め、取締役・執行役の善管注意義務・

第2節　吸収合併等の手続　第1款　吸収合併消滅会社，吸収分割会社
及び株式交換完全子会社の手続　第1目　株式会社の手続　　§784の2

忠実義務の違反を理由とする差止請求を認めないことで，取締役・執行役の業
務執行権限への株主からの介入を制限しているのだという説明をすることはで
きるだろう。

3　略式組織再編の要件を充たす場合の対価の不相当（本条2号）

(1)　本条2号による差止請求が認められる場合

　本条2号は，784条1項本文に規定する場合（略式組織再編の要件を充たす場
合）において，749条1項2号もしくは3号（株式会社が存続する吸収合併契約が
定める合併対価），751条1項3号もしくは4号（持分会社が存続する吸収合併契約
が定める合併対価），758条4号（株式会社に権利義務を承継させる吸収分割契約が定
める分割対価），760条4号もしくは5号（持分会社に権利義務を承継させる吸収分
割契約が定める分割対価），768条1項2号もしくは3号（株式会社に発行済株式を
取得させる株式交換契約が定める交換対価），または，770条1項3号もしくは4
号（合同会社に発行済株式を取得させる株式交換契約が定める交換対価）に掲げる事
項が消滅株式会社等または存続会社等の財産の状況その他の事情に照らして著
しく不当であるときを，組織再編の差止事由とする。改正前784条2項2号と
異なり，差止事由そのものの中に，784条1項本文に規定する場合という限定
が付されている。これは，本条が略式組織再編の要件を充たす場合とそれ以外
の場合についてまとめて定め，1号がその両者に共通する差止事由，2号が前
者の場合だけの差止事由とされたことによるものである。

　本条2号は，要するに，略式組織再編の要件を充たす場合に，組織再編の対
価が著しく不相当であることを差止事由とする。本条2号は「前条〔784条〕
第1項本文に規定する場合」と定めており，これは，「吸収合併存続会社……
が消滅株式会社の特別支配会社である場合」を意味する。そのため，784条1
項ただし書によって略式組織再編が認められない（783条1項の株主総会の決議
による吸収合併契約等の承認を受けなければならない）場合であっても，本条2号
を差止事由とする差止請求が認められる。この場合，たとえ略式組織再編は認
められないとしても，9割以上の株式を保有する支配株主が当該組織再編に
よって少数株主の利益を侵害する危険性が高いことに変わりがないからである
（本改正前からそのように解されていた。立案担当199頁）。

　対価が著しく不相当であるかどうかは，本条2号の文言から，当事会社の財
産の状況その他の事情に照らして判断される。「その他の事情」として，例え
ば，組織再編によるシナジーも考慮に含まれる［☞会社法コンメ⑱§784 Ⅲ 4

〔伊　藤〕　　　　　　　　　　　　　　　　　　　　　　　　　763

第5編　組織変更，合併，会社分割，株式交換及び株式移転　第5章
§784の2　組織変更，合併，会社分割，株式交換及び株式移転の手続

〔82頁〔柴田〕〕。当事会社がとった利益相反回避措置もここで考慮されると考えられるが，これについては，略式組織再編の要件を充たさない場合の差止めと併せて検討する〔☞Ⅶ2⑵〕。

⑵　任意に株主総会決議による承認が行われる場合

　略式組織再編の要件を充たすにもかかわらず，組織再編について任意に株主総会決議による承認（783Ⅰ）が行われる場合にも，本条2号が定める対価の不相当は，当該組織再編の差止事由になると解すべきである。そのような場合にも組織再編が承認されることは確実であり，少数株主の利益が侵害される危険性が高いことに変わりがないこと，恣意的に差止事由が狭められることを防止しなければならないことを，その理由として挙げることができる（十市＝館96頁，太田ほか・下3頁参照）。株式買取請求権を行使することができる「反対株主」の範囲についても，略式組織再編の要件を充たすにもかかわらず任意に株主総会による承認が行われる組織再編は，略式組織再編と同様に扱われる〔☞§797Ⅱ2⑷〕。

4　株主が不利益を受けるおそれ（本条柱書）

　本条柱書から，①本条1号または2号の差止事由がある場合において，②消滅株式会社等の株主が不利益を受けるおそれがあるときに，消滅株式会社等の株主は，吸収合併等の差止請求ができる。①と②の要件は，ともに充たされなければならない。

　本条柱書が定めているのは「消滅株式会社等の株主が不利益を受けるおそれがある」ということであるから，そのような株主が不利益を受けるおそれがあるのであれば，消滅株式会社等自体が不利益を受けるかどうかに関わりなく，この要件は充たされる。この点で，本条の差止請求は，360条等の差止請求（会社に損害が生ずるおそれがあることを要件とする）とは異なり，募集株式の発行等の差止請求（210。株主が不利益を受けるおそれがあることを要件とする）等と類似するものである。

　改正前784条2項が定めていた略式組織再編の要件を充たす場合の差止請求について，同項が要求する消滅株式会社等の株主の不利益の典型は，消滅株式会社等の株主が有していた株式の価値に対して交付される対価の価値が著しく低い場合であるといわれることがある〔☞会社法コンメ⑱§784Ⅲ5〔83頁〔柴田〕〕。もっとも，本条の文言上，消滅株式会社等の株主の不利益は，そのようなものに限られない。とりわけ，本条1号が定める法令・定款違反という差

第2節　吸収合併等の手続　第1款　吸収合併消滅会社，吸収分割会社
及び株式交換完全子会社の手続　第1目　株式会社の手続　§784の2

止事由の場合，対価の不相当による株式価値の低下以外のものも，消滅株式会
社等の株主の不利益に含まれると考えるべきである（太田ほか・下4頁）。

Ⅲ　差止請求が認められない場合

本条柱書ただし書は，784条2項に規定する場合（吸収分割株式会社における
簡易吸収分割の要件を充たす場合）は「この限りでない」，つまり，本条柱書本文
の定める差止請求ができない旨を定める。

そのような場合には，組織再編が株主に及ぼす影響が軽微であるとして株主
総会決議が不要とされていることにかんがみ，組織再編の差止請求もできない
こととされている（立案担当平成26年205頁）。本条の条文構造から，そのよう
な場合であれば，たとえ本条1号または2号の事由があり，消滅株式会社等の
株主が不利益を受けるおそれがあるとしても，本条の差止請求はできない。こ
の場合，たとえ消滅株式会社等の株主が不利益を受けるおそれがあるとして
も，そのような不利益は軽微なものであって，本条の差止請求を認めるまでも
ないと考えられたわけである。

なお，吸収分割株式会社における簡易吸収分割の要件を充たす場合について
は，他の簡易組織再編の場合と異なり，会社分割制度の創設時から，反対株主
の株式買取請求権が認められていなかった（平17改正前商374ノ22Ⅲ。会社法で
は785Ⅰ②）。これは，物的分割は分割をする会社の株主の持株比率に直接影響
するものではなく，また，重要でない事業の一部譲渡の場合に株式買取請求権
が認められないこと（平17改正前商245・245ノ2。会社法では467Ⅰ・468Ⅰ・469
Ⅰ）を考慮してのものとされる（一問一答平成12年98頁）。

Ⅳ　差止めの手続

1　当事者と管轄裁判所

本条の差止請求ができる者は，本条の文言から，消滅株式会社等の株主であ
る。持株要件や保有期間の要件は定められていない。差止請求の相手方は，本
条の文言から，消滅株式会社等である。

消滅株式会社等の株主が本条の差止請求のために訴えを提起する場合，同訴
えは，被告たる消滅株式会社等の本店の所在地を管轄する裁判所の管轄に属す
る（民訴4Ⅳ）。本条の差止請求を本案とする仮処分の管轄裁判所も同様であ

〔伊　藤〕

§784の2

第5編　組織変更，合併，会社分割，株式交換及び株式移転　第5章
組織変更，合併，会社分割，株式交換及び株式移転の手続

る（民保12 I）。

2　差止請求ができる期間

本条の請求は，吸収合併等が効力を発生する前にこれを阻止するために行われる差止請求であり，文言上は，210条や360条等と同様に，「やめること」の請求と表現される。本条の請求は，吸収合併等の効力発生日（750 I・752 I・759 I・761 I・769 I・771 I）が到来するまでに行われなければならない［募集株式の発行等の差止請求について☞会社法コンメ(5) §210 III 3〔131頁［洲崎］］］。

本条の請求は，通常は，吸収合併等について株主に対する通知または公告が行われ（785 III IV），事前開示が行われた（782 I II）後か，上場会社については適時開示（東京証券取引所については，同取引所有価証券上場規程402(1) i・k・l），有価証券報告書提出会社については臨時報告書（金商24の5 IV，企業開示19 II ⑥の2⑦⑦の3）による開示が行われた後であろう。もっとも，本条の請求は，請求の対象である吸収合併等が特定可能な状態になればできると考えられる。

3　差止めの方法

⑴　差止請求の方法

本条の差止請求権は，募集株式の発行等の差止請求権（210）等と同様に実体法上の権利である。そのため，消滅株式会社等の株主は，裁判外でも，裁判上でも，本条の差止請求をすることができる［募集株式の発行等の差止請求について☞会社法コンメ(5) §210 III 4(1)〔131-132頁［洲崎］］］。

本条による差止めを請求する訴えが提起されたとしても，それだけでは消滅株式会社等は吸収合併等を中止する義務を負わない。そのような訴えの係属中に吸収合併等が効力を生じれば，差止めの対象（まだ効力を生じていない吸収合併等）がなくなるため，訴えの利益を欠くことになり，訴えは却下される。

このようなことから，本条の差止請求は，実際には，消滅株式会社等の株主が本条の差止請求を本案とする仮処分（民保23 II）を申し立てるという形で行われ，差止めの可否はそのような仮処分の可否のレベルで争われることになるだろう（森田73頁）。

なお，仮処分が申し立てられた場合にも，仮処分命令が発せられる前に吸収合併等が効力を生じれば，差止めの対象がなくなり，被保全権利が失われるため，申立ては却下される［募集株式の発行等の差止請求について☞会社法コンメ(5)

766

〔伊　藤〕

第2節　吸収合併等の手続　第1款　吸収合併消滅会社，吸収分割会社
及び株式交換完全子会社の手続　第1目　株式会社の手続　　　　§784の2

§210 III 3〔131頁〔洲崎〕〕。

⑵　本条の差止請求を本案とする仮処分の手続

　本条の差止請求を本案とする仮処分は，被保全権利である本条の差止請求権
を有する消滅株式会社等の株主を債権者として申し立てられる。債務者は，本
条の差止請求の相手方である消滅株式会社等である（募集株式の発行等の差止め
の仮処分について，伊藤68頁以下参照）。債権者は，申立ての趣旨において，行わ
れようとしている吸収合併等を特定して，それを仮に差し止める旨を表現する
必要がある。

　本条の差止請求を本案とする仮処分は，仮の地位を定める仮処分（民保23
II）であり，仮処分命令を得るために，債権者は，保全すべき権利または権利
関係（被保全権利）と，保全の必要性を疎明しなければならない（同法13 II）。
ここでの被保全権利の疎明は，本条の差止請求の要件の充足について疎明する
ことである。仮の地位を定める仮処分は，争いがある権利関係について債権者
に生ずる著しい損害または急迫の危険を避けるためにこれを必要とするときに
発することができる（同法23 II）。吸収合併等がいったん効力を生じればその
差止請求をする余地はなく，消滅株式会社等の株主の事後的な救済も容易では
ない。そのため，被保全権利が疎明される場合，通常は保全の必要性も認めら
れるだろう（伊藤72頁以下）〔募集株式の発行等の差止めの仮処分について☞会社法
コンメ(5) §210 III 4 ⑵〔132-133頁〔洲崎〕〕〕。

V　差止めの効果

1　差止めの効果

　本条による差止めは，実際上は，仮処分によってなされるだろう〔☞IV 3
⑴〕。吸収合併等を差し止める仮処分命令は，当事者への送達（民保17）によっ
て効力を生じる。同命令によって，債務者たる消滅株式会社等には，吸収合併
等をしてはならないという不作為義務が生じる。消滅株式会社等が保全異議の
申立て（同法26）等によって仮処分命令の取消しを求めつつ，吸収合併等の作
業を継続することは可能と解される〔募集株式の発行等の差止めの仮処分について
☞会社法コンメ(5) §210 IV 1〔134頁〔洲崎〕〕〕。

　具体的にどのような内容の仮処分命令を発すれば仮処分申立ての目的が達成
されるのか，また，債務者たる会社がどのような措置をとれば仮処分命令に
従ったことになるのか。本条で問題になる吸収合併等は，新設合併等と異なり

〔伊　藤〕

§784の2　第5編　組織変更，合併，会社分割，株式交換及び株式移転　第5章
組織変更，合併，会社分割，株式交換及び株式移転の手続

(49・579・754 I・756 I・764 I・766 I・774 I 対照)，登記によってではなく，効力
発生日に効力を生じる (750 I・752 I・759 I・761 I・769 I・771 I)。そのため，仮
処分命令に従うためには，当事会社が自発的に組織再編を中止するために効力
発生日の変更 (790 I・793 II) 等をする必要がある。また，組織再編のための内
部的手続がすべて完了している段階で仮処分命令を発するのであれば，組織再
編を承認する株主総会決議の効力停止を命じる必要がある (以上について，齊藤
132頁以下)。

2　仮処分命令に違反した吸収合併等

本条の差止請求を本案とする仮処分命令に違反して吸収合併等が行われた場
合，当該吸収合併等に無効原因があると考えてよいだろうか。

募集株式の発行等を差し止める仮処分命令に違反して発行が行われた場合に
ついて，最高裁判所は，次のように述べる (最判平成5・12・16民集47巻10号
5423頁)。「新株発行差止請求訴訟を本案とする新株発行差止めの仮処分命令が
あるにもかかわらず，あえて右仮処分命令に違反して新株発行がされた場合に
は，右仮処分命令違反は，……新株発行無効の訴えの無効原因となるものと解
するのが相当である。けだし，……新株発行差止請求の制度は，会社が法令若
しくは定款に違反し，又は著しく不公正な方法によって新株を発行することに
より従来の株主が不利益を受けるおそれがある場合に，右新株の発行を差し止
めることによって，株主の利益の保護を図る趣旨で設けられたものであり，同
法280条ノ3ノ2〔会社法では201条3項および4項〕は，新株発行差止請求の制
度の実効性を担保するため，払込期日の2週間前に新株の発行に関する事項を
公告し，又は株主に通知することを会社に義務付け，もって株主に新株発行差
止めの仮処分命令を得る機会を与えていると解されるのであるから，この仮処
分命令に違反したことが新株発行の効力に影響がないとすれば，差止請求権を
株主の権利として特に認め，しかも仮処分命令を得る機会を株主に与えること
によって差止請求権の実効性を担保しようとした法の趣旨が没却されてしまう
ことになるからである」。

本条による差止めも，消滅株式会社等の株主の利益を保護するために設けら
れている。また，785条3項，4項が定める通知・公告は，株式買取請求を行
う前提として情報を提供するために定められたものだが (立案担当200頁)
[☞ 会社法コンメ⑱ §785 III 2(1)〔105頁〔柳明昌〕]]，消滅株式会社等の株主が本
条の差止請求を行う端緒にもなる [☞ IV 2]。さらに，仮処分命令に違反した吸

768　　　　　　　　　　　　　　　　　　　　　　　　　　　　　　〔伊藤〕

収合併等の効力に影響がないとすれば，消滅株式会社等の株主に差止請求権を認めた会社法の趣旨が没却されるといえる。以上のことから，本条の差止請求を本案とする仮処分命令に違反して吸収合併等が行われた場合，当該吸収合併等に無効原因があると考えてよい（田中・差止30頁，江頭894頁・932頁・956頁，類型別 II 718頁，中東49頁，太田ほか・下4頁）。

VI 差止めと無効

本改正によって本条等が定められ，略式組織再編の要件を充たす場合に限らず一般的に組織再編の差止請求が認められるようになったことに伴い，組織再編の無効原因を制限的に解するべきかが議論される。これについて，募集株式の発行の場合を引合いに出し，差止めの機会が存したにもかかわらず，差止めがなされなければ，法律関係の安定のために，無効原因を従来よりも限定的に解すべきだとする見解がある（中東49頁。この問題について具体的に検討するものとして，笠原316頁以下）。

しかし，一般的な組織再編の差止請求がどの程度機能するのかは，なお明らかではない。これについては，問題になっている法令違反の影響の重大性や，差止請求の機会の有無等から，事案ごとに判断するほかないとする見解を支持すべきである（江頭894-895頁注1）。また，そのときに「差止請求の機会があった」ということを重視しすぎることは，避けるべきであろう。

VII 本改正前に主張されていた組織再編の差止め

1 序

本改正前から，略式組織再編の要件を充たす場合以外の組織再編について，その差止請求を可能にするための解釈論が，さまざまに展開されてきた。そのような解釈論は，本改正による本条等の新設によって否定されるものではない。以下では，本条に定められる場合（吸収合併等の消滅株式会社等の株主による差止請求）に限定せず，そのような解釈論について検討する。

2 合併承認決議の取消しの訴えを本案とする仮処分

(1) このような仮処分の可否

仮処分を通じて組織再編の差止めが可能になるという法的構成は，会社法制

定前から主張されていた。すなわち，合併承認決議に取消事由がある場合に，同決議の取消しの訴えを本案として，その決議の効力を停止し，その執行を禁ずる旨の仮処分を認める余地はあるとされ，合併決議の違法性が十分に疎明され，かつ，合併手続が完了することによって株主，会社，その他の利害関係者に不測の損害を生じるおそれがあり，不当な結果を招来する可能性が大きい場合には，仮の地位を定める仮処分として，合併決議の効力をただちに停止して合併自体を阻止することも許されるとされた（新堂151頁。大隅・仮処分665頁も参照）。

　このような仮処分を認めることに反対する見解もあるが（村田540頁），これを認めないことの不都合は大きく（齊藤121-123頁），むしろこれを認める見解が会社法制定前から一般的であった（例えば，新注会(13)56頁［今井宏］，江頭・株式有限328頁，類型別Ⅱ718頁，弥永634-635頁，得津31頁）。このような仮処分は，現在の会社法と民事保全法の下では，組織再編の承認決議の取消しの訴え（831Ⅰ）の提起権を被保全権利とする，仮の地位を定める仮処分（民保23Ⅱ）として申し立てられることになる。

　以上のような構成によって仮処分を認めた裁判例として，甲府地判昭和35・6・28（判時237号30頁）がある。同判決では，合併承認決議が行われた際に，株主である者について資格を確認せず故意に入場を拒否し，開場前に約200名の男子を株主資格の確認をせずに入場させ前方に着席させて審議中「議事進行」「異議なし」と連呼させ，株主が質問をしようとしたにもかかわらず一切発言の機会を与えず，特別決議に必要な定足数を確認せず，議決権の3分の2の賛成があったかも明確に確認せず，重複委任状について時間的先後に関係なく会社側の委任のみを有効と扱うといったことがあったとされ，株主が提起した合併承認決議の取消しの訴えを本案として，合併承認決議の効力停止・執行禁止の仮処分が認められた。

　以上のような構成による仮処分については，本改正後は認められなくなったとの見解が生じる可能性もある。そのような仮処分が可能であるとすれば，組織再編対価が不相当な場合に，組織再編を承認する株主総会決議に831条1項3号の取消事由があると主張して，仮処分を申し立てることができる。他方で，本条1号にいう法令の違反に組織再編対価の不相当そのものは含まれない［☞Ⅱ2(3)］。また，「特別の利害関係を有する者が議決権を行使することにより，当該組織再編に関して著しく不当な株主総会の決議がされ，またはされるおそれがある場合」は，本条の差止事由とはされなかった［☞Ⅱ1］。このよう

な経緯からして，（限られた場合ではあるが）組織再編対価の不相当を理由にした仮処分の申立てが可能になる法解釈は，本改正後は認められない，という主張があり得るわけである。しかし，そのような見解は，組織再編当事会社の株主の保護を不当に弱めるものであり，支持できない。上記の差止事由が会社法に規定されなかったとしても，組織再編の差止めを認めるための従来の解釈論が否定されるものではないということは，改正作業において前提とされていた（中間試案補足説明第2部第5）。

(2) 組織再編対価の不相当と利益相反回避措置

(1)に述べた組織再編の承認決議の取消しの訴えを本案とする仮処分が認められるとすれば，株主総会等の決議に特別の利害関係を有する者が議決権を行使したことによって著しく不当な決議がされたことが取消事由として主張される場合，裁判所は，その限りで，組織再編の対価の不相当についても判断をしなければならない。組織再編の承認決議に取消事由があることが本条1号にいう法令の違反に含まれるという解釈〔☞Ⅱ2(3)〕をとる場合も同様である。また，本条2号の差止事由についても，裁判所は，組織再編の対価が著しく不相当かどうかを判断しなければならない。

このような場合について，裁判所が判断するのは，公正な組織再編対価がいくらかということよりは，むしろ，利益相反回避措置の妥当性等であるといわれることがある（中東49頁，中村99頁）。たしかに，そのような場合に裁判所が利益相反回避措置の妥当性等を考慮に入れることは，望ましいといえる。しかし，そうであるからといって，「利益相反の回避措置が十分でなければ，そのことから直ちに著しく不当な決議がなされたと認定することが許されてよい」（中東49頁）ということには，ならないものと思われる。831条1項3号は著しく不当な決議がされたことを取消事由とするのであるから，最終的には，決議の内容としての組織再編対価の定めが著しく不相当なものであったかどうかが判断されなければならない。

(3) このような仮処分の本案訴訟

(1)に述べた組織再編の承認決議の取消しの訴えを本案とする仮処分については，「本案でできないことは仮処分であってもできない」という原則に反するという問題点が指摘される（民事保全法一般の問題として同原則を強調し，本案において差止めが認められない被保全権利について仮処分で差止めを認めることはできないとするものとして，瀬木307頁）。これを受けて，本改正後は，組織再編の承認決議の取消しの訴えと，同訴えが認容されることを前提にして生じる組織再

編の差止請求の訴え（組織再編の承認決議が取り消される結果，有効な承認決議なく組織再編を行うという法令違反〔本条①〕に該当することになる）の両方を本案として仮処分（民保23Ⅱ）ができるとする見解がある（田中・差止27頁）。

しかし，「本案でできないことは仮処分であってもできない」ということは絶対的な要請ではなく（瀬木307頁参照），組織再編の承認決議の取消しの訴えだけを本案とする仮処分が申し立てられた場合に，それが不適法であり却下されるべきであるとまで考える必要はない。もちろん，そのような決議取消しの訴えと，それが認容されることを前提とする組織再編の差止請求の訴えの両方を本案とする仮処分の申立ても，認められるだろう。

(4) 仮処分命令に違反した組織再編の効果

以上のような構成による仮処分命令に違反して行われた組織再編には，無効原因があると考えられるだろうか。Ⅴ2に述べた本条の差止請求の訴えを本案とする仮処分の場合と異なり，この場合には，募集株式の発行等を差し止める仮処分命令に違反する募集株式の発行に関する前掲・最判平成5・12・16〔☞Ⅴ2〕と同様の理由付けは妥当しないとも考えられる。ここで仮処分の本案とされるのは，会社法が特別に定める差止請求権ではないからである。しかし，そのような仮処分命令に違反して行われた組織再編には，無効原因があるとする見解もある（齊藤137頁，類型別Ⅱ718頁）。

3 取締役・執行役の行為の差止め

(1) 会社の「損害」

本改正前から，組織再編について取締役・執行役の行為の差止め（360・385・407・422。本改正後は399の6も）の要件が充たされれば，これらの規定によって取締役・執行役の組織再編に関する行為の差止めを請求することができるということに争いはなかった。もっとも，このような差止めについては，規定の要件についていくつか検討を要する問題がある。

まず，これらの規定は，取締役・執行役の行為によって会社に損害が生ずるおそれがあることを要件とする。このことから，組織再編の差止めのためにこれらの規定を用いることができない場合もある。

すなわち，組織再編によって当事会社の企業価値が毀損するのであれば，当事会社に損害が生ずるおそれがあるといえる。また，吸収合併等の存続株式会社等が吸収合併等の対価として同会社の株式ではなく金銭等を交付する場合，その額が不当に高額であれば，それを同会社の損害と考えることができる。

第2節　吸収合併等の手続　第1款　吸収合併消滅会社，吸収分割会社
及び株式交換完全子会社の手続　第1目　株式会社の手続　　　　　§784の2

　しかし，組織再編の対価として存続株式会社等の株式だけが対価として交付
され，交付の比率が不公正であった場合に，存続株式会社等に損害が生じたと
はいい難く（取締役の損害賠償責任が追及された事例であるが，東京地判平成6・11・
24資料版商事130号91頁〔控訴・上告は棄却されている。東京高判平成7・6・14資料
版商事143号161頁，最判平成8・1・23資料版商事143号158頁〕，大阪地判平成12・
5・31判時1742号141頁），360条等の要件を充たさないと考えられる。もっと
も，吸収分割承継株式会社が同会社の株式だけを対価として交付する場合は，
募集株式等の有利発行が行われた場合と類似する。後者の場合について会社に
損害が生じると一般的に考えられている（例えば，江頭785頁）ことからすれ
ば，前者の場合についても会社に損害があると考えることは，不可能ではない
かもしれない（理由付けは異なるが，弥永626頁注3）。
　以上の問題について，360条等にいう「損害」を広く捉えることで，差止請
求が認められる範囲を拡張しようとする見解も主張される。例えば，360条等
にいう「損害」には財産的損害以外の損害も含まれるとした上で，株主総会決
議の結果として会社に著しい法律関係の混乱を生ずるおそれがあると考えられ
る場合には，「回復することのできない損害」が会社に生ずるおそれがあり，
株主総会開催停止または議決権行使停止の仮処分が認められてきたことから，
一方当事会社にとって著しく不当な合併条件が定められた場合には議決権行使
に影響を与えるため，会社に損害が生ずるおそれがあると解することができる
とする見解がある（弥永632頁）。しかし，そこでいわれる「議決権行使に影響
を与える」ということの意味内容は，明らかではない。また，そのような株主
総会開催停止の仮処分等が認められるとされていたのは，株主総会がもしも開
催され決議が行われれば，決議は瑕疵を帯びることとなり，それが事後的に取
り消されたり，無効だとされることによって，会社に混乱が生じるからである
（新堂154頁）。したがって，組織再編を承認する決議に瑕疵がないような場合
には，そのような議論は成り立たないようにも思われる。
　また，360条等の母法である米国の差止命令（injunction）の制度も引合い
に出しつつ，買収対象会社の取締役・執行役に(2)に述べるような株主の利益
に配慮する義務が生じると考えることで，組織再編の場面では360条等にいう
「損害」の要件は株主が被る不利益のおそれを示すことで充たすことができる
という解釈の可能性を指摘する見解もある（白井・友好的買収517-519頁）。たし
かに，360条等が規定上会社の損害を要件とするのは，これらの規定の差止請
求権が会社の利益を保護するために定められた（大隅＝大森375頁，鈴木＝石井

〔伊　藤〕　　　　　　　　　　　　　　　　　　　　　　　　　　773

§ 784 の 2

187 頁）からなのであろう。⑵に述べるような取締役・執行役の株主の利益に
配慮する義務も，会社に対する義務として観念されるのであるから，そのよう
な義務違反のおそれがある以上，会社の損害を観念できなくとも，会社の利益
（取締役・執行役の義務違反の防止）を保護するために 360 条等の差止請求が認め
られるべきだという解釈は，成り立ち得ないものではない。しかし，会社では
なく個々の株主の利益を保護するための差止請求権は 360 条等とは別個に 210
条等に定められるという会社法の体系からすれば，そのような解釈には，やは
り無理があるようにも思われる（白井・友好的買収 518 頁注 1794 参照）。

⑵　取締役・執行役の「法令」違反

360 条等による差止請求が認められるためには，取締役・執行役が株式会社
の目的の範囲外の行為その他法令もしくは定款に違反する行為をし，またはこ
れらの行為をするおそれがなければならない。本条 1 号と異なり［☞ II 2⑵］，
これらの規定にいう「法令」には，具体的な会社法の規定のほか，取締役・執
行役の善管注意義務（330，民 644）・忠実義務（355・419 II）を定める規定も含
まれる［☞ 会社法コンメ⑻ § 360 III 1⑵〔132 頁〔岩原紳作〕〕］。問題は，会社が行
う組織再編について，取締役・執行役が，どのような場合に，どのような意味
で，善管注意義務・忠実義務に違反したといえるかである。

たしかに，組織再編によって当事会社の企業価値が毀損する場合や，吸収合
併等の存続株式会社等が吸収合併等の対価として同会社の株式ではなく金銭等
を交付するが，その額が不当に高額である場合には，会社に損害が生ずるとい
える［☞⑴］。しかし，それによって，取締役・執行役がただちに善管注意義
務・忠実義務に違反したとはいえない。取締役・執行役が当該組織再編に利害
関係を有しない限り，取締役・執行役に義務違反があったかどうかについて
は，経営判断原則が適用されるはずである。

また，⑴に述べたような「損害」を広く捉える見解に立つとしても，同様
に取締役・執行役の義務違反が必要である。組織再編の対価として存続株式会
社等の株式だけが対価として交付され，交付の比率が不公正であったような場
合，（会社に損害が生じていないにもかかわらず）取締役・執行役にどのような意
味での善管注意義務・忠実義務違反があったかが問題になる。これについて
は，本改正前から，株主の利害に直接に影響を与える組織再編において，取締
役・執行役には株主共同の利益に配慮する義務があるという見解が唱えられて
いた（白井・友好的買収 99 頁参照）。本改正によって特別支配株主の株式等売渡
請求制度が導入され，株式等売渡請求について対象会社の承認が要求されるよ

第2節　吸収合併等の手続　第1款　吸収合併消滅会社，吸収分割会社及び株式交換完全子会社の手続　第1目　株式会社の手続　§785

うになったこと（179の3）に伴い，そのような見解はさらに有力なものになるだろう（内田15頁以下，飯田・株式等売渡請求150頁以下）。

いずれにしても，組織再編の場面で，当事会社の取締役・執行役に義務違反があったかどうかを裁判所が審査する際の基準については，なお明らかでないことも多い（白井・友好的買収100頁，内田18頁，飯田・株式等売渡請求156頁以下参照）。

(3) 仮処分命令に違反した組織再編の効果

360条等の差止請求の訴えを本案とする仮処分命令に違反した行為の効力については，そのような仮処分が取締役・執行役に対する不作為義務を課すにとどまることから，有効であるとする見解が多い（例えば，江頭505頁，論点解説411頁）。これに対して，仮処分命令違反について悪意の相手方に対しては，会社は無効を主張できるとする見解もある［☞会社法コンメ(8)§360Ⅳ5〔143-144頁〔岩原〕〕（田中・差止31-32頁も参照）。

4　その他の構成

以上に述べた以外の構成によって，組織再編の差止めを認める見解もある。

例えば，当事会社の株主等は，合併契約に無効原因がある場合，合併手続に重大な違反がある場合，合併契約に定めた条件による合併が著しく不公正であって，その利益を害されるおそれのある場合は，合併差止めの仮処分（民保23Ⅱ）を申請することが可能だとする見解があった（新谷555頁。同書の増補第3版〔2019〕637-638頁では，本条による差止めのほかは，2(1)の構成による仮処分のみが主張されているようである）。

また，合併の存続会社にとって不利な合併条件が定められた場合に，募集株式の発行等の差止め（会社法では210）の規定の類推適用が認められるとする見解がある（弥永636頁）［☞会社法コンメ(5)§210Ⅱ2(2)(イ)〔105頁〔須崎〕〕。

（伊藤靖史）

（反対株主の株式買取請求）

第785条①　吸収合併等をする場合（次に掲げる場合を除く。）には，反対株主は，消滅株式会社等に対し，自己の有する株式を公正な価格で買い取ることを請求することができる。

1　第783条第2項に規定する場合

〔伊　藤〕

2 第784条第2項に規定する場合

② 前項に規定する「反対株主」とは，次の各号に掲げる場合における当該各号に定める株主（第783条第4項に規定する場合における同項に規定する持分等の割当てを受ける株主を除く。）をいう。

1 吸収合併等をするために株主総会（種類株主総会を含む。）の決議を要する場合　次に掲げる株主

イ　当該株主総会に先立って当該吸収合併等に反対する旨を当該消滅株式会社等に対し通知し，かつ，当該株主総会において当該吸収合併等に反対した株主（当該株主総会において議決権を行使することができるものに限る。）

ロ　当該株主総会において議決権を行使することができない株主

2 前号に規定する場合以外の場合　全ての株主（第784条第1項本文に規定する場合における当該特別支配会社を除く。）

③ 消滅株式会社等は，効力発生日の20日前までに，その株主（第783条第4項に規定する場合における同項に規定する持分等の割当てを受ける株主及び第784条第1項本文に規定する場合における当該特別支配会社を除く。）に対し，吸収合併等をする旨並びに存続会社等の商号及び住所を通知しなければならない。ただし，第1項各号に掲げる場合は，この限りでない。

④ 次に掲げる場合には，前項の規定による通知は，公告をもってこれに代えることができる。

1 消滅株式会社等が公開会社である場合

2 消滅株式会社等が第783条第1項の株主総会の決議によって吸収合併契約等の承認を受けた場合

⑤ 第1項の規定による請求（以下この目において「株式買取請求」という。）は，効力発生日の20日前の日から効力発生日の前日までの間に，その株式買取請求に係る株式の数（種類株式発行会社にあっては，株式の種類及び種類ごとの数）を明らかにしてしなければならない。

⑥ 株券が発行されている株式について株式買取請求をしようとするときは，当該株式の株主は，消滅株式会社等に対し，当該株式に係る株券を提出しなければならない。ただし，当該株券について第223条の規定による請求をした者については，この限りでない。

⑦ 株式買取請求をした株主は，消滅株式会社等の承諾を得た場合に限り，その株式買取請求を撤回することができる。

⑧ 吸収合併等を中止したときは，株式買取請求は，その効力を失う。

⑨ 第133条の規定は，株式買取請求に係る株式については，適用しない。

第2節　吸収合併等の手続　第1款　吸収合併消滅会社，吸収分割会社及び株式交換完全子会社の手続　第1目　株式会社の手続 §785

I 総　　説

1 本条改正の概要

　本条は，本改正前から存在する規定であり，吸収合併等の消滅株式会社等における株式買取請求の手続等について定めるものである。本改正は，本条1項2号について会社法の規定の条数・項番号の変更（784条3項が2項にあらためられ，本条の前に784条の2が挿入された）に伴う文言の修正をし，2項，3項について「反対株主」の範囲に関する改正を行うとともに，本条に6項，9項を追加した。本改正前の6項，7項の項番号は，7項，8項にあらためられた。

　本条6項は，株券が発行されている株式について株式買取請求をしようとするときの株券の提出について定めるものである。本条9項は，株式買取請求に係る株式について株主名簿の名義書換の規定（133）を適用しない旨を定めるものである。

2 株式買取請求権に関する本改正と本条

　株式買取請求権と，全部取得条項付種類株式の取得価格決定申立制度については，会社法制定後に事件数が急増するとともに，さまざまな実務的・理論的問題が生じていた（岩原紳作「総論」ジュリ1439号〔2012〕17頁，施行5年105頁以下に収められた諸論考参照）。そこで，本改正では，株式買取請求権について，主に濫用の防止のためにいくつかの手当てがなされた。

　①例えば，株式買取請求をすることができる株主の範囲が狭められた。すなわち，略式組織再編・略式事業譲渡において，特別支配会社は株式買取請求権を有しないものとされた。そのような特別支配会社を株式買取請求権によって保護する必要はないからである（要綱概要46頁，立案担当平成26年204頁）。

　②次のような理由から，株式買取請求の撤回制限の実効性を確保するための改正が行われた。すなわち，会社法制定時に，株式買取請求は，買取請求の相手方たる会社の承諾を得た場合に限り，撤回することができるものとされた（本条Ⅶ〔改正前本条Ⅵ〕・797Ⅶ〔改正前797Ⅵ〕・806Ⅶ〔改正前806Ⅵ〕）。このようなルールは，例えば上場会社において，とりあえず株式買取請求権を行使しておき，その後の株価の動向等を見ながら，市場での売却価格のほうが裁判所で決定される価格よりも有利であると判断した場合には，株式買取請求を撤回して株式を市場で売却するといった投機的な株式買取請求を防止するために設

〔伊　藤〕

777

けられた（立案担当201頁）。しかしながら，このように撤回の制限が定められていたにもかかわらず，例えば上場株式については，株式買取請求に係る株式を市場で売却することによって，事実上，会社の承諾を得ることなく株式買取請求を撤回するのと同様の結果を得られることが指摘され，これについての対処が必要だと考えられたわけである（中間試案補足説明第2部第4の1，立案担当平成26年196頁以下）。

本条2項，3項の改正は，上に述べた①に関するものである。また，6項，9項の追加は，②の一環と位置付けることができる（社債，株式等の振替に関する法律の改正による買取口座制度の創設も，同様の目的によるものである）[同制度については☞§116Ⅱ]。

Ⅱ　反対株主の範囲（本条2項，3項）

本改正によって，本条2項2号には，「（第784条第1項本文に規定する場合における当該特別支配会社を除く。）」という括弧書が追加された（なお，同号の「すべての」という語が「全ての」にあらためられたが，これは規定内容をあらためるものではない）。同括弧書の追加によって，784条1項本文に規定する場合，つまり，吸収合併存続会社，吸収分割承継会社または株式交換完全親会社が消滅株式会社等の特別支配会社である場合（略式組織再編の要件を充たす場合）の，当該特別支配会社は，本条1項による株式買取請求をすることができる「反対株主」から除かれることになった。このような改正が行われたのは，次の理由による（立案担当平成26年203頁以下）。

本条2項1号によれば，吸収合併等をするために株主総会の決議を要する場合，当該株主総会において議決権を行使することができない株主（本条Ⅱ①ロ）以外の株主は，当該株主総会に先立って当該吸収合併等に反対する旨を当該消滅株式会社等に対して通知し，かつ，当該株主総会において当該吸収合併等に反対した者でなければ，「反対株主」に含まれない（同号イ）。組織再編に賛成する株主に株式買取請求権を認める必要はないからである。他方で，本改正前には，略式組織再編の要件を充たす場合については，すべての株主が「反対株主」に含まれるものとされていた（改正前本条Ⅱ②）。しかし，略式組織再編の要件を充たす場合に株主総会決議による承認を要しないものとされている（784Ⅰ）のは，仮に株主総会を開催したとしても特別支配会社による賛成の議決権行使によって当該組織再編が株主総会で承認されることが明らかであるか

第2節　吸収合併等の手続　第1款　吸収合併消滅会社，吸収分割会社及び株
式交換完全子会社の手続　第1目　株式会社の手続　　　　　　　　　　　§785

らである。このことからすれば，この場合の特別支配会社に株式買取請求を認
めるべき合理的な理由はないと考えられ，特別支配会社が「反対株主」から除
かれることになったわけである。

III　株券の提出（本条6項）

1　株式買取請求のための株券の提出

　本条6項本文は，株券が発行されている株式について株式買取請求をしよう
とするときは，当該株式の株主は，消滅株式会社等に対し，当該株式に係る株
券を提出しなければならない旨を定める。

　本改正によってこのような定めが追加されたのは，以下に述べるように，株
券が発行されている株式について，株式買取請求の撤回制限（本条VII〔改正前本
条VI〕）の実効性を確保するためである（立案担当平成26年200頁以下）。

　すなわち，本改正前は，株券が発行されている株式について本条に基づく株
式買取請求をする場合に，当該株式に係る株券の会社への提出が要求されてい
なかった。ところが，株券が請求者の手元に残るとすれば，これが第三者に譲
渡され，当該株券に係る株式について善意取得（131 II）が生じるおそれがあっ
た。これによって，株式会社の承諾を得ずに株式買取請求が撤回されたのと同
様の結果が生じる可能性があったわけである。また，株式の譲渡が株式買取り
の効力発生後に行われる場合には，株式会社は，株式買取請求者に代金を支払
う義務を負うとともに，当該株券の所持人を正当な株主と扱わなければならな
いことになるおそれがあった。

　他方で，株式買取請求をした時から買取りの効力が生じる時までの間に，請
求者が株券を保持し続ける法的利益はないと考えられ，本改正によって，株券
が発行されている株式について株式買取請求をしようとするときは，当該株式
に係る株券を提出しなければならないものとされたのである。

　本条6項本文は，「株券が発行されている株式」としているため，株券発行
会社（117 VII）の株式であっても，株券が発行されていないもの（215・217参
照）については適用されない（久保田安彦「株式買取請求権に係る規定の整備」鳥山
恭一＝福島洋尚編・平成26年会社法改正の分析と展望〔金判1461号〕〔2015〕90頁）。

2　株券の提出を要しない場合

　本条6項ただし書は，株券について223条の規定による請求をした者につい

〔伊　藤〕　　　　　　　　　　　　　　　　　　　　　　　　　　　779

ては，1 に述べた株券の提出を要しない旨を定める。株券を喪失してこれを提出することができない者が株式買取請求権を行使することができなくなることは相当ではないと考えられ，そのような者も，当該株券について株券喪失登録の請求（223）をしたのであれば，株券を提出しなくとも株式買取請求ができることとされたのである（立案担当平成 26 年 201 頁）。

　株券喪失登録の請求（223）をした上で，当該株券に係る株式について買取請求をした者は，株券の失効後に新しい株券の再発行を受けることになる（228 II）。このようにして株券が再発行された場合に，株式買取請求に係る代金の支払がされたにもかかわらず，当該株式に関する株券が請求者の手元に残る事態が生じないよう，株式会社は，当該株券と引換えに，その株式買取請求に係る株式の代金を支払わなければならないものとする 786 条 7 項（改正前 786 VI）は残されることになった（立案担当平成 26 年 201 頁）。

　786 条 7 項の文言上，同項が適用される場面に限定が付されていないが，株式買取請求のときにすでに株券を提出した株主が，代金の支払を受けるためにあらためて株券を提出しなければならないわけではない（立案担当平成 26 年 201 頁注 143）。

IV　株主名簿の名義書換規定の不適用（本条 9 項）

　本条 9 項は，133 条の規定は，株式買取請求に係る株式については，適用しない旨を定める。同条は，株主名簿の名義書換についての規定であり，同条 1 項は，株式を当該株式を発行した株式会社以外の者から取得した者は，当該株式会社に対し，当該株式に係る株主名簿記載事項を株主名簿に記載し，または記録することを請求することができる旨を定める。本条 9 項によって，株式買取請求に係る株式については，このような名義書換請求ができないことになる。

　本改正によってこのような定めが追加されたのは，以下に述べるように，株券発行会社ではない会社の株式（かつ，振替株式ではないもの）について，株式買取請求の撤回制限（本条 VII〔改正前本条 VI〕）の実効性を確保するためである（立案担当平成 26 年 201 頁。本条 9 項の適用範囲は，文言上そのような株式に限られないが，実際に本条 9 項の適用が問題になるのは，そのような株式に限られるであろう。久保田・前掲 91 頁）。

　すなわち，そのような株式は意思表示によって譲渡できる〔☞会社法コンメ

第2節　吸収合併等の手続　第1款　吸収合併消滅会社，吸収分割会社及び株式交換完全子会社の手続　第1目　株式会社の手続　§786

(3) §130Ⅰ1〔321-322頁［伊藤靖史］〕）（江頭220頁）。そのため，株式買取請求をした株主が請求後に当該株式を譲渡し，そのような譲渡を理由とする株主名簿の名義書換請求（133Ⅰ）を株式会社が拒絶できないとすれば（このような事情が名義書換を拒絶できる正当な理由に該当するかどうかは，明らかではなかった），株式会社の承諾を得ずに株式買取請求が撤回されたのと同様の結果が生じることになる。そこで，このような場合について133条の規定の適用を除外し，株主名簿の名義書換を請求することができないこととして，株式の譲渡が株式会社に対抗されることを防ぐこととされた。

　株式会社の承諾を得て株式買取請求が撤回された場合（本条Ⅶ〔改正前本条Ⅵ〕）や，株式買取請求が効力を失った場合（本条Ⅷ〔改正前本条Ⅶ〕）には，そのような株式は「株式買取請求に係る」株式とはいえないことから本条9項の適用はなく，株主名簿の名義書換請求が可能だと考えられる（立案担当平成26年201頁以下）。株式の価格の決定について協議が調わず，かつ，価格の決定の申立てもなく，株式買取請求が撤回された場合（786Ⅲ）についても，同様に考えることができる（久保田・前掲90-91頁）。

（伊藤靖史）

（株式の価格の決定等）

第786条① 株式買取請求があった場合において，株式の価格の決定について，株主と消滅株式会社等（吸収合併をする場合における効力発生日後にあっては，吸収合併存続会社。以下この条において同じ。）との間に協議が調ったときは，消滅株式会社等は，効力発生日から60日以内にその支払をしなければならない。

② 株式の価格の決定について，効力発生日から30日以内に協議が調わないときは，株主又は消滅株式会社等は，その期間の満了の日後30日以内に，裁判所に対し，価格の決定の申立てをすることができる。

③ 前条第7項の規定にかかわらず，前項に規定する場合において，効力発生日から60日以内に同項の申立てがないときは，その期間の満了後は，株主は，いつでも，株式買取請求を撤回することができる。

④ 消滅株式会社等は，裁判所の決定した価格に対する第1項の期間の満了の日後の法定利率による利息をも支払わなければならない。

⑤ 消滅株式会社等は，株式の価格の決定があるまでは，株主に対し，当該消滅株式会社等が公正な価格と認める額を支払うことができる。

〔伊　藤〕

⑥　株式買取請求に係る株式の買取りは，効力発生日に，その効力を生ずる。
⑦　株券発行会社は，株券が発行されている株式について株式買取請求があったときは，株券と引換えに，その株式買取請求に係る株式の代金を支払わなければならない。

I　総　　説

1　本条改正の概要

本条は，本改正前から存在する規定であり，吸収合併等の消滅株式会社等における株式買取請求に係る株式の価格の決定等について定めるものである。本改正は，本条3項について会社法の規定の項番号の変更（785条6項が7項にあらためられた）に伴う文言の修正をし，本条に5項を追加するとともに，本条6項（改正前本条V）について株式買取請求に係る株式の買取りの効力発生時点に関する改正を行うものである。本改正前の5項，6項の項番号は，6項，7項にあらためられた。

本条5項は，株式の価格の決定前の株式会社による支払について定めるものである。また，本改正によって785条6項が追加された一方で，本条7項（改正前本条VI）は削除されなかった　[☞§785 III 2]。

2　株式買取請求権に関する本改正と本条

株式買取請求権と，全部取得条項付種類株式の取得価格決定申立制度については，会社法制定後に事件数が急増するとともに，さまざまな実務的・理論的問題が生じていた（岩原紳作「総論」ジュリ1439号〔2012〕17頁，施行5年105頁以下に収められた諸論考参照）。そこで，本改正では，株式買取請求権について，主に濫用の防止のためにいくつかの手当てがなされた。

①例えば，株式買取請求に係る株式について裁判所に対して価格の決定の申立てが行われた場合に，会社の利息負担を軽減するための改正が行われた。すなわち，株式買取請求の相手方たる会社は，組織再編の効力発生日から60日の期間の満了の日後の法定利率による利息（平成29年改正前は，年6分の利率により算定した利息）をも支払わなければならない（本条IV・798 IV・807 IV）。しかし，法定利率（とくに，平成29年改正前の年6分の利率）は，現在の経済状況からすれば高利であり，これが株式買取請求の濫用を招く原因にもなっていると指摘された。また，買取対価の早期の支払とそれによる会社の利息負担の軽

第2節　吸収合併等の手続　第1款　吸収合併消滅会社，吸収分割会社及び株
式交換完全子会社の手続　第1目　株式会社の手続　§786

減のために，裁判所による価格決定の前に，反対株主と会社の間で，会社の側
から一定の価格を支払う旨を合意することがあるともいわれた。このような会
社からの「仮払」が，本改正によって会社法上の制度とされ，会社は，株式の
価格が決定される前に，当該会社が公正な価格と認める額を支払うことができ
ることとされたわけである（中間試案補足説明第2部第4の2，立案担当平成26年
202頁以下。本改正前の実務による対応について，仁科秀隆「株式買取請求権に関する
手続上の問題点」施行5年144-145頁参照）。

　②　株式買取請求に係る株式の買取りの効力発生時点について，本改正前に
当該株式の代金支払の時と定められていたものが，株主が反対している会社の
行為が効力を生じる日にあらためられた。改正前に代金支払の時を買取りの効
力発生時点としていたルールについては，反対株主が組織再編等の効力発生日
から60日の期間の満了の日後の利息の支払を受けつつ，買取りの効力発生ま
での間に剰余金配当請求権を有することは，不当なのではないかと考えられた
（中間試案補足説明第2部第4の2）。そして，このような剰余金配当請求権のみな
らず，そもそも，組織再編等の効力発生日後は，買取りの効力が発生する（反
対株主は株主としての地位を失う）ものとすることが適切なのではないかと考え
られた（要綱概要45頁，立案担当平成26年202頁）。このような改正の結果，株
式買取請求に係る株式の買取りの効力発生時点は，新設合併等における消滅株
式会社等の株式については設立会社の成立の日とされ（807Ⅵ），それ以外の場
合には組織再編等の効力発生日とされた（117Ⅵ・470Ⅵ・本条Ⅵ・798Ⅵ）。つま
り，買取りの効力発生時点は，株主が反対している会社の行為が効力を生じる
日に一本化されたわけである。

　本条5項の追加は，上に述べた①に関するものである。また，本条6項の
改正は，②に関するものである。

Ⅱ　株式の価格の決定前の株式会社による支払（本条5項）

1　規定の内容

　本条5項は，消滅株式会社等は，株式の価格の決定があるまでは，株主に対
し，当該株式会社が公正な価格と認める額を支払うことができる旨を定める。
これによって，消滅株式会社等が，株式買取請求をした株主に対して，当該株
式会社が公正な価格と認める額を提供すれば，同額について適法な弁済提供を
したことになる。当該株主がその受領を拒絶すれば，会社は弁済供託（民494Ⅰ

〔伊　藤〕　　　　　　　　　　　　　　　　　　　　　　　　　　783

第 5 編　組織変更，合併，会社分割，株式交換及び株式移転　第 5 章　組織変
§786　更，合併，会社分割，株式交換及び株式移転の手続

①）をすることができる（立案担当平成 26 年 203 頁）。

　本条 5 項による支払を株式会社がした場合，本条 4 項の規定にかかわらず，
当該株式会社は当該支払をした額については当該支払後の利息を支払う義務を
負わない。そのため，このような場合に当該株式会社が株主に対して支払う額
の総額は，① 本条 5 項による支払の額，② この額について本条 4 項に定めら
れた日から当該支払をした日までの利息，③ 裁判所の決定した株式の価格が
上記 ① の額よりも高かった場合にはその差額，および，④ この差額について
本条 4 項に定められた日後の利息の合計額になる（立案担当平成 26 年 203 頁）。

2　「公正な価格と認める額」を超える支払

　会社は，自らが「公正な価格」と認めるよりも多額の支払をすることはでき
るか。これについて，会社が内心で考える「公正な価格」よりも高い金額を
「公正な価格と認める額」として本条 5 項による支払をすることは可能である
が，そのような支払をすることは，裁判所における価格決定の審理において，
会社に不利益に働くとする見解がある。会社が「公正な価格と認める額」とし
て本条 5 項による支払をした金額よりも低い金額が「公正な価格」であると会
社が主張することは，会社の主張の正当性を損ねるとされるのである（小出篤
「組織再編等における株式買取請求」論点詳解 233 頁以下）。

　たしかに，本条 5 項による支払として主に想定されるのは，会社が，株主と
の協議や価格決定の審理において主張する「公正な価格」を本条 5 項に従って
一度支払い，価格決定を待つというものであろう。「公正な価格」と認めるよ
りも多額の支払を会社に認めることは，法律関係を複雑化させる。しかし，本
条 4 項が利息の支払を要求する趣旨は，株主に利得をさせることではない。本
条 4 項の利息は遅延利息ないし法定利息とされる［☞会社法コンメ⑱§786Ⅴ1
〔131 頁〔柳明昌〕〕］。あるいは，このような利息支払は，裁判所による価格決定
が相当長期間を要することを予想して，株主保護のために設けられたものとさ
れる（新注会(5) 299 頁以下〔宍戸善一〕）。いずれにしても，株主に対して支払が
されたのであれば，その額が，会社が主張する「公正な価格」を上回るとして
も，超過額について株主に利息を得させる理由はない。

　もちろん，上に記した見解が述べるように，① 会社が内心で考えるよりも
高い金額を「公正な価格と認める額」として支払をすれば，そのことが価格決
定の審理において会社に不利益に働くことは否定できない。たとえ会社が，②
「(a)会社が公正な価格と認める額＋(b)それを超える額」であると明示して支

784　　　　　　　　　　　　　　　　　　　　　　　　　　　　　　〔伊　藤〕

第2節　吸収合併等の手続　第1款　吸収合併消滅会社，吸収分割会社及び株
式交換完全子会社の手続　第1目　株式会社の手続　　　　　　　　　　§786

払をするとしても同様であろう。しかし，会社がそのような不利益を甘受しつ
つ，①②の支払をすること自体は禁止されていないというべきである（②の
支払までも認める趣旨かは明らかでないが，森田恒平・Q&A株式・組織再編の実務(2)
〔商事法務，2015〕50頁）。

　なお，本条5項は「公正な価格と認める額を支払うことができる」と規定す
るが，これを，上記①の支払だけが認められる（会社の支払は表向き「公正な価
格と認める額」の支払でなければならない）と解釈する必要もない。また，会社が
②の支払をした後で，裁判所が決定した買取価格が会社による支払額を下
回った場合，支払を受けた株主は超過額について不当利得返還義務を負う
〔☞4〕。その場合，当該超過額のうち上記(b)の額に当たる部分についても，株
主は善意の受益者（民703）と扱われるべきである。②の支払が行われたこと
による負担を株主に負わせるのは不当であり，また，支払を受領した株主は，
上記(b)の額についてもそれが（株主が考える）公正な価格に含まれると考える
はずだからである。上に述べた会社が甘受すべき不利益には，このような不利
益も含まれる（伊藤靖史「株式等に係る価格決定前の支払制度について」同志社法学
68巻1号〔2016〕280頁）。

3　「公正な価格と認める額」の積増し等

　本条5項による支払を会社が行うタイミングとしては，利息の軽減のために
は，本条4項が定める利息の起算点（効力発生日から60日の期間満了日）に近接
した時点とすることが合理的であるといわれる（森田・前掲51頁）。

　会社が「公正な価格と認める額」を一度支払った後で，支払の積増しをする
ことはできるか。そのような支払は法律関係を複雑化させるが（本条5項によ
る支払が複数回に分けて行われた場合，それぞれの回の支払分についての法定利息が，
それぞれの支払時以降は発生しないことになる），このような積増しは，会社法上
禁止されていないというべきであろう（森田・前掲51頁）。

　会社が「公正な価格と認める額」よりも少額の支払をすること（一部払），ま
た，その後に支払の積増しをすること（分割払）は，できるか。本条5項は
「公正な価格と認める額を支払うことができる」と規定するが，これを，会社
の第1回目の支払は「公正な価格と認める額」以上でなければならないと解釈
する必要はないだろう。上に述べたような積増しが可能であると解する以上，
一部払や分割払も，会社法上禁止されていないと解してよいのではないか（伊
藤・前掲281頁。森田・前掲51頁が「改正会社法の条文上は，事前支払いを複数回に

〔伊　藤〕　　　　　　　　　　　　　　　　　　　　　　　　　　　785

分けて行うことは特に禁じられておらず」とするのは，同様の趣旨であろうか）。

4　買取価格が本条5項による支払額を下回る場合

会社が本条5項による支払をした後で，裁判所が決定した買取価格が，同支払額を下回った場合，支払を受けた株主は，当該超過額について不当利得返還義務を負う（笠原武朗「組織再編」法教402号〔2014〕30頁注13，小出・前掲234頁）。株主は善意の受益者として現存利益の範囲で不当利得返還義務を負い（民703），会社からの請求を受けた日から遅延利息（同法412Ⅲ・419Ⅰ）を支払わなければならない（小出・前掲234頁）。

Ⅲ　株式買取請求に係る株式の買取りの効力発生時点（本条6項）

本改正によって，本条6項（改正前本条Ⅴ）の括弧書が削除された。本改正前の括弧書は「（吸収分割をする場合にあっては，当該株式の代金の支払の時）」と定め，吸収分割の場合の株式買取請求に係る株式の買取りは，効力発生日ではなく，当該株式の代金支払時とされていた。この括弧書が削除されることで，株式買取請求に係る株式の買取りの効力発生時点は，吸収合併等における消滅株式会社等の株式については，すべて，吸収合併等の効力発生日になったわけである。

最高裁の判例は，株式買取請求に係る「公正な価格」を算定する基準日を，株式買取請求がされた日とする（最決平成23・4・19民集65巻3号1311頁，最決平成24・2・29民集66巻3号1784頁）。本条6項の改正は，このような判例法理に変更をもたらすものではないと考えられる（要綱概要72頁注252，久保田安彦「株式買取請求権に係る規定の整備」鳥山恭一＝福島洋尚編・平成26年会社法改正の分析と展望〔金判1461号〕〔2015〕91-92頁）。

本改正前に株式買取請求に係る株式の買取りの効力発生時点を代金支払時と定めていたルールの趣旨は，反対株主への代金支払を確保することにあった（新注会(5)301頁〔宍戸〕）。改正後は，反対株主は，代金支払に関するリスクも覚悟して株式買取請求を行うべきことになる（要綱概要72頁注252）。

（伊藤靖史）

第2節　吸収合併等の手続　第1款　吸収合併消滅会社，吸収分割会社及び株式交換完全子会社の手続　第1目　株式会社の手続

§ 787

（新株予約権買取請求）

第787条① 次の各号に掲げる行為をする場合には，当該各号に定める消滅株式会社等の新株予約権の新株予約権者は，消滅株式会社等に対し，自己の有する新株予約権を公正な価格で買い取ることを請求することができる。

1 吸収合併　第749条第1項第4号又は第5号に掲げる事項についての定めが第236条第1項第8号の条件（同号イに関するものに限る。）に合致する新株予約権以外の新株予約権

2 吸収分割（吸収分割承継会社が株式会社である場合に限る。）　次に掲げる新株予約権のうち，第758条第5号又は第6号に掲げる事項についての定めが第236条第1項第8号の条件（同号ロに関するものに限る。）に合致する新株予約権以外の新株予約権

　イ　吸収分割契約新株予約権

　ロ　吸収分割契約新株予約権以外の新株予約権であって，吸収分割をする場合において当該新株予約権の新株予約権者に吸収分割承継株式会社の新株予約権を交付することとする旨の定めがあるもの

3 株式交換（株式交換完全親会社が株式会社である場合に限る。）　次に掲げる新株予約権のうち，第768条第1項第4号又は第5号に掲げる事項についての定めが第236条第1項第8号の条件（同号ニに関するものに限る。）に合致する新株予約権以外の新株予約権

　イ　株式交換契約新株予約権

　ロ　株式交換契約新株予約権以外の新株予約権であって，株式交換をする場合において当該新株予約権の新株予約権者に株式交換完全親株式会社の新株予約権を交付することとする旨の定めがあるもの

② 新株予約権付社債に付された新株予約権の新株予約権者は，前項の規定による請求（以下この目において「新株予約権買取請求」という。）をするときは，併せて，新株予約権付社債についての社債を買い取ることを請求しなければならない。ただし，当該新株予約権付社債に付された新株予約権について別段の定めがある場合は，この限りでない。

③ 次の各号に掲げる消滅株式会社等は，効力発生日の20日前までに，当該各号に定める新株予約権の新株予約権者に対し，吸収合併等をする旨並びに存続会社等の商号及び住所を通知しなければならない。

1 吸収合併消滅株式会社　全部の新株予約権

2 吸収分割承継会社が株式会社である場合における吸収分割株式会社　次に掲げる新株予約権

　イ　吸収分割契約新株予約権

　ロ　吸収分割契約新株予約権以外の新株予約権であって，吸収分割をする場合

〔伊　藤〕

787

において当該新株予約権の新株予約権者に吸収分割承継株式会社の新株予約権を交付することとする旨の定めがあるもの

　3　株式交換完全親会社が株式会社である場合における株式交換完全子会社　次に掲げる新株予約権

　　イ　株式交換契約新株予約権

　　ロ　株式交換契約新株予約権以外の新株予約権であって，株式交換をする場合において当該新株予約権の新株予約権者に株式交換完全親株式会社の新株予約権を交付することとする旨の定めがあるもの

④　前項の規定による通知は，公告をもってこれに代えることができる。

⑤　新株予約権買取請求は，効力発生日の20日前の日から効力発生日の前日までの間に，その新株予約権買取請求に係る新株予約権の内容及び数を明らかにしてしなければならない。

⑥　新株予約権証券が発行されている新株予約権について新株予約権買取請求をしようとするときは，当該新株予約権の新株予約権者は，消滅株式会社等に対し，その新株予約権証券を提出しなければならない。ただし，当該新株予約権証券について非訟事件手続法第114条に規定する公示催告の申立てをした者については，この限りでない。

⑦　新株予約権付社債券が発行されている新株予約権付社債に付された新株予約権について新株予約権買取請求をしようとするときは，当該新株予約権の新株予約権者は，消滅株式会社等に対し，その新株予約権付社債券を提出しなければならない。ただし，当該新株予約権付社債券について非訟事件手続法第114条に規定する公示催告の申立てをした者については，この限りでない。

⑧　新株予約権買取請求をした新株予約権者は，消滅株式会社等の承諾を得た場合に限り，その新株予約権買取請求を撤回することができる。

⑨　吸収合併等を中止したときは，新株予約権買取請求は，その効力を失う。

⑩　第260条の規定は，新株予約権買取請求に係る新株予約権については，適用しない。

I　総　　説

1　本条改正の概要

　本条は，本改正前から存在する規定であり，吸収合併等の消滅株式会社等における新株予約権買取請求の手続等について定めるものである。本改正は，本条に6項，7項，10項を追加した。本改正前の6項，7項の項番号は，8項，9項にあらためられた。

第2節 吸収合併等の手続 第1款 吸収合併消滅会社，吸収分割会社及び株
式交換完全子会社の手続 第1目 株式会社の手続 §787

本条6項は，新株予約権証券が発行されている新株予約権について新株予約
権買取請求をしようとするときの新株予約権証券の提出について定めるもので
ある。本条7項は，新株予約権付社債券が発行されている新株予約権付社債に
付された新株予約権について新株予約権買取請求をしようとするときの新株予
約権付社債券の提出について定めるものである。本条10項は，新株予約権買
取請求に係る新株予約権について新株予約権原簿の名義書換請求の規定
(260) を適用しない旨を定めるものである。

2 株式買取請求権に関する本改正と本条

株式買取請求権と，全部取得条項付種類株式の取得価格決定申立制度につい
ては，会社法制定後に事件数が急増するとともに，さまざまな実務的・理論的
問題が生じていた（岩原紳作「総論」ジュリ1439号〔2012〕17頁，施行5年105頁
以下に収められた諸論考参照）。そこで，本改正では，株式買取請求権について，
主に濫用の防止のためにいくつかの手当てがなされるとともに，新株予約権買
取請求権についても同様の手当てがなされた。例えば，株式買取請求・新株予
約権買取請求の撤回制限の実効性を確保するための改正が行われており，本条
の改正もその一環と位置付けることができる（社債，株式等の振替に関する法律
の改正による買取口座制度の創設も，同様の目的によるものである）〔同制度について
は☞§118 II 1〔新株予約権・新株予約権付社債の場合〕〕。

会社法制定時に，株式買取請求は，買取請求の相手方たる会社の承諾を得た
場合に限り，撤回することができるものとされた（785 VII〔改正前785 VI〕・797
VII〔改正前797 VI〕・806 VII〔改正前806 VI〕）。このようなルールは，例えば上場会
社において，とりあえず株式買取請求権を行使しておき，その後の株価の動向
等を見ながら，市場での売却価格のほうが裁判所で決定される価格よりも有利
であると判断した場合には，株式買取請求を撤回して株式を市場で売却すると
いった投機的な株式買取請求を防止するために設けられた（立案担当201頁）。
そして，これと同様の趣旨から〔☞会社法コンメ(18)§777 V 2〔15頁〔遠藤美
光〕・§787 V 1〔158頁〔柳明昌〕〕・§808 VI〔342頁〔柳明昌〕〕〕，新株予約権買取
請求についても，撤回の制限が定められた（777 VIII〔改正前777 VI〕・本条 VIII〔改
正前本条 VI〕・808 VIII〔改正前808 VI〕）。しかしながら，このように撤回の制限が
定められていたにもかかわらず，例えば上場株式については，株式買取請求に
係る株式を市場で売却することによって，事実上，会社の承諾を得ることなく
株式買取請求を撤回するのと同様の結果を得られることが指摘され，これにつ

〔伊　藤〕

789

第5編　組織変更，合併，会社分割，株式交換及び株式移転　第5章　組織変
§787　更，合併，会社分割，株式交換及び株式移転の手続

いての対処が必要だと考えられたわけである（中間試案補足説明第2部第4の1，
立案担当平成26年196頁以下）。

II　新株予約権証券の提出（本条6項）

1　新株予約権買取請求のための新株予約権証券の提出

　本条6項本文は，新株予約権証券が発行されている新株予約権について新株
予約権買取請求をしようとするときは，当該新株予約権の新株予約権者は，消
滅株式会社等に対し，その新株予約権証券を提出しなければならない旨を定め
る。

　本改正によってこのような定めが追加されたのは，以下に述べるように，新
株予約権証券が発行されている新株予約権について，新株予約権買取請求の撤
回制限（本条Ⅷ〔改正前本条Ⅵ〕）の実効性を確保するためである（株券の提出に
ついて，立案担当平成26年200頁以下。新株予約権証券の提出についてのルールがそ
れと同趣旨であることについて，同201頁注142）。

　すなわち，本改正前は，新株予約権証券が発行されている新株予約権につい
て本条に基づく新株予約権買取請求をする場合に，当該新株予約権証券の会社
への提出が要求されていなかった。ところが，新株予約権証券が請求者の手元
に残るとすれば，これが第三者に譲渡され，当該新株予約権証券に係る新株予
約権について善意取得（258Ⅱ）が生じるおそれがあった。これによって，株式
会社の承諾を得ずに新株予約権買取請求が撤回されたのと同様の結果が生じる
可能性があったわけである。また，新株予約権の譲渡が新株予約権買取りの効
力発生後に行われる場合には，株式会社は，新株予約権買取請求者に代金を支
払う義務を負うとともに，当該新株予約権証券の所持人を正当な新株予約権者
と扱わなければならないことになるおそれがあった。

　他方で，新株予約権買取請求をした時から買取りの効力が生じる時までの間
に，請求者が新株予約権証券を保持し続ける法的利益はないと考えられ，本改
正によって，新株予約権証券が発行されている新株予約権について新株予約権
買取請求をしようとするときは，新株予約権証券を提出しなければならないも
のとされたのである。

　本条6項本文は，「新株予約権証券が発行されている新株予約権」としてい
るため，証券発行新株予約権（236Ⅰ⑩・249③ニ）であっても，新株予約権証
券が発行されていないもの（288参照）については適用されない（株券発行会社

790　　　　　　　　　　　　　　　　　　　　　　　　　　　　〔伊　藤〕

第2節　吸収合併等の手続　第1款　吸収合併消滅会社，吸収分割会社及び株式交換完全子会社の手続　第1目　株式会社の手続　§787

の株式であるが，株券が発行されていないものについて，久保田安彦「株式買取請求権に係る規定の整備」鳥山恭一＝福島洋尚編・平成26年会社法改正の分析と展望〔金判1461号〕〔2015〕90頁）。

2　新株予約権証券の提出を要しない場合

　本条6項ただし書は，新株予約権証券について非訟事件手続法114条に規定する公示催告の申立てをした者については，1に述べた新株予約権証券の提出を要しない旨を定める。新株予約権証券を喪失してこれを提出することができない者が新株予約権買取請求権を行使することができなくなることは相当ではないと考えられ，そのような者も，当該新株予約権証券について有価証券無効宣言公示催告の申立て（同条）をしたのであれば，新株予約権証券を提出しなくとも新株予約権買取請求ができることとされたのである（株券の提出について，立案担当平成26年201頁。新株予約権証券の提出についてのルールがそれと同趣旨であることについて，同頁注142）。

　新株予約権証券について有価証券無効宣言公示催告の申立て（非訟114）をした上で，当該新株予約権証券に係る新株予約権について買取請求をした者は，公示催告手続を経て除権決定（同法106I）を得れば，新株予約権証券の再発行を請求することができる（291II）。このようにして新株予約権証券が再発行された場合に，新株予約権買取請求に係る代金の支払がされたにもかかわらず，当該新株予約権に関する新株予約権証券が請求者の手元に残る事態が生じないよう，株式会社は，当該新株予約権証券と引換えに，その新株予約権買取請求に係る新株予約権の代金を支払わなければならないものとする788条7項（改正前788VI）は残されることになった（株券の提出について，立案担当平成26年201頁）。

　788条7項の文言上，同項が適用される場面に限定が付されていないが，新株予約権買取請求のときにすでに新株予約権証券を提出した新株予約権者が，代金の支払を受けるためにあらためて新株予約権証券を提出しなければならないわけではない（株券の提出について，立案担当平成26年201頁注143）。

III　新株予約権付社債券の提出（本条7項）

　本条7項本文は，新株予約権付社債券が発行されている新株予約権付社債に付された新株予約権について新株予約権買取請求をしようとするときは，当該

第5編　組織変更，合併，会社分割，株式交換及び株式移転　第5章　組織変
§787　更，合併，会社分割，株式交換及び株式移転の手続

新株予約権の新株予約権者は，消滅株式会社等に対し，その新株予約権付社債
券を提出しなければならない旨を定める。また，同項ただし書は，当該新株予
約権付社債券について非訟事件手続法114条に規定する公示催告の申立てをし
た者については，新株予約権付社債券の提出を要しない旨を定める。

　これらの規定の趣旨や，公示催告手続を経て新株予約権付社債券が再発行さ
れた場合の代金支払のための新株予約権付社債券の提出に関するルール（788
Ⅷ〔改正前788Ⅶ〕）は，Ⅱに述べた新株予約権証券の提出の場合と同様である
（規定の趣旨について，立案担当平成26年201頁注142）。

Ⅳ　新株予約権原簿の名義書換規定の不適用（本条10項）

　本条10項は，260条の規定は，新株予約権買取請求に係る新株予約権につ
いては，適用しない旨を定める。同条は，新株予約権原簿の名義書換について
の規定であり，同条1項は，新株予約権を当該新株予約権を発行した株式会社
以外の者から取得した者は，当該株式会社に対し，当該新株予約権に係る新株
予約権原簿記載事項を新株予約権原簿に記載し，または記録することを請求す
ることができる旨を定める。本条10項によって，新株予約権買取請求に係る
新株予約権については，このような名義書換請求ができないことになる。

　本改正によってこのような定めが追加されたのは，以下に述べるように，証
券発行新株予約権ではなく，証券発行新株予約権付社債に付された新株予約権
でもない新株予約権（かつ，振替新株予約権ではないもの）について，新株予約権
買取請求の撤回制限（本条Ⅷ〔改正前本条Ⅵ〕）の実効性を確保するためである
（株主名簿の名義書換規定の不適用について，立案担当平成26年201頁。本条10項の
適用範囲は，文言上そのような新株予約権に限られないが，実際に本条10項の適用が
問題になるのは，そのような新株予約権に限られるであろう。久保田・前掲91頁参
照）。

　すなわち，そのような新株予約権は意思表示によって譲渡できる［☞会社法
コンメ(6)§254Ⅱ2〔158頁［川口恭弘］］］（江頭804頁）。そのため，新株予約権買
取請求をした新株予約権者が請求後に当該新株予約権を譲渡し，そのような譲
渡を理由とする新株予約権原簿の名義書換請求（260Ⅰ）を株式会社が拒絶でき
ないとすれば（このような事情が名義書換を拒絶できる正当な理由に該当するかどう
かは，明らかではなかった），株式会社の承諾を得ずに新株予約権買取請求が撤
回されたのと同様の結果が生じることになる。そこで，このような場合につい

792　　　　　　　　　　　　　　　　　　　　　　　　　　　　〔伊　藤〕

第2節　吸収合併等の手続　第1款　吸収合併消滅会社，吸収分割会社及び株
式交換完全子会社の手続　第1目　株式会社の手続　　　　　　　　　　　　　§788

て260条の規定の適用を除外し，新株予約権原簿の名義書換を請求することが
できないこととして，新株予約権の譲渡が株式会社に対抗されることを防ぐこ
ととされた。

　株式会社の承諾を得て新株予約権買取請求が撤回された場合（本条Ⅷ〔改正
前本条Ⅵ〕）や，新株予約権買取請求が効力を失った場合（本条Ⅸ〔改正前本条
Ⅶ〕）には，そのような新株予約権は「新株予約権買取請求に係る」新株予約
権とはいえないことから本条10項の適用はなく，新株予約権原簿の名義書換
請求が可能だと考えられる（株主名簿の名義書換規定の不適用について，立案担当
平成26年201頁以下）。新株予約権の価格の決定について協議が調わず，かつ，
価格の決定の申立てもなく，新株予約権買取請求が撤回された場合（788Ⅲ）
についても，同様に考えることができる（株主名簿の名義書換規定の不適用につい
て，久保田・前掲90-91頁）。

（伊藤靖史）

（新株予約権の価格の決定等）

第788条①　新株予約権買取請求があった場合において，新株予約権（当該新株
　予約権が新株予約権付社債に付されたものである場合において，当該新株予約権
　付社債についての社債の買取りの請求があったときは，当該社債を含む。以下こ
　の条において同じ。）の価格の決定について，新株予約権者と消滅株式会社等
　（吸収合併をする場合における効力発生日後にあっては，吸収合併存続会社。以
　下この条において同じ。）との間に協議が調ったときは，消滅株式会社等は，効
　力発生日から60日以内にその支払をしなければならない。

②　新株予約権の価格の決定について，効力発生日から30日以内に協議が調わな
　いときは，新株予約権者又は消滅株式会社等は，その期間の満了の日後30日以
　内に，裁判所に対し，価格の決定の申立てをすることができる。

③　前条第8項の規定にかかわらず，前項に規定する場合において，効力発生日か
　ら60日以内に同項の申立てがないときは，その期間の満了後は，新株予約権者
　は，いつでも，新株予約権買取請求を撤回することができる。

④　消滅株式会社等は，裁判所の決定した価格に対する第1項の期間の満了の日後
　の法定利率による利息をも支払わなければならない。

⑤　消滅株式会社等は，新株予約権の価格の決定があるまでは，新株予約権者に対
　し，当該消滅株式会社等が公正な価格と認める額を支払うことができる。

⑥　新株予約権買取請求に係る新株予約権の買取りは，効力発生日に，その効力を

§788　第5編　組織変更，合併，会社分割，株式交換及び株式移転　第5章　組織変更，合併，会社分割，株式交換及び株式移転の手続

生ずる。

⑦　消滅株式会社等は，新株予約権証券が発行されている新株予約権について新株予約権買取請求があったときは，新株予約権証券と引換えに，その新株予約権買取請求に係る新株予約権の代金を支払わなければならない。

⑧　消滅株式会社等は，新株予約権付社債券が発行されている新株予約権付社債に付された新株予約権について新株予約権買取請求があったときは，新株予約権付社債券と引換えに，その新株予約権買取請求に係る新株予約権の代金を支払わなければならない。

I　総　　説

1　本条改正の概要

本条は，本改正前から存在する規定であり，吸収合併等の消滅株式会社等における新株予約権買取請求に係る新株予約権の価格の決定等について定めるものである。本改正は，本条3項について会社法の規定の項番号の変更（787条6項が8項にあらためられた）に伴う文言の修正をし，本条に5項を追加するとともに，本条6項（改正前本条V）について新株予約権買取請求に係る新株予約権の買取りの効力発生時点に関する改正を行うものである。本改正前の5項，6項，7項の項番号は，6項，7項，8項にあらためられた。

本条5項は，新株予約権の価格の決定前の株式会社による支払について定めるものである。また，本改正によって787条6項，7項が追加された一方で，本条7項，8項（改正前本条ⅥⅦ）は削除されなかった〔☞§787Ⅱ2・Ⅲ〕。

2　株式買取請求権に関する本改正と本条

株式買取請求権と，全部取得条項付種類株式の取得価格決定申立制度については，会社法制定後に事件数が急増するとともに，さまざまな実務的・理論的問題が生じていた（岩原紳作「総論」ジュリ1439号〔2012〕17頁，施行5年105頁以下に収められた諸論考参照）。そこで，本改正では，株式買取請求権について，主に濫用の防止のためにいくつかの手当てがなされるとともに，新株予約権買取請求権についても同様の手当てがなされた。

①例えば，株式買取請求・新株予約権買取請求に係る株式・新株予約権について裁判所に対して価格の決定の申立てが行われた場合に，会社の利息負担を軽減するための改正が行われた。すなわち，株式買取請求の相手方たる会社

794　　　　　　　　　　　　　　　　　　　　　　　　　　　　　　〔伊　藤〕

第2節　吸収合併等の手続　第1款　吸収合併消滅会社，吸収分割会社及び株式交換完全子会社の手続　第1目　株式会社の手続　§788

は，組織再編の効力発生日から60日の期間の満了の日後の法定利率による利息（平成29年改正前は，年6分の利率により算定した利息）をも支払わなければならない（786 IV・798 IV・807 IV）。新株予約権買取請求についても，同様の利息の支払ルールが定められている（778 IV・本条 IV・809 IV）。しかし，法定利率（とくに，平成29年改正前の年6分の利率）は，現在の経済状況からすれば高利であり，これが株式買取請求の濫用を招く原因にもなっていると指摘された。また，買取対価の早期の支払とそれによる会社の利息負担の軽減のために，裁判所による価格決定の前に，反対株主と会社の間で，会社の側から一定の価格を支払う旨を合意することがあるともいわれた。このような会社からの「仮払」が，本改正によって会社法上の制度とされ，会社は，株式の価格が決定される前に，当該会社が公正な価格と認める額を支払うことができることとされた。そして，新株予約権についても同様の規律を設けるものとされたわけである（中間試案補足説明第2部第4の2，立案担当平成26年202頁以下。本改正前の実務による対応について，仁科秀隆「株式買取請求権に関する手続上の問題点」施行5年144-145頁参照）。

　② 株式買取請求に係る株式の買取りの効力発生時点について，本改正前に当該株式の代金支払の時と定められていたものが，株主が反対している会社の行為が効力を生じる日にあらためられた。改正前に代金支払の時を買取りの効力発生時点としていたルールについては，反対株主が組織再編等の効力発生日から60日の期間の満了の日後の利息の支払を受けつつ，買取りの効力発生までの間に剰余金配当請求権を有することは，不当なのではないかと考えられた（中間試案補足説明第2部第4の2）。そして，このような剰余金配当請求権のみならず，そもそも，組織再編等の効力発生日後は，買取りの効力が発生する（反対株主は株主としての地位を失う）ものとすることが適切なのではないかと考えられた（要綱概要45頁，立案担当平成26年202頁）。このような改正の結果，株式買取請求に係る株式の買取りの効力発生時点は，新設合併等における消滅株式会社等の株式については設立会社の成立の日とされ（807 VI），それ以外の場合には組織再編等の効力発生日とされた（117 VI・470 VI・786 VI・798 VI）。つまり，買取りの効力発生時点は，株主が反対している会社の行為が効力を生じる日に一本化されたわけである。そして，以上と同様の規律を，新株予約権買取請求についても設けるものとされた。

　本条5項の追加は，上に述べた ① に関するものである。また，本条6項の改正は，② に関するものである。

〔伊　藤〕

795

§788　第5編　組織変更，合併，会社分割，株式交換及び株式移転　第5章　組織変更，合併，会社分割，株式交換及び株式移転の手続

II　新株予約権の価格の決定前の株式会社による支払（本条5項）

　本条5項は，消滅株式会社等は，新株予約権の価格の決定があるまでは，新株予約権者に対し，当該株式会社が公正な価格と認める額を支払うことができる旨を定める。これによって，消滅株式会社等が，新株予約権買取請求をした新株予約権者に対して，当該株式会社が公正な価格と認める額を提供すれば，同額について適法な弁済提供をしたことになる。当該新株予約権者がその受領を拒絶すれば，会社は弁済供託（民494 I ①）をすることができる（株式の価格の決定前の株式会社による支払について，立案担当平成26年203頁）。

　本条5項による支払を株式会社がした場合，本条4項の規定にかかわらず，当該株式会社は当該支払をした額については当該支払後の利息を支払う義務を負わない。そのため，このような場合に当該株式会社が新株予約権者に対して支払う額の総額は，①本条5項による支払の額，②この額について本条4項に定められた日から当該支払をした日までの利息，③裁判所の決定した新株予約権の価格が上記①の額よりも高かった場合にはその差額，および，④この差額について本条4項に定められた日後の利息の合計額になる（株式の価格の決定前の株式会社による支払について，立案担当平成26年203頁）。

　本条5項については，786条5項等と同様に，「公正な価格と認める額」を超える支払・「公正な価格と認める額」の積増し等の可否が問題になる［☞§786 II 2・3］。裁判所が決定した買取価格が本条5項による支払額を下回る場合の処理についても，786条5項等と同様に考えることができる［☞§786 II 4］。

III　新株予約権買取請求に係る新株予約権の買取りの効力発生時点（本条6項）

　本改正によって，本条6項（改正前本条V）の内容があらためられた。本改正前の本条5項では，新株予約権買取請求に係る新株予約権の買取りが，効力発生日ではなく，当該新株予約権の代金支払時とされる場合があった［☞会社法コンメ(18)§788 V 1 ［168-169頁［柳明昌］］］。これがあらためられ，新株予約権買取請求に係る新株予約権の買取りの効力発生時点は，吸収合併等における消

796　　　　　　　　　　　　　　　　　　　　　　　　　　　　　　　〔伊　藤〕

第2節　吸収合併等の手続　第1款　吸収合併消滅会社，吸収分割会社及び株 §792
式交換完全子会社の手続　第1目　株式会社の手続

滅株式会社等の新株予約権については，すべて，吸収合併等の効力発生日に
なったわけである。

　本改正前に新株予約権買取請求に係る新株予約権の買取りの効力発生時点を
代金支払時と定めていたルールの趣旨は，新株予約権者への代金支払を確保す
ることにあった（株式買取請求について，新注会(5)301頁［宍戸善一］）。改正後
は，新株予約権者は，代金支払に関するリスクも覚悟して新株予約権買取請求
を行うべきことになる（株式買取請求について，要綱概要72頁注252）。

（伊藤靖史）

　（剰余金の配当等に関する特則）
第792条　第445条第4項，第458条及び第2編第5章第6節の規定は，次に掲げ
　る行為については，適用しない。
　1　第758条第8号イ又は第760条第7号イの株式の取得
　2　第758条第8号ロ又は第760条第7号ロの剰余金の配当

　本条は，本改正前から存在する規定であり，本改正前は，人的分割のための
全部取得条項付種類株式の取得・剰余金の配当について，剰余金の配当等の制
限に関する会社法の規定（458条および第2編第5章第6節〔剰余金の配当等に関す
る責任〕の規定）が適用されない旨を定めていた。本改正によって，それに加
えて，準備金の計上に関する445条4項が適用されないことになった。

　本改正前は，人的分割のための剰余金の配当について445条4項の適用は除
外されていなかったため，人的分割を行う場合にも準備金を計上しなければな
らなかった。しかし，同項が剰余金の配当の際に準備金の計上を義務付ける趣
旨は，一定の金額を留保させることによって他日の損失に備えることにある。
人的分割においては，剰余金の配当等の制限に関する会社法の規定の適用を除
外して分配可能額の有無にかかわりなく剰余金の配当ができるようにされてい
るのであるから，その際に準備金の計上だけを義務付ける理由はないと考えら
れ，同項の適用も除外されることになった（立案担当平成26年214頁）。

（伊藤靖史）

〔伊　藤〕

第5編　組織変更，合併，会社分割，株式交換及び株式移転　第5章　組織変更，合併，会社分割，株式交換及び株式移転の手続

（吸収合併契約等の承認を要しない場合等）

第796条① 前条第1項から第3項までの規定は，吸収合併消滅会社，吸収分割会社又は株式交換完全子会社（以下この目において「消滅会社等」という。）が存続株式会社等の特別支配会社である場合には，適用しない。ただし，吸収合併消滅株式会社若しくは株式交換完全子会社の株主，吸収合併消滅持分会社の社員又は吸収分割会社に対して交付する金銭等の全部又は一部が存続株式会社等の譲渡制限株式である場合であって，存続株式会社等が公開会社でないときは，この限りでない。

② 前条第1項から第3項までの規定は，第1号に掲げる額の第2号に掲げる額に対する割合が5分の1（これを下回る割合を存続株式会社等の定款で定めた場合にあっては，その割合）を超えない場合には，適用しない。ただし，同条第2項各号に掲げる場合又は前項ただし書に規定する場合は，この限りでない。

1　次に掲げる額の合計額

　イ　吸収合併消滅株式会社若しくは株式交換完全子会社の株主，吸収合併消滅持分会社の社員又は吸収分割会社（以下この号において「消滅会社等の株主等」という。）に対して交付する存続株式会社等の株式の数に1株当たり純資産額を乗じて得た額

　ロ　消滅会社等の株主等に対して交付する存続株式会社等の社債，新株予約権又は新株予約権付社債の帳簿価額の合計額

　ハ　消滅会社等の株主等に対して交付する存続株式会社等の株式等以外の財産の帳簿価額の合計額

2　存続株式会社等の純資産額として法務省令で定める方法により算定される額

③ 前項本文に規定する場合において，法務省令で定める数の株式（前条第1項の株主総会において議決権を行使することができるものに限る。）を有する株主が第797条第3項の規定による通知又は同条第4項の公告の日から2週間以内に吸収合併等に反対する旨を存続株式会社等に対し通知したときは，当該存続株式会社等は，効力発生日の前日までに，株主総会の決議によって，吸収合併契約等の承認を受けなければならない。

本改正によって，それまでいわゆる略式手続においてのみ認められていた吸収合併等の存続株式会社等の株主の差止請求権を，通常の手続についても認める796条の2の規定が導入された。これに伴い，改正前に本条2項に規定されていた略式手続に係る株主の差止請求権の規定も併せて796条の2（2号）に移行されたことにより，改正前の3項以下の項数を繰り上げる等の技術的な修正が行われている。

（舩津浩司）

〔舩　津〕

第2節　吸収合併等の手続　第2款　吸収合併存続会社，吸収分割承継
会社及び株式交換完全親会社の手続　第1目　株式会社の手続　　§796の2

（吸収合併等をやめることの請求）（新設）

第796条の2　次に掲げる場合において，存続株式会社等の株主が不利益を受ける
おそれがあるときは，存続株式会社等の株主は，存続株式会社等に対し，吸収合
併等をやめることを請求することができる。ただし，前条第2項本文に規定する
場合（第795条第2項各号に掲げる場合及び前条第1項ただし書又は第3項に規
定する場合を除く。）は，この限りでない。
1　当該吸収合併等が法令又は定款に違反する場合
2　前条第1項本文に規定する場合において，第749条第1項第2号若しくは第
3号，第758条第4号又は第768条第1項第2号若しくは第3号に掲げる事項
が存続株式会社等又は消滅会社等の財産の状況その他の事情に照らして著しく
不当であるとき。

細　目　次

I　総　説
　1　本条改正の概要
　2　略式組織再編の要件を充た
　　す場合の差止請求
　3　一般的な組織再編の差止請
　　求に係る明文規定の新設
II　差止事由
　1　総　説
　2　法令または定款違反（本条
　　1号）
　　(1)　法令違反
　　(2)　善管注意義務・忠実義務
　　　違反

　　(3)　対価の不相当
　　(4)　金融商品取引所規則違反
　　(5)　定款違反
　3　略式組織再編の要件を充た
　　す場合の対価の不相当（本条
　　2号）
　　(1)　本条2号による差止請
　　　求が認められる場合
　　(2)　任意に株主総会決議によ
　　　承認が行われる場合
　4　株主が不利益を受けるおそ
　　れ（本条柱書）
III　差止請求が認められない場合

IV　差止めの手続
　1　当事者と管轄裁判所
　2　差止請求ができる期間
　3　差止めの方法
　　(1)　差止請求の方法
　　(2)　本条の差止請求を本案と
　　　する仮処分の手続
V　差止めの効果
　1　差止めの効果
　2　仮処分命令に違反した吸収
　　合併等
VI　差止めと無効

【文献】飯田秀総「組織再編等の差止請求規定に対する不満と期待」ビジネス法務12巻12号
(2012) 76頁，伊藤靖史「募集株式・募集新株予約権発行差止めの仮処分」理論の到達点61頁，
太田洋ほか「組織再編の差止請求およびキャッシュ・アウトの差止請求に関する実務上の論点
(上)（下）」金判1471号 (2015) 2頁，金判1472号2頁，笠原武朗「組織再編行為の無効原因」
落合古稀309頁，齊藤真紀「不公正な合併に対する救済としての差止めの仮処分」理論の到達点
87頁，白井正和「組織再編等に関する差止請求権の拡充」川嶋四郎＝中東正文編・会社事件手続
法の現代的展開（日本評論社，2013) 205頁，田中亘「キャッシュ・アウト」ジュリ1472号
(2014) 40頁，田中亘「各種差止請求権の性質，要件および効果」理論の到達点2頁，十市崇＝館
大輔「反対株主による株式買取請求権（上）」商事1898号 (2010) 89頁，中東正文「組織再編
等」ジュリ1472号 (2014) 46頁，松中学「子会社株式の譲渡・組織再編の差止め」論点詳解191
頁，森田恒平・Q&A株式・組織再編の実務(2)（商事法務，2015)

〔伊　藤〕

§ 796 の 2　第5編　組織変更，合併，会社分割，株式交換及び株式移転　第5章
組織変更，合併，会社分割，株式交換及び株式移転の手続

I　総　　説

1　本条改正の概要

　本条は，本改正によって新設された規定であり，吸収合併等の存続株式会社
等の株主の，存続株式会社等に対する，吸収合併等をやめることの請求（差止
請求）について定めるものである。796条1項本文に規定する場合（略式組織再
編の要件を充たす場合）の差止請求について定めていた改正前796条2項は削除
され（同条3項の項番号は2項にあらためられた），本条が，そのような場合の差
止請求を含めた規定として定められた〔☞ Ⅱ 1〕。

2　略式組織再編の要件を充たす場合の差止請求

　本改正前には，組織再編の差止請求を認める会社法の明文の規定としては，
略式組織再編の要件を充たす場合の差止請求について定めていた改正前784条
2項，796条2項があるだけであった。これらの規定は，784条1項本文，796
条1項本文に規定する場合において，当該組織再編が法令もしくは定款に違反
する場合，または，組織再編対価が著しく不当である場合に，被支配株式会社
の株主が不利益を受けるおそれがあるときは，当該組織再編の差止めを請求す
ることができる旨を定めていた〔そのような定めが置かれた経緯や趣旨について
☞ § 784 の 2 Ⅰ 2〕。

　以上のような略式組織再編の要件を充たす場合の差止請求のルールは，本改
正後も維持されている。規定の形は，本条および784条の2に，それ以外の組
織再編の差止請求のルールとまとめたものとされた〔☞ Ⅱ 1〕。

3　一般的な組織再編の差止請求に係る明文規定の新設

　本改正前は，略式組織再編の要件を充たす場合以外の組織再編の差止請求に
ついて，これを認める規定は会社法に定められていなかった。もっとも，略式
組織再編の要件を充たす場合以外の組織再編について，どのような意味での
「差止請求」も認められないと考えられていたわけではない。組織再編の差止
請求を可能にするための解釈論が，さまざまに展開されていた。とりわけ，平
成17年に会社法が制定される前から，組織再編を承認する決議の取消しの訴
え（831 Ⅰ）を本案とする仮処分を申し立てることができるとする見解が有力で
あった〔☞ § 784 の 2 Ⅶ〕。

800　　　　　　　　　　　　　　　　　　　　　　　　　　　　　　　〔伊　藤〕

第2節　吸収合併等の手続　第2款　吸収合併存続会社，吸収分割承継
会社及び株式交換完全親会社の手続　第1目　株式会社の手続　§796の2

しかし，そのような仮処分については，本案である実体法上の差止請求権が不明確であることから，これを認めない見解もあり得るところであった。また，株主や債権者が組織再編の効力を争う手段として無効の訴えが設けられているが（828I⑥-⑫），事後的に組織再編の効力が否定されれば，法律関係を複雑・不安定にするおそれもある。そのため，むしろ株主が組織再編の効力発生前にその差止めを請求することができることとするのが相当であるとも考えられた。以上のことから，本改正によって，株主が不利益を受けることとなる組織再編に対する事前の救済手段として，一般的な組織再編の差止請求に係る明文の規定を新設するものとされた（以上について，立案担当平成26年205頁）。

本条の新設は，784条の2，805条の2の新設とともに，以上のような改正の一環をなすものである。また，一般的な組織再編の差止請求を認めるのと同様の趣旨から，全部取得条項付種類株式の取得・特別支配株主の株式等売渡請求・株式併合についても，差止請求に係る規定（171の3・179の7・182の3）が新設された（立案担当平成26年205頁）。

なお，本条等の新設によって，組織再編の差止請求を可能にするために従来唱えられていた上記のような解釈論が否定されるものではない〔☞§784の2 Ⅶ〕。

Ⅱ　差止事由

1　総説

本条柱書本文は，本条1号または2号の場合において，存続株式会社等の株主が不利益を受けるおそれがあるときは，存続株式会社等の株主が，存続株式会社等に対し，吸収合併等をやめることを請求することができる旨を定める。

本条1号の差止事由は，796条1項本文に規定する場合（略式組織再編の要件を充たす場合）を含めて，組織再編一般について認められるものであり，そのような場合において存続株式会社等の株主が不利益を受けるおそれがあるときは，差止請求ができる。これに対して，本条2号の差止事由は，略式組織再編の要件を充たす場合にのみ認められるものであり，そのような場合において存続株式会社等の株主が不利益を受けるおそれがあるときは，差止請求ができる。略式組織再編の要件を充たす場合についての差止事由は，改正前796条2項が定めていたものと実質的に同じである（以上について，立案担当平成26年205頁注147）。

〔伊藤〕

801

§796の2　第5編　組織変更，合併，会社分割，株式交換及び株式移転　第5章
組織変更，合併，会社分割，株式交換及び株式移転の手続

なお，本改正にいたる議論の中では，「特別の利害関係を有する者が議決権を行使することにより，当該組織再編に関して著しく不当な株主総会の決議がされ，又はされるおそれがある場合」を差止事由と定めることについても検討されたが，最終的にこれは差止事由とはされなかった［☞§784の2Ⅱ1］。

2　法令または定款違反（本条1号）

⑴　法令違反

本条1号は，当該吸収合併等が法令または定款に違反する場合を，吸収合併等の差止事由とする。

本条1号にいう法令の違反として，例えば，①吸収合併契約等の内容が違法であること，②吸収合併契約等に関する書面等の不備置・不実記載，③吸収合併契約等について法定の要件を充たす承認がないこと，④株式買取請求・新株予約権買取請求の手続が履行されないこと，⑤債権者の異議手続が履行されないこと，⑥簡易吸収合併等・略式吸収合併等の要件を充たさないにもかかわらずその手続がとられること，⑦消滅株式会社等の株主に対する株式・持分の割当てが違法になされること，⑧私的独占の禁止及び公正取引の確保に関する法律の定める手続に違反して吸収合併等が行われること，⑨吸収合併等の認可を要するにもかかわらずそれがないことが挙げられる（江頭892頁・931頁・955頁参照）［以上のうち②③について☞§784の2Ⅱ2⑷・⑸］。

本条1号は「当該吸収合併等が法令……に違反する場合」と規定しているが，そのような法令の違反が存続株式会社等の側で生じることは要件とされていない。そのため，法令の違反が消滅株式会社等の側で生じることも，本条1号にいう法令の違反に該当すると考えてよい。もっとも，本条の差止請求が認められるためには，それに加えて，存続株式会社等の株主が不利益を受けるおそれがあることが必要である。その場合に，本条の文言上，「本条1号の法令の違反『によって』存続株式会社等の株主が不利益を受ける」という関係が成り立つ必要はない。

⑵　善管注意義務・忠実義務違反

本条1号にいう法令の違反には，取締役・執行役の善管注意義務（330，民644）・忠実義務（355・419Ⅱ）の違反は含まれない（江頭892頁・931頁，新基本法コンメ⑶296頁［家田崇］）。その理由として，略式組織再編の要件を充たす場合の差止請求について定めていた改正前784条2項，796条2項にいう法令の違反は，会社を規範の名宛人とする法令の違反を意味し［例えば☞会社法コンメ

802　　　　　　　　　　　　　　　　　　　　　　　　　　　　〔伊　藤〕

第2節 吸収合併等の手続 第2款 吸収合併存続会社, 吸収分割承継
会社及び株式交換完全親会社の手続 第1目 株式会社の手続　　　§796の2

⒅§784 III 3〔81頁〔柴田和史〕〕・§796 III 2〔234頁〔柴田和史〕〕〕, 取締役・執行
役の善管注意義務・忠実義務の違反を含まないと解されていたことが挙げられ
る（立案担当平成26年205頁。江頭892頁・931頁, 新基本法コンメ⑶296頁〔家
田〕も同趣旨か）。

　「会社を規範の名宛人とする」という説明に対しては批判もあるが（松中201
頁以下）, 正確には, 210条1号にいう法令の違反と同様に（大隅＝今井・中652
頁, 大隅＝大森375頁参照）, 吸収合併等に関する具体的な法令の規定の違反が
本条1号にいう法令の違反であると考えられる。たしかに, 210条1号にいう
法令の違反とは募集株式の発行等に関する具体的な法令の規定の違反を意味す
るという解釈についても, 近年では疑問が呈されている（田中・差止15頁以
下）。また, 本改正にいたる改正作業をめぐって, 本条1号にいう法令の違反
には取締役・執行役の善管注意義務・忠実義務の違反が含まれるという解釈の
余地を残すべきであるとする見解もあった（飯田・差止80頁, 白井・差止218
頁）。しかし, そのような議論があったにもかかわらず, 本条1号は, 取締
役・執行役の善管注意義務・忠実義務の違反が同号にいう法令の違反に含まれ
ないということを前提に起草されている（要綱概要48頁）。取締役・執行役の
善管注意義務・忠実義務の違反がこれに含まれると考えることは, 解釈論とし
ては難しいであろう〔以上の問題についてさらに☞§784の2 II 2⑻〕。

⑶　対価の不相当

　本条1号にいう法令または定款の違反には, 吸収合併等の対価が不相当であ
ることそのものは, 含まれない（江頭893頁注2・931頁注1, 新基本法コンメ⑶
296頁〔家田〕）。組織再編対価の不相当は法令または定款の違反とは別個の差止
事由として定める（784の2②・本条②）のが, 会社法の規定のあり方である。
また, 組織再編対価が不相当であることによって取締役・執行役の善管注意義
務・忠実義務違反の問題が生じる可能性はあるが, ⑵に述べたように, 善管
注意義務・忠実義務の違反は本条1号にいう法令の違反に含まれない（立案担
当平成26年205頁）。

　略式組織再編の要件を充たす場合以外の組織再編について, 組織再編対価の
不相当そのものが差止事由とされなかったのは, 組織再編の差止請求が通常は
仮処分命令申立事件で争われ, 裁判所が短期間での審理を求められるところ,
組織再編対価の不相当を差止事由とすれば裁判所が短期間で審理を行うことが
困難になると考えられるからである（中間試案補足説明第2部第5, 要綱概要48
頁）。

〔伊　藤〕

§796の2　第5編　組織変更，合併，会社分割，株式交換及び株式移転　第5章
　　　　　組織変更，合併，会社分割，株式交換及び株式移転の手続

　もっとも，以上に述べたことから，組織再編対価が不相当である場合に，い
かなる意味での組織再編の差止めも認められない，ということにはならない。
組織再編の承認決議に取消事由がある場合，そのような決議の取消しの訴えを
本案とする仮処分（民保23Ⅱ）を申し立てることができる［☞§784の2Ⅶ2
⑴］。そこでの取消事由として，決議について特別の利害関係を有する者が議
決権を行使したことによって著しく不当な決議がされたこと（831Ⅰ③）が主張
される場合，裁判所は，その限りで，組織再編対価の不相当についても判断し
なければならないはずである［☞§784の2Ⅶ2⑵］。

⑷　金融商品取引所規則違反

　吸収合併等が会社法等の法令には違反しないが，金融商品取引所が定める規
則に違反する場合に，本条1号にいう法令の違反があるといえるか。たしか
に，金融商品取引所の規則制定権限は金融商品取引法に基づくものであり（同
法84），規則の作成・変更のためには，認可を受けなければならない（同法
149）。しかし，金融商品取引所の規則自体は法令とはいえず，その違反は本条
1号にいう法令の違反とはいえない（太田ほか・上5頁）。金融商品取引所の規
則の違反については，金融商品取引所が行う処分（金商87）によって対処すべ
きである。

⑸　定款違反

　本条1号にいう定款の違反として，例えば，①吸収合併等によって存続株
式会社等の定款所定の目的の範囲外の事業を営むこととなる場合，②特別支
配会社の要件を定款で加重する会社について，定款所定の割合を充たさない他
の会社を特別支配会社であるとして略式組織再編が行われる場合が挙げられる
（江頭892頁・931頁・955頁参照）。

　もっとも，本改正によって新設された特別支配株主の株式等売渡請求の差止
めに関する179条の7第1項1号について，特別支配株主の要件が定款で加重
されている場合にそれに満たない者が株式等売渡請求をすることは，同号の法
令違反に該当するものと考えられる（田中・キャッシュ43頁）。それと同様に，
上記②の場合は，定款の違反ではなく，法令（796Ⅰ）の違反というべきであ
ろう。

3　略式組織再編の要件を充たす場合の対価の不相当（本条2号）

⑴　本条2号による差止請求が認められる場合

　本条2号は，796条1項本文に規定する場合（略式組織再編の要件を充たす場

804　　　　　　　　　　　　　　　　　　　　　　　　　　　　〔伊　藤〕

第2節　吸収合併等の手続　第2款　吸収合併存続会社，吸収分割承継
会社及び株式交換完全親会社の手続　第1目　株式会社の手続　　§796の2

合）において，749条1項2号もしくは3号（株式会社が存続する吸収合併契約が
定める合併対価），758条4号（株式会社に権利義務を承継させる吸収分割契約が定め
る分割対価），または，768条1項2号もしくは3号（株式会社に発行済株式を取
得させる株式交換契約が定める交換対価）に掲げる事項が存続株式会社等または消
滅会社等の財産の状況その他の事情に照らして著しく不当であるときを，組織
再編の差止事由とする。改正前796条2項2号と異なり，差止事由そのものの
中に，796条1項本文に規定する場合という限定が付されている。これは，本
条が略式組織再編の要件を充たす場合とそれ以外の場合についてまとめて定
め，1号がその両者に共通する差止事由，2号が前者の場合だけの差止事由と
されたことによるものである。

　本条2号は，要するに，略式組織再編の要件を充たす場合に，組織再編の対
価が著しく不相当であることを差止事由とする。本条2号は「前条〔796条〕
第1項本文に規定する場合」と定めており，これは，「吸収合併消滅会社……
が存続株式会社等の特別支配会社である場合」を意味する。そのため，796条
1項ただし書によって略式組織再編が認められない（795条1項の株主総会の決議
による吸収合併契約等の承認を受けなければならない）場合であっても，本条2号
を差止事由とする差止請求が認められる。この場合，たとえ略式組織再編は認
められないとしても，9割以上の株式を保有する支配株主が当該組織再編に
よって少数株主の利益を侵害する危険性が高いことに変わりがないからである
（本改正前からそのように解されていた。立案担当199頁）。

　対価が著しく不相当であるかどうかは，本条2号の文言から，当事会社の財
産の状況その他の事情に照らして判断される。「その他の事情」として，例え
ば，組織再編によるシナジーも考慮に含まれる［☞会社法コンメ⑱§784Ⅲ4
〔82頁［柴田］〕・§796Ⅲ2〔234頁［柴田］〕〕。当事会社がとった利益相反回避措
置もここで考慮されると考えられる［☞§784の2Ⅶ2⑵〕。

⑵　任意に株主総会決議による承認が行われる場合

　略式組織再編の要件を充たすにもかかわらず，組織再編について任意に株主
総会決議による承認（795Ⅰ）が行われる場合にも，本条2号が定める対価の不
相当は，当該組織再編の差止事由になると解すべきである。そのような場合に
も組織再編が承認されることは確実であり，少数株主の利益が侵害される危険
性が高いことに変わりがないこと，恣意的に差止事由が狭められることを防止
しなければならないことを，その理由として挙げることができる（十市＝館96
頁，太田ほか・下3頁参照）。株式買取請求権を行使することができる「反対株

〔伊藤〕　　　　　　　　　　　　　　　　　　　　　　　　　　　　　　805

§796の2　第5編　組織変更，合併，会社分割，株式交換及び株式移転　第5章
組織変更，合併，会社分割，株式交換及び株式移転の手続

主」の範囲についても，略式組織再編の要件を充たすにもかかわらず任意に株主総会による承認が行われる組織再編は，略式組織再編と同様に扱われる［☞§797Ⅱ2⑷]。

4　株主が不利益を受けるおそれ（本条柱書）

本条柱書から，①本条1号または2号の差止事由がある場合において，②存続株式会社等の株主が不利益を受けるおそれがあるときに，存続株式会社等の株主は，吸収合併等の差止請求ができる。①と②の要件は，ともに充たされなければならない。

本条柱書が定めているのは「存続株式会社等の株主が不利益を受けるおそれがある」ということであるから，そのような株主が不利益を受けるおそれがあるのであれば，存続株式会社等自体が不利益を受けるかどうかに関わりなく，この要件は充たされる。この点で，本条の差止請求は，360条等の差止請求（会社に損害が生ずるおそれがあることを要件とする）とは異なり，募集株式の発行等の差止請求（210。株主が不利益を受けるおそれがあることを要件とする）等と類似するものである。

本条柱書にいう存続株式会社等の株主の不利益には，存続株式会社等が交付した吸収合併等の対価が不当に高いことによって存続株式会社等の株式の価値が低下することや，その他の不利益が含まれる［☞§784の2Ⅱ4]。

Ⅲ　差止請求が認められない場合

本条柱書ただし書は，796条2項本文に規定する場合（795条2項各号に掲げる場合および796条1項ただし書または3項に規定する場合を除く）は「この限りでない」，つまり，本条柱書本文の定める差止請求ができない旨を定める。要するに，簡易吸収合併等の要件を充たし，株主総会の決議によって吸収合併等の承認を受けなくてもよい場合には，本条柱書本文の定める差止請求ができない。

そのような場合には，組織再編が株主に及ぼす影響が軽微であるとして株主総会決議が不要とされていることにかんがみ，組織再編の差止請求もできないこととされている（立案担当平成26年205頁）。本条の条文構造から，そのような場合であれば，たとえ本条1号または2号の事由があり，存続株式会社等の株主が不利益を受けるおそれがあるとしても，本条の差止請求はできない。こ

第2節　吸収合併等の手続　第2款　吸収合併存続会社，吸収分割承継
会社及び株式交換完全親会社の手続　第1目　株式会社の手続　　§796の2

の場合，たとえ存続株式会社等の株主が不利益を受けるおそれがあるとして
も，そのような不利益は軽微なものであって，本条の差止請求を認めるまでも
ないと考えられたわけである。

なお，本条柱書ただし書によって差止請求ができないものとされた場合につ
いては，本改正による797条1項ただし書の追加によって，反対株主の株式買
取請求もできないものとされた［☞§797Ⅱ］。

Ⅳ　差止めの手続

1　当事者と管轄裁判所

本条の差止請求ができる者は，本条の文言から，存続株式会社等の株主であ
る。持株要件や保有期間の要件は定められていない。差止請求の相手方は，本
条の文言から，存続株式会社等である。

存続株式会社等の株主が本条の差止請求のために訴えを提起する場合，同訴
えは，被告たる存続株式会社等の本店の所在地を管轄する裁判所の管轄に属す
る（民訴4ⅠⅣ）。本条の差止請求を本案とする仮処分の管轄裁判所も同様であ
る（民保12Ⅰ）。

2　差止請求ができる期間

本条の請求は，吸収合併等が効力を発生する前にこれを阻止するために行わ
れる差止請求であり，文言上は，210条や360条等と同様に，「やめること」
の請求と表現される。本条の請求は，吸収合併等の効力発生日（750Ⅰ・752Ⅰ・
759Ⅰ・761Ⅰ・769Ⅰ・771Ⅰ）が到来するまでに行われなければならない［募集株式
の発行等の差止請求について☞会社法コンメ(5)§210Ⅲ3〔131頁〔洲崎博史〕〕]。

本条の請求は，通常は，吸収合併等について株主に対する通知または公告が
行われ（797ⅢⅣ），事前開示が行われた（794ⅠⅡ）後か，上場会社については
適時開示（東京証券取引所については，同取引所有価証券上場規程402(1)ｉ・ｋ・ｌ），
有価証券報告書提出会社については臨時報告書（金商24の5Ⅳ，企業開示19Ⅱ
⑥の2⑦⑦の3）による開示が行われた後であろう。もっとも，本条の請求
は，請求の対象である吸収合併等が特定可能な状態になればできると考えられ
る。

〔伊　藤〕　　　　　　　　　　　　　　　　　　　　　　807

3 差止めの方法

⑴ 差止請求の方法

本条の差止請求権は，募集株式の発行等の差止請求権（210）等と同様に実体法上の権利である。そのため，存続株式会社等の株主は，裁判外でも，裁判上でも，本条の差止請求をすることができる［募集株式の発行等の差止請求について☞会社法コンメ⑸§210Ⅲ4⑴〔131-132頁［洲崎］］。

本条による差止めを請求する訴えが提起されたとしても，それだけでは存続株式会社等は吸収合併等を中止する義務を負わない。そのような訴えの係属中に吸収合併等が効力を生じれば，差止めの対象（まだ効力を生じていない吸収合併等）がなくなるため，訴えの利益を欠くことになり，訴えは却下される。

このようなことから，本条の差止請求は，実際には，存続株式会社等の株主が本条の差止請求を本案とする仮処分（民保23Ⅱ）を申し立てるという形で行われ，差止めの可否はそのような仮処分の可否のレベルで争われることになるだろう（森田73頁）。

なお，仮処分が申し立てられた場合にも，仮処分命令が発せられる前に吸収合併等が効力を生じれば，差止めの対象がなくなり，被保全権利が失われるため，申立ては却下される［募集株式の発行等の差止請求について☞会社法コンメ⑸§210Ⅲ3〔131頁［洲崎］］。

⑵ 本条の差止請求を本案とする仮処分の手続

本条の差止請求を本案とする仮処分は，被保全権利である本条の差止請求権を有する存続株式会社等の株主を債権者として申し立てられる。債務者は，本条の差止請求の相手方である存続株式会社等である（募集株式の発行等の差止めの仮処分について，伊藤68頁以下参照）。債権者は，申立ての趣旨において，行われようとしている吸収合併等を特定して，それを仮に差し止める旨を表現する必要がある。

本条の差止請求を本案とする仮処分は，仮の地位を定める仮処分（民保23Ⅱ）であり，仮処分命令を得るために，債権者は，保全すべき権利または権利関係（被保全権利）と，保全の必要性を疎明しなければならない（同法13Ⅱ）。ここでの被保全権利の疎明は，本条の差止請求の要件の充足について疎明することである。仮の地位を定める仮処分は，争いがある権利関係について債権者に生ずる著しい損害または急迫の危険を避けるためにこれを必要とするときに発することができる（同法23Ⅱ）。吸収合併等がいったん効力を生じればその

第2節 吸収合併等の手続 第2款 吸収合併存続会社, 吸収分割承継
会社及び株式交換完全親会社の手続 第1目 株式会社の手続　§796の2

差止請求をする余地はなく, 存続株式会社等の株主の事後的な救済も容易ではない。そのため, 被保全権利が疎明される場合, 通常は保全の必要性も認められるだろう（伊藤72頁以下）[募集株式の発行等の差止めの仮処分について☞会社法コンメ(5) §210 III 4 (2) [132-133頁 [洲崎]]。

V　差止めの効果

1　差止めの効果

本条による差止めは, 実際上は, 仮処分によってなされるだろう [☞IV 3 (1)]。吸収合併等を差し止める仮処分命令は, 当事者への送達（民保17）によって効力を生じる。同命令によって, 債務者たる存続株式会社等には, 吸収合併等をしてはならないという不作為義務が生じる。存続株式会社等が保全異議の申立て（同法26）等によって仮処分命令の取消しを求めつつ, 吸収合併等の作業を継続することは可能と解される [募集株式の発行等の差止めの仮処分について☞会社法コンメ(5) §210 IV 1 [134頁 [洲崎]]。

具体的にどのような内容の仮処分命令を発すれば仮処分申立ての目的が達成されるのか, また, 債務者たる会社がどのような措置をとれば仮処分命令に従ったことになるのか。本条で問題になる吸収合併等は, 新設合併等と異なり（49・579・754 I・756 I・764 I・766 I・774 I対照）, 登記によってではなく, 効力発生日に効力を生じる（750 I・752 I・759 I・761 I・769 I・771 I）。そのため, 仮処分命令に従うためには, 当事会社が自発的に組織再編を中止するために効力発生日の変更（790 I・793 II）等をする必要がある。また, 組織再編のための内部的手続がすべて完了している段階で仮処分命令を発するのであれば, 組織再編を承認する株主総会決議の効力停止を命じる必要がある（以上について, 齊藤132頁以下）。

2　仮処分命令に違反した吸収合併等

本条の差止請求を本案とする仮処分命令に違反して吸収合併等が行われた場合, 当該吸収合併等に無効原因があると考えてよいだろうか。

募集株式の発行等を差し止める仮処分命令に違反して発行が行われた場合について, 最高裁判所は, 次のように述べる（最判平成5・12・16民集47巻10号5423頁）。「新株発行差止請求訴訟を本案とする新株発行差止めの仮処分命令があるにもかかわらず, あえて右仮処分命令に違反して新株発行がされた場合に

[伊藤]　809

は，右仮処分命令違反は，……新株発行無効の訴えの無効原因となるものと解するのが相当である。けだし，……新株発行差止請求の制度は，会社が法令若しくは定款に違反し，又は著しく不公正な方法によって新株を発行することにより従来の株主が不利益を受けるおそれがある場合に，右新株の発行を差し止めることによって，株主の利益の保護を図る趣旨で設けられたものであり，同法280条ノ3ノ2〔会社法では201条3項および4項〕は，新株発行差止請求の制度の実効性を担保するため，払込期日の2週間前に新株の発行に関する事項を公告し，又は株主に通知することを会社に義務付け，もって株主に新株発行差止めの仮処分命令を得る機会を与えていると解されるのであるから，この仮処分命令に違反したことが新株発行の効力に影響がないとすれば，差止請求権を株主の権利として特に認め，しかも仮処分命令を得る機会を株主に与えることによって差止請求権の実効性を担保しようとした法の趣旨が没却されてしまうことになるからである」。

　本条による差止めも，存続株式会社等の株主の利益を保護するために設けられている。また，797条3項，4項が定める通知・公告は，株式買取請求を行う前提として情報を提供するために定められたものだが〔☞会社法コンメ⑱§797 IV 2(1)〔259頁〔柳明昌〕〕〕（立案担当200頁も参照），存続株式会社等の株主が本条の差止請求を行う端緒にもなる〔☞ IV 2〕。さらに，仮処分命令に違反した吸収合併等の効力に影響がないとすれば，存続株式会社等の株主に差止請求権を認めた会社法の趣旨が没却されるといえる。以上のことから，本条の差止請求を本案とする仮処分命令に違反して吸収合併等が行われた場合，当該吸収合併等に無効原因があると考えてよい（田中・差止30頁，江頭894頁・932頁・956頁，類型別 II 718頁，中東49頁，太田ほか・下4頁）。

VI　差止めと無効

　本改正によって本条等が定められ，略式組織再編の要件を充たす場合に限らず一般的に組織再編の差止請求が認められるようになったことに伴い，組織再編の無効原因を制限的に解するべきかが議論される。これについて，募集株式の発行の場合を引合いに出し，差止めの機会が存したにもかかわらず，差止めがなされなければ，法律関係の安定のために，無効原因を従来よりも限定的に解すべきだとする見解がある（中東49頁。この問題について具体的に検討するものとして，笠原316頁以下）。

第2節　吸収合併等の手続　第2款　吸収合併存続会社，吸収分割承継会社及び株式交換完全親会社の手続　第1目　株式会社の手続　§797

　しかし，一般的な組織再編の差止請求がどの程度機能するのかは，なお明らかではない。これについては，問題になっている法令違反の影響の重大性や，差止請求の機会の有無等から，事案ごとに判断するほかないとする見解を支持すべきである（江頭894-895頁注1）。また，そのときに「差止請求の機会があった」ということを重視しすぎることは，避けるべきであろう。

（伊藤靖史）

（反対株主の株式買取請求）

第797条① 吸収合併等をする場合には，反対株主は，存続株式会社等に対し，自己の有する株式を公正な価格で買い取ることを請求することができる。<u>ただし，第796条第2項本文に規定する場合（第795条第2項各号に掲げる場合及び第796条第1項ただし書又は第3項に規定する場合を除く。）は，この限りでない。</u>

② 前項に規定する「反対株主」とは，次の各号に掲げる場合における当該各号に定める株主をいう。

　1　吸収合併等をするために株主総会（種類株主総会を含む。）の決議を要する場合　次に掲げる株主

　　イ　当該株主総会に先立って当該吸収合併等に反対する旨を当該存続株式会社等に対し通知し，かつ，当該株主総会において当該吸収合併等に反対した株主（当該株主総会において議決権を行使することができるものに限る。）

　　ロ　当該株主総会において議決権を行使することができない株主

　2　前号に規定する場合以外の場合　<u>全ての株主（第796条第1項本文に規定する場合における当該特別支配会社を除く。）</u>

③ 存続株式会社等は，効力発生日の20日前までに，その株主<u>（第796条第1項本文に規定する場合における当該特別支配会社を除く。）</u>に対し，吸収合併等をする旨並びに消滅会社等の商号及び住所（第795条第3項に規定する場合にあっては，吸収合併等をする旨，消滅会社等の商号及び住所並びに同項の株式に関する事項）を通知しなければならない。

④ 次に掲げる場合には，前項の規定による通知は，公告をもってこれに代えることができる。

　1　存続株式会社等が公開会社である場合

　2　存続株式会社等が第795条第1項の株主総会の決議によって吸収合併契約等の承認を受けた場合

⑤ 第1項の規定による請求（以下この目において「株式買取請求」という。）

〔伊　藤〕

第5編 組織変更，合併，会社分割，株式交換及び株式移転 第5章 組織変更，合併，会社分割，株式交換及び株式移転の手続

§797

は，効力発生日の20日前の日から効力発生日の前日までの間に，その株式買取請求に係る株式の数（種類株式発行会社にあっては，株式の種類及び種類ごとの数）を明らかにしてしなければならない。

⑥ 株券が発行されている株式について株式買取請求をしようとするときは，当該株式の株主は，存続株式会社等に対し，当該株式に係る株券を提出しなければならない。ただし，当該株券について第223条の規定による請求をした者については，この限りでない。

⑦ 株式買取請求をした株主は，存続株式会社等の承諾を得た場合に限り，その株式買取請求を撤回することができる。

⑧ 吸収合併等を中止したときは，株式買取請求は，その効力を失う。

⑨ 第133条の規定は，株式買取請求に係る株式については，適用しない。

細 目 次

I 総 説
 1 本条改正の概要
 2 株式買取請求権に関する本改正と本条
II 簡易組織再編と株式買取請求権（本条1項ただし書）
 1 株式買取請求が可能な場合の縮小
 2 任意の株主総会決議と株式

買取請求権
 (1) 任意の株主総会決議
 (2) 本改正前の議論
 (3) 本改正後の議論
 (4) 略式組織再編の要件を充たす場合との関係
III 反対株主の範囲（本条2項，3項）
 1 反対株主の範囲の縮小

 2 本条2項2号に該当する場合
IV 株券の提出（本条6項）
 1 株式買取請求のための株券の提出
 2 株券の提出を要しない場合
V 株主名簿の名義書換規定の不適用（本条9項）

I 総 説

1 本条改正の概要

本条は，本改正前から存在する規定であり，吸収合併等の存続株式会社等における株式買取請求の手続等について定めるものである。本改正は，本条に1項ただし書，6項，9項を追加するとともに，2項，3項について「反対株主」の範囲に関する改正を行うものである。本改正前の6項，7項の項番号は，7項，8項にあらためられた。

本条1項ただし書は，簡易組織再編の場合に株式買取請求ができない旨を定めるものである。本条6項は，株券が発行されている株式について株式買取請求をしようとするときの株券の提出について定めるものである。本条9項は，株式買取請求に係る株式について株主名簿の名義書換の規定（133）を適用しない旨を定めるものである。

第2節　吸収合併等の手続　第2款　吸収合併存続会社，吸収分割承継会社及
び株式交換完全親会社の手続　第1目　株式会社の手続　　　　　　　§797

2　株式買取請求権に関する本改正と本条

　株式買取請求権と，全部取得条項付種類株式の取得価格決定申立制度につい
ては，会社法制定後に事件数が急増するとともに，さまざまな実務的・理論的
問題が生じていた（岩原紳作「総論」ジュリ1439号〔2012〕17頁，施行5年105頁
以下に収められた諸論考参照）。そこで，本改正では，株式買取請求権について，
主に濫用の防止のためにいくつかの手当てがなされた。

　①　例えば，株式買取請求をすることができる場合が狭められた。すなわ
ち，存続株式会社等において簡易組織再編の要件を充たす場合（796Ⅱ），およ
び，譲受会社において簡易事業譲渡の要件を充たす場合（468Ⅱ）には，反対株
主は株式買取請求ができないものとされた。これらの場合には，会社組織の基
礎に本質的変更がもたらされるわけではないと評価でき，株主が株式買取請求
権も有しないものとすることが相当だと考えられたからである（中間試案補足
説明第2部第4の3，立案担当平成26年203頁）。

　②　株式買取請求をすることができる株主の範囲が狭められた。すなわち，
略式組織再編・略式事業譲渡において，特別支配会社は，株式買取請求権を有
しないものとされた。そのような特別支配会社を株式買取請求権によって保護
する必要はないからである（要綱概要46頁，立案担当平成26年204頁）。

　③　次のような理由から，株式買取請求の撤回制限の実効性を確保するため
の改正が行われた。すなわち，会社法制定時に，株式買取請求は，買取請求の
相手方たる会社の承諾を得た場合に限り，撤回することができるものとされた
（785Ⅶ〔改正前785Ⅵ〕・本条Ⅶ〔改正前本条Ⅵ〕・806Ⅶ〔改正前806Ⅵ〕）。このよ
うなルールは，例えば上場会社において，とりあえず株式買取請求権を行使し
ておき，その後の株価の動向等を見ながら，市場での売却価格のほうが裁判所
で決定される価格よりも有利であると判断した場合には，株式買取請求を撤回
して株式を市場で売却するといった投機的な株式買取請求を防止するために設
けられた（立案担当201頁）。しかしながら，このように撤回の制限が定められ
ていたにもかかわらず，例えば上場株式については，株式買取請求に係る株式
を市場で売却することによって，事実上，会社の承諾を得ることなく株式買取
請求を撤回するのと同様の結果を得られることが指摘され，これについての対
処が必要だと考えられたわけである（中間試案補足説明第2部第4の1，立案担当
平成26年196頁以下）。

　本条1項ただし書の追加は，上に述べた①に関するものである。2項，3項

〔伊　藤〕

§797 第5編 組織変更，合併，会社分割，株式交換及び株式移転 第5章 組織変更，合併，会社分割，株式交換及び株式移転の手続

の改正は，②に関するものである。また，6項，9項の追加は，③の一環と位置付けることができる〔社債，株式等の振替に関する法律の改正による買取口座制度の創設も，同様の目的によるものである。同制度については☞§116Ⅱ〕。

Ⅱ 簡易組織再編と株式買取請求権（本条1項ただし書）

1 株式買取請求が可能な場合の縮小

本条1項本文は，吸収合併等をする場合には，反対株主は，存続株式会社等に対し，自己の有する株式を公正な価格で買い取ることを請求すること（株式買取請求をすること）ができる旨を定める。そして，本改正によって追加された本条1項ただし書は，796条2項本文に規定する場合は，795条2項各号に掲げる場合および796条1項ただし書または3項に規定する場合を除き，この限りではない旨を定める。つまり，吸収合併等の存続株式会社において，簡易組織再編の要件（組織再編対価の存続株式会社等純資産額に対する割合に関するもの）を充たし，株主総会の決議によって吸収合併等の承認を受けなくてもよい場合には，反対株主は株式買取請求ができないものとされる。

このような改正が行われたのは，次の理由による。すなわち，796条2項が定める簡易組織再編で存続株式会社等において株主総会決議を要しないものとされているのは，存続株式会社等やその株主に及ぼす影響が軽微であるからである。つまり，会社法は，これらの場合には会社組織の基礎に本質的変更がもたらされるわけではないと評価していることになる。そうだとすれば，このような場合には，株主が株式買取請求権も有しないものとすることが相当だと考えられた。吸収合併や会社分割では，存続株式会社等が潜在債務を承継する可能性もあるが，これについては，一定数の株式を有する株主による簡易組織再編への反対の制度（796Ⅲ）や，役員等の損害賠償責任の追及によって対処できるものと考えられた（中間試案補足説明第2部第4の3，立案担当平成26年203頁）。もっとも，これらの救済方法については，実効性に乏しいと指摘されることもある（久保田安彦「株式買取請求権に係る規定の整備」鳥山恭一＝福島洋尚編・平成26年会社法改正の分析と展望〔金判1461号〕〔2015〕93頁）。

本改正前には，簡易合併の要件を充たす場合であっても，合併比率が著しく不公正に定められるなど，存続会社の株主が不利益を受けることもあり得るため，株主の保護に遺漏なきを期すため，株主に株式買取請求権が与えられていた（法務省民事局参事官室編・一問一答平成9年改正商法〔商事法務研究会，1998〕98

814 〔伊藤〕

第2節　吸収合併等の手続　第2款　吸収合併存続会社，吸収分割承継会社及
び株式交換完全親会社の手続　第1目　株式会社の手続　　　　　　　§797

頁）。しかし，簡易組織再編における株式買取請求権には，濫用的な株式買取
請求を誘発するおそれもあると指摘されていたところである（小松岳志「株式買
取請求権が発生する組織再編の範囲」施行5年131頁以下）。

2　任意の株主総会決議と株式買取請求権

⑴　任意の株主総会決議

　会社が簡易組織再編をすることができるか（796条2項の要件を充たすかどう
か，また，同条3項，会社法施行規則197条に定める数の株式を有する株主が吸収合併
等に反対する旨を存続株式会社等に対して通知するかどうか）は，これを判断するこ
とが容易ではないことがあり，また，合併期日の直前まで判明しないこともあ
る。そのため，保守的に株主総会の決議による承認を受けた上で組織再編を行
うニーズがあるといわれる（弥永真生「反対株主の株式買取請求権をめぐる若干の
問題」商事1867号〔2009〕6頁，武井一浩＝郡谷大輔編著・会社法・金商法実務質疑応
答〔商事法務，2010〕29頁以下，小松・前掲135頁）。

　会社法制定前には，簡易合併の要件を充たす場合に必ず簡易合併の手続によ
らなければならないわけではなく，通常どおりの手続によることもできると考
えられていた（新注会（第4補巻）318頁〔田村諄之輔〕）。会社法下でもこのこと
は変わらず，「存続会社が株主総会の決議により吸収合併契約の承認を受けよ
うとする場合において，当該決議の時点で簡易合併の要件が満たされていると
きであっても，存続会社は，当該決議を行うことができ，また，当該吸収合併
の効力発生日の直前の時点において簡易合併の要件が満たされていた場合で
あっても，いったんされた当該決議の効力が覆ることはない」とされることが
ある（相澤哲編著・Q&A会社法の実務論点20講〔金融財政事情研究会，2009〕180
頁。江頭887-888頁も同様の趣旨か）。登記実務上も，合併登記の申請の添付書面
として，簡易合併の要件を充たすことを証する書面ではなく，吸収合併契約の
承認に係る株主総会の議事録を提出することもできるものと取り扱われている
といわれる（相澤編著・前掲181頁注6）。

⑵　本改正前の議論

　このように，簡易組織再編の要件を充たすにもかかわらず，任意に株主総会
の決議による承認が行われることはあり得る。その場合，株式買取請求権をど
のように扱うかが問題になる。

　本条2項によれば，①吸収合併等をするために株主総会の決議を要する場
合，当該株主総会において議決権を行使することができない株主以外の株主

〔伊　藤〕　　　　　　　　　　　　　　　　　　　　　　　　　　　　815

は，当該株主総会に先立って当該吸収合併等に反対する旨を当該存続株式会社
等に対して通知し，かつ，当該株主総会において当該吸収合併等に反対した者
でなければ，「反対株主」に含まれない。② 他方で，① 以外の場合には，すべ
ての株主［ただし☞Ⅲ］が「反対株主」に含まれる。簡易組織再編の要件を充
たす場合にも株主は株式買取請求権を有するという本改正前のルールの下で
は，任意に株主総会の決議による承認が行われた場合，これが上記の ① とし
て扱われるのか，② として扱われるのかが問題とされた。

これについては，任意の株主総会の決議に「法的効力」があると考えるなら
① と扱われることになるとする見解（武井＝郡谷編著・前掲33頁。これを支持す
るものとして，十市崇＝館大輔「反対株主による株式買取請求権（上）」商事1898号
〔2010〕96頁）と，簡易合併の要件が充たされている限り，任意に株主総会の決
議による承認をするかどうかに関わりなく組織再編は有効であり，当該決議は
いわば勧告的な決議にすぎないため，このような場合は「吸収合併等をするた
めに株主総会……の決議を要する場合」とはいえず，② と扱うという見解
（弥永・前掲6頁）があった。任意の株主総会の決議による承認が行われること
で，「反対株主」の範囲が狭くなるのかが問題となっていたわけである。

(3) 本改正後の議論

以上に対して，本改正によって，簡易組織再編の要件を充たす場合には，反
対株主は株式買取請求ができないものと定められた［☞1］。そのため，本改正
後は，任意の株主総会の決議による承認が行われる場合に，① 反対株主は株
式買取請求ができるのか，② できないのかが問題になる。

これについて，本条1項ただし書にいう「第796条第2項本文に規定する場
合」とは，文言上，（株主総会の決議による承認が行われなかった場合ではなく）簡
易組織再編の基準に該当する場合をいうことから，そのような場合に株式買取
請求権を適法に認める余地はない（つまり，② と解する）とする見解がある。こ
のような見解によれば，簡易組織再編の要件を充たすにもかかわらず反対株主
から株式を買い取った場合，これは違法な自己株式取得とされることになる
（小出篤「組織再編等における株式買取請求」論点詳解236頁）。本改正前に任意の株
主総会の決議が勧告的な決議にすぎないとしていた見解（弥永・前掲6頁）から
しても，そのような決議に法的な意味がない以上，同様に ② と考えることに
なるだろう。本改正前から簡易事業譲渡の場合（467Ⅰ②・468Ⅰ・469Ⅰ）・分割
会社側の簡易吸収分割の場合（784Ⅱ・785Ⅰ②）には，任意の株主総会の決議に
よる承認が行われたとしても株式買取請求権は生じないものと考えられていた

第2節 吸収合併等の手続 第2款 吸収合併存続会社，吸収分割承継会社及 §797
び株式交換完全親会社の手続 第1目 株式会社の手続

ということも，②と考える根拠とされる（二重橋法律事務所編・Q&A平成26年
改正会社法〔第2版〕〔金融財政事情研究会，2015〕317頁〔伊藤菜々子〕）。

　しかしながら，これについて①と解することにも，同程度の理由があるよ
うに思われる（以下の議論の詳細については，伊藤靖史「任意の株主総会決議と株式
買取請求権」同志社法学69巻2号〔2017〕307頁以下参照）。①と解する場合に
は，簡易組織再編の要件を充たすにもかかわらず任意の株主総会の決議による
承認が行われる場合，その決議を795条1項所定の決議と捉え（つまり，当該
組織再編は，簡易組織再編ではなく通常の組織再編），そのような場合は本条1項た
だし書にいう「第796条第2項本文に規定する場合」にも該当しないと考える
ことになる。

　会社法制定前に，簡易合併の要件を充たす場合に通常どおりの手続によるこ
ともできるとしていた見解〔また，会社法下でもそのように述べる見解☞(1)〕は，
「通常どおりの手続による」場合に行われる株主総会決議の性質を，以上のよ
うに捉えていたものと思われる。たしかに，平成17年改正前商法413条ノ3
第1項の文言が「承認ハ之ヲ得ルコトヲ要セズ」であったのに対して，796条
2項本文の文言は「前条〔795条〕第1項から第3項までの規定は，……適用し
ない」にあらためられた。しかし，そのような文言の変更によって，上に述べ
たような会社法制定前の理解を改め，簡易組織再編の要件を充たす場合に行わ
れる任意の株主総会の決議を勧告的な決議にすぎないものとすることが意図さ
れていたとは考えがたい。むしろ，「承認を得ることを要しない（通常どおりの
手続によることもできる）」という意味で，「前条〔795条〕第1項から第3項まで
の規定は，……適用しない」という文言が用いられていると考えるのが自然で
あろう。また，このような場合に行われる任意の株主総会の決議は，いわば，
簡易組織再編の要件を充たす場合についてもその承認を株主総会の権限とする
定款変更を行った上で，当該承認決議を行うのと，同等のものと考えることも
できる（武井＝郡谷編著・前掲31頁）。

　①と解する場合には，その場合の反対株主の範囲について，本条2項1号
が適用されるのか，同項2号が適用されるのかが問題になる。上に述べたよう
にこの場合の株主総会の決議を795条1項所定の決議と捉えるのであれば，本
条2項1号が適用されると考えるのが素直であろう。これに対して，この場合
に同項2号が適用され，承認議案に反対の議決権行使をしなかった株主も株式
買取請求権を有するものとするのが，実務的には無難だとする見解もある（森
田恒平・Q&A株式・組織再編の実務(2)〔商事法務，2015〕10頁）。

〔伊　藤〕

817

§797 第5編 組織変更，合併，会社分割，株式交換及び株式移転 第5章 組織変更，合併，会社分割，株式交換及び株式移転の手続

　本改正は，簡易組織再編の要件を充たす組織再編は会社組織の基礎に本質的変更をもたらすものではないという判断を前提に，そのような場合に反対株主は株式買取請求ができないものとした。任意の株主総会の決議による承認を行うかどうかで，当該組織再編が会社組織の基礎に本質的変更をもたらすかどうか変わるものではなく，本改正の趣旨からすれば，②と解することが素直なようにも考えられる。しかし，本改正後も，796条2項の要件を充たす場合であっても，一定数の株式を有する株主が吸収合併等に反対する旨を存続株式会社等に対して通知したときには，株主総会の決議によって吸収合併契約等の承認を受けなければならない（同条Ⅲ）。この株主総会の決議で吸収合併契約等の承認が可決される可能性はあり，そのような場合には，本条1項ただし書括弧書から，反対株主は株式買取請求ができる（反対株主の範囲は本条2項1号による）。この場合には，796条2項の要件は充たされていることから，当該組織再編は会社組織の基礎に本質的変更をもたらすものとはいえないが，それにもかかわらず，株式買取請求が認められるのである。

　任意の株主総会の決議を795条1項所定の決議と捉えるのであれば，任意の株主総会の決議に取消事由がある場合，通常の組織再編と同様に，当該組織再編には無効原因があると考えることになる（反対，弥永・前掲6頁）。

(4) 略式組織再編の要件を充たす場合との関係

　略式組織再編の要件（784Ⅰ・796Ⅰ）を充たすにもかかわらず組織再編について株主総会決議による承認が行われた場合，株式買取請求ができる「反対株主」の範囲は，785条2項1号，本条2項1号によるのではなく，785条2項2号，本条2項2号によって定まるものと考えられる。その限りで，任意の株主総会決議による承認が行われたとしても，当該組織再編は略式組織再編として扱われるわけである。

　しかし，このように解すべき理由は，その場合に任意に株主総会決議が開催されたとしても組織再編が承認されることは確実であり，被支配会社の株主にとって当該組織再編が会社の重要な変更であることに変わりがないということ，また，その場合に「反対株主」の範囲が785条2項1号，本条2項1号によるのだとすれば，恣意的に反対株主の範囲が狭められることが可能になることに求められる。したがって，略式組織再編の要件を充たす場合について以上のように考えることは，(3)で①と解することの妨げにはならないというべきである（以上について，十市＝館・前掲96頁，葉玉匡美「略式株式交換における株式買取請求権」商事1878号〔2009〕45頁以下，玉井裕子編集代表・合併ハンドブック

818 〔伊 藤〕

第2節　吸収合併等の手続　第2款　吸収合併存続会社，吸収分割承継会社及び株式交換完全親会社の手続　第1目　株式会社の手続 §797

〔第3版〕〔商事法務，2015〕275-276頁参照）。

Ⅲ　反対株主の範囲（本条2項，3項）

1　反対株主の範囲の縮小

本改正によって，本条2項2号には，「（第796条第1項本文に規定する場合における当該特別支配会社を除く。）」という括弧書が追加された（なお，同号の「すべての」という語が「全ての」にあらためられたが，これは規定内容をあらためるものではない）。同括弧書の追加によって，796条1項本文に規定する場合，つまり，吸収合併消滅会社，吸収分割会社または株式交換完全子会社が存続株式会社等の特別支配会社である場合（略式組織再編の要件を充たす場合）の，当該特別支配会社は，本条1項による株式買取請求をすることができる「反対株主」から除かれることになった。このような改正が行われたのは，次の理由による（立案担当平成26年203頁以下）。

本条2項1号によれば，吸収合併等をするために株主総会の決議を要する場合，当該株主総会において議決権を行使することができない株主（本条Ⅱ①ロ）以外の株主は，当該株主総会に先立って当該吸収合併等に反対する旨を当該存続株式会社等に対して通知し，かつ，当該株主総会において当該吸収合併等に反対した者でなければ，「反対株主」に含まれない（同号イ）。組織再編に賛成する株主に株式買取請求権を認める必要はないからである。他方で，本改正前には，略式組織再編の要件を充たす場合については，すべての株主が「反対株主」に含まれるものとされていた（改正前本条Ⅱ②）。しかし，略式組織再編の要件を充たす場合に株主総会決議による承認を要しないものとされている（796Ⅰ）のは，仮に株主総会を開催したとしても特別支配会社による賛成の議決権行使によって当該組織再編が株主総会で承認されることが明らかであるからである。このことからすれば，この場合の特別支配会社に株式買取請求を認めるべき合理的な理由はないと考えられ，特別支配会社が「反対株主」から除かれることになったわけである。

2　本条2項2号に該当する場合

本改正によって，本条1項ただし書が追加され，吸収合併等の存続株式会社において，簡易組織再編の要件（組織再編対価の存続株式会社等純資産額に対する割合に関するもの）を充たす場合には，反対株主は株式買取請求をすることがで

〔伊　藤〕

819

第 5 編　組織変更，合併，会社分割，株式交換及び株式移転　第 5 章　組織変更，合併，会社分割，株式交換及び株式移転の手続

§ 797

きないことになった。簡易組織再編の要件を充たすにもかかわらず任意に株主総会の決議による承認が行われる場合に，反対株主が株式買取請求権を有すると解すべきかどうかについては，争いがある［☞ II 2］。

　そのような場合に反対株主は株式買取請求権を有しないとする見解からすれば，本改正後は，本条 2 項 2 号にいう「前号に規定する場合以外の場合」（吸収合併等をするために株主総会の決議を要する場合以外の場合）には，796 条 1 項本文に規定する場合（いわゆる略式組織再編の要件を充たす場合）だけが含まれることになる。

　これに対して，反対株主は株式買取請求権を有するとする見解をとる場合，そのように任意の株主総会の決議による承認が行われた場合を，本条 2 項 1 号の場合だと考えるのか，2 号の場合だと考えるのかが問題になる［☞ II 2］。

IV　株券の提出（本条 6 項）

1　株式買取請求のための株券の提出

　本条 6 項本文は，株券が発行されている株式について株式買取請求をしようとするときは，当該株式の株主は，存続株式会社等に対し，当該株式に係る株券を提出しなければならない旨を定める。

　本改正によってこのような定めが追加されたのは，以下に述べるように，株券が発行されている株式について，株式買取請求の撤回制限（本条 VII〔改正前本条 VI〕）の実効性を確保するためである（立案担当平成 26 年 200 頁以下）。

　すなわち，本改正前は，株券が発行されている株式について本条に基づく株式買取請求をする場合に，当該株式に係る株券の会社への提出が要求されていなかった。ところが，株券が請求者の手元に残るとすれば，これが第三者に譲渡され，当該株券に係る株式について善意取得（131 II）が生じるおそれがあった。これによって，株式会社の承諾を得ずに株式買取請求が撤回されたのと同様の結果が生じる可能性があったわけである。また，株式の譲渡が株式買取りの効力発生後に行われる場合には，株式会社は，株式買取請求者に代金を支払う義務を負うとともに，当該株券の所持人を正当な株主と扱わなければならないことになるおそれがあった。

　他方で，株式買取請求をしたときから買取りの効力が生じるときまでの間に，請求者が株券を保持し続ける法的利益はないと考えられ，本改正によって，株券が発行されている株式について株式買取請求をしようとするときは，

820　　　　　　　　　　　　　　　　　　　　　　　　　　　　〔伊　藤〕

第2節　吸収合併等の手続　第2款　吸収合併存続会社，吸収分割承継会社及
び株式交換完全親会社の手続　第1目　株式会社の手続　　　　　　　　§797

当該株式に係る株券を提出しなければならないものとされたのである。

　本条6項本文は，「株券が発行されている株式」としているため，株券発行
会社（117Ⅶ）の株式であっても，株券が発行されていないもの（215・217参
照）については適用されない（久保田・前掲90頁）。

2　株券の提出を要しない場合

　本条6項ただし書は，株券について223条の規定による請求をした者につい
ては，1に述べた株券の提出を要しない旨を定める。株券を喪失してこれを提
出することができない者が株式買取請求権を行使することができなくなること
は相当ではないと考えられ，そのような者も，当該株券について株券喪失登録
の請求（同条）をしたのであれば，株券を提出しなくとも株式買取請求ができ
ることとされたのである（立案担当平成26年201頁）。

　株券喪失登録の請求（223）をした上で，当該株券に係る株式について買取
請求をした者は，株券の失効後に新しい株券の再発行を受けることになる
（228Ⅱ）。このようにして株券が再発行された場合に，株式買取請求に係る代
金の支払がされたにもかかわらず，当該株式に関する株券が請求者の手元に残
る事態が生じないよう，株式会社は，当該株券と引換えに，その株式買取請求
に係る株式の代金を支払わなければならないものとする798条7項（改正前
798Ⅵ）は残されることになった（立案担当平成26年201頁）。

　798条7項の文言上，同項が適用される場面に限定が付されていないが，株
式買取請求のときにすでに株券を提出した株主が，代金の支払を受けるために
あらためて株券を提出しなければならないわけではない（立案担当平成26年201
頁注143）。

V　株主名簿の名義書換規定の不適用（本条9項）

　本条9項は，133条の規定は，株式買取請求に係る株式については，適用し
ない旨を定める。同条は，株主名簿の名義書換についての規定であり，同条1
項は，株式を当該株式を発行した株式会社以外の者から取得した者は，当該株
式会社に対し，当該株式に係る株主名簿記載事項を株主名簿に記載し，または
記録することを請求することができる旨を定める。本条9項によって，株式買
取請求に係る株式については，このような名義書換請求ができないことにな
る。

〔伊　藤〕

第5編　組織変更，合併，会社分割，株式交換及び株式移転　第5章　組織変
更，合併，会社分割，株式交換及び株式移転の手続

§798

　本改正によってこのような定めが追加されたのは，以下に述べるように，株
券発行会社ではない会社の株式（かつ，振替株式ではないもの）について，株式
買取請求の撤回制限（本条Ⅶ〔改正前本条Ⅵ〕）の実効性を確保するためである
（立案担当平成26年201頁。本条9項の適用範囲は，文言上そのような株式に限られな
いが，実際に本条9項の適用が問題になるのは，そのような株式に限られるであろう。
久保田・前掲91頁）。

　すなわち，そのような株式は意思表示によって譲渡できる［☞会社法コンメ
(3)§130Ⅰ1〔321-322頁［伊藤靖史］〕〕（江頭220頁）。そのため，株式買取請求を
した株主が請求後に当該株式を譲渡し，そのような譲渡を理由とする株主名簿
の名義書換請求（133Ⅰ）を株式会社が拒絶できないとすれば（このような事情が
名義書換を拒絶できる正当な理由に該当するかどうかは，明らかではなかった），株式
会社の承諾を得ずに株式買取請求が撤回されたのと同様の結果が生じることに
なる。そこで，このような場合について同条の規定の適用を除外し，株主名簿
の名義書換を請求することができないこととして，株式の譲渡が株式会社に対
抗されることを防ぐこととされた。

　株式会社の承諾を得て株式買取請求が撤回された場合（本条Ⅶ〔改正前本条
Ⅵ〕）や，株式買取請求が効力を失った場合（本条Ⅷ〔改正前本条Ⅶ〕）には，そ
のような株式は「株式買取請求に係る」株式とはいえないことから本条9項の
適用はなく，株主名簿の名義書換請求が可能だと考えられる（立案担当平成26
年201頁以下）。株式の価格の決定について協議が調わず，かつ，価格の決定の
申立てもなく，株式買取請求が撤回された場合（798Ⅲ）についても，同様に
考えることができる（久保田・前掲90-91頁）。

（伊藤靖史）

（株式の価格の決定等）

第798条 ①　株式買取請求があった場合において，株式の価格の決定について，
　　株主と存続株式会社等との間に協議が調ったときは，存続株式会社等は，効力発
　　生日から60日以内にその支払をしなければならない。

②　株式の価格の決定について，効力発生日から30日以内に協議が調わないとき
　　は，株主又は存続株式会社等は，その期間の満了の日後30日以内に，裁判所に
　　対し，価格の決定の申立てをすることができる。

③　前条第7項の規定にかかわらず，前項に規定する場合において，効力発生日か

第2節　吸収合併等の手続　第2款　吸収合併存続会社，吸収分割承継会社及び株式交換完全親会社の手続　第1目　株式会社の手続　§798

ら60日以内に同項の申立てがないときは，その期間の満了後は，株主は，いつでも，株式買取請求を撤回することができる。

④　存続株式会社等は，裁判所の決定した価格に対する第1項の期間の満了の日後の法定利率による利息をも支払わなければならない。

⑤　存続株式会社等は，株式の価格の決定があるまでは，株主に対し，当該存続株式会社等が公正な価格と認める額を支払うことができる。

⑥　株式買取請求に係る株式の買取りは，効力発生日に，その効力を生ずる。

⑦　株券発行会社は，株券が発行されている株式について株式買取請求があったときは，株券と引換えに，その株式買取請求に係る株式の代金を支払わなければならない。

I　総　説

1　本条改正の概要

本条は，本改正前から存在する規定であり，吸収合併等の存続株式会社等における株式買取請求に係る株式の価格の決定等について定めるものである。本改正は，本条3項について会社法の規定の項番号の変更（797条6項が7項にあらためられた）に伴う文言の修正をし，本条に5項を追加するとともに，本条6項（改正前本条V）について株式買取請求に係る株式の買取りの効力発生時点に関する改正を行うものである。本改正前の5項，6項の項番号は，6項，7項にあらためられた。

本条5項は，株式の価格の決定前の株式会社による支払について定めるものである。また，本改正によって797条6項が追加された一方で，本条7項（改正前本条VI）は削除されなかった［☞§797 IV 2］。

2　株式買取請求権に関する本改正と本条

株式買取請求権と，全部取得条項付種類株式の取得価格決定申立制度については，会社法制定後に事件数が急増するとともに，さまざまな実務的・理論的問題が生じていた（岩原紳作「総論」ジュリ1439号〔2012〕17頁，施行5年105頁以下に収められた諸論考参照）。そこで，本改正では，株式買取請求権について，主に濫用の防止のためにいくつかの手当てがなされた。

①例えば，株式買取請求に係る株式について裁判所に対して価格の決定の申立てが行われた場合に，会社の利息負担を軽減するための改正が行われた。

〔伊　藤〕

823

第5編　組織変更，合併，会社分割，株式交換及び株式移転　第5章　組織変更，合併，会社分割，株式交換及び株式移転の手続

§798

すなわち，株式買取請求の相手方たる会社は，組織再編の効力発生日から60日の期間の満了の日後の法定利率による利息（平成29年改正前は，年6分の利率により算定した利息）をも支払わなければならない（786IV・本条IV・807IV）。しかし，法定利率（とくに，平成29年改正前の年6分の利率）は，現在の経済状況からすれば高利であり，これが株式買取請求の濫用を招く原因にもなっていると指摘された。また，買取対価の早期の支払とそれによる会社の利息負担の軽減のために，裁判所による価格決定の前に，反対株主と会社の間で，会社の側から一定の価格を支払う旨を合意することがあるともいわれた。このような会社からの「仮払」が，本改正によって会社法上の制度とされ，会社は，株式の価格が決定される前に，当該会社が公正な価格と認める額を支払うことができることとされたわけである（中間試案補足説明第2部第4の2，立案担当平成26年202頁以下。本改正前の実務による対応について，仁科秀隆「株式買取請求権に関する手続上の問題点」施行5年144-145頁参照）。

②株式買取請求に係る株式の買取りの効力発生時点について，本改正前に当該株式の代金支払の時と定められていたものが，株主が反対している会社の行為が効力を生じる日にあらためられた。改正前に代金支払の時を買取りの効力発生時点としていたルールについては，反対株主が組織再編等の効力発生日から60日の期間の満了の日後の利息の支払を受けつつ，買取りの効力発生までの間に剰余金配当請求権を有することは，不当なのではないかと考えられた（中間試案補足説明第2部第4の2）。そして，このような剰余金配当請求権のみならず，そもそも，組織再編等の効力発生日後は，買取りの効力が発生する（反対株主は株主としての地位を失う）ものとすることが適切なのではないかと考えられた（要綱概要45頁，立案担当平成26年202頁）。このような改正の結果，株式買取請求に係る株式の買取りの効力発生時点は，新設合併等における消滅株式会社等の株式については設立会社の成立の日とされ（807VI），それ以外の場合には組織再編等の効力発生日とされた（117VI・470VI・786VI・本条VI）。つまり，買取りの効力発生時点は，株主が反対している会社の行為が効力を生じる日に一本化されたわけである。

本条5項の追加は，上に述べた①に関するものである。また，本条6項の改正は，②に関するものである。

824　　　　　　　　　　　　　　　　　　　　　　　　　　　　〔伊　藤〕

第2節　吸収合併等の手続　第2款　吸収合併存続会社，吸収分割承継会社及び株式交換完全親会社の手続　第1目　株式会社の手続　§798

II　株式の価格の決定前の株式会社による支払（本条5項）

本条5項は，存続株式会社等は，株式の価格の決定があるまでは，株主に対し，当該株式会社が公正な価格と認める額を支払うことができる旨を定める。これによって，存続株式会社等が，株式買取請求をした株主に対して，当該株式会社が公正な価格と認める額を提供すれば，同額について適法な弁済提供をしたことになる。当該株主がその受領を拒絶すれば，会社は弁済供託（民494 I ①）をすることができる（立案担当平成26年203頁）。

本条5項による支払を株式会社がした場合，本条4項の規定にかかわらず，当該株式会社は当該支払をした額については当該支払後の利息を支払う義務を負わない。そのため，このような場合に当該株式会社が株主に対して支払う額の総額は，①本条5項による支払の額，②この額について本条4項に定められた日から当該支払をした日までの利息，③裁判所の決定した株式の価格が上記①の額よりも高かった場合にはその差額，および，④この差額について本条4項に定められた日後の利息の合計額になる（立案担当平成26年203頁）。

本条5項については，786条5項等と同様に，「公正な価格と認める額」を超える支払・「公正な価格と認める額」の積増し等の可否が問題になる[☞§786 II 2・3]。裁判所が決定した買取価格が本条5項による支払額を下回る場合の処理についても，786条5項等と同様に考えることができる[☞§786 II 4]。

III　株式買取請求に係る株式の買取りの効力発生時点（本条6項）

本改正によって，本条6項（改正前本条V）の「当該株式の代金の支払の時」という文言は，「効力発生日」にあらためられた。これによって，株式買取請求に係る株式の買取りの効力発生時点は，吸収合併等における存続株式会社等の株式については，吸収合併等の効力発生日になったわけである。

最高裁の判例は，株式買取請求に係る「公正な価格」を算定する基準日を，株式買取請求がされた日とする（最決平成23・4・19民集65巻3号1311頁，最決平成24・2・29民集66巻3号1784頁）。本条6項の改正は，このような判例法理に変更をもたらすものではないと考えられる（要綱概要72頁注252，久保田安彦

〔伊　藤〕

§ 804　第5編　組織変更，合併，会社分割，株式交換及び株式移転　第5章　組織変更，合併，会社分割，株式交換及び株式移転の手続

「株式買取請求権に係る規定の整備」鳥山恭一＝福島洋尚編・平成 26 年会社法改正の分析と展望〔金判 1461 号〕〔2015〕91-92 頁）。

　本改正前に株式買取請求に係る株式の買取りの効力発生時点を代金支払時と定めていたルールの趣旨は，反対株主への代金支払を確保することにあった（新注会(5) 301 頁〔宍戸善一〕）。改正後は，反対株主は，代金支払に関するリスクも覚悟して株式買取請求を行うべきことになる（要綱概要 72 頁注 252）。

（伊藤靖史）

（新設合併契約等の承認）

第 804 条①　消滅株式会社等は，株主総会の決議によって，新設合併契約等の承認を受けなければならない。

②　前項の規定にかかわらず，新設合併設立会社が持分会社である場合には，新設合併契約について新設合併消滅株式会社の総株主の同意を得なければならない。

③　新設合併消滅株式会社又は株式移転完全子会社が種類株式発行会社である場合において，新設合併消滅株式会社又は株式移転完全子会社の株主に対して交付する新設合併設立株式会社又は株式移転設立完全親会社の株式等の全部又は一部が譲渡制限株式等であるときは，当該新設合併又は株式移転は，当該譲渡制限株式等の割当てを受ける種類の株式（譲渡制限株式を除く。）の種類株主を構成員とする種類株主総会（当該種類株主に係る株式の種類が2以上ある場合にあっては，当該2以上の株式の種類別に区分された種類株主を構成員とする各種類株主総会）の決議がなければ，その効力を生じない。ただし，当該種類株主総会において議決権を行使することができる株主が存しない場合は，この限りでない。

④　消滅株式会社等は，第1項の株主総会の決議の日（第2項に規定する場合にあっては，同項の総株主の同意を得た日）から2週間以内に，その登録株式質権者（次条に規定する場合における登録株式質権者を除く。）及び第808条第3項各号に定める新株予約権の登録新株予約権質権者に対し，新設合併，新設分割又は株式移転（以下この節において「新設合併等」という。）をする旨を通知しなければならない。

⑤　前項の規定による通知は，公告をもってこれに代えることができる。

　第5編（組織変更，合併，会社分割，株式交換および株式移転）において，株式移転により設立する株式会社を示す語は「株式移転設立完全親会社」である（773Ⅰ①）にもかかわらず，本改正前の本条3項では，「株式移転設立完全親株

第3節　新設合併等の手続　第1款　新設合併消滅会社，新設分割会社
及び株式移転完全子会社の手続　第1目　株式会社の手続　　　　　　§805の2

式会社」が用いられていた。本改正による本条3項の修正は，このような立法
の過誤をあらためるものである。

（舩津浩司）

（新設合併等をやめることの請求）（新設）

第805条の2　新設合併等が法令又は定款に違反する場合において，消滅株式会社
　　等の株主が不利益を受けるおそれがあるときは，消滅株式会社等の株主は，消滅
　　株式会社等に対し，当該新設合併等をやめることを請求することができる。ただ
　　し，前条に規定する場合は，この限りでない。

【文献】飯田秀総「組織再編等の差止請求規定に対する不満と期待」ビジネス法務12巻12号
　(2012) 76頁，伊藤靖史「募集株式・募集新株予約権発行差止めの仮処分」理論の到達点61頁，
　太田洋ほか「組織再編の差止請求およびキャッシュ・アウトの差止請求に関する実務上の論点
　(上) (下)」金判1471号 (2015) 2頁，金判1472号2頁，笠原武朗「組織再編行為の無効原因」
　落合古稀309頁，齊藤真紀「不公正な合併に対する救済としての差止めの仮処分」理論の到達点
　87頁，白井正和「組織再編等に関する差止請求権の拡充」川嶋四郎＝中東正文編・会社事件手続
　法の現代的展開 (日本評論社，2013) 205頁，田中亘「各種差止請求権の性質，要件および効果」
　理論の到達点2頁，中東正文「組織再編等」ジュリ1472号 (2014) 46頁，松中学「子会社株式の
　譲渡・組織再編の差止め」論点詳解191頁，森田恒平・Q&A株式・組織再編の実務(2) (商事法
　務，2015)

I　総　　説

1　本条改正の概要

　本条は，本改正によって新設された規定であり，新設合併等の消滅株式会社
等の株主の，消滅株式会社等に対する，新設合併等をやめることの請求（差止
請求）について定めるものである。

2　一般的な組織再編の差止請求に係る明文規定の新設

　本改正前には，組織再編の差止請求を認める会社法の明文の規定としては，
略式組織再編の要件を充たす場合の差止請求について定めていた改正前784条
2項，796条2項があるだけであった〔これらの規定の内容や，本改正後の会社法
の規定との関係について☞§784の2Ⅰ2・Ⅱ1・§796の2Ⅰ2・Ⅱ1〕。もっとも，略式
組織再編の要件を充たす場合以外の組織再編について，どのような意味での

〔伊　藤〕

827

「差止請求」も認められないと考えられていたわけではない。組織再編の差止請求を可能にするための解釈論が，さまざまに展開されていた。とりわけ，平成17年に会社法が制定される前から，組織再編を承認する決議の取消しの訴え（831Ⅰ）を本案とする仮処分を申し立てることができるとする見解が有力であった〔☞§784の2Ⅶ〕。

しかし，そのような仮処分については，本案である実体法上の差止請求権が不明確であることから，これを認めない見解もあり得るところであった。また，株主や債権者が組織再編の効力を争う手段として無効の訴えが設けられているが（828Ⅰ⑥‐⑫），事後的に組織再編の効力が否定されれば，法律関係を複雑・不安定にするおそれもある。そのため，むしろ株主が組織再編の効力発生前にその差止めを請求することができることとするのが相当であるとも考えられた。以上のことから，本改正によって，株主が不利益を受けることとなる組織再編に対する事前の救済手段として，一般的な組織再編の差止請求に係る明文の規定を新設するものとされた（以上について，立案担当平成26年205頁）。

本条の新設は，784条の2，796条の2の新設とともに，以上のような改正の一環をなすものである。また，一般的な組織再編の差止請求を認めるのと同様の趣旨から，全部取得条項付種類株式の取得・特別支配株主の株式等売渡請求・株式併合についても，差止請求に係る規定（171の3・179の7・182の3）が新設された（立案担当平成26年205頁）。

なお，本条等の新設によって，組織再編の差止請求を可能にするために従来唱えられていた上記のような解釈論が否定されるものではない〔☞§784の2Ⅶ〕。

Ⅱ 差止事由

1 総説

本条本文は，新設合併等が法令または定款に違反する場合において，消滅株式会社等の株主が不利益を受けるおそれがあるときは，消滅株式会社等の株主は，消滅株式会社等に対し，当該新設合併等をやめることを請求することができる旨を定める。新設合併等についてはもともと略式組織再編の定めがなく，本条本文は，784条の2第1号，796条の2第1号に相当する差止事由だけを定める。

なお，本改正にいたる議論の中では，「特別の利害関係を有する者が議決権

第3節　新設合併等の手続　第1款　新設合併消滅会社，新設分割会社
及び株式移転完全子会社の手続　第1目　株式会社の手続　§805の2

を行使することにより，当該組織再編に関して著しく不当な株主総会の決議が
され，又はされるおそれがある場合」を差止事由と定めることについても検討
されたが，最終的にこれは差止事由とはされなかった［☞§784の2Ⅱ1］。

2　法令または定款違反（本条本文）

⑴　法 令 違 反

　本条本文は，新設合併等が法令または定款に違反する場合を，新設合併等の
差止事由とする。

　本条本文にいう法令の違反として，例えば，①新設合併契約等の内容が違
法であること，②新設合併契約等に関する書面等の不備置・不実記載，③新
設合併契約等について法定の要件を充たす承認がないこと，④株式買取請
求・新株予約権買取請求の手続が履行されないこと，⑤債権者の異議手続が
履行されないこと，⑥簡易新設分割の要件を充たさないにもかかわらずその
手続がとられること，⑦消滅株式会社等の株主に対する株式・持分の割当て
が違法になされること，⑧独占禁止法の定める手続に違反して吸収合併等が
行われること，⑨新設合併等の認可を要するにもかかわらずそれがないこと
が挙げられる（江頭892頁・931頁・955頁参照）［以上のうち②③について☞§784
の2Ⅱ2⑷・⑸］。

⑵　善管注意義務・忠実義務違反

　本条本文にいう法令の違反には，取締役・執行役の善管注意義務（330，民
644）・忠実義務（355・419Ⅱ）の違反は含まれない（江頭892頁・931頁，新基本
法コンメ⑶296頁［家田崇］）。その理由として，略式組織再編の要件を充たす場
合の差止請求について定めていた改正前784条2項，796条2項にいう法令の
違反は，会社を規範の名宛人とする法令の違反を意味し［例えば☞会社法コンメ
⒅§784Ⅲ3［81頁［柴田和史］・§796Ⅲ2［234頁［柴田和史］］，取締役・執行
役の善管注意義務・忠実義務の違反を含まないと解されていたことが挙げられ
る（立案担当平成26年205頁。江頭892頁・931頁，新基本法コンメ⑶296頁［家
田］も同趣旨か）。

　「会社を規範の名宛人とする」という説明に対しては批判もあるが（松中201
頁以下），正確には，210条1号にいう法令の違反と同様に（大隅=今井・中652
頁，大隅=大森375頁参照），新設合併等に関する具体的な法令の規定の違反が
本条本文にいう法令の違反であると考えられる。たしかに，210条1号にいう
法令の違反とは募集株式の発行等に関する具体的な法令の規定の違反を意味す

〔伊　藤〕　　　　　　　　　　　　　　　　　　　　　　　　　　　　　　829

るという解釈についても，近年では疑問が呈されている（田中・差止15頁以下）。また，本改正にいたる改正作業をめぐって，本条本文にいう法令の違反には取締役・執行役の善管注意義務・忠実義務の違反が含まれるという解釈の余地を残すべきであるとする見解もあった（飯田・差止80頁，白井・差止218頁）。しかし，そのような議論があったにもかかわらず，本条本文は，取締役・執行役の善管注意義務・忠実義務の違反がそこにいう法令の違反に含まれないということを前提に起草されている（要綱概要48頁）。取締役・執行役の善管注意義務・忠実義務の違反がこれに含まれると考えることは，解釈論としては難しいであろう［以上の問題についてさらに☞§784の2Ⅱ2⑻］。

(3) 対価の不相当

本条本文にいう法令または定款の違反には，新設合併等の対価が不相当であることそのものは，含まれない（江頭893頁注2・931頁注1，新基本法コンメ⑶296頁［家田］）。組織再編対価の不相当は法令または定款の違反とは別個の差止事由として定める（784の2②・796の2②）のが，会社法の規定のあり方である。また，組織再編対価が不相当であることによって取締役・執行役の善管注意義務・忠実義務違反の問題が生じる可能性はあるが，(2)に述べたように，善管注意義務・忠実義務の違反は本条本文にいう法令の違反に含まれない（立案担当平成26年205頁）。

略式組織再編の要件を充たす場合以外の組織再編について，組織再編対価の不相当そのものが差止事由とされなかったのは，組織再編の差止請求が通常は仮処分命令申立事件で争われ，裁判所が短期間での審理を求められるところ，組織再編対価の不相当を差止事由とすれば裁判所が短期間で審理を行うことが困難になると考えられるからである（中間試案補足説明第2部第5，要綱概要48頁）。

もっとも，以上に述べたことから，組織再編対価が不相当である場合に，いかなる意味での組織再編の差止めも認められない，ということにはならない。組織再編の承認決議に取消事由がある場合，そのような決議の取消しの訴えを本案とする仮処分（民保23Ⅱ）を申し立てることができる［☞§784の2Ⅶ2⑴］。そこでの取消事由として，決議について特別の利害関係を有する者が議決権を行使したことによって著しく不当な決議がされたこと（831Ⅰ③）が主張される場合，裁判所は，その限りで，組織再編対価の不相当についても判断しなければならないはずである［☞§784の2Ⅶ2⑵］。

830　　　　　　　　　　　　　　　　　　　　　　　　　　　　　　　〔伊　藤〕

第3節　新設合併等の手続　第1款　新設合併消滅会社，新設分割会社
及び株式移転完全子会社の手続　第1目　株式会社の手続　　　　§805の2

3　株主が不利益を受けるおそれ（本条本文）

　本条本文から，①新設合併等が法令または定款に違反する場合において，
②消滅株式会社等の株主が不利益を受けるおそれがあるときに，消滅株式会
社等の株主は，新設合併等の差止請求ができる。①と②の要件は，ともに充
たされなければならない。

　本条本文が定めているのは「消滅株式会社等の株主が不利益を受けるおそれ
がある」ということであるから，そのような株主が不利益を受けるおそれがあ
るのであれば，消滅株式会社等自体が不利益を受けるかどうかにかかわりな
く，この要件は充たされる。この点で，本条の差止請求は，360条等の差止請
求（会社に損害が生ずるおそれがあることを要件とする）とは異なり，募集株式の
発行等の差止請求（210。株主が不利益を受けるおそれがあることを要件とする）等
と類似するものである。

　本条本文にいう消滅株式会社等の株主の不利益には，消滅株式会社等の株主
が有していた株式の価値に対して交付される対価の価値が著しく低いことや，
その他の不利益が含まれる［☞§784の2Ⅱ4］。

Ⅲ　差止請求が認められない場合

　本条ただし書は，805条に規定する場合（簡易新設分割の要件を充たす場合）は
「この限りでない」，つまり，本条本文の定める差止請求ができない旨を定め
る。

　そのような場合には，組織再編が株主に及ぼす影響が軽微であるとして株主
総会決議が不要とされていることにかんがみ，組織再編の差止請求もできない
こととされている（立案担当平成26年205頁）。本条の条文構造から，そのよう
な場合であれば，たとえ新設合併等が法令または定款に違反する場合におい
て，消滅株式会社等の株主が不利益を受けるおそれがあるとしても，本条の差
止請求はできない。この場合，たとえ消滅株式会社等の株主が不利益を受ける
おそれがあるとしても，そのような不利益は軽微なものであって，本条の差止
請求を認めるまでもないと考えられたわけである。

　なお，簡易新設分割の要件を充たす場合については，他の簡易組織再編の場
合と異なり，会社分割制度の創設時から，反対株主の株式買取請求権が認めら
れていなかった（平17改正前商374ノ6Ⅲ。会社法では806Ⅰ②）。これは，物的

〔伊　藤〕

分割は分割をする会社の株主の持株比率に直接影響するものではなく，また，重要でない事業の一部譲渡の場合に株式買取請求権が認められないこと（平17改正前商245・245ノ2。会社法では467Ⅰ・468Ⅰ・469Ⅰ）を考慮してのものとされる（一問一答平成12年98頁）。

Ⅳ　差止めの手続

1　当事者と管轄裁判所

本条の差止請求ができる者は，本条の文言から，消滅株式会社等の株主である。持株要件や保有期間の要件は定められていない。差止請求の相手方は，本条の文言から，消滅株式会社等である。

消滅株式会社等の株主が本条の差止請求のために訴えを提起する場合，同訴えは，被告たる消滅株式会社等の本店の所在地を管轄する裁判所の管轄に属する（民訴4ⅠⅣ）。本条の差止請求を本案とする仮処分の管轄裁判所も同様である（民保12Ⅰ）。

2　差止請求ができる期間

本条の請求は，新設合併等が効力を発生する前にこれを阻止するために行われる差止請求であり，文言上は，210条や360条等と同様に，「やめること」の請求と表現される。本条の請求は，新設合併等の効力が発生する日，つまり，新設合併設立株式会社等の成立の日（754Ⅰ・756Ⅰ・764Ⅰ・766Ⅰ・774Ⅰ）が到来するまでに行われなければならない［募集株式の発行等の差止請求について☞会社法コンメ(5)§210Ⅲ3〔131頁〔洲崎博史〕〕]。

本条の請求は，通常，新設合併等について株主に対する通知または公告が行われ（806ⅢⅣ），事前開示が行われた（803ⅠⅡ）後か，上場会社については適時開示（東京証券取引所については，同取引所有価証券上場規程402(1)j・k・l），有価証券報告書提出会社については臨時報告書（金商24の5Ⅳ，企業開示19Ⅱ⑥の3⑦の2⑦の4）による開示が行われた後であろう。もっとも，本条の請求は，請求の対象である新設合併等が特定可能な状態になればできると考えられる。

〔伊　藤〕

第3節　新設合併等の手続　第1款　新設合併消滅会社，新設分割会社
及び株式移転完全子会社の手続　第1目　株式会社の手続　　　§805の2

3　差止めの方法

⑴　差止請求の方法

本条の差止請求権は，募集株式の発行等の差止請求権（210）等と同様に実
体法上の権利である。そのため，消滅株式会社等の株主は，裁判外でも，裁判
上でも，本条の差止請求をすることができる［募集株式の発行等の差止請求につ
いて☞会社法コンメ⑸§210Ⅲ4⑴〔131-132頁［洲崎]]]。

本条による差止めを請求する訴えが提起されたとしても，それだけでは消滅
株式会社等は新設合併等を中止する義務を負わない。そのような訴えの係属中
に新設合併等が効力を生じれば，差止めの対象（まだ効力を生じていない新設合
併等）がなくなるため，訴えの利益を欠くことになり，訴えは却下される。

このようなことから，本条の差止請求は，実際には，消滅株式会社等の株主
が本条の差止請求を本案とする仮処分（民保23Ⅱ）を申し立てるという形で行
われ，差止めの可否はそのような仮処分の可否のレベルで争われることになる
だろう（森田73頁）。

なお，仮処分が申し立てられた場合にも，仮処分命令が発せられる前に新設
合併等が効力を生じれば，差止めの対象がなくなり，被保全権利が失われるた
め，申立ては却下される［募集株式の発行等の差止請求について☞会社法コンメ⑸
§210Ⅲ3〔131頁［洲崎]]]。

⑵　本条の差止請求を本案とする仮処分の手続

本条の差止請求を本案とする仮処分は，被保全権利である本条の差止請求権
を有する消滅株式会社等の株主を債権者として申し立てられる。債務者は，本
条の差止請求の相手方である消滅株式会社等である（募集株式の発行等の差止め
の仮処分について，伊藤68頁以下参照）。債権者は，申立ての趣旨において，行わ
れようとしている新設合併等を特定して，それを仮に差し止める旨を表現する
必要がある。

本条の差止請求を本案とする仮処分は，仮の地位を定める仮処分（民保23
Ⅱ）であり，仮処分命令を得るために，債権者は，保全すべき権利または権利
関係（被保全権利）と，保全の必要性を疎明しなければならない（同法13Ⅱ）。
ここでの被保全権利の疎明は，本条の差止請求の要件の充足について疎明する
ことである。仮の地位を定める仮処分は，争いがある権利関係について債権者
に生ずる著しい損害または急迫の危険を避けるためにこれを必要とするときに
発することができる（民保23Ⅱ）。新設合併等がいったん効力を生じればその

〔伊　藤〕　　　　　　　　　　　　　　　　　　　　　　833

差止請求をする余地はなく，消滅株式会社等の株主の事後的な救済も容易ではない。そのため，被保全権利が疎明される場合，通常は保全の必要性も認められるだろう（伊藤72頁以下）［募集株式の発行等の差止めの仮処分について☞会社法コンメ(5)§210Ⅲ4(2)〔132-133頁［洲崎]]]。

V 差止めの効果

1 差止めの効果

本条による差止めは，実際上は，仮処分によってなされるだろう［☞Ⅳ3(1)]。新設合併等を差し止める仮処分命令は，当事者への送達（民保17）によって効力を生じる。同命令によって，債務者たる消滅株式会社等には，新設合併等をしてはならないという不作為義務が生じる。消滅株式会社等が保全異議の申立て（同法26）等によって仮処分命令の取消しを求めつつ，新設合併等の作業を継続することは可能と解される［募集株式の発行等の差止めの仮処分について☞会社法コンメ(5)§210Ⅳ1〔134頁［洲崎]]]。

債務者たる会社は，どのような措置をとれば仮処分命令に従ったことになるのか。本条で問題になる新設合併等は，新設合併等によって設立する会社の成立の日（754Ⅰ・756Ⅰ・764Ⅰ・766Ⅰ・774Ⅰ），つまり，その本店の所在地において設立の登記をする日（49・579）に効力を生じる。したがって，そのような登記の申請をとりやめ，または，すでになされた申請を取り下げれば，新設合併等は効力を生ぜず，仮処分命令に従ったことになる（齊藤133頁）。

2 仮処分命令に違反した新設合併等

本条の差止請求を本案とする仮処分命令に違反して新設合併等が行われた場合，当該新設合併等に無効原因があると考えてよいだろうか。

募集株式の発行等を差し止める仮処分命令に違反して発行が行われた場合について，最高裁判所は，次のように述べる（最判平成5・12・16民集47巻10号5423頁）。「新株発行差止請求訴訟を本案とする新株発行差止めの仮処分命令があるにもかかわらず，あえて右仮処分命令に違反して新株発行がされた場合には，右仮処分命令違反は，……新株発行無効の訴えの無効原因となるものと解するのが相当である。けだし，……新株発行差止請求の制度は，会社が法令若しくは定款に違反し，又は著しく不公正な方法によって新株を発行することにより従来の株主が不利益を受けるおそれがある場合に，右新株の発行を差し止

第3節　新設合併等の手続　第1款　新設合併消滅会社，新設分割会社
及び株式移転完全子会社の手続　第1目　株式会社の手続　　　　§805の2

めることによって，株主の利益の保護を図る趣旨で設けられたものであり，同
法280条ノ3ノ2〔会社法では201条3項および4項〕は，新株発行差止請求の制
度の実効性を担保するため，払込期日の2週間前に新株の発行に関する事項を
公告し，又は株主に通知することを会社に義務付け，もって株主に新株発行差
止めの仮処分命令を得る機会を与えていると解されるのであるから，この仮処
分命令に違反したことが新株発行の効力に影響がないとすれば，差止請求権を
株主の権利として特に認め，しかも仮処分命令を得る機会を株主に与えること
によって差止請求権の実効性を担保しようとした法の趣旨が没却されてしまう
ことになるからである」。

　本条による差止めも，消滅株式会社等の株主の利益を保護するために設けら
れている。また，806条3項，4項が定める通知・公告は，株式買取請求を行
う前提として情報を提供するために定められたものだが〔☞会社法コンメ⒅
§806 IV 2⑴〔328頁〔柳明昌〕〕〕（立案担当200頁も参照），消滅株式会社等の株主
が本条の差止請求を行う端緒にもなる〔☞IV 2〕。さらに，仮処分命令に違反し
た新設合併等の効力に影響がないとすれば，消滅株式会社等の株主に差止請求
権を認めた会社法の趣旨が没却されるといえる。以上のことから，本条の差止
請求を本案とする仮処分命令に違反して新設合併等が行われた場合，当該新設
合併等に無効原因があると考えてよい（田中・差止30頁，江頭894頁・932頁・
956頁，類型別II 718頁，中東49頁，太田ほか・下4頁）。

VI　差止めと無効

　本改正によって本条等が定められ，略式組織再編の要件を充たす場合に限ら
ず一般的に組織再編の差止請求が認められるようになったことに伴い，組織再
編の無効原因を制限的に解するべきかが議論される。これについて，募集株式
の発行の場合を引き合いに出し，差止めの機会が存したにもかかわらず，差止
めがなされなければ，法律関係の安定のために，無効原因を従来よりも限定的
に解すべきだとする見解がある（中東49頁。この問題について具体的に検討するも
のとして，笠原316頁以下）。

　しかし，一般的な組織再編の差止請求がどの程度機能するのかは，なお明ら
かではない。これについては，問題になっている法令違反の影響の重大性や，
差止請求の機会の有無等から，事案ごとに判断するほかないとする見解を支持
すべきである（江頭894-895頁注1）。また，そのときに「差止請求の機会が

〔伊　藤〕　　　　　　　　　　　　　　　　　　　　　　　　　835

§ *806* 　第5編　組織変更，合併，会社分割，株式交換及び株式移転　第5章　組織変更，合併，会社分割，株式交換及び株式移転の手続

あった」ということを重視しすぎることは，避けるべきであろう。

（伊藤靖史）

（反対株主の株式買取請求）

第806条①　新設合併等をする場合（次に掲げる場合を除く。）には，反対株主は，消滅株式会社等に対し，自己の有する株式を公正な価格で買い取ることを請求することができる。

　1　第804条第2項に規定する場合

　2　第805条に規定する場合

②　前項に規定する「反対株主」とは，次に掲げる株主をいう。

　1　第804条第1項の株主総会（新設合併等をするために種類株主総会の決議を要する場合にあっては，当該種類株主総会を含む。）に先立って当該新設合併等に反対する旨を当該消滅株式会社等に対し通知し，かつ，当該株主総会において当該新設合併等に反対した株主（当該株主総会において議決権を行使することができるものに限る。）

　2　当該株主総会において議決権を行使することができない株主

③　消滅株式会社等は，第804条第1項の株主総会の決議の日から2週間以内に，その株主に対し，新設合併等をする旨並びに他の新設合併消滅会社，新設分割会社又は株式移転完全子会社（以下この節において「消滅会社等」という。）及び設立会社の商号及び住所を通知しなければならない。ただし，第1項各号に掲げる場合は，この限りでない。

④　前項の規定による通知は，公告をもってこれに代えることができる。

⑤　第1項の規定による請求（以下この目において「株式買取請求」という。）は，第3項の規定による通知又は前項の公告をした日から20日以内に，その株式買取請求に係る株式の数（種類株式発行会社にあっては，株式の種類及び種類ごとの数）を明らかにしてしなければならない。

⑥　株券が発行されている株式について株式買取請求をしようとするときは，当該株式の株主は，消滅株式会社等に対し，当該株式に係る株券を提出しなければならない。ただし，当該株券について第223条の規定による請求をした者については，この限りでない。

⑦　株式買取請求をした株主は，消滅株式会社等の承諾を得た場合に限り，その株式買取請求を撤回することができる。

⑧　新設合併等を中止したときは，株式買取請求は，その効力を失う。

⑨　第133条の規定は，株式買取請求に係る株式については，適用しない。

〔伊　藤〕

第3節　新設合併等の手続　第1款　新設合併消滅会社，新設分割会社及び株
式移転完全子会社の手続　第1目　株式会社の手続　　　　　　　　　　§806

I　総　　説

1　本条改正の概要

　本条は，本改正前から存在する規定であり，新設合併等の消滅株式会社等に
おける株式買取請求の手続等について定めるものである。本改正は，本条1項
2号について会社法の規定の条数の変更（805条の2が挿入された）に伴う文言
の修正をするとともに，本条に6項，9項を追加した。本改正前の6項，7項
の項番号は，7項，8項にあらためられた。

　本条6項は，株券が発行されている株式について株式買取請求をしようとす
るときの株券の提出について定めるものである。本条9項は，株式買取請求に
係る株式について株主名簿の名義書換の規定（133）を適用しない旨を定める
ものである。

2　株式買取請求権に関する本改正と本条

　株式買取請求権と，全部取得条項付種類株式の取得価格決定申立制度につい
ては，会社法制定後に事件数が急増するとともに，さまざまな実務的・理論的
問題が生じていた（岩原紳作「総論」ジュリ1439号〔2012〕17頁，施行5年105頁
以下に収められた諸論考参照）。そこで，本改正では，株式買取請求権について，
主に濫用の防止のためにいくつかの手当てがなされた。例えば，次のような理
由から，株式買取請求の撤回制限の実効性を確保するための改正が行われてお
り，本条の改正もその一環と位置付けることができる（社債，株式等の振替に関
する法律の改正による買取口座制度の創設も，同様の目的によるものである）〔同制度
については☞§116 II〕。

　会社法制定時に，株式買取請求は，買取請求の相手方たる会社の承諾を得た
場合に限り，撤回することができるものとされた（785 VII〔改正前785 VI〕・797
VII〔改正前797 VI〕・本条 VII〔改正前本条 VI〕）。このようなルールは，例えば上場
会社において，とりあえず株式買取請求権を行使しておき，その後の株価の動
向等を見ながら，市場での売却価格のほうが裁判所で決定される価格よりも有
利であると判断した場合には，株式買取請求を撤回して株式を市場で売却する
といった投機的な株式買取請求を防止するために設けられた（立案担当201
頁）。しかしながら，このように撤回の制限が定められていたにもかかわら
ず，例えば上場株式については，株式買取請求に係る株式を市場で売却するこ

〔伊　藤〕　　　　　　　　　　　　　　　　　　　　　　　　　　837

§806 第5編　組織変更，合併，会社分割，株式交換及び株式移転　第5章　組織変更，合併，会社分割，株式交換及び株式移転の手続

とによって，事実上，会社の承諾を得ることなく株式買取請求を撤回するのと同様の結果を得られることが指摘され，これについての対処が必要だと考えられたわけである（中間試案補足説明第2部第4の1，立案担当平成26年196頁以下）。

II　株券の提出（本条6項）

1　株式買取請求のための株券の提出

本条6項本文は，株券が発行されている株式について株式買取請求をしようとするときは，当該株式の株主は，消滅株式会社等に対し，当該株式に係る株券を提出しなければならない旨を定める。

本改正によってこのような定めが追加されたのは，以下に述べるように，株券が発行されている株式について，株式買取請求の撤回制限（本条VII〔改正前本条VI〕）の実効性を確保するためである（立案担当平成26年200頁以下）。

すなわち，本改正前は，株券が発行されている株式について本条に基づく株式買取請求をする場合に，当該株式に係る株券の会社への提出が要求されていなかった。ところが，株券が請求者の手元に残るとすれば，これが第三者に譲渡され，当該株券に係る株式について善意取得（131 II）が生じるおそれがあった。これによって，株式会社の承諾を得ずに株式買取請求が撤回されたのと同様の結果が生じる可能性があったわけである。また，株式の譲渡が株式買取りの効力発生後に行われる場合には，株式会社は，株式買取請求者に代金を支払う義務を負うとともに，当該株券の所持人を正当な株主と扱わなければならないことになるおそれがあった。

他方で，株式買取請求をしたときから買取りの効力が生じるときまでの間に，請求者が株券を保持し続ける法的利益はないと考えられ，本改正によって，株券が発行されている株式について株式買取請求をしようとするときは，当該株式に係る株券を提出しなければならないものとされたのである。

本条6項本文は，「株券が発行されている株式」としているため，株券発行会社（117 VII）の株式であっても，株券が発行されていないもの（215・217参照）については適用されない（久保田安彦「株式買取請求権に係る規定の整備」鳥山恭一＝福島洋尚編・平成26年会社法改正の分析と展望〔金判1461号〕〔2015〕90頁）。

838　　　　　　　　　　　　　　　　　　　　　　　　　　　　　　　〔伊　藤〕

第3節 新設合併等の手続 第1款 新設合併消滅会社，新設分割会社及び株式移転完全子会社の手続 第1目 株式会社の手続 §806

2 株券の提出を要しない場合

本条6項ただし書は，株券について223条の規定による請求をした者については，1に述べた株券の提出を要しない旨を定める。株券を喪失してこれを提出することができない者が株式買取請求権を行使することができなくなることは相当ではないと考えられ，そのような者も，当該株券について株券喪失登録の請求（223）をしたのであれば，株券を提出しなくとも株式買取請求ができることとされたのである（立案担当平成26年201頁）。

株券喪失登録の請求（223）をした上で，当該株券に係る株式について買取請求をした者は，株券の失効後に新しい株券の再発行を受けることになる（228 II）。このようにして株券が再発行された場合に，株式買取請求に係る代金の支払がされたにもかかわらず，当該株式に関する株券が請求者の手元に残る事態が生じないよう，株式会社は，当該株券と引換えに，その株式買取請求に係る株式の代金を支払わなければならないものとする807条7項（改正前807 VI）は残されることになった（立案担当平成26年201頁）。

807条7項の文言上，同項が適用される場面に限定が付されていないが，株式買取請求のときにすでに株券を提出した株主が，代金の支払を受けるためにあらためて株券を提出しなければならないわけではない（立案担当平成26年201頁注143）。

III 株主名簿の名義書換規定の不適用（本条9項）

本条9項は，133条の規定は，株式買取請求に係る株式については，適用しない旨を定める。同条は，株主名簿の名義書換についての規定であり，同条1項は，株式を当該株式を発行した株式会社以外の者から取得した者は，当該株式会社に対し，当該株式に係る株主名簿記載事項を株主名簿に記載し，または記録することを請求することができる旨を定める。本条9項によって，株式買取請求に係る株式については，このような名義書換請求ができないことになる。

本改正によってこのような定めが追加されたのは，以下に述べるように，株券発行会社ではない会社の株式（かつ，振替株式ではないもの）について，株式買取請求の撤回制限（本条 VII〔改正前本条 VI〕）の実効性を確保するためである（立案担当平成26年201頁。本条9項の適用範囲は，文言上そのような株式に限られな

〔伊 藤〕 839

いが，実際に本条9項の適用が問題になるのは，そのような株式に限られるであろう。久保田・前掲91頁）。

　すなわち，そのような株式は意思表示によって譲渡できる［☞会社法コンメ(3)§130Ⅰ1〔321-322頁［伊藤靖史］］］（江頭220頁）。そのため，株式買取請求をした株主が請求後に当該株式を譲渡し，そのような譲渡を理由とする株主名簿の名義書換請求（133Ⅰ）を株式会社が拒絶できないとすれば（このような事情が名義書換を拒絶できる正当な理由に該当するかどうかは，明らかではなかった），株式会社の承諾を得ずに株式買取請求が撤回されたのと同様の結果が生じることになる。そこで，このような場合について同条の規定の適用を除外し，株主名簿の名義書換を請求することができないこととして，株式の譲渡が株式会社に対抗されることを防ぐこととされた。

　株式会社の承諾を得て株式買取請求が撤回された場合（本条Ⅶ〔改正前本条Ⅵ〕）や，株式買取請求が効力を失った場合（本条Ⅷ〔改正前本条Ⅶ〕）には，そのような株式は「株式買取請求に係る」株式とはいえないことから本条9項の適用はなく，株主名簿の名義書換請求が可能だと考えられる（立案担当平成26年201頁以下）。株式の価格の決定について協議が調わず，かつ，価格の決定の申立てもなく，株式買取請求が撤回された場合（807Ⅲ）についても，同様に考えることができる（久保田・前掲90-91頁）。

（伊藤靖史）

（株式の価格の決定等）

第807条①　株式買取請求があった場合において，株式の価格の決定について，株主と消滅株式会社等（新設合併をする場合における新設合併設立会社の成立の日後にあっては，新設合併設立会社。以下この条において同じ。）との間に協議が調ったときは，消滅株式会社等は，設立会社の成立の日から60日以内にその支払をしなければならない。

②　株式の価格の決定について，設立会社の成立の日から30日以内に協議が調わないときは，株主又は消滅株式会社等は，その期間の満了の日後30日以内に，裁判所に対し，価格の決定の申立てをすることができる。

③　前条第7項の規定にかかわらず，前項に規定する場合において，設立会社の成立の日から60日以内に同項の申立てがないときは，その期間の満了後は，株主は，いつでも，株式買取請求を撤回することができる。

第3節 新設合併等の手続 第1款 新設合併消滅会社，新設分割会社及び株
式移転完全子会社の手続 第1目 株式会社の手続 §807

④ 消滅株式会社等は，裁判所の決定した価格に対する第1項の期間の満了の日後
の法定利率による利息をも支払わなければならない。

⑤ 消滅株式会社等は，株式の価格の決定があるまでは，株主に対し，当該消滅株
式会社等が公正な価格と認める額を支払うことができる。

⑥ 株式買取請求に係る株式の買取りは，設立会社の成立の日に，その効力を生ず
る。

⑦ 株券発行会社は，株券が発行されている株式について株式買取請求があったと
きは，株券と引換えに，その株式買取請求に係る株式の代金を支払わなければな
らない。

I 総　説

1 本条改正の概要

本条は，本改正前から存在する規定であり，新設合併等の消滅株式会社等に
おける株式買取請求に係る株式の価格の決定等について定めるものである。本
改正は，本条3項について会社法の規定の項番号の変更（806条6項が7項にあ
らためられた）に伴う文言の修正をし，本条に5項を追加するとともに，本条6
項（改正前本条V）について株式買取請求に係る株式の買取りの効力発生時点
に関する改正を行うものである。本改正前の5項，6項の項番号は，6項，7
項にあらためられた。

本条5項は，株式の価格の決定前の株式会社による支払について定めるもの
である。また，本改正によって806条6項が追加された一方で，本条7項（改
正前本条VI）は削除されなかった〔☞§806 II 2〕。

2 株式買取請求権に関する本改正と本条

株式買取請求権と，全部取得条項付種類株式の取得価格決定申立制度につい
ては，会社法制定後に事件数が急増するとともに，さまざまな実務的・理論的
問題が生じていた（岩原紳作「総論」ジュリ1439号〔2012〕17頁，施行5年105頁
以下に収められた諸論考参照）。そこで，本改正では，株式買取請求権について，
主に濫用の防止のためにいくつかの手当てがなされた。

①例えば，株式買取請求に係る株式について裁判所に対して価格の決定の
申立てが行われた場合に，会社の利息負担を軽減するための改正が行われた。
すなわち，株式買取請求の相手方たる会社は，組織再編の効力発生日から60

〔伊　藤〕

841

§807 第5編　組織変更，合併，会社分割，株式交換及び株式移転　第5章　組織変更，合併，会社分割，株式交換及び株式移転の手続

日の期間の満了の日後の法定利率による利息（平成29年改正前は，年6分の利率により算定した利息）をも支払わなければならない（786Ⅳ・798Ⅳ・本条Ⅳ）。しかし，法定利率（とくに，平成29年改正前の年6分の利率）は，現在の経済状況からすれば高利であり，これが株式買取請求の濫用を招く原因にもなっていると指摘された。また，買取対価の早期の支払とそれによる会社の利息負担の軽減のために，裁判所による価格決定の前に，反対株主と会社の間で，会社の側から一定の価格を支払う旨を合意することがあるともいわれた。このような会社からの「仮払」が，本改正によって会社法上の制度とされ，会社は，株式の価格が決定される前に，当該会社が公正な価格と認める額を支払うことができることとされたわけである（中間試案補足説明第2部第4の2，立案担当平成26年202頁以下。本改正前の実務による対応について，仁科秀隆「株式買取請求権に関する手続上の問題点」施行5年144-145頁参照）。

　②株式買取請求に係る株式の買取りの効力発生時点について，本改正前に当該株式の代金支払の時と定められていたものが，株主が反対している会社の行為が効力を生じる日にあらためられた。改正前に代金支払の時を買取りの効力発生時点としていたルールについては，反対株主が組織再編等の効力発生日から60日の期間の満了の日後の利息の支払を受けつつ，買取りの効力発生までの間に剰余金配当請求権を有することは，不当なのではないかと考えられた（中間試案補足説明第2部第4の2）。そして，このような剰余金配当請求権のみならず，そもそも，組織再編等の効力発生日後は，買取りの効力が発生する（反対株主は株主としての地位を失う）ものとすることが適切なのではないかと考えられた（要綱概要45頁，立案担当平成26年202頁）。このような改正の結果，株式買取請求に係る株式の買取りの効力発生時点は，新設合併等における消滅株式会社等の株式については設立会社の成立の日とされ（本条Ⅵ），それ以外の場合には組織再編等の効力発生日とされた（117Ⅵ・470Ⅵ・786Ⅵ・798Ⅵ）。つまり，買取りの効力発生時点は，株主が反対している会社の行為が効力を生じる日に一本化されたわけである。

　本条5項の追加は，上に述べた①に関するものである。また，本条6項の改正は，②に関するものである。

〔伊藤〕

第3節　新設合併等の手続　第1款　新設合併消滅会社，新設分割会社及び株式移転完全子会社の手続　第1目　株式会社の手続　§807

II　株式の価格の決定前の株式会社による支払（本条5項）

　本条5項は，消滅株式会社等は，株式の価格の決定があるまでは，株主に対し，当該株式会社が公正な価格と認める額を支払うことができる旨を定める。これによって，消滅株式会社等が，株式買取請求をした株主に対して，当該株式会社が公正な価格と認める額を提供すれば，同額について適法な弁済提供をしたことになる。当該株主がその受領を拒絶すれば，会社は弁済供託（民494 I ①）をすることができる（立案担当平成26年203頁）。

　本条5項による支払を株式会社がした場合，本条4項の規定にかかわらず，当該株式会社は当該支払をした額については当該支払後の利息を支払う義務を負わない。そのため，このような場合に当該株式会社が株主に対して支払う額の総額は，① 本条5項による支払の額，② この額について本条4項に定められた日から当該支払をした日までの利息，③ 裁判所の決定した株式の価格が上記 ① の額よりも高かった場合にはその差額，および，④ この差額について本条4項に定められた日後の利息の合計額になる（立案担当平成26年203頁）。

　本条5項については，786条5項等と同様に，「公正な価格と認める額」を超える支払・「公正な価格と認める額」の積増し等の可否が問題になる〔☞§786 II 2・3〕。裁判所が決定した買取価格が本条5項による支払額を下回る場合の処理についても，786条5項等と同様に考えることができる〔☞§786 II 4〕。

III　株式買取請求に係る株式の買取りの効力発生時点（本条6項）

　本改正によって，本条6項（改正前本条V）の括弧書が削除された。本改正前の括弧書は「（新設分割をする場合にあっては，当該株式の代金の支払の時）」と定め，新設分割の場合の株式買取請求に係る株式の買取りは，設立会社の成立の日ではなく，当該株式の代金支払時とされていた。この括弧書が削除されることで，株式買取請求に係る株式の買取りの効力発生時点は，新設合併等における消滅株式会社等の株式については，すべて，設立会社の成立の日になったわけである。

　最高裁の判例は，株式買取請求に係る「公正な価格」を算定する基準日を，

〔伊　藤〕

843

§ 808　第5編　組織変更, 合併, 会社分割, 株式交換及び株式移転　第5章　組織変更, 合併, 会社分割, 株式交換及び株式移転の手続

株式買取請求がされた日とする（最決平成23・4・19民集65巻3号1311頁, 最決平成24・2・29民集66巻3号1784頁）。本条6項の改正は, このような判例法理に変更をもたらすものではないと考えられる（要綱概要72頁注252, 久保田安彦「株式買取請求権に係る規定の整備」鳥山恭一＝福島洋尚編・平成26年会社法改正の分析と展望〔金判1461号〕〔2015〕91-92頁）。

本改正前に株式買取請求に係る株式の買取りの効力発生時点を代金支払時と定めていたルールの趣旨は, 反対株主への代金支払を確保することにあった（新注会(5)301頁〔宍戸善一〕）。改正後は, 反対株主は, 代金支払に関するリスクも覚悟して株式買取請求を行うべきことになる（要綱概要72頁注252）。

（伊藤靖史）

（新株予約権買取請求）

第808条①　次の各号に掲げる行為をする場合には, 当該各号に定める消滅株式会社等の新株予約権の新株予約権者は, 消滅株式会社等に対し, 自己の有する新株予約権を公正な価格で買い取ることを請求することができる。

1　新設合併　第753条第1項第10号又は第11号に掲げる事項についての定めが第236条第1項第8号の条件（同号イに関するものに限る。）に合致する新株予約権以外の新株予約権

2　新設分割（新設分割設立会社が株式会社である場合に限る。）　次に掲げる新株予約権のうち, 第763条第1項第10号又は第11号に掲げる事項についての定めが第236条第1項第8号の条件（同号ハに関するものに限る。）に合致する新株予約権以外の新株予約権

　イ　新設分割計画新株予約権

　ロ　新設分割計画新株予約権以外の新株予約権であって, 新設分割をする場合において当該新株予約権の新株予約権者に新設分割設立株式会社の新株予約権を交付することとする旨の定めがあるもの

3　株式移転　次に掲げる新株予約権のうち, 第773条第1項第9号又は第10号に掲げる事項についての定めが第236条第1項第8号の条件（同号ホに関するものに限る。）に合致する新株予約権以外の新株予約権

　イ　株式移転計画新株予約権

　ロ　株式移転計画新株予約権以外の新株予約権であって, 株式移転をする場合において当該新株予約権の新株予約権者に株式移転設立完全親会社の新株予約権を交付することとする旨の定めがあるもの

第3節　新設合併等の手続　第1款　新設合併消滅会社，新設分割会社及び株
式移転完全子会社の手続　第1目　株式会社の手続　　　　　　　　　　§ *808*

② 新株予約権付社債に付された新株予約権の新株予約権者は，前項の規定による
　請求（以下この目において「新株予約権買取請求」という。）をするときは，併
　せて，新株予約権付社債についての社債を買い取ることを請求しなければならな
　い。ただし，当該新株予約権付社債に付された新株予約権について別段の定めが
　ある場合は，この限りでない。

③ 次の各号に掲げる消滅株式会社等は，第804条第1項の株主総会の決議の日
　（同条第2項に規定する場合にあっては同項の総株主の同意を得た日，第805条
　に規定する場合にあっては新設分割計画の作成の日）から2週間以内に，当該各
　号に定める新株予約権の新株予約権者に対し，新設合併等をする旨並びに他の消
　滅会社等及び設立会社の商号及び住所を通知しなければならない。

　1　新設合併消滅株式会社　全部の新株予約権
　2　新設分割設立会社が株式会社である場合における新設分割株式会社　次に掲
　　げる新株予約権
　　イ　新設分割計画新株予約権
　　ロ　新設分割計画新株予約権以外の新株予約権であって，新設分割をする場合
　　　において当該新株予約権の新株予約権者に新設分割設立株式会社の新株予約
　　　権を交付することとする旨の定めがあるもの
　3　株式移転完全子会社　次に掲げる新株予約権
　　イ　株式移転計画新株予約権
　　ロ　株式移転計画新株予約権以外の新株予約権であって，株式移転をする場合
　　　において当該新株予約権の新株予約権者に株式移転設立完全親会社の新株予
　　　約権を交付することとする旨の定めがあるもの

④ 前項の規定による通知は，公告をもってこれに代えることができる。

⑤ 新株予約権買取請求は，第3項の規定による通知又は前項の公告をした日から
　20日以内に，その新株予約権買取請求に係る新株予約権の内容及び数を明らか
　にしてしなければならない。

⑥ 新株予約権証券が発行されている新株予約権について新株予約権買取請求をし
　ようとするときは，当該新株予約権の新株予約権者は，消滅株式会社等に対し，
　その新株予約権証券を提出しなければならない。ただし，当該新株予約権証券に
　ついて非訟事件手続法第114条に規定する公示催告の申立てをした者について
　は，この限りでない。

⑦ 新株予約権付社債券が発行されている新株予約権付社債に付された新株予約権
　について新株予約権買取請求をしようとするときは，当該新株予約権の新株予約
　権者は，消滅株式会社等に対し，その新株予約権付社債券を提出しなければなら
　ない。ただし，当該新株予約権付社債券について非訟事件手続法第114条に規定
　する公示催告の申立てをした者については，この限りでない。

⑧ 新株予約権買取請求をした新株予約権者は，消滅株式会社等の承諾を得た場合

〔伊　藤〕　　　　　　　　　　　　　　　　　　　　　　　　　　　845

§808 第5編　組織変更，合併，会社分割，株式交換及び株式移転　第5章　組織変更，合併，会社分割，株式交換及び株式移転の手続

に限り，その新株予約権買取請求を撤回することができる。

⑨　新設合併等を中止したときは，新株予約権買取請求は，その効力を失う。

⑩　第260条の規定は，新株予約権買取請求に係る新株予約権については，適用しない。

I　総　説

1　本条改正の概要

本条は，本改正前から存在する規定であり，新設合併等の消滅株式会社等における新株予約権買取請求の手続等について定めるものである。本改正は，本条1項2号について会社法の規定の項番号の変更（763条10号が763条1項10号にあらためられた）に伴う文言の修正をするとともに，本条に6項，7項，10項を追加した。本改正前の6項，7項の項番号は，8項，9項にあらためられた。

本条6項は，新株予約権証券が発行されている新株予約権について新株予約権買取請求をしようとするときの新株予約権証券の提出について定めるものである。本条7項は，新株予約権付社債券が発行されている新株予約権付社債に付された新株予約権について新株予約権買取請求をしようとするときの新株予約権付社債券の提出について定めるものである。本条10項は，新株予約権買取請求に係る新株予約権について新株予約権原簿の名義書換請求の規定（260）を適用しない旨を定めるものである。

2　株式買取請求権に関する本改正と本条

株式買取請求権と，全部取得条項付種類株式の取得価格決定申立制度については，会社法制定後に事件数が急増するとともに，さまざまな実務的・理論的問題が生じていた（岩原紳作「総論」ジュリ1439号〔2012〕17頁，施行5年105頁以下に収められた諸論考参照）。そこで，本改正では，株式買取請求権について，主に濫用の防止のためにいくつかの手当てがなされるとともに，新株予約権買取請求権についても同様の手当てがなされた。例えば，株式買取請求・新株予約権買取請求の撤回制限の実効性を確保するための改正が行われており，本条の改正もその一環と位置付けることができる（社債，株式等の振替に関する法律の改正による買取口座制度の創設も，同様の目的によるものである）〔同制度については☞§118 II 1〔新株予約権・新株予約権付社債の場合〕〕。

846　　　　　　　　　　　　　　　　　　　　　　　　　　　　　　　〔伊　藤〕

第3節　新設合併等の手続　第1款　新設合併消滅会社，新設分割会社及び株
式移転完全子会社の手続　第1目　株式会社の手続　　　　　　　　　§*808*

　会社法制定時に，株式買取請求は，買取請求の相手方たる会社の承諾を得た
場合に限り，撤回することができるものとされた（785Ⅶ〔改正前785Ⅵ〕・797
Ⅶ〔改正前797Ⅵ〕・806Ⅶ〔改正前806Ⅵ〕）。このようなルールは，例えば上場会
社において，とりあえず株式買取請求権を行使しておき，その後の株価の動向
等を見ながら，市場での売却価格の方が裁判所で決定される価格よりも有利で
あると判断した場合には，株式買取請求を撤回して株式を市場で売却すると
いった投機的な株式買取請求を防止するために設けられた（立案担当201頁）。
そして，これと同様の趣旨から〔☞会社法コンメ(18)§777Ⅴ2〔15頁〔遠藤美
光〕〕・§787Ⅴ1〔158頁〔柳明昌〕〕・§*808*Ⅵ〔342頁〔柳明昌〕〕，新株予約権買取
請求についても，撤回の制限が定められた（777Ⅷ〔改正前777Ⅵ〕・787Ⅷ〔改正
前787Ⅵ〕・本条Ⅷ〔改正前本条Ⅵ〕）。しかしながら，このように撤回の制限が
定められていたにもかかわらず，例えば上場株式については，株式買取請求に
係る株式を市場で売却することによって，事実上，会社の承諾を得ることなく
株式買取請求を撤回するのと同様の結果を得られることが指摘され，これにつ
いての対処が必要だと考えられたわけである（中間試案補足説明第2部第4の1，
立案担当平成26年196頁以下）。

Ⅱ　新株予約権証券の提出（本条6項）

1　新株予約権買取請求のための新株予約権証券の提出

　本条6項本文は，新株予約権証券が発行されている新株予約権について新株
予約権買取請求をしようとするときは，当該新株予約権の新株予約権者は，消
滅株式会社等に対し，その新株予約権証券を提出しなければならない旨を定め
る。

　本改正によってこのような定めが追加されたのは，以下に述べるように，新
株予約権証券が発行されている新株予約権について，新株予約権買取請求の撤
回制限（本条Ⅷ〔改正前本条Ⅵ〕）の実効性を確保するためである（株券の提出に
ついて，立案担当平成26年200頁以下。新株予約権証券の提出についてのルールがそ
れと同趣旨であることについて，同201頁注142）。

　すなわち，本改正前は，新株予約権証券が発行されている新株予約権につい
て本条に基づく新株予約権買取請求をする場合に，当該新株予約権証券の会社
への提出が要求されていなかった。ところが，新株予約権証券が請求者の手元
に残るとすれば，これが第三者に譲渡され，当該新株予約権証券に係る新株予

〔伊　藤〕　　　　　　　　　　　　　　　　　　　　　　　　　　847

約権について善意取得（258 II）が生じるおそれがあった。これによって，株式会社の承諾を得ずに新株予約権買取請求が撤回されたのと同様の結果が生じる可能性があったわけである。また，新株予約権の譲渡が新株予約権買取りの効力発生後に行われる場合には，株式会社は，新株予約権買取請求者に代金を支払う義務を負うとともに，当該新株予約権証券の所持人を正当な新株予約権者と扱わなければならないことになるおそれがあった。

他方で，新株予約権買取請求をしたときから買取りの効力が生じるときまでの間に，請求者が新株予約権証券を保持し続ける法的利益はないと考えられ，本改正によって，新株予約権証券が発行されている新株予約権について新株予約権買取請求をしようとするときは，新株予約権証券を提出しなければならないものとされたのである。

本条6項本文は，「新株予約権証券が発行されている新株予約権」としているため，証券発行新株予約権（236 I ⑩・249 ③ ニ）であっても，新株予約権証券が発行されていないもの（288 参照）については適用されない（株券発行会社の株式であるが，株券が発行されていないものについて，久保田安彦「株式買取請求権に係る規定の整備」鳥山恭一＝福島洋尚編・平成26年会社法改正の分析と展望〔金判1461号〕〔2015〕90頁）。

2 新株予約権証券の提出を要しない場合

本条6項ただし書は，新株予約権証券について非訟事件手続法114条に規定する公示催告の申立てをした者については，1に述べた新株予約権証券の提出を要しない旨を定める。新株予約権証券を喪失してこれを提出することができない者が新株予約権買取請求権を行使することができなくなることは相当ではないと考えられ，そのような者も，当該新株予約権証券について有価証券無効宣言公示催告の申立て（同条）をしたのであれば，新株予約権証券を提出しなくとも新株予約権買取請求ができることとされたのである（株券の提出について，立案担当平成26年201頁。新株予約権証券の提出についてのルールがそれと同趣旨であることについて，同頁注142）。

新株予約権証券について有価証券無効宣言公示催告の申立て（非訟114）をした上で，当該新株予約権証券に係る新株予約権について買取請求をした者は，公示催告手続を経て除権決定（同法106 I）を得れば，新株予約権証券の再発行を請求することができる（291 II）。このようにして新株予約権証券が再発行された場合に，新株予約権買取請求に係る代金の支払がされたにもかかわら

第3節　新設合併等の手続　第1款　新設合併消滅会社，新設分割会社及び株
式移転完全子会社の手続　第1目　株式会社の手続　　　　　　　　　§ *808*

ず，当該新株予約権に関する新株予約権証券が請求者の手元に残る事態が生じ
ないよう，株式会社は，当該新株予約権証券と引換えに，その新株予約権買取
請求に係る新株予約権の代金を支払わなければならないものとする 809 条 7 項
（改正前 809 VI）は残されることになった（株券の提出について，立案担当平成 26 年
201 頁）。

　809 条 7 項の文言上，同項が適用される場面に限定が付されていないが，新
株予約権買取請求のときにすでに新株予約権証券を提出した新株予約権者が，
代金の支払を受けるためにあらためて新株予約権証券を提出しなければならな
いわけではない（株券の提出について，立案担当平成 26 年 201 頁注 143）。

III　新株予約権付社債券の提出（本条 7 項）

　本条 7 項本文は，新株予約権付社債券が発行されている新株予約権付社債に
付された新株予約権について新株予約権買取請求をしようとするときは，当該
新株予約権の新株予約権者は，消滅株式会社等に対し，その新株予約権付社債
券を提出しなければならない旨を定める。また，同項ただし書は，当該新株予
約権付社債券について非訟事件手続法 114 条に規定する公示催告の申立てをし
た者については，新株予約権付社債券の提出を要しない旨を定める。

　これらの規定の趣旨や，公示催告手続を経て新株予約権付社債券が再発行さ
れた場合の代金支払のための新株予約権付社債券の提出に関するルール（809
VIII〔改正前 809 VII〕）は，II に述べた新株予約権証券の提出の場合と同様である
（規定の趣旨について，立案担当平成 26 年 201 頁注 142）。

IV　新株予約権原簿の名義書換規定の不適用（本条 10 項）

　本条 10 項は，260 条の規定は，新株予約権買取請求に係る新株予約権につ
いては，適用しない旨を定める。同条は，新株予約権原簿の名義書換について
の規定であり，同条 1 項は，新株予約権を当該新株予約権を発行した株式会社
以外の者から取得した者は，当該株式会社に対し，当該新株予約権に係る新株
予約権原簿記載事項を新株予約権原簿に記載し，または記録することを請求す
ることができる旨を定める。本条 10 項によって，新株予約権買取請求に係る
新株予約権については，このような名義書換請求ができないことになる。

　本改正によってこのような定めが追加されたのは，以下に述べるように，証

〔伊　藤〕　　　　　　　　　　　　　　　　　　　　　　　　　　　849

§ 809　第5編　組織変更，合併，会社分割，株式交換及び株式移転　第5章　組織変更，合併，会社分割，株式交換及び株式移転の手続

券発行新株予約権ではなく，証券発行新株予約権付社債に付された新株予約権でもない新株予約権（かつ，振替新株予約権ではないもの）について，新株予約権買取請求の撤回制限（本条Ⅷ〔改正前本条Ⅵ〕）の実効性を確保するためである（株主名簿の名義書換規定の不適用について，立案担当平成26年201頁。本条10項の適用範囲は，文言上そのような新株予約権に限られないが，実際に本条10項の適用が問題になるのは，そのような新株予約権に限られるであろう。久保田・前掲91頁参照）。

すなわち，そのような新株予約権は意思表示によって譲渡できる［☞会社法コンメ(6)§254Ⅱ2〔158頁［川口恭弘］〕］（江頭804頁）。そのため，新株予約権買取請求をした新株予約権者が請求後に当該新株予約権を譲渡し，そのような譲渡を理由とする新株予約権原簿の名義書換請求（260Ⅰ）を株式会社が拒絶できないとすれば（このような事情が名義書換を拒絶できる正当な理由に該当するかどうかは，明らかではなかった），株式会社の承諾を得ずに新株予約権買取請求が撤回されたのと同様の結果が生じることになる。そこで，このような場合について同条の規定の適用を除外し，新株予約権原簿の名義書換を請求することができないこととして，新株予約権の譲渡が株式会社に対抗されることを防ぐこととされた。

株式会社の承諾を得て新株予約権買取請求が撤回された場合（本条Ⅷ〔改正前本条Ⅵ〕）や，新株予約権買取請求が効力を失った場合（本条Ⅸ〔改正前本条Ⅶ〕）には，そのような新株予約権は「新株予約権買取請求に係る」新株予約権とはいえないことから本条10項の適用はなく，新株予約権原簿の名義書換請求が可能だと考えられる（株主名簿の名義書換規定の不適用について，立案担当平成26年201頁以下）。新株予約権の価格の決定について協議が調わず，かつ，価格の決定の申立てもなく，新株予約権買取請求が撤回された場合（809Ⅲ）についても，同様に考えることができる（株主名簿の名義書換規定の不適用について，久保田・前掲90-91頁）。

（伊藤靖史）

（新株予約権の価格の決定等）

第809条 ①　新株予約権買取請求があった場合において，新株予約権（当該新株予約権が新株予約権付社債に付されたものである場合において，当該新株予約権付社債についての社債の買取りの請求があったときは，当該社債を含む。以下こ

第3節　新設合併等の手続　第1款　新設合併消滅会社，新設分割会社及び株式移転完全子会社の手続　第1目　株式会社の手続　§809

の条において同じ。）の価格の決定について，新株予約権者と消滅株式会社等（新設合併をする場合における新設合併設立会社の成立の日後にあっては，新設合併設立会社。以下この条において同じ。）との間に協議が調ったときは，消滅株式会社等は，設立会社の成立の日から60日以内にその支払をしなければならない。

② 新株予約権の価格の決定について，設立会社の成立の日から30日以内に協議が調わないときは，新株予約権者又は消滅株式会社等は，その期間の満了の日後30日以内に，裁判所に対し，価格の決定の申立てをすることができる。

③ 前条第8項の規定にかかわらず，前項に規定する場合において，設立会社の成立の日から60日以内に同項の申立てがないときは，その期間の満了後は，新株予約権者は，いつでも，新株予約権買取請求を撤回することができる。

④ 消滅株式会社等は，裁判所の決定した価格に対する第1項の期間の満了の日後の法定利率による利息をも支払わなければならない。

⑤ 消滅株式会社等は，新株予約権の価格の決定があるまでは，新株予約権者に対し，当該消滅株式会社等が公正な価格と認める額を支払うことができる。

⑥ 新株予約権買取請求に係る新株予約権の買取りは，設立会社の成立の日に，その効力を生ずる。

⑦ 消滅株式会社等は，新株予約権証券が発行されている新株予約権について新株予約権買取請求があったときは，新株予約権証券と引換えに，その新株予約権買取請求に係る新株予約権の代金を支払わなければならない。

⑧ 消滅株式会社等は，新株予約権付社債券が発行されている新株予約権付社債に付された新株予約権について新株予約権買取請求があったときは，新株予約権付社債券と引換えに，その新株予約権買取請求に係る新株予約権の代金を支払わなければならない。

I　総　　説

1　本条改正の概要

本条は，本改正前から存在する規定であり，新設合併等の消滅株式会社等における新株予約権買取請求に係る新株予約権の価格の決定等について定めるものである。本改正は，本条3項について会社法の規定の項番号の変更（808条6項が8項にあらためられた）に伴う文言の修正をし，本条に5項を追加するとともに，本条6項（改正前本条V）について新株予約権買取請求に係る新株予約権の買取りの効力発生時点に関する改正を行うものである。本改正前の5項，6項，7項の項番号は，6項，7項，8項にあらためられた。

〔伊　藤〕

第5編　組織変更，合併，会社分割，株式交換及び株式移転　第5章　組織変
§809　更，合併，会社分割，株式交換及び株式移転の手続

本条5項は，新株予約権の価格の決定前の株式会社による支払について定め
るものである。また，本改正によって808条6項，7項が追加された一方で，
本条7項，8項（改正前本条Ⅵ Ⅶ）は削除されなかった［☞§808 Ⅱ 2・Ⅲ］。

2　株式買取請求権に関する本改正と本条

株式買取請求権と，全部取得条項付種類株式の取得価格決定申立制度につい
ては，会社法制定後に事件数が急増するとともに，さまざまな実務的・理論的
問題が生じていた（岩原紳作「総論」ジュリ1439号〔2012〕17頁，施行5年105頁
以下に収められた諸論考参照）。そこで，本改正では，株式買取請求権について，
主に濫用の防止のためにいくつかの手当てがなされるとともに，新株予約権買
取請求権についても同様の手当てがなされた。

①例えば，株式買取請求・新株予約権買取請求に係る株式・新株予約権に
ついて裁判所に対して価格の決定の申立てが行われた場合に，会社の利息負担
を軽減するための改正が行われた。すなわち，株式買取請求の相手方たる会社
は，組織再編の効力発生日から60日の期間の満了の日後の法定利率による利
息（平成29年改正前は，年6分の利率により算定した利息）をも支払わなければな
らない（786 Ⅳ・798 Ⅳ・807 Ⅳ）。新株予約権買取請求についても，同様の利息
の支払ルールが定められている（778 Ⅳ・788 Ⅳ・本条Ⅳ）。しかし，法定利率
（とくに，平成29年改正前の年6分の利率）は，現在の経済状況からすれば高利で
あり，これが株式買取請求の濫用を招く原因にもなっていると指摘された。ま
た，買取対価の早期の支払とそれによる会社の利息負担の軽減のために，裁判
所による価格決定の前に，反対株主と会社の間で，会社の側から一定の価格を
支払う旨を合意することがあるともいわれた。このような会社からの「仮払」
が，本改正によって会社法上の制度とされ，会社は，株式の価格が決定される
前に，当該会社が公正な価格と認める額を支払うことができることとされた。
そして，新株予約権についても同様の規律を設けるものとされたわけである
（中間試案補足説明第2部第4の2，立案担当平成26年202頁以下。本改正前の実務に
よる対応について，仁科秀隆「株式買取請求権に関する手続上の問題点」施行5年144–
145頁参照）。

②株式買取請求に係る株式の買取りの効力発生時点について，本改正前に
当該株式の代金支払の時と定められていたものが，株主が反対している会社の
行為が効力を生じる日にあらためられた。改正前に代金支払の時を買取りの効
力発生時点としていたルールについては，反対株主が組織再編等の効力発生日

第3節　新設合併等の手続　第1款　新設合併消滅会社，新設分割会社及び株
式移転完全子会社の手続　第1目　株式会社の手続
§ *809*

から60日の期間の満了の日後の利息の支払を受けつつ，買取りの効力発生ま
での間に剰余金配当請求権を有することは，不当なのではないかと考えられた
（中間試案補足説明第2部第4の2）。そして，このような剰余金配当請求権のみな
らず，そもそも，組織再編等の効力発生日後は，買取りの効力が発生する（反
対株主は株主としての地位を失う）ものとすることが適切なのではないかと考え
られた（要綱概要45頁，立案担当平成26年202頁）。このような改正の結果，株
式買取請求に係る株式の買取りの効力発生時点は，新設合併等における消滅株
式会社等の株式については設立会社の成立の日とされ（807 VI），それ以外の場
合には組織再編等の効力発生日とされた（117 VI・470 VI・786 VI・798 VI）。つ
まり，買取りの効力発生時点は，株主が反対している会社の行為が効力を生じる
日に一本化されたわけである。そして，以上と同様の規律を，新株予約権買取
請求についても設けるものとされた。

　本条5項の追加は，上に述べた①に関するものである。また，本条6項の
改正は，②に関するものである。

II　新株予約権の価格の決定前の株式会社による支払（本条5項）

　本条5項は，消滅株式会社等は，新株予約権の価格の決定があるまでは，新
株予約権者に対し，当該株式会社が公正な価格と認める額を支払うことができ
る旨を定める。これによって，消滅株式会社等が，新株予約権買取請求をした
新株予約権者に対して，当該株式会社が公正な価格と認める額を提供すれば，
同額について適法な弁済提供をしたことになる。当該新株予約権者がその受領
を拒絶すれば，会社は弁済供託（民494 I①）をすることができる（株式の価格
の決定前の株式会社による支払について，立案担当平成26年203頁）。

　本条5項による支払を株式会社がした場合，本条4項の規定にかかわらず，
当該株式会社は当該支払をした額については当該支払後の利息を支払う義務を
負わない。そのため，このような場合に当該株式会社が新株予約権者に対して
支払う額の総額は，①本条5項による支払の額，②この額について本条4項
に定められた日から当該支払をした日までの利息，③裁判所の決定した新株
予約権の価格が上記①の額よりも高かった場合にはその差額，および，④こ
の差額について本条4項に定められた日後の利息の合計額になる（株式の価格
の決定前の株式会社による支払について，立案担当平成26年203頁）。

〔伊　藤〕
853

§ 810　第 5 編　組織変更，合併，会社分割，株式交換及び株式移転　第 5 章　組織変更，合併，会社分割，株式交換及び株式移転の手続

本条 5 項については，786 条 5 項等と同様に，「公正な価格と認める額」を超える支払・「公正な価格と認める額」の積増し等の可否が問題になる [☞ § 786 II 2・3]。裁判所が決定した買取価格が本条 5 項による支払額を下回る場合の処理についても，786 条 5 項等と同様に考えることができる [☞ § 786 II 4]。

III　新株予約権買取請求に係る新株予約権の買取りの効力発生時点（本条 6 項）

本改正によって，本条 6 項（改正前本条 V）の内容があらためられた。本改正前の本条 5 項では，新株予約権買取請求に係る新株予約権の買取りが，効力発生日ではなく，当該新株予約権の代金支払時とされる場合があった [☞ 会社法コンメ (18) § 809 VI 1 [344 頁 [柳明昌]]]。これがあらためられ，新株予約権買取請求に係る新株予約権の買取りの効力発生時点は，新設合併等における消滅株式会社等の新株予約権については，すべて，設立会社の成立の日になったわけである。

本改正前に新株予約権買取請求に係る新株予約権の買取りの効力発生時点を代金支払時と定めていたルールの趣旨は，新株予約権者への代金支払を確保することにあった（株式買取請求について，新注会 (5) 301 頁 [宍戸善一]）。改正後は，新株予約権者は，代金支払に関するリスクも覚悟して新株予約権買取請求を行うべきことになる（株式買取請求について，要綱概要 72 頁注 252）。

（伊藤靖史）

（債権者の異議）

第 810 条①　次の各号に掲げる場合には，当該各号に定める債権者は，消滅株式会社等に対し，新設合併等について異議を述べることができる。

1　新設合併をする場合　新設合併消滅株式会社の債権者

2　新設分割をする場合　新設分割後新設分割株式会社に対して債務の履行（当該債務の保証人として新設分割設立会社と連帯して負担する保証債務の履行を含む。）を請求することができない新設分割株式会社の債権者（第 763 条第 1 項第 12 号又は第 765 条第 1 項第 8 号に掲げる事項についての定めがある場合にあっては，新設分割株式会社の債権者）

〔舩　津〕

第3節　新設合併等の手続　第1款　新設合併消滅会社，新設分割会社及び株
式移転完全子会社の手続　第1目　株式会社の手続　　　　　　　　　§812

　　3　株式移転計画新株予約権が新株予約権付社債に付された新株予約権である場
　　　合　当該新株予約権付社債についての社債権者
②　前項の規定により消滅株式会社等の債権者の全部又は一部が異議を述べること
　ができる場合には，消滅株式会社等は，次に掲げる事項を官報に公告し，かつ，
　知れている債権者（同項の規定により異議を述べることができるものに限る。）
　には，各別にこれを催告しなければならない。ただし，第4号の期間は，1箇月
　を下ることができない。
　1　新設合併等をする旨
　2　他の消滅会社等及び設立会社の商号及び住所
　3　消滅株式会社等の計算書類に関する事項として法務省令で定めるもの
　4　債権者が一定の期間内に異議を述べることができる旨
③　前項の規定にかかわらず，消滅株式会社等が同項の規定による公告を，官報の
　ほか，第939条第1項の規定による定款の定めに従い，同項第2号又は第3号に
　掲げる公告方法によりするときは，前項の規定による各別の催告（新設分割をす
　る場合における不法行為によって生じた新設分割株式会社の債務の債権者に対す
　るものを除く。）は，することを要しない。
④　債権者が第2項第4号の期間内に異議を述べなかったときは，当該債権者は，
　当該新設合併等について承認をしたものとみなす。
⑤　債権者が第2項第4号の期間内に異議を述べたときは，消滅株式会社等は，当
　該債権者に対し，弁済し，若しくは相当の担保を提供し，又は当該債権者に弁済
　を受けさせることを目的として信託会社等に相当の財産を信託しなければならな
　い。ただし，当該新設合併等をしても当該債権者を害するおそれがないときは，
　この限りでない。

　本改正によって，763条に2項が追加されたことから，同条を引用する本条
1項2号について，上記項の追加に対応した引用規定の修正を行う技術的な改
正がなされた。規律内容に実質的な変化はない。

（舩津浩司）

（剰余金の配当等に関する特則）
第812条　第445条第4項，第458条及び第2編第5章第6節の規定は，次に掲げ
　る行為については，適用しない。
　1　第763条第1項第12号イ又は第765条第1項第8号イの株式の取得

〔宮　島〕　　　　　　　　　　　　　　　　　　　　　　　　　　855

§ *812*
第5編　組織変更，合併，会社分割，株式交換及び株式移転　第5章　組織変更，合併，会社分割，株式交換及び株式移転の手続

> 2　第763条第1項第12号ロ又は第765条第1項第8号ロの剰余金の配当

1　人的分割における準備金の計上不要

改正法は，分割会社（吸収分割株式会社または新設分割株式会社）が，会社分割の効力発生日に，当該会社分割の対価として交付を受けた吸収分割承継会社または新設分割設立会社の株式・持分のみを配当財産として，当該分割会社の株主に対して剰余金の配当をする場合（いわゆる人的分割を行う場合）には，445条4項の規定による準備金の計上を要しないものとした（792・本条）。

2　本条改正の趣旨

改正前法は，それ以前からあった人的分割の制度を廃止し，会社分割を物的分割の制度として位置付けた。そして，このような構成をとった会社分割制度の下で人的分割を行うには，分割会社が会社分割の効力発生日に当該会社分割の対価として交付を受けた吸収分割承継会社または新設分割設立会社の株式または持分を配当財産として，当該分割会社の株主に対して剰余金を配当する方法をとることになる。そして，その際，改正前本条は，人的分割について第2編第5章第6節（461条以下の財源規制）の適用を除外する一方で，2号は，剰余金の配当に際して準備金の計上を義務付ける445条4項の規定を除外していなかったため，人的分割を行う場合であっても，準備金を計上しなければならなかった。

しかし，445条4項が，剰余金の配当に当たって一定の金額の準備金を計上させる趣旨は，一定の金額の利益を留保させることによって他日の損失に備えるためであるから，分配可能額の有無にかかわらず剰余金の配当が行われる人的分割においてはこれを計上させる必然性はないし，また，財源規制等の規定の適用を除外しながら，準備金の計上だけを義務付ける根拠は見出し難かった（立案担当平成26年214頁，阿部泰久・立法経緯から読む会社法改正〔新日本法規出版，2014〕191頁，岡伸浩編・平成25年会社法改正法案の解説〔中央経済社，2014〕221頁）。

そこで，改正法は，本条の規定により適用除外の対象となる規定に445条4項を追加し，新設分割株式会社が人的分割を行う場合には，準備金を計上することを要しないとした。

（宮島　司）

第3節　新設合併等の手続　第2款　新設合併設立会社，新設分割設立会社及
び株式移転設立完全親会社の手続　第1目　株式会社の手続　§814

> **第813条**　① 次に掲げる行為をする持分会社は，新設合併契約等について当該持
> 分会社の総社員の同意を得なければならない。ただし，定款に別段の定めがある
> 場合は，この限りでない。
> 　1　新設合併
> 　2　新設分割（当該持分会社（合同会社に限る。）がその事業に関して有する権利
> 　　義務の全部を他の会社に承継させる場合に限る。）
> ②　第810条（第1項第3号及び第2項第3号を除く。）の規定は，新設合併消滅
> 　持分会社又は合同会社である新設分割会社（以下この節において「新設分割合同
> 　会社」という。）について準用する。この場合において，同条第1項第2号中
> 　「債権者（第763条第1項第12号又は第765条第1項第8号に掲げる事項につい
> 　ての定めがある場合にあっては，新設分割株式会社の債権者）」とあるのは「債
> 　権者」と，同条第3項中「消滅株式会社等」とあるのは「新設合併消滅持分会社
> 　（新設合併設立会社が株式会社又は合同会社である場合にあっては，合同会社に
> 　限る。）又は新設分割合同会社」と読み替えるものとする。

　本改正によって，763条に2項が追加されたことから，同条を引用する本条
2項について，上記項の追加に対応した引用規定の修正を行う技術的な改正が
なされた。規律内容に実質的な変化はない。

（舩津浩司）

> **（株式会社の設立の特則）**
> **第814条**　① 第2編第1章（第27条（第4号及び第5号を除く。），第29条，第
> 　31条，第37条第3項，第39条，第6節及び第49条を除く。）の規定は，新設
> 　合併設立株式会社，新設分割設立株式会社又は株式移転設立完全親会社（以下こ
> 　の目において「設立株式会社」という。）の設立については，適用しない。
> ②　設立株式会社の定款は，消滅会社等が作成する。

1　新設合併等によって株式会社が設立される場合の4倍規制の新設

　改正法は，新設合併，新設分割，株式移転によって株式会社が設立される
（設立株式会社）場合，その設立時発行株式の総数は，発行可能株式総数の4分
の1を下ることができないとした。

〔宮　島〕

§814 第5編　組織変更，合併，会社分割，株式交換及び株式移転　第5章　組織変更，合併，会社分割，株式交換及び株式移転の手続

すなわち，適用除外の対象とされる規定から37条3項の規定を除き，設立株式会社の設立についても同項の規定を適用することとして，設立株式会社が公開会社である場合の設立時発行株式の総数は発行可能株式総数の4分の1を下ることができないとしたのである。

ただし，設立株式会社が非公開株式会社である場合にはこの規制の対象外である。公開会社でない株式会社は，取締役会の決議による株式の発行が認められておらず，常に株主総会の特別決議を要するものとされている（199Ⅱ・309Ⅱ⑤）から，このような発行可能株式総数に係る規定の適用は不要である（37Ⅲただし書）。

2　本条改正の趣旨

改正前法の下では，新設合併，新設分割，株式移転によって設立される会社が株式会社（設立株式会社）である場合，改正前本条1項が第2編第1章の規定の適用を除外していたため，いわゆる4倍規制を定める37条3項の規定が適用されることはなかった。したがって，例えば，新設合併によって公開会社を設立する場合にも，設立時発行株式の総数の10倍を超えるような発行可能株式総数さえ定めることも可能であった。

そもそも，改正前法が4倍規制を設けた趣旨は，取締役会に無制限の新株発行の権限を与えてしまうと，取締役らが会社支配権の維持を目的としてその権限を濫用し，既存株主の持株比率を著しく低下させてしまうおそれがあるところから，希釈化の限界として一定の制限を設けたという点にある。すなわち，授権資本制度は，既存株主の会社に対する持分比率の希釈化の限界を画する機能を有するものである。それゆえ，公開会社が設立された後に定款を変更して発行可能株式総数を増加する場合にも，変更後の発行可能株式総数は，当該定款の変更が効力を生じた時における発行済株式の総数の4倍を超えることができないとも規定されているのである（113Ⅲ）。

このように考えてくると，新設合併，新設分割，株式移転によって新たに株式会社が設立されることとなる場合にも，発行可能株式総数に関する規律を設けなければ，取締役会が無制限に新株を発行できることとなってしまい，既存株主の持株比率の著しい低下という事態を避けることができないこととなる。そこで，これらの場合にも4倍規制を及ぼすことにしたのが本条の改正である（立案担当平成26年212頁，阿部泰久・立法経緯から読む会社法改正〔新日本法規出版，2014〕192頁，岡伸浩編・平成25年会社法改正法案の解説〔中央経済社，2014〕

858　　　　　　　　　　　　　　　　　　　　　　　　　　　　〔宮　島〕

第3節　新設合併等の手続　第2款　新設合併設立会社，新設分割設立会社及び株式移転設立完全親会社の手続　第1目　株式会社の手続　§814

226頁）。

　本改正では，公開会社について，既存株主の持株比率の希釈化という危険が生ずる可能性があると従来から指摘されていた，株式併合の場合と非公開会社が公開会社となる場合にも，同様に4倍規制を課した。

（宮島　司）

〔宮　島〕

§ 943　　　　　　　　　　　　　　　第 7 編　雑則　第 5 章　公告

第 21 巻（§§ 939-979）増補

（欠格事由）

第 943 条　次のいずれかに該当する者は，登録を受けることができない。

1　この節の規定若しくは農業協同組合法（昭和 22 年法律第 132 号）第 97 条の
4 第 5 項，金融商品取引法第 50 条の 2 第 10 項及び第 66 条の 40 第 6 項，公認
会計士法第 34 条の 20 第 6 項及び第 34 条の 23 第 4 項，消費生活協同組合法
（昭和 23 年法律第 200 号）第 26 条第 6 項，水産業協同組合法（昭和 23 年法律
第 242 号）第 126 条の 4 第 5 項，中小企業等協同組合法（昭和 24 年法律第
181 号）第 33 条第 7 項（輸出水産業の振興に関する法律（昭和 29 年法律第
154 号）第 20 条並びに中小企業団体の組織に関する法律（昭和 32 年法律第
185 号）第 5 条の 23 第 3 項及び第 47 条第 2 項において準用する場合を含
む。），弁護士法（昭和 24 年法律第 205 号）第 30 条の 28 第 6 項（同法第 43 条
第 3 項において準用する場合を含む。），船主相互保険組合法（昭和 25 年法律
第 177 号）第 55 条第 3 項，司法書士法（昭和 25 年法律第 197 号）第 45 条の
2 第 6 項，土地家屋調査士法（昭和 25 年法律第 228 号）第 40 条の 2 第 6 項，
商品先物取引法（昭和 25 年法律第 239 号）第 11 条第 9 項，行政書士法（昭和
26 年法律第 4 号）第 13 条の 20 の 2 第 6 項，投資信託及び投資法人に関する
法律（昭和 26 年法律第 198 号）第 25 条第 2 項（同法第 59 条において準用す
る場合を含む。）及び第 186 条の 2 第 4 項，税理士法第 48 条の 19 の 2 第 6 項
（同法第 49 条の 12 第 3 項において準用する場合を含む。），信用金庫法（昭和
26 年法律第 238 号）第 87 条の 4 第 4 項，輸出入取引法（昭和 27 年法律第 299
号）第 15 条第 6 項（同法第 19 条の 6 において準用する場合を含む。），中小漁
業融資保証法（昭和 27 年法律第 346 号）第 55 条第 5 項，労働金庫法（昭和
28 年法律第 227 号）第 91 条の 4 第 4 項，技術研究組合法（昭和 36 年法律第
81 号）第 16 条第 8 項，農業信用保証保険法（昭和 36 年法律第 204 号）第 48
条の 3 第 5 項（同法第 48 条の 9 第 7 項において準用する場合を含む。），社会
保険労務士法（昭和 43 年法律第 89 号）第 25 条の 23 の 2 第 6 項，森林組合法
（昭和 53 年法律第 36 号）第 8 条の 2 第 5 項，銀行法第 49 条の 2 第 2 項，保険
業法（平成 7 年法律第 105 号）第 67 条の 2 及び第 217 条第 3 項，資産の流動
化に関する法律（平成 10 年法律第 105 号）第 194 条第 4 項，弁理士法（平成
12 年法律第 49 号）第 53 条の 2 第 6 項，農林中央金庫法（平成 13 年法律第 93
号）第 96 条の 2 第 4 項，信託業法第 57 条第 6 項，一般社団法人及び一般財団
法人に関する法律第 333 条並びに資金決済に関する法律（平成 21 年法律第 59
号）第 20 条第 4 項，第 61 条第 7 項及び第 63 条の 20 第 7 項（以下この節にお
いて「電子公告関係規定」と総称する。）において準用する第 955 条第 1 項の

§ 960

　　規定又はこの節の規定に基づく命令に違反し，罰金以上の刑に処せられ，その執行を終わり，又は執行を受けることがなくなった日から2年を経過しない者
　2　第954条の規定により登録を取り消され，その取消しの日から2年を経過しない者
　3　法人であって，その業務を行う理事等（理事，取締役，執行役，業務を執行する社員，監事若しくは監査役又はこれらに準ずる者をいう。第947条において同じ。）のうちに前2号のいずれかに該当する者があるもの

　本条の改正は，農業協同組合法の改正（平成27年法律第63号による改正），金融商品取引法の改正（平成21年法律第58号による改正），商品取引所法から商品先物取引法への衣替えの改正（平成21年法律第74号による改正），投資信託及び投資法人に関する法律の改正（平成18年法律第65号による改正）に伴う整備法（平成18年法律第66号）による改正，鉱工業技術研究組合法から技術研究組合法への衣替えの改正（平成21年法律第29号による改正），資金決済に関する法律の改正（平成28年法律第62号による改正），水産業協同組合法の改正（平成30年法律第95号による改正）により，それぞれ引用条文を修正または追加するものである。

（舩津浩司）

（取締役等の特別背任罪）
第960条①　次に掲げる者が，自己若しくは第三者の利益を図り又は株式会社に損害を加える目的で，その任務に背く行為をし，当該株式会社に財産上の損害を加えたときは，10年以下の懲役若しくは1,000万円以下の罰金に処し，又はこれを併科する。
　1　発起人
　2　設立時取締役又は設立時監査役
　3　取締役，会計参与，監査役又は執行役
　4　民事保全法第56条に規定する仮処分命令により選任された取締役，監査役又は執行役の職務を代行する者
　5　第346条第2項，第351条第2項又は第401条第3項（第403条第3項及び第420条第3項において準用する場合を含む。）の規定により選任された一時取締役（監査等委員会設置会社にあっては，監査等委員である取締役又はそれ

§ 966   第 8 編　罰則

　　　　以外の取締役），会計参与，監査役，代表取締役，委員（指名委員会，監査委
　　　　員会又は報酬委員会の委員をいう。），執行役又は代表執行役の職務を行うべき
　　　　者
　　　6　支配人
　　　7　事業に関するある種類又は特定の事項の委任を受けた使用人
　　　8　検査役
　②　次に掲げる者が，自己若しくは第三者の利益を図り又は清算株式会社に損害を
　　　加える目的で，その任務に背く行為をし，当該清算株式会社に財産上の損害を加
　　　えたときも，前項と同様とする。
　　　1　清算株式会社の清算人
　　　2　民事保全法第 56 条に規定する仮処分命令により選任された清算株式会社の清
　　　　算人の職務を代行する者
　　　3　第 479 条第 4 項において準用する第 346 条第 2 項又は第 483 条第 6 項におい
　　　　て準用する第 351 条第 2 項の規定により選任された一時清算人又は代表清算人
　　　　の職務を行うべき者
　　　4　清算人代理
　　　5　監督委員
　　　6　調査委員

　　本改正により，新たに監査等委員会設置会社が導入された。本条の改正は，
特別背任罪の主体となり得る一時取締役には監査等委員会設置会社の監査等委
員である取締役およびそれ以外の取締役の両方が含まれることを明らかにする
とともに，「指名委員会等設置会社」の指名委員会・監査委員会・報酬委員会
の構成員を指す「委員」という文言を，より明確化するための技術的な修正が
行われている。

　　　　　　　　　　　　　　　　　　　　　　　　　　　　　　（舩津浩司）

　　（株式の超過発行の罪）
　第 966 条　次に掲げる者が，株式会社が発行することができる株式の総数を超えて
　　　株式を発行したときは，5 年以下の懲役又は 500 万円以下の罰金に処する。
　　　1　発起人
　　　2　設立時取締役又は設立時執行役
　　　3　取締役，執行役又は清算株式会社の清算人

862   〔舩　津〕

§ 968

4　民事保全法第 56 条に規定する仮処分命令により選任された取締役，執行役又は清算株式会社の清算人の職務を代行する者

5　第 346 条第 2 項（第 479 条第 4 項において準用する場合を含む。）又は第 403 条第 3 項において準用する第 401 条第 3 項の規定により選任された一時取締役（監査等委員会設置会社にあっては，監査等委員である取締役又はそれ以外の取締役），執行役又は清算株式会社の清算人の職務を行うべき者

　本改正により，新たに監査等委員会設置会社が導入された。本条の改正は，株式の超過発行の罪の主体となり得る一時取締役には監査等委員会設置会社の監査等委員である取締役およびそれ以外の取締役の両方が含まれることを明らかにするためのものである。

(舩津浩司)

（株主等の権利の行使に関する贈収賄罪）

第 968 条①　次に掲げる事項に関し，不正の請託を受けて，財産上の利益を収受し，又はその要求若しくは約束をした者は，5 年以下の懲役又は 500 万円以下の罰金に処する。

1　株主総会若しくは種類株主総会，創立総会若しくは種類創立総会，社債権者集会又は債権者集会における発言又は議決権の行使

2　第 210 条若しくは第 247 条，第 297 条第 1 項若しくは第 4 項，第 303 条第 1 項若しくは第 2 項，第 304 条，第 305 条第 1 項若しくは第 306 条第 1 項若しくは第 2 項（これらの規定を第 325 条において準用する場合を含む。），第 358 条第 1 項，第 360 条第 1 項若しくは第 2 項（これらの規定を第 482 条第 4 項において準用する場合を含む。），第 422 条第 1 項若しくは第 2 項，第 426 条第 7 項，第 433 条第 1 項若しくは第 479 条第 2 項に規定する株主の権利の行使，第 511 条第 1 項若しくは第 522 条第 1 項に規定する株主若しくは債権者の権利の行使又は第 547 条第 1 項若しくは第 3 項に規定する債権者の権利の行使

3　社債の総額（償還済みの額を除く。）の 10 分の 1 以上に当たる社債を有する社債権者の権利の行使

4　第 828 条第 1 項，第 829 条から第 831 条まで，第 833 条第 1 項，第 847 条第 3 項若しくは第 5 項，第 847 条の 2 第 6 項若しくは第 8 項，第 847 条の 3 第 7 項若しくは第 9 項，第 853 条，第 854 条又は第 858 条に規定する訴えの提起（株主等（第 847 条の 4 第 2 項に規定する株主等をいう。次号において同

〔舩　津〕

863

§ 970   第8編　罰則

　じ。），株式会社の債権者又は新株予約権若しくは新株予約権付社債を有する者
　がするものに限る。）
　5　第849条第1項の規定による株主等の訴訟参加
②　前項の利益を供与し，又はその申込み若しくは約束をした者も，同項と同様と
　する。

　本改正により，新たに旧株主による責任追及等の訴え（847の2）やいわゆる
多重代表訴訟（最終完全親会社等の株主による特定責任追及の訴え〔847の3〕）が導
入された。本条の改正は，株主等の権利の行使に関する贈収賄罪が，これらの訴
えの提起等に関して，不正の請託を受けて財産上の利益を収受し，またはその要
求もしくは約束をした場合にも成立することを明らかにするためのものである。

（舩津浩司）

　（株主等の権利の行使に関する利益供与の罪）
第970条①　第960条第1項第3号から第6号までに掲げる者又はその他の株式
　会社の使用人が，株主の権利，当該株式会社に係る適格旧株主（第847条の2第
　9項に規定する適格旧株主をいう。第3項において同じ。）の権利又は当該株式
　会社の最終完全親会社等（第847条の3第1項に規定する最終完全親会社等をい
　う。第3項において同じ。）の株主の権利の行使に関し，当該株式会社又はその
　子会社の計算において財産上の利益を供与したときは，3年以下の懲役又は300
　万円以下の罰金に処する。
②　情を知って，前項の利益の供与を受け，又は第三者にこれを供与させた者も，
　同項と同様とする。
③　株主の権利，株式会社に係る適格旧株主の権利又は株式会社の最終完全親会社
　等の株主の権利の行使に関し，当該株式会社又はその子会社の計算において第1
　項の利益を自己又は第三者に供与することを同項に規定する者に要求した者も，
　同項と同様とする。
④　前2項の罪を犯した者が，その実行について第1項に規定する者に対し威迫の
　行為をしたときは，5年以下の懲役又は500万円以下の罰金に処する。
⑤　前3項の罪を犯した者には，情状により，懲役及び罰金を併科することができ
　る。
⑥　第1項の罪を犯した者が自首したときは，その刑を減軽し，又は免除すること
　ができる。

864   〔舩　津〕

§ 976

　本改正により，新たに旧株主による責任追及等の訴え（847の2）やいわゆる多重代表訴訟（最終完全親会社等の株主による特定責任追及の訴え〔847の3〕）が導入された。本条の改正は，株主等の権利の行使に関する利益供与の罪が，これらの訴えの提起権等の行使に関して利益を供与しあるいは利益供与を要求した場合にも成立することを明らかにするためのものである。

（舩津浩司）

（過料に処すべき行為）

第976条　発起人，設立時取締役，設立時監査役，設立時執行役，取締役，会計参与若しくはその職務を行うべき社員，監査役，執行役，会計監査人若しくはその職務を行うべき社員，清算人，清算人代理，持分会社の業務を執行する社員，民事保全法第56条に規定する仮処分命令により選任された取締役，監査役，執行役，清算人若しくは持分会社の業務を執行する社員の職務を代行する者，第960条第1項第5号に規定する一時取締役，会計参与，監査役，代表取締役，委員，執行役若しくは代表執行役の職務を行うべき者，同条第2項第3号に規定する一時清算人若しくは代表清算人の職務を行うべき者，第967条第1項第3号に規定する一時会計監査人の職務を行うべき者，検査役，監督委員，調査委員，株主名簿管理人，社債原簿管理人，社債管理者，事務を承継する社債管理者，代表社債権者，決議執行者，外国会社の日本における代表者又は支配人は，次のいずれかに該当する場合には，100万円以下の過料に処する。ただし，その行為について刑を科すべきときは，この限りでない。

1　この法律の規定による登記をすることを怠ったとき。

2　この法律の規定による公告若しくは通知をすることを怠ったとき，又は不正の公告若しくは通知をしたとき。

3　この法律の規定による開示をすることを怠ったとき。

4　この法律の規定に違反して，正当な理由がないのに，書類若しくは電磁的記録に記録された事項を法務省令で定める方法により表示したものの閲覧若しくは謄写又は書類の謄本若しくは抄本の交付，電磁的記録に記録された事項を電磁的方法により提供すること若しくはその事項を記載した書面の交付を拒んだとき。

5　この法律の規定による調査を妨げたとき。

6　官庁，株主総会若しくは種類株主総会，創立総会若しくは種類創立総会，社債権者集会又は債権者集会に対し，虚偽の申述を行い，又は事実を隠蔽したとき。

〔舩　津〕

§976   第8編　罰則

7　定款，株主名簿，株券喪失登録簿，新株予約権原簿，社債原簿，議事録，財
　産目録，会計帳簿，貸借対照表，損益計算書，事業報告，事務報告，第435条
　第2項若しくは第494条第1項の附属明細書，会計参与報告，監査報告，会計
　監査報告，決算報告又は第122条第1項，第149条第1項，<u>第171条の2第1</u>
　<u>項，第173条の2第1項，第179条の5第1項，第179条の10第1項，第</u>
　<u>182条の2第1項，第182条の6第1項，</u>第250条第1項，第270条第1項，
　第682条第1項，第695条第1項，第782条第1項，第791条第1項，第794
　条第1項，第801条第1項若しくは第2項，第803条第1項，第811条第1項
　若しくは第815条第1項若しくは第2項の書面若しくは電磁的記録に記載し，
　若しくは記録すべき事項を記載せず，若しくは記録せず，又は虚偽の記載若し
　くは記録をしたとき。

8　第31条第1項の規定，第74条第6項，第75条第3項，第76条第4項，第
　81条第2項若しくは第82条第2項（これらの規定を第86条において準用す
　る場合を含む。），第125条第1項，<u>第171条の2第1項，第173条の2第2</u>
　<u>項，第179条の5第1項，第179条の10第2項，第182条の2第1項，第</u>
　<u>182条の6第2項，</u>第231条第1項若しくは第252条第1項，第310条第6
　項，第311条第3項，第312条第4項，第318条第2項若しくは第3項若しく
　は第319条第2項（これらの規定を第325条において準用する場合を含む。），
　第371条第1項（第490条第5項において準用する場合を含む。），第378条第
　1項，第394条第1項，<u>第399条の11第1項，</u>第413条第1項，第442条第1
　項若しくは第2項，第496条第1項，第684条第1項，第731条第2項，第
　782条第1項，第791条第2項，第794条第1項，第801条第3項，第803条
　第1項，第811条第2項又は第815条第3項の規定に違反して，帳簿又は書類
　若しくは電磁的記録を備え置かなかったとき。

9　正当な理由がないのに，株主総会若しくは種類株主総会又は創立総会若しく
　は種類創立総会において，株主又は設立時株主の求めた事項について説明をし
　なかったとき。

10　第135条第1項の規定に違反して株式を取得したとき，又は同条第3項の規
　定に違反して株式の処分をすることを怠ったとき。

11　第178条第1項又は第2項の規定に違反して，株式の消却をしたとき。

12　第197条第1項又は第2項の規定に違反して，株式の競売又は売却をしたと
　き。

13　株式，新株予約権又は社債の発行の日前に株券，新株予約権証券又は社債券
　を発行したとき。

14　第215条第1項，第288条第1項又は第696条の規定に違反して，遅滞な
　く，株券，新株予約権証券又は社債券を発行しなかったとき。

15　株券，新株予約権証券又は社債券に記載すべき事項を記載せず，又は虚偽の

866   〔舩　津〕

§976

記載をしたとき。

16　第225条第4項，第226条第2項，第227条又は第229条第2項の規定に違反して，株券喪失登録を抹消しなかったとき。

17　第230条第1項の規定に違反して，株主名簿に記載し，又は記録したとき。

18　第296条第1項の規定又は第307条第1項第1号（第325条において準用する場合を含む。）若しくは第359条第1項第1号の規定による裁判所の命令に違反して，株主総会を招集しなかったとき。

19　第303条第1項又は第2項（これらの規定を第325条において準用する場合を含む。）の規定による請求があった場合において，その請求に係る事項を株主総会又は種類株主総会の目的としなかったとき。

19の2　第331条第6項の規定に違反して，社外取締役を監査等委員である取締役の過半数に選任しなかったとき。

20　第335条第3項の規定に違反して，社外監査役を監査役の半数以上に選任しなかったとき。

21　第343条第2項（第347条第2項の規定により読み替えて適用する場合を含む。）又は第344条の2第2項（第347条第1項の規定により読み替えて適用する場合を含む。）の規定による請求があった場合において，その請求に係る事項を株主総会若しくは種類株主総会の目的とせず，又はその請求に係る議案を株主総会若しくは種類株主総会に提出しなかったとき。

22　取締役（監査等委員会設置会社にあっては，監査等委員である取締役又はそれ以外の取締役），会計参与，監査役，執行役又は会計監査人がこの法律又は定款で定めたその員数を欠くこととなった場合において，その選任（一時会計監査人の職務を行うべき者の選任を含む。）の手続をすることを怠ったとき。

23　第365条第2項（第419条第2項及び第489条第8項において準用する場合を含む。）の規定に違反して，取締役会又は清算人会に報告せず，又は虚偽の報告をしたとき。

24　第390条第3項の規定に違反して，常勤の監査役を選定しなかったとき。

25　第445条第3項若しくは第4項の規定に違反して資本準備金若しくは準備金を計上せず，又は第448条の規定に違反して準備金の額の減少をしたとき。

26　第449条第2項若しくは第5項，第627条第2項若しくは第5項，第635条第2項若しくは第5項，第670条第2項若しくは第5項，第779条第2項若しくは第5項（これらの規定を第781条第2項において準用する場合を含む。），第789条第2項若しくは第5項（これらの規定を第793条第2項において準用する場合を含む。），第799条第2項若しくは第5項（これらの規定を第802条第2項において準用する場合を含む。），第810条第2項若しくは第5項（これらの規定を第813条第2項において準用する場合を含む。）又は第820条第1項若しくは第2項の規定に違反して，資本金若しくは準備金の額の減少，持分

〔舩津〕

§976　　　　　　　　　　　　　　　　　　　　　　　　　第8編　罰則

の払戻し，持分会社の財産の処分，組織変更，吸収合併，新設合併，吸収分
割，新設分割，株式交換，株式移転又は外国会社の日本における代表者の全員
の退任をしたとき。

27　第484条第1項若しくは第656条第1項の規定に違反して破産手続開始の申
立てを怠ったとき，又は第511条第2項の規定に違反して特別清算開始の申立
てをすることを怠ったとき。

28　清算の結了を遅延させる目的で，第499条第1項，第660条第1項又は第
670条第2項の期間を不当に定めたとき。

29　第500条第1項，第537条第1項又は第661条第1項の規定に違反して，債
務の弁済をしたとき。

30　第502条又は第664条の規定に違反して，清算株式会社又は清算持分会社の
財産を分配したとき。

31　第535条第1項又は第536条第1項の規定に違反したとき。

32　第540条第1項若しくは第2項又は第542条第1項若しくは第2項の規定に
よる保全処分に違反したとき。

33　第702条の規定に違反して社債を発行し，又は第714条第1項の規定に違反
して事務を承継する社債管理者を定めなかったとき。

34　第827条第1項の規定による裁判所の命令に違反したとき。

35　第941条の規定に違反して，電子公告調査を求めなかったとき。

　　本条6号の改正は，平成22年11月30日付け内閣告示第2号をもって「常
用漢字表」が告示され，同日付け内閣訓令第1号「公用文における漢字使用等
について」が定められたことに伴い，「隠ぺい」とされていたものが漢字に修
正されたものである。

　　本条7号および8号の改正は，全部取得条項付種類株式制度および株式併合
の制度改正ならびに特別支配株主の株式等売渡請求制度および監査等委員会設
置会社制度の導入に伴い新たに規定された開示規定に係る虚偽記載・不記載お
よび不開示が，過料の対象となることを定めたものである。

　　本条19号の2および22号の改正は，本改正により導入された監査等委員会
設置会社において，法定の要件を充たす員数の監査等委員である取締役とそれ
以外の取締役とを選任しなかった場合に過料の対象となることを定めたもので
ある。

　　本条21号の改正は，監査等委員会設置会社において監査等委員である取締
役の選任に関する監査等委員会による株主総会や種類株主総会への議案提出請

868　　　　　　　　　　　　　　　　　　　　　　　　　　　　　〔舩津〕

§ 976

求を無視した場合も過料の対象となることを定めるとともに，「又は」「若しく
は」に係る法令用語の誤用を訂正するものである。なお，改正前 344 条 2 項に
おいては，監査役は，取締役に対して，① 会計監査人の選任に関する議案を
株主総会に提出すること，② 会計監査人の選任または解任を株主総会の目的
とすることおよび ③ 会計監査人を再任しないことを株主総会の目的とするこ
とを請求できるとされ，かかる請求を無視した取締役については本条 21 号に
より過料の対象とされていた。しかしながら，本改正により，監査役の会計監
査人の選解任への関与は議案内容そのものの決定となった（344 I）ことから，
① から ③ までの請求権は廃止され，それに係る過料も廃止されている。

（舩津浩司）

事 項 索 引

欧　文

comply or explain……………………338
MBO……………… 139, 164, 171, 247
　――指針…………………… 144, 165, 171
Web開示………………………………… 602

あ　行

預合い………………………………………46
意見陳述権… 352, 367, 391, 419, 426, 433, 532
意見表明報告書………………………… 197
一時会計監査人………………………… 382
一時取締役……………………………… 465
売渡株主等………………… 199, 200, 205
親会社………………………………………18

か　行

外観責任説………………………………28
会計監査人
　――の解任…………………………… 429
　――の選任……………… 352, 375, 429
　――の報酬…………………………… 420
会社分割無効事由……………………… 668
会社分割無効の訴え…………………… 676
買取口座…………81, 118, 260, 778, 814, 837
合併無効事由………… 768, 772, 809, 818, 834
株券喪失登録………………… 780, 821, 839
株式買取請求……………………………76, 185
　――の解除…………………………… 108
　――の効力発生日…………………… 104
　――の撤回…79, 100, 260, 262, 779, 820, 838
株式等売渡請求……7, 131, 140, 189, 289, 290,
　　　　　　　　　　　293, 301, 331, 646
　――の差止め………………………… 212
　――の撤回…………………………… 210

　――の中止…………………………… 260
株式併合………………………… 7, 140, 219
　――の差止め………………………… 232
株式持合い…………………………………3
株主総会
　――決議の取消し…148, 151, 178, 179, 227,
　　　　　　　　　　236, 308, 349, 374,
　　　　　　　　　　754, 760, 804, 818
　――決議の不存在…………………… 760
　――決議の無効…………………… 179, 760
株主総会開催禁止の仮処分…………… 152
株主総会決議禁止の仮処分…………… 152
株主総会参考書類………… 353, 373, 379
株主名簿………………………………… 780
簡易事業譲渡…………………………… 637
簡易組織再編…………………………… 814
監査等委員……………………35, 356, 367
　――の解任…………………………… 329
　――の選任……………… 351, 367, 380
　――の独立性…………………… 729, 741
　――の任期…………………………… 360
　――の報酬…………………………… 390
監査報告…………………………… 428, 592
擬似発起人…………………………………64
キャッシュ・アウト…131, 139, 149, 162, 168,
　　　　　　　　　172, 177, 190, 203, 212,
　　　　　　　　　　214, 226, 241
旧株主による責任追及等の訴え……469, 520,
　　　　　　　　　　　　　　864, 865
拒否権付種類株式…………………………42
経営判断原則………………… 505, 539, 716
現物出資………………………………… 559
　――の仮装…………………………………48
現物配当………………………………… 675
権利株………………………………………61

870

事 項 索 引

公開買付け……………………………… 141
　――の強圧性…………………………… 194
公正価値移転義務……………………… 171
公正な価格……………………………… 241
交付株式………………………………… 296
コーポレートガバナンス・コード
　………………… 8, 342, 355, 378, 430, 494
子会社………………………18, 444, 623
子会社株式の譲渡……………………… 6
個別株主通知………… 91, 94, 153, 163, 213

さ　行

最終完全親会社等……………………… 125
最低責任限度額………………………… 544
詐害行為取消権………………………… 677
詐害的会社分割………………………… 7
詐害的事業譲渡…………………… 25, 30
差止め
　違法行為の――………………………… 454
　株式等売渡請求の――………………… 212
　株式併合の――………………………… 232
　全部取得の――………………… 148, 150
　組織再編の――………………………… 7
残存債権者………………… 662, 731
資格授与的効力………………………… 634
事後開示…………… 140, 184, 217, 265
事前開示…… 140, 207, 225, 235, 668, 758, 868
質権……………………………………… 131
シナジー分配価格……………………… 242
支配権の異動…………………………… 271
社外監査役………………………20, 551
社外取締役…3, 20, 335, 338, 358, 422, 543, 551
授権資本制度…………………………… 220
出資の仮装……………………………… 278
種類株主全員の同意…………………… 759
種類株主総会………………… 181, 384, 759
常勤監査等委員………………… 423, 496
常勤監査役……………………………… 423
商号続用責任…………………27, 671, 683
少数株主持分………………… 573, 580, 586

譲渡制限株式…………………… 217, 269
職務代行者……………………………… 465
除権決定………………………… 791, 848
新株発行無効…………………………… 283
　――の訴え…………………………… 309
新株予約権の質入れ…………………… 301
新株予約権売渡請求…………………… 193
新株予約権買取請求………… 118, 788, 846
　――の効力発生日…………………… 123
新株予約権原簿………………… 746, 792, 849
新株予約権証券………… 323, 744, 790, 847
新株予約権付社債………… 293, 746, 791, 849
人的分割………………… 671, 674, 797, 856
信頼の原則……………………………… 404
スクイーズ・アウト…………… 162, 177, 226
清算株式会社…………………………… 192
責任限定契約………………………7, 23, 551
説明義務………………………… 373, 435
設立時監査等委員……………………35, 57
設立時取締役…………………………35, 56
設立時発行株式………………………… 858
設立無効の訴え………………………… 53
善意取得………………………………… 132
全部取得の差止め……………… 148, 150
全部取得条項付種類株式…… 7, 139, 156, 675
全部取得の無効……… 148, 155, 159, 180, 187
総株主通知………………………91, 634
総数引受契約…………………269, 270, 277, 279,
　　　　　　　　　　　　280, 294, 329
組織再編
　――の差止め…………………………… 7
　――の無効………………………83, 148
訴訟告知………………………………… 472

た　行

第三者委員会………… 145, 166, 208, 248
代表取締役
　――の解職…………………………… 512
　――の選定…………………………… 512
多重代表訴訟…………………………5, 6, 12, 396

871

事項索引

妥当性監査……………………………………… 426
直接履行請求権………………………………… 673
定款変更………………………………………… 223
提訴請求…………………………………… 415, 471
適格旧株主……………………………………… 125
適法性監査……………………………………… 426
登録質権者………………………… 133, 136, 206
特定監査役……………………………………… 596
特定責任追及の訴え………… 415, 470, 520, 542,
　　　　　　　　　　　547, 551, 864, 865
特定取締役……………………………………… 596
独任制…………………………… 424, 454, 593
特別委員会………………………… 228, 235, 248
特別支配会社…………………… 629, 637, 778, 819
特別支配株主…………………………………… 192
特別取締役…………………………… 409, 511
特別利害関係人…………………………… 484, 538
独立役員………………………………………… 354

な　行

内部統制システム………… 393, 402, 423, 441,
　　　　　　　　　　　495, 503, 593
内部統制報告書………………………………… 403
ナカリセバ価格………………………………… 242
日本版スチュワードシップ・コード……… 9

は　行

買収防衛策……………………………………… 4
発行可能株式総数……………………………… 858
発行済株式総数………………………………… 69
払込担保責任…………………………………… 52
払込みの仮装…… 7, 46, 282, 306, 314, 318, 559
反対株主…………………………………… 778, 819
引受担保責任…………………………………… 47

非支配株主持分………………… 573, 580, 586
否認権…………………………………………… 677
100パーセント減資………………… 169, 179
非流動性ディスカウント…………………… 170
フェアネス・オピニオン……………………… 249
不公正ファイナンス………………46, 281, 314
物上代位………………………………………… 131
振替株式の差押え……………………………… 93
法人格否認の法理………………… 662, 671, 684

ま　行

マーケット・チェック………………………… 248
マーケット・モデル…………………………… 168
マジョリティ・オブ・マイノリティ
　………………………………………… 145, 250
見せ金………………………………………46, 318
持株会社………………………………………… 4
モニタリング・モデル………10, 339, 494, 508

や　行

役員選任権付種類株式… 38, 41, 55, 57, 58, 68

ら　行

ライツ・オファリング………………………… 304
濫用的事業譲渡………………………………25
利益相反回避措置……………………………… 771
利益相反取引…………………………………… 532
臨時報告書……………………………………… 141
累積投票………………………………………… 366

わ　行

和解……………………………………………… 473
割当自由の原則………………………………… 271

判 例 索 引

【大審院】

大判明治 39・2・5 民録 12 輯 133 頁…… 696

大連判明治 44・3・24 民録 17 輯 117 頁
.... 678, 690

大判明治 44・10・3 民録 17 輯 538 頁…… 696

大判大正 6・5・3 民録 23 輯 863 頁……… 724

大判大正 7・10・28 民録 24 輯 2195 頁… 735

大判昭和 7・9・15 民集 11 巻 1841 頁…… 682

大判昭和 12・2・18 民集 16 巻 120 頁…… 698

大判昭和 16・2・10 民集 20 巻 79 頁…… 679

【最高裁判所】

最判昭和 27・2・15 民集 6 巻 2 号 77 頁… 457

最判昭和 29・10・7 民集 8 巻 10 号 1795 頁
.... 28, 684

最判昭和 30・4・19 民集 9 巻 5 号 511 頁
.... 53

最判昭和 33・9・26 民集 12 巻 13 号 3022 頁
.... 697

最判昭和 37・1・19 民集 16 巻 1 号 76 頁
.... 182

最判昭和 38・12・6 民集 17 巻 12 号 1633 頁
.... 46

最判昭和 39・5・21 民集 18 巻 4 号 608 頁
.... 461

最判昭和 39・11・17 民集 18 巻 9 号 1851 頁
.... 700

最大判昭和 40・9・22 民集 19 巻 6 号 1600
頁 629, 630

最判昭和 40・9・22 民集 19 巻 6 号 1656 頁
.... 508

最判昭和 41・5・27 民集 20 巻 5 号 1004 頁
.... 696

最判昭和 42・11・9 民集 21 巻 9 号 2323 頁
.... 696

最判昭和 44・3・28 民集 23 巻 3 号 645 頁
.... 484

最判昭和 44・12・2 民集 23 巻 12 号 2396 頁
.... 485

最判昭和 46・7・16 判時 641 号 97 頁…… 275

最判昭和 47・3・2 民集 26 巻 2 号 183 頁
.... 29, 684

最決昭和 48・3・1 民集 27 巻 2 号 161 頁
.... 215

最判昭和 48・10・26 民集 27 巻 9 号 1240 頁
.... 685

最判昭和 48・11・30 民集 27 巻 10 号 1491 頁
.... 700

最判昭和 60・2・14 判時 1149 号 159 頁
.... 699

最判昭和 60・3・26 判時 1159 号 150 頁
.... 390

最判昭和 61・9・11 判時 1215 号 125 頁
.... 633

最判昭和 63・7・1 民集 42 巻 6 号 451 頁
.... 724

最決平成 3・2・28 刑集 45 巻 2 号 77 頁
.... 46

最判平成 5・3・30 民集 47 巻 4 号 3439 頁
.... 464, 465

最判平成 5・12・16 民集 47 巻 10 号 5423 頁
.... 461, 768, 772, 809, 834

最判平成 6・1・20 民集 48 巻 1 号 1 頁
.... 507, 508

最判平成 8・1・23 資料版商事 143 号 158
頁 773

最判平成 9・1・28 民集 51 巻 1 号 71 頁
.... 275, 310

判 例 索 引

最判平成 12・7・7 民集 54 巻 6 号 1767 頁
　　　　　　　　　　　　　　　　　　 150
最判平成 15・12・16 民集 57 巻 11 号 2265
　　頁　　　　　　　　　 465, 466, 474
最判平成 16・2・20 民集 58 巻 2 号 367 頁
　　　　　　　　　　　　 28, 684, 710
最判平成 20・6・10 判時 2014 号 150 頁
　　　　　　　　 28, 676, 683, 684, 711
最判平成 21・4・17 民集 63 巻 4 号 535 頁
　　　　　　　　　　　　　 634, 635
最決平成 21・5・29 金判 1326 号 35 頁
　　　　　　　 165, 171, 242, 246
最判平成 21・7・9 判時 2055 号 147 頁
　　　　　　　　　　　　　 495
最判平成 22・7・15 判時 2091 号 90 頁
　　　　　　　　　　　　 450, 505
最決平成 22・12・7 民集 64 巻 8 号 2003 頁
　　　　　　　 95, 96, 97, 99, 163
最決平成 23・4・19 民集 65 巻 3 号 1311 頁
　　　88, 111, 215, 242, 245, 786, 825, 844
最決平成 23・4・26 判時 2120 号 126 頁
　　　　　　　88, 111, 169, 242, 245
最決平成 24・2・29 民集 66 巻 3 号 1784 頁
　　88, 111, 242, 246, 247, 248, 786, 825, 844
最判平成 24・3・28 民集 66 巻 5 号 2344 頁
　　　95, 97, 99, 100, 109, 110, 163, 164, 185
最判平成 24・4・24 民集 66 巻 6 号 2908 頁
　　　　　　　　　　　　　 308
最決平成 24・10・12 民集 66 巻 10 号 3311 頁
　　　　　 676, 678, 679, 692, 700, 733
最判平成 27・3・26 民集 69 巻 2 号 365 頁
　　　　　　　　　　 170, 245
最判平成 28・1・22 民集 70 巻 1 号 84 頁
　　　　　　　　　　　　　 485
最決平成 28・7・1 民集 70 巻 6 号 1445 頁
　　　　　　111, 166, 167, 168, 170, 173,
　　　　　　　243, 244, 246, 250, 251
最決平成 29・8・30 民集 71 巻 6 号 1000 頁
　　 77, 97, 132, 162, 190, 215, 256, 257, 259

【高等裁判所】

東京高判昭和 62・12・23 判タ 685 号 253
　　頁　　　　　　　　　　 461
東京高判平成 7・6・14 資料版商事 143 号
　　161 頁　　　　　　　　 773
東京高判平成 8・2・8 資料版商事 151 号
　　142 頁　　　　　　　　 485
東京高判平成 11・1・27 金法 1538 号 68 頁
　　　　　　　　　　　　 507
東京高判平成 11・3・25 判時 1686 号 33 頁
　　　　　　　　　　　　 456
名古屋高判平成 12・1・19 金判 1087 号 18
　　頁　　　　　　　　　　 480
大阪高判平成 12・7・28 金判 1113 号 35 頁
　　　　　　　　　　　　 685
東京高決平成 20・6・12 金判 1295 号 12 頁
　　　　　　　　　　　　 129
東京高決平成 20・9・12 金判 1301 号 28 頁
　　　　　　　　　　　　 165
大阪高決平成 21・9・1 判タ 1316 号 219 頁
　　　　　　　　　　　　 166
東京高判平成 21・9・30 金法 1922 号 109 頁
　　　　　　　　　　　　 717
東京高決平成 22・1・20 金判 1337 号 24 頁
　　　　　　　　　　　　 163
東京高決平成 22・2・9 判タ 1336 号 248 頁
　　　　　　　　　　　　 163
東京高決平成 22・2・18 判時 2069 号 144
　　頁　　　　　　　　　　 163
東京高判平成 22・5・24 金判 1345 号 12 頁
　　　　　　　　　　　　 245
東京高判平成 22・7・7 判時 2095 号 128 頁
　　　　　　　　　 179, 181, 182
札幌高決平成 22・9・16 金判 1353 号 64 頁
　　　　　　　　　　　　 165
東京高決平成 22・10・19 判タ 1341 号 186
　　頁　　　　　　　　　　 169
東京高判平成 22・10・27 金法 1910 号 77
　　頁　　　　　　　　 681, 692, 732

874

判例索引

東京高決平成 22・10・27 資料版商事 322
号 174 頁⋯⋯⋯⋯⋯⋯⋯⋯⋯ 165
東京高判平成 23・1・26 金法 1920 号 100
頁⋯⋯⋯⋯⋯⋯⋯⋯⋯⋯⋯ 676
福岡高判平成 23・10・27 金法 1936 号 74
頁⋯⋯⋯⋯⋯⋯⋯⋯ 688, 697
東京高判平成 23・12・21 判タ 1372 号 198
頁⋯⋯⋯⋯⋯⋯⋯⋯⋯⋯ 172
名古屋高判平成 24・2・7 判タ 1369 号 231
頁⋯⋯⋯⋯⋯⋯⋯⋯⋯⋯ 716
福岡高判平成 24・4・13 金判 1399 号 24 頁
⋯⋯⋯⋯⋯⋯⋯⋯⋯⋯ 397, 504
東京高判平成 24・6・20 判タ 1388 号 366
頁⋯⋯⋯⋯⋯⋯⋯ 676, 681, 693
東京高判平成 24・7・25 判時 2268 号 124
頁⋯⋯⋯⋯⋯⋯⋯⋯ 441, 459
東京高決平成 24・12・28 D1-Law28221039
⋯⋯⋯⋯⋯⋯⋯⋯⋯⋯⋯ 256
東京高判平成 25・2・21 資料版商事 348 号
29 頁⋯⋯⋯⋯⋯⋯⋯⋯⋯ 507
東京高判平成 25・3・14 資料版商事 349 号
32 頁⋯⋯⋯⋯⋯⋯⋯⋯⋯ 398
東京高判平成 25・4・17 判時 2190 号 96 頁
⋯⋯⋯⋯⋯⋯⋯ 171, 172, 173, 174
東京高決平成 25・10・8 金判 1429 号 56 頁
⋯⋯⋯⋯⋯⋯⋯⋯⋯ 165, 243
東京高決平成 25・11・8 LEX/DB
25502629⋯⋯⋯⋯⋯⋯⋯⋯ 161, 243
福岡高判平成 26・6・27 金判 1462 号 18 頁
⋯⋯⋯⋯⋯⋯⋯⋯⋯⋯⋯ 179
東京高判平成 27・3・12 金判 1469 号 58 頁
⋯⋯⋯⋯⋯⋯⋯⋯ 180, 181, 182
東京高判平成 27・7・15 D1-law 28232844
⋯⋯⋯⋯⋯⋯⋯⋯⋯⋯⋯ 183
東京高決平成 27・10・14 金判 1497 号 17
頁⋯⋯⋯⋯⋯⋯⋯⋯⋯⋯ 166
大阪高判平成 27・10・29 判時 2285 号 117
頁⋯⋯⋯⋯⋯⋯⋯⋯⋯⋯ 174
東京高判平成 28・3・28 金判 1491 号 32 頁
⋯⋯⋯⋯⋯⋯⋯⋯⋯ 167, 168

東京高判平成 28・7・6 判時 2338 号 91 頁
⋯⋯⋯⋯⋯⋯⋯⋯⋯ 90, 108
東京高判平成 28・12・7 金判 1510 号 47 頁
⋯⋯⋯⋯⋯⋯⋯⋯⋯⋯ 468
東京高決平成 29・1・30 LEX/DB
25544950⋯⋯⋯⋯⋯⋯ 167, 243, 250
東京高決平成 29・6・19 LEX/DB
25549405⋯⋯⋯⋯⋯⋯ 167, 243, 250
大阪高決平成 29・11・29 金判 1541 号 35
頁⋯⋯⋯⋯⋯ 167, 243, 244, 250
大阪高決平成 30・12・20 判タ 1459 号 64
頁⋯⋯⋯⋯⋯⋯⋯⋯⋯⋯ 26
東京高決平成 31・2・27 金判 1564 号 14 頁
⋯⋯⋯⋯ 170, 243, 247, 248, 249, 250

【地方裁判所】

甲府地判昭和 35・6・28 判時 237 号 30 頁
⋯⋯⋯⋯⋯⋯⋯⋯⋯⋯⋯ 770
東京地判平成 4・3・13 判タ 805 号 170 頁
⋯⋯⋯⋯⋯⋯⋯⋯⋯⋯⋯ 622
東京地判平成 6・11・24 資料版商事 130 号
91 頁⋯⋯⋯⋯⋯⋯⋯⋯⋯ 773
京都地判平成 11・4・15 金判 1068 号 3 頁
⋯⋯⋯⋯⋯⋯⋯⋯⋯⋯⋯ 685
浦和地判平成 11・8・6 判タ 1032 号 238 頁
⋯⋯⋯⋯⋯⋯⋯⋯⋯⋯⋯ 461
大阪地判平成 12・5・31 判時 1742 号 141
頁⋯⋯⋯⋯⋯⋯⋯⋯⋯⋯ 773
大阪地判平成 12・9・20 判時 1721 号 3 頁
⋯⋯⋯⋯⋯⋯⋯⋯⋯⋯⋯ 495
東京地判平成 12・12・21 金法 1621 号 54
頁⋯⋯⋯⋯⋯⋯⋯⋯⋯⋯ 30
東京地判平成 13・1・25 判時 1760 号 144
頁⋯⋯⋯⋯⋯⋯⋯⋯⋯ 12, 397
大阪地判平成 15・9・24 判時 1848 号 134
頁⋯⋯⋯⋯⋯⋯⋯⋯⋯⋯ 13
東京地決平成 16・6・23 金判 1213 号 61 頁
⋯⋯⋯⋯⋯⋯⋯⋯⋯ 456, 460
東京地判平成 19・3・26 判時 1967 号 105
頁⋯⋯⋯⋯⋯⋯⋯⋯⋯⋯ 683

875

判 例 索 引

東京地判平成 19・9・27 判時 1986 号 146
頁‥‥‥‥‥‥‥‥‥‥‥‥‥‥‥ 471
東京地決平成 19・12・19 判時 2001 号 109
頁‥‥‥‥‥‥‥‥‥‥‥‥‥‥‥ 164
東京地決平成 20・11・26 資料版商事 299
号 330 頁‥‥‥‥‥‥‥‥ 455, 460
東京地判平成 20・12・16 金法 1922 号 119
頁‥‥‥‥‥‥‥‥‥‥‥‥‥‥‥ 717
神戸地決平成 21・3・16 金判 1320 号 59 頁
‥‥‥‥‥‥‥‥‥‥‥‥‥‥‥‥ 105
東京地決平成 21・10・19 金判 1329 号 30
頁‥‥‥‥‥‥‥‥‥‥‥‥‥‥‥ 163
東京地判平成 21・10・22 判時 2064 号 139
頁‥‥‥‥‥‥‥‥‥‥‥‥‥‥‥ 449
福岡地判平成 21・11・27 金法 1911 号 84
頁‥‥‥‥‥‥‥‥‥‥‥ 691, 695
福岡地判平成 22・1・14 金法 1910 号 88 頁
‥‥‥‥‥‥‥‥‥‥ 676, 684, 714
東京地判平成 22・1・29・2010 WLJPCA
01298004‥‥‥‥‥‥‥ 148, 187
東京地判平成 22・2・12・2010 WLJPCA
02128001‥‥‥‥‥‥‥ 104, 105
東京地判平成 22・2・18 判タ 1330 号 275
頁‥‥‥‥‥‥‥‥‥‥‥‥‥‥‥ 314
東京地決平成 22・3・5 判時 2087 号 12 頁
‥‥‥‥‥‥‥‥‥‥‥‥‥‥‥‥ 115
札幌地決平成 22・4・28 金判 1353 号 58 頁
‥‥‥‥‥‥‥‥‥‥‥‥‥‥‥‥ 165
東京地判平成 22・5・27 判時 2083 号 148
頁‥‥‥‥‥‥‥‥ 662, 681, 692, 732
東京地判平成 22・7・9 判時 2086 号 144 頁
‥‥‥‥‥‥‥‥‥‥‥‥‥‥‥‥ 676
東京地決平成 22・7・20 金判 1348 号 14 頁
‥‥‥‥‥‥‥‥‥‥‥‥‥‥‥‥ 129
東京地判平成 22・7・22 金法 1921 号 117
頁‥‥‥‥‥‥‥‥‥ 675, 676, 709
東京地判平成 22・9・6 判タ 1334 号 117 頁
‥‥‥‥‥‥‥‥‥‥‥‥‥ 178, 179
福岡地判平成 22・9・30 判タ 1341 号 200
頁‥‥‥‥‥‥‥‥‥ 676, 697, 707

大阪地判平成 22・10・4 金法 1920 号 118
頁‥‥‥‥‥‥‥‥‥ 676, 686, 688
東京地判平成 22・11・29 判タ 1350 号 212
頁‥‥‥‥‥‥‥‥‥‥‥‥‥‥‥ 684
東京地決平成 22・11・30 金判 1368 号 54
頁‥‥‥‥‥‥‥‥‥‥‥‥ 26, 681
東京地判平成 23・1・7 資料版商事 323 号
67 頁‥‥‥‥‥‥‥‥‥‥‥‥‥ 485
福岡地判平成 23・1・26 金判 1367 号 41 頁
‥‥‥‥‥‥‥‥‥‥‥‥‥ 12, 398
福岡地判平成 23・2・17 判タ 1349 号 177
頁‥‥‥‥‥‥‥‥ 685, 709, 714
東京地判平成 23・2・18 判時 2190 号 118
頁‥‥‥‥‥‥‥‥‥‥‥‥‥‥‥ 171
名古屋地判平成 23・7・22 判時 2136 号 70
頁‥‥‥‥‥‥‥‥ 681, 695, 715
東京地判平成 23・11・24 判時 2153 号 109
頁‥‥‥‥‥‥‥‥‥‥‥‥‥‥‥ 13
東京地判平成 24・1・26 判タ 1370 号 245
頁‥‥‥‥‥‥‥‥‥‥‥ 681, 693
大阪地決平成 24・4・13 金判 1391 号 52 頁
‥‥‥‥‥‥‥‥‥‥‥‥ 166, 242
静岡地沼津支決平成 24・4・16 D 1-Law
28221287‥‥‥‥‥‥‥‥‥‥ 243
大阪地判平成 24・4・27 判時 2172 号 122
頁‥‥‥‥‥‥‥‥‥‥‥‥‥‥‥ 243
大阪地判平成 24・6・29 判タ 1390 号 309
頁‥‥‥‥‥‥‥‥ 178, 179, 182
東京地判平成 24・7・23 金判 1414 号 45 頁
‥‥‥‥‥‥‥‥‥‥‥‥‥‥‥‥ 705
東京地決平成 25・3・14 金判 1429 号 48 頁
‥‥‥‥‥‥‥‥‥‥ 165, 242, 243
東京地決平成 25・7・31 資料版商事 358 号
148 頁‥‥‥‥‥ 78, 158, 161, 166, 243
東京地決平成 25・9・17 金判 1427 号 54 頁
‥‥‥‥‥‥‥‥ 161, 165, 243, 254
東京地決平成 25・11・6 金判 1431 号 52 頁
‥‥‥‥‥‥‥‥‥‥ 161, 165, 243
大分地判平成 25・11・28 金判 1462 号 28
頁‥‥‥‥‥‥‥‥‥‥‥ 179, 180

判 例 索 引

東京地判平成 26・4・17 金法 2017 号 72 頁
　……………………………… 180, 181, 182
神戸地判平成 26・10・16 判時 2245 号 98
　頁……………………………………… 174
神戸地尼崎支判平成 27・2・6 金判 1468 号
　58 頁………………………………… 148
東京地決平成 27・3・4 金判 1465 号 42 頁
　………………………………78, 161, 166, 243
東京地判平成 27・3・16 判時 2272 号 138
　頁……………………………………… 183
東京地決平成 27・3・25 金判 1467 号 34 頁
　………………………………… 161, 168, 243
京都地判平成 27・3・26 判時 2270 号 118
　頁……………………………… 688, 693, 695
長崎地判平成 27・11・9 金法 2037 号 70 頁
　……………………………………… 179
大阪地決平成 27・12・24 LEX/DB
　25542068………………………… 169
東京地判平成 28・2・24 金判 1494 号 47 頁
　………………………………… 160, 263
東京地判平成 28・3・3 判タ 1429 号 238 頁
　………………………………… 160, 263
東京地判平成 28・3・16 金判 1494 号 54 頁
　………………………………… 160, 263

東京地判平成 28・3・31 判タ 1426 号 234
　頁………………………………… 160, 263
東京地判平成 28・4・21 判タ 1426 号 239
　頁………………………………… 160, 263
東京地判平成 28・5・26 判時 2328 号 111
　頁……………………………………… 675
東京地判平成 28・7・28 金判 1506 号 44 頁
　……………………………………… 468
東京地判平成 28・9・21 LEX/DB 25537010
　……………………………………… 178
静岡地沼津支決平成 28・10・7 LEX/DB
　25544091………………………… 167
大阪地決平成 29・1・18 金判 1520 号 56 頁
　………………………………… 167, 243
さいたま地決平成 29・1・25 LEX/DB
　25549406………………………… 167
京都地決平成 29・6・9 金判 1541 号 43 頁
　……………………………………… 167
東京地決平成 30・1・29 金判 1537 号 30 頁
　……………………………………… 170
大阪地判平成 30・5・21 判タ 1459 号 79 頁
　………………………………………26

会社法コンメンタール補巻 —— 平成26年改正

2019年10月20日　初版第1刷発行

編　者　岩　原　紳　作

発行者　小　宮　慶　太

発行所　株式会社 商 事 法 務

〒103-0025 東京都中央区日本橋茅場町3-9-10
TEL 03-5614-5643・FAX 03-3664-8844〔営業部〕
TEL 03-5614-5649〔書籍出版部〕
https://www.shojihomu.co.jp/

落丁・乱丁本はお取替えいたします。　　　印刷／大日本法令印刷
ⓒ 2019 Shinsaku Iwahara　　　　　　　Printed in Japan
Shojihomu Co., Ltd
ISBN978-4-7857-2742-0
＊定価はケースに表示してあります。

JCOPY ＜出版者著作権管理機構 委託出版物＞
本書の無断複製は著作権法上での例外を除き禁じられています。
複製される場合は，そのつど事前に，出版者著作権管理機構
（電話 03-5244-5088，FAX 03-5244-5089，e-mail: info@jcopy.or.jp）
の許諾を得てください。

会社法コンメンタール

【編集代表】江頭憲治郎 = 森本　滋

★第 1 巻	総則・設立(1)	§§ 1-31		江頭憲治郎	編
★第 2 巻	設立(2)	§§ 32-103		山下友信	編
★第 3 巻	株式(1)	§§ 104-154 の 2		山下友信	編
★第 4 巻	株式(2)	§§ 155-198		山下友信	編
★第 5 巻	株式(3)	§§ 199-235		神田秀樹	編
★第 6 巻	新株予約権	§§ 236-294		江頭憲治郎	編
★第 7 巻	機関(1)	§§ 295-347		岩原紳作	編
★第 8 巻	機関(2)	§§ 348-395		落合誠一	編
★第 9 巻	機関(3)	§§ 396-430		岩原紳作	編
★第 10 巻	計算等(1)（含：会社計算規則）				
		§§ 431-444	江頭憲治郎 = 弥永真生		編
★第 11 巻	計算等(2)（含：会社計算規則）				
		§§ 445-465	森本　滋 = 弥永真生		編
★第 12 巻	定款の変更・事業の譲渡等・				
	解散・清算(1)	§§ 466-509		落合誠一	編
★第 13 巻	清算(2)（特別清算）	§§ 510-574			
			松下淳一 = 山本和彦		編
★第 14 巻	持分会社(1)	§§ 575-613		神田秀樹	編
★第 15 巻	持分会社(2)	§§ 614-675		神田秀樹	編
★第 16 巻	社債（含：担保付社債信託法）				
		§§ 676-742		江頭憲治郎	編
★第 17 巻	組織変更, 合併, 会社分割,				
	株式交換等(1)	§§ 743-774		森本　滋	編
★第 18 巻	組織変更, 合併, 会社分割,				
	株式交換等(2)	§§ 775-816		森本　滋	編
第 19 巻	外国会社・雑則(1)	§§ 817-867		岩原紳作	編
★第 20 巻	雑則(2)	§§ 868-938	森本　滋 = 山本克己		編
★第 21 巻	雑則(3)・罰則	§§ 939-979		落合誠一	編
第 22 巻	総索引		江頭憲治郎 = 森本　滋		編
★補巻	平成 26 年改正			岩原紳作	編

★は既刊

補巻

会社法コンメンタール

（第21回配本）

【対談】

平成 26 年改正会社法の成立を振り返って

坂 本 三 郎 （国土交通省大臣官房法務支援室長）

岩 原 紳 作 （早稲田大学教授）

I 平成 26 年改正の背景と経緯

岩原 本日は，平成 26 年会社法改正を担当された当時の法務省民事局参事官でいらっしゃった坂本三郎さんをお迎えして，平成 26 年改正の経緯やその意義についてお話をしたいと思います。

　平成 26 年改正がなぜ行われたかという背景については，何よりも当時，経済的な背景として，日本の企業業績や株価，あるいは経済が低迷していた。その原因としてコーポレート・ガバナンスが十分機能していないということが言われ，各界からいろいろな改正の提言があったということがあったと思います。

　そしてまた，平成 9 年以降の商法改正や，平成 17 年会社法により大幅な会社法の規制緩和が行われたわけでありますが，それが場合によると弊害を生んでいるという事情もあり，そのような弊害に対処するために会社法の見直しが必要ではないかということが言われたわけであります。

－1－

実は，平成 17 年会社法が制定され，その会社法施行規則等が制定されてま
もない平成 19 年 9 月 7 日から，商法研究会という研究会が組織され，会社法
の見直しの必要性や，どのような方向が望ましいかについて検討しました。こ
の商法研究会は，私が委員長を務めさせていただいて，学者数名により組織さ
れ，法務省から当時の江原健志参事官らも参加して，平成 21 年 10 月 30 日ま
での間に 22 回の検討を行い，いろいろな問題点を詰めたわけです。そして，
研究会終了からまもない平成 22 年 2 月 24 日に法務大臣による会社法改正に関
する法制審議会への諮問が行われたわけです。

　この諮問は，「会社法制について，会社が社会的，経済的に重要な役割を果
たしていることに照らして会社を取り巻く幅広い利害関係者からの一層の信頼
を確保する観点から，企業統治の在り方や親子会社に関する規律等を見直す必
要があると思われるので，その要綱を示されたい」という諮問でした。すなわ
ち，企業統治（コーポレート・ガバナンス）と親子会社関係が平成 26 年改正の大
きなテーマになったわけであります。

　そこで坂本さんにお聞きしたいのですが，この法務大臣による諮問がなされ
るまでに至る経緯として，法務省の中でどのような議論等があったのか，教え
ていただきたいと思います。

坂本　私がこの会社法の改正を担当させていただいたのが平成 23 年 4 月から
で，諮問の時は前任の河合さんが担当しておりました。私も聞いた範囲という
ところもありますが，当時，企業統治についてはさまざま言われており，例え
ば民主党から公開会社法案が公表され，また，平成 21 年 6 月に，金融庁の金
融審議会の金融分科会から「我が国金融・資本市場の国際化に関するスタディ
グループ報告〜上場会社等のコーポレート・ガバナンスの強化に向けて〜」と
いう報告書が出され，経済産業省からも同じく平成 21 年 6 月に「企業統治研
究会報告書」が出されているというような状況でした。

　いずれについても，程度の差こそあれ，社外取締役の機能をもっと活用しな
ければいけないと指摘されているという状況でした。このようにとくにガバナ
ンスや，また親子会社を中心にいろいろなご指摘があるということを踏まえ
て，平成 22 年 2 月の諮問に至ったということです。

II　法制審議会会社法制部会および国会における審議

岩原　いまお話がありましたように，会社法制部会が立ち上げられた時は，江

原さんを引き継いだ河合芳光判事が，商法担当参事官として，この審議に当たられたわけですけれども，その後，東日本大震災が起きたこともあって，審議が7月まで4か月中断して，その後，坂本さんに担当参事官が交代されて審議を再開することになりました。参事官が交代するというのは少し異

```
   目　次
Ⅰ　平成26年改正の背景と経緯
Ⅱ　法制審議会会社法制部会および国会における
　　審議
Ⅲ　社外取締役の設置強制と定義の見直し
Ⅳ　監査等委員会設置会社制度の導入
Ⅴ　企業結合
Ⅵ　平成26年改正のその他の論点
```

様な気もしまして，このあたりの経緯をお話しいただけますでしょうか。

坂本　自分の人事の話は自分が一番わからないというところもありますが，途中のタイミングで引き継ぐというのは，ないわけではないと思います。このころ，ちょうど法務省で，昨年（平成30年）に改正法が成立した運送法の改正の検討に着手することとなりました。運送法はかなり古い法律であったということもあり，手広く検討しなければいけないこともあって，河合さんにそのグランドデザイン的なところも含めて考えてもらおうということで，会社法については私に担当が代わったということです。

岩原　担当が代わられるときに，検討の方向とか，どういう方針で要綱の取りまとめに当たっていくかについて，何か河合さんから引き継いだことはあったのでしょうか。

坂本　河合さんから具体的にどんな話があったか，今となってはすっかり忘却の彼方ですけれども，いずれにせよ今回の改正は，平成26年改正の中身を見ていただいてもおわかりのとおり，「規制」という言葉がいいかどうかは別にして，会社がやることについて縛りをかけていくという方向の改正課題が中心でした。そういうこともあって，経済界，会社側の方々はあまりいい顔をしないということで，結構議論が対立しているというようなことは聞いていました。

岩原　ちょうど法務大臣の諮問が行われたときは民主党政権で，法制審議会を立ち上げる前に民主党の公開会社法案に関する検討の取りまとめなどもありました。また，法制審議会商法部会に初めて労働団体の代表が入られたこともあり，政治的な考慮が働いたのではないかと推測する向きもあるようですが，何かそういうことを感じられたことはありますでしょうか。

坂本　いま岩原先生がおっしゃられたとおり，今回の会社法制部会の構成は，

—3—

さかもと・さぶろう氏

過去の商法部会，あるいは会社法制定のときの部会と比べて，メンバー構成が少し違うというところはあると思います。とくに今回は，岩原先生が挙げられた労働団体の代表で連合の方に入っていただいたこともありますが，もう1つは，投資家の方々に委員に入っていただいたということが特徴的であると思います。これは，冒頭に岩原先生からご紹介いただいた，日本の企業統治に問題があるという指摘が主に投資家，とくに海外投資家の方々を中心に言われていたことから，証券取引所の方も含め，投資サイドの方に委員に入っていただきました。

岩原　坂本さんが引き継がれて，具体的にどういう方向で要綱を作成していくかという課題の設定，そして中間試案を取りまとめるまでに，基本的にどういう考え方で作成に当たられたのか，うかがえればと思います。

坂本　私が引き継いだのは，ちょうど第2読会の親子会社に入るあたりだったと記憶していますが，第1読会でフリートークも含め，こういうことを議論しましょうということはおおむね出ていたと思います。私が引き継いだ時に，これまでの議論の状況を見て，意見の対立，しかも理念的な対立というところがあって，具体的な案を前提に，ここがおかしい，もっとこうしたほうがいいという感じの議論がされている雰囲気ではないと受け取りました。したがって，とりあえずの第1目標は，中間試案をどうまとめるのかということでしたが，できればその時までに中間試案の取りまとめを行いたいと考えていた時期と，それまでに開催が予定された部会の回数を見比べたときに，正直に言ってその時期までにまとまるのかなという印象をもちました。実際に部会に入らせていただいて，そのような議論状況にならざるを得ないことはよくわかったのですが，どういう形で中間試案として世に問えるほどの具体案を，この意見の対立が激しい中，部会でまとめていただくかということを一番に考えましたね。

岩原　中間試案，そして要綱案，そして要綱への取りまとめをしていかれる過程で，一番苦労されたのはどのような点にあったでしょうか。

坂本　例えばコーポレート・ガバナンスの関係で，社外取締役の義務付けは一

番対立が激しかったですし，親子会社のほうでは，上から下ということでは多重代表訴訟，あるいは下から上ということでは子会社少数株主の保護，そういったところは最後の最後まで意見が分かれて，最終的にどう着地したらよいものかと岩原先生とも大分ご相談させていただきながら，悩み悩みやらせていただいたというのが非常に記憶に残っています。

岩原 要綱案をそのように非常に苦労して取りまとめた後も，要綱の決定が平成24年9月にあってから，実際に国会の審議入りは翌年の何月でしたか。

いわはら・しんさく氏

坂本 翌年の臨時国会に出して，さらにその翌年の通常国会に継続審議になりましたね。

岩原 ですから，ようやく平成25年の臨時国会に出して，平成26年の常会で，しかも，会期末ぎりぎりにようやく成立したのが平成26年改正だったのです。国会提出も遅れ，国会での審議もかなり時間がかかったという印象があるのですが，なぜそのように難航したのかを教えていただければと思います。

坂本 私どもとしては，例年秋に臨時国会が開かれるのが通常ですから，平成24年の秋に臨時国会が召集されれば，その臨時国会に法案を提出するという前提で，平成24年9月の法制審総会で要綱をまとめていただいたわけですけれども，当時の国会情勢や，法務省の提出予定法案もたくさんあった関係で，結局，その年の臨時国会への法案提出は見送りになりました。それは仕方がないとしても，さすがに平成25年の通常国会には提出させてもらえるだろうと思っていましたところ，提出できないという話を聞いて，非常にびっくりするとともに，がっかりしました。

その後，平成25年の秋の臨時国会でも，法案の提出自体結構遅くなったのは，与党，とくに自民党の政務調査会の法務部会のご議論で，法案の内容を修正すべきだというご指摘などがあったことによります。

その後，通常国会に入ってからは，それほど遅くないタイミングで審議され，比較的順調に衆議院では可決されました。

ところが，参議院で，正直それが問題になるということはあまり想定してい

なかった，特別支配株主の株式等売渡請求が非常に問題だというご指摘が野党からありまして，1回審議には入ったものの，途中審議をストップし，他の法律案を先に審議するというあまり見たことがないようなことが起こり，最終的に会期の最後の参議院の本会議で何とか法案の可決成立にいたりました。

岩原 平成26年改正というのは，平成17年の会社法の立法という根本的な立法と比べると，改正法にすぎずそれほど大きくない立法という印象があるかもしれませんが，実質的にはかなり大きい改正だったのではないかと思っています。戦後の改正，とくに近年，平成9年以降などは，主に規制緩和の会社法改正がなされてきていて，それは経済界にとっても歓迎されることなので，割とスムーズに通っていたのですが，平成26年の改正は，ある意味でほとんど規制強化の改正であり，しかも，今まで経済界の反対が強くてなかなか手をつけられなかったコーポレート・ガバナンス，とくに取締役会の構成等や，さらに親子会社法制という一番の難題にも踏み込んだことから，法制審議会での要綱の取りまとめにも苦労しました。また，政治の世界の中でもいろいろな議論があって，自民党の中での議論もなかなか白熱して，取りまとめに非常に苦労して時間もかかった改正ですけれども，できてみたら非常に大きい意義をもつ改正になったのかなと考えています。

Ⅲ　社外取締役の設置強制と定義の見直し

岩原 その中でも一番耳目も集め，また，審議が難航する大きい理由になった個別のテーマの第1が社外取締役の設置強制，それから，社外取締役と社外監査役の社外性の定義の見直しです。これは法制審議会において，設置強制をすべきだという意見と，経済界を中心にそれに反対する意見が非常に対立しまして，最終的には法案の中には設置強制に関する規定を設けることは提案しないけれども，証券取引所のほうで上場規則を改正することによって，上場会社においては少なくとも1名以上の独立した社外取締役を設けることを希望するという附帯決議をするということになったわけです。これについて，取りまとめにいたるまで，どのように苦労されたかうかがえればと思います。

坂本 社外取締役の選任義務付けについて，どういう結論を出すのか，これを義務付けるというなら話は簡単で明快ですが，仮に義務付けないという結論になった場合それでいいのかというところがありました。最後の最後まで部会でご議論いただいて，要綱案の第1次案で，社外取締役の選任を義務付けるとい

−6−

うことについてはコンセンサスを得られず，それについての規定は設けないという結論になりました。

　他方で，これだけ社外取締役の機能の活用ということが言われているのに，義務付けられませんでした，以上終わりですというのも，やはり社会的にも批判はあるでしょうし，その後の法案の審議をにらみましても，厳しいだろうということがありました。

　そういうことで，欧米で行われているコンプライ・オア・エクスプレインルールを参考に何かできないかということを考えました。ただ日本の法令で，義務はあるけれども，説明すればその義務は履行しなくていいという条文を正面から規定するのはなかなか難しくて，証券取引所のルールである上場規則と会社法上の開示のルールをうまく組み合わせるのであれば，それと実質的に同じようなことができるのではないかと考えるにいたりました。

　そのような方向で対応することについて，部会でもご了承いただいたわけですが，さすがに要綱の中で証券取引所のルールのことを書くというのは，要綱の性格上なかなか難しい。だからといって何も決めていない，議事録にしか残らないというのは，せっかくご議論いただいて意見がまとまったことからすると，もったいなく，何らか形あるものとして残しておいたほうがいい，また，今後これを踏まえて，証券取引所に上場規則の制定手続をお願いするわけですので，それをスムーズに進めていただくためにも，法制審議会としての意思を明確に示しておく必要があるだろうということで，民事の法制審議会の部会では，過去にそれほど例はありませんでしたが，附帯決議という形で法制審議会としての考え方を明確にしていただきました。

岩原　そのような附帯決議をすることで，実際上は今のコンプライ・オア・エクスプレインということを事業報告の中で開示するということを法制審議会の要綱案では想定していたことを明らかにしたわけですね。

坂本　そうです。

岩原　ところが，法制審議会の手を離れた後で，政治的な折衝を経て，現在の会社法327条の2という社外取締役を設置しない場合の株主総会での説明義務の規定を入れることとなり，株主総会の取締役選任決議に関する参考書類の中にも，社外取締役を置いていないのに社外取締役となる見込みである者を候補者とする選任議案を提出しない場合の「社外取締役を置くことが相当でない理由」の説明義務を設けることになりました。さらに，2年後に社外取締役の設置も含め見直しをするという規定が改正附則25条に入ったということになっ

—7—

たわけですが，そのようなことになった経緯についてご説明いただけますでしょうか。

坂本 先ほど自民党の政調の法務部会でいろいろご議論があったということを申し上げましたが，その中でも，社外取締役を義務付けるべきだという非常に強いご意見をいただいたところです。最終的には義務付けはしないでその理由を説明することはいいのだけれども，単に書面で書いて，それで終わりということではなく，株主の前できちんと説明すべきであり，ガバナンスを強化する方向性をより明確にするためにはそれを法律で明記すべきであるというご指摘を頂戴したことから，327条の2を設けて，株主総会で社外取締役を置くことが相当でない理由を説明しなければならないことにしたわけです。あわせて，株主総会参考書類についても，ご指摘のように，社外取締役を置くことが相当でない理由を記載しなければならないこととしました。

　加えて，岩原先生が会社法制部会の最後に，コーポレート・ガバナンスには完全というものはなくて，さらなる前進を図るために検討を続けていくべきものだということをおっしゃられました。2年後に見直すという附則25条の規定も，発想としては同じようなものだと理解しております。まさにこのコンプライ・オア・エクスプレイン的な対応は，この時点の対応ということですので，その後の会社法の施行状況を踏まえて，もう1回あらためて検討すべきであるということで，附則25条の2年後見直しが入ったと理解しております。

岩原 まさにその附則の見直し条項を受けて，再び会社法の改正を目指して法制審議会会社法制（企業統治等関係）部会が立ち上げられて，同部会の「会社法制（企業統治等関係）の見直しに関する要綱案」では，この社外取締役の設置強制が法文化されるということが想定されるにいたったわけです。

　さらに，それよりも現実のほうが非常に大きく動いていきまして，会社法の外で，例えばコーポレートガバナンス・コードが策定され，その中で社外取締役を設けることが証券取引所の方針として義務付けられ，それがさらに改定されて，現在では複数の社外取締役を設けること，そして，できれば3分の1以上の社外取締役を設けることをガバナンス・コードとして推奨するということになったわけです。

　そういうことを受けて，現在では，東京証券取引所の一部上場企業に関して言えば，社外取締役がいない会社は東証1部上場会社2099社のうち7社にすぎず，東京証券取引所2部上場会社511社のうちでも5社にすぎないという状況になっています。さらに，1部上場会社では2名以上の社外取締役がいる会

社が 2099 社のうち 1986 社，3 名以上も 949 社になっている。このように，現実のほうがはるかに進んできているという状況になっているわけですね。

さらに，日本の株主総会のあり方も変わってきて，そういうコーポレート・ガバナンス，とりわけ取締役会の構成などについて，株主総会議決権行使の推奨機関がそれを評価の基準にしていて，独立性のある社外取締役がいない株主総会については会社議案に賛成しないようにというような推奨がなされるなど，むしろ実務のほうで，法律の規定の変化以上に大きい変化が起きているというように感じられます。

そのような中で，今度の「会社法制（企業統治等関係）の見直しに関する要綱」では，法律上，社外取締役の設置強制の規定を入れることを提案しているわけですけれども，これを坂本さんはどう評価されますか。それから，社外取締役等をめぐるガバナンスの日本の現在の新しい趨勢について，その評価と今後の課題についてどういうふうにお感じになっているかうかがえればと思います。

坂本 現在の社外取締役の選任状況は，東証 1 部の会社も 2 部の会社もほとんどすべてと言っていいくらいに選んでいるということですけれども，平成 26 年改正を検討している当時は，社外取締役を選任している会社の割合がようやく 50 パーセントを超えたということがニュースになるという時代でしたから，そのときと比べますと隔世の感があるなというのが正直なところです。

そのときと比較して，今の選任状況等を見ますと，社外取締役の選任を一定の会社に義務付けるということを受け入れる土壌が整ってきたのではないのかなと思います。その結果として，今回の要綱がまとまっているのではないかと理解しております。

そういう意味で，平成 26 年の会社法改正が環境整備のために一役買ったのであれば，それはそれで非常に意義がある改正だったのかなと自画自賛するところですが，ある意味で過渡期的なところもあったのだろうと思っています。

今後の課題については，最近は会社法からまったく離れて，会社法をめぐる議論の動きは追っていないので，何とも申し上げかねるところはありますが，今回の改正に向けた要綱などを拝見しますと，当時も今も，取締役の独立性，あるいは独立した取締役による監督，その機能の活用というのが求められているのではないかと思います。

そのような流れの中で，社外取締役を置くのは当たり前だというのが世の中の常識になってきていますけれども，それを今度どう生かしてやっていくの

か。今回の要綱でも，社外取締役による利益相反の処理は業務執行に当たらないというのが入っていますが，そういう社外取締役の機能を生かすための制度はもちろん，現実の会社において，それをどう生かしていくのか，ますますその実を問われていく。月並みですけれども，そういうことではないかと思います。

岩原 全員が社内取締役で構成されていたかつての日本の上場大会社の取締役会では，取締役会で質問すら出ない会社もあったと聞いています。しかし現在では取締役会で活発な議論がされているようです。また，日本の経営者の大きい問題として，例えば資本コスト観念がないと言われていましたが，最近の取締役会では，例えば新しい投資案件が出ると，案件ごとに詳細ないろいろなシナリオ分析をやって，WACC（加重平均資本コスト）とか IRR（内部収益率），あるいは NPV という投資から得られる将来のキャッシュフローの現在価値と投資額の現在価値が等しくなるときの割引率等，いろいろなファイナンスの指標をシナリオ分析して，資本コストに見合う投資かどうかということを取締役会で相当議論をしている例等も聞いています。以前の取締役会と随分変わったと思います。

　そこで今後の課題は何かというと，社外取締役が増えて取締役会は活性化してきましたが，社外取締役の質が問われています。数がどれだけかということよりむしろ，期待されている役割を果たせるような質を持つ人が社外取締役になって役目を果たしているかが，今一番問題になっているのだと思います。

　社外取締役になっている人の顔ぶれを見れば，その会社のガバナンスが本気かどうか大体わかるという指摘もあります。

坂本 たしかにそれは言えているかもしれませんね。質を確保するため，社外取締役の資質を有する人の数が足りているのかという問題は，平成 26 年改正の時にも言われていました。

岩原 あと，もう 1 つの課題は，とくに指名委員会等設置会社などは，基本的に会社の中の内部統制システムを担当している監査部とかリスク管理部，あるいは経理部などが社外取締役を支えることが前提になっていますよね。だからこそ常勤の監査委員を置かなくてもいいということにしたわけですけれども，日本はそのような社外取締役を支える体制がまだ弱いです。それが大きい課題だと思います。

坂本 そうすると，次の議論かもしれませんけれども，監査等委員会設置会社はどうなのだということになりますね。

岩原　そこが大きい問題だと思います。

Ⅳ　監査等委員会設置会社制度の導入

岩原　次に，平成26年改正の大きい目玉と言われたのは監査等委員会設置会社制度の導入だと思います。どのような基本的な考え方でこの仕組みを提案されたのか，うかがいたいと思います。

坂本　監査等委員会設置会社は，平成26年改正で新しく作った制度ですが，1つには，監査役設置会社が，海外にはあまりない制度ということもあり，とくに海外投資家を中心に非常に評判が悪かったということと，また，もう1つ，社外取締役の監督機能の活用ということになると，監査役会設置会社であれば，監査役として最低2名の社外の人に加えて取締役としても社外の人を選ばなければいけないということについての負担感をどうするのか。また，そうであれば指名委員会等設置会社（当時は委員会設置会社）にすればよいということかもしれませんが，指名委員会等設置会社については，企業側としては使いにくいところがあるのだと推測いたしますけれども，採用数が非常に少ない。そこら辺を考慮して，いかに使いやすく，かつ社外取締役の機能を活用して，かつ，ガバナンスもしっかりできるような会社を作っていくかということで，これを提案させていただいたという次第です。

岩原　監査等委員会設置会社の制度の是非については，多分いろいろな議論があるところだと思うのですが，当初は，経済界が受け入れやすいような制度としてつくって，なるべく多くの企業にこの制度を利用してほしいということだったと思います。思い出すと，あの頃，坂本さんとともに担当されていた局付の方は，できれば指名委員会等設置会社よりも多く，100社くらい入ってくれないかなと言っていた記憶があるのですが，結果的に，いま1000社を超えていますよね。

坂本　そうですね。たしか，1部上場企業の4分の1くらいで，2部にいたっては3分の1くらいですよね。

岩原　そのくらいになっているということで，これは喜ぶべきことではあるのでしょうが，これをどう受け止めたらいいか。何か坂本さんの感触があれば教えてください。

坂本　局付とも何社が採用するか予想し合って，希望も込めて100社くらいじゃないか，そこが目標だというような話をしていたのですが，正直こんなに

—11—

使われるとは思っていませんでした。

　制度を作った側としては，使っていただいてありがとうございますということではあるのですが，まさにこの監査等委員会設置会社が当時の社外取締役を選任するという流れの中で，取締役会，あるいは監査役にも広げて役員の構成全体を考えたときに，企業側のニーズにも合った使いやすい制度だったのかなと感じています。

岩原　ただ，さっきの社外取締役のところと同じで，これが本当によく機能してくれるのかが非常に問題です。とくに監査等委員会というのは，ある意味で鵺的な存在であり，取締役候補者の選任や取締役の報酬について，株主総会で意見を述べる権限を有するという形でガバナンスを効かせることになっているわけですが，これだけ広く利用されるようになったがゆえに，それが本当にうまく機能するのかというところは非常に問題です。それこそさっき申しましたようにガバナンスというのは永遠の課題ですので，今後継続的に検証，見直しをしていく必要があるという感じを持っています。

坂本　この監査等委員会設置会社も，内部の監査部門と連携をして，それを使って監査していくことを前提としていますので，これをうまく使いつつ，まさに社外が社外としていかに実のある行動をとって，指名と報酬についての意見陳述権の存在を背景にして，いかに監督していくのか。いかに実をとってやっているのかということも含めて，運用状況を検証しながら，制度の見直しということもあるところかもしれません。そこはまさに岩原先生ご指摘のとおりだと思います。

V　企業結合

岩原　次にもう１つの大きい改正のテーマでありました企業結合関係のところに入りたいと思います。この企業結合は，先ほどの社外取締役の設置強制の問題と並んで，経済界とそれ以外の委員の人たちの間の意見がもっとも対立した問題でありました。大きく問題になったのは，企業結合において，子会社を親会社の支配権の濫用から保護するという問題と，逆に親会社が子会社について，きちんと子会社経営を監督するという体制をつくってもらわなければいけないのではないかという問題の２つが取り上げられたわけです。

　従来の会社法改正の中では，もっぱら前者の問題が検討されていましたが，この平成26年改正においては後者の問題が非常に大きくクローズアップされ

てきました。なぜかと言えば，平成9年の商法改正や独占禁止法改正などによって，いわゆる持株会社が広く日本で認められることになり，その結果，戦後日本で持株会社形態の企業グループが初めてできたわけですね。しかも，そういう経緯から，日本の場合，子会社であったところが自分の上に持株会社をつくるというケースが多かったものですから，その結果どういうことが起きたかというと，業務の中心が子会社にあって，役員の力関係からいっても，子会社の役員のほうが持株会社の役員より力をもっている。親会社が子会社の株式を100パーセント持ちながら，親会社の役員の人たちが，子会社の経営をきちんと監視できない。それでいながら，株主は親会社のほうにしかいませんから，株主が子会社の経営についてコントロールしようとしても，親会社の取締役を通じてしかコントロールできないということになる。一番の実質的な業務の中心を担っている子会社の取締役のコントロールが，企業グループの株主にとっては間接的になってしまって，十分コントロールができないということが問題になってきた。持株会社というのは認められていなかったから，従来そういうことはなかったわけです。しかし，持株会社が認められることによって，今のように子会社のほうに経営の重心がある持株会社という企業グループが日本で非常に多く現れたわけです。そこで，業務の中心になっている子会社の経営に対するコントロールを株主等がきちんとできるようにする制度が必要ではないかという問題意識が非常に強く出てきた。それが平成26年改正ではじめて強く意識されて，それに関する規定を設けるべきではないかという議論がなされた。このように上から下へと，下から上へとの両者が非常に強く論じられたのが，この平成26年改正だったと思います。

　ところが，後者のほうについては，利益相反取引により子会社に不利益を与えた親会社の責任に関する規定を設けるべきではないかということが提案され，とくに江頭先生の論文（江頭憲治郎・結合企業法の立法と解釈〔有斐閣，1995〕329頁以下）に従った立法論を参考にした規定の設置等が提案されたのでありますが，経済界の反対が非常に強くて，これは実現するにいたりませんでした。

　一方，親会社役員の子会社経営に関する監視義務に関する規定を設けることについても，経済界は非常に強く反対しました。子会社の取締役に対する監督という観点からは，多重代表訴訟の規定を導入することも問題になりました。この3つの問題が一緒になって議論されて，先ほどの社外取締役よりも，こちらのほうが審議の最後で一番苦労したところでした。なかなか合意ができず，

—13—

最終的に，現在のような規定になったわけです。つまり，前者については規定を入れない。後者については，従来，規則にあった企業集団の業務の適正を確保する体制の構築義務の規定を会社法本体の規定として整備する。多重代表訴訟については非常に限定的な要件の下で認めるということなのですが，その辺りのご苦労の経緯をお話しいただければと思います。

坂本 社外取締役の義務付けももちろんですけれども，たしかに最後の最後までいろいろな案を出しながら内部でも議論し，岩原先生にも相談させていただいて悩んだのが，親子会社間の利益相反取引についての損害賠償というところと，親会社取締役の子会社監督義務の規定だと思います。いまご紹介がありました，利益相反取引によって子会社に不利益が生じた場合には，その不利益を親会社が払うようにすることについては，何をもって不利益というのかがはっきりしないではないかということ，これは何も企業側の委員に限らず，裁判官の委員も，これをどうやって認定するのかということを部会でもおっしゃっておられましたけれども，そういう不明確性がある結果，まともな取引でも萎縮効果が生じてしまうではないか。ましてや代表訴訟の対象にしてしまうと濫訴がたくさん起こるではないかというのが反対意見として示されたところです。最終的に，不明確だという懸念を払拭できないということで，最後の最後，要綱案をまとまった形でお示しする段階で，これは入れないことにしようと決断したわけです。

その代わりに，情報開示の充実という観点から，事業報告などにおいて会社の利益を害さないように留意した事項などを開示することで親会社との取引の規律付けを図るといった形での対応をさせていただきました。

もう1点，親会社の監督義務のところにつきましても，部会では，仮に多重代表訴訟が導入されなかった場合には，という形でご議論いただきましたが，先ほどお話がありましたとおり，親会社による子会社の監督という広い枠組みが本来多重代表訴訟より上位の話としてあるはずで，その中の一つとして多重代表訴訟がある，そういう位置付けになることは当然理解しながらやっておりました。こちらにつきましても，やはり下から上への議論と同じように，取締役の監督といっても一体どう表現するのか，職務の範囲が不明確であるという議論に対して，こちらからもさまざまな提案をしましたが，結局ご懸念を払拭することができず，条文として入れることのコンセンサスは得られませんでした。

ただ，岩原先生が部会の最後にご発言くださいましたけれども，この議論の

過程の中で，部会の先生方の多くは，親会社取締役の善管注意義務の一環として子会社株式の資産価値を維持する義務がある。そのために親会社は，株主としてできる手段は適切に行使するのだというお考えを持っておられることが明らかになりました。それまで，舩津先生の論文（舩津浩司・グループ経営の義務と責任〔商事法務，2010〕）にそういうお考えが示されていることは承知していましたが，それが必ずしも学会で広く支持されているわけではないという認識でしたので，部会の先生方がそういうご意見をおっしゃって，岩原先生にもそうおまとめいただき，このような見解が学会でも支持されていることがわかりました。したがって，規定は設けられませんでしたが，そのような解釈が確認されたという意義は大きかったのではないかと思っています。

　3点目の多重代表訴訟につきましては，確かに最終的には100分の1の少数株主権になったところです。大きく分けると，多重代表訴訟を提起することができる親会社株主について，これを単独株主権とするか少数株主権とするか。あと，対象となる子会社の取締役の範囲をどうするのか。その2つが，導入の是非を除けば，主な議論のポイントでした。逆に言うと，そういう要件での調整の余地があったからこそ，導入の是非についても調整する余地があった論点ではないのかと思います。

　理論的には，単独株主権とするか少数株主権とするかは，いずれもあり得るところだと思いますし，学者の先生方は，どちらかというと単独株主権と考えるべきというご意見が多かったかと思いますけれども，最終的には，親会社株主は子会社とは間接的な関係を有するにとどまるから，強い利害関係が必要だということで，少数株主権になりました。

　ただ，先ほどご紹介がありました子会社取締役について，親会社株主がコントロールを効かせる場面が全然ないではないかというこれまでの状況からすると，100分の1ということについては，実際どれだけそういう株主がいるのかという議論もありましたが，いろいろ見ていると，どの会社でもそういう株主は何人かいますので，そういう株主の目を気にする必要があって，それにより経営の規律付けを図るといった機能を果たし得る制度となっていると思っています。

岩原　要件が厳しいですから，今まで実際に提訴された例はないですけれども，法律事務所には，この種の案件の相談が持ち込まれたことがあるそうで，やっぱり考慮の対象にはなっているんだということを感じました。

坂本　たしかに，提訴を検討した案件はあったようですね。

岩原　ですから，意味がないことはないと思います。

VI　平成26年改正のその他の論点

岩原　あと残った重要な改正点としては，例えば，会社の実質的な基礎的変更に関する株主の権利を保護するということがあります。第1に募集株式の引受人が総株主の議決権の過半数を有することになるような募集株式の割当てを公開会社が行う場合に，株主総会の普通決議による承認を要することを一定の場合について認めました。それから，第2に親会社による子会社の株式または持分の全部または一部譲渡により子会社議決権の過半数の保有を失う場合に，株主総会の特別決議による承認を要する一定の場合を規定しました。これも，実際上これが発動されたという例は聞かないですけれども，やはりこういう問題があるということを認識してもらって，こういう点についての株主の権利の保護の必要性の問題を提起したということでは，重要な意味をもつ改正ではないかと思いますが，いかがでしょうか。

坂本　いずれもご指摘のとおり，支配株主の変動ということについて，株主の意思を問わずに会社がやってしまっていいのかということは非常に重要な問題だと思います。ただ，どちらについてもすべて株主総会の決議が必要とすると手続に時間がかかってしょうがないということで，一定の規模があること，あるいは一定数の株主の反対があることを要件にしておりますけれども，誰がその会社を支配するのかということは，やはり株主の了解を得てやっていくということを法律の形で明らかにしたことは大きなところだと思います。

岩原　同じような意味で，組織再編等に対する株主の差止請求の規定を入れました。例えば，171条の3で全部取得条項付種類株式の取得に対する差止め，182条の3で株式併合に対する差止め，それから784条の2，796条の2，805条の2等，合併等の際の差止請求等，いままでは略式組織再編についてだけ認められていた差止めを，それ以外の場合にも法令違反等については認めるという差止めが認められたわけです。これもまだあまり活用はされていないようですが，こういうことに対する株主の保護も必要だということが認められた意味は大きいと思うのですがどうでしょうか。

坂本　組織再編の差止めについては，従前，略式組織再編以外は株主総会決議の取消しを本案として差止めの仮処分ができるかどうかということ自体が議論のあったところですので，差止めを認めることに対しては萎縮効果とか濫訴の

危険というご指摘がございましたけれども，やはり法令に適合しないものを止めることができず，後で現実に無効になったときにどう対応するのかというときの混乱を考えますと，株主がきっちり事前に法令に従わないものは止められるという制度は非常に大きな意味があると思っています。

岩原　同じように少数株主の保護を図る改正としては，いわゆるスクイーズアウトされる株主の保護に関する規定が設けられました。特別支配株主の株式等売渡請求に関する株主保護の規定で，これは特別支配株主の株式等売渡請求という制度自身が初めて認められたものでありますけれども，すでに事実上，全部取得条項付種類株式の全部取得などによって行われていたスクイーズアウトを，むしろ法律上，正面から認める代わりに，株主をきちんと保護しようという規定を入れたわけです。また，既存の全部取得条項付種類株式の取得の際にも，従来と比べると開示を強化する規定等を入れました。株式併合については，平成13年改正により株式併合がかなり自由化されたのに株主保護の規定がきちんと入っていなかったということで，濫用的な株式併合が行われていたわけですけれども，それに対して，差止請求の規定も入れたし，端数となる株式の買取請求の規定も入れました。こういうふうに少数株主の保護が従来不十分だったところに手を入れることができたというのは，非常に大事な改正だったと思っていますが，坂本さんはどうお感じでしょうか。

坂本　先生にそう言っていただけると大変ありがたいです。スクイーズアウトは前ほど流行っていないようにも感じますけれども，本来，その手法として全部取得条項付種類株式を使うことを予定してはいなかったところです。株式の併合では株主保護規定がないから，さすがにそれは使えないだろうということで全部取得条項付種類株式を使うということが生み出されたと聞いておりますけれども，そういう事態は，本来はそれが正しい姿かというと，決してそういうわけではないはずです。岩原先生ご指摘のとおり，それに見合った株主保護規定を整備して，それに見合った使い方をすることが本来の筋だと思います。

　特別支配株主の株式等売渡請求も，スクイーズアウトが全部取得条項付種類株式を用いて現実に行われていることを踏まえて，そんな面倒くさいことをやるのであれば，端的にやれるようにして，株主の利益を守るべきところはきっちり守る，そういう制度を作ろうということでやらせていただいたところです。その結果，9割とれば株式等売渡請求を使って，そうでなければ株式併合を使っており，本来予想された姿で制度が使われていて，全部取得条項付種類株式はスクイーズアウトの手段としてほとんど使われなくなったと聞いていま

—17—

すけれども，立法の目的，意図はまさに反映されていると思います。

岩原 いままでが株主保護の立法ですが，また平成26年改正で大きかったのは組織再編の際の債権者保護の規定を充実させたということがあると思います。例えば，詐害的な会社分割等における債権者の保護，すでに濫用的な詐害的会社分割がかなり行われておりましたので，それに対する債権者保護の規定が必要だということは痛感されていたところです。

　また，分割会社に知られていない債権者の保護，これも実際，現実の問題として出ていましたので，これらに関する債権者保護規定が設けられたということは重要だったのではないかと思いますが，いかがでしょうか。

坂本 債権者保護手続については，その隙間というか，うまく債権者保護手続を逃れられるところを用いて濫用的なことが行われていたということがありましたので，その隙間を埋めるとともに，会社に知られていない債権者の保護の関係について言えば，平成17年会社法の前の状態に実質的に戻すという改正をしたところです。

　こういったこともあってか，最近は濫用的な会社分割というのはあまり聞かなくなったような気がしますが。

岩原 あまり聞かなくなりましたね。経済環境が変わったせいかもしれませんけれども，減っていることはたしかですね。

　それ以外にも重要と思われる改正として，仮装払込みによる募集株式の発行等に対する規制の強化とか，会計監査人の選任・解任等の議案の内容を監査役が決定するという規定，それから取締役，監査役等に関する責任限定契約の対象の拡大もあったかと思います。これら，あるいはそれら以外を含めて，坂本さんが強く印象に残っている改正として何かありますでしょうか。

坂本 会計監査人の選解任の議案の内容の決定のところも，いわゆるインセンティブのねじれの問題と関係してそれなりに対立があった論点ですし，仮装払込みの論点につきましても，やりたいことは明確でしたが，理論的にどう説明するのかとか，今思い返すとどれも一筋縄ではいかなかったなと思う次第です。

岩原 とくにこの仮装払込みによる募集株式の発行については，そうやって発行された株式の効力をどう考えるかという大問題があって，それを括弧に括った上での立法をしたわけですけれども，あの立法があってからは，仮装払込みにより発行された新株について，新株発行不存在とはなかなか言いにくくなったのかなと思います。発行は無効事由になるかもしれないけれども，不存在に

はならない，発行された株式は有効なものとして，とりあえずは存在すると言わざるを得なくなったのかなという気がしますね。
　どうも本日は長時間熱心にご議論いただきまして，ありがとうございました。

坂本　どうもありがとうございました。

（令和元年7月3日収録）

会社法コンメンタール

【編集代表】江頭憲治郎 = 森本　滋

★第 1 巻　総則・設立(1)　　　　§§ 1-31　　　　　　　　江頭憲治郎　編
★第 2 巻　設立(2)　　　　　　　§§ 32-103　　　　　　　山下友信　編
★第 3 巻　株式(1)　　　　　　　§§ 104-154 の 2　　　　山下友信　編
★第 4 巻　株式(2)　　　　　　　§§ 155-198　　　　　　　山下友信　編
★第 5 巻　株式(3)　　　　　　　§§ 199-235　　　　　　　神田秀樹　編
★第 6 巻　新株予約権　　　　　　§§ 236-294　　　　　　　江頭憲治郎　編
★第 7 巻　機関(1)　　　　　　　§§ 295-347　　　　　　　岩原紳作　編
★第 8 巻　機関(2)　　　　　　　§§ 348-395　　　　　　　落合誠一　編
★第 9 巻　機関(3)　　　　　　　§§ 396-430　　　　　　　岩原紳作　編
★第 10 巻　計算等(1)（含：会社計算規則）
　　　　　　　　　　　　　　　§§ 431-444　江頭憲治郎 = 弥永真生　編
★第 11 巻　計算等(2)（含：会社計算規則）
　　　　　　　　　　　　　　　§§ 445-465　　　森本　滋 = 弥永真生　編
★第 12 巻　定款の変更・事業の譲渡等・
　　　　　　解散・清算(1)　§§ 466-509　　　　　　落合誠一　編
★第 13 巻　清算(2)（特別清算）　§§ 510-574
　　　　　　　　　　　　　　　　　　松下淳一 = 山本和彦　編
★第 14 巻　持分会社(1)　　　　　§§ 575-613　　　　　　　神田秀樹　編
★第 15 巻　持分会社(2)　　　　　§§ 614-675　　　　　　　神田秀樹　編
★第 16 巻　社債（含：担保付社債信託法）
　　　　　　　　　　　　　　　§§ 676-742　　　　　　　江頭憲治郎　編
★第 17 巻　組織変更，合併，会社分割，
　　　　　　株式交換等(1)　§§ 743-774　　　　　　森本　滋　編
★第 18 巻　組織変更，合併，会社分割，
　　　　　　株式交換等(2)　§§ 775-816　　　　　　森本　滋　編
　第 19 巻　外国会社・雑則(1)　§§ 817-867　　　　　　　岩原紳作　編
★第 20 巻　雑則(2)　　　　　　§§ 868-938　　森本　滋 = 山本克己　編
★第 21 巻　雑則(3)・罰則　　　§§ 939-979　　　　　　　落合誠一　編
　第 22 巻　総索引　　　　　　　　　　　　江頭憲治郎 = 森本　滋　編
★補巻　　　平成 26 年改正　　　　　　　　　　　　　　岩原紳作　編

★は既刊